UTB 8275

Eine Arbeitsgemeinschaft der Verlage

Beltz Verlag Weinheim · Basel
Böhlau Verlag Köln · Weimar · Wien
Wilhelm Fink Verlag München
A. Francke Verlag Tübingen und Basel
Haupt Verlag Bern · Stuttgart · Wien
Lucius & Lucius Verlagsgesellschaft Stuttgart
Mohr Siebeck Tübingen
C. F. Müller Verlag Heidelberg
Ernst Reinhardt Verlag München und Basel
Ferdinand Schöningh Verlag Paderborn · München · Wien · Zürich
Eugen Ulmer Verlag Stuttgart
UVK Verlagsgesellschaft Konstanz
Vandenhoeck & Ruprecht Göttingen
vdf Hochschulverlag AG an der ETH Zürich
Verlag Barbara Budrich Opladen · Farmington Hills
Verlag Recht und Wirtschaft Frankfurt am Main
WUV Facultas Wien

Angewandte Linguistik

Ein Lehrbuch

Herausgegeben von Karlfried Knapp,
Gerd Antos, Michael Becker-Mrotzek, Arnulf Deppermann,
Susanne Göpferich, Joachim Grabowski, Michael Klemm
und Claudia Villiger

2., überarbeitete und erweiterte Auflage

Mit CD-ROM

A. Francke Verlag Tübingen und Basel

Bibliographische Information der Deutschen Bibliothek

Die Deutsche Bibliothek verzeichnet diese Publikation in der Deutschen Nationalbibliographie; detaillierte bibliographische Daten sind im Internet über <http://dnb.ddb.de> abrufbar.

2., überarbeitete und erweiterte Auflage 2007
1. Auflage 2004

Dischingerweg 5 · D-72070 Tübingen
ISBN 13: 978-3-7720-8203-0

Gedruckt auf chlorfrei gebleichtem und säurefreiem Werkdruckpapier.

Internet: http://www.francke.de
E-Mail: info@francke.de

Einbandgestaltung: Atelier Reichert, Stuttgart
Satz: NagelSatz, Reutlingen
Druck: Gulde-Druck, Tübingen
Verarbeitung: Buchbinderei Nädele, Nehren
Printed in Germany

ISBN 13: 978-3-8252-8275-2

Inhalt

Kapitel II Schriftlich kommunizieren

Kapitel IV Öffentlich kommunizieren

Kapitel V Mündlich kommunizieren

Kapitel VI Mehrsprachig kommunizieren

Kapitel VII An der Sprache arbeiten

Vorbemerkung zur zweiten Auflage

Ein Lehrbuch für Angewandte Linguistik mit der hier vorliegenden thematischen Breite und einem innovativen didaktischen und medialen Konzept auf den Markt zu bringen, war ein Wagnis für Herausgeber und Verlag. Es hat sich jedoch gelohnt: Wie die zahlreichen Rezensionen der ersten Auflage dieses Buches haben erkennen lassen, sind die Inhalte und die didaktische Konzeption dieses Lehrbuchs auf eine sehr positive Resonanz gestoßen, und auch die vielen lobenden Rückmeldungen von Kollegen und Studierenden, die mit diesem Buch gearbeitet haben, zeigen, dass es die Erwartungen von Herausgebern und Autoren erfüllt. So ist schon gut zwei Jahre nach dem Erscheinen eine erweiterte Neuauflage fällig. Früher als erwartet war es deshalb möglich, nicht nur für einzelne Artikel bibliografische Aktualisierungen vorzunehmen und Material für das selbständige Arbeiten auf der beigefügten CD zu ergänzen, sondern auch zur Abrundung des Themenspektrums einen weiteren Artikel einzufügen.

Erfurt, im Oktober 2006 Karlfried Knapp

Vorwort

Zur Einführung: ‚Angewandte Linguistik'

Die politischen und ökonomischen Zwänge der Gegenwart bringen es mit sich, dass sich die universitären Wissenschaften nicht länger von lebenspraktischen Problemen der Gesellschaften, die sie alimentieren, gänzlich fernhalten oder auch nur darauf beschränken können, solche Probleme verstehend zu beschreiben. Wissenschaften sind zunehmend gefordert, die auf sie verwandten Ressourcen zu rechtfertigen, und dafür ihren Fokus vom *Problemverstehen* auf das *Problemlösen* auszuweiten.

Dies gilt auch für die Linguistik. Die Linguistik untersucht Strukturen und Gebrauchsweisen von Sprachen mit dem Ziel, Regelmäßigkeiten und Zusammenhänge im Aufbau und in der Verwendung von Sprachen aufzuweisen und diese Erkenntnisse für Beschreibungen einzelner Sprachen sowie für generelle Theorien über den Aufbau von Sprachen, ihre Variation im historischen und sozialen Kontext oder die menschliche Sprachfähigkeit zu nutzen. Dabei steht die Bewältigung lebenspraktischer Probleme in der Regel nicht im Vordergrund. Es entspricht einem verbreiteten Denkmuster, im Sinne einer disziplinären Arbeitsteilung für die Bearbeitung solcher Probleme generell die Angewandten Wissenschaften – in diesem Fall: die Angewandte Linguistik – verantwortlich zu machen.

Eine Folge dieses Denkmusters ist eine teilweise auch heute noch verbreitete Auffassung, wonach angewandte Wissenschaften gleichsam rezeptologisch Erkenntnisse der theoretischen Wissenschaften für praktische Zwecke nutzen. In diesem Sinne schreiben z.B. die Herausgeber des *Edinburgh Course in Applied Linguistics* in ihrem Vorwort:

> The Applied Linguist is a ‚consumer' of theories, in that he attempts to make use of the explanations they provide about the nature of language in order to plan and execute language teaching programmes. He is not a creator of theories – that is the role of the theoretician. (Allan/Corder 1973: ix)

Dieses Zitat ist typisch auch für eine Vorstellung von Angewandter Linguistik, die insbesondere im angelsächsischen Sprachraum immer noch verbreitet ist – die Auffassung nämlich, dass Angewandte Linguistik in erster Linie die Anwendung von linguistischen Theorien für den Sprachunterricht bedeutet. Doch weder diese Eingrenzung des Gegenstandsbereiches noch die Vorrangigkeit von Theorien, die unabhängig von praktischen Zwecken entwickelt wurden, entspricht einem zeitgemäßen Verständnis von Angewandter Linguistik.

Angewandte Linguistik ist heute generell zu definieren als eine Disziplin, die sich mit der Beschreibung, Erklärung und Lösung von lebens- und gesellschaftspraktischen Problemen in den Bereichen von Sprache und Kommunikation befasst. Diese Probleme halten sich nicht notwendig an disziplinäre Grenzen; für ihre Bearbeitung reichen vorhandene linguistische Erkenntnisse auch nicht immer aus. Das Streben nach Problemlösungen bringt es mit sich, dass die Angewandte Linguistik oft über den vorhandenen linguistischen Forschungsstand hinausgehen und gegenstandsbezogen neue Methoden und theoretische Konzepte entwickeln und dabei auch auf andere Disziplinen Bezug nehmen muss. Die Unterscheidung von Theoretischer und Angewandter Linguistik wird damit obsolet. Angewandte Linguistik – so formuliert Ehlich (1999: 35–36) am Beispiel der Funktionalen Pragmatik – ist eine Sprachwissenschaft,

> ... die nicht einfach nur theoretische Bestimmungen appliziert, in der vielmehr Theorie und Praxis in gleicher Weise auf- und ernstgenommen werden. Angewandte Sprachwissenschaft ist dann eine Sprachwissenschaft, in der die Anwendungsperspektive der wissenschaftlichen Erkenntnisse ebenso selbstverständlich und integral ist, wie die vielfältigen Formen der sprachlichen Praxis zum Objekt der Analyse gemacht werden können.

Ziele und Aufbau dieses Buches

Das vorliegende Buch verdankt sein Entstehen dem Befund, dass an Hochschulen und in der außeruniversitären Praxis ein verstärktes Interesse am Potential der Angewandten Linguistik zur Lösung von sprach- und kommunikationsbezogenen Problemen besteht, dass jedoch noch keine Publikation vorliegt, die Studierende (und interessierte Laien) in die entsprechenden Arbeitsfelder einführt und dabei heutigen didaktischen Ansprüchen genügt. Ziel dieser Publikation ist es, den Lesern einzelne Problemfelder an exemplarischen Fällen vorzustellen und aufzuweisen, mit welchen linguistischen Mitteln die jeweiligen Probleme bearbeitet werden können – und ggf. auch, wo Grenzen linguistischer Lösungsmöglichkeiten liegen. Damit ist zugleich die Absicht verbunden, Studierende linguistischer Fächer für potentielle Berufsfelder zu interessieren und ihnen dabei zu helfen, ihr Studium auf den Erwerb solcher Fähigkeiten und Kenntnisse auszurichten, die sie für eine angewandt-linguistische Berufstätigkeit benötigen.

Allerdings sind mögliche lebenspraktische Probleme in den Bereichen von Sprache und Kommunikation so zahlreich und so unterschiedlich, dass Arbeitsfelder der Angewandten Linguistik hier nur an einer exemplarischen Auswahl vorgestellt werden können. Dem sollen die im Folgenden genannten Themenbereiche dienen; sie reichen von der für die meisten Sprachbenutzer erstmaligen bewussten Auseinandersetzung mit Sprache beim Erwerb der Schrift bis hin zu den – glücklicherweise für die meisten nicht selbst als Betroffene erlebten – Aspekten von sprachbezogener Diagnose und Therapie. Ihre Anordnung im

Buch folgt dem Prinzip der zunehmenden Entfernung von Alltagserfahrungen mit Sprache und Kommunikation.

- *Sprache vermitteln*
  Hier geht es, im Bereich muttersprachlicher Kompetenzen, um den durch Unterricht gesteuerten Erwerb der Schrift von Kindern und Erwachsenen, der Fähigkeiten zur Textproduktion und zur Gesprächsführung.

- *Schriftlich kommunizieren*
  Gegenstände dieses Bereiches sind im weiteren Sinne Probleme der Textgestaltung; von Rechtschreibung bis hin zu den speziellen Kompetenzen, die für die Arbeit technischer Redakteure notwendig sind.

- *Mit Neuen Medien kommunizieren*
  In diesem Abschnitt werden Probleme behandelt, die sich für die Repräsentation von Wissen in den neuen Medien stellen, insbesondere bei sprachbezogenen Computeranwendungen, Lernsoftware und Hypermedia.

- *Öffentlich kommunizieren*
  Dieser Themenbereich widmet sich beabsichtigten Wirkungen von Sprache in der Öffentlichkeit und exemplifiziert die dabei auftretenden Probleme an Formen der Werbung, der Sprachverwendung in Medien und der Unternehmenskommunikation.

- *Mündliche Kommunikation*
  Hier werden vor allem Aspekte der Gesprächsführung und die Vermittlung von Gesprächskompetenzen in beruflichen Kontexten behandelt.

- *Mehrsprachigkeit*
  Dieser Themenbereich handelt von linguistisch zu bearbeitenden Problemen, die mit der Vermittlung von Fremdsprachenkompetenzen einschließlich derjenigen des Deutschen als Fremdsprache sowie mit interkultureller Kommunikation zusammenhängen.

- *Arbeit an der Sprache*
  In diesem Teil des Buches werden Probleme behandelt, die weniger solche der Kompetenzen von Sprachbenutzern sind, sondern die die geplante, zweckgerichtete Entwicklung sprachlicher Mittel selbst betreffen. Sie werden demonstriert am Beispiel der Terminologiearbeit und Terminographie, der Standardisierung von Kommunikation in fachbezogenen Kontexten sowie an der Sprachplanung, d.h. dem Auf- und Ausbau von Sprachen, insbesondere in Entwicklungsländern.

- *Diagnose und Therapie*
  Hier werden Probleme und linguistische Lösungsansätze vorgestellt, die mit der Bestimmung des sprachlichen Entwicklungsstandes von

Sprechern, der Analyse und Therapie von Sprachstörungen sowie der kriminologischen Identifikation von Textproduzenten zu tun haben.

Die Auswahl dieser Themen macht noch einmal den exemplarischen Charakter der Beiträge deutlich – beispielsweise könnte eine ausführlichere Darstellung linguistischer Aspekte der Diagnose und Therapie von Sprachstörungen einen ganzen Band einnehmen, und zu jedem der genannten Inhaltsbereiche wären auch andere Themen möglich. Vollständigkeit in der Erfassung lebenspraktischer Probleme mit Sprache und Kommunikation ist aber ebenso wenig Anspruch dieses Buches wie eine erschöpfende Behandlung der zu einem spezifischen Problemfeld vorliegenden linguistischen Arbeitsansätze.

Hinweise zur Nutzung dieses Buches

Dieses Lehrbuch ist in erster Linie für den akademischen Unterricht gedacht, soll aber auch im Selbststudium einsetzbar sein. Es wendet sich an Studierende sprach- oder kommunikationswissenschaftlicher Fächer, die aus einer entsprechenden Einführungsveranstaltung bereits über Grundkenntnisse der Linguistik verfügen. Für die in den Beiträgen dieses Buches vorkommenden Termini und Konzepte, die auf der Basis üblicher Linguistik-Einführungen nicht vorausgesetzt werden können, finden sich Erläuterungen im Glossar. Da die Beiträge keine Handbuch- oder Einführungsartikel zum Stand der aktuellen linguistischen Diskussion sein sollen, sondern exemplarisch linguistische Lösungsmöglichkeiten sprach- und kommunikationsbezogener Probleme aufweisen wollen, sind am Ende jedes Kapitels Hinweise auf weiterführende Literatur angegeben.

Dem Buch ist eine CD-ROM beigefügt, die zu einzelnen Beiträgen Ergänzungen und Illustrationen in Form von Bild- und Tonmaterial sowie weitere Informationen wie Transkriptkonventionen oder Zeichenerklärungen enthält. Darüber hinaus finden sich auf dieser CD-ROM zu jedem Beitrag Übungsaufgaben mit Lösungshinweisen. Der Umfang dieser Aufgaben ist so bemessen, dass ihre kapitelweise Bearbeitung und Besprechung in einer Seminarsitzung (90 Minuten) abgeschlossen werden kann. Selbstverständlich können sie auch im Selbststudium bearbeitet werden.

Danksagung

Dieses Buch geht auf eine Initiative von Mitgliedern des Vorstands und Beirats der Gesellschaft für Angewandte Linguistik (GAL) zurück, die teilweise auch als Herausgeber und Autoren beteiligt sind. Die Herausgeber danken dem Francke-Verlag für die Betreuung und Unterstützung dieses auch technisch aufwändigen Projekts sowie Constanze Schoeder (Erfurt) für ihre Sorgfalt bei der Formatierung der Manuskripte und bei der Erstellung des Indexes. Besonderer Dank gilt der Gesellschaft für Angewandte Linguistik, die durch einen großzügigen Druckkostenzuschuss dazu beitrug, dass dieses Buch trotz seines Umfangs und seiner Ausstattung für Studierende erschwinglich ist.

Erfurt, im Februar 2004

Für die Herausgeber
Karlfried Knapp

I

Sprache vermitteln

Einleitung

Das erste Kapitel „Sprache vermitteln“ vereint fünf Artikel, die sich mit der zentralen Frage beschäftigen, wie (mutter-)sprachliche Fähigkeiten unter Anleitung, d.h. im Unterricht angeeignet werden. Weitere Aspekte der Sprachvermittlung finden sich aus systematischen Gründen im Kapitel II, wenn es um Schreibberatung und Schreibtraining für Erwachsene geht (Artikel II.2), im Kapitel V „Mündlich kommunizieren“, „Gesprächstraining“ (Artikel V.3), sowie im Kapitel VI „Mehrsprachig kommunizieren“ mit den Artikeln „Fremdsprachenunterricht“ (Artikel VI.1), „Deutsch als Fremdsprache“ (Artikel VI.2) und „Interkulturelle Kommunikation“ (Artikel VI.3).

Sprachunterricht

Sprachunterricht und Sprachvermittlung haben die Aufgabe, Sprache an die nachfolgenden Generationen weiterzugeben, d.h., deren sprachliche Fähigkeiten zu entwickeln. Dabei geht es ausdrücklich nicht um den primären Spracherwerb, sondern um die Aneignung sprachlich-kommunikativer Fähigkeiten, die die Satzgrenze bei weitem übersteigen. Mündliches und schriftliches Handeln in modernen Gesellschaften verlangen sprachliche Kompetenzen, die der systematischen Vermittlung bedürfen, die also nicht quasi nebenher erworben werden können. Besonders anschaulich ist das beim Erwerb der geschriebenen Sprache: Lesen und Schreiben lernen fast alle Menschen in der Schule, auch wenn die Entwicklung weit vor Schuleintritt beginnt und auch mit dem Ende der Schulzeit noch nicht abgeschlossen ist. Und auch die Fähigkeit, sich zielorientiert in beruflichen und gesellschaftlichen Situationen zu verständigen (verhandeln, diskutieren, präsentieren, verkaufen, ...), erwerben wir vielfach erst in der Schule und anderen Bildungseinrichtungen.

Diese Art von Lehr-Lern-Prozessen stellt eine eigenartige Konstellation dar: Lerner eignen sich das hochkomplexe System der Sprache mit Unterstützung professioneller Lehrer an. Für die Erforschung und Beschreibung dieser Prozesse müssen daher sowohl linguistische als auch kognitive und unterrichtsmethodische Fragen bedacht werden. Zuständig hierfür ist die Sprachdidaktik, die sich seit der Mitte des letzten Jahrhunderts zu einer eigenständigen wissenschaftlichen Disziplin entwickelt hat. Sie ist aufs Engste mit der Angewandten Linguistik verbunden, weil sprachliche Entwicklungsprozesse nicht ohne Rückgriff auf linguistische Strukturen verstanden werden können. Insbesondere professionelle Lehrende benötigen fundierte linguistische Kenntnisse über die gesprochene und geschriebene

Sprachdidaktik

Sprache, um Lerner in ihrer sprachlich-kommunikativen Entwicklung unterstützen zu können. Im Folgenden soll dies exemplarisch für den kindlichen Schrifterwerb (I.1), die Alphabetisierung Erwachsener (I.2), den Schreibunterricht (I.3), die Sprecherziehung in der Lehrerbildung (I.4) sowie die Vermittlung der Gesprächsfähigkeit (I.5) erfolgen.

Lesen- und Schreibenlernen gehört im Verständnis der meisten sicherlich zu den zentralen Aufgaben der Schule. Gemeint ist damit die Fähigkeit, Texte anderer zu verstehen und eigene Texte orthographisch korrekt und verständlich zu schreiben. Die Terminologie zu diesem Bereich ist aus historischen, systematischen wie praktischen Gründen diffus. Die wissenschaftliche wie öffentliche Auseinandersetzung über den Schreib- und Leseunterricht begann vor beinahe 500 Jahren mit Valentin Ickelsamer, der 1527 seine Lesedidaktik „Die rechte weis aufs kürtzist lesen zu lernen" vorlegte. In den so genannten Schreibschulen waren es vor allem Männer und Frauen aus dem sich entwickelnden Bürgertum, die aus ganz (berufs-)praktischen Gründen lesen, schreiben und rechnen lernen wollten. In dem sich bis zum 20. Jh. nur langsam entwickelnden Volksschulwesen geht es dann im Wesentlichen um die Vermittlung elementarer Lese- und Schreibfertigkeiten für alle Kinder. Man spricht hier deshalb auch vom Erstlesen und Erstschreiben, die dem Erwerb der so genannten ‚Kulturtechniken' dienen. Zentrales Unterrichtsmedium ist für lange Zeit die Fibel, die die Schüler in die Welt der Schrift einführt. Das so genannte weiterführende Lesen und Schreiben war dem höheren Schulwesen, den Gymnasien vorbehalten. Zu diesem Zweck etabliert sich seit dem 18. Jh. ein eigenständiger Aufsatzunterricht, der aus der Rhetorik hervorging.

Alphabetisierung

Ein eigenständiges Arbeits- und Forschungsfeld stellt die Alphabetisierung Erwachsener dar. Hierbei handelt es sich in entwickelten Gesellschaften im Allgemeinen um so genannte sekundäre oder funktionale Analphabeten, d.h. um Personen, die trotz entsprechenden Unterrichts nicht ausreichend lesen und schreiben können. Für Deutschland kann man von schätzungsweise fünf Mio. Betroffenen ausgehen. Analphabetismus stellt nicht nur ein individuelles Problem dar, sondern auch ein gesellschaftliches. Denn Lesen und Schreiben gehören in hoch entwickelten Gesellschaften wie der unsrigen zu den unverzichtbaren Voraussetzungen für die Aufnahme von Erwerbsarbeit.

Aufsatzunterricht

Der Zweiteilung in Alphabetisierung bzw. Erstlesen/Erstschreiben auf der einen und Aufsatzunterricht auf der anderen Seite entspricht aus fachsystematischer Sicht die Unterscheidung von ‚Schrift' und ‚Text'. Während die Schrift ein Mittel zur Verdauerung sprachlicher Ausdrücke ist, handelt es sich bei Texten um ein Mittel zur Speicherung sprachlicher Handlungen. Insofern bezeichnet der Ausdruck ‚Schreiben' einerseits die Herstellung von Schriftzeichen und andererseits die Produktion von Texten. Der Unterschied wird deutlich am Beispiel des Diktierens: Wer etwas diktiert, produziert einen Text, ohne dabei Schriftzeichen zu verwenden; wem etwas diktiert wird, der verwendet Schriftzeichen, ohne dabei selber einen Text zu produzieren. In der schulischen Praxis und in der fachdidaktischen Theorie ist seit gut 20 Jahren eine Zusammenführung der beiden Bereiche zu beobachten; die strikte Trennung zwischen Schrift(sprach)erwerb und Aufsatz- bzw. Schreibunterricht wird zunehmend aufgegeben zugunsten einer möglichst frühen Textproduktion und einer Verlängerung des Schrifterwerbs bis hinein in die weiterführenden Schulen.

Lehrerberuf ist ein sprechender Beruf

Unterricht, insbesondere Sprachunterricht ist in weiten Teilen mündlich konstituiert. Das bedeutet, Lehren und Lernen finden statt, indem Schüler und Lehrer miteinander sprechen; nicht zuletzt aus diesem Grund ist der Lehrerberuf ein „sprechender" Beruf. Traditionell beschäftigt sich die aus der Rhetorik hervorgegangene ‚Sprechwissenschaft' mit der Sprecherziehung, d.h. mit der Frage, wie man Sprechen lehren und lernen kann. Auf Seiten der Lehrenden gehört dazu nicht nur die eigene Stimmbildung, vor allem bei Stimm- und Sprechstörungen, sondern auch die Schulung der eigenen sprachlichen Handlungsfähigkeit. Dem mündlichen Sprachausdruck kommt aber auch in rhetorischen Gesprächssituationen (öffentliche Rede) sowie in ästhetischen Kontexten (Sprechtheater) eine besondere Rolle zu. Der Sprachunterricht bietet sich in zweifacher Weise für die Vermittlung mündlicher Kommunikationsfähigkeit an: Zum einen in der Art und Weise, wie der Unterricht gestaltet wird, und zum anderen für gezielte Übungsformen. Unterricht ist u.a. dadurch gekennzeichnet, dass – zumeist altershomogene – Gruppen von 25 bis 30 Lernern von einem Lehrenden unterrichtet werden. Diese Konstellation bietet zahlreiche Kommunikationsanlässe, die jedoch sehr unterschiedlich gestaltet werden können. Das eine Extrem besteht darin, dass der Lehrer das Unterrichtsgeschehen weitgehend dominiert und sein Wissen im Vortrag oder vortragsähnlichen Formen den Schülern übermittelt. In einem solchen Frontalunterricht hat der Lehrer einen sehr hohen, die Schüler dagegen einen sehr geringen Redeanteil; das findet seinen Ausdruck in einer entsprechenden Sitzordnung: in Reihen hintereinander. Ein anderes Extrem besteht in der Aufgabe des Klassenverbundes zugunsten von Projekt- und Gruppenarbeit, bei der die Schüler weitgehend selbstständig und autonom handeln. Hier steigt der Redeanteil der Schüler erheblich. Die Beschreibung und Analyse der unterschiedlichen Unterrichtsformen sowie ihre Auswirkungen auf die Lernprozesse gehören zu den Aufgaben der linguistischen Unterrichtsforschung.

Schrifterwerb

Christa Röber-Siekmeyer behandelt im ersten Artikel über den Schrifterwerb die Frage, wie sich Lerner unser Schriftsystem aneignen und was Lehrende dazu beitragen können, diese Entwicklung zu unterstützen. Die Schrift wird verstanden als ein sprachliches Teilsystem, das in seinem Kern grundsätzlich regelhaft und damit auch lernbar ist. Die Kenntnis dieses Systems ist eine unabdingbare Voraussetzung, um die Entwicklungsprozesse bei seiner Aneignung nicht nur zu verstehen, sondern auch sinnvoll unterstützen zu können. Der Artikel zeigt am Beispiel der Silbe den Zusammenhang von Orthographie, literaler Entwicklung und didaktischen Maßnahmen.

Alphabetisierung Erwachsener

Im zweiten Artikel von *Georg Schuppener* geht es um die Alphabetisierung Erwachsener. Dabei handelt es sich entweder um Menschen, die zwar eine Schule besucht haben, aber dennoch nicht lesen und schreiben können, oder aber um Migranten, die in einer anderen Sprache lesen und schreiben gelernt haben. Auch in hoch entwickelten Industrieländern können oft fünf Prozent und mehr der erwachsenen Bevölkerung nicht ausreichend lesen und schreiben. Darunter leiden vor allem die Betroffenen, die ja nicht nur in ihrer beruflichen Entwicklung erheblich eingeschränkt sind, sondern auch im Alltag (Einkaufen, Behörden, Bankgeschäfte, ...) mit großen Problemen zu kämpfen haben. Will man diesen Menschen helfen, so müssen hierfür eigene Vermittlungskonzepte entwickelt werden, die der besonderen psychologischen Situation erwachsener Lerner gerecht werden.

Schreibdidaktik

Im Artikel 3 von *Michael Becker-Mrotzek* wird dann die Frage behandelt, wie Menschen lernen, Texte zu produzieren. Texte stellen ein Mittel dar, um über Raum und Zeit hinweg zu kommunizieren, indem sprachliche Handlungen gespeichert werden. Das erfordert von den Schreibern spezifische kognitive Fähigkeiten, die sich von denen der mündlichen Kommunikation unterscheiden. Das Abstrahieren von der aktuellen Situation und die Antizipation der Rezeptionssituation machen den Ausbau der sozialen Kognition erforderlich. Zugleich stellen jedoch die in der Schreibpraxis entwickelten und von der Textlinguistik beschriebenen Textarten hierfür Hilfen bereit. Ihre Kenntnis ist für einen erfolgreichen Schreibunterricht ebenso erforderlich wie Kenntnisse über die Schreibentwicklung und den Schreibprozess. Der Artikel behandelt den Zusammenhang von Textstrukturen, Schreibprozess und Schreibdidaktik.

Sprechwissenschaft und Sprecherziehung

Im Artikel 4 von *Ines Bose* und *Norbert Gutenberg* über Sprechwissenschaft und Sprecherziehung in der Lehrerausbildung wird zunächst das Verständnis der Sprechwissenschaft von mündlicher Kommunikation behandelt. Anschließend wird an einem Beispiel verdeutlicht, wie Probleme, die Lehramtsstudierende mit ihrer Stimme sowie ihrem sprachlichen Ausdruck haben, ermittelt und behoben werden können. Stimmprobleme können sich bei einem sprechenden Beruf – ohne entsprechende Schulung – zu einem echten Krankheitsbild auswachsen. Aber auch für die Unterrichtsgestaltung, etwa beim Unterrichtsgespräch oder beim Vorlesen, benötigen Lehrer und Lehrerinnen spezifische Kompetenzen. Anders als beim Schreiben fallen hier Denken und sprachliche Äußerung beinahe zusammen.

Gesprächsfähigkeit im Unterricht

Der Artikel 5 von *Rüdiger Vogt* über Gesprächsfähigkeit im Unterricht stellt eher strukturelle Aspekte der Unterrichtskommunikation in den Fokus. Unterricht bedeutet, dass ein Lehrer vielen Schülern gegenübersteht, was besondere Vorkehrungen für die Verteilung des Rederechts erforderlich macht. Die linguistische Pragmatik untersucht, wie Unterricht kommunikativ gestaltet wird und wie sich das auf die Beteiligungsmöglichkeiten der Schüler auswirkt. Am Beispiel des fragend-entwickelnden Unterrichts werden typische Probleme verdeutlicht. Anschließend werden verschiedene pädagogische und fachdidaktische Konzepte zur Vermittlung von Gesprächsfähigkeit im Unterricht vorgestellt.

Einen aktuellen und umfassenden Überblick über sprachdidaktische Fragen bietet das *Handbuch Didaktik der deutschen Sprache* von Bredel u.a. (2003). Aktuelle fachdidaktische Fragen werden u.a. in folgenden Zeitschriften diskutiert: *Der Deutschunterricht* (Seelze: Friedrich), *Deutschunterricht* (Braunschweig: Westermann), *Didaktik Deutsch* (Hohengehren: Schneider) sowie *Praxis Deutsch* (Seelze: Friedrich).

Michael Becker-Mrotzek

I.1 Schrifterwerb

Christa Röber-Siekmeyer

1 Zur Problematik der derzeitigen Schrifterwerbskonzepte

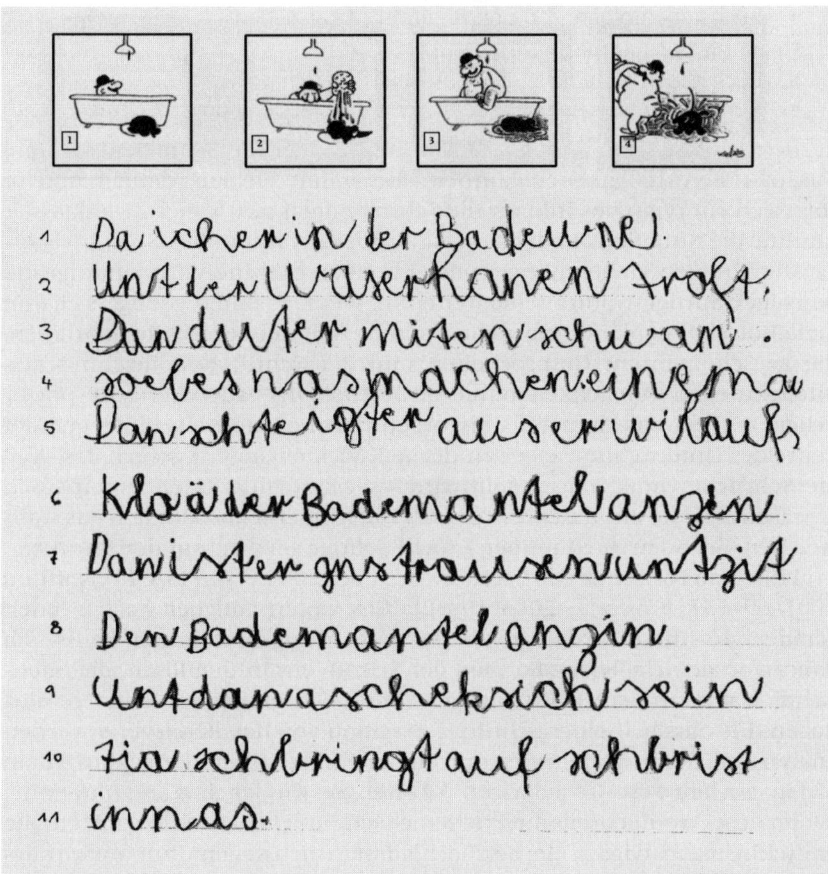

Abb. 1 Beispieltext Felix

Erste Fehleranalyse

Dieses ist der Text eines Zweitklässlers am Beginn der 2. Klasse aus der Nähe von Freiburg, der ein standardnahes Alemannisch spricht (Abb. 1). Den Text des Jungen verdanke ich der Freiburger Studentin Martina Gnädig, die mit dem Jungen im Rahmen ihrer Examensarbeit gearbeitet hat. Sie beschreiben den Leistungsstand des Jungen zu Beginn der Arbeit mit ihm. Er enthält auf einen ersten Blick – wenn dieser an den rechtschreiblichen Erwartungen orientiert ist – sehr viele Fehler:

Nicht alle Sätze sind am Anfang (Großbuchstabe) und Ende (Punkt) markiert (z. B. Z. 5).

Nicht alle Wörter sind abgetrennt (z. B. Z. 1 „icher" / <ist er>).

Nur ein Teil der großzuschreibenden Wörter sind großgeschrieben (z. B. Z. 2 „waserhanen" / <Wasserhahn>.

Einige Buchstaben fehlen:
- Vokalbuchstaben (z. B. Z.7 „gnz" / <ganz>)
- Konsonantenbuchstaben am Silbenanfang (Z. 9 „aschek" / <erschreckt>, Z. 3 „miten" / <mit dem>), am Silbenende (z. B. Z. 2 „troft" / <tropft>, Z. 4 „ebes" / <etwas>)
- Gedoppelte Konsonantenbuchstaben: z. B. Z. 1 „Badewne" / <Badewanne>, Z. 2 „Waser" / <Wasser>
- Buchstabenfolgen: Z. 6 und 8 „anzin" / <anziehen>

Einige Buchstaben sind „vertauscht":
- Buchstaben für Vokale: Z. 9 „aschek" / <erschreckt>
- Konsonantenbuchstaben: Z. 1 „ich" / <ist>, „dut" / <tut>, Z. 10 „schbringt" / <springt>, „schbrist" / <spritzt>.

Zusätzliche Auffälligkeiten können unerwähnt bleiben, denn schon so zeigt sich ein typisches Bild für die Schreibungen sehr vieler Zweitklässler und für die Situation, in der sich die Kinder befinden:

Zentrale These

Den Problemen beim Lesen und Schreiben entgehen Kinder aufgrund des gegenwärtigen Unterrichts nur dann, wenn es ihnen gelingt, sich von den „Botschaften" des Unterrichts zu lösen. Sie müssen die Regularitäten, die zwischen ihrem Gesprochenen und der Schrift bestehen, mit den intellektuellen Möglichkeiten, die sie bereits aufgebaut, und dem sprachlichen Wissen, das sie bereits erworben haben, – teilweise entgegen der Lehre des Unterrichts – selber entdecken. Vielen Kindern gelingt das, weil die Schrift – wie zu zeigen sein wird – diese Regularitäten systematisch repräsentiert, sie aus ihr ablesbar sind. Die Kinder jedoch, denen das – aus welchen Gründen auch immer – nicht gelingt, bleiben auf der Strecke.

PISA und IGLU quantifizieren sie mit über 20 % (vgl. PISA-Konsortium 2001: 69–131, Bos u.a. 2003: 19, 32). Ein Unterricht, der auch – oder: gerade – für diese Schülergruppe Verantwortung übernimmt, muss sich daher von den tradierten Formen der Schriftvermittlung lösen, die offensichtlich nicht bei allen Kindern zu einem erfolgreichen Lernen geführt haben. Er muss bei seiner Schriftpräsentation von den bereits erworbenen analytischen sprachlichen Ressourcen der Kinder ausgehen – gemäß dem pädagogischen Postulat jeder guten Lehre: die Kinder sind „abzuholen".

Die Suggestion des herkömmlichen Anfangsunterrichts Lesen

Im Lese- und Schreibunterricht – gleichgültig, nach welcher Methode er durchgeführt wird –, „lernen" die Kinder Buchstaben: Ihnen wird suggeriert, dass einem Zeichen (<e, f, ch, t, ei, st>) eine bestimmte Lautung entspräche, diese durchgängig gelte und dass gesprochene Sprache sich aus diesen Elementen zusammensetze.

Die Geschichte des Anfangsunterrichts

Die Geschichte des Anfangsunterrichts in Deutschland war seit jeher gekennzeichnet durch Methodenstreitigkeiten: Buchstabiermethode vs. Lautiermethode, synthetische vs. analytische Methode, Fibelunterricht vs. „Schrifterwerbskonzepte". So unterschiedlich ihre Darbietungen der Schrift konzeptionell auch waren und sind – sie gleichen sich bei allen Methoden in der Annahme, dass die Buchstabenkette im Geschriebenen einer Lautkette im Gesprochenen entspräche und dass Laute die kleinsten isolierbaren Elemente des Gesprochenen seien. Damit bilden sie, sprachanalytisch gesehen, eine Einheit gegenüber einem Ansatz, der von den sprachlichen Segmentierungsmöglichkeiten der Kinder einerseits, der Beschreibung der Schrift/Orthographie als Markierung sprachlicher Strukturen andererseits ausgeht. Dieses soll im Folgenden dargestellt werden.

Lesen

Lesen wird ihnen als die Aufgabe beschrieben, Lautungen, die sie für die einzelnen Buchstaben erlernt haben, in einer zeitlichen Abfolge zu produzieren analog der räumlichen Reihenfolge der Buchstaben von links nach rechts. Die transkribierten Beispiele [1] bis [3] machen deutlich, was die Folgen einer solchen „Botschaft" des Unterrichts sind:

[1] ['kə.'ʔeː.'lː.'lː.'ʔeː.'rː, 'kʰeːl.'leːr] / <Keller>

[2] ['kə.'kʰeː.'kʰeːrːlː. 'kʰeːrːlː. 'ʔeː] / <Kerle>

[3] ['mː.'iː.'tᵊ.'tᵊ.'ʔeː, 'mːiːtʰ.'tʰeː] / <Mitte>

- Wenn die Kinder am Anfang versuchen, einen „Laut" für jeden Buchstaben zu produzieren und dabei immer wieder neu „ansetzen", artikulieren sie einzelne Silben, sprechen also z. B. <Keller> mit sechs Silben statt mit zwei (Beispiel [1]).
- Wenn es ihnen gelingt, einige „Laute zusammenzuziehen", d.h. koartikuliert zu sprechen, verkennen sie die silbischen Grenzen und addieren Laute so lange, wie der Silbenbogen es zulässt, nämlich bis zu einem Vokal: Mit ihm ist die Artikulation einer neuen Silbe, d.h. ein neuer Druckanstieg verbunden (vgl. Beispiel [2]).
- Das links beginnende, buchstabenweise Lautieren führt dazu, dass sie jedem „Laut", bei dem das möglich ist, Länge geben (vgl. Beispiel [3]). Verfälschende Wirkung hat das vor allem bei Vokalen, deren Anschlüsse an den folgenden Konsonanten im Deutschen einen entscheidenden Teil der bedeutungstragenden Artikulation ausmacht (vgl. Maas 1999): Die beiden lautlichen Varianten für einen Vokalbuchstaben, nämlich entweder mit festem oder mit losem Anschluss, was Erwachsene als Länge oder Kürze eines Vokals wahrnehmen, unterscheiden in den meisten Dialektregionen zwei Wörter: <Miete/Mitte; mahlte/Malte, wohlig/wollig, Hüte/Hütte>.

Verantwortlich für dieses Lesen der Kinder ist die in der deutschen Forschung und Didaktik seit Jahrhunderten vorherrschende Annahme, Buchstaben repräsentierten ausschließlich Laute. Sie ist verbunden mit der Ignoranz gegenüber der phonologischen Struktur der Wörter und deren regelhafte Repräsentation durch die Schrift. Sie lässt unberücksichtigt, dass gesprochene Texte aus Elementen bestehen, die wir als Silben bezeichnen, denn Silben, nicht Laute sind die kleinste isoliert artikulierbare Einheit. Diese unterscheiden sich durch ihre Betonung und ihre Lautung.

Lauttreue als Mythos

Zwar stellen die Lehrerhandbücher zu den Fibeln das eindeutige 1:1-Verhältnis zwischen Buchstaben und Lauten in Frage und unterscheiden „lautgetreue" und „nicht lautgetreue" Wörter. Diese Formulierung macht jedoch zweierlei deutlich: zum einen, dass Gesprochenes interpretiert wird als eine lineare Aneinanderkettung von „Lauten", und „Laute" werden dabei als Korrelate zu Buchstaben gesehen. Zum anderen wird als

Optimum erwartet, dass ein Buchstabe immer den gleichen Laut – und nur den – repräsentiert. Entsprechend wird den Kindern die Schrift vorgeführt: Jede Fibelseite präsentiert ein Zeichen, dem ein „Laut“ zugeordnet wird. Des Weiteren hat die Fibelseite Wörter, die diesen Buchstaben enthalten, und es wird erwartet, dass die Kinder die Wörter so lesen, dass der „Laut“ „hörbar“ wird. Abweichungen von einem so verstandenen 1:1 werden als „Ausnahmen“ bezeichnet.

Schreiben

Die lineare Sichtweise der Lautung-Buchstaben-Korrelation schlägt sich didaktisch ebenfalls nieder in den Anweisungen zum Schreiben. Sie erwarten von den Kindern, bestimmte „Laute“ durch „langsames, deutliches Sprechen“ in einem Wort zu identifizieren, für die dann bestimmte Buchstaben zu schreiben sein. Jeder, der Kinder bei dieser Tätigkeit beobachtet hat, weiß, dass sie Kindern in dem gleichen Maße Mühe macht wie beim Lesen die Aufforderung, isolierte „Laute“ zu Wörtern „zusammenzuziehen“.

Die Schwierigkeiten der Kinder, die Elemente im Gesprochenen zu identifizieren, die von der Schrift wiedergegeben werden, werden sehr schön dann sichtbar, wenn die Kinder bei ihrem Schreiben gemäß der Vorgabe „langsam und deutlich“ mitzusprechen, dieses tun:

Schreibungen norddeutscher Erstklässler (Februar):

Schreibprobleme beim „Auflautieren“

[4]	<Löwe>:	„[lø:.və, 'lø:və, 'lø:,'lø,'l:,l:]“	
		wie <Lars, Laterne>	schreibt <L>
		[lø:,l:ø:,'lø:.və, və, və,'v:,və,'və]	schreibt <LW>
[5]	<Suppe>	„['zʊpə, 'zə,'z:]“	
		wie <Sarah> [z:]	schreibt <S>
		„[zʊp, zʊp^{h}, zʊp^{h}, 'zʊpə, 'zʊ'pə]“	schreibt <SP>
[6]	<Suppe>:	„['zʊpə, z:, zo:]“	schreibt <So>
		„['zʊpə, 'zo:.'pə, pə]“	schreibt <Sop>

Das Kind in Beispiel [4] hat Mühe, den zweiten Teil der Silbe nach dem konsonantischen Anfang, den Vokal, in der betonten Silbe zu identifizieren, obwohl das ein silbisches Segment ist, dessen Lautung (für Schriftkundige) mit der Lautung „für“ den Buchstaben übereinstimmt („lautgetreu“). Die Kinder in Beispiel [5] und [6] haben hier keine Mühe mehr, sie schreiben beide <Löwe>. Ihnen ist es allerdings nicht möglich, die Segmente von Wörtern zu identifizieren, die von den Lautungen, die sie beim „Buchstabenlernen“ kennen gelernt haben, abweichen: Hier sind es die Vokale mit einem festen Anschluss an einen folgenden Konsonanten, der den Vokal kürzer erscheinen lässt (andere „Quantität“) und ihm einen anderen Klang gibt (andere „Qualität“). Das Kind in Beispiel [5] hat überhaupt kein vokalisches Element identifizieren können. Das Kind in Beispiel [6] hat – wahrscheinlich bereits wissend, dass <s> nicht die gesamte Silbe repräsentieren kann – die Methode angewandt, die es im Unterricht gelernt hat: Es hat das Wort „langsam und deutlich“ ausgesprochen. Dabei produziert es als norddeutscher Sprecher einen Laut, der mit dem übereinstimmt, für den ein anderer als der erwartete Buchstabe (das <o> statt des <u>) geschrieben wird. Denn Norddeutsche sprechen die Vokale mit festem Anschluss an einen Folgekonsonanten (zukünftig „V↲“), außer [a], sehr offen aus. So kommt es bei Erstklässlern häufig zu der Wahl eines falschen Buchstabens (nach meiner Auswertung von 3.600 Schreibungen norddeutscher Erstklässler in der Mitte der 1. Klasse noch bei über 30 %). In der unbetonten Silbe haben sie kein <e> geschrieben, weil die isolierte Lautung „für“ den Buchstaben [pə] mit der gesamten Silbe übereinstimmt, <e> schreiben sie nur, wenn sie ein [eː] artikulieren, und das ist in der unbetonten Silbe nie der Fall.

Dass auch Zweitklässler noch Schwierigkeiten haben, V↲ zu identifizieren, macht der eingangs dokumentierte Text von Felix in (Abb. 1) deutlich: <Wanne> („wne“) und <ganz> („gns“) enthalten keine Vokalbuchstaben.

Es wird bereits an diesen wenigen Beispielen erkennbar: Die Botschaft des Unterrichts, gesprochene Wörter beständen aus isolierbaren Lauten, die so klängen wie die Lautungen für die Bezeichnung einzelner Buchstaben und seien daher in der Koartikulation eines Wortes durch „langsames und deutliches“ Sprechen entsprechend wahrnehmbar, hilft nicht allen Kindern weiter. Diese Botschaft repräsentiert lediglich die Wahrnehmung derjenigen, die bereits schreiben können (vgl. auch Röber-Siekmeyer 2002b).

Schreibungen von Schärfungswörtern

Dass die Vorgabe, die Schreibung von Wörtern durch „langsames und deutliches“ Sprechen erkennen zu können, die Kinder auf falsche Fährten bringt, lässt sich vor allem an den Schreibungen der so genannten Schärfungswörter (= Wörter mit V↲, denen in zweisilbigen Wörtern nur ein Konsonant folgt: <Suppe, Hütte, Keller>) aufzeigen. Sie stellen ein Rechtschreibproblem für einige Kinder bis über die Grundschule hinaus dar, weil sich die Kinder an die Vorgaben des Anfangsunterrichts, ein Laut würde durch einen Buchstaben repräsentiert, halten. So hat Felix in seinem Text nicht ein einziges Mal das Konsonantenzeichen nach V↲ gedoppelt („wne, waser, miten“). Sein Mitsprechen bei einem Diktat, das er wenige Tage später schrieb, lässt erkennen, dass er die orthographische Regel (und Notwendigkeit, s. u.), Schärfungswörter zu markieren, noch nicht erkannt hat: Nur eins der 13 Schärfungswörter, nämlich das Wort <Hanno>, das er mit dem Namen seiner Schwester, <Hanna>, assoziiert („Das ist wie <Hanna>“), schreibt er richtig.

[7]	<Gitte>:	['gitə, g^{ə}, g^{ə}, g^{ə}, 'giːm, g^{ə}, ʔiː, 'giː't^{h}ə, 'giː 'teː, 'ʔeː, 'gɪtə]	schreibt <Gite>
[8]	<Lappen>:	['lː, 'ʔɑː, 'lɑː, 'lː, 'ʔɑː, 'pə, 'lap, lap, ʔe, ʔen, nː, la.'peːn, nː]	schreibt <lapen>

Diese Lautierungen zeigen exemplarisch die Versuche des überwiegenden Teils von Zweitklässlern, Wörter mit dem Wissen über Schrift, das sie bisher erworben haben, zu schreiben. Daher wird nur ca. ein Drittel der Schärfungswörter am Ende der 2. Klasse richtig geschrieben, und sehr viele davon sind Wörter wie <Puppe, Sonne> (oder hier <Hanno>), deren Schreibung die Kinder gedächtnismäßig als Bilder gespeichert haben. Denn die Botschaft des Unterrichts, für einen „Laut“ einen Buchstaben zu schreiben, erweist sich hier erst recht als falsch.

2 Die Bedeutung der Berücksichtigung prosodischer Strukturen beim Schrifterwerb

(„pros-ode“ heißt „dazusingen“, meint die rhythmische Gliederung des Gesprochenen.)

2.1 Schrift als Repräsentation prosodischer Strukturen der Sprache

Schrift als Repräsentation prosodischer Strukturen

Die Verkürzungen einer Didaktik, die das Lautung-Schrift-Verhältnis in dieser Form darbietet, wird deutlich: Schrift repräsentiert zwar auch eine – idealisierte – lautliche Struktur von Wörtern, sie repräsentiert jedoch vor allem ihre prosodische Struktur, d.h. sie repräsentiert unterschiedliche „Wortgestalten“ mit deren spezifischen Betonungsmustern, die an Silben gebunden sind (<sa*gen*, *ge*sagt, *ge*sag*te*>), und die unterschiedlichen Varianten der betonten Silbe (<Hüte, Hüfte, Hütte, Hühnchen>). Die allermeisten Wörter des Deutschen innerhalb von Texten sind zweisilbig, und der überwiegende Teil von ihnen folgt dem Trochäus (betont/unbetont), so dass dieses Betonungsmuster als typisches Merkmal deutscher Wörter zu bezeichnen ist: <Vater, gelbe, male> (vgl. Eisenberg 1998: 27–32, Maas 1999: 98 ff.).

Dass die Schrift die Betontheit der Silben symbolisiert, ist besonders an der Schreibung der 2. Silben dieser Wörter erkennbar: Deren Unbetontheit wird durch den Buchstaben <e> angezeigt, der entweder allein steht oder dem ein <r, l, n>, seltener ein <s, t> folgt und dessen Lautung in nahezu allen Dialektregionen eine andere ist als die für <e> in der betonten Silbe: <ge*be*, Ge*ber*, ge*ben*, He*bel*, gel*bes*, (ihr) ge*bet*, (das) *Ge*bet>. Diese Silben werden als „Reduktionssilben“ bezeichnet. (Es gibt eine weitere Gruppe unbetonter Silben (<*Gi*raffe, Au*to*>), die hier jedoch nicht systematisch behandelt werden sollen (vgl. dazu Maas 1999).

Die vier Varianten der betonten Silbe des Deutschen

Variantenreicher als dieser Silbentyp ist der der betonten Silbe. So sind zunächst zwei Varianten entsprechend dem Vorkommen eines Konsonanten im Endrand der Silbe zu beschreiben (vgl. Maas 1993: 285 ff.):

Tab. 1 Silbentypen 1

„offene Silben“ (ohne Konsonant)	*„geschlossene Silben“ (mit Konsonant)*
[hyː.tə] / <Hüte>	['hyːn.çn̩] / <Hühnchen>
['hʏtə] / <Hütte>	['hʏf.tə] / <Hüfte>

Die Variante, die hier durch <Hütte> symbolisiert wird, wird in zahlreichen phonologischen Darstellungen nicht als offen bezeichnet. Aufgrund meiner Ergebnisse aus Untersuchungen zur Wahrnehmung sprachlicher Strukturen von Kindern am Schriftanfang folge ich der Modellierung, die den intervokalischen Konsonanten in den Anfangsrand der Reduktionssilbe setzt (vgl. Röber-Siekmeyer 2002a).

„Lang- und Kurzvokale“ in der Wahrnehmung der Schreibanfänger

Die Beispielwörter deuten an, dass es in jeder Spalte erneut zwei Varianten gibt – aber weitere Varianten sind im Deutschen nicht anzutreffen. Der Unterschied zwischen den beiden Varianten in jeder Spalte wird in der didaktischen Literatur mehrheitlich mit dem Merkmalspaar „langer" oder „kurzer" Vokal beschrieben. Untersuchungen mit Erst- und Zweitklässlern und mit Hauptschülern in unterschiedlichen Dialektregionen, vor allem die Auswertungen von frühen Schreibungen lassen erkennen, dass die quantitative Beschreibung, die der Bezeichnung als „kurz/lang" zugrunde liegt, die explorierende Wahrnehmung der meisten Kinder nicht trifft. So nehmen Erstklässler die Folge „Kurzvokal"/Konsonant als Einheit wahr, von der sie nur das konsonantische Element lautlich identifizieren können (vgl. Röber-Siekmeyer, i. E.). Die Kinder beschreiben den Unterschied, wenn er im Unterricht als Kontrast thematisiert wird, auch häufig als „anderen Klang", oder sie beschreiben das Verhältnis der Vokale zu den folgenden Konsonanten: Den „Kurzvokal" höre man gar nicht, weil er so „eng" mit dem Konsonanten verbunden sei: „er ist gequetscht" oder „er ist verheiratet" (vgl. auch Maas 1992). Die Kinder nehmen offensichtlich die unterschiedliche Anschlusskorrelation in den Silben wahr, oder, wenn sie die Vokale isolieren, deren qualitativen Unterschied. Nur in einigen Dialektregionen, vor allem im Süden, in denen die qualitative Differenz bei einigen Vokalen nicht vorhanden ist, sprechen die Kinder von „dicken, fetten" und „nicht so dicken" Lauten (vgl. Röber-Siekmeyer, 2002a).

Schriftrelevante phonologische Merkmale des Deutschen

Mit ihren Schreibungen und Äußerungen bestätigen die Kinder die phonologische Beschreibung der Silben deutscher Wörter (oder je nach Sichtweise – auch andersherum: bestätigt die Linguistik die Wahrnehmung der Kinder): Für sie ist der jeweilige Anschluss zwischen Vokal und Konsonanten das vorrangige Merkmal in der unterscheidenden Wahrnehmung. Silben gliedern sich demnach für diejenigen, die noch kein Schriftwissen haben, nicht in einzelne „Laute", sondern in zwei Segmente: den konsonantischen Anfangsrand (A) und den Reim (R) (s. Abb. 2). Beide werden hierbei als Einheit wahrgenommen – gleichgültig aus wie vielen Elementen sie bestehen: „Elemente" im Sinne der Schrift verstanden als die Segmente, die durch Veränderungen in der Artikulation wahrnehmbar und durch Ersetzung isolierbar sind, daher als „Phoneme" bezeichnet und mit Buchstaben markiert werden: <Hose/Hase, Winde/Wände/Wilde>: Der Zusammenhang dieser Elemente im Reim, damit die lautliche Gestalt der Silbe, bestimmt die Merkmale der einzelnen Elemente (vgl. auch Wiese 2002).

Abb. 2
Silbenaufbau

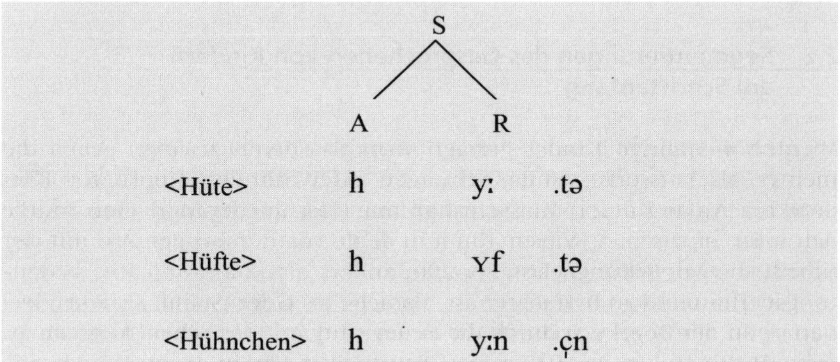

Die orthographischen Markierungen der betonten Silben

Das lautschriftliche Zeichensystem ist hier unzureichend, es markiert ausschließlich die unterschiedliche Qualität der Vokale ([ɑ/a e/ɛ...]) sowie deren Quantität durch den Doppelpunkt ([aː, eː]). Sollen die unterschiedlichen koartikulatorischen Engen als die übergeordnete Bedeutung der lautlichen Gestalt markiert werden, bedarf es anderer Zeichen: V↲ für den festen Anschluss (<Hüfte, Hütte>), V→ für den losen (<Hüte, Hühnchen>). Entsprechend ist die Systematik der Differenzierung der betonten Silben im Deutschen in folgender Weise zu beschreiben (vgl. Maas 1999):

Tab. 2
Silbentypen II

	offene Silbe	*geschlossene Silbe*
V→	[hy→.tə] / <Hüte>	['hy→n.çn] / <Hühnchen>
V↲	['hʏ↲tə] / <Hütte>	['hʏ↲f.tə] / <Hüfte>

Der Bezug der orthographischen Markierungen (Dehnungs-h, Doppelung des Konsonantenzeichens) auf diese vier Varianten lässt die Rechtschreibung als in höchstem Maße plausibel erscheinen: Um dem *Leser* (die Rechtschreibung ist *leserorientiert*, vgl. Maas 2000) Hinweise auf die Artikulation der Wörter zu geben, bedarf es der grafischen Unterscheidung der Formen, die ein Merkmal gemeinsam haben, z.B. die offene Silbe bzw. die geschlossene Silbe. Um daher V↲ von V→, deren Buchstaben gleich sind, in offenen Silben zu unterscheiden, sieht die Schrift hier die Doppelung des Konsonantenbuchstabens nach dem Buchstaben für V↲ vor. Und um dem Leser den Hinweis für die Artikulation der Vokale in geschlossenen Silben zu geben, wird die Variante V→ mit einem <h> (bei <i> mit einem <e>) markiert (diese Schreibung ist jedoch nur teilweise regelhaft, vgl. Maas 2000: 44–59, Thelen 2002).

Soweit der Umriss einer Phonologie des deutschen Trochäus, dem „Prototypen" deutscher Wörter (Eisenberg), als Grundlage einer orthographischen Systematik der Wortschreibungen, die der Fundierung der Schrift im Gesprochenen, dem „Ausgangsmaterial" der Kinder für das Schreiben, folgt. Die Bedeutung dieser Darstellung für die Analyse von Kinderschreibungen wurde bereits an mehreren Stellen sichtbar. Sie soll im Folgenden durch Belege für die prosodisch bestimmte Wahrnehmung vorschulischer Kinder weiter fundiert werden.

2.2 Segmentierungen des Gesprochenen von Kindern am Schriftanfang

Die mangelnde „Vergegenständlichung" der Sprache am Schriftanfang

Werden 4–5jährige Kinder gefragt, womit <Löwe> anfängt, geben die meisten als Antwort: „mit der Schnauze" oder „mit dem Kopf". Von Kindern am Anfang der 1. Klasse erhält man fast durchgängig eine andere Antwort: „mit <lö>". Vielen Kindern fehlt vor der Begegnung mit der Schrift die Vorstellung, dass Sprache anders als kommunikativ, bedeutungsvermittelnd zu betrachten ist. Sprache als Gegenstand, als Form lernen sie in der Regel erst durch die Begegnung mit der Schrift kennen. So fasste B. Bosch bereits 1937 seine Untersuchungen, in denen Kinder z.B.

angaben, das Wort <Kuh> sei größer als das Wort „Piepvögelchen", zu der Feststellung zusammen, „daß dem sechsjährigen Kind die Absetzung der einzelnen Redeteile nicht geläufig ist, vielmehr erst allmählich anhebt. Die Ursache dafür ist darin zu suchen, daß das Kind wegen der durchschlagenden Dominanz der Komplexqualität noch nicht zu der erforderlichen Vergegenständlichung der Sprache gelangt ist" (ebd.: 29).

Kindliche Segmentierungen von Äußerungen

Neuere Untersuchungen aktualisieren zwar diese Ergebnisse, allerdings lassen detaillierte Untersuchungen durchaus analytische Handlungen bei größeren Gruppen von Erstklässlern erkennen (vgl. Grümmer/Welling 2002): In einem Seminar zum Sprachbewusstsein von Kindern am Schriftanfang habe ich diese Untersuchung von Bosch aufgenommen. Jede Seminarteilnehmerin hatte den Auftrag, fünf Erstklässler am Beginn der 1. Klasse zu fragen, wie viele Wörter verschiedene Äußerungen enthielten (s. Tab. 3).

Bei der Auswertung der Antworten der insgesamt 162 Kinder ergab sich, dass (s. Tab. 3)

1. ein Drittel der Kinder (in völliger Übereinstimmung mit den Ergebnissen B. Boschs von vor einem dreiviertel Jahrhundert) die Frage im Sinne der Grammatik erwartungsgemäß beantwortete,
2. fast ein Drittel der Kinder durchgängig eine kleinere Zahl als erwartet angab (s. 2. Gruppe),
3. ein Fünftel der Gruppe durchgängig eine gleiche höhere Zahl als erwartet angab (s. 3. Gruppe),
4. der Rest nicht eindeutig war.

Interessant ist die Analyse der Angaben der 2. und 3. Gruppe:

Tab. 3 Segmentierungen von Schulanfängern

	2. Gruppe Angaben der Kinder zur Anzahl der „Wörter" Anteil der Antworten		**3. Gruppe** Angaben von Kindern zur Anzahl der „Wörter" Anteil der Antworten	
Boris Becker			4	42 %
Claudia Schiffer			4 oder 5	17 %
Der gestiefelte Kater	2	32 %	6 oder 7	19 %
Die Sendung mit der Maus	2	19 %	6	19 %
Bundeskanzler Kohl			5	17 %
Schneewittchen			3	19 %
Michael Jackson			4	17 %
Hänsel und Gretel	2	42 %	4 oder 5	21 %
Das fleißige Schneiderlein	2	32 %	6 oder 7	19 %
Arnold Schwarznegger			5 oder 6	17 %
Biolek			3	19 %
Da steht ein Porsche	2	37 %	5	21 %
Heute regnet es	2	17 %	4 oder 5	21 %
Mutter backt Kuchen	2	31 %	4 oder 5	21 %
Papa kocht eine leckere Suppe	2	27 %	7, 8 oder 9	21 %

Die Zahlen der 3. Gruppe lassen schnell erkennen, dass die Kinder Silben für Wörter halten. Die mittlere Spalte deutet auf eine andere Segmentierung der Kinder hin: Sie haben Takte mit Wörtern gleichgesetzt. (Als ein Takt wird in der klassischen Verslehre die Einheit einer betonten Silbe mit den folgenden unbetonten gerechnet: <ene mene mu> hat drei Takte, <eine kleine Dickmadam> ebenfalls.) Ein „Wort" ist für sie demnach die Einheit, die einen Betonungsgipfel hat. Die unbetonten Elemente werden integriert.

Silbensegmentierungen am Schriftanfang

Diese Untersuchungen bestätigen, was für die Sprachwissenschaft eine Selbstverständlichkeit ist, in Teilen der amerikanischen Psycholinguistik und Schrifterwerbsforschung bereits seit den 60er Jahren diskutiert, in der deutschen didaktischen Forschung aber noch kaum realisiert wird (vgl. z.B. die Literaturüberblicke in Caravolas 1993, Edwards/Corson 1997, Grümmer/Welling 2002): Da gesprochene Sprache nach phonologischen oder prosodischen Merkmalen, d.h. in Silben und nach Akzentuierungen gegliedert ist, nehmen Kinder zunächst nur diese Segmente wahr. Allerdings sind auch viele am Schriftanfang bereits in der Lage, Silben zu gliedern. Das zeigen die sprachspielerischen Handlungen, an denen sie zu Beginn der Schulzeit so viel Freude entwickeln („Dro Chonosen mot dem Kontroboss ..."). Die Segmentierungen, die sie hier vornehmen, entsprechen jedoch nicht denen, die Erwachsene für „natürlich" halten (was eine große Bedeutung für die derzeitige Diskussion um „phonetisches / phonologisches Bewusstsein" hat). Eine der wenigen Untersuchungen für das Deutsche hierzu hat kürzlich Veronika Mattes durchgeführt (vgl. Mattes i. E.). Sie hat im Zusammenhang der Frage nach der unterschiedlichen Bedeutung der Silbe für vorschulische Kinder, Grundschulkinder und Erwachsene neun Fünfjährigen verschiedene Abbildungen vorgelegt und sie gebeten, diejenigen zusammenzufügen, deren Wörter „gleich anfangen". Die Ergebnisse einzelner Kinder sind sehr aufschlussreich und decken sich mit Forschungsergebnissen zum Englischen und Holländischen, dem Deutschen sehr verwandten Sprachen (vgl. Fikkert 1994). So haben einige Kinder

[9] <Blume/Bluse/Blatt> parallelisiert, aber nicht <Betten/Besen> hinzugenommen, <Schlange/schlafen> parallelisiert, aber nicht <Schrank> hinzugenommen

[10] <Hose/Bogen>, <Hut/Kuh>, <Kuh/Blume> parallelisiert, aber nicht <Wolke> bzw. <Hunde> hinzugenommen,

[11] <Katze/Tasse>, <Flasche/Wanne> parallelisiert.

Eine Freiburger Studentin hat im Rahmen ihrer Examensarbeit ähnliche Untersuchungen mit zwölf Fünf- und Sechsjährigen in Kindergärten durchgeführt. Hier haben die Kinder

[12] <Betten/Löffel/Hütte> parallelisiert, aber nicht <Betten/Besen>, <Betten/Fenster>

[13] <Besen/Feder> parallelisiert, aber nicht <Zelte> hinzugenommen.

Diese Ergebnisse zeigen zunächst einmal die Fähigkeiten der Kinder, phonologische Analysen vorzunehmen, denn alle ihre Antworten sind in einem phonologischen Sinne plausibel. Die Frage nach dem Wie der phonologischen Analysen lässt erkennen, dass ihre Raster der silbischen Segmentierung im Anfangsrand und Reim entsprechen – bei Komplexität gänzlich entgegen den in der Didaktik üblichen Erwartungen einer Lautanalyse. So zeigen die Antworten in [9], dass die Kinder beide Konsonanten im Anfangsrand als Einheit sehen. Die Antworten in [10] und [13] zeigen die Fähigkeit, silbische Reime zu isolieren und zu differenzieren: in Reim mit V→ (<Hose/Bogen>) als Gegensatz zu Reimen mit V↲ (nicht <Wolke>, <Teller>). Besonders aufschlussreich sind die Antworten zu [11] und [12]: Sie zeigen die Fähigkeiten der Kinder, Schärfungswörter als besondere Wortgestalten zu identifizieren, die sich sowohl von Wörtern mit V→ als auch von Wörtern mit V↲ in geschlossener Silbe (nicht <Betten/Fenster>) unterscheiden.

Die Resultate dieser Untersuchungen lassen übereinstimmend darauf schließen, dass

- Kinder bei entsprechender Aufgabenstellung bereits im vorschulischen Alter zur Segmentierung von Silben in der Lage sind (vgl. z.B. die Freude der Kinder an Wortspielen wie bei den Veränderungen des Liedes „Drei Chinesen mit dem Kontrabass"),
- diese Segmentierungen durch die Kinder der Gliederung der Silben zwischen Anfangsrand und Reim folgt, nicht aber der Gliederung in Phoneme.

3 Schrifterwerb als ein neuer Spracherwerb

Die Elemente der Silben, die wir als Laute zu bezeichnen gewohnt sind, sowie Wörter sind Segmente, die ausschließlich für die Schrift eine Relevanz haben. Um sie grafisch repräsentieren zu können, müssen die Kinder – das haben die eingangs dokumentierten Texte von Felix in (Abb. 1) gezeigt – sie erst zu identifizieren lernen. Das geschieht (in systematischer Form) ausschließlich bei der und für die Aneignung der Schrift – unter Nutzung der intellektuellen Ressourcen, die den Kindern zur Verfügung stehen.

Diese lassen sich aufgrund der umfangreichen psycholinguistischen Arbeiten der beiden letzten Jahrzehnte relativ genau umschreiben. So haben die meisten Kinder bis zum Schuleintritt einen komplexen Wortschatz erworben und beherrschen die Grammatik zumindest in dem Maße, dass eine altersgemäße Kommunikation möglich ist. Zu den Ressourcen, die die Kinder mit ihrem Spracherwerb aufgebaut haben, gehört ebenfalls die Entwicklung der intellektuellen Fähigkeiten, die ihnen den Spracherwerb ermöglicht haben und die an ihm weiterentwickelt wurden. Diese zu beschreiben, ist die primäre Funktion der psycholinguistischen Forschung. Sie weist bei allen theoretischen Kontroversen einheitlich nach, dass Spracherwerb neben der Gedächtnisleistung, die dabei zu erbringen ist, vor allem auf dem Suchen und Finden der Systematik, die die Sprache bestimmt, d.h. auf kognitiven Aktivitäten basiert. Die Fehler der Kinder, die sich in den meisten Fällen als Übergeneralisierungen entdeckter Regeln erweisen, lassen das Suchen und Anwenden von Regularitäten (als eigene Theorien) erkennen („er gehte, er schlafte“, vgl. z.B. Pinker 2000). Schreibenlernen bedeutet für die Kinder, mit Hilfe dieser Ressourcen die sprachlichen Segmente, die sie bereits isolieren können (nämlich Silben und Takte), in ihrem Gesprochenen entsprechend den Elementen zu gliedern, die die Schrift repräsentiert.

3.1 Umgangssprache und Dialekt vs. Explizitsprache

Silben als Produkte der supraglottalen Artikulation

Die Gliederung in Phoneme, die für das Schreiben notwendig ist, erfordert offensichtlich andere Operationen als die, zu denen Kinder vor dem Schriftanfang in der Lage sind. Die prosodische Gliederung in Silben und nach Akzentuierungen, die sie bereits leisten, kommen – im wahrsten Sinne des Wortes – aus dem Bauch: Sie sind Produkte der so genannten supraglottalen Artikulation, d.h. der Aktivitäten der Organe unterhalb der Glottis (= Kehlkopf), die auch für die Atmung zuständig sind. Sie gehören daher zum Sprechen wie das Schlucken zum Essen oder die Beinbewegung zum Gehen. Sie sind generell unwillkürliche, unbewusste Aktivitäten. Sobald es jedoch notwendig ist, sich mit ihren lautlichen Produktionen zu beschäftigen, so wie es das Schreiben erfordert, bedarf es Bewusstheit, Willkürlichkeit, Explizitheit. Diese Merkmale zielen jedoch auf geschriebene, nicht auf gesprochene Sprache ab: Die Schrift repräsentiert eine andere Sprache als die, die kommunikative Funktion hat: Sie repräsentiert eine „Explizitsprache“, d.h. eine Sprache, die in einem grammatischen Sinn präziser ist als das in normalen kommunikativen Situationen Gesprochene. Die Unterschiede zwischen der Schrift und ihrem Gesprochenen zu entdecken, gehört zu den ersten Aufgaben beim Schrifterwerb.

Schreiben als Rekonstruktion in einer neuen Sprache

Das wird sehr schön deutlich, wenn die Kinder – wie Felix bei seinem Badewannen-Text in Abb. 1 – gebeten werden, einen von ihnen selbst auf Kassette gesprochenen Text abzuhören und dabei zu verschriften. Die Gegenüberstellung zeigt die Differenzen zwischen einer Abbildung des Gesprochenen entsprechend den Botschaften des Unterrichts und den Formen der Schrift, die die Kinder bereits – selbstständig – entdeckt haben.

[14] [ʔʊn.dɑn.duː.dɐ. mɪdem. 'ʃvɑm.soː.ʔɛbəs. 'nas.maxə. ʔe.'ma͜us]
„Da duter miten schwam soebes nas machen. Einemaus.“

[15] ['dan.ʃda͜ig.da'ra͜us. ʊn. vɪl.ʊfs.'gloːɛːde. bɑːdə.man.dl. ʔan.tsiː.e]
„Dan schteigter aus er wilaufs Klo ä der Bademantel anzin.“

[16] [noː.rɐ. gans.'dra͜u.se. ʔʊn.tsiː. də. bɑː.de.man.dl.ʔan.]
„Dan ist er gns trausen untzit Den Bademantel an.“

Der geschriebene Text lässt an vielen Stellen erkennen, dass der Junge sich von der erlernten Maxime „Schreib, wie du sprichst!“ noch nicht gelöst hat:

[14] [duː.dɐ] / <duter>
[mɪdem]/<miten>

[15] [ʔan.tsiːə] „anzin“

Zahlreiche Stellen machen jedoch deutlich, dass er die Unabhängigkeit der Schrift vom Gesprochenen und deren Regularitäten zu erkennen anfängt und dabei ist, sie bei seinen Schreibungen zu berücksichtigen: z.B. verschriftet er [də] entweder als <der> (Abb. 1 – Z. 1, 2) oder als <den> (Abb. 1 – Z. 4) entsprechend der grammatischen Notwendigkeit, und obwohl er alle Reduktionssilben mit [n] im Standarddeutschen dialektbedingt als [ə] artikuliert (Abb. 1 – Z. 2): [maxə], Z. 3: [tsiː.ə], Z. 4: [drau̯.sə], schreibt er sie mit <en>. Besonders aufschlussreich ist in diesem Zusammenhang Abb. 1 – Z. 2: <Wasserhahn>, das er ['vasa.hɑː.nə] spricht und – übergeneralisierend – ebenfalls mit <en> schreibt: „waserhanen". Letztlich sind auch seine Bemühungen, Wortabtrennungen durchzuführen, Zeichen seiner Aneignung schriftlicher Strukturen (vgl. Röber-Siekmeyer 1998).

Umgangssprache/Dialekt vs. „Explizitsprache"

Diese Gegenüberstellung der Transkription des gesprochenen Textes mit dem geschriebenen Text macht deutlich, wie notwendig es ist, Schrifterwerbsprozesse in den Zusammenhang mit der Analyse der gesprochenen Sprache zu bringen: „die Kinder abzuholen". Sie gibt Aufschluss über die Abgrenzungen zwischen den für die Schrift relevanten sprachlichen Formen Umgangssprache/Dialekt und Explizitsprache. Für die Auseinandersetzung mit der gegenwärtigen Didaktik sind diese Sprachformen mit der Propagierung einer Pilot- oder Rechtschreibsprache zu konfrontieren: Dialekt und Umgangssprache einerseits, Explizitsprache andererseits stellen die beiden Endpunkte einer Linie verschiedener artikulatorischer Möglichkeiten, als „Register" bezeichnet, dar (vgl. Maas 1999: 288–310). Ihre Beschreibungen differieren vor allem in dem sprechpsychologischen Aufwand, der für ihre Artikulation betrieben wird, und – damit zusammenhängend – dem Tempo, mit dem sie gesprochen werden. Das umgangssprachliche Register wird generell bei normalen Unterhaltungen und Erzählungen gebraucht. Felix' mündliche Beschreibung der Bildergeschichte hat dieses Register. Es ist gekennzeichnet durch die Einbettung der Wörter in den Artikulationsstrom größerer Einheiten wie der eines Satzes, was sich besonders auf die Verteilung der silbischen Akzentuierungen auswirkt: Da Sätze des Deutschen in aller Regel nicht mehr als zwei Betonungsgipfel haben, verlieren betonbare Silben zwischen ihnen ihre Betonung: [doː 'ʔɪʃə.ɪn.də. 'bɑː.də.vanə]. Die Folge ist, dass die unbetonten Silben aufgrund des geringen Drucks weniger aufwändig artikuliert werden: [də] statt [dɛɐ]/<der>, ist die Artikulation eines isolierten Wortes, die mit dessen Betonung verbunden ist. Gleichzeitig ist hier Raum für dialektale Varianten: [do:]/<da>. Eine weitere Kennzeichnung der Umgangssprache als Folge des relativ großen Sprechtempos und der Bequemlichkeit der Artikulationsorgane ist die Eliminierung einzelner Laute und Silben, die auf der anderen Seite, bei der isolierten Artikulation der Wörter in der Explizitsprache, vorhanden sind. Felix eliminiert Laute bei den Äußerungen (Abb. 1 – Z. 7): [tsɪː.də]/<zieht den>, Z. 9: [ʔʊn.dan]/<und dann>, in denen er den Plosiv im Endrand des 1. Wortes nicht spricht. (Wie viel anstrengender und zeitaufwändiger die Artikulation beider Plosive ist, kann jeder nachvollziehen, der [tsɪːt.den] spricht).

Sprachliche Register

Der Erwerb der „Explizitsprache"

Die Aneignung expliziter grammatischer Formen beginnt schon früh, wenn die Kinder Gelegenheit erhalten, sich in Reimen und Liedern mit entsprechend gestalteter Sprache auseinander zu setzen. Gesichertes Wissen über explizite Formen wird jedoch erst mit dem Fortschreiten des Schrifterwerbs aufgebaut. So haben nach meinen Untersuchungen zu Wörtern mit dem „silbentrennenden h" wie <anziehen> noch 63 % der Kinder aus 2. Klassen, 37 % der Kinder aus 3. Klassen und 17 % der Kinder aus 4. Klassen des norddeutschen Sprachgebiets Wörter wie <fliehen, frohen, summen, springen> einsilbig geschrieben („flin, fron, sum, spring"). (Das „silbentrennende h" ist ein Zeichen der Schrift für die Wörter, bei denen nach einem Vokal der betonten Silbe der Anfangsrand der Reduktionssilbe nicht belegt ist und die daher umgangssprachlich einsilbig gesprochen werden, obwohl die Grammatik / die Schrift zwei Silben erfordert.) Im Gegensatz zu den norddeutschen haben süddeutsche Kinder aus je drei Klassen im 2. Schuljahr (46 %), 3. Schuljahr (18 %) und 4. Schuljahr (7 %), besser abgeschnitten: Der süddeutsche Dialekt ist so weit von der Explizitlautung entfernt, dass die Kinder die Schreibungen der Wörter gleich in ihrer grammatisch notwendigen Form erlernen. Der Gebrauch der Explizitsprache setzt demnach analytisches Wissen voraus, Wissen über die Isolierung von Wörtern sowie über deren grammatische Form und Funktion im Satz, die die Schrift repräsentiert (vgl. Röber-Siekmeyer i. E.).

Die Gefahr der „Pilotsprache"

Dieser Erwerbsprozess hat bei Felix angefangen, ist aber bei weitem noch nicht beendet, wie seine Schreibung „anzin" zeigt. Hier würde ihm die Forderung nach dem deutlichen Sprechen, der Methode einer Pilotsprachen-Didaktik, nichts nützen. Diese fordert nämlich, über die Explizitform hinausgehend, eine Artikulation, die die Buchstabenkette als lineare Repräsentation von Lauten sieht. So würde für <ziehen> die Artikulation [ˈtsiː.‿ˈhen] erwartet – ein Kunstwort, das im Gegensatz zur Explizitsprache im Gesprochenen aller Dialektregionen nicht vorkommt (denn <h> ist ein Zeichen der Schrift für die grammatisch geforderte Zweisilbigkeit des Verbs im Infinitiv, vgl. <die Seen> und <sie sehen>).

Wie wenig den Kindern die Aufforderung, eine buchstabenorientierte Pilotsprache zu gebrauchen, nützt, wird bei einem Diktat von Felix deutlich, bei dem er sich um eine überdeutliche, buchstabenorientierte Lautung bemüht. So ist er bei <verstecken> („faschken") zwar in der Lage, die Reduktionssilbe am Ende zu erkennen. Offensichtlich hat er – wie auch der Text mit der Erzählung zeigt – gelernt, das [n] am Ende eines Wortes nach einem Konsonanten als silbischen Kern in einer Reduktionssilbe zu identifizieren und/oder vermag intuitiv eine grammatische Analyse des Wortes (Verb im Infinitiv) vorzunehmen. Dieses nötige Schriftwissen fehlt ihm jedoch noch für die Reduktionssilbe am Wortanfang.

Entsprechend lautiert er hier [ɑ:]:

[17] [fː, fɑː, vaʃ, faʃt, ʃ, fɐ.ʃtɛ, ʃ, ʃ, ʃtɛk, ɪə, kə, ʃtɛk, ʃtɛk, ʔeːn, nː, ʃtɛk.eːn]

Die extrem deutliche, um Lautierung bemühte Artikulation hat ihm für seine Schreibung nichts genützt: Er schreibt „faschken".

3.2 Die Leistungen der Kinder beim Schreibenlernen

Zusammenfassung

Die bisherigen Analysen lassen sich in folgender Weise zusammenfassen (vgl. auch Maas 2002: 12–15):

- Sprechen ist eine Funktion der Kommunikation. Gesprochene Sprache ist daher durch andere Merkmale gekennzeichnet als die Schrift. Diese ist, losgelöst von Formen der Gestik und Mimik sowie den Möglichkeiten des unmittelbaren Dialogs, auf Klarheit und Eindeutigkeit angewiesen: Sie repräsentiert die Grammatik einer Sprache, die im Gesprochenen so nicht vorkommt, nämlich einer Sprache, die frei ist von umgangssprachlichen und dialektalen Varianten.
- Dadurch, dass das Sprechenlernen dem Schreibenlernen zeitlich vorweg geht, stellt die tatsächlich gesprochene Sprache das „Ausgangsmaterial" für den Schrifterwerb dar. Da sie jedoch eine andere Funktion hat und andere Merkmale aufweist als die geschriebene, kann kein Abbildungsverhältnis zwischen den beiden bestehen. In dem Maße wie die geschriebene als „grammatische Sprache" die gesprochene präzisiert, expliziter macht, kehrt sich das chronologische Verhältnis beim Schrifterwerb um: Schrift stellt ein neues Register zur Verfügung. Insofern kommt Schrift *vor* der (explizit) gesprochenen Sprache, bietet damit Chancen für einen komplexeren Sprachgebrauch und ermöglicht dessen Kontrolle aufgrund des analytischen Wissens, das mit dem Schrifterwerb aufgebaut wird.
- Im Gegensatz zum Spracherwerb geschieht der Schrifterwerb nicht spontan, sondern in einem institutionellen Rahmen, d.h. angeleitet, systematisiert und durch Sanktionen kontrolliert. Daher kommt der Lehre eine große Verantwortung zu – nicht allein für die erfolgreiche Aneignung des Gegenstandes, sondern insbesondere für die kognitive, psychische und soziale Entwicklung des Kindes, die gleichzeitig in starker Kopplung an schulisch angeleitete Kompetenzerweiterungen stattfindet.

4 Konsequenzen für einen pädagogisch angemessenen Schrifterwerb

4.1 Schreiben lernen

Aufgaben eines angemessenen Schreibunterrichts

Wygotski (1934/1991) hat bereits vor 70 Jahren nachgewiesen, dass Bewusstmachung als Grundlage von Lernprozessen an drei Komponenten gebunden ist: an das Aufnehmen bereits vorhandener Fähigkeiten (das „Abholen"), an Systematik und an Symbolisierung. Schrift ist die Symbolisierung der Strukturen des Gesprochenen in der Form, dass die grafischen Zeichen Lesern ermöglichen, diese in Lautung, die Bedeutung trägt, umzusetzen. Da die Buchstabenschrift sich von Bilderschriften insofern unterscheidet, dass sie wiederholbare sprachliche Elemente in ihren Ordnungen aufzeigt, repräsentiert sie zugleich die Systematik der Sprache – allerdings einer Sprache, die sich von dem Gesprochenen unterscheidet. Daraus folgt: Im Umgang mit der Schrift erhalten die Kinder die Möglichkeit, zunächst einmal die notwendige „Abständigkeit" zur Sprache, ihre „Vergegenständlichung" (Bosch) zu leisten und die Strukturen der Sprache, die die Schrift anzeigt, mit Hilfe der Schrift systematisch zu entdecken. Da die Analysen jedoch nur dort ansetzen können, wo bereits operables Wissen vorhanden ist, bildet die silbische Gliederung von Äußerungen (im Anfangsunterricht in aller Regel: von Wörtern) den Ausgang der analytischen Arbeit. Eine lautliche Analyse, so wie sie das Buchstabenlernen der Fibeln und Anlauttabellen voraussetzt, – das haben die zitierten Untersuchungen gezeigt – mangelt es an der Verankerung im kindlichen Sprachwissen am Schulanfang. „Laute“, die als Korrelate für Buchstaben im Gesprochenen angenommen werden, erkennen nur diejenigen, die bereits schreiben können.

Präsentation einer Wortgrammatik

Dem Ziel beim Schreiben, die Präsentation von Lautung entsprechend den Regeln der Schrift, können sich die Kinder daher nicht ausschließlich auditiv („Hör genau hin!“) nähern, diese Aufgabe bedarf der Unterstützung durch systematische Beobachtung, die ein Regelwissen über die grammatische Konstruktion der Wörter in ihren grammatischen Zusammenhängen aufbaut. So gilt es z.B. für betonte Silben zu entdecken:

- Silben gliedern sich in Anfangsrand und Reim.
- Der Anfangsrand besteht aus einem, zwei oder drei Konsonanten, die eine bestimmte Abfolge haben.
- Ihnen folgt im Reim ein Vokal, der entweder einen losen oder einen festen Anschluss an den Folgekonsonanten (V→ oder V↵) hat, wobei der Folgekonsonant entweder in der gleichen Silbe (geschlossene Silbe) oder in der nächsten Silbe (offene Silbe) ist.

Lesen- und Schreibenlernen sind also keine nur sensuellen, sondern primär kognitive Leistungen, basierend auf einem erwerbbaren Regelwissen über den Aufbau von Wörtern und Sätzen. Seine Aneignung lässt sich didaktisch stützen durch das Angebot von grafischen Modellierungen, die die Strukturen oberhalb der Buchstabenebene symbolisieren. Bezogen auf die Systematik der Wörter („Wortgrammatik“) kann den Kindern bei ihren Analysen ein Bild helfen, das den regelhaften Aufbau der Silben vorgibt. Es berücksichtigt die silbische Gliederung, die silbischen Akzentverhältnisse sowie die Gestaltung des Reims der betonten Silbe. So ein Bild kann z.B. ein Haus mit einer Garage darstellen (vgl. auch Fuchs/Röber-Siekmeyer 2002):

Abb. 3 „Silbenhäuser“

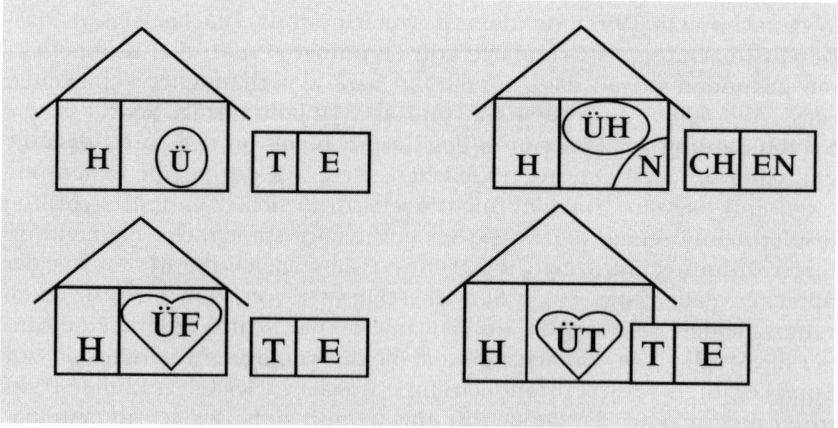

Das Herz um V⌋ mit Konsonant symbolisiert nach Aussagen von Erstklässlern das „Verheiratetsein" dieser Laute, ihre Enge: den festen Anschluss (vgl. Röber-Siekmeyer 2002a).

Das Primäre ist die prosodische Gliederung der Wörter, und die Binnengliederung der Silben beim Schreiben erfolgt entsprechend dem an der Schrift erworbenen Wissen über ihren Aufbau und über ihre Merkmale sowie deren regelhafter Markierung durch die Schrift. Dabei werden die unterschiedlichen Funktionen, die Buchstaben haben können, durch die Betrachtung ihrer Position im Wort deutlich. (Je nach Dialektregion repräsentiert <r> beispielweise in folgenden Wörtern eine unterschiedliche Lautung: <Rad, Bart, Gurt, Leder>.) Die Maxime „Schreib, wie du sprichst, wenn du deutlich sprichst" ist zu ersetzen durch die Maxime „Schreib die Wörter nach den Regeln, die du für das Wortschreiben kennst". Funktion dieser Maxime ist es, den Kindern die grafische Repräsentation wortbezogener Strukturen durch die Schrift nach einem beschreibbaren Regelsystem zu verdeutlichen.

Dieses ist – das wurde bereits eingangs sichtbar – gebunden an grammatische Strukturen der Standardsprache. Insofern wirkt der Erwerb der Schrift auf den Spracherwerb zurück, klärt und präzisiert ihn: Schrifterwerb als eine neue Phase der sprachlichen Entwicklung (vgl. Maas 2000: 15), ein „zweiter Spracherwerb" (Wygotski: 1934/1991).

4.2 **Lesen lernen**

Aufgaben eines angemessenen Leseunterrichts

Die Vorgaben der Wortgrammatik sind auch für das Lesen zu nutzen: Beim Lesenlernen ist es die primäre Aufgabe der Kinder, in der Kette der Buchstaben die Silben zu identifizieren, da Äußerungen des Gesprochenen sich aus Silben, nicht aus „Lauten" zusammensetzen. Daher muss es das Ziel des Unterrichts sein, die Kriterien für den silbischen Zusammenhang der Schriftzeichen darzustellen und dabei gleichzeitig zu vermitteln, welche prosodischen „Botschaften" mit der Verteilung der Buchstaben gekoppelt sind. Auch hier übernehmen bildliche Muster wieder die prosodischen Strukturierungen: z.B. Lassos, die ein Cowboy, der sich von rechts den Wörtern nähert, um die Silben und ihre internen Buchstaben wirft. Dabei wird die Aufmerksamkeit auf die nicht-lineare Funktion der Buchstaben gerichtet (vgl. Röber-Siekmeyer 2002c).

Entdecken der silbischen Gliederung geschriebener Wörter durch Abtrennung der Reduktionssilbe

Da die Kinder in der Häuserdarstellung bei den Wörtern, die sie analysiert hatten, bereits „entdecken" konnten, dass im 2. Zimmer der Garage (im Reim der Reduktionssilbe) *immer* der Buchstabe <e>, davor *immer* ein „Anderer" (d.h. ein Konsonant) steht (Schreibungen von Wörtern wie <bauen, freie> werden zunächst zurückgestellt), beginnen sie entsprechend diesen Entdeckungen ihre Arbeit als Cowboys mit dem Einfangen der „Garagensilben". Dafür markieren sie das <e> mit einem Punkt bzw. verbinden <en, er, el> mit einem Bogen und kreisen dann den Reim der Silbe mitsamt „dem vor dem <e>" (= dem Konsonantenbuchstaben im Anfangsrand) ein.

Die Kinder kennen die Artikulation dieser Silbe mit Schwa vom Schreiben und sprechen die Silbe entsprechend beim „Einfangen" als lautliche Einheit:

[18] r a s ẹ: [zə]

[19] r a s ẹ n: [zn̩]

[20] R a s ẹ r: [zɐ]

Die Markierungen der betonten Silben

So wird der Blick frei auf den verbliebenen vorderen Teil des Wortes, und zwar zunächst auf die Anschlussverhältnisse des Reims:

- endet er mit einem Vokalzeichen oder <h>, ist er mit losem Anschluss zu artikulieren (<Hü.te, Hüh.ner>)
- endet er mit einem Konsonantenzeichen, vor dem ein <h> steht, ist er ebenfalls mit losem Anschluss zu artikulieren (<Hühn.chen>)
- endet er mit einem Konsonantenzeichen, lernen die Kinder zunächst, ihn mit festem Anschluss zu artikulieren (<Hüf.te>). Erst nachdem sie dieses Modell kennen gelernt haben, erhalten sie auch Wörter mit Konsonanten im Endrand, denen ein – unmarkierter – Vokal mit losem Anschluss vorausgeht (<prüf.te>). Bei „Wortforscheraufgaben" können sie beobachten, dass es auch hier Regularitäten für die Unterscheidung gibt (vgl. ihre Zusammenstellung in Röber-Siekmeyer 2002b).

Die wenigen Ausnahmen (z.B. <Kran>), die sich bei dieser Systematik ergeben, bereiten den Kindern nach meinen Erfahrungen und laut Auskunft der Lehrerinnen beim Lesen kaum Mühe.

Die Lesepraxis

Bei ihrem Einfangen der Buchstaben der betonten Silben beginnen die Kinder wieder mit der Markierung des Vokalbuchstabens durch einen Punkt. Darunter beginnt das Lasso und fängt dann ggf. den/die folgenden (rechten) Konsonantenbuchstaben mit ein. Dabei sprechen die Kinder den Reim entsprechend der Entdeckungen für die Lautungen, die sie beim Eintragen in die Häuserbilder und bei ihren vielen sukzessiv sich verändernden Lassowurfübungen für die unterschiedlichen Wortgestalten gemacht haben:

- zuerst Wörter mit losem Anschluss bei offener Silbe (<Hüte>),
- dann fester Anschluss bei den geschlossenen Silben (<Hüfte>).

Nachdem sie den Reim „eingefangen" und gesprochen haben, schlagen sie das Lasso auch um den (gesamten) Anfangsrand und nennen Reim, Silbe, Wort:

[21] H ụ̈ t ẹ
[tə] [ʔyː] [hyː] [ˈhyːtə]

[22] F r ụ̈ ch t ẹ
[tə] [ʔyç] [fʀyç] [ˈfʀyç.tə]

[23] f ụ̈ n f t ẹ r
[tɐ] [ʔynf] [fynf] [fynf.tɐ]

[24] H ụ̈ f t ẹ
[tə] [ʔyf] [hyf] [ˈhyf.tə]

[25] H ụ̈ h n ch ẹ n
[çən] [ʔyːn] [hyːn] [[ˈhyːn.çən]

Beides – die silbische Gliederung mit ihren Akzentuierungen und die Artikulation des Reims – garantieren das Lesen realer Wörter. Bei dieser phonologisch geleiteten Dekodierung ist die Suche im „mentalen Lexikon“, die beim Lesen automatisch zur gleichen Zeit stattfindet, relativ stark kanalisiert, so dass es kaum noch zu falschen Assoziationen kommt, die bei der additiven Synthese von links nach rechts sehr häufig sind. Das belegt die Lesepraxis in zahlreichen Klassen auch über den Anfangsunterricht hinaus: Die Lassos verhindern die Artikulation künstlicher Wortgebilde, ermöglichen damit ein schnelleres Erfassen größerer Zusammenhänge im Rahmen der syntaktischen Strukturen, letztlich der Sätze als semantische Einheiten.

Mit Erstaunen berichten sowohl die Lehrerinnen der 1. Schuljahre als auch Legastheniefachleute, die diese Visualisierungen in der Arbeit mit älteren Schülern, sogar mit Erwachsenen nutzen, darüber, wie schnell es den Lernern beim Wörterlesen gelingt, die einzelnen Segmente, Reduktionssilbe und Reim, zu dekodieren und sie mit dem Anfangsrand zu dem ganzen („richtigen“) Wort zu verbinden. Verantwortlich hierfür wird die Strukturierung, damit die Reduktion der grafischen Komplexität sein, die sich durch die Gliederung der Buchstabenreihe ergibt: Statt mit einer zunächst unüberschaubaren Kette von vier (<Rose>) bis neun Buchstaben (<Schwester>) konfrontiert zu sein, gilt die Aufmerksamkeit sofort der gezielten Segmentierung – entsprechend den erlernten und entdeckten Botschaften der Schrift.

Die Aufgabe für das Lesen der Reduktionssilbe, die eindeutig abgrenzbar ist und in ihrem 2. Teil nur wenig variiert (<e, er, en, el, em>), besteht daher im Prinzip lediglich darin, die richtige Artikulation für den Konsonantenbuchstaben vorzunehmen – eine Aufgabe, die in Stabreimen („Zungenbrecher“) vom ersten Schultag an geübt wurde und die durch eine Tabelle mit einfachen und komplexen Anfangsrändern (vgl. Röber-Siekmeyer 1997: 123–126) unterstützt werden kann. Die artikulierende Einbindung des Konsonanten in Silben verhindert jedoch die verbreitete irreführende Botschaft der Arbeit mit „Anlauttabellen“, Buchstaben könne ein Laut zugewiesen werden, der sich in der gleichen Weise isoliert artikulieren ließe, wie er koartikuliert artikulierbar und wahrnehmbar sei. Der zweite Schritt, die Bestimmung der Artikulation des Reims der betonten Silbe, basiert ebenfalls auf einer Reduktion der Varianten: Im Zentrum steht die Lautung für die acht Vokalzeichen, einmal im losen Anschluss, dann später im festen Anschluss sowie – in einem weiteren Schritt – der Diphthonge. Alle Erfahrungen zeigen, dass es den Kindern abschließend äußerst leicht fällt, den Reim mit dem Anfangsrand zu verbinden – sicherlich auch aufgrund von semantischen Erwartungen, die bei der Artikulation von Reim und Reduktionssilbe bereits entstanden sind: Die Verbindung gelingt ihnen auch bei komplexen Anfangsrändern (die bei der synthetischen Methode häufig so große Mühe bereiten):

[26] [sə], [ʔaː], ['ʃtʀɑːsə]/ <Straße>

[27] [dɐ], [ʔuː], ['bʀuː.dɐ]/ <Bruder>

[28] [zən], [ʔɛm], ['bʀɛm.zən]/ <bremsen>

5 Resümee: „Den Lese- und Schreibunterricht auf eine geistige Weise erteilen" (Stephani 1814)

Schrifterwerb als kognitive Aufgabe

Für alle, die von der Annahme ausgehen, Lesen sei auch in Akzentsprachen, wie es das Deutsche ist (vgl. Eisenberg 1995; Maas 1999) – analog zur Schreibbewegung – eine buchstabenisolierende Links-Rechts-Synthese, scheint die hier vorgestellte Methode wenig plausibel zu sein. (Daher wohl das große Erstaunen einiger Lehrerinnen, wenn sie feststellen, wie erfolgreich Kinder mit ihr umgehen.) Allerdings ist sie absolut nicht neu: Eine der ersten Didaktiken des Deutschen, Ickelsamers Beschreibung der „rechten weis auffs kürzist lesen zu lernen" von 1537 (vgl. Ickelsamer 1972), basiert auf der Betrachtung des Silbenreims, dem der Anfangsrand artikulatorisch in einem zweiten Schritt hinzugefügt wird, und 1814 stellte Stephani seine Lesemethode vor, deren Ziel er darin sah, dass das Kind „alle Wörter nicht nach seinem Umrisse, sondern nach ihren elementaren Bestandteilen aufs sicherste, fertigste und wohllautendste lesen lernt" (Stephani 1814: 98).

Sowohl Ickelsamer als auch Stephani (sowie einigen anderen Didaktikern wie z.B. Graser 1819) war deutlich, dass Buchstaben in der Schrift des Deutschen die spezifische Lautung dieser Sprache wiedergeben müssen, also zusätzlich zu Phonemen auch die prosodischen Merkmale markieren müssen. Entsprechend bedeutet Lesenlernen, diese Markierungen sehen und interpretieren lernen. Nur auf diese Weise ist die Artikulation deutscher Wörter gemäß den Buchstabenreihen möglich. Schreiben setzt – andersherum – die Identifikation primär der prosodischen Merkmale voraus, die von der Schrift markiert sind: das <e> als Zeichen für die Unbetontheit der Reduktionssilben, das <t> als Zeichen für den unbehauchten Plosiv nach [ʃ] usw. Die frühen Kinderschreibungen geben Aufschluss über das Repertoire der Markierungen, die im Unterricht zu zeigen und zu begründen sind.

Die Klagen über die Misserfolge der Schüler waren offensichtlich vor 200 Jahren die gleichen wie heute – ihre Konsequenzen allerdings nicht: Eine Forderung nach der Kontrolle des Anfangsunterrichts, wie Stephani und Graser sie aufstellten, kam bisher weder in Folge von PISA 2001 noch von IGLU 2003 auf. Die Methoden, die Lesen und Schreiben noch immer als Ergebnisse von Lautierungen darstellen und Orthographie als Ergebnis von Gedächtnisarbeit sehen, unterscheiden sich nur auf der methodischen Oberfläche von denen, die Stephani und Graser vor 200 Jahren kritisierten. Anders hingegen ist heute die sprachwissenschaftliche Aufarbeitung des Gegenstands, den die Kinder anzueignen haben, sowie die der Beobachtungen ihrer Lernformen, mit denen sie in den sechs Jahren vor Schulbeginn ihr Wissen erworben haben.

Beides, sowohl die Belege über den eigenständigen Erwerb einer Grammatik der Kinder beim Spracherwerb als auch die phonologische Grammatisierung von Sprache und deren systematische Repräsentanz durch die Schrift („Orthographie") als Basis didaktischer Modellierungen berechtigen zu der Hoffnung, dass endlich Methoden in den sprachlichen Anfangsunterricht Eingang finden, die es ermöglichen, den „Lese- und Schreib-Unterricht auf eine ... geistige Weise zu ertheilen" (Graser 1819:

4). Die Ergebnisse des Unterrichts mit den Lassos und Häusern nähren diese Hoffnung.

6 Nachtrag

Inzwischen hat die Studentin die Arbeit mit Felix beendet. Sie hat drei Monate wöchentlich zwei Stunden mit ihm nachmittags zweisilbige Wörter in Häuser eingetragen. Danach hat sie die beiden Aufgaben des Eingangstests wiederholt. Die Ergebnisse zeigen beeindruckend, dass die wortgrammatische, d.h. strukturierende Arbeit nicht nur dazu beigetragen hat, dass er weniger Fehler bei den Wortschreibungen macht – er hat generell einen Riesenschritt im Entdecken der Eigenständigkeit der Schrift gemacht.

I.2 Alphabetisierung Erwachsener

Georg Schuppener

1 Begriffsbestimmungen und Allgemeines

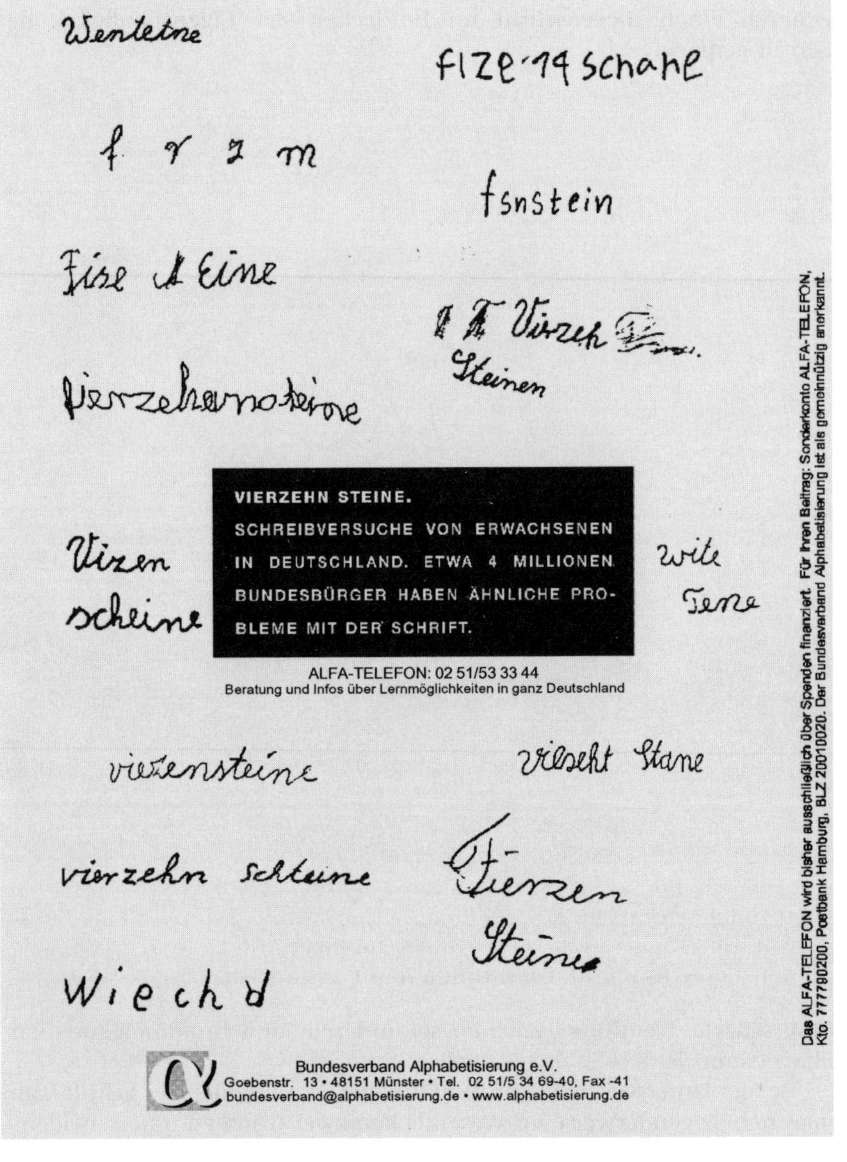

Abb. 1 Plakat des „Bundesverbandes Alphabetisierung"

Das Plakat, das auf die Probleme von Analphabeten in Deutschland aufmerksam machen soll, zeigt Schreibversuche von erwachsenen Analphabeten. Für die beiden Wörter *vierzehn Steine* finden sich folgende Schreibvarianten:

> *Wentetne, f r z m, Fize Eine, fierzehensteine, Vizen scheine, viezensteine, vierzehn Schteine, Wiechd, fize 14 schane, fsnstein, Vierzeh Steinen, wite Tene, vieseht Stane, Fierzen Steine.*

Es ist offenkundig, welch immense Probleme die Schreibenden in diesen Fällen haben, beachtet man insbesondere, dass es sich hierbei noch um ein vermeintlich einfaches Beispiel handelt.

Definition von Alphabetisierung

Unter „Alphabetisierung" kann man sprachwissenschaftlich Folgendes verstehen (nach Bußmann 1990):

1. Die Unterweisung Schriftunkundiger, so genannter „Analphabeten", im Gebrauch einer Schrift (Dies gilt im weiteren Sinne analog auch für Personen, die zwar den Gebrauch eines Schriftsystems beherrschen, jedoch ein anderes erlernen, also beispielsweise für Personen, die die arabischen Schriftzeichen beherrschen und das lateinische Schriftsystem erlernen.),
2. die Verschriftung bisher schriftloser Sprachen,
3. die Umstellung eines Schriftsystems auf Alphabetschrift.

Hier soll nur die unter 1. genannte Bedeutung nähere Beachtung finden, also die Vermittlung von Lese- und Schreibkenntnissen an Analphabeten. Für die Punkte 2. und 3., die insbesondere in historischer Hinsicht zu betrachten sind, sei auf die einschlägige Literatur verwiesen (z.B. Haarmann 1991).

Formen des Analphabetismus

Grundsätzlich lassen sich drei Formen des Analphabetismus unterscheiden:

1. Natürlicher oder primärer Analphabetismus, der bei Personen vorliegt, die keine Kenntnisse im Lesen und Schreiben erworben haben.
2. Sekundärer Analphabetismus, der dann entsteht, wenn Personen alphabetisiert wurden, sie die betreffenden Kenntnisse im Laufe der Zeit aber auf Grund mangelnden Verwendungsbedarfes und unzureichender Übung wieder verlernt haben.
3. Funktionaler Analphabetismus, der vorliegt, wenn Lese- und Schreibkenntnisse nach gesellschaftlicher Ansicht unter den Mindestanforderungen liegen. Funktionaler Analphabetismus ist somit relativ zum gesellschaftlichen Anforderungsniveau und daher dem historischen Wandel unterlegen. So haben beispielsweise in Deutschland die Anforderungen an die Lese- und Schreibkenntnisse in den vergangenen Jahrzehnten und Jahrhunderten kontinuierlich zugenommen.

Eine scharfe Trennung zwischen sekundärem und funktionalem Analphabetismus ist häufig nicht möglich.

Zielgruppen

Bei der Unterweisung Schriftunkundiger im Gebrauch der Schrift kann man naheliegenderweise im Wesentlichen zwei Gruppen unterscheiden:

1. Kinder und Jugendliche (= Schüler, primäre Analphabeten),
2. Erwachsene (in der Regel sekundäre und funktionale Analphabeten, bei Migranten z.T. aber auch primäre Analphabeten).

Zahlenmäßig am bedeutsamsten ist in den Industrieländern, so auch in Deutschland, die Vermittlung von Lese- und Schreibkenntnissen an Kinder (und Jugendliche) (s. Artikel I.1). Vorrangig wird dies durch die Grundschulen geleistet, wenngleich auch schon in vielen Kindergärten teilweise erste Schritte auf dem Wege der Alphabetisierung gegangen werden. Darüber hinaus ist der Prozess der Alphabetisierung auch nach dem Ende der Grundschule oftmals noch nicht abgeschlossen, so dass die weiterführenden Schulen, insbesondere bei Kindern anderer Muttersprache, weitere Unterstützung zur Alphabetisierung leisten müssen. Dies belegen auch die Ergebnisse der so genannten PISA-Studie (Programme for International Student Assessment):

> Nach der bei der PISA-Studie verwandten Definition ist Lesekompetenz die Fähigkeit, „geschriebene Texte unterschiedlicher Art in ihren Aussagen, ihren Absichten und ihrer formalen Struktur zu verstehen und sie in einen größeren sinnstiftenden Zusammenhang einzuordnen, sowie in der Lage zu sein, Texte für verschiedene Zwecke sachgerecht zu nutzen" [...].
> Die Ergebnisse der PISA-Studie zeigen, dass in Deutschland rund 23 % der Schülerinnen und Schüler über diese Fähigkeiten nur unzureichend verfügen. Diese Gruppe kann zwar nicht mit Analphabeten gleichgesetzt werden, sie wird aber vom PISA-Konsortium der so genannten Risikogruppe zugeordnet und voraussichtlich erhebliche Schwierigkeiten beim Übergang in das Berufsleben haben. (Landtag NRW 2003: 3)

Von den absoluten Zahlen her weitaus seltener sind Erwachsene Zielgruppe von Alphabetisierungsbemühungen. Dennoch darf gerade diese Gruppe sowohl in ihrer gesellschaftlichen Relevanz wie auch bezogen auf die individuelle Bedeutung für die Betroffenen nicht unterschätzt werden.

Nach seriösen Schätzungen (beispielsweise der UNESCO, der OECD oder des Bundesverbandes Alphabetisierung) gibt es in Deutschland eine Analphabetenrate im mittleren einstelligen Prozentbereich (6–7 % der Gesamtbevölkerung), was in absoluten Zahlen bei etwa 80 Mio. Einwohnern bis zu 5 Mio. Analphabeten bedeutet. Allerdings sind die Zahlen angesichts unzureichender bzw. gänzlich fehlender statistischer Erhebungen sowie unterschiedlicher Definitionen von Analphabetismus umstritten. (Hubertus 1998, Landtag NRW 2003) Die Gruppe der erwachsenen Analphabeten setzt sich insbesondere aus funktionalen Analphabeten deutscher Muttersprache und aus Migranten zusammen. In diesen beiden Teilgruppen sind sehr unterschiedliche Ausgangslagen festzustellen:

Zusammensetzung der Gruppe der funktionalen Analphabeten

Funktionale Analphabeten haben im Rahmen ihrer Schulausbildung früher einmal die Techniken des Lesens und Schreibens ansatzweise erlernt, jedoch erreicht ihre Lese- und Schreibkompetenz nicht die im Alltag erforderlichen Mindestanforderungen. Anders als Personen, die nie die Chance besaßen, eine Schule zu besuchen oder auf andere Weise Lesen und Schreiben zu erlernen, weist diese Gruppe also einen sekundären Analphabetismus auf (Biere 1993: 2). Bei diesen Personen ist somit eine Re-Alphabetisierung notwendig (Romberg 1993: 3).

Zu der Gruppe der deutschen Muttersprachler, die als Analphabeten gelten müssen, gehören auch solche (vorwiegend ältere) Personen, die infolge von Krieg, Vertreibung oder anderen Gründen keine oder nur eine verkürzte Schulzeit absolvieren konnten. Außerdem gibt es Personen, die trotz mehrjährigen Schulbesuches die Schule weitgehend ohne Lese- und Schreibkenntnisse verlassen haben (z.B. Döbert 1997).

Zwar findet sich funktionaler Analphabetismus in allen sozialen Schichten, allerdings mit gewissen Schwerpunkten: Ein überwiegender Teil dieser Personengruppe arbeitet in der Industrie oder im Handwerk in einfachen produzierenden Tätigkeiten (Fließband, Montage, Reparatur etc.) oder ist arbeitslos. Es sind also häufig Personen mit geringer Grundqualifikation, die auf Grund des verstärkten Rückgangs einfacher Tätigkeiten in heutigen Arbeitsprozessen zunehmende Schwierigkeiten im Arbeitsleben und auf dem Arbeitsmarkt haben (Egloff 1997).

Probleme von Migranten

Bei der Gruppe der Migranten hingegen ist die Alphabetisierung vielfach auch noch mit dem Erlernen der deutschen Sprache für die mündliche Kommunikation verbunden. Dieser Bereich gehört zum Betätigungsfeld, auf das das Studium des Faches „Deutsch als Fremdsprache" (DaF) oder „Deutsch als Zweitsprache" (DaZ) vorbereiten soll (s. Artikel VI.1 und VI.2).

Mit Blick allein auf das Erlernen von Lese- und Schreibfertigkeiten kann man feststellen, dass die mangelnden Deutsch-Kenntnisse die Ausgangslage bei Migranten deutlich erschweren. Allerdings weisen Migranten häufig Kompetenzen im Lesen oder Schreiben anderer Sprachen bzw. anderer Schriftsysteme (kyrillische Schrift, arabische Schrift etc.) auf.

Sowohl im Falle von fremdsprachigen Migranten wie auch von funktionalen Analphabeten deutscher Muttersprache bedeutet der Erwerb der Grundqualifikationen Lesen und Schreiben einen wesentlichen Faktor zur gesellschaftlichen Integration. Insofern stellt mangelnde Alphabetisierung nicht nur ein individuelles, sondern ein gesamtgesellschaftliches Problem dar (vgl. auch Biere 1993: 2).

Die Notwendigkeit der Alphabetisierung von Erwachsenen trat erst seit den 80er Jahren des 20. Jahrhunderts verstärkt in die öffentliche und politische Aufmerksamkeit. Erst seit dieser Zeit gibt es Kursangebote zur Erwachsenen-Alphabetisierung in größerem Umfange (Döbert 1997: 117).

2 Alphabetisierung in der Praxis

2.1 Bildungsangebote zur Alphabetisierung

Institutionen der Alphabetisierung

Erwähnung verdient die Tatsache, dass zahlreiche Bildungsträger sich auf die Begleitung und Förderung der Alphabetisierung spezialisiert haben. Dies gilt für Anbieter auf dem Bildungsmarkt unter Namen wie „Lehrinstitut für Orthografie und Schreibtechnik (LOS)" und andere. Aber auch Bildungsunternehmen, die sich allgemein auf Nachhilfe ausrichten, wie beispielsweise „Schülerhilfe", „Studienkreis" usw., können hierzu gezählt werden. Häufig handelt es sich dabei um Franchise-Unternehmen, bei denen die einzelnen Einrichtungen durch selbstständige Lizenznehmer geführt werden; Werbung, überregionales Erscheinungsbild und teilweise auch die Erstellung der Lehrmaterialien obliegen dem Lizenzgeber. Diese Einrichtungen sind also Teil des kommerziellen Bildungsmarktes. Gemeinhin richten sich diese Anbieter schon auf Grund des größeren Kundenpotenzials auf die bezahlte Förderung von Schülern in Form von Nachhilfe.

Daneben gibt es auch eine beachtliche Zahl öffentlicher Bildungseinrichtungen einschließlich gemeinnütziger Vereine, die sich der Alphabetisierung widmen: Die Spanne reicht vom „Fachkreis Alphabetisierung NRW" über die „Deutsche Gesellschaft für Lesen und Schreiben e.V.", den „Bundesverband Legasthenie e.V." und das „Deutsche Institut für Erwachsenenbildung" bis hin zum „Interessenverband Nachhilfeschulen e.V." sowie kleineren Vereinen wie der „GESUS e.V.", München. Initiativen in diesem Bereich haben sich zum „Bundesverband Alphabetisierung e.V." zusammengeschlossen. Besonders engagiert sind bei der Alphabetisierung insbesondere die UNESCO sowie der Deutsche Volkshochschul-Verband (DVV), der die Alphabetisierungsangebote der einzelnen Volkshochschulen unterstützt, koordiniert und Lehrmaterial zur Verfügung stellt. Ähnliches gilt für Österreich und die Schweiz, wo sich beispielsweise der „Verband Österreichischer Volkshochschulen" oder der Schweizer Dachverband „Lesen und Schreiben für Erwachsene" für die Alphabetisierung einsetzen. Bei den Bemühungen dieser Initiativen liegt der Schwerpunkt meist, aber nicht ausschließlich auf der Erwachsenen-Alphabetisierung.

2.2 Inhalte und Methoden

Auf Grund der sehr inhomogenen Zielgruppe im Bereich der Alphabetisierung von Erwachsenen differieren auch die Inhalte und Methoden der Bildungsangebote in Abhängigkeit von der Zusammensetzung und Ausrichtung des einzelnen Kurses. Insbesondere müssen die Unterschiede im Kenntnisstand der Teilnehmer berücksichtigt werden. Alphabetisierung, insbesondere wenn sie sich an Erwachsene richtet, besteht also nicht aus einem Standardprogramm, sondern bedarf der individuellen Anpassung an den jeweiligen Kontext der Gruppe (vgl. z.B. Hubertus 2000). Dies bedeutet freilich nicht, dass es nicht Inhalte und Methoden gäbe, die bei Alphabetisierungsmaßnahmen mehr oder minder vergleichbar wären. Nur diese können hier im Überblick kurz charakterisiert werden:

Spezielle Materialien für Erwachsene

Grundsätzlich weisen Methodik und Materialien für die Alphabetisierung von Erwachsenen durchaus Gemeinsamkeiten mit denen der Alphabetisierung im Grundschulbereich auf. Auch für Erwachsene gibt es Fibeln, Lese- und Schreiblernhefte, Materialien, mit denen aus Buchstaben Wörter gebildet werden können, usw. Doch neben diesem Grundbestand, dessen Inhalt und Verwendung im Kursunterricht natürlich den Bedürfnissen und dem Lebensumfeld von Erwachsenen angepasst sein müssen, gibt es besonderes Lehrmaterial, das auf die spezifische Situation von funktionalen Analphabeten zugeschnitten ist, die teilweise bereits gewisse Grundkenntnisse im Lesen und Schreiben aufweisen. Dieses Material stammt einerseits von den großen Schulbuchverlagen (z.B. „Lesehefte für Leseungewohnte“, Ernst Klett Verlag), andererseits wird es vor allem von den jeweiligen Trägern der Bildungsangebote erarbeitet.

Probleme bei der Erwachsenen-Alphabetisierung

Linguistisch betrachtet tritt bei der Alphabetisierung von Erwachsenen wegen der sehr unterschiedlichen Vorkenntnisse ein Bündel an Problemen auf. Bereits der Blick auf das eingangs genannte Beispiel „Vierzehn Steine“ lässt einen Teil dieser Schwierigkeiten erkennen. Die Realisation *f r z m* beispielsweise zeigt eine konsonantische „Skelettschrift“. Diese stellt eine von mehreren Grundstufen des Erkenntnisprozesses dar, dass die Schriftsprache einen Lautbezug besitzt. Ähnlich ist die Situation auch bei anderen der angeführten Schreibvarianten, so z.B. bei *fsnstein*. Erst wenn die Lernenden die Existenz von graphemisch-phonologischen Zusammenhängen durch gezielte Hör- und Schreibübungen (zunächst mit Silben, dann mit einfachen und kurzen Wörtern) erkannt haben, ist die Aneignung orthographischer Strategien beim Schreiben möglich (Döbert/Hubertus 2000: 89). Doch auch hierbei gibt es verschiedene Probleme auf Grund der zahlreichen Inkonsequenzen der deutschen Orthographie, z.B. in folgenden Bereichen:

- Laut-Zeichen-Zuordnung (Beispielsweise werden den Buchstaben *s* oder auch *g* mehrere Laute zugeordnet.)
- Markierung der Vokallänge (Diese ist im Deutschen nicht einheitlich. Außerdem fällt es vielen Personen schwer zu entscheiden, ob ein Vokal lang oder kurz ist.)
- Groß- und Kleinschreibung (Hier sind Kenntnisse über die Wortarten und über die Syntax erforderlich, die bei den Teilnehmern der Alphabetisierungskurse in der Regel nicht vorausgesetzt werden können.)
- Historische/etymologische Prinzipien in der Schreibung (Diese Zusammenhänge sind gerade für Personen mit geringem Bildungsstand, mit geringem Wortschatz oder nicht-deutscher Muttersprache nur schwer erkennbar.)

Nicht linguistischer Natur, aber dennoch ein relevantes Schreibhemmnis ist ferner die fehlende Übung der Feinmotorik, die für das Schreiben erforderlich ist und im fortgeschrittenen Alter nur mühsam erworben werden kann.

Gerade auf Grund der Unterschiedlichkeit des Kenntnisstandes und der sehr unterschiedlichen Motivationen und Zielsetzungen, an Alphabetisierungsmaßnahmen teilzunehmen, kann es kein standardisiertes Curriculum geben, ebenso kein universell verwendbares Lehrbuch. Der Erfolg eines Kurses definiert sich daher auch nicht ausschließlich an externen Richtlinien oder durch das Erreichen abstrakter Lernstufen, sondern wird wesentlich durch das Erreichen der individuellen Zielsetzungen der Kursteilnehmer (z.B. Kompetenz zum schriftlichen Umgang mit Behörden, Fähigkeit zum Ausfüllen von Formularen, Teilnahme an der schriftlichen Führerscheinprüfung, Lesekompetenz für den Arbeitsplatz etc.) bestimmt.

Psychologische Komponenten der Kurse

Eine besondere Spezifik von Alphabetisierungskursen für funktionale Analphabeten liegt aber darin, dass neben der Vermittlung von Lese- und Schreibkenntnissen auch psychologische Arbeit in den Kursen geleistet werden muss: Viele Teilnehmer besitzen ein negatives Selbstbild als Lerner, haben Versagensängste und fürchten sich davor, als Analphabeten enttarnt zu werden, weshalb sie teilweise detaillierte Vermeidungsstrategien (angebliches Vergessen der Brille, Anrufen statt Schreiben, Mitnahme des Ehegatten zu Behördengängen usf.) entwickelt haben, um im Alltag nicht mit Lesen und Schreiben in Kontakt zu kommen (z.B. Nickel 2001: 9). Diese Hemmnisse gilt es auch durch ein differenziertes Eingehen auf die einzelnen Kursteilnehmer abzubauen. Die Arbeit an diesen biographisch bedingten Einflussfaktoren kann einen erheblichen Teil des Kursunterrichtes einnehmen.

Ziel: Vorbereitung auf Alltagssituationen

Alphabetisierungskurse dienen insbesondere dazu, die Teilnehmer zu befähigen, in Alltagssituationen Lesen und Schreiben angemessen einsetzen zu können. Unter den zahlreichen Übungen hierzu erscheinen beispielsweise in Frageform formulierte Kurzbriefe besonders geeignet, die Lesefähigkeit zu üben und zugleich die Teilnehmer durch die kurze Form in einem Anfangsstadium nicht zu überfordern. Durch die Fragestellung wird zudem die Formulierung einer schriftlichen Antwort gefordert, so dass auch die Schreibfähigkeiten geübt werden (Hubertus 2000). Auch andere alltagsnahe Verwendungen von Lesen und Schreiben gehören in die Kurse zur Erwachsenen-Alphabetisierung, wie z.B. das Verfassen von Einladungen, Beschwerdebriefen, das Ausfüllen von Formularen oder das Lesen von Gebrauchsanweisungen. Wichtig ist vor allen Dingen, dass die erlernten Lese- und Schreibkompetenzen auch über den Unterricht hinausgreifen und in der Praxis angewandt werden müssen. Hier kommt den Lehrkräften die Aufgabe zu, die Lernenden mit Alltagssituationen zu konfrontieren. Ansonsten bleibt nämlich die Befassung mit Lesen und Schreiben auf den Kontext des Alphabetisierungskurses beschränkt, und es kann nur von einer „Pseudo-Alphabetisierung" gesprochen werden (Nickel 2001: 9), da die Alltagskompetenzen nicht verbessert werden.

Anforderungen bei Kursen für Migranten

Alphabetisierungskurse, die sich an Migranten richten, besitzen inhaltlich wie strukturell eine besondere Spezifik. Bei solchen Migranten, die in ihrer Muttersprache bereits lesen und schreiben können, gelingt die Alphabetisierung im Deutschen in der Regel leichter. Kurse für Migranten werden überwiegend von Frauen besucht, wobei die meisten Teilnehmerinnen keine oder nur marginale Schulzeiten absolviert haben. Aus dieser Zusammensetzung der Teilnehmer ergeben sich auch besondere Interessenschwerpunkte bei den Inhalten und Zielen solcher Kurse. Dabei stehen oft frauenspezifische Themen (Gesundheit, Erziehungsfragen etc.) im Vordergrund, auf die sich die inhaltliche Arbeit im Kurs ausrichtet, um die in diesen Bereichen notwendigen Lese- und Schreibkompetenzen zu erlangen (Szablewski-Çavuş 2001).

2.3 Realisierung und strukturelle Probleme von Alphabetisierungsmaßnahmen

Finanzierung weitgehend aus öffentlichen Mitteln

Auf Grund der finanziellen Situation in den Zielgruppen sind die meisten Kurse zur Erwachsenen-Alphabetisierung mehr oder minder stark auf öffentliche Zuschüsse angewiesen, durch die die Kurse entweder gänzlich finanziert oder doch zu einem wesentlichen Teil subventioniert werden. Da diese Bildungsmaßnahmen aber nur teilweise auf der Grundlage gesetzlicher Verpflichtungen des Staates durchgeführt werden und zu einem erheblichen Teil freiwillige Leistungen vor allem der Kommunen darstellen, ist speziell in Zeiten knapper Haushaltsmittel der öffentlichen Hand dieser Bereich von Kürzungen betroffen, wodurch der Umfang und die Vielfalt des Angebotes an Kursen verringert werden.

Verfolgt man die Diskussion in Bundestag und Bundesrat, so erkennt man, dass die Finanzierung von Deutschkursen, die selbstverständlich die Alphabetisierung einschließen, für in Deutschland lebende Ausländer, aber auch für so genannte „Spätaussiedler" seit Jahren kontrovers erörtert wird. Unbestritten ist dabei allerdings von allen Seiten, dass Deutsch-Kenntnisse und Alphabetisierung wesentlich zur Integration beitragen.

Unterschiede in der Finanzierung

Im Hinblick auf die Finanzierung zeigt sich auch ein entscheidender Unterschied zwischen der Alphabetisierung von Kindern und von Erwachsenen: Öffentlich finanziert und gesetzlich abgesichert ist die Alphabetisierung von Kindern in der Schule. Zusätzliche Angebote, beispielsweise in Form von individueller Nachhilfe oder durch Bildungsanbieter wie LOS, werden in der Regel privat, d.h. von den Eltern finanziert.

Die Alphabetisierung von Erwachsenen ist überwiegend auf öffentliche Mittel angewiesen. Für Bildungsträger, die sich privat finanzieren müssen, sind Alphabetisierungskurse für Erwachsene, sofern sie nicht aus öffentlichen Geldern gefördert werden, im Regelfall wirtschaftlich nicht tragfähig. Die Gründe (Inhomogenität der Zielgruppe, hoher Aufwand, finanzielle Lage der Zielgruppe, geringe Gruppenstärken etc.) wurden bereits angedeutet.

Man kann nun noch die Frage stellen, welche Besonderheiten beim Zugang zu den einzelnen Formen der Alphabetisierungsmaßnahmen bestehen. Durch die Schulpflicht erfolgt für Kinder die Alphabetisierung mit mehr oder minder großem Erfolg in der Schule. Auf freiwilliger Basis hingegen beruhen die zahlreichen Angebote des freien Bildungssektors zu Nachhilfe bzw. gezieltem Lese- und Schreibtraining. Grundlage ist im Kindesalter also die verpflichtende Teilnahme an der Alphabetisierung in der Schule, die durch freiwillige zusätzliche Angebote ergänzt werden kann.

Prinzip der Freiwilligkeit bei Kursangeboten

Gänzlich anders ist die Situation im Bereich der Erwachsenenbildung. Hier herrscht (von Ausnahmen abgesehen) das Prinzip der Freiwilligkeit vor, d.h. die potenziellen Teilnehmer müssen auf die Kursangebote aufmerksam gemacht und für diese geworben werden. Schwierigkeiten bestehen dabei allerdings in der Ansprache der Zielgruppe: Da bei diesen Personen die Lesefähigkeit mangelhaft ist oder gänzlich fehlt, ist Werbung für Bildungsangebote der Alphabetisierung in schriftlicher Form nicht oder nur sehr eingeschränkt indirekt (über Personen im Umfeld) wirksam. Zeitungen, Zeitschriften, Handzettel oder auch das Internet fallen also als Werbeträger weitgehend weg. Selbst Rundfunk- oder Fernsehspots zur Alphabetisierung sind im Übrigen ebenfalls nur bedingt nutzbar, insbesondere dann, wenn Anschriften oder Telefonnummern notiert werden müssen. Die Werbungsmöglichkeiten für Alphabetisierungsmaßnahmen für diese Zielgruppe sind also recht begrenzt. Letztlich verbleiben in diesen Fällen nur der persönliche Kontakt, die „Mund-zu-Mund-Propaganda" sowie Werbung, die sich an das Umfeld der Betroffenen richtet.

Probleme der Werbung für Alphabetisierungsmaßnahmen

Da aber viele funktionale Analphabeten aus Scham und aus Angst vor gesellschaftlicher Deklassierung ihre fehlenden Lese- und Schreibkenntnisse vor anderen zu verbergen suchen, indem sie z.T. sehr differenzierte und komplizierte Kompensationsstrategien entwickeln (Biere 1993: 2), bietet auch Werbung, die sich an ihr Umfeld richtet, nur in Einzelfällen Erfolgsaussichten. Wichtig zu berücksichtigen ist auch die Tatsache, dass ein Großteil der funktionalen Analphabeten den klassischen Bildungsangeboten fern steht. Hier stellen insbesondere auch negative Erfahrungen mit formalisierten und institutionalisierten Lernprozessen (z.B. in der Schule) eine entscheidende Ursache für ablehnende Haltungen dar. Ziel muss es also auch sein, nicht nur offene Angebote für diese spezielle Situation zu schaffen, sondern dies auch entsprechend zu kommunizieren.

Vergleichbar problematisch, wenn auch mit anderen Schwerpunkten, ist die Ansprache von Migranten zur Teilnahme an Alphabetisierungsmaßnahmen. Hier kommen insbesondere auch noch Probleme hinzu, die aus den mangelnden Deutsch-Kenntnissen bzw. aus der anderen kulturellen Prägung resultieren.

Schließlich sei noch darauf hingewiesen, dass es im Unterschied zu einigen anderen europäischen Ländern derzeit in Deutschland noch kein einheitliches Berufsbild für Lehrkräfte in Alphabetisierungsmaßnahmen gibt, gleichfalls keinen Studiengang, der in einschlägiger Weise für die Alphabetisierungsarbeit qualifizieren würde. Selbst in der Lehrerausbildung wird die Thematik des Analphabetismus bisher eher vernachlässigt.

3 Fazit

Zunahme der Bedeutung von Alphabetisierung

Die Bedeutung von Alphabetisierungsmaßnahmen wird auch in der Zukunft nicht abnehmen, eher tendenziell zunehmen. Personen ohne Lese- und Schreibkenntnisse sind mehr und mehr von Großteilen des Alltags und des Arbeitslebens ausgeschlossen. Das Internet als Informationsquelle, dessen Bedeutung gegenüber audiovisuellen Medien noch weiter steigen wird, ist Analphabeten verschlossen. Dies gilt auch für viele Bereiche der Teilhabe am gesellschaftlichen und politischen Leben. Die soziale und gesellschaftspolitische Bedeutung von Alphabetisierung kann daher nicht hoch genug eingeschätzt werden. Neben diesen individuellen Aspekten ist auch die volkswirtschaftliche Bedeutung von Alphabetisierung unbestritten (u.a. Nickel 2001), weshalb neben Alphabetisierungsangeboten auch der Prävention des Entstehens von Analphabetismus eine große Wichtigkeit zukommt.

Vielzahl von Schwierigkeiten

Selbst wenn man von den Problemen der Finanzierung von Alphabetisierungskursen absieht, stehen dieser hohen Relevanz im Bereich der Alphabetisierung von Erwachsenen allerdings nicht unerhebliche Schwierigkeiten gegenüber. Diese reichen von den banal-praktischen, aber nicht zu unterschätzenden Problemen, Analphabeten über Werbung überhaupt anzusprechen, bis hin zu psychologischen Aspekten, die Analphabeten daran hindern, sich wegen der (tatsächlichen oder vermeintlichen) gesellschaftlichen Stigmatisierung zu ihren mangelnden Lese- und Schreibkenntnissen zu bekennen und an Alphabetisierungskursen teilzunehmen. Im Falle der Alphabetisierung von Migranten kommen noch die spezifischen Schwierigkeiten hinzu, die einerseits mit den mangelnden deutschen Sprachkenntnissen verbunden sind, andererseits aus kulturellen Unterschieden resultieren (z.B. auf Grund der z.T. sehr unterschiedlichen Geschlechterrollen, so dass das Bewusstsein für die Notwendigkeit von Lese- und Schreibkenntnissen von Frauen fehlt). Aus diesen Gründen ist Alphabetisierung von Erwachsenen in der Praxis eine anspruchsvolle Querschnittsaufgabe, die sich nicht allein auf die Vermittlung von Lese- und Schreibkenntnissen beschränken kann, sondern individuelle Förderung und Berücksichtigung der biographischen Hintergründe einschließen muss.

4 Weiterführende Informationsmöglichkeiten

Internet-Quellen

Basale Informationen über die Grundlagen der Alphabetisierung finden sich nicht nur in der einschlägigen Fachliteratur (z.B. Döbert/Hubertus 2000, Bibliographie: Giese 1991), sondern auch das Internet bietet mehrere Portale zur Alphabetisierung. Zu den empfehlenswerten Adressen gehören beispielsweise <www.alphabetisierung.de> und <www.apoll-online.de>. Neben aktuellen Nachrichten aus dem Bereich der Alphabetisierung und Hinweisen auf Literatur, Fortbildungsveranstaltungen, Vorträge, Wettbewerbe gibt es dort auch Diskussionsforen, auf denen Fragen und Probleme in diesem Themenbereich erörtert werden können. Schließlich bieten die betreffenden Seiten auch noch die Möglichkeit, ausgewählte Abhandlungen zur Alphabetisierung sowie politische Stellungnahmen und Resolutionen als Datei aus dem Internet zu laden. Der „Bundesverband Alphabetisierung e.V." betreibt ferner ein Informations- und Beratungstelefon, über das insbesondere Nachfragen über Kursangebote in ganz Deutschland beantwortet werden.

Außerdem bieten zahlreiche Institutionen, die im Bereich der Alphabetisierung tätig sind, Ausstellungen oder Ausstellungsreihen zum Verleih an, um einem breiten Publikum die Problematik des Analphabetismus bewusst werden zu lassen und zugleich für Alphabetisierungskurse zu werben und über diese zu informieren.

I.3 Aufsatz- und Schreibdidaktik

Michael Becker-Mrotzek

1 Schreibenlernen als Entwicklungsaufgabe

Abb. 1
Beispieltext

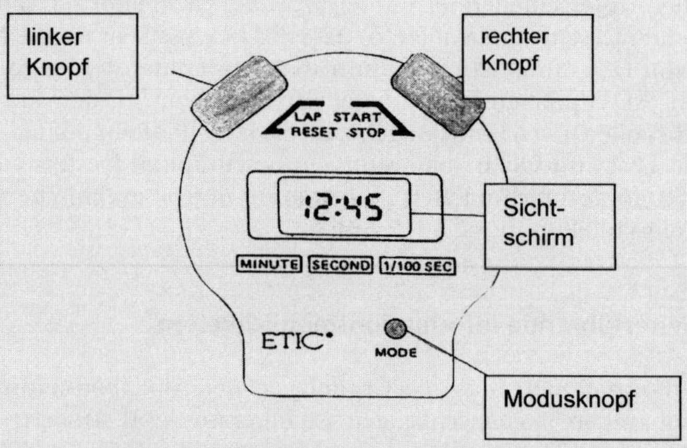

1. *Wenn Sie die Stoppuhr auspacken sehen Sie auf dem Sichtschirm die Uhrzeit. Um in den Stop-Modus hinein zu kommen, drücken Sie 1 x den Modusknopf. Nun sehen Sie auf dem Sichtschirm die Zeit* [0 : 00] .
Um die Stop-Zeit zu starten müssen Sie den <u>rechten Knopf</u> drücken, denn dann läuft die Zeit los. Wenn Sie wiederholt den rechten Knopf drücken stoppt die Zeit. Um diese zu löschen drücken sie den linken Knopf. Dann haben Sie wieder [0 : 00] *auf dem Sichtschirm.*

1.1 Problem und Fragestellungen

Wer den Beispieltext in Abb. (1) gelesen hat, wird anschließend wahrscheinlich in der Lage sein, mit der abgebildeten Uhr eine Zeit zu stoppen. Insofern erfüllt der Text seine Funktion. Dennoch erkennen wir sofort, dass es sich hierbei nicht um eine professionelle Bedienungsanleitung handelt. Unsere alltäglichen Erfahrungen mit Anleitungen sagen uns, dass der Beispieltext in mehrerlei Hinsicht ungewöhnlich ist. Dazu brauchen wir kein linguistisches Fachwissen, hier reicht unsere Intuition völlig aus.

Der Text stammt von einem 12-jährigen Schüler, der im Unterricht die Aufgabe hatte, eine Anleitung für die Stoppfunktion der abgebildeten

Uhr zu verfassen. Es handelt sich also um einen Schreiblerner. Und damit ist die zentrale Aufgabe der Schreibdidaktik benannt: die Vermittlung von Schreibkompetenz. Oder als Frage formuliert: Wie lernen und lehren wir schreiben?

1.2 **Texte schreiben lernen**

Zu den zentralen Aufgaben eines jeden Sprachunterrichts gehört die Vermittlung literaler Kompetenz, der so genannten *literacy*. Darunter soll im Folgenden die grundlegende Fähigkeit verstanden werden, schriftsprachlich kompetent zu handeln, d.h. sich im Medium der Schrift zu verständigen. Konkret bedeutet es, Texte verstehen und produzieren zu können. Angesichts der Verbreitung und Popularisierung, die der Begriff *literacy* insbesondere durch die verschiedenen PISA-Studien erfahren hat, ist es sinnvoll, sich die zugrunde liegenden Konzepte einmal genauer anzuschauen.

Literalität

Die Begriffe ‚Literalität' bzw. ‚Schriftlichkeit' beziehen sich zunächst einmal auf Gesellschaften, die über Schrift verfügen. Gesellschaften gelten als literal, „wenn schriftliche Kommunikation ein konstitutives Merkmal ihres gesellschaftlichen Verkehrs ist" (Glück 2000: 609). In solchen Gesellschaften treten sich die Menschen nicht nur als Sprecher und Hörer gegenüber, sondern auch als Schreiber und Leser. Für den Einzelnen folgt daraus, dass die Lese- und Schreibfähigkeit eine notwendige Voraussetzung ist, um am gesellschaftlichen und insbesondere beruflichen Leben teilhaben zu können. Im Deutschen spricht man hierbei von ‚Alphabetisiertheit', im Englischen von *literacy*. Der engl. Ausdruck geht auf das lateinische ‚litteratus' zurück, was soviel wie lese- und schreibkundige Person bedeutet.

Alphabetisierung

Die Entwicklung zu so genannten Informationsgesellschaften erfordert vom Einzelnen vielfach nicht nur eine elementare, sondern eine umfassende Alphabetisierung; hier spricht man dann auch von ‚Literalisierung' im Sinne einer umfassenden Fähigkeit, schriftlich zu kommunizieren. Im angelsächsischen Sprachraum wird der Begriff der *literacy* zunehmend metaphorisch gebraucht und auf andere Kenntnisbereiche übertragen; man spricht dann etwa auch von einer *political* oder *social literacy* und meint Personen, die politisch oder sozial kompetent handeln können. In der PISA-Studie ist die Rede von *mathematics* oder *science literacy* (Deutsches PISA-Konsortium 2001: 20). Gemeint sind damit analoge Basisqualifikationen im Bereich der Mathematik und Naturwissenschaften, die für die Teilhabe an einer technologisch-naturwissenschaftlich bestimmten Welt erforderlich sind. Diese ebenfalls mit *literacy* bezeichneten ‚Basisqualifikationen' oder ‚Schlüsselkompetenzen' sind nicht identisch mit unserem Verständnis von ‚Allgemeinbildung'. Allgemeinbildung bezeichnet eher eine umfassende Bildung des Menschen, die deutlich über berufliche Qualifikationen hinausgeht.

literacy

Stigmatisierung

Bei der Verwendung von *literacy* bzw. literal ist zu bedenken, dass damit vielfach eine bewusste oder unbewusste Stigmatisierung nicht-literaler Personen oder Gesellschaften verbunden ist. Das zeigt sich schon in der Bezeichnung; es ist ein Unterschied, ob man von ‚aliteralen' Gesellschaften spricht oder – positiv ausgedrückt – von ‚oralen'. Auch die Bezeichnung ‚An-Alphabet' hebt wesentlich auf den Mangel ab, nicht auf die Fähigkeit, ohne Schrift auszukommen (vgl. hierzu den Artikel I.2). Dahinter verbirgt sich nach Roberts/Streets (1997) eine nicht unstrittige Überschätzung der Schrift für die individuelle und gesellschaftliche Entwicklung.

Schreibunterricht

In jedem Fall ist der Schreibunterricht ein zentraler Bestandteil des Sprachunterrichts, und zwar in allen Schulformen und -stufen. Bevor wir die Frage beantworten, wie man lernt, Texte zu schreiben, sollen zunächst in Abb. (2) einige zentrale Aspekte genauer beleuchtet werden.

Abb. 2 Aspekte des Schreibenlernens

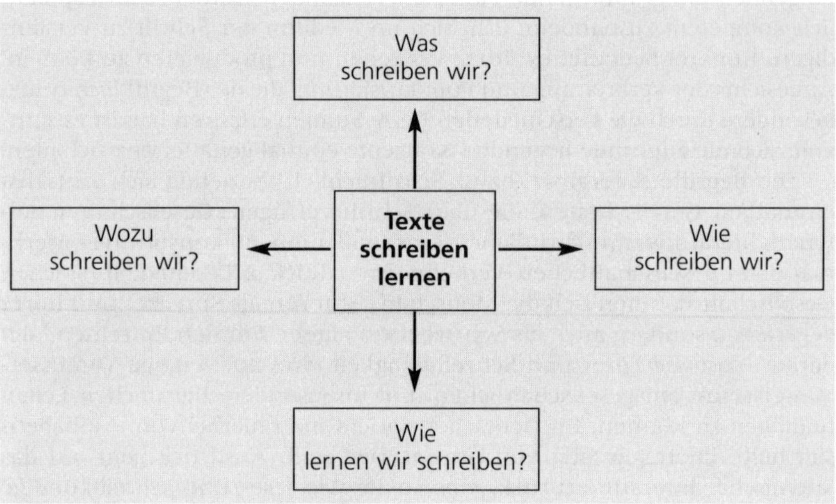

Wozu oder zu welchem Zweck schreiben wir?

Schreiben für andere

Grundsätzlich lassen sich zwei Zwecke unterscheiden: Wir können für andere oder für uns selbst schreiben. Schreiben wir für andere, dann können wir auf diese Weise die unterschiedlichen kommunikativen Funktionen realisieren, die wir auch mündlich bedienen. Wir können beispielsweise über Sachverhalte schreiben und andere damit informieren; wir können andere instruieren, etwas zu tun, oder wir können uns selber verpflichten, etwas zu tun oder zu unterlassen. Wir können aber auch für uns selber schreiben und damit im Wesentlichen zwei unterschiedliche Funktionen realisieren: Wir ordnen unsere Gedanken und schaffen neues Wissen. Das Schreiben wird zu einem Mittel des Denkens (Bruner/Olson 1978). Eine andere Funktion des Schreibens ist das Entlasten; indem wir etwas aufschreiben, bringen wir Wissen nach außen und entlasten unser Gedächtnis. Psychisch entlastend wirkt das Schreiben, wenn wir aufregende Erfahrungen niederschreiben; das Schreiben hilft dann bei der psychischen Verarbeitung. In beiden Fällen sind die entstehenden Schreibprodukte nicht für andere bestimmt.

Schreiben für sich

Eine weitere, hier jedoch nicht berücksichtigte Form des nicht-kommunikativen Schreibens besteht in der Verwendung nicht-sprachlicher Symbole, etwa beim schriftlichen Rechnen, bei chemischen und sonstigen Formeln sowie bei Musikpartituren.

Was schreiben wir? Welche Resultate bringt das Schreiben?

Textsorten

Welche Resultate unser Schreiben hervorbringt, ist abhängig von den Schreibanlässen. Insbesondere wenn wir für andere schreiben, entstehen Texte, die bestimmten Mustern folgen. Wir können solche Texte unterschiedlichen Textsorten zuordnen, die wiederum eng mit bestimmten Zwecken verbunden sind. Wir kennen Protokolle, Wegbeschreibungen, Anleitungen, Lehrbuchtexte, Kommentare, Romane und zahlreiche andere Textsorten, für die wir in der Alltagssprache entsprechende Bezeichnungen haben. Schreiben für sich selbst erzeugt nicht notwendigerweise Texte; zur Entlastung des Gedächtnisses können Formen von Listen oder Tabellen dienen, aber auch Notizen oder Merkzettel. Psychisch entlastendes Schreiben führt zu ganz unterschiedlichen Produkten, die von Textfragmenten bis zu Tagebüchern reichen.

Wie schreiben wir?

Schreibprozess

Schreiben ist eine eigene Handlung, die sich über einen längeren Prozess erstreckt und eigene Kompetenzen verlangt. Gegenüber dem Sprechen zeichnet sich das Schreiben in der Regel durch einen höheren Grad an Bewusstheit und Planung aus. Wenn wir schreiben, dann überlegen wir, was und für wen wir schreiben und wie wir es formulieren; am Ende prüfen wir, ob das Ergebnis unseren Vorstellungen entspricht. Als geübte Schreiber verfügen wir zudem über Routinen und Strategien, die wir gezielt einsetzen können. Das zeigt sich beispielsweise in der Wahl des Schreibwerkzeuges: Papier & Bleistift, Diktiergerät oder PC.

Wie erwerben wir Schreibkompetenz?

Sprechen lernen wir quasi nebenbei, in der Interaktion mit Erwachsenen. Aber wie lernen wir schreiben? Für gewöhnlich in der Schule, d.h. durch Anleitung, indem wir Aufsätze schreiben, die bestimmten formalen und inhaltlichen Merkmalen genügen. Schreiben lernen wir aber auch, indem wir bekannte Textmuster imitieren oder indem wir das, was wir ansonsten sagen würden, einfach aufschreiben. Und schließlich erwerben wir Schreibkompetenz, indem uns bewusst wird, was wir beim Schreiben tun. Geübte Schreiber wissen, auf welche Weise sie am besten Texte produzieren können.

Schreibkompetenz vermitteln

Schreibkompetenzen zu vermitteln verlangt vom Lehrenden, die Faktoren *Text*, *Schreiben* und *Schreiberwerb* aufeinander zu beziehen. Traditionell wird dieser Zusammenhang in dem so genannten didaktischen Dreieck (Abb. 3) dargestellt:

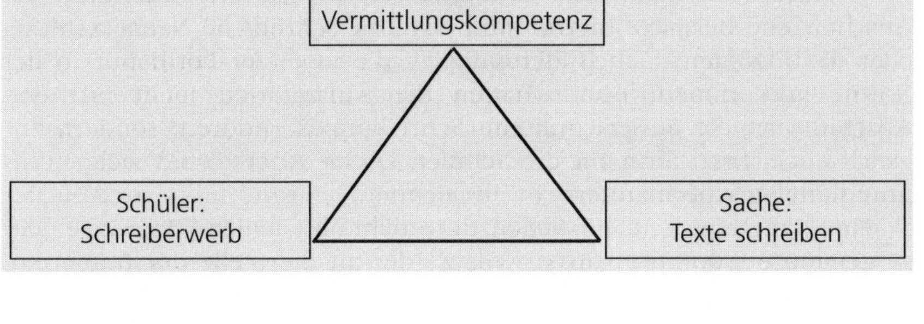

Abb. 3 Das didaktische Dreieck

2 Theorie des Schreibenlernens und -lehrens

Über die Frage, wie die o.a. Vermittlung der Schreibkompetenz konkret zu leisten ist, gibt es unterschiedliche Auffassungen. In der Theorie der Schreibvermittlung lassen sich – historisch wie systematisch – zwei unterschiedliche Ansätze unterscheiden: die eher am Text interessierte Aufsatzdidaktik (produktorientiert) und die eher am Entstehungsprozess ausgerichtete Schreibdidaktik (prozessorientiert).

2.1 Aufsatzdidaktik

Rhetorik

Die Aufsatzdidaktik hat in Deutschland eine mindestens bis ins 18. Jahrhundert zurückreichende Tradition (vgl. Ludwig 1988). Bis zur Einführung des Aufsatzunterrichts am Ende des 18. Jh. war das Schreiben Bestandteil der Rhetorik; der Sprachunterricht, lange Zeit ausschließlich in Latein und Griechisch erteilt, sollte auf die öffentliche Rede vorbereiten. Die gesellschaftliche, insbesondere die ökonomische Entwicklung führte spätestens seit dem 17. Jh. zu einem erhöhten Bedarf an schriftlicher Kommunikation. Die Industrialisierung, ein sich ausweitender (Fern-)Handel, aber auch bürgerliche Ideale von Freiheit und Individualität sowie der Protestantismus nutzten den Buchdruck für ihre Zwecke. Bis zur Mitte des 19. Jh. hatte sich an den Gymnasien ein eigenständiger Aufsatzunterricht in deutscher Sprache etabliert. Es dominierte der so genannte ‚gebundene Aufsatz', gebunden deshalb, weil die Schüler klaren Formvorgaben (Musteraufsätze) zu folgen hatten. Beispiele sind die Abhandlung oder Erörterung sowie der literarische Aufsatz, die sich bis heute gehalten haben.

Traditioneller Aufsatzunterricht

Seit den 20er Jahren des 20 Jh. gewann der ‚sprachschaffende' bzw. ‚-gestaltende' Aufsatz an Bedeutung, bei dem die Schüler nun nach festen Vorgaben Sprache gestalten sollen. Ihm liegt die Humboldt'sche Idee der ‚inneren Sprachbildung' zugrunde, wonach Schreiben vor allem die Suche nach dem passenden sprachlichen Ausdruck für eine Idee ist. Schreiben bedeutet, Gedanken in Worte zu fassen. Hieraus hat sich als didaktisches Hilfsmittel ein Kanon an Darstellungsformen entwickelt: die klassischen Aufsatzarten ‚Erzählung', ‚Schilderung' und ‚Betrachtung' als subjektive sowie ‚Bericht', ‚Beschreibung' und ‚Erörterung' als objektive Formen. Sie bildeten bis in die 60er Jahre hinein das dominante Schreibcurriculum, das auch heute noch vielfach den Schreibunterricht beherrscht. Die ursprünglich als Lernhilfen für die Schüler gedachten Formen verselbstständigten sich zunehmend und wurden zum Selbstzweck. Anschauliche Beispiele hierfür sind etwa die schriftliche Nacherzählung oder das Erzählen nach Bildervorlagen, die in dieser Form nur in der Schule vorkommen. Damit hatten die Aufsatzarten nicht nur den Anschluss an die außerschulische Schreibpraxis verloren, sondern zugleich auch ihren Sinn für die Schüler. Dieser Ansatz wird vielfach als ‚traditioneller Aufsatzunterricht' bezeichnet.

Kritik am traditionellen Aufsatzunterricht übte in den 70er Jahren der so genannte ‚kommunikative Ansatz', der an die Stelle der tradierten, praxisfernen Aufsatzarten kommunikativ relevante Textsorten setzte. Die Schüler sollten nun Texte schreiben, um etwas zu bewirken, beispielsweise Einladungs- oder Beschwerdeschreiben. Aufsätze sollten einen kommunikativen Sinn haben. Dadurch wurden in den 80er Jahren Entwicklungen wie beispielsweise das kreative, das freie oder das personale Schreiben angestoßen, die bereits durch die Einflüsse der Schreibforschung (s. u.) geprägt sind. ‚Kreatives Schreiben' meint solche Verfahren, bei denen gezielt Maßnahmen zur Anregung der Phantasie und Imagination eingesetzt werden, beispielsweise Musik oder Bildbetrachtungen. Vom ‚freien Schreiben' spricht man dann, wenn den Schülern freigestellt wird, wann, was, wie und ggf. ob sie überhaupt schreiben. Und das ‚personale Schreiben' rückt die Bedeutung für die Identitätsfindung in den Mittelpunkt.

Kommunikativer Aufsatzunterricht

Abgesehen von den zuletzt genannten Ansätzen zeichnet sich die traditionelle Aufsatzdidaktik durch ihre starke Orientierung am fertigen Text aus. Schreibkompetenz erwirbt man demnach, indem man sich an vorgegebenen, zunehmend schwieriger werdenden Textsorten orientiert. Damit einher geht eine implizite Lerntheorie, die sehr stark auf Instruktion setzt. Schreiben lernt man, indem der Lehrer die Schüler anweist, Aufsätze nach festen Regeln zu verfassen. Was jedoch fehlt, ist eine Vorstellung über die Binnenstruktur und die Formulierungsverfahren der Texte (vgl. auch Haueis/Hoppe 1972: 99 ff.). Es fehlt an einer Theorie über Textstrukturen, Schreibprozesse und Schreibentwicklung.

Orientierung am Produkt

2.2 Schreibforschung

Die Schreibforschung bearbeitet die beiden letztgenannten Desiderata der traditionellen Aufsatzdidaktik: den Schreibprozess und die Schreibentwicklung. Angestoßen durch angeblich nachlassende Schreibleistungen amerikanischer Schüler etablierte sich Mitte der 70er Jahre in den USA und in England eine neue, stark psychologisch ausgerichtete Forschungsrichtung. Sie fragt danach, was (kompetente) Schreiber tun, wenn sie einen Text verfassen – und rückt damit den Schreibprozess selbst in den Fokus. Ein zentraler Ausgangspunkt war die Überlegung, dass Schreiben eine Problem-lösende Handlung ist, nämlich Schreiben verstanden als Lösen eines kommunikativen Problems. Und anders als die traditionelle Aufsatzdidaktik geht die Schreibforschung ihren Gegenstand empirisch an, d. h., sie beobachtet Schreiber bei der Textproduktion. Um neben den beobachtbaren Aktivitäten auch den kognitiven Prozessen auf die Spur zu kommen, setzt sie die Methode der Lautes-Denken-Protokolle ein. Dabei werden die Versuchspersonen aufgefordert, alles, was ihnen beim Schreiben einfällt, zu verbalisieren. Durch Videoaufzeichnungen ist es dann möglich, Formulierungs- und Denkprozesse aufeinander zu beziehen. Auf diese Weise ist das bis heute grundlegende Modell zum Schreibprozess von Hayes/Flower (Abb. 4) entstanden:

Schreibdefizite

Abb. 4
Das „klassische" Schreibprozessmodell nach Hayes/Flower (1980)

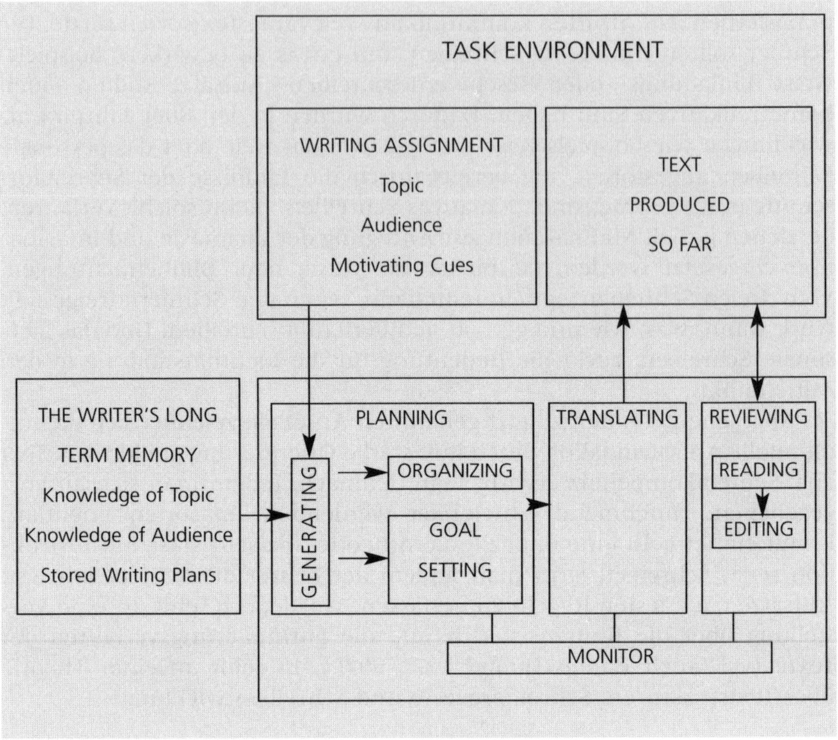

Schreiben als Problemlösen

Es ist das Verdienst dieses Modells, erstmals den Schreibprozess systematisch zu beschreiben und in seine Teile zu zerlegen. Die Schreibaufgabe (*writing assignment*) steht in einem bestimmten Umfeld (*task environment*) und sie wird vom Schreiber bewältigt, indem er zunächst einen Plan entwirft. Dazu sucht er in seinem Gedächtnis (*writer's long term memory*) nach Wissen über das Thema (*topic*), die Adressaten (*audience*) und nach möglichen Schreibplänen (*writing plans*). Wenn die ausgewählten Ideen in eine Struktur gebracht sind, werden sie aufgeschrieben (*translating*); währenddessen und danach liest er seinen Text (*reading*) und überarbeitet ihn (*editing*). Überwacht werden die verschiedenen Teilprozesse von einem so genannten Monitor.

Dieses Modell wurde von Hayes (1996) gründlich revidiert (Abb. 5):

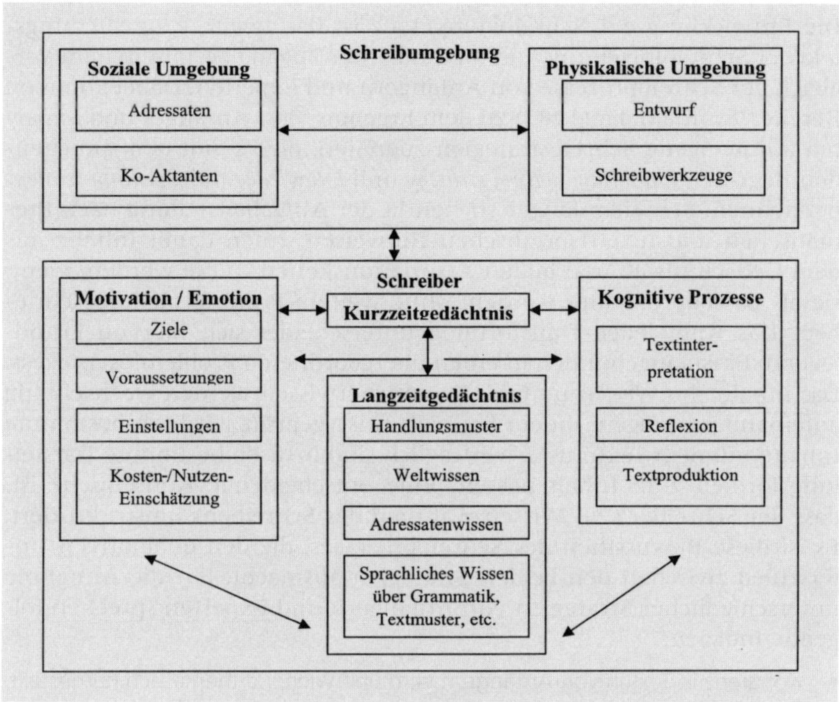

Abb. 5 Das modifizierte Schreibmodell nach Hayes (1996)

Schreiber / Textproduzent

Das neue Modell orientiert sich an den Faktoren, die am Schreibprozess beteiligt sind: Schreiber und Schreibumgebung. Didaktisch ist das deshalb bedeutsam, weil damit Aspekte berücksichtigt werden, die bei der Schreibvermittlung eine wichtige Rolle spielen. Auf Seiten des Schreibers sind dies:

- das Langzeitgedächtnis, weil Schreibanfängern viele Wissenselemente noch fehlen,
- die Motivation, weil Anfängern Schreibziele und -nutzen – vor allem in schulischen Kontexten – oft unklar sind,
- die kognitiven Prozesse, weil es Anfängern noch an Routinebildung und Automatisierung fehlt.

Schreibumgebung

Auf Seiten der Schreibumgebung sind insbesondere die ‚Schreibwerkzeuge' sowie die ‚Ko-Aktanten' neu hinzugekommen. Die Bedeutung der Schreibwerkzeuge für den Schreibprozess ist uns erst durch die Neuen Medien wirklich bewusst geworden. Solange wir überwiegend auf Papier geschrieben haben, blieben die beschränkenden Einflüsse weitgehend unbeachtet. Erst die modernen Textverarbeitungsprogramme schaffen durch ihre verschiedenen Revisionsfunktionen die Voraussetzungen für eine nicht-lineare Textproduktion. Mit ihrer Hilfe können Texte auf einfache Weise immer wieder neu bearbeitet werden. Der Faktor ‚Ko-Aktant' verdeutlicht, dass Schreiben keineswegs immer ein einsamer Prozess ist. Vor allem im Beruf haben wir es häufig mit einem inter-aktiven, kooperativen Schreiben zu tun.

Knowledge-Telling

Die Entwicklung der Schreibkompetenz ist das zweite Untersuchungsfeld der Schreibforschung. Ein methodischer Zugang besteht in dem Vergleich der Schreibprozesse von Anfängern und Experten. Dabei kommen Bereiter/Scardamalia (1987) zu dem Ergebnis, dass Anfänger und Experten auf je eigene Schreibstrategien zugreifen, die sie mit den sprechenden Begriffen *knowledge-telling strategy* und *knowledge-transforming strategy* bezeichnen. Schreibanfänger suchen in der Aufgabenstellung nach thematischen und textartspezifischen Hinweisen, rufen damit Inhalte aus dem Gedächtnis ab und bilden Assoziationsketten. Diese werden, wenn sie als passend erachtet werden, ohne weitere Prüfung niedergeschrieben. Das Knowledge-Transforming unterscheidet sich hiervon grundlegend: Es ist eingebunden in einen übergeordneten Problemlöseprozess. Das inhaltliche Wissen und das Textmusterwissen werden wechselseitig aufeinander bezogen, indem beispielsweise geprüft wird, ob bestimmte Inhalte mit dem Textmuster verträglich sind bzw. ob bestimmte Darstellungsformen zum Inhalt passen. Eine entscheidende Konsequenz ist, dass der Schreiber sein Wissen während des Schreibens umstrukturiert.

Knowledge-Transforming

Es ist diese Bewusstheit des Schreibprozesses, die den qualitativen Unterschied zwischen den beiden Strategien ausmacht. Für die Annahme unterschiedlicher Strategien von Anfängern und Experten sprechen folgende Indizien:

- Kohärenz in Texten von Anfängern wird überwiegend thematisch hergestellt; ihre Wohlgeformtheit ist eine Folge der Orientierung an Textmustern. Ihre Notizen unterscheiden sich kaum vom späteren Text, es handelt sich eher um erste Entwürfe als um Planungshilfen.
- Für Schreibanfänger bedeutet Schreiben Wiedergabe ihres Wissens.
- Lautes-Denken-Protokolle enthalten keine Hinweise auf Zielbildungs-, Planungs- oder Problemlösungsprozesse außerhalb lokaler Einheiten.
- Zeitspannen zwischen der Aufgabenstellung und dem Schreibbeginn korrelieren nicht mit Zeit- und Umfangsanforderungen der Texte; Anfänger beginnen sofort zu schreiben, während Experten z.T. lange Pausenzeiten haben.
- Anfänger revidieren lediglich die sprachliche Oberfläche, während Experten den bereits geschriebenen Text nutzen, um ihr Wissen und auch den Text neu zu strukturieren.

Didaktische Konsequenzen

Diese Ergebnisse führen zu einem grundlegend anderen didaktischen Konzept als in der Aufsatzdidaktik: Wenn Schreibanfänger wegen ihrer kognitiven Entwicklung noch nicht in der Lage sind, den komplexen Anforderungen der schriftlichen Kommunikation zu genügen, dann müssen die entsprechenden Fähigkeiten vermittelt werden. Es geht nicht mehr um das Aneignen bestimmter Textarten, sondern um den Erwerb von Schreibkompetenz. Im Zentrum steht die Frage, wie man zu einem Text kommt. Entsprechend erhalten die Lernenden gezielte Hinweise, wie sie etwa Texte planen oder überarbeiten können.

2.3 Textlinguistik

Aufsatz als Kunstform

Als drittes Desiderat der Aufsatzdidaktik war der Widerspruch zur Textwirklichkeit bestimmt worden: Die traditionellen Aufsatzarten sind zu widersprüchlichen Kunstformen des Deutschunterrichts ohne Bezug auf die kommunikative Wirklichkeit erstarrt. Die Textlinguistik hat insbesondere zwei für das Schreiben zentrale Aspekte herausgestellt: a) die Besonderheit der schriftlichen Kommunikation (gegenüber dem Mündlichen) und b) den Zusammenhang von kommunikativer Funktion und Textstruktur. Textlinguistik wie Schriftlichkeitsforschung zeigen deutlich, dass die Kommunikation im Medium der Schrift eigenen Prinzipien folgt, die sich aus ihren konstitutiven Merkmalen herleiten. Hierzu gehört vor allem die ‚Zerdehnung der Sprechsituation'. Darunter sollen in Anlehnung an Ehlich (1983 & 1989) solche sprachlichen Handlungen verstanden werden, die gezielt zum Zweck der Aufbewahrung und Überlieferung produziert werden. Vor der Erfindung der Schrift sind es vor allem die Boten – in einem sehr weiten Sinn –, die diese Funktion haben. Indem der Bote in einer ersten Sprechsituation das Gesagte speichert und in einer zweiten gegenüber anderen Hörern wiedergibt, zerdehnt er die ursprüngliche Sprechsituation (Abb. 6):

Zerdehnung der Sprechsituation

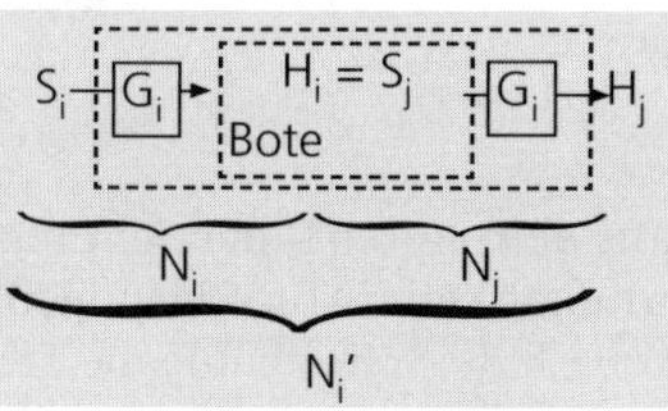

Nach Ehlich, 1983: 31 (S = Sprecher; H = Hörer; N = Sprechsituation; G = Sprechhandlung; i & j = Indizes)

Abb. 6 Das Institut des Boten

Textbegriff

Auf diese Weise können Sprechhandlungen über Raum und Zeit hinweg transportiert werden. Für Sprechhandlungen, die aus ihrer primären Situation herausgelöst und für eine zweite Sprechsituation gespeichert werden, verwenden wir den Begriff *Text*. Das muss nicht notwendigerweise schriftlich erfolgen, ist aber heute in der Regel der Fall.

Texte schreiben heißt also, sich in einer zerdehnten Situation über Raum und Zeit hinweg ohne gemeinsamen Wahrnehmungsraum zu verständigen. Die Herauslösung einer sprachlichen Handlung aus der primären Situation erfordert eine Anpassung der sprachlichen Mittel an diese besonderen Bedingungen. Insbesondere seit der so genannten pragmatischen Wende (vgl. Feilke 2000) untersucht die Textlinguistik die Frage, wie sich das in den Textstrukturen niederschlägt. Sie fragt insbesondere, welche Faktoren für die je spezifischen Textstrukturen verantwortlich sind. Dabei zeigt sich, dass es keine deterministischen Zusammenhänge gibt, die es erlauben würden, die Textstruktur aus einzelnen Faktoren herzuleiten. Eine wichtige Funktion kommt jedoch den kommunikativen Zwecken zu, d.h. dem Handlungskontext, in den der Text gestellt ist. Er wird u.a. angezeigt durch bestimmte sprachliche Formen oder auch Formeln, die seine Zuordnung zu einer Textsorte ermöglichen, was wiederum sein Verständnis erleichtert, bisweilen auch erst ermöglicht. Ein weiterer Faktor sind der Leser und sein Wissen.

Textstrukturen

Textsorten

Des Weiteren hat die Textlinguistik unser Wissen über die Vielfalt an Textsorten in der gesellschaftlichen Wirklichkeit in zahlreichen empirischen Einzelanalysen bereichert. Das hat für praktische Zwecke den unschätzbaren Vorteil, dass wir nicht auf Vermutungen angewiesen sind. (Für eine Übersicht über die wichtigsten Textsorten vgl. die Kap. VIII und IX in Brinker/Antos/Heinemann/Sager (Hgg.) 2000.) Die Bedeutung von Textmustern beim Schreiben wird bereits in den Schreibmodellen sichtbar. Schreibexperten prüfen nicht nur, ob die ausgewählten Inhalte dem Leser angemessen sind, sondern auch, ob sie mit den allgemeinen Erwartungen an das Textmuster übereinstimmen (vgl. Bereiter/Scardamalia 1987). Die linguistische Analyse von authentischen Texten kann diejenigen sprachlichen Formen offen legen, derer wir uns beim Schreiben bedienen.

3 Schreibunterricht

3.1 Erforderliches Wissen

Für den Schreibunterricht wird Wissen aus drei unterschiedlichen Domänen benötigt: linguistisches Wissen, Wissen über Entwicklungsprozesse sowie Wissen über Lehr-Lern-Prozesse.

Linguistisches Wissen

Linguistisches Wissen wird vor allem aus dem Bereich der Textlinguistik benötigt, um die sprachlich-kommunikativen Anforderungen von Schreibaufgaben einschätzen zu können. Jede Schreibaufgabe stellt an den Schreiber eigene Anforderungen, die sich aus der je spezifischen Zielsetzung ergeben. Das soll am Beispiel der Bedienungsanleitung erläutert werden (vgl. Becker-Mrotzek 1997: 144 ff.). Anleitungen haben den dominanten Zweck, Wissen über die Bedienung eines technischen Geräts an die Nutzer, d.h. in der Regel an die Käufer des Geräts zu vermitteln. Dabei ist Folgendes zu berücksichtigen (s. Artikel II.3):

Schreibaufgabe „Bedienungsanleitung"

- Je nach Produkt handelt es sich um eine extrem heterogene Leserschaft mit unterschiedlichem Vorwissen, etwa bei Massenprodukten.
- Die Herstellung der Bedienungsanleitung muss preiswert sein, weil die Kosten in die Preiskalkulation des Produktes eingehen.
- Die Herstellung geschieht unter Zeitdruck, u.a. weil die genaue Bedienungsweise eines Produkts erst kurz vor Produktionsbeginn feststeht.
- Bei international vertriebenen Produkten muss die Anleitung übersetzungsfreundlich verfasst sein (vgl. Artikel VI.4).
- Die Anleitung ist Teil des Marketings und muss entsprechende Werbefunktionen erfüllen.

Strukturen von Bedienungsanleitungen

Diese und weitere Bedingungen schlagen sich in einer spezifischen Makrostruktur von Anleitungen nieder, wozu neben dem anleitenden Kern auch Übersichts- und Orientierungshilfen sowie weitere Funktionen gehören. Zu den Übersichts- und Orientierungshilfen zählen beispielsweise Inhaltsverzeichnisse, Register sowie Listen mit produktspezifischen Informationen. Sie haben die Funktion, den unterschiedlichen Nutzergruppen in verschiedenen Nutzungszusammenhängen einen schnellen Zugriff zu ermöglichen. Wer einen Fehler bei einem Gerät beheben will, möchte nicht erst die gesamte Anleitung lesen, sondern gezielt auf Fehlerbeschreibungen zugreifen. Solche Strukturierungshilfen tragen der Tatsache Rechnung, dass Anleitungen nicht linear, sondern punktuell in Abhängigkeit von der Gerätenutzung rezipiert werden. Zu den weiteren Funktionen gehört u.a. die Einbindung in ein Marketingkonzept, das etwa ein bestimmtes Layout für alle Texte der Firma vorsieht, das sich wiederum einschränkend auf die Textgestaltung auswirken kann. Hierhin gehören aber auch rechtlich erforderliche Warnhinweise bei technischen Produkten.

Anleiten aus Nutzersicht

Der anleitende Kern hat die Funktion, dem Nutzer die Gerätebedienung zu ermöglichen; es soll also ein praktisches Wissen vermittelt werden. Daraus folgt, dass die Darstellung der Bedienungslogik – und nicht der Gerätelogik – folgt. Das heißt konkret, ein Nutzer ist nicht an der Funktion der vorhandenen Geräteschalter interessiert, sondern an den verschiedenen Einsatzmöglichkeiten des Geräts. Das hat zur Folge, dass das vorhandene technische Wissen des Konstrukteurs systematisch auf Nutzungsbedürfnisse umstrukturiert werden muss. Ein Detailproblem besteht etwa darin, hierfür die passenden Bezeichnungen zu finden, unter denen die Nutzer wahrscheinlich suchen. Zum anleitenden Kern gehören aber nicht nur Handlungsanweisungen im engeren Sinne, sondern auch Beschreibungen oder Abbildungen, etwa um die Identifizierung eines Geräteteils zu ermöglichen, aber auch Erklärungen und Erläuterungen, um dem Nutzer die Funktionsweise des Geräts nachvollziehbar zu machen.

Sprachliche Mittel

Für diese unterschiedlichen Funktionen innerhalb des Anleitungskerns haben sich je eigene sprachliche Formen entwickelt; so werden etwa Handlungsanweisungen heute oft im Infinitiv formuliert: „Den Filter nach 10 Stunden wechseln“ und nicht imperativisch: „Wechseln Sie den Filter nach 10 Stunden.“ Der Infinitiv hat mindestens zwei Vorteile: Zum einen kann so das Objekt der Handlung (Filter) an die erste Stelle treten, bevor die Handlung selber folgt. Und zum anderen kann der Text durch den Verzicht auf ein Handlungssubjekt sowohl als Beschreibung als auch als Anweisung gelesen werden. In der Textgestaltung findet die Orientierung an der Handlungssukzession ihren Ausdruck häufig darin, dass die einzelnen Teilhandlungen durch Aufzählungszeichen kenntlich gemacht werden.

Linguistische Kenntnisse

Eine solche textlinguistische Analyse verdeutlicht, dass die sprachliche Form eine Funktion des kommunikativen Zwecks ist. Denn für das Erreichen der Teilzwecke eignen sich bestimmte Formen besser als andere. Das gilt für die Makrostruktur ebenso wie für einzelne grammatikalische Formen oder die Textgestaltung. Für das erforderliche linguistische Wissen bedeutet das zweierlei: Zum einen sind Grundkenntnisse über die wichtigsten Vertextungsmittel sowie die basalen Textsorten erforderlich. Zum anderen sind aber auch Methodenkenntnisse für die Re-Konstruktion neuer Textsorten nötig. Mit ihrer Hilfe sollen Fragen wie die folgenden beantwortet werden:

- Worin besteht der dominante Zweck der Textsorte?
- Wer sind die Adressaten und über welches Wissen verfügen sie?
- Was sind typische Rezeptionssituationen, d.h., in welchem Handlungskontext wird der Text gelesen?
- Welche Makrostruktur hat der Text, d.h., aus welchen Teilen besteht er?
- Welche sprachlichen Muster stehen für einzelne Teilzwecke zur Verfügung?
- Gibt es typische, erwartbare Formulierungen, Routineformeln oder Phrasen?

(Text-)linguistisches Wissen dieser Art kann auf vielfältige Weise didaktisch genutzt werden (s. u.).

Wissen über Entwicklungsprozesse

Schreibentwicklung

Die zweite zentrale Wissensdomäne betrifft die Schreibentwicklung. Aus der Tatsache, dass Anfänger nicht nur andere Texte produzieren als Schreibexperten, sondern diese auch anders verfassen, leitet sich die Frage nach der Entwicklung der Schreibkompetenz her: Wie lernen wir schreiben? Das geschieht in einem umfassenden Entwicklungsprozess, in dem unser gesamtes sprachliches Wissen umgebaut wird. Die geschriebene Sprache lenkt dank ihrer Sichtbarkeit und Dauerhaftigkeit die Aufmerksamkeit sehr viel stärker als die gesprochene auf die formale, grammatikalische Seite. Mit einem Mal werden Phänomene sichtbar, die ansonsten wegen der Flüchtigkeit des gesprochenen Wortes der Aufmerksamkeit entzogen sind. Mit dem Erwerb der Schrift und mehr noch mit der Schreibfähigkeit wird das Individuum in die literale Gesellschaft hinein sozialisiert, es wird in einem umfassenden Sinne literalisiert (zum Begriff vgl. Abschn. 1.2). Wie kann man sich diesen Prozess nun vorstellen, d.h., in welchen Schritten wird die Schreibkompetenz erworben? Aus den Studien zum Entwicklungsverlauf (Bereiter 1980; Bereiter/Scardamalia 1987; Augst/Faigel 1986; Feilke 1996; Becker-Mrotzek 1997, Merz-Grötsch 2000 & 2001; Weinhold 2000) lassen sich bestimmte Annahmen über die Entwicklungsfolge, ihren zeitlichen Verlauf sowie mögliche Ursachen und Bedingungen herleiten.

Literalisierung

Startphase: Erste Schreibversuche (ca. 6–7 Jahre)

Startschwierigkeiten

Die ersten Schreibversuche haben einen besonderen Status, weil sie für das Kind einen qualitativen Einschnitt bedeuten. Die Teilhabe an der literalen Kultur hat Auswirkungen auf seine Kognition, seine Psyche und seinen sozialen Status – es ist der Eintritt in die Welt der Erwachsenen. Ganz konkret kämpfen Schreibanfänger mit zwei Problembereichen: dem ‚Verschriften' und dem ‚Vertexten'. ‚Verschriften' meint das Festhalten von sprachlichen Einheiten mit den Mitteln der Schrift; in der Didaktik ist hier von Erstlesen/Erstschreiben oder auch von Schriftspracherwerb die Rede (vgl. Artikel I.1). Mit ‚Vertexten' ist die Realisierung von sprachlichen Handlungen mittels Texten gemeint, die zerdehnte, schriftliche Kommunikation. Beim Verschriften haben Schreibanfänger vor allem mit der Phonemanalyse sowie der Grafomotorik zu kämpfen, d.h. mit dem Herstellen von Schriftzeichen. Diese Schwierigkeiten interferieren gerade bei Schreibanfängern in negativer Weise mit den Anforderungen der Textproduktion, so dass diese immer mitgedacht werden müssen, wenn es um die Textproduktion von Schreibanfängern geht.

Leser antizipieren

Der Text als Mittel der zerdehnten, schriftlichen Kommunikation unterliegt grundsätzlich anderen Bedingungen als der mündliche Diskurs. Der Schreiber muss seine sprachliche Handlung in Abwesenheit oder sogar in Unkenntnis des Lesers schreiben. An die Stelle des Hörers tritt die Antizipation des Lesers, d.h. die gedankliche Vorwegnahme der Rezeption. Diese Entwicklungsaufgabe haben Bereiter/Scardamalia (1987: 60 ff.) treffend beschrieben: ‚from conversation to composition'. Anfänger bewältigen diese Aufgabe, indem sie ihre subjektive Erlebnisperspektive auf einen Sachverhalt weitgehend ohne strukturierende Hilfen für den Leser ausdrücken. Diese frühen Texte sind erkennbarer Ausdruck des Bemühens, erstmals im Medium der Schrift zu handeln. Es ist der Versuch, mit den vorhandenen mündlichen Kompetenzen schriftlich zu handeln.

Ausbauphase I: Subjektive Orientierung (etwa 7–10 Jahre)

Subjektive Erlebnisperspektive

Nach der Startphase wird das Schreiben für eine längere Zeit von einer subjektiven Erlebnisperspektive geprägt: Feilke (1996: 1186) spricht vom „Prinzip szenischer Kontiguität". Typisch hierfür ist, dass Sachverhalte so wiedergegeben werden, wie sie erlebt wurden. Für die Wahrnehmung unserer Umwelt und für unser eigenes Handeln stehen uns so genannte ‚Scripts', ‚Schemata' oder ‚Muster' zur Verfügung, die uns helfen, die Vielzahl an Sinneseindrücken zu strukturieren. Ein prototypisches Wiedergabemuster für Ereignisse ist die (mündliche und schriftliche) Erzählung; sie dient genau dem Zweck, Selbsterlebtes mit anderen zu teilen. Schreibanfänger nutzen ihr strukturiertes Wissen sowie die ihnen aus dem Mündlichen bekannten Sprachmuster, um ihr Wissen aufzuschreiben. Dabei entstehen kohärente Texte, ohne dass die Schreiber die sprachliche Form reflektieren oder gar einen Leser ins Auge fassen müssten. Das alles leisten Scripts, Schemata und Muster, die als soziales und sprachliches Wissen quasi automatisch zur Verfügung stehen.

Zugleich erklärt diese Schreibstrategie auch die Besonderheit von Anfängertexten, die in der Regel leicht zu erkennen sind. Durch den Wegfall des Zuhörers entfallen auch alle interaktiven Anregungen zum Ausbau der Erzählung. Unter dem Druck der Textproduktion entstehen so kurze, auf den Kern der Geschichte beschränkte Erzählungen. Zugleich zeigt sich aber auch, dass bereits minimale Hilfen ausreichen, um die Textproduktion anzuregen; das können etwa Nachfragen zum Text oder die schlichte Anregung sein, den Text noch weiterzuschreiben.

Ausbauphase II: Sachlich-kommunikative Orientierung (etwa 10/12 Jahre bis 14/16 Jahre)

Sachlogische Perspektive

Ungeachtet der unterschiedlichen Forschungsergebnisse zu dieser Phase, die auch auf den steigenden Einfluss des Unterrichts zurückgehen, lässt sich Folgendes festhalten: Die Schreiber sind nicht länger auf ihr subjektives Erfahrungswissen angewiesen, sondern können nun ihr Wissen gezielt unter verschiedenen Gesichtspunkten für den Text umstrukturieren. Feilke (1996: 1187) nimmt an, dass dies zunächst unter sachlogischen Gesichtspunkten geschieht, so dass nicht mehr die subjektive Perspektive, sondern die Logik der Sache selbst dominiert. Wohnungsbeschreibungen etwa orientieren sich am Grundriss der Wohnung und nutzen diesen für einen virtuellen Rundgang durch die Wohnung; in Bedienungsanleitungen treten an die Stelle der eigenen Bedienerfahrungen die technischen Möglichkeiten des Geräts selbst. Die Logik bzw. die Struktur der Sache bekommt nun eine heuristische (wissensbildende) und textorganisierende Funktion; die Sache wird genutzt, um Wissen zu gewinnen und darzustellen. Wahrscheinlich ab dem 12./13. Lebensjahr sind Schreiber in der Lage, Textsorten (Erzählung, Beschreibung, Instruktion, literarische Gattungen, etc.) gezielt einzusetzen. Möglicherweise hängt das jedoch auch davon ab, ob und inwieweit Textsorten Gegenstand des Schreibunterrichts sind. Als gesichert kann in jedem Fall gelten, dass Textsortenwissen eine Hilfe beim Schreiben darstellt; Textsorten ermöglichen Routinebildung und entlasten so den Schreibprozess im Bereich der Makroplanung (Schneuwly 1995).

Ausbauphase III: Literale Orientierung (etwa ab der Adoleszenz)

Literale Perspektive

Die dritte Ausbauphase ist gekennzeichnet durch den Erwerb der vollständigen literalen Kompetenz. Die Schreiber erwerben nun die Fähigkeit, ganz und gar im Medium der Schriftlichkeit zu agieren. Ihnen stehen alle Funktionen des Schreibens und alle Möglichkeiten der Schriftlichkeit offen; Baurmann/Ludwig (2001: 9) sprechen hier vom geplanten Schreiben. In kommunikativen Texten sind sie nun in der Lage, die verschiedenen kognitiven Anforderungen und die daraus erwachsenen Maximenkonflikte zu bewältigen. Denn die verständliche Darstellung eines Sachverhalts in einem Textmuster für eine bestimmte (bekannte oder unbekannte) Leserschaft erfordert einen ständigen Balanceakt zwischen den eigenen Schreibzielen, der Leserorientierung und der sachlichen Angemessenheit. Eine solche Schreibhaltung einzunehmen, ist je nach Textsorte unterschiedlich schwer. Die Reihung *Erzählung – Beschreibung – Instruktion – Argumentation* zeigt einen steigenden Schwierigkeitsgrad.

Keine Norm

Der geschilderte Entwicklungsverlauf stellt gewissermaßen den weiten Rahmen dar, in dem sich die individuelle Entwicklung vollzieht. Er darf keinesfalls als Norm missverstanden werden; und das aus zwei Gründen: Zum einen ist der Schreibunterricht ein ganz wesentlicher Faktor eben dieser Entwicklung. Und zum anderen weist insbesondere die mittlere Entwicklungsphase in mehrfacher Hinsicht große Varianzen auf, die eine normative Sicht verbieten.

Wissen über Lehr-Lern-Prozesse

Lerntheoretische Grundlegung

Die dritte Domäne des für den Schreibunterricht erforderlichen Wissens betrifft die Lehr-Lern-Prozesse, die nur z.T. in die Zuständigkeit der Linguistik fallen und deshalb hier nur knapp in zwei Aspekten skizziert werden sollen. Zum einen geht es um die Frage nach dem Verhältnis von Lehren und Lernen und zum anderen um die besonderen Bedingungen des Lernens im Unterricht. Bei den Lerntheorien lassen sich – in grober Verallgemeinerung und Vereinfachung – zwei Theorietypen unterscheiden: instruktions- vs. konstruktionsorientierte Konzepte. Erstere gehen, wie beispielsweise der Behaviorismus, davon aus, dass das Lernen eine Funktion des Lehrens ist. Lernen erfolgt in diesem Fall als eine Reaktion auf äußere Anregungen oder Reize, die zu einer erkennbaren Veränderung des Verhaltens oder der Einstellung führen. Das Lernen folgt also dem Lehren. Dagegen stehen konstruktivistische und auch kognitive Ansätze, die die Ursache für das Lernen eher im Individuum sehen. In der Nachfolge u.a. von Piaget gehen diese Theorien davon aus, dass das Individuum seine Erfahrungen aktiv verarbeitet und seine eigenen Konstrukte über die Wirklichkeit bildet. In diesem Fall müsste das Lehren dem Lernen folgen. Beide Theorien begründen deutlich unterschiedliche Unterrichtsverfahren: Instruktionsorientierte Ansätze verlangen einen klar strukturierten, vom Lehrer gelenkten aufgabenbasierten Unterricht, der den Schülern die Inhalte Schritt für Schritt vermittelt; dagegen setzen konstruktionsorientierte Ansätze auf die Eigentätigkeit der Schüler, denen der Lehrer Lernangebote unterbreitet, auf die diese zugreifen.

Unterrichtsforschung

Die Bedingungen schulischen Lernens sind Gegenstand zweier Disziplinen: Sie werden sowohl von der entwicklungspsychologischen bzw. pädagogischen Unterrichtsforschung als auch von der linguistischen Pragmatik untersucht. Die Unterrichtsforschung versucht mit überwiegend quantitativen (statistischen) Verfahren diejenigen Unterrichtsfaktoren (Klassenführung, Strukturiertheit, Unterstützung, Variabilität der Unterrichtsform, Klarheit und Motivierungsqualität) zu ermitteln, die für den Lernerfolg verantwortlich sind (vgl. Weinert/Helmke (Hgg.) 1997). Insgesamt zeigen jüngere Studien einen tendenziellen Vorteil für stärker instruktionsbasierte Konzepte. Die linguistischen Arbeiten untersuchen mittels Videoaufzeichnungen und Transkripten von authentischem Unterricht die Kommunikationsprozesse selbst und fragen, wie Schüler und Lehrer unter den institutionellen Bedingungen von Schule interagieren (vgl. Becker-Mrotzek/Vogt 2001). Hierzu gehören vor allem die Massenhaftigkeit der Kommunikation (ein Lehrer – dreißig Schüler) und der Zwang zur Selektion (Notengebung). Diese Bedingungen begünstigen die Wahl widersprüchlicher Handlungsformen, wie etwa den fragend-entwickelnden Unterricht. Dabei sollen die Schüler durch gezielte Lehrerfragen Wissen erwerben, ohne jedoch den Gesamtzusammenhang zu durchschauen (vgl. Artikel I.5).

Gemäßigter Konstruktivismus

Auf dem Hintergrund dieser Resultate gehen wir von einem gemäßigt konstruktivistischen Lernkonzept aus. Das bedeutet, Lernen vollzieht sich in einem steten Wechselspiel von Instruktion und Konstruktion. Das lernende Subjekt ist auf die strukturierten und angepassten Anregungen von außen angewiesen; zu dieser notwendigen tritt als hinreichende Bedingung die Eigenaktivität des Lernenden. Ohne die aktive Re-Konstruktion kommt es nicht zu einer An-Eignung des angebotenen Wissens. Eine solche Lerntheorie erfordert ein didaktisches Konzept, das zwei unterschiedliche Anforderungen ausbalanciert: Die Lerninhalte müssen auf der einen Seite so aufbereitet und strukturiert werden, dass die relevanten Aspekte erkannt (rekonstruiert) werden können; auf der anderen Seite müssen die konkreten Aufgaben den Lernenden aber hinreichend Gelegenheit geben, sich die neuen Wissensstrukturen selber anzueignen.

3.2 Applikation

Die vorgestellten Theorien sollen nun auf die Schreibvermittlung angewendet werden, d.h., bei der Beantwortung der Frage helfen, wie Schreibkompetenz vermittelt werden kann. Zunächst sollen in der folgenden (Abb. 7) noch einmal die beteiligten Komponenten zusammengefasst werden:

Abb. 7 Die Komponenten der Schreibvermittlung

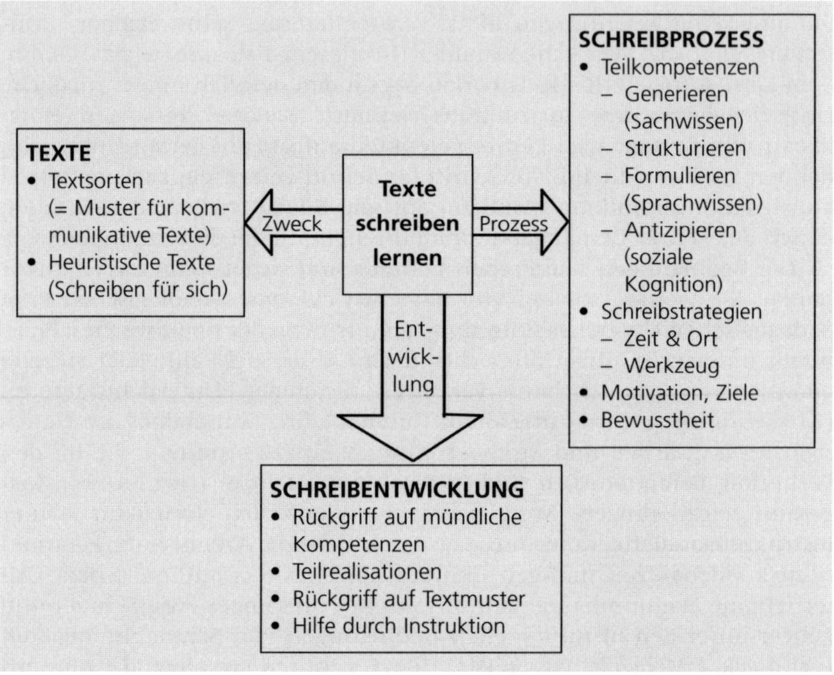

Abb. (7) zeigt, dass wir es mit drei zentralen Komponenten zu tun haben: den Texten, dem Schreibprozess und dem Entwicklungsprozess. Sie gilt es im Vermittlungsprozess sinnvoll aufeinander zu beziehen. Ausgangspunkt aller Vermittlungsbemühungen muss der Lernende mit seinen Entwicklungsmöglichkeiten sein. Für die Entwicklung der Schreibkompetenz sind drei Faktoren entscheidend: a) die vorhandenen Teilkompetenzen (Kognition und Wissen), b) die Motivation und c) die Bewusstheit für die Besonderheiten der schriftlichen Kommunikation (Metakognition).

Teilkompetenzen

Zu a) Schreiben als komplexe Handlung erfordert die Koordination zahlreicher Teilhandlungen mit den zugehörigen Teilkompetenzen. Sachverhaltswissen muss generiert, mit Blick auf den Adressaten und unter Berücksichtigung der Textsorte ausgewählt, strukturiert und schließlich formuliert werden. Beteiligt ist also neben dem sprachlichen und sozialen Wissen auch Sachverhaltswissen. Jede Einschränkung in einem der Bereiche führt – vermittelt über eine verstärkte Belastung des Arbeitsgedächtnisses – zu Einschränkungen in den anderen Bereichen. Um es an unserem Beispiel aus Abb. (1) zu verdeutlichen: Die Anleitung des

Schülers konzeptualisiert die Nutzungssituation als quasi mündliche Instruktion, erkennbar u.a. an der strikten Orientierung an der Handlungssukzession sowie an den Hinweisen auf seine Wahrnehmungen (*Sie sehen* ...). Auf diese Weise wird der Nutzer Schritt für Schritt durch die Bedienung geführt. Das entspricht nicht der Erwartung von Nutzern an Anleitungen, die eher auf die verschiedenen Gerätefunktionen orientiert sind. Sprachlich findet das seinen Ausdruck u.a. im Fehlen von Überschriften mit Hinweisen auf die behandelten Funktionen, den wiederholten direkten Anreden des Nutzers (*Sie sehen* ...) sowie den expliziten Aufforderungen: „Drücken Sie den Modusknopf einmal", wo üblicherweise Infinitivkonstruktionen stehen: „Modusknopf einmal drücken."

Das bedeutet, obwohl der Schreiber über das erforderliche Sachverhaltswissen verfügt, gelingt es ihm nicht, die Anleitung entsprechend den Erwartungen des Textmusters „Bedienungsanleitung" zu verfassen. Verantwortlich hierfür ist die aktuelle Entwicklung der sozialen Kognition. Der Schreiber ist nach Überwindung des Egozentrismus nun in der Lage, sich in die Situation anderer hineinzudenken. Genau das tut er in der Anleitung: Er beschreibt aus der Perspektive eines konkreten Nutzers die Bedienung. Was ihm noch nicht gelingt, ist diese Perspektive eines einzelnen zu verallgemeinern und die Sicht eines generalisierten Nutzers einzunehmen, der an bestimmten Funktionen, nicht aber an einer Führung durch alle Funktionen interessiert ist.

Motivation

Zu b) Für jede Handlung stellt die Motivation, d.h. der Antrieb zum Handeln, eine notwendige Voraussetzung dar. Motivation entsteht dann, wenn ein Handelnder eine Situation so einschätzt, dass zu ihrer Veränderung (oder auch Erhaltung) sein Zutun erforderlich ist. Schulische Schreibaufgaben enthalten in dieser Hinsicht ein eher geringes Aufforderungspotenzial, weil es sich vielfach um reine Übungsaufgaben handelt. Sie haben für den Schreiber keinen erkennbaren weiteren Nutzen und stellen auch keine Herausforderung dar. Das gilt insbesondere für das isolierte Üben tradierter Aufsatzformen, die dem Motto folgen: „Beschreibe die Porzellanfigur auf dem Pult" oder „Verfasse einen Bericht vom letzten Schulsportfest". Motivierende Schreibaufgaben müssen eine Herausforderung darstellen, d.h., der Schreiber muss für sich einen Sinn darin erkennen.

Authentische Schreibanlässe

Das trifft auf authentische Schreibanlässe zu, etwa in Form von Einladungsschreiben oder Anfragen. Diese sind jedoch in Lernkontexten eher selten, so dass Alternativen erforderlich sind. Eine Möglichkeit bieten komplexe Lernkontexte für so genannte Lerngemeinschaften (*learning communities*) (vgl. Scardamalia/Bereiter/Lamon 1994). Die Grundidee besteht darin, dass die Schüler in der Art eines Projekts ihre Lernergebnisse zu unterschiedlichen Texten verarbeiten. Anstelle einer Erörterung über das richtige Wahlalter für Jugendliche könnte die – gemeinsam mit den Schülern formulierte – Aufgabe lauten, Informationen über gesellschaftliche Positionen zu dieser Frage zusammenzutragen, diese zu präsentieren, zu kommentieren und zu einer eigenen Position zu kommen. Die Bewältigung einer solchen Aufgabe in einer Lerngemeinschaft schafft zahlreiche unterschiedliche Schreibanlässe, die sich erst im Laufe der Arbeit ergeben, ohne die Schüler vorab festzulegen. Hierbei kommt den Neuen Medien als Multifunktionswerkzeug eine wichtige Funktion zu (s. u.).

Eine weitere Alternative stellen kognitive Herausforderungen dar; damit sind solche Aufgaben gemeint, deren Bewältigung für die Lerner ein echtes Handlungsproblem bedeutet. Woraus solche Aufgaben konkret bestehen können, muss mit der jeweiligen Lernergruppe abgestimmt werden.

Meta-Wissen

Zu c) Wichtig für die Bewältigung insbesondere komplexer Schreibaufgaben ist eine Bewusstheit für die Besonderheiten der schriftlichen Kommunikation. Denn diese Art von Metakognition, wie es auch genannt wird, unterscheidet Experten von Anfängern: Experten wissen, was sie tun. Zu erreichen ist eine solche Bewusstheit vor allem durch die gemeinsame Reflexion des Schreibprozesses wie der resultierenden Texte. Auf diese Weise werden nicht nur die eigenen Handlungsweisen bewusst gemacht und damit zu verfügbaren Strategien, sondern auch das Vorgehen der anderen sichtbar, was wiederum ein Lernen am Modell ermöglicht.

Vermittlungsformen

Auf diesem Hintergrund können wir nun nach sinnvollen Vermittlungsmöglichkeiten fragen: Wie kann man als Lehrender den Erwerb der Schreibkompetenz unterstützen? Ausgangspunkt bildet eine dem jeweiligen Könnensstand angemessene Schreibaufgabe, die entweder einen authentischen Anlass hat, eingebunden ist in ein größeres Lernprojekt oder eine kognitive Herausforderung darstellt (für konkrete Beispiele vgl. etwa Becker-Mrotzek/Böttcher 2006; Böttcher 1999; Böttcher/Becker-Mrotzek 2003; Schneuwly 1995). Die Güte der Aufgabenstellung und des unterrichtlichen Arrangements entscheidet über den Erfolg; Unter- bzw. Überforderung, nicht lösbare Aufgaben, fehlendes Material oder unglückliche Gruppenzusammensetzungen können ein frühzeitiges Scheitern bedeuten. Während der Bewältigung der Schreibaufgabe werden bei den Schülern Fragen und Probleme auftreten, die Anlass für Hilfestellungen und Instruktionen des Lehrenden bieten. Hier kann es beispielsweise sinnvoll sein, die Schüler auf Textmuster hinzuweisen, an denen sie ihre eigenen Texte orientieren. Es kann aber auch notwendig sein, Hinweise zum Schreibprozess selbst zu geben, etwa in Form von Tipps für weitere Recherchemöglichkeiten, Formulierungsalternativen und Strukturierungshinweisen. Nach Abschluss der Schreibaufgabe bzw. des Schreibprojekts sollten zwei Dinge obligatorisch sein: die Präsentation der Ergebnisse sowie die gemeinsame Reflexion, die nach Möglichkeit in die Formulierung von Handlungsmaximen für weitere Projekte münden sollte.

Maximen

Insgesamt gelten für die Schreibvermittlung die folgenden Maximen:

- Schreibkompetenz erwirbt man durch Schreiberfahrung.
- Schreiben braucht Zeit, auch bei Leistungsüberprüfungen.
- Schreiben bedeutet immer auch Revidieren.
- Revidieren braucht (auch zeitliche) Distanz zum eigenen Text.
- Kooperatives Schreiben schafft Distanz.
- Kenntnisse über Textsorten helfen beim Schreiben.

Schreibenlernen mit Neuen Medien

Computer als Schreibwerkzeug

Die Textproduktion verändert sich durch die Neuen Medien, weil Lesen und Schreiben zunehmend in elektronischen Umgebungen stattfinden (vgl. Kapitel III). Bei der Vermittlung der Schreibkompetenz kommt ihnen deshalb eine wichtige Funktion zu, weil mit dem Computer bzw. den Textverarbeitungsprogrammen ein neues und flexibles Schreibwerkzeug zur Verfügung steht. Die Textproduktion mit Papier und Bleistift ist stark durch die materiellen Bedingungen beeinflusst, so dass der Text weitgehend linear entstehen muss. Nicht-lineare Produktionsweisen verlangen einen erheblichen Planungsaufwand, der gerade Anfängern schwer fällt. Textverarbeitungsprogramme bieten mit der Lösch- und Einsetzfunktion hier deutlich bessere Möglichkeiten des nicht-linearen Schreibens.

Weitere Erleichterungen bieten das gute Schriftbild am Monitor und im Ausdruck, was eine bessere Rezeption nicht nur für die Leser, sondern auch für den Schreiber selbst bedeutet. Der Monitor erleichtert durch seine gute Einsehbarkeit die kooperative Textproduktion, die in zahlreichen didaktischen Konzepten eine zentrale Rolle spielt. Und die Tastatur schließlich ist vor allem für Schreibanfänger eine Lernerleichterung, weil die Produktion von Buchstaben durch einen Tastendruck erfolgt, so dass der schwierige feinmotorische Vollzug entfällt.

Für fortgeschrittene Schreiber sind die Neuen Medien unverzichtbar, wenn in so genannten Lerngemeinschaften komplexe Aufgaben zu bewältigen sind (s. o.). Das Internet wird zu Recherche- und Kommunikationszwecken eingesetzt, Ergebnisse werden schriftlich festgehalten und für die Präsentation aufbereitet. Einen Überblick über theoretische Grundlagen und praktische Beispiele geben Hendricks (Hg.) (2000), Huber/Kegel/Speck-Hamdan (Hgg.) (1999), Kepser (1999), Thomé/Thomé (Hgg.) (2000).

I.4 Sprechwissenschaft und Sprecherziehung in der Lehrerbildung

Ines Bose und Norbert Gutenberg

1 Sprechwissenschaft und Sprecherziehung

Zielgruppen

Zahlreiche Berufsgruppen sind in besonderer Weise auf ihre Sprech- und Redefähigkeit angewiesen, zum Beispiel Lehrer, Pastoren, Politiker, Manager, Juristen, Journalisten, Moderatoren, Nachrichtensprecher, Schauspieler, Berater aller Art, Therapeuten und Dolmetscher. Sprech- und Redefähigkeit umfasst sowohl ökonomische Atem- und Stimmführung als auch angemessene und wirksame Kommunikationsgestaltung.

Sprechwissenschaftlerinnen und Sprechwissenschaftler sowie Sprecherzieherinnen und Sprecherzieher schulen und optimieren die mündlichen Fähigkeiten von Angehörigen „redender Berufe", wie es in der Rhetoriktradition heißt, gemeint sind sprechintensive Berufe. Dies tun sie durch gezielte Trainingsmaßnahmen, indem sie vorwiegend pädagogisch und beratend zum Beispiel in Aus- und Fortbildung tätig werden. Inhalte sprecherzieherischer Tätigkeit sind:

Teilgebiete

- Sprechbildung: Entwicklung und Erweiterung der Sprechausdrucksfähigkeit,
- Sprechtherapie: Therapie von Stimm-, Sprech- und Sprachstörungen,
- Rhetorische Kommunikation: Entwicklung und Erweiterung von Gesprächs- und Redefähigkeit, von Zuhörens-, Verstehens- und Kritikfähigkeit als Voraussetzungen für eine angemessene und wirksame Kommunikation,
- Sprechkünstlerische Kommunikation: Entwicklung und Erweiterung von Fähigkeiten zur text- und situationsangemessenen Rezitation und Darstellung.

Sprechwissenschaft und Schule

Die Sprechwissenschaft entstand in Deutschland zu Beginn des 20. Jahrhunderts und verdankt ihre Legitimation und (historisch) ihre Existenz sehr stark der Rolle, die sie in Schule und Lehrerbildung gespielt hat. Schließlich stellt Erich Drachs Buch *Sprecherziehung. Pflege des gesprochenen Wortes in der Schule* (1. Aufl. 1922) einen der Anfänge des Fachs dar. Drach entwickelt hier seine Gedanken der Interdependenz von ‚Erziehung zum Sprechen' und ‚Erziehung durch Sprechen'. Auch später haben sich Fachvertreterinnen und Fachvertreter in ihren Publikationen immer wieder mit Fragen von Sprecherziehung in der Schule befasst.

Interdependenz von Sprechwissenschaft und Sprecherziehung

Bis heute besteht die Eigenart von Sprechwissenschaft/Sprecherziehung in der Interdependenz von Gegenstandstheorie und Fachdidaktik (vgl. z.B. Gutenberg 2001: 13 f.):

- Sprechwissenschaft nähert sich dem Sprechen wissenschaftlich, sucht dieses komplexe Phänomen empirisch-deskriptiv und hermeneutisch-rekonstruktiv zu erforschen; aus der Sprecherziehung bezieht sie Forschungsbedarf und Fragestellungen.

- Sprecherziehung sucht das Sprechen pädagogisch zu entwickeln und ist dabei mit Sprechwissenschaft verbunden: Die Sprechwissenschaft sucht durch theoretische Kritik aus der Analyse der Kommunikationspraxis Normen zu gewinnen, die Sprecherziehung sucht durch praktische Kritik jene Praxis zu verändern.
- Spezifika von Sprechwissenschaft/Sprecherziehung sind nicht nur anwendungsorientierte Theorie, sondern auch theoriebegründete Didaktik. Gemeint ist damit, dass die Theoretiker selber auch Didaktiker, idealer Weise die Didaktiker auch Theoretiker sind, darüber hinaus beide (pädagogisch arbeitende) Praktiker ihrer eigenen Theorie und Didaktik.

Gesamtlehrziel: Gesprächsfähigkeit

Als Gesamtlehr- und -lernziel der Sprecherziehung gilt Gesprächsfähigkeit. Darunter ist die Fähigkeit zu real und virtuell dialogischer Kommunikation zu verstehen, in unterschiedlichen Situationen, Formen, Institutionen, mit unterschiedlichen Partnern, unterschiedlichen Zielen, Themen, Motivationen. Politisch verstanden soll Gesprächsfähigkeit ein Teil von Demokratiefähigkeit sein, zu kritischer Mündigkeit führen. Die sprecherzieherische Didaktik und Methodik nahm stets Impulse aus pädagogischen Strömungen ihrer jeweiligen Epoche auf: Reformpädagogik, Kunsterzieherbewegung bis 1933, demokratische politische Bildung, Gruppendynamik, Gruppenpädagogik nach 1945. Sprecherziehung ist Teil von Lehreraus- und -fortbildung; ‚mündliche Kommunikation' ist Teil der Lehrpläne des Schulfachs Deutsch. Im außerschulischen Bereich versteht sich Sprecherziehung als Teil der Erwachsenenbildung, ihre Gesprächserziehung als politische Bildung („Mündigkeit durch Mündlichkeit"), auch als Teil der beruflichen Aus- und Fortbildung. Hier entstehen Didaktiken für rhetorische Kommunikation in Organisationen, für interkulturelle Kommunikation, für Medienrhetorik und andere. Das gesprächserzieherische Gesamtziel wird auch angestrebt, wo Teilkompetenzen als Lehr- und Lernziel gefragt sind: Ausspracheschulung im Unterricht Deutsch als Fremdsprache, Stimmbildung und Leselehre bei der Ausbildung von Mediensprechern und Schauspielern, Therapie von Sprach-, Sprech- und Stimmstörungen.

Gegenstand: Das Sprechen

Sprechwissenschaftlicher Gegenstand ist das Sprechen, also: Menschliches (Miteinander-)Sprechen, Sprechtätigkeit. Sie

- ist im System aller anderen menschlichen Tätigkeit intra- und intersubjektiver Art eine Sprache benutzende und Sprache produzierende Tätigkeit, die auf Orientierung, Koordination, Reflexion und Systematisierung anderer Tätigkeiten durch Verständigung hinzielt, die Verständigungsbasis Sprache als Bezugspunkt aller anderen Zeichensysteme voraussetzend,
- vollzieht sich in einem sozialen Bedingungsgefüge in einer je spezifischen Kultur, zu der aktuell die Interdependenzen von Mündlichkeit und Schriftlichkeit, von Medialität („Kommunikationstechniken") und leibhafter Unmittelbarkeit gehören,
- vollzieht sich in einem historischen Prozess,

- wird vollzogen durch ein System von körperlichen und psychischen, inter- und intrasubjektiven Sprechhandlungen und Sprechoperationen,
- ist außer in dieser leibhaften auch in einer akustisch-optisch messbaren „Materialität der Kommunikation“ existent,
- in reziproken sozialen und personalen Bezügen,
- ist in spezifischen sozialen Situationen situiert und solche situierend,
- konstituiert Sinn, als intersubjektiv situative Vermittlung von subjektivem Meinen und Verstehen,
- führt zu anderen mentalen oder realen (Sprech-)Handlungen und (Sprech-)Operationen,
- ist mustergesteuert und musterbildend in jedem Aspekt,
- wird erworben in einem dialogischen (Sprech-)Tätigkeitsprozess in der Kindheit,
- ist entstanden in der Stammesgeschichte menschlicher Kooperation,
- entwickelt sich ständig (individual- und gesamt-)historisch,
- kann, im Sinne von ‚téchne‘, rhetorisch sein,
- kann, ebenfalls im Sinne einer „künstlerischen“ téchne, ästhetisch sein.

Die Breite sprecherzieherischer Arbeit wird im Folgenden anhand der Sprecherziehung in der Lehreraus- und -fortbildung modellhaft entwickelt (vgl. Pabst-Weinschenk (Hg.) 2004). Dabei wird vom konkreten (fiktiven) Fall ausgegangen – Sprecherziehung in der Ausbildung von Lehrern aller Fächer –, dann werden auch Inhalte der Deutschlehreraus- und -fortbildung einbezogen, so dass ein Curriculum für Sprecherziehung in der Lehrerbildung entsteht.

2 Problemaufriss: Mündliche Kommunikation in der Schule

Mündliche Kommunikation und Schule

Dass Lehrerinnen und Lehrer über vielfältige Kommunikationsfähigkeiten verfügen und die stimmlichen und sprecherischen Voraussetzungen für den Lehrberuf mitbringen, wird meistens als selbstverständlich betrachtet. Aber wie viele sprecherische Aspekte in der Lehrtätigkeit zu beachten sind, wird Lehramtskandidatinnen und Lehramtskandidaten sowie Lehrerinnen und Lehrern meistens erst bewusst, wenn sie an konkreten Bildungsangeboten in Sprechwissenschaft/Sprecherziehung teilnehmen. Das Thema ‚Mündliche Kommunikation in der Schule‘ wird seit einigen Jahren auch von linguistischer und pädagogischer Seite verstärkt diskutiert. Die Schulpraxis wünscht sich mehr Professionalität im gesamten Bereich der mündlichen Kommunikation. Der Gesprächsführung im Unterricht wird mehr Relevanz beigemessen, denn Schülerinnen und Schüler lernen zu einem großen Teil durch die Art der Unterrichtsgespräche. Im Deutschunterricht ist der Lernbereich ‚Sprechen‘ (bzw. ‚Kommunikation‘ oder ‚Mündlicher Sprachgebrauch‘) ein eigener Aufgabenschwerpunkt. Das Ziel ist die Förderung der Sprechfähigkeit im Sinne von Gesprächsfähigkeit. Eine Sprecherziehung mit ganzheitlichem Ansatz kann wesentlich dazu beitragen, diese Fähigkeiten zu erweitern (vgl. Gutenberg/Mönnich 2003, Gutenberg (Hg.) 2004).

Ausgangspunkt der didaktischen Überlegungen zur Ausbildung von Lehrerinnen und Lehrern ist der Unterricht an den Schulen. Dass die

Unterrichtskommunikation meist durch zu hohe Klassenstärken und durch Schülerinnen und Schüler mit verschiedenen Muttersprachen erschwert wird, ist hinlänglich bekannt. Aber auch zunehmende Aggressivität und Gewaltbereitschaft sowie die Wissensexplosion in der multimedial geprägten Gesellschaft sind Probleme, die nicht vor der Schultür Halt machen. Sie erfordern mehr denn je von jeder einzelnen Lehrperson Bereitschaft zum Dialog und Gesprächsfähigkeit.

Sprechsprachliche Anforderungen an Lehrpersonen

3 Falldarstellung: Ein Lehramtsstudent im Sprecheignungstest

Andreas – Lehramtsstudent im Sprach-eignungstest

Andreas S. (23 Jahre) studiert Deutsch für das Lehramt an Gymnasien an einer deutschen Universität, deren Lehrerbildung vorbildlich aufgebaut ist: Die drei Stufen Studium, Referendariat, Fortbildung sind integriert, aufeinander aufbauend; Stufe 1 und 3 sind schul- und unterrichtsnah, Stufe 2 ist wissenschaftlich fundiert. Das Studium vermittelt nicht nur fachwissenschaftliche und fachdidaktische Kenntnisse, sondern versucht, in möglichst frühen Orientierungspraktika, pädagogische Neigung und Eignung der Kandidatinnen und Kandidaten festzustellen. Wegen der Einsicht, dass der Lehrerberuf im strengen Sinne ein „redender Beruf" ist, sieht die Studienordnung noch vor den Orientierungspraktika einen Sprecheignungstest (SET) für alle Lehramtsstudierenden vor.
Alle Teile des Curriculums ‚Sprecherziehung', die sich an dieser vorbildlichen Universität schon in der ersten Stufe der Lehrerbildung finden, sind andernorts über alle drei Stufen verstreut. Sammelt man aber alle Angebote des Studiums, des Lehrerseminars und der Lehrerfortbildung, so kommt ungefähr das im Folgenden beschriebene Curriculum zustande.

Aufgaben im Sprech-eignungstest

Andreas wird also in seinem ersten Studiensemester sich folgender Prozedur unterziehen:

- Er wird sich zusammen mit anderen Erstsemestern in einem Sprachlabor einfinden, in dem er eine freigesprochene Aufnahme zu einigen vorgegebenen Stichworten produziert: Zum Beispiel „Motivation für den Lehrerberuf", „Ihre Stimme und Sprechweise" usw., weil vielen Studierenden auf die abstrakte Bitte „Bitte sprechen Sie zwei bis drei Minuten frei" in der Laborsituation nichts einfällt. Erleichternd wirkt auch die Situation, dass immer zwei Studierende auf einem Laborplatz zusammengeschaltet werden, mit der Bitte, sich die Beiträge zu den Stichworten wechselseitig zu erzählen. Sie sollen dabei einen ‚kontrollierten Dialog' (Geißner 1986) führen, d.h., bevor sie jeweils auf den Beitrag ihres Gesprächspartners mit eigenen Äußerungen reagieren, sollen sie die Partneräußerungen zunächst reformulieren und sich so vergewissern, dass sie sie auch verstanden haben.
- Danach werden die Studierenden jeweils einen standardisierten, für Testzwecke hergestellten, Text aufsprechen.
- Auf einem Formblatt tragen sie ihre studienrelevanten Sozialdaten ein, vor allem aber ein Codewort zwecks Anonymisierung.

Diese Aufnahmen werden dann von den am universitären Zentrum für Lehrerbildung arbeitenden Sprecherzieherinnen und Sprecherziehern in Arbeitsgruppen abgehört (in Arbeitsgruppen, um eine intersubjektiv abgeklärte Rückmeldung geben zu können). Das Team hört und beurteilt auf der Grundlage der folgenden Überlegungen:

4 Sprecherziehung in der Lehrerbildung für alle Fächer

Unterricht = Kommunikation

Jeder Unterricht vollzieht sich durch Kommunikation. Alle Fächer haben Anteil am Erziehungsauftrag der Schule, der unter anderem die Vermittlung von Kooperation und Kommunikation als komplexe Handlungskompetenz umfasst. Sprecherziehung versteht sich dementsprechend als handlungsorientierte Ausbildung in mündlicher Kommunikation für alle Lehramtskandidatinnen und Lehramtskandidaten und zielt vor allem auf den Erwerb bzw. auf die Optimierung von Eigenkompetenz in mündlicher Kommunikation. Insbesondere die Entwicklung der eigenen Sprechhandlungskompetenz im Hinblick auf die Gesprächsführung in Unterricht und Schulalltag ist eine zentrale Aufgabe der Lehreraus- und fortbildung in allen Unterrichtsfächern und allen Schulformen.

Sprecherziehungsziele für alle Lehrämter

Im Einzelnen geht es um

- die Entwicklung einer physiologischen Sprechstimme und die Herausbildung einer der Standardaussprache angenäherten Artikulation,
- die Verbesserung der Gesprächs- und Redefähigkeit durch die Vermittlung grundlegender rhetorischer Fähigkeiten wie Sprechdenken, Hörverstehen, Argumentieren,
- die Vermittlung von Kenntnissen über die häufigsten Stimm-, Sprach-, und Sprechstörungen, deren Ursachen, Erscheinungsformen, Therapie- und Prophylaxemöglichkeiten.

Bezogen auf diese Schlüsselqualifikationen werden im Folgenden für Andreas sprecherzieherische Angebote entwickelt. Dabei werden grundlegende sprecherzieherische Inhalte vorgestellt, auf die detaillierte Erläuterung konkreter Übungen wird aber verzichtet, weil ohne Selbsterfahrung und Ausprobieren unter erfahrener Anleitung das Wesen von Übungen sich nicht erschließt. Es ist pädagogisch auch unverantwortlich, wenn Unkundige Übungen ausprobieren, die sie nur in Büchern gelesen haben.

Rückmeldung auf Andreas' Sprecheignungstest

Nach einigen Wochen findet Andreas seinen Code-Namen am schwarzen Brett des Zentrums für Lehrerbildung und erhält in einem Beratungsgespräch folgende Rückmeldung:

- Andreas' Stimme gibt zu Bedenken Anlass; sie erhält eine Prognose: „Stimme unter Unterrichtsbelastung gefährdet". Damit hat es folgendes auf sich: ‚Stimme' meint hier den primären, von den Stimmlippen erzeugten Schall im terminologisch ganz engen Sinn, nicht etwa Verlaufsqualitäten des Sprechausdrucks wie Lautstärke oder Melodiebewegung.

Bei Andreas' Stimme wird festgestellt, dass sie keinen pathologischen Befund aufweist, keine Symptome von Stimmkrankheit, nichts, was nötig machen würde, einen Facharzt (Phoniater) aufzusuchen. Für den normalen Alltagsgebrauch in Gesprächen ist sie unproblematisch. Der physischen und psychischen Belastung des Sprechens im Unterricht allerdings dürfte sie nicht gewachsen sein.

Prognose: Stimme unter Unterrichtsbelastung gefährdet

Warum? Andreas spricht am oberen Rand seiner Indifferenzlage, dem physiologisch optimalen, konstitutionell vorgegebenen Hauptsprechtonbereich;

er ist ein Bariton, der etwas zu hoch spricht, mit etwas zu viel Spannung, dadurch mit reduzierter Klangfülle, zum Beispiel eine Stimme wie die des Tagesschausprechers Jan Hofer (bei dem eine minimale Geräuschkomponente dazu kommt, die Andreas nicht aufweist). Also: eine Stimme, mit der man Nachrichten sprechen kann, eine Stimme, die für Normalkommunikation vollkommen ausreicht (Zweiergespräche, Gruppengespräche, Telefon usw.).

Besondere Stimmbelastung im Unterricht

Warum nicht für den Unterricht? Unterricht ist physischer und psychischer Dauerstress, auch für die Stimme, die etwa unruhige, lärmende Dreizehnjährige erreichen und ggf. übertönen muss, in akustisch ungünstig konstruierten Räumen, mitunter fünf-, sechsmal 45 Minuten ununterbrochen redend. Ob Frontalunterricht, wie er an Realschule und Gymnasium dominiert, didaktisch sinnvoll ist, steht auf einem anderen Blatt; in der Realität ist er es, der die Lehrerstimmen strapaziert. Andreas wird unter diesen Umständen seine Lautstärke durch noch mehr Sprechspannung erhöhen, noch enger klingen, seine Stimme wird schnell ermüden, Heiserkeit immer häufiger auftreten.

Berufsdysphonie

Nach einem Jahr Unterricht wird Andreas voraussichtlich das Vollbild einer Berufsdysphonie zeigen: empirischen Untersuchungen zufolge mindestens eine Woche Unterrichtsausfall pro Jahr, Arztkosten, Medikation, ggf. Operation. Komplettrehabilitationen gelingen meist nur nach monatelangen Stimmheilkuren. Mindestens 30 % aller Angehörigen von Sprechberufen, darunter auch die Lehrer, entwickeln solche Dysphonien (vgl. z.B. Berger 1989a, b und 1991, Gutenberg/Pietzsch 2003 und 2004). Abgesehen vom persönlichen Leiden der Symptomträger – auch die Schülerinnen und Schüler leiden unter überanstrengten und kranken Stimmen: Sie können nicht zuhören, weil sie sich innerlich wehren müssen, eine zu dünne, zu hohe, fiepsige Stimme nehmen sie nicht ernst usw.

Andreas erhält also aufgrund des SET die Prognose „Stimme unter Unterrichtsbelastung eventuell gefährdet“. Ihm wird empfohlen, zur Prophylaxe eine Übung zur Atem- und Stimmbildung zu besuchen; Kommilitoninnen und Kommilitonen, bei denen die Aufnahme bereits dysphonische Symptome aufzeigt, werden gleich zum Phoniater geschickt, der ihnen dann eine phoniatrisch-logopädische Therapie verschreibt.

Worauf hört man im SET, außer auf die Stimme, noch?

Dialektakzent

- Stärker im frei formulierten Teil, immer noch stark genug beim Vorlesen des Textes, ist deutlich ein Dialektakzent zu hören. Andreas stammt aus Frankfurt am Main, was ihm den Akzent verschafft, den auch Goethe bis an sein Lebensende sprach. Doch gilt heute die Standardaussprache als Norm für die Öffentlichkeit, wozu außer den Medien auch Katheder, Kanzel und die Schule zählen.

Formulierungsschwierigkeiten

- Beim Freiformulieren im kontrollierten Dialog zeigt sich, dass Andreas erhebliche Formulierungsschwierigkeiten hat: Wortfindungsprobleme, Grammatikfehler, Gedankensprünge, Durcheinander in der Themenentwicklung usw. Deswegen hat sein Gesprächspartner große Schwierigkeiten, ihn zu verstehen. Wenn Andreas' Sprechdenkfähigkeit nicht grundlegend entwickelt wird, kann es einem um diejenigen nur leid tun, die seinen Ausführungen folgen müssen, die Schülerinnen und Schüler. Mit dieser Sprechplanung wird Andreas nie etwas verständlich erklären können, so fragen können, dass seine Schülerinnen und Schüler wenigstens verstehen, welche Antworten er hören will.

Verstehensschwierigkeiten

- Obwohl sein Gesprächspartner im SET glasklar formuliert, seine Äußerungen gut aufbaut (keine Abschweifungen und Gedankensprünge), semantisch und syntaktisch gut verständlich ist, auch sprecherisch keine Merkmale aufweist, die Verstehensbarrieren bilden könnten, hat Andreas extreme Schwierigkeiten mit dem kontrollierten Dialog: Er ist kaum in der Lage, das Gehörte vollständig und ohne sehr eigenwillige Veränderungen wiederzugeben, so dass sein Partner sich rundum missverstanden fühlt. Andreas ist ein „egozentrischer Hörer“ – eine schlechte Voraussetzung für die Empathiefähigkeiten, die Lehrerinnen und Lehrer nun einmal brauchen.

Vorleseschwierigkeiten

- Ebenso unkommunikativ (nicht sinnvermittelnd und nicht partnerorientiert, dadurch unverständlich) ist die Art, wie Andreas den Standardtext im SET abliest. Hier stimmt keine Pausengliederung, keine Akzentuierung. Die Lesefassung wirkt zerhackt, willkürlich, unsensibel, als ob Andreas von dem Text selber überhaupt nichts verstanden hätte. Ob das einen Rückschluss auf Andreas’ perzeptive Lesefähigkeit erlaubt, muss vorläufig offen bleiben. Da aber Zitate einen gar nicht so geringen Teil des Lehrervortrags ausmachen, ist die Prognose für den Unterricht ungünstig.

Folgen für den Unterricht

Im Orientierungspraktikum, das Andreas im ersten Semester absolviert, bestätigen sich die o.g. Diagnosen:

- Bei seinen Unterrichtsversuchen ist Andreas nach einer halben Stunde Lehrvortrag heiser.
- Bei seinen Diktaten tauchen bei den Schülerinnen und Schülern der siebten Klasse Orthographiefehler auf, die auf seine mangelhafte Aussprache zurückzuführen sind (z.B. [ç]- [ʃ]- Vertauschungen wie <Milsch> statt Milch; <menschlisch> statt menschlich usw.).
- Unterrichtsbeobachtungen und Supervisionsgespräche mit Andreas bestätigen sehr klar die Diagnose des SET, dass Andreas Mühe hat, seinen Schülerinnen und Schülern zuzuhören und auf sie einzugehen, die Schülerinnen und Schüler wiederum mit seinen Ausführungen nichts anfangen können, seine „Erklärungen“ als unverständlich, gar chaotisch empfinden.

Beziehungsstörungen durch Sprechausdruck

Die Unterrichtsbeobachtung ergibt eine weitere Feststellung zu Andreas’ Sprechweise. Diese betrifft mögliche Wirkungen bestimmter Eigenschaften von Andreas’ Sprechausdruck, die kommunikativ, in der emotionalen Dimension des Kommunikationsprozesses ‚Unterricht‘ von Bedeutung sind. Bei Andreas’ Unterrichtsversuchen im Orientierungspraktikum bestätigt sich nicht nur die stimmhygienische Prognose, sondern die Ausdruckswerte seiner Stimme verändern sich im Unterricht auf charakteristische Weise: Die beschriebenen physiologischen Voraussetzungen reduzieren die Klangfülle von Andreas’ Stimme so, dass die Klangfarbe (Timbre) das dadurch fehlende Stimmvolumen resonatorisch kompensiert. Im Rachenraum entsteht eine Enge, die zusammen mit der Nasenresonanz die hohen, hellen Teiltöne verstärkt: der Klang wirkt eng, fast metallisch. Zusammen mit einer durch den Klassenraum bedingten größeren Lautstärke und – zwecks akustischer Deutlichkeit – viel schärferen Artikulation der Konsonanten entsteht ein Sprechausdruck, der von den Schüler/inne/n als schneidend, scharf, apodiktisch bis autoritär, auch aggressiv, zumindest als sehr streng empfunden werden muss: eine emotionale Beeinträchtigung des Kommunikationsprozesses, die Zuhörbereitschaft und Offenheit der Zuhörenden zumindest nicht fördert.

Ausführliche Konsultationen und Auswertungsgespräche mit Andreas führen dazu, dass er sich auf ein Curriculum „mündliche Kommunikation" einlässt, das in den folgenden Abschnitten vorgestellt wird.

Curriculum Mündliche Kommunikation für alle Lehrämter

4.1 **Sprechbildung**

Stimme als Motivationsfaktor

Lehrerinnen und Lehrer beeinflussen die Motivation der Schülerinnen und Schüler nicht nur durch die Unterrichtsziele, -inhalte und -methoden, sondern auch durch die Gesprächsführung sowie durch ihren Umgang mit ihrer Stimme. Eine Stimmstörung oder eine unklare Artikulation der Lehrenden erschwert Schülerinnen und Schülern das Zuhören und die Konzentration. Eine gesunde, resonanzreiche Stimme, eine optimale Passung von Atmung und Sprechen, eine klare Artikulation – all diese Elementarprozesse auf Seiten der Lehrenden motivieren Schülerinnen und Schüler zum Zuhören und erleichtern ihre Konzentration auf die Lerninhalte und -ziele. Diese Zielformulierungen führen zu folgenden Inhalten:

4.1.1 Atem- und Stimmbildung

Atem- und Stimmstörungen sollen vermieden bzw. überwunden werden. Angestrebt werden angemessene Atemführung als Voraussetzung sinnrichtiger Pausierung und Akzentuierung, ebenso physiologische Stimmführung als Voraussetzung von wirkungsbezogener Melodieführung und Klangfarbendifferenzierung beim Vorlesen und Freisprechen.

Atmung

Stimmbildnerische Atemschulung zielt auf die so genannte Voll- oder Tiefatmung, die aus einem kombinierten Mechanismus besteht, an dem die Zwischenrippen-, Zwerchfell- und Bauchmuskulatur beteiligt ist. Bei geringster Muskelarbeit wird ein höchstmöglicher Nutzeffekt erreicht. Bei der Atembildung wird zu einer physiologischen Körperhaltung (z.B. elastische Wirbelsäulen-Streckhaltung) und -spannung (so genannter Eutonus) hingeführt, Atembewegungen werden verdeutlicht.

Fehlleistungen der Atmung

Über das pathologische Atmungsgeschehen gibt die Fachliteratur Aufschluss (z.B. Wendler et al. 1996; Wirth 1994 und 1995). Hier soll lediglich eine sehr häufige funktionelle Fehlleistung erwähnt werden, die so genannte isolierte Hochatmung. Hierbei bewegt sich entweder nur der obere Teil des Brustkorbs oder der gesamte Brustkorb und die Schultern werden hochgezogen. Hochatmung führt zu Fehl- und Überspannungen der äußeren Kehlkopf- und Halsmuskulatur. Die körperlich enorm belastende Einatmung ist oft hörbar und flach, eine nur geringe Luftmenge belüftet lediglich die oberen Lungenspitzen. Die ungenügende Sauerstoffzufuhr verursacht Ermüdungserscheinungen und mindert die Leistungsfähigkeit. Die Verspannungen wirken sich außerdem ungünstig auf die Stimmgebung aus, da hierzu ein ausgeglichener und relativ geringer subglottaler Druck (d.h. Druck unterhalb der Stimmlippen) benötigt wird, Luftdruck und Stimmlippenfunktion also in richtigem Verhältnis zueinander stehen müssen.

Stimme

Phonation und Artikulation, die Umwandlung des kontinuierlichen Ausatmungsstromes in rhythmische Luftstöße, periodischen und aperiodischen Schall (Klänge und Geräusche), sind unmittelbar von der Atmung abhängig. Atmung, Stimmgebung und Artikulation stehen in einem so engen Zusammenhang, dass die Veränderung eines dieser Vorgänge eine Veränderung der anderen bewirkt. Stimm-, Sprach- und Redeflussstörungen (z.B. Stottern) können von Atmungsfehlleistungen begleitet sein, eine gestörte Atmungsfunktion kann zu stimmlichen Fehlleistungen führen. Atem- und Stimmstörungen entstehen unter anderem

Fehlleistung der Stimme

- durch fehlerhafte Atmungs- und Artikulationsabläufe (z.B. Hochatmung, Fehlspannungen im Halsbereich, im Rachen- und Mundraum),
- durch Fehlfunktionen im Kehlkopfbereich (z.B. mangelhafter Stimmlippenverschluss: behauchte Stimme; Überfunktionen im Kehlkopfbereich: gepresste Stimme; Irregularitäten im Stimmlippenschwingungsverhalten und starke Spannungen der inneren Kehlkopfmuskulatur: raue Stimme),
- durch anatomisch-physiologische Defekte im supraglottalen Bereich, also oberhalb des Kehlkopfes (z.B. Lippenspalte, Gebissanomalie, Zungenverletzung, Gaumenspalte: labiale, dentale, linguale, palatale Dysglossie; mangelhafter Abschluss des Nasenraums gegenüber dem Mundraum: Rhinophonie).

Dysphonien

Wenn Stimmqualitäten als zeitweilige oder dauerhafte Abweichungen von der in einer Sprachgemeinschaft üblichen Stimmbildung auftreten und eine eingeschränkte stimmliche Leistungsfähigkeit (z.B. schnelle Ermüdung, Miss- und Schmerzempfindungen) zur Folge haben, spricht man von Stimmstörungen, so genannten Dysphonien. Durch langen pathologischen Stimmgebrauch im Sinne eines „Zuviel" (hyperfunktionell) oder eines „Zuwenig" (hypofunktionell) können funktionelle Dysphonien entstehen.

Sprecherzieherische Ziele

Solche Dysphonien, die durch unbewusstes oder bewusstes Lernen von fehlerhaften Phonationsabläufen erworben werden und durch Gewohnheit bedingt sind, sollen mit Hilfe sprecherzieherischer Stimmbildung verhindert werden. Atmung, Bewegung und Spannung, Stimme, Artikulation und Prosodie (vor allem Akzente, Sprechgliederung und -melodie) bilden hierbei eine Einheit. Ziel ist es, die Stimmfunktion und die mit ihr zusammenhängenden muskulären Funktionssysteme und Regelkreise in Einklang zu bringen, unphysiologische Körperspannungen und -haltungen zu vermeiden und so eine resonanzreiche, tragfähige, belastbare Stimme herauszubilden. Zum Beispiel soll die mittlere Sprechstimmlage, der Tonhöhenbereich, in dem ein Sprecher überwiegend spricht, der physiologischen Sprechstimmlage angenähert werden, also demjenigen Tonhöhenbereich innerhalb des Stimmumfangs, in dem mit geringstem Kraftaufwand anhaltend und mühelos gesprochen werden kann. Die physiologische Sprechstimmlage wird vor allem vom Körperbau, speziell von der Stimmlippenlänge bestimmt.

Optimierung der Kommunikationsfähigkeit

Atem- und Stimmbildung lenken zwar die Aufmerksamkeit auf spezifische Teilfunktionen des Sprechens, indem Einzelheiten, die der Ausbildung bedürfen, gesondert geübt werden. Es geht aber nicht darum, isolierte Sprechtechniken zu lehren, sondern Ziel ist die Optimierung der

Kommunikationsfähigkeit. Jegliche Übung führt deshalb umgehend zur Ganzheit der kommunikationsbezogenen Sprechleistung.

4.1.2 Ausspracheschulung

Vermittlung von Aussprachemustern

Aussprachestörungen und zu starke Dialektaussprache sollen vermieden bzw. überwunden werden; angestrebt werden Standardaussprache und hörer- und medienangemessene Deutlichkeit beim Vorlesen und Freisprechen. Ausspracheschulung umfasst nicht nur die Lautbildung, denn die Artikulation wird entscheidend von der rhythmisch-melodischen Gestaltung der Sprecheinheit beeinflusst. Es geht deshalb vorrangig um die Vermittlung und Bildung von situativ und expressiv variablen Mustern und ihre Festigung bis zur Automatisierung. Angestrebt wird die sowohl grundsätzlich als auch individuell günstigste Haltung und Bewegungsform der Artikulationsorgane bei der Lautbildung. Vorhandene automatisierte und gewohnte audio-motorische Muster sollen gegebenenfalls gelöscht, stattdessen andere Regulative aufgebaut werden. Das bedeutet aber nicht mechanistisches Aussprachetraining ohne funktionalen Bezug, sondern die Ausspracheübungen werden den Bedingungen realer Kommunikation angepasst. Ziel ist die jeweils angemessene Verwendung der Standardaussprache in verschiedenen Kommunikationssituationen.

Ableitungsmethode

Aus dem Bewegungsablauf der Artikulationsorgane heraus werden die einzelnen Laute hinsichtlich ihrer normativen physiologisch-genetischen Merkmale beschrieben. Bei der sprecherzieherischen Beseitigung von Aussprachestörungen und Dialektaussprache wird zum Beispiel die so genannte ‚Ableitungsmethode' angewendet, nach der Ähnlichkeiten und Gegensätze in der Lautbildung zur Anbahnung standardsprachlicher Aussprachegewohnheiten genutzt werden: Ein fehlerhaft oder nicht standardgemäß gebildeter Laut wird durch einen bildungsverwandten richtig gebildeten Laut regelgerecht beeinflusst.

Andreas lernt Standardaussprache

Ersetzt zum Beispiel jemand wie Andreas den [ç]-Laut dialektal durch einen [ʃ]-Laut, dann sind unter anderem folgende Lauteigenschaften fehlerhaft: Lippenrundung und -stülpung, zu enger Zahnreihenabstand, freischwebende Zungenspitze, zu dunkles Reibegeräusch. Es sollte immer an beiden Lauten (sowohl [ç] als auch [ʃ]) gearbeitet werden, um die Kontraste in den Lautbildungen zu verdeutlichen. Der normgerechte [ç]-Laut kann nach Fiukowski (1992) folgendermaßen angebildet werden:

- Andreas übt den [ç]-Laut zunächst im An- und Auslaut, dabei soll er die im Vergleich zum [ʃ]-Laut größere Unterkiefersenkung übertreiben und die Lippenrundung vermeiden, was durch vorhergehende und darauffolgende ungerundete Vorderzungenvokale wie [eː, iː, ɪ, ə,] unterstützt wird: <Chemie, China, ich, Blech> usw.
- Um den für den [ç]-Laut notwendigen Kontakt des vorderen Zungenrandes mit der unteren Zahnreihe zu unterstützen, kann Andreas Wörter mit der Kombination [kç] nach den Vorderzungenvokalen [ɪ, ə, ʏ, œ] üben, z.B. <Zickchen, Säckchen, Stückchen, Röckchen>. Dadurch verlagert er

Übungsprozess

unwillkürlich den Verschluss des [k] -Lautes an den mittleren Hartgaumen vor und bildet auch den [ç] -Laut weiter vorn.

- Außerdem kann Andreas' [ç] günstig beeinflusst werden durch die orts- und/oder bildungsähnlichen [t, d, n, l]- Laute in Verbindung mit [ɪ] , so zum Beispiel in Wörtern mit den Nebensilben -tig, -dig, -nig, -lig, -lich usw.

Geübt wird zunächst überwiegend an phonologischen Minimalpaaren und Wortbeispielen, die die betreffenden Laute in verschiedenen Positionen enthalten, Lauthäufungen sowie besondere lautkombinatorische Schwierigkeiten aufweisen. Allerdings können auch sprachfreie Elemente verwendet werden. Die so erarbeiteten Laute werden an vorgelesenen Sätzen und Texten gefestigt und auf frei formulierte Äußerungen in verschiedenen Situationen übertragen.

Analytisches Hören

Voraussetzung für alle Korrekturen des Sprechprozesses ist das analytische Hören. Damit wird die Fertigkeit bezeichnet, Sprechereignisse mit Hilfe des Gehörs segmental und suprasegmental in Merkmale und Merkmalskomplexe zu zerlegen und durch inneres Mitvollziehen der physiologischen Abläufe auf die Art und Weise ihrer Erzeugung zu schließen. Das analytische Hören verweist auf die enge synästhetische Verknüpfung der auditiven Perzeption mit kinästhetischen Sinnesqualitäten (vgl. z.B. Vieregge 1996). Stimm- und Artikulationsschulung beinhalten deswegen immer auch Trainingsprozesse zum analytischen Hören (vgl. Hörbeispiele in Probst/Greves/Itro 2000). Trainierte Hörer können die Segmente von Sprechereignissen und ihre Merkmale auf ihre ‚phonetische Norm' hin abfragen. Diese Norm ist allerdings keine konstante und eindeutige Größe, denn sie hängt ab von und ist wesentlich durchsetzt mit anderen Aspekten des kommunikativen Inhalts der sprachlichen Äußerung.

4.1.3 Sprechdenken und Hörverstehen

Meinen-Sagen-Hören-Verstehen

Die Termini ‚Sprechdenken' und ‚Hörverstehen' fassen ‚Hören' und ‚Verstehen' und ‚Meinen' und ‚Sagen' zusammen, indem sie die die Gleichzeitigkeit, das Ineinandergreifen, die Interdependenz der Prozesse von Sinn-Intendieren, Sprachlich-Formulieren und Sprechschall-Erzeugen, von Schall-Hören und Sinn-Deuten akzentuieren (vgl. Gutenberg 2001: 91). Bei der sprecherzieherischen Arbeit am Sprechdenken und Hörverstehen stehen zwei Fragen im Mittelpunkt: „Wie sage ich, was ich meine, so, dass andere es hören und verstehen können?" und „Wie verstehe ich, was ich höre, so, wie der oder die andere es meint?".

Kontrollierter Dialog

Sinnvollerweise sind Übungen zum Sprechdenken **und** Hörverstehen immer gleichzeitig solche zum Sprechdenken und Hörverstehen. Das reflektiert die dialogisch begründete Komplementarität beider Dimensionen. Geübt werden kann zum Beispiel im kontrollierten Dialog: Der Sprecher orientiert sich bei seinen Formulierungen an der vom Hörenden mit Hilfe der fünf Finger der Hand demonstrierten Sinnschrittwahrnehmung; der Hörende orientiert sich an den – im Verlauf der Übung deutlicher wahrzunehmenden – Gliederungssignalen des Sprechenden. Die Abzählung von Sinnschritten an den fünf Fingern wiederum folgt der

Einsicht, dass Äußerungskomplexe, die ca. 30 Sekunden nicht überschreiten, als gedankliche Einheit wahrgenommen und reproduziert werden können. Das Fünf-Finger-Merksystem kommt bereits in der Memoria-Lehre (*memoria* = Gedächtnis) der antiken Rhetorik vor.

4.1.4 Sprechausdruck

Merkmale des Sprechausdrucks

‚Sprechausdruck' wird als Oberbegriff für situations- und stimmungsadäquat konventionalisierte Gestaltungsweisen und -muster im Sprechschall verstanden, mit denen unter anderem Rollen- und Handlungsmuster realisiert werden. Er umfasst Merkmale wie Stimmhöhe, Lautheit, Stimmklang, Sprechgeschwindigkeit, Artikulation (und ihre jeweiligen Veränderungen), Merkmalskomplexe wie Akzentuierung, Gliederung, Rhythmus, Sprechspannung und andere.

Sprechausdrucksmuster

Im Gegensatz zum angeborenen stimmlichen Ausdrucksverhalten (in Basisemotionen wie z.B. Wut, Angst) ist der situations- und stimmungsabhängige, (intendiert) gestaltete Sprechausdruck nicht vorrangig biologisch, sondern sozial determiniert und wird durch kommunikative Vorbilder gelernt. In konkreten Kommunikationsereignissen werden Sprechausdrucksweisen produziert und rezipiert. Wenn bestimmte Sprechausdrucksweisen sich regelmäßig wiederholen und an ähnliche Bedingungen geknüpft sind, wenn sie also geordnet, regelhaft erscheinen, liegt die Vermutung nahe, dass es dafür Sprechausdrucksmuster in den Köpfen der Kommunizierenden gibt (vgl. Gutenberg 2001). Diese Muster sind in Prozessen gesellschaftlicher Kooperation entstanden und prägen das Verhalten und Handeln der Mitglieder sozialer Gemeinschaften.

„Der Ton macht die Musik"

Es handelt sich überwiegend um implizite Kenntnisse über und Fähigkeiten zur situations- und stimmungsabhängigen Variation von Sprechausdrucksweisen, die als Regulationsbasis für Kommunikationstätigkeit dienen. Sie sind mit verinnerlichten Erwartungen über die Adäquatheit konkreter Sprechausdrucksgestaltungen verbunden, haben also Bezug zur jeweiligen Kommunikations- und Kulturgemeinschaft. Sprechausdrucksgestaltungen sind historisch bedingt, eng verbunden mit der kulturellen Tradition und leicht wandlungsfähig (vgl. Krech et al. 1991; Gutenberg 2001; Hörbeispiele in Eckert/Laver 1994; Bose 2003). Sprechausdruck ist immer Ausdruck am Sprechen und kann daher nicht isoliert geübt werden. Seine Variabilität ist Voraussetzung für emotionale und situative Differenzierung in Gespräch und Rede. Seine Übung erfolgt daher als integraler Bestandteil von Gesprächs- und Redeerziehung, bzw. von Sprechkunst-Erziehung (siehe dort).

4.1.5 Leselehre

Vorlesen als Kommunikation

Sprechwissenschaftliche Leselehre umfasst die Theorie und Didaktik des Vorlesens. In der Theorie geht es darum, Regeln für mögliche sprecherische Realisierungen zu formulieren, die sich aus einer gegebenen Textstruktur ergeben. Das betrifft den sprachbezogenen und textbildenden

Teil des Sprechausdrucks, also die Prosodie, hierbei vor allem die Gliederung in Sprecheinheiten, die Signalisierung ihrer Abgeschlossenheit und Nichtabgeschlossenheit, die Akzentuierung sinnwichtiger Wörter.

Ziel: sinnfassend-sinnvermittelndes Vorlesen

In der Didaktik der Leselehre wird die Fähigkeit zum sinnfassend-sinnvermittelnden, hörerbezogenen Vorlesen ausgebildet. Dazu gehört die Vermittlung von Regelkenntnissen über den Zusammenhang zwischen Aussageabsicht, Text- und Prosodiestruktur ebenso wie die Vermittlung von Fähigkeiten und Fertigkeiten zum Anwenden dieser Regeln und das Training von Sprechdenk-, Lese- und Hörverstehensfertigkeiten.

Es ergeben sich also drei jeweils interdependente Dimensionen:

Schreibdenken

1. Die Dimension des Textes bzw. die Sprachgestalt umfasst den Textproduktionsprozess, also das Schreiben als Umsetzen einer Aussageabsicht: Anhand von Textregeln soll eine Textstruktur hergestellt werden, die sich als leseverständlich und sprechbar erweist.

reproduzierendes Sprechdenken

2. Die Dimension der sprecherischen Realisierung bzw. die Sprechgestalt umfasst den Vorleseprozess als Umsetzen einer Aussageabsicht in Korrespondenz mit der Aussageabsicht des Schreibers: Gemäß der prosodischen Regeln für die gegebene Textstruktur werden Sinnvermittlung und Hörverständlichkeit angestrebt.

Hörverstehen

3. Die Dimension der Rezeption bzw. das Hörverstehen umfasst das Zuhören, das sich ebenfalls als regelhaft erweist: In Abhängigkeit von Textstruktur und sprecherischer Realisierung sind die Sinnintentionen von Schreiber und Sprecher erkennbar.

Beim Vorlesen kommt es darauf an, einen Prozess reproduzierenden Sprechdenkens so zu gestalten, dass eine mit dem Text vorgegebene Sprachgestalt reproduziert und eine dazu stimmende prosodische Form (insbesondere Akzentuierung und Sinnschrittgliederung) produziert werden. Dazu muss das sprachliche Material prosodisch durchgearbeitet werden. Dafür hat sich das Verfahren der Zeilenschreibweise bewährt: Der zu lesende Text wird grafisch so geordnet, dass den Sinnschritten Zeilen entsprechen, die Akzentuierung wird wiedergegeben, indem die Akzentsilbe des Sinnwortes in Kapitälchen gedruckt wird.

Texte zum Vorlesen einrichten

1. Der Lead-Satz einer Hörfunknachricht, wie er sinnorientiert gelesen werden sollte:

   Bundeskanzler Gerhard SCHRÖder
   hat GEStern
   auf einer Dringlichkeitssitzung des KabiNETTS
   Bundesverteidigungsminister SCHARPing
   EntLASSen.

2. Sinnschritte als Zeilen – so haben es uns schon immer die Dichter vorgemacht:

   Über allen GIPFeln
   ist RUH
   ...

Benutzt man dieses Verfahren zur Produktion von eigenen Lesetexten (etwa für das Schulradio), so wird die Trennung zwischen Schreiben und späterer prosodischer Bearbeitung fürs Vorlesen aufgehoben, schon der Schreibprozess ist sprechorientiert, Schreiberziehung und Leselehre fallen hier zusammen.

4.2 Rhetorische Kommunikation

Unterrichten = reden und Gespräche gestalten können

Im Bereich der rhetorischen Kommunikation sollen Lehramtsanwärterinnen und Lehramtsanwärter befähigt werden,

- Redeformen zu beherrschen und didaktisch-methodisch zu reflektieren,
- Gesprächsformen zu beherrschen und didaktisch-methodisch zu reflektieren,
- Möglichkeiten des Umgangs mit Konflikten zu kennen.

Diese Zielformulierungen führen zu folgenden Inhalten:

- Arbeit an Gesprächsformen wie Besprechungen, Konferenzen, Verhandlungen, Teamgesprächen, Debatten, Konflikt- und Beratungsgesprächen usw.,
- Arbeit an Redeformen wie Vorträgen, Präsentationen, Meinungsreden, Ansprachen, Referaten usw.,
- Arbeit an Basisformen wie Argumentieren, Informieren, Erzählen, Unterhalten.

Gesprächsfähigkeit des Lehrers

Rhetorisch betrachtet sind Lehrende Rednerinnen und Redner, Gesprächsleiterinnen und Gesprächsleiter sowie Gesprächsführerinnen und Gesprächsführer im beratenden und konfliktbearbeitenden Zweiergespräch. Rede- und Gesprächserziehung, die Lehrende als Basis ihrer didaktisch-methodischen Kompetenz erfahren müssen, wird darum alle Gesprächs- und Redeformen des Kommunikationsraums Schule thematisieren müssen. Dies geschieht in zweierlei Formen von Selbsterfahrung:

- in Selbsterfahrungsseminaren an der Universität,
- in den Orientierungs- und fachdidaktischen Praktika an den Partnerschulen unter Supervision.

Kommunikative Selbsterfahrung

In beiden Formen werden die Studierenden ihr kommunikatives Können weiterentwickeln in einem Rhythmus von selber tun – Rückmeldung erhalten (z.T. videounterstützt) – Selbstreflexion mit Formulierung von Aufgaben (woran jetzt arbeiten?) – selber tun – Rückmeldung usw. Dass in solchen Prozessen ein besonderes Augenmerk auf Kommunikativität und Variabilität des Sprechausdrucks (s.o.) gelegt wird, ist angesichts der Psychodynamik von Erziehung und Unterricht selbstverständlich.

Intensive Übung

Kennzeichnend für die methodische Gestaltung der Sprecherziehung ist ihr übungsintensiver Charakter. Die Lehramtsstudentinnen und Lehramtsstudenten sollen nicht nur Kenntnisse über Grundlagen der Sprechbildung und der rhetorischen Kommunikation erlangen, sondern sie sollen Fähigkeiten und Fertigkeiten entwickeln, die ihnen helfen, den stimm- und sprechintensiv belasteten Lehrerberuf gesund und wirksam ausüben zu können. Sie sollen außerdem ihre vorbildhafte Verantwortung für das kommunikative Verhalten ihrer Schülerinnen und Schüler und damit auch für das kommunikative Klima in den Klassen erkennen und wahrnehmen können. Nur auf diese Weise kann die Lehrerin oder der Lehrer den vielfältigen kommunikativen Anforderungen an den Lehrberuf gerecht werden und ihn für sich selbst und für die Schüler und Schülerinnen befriedigend ausfüllen.

4.3 Stimm-, Sprach- und Sprechstörungen

Hören von Störungen

Im Bereich der Sprach-, Sprech-, Stimmstörungen sollen die Lehramtsanwärterinnen und Lehramtsanwärter befähigt werden, die gesprochenen Äußerungen der Schülerinnen und Schüler hörend zu beurteilen, um den Lernbedarf zu diagnostizieren. Sie sollen also zum Beispiel bei ihren Schülerinnen und Schülern Abweichungen von der Standardaussprache und Stimm-, Sprach- und Sprechstörungen erkennen können, um Eltern auf Therapie- oder Beratungsbedarf aufmerksam zu machen.

Störungen im Kindes- und Jugendalter

Über Stimm-, Sprach- und Sprechstörungen im Kindes- und Jugendalter gibt die Fachliteratur Aufschluss (z.B. Spiecker-Henke 1997, Wendler et al. 1996; Wirth 1994 und 1995; Hörbeispiele in Probst/Greves Itro 2000; Nowka/Andreß 1996). Hier werden lediglich stellvertretend einige Beispiele genannt:

Stimmlippenknötchen

- Stimmlippenknötchen: hyperfunktionelle Dysphonie, bei der durch dauerhafte stimmliche Überanstrengung kleine Verdickungen am freien Rand der Stimmlippen entstehen (auch als „Schreiknötchen" bezeichnet). Die Stimme klingt belegt, brüchig, heiser und ermüdet sehr leicht.

Mutationsstörung

- Mutationsstörung: Entwicklungsstörung der Stimme im Rahmen des Stimmwechsels (v. a. bei jungen Männern). Der Stimmwechsel zieht sich beispielsweise über mehrere Jahre hin (statt über zwei bis drei Monate). Er verläuft unvollständig (die kindliche Sprechstimmlage bleibt im wesentlichen erhalten, und die Stimme kippt dauerhaft über eine Oktave). Trotz abgeschlossener Kehlkopfentwicklung wird die hohe Kinderstimme beibehalten (Mutationsfistelstimme).

Stammeln

- Stammeln: Entwicklungsstörung der Lautbildung; Unfähigkeit, einzelne Laute oder Lautverbindungen normgerecht zu bilden oder als Phoneme anzuwenden. Unterschieden wird zwischen Laut-, Silben-, Wort- und Satzstammeln. Betroffen können sowohl einzelne Laute sein (isoliertes Stammeln, z.B. Sigmatismus) als auch ganze Lautgruppen (multiples Stammeln). Anders als beim Stottern (Sprechablaufstörung) handelt es sich beim Stammeln um eine Störung der Aussprache, d.h. bis auf die Aussprache steht dem Kind die Sprache voll zur Verfügung.

Poltern

- Poltern: Sprechablaufstörung; verbale Manifestation einer zentralen Gleichgewichtsstörung der Sprache. Kennzeichnend sind sehr kurze Sprechphrasen; Unregelmäßigkeiten im Sprechablauf wie Silben-, Wort-, Phrasenwiederholungen und Lautdehnungen zur Erhaltung des Sprechflusses trotz Wortfindungsproblemen; exzessives, ungleichmäßiges Sprechtempo; Artikulationsstörungen wie Lautauslassungen, -verschiebungen, -vertauschungen; Monotonie und Stereotypie in der Sprechmelodie. Diese Erscheinungen sind anders als beim Stottern nicht verbunden mit Störungsbewusstsein oder Sprechangst.

Was Andreas hier an Ausbildung in mündlicher Kommunikation erhält, teilt er mit allen Lehramtskandidaten. Diese ausgebildeten Fähigkeiten und Fertigkeiten zielen auf Unterricht und den gesamten Kommunikationsraum Schule, insofern dort Prozesse mündlicher Kommunikation eine zentrale Rolle spielen, sie sind insofern ein Teil von Methodik und Didaktik (Konflikt-, Beratungs- und Teamprozesse mit Eltern, Schülerinnen und Schülern, Kolleginnen und Kollegen mitgedacht). Nun spielt für Andreas mündliche Kommunikation noch eine zusätzliche Rolle: er will nämlich Deutschlehrer werden. Als solcher wird er auch mündliche Kommunikation unterrichten müssen, die in allen Klassenstufen Teil des Stoffes ist.

5 Lehrplananforderungen im Bereich mündliche Kommunikation

Mündliche Kommunikation im Lehrplan Deutsch

Standards der Kultusministerkonferenz für den Mittleren Schulabschluss Deutsch schreiben zum Beispiel folgende wesentliche Ziele fest (s. Tab. 1).

Tab. 1 Standards für den Mittleren Schulabschluss Deutsch

anderen etwas mitteilen	– situations-, partnergerecht und wirkungsbezogen erzählen, berichten und beschreiben – kürzere Beiträge in freier Rede liefern – ein Referat strukturiert und mit Hilfe von Stichpunkten adressatengerecht vortragen
diskutieren	– eine Diskussion zusammen mit anderen planen und vorbereiten – sich selbstständig inhaltlich auf eine Diskussion vorbereiten – aktiv an einer Diskussion zu einem überschaubaren Thema teilnehmen, eigene Interessen unter Beachtung grundlegender Gesprächsregeln argumentativ vertreten – wesentliche Diskussionsergebnisse zusammenfassen und in verständlicher Form wiedergeben
Gespräche führen	– sich in informellen und formellen Situationen (z.B. Bewerbungsgespräch) auf die Gesprächssituation einstellen sowie sprachliche und nichtsprachliche Mittel angemessen einsetzen

Der Lehrer als Sprecherzieher

So ähnlich werden diese Anforderungen in den Lehrplänen aller Länder für alle Klassenstufen fortgeschrieben. Hieraus leiten sich Forderungen an die Deutschlehrenden ab: Eigene Fähigkeiten in mündlicher Kommunikation (Eigenkompetenz) bilden die Voraussetzung dafür, mündliche Kommunikation lehren zu können (Lehrkompetenz). Deutschlehrerinnen und Deutschlehrer müssen also Sprecherzieherinnen und Sprecherzieher sein. Wenn sie die Lehrpläne ernst nehmen, dann treiben sie Gesprächserziehung, Lautbildung, Argumentationsdidaktik, Leselehre, Redeübungen usw. (s.a. Artikel I.5). Das hat zwei Voraussetzungen:

- Sie müssen es selber können, denn das „Vor-Leben" des Zielmusters ist in allen Feldern der Erziehung zu praktischem Können die notwendige Bedingung.
- Die hinreichende Bedingung ist, dass sie es auch lehren können, also Didaktik und Methodik mündlicher Kommunikation beherrschen.

Zu diesem Zweck wird sich Andreas zusammen mit den anderen künftigen Deutschlehrern folgendem Ausbildungsprogramm unterziehen:

6 Sprecherziehung in der Lehrerbildung im Fach Deutsch

Was Deutschlehrende in mündlicher Kommunikation unterrichten

Sprecherzieherische Lehrangebote für zukünftige Deutschlehrerinnen und Deutschlehrer bauen auf der Sprecherziehung für alle Lehramtskandidatinnen und Lehramtskandidaten auf und zielen darüber hinaus auf den Erwerb von Analyse- und Lehrkompetenz. ‚Sprecherziehung im Deutschunterricht' durch den Lehrer heißt:

- Sprechbildung unterrichten können,
- rhetorische Kommunikation unterrichten können,
- ästhetische/sprechkünstlerische Kommunikation (gestaltendes Sprechen) unterrichten können,
- Deutsch als Fremdsprache unterrichten können: Der Deutschunterricht an Schulen in Deutschland ist für viele Schüler und Schülerinnen „Deutsch als Fremdsprache". Für die Didaktik und Methodik der Mündlichkeit müssen daher auch wesentliche Aspekte interkultureller Kommunikation berücksichtigt werden (für die Sprechwissenschaft vgl. dazu Forster 1997; Slembek 1997; Hirschfeld/Stock 2000; Gutenberg 2001: Kapitel 9.3; Hirschfeld 2004).

Das Problem der Analyse- und Lehrkompetenz wird nun stellvertretend an Beispielen aus der rhetorischen und sprechkünstlerischen Kommunikation behandelt.

6.1 Didaktik und Methodik der rhetorischen Kommunikation

Wie Deutschlehrende in mündlicher Kommunikation unterrichten

Voraussetzungen für Feedback

Im Lernbereich mündliche Kommunikation sind Deutschlehrerinnen und Deutschlehrer Sprecherzieherinnen und Sprecherzieher, im Bereich rhetorische Kommunikation Gesprächs- und Redeerzieherinnen und -erzieher. Eine entscheidende Schlüsselqualifikation ist hier das Feedback-Geben. Was der Lehramtsstudent in seinen eigenen Selbsterfahrungsprozessen (s.o.) auf eine hoffentlich professionelle Art selbst erfahren hat, das muss er als gesprächs- und redeerziehender Deutschlehrer selber praktizieren können. Die Voraussetzungen für Feedback-geben-Können sollten in diesen Selbsterfahrungsprozessen erworben sein:

- Reduzierung des eigenen „blinden Flecks", eine realistische Einschätzung des eigenen kommunikativen Könnens, der Wirkung des eigenen Sprechausdrucks insbesondere.
- Eine gute Beobachtungs- und Analysefähigkeit für Gesprächsprozesse, für (auch prosodische) Mikrostrukturen in Gespräch und Rede. Diese zu trainieren sind gesprächsanalytische Arbeiten, insbesondere das Studium der Aufzeichnungen und Transkripte, hervorragend geeignet. Eine systematische Aufarbeitung, zielend auf ihre methodische Integration in die Lehrerbildung, steht allerdings noch aus.

Darauf aufbauend wird der Lehramtskandidat in Methodik-Seminaren und im fachdidaktischen Praktikum unter Supervision lernen, seine Beobachtungen und Analysen folgendermaßen mitzuteilen:

Feedback-Regeln

1. Regel: Welche Rückmeldung ist jetzt dran? Aus dem vielen, was zu beobachten ist, gilt es auszuwählen, was primär wichtig ist, was dem Schüler jetzt nützlich ist, was er akzeptieren kann, woran er als nächstes arbeiten kann.
2. Regel: Rückmeldungen sind Beschreibungen von Wirkungen. Der Rückmeldende beschreibt, welche Reaktionen eine Aktivität, Aussage, etc. bei ihm auslöst. Dabei kann er bei dem bleiben, was er selber an Reaktionen gespürt hat, er kann auch Fremdperspektiven einnehmen und mutmaßliche Wirkungen bei anderen formulieren. Verboten sind Charakteranalysen und Spekulationen über Motive und Ziele des Sprechenden.
3. Regel: Wirkungen werden erklärt. Dazu gehört auf der Seite des Rückmeldenden eine Explikation seiner habituellen und situativen Voraussetzungen, die dazu beitragen, dass genau diese Wirkung jetzt eingetroffen ist. Auf der Seite des Adressaten gehört dazu eine präzise Beschreibung auf der Merkmalsebene, welches konkrete Vorkommnis für die beschriebene Wirkung verantwortlich ist (z.B. Wortwahl, Lautheit, Unterbrechungen, fehlender Blickkontakt, Satzabbrüche, Wortfindungsschwierigkeiten usw.)

Um diese ‚Feedback-Regeln' zu verdeutlichen, geben wir eine Passage aus dem Supervisionsgespräch wieder, das mit Andreas im Orientierungspraktikum geführt wird (s.o.):

Supervision im Unterrichtspraktikum

Obwohl der SET über die Stimme hinaus bei Andreas eine ganze Reihe von unterrichtsrelevanten Kommunikationsdefiziten erbracht hat, bekam Andreas Rückmeldung nur auf die prognostizierten Stimmprobleme (Regel 1). Alle anderen Beobachtungen aus dem SET gehen in die Supervisionsgespräche des Orientierungspraktikums ein, weil zu erwarten ist, dass Andreas (A) nur auf dem Hintergrund der dort in Unterrichtsversuchen gemachten Erfahrungen die Rückmeldung des Supervisors (S) nachvollziehen und akzeptieren kann.

S Sie haben ja gemerkt, dass Sie nach kurzer Zeit im Unterricht heiser werden.

A: Ja, es hilft aber, wenn ich zwischendrin die Gähnübung mache.

S: Naja, die Schüler könnten es drollig finden.

A: Ich weiß, ich muss die Atem- und Stimmbildung bis zum Fachpraktikum intus haben.

S: Mal abgesehen von der Stimme – wie ist sonst Ihr Eindruck von den Unterrichtsstunden?

A: Ich wusste gar nicht, wie schwer von Begriff die sind.

S: – ? –

A: Naja, die meisten Sachen muss man dreimal erklären. Und ich versteh auch gar nicht, wonach die eigentlich fragen.

(Der Supervisor hat jetzt erfahren, ob Andreas von der Sprechdenk- und Zuhörproblematik überhaupt etwas mitbekommen hat, und ist erleichtert, denn sonst wäre das jetzt folgende Feedback viel schwieriger.)

S: Also ich habe sehr klar verstanden, was die Schüler gefragt haben (Regel 2; er war als Beobachter bei einigen Unterrichtsgesprächen dabei). Und ich glaube auch, ich weiß, WARUM sie nachgefragt haben.

A: – ? –

S: Naja, in der Passage, in der Sie die indirekte Rede und andere Formen der Redewiedergabe erklärt haben, wäre ich selbst nicht mitgekommen, wenn ich mich nicht auskennen würde (Regel 2 und 3).

A: – ? –

S: (Regel 3) Sie haben das sehr abstrakt erklärt. Beispiele kamen sehr spät. In den Erklärungen waren viele Sachen drin, die nicht reingehören, deshalb verwirrten. Ihre Sätze waren sehr kompliziert, deswegen auch häufig abgebrochen und neu begonnen. Ständig mussten Sie nach Worten suchen, mit vielen Ähs und Planungspausen. Wenn Sie dann die Formulierung hatten, sprachen Sie viel zu schnell und undeutlich. Verwirrend waren auch die Wiederholungen in neuer, manchmal noch komplizierterer Wortwahl. Sie haben die Leute auch kaum angeschaut. Vor allem nicht, wenn die was gefragt haben. Immerhin, die Schüler konnten Sie unterbrechen und nachfragen. Dass Sie das zugelassen haben, hat die Leute am Abschalten gehindert (Regel 2).

A: Sie meinen, es lag gar nicht an den Schülern?

S: Ja. Wenn Sie wollen, können wir uns die Aufnahme vom kontrollierten Dialog im SET anhören. Da war das genau so.

A: O.K.

Der Supervisor und Andreas hören sich also die Aufnahme an. Die Rückmeldung zu den Artikulationsproblemen und dem Vorlesen (s.o.) unterbleibt an dieser Stelle. Auch die Rückmeldung zum unter Umständen angstauslösenden Sprechausdruck (s.o.) unterbleibt noch. Der Supervisor wartet ab, bis erstens das Vertrauensverhältnis zu Andreas sich noch intensiviert hat (schließlich ist die Rückmeldung emotional „heikel"), und zweitens wie die Atem- und Stimmbildung sich auf den Sprechausdruck auswirkt: eventuell könnten die Sprechausdrucksmerkmale von „Strenge" verschwinden, wenn sich die Grundspannung verändert hat. Eine Rückmeldung wäre dann überflüssig.

6.2 Didaktik und Methodik der sprechkünstlerischen Kommunikation

Was Deutschlehrende im Bereich Literatur und Mündlichkeit unterrichten

Im Bereich der sprechkünstlerischen Kommunikation geht es um Prozesse ästhetischen Sprechens und Hörens,

- mit und ohne literarische Texte,
- darstellend und nicht darstellend,
- in unterschiedlichen Formen von Spiel und ästhetischer Aktion,
- innerhalb und außerhalb der Medien

(z.B. Berthold 1985; Krech 1987; Gutenberg 2001: Kapitel 6.2).

Anders als in der Sprechbildung und in der rhetorischen Kommunikation, in denen eine gewisse Eigenkompetenz bereits in der Sprecherzie-

Erwerb von Eigenkompetenz

hung für Lehrer aller Fächer erworben werden konnte, geht es hier zunächst um den Erwerb eigener sprechkünstlerischer Fähigkeiten und Fertigkeiten. Die Basis hierfür bilden die erworbenen Fähigkeiten und Fertigkeiten in Sprechausdruck und Leselehre. Darüber hinaus wird aber auch Lehrkompetenz auf diesem Gebiet vermittelt.

Sprechen von Texten

Für künftige Deutschlehrerinnen und Deutschlehrer zentral ist im Literaturbetrieb des Unterrichts das – wie es in manchen Lehrplänen heißt – „ausdruckstarke und ausdrucksrichtige" Sprechen literarischer Texte, insbesondere Lyrik. Werden sie selber Texte im Unterricht sprechen oder sogar Schüler zum Textsprechen anleiten , so haben sie drei Dimensionen der Erarbeitung einer Sprechfassung zu berücksichtigen:

Textstrukturanalyse

1. Der determinierende Faktor ‚Text' bedingt eine Textstrukturanalyse. Diese umfasst eine Beschreibung und Benennung der Texteigenschaften und eine Ableitung möglicher Sprechanweisungen, also möglicher Interpretationen, ‚Lesarten' aus diesen Texteigenschaften. Texteigenschaften sind:

   - die Sprachgestalt – phonetische, morphologische, semantische und syntaktische Struktur auf allen Ebenen (Segment, Wort, Satz, Text),
   - die Textgrafik – visuelle Strukturierung,
   - die Texttektonik – in den Kategorien der Poetik beschreibbare Textstrukturierung.

   Die Historizität des Faktors ‚Text' bedingt eine sprach-, literatur- und rezeptionsgeschichtliche Verortung und damit eine zeitgeschichtliche, soziologische und sozialpsychologische Analyse, die eine biographische und damit autororientierte soziologische und psychologische Analyse einschließt. Dazu gehört auch eine Analyse der Rezitationsgeschichte des Textes.

Einfühlung

2. Bedingt durch die Relation von Sprechersubjektivität und Text ist eine Dimension, die als ‚Einfühlung' bezeichnet werden kann. Darunter ist der innerpsychische (Nach-)Vollzug der in der Textstruktur enthaltenen und von ihr (bei genau diesem Interpreten) angeregten Begriffe, Gedanken, Bilder, Emotionen zu verstehen. Diese Erarbeitungsdimension liefert sinnliche Erfahrungen möglicher Sprechfassungen (Interpretationen), so wie die erste Dimension kognitives Material von Interpretationsmöglichkeiten lieferte. Intrapsychischer (Nach-)Vollzug ist ein Vorgang, der nicht möglich ist ohne eine physische Dimension, wodurch körperliche, interaktive, spielhafte und theaterhafte Arbeitsweisen eingeschlossen sind. Die Dimension ‚Einfühlung' ist bedingt durch die Konfrontation des Textes mit der jeweiligen Sprecherindividualität. Da genau dieser Sprecher genau diesen Text spricht, also psychisch und physisch umsetzt, ist eine psychische und physische Erfahrung des Textes durch den Sprecher nötig. Diese Erfahrung darf allerdings nicht vorzeitig durch eine „heimliche" Festlegung auf eine bestimmte Interpretation eingeschränkt sein, sondern muss die möglichen Wirkungen dieses Textes auf diesen Sprecher allseitig spürbar sein lassen. Gleichzeitig ergeben

sich hier Kriterien dafür, welche Sprechfassungen diesem Sprecher überhaupt möglich sind. Diese Arbeitsdimension wird von der ersten Dimension insoweit profitieren können, als das dort kognitiv-analytisch gewonnene Material Anregung und Stoff für „einfühlenden" Nachvollzug geben kann.

Interpretation

3. Zu einer konkreten Sprechfassung, also einer Interpretation, führt erst das Arbeiten in der Dimension, die mit der Auffassung von Textsprechen als einer spezifischen Form mündlicher Kommunikation gesetzt ist, in der je konkreten Hörern ein Text mit einer je konkreten Aussageabsicht eines spezifischen Sprechers vorgetragen wird. Diese Arbeitsdimension ist mit Analyse, Einschätzung und Planung der Text-Sprech-Situation und der Einstellung darauf zu umreißen. Was Analyse, Einschätzung, Planung und Einstellung bedeutet, macht man sich am besten klar, wenn man die schon häufiger benutzte alte rhetorische Frageformel konkret anwendet: Was will ich (*wer*) dadurch bei genau diesen Hörern (*zu wem*) erreichen (*wozu*), dass ich genau diesen Text (*wie*) zu diesem Zeitpunkt (*wann*) an diesem Ort (*wo*) spreche, was veranlasst mich dazu (*warum*), was will ich mit diesem Text sagen (*was*), auf welchen Problembereich beziehe ich mich mit diesem Text (*worüber*) und wie muss ich unter all diesen Bedingungen den Text sprechen (*wie*)?

Einstellung auf die Text-Sprech-Situation

Es gehört zur Einstellung auf die Text-Sprech-Situation dazu, dass der Sprecher fragt (selbst wenn er empirisch keine Antworten finden sollte!): Was sind das für Hörer, wozu und warum hören sie zu, was wollen sie erfahren, wie hören sie zu usw.? Die konkrete Interpretation für die konkrete Text-Sprech-Situation ergibt sich aus dieser Arbeitsdimension auf folgende Weise: Die Situationsanalyse führt zur Entscheidung, welche der in den beiden ersten Arbeitsdimensionen entwickelten Möglichkeiten verwirklicht werden soll. Wenn Text-Struktur-Analyse und ‚Einfühlung' ergeben haben, wie der Text gesprochen werden kann, so führt die Planung der Text-Sprech-Situation zur Entscheidung, wie der Text gesprochen werden soll.

Sprechen lernen- Sprechenlehren lernen

In der Sprecherziehung für Deutschlehrende lernt Andreas nicht mehr nur sprechen, sondern vor allem „Sprechen-Lehren" (vgl. Geißner 1981). Er erwirbt nicht nur Kenntnisse in der Didaktik mündlicher Kommunikation, sondern vor allem Fähigkeiten und Fertigkeiten in ihrer Methodik. An zwei Beispielen sei auf den engen Zusammenhang von Eigen- und Lehrkompetenz hingewiesen:

- Für die Methodik der Standardaussprache erweist sich Andreas' Dialektaussprache im Deutschunterricht als pädagogische Barriere: Wie soll er auf Standardaussprache der Schülerinnen und Schüler hinarbeiten, wenn er sie nicht einmal vormachen kann?
- Für die Methodik der Leselehre und der Sprechkunst erweist sich Andreas' dilettantisches Vorlesen als pädagogische Barriere: Wie soll er Gedichte „ausdrucksstark und ausdrucksrichtig" vorsprechen können, von der Anleitung der Schülerinnen und Schüler dazu ganz zu schweigen?

Gerade seine Unterrichtsversuche im fachdidaktischen Praktikum (Inhalte siehe Lehrpläne) bringen Andreas für sein eigenes Sprechen-Können den Durchbruch. Das hat auch damit zu tun, dass häufig Menschen, die selber Kommunikationsbarrieren zu überwinden hatten, am Ende die besseren, weil sensibleren Sprecherzieher werden. Das zeigt sich an der wachsenden Reflektiertheit und Wahrnehmungsdifferenzierung, die Andreas in der Vorbereitung und Supervision des fachdidaktischen Praktikums an den Tag legt.

Studium und Ausbildung

Beim Thema ‚Sprecherziehung und Schule' geht es also um weit mehr als nur um prophylaktische Sprech- und Stimmbildung für Lehrer oder um das zum Unterrichten notwendige rhetorische Rüstzeug, auf das Sprecherziehung zuweilen reduziert wird. Ein aktuelles, umfassendes sprechpädagogisches Angebot für Lehrer und für Schüler, das neben Sprech- und Stimmbildung die zahlreichen Aspekte der rhetorischen, sprechkünstlerischen und therapeutischen Kommunikation berücksichtigt, könnte eine deutliche Verbesserung der schulischen Ausbildung bewirken.

Mehrere deutsche Universitäten bilden in Sprechwissenschaft/Sprecherziehung aus. Die umfangreichste Ausbildung bietet die Universität Halle an: einen Diplom-, Magister- Hauptfach- und einen Magister-Nebenfach-Studiengang. Genaueren Aufschluss geben die Blätter zur Berufskunde (1999) und die Internetseite der Deutschen Gesellschaft für Sprechwissenschaft und Sprecherziehung (DGSS).

I.5 Gesprächsfähigkeit im Unterricht

Rüdiger Vogt

Kinder werden in die Schule geschickt, damit sie lesen und schreiben lernen. Aber auch, damit sie miteinander sprechen lernen? Das können sie schon, lange vor ihrer Einschulung. Und doch spielt die Kommunikation im Schulunterricht eine entscheidende Rolle, da die dort stattfindende Wissensvermittlung in weiten Teilen mündlich organisiert wird: Ein Lehrer bringt seinen zahlreichen Schüler etwas bei, indem er kommunikativ agiert. So ist das Unterrichtsgespräch zweifellos ein Lernmedium – ein Mittel des Lehrens und Lernens. Die Organisationsform Schulklasse, ein altershomogener Zusammenschluss von durchschnittlich 25 bis 32 Schülern, eröffnet aber auch die Möglichkeit, kommunikative Fähigkeiten zu vermitteln, die für das formelle Handeln in größeren und kleineren Gruppen von Bedeutung sind. So kann die mündliche Kommunikation, das Gespräch, selbst zum Unterrichtsgegenstand werden, indem Gesprächsverhalten geübt wird. Während der Dialog zwischen Lehrern und Schülern zentrales Medium des Unterrichts in allen Fächern ist, kommt hauptsächlich dem Fach Deutsch die Aufgabe zu, spezielle Gesprächsfähigkeiten zu vermitteln.

Im ersten Teil wird es zunächst um linguistisch wichtige Eigenschaften eines Unterrichtsgesprächs gehen, in dem ein literarischer Text behandelt wird. Diese lassen sich aus den institutionellen Rahmenbedingungen erklären. Im zweiten Teil stehen zunächst linguistische Ansätze im Mittelpunkt, die anschließend im dritten Teil auf methodische und fachdidaktische Konzepte der Gesprächsförderung bezogen werden. Der vierte Teil konzentriert sich auf die Möglichkeiten, den Beteiligten am Unterricht Handlungsspielräume zu erschließen, um so ihre kommunikativen Fähigkeiten besser zu fördern.

1 Empirische Unterrichtsforschung: Ein Transkript und seine Auswertung

Der Blick auf eine Unterrichtsszene ermöglicht die Rekonstruktion der schulischen Förderung von Gesprächsfähigkeiten: Im Transkript finden wir die „Normalform" eines Unterrichtsgesprächs wieder, das der Lehrer lenkt (1.1). Seine qualitative und quantitative Auswertung eröffnet den Blick auf die kommunikativen Verhältnisse im Klassenzimmer (1.2) und begründet einen Systematisierungsvorschlag (1.3).

1.1 Das Beispieltranskript „Der Bär auf dem Försterball"

Eine Unterrichtsstunde im Fach Deutsch: Die Schüler einer 8. Klasse sollen ein Verständnis für den Text „Der Bär auf dem Försterball" von Peter Hacks entwickeln. Der folgende Beispieltext erzählt von einem Bären, der zufällig auf einen Försterball gerät. Da er ein Försterkostüm trägt, halten die Förster ihn für den Oberförster. In einer Wirtschaft zechen sie zusammen, bis der Bär – in der Rolle des Oberförsters – vorschlägt, den Bären zu suchen. Als sie ihn nicht finden, wird ihnen klar, dass der Bär in der Gruppe sein muss. Kurz vor der Enttarnung des Bären taucht dessen Frau auf und zieht ihn aus dem Raum. Der Lehrer hat als Ansatzpunkt für die Texterarbeitung die Beurteilung eines Schülers gewählt, der die Geschichte „lustig" fand: Die Komik der Situation sei nur durch den Grad der Alkoholisierung zu erklären. (Siglen: L = Lehrer; S = Schüler)

Beispieltext
Der Bär auf dem Försterball

Peter Hacks

Der Bär auf dem Försterball (Der Anfang)

Der Bär schwankte durch den Wald, es war übrigens Winter, er ging zum Maskenfest. Er war von der besten Laune. Er hatte schon ein paar Kübel Bärenschnaps getrunken – den mischt man aus Honig, Wodka und vielen schwierigen Gewürzen. Des Bären Maske war sehr komisch. Er trug einen grünen Rock, fabelhafte Stiefel und eine Flinte auf der Schulter, ihr merkt schon, er ging als Förster. Da kam ihm, quer über den knarrenden Schnee, einer entgegen: auch im grünen Rock, auch mit fabelhaften Stiefeln und auch die Flinte geschultert. Ihr merkt schon, das war der Förster. Der Förster sagte mit einer tiefen Baßstimme: „Gute Nacht, Herr Kollege, auch zum Försterball?" „Brumm", sagte der Bär, und sein Baß war so tief wie die Schlucht am Weg, in die die Omnibusse fallen. „Um Vergebung", sagte der Förster erschrocken, „ich wußte ja nicht, daß Sie der Oberförster sind." „Macht nichts", sagte der Bär leutselig. Er faßte den Förster unterm Arm, um sich an ihm festzuhalten, und so schwankten sie beide in den Krug zum zwölften Ende, wo der Försterball stattfand. Die Förster waren alle versammelt. Manche Förster hatten Geweihe, die sie vorzeigten, und manche Hörner, auf denen sie bliesen. Sie hatten alle lange Bärte und geschwungene Schnurrbärte, aber die meisten Haare im Gesicht hatte der Bär. (...)

Transkript 1

01	L:	... (.) eh was was was was kann man mit diesem
02	L:	eh . absolut verzerrten oder seltsamen situation denn
03	L:	überhaupt anfangen wenn man das liest er findet es spaßig
04	L:	das klang ja bei andern bei andern klang das ja auch an
05	L:	em kein bär is so dumm dass er zu seinem größten feind
06	L:	geht außer er is sturzbetrunken
07	S5:	bären[schnaps mit honig
08	mS:	[((lachen))]
09	L:	Max
10	S6:	das steht ja auch da hat ja auch schon was getrunken

v v
11 L: hmhm hmhm
12 S4: auch en
13 S5: [wodka]
14 S6: er hat ja auch schon [geschmack]
15 S7: ja
06 L: ein betrunkener bär geht zu betrunkenen förstern
17 S3 oha
18 S4: Problem
19 L: (.) um mit ihnen zu feiern und sich selber zu suchen und
20 L: zu mögen bitte?
21 S8: [(6,0)] mit nem andern förster der geht
22 mS: [((reden))]
23 S8: ja nich direkt hin zu sonem maskenball von (3,0) und dann
24 S8: wird er von nem andern förster von nem echten förster
25 S8: wird er da ja angesprochen mein klein gehn sie auch eh
26 S8: zu (.) eh försterBAll und ehm dann gehn sie zu
27 S9: försterball
28 S8: dem försterball weil der wollt ja irgendwo zum maskenball
29 S8: oder was weiß ich von tieren oder so was weiß ich (.)
30 L: em . gibt das der text her was der Boris sagt dass
31 S11: hm
32 S12: erst
33 L: der bär (.) sozusagen eh (.) zufällig?
34 S10: das is doch eher n
35 L: und passend zu seiner maske (.) eh zu dem förster-
36 S10: zufall
37 S2: ja
38 L: ball gerät woran [ja] gut woran kann man das denn sehn (.)
39 S13: [( )]
/
40 L: woran? hm Henri
41 S1: em (.) hier steht
42 S5: er macht so ein auf komisch
43 S1: er fasste den förster unterm arm um sich an ihm festzu-
44 S1: halten und so schwankten sie beide in den krug zum zwölf
v
45 L: hmhm
46 S1: ten ende wo der försterball stattfand also hat er ihn
47 L: ja und was steht im ersten satz wo der bär
48 S1: mitgenommen
49 L: eigentlich hinwollte? Christiane
50 S14: er ging zum maskenball

1.2 **Das Beispiel: Quantitative und qualitative Analyse**

In unserem Transkriptausschnitt beschäftigen sich Lehrer und Schüler mit der Frage, wie es dazu kam, dass der Bär zusammen mit den Förstern feierte. Die quantitative Analyse des Transkripts untersucht zunächst die dokumentierten sprachlichen Aktivitäten: Es finden sich insgesamt 28 transkribierte Äußerungen und drei Hinweise auf nicht-sprachliche akustische Manifestationen wie *lachen* und *husten*. Der Beleg *reden* in Zeile 22 verweist auf Äußerungen, die aufgrund der Tonqualität der Aufnahme nicht rekonstruierbar sind. Tab. (1) zeigt, wie sich die Äußerungen auf den Lehrer und die Schüler verteilen.

Quantitative Analyse

	Äußerungen		Anzahl der Wörter		Anzahl der Wörter pro Äußerung		
	verbal	nonverbal	absolut	In %	< 10	10–20	> 20
Gesamt	28	3	278	100	22	2	4
Lehrer	10	3	132	47	6	2	2
Schüler	18	–	146	53	16	–	2

Tab. 1 Quantitative Verhältnisse im Transkript

Auffällig sind die zahlreichen kurzen Äußerungen mit weniger als 10 Wörtern und die verhältnismäßig wenigen langen mit mehr als 20 Wörtern. Auch die Verteilung der Wörter auf die Beteiligten verdient Beachtung: Der hier ermittelte Wert des Redeanteils des Lehrers (ca. 47%) kommt nahe an den Durchschnittswert von 50% und mehr heran (vgl. Tausch/Tausch 1991, 344), ein Beleg für seine Dominanz im Unterricht.

Qualitative Analyse

Wie kommt es zu dieser eigentümlichen Verteilung von Redeanteilen? Um diese Frage zu beantworten, müssen wir uns das interaktive Zusammenspiel der Äußerungen genauer ansehen: Die qualitative Analyse rekonstruiert Schritt für Schritt den Verlauf des Unterrichtsgesprächs. Der Lehrer orientiert mit der Behauptung (Zeile 01 f.) (paraphrasiert: „Ein Bär geht nur freiwillig zum Jäger, wenn er betrunken ist.") die Schüler auf ein mögliches Motiv des Bären, sich dem Förster anzuschließen – in methodischer Perspektive ein Impuls, eine offene Anregung der Schüler. Schüler 5 (S5) greift diese Anregung auf und nennt das vom Bären genossene Getränk („Bärenschnaps mit Honig") (Zeile 07). Das parallele Lachen mehrerer Schüler (Zeile 08) zeigt an, dass die thematische Orientierung zumindest einigen von ihnen Vergnügen bereitet. Aber S5 hat seinen Beitrag noch nicht abgeschlossen. Mit der Namensnennung „Max" (Zeile 09) fordert der Lehrer ihn auf, seinen Beitrag fortzusetzen. Max resümiert nun die Voraussetzungen des Treffens im Wald (Zeile 10). Der Einwurf von S4 „Wodka" verweist ebenfalls auf den Text (Zeile 13). Der kurze Hinweis von S4 (Zeile 12, 18) resümiert vermutlich die Ausgangslage der Geschichte. S3 kommentiert dies anerkennend (Zeile 17).

Prozessanalyse

Ebenen der Unterrichtskommunikation

An dieser Stelle können zwei Ebenen des Unterrichts voneinander unterschieden werden: Einerseits entfaltet der Lehrer mithilfe von Impulsen das Unterrichtsgespräch, auf die die Schüler inhaltlich reagieren, zum Teil direkt vom Lehrer dazu aufgefordert. Andererseits kommentieren Schüler die Äußerungen anderer Beteiligter, ohne dass sie dazu legitimiert worden wären. So lässt sich eine formelle Ebene der vom Lehrer gelenkten Themenbearbeitung trennen von einer anderen, informellen Ebene, der im Wesentlichen vom Lehrer nicht-autorisierte Schüler-Äußerungen zuzurechnen sind.

Wie wird der Unterricht weitergeführt? Der Lehrer resümiert nun die Ausgangslage und thematisiert anschließend ironisch die möglichen Motive des Bären (*ein betrunkener Bär geht zu betrunkenen Förstern* um mit ihnen zu feiern und sich selber zu suchen und zu mögen). Schüler 8 (S8) entwickelt in einem längeren Beitrag (Zeile 21 f.) eine Deutung der Ausgangssituation: Der als Förster verkleidete Bär werde zufällig im Wald von einem Förster angesprochen und mit auf den Försterball genommen, obwohl er ja eigentlich zu einem Maskenball gehen will. Der Lehrer fordert nun die Schüler auf, die Angemessenheit der Behauptung am Text zu überprüfen (Zeile 30). S1 zitiert zunächst wörtlich aus dem Text (Zeile 41 f.), um ein Resümee anzuschließen. Der Lehrer akzeptiert dies, anschließend fordert er eine Schülerin auf, den ersten Satz der Geschichte vorzulesen.

Lehreräußerungen

Nach der Prozessrekonstruktion folgt nun eine Klassifizierung der Äußerungsformen. Die Äußerungen, die das Transkript dokumentiert, werden zunächst den komplementär verteilten Rollen ihrer Sprecher zugeordnet, Lehrer und Schüler. Anschließend soll ihre Form bestimmt und ihre Funktion im Zusammenhang geprüft werden. Für den Lehrer sind lange und kurze Äußerungen dokumentiert: Die langen Äußerungen unterscheiden sich in ihrer Form: Im ersten Teil verwendet er Behauptungen, die als „Impulse" die Schüler zu mentalen Tätigkeiten anregen sollen (Zeile 1 f., 16 f.); im zweiten Teil dagegen wählt er die Frageform (Zeile 30 f., Zeile 47). Sie dienen dazu, den inhaltlichen Fortgang der Interaktion zu sichern. Die kurzen Äußerungen lassen sich sowohl nach ihrer Form als auch ihrer Funktion unterschieden: So fungiert die Äußerung eines *hmhm* im Verlauf einer Schüleräußerung als Hörersignal (Zeile 11), während es nach einer Schüleräußerung eine positive Evaluation (Bewertung) seitens des Lehrers anzeigt (45). Ein kurz intoniertes *hm* nach einer Schüleräußerung macht ihre negative Evaluation deutlich (Zeile 40). Die verbleibenden Äußerungen haben die Aufgabe, das Rederecht zu verteilen. Sowohl Impulse als auch Fragen dienen der thematischen Orientierung und erzeugen so die thematische Ordnung der Unterrichtsstunde, also die Art und Weise, wie der Lehrer die fachlichen Inhalte aufgreift und in seiner Unterrichtstätigkeit entwickelt: Entsprechend ihrer Funktionalität können solche Äußerungen als Thematisierungen bezeichnet werden (vgl. Vogt 2002, 170 ff.).

Schüler-äußerungen

Die Schüleräußerungen passen sich in diesen Zusammenhang ein. Zunächst ist zu unterscheiden zwischen autorisierten und unautorisierten Schüleräußerungen. Als autorisiert gilt eine Schüleräußerung dann, wenn der Lehrer das Rederecht erteilt hat, sie werden dann als ‚Beitrag' bezeichnet (Zeile 10 f., 21 f., 41 f. und 50) und sind Teile des Unterrichtsgesprächs. Problematisch ist der Status von Zeile 42: Der Sprecher hat selbst das Rederecht übernommen, ohne vom Lehrer entsprechend instruiert worden zu sein. Die Lehrerevaluation *hm* (Zeile 40) jedoch legitimiert diesen Beitrag nachträglich. Mit unautorisierten Äußerungen greifen Schüler eigenständig in den vom Lehrer organisierten Unterricht ein. Wir finden hier individuelle und kollektive Äußerungsformen. Individuell sind beispielsweise thematisch orientierte Einwürfe (Zeile 1, 34 f.), also Äußerungen, mit denen der Sprecher keinen eigenständigen *turn* beansprucht. Es finden sich auch Hörersignale wie *ja, hm* (Zeile 15) oder Hilfestellung bei Wortfindungsproblemen (Zeile 27). Kollektive Äußerungen dagegen sind im

Transkript begrifflich dokumentiert: So kommentiert das *Lachen* (Zeile 8) das Vergnügen an der thematischen Zuspitzung des Lehrers, während das gleichzeitige *Reden* mehrerer Schüler funktional nicht rekonstruierbar ist.

Die quantitative Analyse der Unterrichtsszene hat zunächst die ungleichmäßige Verteilung der Redeanteile herauspräpariert. Die qualitative Analyse hat den Interaktionsprozess im Unterricht rekonstruiert, der sich gleichzeitig auf einer formellen und informellen Ebene vollzieht. Die Klassifizierung der Lehrer- und Schüleräußerungen hat die unterschiedlichen Ebenen verdeutlicht: Während der Lehrer für die Entwicklung des Unterrichts verantwortlich ist, können sich die Schüler mit Beiträgen darin einpassen oder sich spontan, aber unautorisiert darauf beziehen.

1.3 **Unterricht als kommunikativer Handlungsraum**

In dieser kurzen Szene lassen sich alle wesentlichen Merkmale der Kommunikationssituation Unterricht bestimmen, nämlich erstens ihre fachliche Orientierung, die sich in einer thematischen Ordnung ausdrückt, zweitens ihre kommunikative Ordnung, drittens ihre institutionelle Prägung und schließlich viertens ihr öffentlicher Charakter:

Thematische Ordnung

1. Die ‚thematische Ordnung' ist fachlich bzw. inhaltlich bestimmt. Im Beispiel ist es die Wahl der Geschichte „Der Bär auf dem Försterball" für eine Deutschstunde, mit der das weitere Vorgehen strukturiert wird. Wir befinden uns in der Phase „Sicherung des Textverständnisses", hier geht es um die Analyse und Interpretation des Hacks-Textes. Die zuvor abgearbeiteten Phasen organisierten die Rezeption, die nachfolgenden die Interpretation (siehe auch die Übersicht in Teil 4).

Kommunikative Ordnung

2. Eine ‚kommunikative Ordnung' ist erforderlich, damit angesichts der relativ großen Zahl der beteiligten Personen die Verteilung des Rederechts organisiert werden kann. In unserem Beispiel sind die Rederecht-Zuteilungen des Lehrers Indikatoren für eine lehrerzentrierte Ordnung, da der Lehrer das kommunikative Geschehen weitgehend kontrolliert, indem er das Rederecht jeweils für einen Beitrag verteilt und es anschließend an ihn zurückfällt. Die so geförderte kommunikative Fähigkeit der Schülerinnen und Schüler ist die Integration ihrer Tätigkeiten in eine Lehrerinszenierung.

Institutionelle Prägung

3. Der ‚institutionelle Prägung' der Situation lässt sich anhand der Teilnehmer rekonstruieren: Während einer von ihnen die Rolle des Agenten übernimmt, agieren die vielen anderen als Klienten. Institutionen haben soziale Funktionen: Für die Schule sind dies Qualifikation, Integration und Selektion. Im dokumentierten Beispiel steht die Qualifizierung im Vordergrund, denn die Schüler sollen zu einem angemessenen Textverständnis geführt werden. Die dialogische Erarbeitung ermöglicht einen kollektiven Aneignungsprozess, an dem sich alle Klienten gleichberechtigt beteiligen können, so dass auch hier die Integrationsfunktion rekonstruierbar ist. Nur latent lässt sich die dritte Funktion rekonstruieren, denn die Bewertung von einzelnen Schüleräußerungen in einer solchen Unterrichtsphase dürfte kaum weit reichende

Konsequenzen haben. Aber systematisch ist sie in der Position der Evaluation enthalten, die vom Lehrer in Reaktion auf einen Schülerbeitrag besetzt wird. Hier kann er seine Beurteilung kenntlich machen.

Öffentliche Prägung

4. Der ‚öffentliche Charakter' von Unterricht ergibt sich durch die Präsenz von einem Lehrer und einer größeren altershomogenen Gruppe. Die Herstellung dieser Öffentlichkeit ist die Voraussetzung von Unterricht überhaupt. Indikatoren für diesen Zusammenhang sind beispielsweise spontane unautorisierte Äußerungen oder kollektive Reaktionen wie das gemeinsame Lachen. Damit ergibt sich die Herausbildung einer Gesprächsfähigkeit im öffentlichen Raum als weiterer besonderer Qualifizierungsaspekt.

2 Linguistik der Unterrichtskommunikation

Die verschiedenen Ebenen der Unterrichtskommunikation prägen auch die linguistische Rekonstruktion: Die Merkmale der thematischen und der kommunikativen Ordnung, die institutionelle Prägung sowie der öffentliche Charakter der Interaktion im Klassenzimmer werden auch in der mikrosoziologischen und linguistischen Auseinandersetzung mit Unterrichtskommunikation reflektiert. Während die ethnomethodologische Konversationsanalyse sowohl die inhaltliche als auch die kommunikative Ordnung auf der Oberfläche sprachlichen Handelns untersucht (2.1), konzentriert sich die funktionale Pragmatik auf die Rekonstruktion der institutionellen Prägung von Unterricht (2.2). Schließlich wird neuerdings ergänzend der öffentliche Charakter von Unterricht betont (2.3).

2.1 Die Organisation des Sprecherwechsels: Die kommunikative Ordnung

Die ethnomethodologische Konversationsanalyse hat sich die Rekonstruktion der Herstellung, Aufrechterhaltung und Beendigung der Ordnung in kommunikativen Ereignissen zum Thema gemacht. Sie erkundet die Art und Weise, wie Subjekte Sprache in sozialen Situationen nutzen. Soziale Wirklichkeit erscheint in dieser Perspektive als die Konstitution von Sinn durch die gemeinsam Handelnden. Die Subjekte müssen ihre aktuellen Situationsdefinitionen, ihre unterschiedlichen Perspektiven, immer wieder neu im Vollzug von Interaktion aufeinander beziehen, indem sie sie durch ihre aufeinander bezogenen Aktivitäten miteinander aushandeln. In diesem Aushandlungsprozess kommen bestimmte Techniken zur Anwendung, die in ihrer Ausführung identifizierbar, verstehbar, beschreibbar und erklärbar gemacht werden. Eine Äußerung in einer bestimmten Situation leitet nicht nur einen sozialen Prozeß ein, sie stellt darüber hinaus auch den Sinn dar, der der Interaktion zugewiesen wird; schließlich macht sie deutlich, warum die Darstellung in Hinblick auf die Interaktion angemessen ist. (cf. Bergmann 1994: 6) In den verbalen Äußerungen einer Interaktionssequenz kommen die sozialen Bedingungen der Sinnkonstitution zum Ausdruck; auf diese Weise können sie mittels der Analyse rekonstruiert werden.

Die Konversationsanalyse fragt nach den Verfahren, mittels derer die Teilnehmer an einem (Unterrichts-)Gespräch in und mit ihren Äußerungen und Handlungen die „gelebte Geordnetheit“ (Garfinkel) des interaktiven Geschehens hervorbringen. Um diese Frage zu beantworten, soll zunächst die eben vorgestellte dreischrittige Interaktionsfolge konversationsanalytisch dargestellt wird. Aufeinander bezogene Äußerungen wie z.B. Frage und Antwort werden als *adjacency pairs* bezeichnet. Im Schulunterricht erweitern sich auch die elementaren Interaktionseinheiten (vgl. Mehan 1979: 49): Aus der engen Bindung aufeinander bezogener Äußerungen wird eine dreischrittige interaktionale Sequenz, die Positionen als *initiation*, *reply* und *evaluation* bezeichnet. Sie lassen sich als miteinander verknüpfte *adjacency pairs* klassifizieren: Die beiden ersten Schritte *initiation* und *reply* bilden nicht nur das erste dieser Paare, sondern auch zusammen den ersten Schritt des zweiten Paares, da sich die *evaluation* nicht nur auf die durch reply ausgedrückte Form bezieht, sondern auch auf die Position *initiation* (s. Abb. 1).

adjacency pairs

Abb. 1
Struktur-Sequenzen (Mehan 1979: 54)

Entsprechend dieser Struktur erfolgt auch die Notierung der Gesprächszüge. Zur Verdeutlichung benutzen wir das Aufschreibsystem der ethnomethodologischen Konversationsanalyse, um einen bereinigten Auszug aus dem Beispieltranskript zu präsentieren (Partiturflächen 35–44).

Tab. 2
Das Aufschreibsystem der ethnomethodologischen Konversationsanalyse (nach Mehan 1979)

Initiation	Reply	Evaluation
L: em . gibt das der Text her was der Boris sagt dass der Bär . sozusagen eh . zufällig und passend zu seiner Maske . eh zu dem Försterball gerät woran ja gut woran kann man das denn sehn . woran	S1 er macht so ein auf komisch	L: hm
L: Henri	He: em . hier steht er fasste den Förster unterm Arm um sich an ihm festzuhalten und so schwankten sie beide in den Krug zum zwölf ten Ende wo der Försterball stattfand	L: hmhm
	He: also hat er ihn mitgenommen	L: ja
L: und was steht im ersten Satz wo der Bär eigentlich hinwollte Christina	S2: er ging zum Maskenball	

turn-Zuteilungsapparat

Die Art und Weise der interaktiven Herstellung dieser Strukturen gewährleistet der *turn*-Zuteilungsapparat, mit dessen Hilfe die Ordnung im Klassenzimmer hergestellt und aufrechterhalten wird. Im Wesentlichen muss das Problem gelöst werden, welcher Schüler die *reply*-Position besetzen darf. In unserem Beispiel organisiert der Lehrer dieses Problem einmal durch Einladung zur Teilnahme (*woran ja gut woran kann man das denn sehn . woran*), sowie durch gezieltes individuelles Aufrufen (*Henri*). So sorgt er dafür, dass diese Position besetzt wird. Die erste Antwort (*reply*) erfolgt durch einen nicht explizit autorisierten Sprecher, während die zweite durch den ausgewählten Sprecher erfolgt.

Das hier deutlich werdende Verfahren der Organisation des Sprecherwechsels entspricht nur teilweise dem, was die Konversationsanalyse für den unterrichtlichen Sprecherwechsel herausgearbeitet hat. Dieser ist ein auf die Person des Lehrers zentrierter Prozess (cf. McHoul 1978), weil er die Kontrolle über den Verlauf des Kommunikationsprozesses ausübt. Nur der Lehrer kann den nächsten Sprecher auswählen, Schüler untereinander nicht. Wenn ein Schüler einen Gesprächsbeitrag geleistet hat, geht das Rederecht wieder auf den Lehrer über. Aus dieser Organisationsform ergibt sich eine Maximalisierung des Potenzials an Pausen und Lücken bei gleichzeitiger Minimalisierung der Überlappungen. Nicht zwangsläufig, möchte man sagen, wenn wir unser Transkript genau betrachten. Jene Pausen sind gefüllt durch themenbezogene Äußerungen von Schülern, die nicht explizit dazu autorisiert sind. Sie verstoßen zwar gegen die geltenden Regeln, werden jedoch nicht sanktioniert. Vielmehr nutzt der Lehrer hier die Möglichkeit der impliziten bzw. nachträglichen Rederechterteilung (vgl. Mehan 1979: 118 f.).

Programmierte Selbstauswahl

Ein anderer Aspekt ist ebenfalls zu ergänzen, der die Auswahl des Sprechers durch den Lehrer betrifft: Schüler können dem Lehrer signalisieren, dass sie bereit sind, das Rederecht zu übernehmen. Diese durch den Lehrer organisierte „programmierte Selbstauswahl" (Mazeland 1983) vollzieht sich in vier prototypischen Schritten: Der Lehrer eröffnet den Schülern durch eine offene Stelle, z.B. ein Schweigen nach Beendigung eines Beitrags, die Möglichkeit, durch das Heben einer Hand anzuzeigen, dass sie bereit sind, den nächsten *turn* zu übernehmen. Unter den Schülern, die diese konventionalisierte Geste praktizieren, wählt er einen aus und erteilt diesem das Wort, der dann den *turn* übernimmt. Schließlich kann der Lehrer aber auch solche Schüler auffordern, die sich nicht gemeldet haben, z.B. um ihre Aufmerksamkeit zu testen.

Der Unterricht konstitutiert aufgrund seiner besonderen Struktur zwischen Lehrer und Schüler ein besonderes System der Verteilung des Rederechts. Der Lehrer hat das Recht und die Pflicht, einen geordneten Kommunikationsprozess zu organisieren. Die beschriebene Form der lehrerzentrierten Rederechtverteilung ermöglicht maximale Kontrolle. Dieses Verfahren entspricht nicht den in informellen Zusammenhängen üblichen Formen des Aushandelns des Sprecherwechsels. So erwerben die Schüler in der Schule eine spezifische kommunikative Kompetenz, die darin besteht, nach den impliziten Regeln der kommunikativen Ordnung des Klassenzimmers zu agieren und in diesem Rahmen zu kognitiven Wissensbeständen zu gelangen.

2.2 Institutionelle Prägung: Sprachliche Handlungsmuster

Die funktionale Pragmatik

Die funktionale Pragmatik thematisiert vor allem die institutionellen Bedingungen unterrichtlicher Kommunikation. Sprachliches Handeln wird als gesellschaftliches Handeln verstanden. Deshalb stehen über-individuelle soziale Zwecke und institutionelle Bedingungen sprachlichen Handelns im Mittelpunkt des Interesses. Zentraler Begriff dieses Ansatz ist der des sprachlichen Handlungsmusters, wie er von Ehlich und Rehbein in zahlreichen Arbeiten entwickelt worden ist (z.B. 1986). Ausgangspunkt ist die Annahme, dass Sprechhandlungen gesellschaftlich ausgearbeitete Formen darstellen, die als standardisierte Formen der Kommunikation auf Handlungsabläufe bezogen sind, ihre Voraussetzung ist die gemeinschaftliche Tätigkeit potentiell Handelnder. Die Abfolge von Sprechhandlungen in einem bestimmten Zusammenhang unterliegt einer gewissen Ordnung, also standardisierten Mustern, die die Subjekte im konkreten Handelns realisieren. Sie sind abhängig von den Zwecken, den die Subjekte damit verbinden. Solche Handlungsmuster müssen unter der Oberfläche der Äußerungen rekonstruiert werden.

Handlungsmuster

Für die Frage nach der institutionellen Prägung des sprachlichen Handelns im Unterricht soll i.F. derselbe Abschnitt aus dem Beispieltranskript im Rahmen des funktional-pragmatischen Ansatzes als Handlungsmuster rekonstruiert werden (s. Abb. 2).

Abb. 2 Transkript in Spaltenschreibung

	Lehrer	Schüler
A	em . gibt das der Text her was der Boris sagt dass der Bär . sozusagen eh . zufällig und passend zu seiner Maske . eh zu dem Försterball gerät woran ja gut woran kann man das denn sehn . woran (Zeile 30 f.)	
B		er macht so ein auf komisch (Zeile 42)
C	hm Henri (Zeile 40)	
D		em . hier steht er fasste den Förster unter Arm um sich an ihm festzuhalten und so schwankten sie beide in den Krug zum zwölften Ende wo der Försterball stattfand (Zeile 41 f.)
E	hmhm (Zeile 45)	
F		also hat er ihn mitgenommen (Zeile 46 f.)
G	ja und was steht im ersten Satz wo der Bär eigentlich hinwollte Christiane (Zeile 47 f.)	

Der Lehrer reformuliert den propositionalen Gehalt der Schüleräußerung, um die Schüler zur Prüfung dieser Aussage zu veranlassen (A) – als Paraphrase formuliert: „Woran kann man sehen, dass der Bär zufällig auf den Försterball geriet?" Er stellt ihnen also eine Aufgabe, die von ihnen ein Eingehen auf den Text verlangt. Ein Schüler antwortet spontan (B), indem er eine Behauptung in Hinblick auf das Verhalten des Bären aufstellt, allerdings ohne sich auf den Text zu beziehen. Er hat sich also entschieden, seinen Lösungsversuch sofort einzubringen, während die anderen Schüler schweigen. Dessen propositionaler Gehalt entspricht offenbar nicht den Lehrererwartungen, denn das nicht modulierte, konstant intonierte *hm* zeigt den Schülern, dass dieser Lösungsversuch als nicht angemessen interpretiert wird (C). Gleichzeitig informiert das *hm* die Schüler darüber, dass die Aufgabe weiter im Raum steht. Und Henri, der nun das Wort erhält, bezieht sich auf den Text, aus dem er einen Auszug vorliest. Das fallend-steigend intonierte, reduplizierte *hm* (E) des Lehrers zeigt ihm, dass er dabei ist, die vom Lehrer anvisierte Lösung zu finden. So fasst er in eigenen Worten den Textauszug zusammen. Und genau das scheint den Erwartungen des Lehrers zu entsprechen, denn dieser schließt die Bearbeitung der gestellten Aufgabe mit einem zustimmenden *ja* ab, um die nächste Aufgabe zu stellen (G).

Abb. 3 Das Muster „Aufgabe – Stellen / Aufgabe – Lösen" (vgl. Ehlich/ Rehbein 1986: 16) [Abweichungen vom Original sind technisch bedingt]

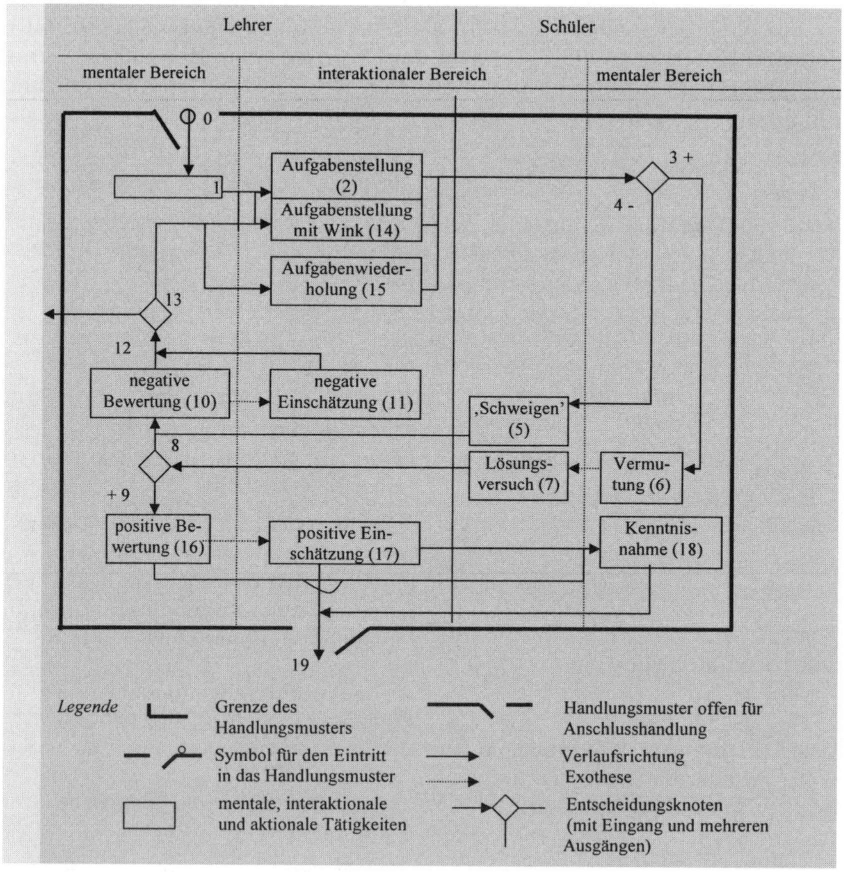

Aufgabe stellen / Aufgabe lösen

Funktional-pragmatisch gesehen realisieren hier die Beteiligten das Handlungsmuster „Aufgabe stellen / Aufgabe lösen" unter unterrichtlichen Bedingungen (s. Abb. 3). Der Plan des Handlungsmusters enthält neben den sprachlichen Handlungen auch die mentalen Handlungen der Beteiligten. Die initiale Sequenzposition ist relativ komplex, da der Lehrer hier seine Globalplanung an die augenblickliche unterrichtliche Situation anpassen muss, indem er den Inhalt des vorangegangenen Schülerbeitrags mit dem von ihm intendierten Fortgang verknüpft. Diese mentale Aktivität (1) verknüpft sich mit deren Verbalisierung (2). Nach der Formulierung entscheidet sich ein Schüler zu einem Lösungsversuch, da er eine Vermutung hat, während die anderen schweigen. Der Lehrer prüft dessen Angemessenheit und entscheidet sich dann für eine negative Bewertung, die er auch zum Ausdruck bringt. Dann wiederholt er seine Aufgabe. Der zweite Lösungsversuch ist erfolgreich, er zieht eine positive Bewertung nach sich, und die Musterpositionen sind abgearbeitet.

Für Ehlich/Rehbein (1986: 14 f.) stellt dieses Handlungsmuster eine institutionell geprägte Variante des Musters ‚Problemlösen' dar. Während im alltäglichen Problemlösen alle Beteiligten sowohl die Problemkonstellation kennen als auch über Ziele und Handlungswege verfügen, ist es in der Schule nur der Aufgabensteller. Er vollzieht einen Handlungsplan, an dem die Schüler als nicht gleichberechtigte Aktanten beteiligt sind: Sie kennen weder die Problemstellung noch die Zielsetzung. Indem ihnen ein Zielbewusstsein fehlt, werden sie zu unmündigen Statisten in einem vom Lehrer gesteuerten Zusammenhang. Das führt zu Motivationsproblemen und zu spezifischen Ausweich-Strategien, etwa der, dass Schüler, um Aufmerksamkeit vorzutäuschen, punktuelle Lösungen abliefern, um sich anschließend mental mit anderen, nicht schulisch orientierten Fragen zu beschäftigen: Sie liefern Lösungen ab. Diese Deformation des Handlungsmusters ist charakteristisch für institutionelle Kommunikation, die ihre Klienten gleichsam zu Statisten der Unterrichtsinszenierung des Lehrers macht.

2.3 Interaktion im Klassenzimmer: Eine Form öffentlichen Handelns

Um die Spezifika öffentlichen Handelns zu verdeutlichen, wenden wir uns einer kurzen Sequenz zu, die in der Darstellung des ausgewählten Transkriptausschnitts in den beiden vorangegangenen Abschnitten ausgelassen wurde (Transkript 1, Zeilen 30–39).

Transkript 1

30	L:	em . gibt das der text her was der Boris sagt dass
31	S11:	hm
32	S12:	erst
33	L:	der bär (.) sozusagen eh (.) zufällig?
34	S10:	das is doch eher n
35	L:	und passend zu seiner maske (.) eh zu dem förster-
36	S10:	zufall
37	S2:	ja
38	L:	ball gerät woran [ja] gut woran kann man das denn sehn (.)
39	S13:	[( )]

In einer Pause der Äußerung „Aufgabenstellung" äußern sich unautorisiert zwei Schüler: Der erste artikuliert eine Vermutung hinsichtlich des thematisierten Zusammenhangs, die der zweite bestätigt. Der Lehrer übergeht die Unterbrechung und beendet seine Äußerung. Es handelt sich um einen Kommentar zum Thema, der aber nicht für das Plenum gesprochen wurde.

In dieser Szene zeigt sich ein Phänomen, das aus der Massenhaftigkeit von Unterricht – ein Lehrer und eine große altershomogene Gruppe – resultiert: Die Handlungsmöglichkeiten der Schüler schließen auch solche Äußerungsformen mit ein, die unterhalb des plenar geführten Unterrichts liegen. Eine solche Äußerung, mit der ein Handelnder in einen Gesprächszusammenhang eingreift, ohne jedoch das Rederecht zu beanspruchen, kann als Einwurf bezeichnet werden. Für diese Interpretation spricht auch die geringe Lautstärke. Einwürfe kommen häufig in öffentlichen kommunikativen Zusammenhängen vor, in denen aufgrund einer großen Teilnehmerzahl die Beteiligung des Einzelnen durch eine kommunikative Organisation gesteuert wird.

Das Beispiel zeigt ein strukturelles Problem auf: Ein Lehrer kann sich nicht sicher sein, dass ihm alle Schüler während des Unterrichts ihre Aufmerksamkeit widmen. Denn sie haben mehrere Handlungsmöglichkeiten: Sie können ihre Aufmerksamkeit zwar auf den Unterricht selbst richtend, aktiv das Unterrichtsgespräch mitgestalten („beitragen") oder dieses in Hintergrundhandlungen wie Einwürfen oder Zwischenrufen ernst oder ironisch kommentieren („dazwischen rufen") bzw. in Partnergesprächen begleitend. Die funktionale Pragmatik hat dieses analytische Problem gelöst, indem zwischen dem ‚Unterrichtsdiskurs', also das vom Lehrer inszenierte Unterrichtsgespräch, und zwei weiteren dialogischen Formen unterschieden hat: Im ‚Paralleldiskurs' versuchen einzelne Schüler miteinander Probleme zu klären, die sich aus dem aktuell laufenden Gespräch ergeben, z.B. Verständnisfragen („klären"), während im ‚Nebendiskurs' einzelne Schüler miteinander über andere Themen sprechen („schwatzen") (vgl. Redder 1984) Diese Konzeptualisierung berücksichtigt jedoch nicht, dass Schüler im Unterricht noch andere Tätigkeiten entfalten können, z.B. schweigend an etwas anderes denken („abschalten"), oder aber durch spontane Reaktionen auf das laufende Unterrichtsgeschehen zeigen, dass sie aktiv rezipierend daran teilnehmen, ohne dass sie einen Beitrag für sich beanspruchen würden. Dies zeigt sich auch in dem folgenden Ausschnitt aus dem Beispieltranskript (1):

05	L:	em kein bär is so dumm dass er zu seinem größten feind
06	L:	geht außer er is sturzbetrunken
07	S5:	bären[schnaps mit honig
08	mS:	[((lachen))]

Der Aufgabenstellung des Lehrers folgt hier kein spontaner Lösungsversuch, sondern ein Schüler erwähnt das alkoholische Getränk, dem der Bär zugesprochen hat. Hier beansprucht der Schüler also nicht, eine Musterposition auszufüllen, vielmehr trägt er mit seiner Äußerung zur Erheiterung seiner Mitschüler bei: sie lachen. Ebenso deutet die kollektive Reaktion des gemeinsamen Lachens auf einen solchen Rahmen hin („gemeinsam reagieren"). Zwar herrscht im Unterricht nicht eine Öffentlichkeit im Sinne von ‚freier Zugänglichkeit', aber der Klassenraum mit den darin anwesenden Subjekten konstituiert einen teil-öffentlichen Raum in dem Sinne, dass alle dort realisierten Handlungen von allen Anwesenden wahrgenommen werden und potenziell öffentlich gemacht werden können. Das Schaubild (Abb. 4) verdeutlicht diesen Zusammenhang.

Öffentlicher Raum

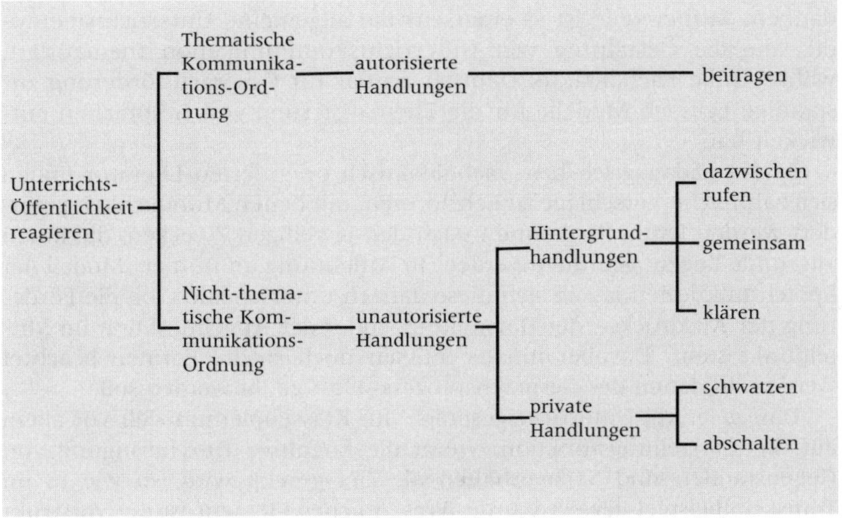

Abb. 7
Handlungsmöglichkeiten für Schüler in der Unterrichtsöffentlichkeit

2.4 **Zusammenfassung**

Die Beschreibung des vom Lehrer inszenierten Unterrichts steht im Mittelpunkt der linguistischen Erforschung der Unterrichtskommunikation. Die ethnomethodologische Konversationsanalyse thematisiert die spezifische Organisationsform des interaktiven Geschehens im Unterricht. Die besondere Organisation des Rederechts reflektiert die Spezifika der sozialen Situation. Schärfer und genauer analysiert die funktionale Pragmatik den institutionellen Zusammenhang und markiert so die ungleiche Chancenverteilung für die Gestaltung des Unterrichts durch Lehrer und Schüler. Gerade das Verfügen über den Handlungsplan des Unterrichts macht die Rolle des Lehrers zum zentralen Element in der Prozessierung von Lernprozessen. Aufgrund der Massenhaftigkeit seiner Klienten muss er dabei auch die Besonderheiten öffentlicher Interaktion bearbeiten.

Zwar präpariert der Blick auf den lehrerzentrierten Unterricht aus linguistischer Perspektive schonungslos dessen Defizite heraus, er vernachlässigt jedoch andere Unterrichtsformen, die andere kommunikative Ordnungen erforderlich machen. Diese sollen im nächsten Abschnitt in der Auseinandersetzung mit fachdidaktischen bzw. unterrichtsmethodischen Konzepten dargestellt werden.

3 Vermittlung von Mündlichkeit: Konzepte pädagogischer und fachlicher Teildisziplinen

Mit der sprachlichen Interaktion im Unterricht befassen sich mehrere Disziplinen, allerdings mit unterschiedlichen Interessen. In der Pädagogik waren es vor allem reformorientierte Kräfte, die ihr Anliegen durch den Blick auf die bessere Praxis fundieren wollten. Aber auch der Ist-Zustand wurde erhoben, etwa durch die Pädagogische Psychologie, der zahlreich empirische Arbeiten eine differenzierte Unterrichtsanalyse verdanken. Mittlerweile ist es einerseits die allgemeine Unterrichtsmethodik, die die Gestaltung von Unterrichtskommunikation thematisiert, während die Fachdidaktik Deutsch als das für Gesprächsförderung zuständige Leitfach Modelle für die Thematisierung von Gesprächen entwickelt hat.

In der pädagogisch bzw. fachdidaktisch orientierten Literatur finden sich zahlreiche Vorschläge zu Lehrformen, mit denen Mündlichkeit gefördert werden kann. Sie können nach den jeweiligen Zwecken, die ihnen zugrunde liegen, geordnet werden. In Anlehnung an Bühlers Modell der Sprachfunktionen lassen sich diese danach unterscheiden, ob die Förderung der Ausdrucks-, der Darstellungs- oder der Appellfunktion im Mittelpunkt steht. Darüber hinaus müssen noch solche Formen beachtet werden, in denen der Gesprächsprozess selbst geübt werden soll.

Gelenktes Unterrichtsgespräch

Das ‚gelenkte Unterrichtsgespräch' im Klassenplenum zielt vor allem auf die Darstellungsfunktion, wenn die kognitive Durchdringung von Gegenständen und Sachverhalten als Ziel gesetzt wird, so wie es im Transkriptbeispiel gezeigt wurde. Wesentliches Element ist die Vorstrukturierung des Lernprozesses durch den Lehrer. Durch die verschiedenen, pädagogisch unterschiedenen Mittel von Frage, Impuls oder Denkanstoß initiiert der Lehrer eine Auseinandersetzung mit dem Gegenstand. Der Handlungsspielraum der Schüler ist klein, da sie sich dem geplanten Gang anpassen müssen. Es handelt sich um die am häufigsten praktizierte Unterrichtsform, weil sie als ökonomisch erscheint – viel Wissensvermittlung in kurzer Zeit – und weil sie eine maximale Kontrolle der Schüler durch den Lehrer erlaubt.

Diskussion

Die ‚Diskussion' zielt auf eine Vereinheitlichung von Perspektiven, sie setzt also divergierende Positionen oder Einschätzungen voraus. In einer Diskussion können kontroverse, aber auch nicht-kontroverse Themen von Schülern bearbeitet werden. Merkmal einer Diskussion ist die eigenständige Problembearbeitung durch Schüler im interaktiven Prozess: Thesen müssen formuliert und begründet werden; darüber hinaus müssen sie gegen andere Positionen abgegrenzt und verteidigt werden. Schließlich sollte das thematisierte Problem zu einer möglichst gemeinsamen Lösung geführt werden. In diesem Fall bleibt der Lehrer im Hintergrund, er gibt die Rahmung vor und achtet darauf, dass die Schüler die Regeln befolgen. Im Plenum geführte Diskussionen müssen angesichts der Vielzahl der Teilnehmer organisiert werden, während in Kleingruppen geführte Diskussionen unreglementiert bleiben können. Auf diese Weise gelingt die Förderung von Fertigkeiten im Bereich Problemlösung und Gesprächsführung (vgl. Gage/Berliner 1996: 432–442).

Im inhaltlich verwandten ‚Streitgespräch' nehmen die Schüler kontroverse Positionen ein und vertreten diese in einem organisierten Gespräch. Ziel ist es, mit den eigenen Argumenten die Positionen der Gegner auszuhebeln. Es handelt sich hier um eine spielerische Adaption der Podiumsdiskussion, also einer nicht-gebundenen, simulierten Auseinandersetzung. Die Organisation des Streitgesprächs übernimmt ein Moderator, die beiden Parteien erhalten nacheinander das Wort, und schließlich folgt die Aussprache. Beobachter verfolgen den Verlauf und übernehmen so eine Schiedsrichter-Rolle. Der Lehrer schafft auch hier den Rahmen und achtet auf die Einhaltung der entsprechenden Regeln, während die Schüler ihr zuvor angeeignetes Wissen in einer konstruktiven Anwendung überprüfen können. Zudem lernen sie durch die Beobachter, ob ihre Überzeugungsstrategien mehr oder weniger erfolgreich sind. (vgl. Meyer 1987, Bd. II: 293 f.)

Streitgespräch

Das ‚Schülergespräch' soll den Schülern die Gelegenheit geben, „ihre eigenen Erfahrungen und Phantasien zu einem Sach-, Sinn oder Problemzusammenhang zu veröffentlichen, verarbeiten und bewerten" (Meyer 1987, Bd. II: 291). Hier erhalten also Schüler die Möglichkeit, ihre eigenen Vorstellungen und Ansichten im schulischen Schonraum zu entfalten. Dies kann allerdings nur gelingen, wenn den Schülern das Thema vertraut ist und sie in Hinblick darauf eine eigene Zielperspektive entwickeln können; zudem sollten sie sich an vereinbarte Regeln halten. Der Lehrer organisiert die Situation und greift so wenig wie möglich ein (das schließt auch den Verzicht auf Evaluationen ein). Das für diese Unterrichtsform geeignete Arrangement ist der Kreis, in der alle Beteiligten als gleichberechtigte Partner miteinander kommunizieren. In der Grundschule wird diese Lehrform häufig genutzt, um die Wochenenderfahrungen der Schüler unterrichtsöffentlich zu bearbeiten. (vgl. Meyer 1987, Bd. II: 291 ff.)

Schülergespräch

Der Blick auf die fachdidaktische bzw. unterrichtsmethodische Diskussion hat gezeigt, dass sich die Möglichkeiten der Schule, Gesprächsfähigkeiten zu vermitteln, nicht darin erschöpfen, den Schülern die Antwort-Position im wissensvermittelnden Unterrichtsgespräch zuzuweisen. Es gibt vielmehr zahlreiche methodisch-organisatorische Arrangements, in denen die Gesprächsfähigkeiten der Schüler dadurch gefördert werden, dass ihnen Handlungsspielräume eröffnet werden, die sie sich eigenverantwortlich erschließen können (vgl. Koerfer 1994: 225 ff.). So stellt z.B. das Schülergespräch eine Interaktionsform dar, mittels derer sie sich selbst als Person thematisieren können, während mit der Diskussion eine Handlungsform zur Verfügung steht, in der Wirklichkeitsperspektiven kollektiv abgeglichen werden; das Streitgespräch gibt ihnen schließlich die Möglichkeit, sich spielerisch distanziert mit Positionen zu strittigen Fragen auseinanderzusetzen. Mit diesen Instrumenten können die Handlungsspielräume erweitert und ihre kommunikative Selbstständigkeit in formellen und öffentlichen Situationen gefördert werden. Die Möglichkeiten, solche Handlungsspielräume zu schaffen und zu nutzen, werden im folgenden Abschnitt thematisiert.

Handlungsspielraum

4 Handlungsspielräume eröffnen: Kommunikative und thematische Ordnungen im Unterricht

Wenn es keine universelle Organisation unterrichtlichen Handelns gibt, sondern dessen Bedingungen variiert werden können, dann stellt sich die Frage, mittels welcher methodischen Maßnahmen der Lehrer die Bedingungen zur Vermittlung von Mündlichkeit verbessern kann. So geraten solche kommunikativen Ordnungen in den Blick, die in besonderer Weise geeignet sind, die Fähigkeiten von Schülern zur formellen, öffentlichen sprachlichen Interaktion zu fördern.

4.1 Den Unterricht als Handlungsraum organisieren

Handlungsplan

Unterrichtsstunden liegt in der Regel ein Handlungsplan des Lehrers zugrunde, denn er hat als Institutionsagent die Aufgabe, den intendierten Lernprozess der Schüler vorab zu strukturieren (vgl. Ramge 1983). Solche Pläne lassen sich natürlich auch retrospektiv aufgrund einer audiovisuellen Dokumentation rekonstruieren. In Tab. (3) wird das entsprechend dargestellt.

Tab. 3
„Der Bär auf dem Försterball" Unterrichtsphasen

Zeit	Phase / Tableau	Lehrform/ Sozialform	Lehrertätigkeiten Der Lehrer ...	Schülertätigkeiten Die Schülerinnen und Schüler ...
	Eröffnung Kreis	Plenum	begrüßt die Schüler informiert über das Thema sorgt für eine Veränderung des Tableaus	begrüßen den Lehrer stellen ihre Stühle um setzen sich
00:00	Thematisierung		verteilt den Text	hören zu
	Rezeption	Einzelarbeit	fordert die Schüler zum Lesen auf	lesen
09:30	Erstrezeption thematisieren	Runde / *Plenum*	fordert die Schüler auf, in einer Runde spontan ihren Texteindruck zu artikulieren	beurteilen den Text
15:45	Textrekonstruktion	fragend-entwickelndes Gespräch	fragt nach den Handlungsschritten der Geschichte	arbeiten mit
23:45	Problematisierung	fragend-entwickelndes Gespräch	orientiert auf symbolische Lesarten der Geschichte	arbeiten konzentriert mit, folgen den Anregungen des Lehrers
37:00	Abschluss		bricht das Gespräch ab	
	Pause			
0:00	Eröffnung Kreis	Plenum		
	Auswertung „Blitzlicht"	Runde	regt eine Auswertung des Gesprächs an	beurteilten das Unterrichtsgespräch
05:30	Abschluss		resümiert	

Die Besprechung der Geschichte hat also etwas länger als eine Unterrichtsstunde gedauert hat, denn der Lehrer hat den Beginn der folgenden Stunde für die Behandlung metakommunikativer Fragen genutzt. Die schulorganisatorische Einheit der Schulstunde muss also nicht mit der thematischen Bearbeitung übereinstimmen. So ergeben sich die beiden konstitutiven Ordnungssysteme des Unterrichts: die kommunikative Ordnung, mit der die Möglichkeit von Unterrichten hergestellt, aufrechterhalten und abgeschlossen wird, sowie die thematische Ordnung, die durch die inhaltliche Aufgliederung fachlich bestimmt ist.

Der Lehrer als Institutionsagent bestimmt die für die Erreichung seiner fachlichen Ziele notwendige kommunikative Ordnung des Unterrichts. Ihre Organisationseinheiten sind die Unterrichtsstunde und die Unterrichtsphase. Während die Stunde schulorganisatorisch bestimmt ist – i.d.R. 45 Minuten –, verknüpft die Phase thematische und zeitökonomische Entscheidungen.

Tableau

In unserer Beispielstunde hat sich der Lehrer entschieden, zunächst die für den Unterricht erforderliche Sitzordnung herzustellen, das Tableau. Er hat den Sitzkreis gewählt, der für den gesamten Unterricht genutzt wird. So wird der Anfang der Stunde nachvollziehbar: Nach der den Unterricht eröffnenden Begrüßung und Thematisierung fordert der Lehrer die Schüler auf, ihre Stühle umzustellen. Am Ende der Stunde verlassen die Schüler ihre Plätze mit dem abschließenden Gong, aufgefordert durch die folgende Äußerung des Lehrers in Transkript (2):

Transkript 2

01	L:	okay / machen wir mal n Schnitt / wir lassen die Stühle so
02	L:	stehen / ich komm nach der Pause n bisschen später weil ich
03	L:	noch ...
04	S:	(stehen auf)

Diese die Stunde abschließende Äußerung besteht aus mehreren Komponenten: Sie beendet zunächst eine Unterrichtsphase (*okay*); darüber hinaus zeigt sie an, dass die Stunde thematisch noch nicht abgeschlossen ist und fortgesetzt werden soll (*machen wir mal n Schnitt*). Dies bezieht sich auch auf die Instruktion, das Tableau nicht aufzulösen und den Hinweis auf den zu erwartenden verspäteten Beginn der folgenden Stunde. Sie schließt also sowohl organisatorisch als auch inhaltlich den Zusammenhang ab und löst ihn auf: Die Schüler können in die Pause gehen. Die Rahmung der Unterrichtsstunde erfolgt also durch Äußerungen, die sequentiell die Funktion haben, Unterricht zu etablieren und zu initiieren bzw. diesen zu beendigen und aufzulösen.

4.2 Den Schülern Handlungsmöglichkeiten erschließen: Phasen organisieren

Kommunikative Ordnung

Die jeweils für eine Phase festgelegte kommunikative Ordnung bestimmt die Handlungsspielräume der Schüler. Wenn keine lehrerzentrierte Ordnung festgelegt ist, erhöht sich die Verantwortung der Schüler, denn statt nur einen vorstrukturierten Interaktionsschritt auszuführen, sind sie an die besonderen Regeln der kommunikativen Ordnung gebunden.

Innerhalb dieses Rahmens setzt der Lehrer seine Handlungspläne um, indem er einzelne Unterrichtsphasen etabliert, organisiert und beendet. In unserem Beispiel sind es die „klassischen" fünf Phasen der Bearbeitung eines literarischen Textes: Rezeption, Kundgabe der Rezeptionseindrücke, Textrekonstruktion, Textinterpretation und eine metakommunikative Reflexion (vgl. Vogt 2002: 209). Betrachten wir einmal den Abschnitt, in dem der Lehrer in Transkript (3) die Rezeptionsphase abschließt und die Phase „Kundgabe der Rezeptionseindrücke" einleitet.

Transkript 3

01	L:	so acht minuten und alle sind fertig glaub ich ne/
02	S:	ich nicht (leise)
03	S:	und auf den text (leise)
04	L:	gut wir fangen an mit einer . ersten runde . da sagt
05	L:	jeder ohne groß nachzudenken wie seine ersten eindrücke
06	L:	die er Ulf fängt an weil er der erste
07	L:	war der mit dem lesen fertig war

Die Äußerung beendet eine längere Einzelarbeitsphase, in der die Schüler den Text gelesen haben. Der Hinweis auf den Zeitrahmen und das unterstellte Ergebnis weist diese als phasenschließende Äußerung aus. Die gewählte Form der modalisierten Behauptung eröffnet zumindest noch die Möglichkeit des Widerspruchs. Dieses Angebot nutzten zwei Schüler, allerdings eher informell. In der dann folgenden Äußerung bestätigt der Lehrer den Abschluss der vorangegangenen Phase (*gut*), um die nächste einzuleiten, indem er nicht nur die Aufgabe, sondern auch die Art und Weise der Beteiligung der Schüler (*da sagt jeder ohne groß nachzudenken wie seine ersten Eindrücke die er ...*) festlegt. Dies ist das Prinzip der „Runde", die jeden Schüler verpflichtet, seine Rezeptionseindrücke im Plenum zu veröffentlichen. Mit der Zuweisung des Rederechts an den Schüler *Ulf* eröffnet er die Runde.

Diese Äußerung erfüllt mehrere Aufgaben: Zunächst schließt sie definitiv die vorangegangene Phase ab, dann organisiert sie die nächste Phase, indem sie sowohl eine kommunikative Ordnung als auch das Thema der Phase festlegt, und schließlich eröffnet sie diese mit einer abschließenden Aufforderung. Es handelt sich hier im Zentrum um eine Phasierung, also eine Äußerung des Lehrers, mit der er den Schülern das Thema und die kommunikative Ordnung der Phase bekannt gibt. Die eine Phase abschließende Äußerung kann als Phasenschließung bezeichnet werden, während die Erteilung des Rederechts bereits die erste phaseninterne Äußerung darstellt.

Wie ist nun die kommunikative Ordnung innerhalb dieser Phase organisiert? Der folgende Transkriptausschnitt (4) zeigt es:

Transkript 4

01	U:	is halt ne fabel und (2 sec) und (2 sec) ja
02	L:	ja okay reicht nicht nachdenken spontaner eindruck Marlies
03	M:	ja auch dass es ne: . erfundene geschichte
04	M:	is die nich wahr sein könnte
05	L:	hmhm . Jan
06	J:	ja ne fabel also is erfunden das kann nit wahr

07	J:	sein der ja jetzt sprechen/ . na ja
08	L:	gut
09	H:	ja erfunden is und is aber witzig gemacht
10	H:	weil der geht ja in wald und keiner glaubt
11	H:	dass er der der der oberförster eh
12	H:	der bär wär so der oberförster wär
13	L:	Benny ...

Verfahrensgeregelte Ordnung

Die Schüler werden nach ihrer Position im Sitzkreis aufgefordert, ihren spontanen Eindruck kund zu tun. Entsprechend den Regeln dieser „Runde" besteht für die Schüler eine Beteiligungspflicht, die durch die Erteilung des Rederechts auch eingefordert wird. Der Lehrer organisiert und kontrolliert also, dass die für diese Phase aufgestellten Regeln der kommunikativen Ordnung eingehalten werden. Weil die Regeln allen bekannt sind, kann er auch auf die explizite Nennung des Namens verzichten. Wir haben es hier mit einer verfahrensgeregelten kommunikativen Ordnung zu tun.

Die möglichen Verfahren einer solchen Ordnung lassen sich nach dem Kriterium der Freiwilligkeit ordnen. Das in der Beispielstunde gewählte Verfahren der Runde konstituierte einen Redezwang für alle, um möglichst breit gefächerte Beurteilungen zu evozieren. Das so genannte „Blitzlicht" dient dazu, eine spontane Texteinschätzung zu erzeugen. Dagegen stehen Verfahren, mit deren Hilfe die Beiträge von Schülern organisiert werden, die durch Aufheben der Hand („melden") einen Redewunsch kund tun. Der Gesprächsleiter teilt ihnen das Rederecht zu nach der Reihenfolge der Meldung. Die Rolle des Gesprächsleiters kann auch von Schülern übernommen werden. Eine andere Variante besteht darin, dass der das Rederecht ausübende Schüler den nächsten Sprecher bestimmt – auch da sind Einschränkungen möglich, wenn etwa bestimmte Ausschlussregeln vereinbart sind (z.B.: „Ein Mädchen muss einen Jungen aufrufen" und umgekehrt). Auf diese Weise können die Schüler mit in die Organisation des Unterrichts mit einbezogen werden.

Aus systematischen Gründen sei auch noch auf die Möglichkeit hingewiesen, auf die Festlegung einer Ordnung ganz zu verzichten, und so eine eher informelle Gesprächssituation zu schaffen. Aufgrund der großen Teilnehmerzahl kann nicht erwartet werden, dass hier eine typische Alltagssituation hergestellt wird, aber es zeigt sich, dass es auch in einer Schulklasse gelingen kann, eine solche ungezwungene Ordnung festzulegen. Wegen der zahlenmäßigen Überlegenheit der Institutionsklienten kann diese als eine schülerzentrierte kommunikative Ordnung bezeichnet werden. Der Lehrer würde in diesem Fall seine Kompetenz abgeben, die Einhaltung der Regeln dieser kommunikativen Ordnung zu kontrollieren. Hier sind die Anforderungen deutlich am höchsten, denn die Schüler müssen die aus alltäglichen Zusammenhängen bekannten *turn*-Verteilungsprozeduren in einem relativ großen Teilnehmerkreis praktizieren. Eine Variante dieser kommunikativen Ordnung stellt die Gruppenarbeit dar, in der das Plenum aufgelöst wird, damit Kleingruppen unabhängig vom Lehrer eine Aufgabe bearbeiten können.

Schülerzentrierte Ordnung

Kommunikative Ordnungen im Klassenzimmer können flexibel eingesetzt werden; und mit der Wahl einer nicht-lehrerzentrierten Ordnung überträgt der Lehrer einen Teil seiner organisatorischen Verantwortung auf die Schüler. So können aus den ehemaligen Statisten der lehrerzentrierten Ordnung verantwortungsbewusste Gesprächsteilnehmer werden.

4.3 Thematische Ordnungen strukturieren

Auch die Wahl einer thematischen Ordnung kann einen Beitrag zur Vergrößerung der Schüler-Handlungsspielräume leisten. So ist es beispielsweise ein struktureller Unterschied, ob die Wissensfragmente einlinig als gesicherter Wissensbestand präsentiert werden oder als strittige Frage, die aus verschiedenen Perspektiven unterschiedlich betrachtet werden kann.

Im Beispiel hatte der Lehrer mit den Schülern einen literarischen Text behandelt, der möglicherweise für diese Altersgruppe „zu leicht“ war – entsprechend hatten sich einige Schüler in der einleitenden Runde geäußert. Andererseits war es ihm gelungen, durch seine enge Textarbeit – im Rahmen einer lehrerzentrierten Ordnung – die Schüler zu einem symbolischen Verständnis zu führen. Dies haben sie honoriert, indem sie im metakommunikativen Abschnitt den Lehrer für die Art und Weise gelobt haben, wie er ihr Interesse geweckt und gefördert hat. Er hat also die Thematisierungsform „über Literatur sprechen“ gewählt, die sich wegen der textuellen Leerstellen sehr gut für die Förderung einer sachbezogenen inhaltlichen Auseinandersetzung eignet (vgl. Vogt 2002: 204 ff.).

Im Unterricht etwa, in dem Gesprächsführung zum Gegenstand wird, kann das Interesse der Schüler geweckt werden beispielsweise durch eine altersgemäße Auswahl von Themen. Auch Themen aus dem sozialen Zusammenhang der Klasse dürften geeignet sein, das Engagement zu erhöhen. Die Übungsformen werden dann nicht unbedingt als solche wahrgenommen. Dieses „Miteinander sprechen üben“ stellt einen weiteren wichtigen Bereich dar, in dem Techniken und Verfahren der mündlichen Auseinandersetzung vermittelt werden sollen.

Schließlich gibt es auch übergreifende Zusammenhänge, in denen Schüler miteinander sprechen, etwa wenn Entscheidungen getroffen werden müssen oder das gemeinsame Vorgehen abgesprochen werden muss. In einem projektorientierten Unterricht steht der Prozess im Mittelpunkt des Interesses, wenn Schüler „gemeinsam planen“, ohne dass sie für alle Schritte dem Lehrer Rechenschaft schuldig sind, sondern sie vielmehr das Ergebnis weitgehend unabhängig erarbeiten. So erweist sich das Kriterium „Einbindung in einen Handlungszusammenhang“ als zentral; der Lehrer, der sich daran orientiert, eröffnet seinen Schülern die größten, aber auch komplexesten Spielräume.

II

Schriftlich kommunizieren

Einleitung

Schreibsozialisation

Schreiben gilt nach wie vor als *die* Kulturtechnik schlechthin. Sie ist diejenige grundlegende Kulturtechnik, die wir mit der schulischen Alphabetisierung als Erste zum Teil recht mühsam erlernen (müssen). Im weiteren Verlauf der schulischen Laufbahn erwerben wir dann auf der Grundlage des Schreibenkönnens das eng mit dem Schreiben verbundene reflektierte Formulieren – ebenso oft recht mühsam. Obwohl oder gerade weil in der Schule und selbst im Deutschunterricht Stilübungen ebenso verpönt sind wie Schreibübungen, wird die Beherrschung eines angemessenen schriftlichen Ausdrucks als eine scheinbar selbstverständliche Kompetenz vorausgesetzt. Nicht ganz zufällig wurde in Zeiten des Bildungsbürgertums „Persönlichkeit" mit einem persönlichen Stil und dieser mit dem „Schreibstil" identifiziert. Wir wissen jedoch, dass diese Voraussetzung, die auf der Idealisierung einer bildungsbürgerlichen Sozialisation beruht, in dieser Undifferenziertheit nicht zutrifft. Realistischer ist schon der Hinweis, dass „Schreiben-Können" im Studium, im Privaten oder im Beruf eine nicht nur individuell, sondern auch sozial zentrale Schlüsselkompetenz darstellt.

Rechtschreibproblematik

Aber selbst wer in der Schule und/oder in der Familie angemessen „literal" sozialisiert wurde, wird sich in der schriftlichen Kommunikation immer wieder vor eine Reihe unterschiedlicher Schreib- und Formulierungsprobleme gestellt sehen: Am „spektakulärsten", weil im öffentlichen Bewusstsein tief verankert, sind dabei Rechtschreibprobleme bzw. -fehler. Sowohl orthographische Normierungsprobleme wie auch „Rechtschreibfehler" sind Gegenstand eines öffentlichen Interesses, in dem sich wissenschaftliche, schulische, publizistische und kulturpolitische Argumente treffen. Nicht zuletzt die fortdauernde Auseinandersetzung um die Rechtschreibreform im Jahrzehnt um die Jahrtausendwende hat drastisch gezeigt, wie mehrdimensional der Komplex „Rechtschreibung" ist. In diesem Sinne könnte man die verschiedenen Facetten der Orthographie als ein „Paradebeispiel" der Angewandten Linguistik betrachten.

Sprachberatung für Profis

Im ersten Artikel „Sprachberatung: Rechtschreibung und Grammatik" von *Ruth Geier* und *Georg Schuppener* wird das wohl bekannteste Serviceangebot der Angewandten Linguistik vorgestellt: „Sprachberatungsstellen sind eine ... Schnittstelle zwischen Wissenschaft und Öffentlichkeit. Sprachberatung als ein Bereich der Angewandten Linguistik wendet sich an die Öffentlichkeit, nutzt allerdings für die Arbeit wissenschaftliche

Erkenntnisse, die sich auch in den Antworten an die Anfragenden niederschlagen." (Lehr 1998: 212). Ruth Geier und Georg Schuppener führen in die Arbeit von etwa zehn Institutionen ein, die heute in Deutschland gegen Kosten oder auch unentgeltlich zumeist telefonischen Rat und Hilfe anbieten (u.a. die Dudenredaktion in Mannheim oder die „Gesellschaft für deutsche Sprache" GfdS in Wiesbaden). Was Außenstehende erstaunen oder auch trösten mag: „Rund 65% der registrierten Anrufe kamen aus Ämtern, Redaktionen, Agenturen und anderen Einrichtungen, in denen sprachbezogene Aufgaben zum beruflichen Alltag gehören" (Frilling 2004: 43). Bereits an dieser Zahl zeigt sich: Probleme beim schriftlichen Kommunizieren haben auch und gerade „Profis". Deutlich wird dies auch in der thematischen Breite der Anfragen, die sich von der Orthographie über die Lexik bis in die Grammatik hinein erstrecken.

So selbstverständlich das Bedürfnis nach einer solchen Sprachberatung auch scheinen mag, so wenig selbstverständlich sind die Gründe für ein solches Bedürfnis. Oder anders herum formuliert: Die Lösung von lebenspraktischen Problemen mit Sprache und Kommunikation ist die eine Seite der Angewandten Linguistik, die Erklärung der dahinter stehenden Probleme eine andere. Daher sei – auch als Vorgriff auf die Einführung in die zwei noch zu kommentierenden anderen Artikel – ein kurzer theoretischer Seitenblick erlaubt, der auch einen Einblick in ein zentrales Problem des schriftlichen Kommunizierens ermöglicht.

Sprachliche Imperfektibilität

Ausgangspunkt dieses Seitenblicks ist die Frage, warum es überhaupt Lücken bei der schriftlichen Kompetenz gibt bzw. warum es sprachliche Zweifelsfälle gibt. Schließlich haben normale „Muttersprachler" auch keine vergleichbaren Lücken oder Zweifel bei der Aussprache oder der Syntax – wenn man von Performanzfehlern wie Müdigkeit, Zerstreutheit, Emotionalität usw. absieht.

Ähnlich wie bei Fragen der Orthographie oder der Syntax und vergleichbar den noch zu kommentierenden Formulierungsproblemen muss man zwischen subjektiven Schwierigkeiten (Lücken sowie individueller Unkenntnis) und objektiven Problemen unterscheiden. Auch „Sprachliche Zweifelsfälle" äußern sich als subjektive Schwierigkeiten von Sprechern oder Schreibern. Sie beruhen aber in ihrer Mehrzahl, vor allem aber im Hinblick auf ihre Typik auf objektiven Problemen. Diese resultieren u.a.

- aus dem Bewusstsein von Normen und Sanktionen, die mit der Schriftlichkeit in literalen Gesellschaften verbunden sind;
- aus der „Mehrsprachigkeit in der Muttersprache", also aus sozialen, stilistischen usw. Variationen und Varietäten („Heterogenitätsthese") und
- aus systembedingter grammatischer Disparatheit (Lücken, Brüche, Interferenzen, falsche Analogieformen, Form- und Strukturkonkurrenzen, z.T. als Ergebnis unterschiedlicher Grammatikalisierungsprozesse usw.).

Sprachberatung basiert aber nicht nur auf sprachlichen Zweifeln, die ja schon ein bestimmtes Wissen voraussetzen, sondern auf dem, was generell „Sprachliche Imperfektibilität" genannt werden kann (vgl. Antos 2003). In diesem Sinne beruht Sprachberatung in einer sehr grundsätzlichen Art auf einem fehlenden, eingeschränkten oder unsicheren Wissen von Sprechern oder bestimmten Sprechergruppen über die verwendeten (mündlichen oder schriftlichen) Sprachformen. Oder anders: Zum Wissen über Sprache und ihren Gebrauch gehört danach *auch und nicht zuletzt* ein Wissen über sprachlich-kommunikative Unklarheiten, Lücken, Grenzen; sowie ein Wissen über mögliche (ästhetische, kreative oder rhetorische) Spielräume (die sich im Stil oder bei der Wortbildung zeigen).

Repertoire an Schreibstilen

Vor diesem Hintergrund sind die beiden folgenden Artikel zu sehen: *Michael Klemm* setzt sich in seinem Beitrag über „Schreibberatung und Schreibtraining" mit den Problemen von Studierenden im Hinblick auf ihr „akademisches Schreiben" auseinander. Das an den Hochschulen geforderte „akademische" Schreiben ordnet er in recht unterschiedlich akzentuierte Schreibbegriffe ein. So unterscheidet die linguistische Schreibforschung folgende Arten des „Schreibens":

- Symbolisches Schreiben (Produktion von Zeichen)
- Kommunikatives Schreiben (Austausch von Gedanken und Meinungen)
- Expressives Schreiben (Ausdruck von Gefühlen)
- Epistemisches Schreiben (Mittel der Wissensstrukturierung)
- Memoratives Schreiben (Speicherung von Informationen und Wissen)
- Poetisches Schreiben (Künstlerisches Ausdrucksmittel)
- Juristisches Schreiben (Schaffen von Verbindlichkeit)

Klemm weist in seinem Beitrag ferner darauf hin, dass es in modernen Gesellschaften darum geht, unterschiedlichste Schreibaufgaben in verschiedensten Kommunikationsdomänen effektiv und angemessen zu lösen. Daraus ergibt sich das Ziel, ein möglichst großes Repertoire an Schreibstilen zu erwerben. Denn: „Schreiben an sich gibt es nicht, jeder Schreibprozess ist abhängig von zahlreichen Parametern." Diese Einflussfaktoren werden in einer Art Wanderung durch Problemfelder des akademischen Schreibens anschaulich und ausführlich vorgestellt, „besichtigt" und mit Hinweis auf Übungen ergänzt.

„Technischer Autor"

Der dritte Beitrag ist ein Beispiel für die wachsende Bedeutung der schriftlichen Kommunikation in Berufen. *Susanne Göpferich* führt uns in die Aufgaben und Probleme der „Technischen Kommunikation" und damit verbunden: in das Berufsfeld des „Technischen Autors" ein. Hintergrund sind unsere alltäglichen Erfahrungen mit zumeist nicht gut verständlichen Bedienungs- bzw. Betriebsanleitungen. Was aber den Laien zumeist verborgen bleibt: Neben Bedienungs- bzw. Betriebsanleitungen sind für den Service auch Ersatzteil- und Produktkataloge, Vertriebs- und Schulungsunterlagen sowie Entwicklungsunterlagen notwendig. Diese unterschiedlichen, aber zusammenwirkenden Textsorten bilden die Grundlage der „Technischen Kommunikation". Vor diesem Hintergrund hebt Göpferich die enge Verwobenheit unterschiedlicher Anforderungsprofile mit einer hoch spezialisierten Schreibkompetenz hervor: „Die funktions- und adressatengerechte sowie effiziente Erstellung der unterschiedlichen Textsorten erfordert ein hohes Maß an Textproduktionskompetenz und didaktischem Geschick sowie die Fähigkeit, geeignete Software-Werkzeuge sowie Strukturierungstechniken einzusetzen."

Dass sich die Anforderungen an die schriftliche Kommunikation in der technischen Kommunikation – wie auch z. B. im Fall des Journalisten – zu einem eigenen Berufsfeld ausdifferenziert haben, belegt anschaulich, dass Schreiben eine hoch komplexe Tätigkeit ist – eine Tätigkeit, die in der Öffentlichkeit (wie in der Schule und Universität) weithin noch immer unterschätzt wird. Die Schreibforschung als Teildisziplin der Angewandten Linguistik ist seit etwa 15 Jahren dabei, dieses Vorurteil durch wissenschaftliche Forschungen sowie durch Analysen in den verschiedenen Anwendungsfeldern vor allem des beruflichen Schreibens beharrlich abzubauen.

Gerd Antos

II.1 Sprachberatung: Rechtschreibung und Grammatik

Ruth Geier und Georg Schuppener

1 Rechtschreibung – Sinn und Zweck

Grundlage und Leitlinie vieler Bereiche der Sprachberatung ist die Orthographie. Orthographie, zu Deutsch Rechtschreibung, impliziert die Existenz einer Norm, in deren Befolgung man „richtig" schreibt. Doch wozu ist eine solche Norm notwendig, was sind ihre Vor- und Nachteile, wie und wann ist sie entstanden, ist sie rein zufällig oder gibt es Leitlinien, an denen sie sich orientiert? – Alle diese Fragen sollen im Folgenden zumindest kurz erörtert werden.

Rechtschreibregeln sind Konventionen

Die Regeln, die Normen des richtigen Schreibens sind natürlich nicht per se gegeben; sie müssen also gesetzt, d.h. geschaffen werden. Dies hat zwei Konsequenzen: Erstens sind die betreffenden Regeln artifiziell und daher in gewisser Weise willkürlich. Es wären also jeweils auch andere Regeln denkbar. Zweitens muss es eine Instanz geben, die die Regeln festsetzt. Auf Grund dieser Festsetzung sollten die Normen allgemein akzeptiert und befolgt werden. Ansonsten wären sie sinn- und bedeutungslos.

Warum gibt es nun Regeln für die Schreibung? Ein Blick in die Sprachgeschichte zeigt, dass es in früheren Sprachstufen, also beispielsweise im Alt- und im Mittelhochdeutschen, noch kein Regelwerk zur Rechtschreibung gab, wie wir es heute kennen. Könnte nicht auch heute jeder schreiben, wie er will? Wäre dies nicht viel einfacher, wenn das Erlernen der Rechtschreibregeln entfiele, das oftmals große Probleme bereitet? Wäre ein Verzicht auf Normen der richtigen Schreibung nicht weitaus demokratischer?

Erstaunlicherweise ist es in der Tat auch heute so, dass jeder (zumindest theoretisch) im privaten Bereich schreiben kann, wie er will. Die Regelungen der deutschen Rechtschreibung gelten nämlich nur für die Schulen und den amtlichen Gebrauch, sind also nur im staatlichen Bereich zwingend. Schriftsteller beispielsweise nehmen sich bisweilen die Freiheit, von den amtlichen Rechtschreibregeln abzuweichen. Als Stilmittel nutzbar ist dies jedoch nur unter der Voraussetzung, dass die amtlichen Regeln ansonsten allgemein anerkannt sind, Schriftsteller somit bewusst von Normen abweichen. Sieht man hiervon ab, werden jedoch sonst die besagten amtlichen Rechtschreibnormen in Alltag, selbst im privaten Bereich, als Leitlinie gewählt, und man schreibt nach (individueller) Möglichkeit nach diesen Regeln.

Vorteile für Textproduzenten und -rezipienten

Es lässt sich daher fragen, warum die Normen der Orthographie so allgemein akzeptiert werden, obwohl in weiten Bereichen des Alltags kein Zwang zu ihrer Anwendung besteht. Die Verwendung der Rechtschreibregeln besitzt offenkundig gewisse Vorteile gegenüber einer völlig individuellen Schreibung. Hierzu zählt zunächst die Vereinfachung des Schreibens, denn durch Regeln wird das Schreiben in wesentlichen Teilen automatisiert; es muss also nicht bei jedem geschriebenen Wort eine spezielle Schreibung entwickelt werden. Auch für den Rezipienten des Geschriebenen, den Leser, erleichtert die Normung des Schreibens das Erschließen des Textes. Lesen nämlich erfolgt in einem fortgeschrittenen Stadium zu einem Großteil dadurch, dass bestimmte Muster, d.h. Wortteile, ganze Wörter oder Wortgruppen, wiedererkannt werden, ohne sie aus ihren einzelnen Graphemen zusammenzusetzen. Die Regelhaftigkeit des Geschriebenen ist hier Voraussetzung für das Wiedererkennen.

Man kann also zusammenfassen, dass Orthographie sowohl Textproduzenten wie -rezipienten Vorteile bietet, indem sie zur Vereinfachung von Schreiben und Lesen beiträgt. Dies ist jedenfalls die Intention von Rechtschreibung; dass in der Praxis aus den Regeln vor allem beim Schreiben von Texten auch Probleme entstehen, ist jedoch nicht zu bestreiten (s. u.).

Von der allgemeinen Verbreitung der Rechtschreibregeln lassen sich weitere Konsequenzen ableiten: Rechtschreibung wirkt dialektal vereinheitlichend. Die Schreibung orientiert sich immer an der Standardsprache, nicht an dialektalen Gegebenheiten. Als Folge daraus schreiben unter Beachtung der Rechtschreibung Schreiber aus unterschiedlichen Dialektgebieten gleich, woraus folgt, dass man aus der Schreibung in der Regel nicht auf die regionale Herkunft des Verfassers eines Schriftstückes schließen kann. Nennenswerte Ausnahmen bestehen hier nur für abweichende Regelungen für Österreich und die Schweiz (in der Schweiz gibt es beispielsweise kein *ß*).

Rechtschreibung besitzt aber auch eine soziale Komponente. Wer die amtliche Rechtschreibung nicht oder nur schlecht beherrscht, wird vielfach als ungebildet angesehen. Der Schluss auf einen niedrigen sozialen Stand liegt dabei nahe. Diese Sichtweise resultiert aus einer (in anderen Ländern u.U. weniger ausgeprägten) Regelfixiertheit unserer Gesellschaft. Die Einhaltung von Regeln, zumal wenn es sich um amtliche handelt, wird gesellschaftlich im deutschsprachigen Raum erwartet.

Ökonomische Relevanz der Rechtschreibung

Schließlich verfügt die Rechtschreibung über eine ausgeprägte ökonomische Bedeutung. Die Normierung von geschriebenen Texten birgt ein immenses Wirtschaftspotential. Man denke hier nur an die zahlreichen Wörterbücher, die verschiedenen Rechtschreiblexika (Duden, Bertelsmann, Wahrig usw.), an Ratgeber über richtiges Schreiben und nicht zuletzt an die große Zahl von Schulbüchern, die der Vermittlung der Rechtschreibung dienen. Im Verlagswesen sind also Publikationen zur Rechtschreibung ein nicht unwesentlicher Wirtschaftsfaktor. Aber nicht nur dort, sondern auch in anderen Bereichen wird mit der Vermittlung von Rechtschreibung Geld verdient (Schulungen und Fortbildungen bei Bildungsträgern usw.).

1.1 Prinzipien der deutschen Rechtschreibung

Es stellt sich nun noch die Frage, an welchen Prinzipien sich die Orthographie des Deutschen orientiert. Die Klassifizierung und Benennung dieser Prinzipien ist in der sprachwissenschaftlichen Literatur nur teilweise unstreitig. Eine der Einteilungen ist etwa folgende (nach Bußmann 1990: 628 f.):

Tab. 1 Prinzipien der Orthographie

1. phonetisches Prinzip (Jedem gesprochenen Laut soll genau ein Schriftzeichen entsprechen.),
2. phonologisches Prinzip (Jedem Phonem entspricht ein Schriftzeichen.),
3. etymologisches Prinzip (Etymologisch verwandte Wörter sollen gleich oder ähnlich geschrieben werden.),
4. historisches Prinzip (Historisch tradierte Schreibungen bleiben erhalten.),
5. Homonymie-Prinzip (Homonyme/Homophone Wörter sollen sich zur Differenzierung ihrer Bedeutung gegebenenfalls in der Schreibung unterscheiden.),
6. Prinzip der Sprachökonomie (Reduktion von Mehrfachkonsonanz u.a.),
7. ästhetisch-ideographisches Prinzip (Vermeidung bestimmter Buchstabenkombinationen aus ästhetischen Gründen),
8. pragmatisches Prinzip (Kontextabhängige Schreibung, z.B. Großschreibung von Personalpronomen in bestimmten Kontexten),
9. grammatisches Prinzip (Schreibung in Abhängigkeit von Wortart und von syntaktischer Funktion).

Inkonsistenz von Prinzipien der Rechtschreibung

Schon der erste Blick auf die Vielzahl an Einflussfaktoren auf die Rechtschreibung lässt – unabhängig vom Inhalt der einzelnen Prinzipien – die Schwierigkeit erahnen, alle Prinzipien gleichermaßen zu erfüllen. In der Tat überlappen und widersprechen sich die verschiedenen Prinzipien im Einzelfall durchaus, so dass zahlreiche Inkonsequenzen in der Schreibung resultieren. Diese machen die konkreten und im Alltag oftmals schwer zu motivierenden Probleme der deutschen Rechtschreibung aus. Eines der konkreten Probleme besteht bereits in der Verwendung des lateinischen Alphabets, das für eine angemessene Laut-Zeichen-Zuordnung im Deutschen (wie auch in vielen anderen Sprachen) trotz einiger späterer Ergänzungen – so kennt das klassische Latein beispielsweise kein *j* oder *w* – nur eingeschränkt geeignet ist. (Z.B. Scheuringer 1996: 14 f.)

Zur Veranschaulichung, wie die Ansprüche der einzelnen Prinzipien kollidieren, seien hier einige wenige Beispiele genannt. Die Wörter *hier, wir, ihm, Vieh* weisen in der Aussprache sämtlich den Laut [i:] auf, der jedoch auf Grund der Einwirkung beispielsweise des historischen oder auch des etymologischen Prinzips keineswegs identisch in der Schreibung repräsentiert wird. Homonymie-Prinzip und grammatisches Prinzip lassen die Differenzierung der Schreibung von *wieder* und *wider* oder auch von *das* und *dass* zu, obwohl die Wörter in beiden Fällen etymologisch verwandt sind.

Keines der genannten Prinzipien ist in der deutschen Rechtschreibung vollständig und konsequent verwirklicht, was insbesondere auch aus der historischen Entwicklung bis zur heutigen Orthographie resultiert.

Auch im weiteren Verlauf dieses Kapitels werden Probleme behandelt, die ebenfalls aus der Unmöglichkeit resultieren, allen oben genannten Ansprüchen an Rechtschreibung gerecht zu werden. Rechtschreibung ist also – zieht man ein Fazit – ein Kompromiss zwischen der Erfüllung der einzelnen Prinzipien.

Ziel der Bemühungen um eine Rechtschreibreform war es, die bestehenden Schwierigkeiten (zumindest partiell) zu vermindern und so das Erlernen der Orthographie im Rahmen der Alphabetisierung, aber auch die Anwendung der Rechtschreibregeln im Alltag zu erleichtern. Inwieweit die so genannte „Neue Rechtschreibung" in diesem Sinne als erfolgreich gelten kann, ist immer noch stark umstritten.

Sprachen ohne verbindliche Rechtschreibung

Abschließend sei noch der Hinweis darauf erlaubt, dass es durchaus auch heute noch Sprachen gibt, die über keine allgemein verbindliche Rechtschreibung verfügen. Neben Sprachen indigener Völker (die früher als „Primitivkulturen" bezeichnet wurden) ohne nennenswerte Schriftlichkeit trifft diese Feststellung aber auch für Sprachen wie das Jiddische oder das Niederdeutsche zu. Zwar gibt es in den letztgenannten Fällen durchaus Regelwerke für die richtige Schreibung und Institutionen, die diese formulieren, aber durch die Existenz als Minderheitensprachen, die fehlende Funktion als Staatssprachen und damit die kaum vorhandene amtliche Verwendung besteht bei diesen Sprachen nicht der zwingende Bedarf zu einer generell verbindlichen Regelung. Dennoch findet sich auch in der heutigen Schriftlichkeit des Jiddischen oder in geringerem Maße auch des Niederdeutschen eine weitgehende Regelhaftigkeit der Schreibung.

1.2 **Historische Entwicklung der Rechtschreibung**

Zu einem guten Teil haben ökonomische Aspekte zur historischen Entstehung der Rechtschreibung im Deutschen, aber auch in anderen Sprachen beigetragen. Wie bereits oben erwähnt, kann Rechtschreibung sowohl der Vereinfachung des Schreibens wie auch des Lesens dienen. Zwar gab es im Mittelalter in Klöstern und Kanzleien gewisse Konventionen, nach denen sich die Schreiber richteten, diese waren aber weitgehend lokal begrenzt („Schreibschulen"), so dass man von ersten Anfängen einer „Rechtschreibung" erst in frühneuhochdeutscher Zeit im Zuge des aufblühenden Buchdruckes sprechen kann. (Scheuringer 1996: 14 ff.) Ohne Norm der Schreibung war es für Setzer sehr zeitaufwendig, die Druckvorlagen zu erstellen. Eine Normierung der Schreibung konnte hier eine wesentliche Erleichterung bieten und damit zugleich die Herstellung eines Buches beschleunigen. Aber auch die Verbreitung von Büchern mit einer standardisierten Schreibung erwies sich als einfacher als solcher mit dialektalen Schreibungen. Insofern ist die Entwicklung der Orthographie nicht unwesentlich auch mit den Bemühungen zur Herausbildung einer Standardsprache des Deutschen verbunden. Die Rechtsschreibung mit ihren strikten und für den amtlichen Gebrauch verbindlichen Regeln ist jedoch erst ein Produkt des späten 19. Jahrhunderts.

Die deutsche Rechtschreibung wurde erst im Jahre 1901 erstmals für den gesamten deutschen Sprachraum vereinheitlicht und im „Orthographischen Wörterbuch" Konrad Dudens kodifiziert. Noch in der sechsten Auflage des „Duden" 1900 schrieb Duden im Vorwort:

> Es fehlt aber auch nicht an Anzeichen, daß die Anwendung der Schulorthographie in dem amtlichen Verkehr neuerdings Fortschritte gemacht hat. Wird doch seit kurzem das von dem preußischen Ministerium der geistlichen u.s.w. Angelegenheiten herausgegebene Centralblatt für das gesamte Unterrichtswesen in der Schulorthographie gedruckt, und dasselbe gilt von dem aus dem Finanzministerium kommenden Formular zur Steuererklärung. Ja in Württemberg wird nicht nur der Staatsanzeiger in der Schulorthographie gedruckt, sondern diese ist überhaupt für alle Behörden vorgeschrieben. So dürfen wir denn getrost hoffen, es werde dem unerträglichen Übelstande, daß die jungen Leute die Rechtschreibung, die sie in der Schule haben lernen müssen, nicht anwenden dürfen, wenn sie in den Staatsdienst treten, in absehbarer Zeit ein Ende gemacht werden.

Die Orthographiekonferenz von 1901 behob diesen Missstand, 1903 wurden ihre Ergebnisse in allen deutschen Schulen und in den dem Staat unterstellten Institutionen eingeführt.

2 Einführende Fallbeispiele

Beispiel [1] ist eine Collage aus einem Ratgeber zur Bewerbung. In ihr wird betont, welche Rolle die richtige Orthographie gerade in Bewerbungstexten spielt. So ist zu lesen:

Beispiel [1]
Ratgebertext

„Achten Sie bitte auf korrekte Rechtschreibung, denn Fehler bedeuten Minuspunkte, die Ihnen gnadenlos angekreidet werden und den heiß ersehnten Job kosten können“.
„Am Anfang sollte für Sie auf jeden Fall eine Selbstanalyse stehen. Hinterfragen Sie sich nach dem was Sie können. Bitte sind Sie auf jeden Fall selbstkritisch und realistisch. Stellen Sie sich schriftlich zwei Fragenkataloge zusammen, in denen Sie Ihre persönlichen Fähigkeiten und Ihre Wünsche und Ziele analysieren und dabei klar und deutlich zum Ausdruck kommen. Fragen Sie u. A.: Gibt es Fähigkeiten/Aufgaben/Arbeitsabläufe die mir besonders leicht fallen? Auf welchen Gebiet liegt meine besondere Stärke, bin kompetent und werde um Rat gefragt?
Nutzen Sie jede sich Ihnen bietende Gelegenheit, ein oder mehrere Betriebe kennenzulernen.
Formulieren Sie Ihre Bewerbung so, das es auf das von Ihnen angesprochene Unternehmen passt. Zwischen den Zeilen wird natürlich auch deutlich, wie ziel strebig haben Sie in Ihrem Leben bisher agiert und ob Sie Ihr persönliches Ziel nie aus den Augen verloren haben.
Achten Sie darauf, dass Sie auf dem Foto sympatisch erscheinen. Sollte sie dies nicht hundertprozentig zufrieden stellen, lassen sie sich doch beim Photografen beraten.“

Beispiel [2] ist ein Zusammenschnitt aus der Imagebroschüre eines bekannten Rhetorik- und Kommunikationsinstituts:

Beispiel [2]
Ausschnitt aus einer Image-Broschüre

> „Das Besondere bei allen Seminaren ist, dass sich das Institutsteam, individuell auf den jeweiligen Teilnehmer und dessen Situation einstellt. Wachsen, finden, beweisen und gewinnen sind wichtige Ziele bei unseren Seminaren. In unseren englischen Seminaren können Sie den zielorientierten Umgang mit dem Wort in englisch ausbauen. ...
> Das sogenannte Sprechdenken, dass man in der Unterhaltung oder bei Verhandlungen beherrscht, muss auf das Sprechen in der Öffentlichkeit umgestellt werden. Die Stimme muß klingen und deutlich sein. Es gibt Redner, die erhalten nie oder selten Beifall, weil Sie keine Pausen machen. ... Der Einfluss der Entwicklung besteht im Kennen lernen der zwischenmenschlichen Spielregeln. ... Sie gehören sicher nicht zu den Menschen, die Probleme durch Knöpfe zählen lösen."

Beide Texte zeigen, dass selbst bei Verfassern, die beruflich mit Sprache arbeiten, entweder die orthographischen und grammatischen Kenntnisse sehr mangelhaft sind oder aber der Orthographie nicht genügend Aufmerksamkeit geschenkt wird, Verstöße gegen ihre Regeln als Kavaliersdelikte gewertet werden. So wurden Angebote, die Texte zu überarbeiten, nicht beachtet oder abgelehnt.

Beide Texte enthalten Fehler, die darauf verweisen, dass zum einen generell orthographische Kenntnisse fehlen, zum anderen aber auch Probleme in der Anwendung der neuen Orthographie bestehen.

2.1 Beispielanalyse

Im Folgenden sollen die grammatischen und orthographischen Verstöße genannt und zum Teil näher beschrieben werden.

Regelverstöße in den Beispieltexten

Beide Texte enthalten u.a. mehrere Verstöße gegen die Regeln der Zeichensetzung. Sowohl nach der alten als auch der neuen Rechtschreibung werden Haupt- und Nebensätze durch ein Komma getrennt. Verstöße liegen also vor bei: *Hinterfragen Sie sich nach dem was Sie können/ Gibt es Fähigkeiten/Aufgaben/Arbeitsabläufe die mir besonders leicht fallen?/ Das Besondere bei allen Seminaren ist, dass sich das Institutsteam, individuell auf den jeweiligen Teilnehmer und dessen Situation einstellt./*

Ein weiterer Fehler in beiden Texten beruht auf der Nicht-Differenzierung zwischen der Konjunktion *dass* und dem Relativpronomen *das*: *Formulieren Sie Ihre Bewerbung so, das es auf das von Ihnen angesprochene Unternehmen passt.* In diesem Fall muss der konsekutive Nebensatz mit der Konjunktion *dass* eingeleitet werden.

Das sogenannte Sprechdenken, dass man in der Unterhaltung oder bei Verhandlungen beherrscht, muss auf das Sprechen in der Öffentlichkeit umgestellt werden. In diesem Satz dagegen wird der Nebensatz durch das Pronomen *das* eingeleitet, die Schreibung *dass* ist somit fehlerhaft.

Der Satz enthält einen weiteren Verstoß gegen die Regeln der neuen Orthographie: Die Schreibung von *sogenannt* ist inkorrekt, es wird jetzt in zwei Wörtern geschrieben, die Abkürzung allerdings bleibt *sog.*

Die Umwandlung von *ß* zu *ss* ändert sich bei den allgemeinsprachlichen Wörtern generell nach kurzem Vokal, also auch bei *muss*.

Farb- und Sprachbezeichnungen nach Präpositionen werden nach der neuen Orthographie groß geschrieben, also *in Englisch*.

Fügungen aus zwei Verben werden immer getrennt geschrieben. Der Infinitiv *kennen lernen* muss demnach als erweiterter Infinitiv in der Form *kennen zu lernen* realisiert werden.

Werden Verben aber substantiviert, so erfolgt durch die Konversion als eine spezielle Art der impliziten Ableitung die Überführung in die Wortart Substantiv. Dies ist bei der Schreibung zu berücksichtigen. Falsch in den Beispieltexten sind *finden, beweisen, gewinnen*. Analoges trifft auf Fügungen wie (richtig) *im Kennenlernen* und *durch Knöpfezählen* zu.

Fehlerhaft ist die Schreibung der Abkürzung *u.A.* Zwar hat sich durch die neue Orthographie gerade im Bereich der Abkürzungen einiges geändert, alle Fügungen mit *anderer* bleiben jedoch bei der Kleinschreibung.

Unsicherheit besteht bei den Verfassern der Texte auch in Bezug auf das so genannte Höflichkeits-Sie. Es wird weiterhin groß geschrieben, also: *Sollte Sie dies nicht hundertprozentig zufrieden stellen, lassen Sie sich doch beim Photografen beraten.* Im folgenden Satz allerdings ist *sie* keine Anrede, sondern bezieht sich als Personalpronomen auf *Redner*: *Es gibt Redner, die erhalten nie oder selten Beifall, weil Sie keine Pausen machen.* Somit ist nur die Kleinschreibung richtig.

Obwohl durch die Regeln zur neuen Orthographie größere Toleranz gerade im Bereich der Fremdwortschreibung zustande gekommen ist, ist die Schreibung von *sympatisch* nicht normgerecht, die Etymologie zu griech. *pathos* verlangt auch weiterhin das *th*.

Neben diesen orthographischen Fehlern sind in den Texten Verstöße gegen die Grammatik und Syntax zu belegen:

Die Aufforderung im Plural beim Hilfsverb *sein* muss korrekt *seien* heißen, also *Bitte seien Sie ...* Im folgenden Satz stimmen Pronomen und substantivisches Beziehungswort im Genus nicht überein. Richtig ist: *Formulieren Sie Ihre Bewerbung so, dass sie auf das von Ihnen angesprochene Unternehmen passt.*

Im Satz *Nutzen Sie jede sich Ihnen bietende Gelegenheit, ein oder mehrere Betriebe kennenzulernen* stehen zum Verb *kennen lernen* zwei Akkusativobjekte, und zwar im Singular und im Plural. Deshalb muss es heißen *einen Betrieb oder mehrere Betriebe.*

Verkürzungen im Satzbau schließlich führen zu Brüchen: *Stellen Sie sich schriftlich zwei Fragenkataloge zusammen, in denen Sie Ihre persönlichen Fähigkeiten und Ihre Wünsche und Ziele analysieren und dabei klar und deutlich zum Ausdruck kommen.* Sicher sollen hier die persönlichen Fähigkeiten, Wünsche usw. zum Ausdruck kommen und nicht der Schreiber der Bewerbung. Er könnte sie aber zum Ausdruck bringen.

Auf welchen Gebiet liegt meine besondere Stärke, bin kompetent und werde um Rat gefragt?

Dieser Satz enthält gleich zwei Verstöße, zum einen muss es heißen *auf welchem Gebiet* (Dativ), zum anderen fehlt im zweiten Teil des Satzes das Subjekt *ich*.

Zwischen den Zeilen wird natürlich auch deutlich, wie ziel strebig haben Sie in Ihrem Leben bisher agiert und ob Sie Ihr persönliches Ziel nie aus den Augen verloren haben. Hier ist *zielstrebig* falsch geschrieben. Die Zusammenschreibung bleibt auch nach der neuen Orthographie erhalten, weil der zweite Bestandteil *-strebig* nicht frei vorkommt. Außerdem wurde ein Anakoluth, ein Satzbruch verwendet. Im eingeleiteten Nebensatz steht das finite Verb in Endstellung. Sätze wie *Ich freue mich, weil du hast mir geschrieben* werden zwar immer häufiger (auch in den Medien) verwendet, sind aber nicht normgerecht.

3 Sprachberatungstelefon

3.1 Die Vielfalt der Anfragen

Da die Anforderungen an die Kommunikationsfähigkeit in der heutigen Gesellschaft immer mehr zunehmen, entsteht auch eine wachsende Nachfrage nach Beratung in Problemfällen. Hier ist es Aufgabe der Sprachwissenschaft, geeignete Beratungsangebote, z.B. in Form eines Sprachberatungstelefons, bereitzustellen.

Typische Anfragen bei den Sprachberatern

Resultierend aus ca. sieben Jahren Arbeit an einem Sprachberatungstelefon sollen im Folgenden vor allem die Themen herausgegriffen werden, die die schriftliche Realisation von Sprache betreffen und durch instrumentelle Normen geregelt sind. Das heißt, hier geht es somit primär um Fragen der Orthographie, Zeichensetzung und der Grammatik. Die Anfragen betreffen aber auch Fragen der kommunikativen Adäquatheit. So wurden an das „Sprachberatungstelefon Chemnitz" u.a. folgende Fragen gestellt:

- Heißt es *am Montag, dem 13.3.* oder *am Montag, den 13.3.*?
- Was ist der Unterschied zwischen *dispensieren* und *suspendieren*?
- Was ist richtig *Normerhöhung* oder *Normenerhöhung*?
- Heißt es *der Verdienst* oder *das Verdienst*, *die* oder *der Python*, *das* oder *die M/mail*?
- Woher kommt die Wendung *ins Fettnäpfchen treten*?
- Welche Anrede ist korrekt: *Sehr geehrter Herr Professor Dr. …*oder *Sehr geehrter Professor…*oder *Sehr geehrter Herr Professor*?
- Wann wird die Anrede *Verehrte/Geehrte …* gebraucht?
- Welche Schreibung ist richtig: *maschineschreiben* oder *Maschine schreiben*?
- Das ZDF verwendete *Wir gedenken dem …* Ist das jetzt richtig?
- Beide Wörter werden mit *Ch* geschrieben, warum die unterschiedliche Aussprache bei *Chemie* und *Chemnitz*?

Wie bereits aus diesen wenigen Beispielen aus der Praxis deutlich wird, betreffen die Anfragen ein sehr breites thematisches Spektrum und gehen über Fragestellungen zur Orthographie weit hinaus. Die Arbeit des Sprachberaters ist daher eine sprachwissenschaftliche Querschnittsaufgabe. Dieses soll im Folgenden näher erläutert und die Anfragen nach verschiedenen Typen klassifiziert werden.

3.2 Anliegen der Sprachberatung und Klassifizierung der Anfragen

Fragesteller möchten Fehler vermeiden

Bei beiden oben angeführten Texten (vgl. die einführenden Fallbeispiele) wurden die Fehler in der Text-Endfassung beibehalten. Anders ist es bei der Sprachberatung, hier sind sich die Anrufer zumeist der Probleme bewusst und nutzen die unterschiedlichen angebotenen Möglichkeiten der Beratung, um Fehler zu vermeiden. 1997 stellt Hoberg fest:

> Man ist in Sprachfragen sehr selbstbewußt. Man hat schließlich jahrelang Sprachunterricht in der Schule gehabt, das Abitur bestanden und vielleicht ein Studium abgeschlossen. Man hält sich in seinem Urteil über den Zustand der deutschen Sprache nicht zurück und braucht keine sprachwissenschaftlichen Belehrungen. Freilich glaubt man an feste Normen, fast wie an Naturgesetze. Und wenn es hierüber Streit gibt, wenn sich etwa ein Professor der Betriebswirtschaftslehre oder Elektrotechnik mit seiner Sekretärin über eine Rechtschreibregel uneinig ist oder ein Firmenchef mit seinem Gesprächspartner beim Mittagessen darüber wettet, ob es ‚wir Deutsche' oder ‚wir Deutschen' heißt, dann freilich ist der Fachmann gefragt, von dem allerdings lediglich Entscheidungen, keine Begründungen erwartet werden. (Hoberg 1997: 58)

Diese allgemeine Einschätzung Hobergs trifft auch auf unsere Erfahrungen mit der Sprachberatung zu.

> Sprachberatungsstellen sind eine ... Schnittstelle zwischen Wissenschaft und Öffentlichkeit. Sprachberatung als ein Bereich der Angewandten Linguistik wendet sich an die Öffentlichkeit, nutzt allerdings für die Arbeit wissenschaftliche Erkenntnisse, die sich auch in den Antworten an die Anfragenden niederschlagen. (Lehr 1998: 212)

Die erste deutsche Sprachberatungsstelle wurde 1918 in Mannheim gegründet, heute gibt es in Deutschland etwa zehn Institutionen, die gegen Kosten oder auch unentgeltlich Rat und Hilfe anbieten. Sie sind z. T. der Dudenredaktion oder der Gesellschaft für deutsche Sprache zugeordnet oder arbeiten als Einrichtungen an Universitäten. Die meisten Fragen werden telefonisch übermittelt, da so eine direkte Antwort und gegebenenfalls Rückfragen vonseiten des Sprachberaters möglich sind. Auch ist auf diesem Wege die Hemmschwelle, Fragen zu stellen, am niedrigsten (Lehr 1998: 209). Die Anfragen ergeben sich zumeist aus einem spontanen Bedarf oder sind Ergebnis eines längeren Auseinandersetzens mit sprachlichen Erscheinungen.

1976 fertigte Kolde eine quantitative Analyse von Anfragen an die Gesellschaft für deutsche Sprache an, sein Ergebnis weist nach, dass bei schriftlichen Anfragen 88 % von Privatpersonen gestellt werden, 12 % von Institutionen. Anders verhält es sich nach Kolde bei telefonischen Anfragen, hier seien die meisten Anfragen durch sprachliche Probleme im Beruf motiviert. Eine Auswertung unseres Sprachberatungstelefons entspricht diesen Zahlen jedoch nicht. Nur die Hälfte aller Anrufe ist beruflich begründet.

Im Wesentlichen bewegen sich die Anfragen in dem bereits von Förster (1972) skizzierten Rahmen. Förster klassifiziert die bei der Gesellschaft für deutsche Sprache eingehenden schriftlichen Anfragen nach einem qualitativen Prinzip und stellt nach einem Steigerungsprinzip der Tätigkeit des Sprachberaters folgendes System auf (s. Tab. 2):

Tab. 2 Tätigkeit des Sprachberaters

- Mitteilung von Fakten
- Anwendung von Regeln
- Entscheidung zwischen mehreren Möglichkeiten
- Interpretationen
- Wertungen
- Neue Formulierungen und Wortbildungen

Die unterschiedlichen Anfragen stellen somit unterschiedliche Anforderungen an die Sprachberatung dar. Wie auf diese unterschiedlichen Typen von Anfragen angemessen reagiert werden kann, wird im Folgenden beschrieben.

4 Sprachwissenschaftliche Hintergründe der Sprachberatung

4.1 Arbeit mit Wörterbüchern

Punkt 1 bei Förster betrifft im Wesentlichen Fragen nach der Richtigkeit von Schreibungen, grammatischen Konstruktionen, aber auch nach etymologischen Erklärungen vor allem von Phraseologismen. Bei der Beantwortung solcher Fragen wird zum einen das Sprachwissen des Beraters, zum anderen seine Kenntnis im Umgang mit entsprechenden Wörterbüchern genutzt. Viele der Fragen könnten von Anrufern nach einem Nachschlagen in den Wörterbüchern selbst beantwortet werden. Die Sprachberatung hat hier insofern eine vermittelnde Funktion, als per Telefon eine bereits schriftlich fixierte Tatsache wiedergegeben wird. Sprachberatung erfolgreich durchführen zu können bedeutet somit zum einen sprachwissenschaftliches Wissen des Sprachberaters, zum anderen aber auch den Besitz eines entsprechenden Wörterbuch-Fundus'.

Wesentliche und nach unserer eigenen Erfahrung notwendige Nachschlagewerke sind (s. Tab. 3):

Tab. 3 Wichtige Nachschlagewerke

Wörterbücher	Bei Fragen zu
Duden. Band 1: Die deutsche Rechtschreibung	Orthographie, Abkürzungen, Wortbildung
Duden. Band 4: Die Grammatik	Syntax, Grammatik
Duden. Band 5: Das Fremdwörterbuch	Herkunft, Aussprache, Bedeutung, Genus von Fremdwörtern
Duden. Band 6: Das Aussprachewörterbuch	Aussprache
Duden. Band 7: Das Herkunftswörterbuch	Etymologie, Bedeutungserklärungen
Duden. Band 8: Die sinn- und sachverwandten Wörter	Synonymie, stilistische Differenzierung

Wörterbuch	Bei Fragen zu
Duden. Band 9: Richtiges und gutes Deutsch. Wörterbuch der sprachlichen Zweifelsfälle	Abweichungen von Regeln, Entwicklungstendenzen
Duden. Band 10: Das Bedeutungswörterbuch	Bedeutungserklärungen, Adäquatheit von Benennungen
Duden. Band 11: Redewendungen und sprichwörtliche Redensarten	Bedeutungen von Phraseologismen
Duden. Band 12: Zitate und Aussprüche	Erstbelege, Nachweis von Zitaten
Duden. Deutsches Universalwörterbuch	Bedeutungen und Bedeutungsvarianten, z.T. Etymologie, stilistische Markierungen
Röhrich, Lutz: Lexikon der sprichwörtlichen Redensarten	Herkunft und kulturgeschichtliche Erklärung von Wendungen
DIN 5008	Richtlinien für Schriftsatz und Layout
Handwörterbuch der deutschen Gegenwartssprache in zwei Bänden. Hrsgg. von Günter Kempcke. Berlin 1984	DDR-Wortschatz
Mundarten-Wörterbücher	Dialektismen und territoriale Lexik vor allem der jeweiligen Region

Auffallend ist, dass die Reform der Orthographie sich nicht dahingehend auswirkte, dass Fragen zur Rechtschreibung dominieren. Lediglich im Sommer 1999, zur Zeit der Umstellung von Presseorganen auf die neue Orthographie, mehrten sich Anrufe, die Schreibvarianten der Zeitungen infrage stellten. Das betraf vor allem Groß- und Kleinschreibung sowie die Getrennt- und Zusammenschreibung von Wörtern. Die neuen Silbentrennungsregeln, die Umwandlung von *ß* in *ss* nach kurzen Vokalen und auch die größere Toleranz in der Zeichensetzung wurden kaum wahrgenommen bzw. angezweifelt.

Das mag unterschiedliche Gründe haben. Die Silbentrennung wird durch die Erstellung von Texten per Computer kaum noch verwendet, der Ersatz von ß durch ss nach kurzen Vokalen ist regelhaft und so leicht erlernbar. Die wesentlichen Erleichterungen in der Kommasetzung, nämlich das jetzt fakultative Setzen von Kommas zwischen Hauptsätzen, die mit *und* verbunden sind, und bei erweiterten Infinitiven entsprechen weitgehend dem Sprachusus. Wenn Lehr konstatiert, dass die meisten Anfragen bei der Sprachberatung der Gesellschaft für deutsche Sprache in Wiesbaden „von professionellen Schreiberinnen und Schreibern, wie Sekretärinnen, Journalistinnen und Journalisten, Lehrerinnen und Lehrern, Angehörigen ähnlicher Berufsgruppen und Studierenden“ (Lehr 1998: 210) stammen, so ist nach unserer Erfahrungen dem nur partiell zuzustimmen. Dieser Personenkreis ist sicher unter den Anrufern stark vertreten, weil bei ihm das Normbewusstsein, d.h. die Kenntnis der Existenz von Normen im höheren Grade ausgebildet, die entsprechende Norm im konkreten Fall jedoch nicht internalisiert ist. Außerdem sind entsprechende Anrufer häufig in einer konkreten Formulierungssituation, in der unmittelbare sprachliche Auskunft erforderlich ist. Es rufen jedoch im gleichen Maße Personen an, die Auskunft nicht für die Produktion von Texten benötigen, sondern deren Normenkenntnisse, die zumeist vor längerer Zeit erworben wurden, in Widerspruch geraten zu realisierten Schreibungen in Texten. Dabei wird von den Anrufern sehr häufig Sprache als etwas Konstantes angesehen, Entwicklungstendenzen der Sprache werden negiert bzw. negativ bewertet. In solchen Fällen hat es sich bewährt, auf ältere Literatur zurückzugreifen. Bei der Eindeutschung von Fremdwörtern z.B. kann darauf verwiesen werden, dass dieser Vorgang keineswegs ein Novum darstellt. So ist im „Duden. Orthographisches Wörterbuch der deutschen Sprache" von 1904 noch die (engl.) Schreibung *Shawl* (heute *Schal*) belegt. Ebenfalls kann in solchen Fällen darauf verwiesen werden, dass Sprache zwar nicht willkürlich geändert werden kann, sie sich aber durchaus den immer wieder entstehenden neuen Kommunikationsanforderungen anpassen muss, um als Mittel der Kommunikation fungieren zu können.

Fragen zur Etymologie und zur Phraseologie

Fragen zur Etymologie und von Wörtern und Phraseologismen werden sehr häufig mit *warum* oder *woher* eingeleitet. Erfragt wird zum einen die Motivation einer Wendung und zum anderen der Ursprung. Hier sind etymologische Wörterbücher und Lexika wie das „Lexikon der sprichwörtlichen Redensarten" (Röhrich 1994) Quellen. „Etymologien werden vom Sprachberater fast nie neu entwickelt. Er fördert sie aus Quellen zutage, in denen sie der Laie nicht sucht." (Förster 1972: 187) Diese Fragen entspringen sowohl einem sprachlichem Interesse – man hat darüber nachgedacht – als auch einfacher Neugier, d.h. sie werden vor allem von Privatpersonen gestellt. In manchen Fällen sind dem Anruf bereits eigene Deutungsversuche, sogar Wetten vorangegangen. Als Beispiel sei *Kater* in der Bedeutung ‚Zustand nach durchzechter Nacht' genannt. Die polysemen Wörtern zugrundeliegende Gemeinsamkeit von Merkmalen führte beim Anrufer zu einer Konstruktion von gemeinsamen Merkmalen des ‚Tier's und ‚Zustand ...'. Geboten wurde als Tertium Comparationis (d.i. Vergleichspunkt/Gemeinsamkeit zweier miteinander verglichener Sachverhalte) die Vorliebe für Fisch. Zwar geben Quellen zu *Kater* als ‚Zustand ...' keine eindeutigen Interpretationen, im etymologischen Wörterbuch ist das Wort jedoch unter dem Lemma *Katarrh* wie folgt erläutert:

> Eine volkstümliche, in Leipziger Mundart erfolgte Eindeutschung des Wortes Katarrh vermutet man in Kater ‚Katzenjammer', das im 19. Jh. begegnet und durch die Studentensprache populär wurde. Allerdings ist das Wort dann zumindest volksetymologisch an *Kater* ‚männliche Katze' angeschlossen worden, wie überhaupt der alkoholische Rausch mit seinen Nachwirkungen gern scherzhaft mit Tiernamen bezeichnet wird (vgl. z.B. ‚Affe'). (Duden. Das Herkunftswörterbuch 1997: 335)

Die Betonung des etymologischen Prinzips durch die neue Orthographie ist prinzipiell zu begrüßen, da auch die Anfragen bei der Sprachberatung zeigen, dass bei der Schreibung Etymologien herangezogen werden. Das heißt aber auch, dass Fehletymologien eine falsche Schreibung nach sich ziehen können. Die Anfrage, warum denn in dem Satz *Hygiene ist das Ah und Oh* ein orthographischer Fehler vorliege, beruht auf einer Fehletymologie. Dem Anrufer war die Herkunft des *A und O* von *Alpha und*

Omega, also dem ersten und letzten Buchstaben des griechischen Alphabets nicht bekannt, so lehnte er die Wendung an die entsprechenden deutschen Interjektionen an.

4.2 Entscheidung zwischen Varianten

Grenzen der Normierung

Die vorhandene Normen- oder Regelkompetenz der Anrufer ist häufig auf allgemeine Normen und Regeln beschränkt und erstreckt sich nicht unbedingt auf Ausnahmefälle. Dieses Dilemma hat die neue Orthographie zumindest in bestimmten Bereichen in Ansätzen zu beseitigen versucht, indem sie Zusatzregeln und Ausnahmen eliminiert hat. Probleme treten aber immer noch bei der Getrennt- und Zusammenschreibung auf, die meisten Anrufe zur Orthographie betreffen dieses Gebiet. Zumeist erwarten die Anrufer die Nennung einer korrekten Schreibung, weniger die Erklärung, warum die entsprechende Form so geschrieben wird. Damit decken sich unsere Erfahrungen durchaus mit den Ausführungen Hobergs (s.o.). Ursache für Anfragen dieser Art sind wohl der auch jetzt weitgehend ungeregelte Zustand und die Zahl der Ausnahmen vor der Orthographie-Neuregelung.

Als erschwerend für eine korrekte Auskunft im Bereich der Orthographie wirkt sich aus, dass Termini nicht von der Neuregelung der Rechtschreibung betroffen sind. Ob es sich bei dem jeweils erfragten Wort um einen Terminus handelt, ist jedoch nur über Fachwissen und nicht über Sprachwissen klärbar. Das heißt, der Sprachberater ist auf die entsprechende Auskunft des Anrufers angewiesen. Fragen im Zusammenhang mit der Terminologie werden primär von Institutionen gestellt, die an der Erstellung von Texten arbeiten.

Ein Themenkomplex im Umfeld der Neuregelung der deutschen Orthographie war weiterhin die Schreibung von Eigennamen. Auch dieser Bereich unterliegt keiner Änderung in der Schreibung. Diese Einschränkung war jedoch den wenigsten Anrufern bekannt. So gab z.B. eine Bank einem Kunden namens *Keßler* die falsche Auskunft, er müsse in Zukunft seinen Namen mit *ss* schreiben.

Im Zusammenhang mit der Neuregelung der Getrennt- und Zusammenschreibung wird häufig argumentiert, die neuen Schreibungen ließen Sätze mehrdeutig bleiben; so sei bei *er wird sitzen bleiben* die Bedeutung nicht mehr eindeutig. Zumeist überzeugen hier der Hinweis auf den in der Regel umfangreicheren Kontext eines solchen Satzes und die Nennung ähnlicher Homographe.

Die Vorstellung von Anrufern, Sprache und Kommunikation folgten einer ähnlichen Logik wie zum Beispiel eine Naturwissenschaft, führt häufig zu Erwartungen, die Sprachberatung könne in jedem Fall eine eindeutige und klare Regelung nennen. Da dies aber keineswegs so ist, wird in manchen Fällen die Kompetenz des Beraters angezweifelt. Das betrifft vor allem sowohl morphologische Erscheinungen als auch Wortbildungsphänomene. So ist nicht durch Regeln zu erklären, wie von Ortsnamen Einwohnerbezeichnungen gebildet werden. Fragen dieser Art waren: *Wie heißen die Einwohner der Seychellen und von Sao Thome? Wie nennt man die*

Einwohner von Kändler, einer Stadt im Erzgebirge? Warum heißt es richtig: Deutschland – die Deutschen, aber England – die Engländer, China – die Chinesen, aber Kuba – die Kubaner?

Ebenso fehlen im Deutschen Regeln für die Setzung eines Fugen-s. Eine allgemeine Tendenz der Sprachentwicklung geht dahin, es wegzulassen. Wird es jedoch der besseren Aussprache wegen gesetzt, dann sollte es konsequent bei jedem Vorkommen des Wortes im Text verwendet werden.

Nicht alle sprachlichen Erscheinungen sind also eindeutig durch Normen geregelt. Gerade die neue Orthographie lässt dem Schreiber mehr Freiheiten. Aus diesem Grund wird in der Sprachberatung häufig nachgefragt, welche Schreibung denn anzuwenden sei. Dies betrifft vor allem die Schreibung von Fremdwörtern, aber auch das Genus von Substantiven: Heißt es *das* oder *der Gummi, die* oder *das mail/Mail*? Welche Schreibung ist besser (sic!): *Portemonnaie* oder *Portmonee*? Bei *Mail* sind beide Genera möglich. Es sollte allerdings im Text durchgängig das gleiche Genus verwendet werden, um eine Einheitlichkeit des Textes zu gewährleisten. Zumeist setzt sich auch im Sprachusus eine Variante durch.

Negative Bewertungen neuerer Varianten

Beim zweiten Beispiel wird eine Tendenz vieler Anrufe erkennbar: Beim Vorliegen von Varianten wird die neuere Variante zumeist negativ bewertet, weil eben davon ausgegangen wird, dass es für alle Bereiche der Sprache quasi zeitlose Normen gibt, die die Kommunikation regeln. Auch bei der Schreibung von Fremdwörtern, deren sukzessive Eindeutschung durch die Neuregelung der deutschen Rechtschreibung beschleunigt wurde, gilt, dass jeder Schreiber sich für eine Möglichkeit entscheiden und diese dann konsequent anwenden sollte. Eine Möglichkeit ist die Adaption durch die Nachrichtenagenturen, die die Fremdwortschreibung u.a. so geregelt haben, dass sie Fremdwörter aus lebenden Sprachen nicht eindeutschen. Auch die Bank-Kommunikation verweist darauf, dass sie nicht alle Änderungen der Reform berücksichtigt:

> … hier wird es, der journalistischen Praxis folgend, für die Bank-Kommunikation keine Änderungen geben:
> Zeichensetzung – es gelten weiterhin die alten Regeln.
> Folgen hintereinander drei gleiche Buchstaben, setzt man für die bessere Lesbarkeit einen Bindestrich: Stress-Situation, See-Elefant.
> Begriffe aus lebenden Sprachen werden nicht eingedeutscht: Es bleibt beim Ketchup zu den Spaghetti. (Die neuen Rechtschreibregeln [o. J.]: 1)

Eine Entscheidung zwischen Varianten verlangen auch Anfragen nach der kommunikativen Adäquatheit einzelner Formulierungen z.B. in Geschäftsbriefen oder Bewerbungsschreiben. Hier ist eine Tendenz der Auflockerung konstatierbar. So wird in der Ratgeberliteratur immer häufiger empfohlen, statt der Anrede *Sehr geehrte/r …* die aufgelockerte Form *Guten Tag, Frau/Herr …* zu verwenden. Analog wurde gefragt, welche Anrede zu bevorzugen sei: *Lieber Herr Müller* oder *Lieber Peter Müller.* Zweifelsohne könnte man dies als eine Entwicklungstendenz bezeichnen. Dennoch sollte dabei bedacht werden, dass Stil nach der pragmatischen Stilauffassung auch immer der Beziehungsgestaltung dient, dem Empfänger die sekundäre Information gibt, wie er vom Schreiber eines Textes gesehen wird, welche Beziehung der Textproduzent zu ihm aufnimmt.

Das heißt, der Empfänger und seine Erwartungen sind als Partnerhypothesen zu berücksichtigen, wenn Texte produziert werden. Falls der Empfänger des Textes und seine Erwartungen nicht bekannt sind, sollte in diesem Fall die bisherige Variante der Anrede beibehalten werden. Die besondere Rolle der Anrede als Mittel der Beziehungsgestaltung wird von den Anrufern durchaus empfunden, sie wissen um ihre eigene Unsicherheit und konsultieren die Sprachberatung als Autorität. Fragen im Zusammenhang mit Anreden waren: *Wie rede ich einen Dr.-Ing. an? Sehr geehrter Herr Dr. X oder Dr.-Ing. X? Wie wird eine adlige Frau angeredet?*

4.3 Bewertung und Interpretation von Texten

„Interpretieren heißt … prüfen, welche Aussagen vorgelegte Sätze oder Texte zulassen, was Wörter bezeichnen, wie sie nach ihrer Bedeutung gegen andere abzugrenzen sind und wo man sie in der Begriffshierarchie einordnen muß." (Förster 1972: 192) Interpretationsfragen werden in der Regel eingeleitet mit *Wie ist zu verstehen, was ist der Unterschied zwischen …*

Hier beziehen sich die Anrufer zumeist auf die Rezeption von Texten, es geht um die Sinn- oder Bedeutungserfassung. Dabei können sowohl Bedeutungen von einzelnen Wörtern als auch von komplexeren Einheiten erfragt werden. Wird nach der Wortbedeutung gefragt, so stehen im Interesse des Anrufers nicht so sehr die Bedeutung des Wortes als Element des Sprachsystems als vielmehr Fragen der Kontextualisierung, also die Frage, wie ein Wort die Textbedeutung beeinflusst. In diesem Fall ist der Sprachberater auf seine eigene Kompetenz angewiesen. Er kann zwar in einschlägigen Wörterbüchern lexikalische Bedeutungen nachschlagen, die kontextuelle Bedeutung und den Einfluss der lexikalischen Einheit auf die Satz-/Textbedeutung aber wird er kaum finden. Zur Beantwortung der Fragen ist in der Regel auch ein größerer Kontext notwendig. So erfragte ein Anrufer die Bedeutung des Wortes *quasi*. Erst die Nachfrage, in welchem Text dieses Wort verwendet wurde, führte zur eigentlichen Intention der Anfrage. *Quasi* stand als *quasi ein Unikat* in einer Expertise. Hier war es Anliegen des Sprachberaters, die semantische Unverträglichkeit der Wörter *quasi* und *Unikat* zu verdeutlichen und damit die Aussagekraft der Expertise infrage zu stellen.

Eine ähnliche Frage kam von den Eltern eines Schülers, in dessen Beurteilung stand, er sei *heimtückisch*. Daran knüpfte sich aber die Frage nach der Adäquatheit der Attribuierung, deren Beantwortung außerhalb der Kompetenz von Sprachberatung steht.

4.4 Reflektierter Sprachgebrauch

Ein großer Anteil der Anrufe lässt sich unter dem Begriff der Sprachkritik subsumieren. Die Anrufer bewerten Erscheinungen der deutschen Gegenwartssprache negativ. Mit Wimmer ließe sich von einem „reflektierten Sprachgebrauch" sprechen:

> Jemandes Sprachgebrauch ist reflektiert, wenn dieser jemand in der Lage und bereit ist, in relevanten Situationen die Regeln seines Sprachgebrauchs unter kommunikationsethischen Gesichtspunkten zur Diskussion zu stellen. (Wimmer 1994: 259)

Grenzen der Sprachberatung

Diese Thematik wurde oben bereits mehrmals gestreift. Sie betrifft vor allem Fälle, bei denen das erworbene Normenwissen inkompatibel ist mit gegenwärtigen Erscheinungen. Meist handelt es sich dabei um ältere Anrufer, die in ihrer Schulzeit gute Kenntnisse über das Sprachsystem erworben haben und Entwicklungstendenzen der Sprache an ihnen messen. Allerdings wird auch dabei der Gedanke einer Entwicklungsnotwendigkeit vernachlässigt und Sprache als etwas Statisches gesehen. Zum Teil erwarten die Anrufer ein direktes Eingreifen des Sprachberaters in kommunikative Vorgänge, etwa in Form von Ge- oder Verboten.

5 Kompetenzen des Sprachberaters

Die differierenden Anfragen erfordern vom Sprachberater zum einen unterschiedliche Arten des Wissens, zum anderen unterschiedliches Herangehen an die Beantwortung. Im Folgenden soll deshalb versucht werden, vor dem Hintergrund der Fragenauswertung Hinweise für mögliche Wege zur Beantwortung der Fragen zu geben.

Sach- und Beziehungsaspekt der Sprachberatung

1. Faktenfragen, bei denen kodifizierte Normen vorliegen (vor allem Orthographie und Grammatik) oder die die Herkunft und Entwicklung sprachlicher Erscheinungen betreffen (Etymologie), können meist sehr schnell nach einem eventuellen Nachschlagen in entsprechenden Wörterbüchern beantwortet werden. Eine Begründung der einzig richtigen Antwort wird in der Regel nur erwartet, wenn der Anrufer – hier meist in beruflichen Situationen – sich verpflichtet fühlt, die Richtigkeit nachzuweisen.
2. Fragen nach der kommunikativen Adäquatheit von Äußerungen oder Wörtern bedürfen in der Regel einer längeren Gesprächszeit, Antworten basieren zum Teil auf der Sprachkompetenz des Beraters, sollten aber durchaus gestützt werden durch Hinzuziehen von Wörterbüchern und Lexika.
3. Sprachkritische Anmerkungen von Anrufern erfordern zum einen – gerade bei älteren Anrufern – Einfühlungsvermögen und behutsames Eingehen auf die Fragen, zum anderen sind hier sprachhistorische Kenntnisse und vor allem das Verfolgen von sprachlichen Entwicklungen von Nutzen. Wesentlich ist hier der Gedanke, dass Sprache sich entwickelt und sich entwickeln muss, um als Mittel der Kommunikation tauglich zu bleiben. Das betrifft nicht nur einzelne sprachliche Erscheinungen wie Bedeutungsveränderungen, neue Wörter usw., sondern auch die Varietäten der Sprache. Zu pauschale Bewertungen des gegenwärtigen Sprachgebrauchs können so zum Teil relativiert werden.
4. Auf die Bitte, in das Sprachgeschehen aktiv einzugreifen und Kommunikation per Anweisungen zu regeln, also Sprachpolitik oder

Sprachlenkung zu betreiben, kann sowohl ein Hinweis auf gesellschaftliche Systeme, in denen Sprache gelenkt wurde, erfolgen als auch der Verweis, dass Sprachpflege und somit der Zustand der Sprache nicht Aufgabe einer wie auch immer gearteten Institution oder Behörde sein kann, sondern Anliegen aller Sprecher und damit jedes Einzelnen sein muss. Die Sprachberatung kann sich bestenfalls bei groben Verstößen gegen die Sprache an die jeweiligen Sprachproduzenten wenden und Vorschläge für bessere Texte unterbreiten.

6 Ausblick

Zukunft der Sprachberatung

Sprachberatung wird aus vielfältigen Gründen in der näheren Zukunft zunehmend an Bedeutung gewinnen. In der heutigen Gesellschaft spielen nämlich Kommunikation und Kommunikationsfähigkeit der Bürger eine immer größer werdende Rolle. So wird z.B. Politik vor allem kommunikativ erfahren, auch die Kommunikationsfähigkeit des Einzelnen ist eine wesentliche soziale Schlüsselkompetenz. Dem gegenüber stehen die laut Pisa-Studie mangelnden Kommunikations- und Sprachfähigkeiten heutiger Jugendlicher. Diese Differenz muss zum einen durch die Schule beseitigt werden, zum anderen aber werden außerschulische Dienstleistungen wie Sprachberatung eine immer größer werdende Rolle spielen. Auch die noch existente Kluft bei der Nachfrage nach Hilfe bei mündlicher und schriftlicher Kommunikation wird wohl eliminiert werden. Die Notwendigkeit einer kompetenten und adäquaten mündlichen Kommunikation im Beruf wird von kaum jemandem bestritten. Beweis dafür sind die zahlreichen Rhetorik- und Kommunikationstrainingskurse. Während hier auch die Erkenntnisse der pragmatischen Stilistik, dass das Wie einer Äußerung immer Aufschluss gibt darüber, wie der Produzent sich selbst sieht, welches Verhältnis er zu seinem Kommunikationspartner aufnehmen will u.a.m., für den mündlichen Sprachgebrauch weitgehend allgemein akzeptiert sind, ist die schriftliche Realisation von Sprache mehr oder weniger ein Stiefkind. Dies gilt nicht für alle Texte im gleichen Maße. Die Einhaltung von Normen wird bei Bewerbungsschreiben durchaus als relevant und wichtig angesehen, bei vielen Facharbeiten dagegen spielt sie z.B. nur eine sehr untergeordnete Rolle. Aufgabe der Linguisten ist es hier zum einen, ein breites Angebot an Beratung bereitzustellen, zum anderen aber auch, nicht nachzulassen in den Bemühungen um eine entsprechende Einsicht bei den Bürgern.

II.2 Schreibberatung und Schreibtraining*

Michael Klemm

1 Ein Beispiel zum Einstieg: Seminararbeiten als komplexe Schreibaufgabe

Beispiel Akademisches Schreiben

Simone ist verzweifelt. 14 Tage bis zum Abgabetermin ihrer ersten Seminararbeit und nichts als Notizen, Bruchstücke und Zitate in der Computerdatei. Nicht, dass sie nichts zu schreiben hätte: Sie hat sich gewissenhaft vorbereitet, Spaß am Thema mit dem Arbeitstitel „Interkulturelle Kommunikation zwischen Deutschen und Aussiedlern“, mit dem Dozenten vieles abgesprochen, Unmengen an Literatur gelesen, ... Und dennoch hat sie nach zwei Wochen Arbeit mehr Fragen im Kopf als zu Beginn: Ist das Thema zu weit gefasst? Reicht das Datenkorpus? Welche Gliederung ist die beste? Wie und wann soll ich anfangen zu schreiben? Wie formuliere ich „wissenschaftlich“? ...

Tab. 1 Typische Verunsicherungen im akademischen Schreibprozess

1)	Wie motiviere ich mich zum Schreiben?
2)	Wie plane ich den Arbeitsprozess (Zeitmanagement)? Und was gehört alles dazu?
3)	Welche Selbst- und Fremdansprüche werden erhoben?
4)	Was heißt Wissenschaftlichkeit? Im Denken, im Handeln, im Sprachstil?
5)	Wie finde ich *mein* Thema? Wie grenze ich es ein?
6)	Welche Methode ist die beste, um die Fragen zu bearbeiten und die Ziele zu erreichen?
7)	Wie gliedere ich die Arbeit sinnvoll und schlüssig?
8)	Wie bewältige ich den Einstieg ins Schreiben? Und wann fange ich damit an?
9)	Wie verbinde ich Lesen und Schreiben?
10)	Wie verbinde ich Fremdes und Eigenes, Literatur und eigene Formulierung?
11)	Wie verhindere ich soziale Isolation? Wie verbinde ich Selbstständigkeit und Teamwork?
12)	Wie verhindere oder bewältige ich Schreibblockaden?

Seminararbeit als komplexe Schreibaufgabe (s. CD)

Was Simone fehlt, ist das Handwerkszeug des akademischen Schreibens: effiziente Zeit- und Arbeitsplanung, methodisches Wissen, Lesetechniken, Strategien der Textstrukturierung und Formulierung, auch eine genaue Kenntnis dessen, was man überhaupt von ihr erwartet (vgl. auch

* Beachten Sie bitte die auf der beiliegenden CD befindlichen Materialien, die den Beitrag ergänzen.

Ruhmann 1995: 89 ff.; Fröchling 2002: 64 ff.). Eine Seminararbeit ist eine besonders komplexe, anspruchsvolle und langwierige Form des Schreibens, fundamental für alle Studierenden, entscheidend für den Erfolg des gesamten Studiums. Nur: Wie man sie schreibt, hat ihr niemand erläutert.

Schreibprobleme als ,objektive' Probleme

Man könnte Simones Probleme vernachlässigen, wenn sie ein Einzelfall wäre und nur individuelles Versagen vorläge. Das Dilemma ist, dass – so die Klagen der Lehrenden und Studierenden (vgl. Ehlich/Steets 2003) – sehr viele der über zwei Millionen Studierenden in Deutschland mit diesen Problemen täglich konfrontiert sind (vgl. Ruhmann 1995; Dittmann u.a. 2003), da es sich um überindividuelle, „objektive", das heißt strukturbedingte Probleme handelt (vgl. Antos 1988: 42). Die Verunsicherung führt zu einer großen Nachfrage an Schreibunterstützung, der immer noch ein erstaunlich geringes Beratungs- und Trainingsangebot, etwa durch universitäre Schreibzentren, gegenübersteht.

Akademisches vs. wissenschaftliches Schreiben

Ein terminologischer Hinweis: Akademisches Schreiben wird in diesem Beitrag vom wissenschaftlichen unterschieden (so auch Dittmann 2003: 157). Das Schreiben im Studium, speziell von Seminararbeiten, orientiert sich zwar am wissenschaftlichen Ideal, es kann aber noch nicht auf dem Niveau wissenschaftlicher Fachaufsätze erfolgen. Seminararbeiten haben ihre eigenen Regeln und Anforderungen. Bis zur Abschlussarbeit sollten die Studenten das wissenschaftliche Schreiben nach und nach erlernt haben.

Ich möchte am Beispiel von Simone typische Probleme des akademischen Schreibens aufzeigen, um zu verdeutlichen, wie ein (linguistisch ausgebildeter) Schreibtrainer den Schreibprozess unterstützen kann. Der Bogen soll aber über das akademische Schreiben hinaus gespannt werden. Viele Probleme und Methoden lassen sich auf andere Schreibaufgaben übertragen. Auch deshalb zunächst – als Hintergrund von Schreibberatung und Schreibtraining – Grundlegendes zu Schreiben und Schreibforschung.

2 Die gesellschaftliche Schlüsselkompetenz Schreiben vermitteln: Linguistische Aufgabenfelder

Schreiben als Kulturtechnik und Schlüsselkompetenz

Die Betreuung von Seminararbeiten ist aufgrund ihrer Komplexität ein Beispielfall par excellence für linguistisch fundierte Schreibberatung. Allerdings ist das akademische Schreiben nur eine von unzähligen Schreibaufgaben, zudem eine recht spezielle. Wir stehen ständig vor Anforderungen, die das gekonnte Verfassen schriftlicher Texte erfordern. Schreiben ist eine umfassende „Kulturtechnik", eine Schlüsselkompetenz, ohne die heute im privaten wie insbesondere im beruflichen Leben kaum etwas geht (vgl. Jakobs/Lehnen/Schindler 2005).

Schreibkompetenz = Vielfalt an Schreibstilen

Dabei geht es weniger um eine allgemeine Schreibkompetenz, etwa im Hinblick auf den primären Schreib- und Schrifterwerb (Art. I.1) oder orthographische Standards (Artikel I.2 und II.1), die in der Schule vermittelt werden (sollen). Es geht darum, unterschiedlichste Schreibaufgaben in verschiedensten Domänen effektiv und angemessen zu lösen, das heißt eine jeweils spezielle Schreibkompetenz, aber auch ein möglichst großes Repertoire an Schreibstilen zu besitzen. Daraus erwächst ein

Kein Schreiben ‚an sich'

Dilemma und zugleich eine große Herausforderung der Schreibforschung und Schreibberatung: Schreiben *an sich* gibt es nicht, jeder Schreibprozess ist abhängig von zahlreichen Parametern:

> Schreiben ist [...] eine kulturell bedingte Handlung, die von den jeweiligen Formen der Geselligkeit, der Repräsentationen des Wissens, den kommunikativen Erfordernissen und den technologischen Entwicklungen abhängig ist. [...] So gibt es also keinen Begriff Schreiben, der alle Vorstellungen, Auffassungen und Praxen von Schreiben, die im Verlauf der Geschichte zutage getreten oder überhaupt möglich sind, erfassen könnte. (Ludwig 1995: 273 und 275)

Vielfalt an Schreibprodukten und -prozessen

In Alltag und Beruf existiert ein vielfältiges Spektrum an Schreibprodukten (bzw. Textsorten) und damit auch an spezifischen Formulierungsprozessen, wenn man nur an das Verfassen von Einkaufszetteln, Liebesbriefen, Glückwunschkarten, Werbetexten, Gebrauchsanleitungen, SMS oder Vorlesungsmitschriften denkt. Schreiben bewegt sich zwischen den Polen des egozentrischen Schreibens (Tagebuch) und des Schreibens an und für andere (bis hin zum Ghostwriting), zudem zwischen reiner Reproduktion (Diktat, Abschrift) und kreativer Schöpfung (Gedicht). Entsprechend vielfältig sind die individuellen und sozialen Funktionen des Schreibens, unter anderem:

Funktionen des Schreibens

- die symbolische (Schreiben als Produktion von Zeichen)
- die kommunikative (Schreiben als Austausch von Gedanken und Meinungen)
- die expressive (Schreiben als Ausdruck von Gefühlen)
- die epistemische (Schreiben als Mittel zum Erkenntnisgewinn und zur Wissensstrukturierung)
- die memorative (Schreiben zur Speicherung von Informationen und Wissen)
- die poetische (Schreiben als künstlerisches Ausdrucksmittel)
- die juristische (Schreiben als Schaffen von Verbindlichkeit)

Schreiben als komplexes Handeln

Schreiben als Problemlösen

Schreiben ist komplexes Handeln (vgl. z.B. Wrobel 1995, Steffen 1995), sowohl im Hinblick auf die erforderlichen kognitiven und motorischen Vorgänge als auch die damit vollzogenen Formulierungsprozesse, die sozialen Regeln und Mustern folgen. Schreiben kann man zudem als Form des systematischen Problemlösens auffassen (vgl. z.B. Antos 1982, 1988; Molitor-Lübbert 1996), wobei sich die Erkenntnis oft erst im Formulierungsprozess entwickelt – was vielen Autoren nicht bewusst ist, die Schreiben eher als Ausformulierung fertiger Gedanken betrachten. Schreiben ist zudem „Blindkommunikation", denn die Trennung von Produktion und Rezeption stellt den Schreiber vor die Anforderung, ohne Rückmeldung den Text möglichst gut auf den oder die Adressaten bzw. potenziellen Leser abstimmen zu müssen (*recipient design*). Eine Reihe weiterer Faktoren bestimmt den konkreten Schreibprozess, darunter

Faktoren im Schreibprozess

- die Domäne (Bezugsbereiche wie Unternehmen, Universität, Privatsphäre) mit ihren spezifischen Diskursgemeinschaften (z. B. Öffentlichkeit, Arbeitsgruppe, Familie) und ggf. institutionellen Rahmungen
- die Aufgabe (die kommunikative Funktion des Textes, die Textsorte, die Einordnung als schreiber-, leser- oder sachbezogener Text)

- die Inhalte (und das themenbezogene Wissen des Autors)
- die Situation (ob man z. B. unter Zeit- und Erfolgsdruck steht oder nicht)
- die Erfahrung (routiniertes Schreiben vs. ungewohnte/einmalige Schreibaufgabe)
- die zur Verfügung stehenden Medien (z. B. Stift vs. Computer)
- die möglichen Vorgaben (freies Schreiben vs. Schreiben nach festen Konventionen und Normen, selbstständiges Schreiben vs. gesteuertes Schreiben)
- die Beziehung zwischen Schreiber und Adressaten (egozentrisches Schreiben (z. B. Tagebuch) vs. kommunikatives Schreiben (z. B. Brief), anonyme vs. bekannte Adressaten, einer vs. viele Adressaten, homogener vs. heterogener Adressatenkreis)
- die Anzahl der Verfasser und ggf. deren Arbeitsteilung (individuelles Schreiben vs. kooperatives/kollaboratives Schreiben)

Schreiben lässt sich dementsprechend auch aus unterschiedlichen Perspektiven betrachten, von denen Kruse (2003) (in Bezug auf das akademische Schreiben) vier hervorhebt, die man beim Verfassen, aber auch bei der Beratung nicht vernachlässigen darf (s. Abb. 1):

Abb. 1 Dimensionen der Textproduktion

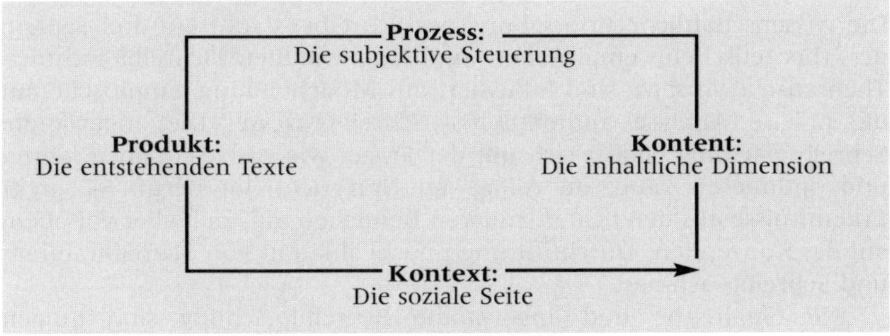

(aus Kruse 2003: 97)

Notwendiges Wissen

Aus dieser Multidimensionalität folgt, dass Schreiben vielfältige Anforderungen an die Verfasser stellt. Man benötigt umfassendes und differenziertes Wissen:

- Weltwissen (Allgemeinwissen, themenbezogenes Wissen)
- Sprachwissen (Orthographie, Grammatik, Syntax, Lexik, Stil- und Textsortenwissen)
- Selbstwissen (über die eigene Person, über seine Ziele etc.)
- Partnerwissen (z. B. über Vorwissen, Einstellungen, Absichten oder Gewohnheiten des/der Adressaten)
- Situations- bzw. Kontextwissen (über Schreibanlass, Schreibaufgabe, Rahmenbedingungen)
- Methodisches Wissen (über den Arbeits- und Schreibprozess)
- Diskurswissen (über Normen und Traditionen, z. B. im institutionellen Bereich)

Nur in engen Grenzen gibt es daher beim Schreiben einheitliche Prozeduren, die jeweils spezifischen Faktoren und damit auch Prozesse stellen Schreibforschung und -didaktik vor entsprechend hohe Anforderungen.

Baurmann/Weingarten (1995: 19) haben dieses Dilemma als „Kontingenz des Schreibens" bezeichnet: „Schreiben besteht, in Abhängigkeit von der jeweiligen Schreibaufgabe und der Schriftkultur, in vielen Situationen wahrscheinlich gerade aus sehr lokalen Problemlösungen."

Schreiben als anspruchsvolle Tätigkeit

Fazit: Schreiben ist eine sehr anspruchsvolle Tätigkeit, die vielfältige kognitive und kommunikative Kompetenzen erfordert, welche in einem langen Prozess der Ontogenese, aber auch der weiteren Ausbildung erworben werden müssen und je nach Schreibaufgabe mehr oder weniger ausgeprägt vorhanden sind. Schreibprobleme liegen meist nicht nur an individuellen Defiziten, sondern an den Bedingungen und Strukturen der Schreibprozesse. Daraus folgt, dass Schreiben durch eine Beratung, die die genannten Faktoren berücksichtigt, systematisch verbessert werden kann, insbesondere, wenn diese Erkenntnisse und Methoden der Schreibforschung berücksichtigt.

3 Das Forschungsfeld: Schreibforschung als interdisziplinäres Projekt

Drei Säulen der Forschung

Die wissenschaftliche Erforschung des Schreibens ruht auf drei Säulen: der theoretischen, empirischen und angewandten Schreibforschung. Theoretische Ansätze sind fokussiert auf Modellbildung, empirische auf die präzise Analyse authentischer Schreibprozesse. Die angewandte Schreibforschung befasst sich mit der Frage, wie man Schreiben lehren und optimieren kann, im Alltag, im Unterricht, im Beruf. Sie greift Erkenntnisse aus den beiden anderen Bereichen auf, zielt aber vor allem auf die Konzeption, Durchführung und Evaluation von Schreibtrainings und Schreibcoachings.

Historische Entwicklung

Die empirische und angewandte Schreibforschung sind jungen Datums, auch wenn ihre Wurzeln bis in die antike Rhetorik zurückzuverfolgen sind. Als Startpunkt der modernen Schreibforschung werden die 1960-er Jahre, als Katalysator die *literacy crisis* in den 1970-er Jahren in den USA angesehen (vgl. Pogner 1999, Merz-Grötsch 2000). Die Sorge um die schwindende Schreibkompetenz von Schülern und Studenten führte zum Aufschwung von Schreibforschung und Schreibdidaktik und zu einer breiten Bewegung des kreativen Schreibens *across the curriculum*, die in Deutschland freilich nur verzögert und zaghaft aufgegriffen wurde. Beratungs- und Trainingskonzepte wurden entwickelt, um Schreibkompetenzen systematisch zu vermitteln (vgl. Bräuer 1996).

Schreiben als „Interdisziplin"

Schreiben als Produktion sprachlicher Texte ist sicher ein genuines Aufgabenfeld der Sprachwissenschaft. Allerdings ist die heutige Schreibforschung eine „Interdisziplin" par excellence, arbeiten hier doch neben Linguisten auch Literatur- und Medienwissenschaftler, Psychologen, Didaktiker und Pädagogen, meist ohne dass die wissenschaftliche Provenienz eine entscheidende Rolle spielt. Das Spektrum der heutigen empirischen Schreibforschung umfasst eine Reihe recht unterschiedlicher Fragestellungen.

- Schreiberwerb (Wie kommt der Mensch zum Schreiben? Welche Phasen und Formen umfasst der Schreiberwerb? Wie kann man ihn unterstützen?)
- Schreibkompetenzen (Was muss man wissen, um schreiben zu können? Welche Wissensressourcen speisen die „Schreibkompetenz“? Was unterscheidet zum Beispiel Schreibnovizen von Schreibexperten?)
- Schreibprozeduren und -prozesse (Was tun wir, wenn wir schreiben? In welche Teilprozesse kann man die komplexe Handlung SCHREIBEN zerlegen? Was ist den unterschiedlichsten Schreibprozessen gemeinsam, was differiert je nach Schreibaufgabe? Wie lassen sich methodisch abgesichert innere und äußere Schreibprozesse erforschen?)
- Schreibprodukte (Wie lassen sich Texte und Textsorten unterscheiden und klassifizieren? Welche domänen-, kultur- und textsortenspezifischen Regeln und Muster gilt es beim jeweiligen Schreiben zu beachten?)
- Schreibfunktionen (Welche Funktionen hat das Schreiben: für das Individuum, die Diskursgemeinschaft, die Gesellschaft?)
- Schreibbedingungen (Wie beeinflussen verschiedene Medien und die konkreten Rahmenbedingungen die Art des Schreibens?)
- Schreibstrategien (Wie schreibe ich ökonomisch, effizient, adressatengerecht, zielorientiert, überzeugend, unterhaltsam, manipulativ ...?)
- Schreibstörungen (Wie kann man Defizite erkennen und therapieren?)

Tab. 2 Zentrale Fragestellungen der Schreibforschung

Kognitives Problemlösen – Kommunikatives Handeln

Gab es zunächst eine Dominanz theoretischer und kognitiver Fragestellungen (vgl. Antos 1989), so gewann immer mehr die Erforschung konkreter Schreibprozesse in deren spezifischem sozialen Kontext an Boden (vgl. Pogner 1999). Die Forschung beschäftigt sich mit Prozeduren (wiederholbare Routinen), Prozessen (singuläre Abläufe) und Produkten (Zwischen- vs. Endprodukte: Entwürfe, Notate, Texte) des Schreibens. Lag der Fokus erst auf den Produkten, so stehen heute die Prozesse im Vordergrund. Damit einher ging ein Paradigmenwechsel in der angewandten Schreibforschung: Die Frage ist nicht mehr so sehr, wie man schreiben *soll* (normative Schreibdidaktik), sondern, was Schreiber wirklich machen (Schreibprozessforschung) und wie man daraus Anleitungen zum erfolgreichen Schreiben und Formulieren herleiten kann.

Prozeduren Prozesse Produkte

Lange stand die Analyse des schulischen, akademischen und wissenschaftlichen Schreibens im Mittelpunkt – auch wegen des leichteren Feldzugangs (vgl. zum Schreibunterricht Artikel I.3, zum akademischen Schreiben z.B. Jakobs/Knorr 1997). Erst seit den 1990-er Jahren werden in Deutschland verstärkt „Schreibberufe“ in verschiedenen Domänen erforscht (z.B. Adamzik/Antos/Jakobs 1997, Jakobs/Lehnen/Schindler 2005). Etwas verwunderlich, da hier der Beratungs- und Optimierungsbedarf am höchsten und die gesellschaftliche Relevanz besonders groß ist. Immerhin kann man heute unter anderem zurückgreifen auf Untersuchungen zur Unternehmenskommunikation (z.B. Pogner 1999, Thimm 2002), zu Public Relations und Finanzkommunikation (Artikel IV.3), zur Verwaltungskommunikation (z.B. Antos/ Kutsch 1997), zur journalistischen Textproduktion (z.B. Perrin 2001, Artikel IV.2), zum Werbetexten (Artikel IV.1) oder zum technischen Schreiben (Artikel II.3).

Schreibberufe

Methodische Probleme

Ein Grund für die Zurückhaltung – neben Problemen des Feldzugangs im beruflichen Kontext – mag darin bestehen, dass die empirische

Schreibforschung methodisch vor großen Problemen steht. Die Produkte sagen fast nichts darüber aus, welche Prozesse und auch Revisionen ihnen vorausgegangen sind (Texte als „Spitze des Eisbergs"). Schreiben ist zum Großteil inneres Handeln, und in die Köpfe kann man nicht schauen. Schlimmer noch: Beim Schreiben bleibt vieles unterhalb der Wahrnehmungs- und Bewusstheitsschwelle und verläuft äußerst routiniert, so dass diese Prozesse selbst der Introspektion der Schreiber kaum zugänglich sind.

Methoden der Schreibforschung

Einige Methoden haben sich aber bewährt (vgl. z.B. Krings 1992, Günther 1993, Eigler 1996): unter anderem die audiovisuelle oder computergestützte Aufzeichnung von Schreibprozessen, Protokolle lauten Denkens oder gemeinsames Schreiben mit „Textherstellungsdiskursen", die retrospektive Kommentierung von Texten bzw. von Protokollen des lauten Denkens durch den Schreiber, teilnehmende Beobachtungen bis hin zu Langzeitfallstudien, Befragungen im Vorfeld und im Nachhinein des Schreibprozesses sowie die Textgenetik (Vergleich verschiedener Textversionen). Da alle Methoden ihre Stärken und Schwächen haben, werden sie häufig kombiniert.

Die angewandte Schreibforschung profitiert von den Erkenntnissen aus den in Tab. 2 genannten Bereichen. Diese Grundlagen bilden eine theoretische und vor allem empirische Orientierung für eine fundierte Schreibberatung (vgl. z.B. Ehlich/Steets 2003), etwa im Hinblick auf problematische und bewährte Schreibprozesse, geeignete Formulierungsstrategien oder optimalen Medieneinsatz. Die praxisorientierte Ausrichtung ist aber in der Linguistik noch gering entwickelt. Wenn man vom schulischen Schreibunterricht (dazu z.B. Böttcher/Becker-Mrotzek 2003) oder universitären Schreibberatungen (z.B. Kruse/Jakobs/Ruhmann 1999, Kruse 2003) absieht, sind nur wenige konkrete Trainings- und Beratungskonzepte zur Optimierung von (beruflichen) Schreibprozessen (vgl. Perrin 2000, Fröchling 2002) oder Modelle zur Ausbildung von Schreibtrainern (vgl. Perrin/Kruse 2002, Bräuer 2004) entwickelt worden. In beidem liegt künftig ein großes Potenzial der angewandten Sprachwissenschaft.

Praxisorientierung als Desiderat

4 Akademisches Schreiben: Training, Beratung, Coaching

Zurück zum Spezialfall akademisches Schreiben: Es gibt grundsätzlich mehrere Möglichkeiten, dieses wissenschaftlich fundiert zu fördern:

- das Verfassen von Ratgeberliteratur
- (an Universitäten) das Veranstalten regulärer Seminare
- das Veranstalten von Trainings/Workshops
- Schreibberatung
- Schreibcoaching
- das Fördern von selbstregulativen Prozessen (*Peer Feedback* und *Peer Tutoring*)

Die Ansätze im Vergleich

Heute gibt es in Bezug auf akademisches Schreiben gewiss keinen Mangel an *Ratgeberliteratur* sogar guter Qualität (z.B. Kruse 1994, Bünting/

Bitterlich/Pospiech 1996, Franck 1998, Göttert 1999, Esselborn-Krumbiegel 2002), auch wenn noch zu viele Anleitungen primär auf die Vermittlung von Formalia abheben und wesentlichere Problemfelder wie Textstrukturieren sowie angemessenes Argumentieren und Formulieren zu kurz kommen. Nur: Allein aufgrund von Lektüre kann man eine so komplexe und variable Aufgabe wie das Verfassen einer Seminararbeit ebenso wenig meistern, wie man Autofahren oder Operieren aus einem Buch lernen kann. Akademisch Schreiben lernt man durch Lesen guter wissenschaftlicher Texte, die als Vorbild und Inspiration dienen, vor allem aber durch Schreiben, das heißt die konkrete Praxis. *Learning by doing* und *trial and error* waren auch die Ausgangsposition von Wissenschaftlern, deren heutige Texte vorbildhaft erscheinen. Akademisches Schreiben ist Teil eines mitunter langwierigen Sozialisationsprozesses, den man den Studierenden weder ersparen kann noch sollte.

Literatur

Reguläre Seminare

Der große Vorteil von regulären *Seminaren* ist der Umfang an Übungszeit, die zur Verfügung steht, wenn man den akademischen Schreibprozess in 14–15 Sitzungen aufteilen kann. Nachteilig ist allerdings, dass die einzelnen Einheiten in der Regel zu kurz sind, um anspruchsvolle Schreibübungen durchzuführen. Zudem bleibt man möglicherweise zu sehr in der curricularen Routine gefangen, wenn das Schreibtraining als Seminar wie jedes andere erscheint.

Schreibtrainings

Spezielle *Schreibtrainings* in Form von ein- oder mehrtägigen Workshops sind als Blockveranstaltungen in dieser Hinsicht kompakter. Man kann für jede Komponente des Schreibprozesses spezielle vertiefende Trainings anbieten (etwa zur Literaturrecherche und -bearbeitung, zum wissenschaftlichen Formulieren und Argumentieren, zur Vermeidung und Behebung von Schreibblockaden). Sie teilen allerdings mit Seminaren und der Ratgeberliteratur das Problem, für relativ große und oft inhomogene Gruppen konzipiert zu sein. Man kann die Gruppen begrenzen (in der Regel auf maximal 15 Teilnehmer) und homogenisieren (z.B. nur Teilnehmer aus einem Semester oder einem Studienfach), allerdings erwachsen gerade aus der interdisziplinären Diskussion oft wertvolle Impulse und Anregungen für die Gruppenarbeit.

Schreibberatung

Die *Schreibberatung* ermöglicht individuelle Betreuung, kann allerdings meist nur punktuell erfolgen, zeitlich stark limitiert und jeweils auf wenige Themenaspekte beschränkt (z.B. die Gliederung oder die Formulierung der Einleitung). Die intensive Diskussion über die konkreten Fragen und Probleme des zu Beratenden sind aber für diesen sehr effektiv.

Schreibcoaching

Das *Schreibcoaching* stellt die intensivste (und deshalb auch seltenste) Form der Betreuung dar. Hier wird der Schreiber längerfristig individuell beraten, meist *on the job*, also in der Ausübung seiner Schreibtätigkeit. Der Berater kann sich ganz auf die Probleme des Schreibenden und dessen spezifische Schreibaufgaben einlassen.

Peer Feedback Peer Tutoring

Neuere schreibpädagogische Konzepte zielen auf die Unterstützung von Lehr- und Lernprozessen unter Studierenden, etwa in studentischen Schreibgruppen oder durch studentische Tutoren, die von Schreibberatern ausgebildet werden (*Peer Feedback* und *Peer Tutoring*).

Rollen und Kompetenzen

Diese Ansätze verlangen von einem Schreibtrainer unterschiedliche *Rollen* und das Anwenden entsprechender *Kompetenzen*. Als Seminarleiter oder Trainer wirkt er in der eher traditionellen Rolle des Lehrers, der rhetorisch überzeugend anerkannte Techniken vermittelt. Als Berater oder Coach muss er sich sensibel und flexibel auf individuelle Sichtweisen und Probleme einlassen. Als Autor von didaktischer Ratgeberliteratur sind wieder andere, ausschließlich schreibbezogene Kompetenzen gefragt, etwa die zur allgemein verständlichen Formulierung.

Stärken und Schwächen

Die differenzierten Methoden erlauben eine adressaten- und bedarfsgerechte Unterstützung. Zudem sind die Vermittlungsformen für die *Teilaufgaben* im Schreibprozess unterschiedlich gut geeignet. Grundlegende Arbeitsformen wie etwa Recherche- und Lesetechniken oder auch weitgehend standardisierte Aspekte wie die Textgliederung lassen sich in Trainings gut vermitteln, das konkrete Formulieren im angemessenen Wissenschaftsstil kann eher in Beratung oder Coaching behandelt werden. Wie gesehen haben alle Methoden aber auch ihre *Stärken* und *Schwächen*, so dass eine Kombination sinnvoll sein kann. So kann man zum Beispiel im Vorfeld eines Trainings die Lektüre von Ratgeberliteratur empfehlen und dann die Gruppenarbeit mit einer Einzelberatung kombinieren.

Wie schon ausgeführt, sind die Anforderungen an den Schreiber je nach Schreibaufgabe sehr unterschiedlich. Umso wichtiger ist es für Schreiber wie auch für Schreibtrainer, sich möglichst genaue Vorstellungen von der konkreten Schreibaufgabe zu machen, um nicht von falschen Voraussetzungen auszugehen. Bezogen auf das Verfassen von Seminararbeiten ergibt sich zum Beispiel folgendes Bild, das sowohl Grundlage für den Schreibprozess selbst wie für die Konzeption eines Schreibtrainings sein könnte:

Tab. 3 Schreibaufgabe Seminararbeit

Faktor	Charakteristik	Folgen und Aufgaben
Rahmenbedingungen	► komplexe und langwierige Schreibaufgabe mit vielen Teilhandlungen (Themeneingrenzung, Literaturrecherche, -auswahl, -bearbeitung, Gliederung etc.) ► meist kein extremer Zeitdruck ► in tiefen Semestern geringer Erfolgsdruck ► bei Examensarbeit hohe Relevanz für Note ► anfangs oft keine Erfahrungen mit Textsorte ► keine große Unterstützung (Einzeltätigkeit) ► keine Bezahlung (nicht-kommerzielles Schreiben), keine große Anerkennung (kleines Publikum)	► Arbeits- und Zeitplanung nötig ► eigene Fristen setzen ► eigene Ziele setzen ► Druck verarbeiten ► Hilfe suchen ► Netzwerk aufbauen ► Motivation aufbauen
Konventionen und Normen	► Umfang und Aufbau weitgehend vorgegeben ► jedes akademische Schreiben baut auf dem Forschungsstand auf (Lesen + Transferieren!) ► formale wissenschaftliche Konventionen (z.B. Zitieren, Belegen, Verweisen, Bibliographieren)	► mit Betreuer klären ► aus Fremdem Eigenes machen (Techniken) ► Formalia aneignen, ihren Sinn verstehen

Faktor	Charakteristik	Folgen und Aufgaben
	▸ Formulierungskonventionen („Wissenschaftsstil") ▸ Sorgfalt: Überprüfen und Überarbeiten nach verschiedenen Aspekten (von Orthographie bis Strategie)	▸ von Vorbildern lernen ▸ Zeit zum Überarbeiten einplanen, Teamwork
Funktionen	▸ wissenschaftlicher Kenntnisse und Forschungsergebnisse präsentieren ▸ Fachwissen erwerben und vermitteln ▸ Kompetenz zum wissenschaftlichen Arbeiten und Schreiben nachweisen ▸ allgemeine Schreibkompetenz verbessern	▸ intensive Lektüre, Kritikfähigkeit ▸ Inhalte verstehen, Meinung bilden ▸ Standards lernen und einhalten ▸ Parallelen zu anderen Schreibformen finden
Nötige Kompetenzen	▸ analytisches Denken ▸ Recherchetechniken ▸ breites Wissen (allgemein + Forschungsstand) ▸ Fähigkeit zu prägnanten Formulierungen ▸ Kritik- und Diskussionsfähigkeit	▸ Lernen durch Lesen (Lernen an Vorbildern) und durch Schreiben (Erfahrungen sammeln, schrittweise verbessern)
Strategien	▸ zielorientiert strukturieren ▸ argumentativ überzeugen ▸ präzise formulieren ▸ adressatengerecht schreiben	▸ Fragen und Ziele definieren, Methode und Vorgehensweise klären ▸ roten Faden aufzeigen ▸ Text überarbeiten ▸ Adressaten vorstellen (z.B. Kommilitonen)
Medien	▸ verschiedenartige Teilaufgaben und Teiltexte (z.B. auch Notizen, Exzerpte, Bibliographie)	▸ flexibler und reflektierter Medieneinsatz (Stift bis Computer)

Die sicher unvollständige Analyse zeigt, wie komplex die Schreibaufgabe ist, wie viele Hürden und Fallstricke gerade für Anfänger den Weg erschweren können und dass es einer sehr reflektierten und systematischen Herangehensweise sowie ggf. gezielter Hilfestellung bedarf. Eine solche Analyse kann man prinzipiell für alle umfangreicheren Schreibaufgaben bzw. zur Vorbereitung von Schreibtrainings durchführen.

4.1 **Schreibtraining**

Eine Vorbemerkung: Die folgenden Ausführungen beziehen sich auf Schreibtrainings und Schreibberatungen, wie sie vom Verfasser seit 2000 am Schreibzentrum an der TU Chemnitz durchgeführt wurden. Viele andere Wege und Konzepte sind ebenso denkbar und angemessen. Die Methoden und Übungen wurden meist im Austausch mit Kolleginnen und Kollegen anderer Schreibzentren entwickelt.

Ablauf eines Schreibtrainings

Simone entschließt sich, ein dreitägiges Schreibtraining zu besuchen, um das nötige Handwerkszeug und methodische Wissen zu erlernen, mit dem sie ihre Seminararbeit systematischer als bisher angehen kann. Zu Beginn des Workshops erarbeitet der Leiter gemeinsam mit den Teilneh-

Eigene Themen und Texte

mern eine Agenda der typischen Probleme im akademischen Schreibprozess, die im Workshop Schritt für Schritt behandelt werden. Alle Teilnehmer wurden schon vor Beginn des Trainings aufgefordert, ein konkretes Seminararbeitsprojekt, zumindest ein klar umrissenes Thema in den Workshop einzubringen. Durch die Arbeit an eigenen Themen und Texten soll das Training nicht nur zielführender und effektiver für die einzelnen Teilnehmer werden, sondern auch die Inhomogenität der Gruppe (Semesterzahl, Fächer, Schreiberfahrung etc.) reduziert werden.

Tab. 4 Ziele und Didaktische Prinzipien

Ziele des dreitägigen Schreibtrainings:
• Bedeutung der Schreibkompetenz für Studium und Berufsleben verdeutlichen • angemessene Studierhaltung vermitteln (wissenschaftliches Denken und Arbeiten) • Ängste nehmen, Motivation aufbauen, durch kreative Übungen Spaß am Schreiben fördern • Prozessoptimierung: Arbeits- und Zeitplanung verbessern • effektive und kreative Arbeitstechniken für alle Schreibphasen vermitteln • Strategien der Themenfindung und -eingrenzung vermitteln (inkl. Fragestellungen, Ziele) • Recherche- und Lesetechniken vermitteln (inkl. Exzerpieren) und diskutieren • problembezogene Textstrukturierungsmethoden vermitteln und diskutieren • Schreiben als Prozess vermitteln (Erkenntnisgewinn im Schreibfluss erfahren, permanente Textoptimierung anstreben: „Writing is Rewriting") • Sensibilisieren für Kriterien der Textqualität durch Textanalysen und -diskussionen • Formulierungs- und Reformulierungstechniken für einzelne Textteile einüben • auf Probleme und Schreibblockaden vorbereiten (Vermeidungs- und Behebungstechniken)
Didaktische Prinzipien:
• Schreiben lernt man durch Lesen: vorbildliche Texte (Auszüge aus wissenschaftlichen Aufsätzen und Seminararbeiten) gemeinsam analysieren und diskutieren • Schreiben lernt man durch Schreiben: zahlreiche kleinere Schreibaufgaben im Mittelpunkt • Reduktion von Komplexität: den Schreibprozess in Teilaufgaben herunterbrechen und trainieren (z. B. Themenfindung, Materialbearbeitung, Gliedern, Formulieren) • in den Schreibfluss bringen: Ideen, Konzepte, Formulierungen schreibend entwickeln • *Learning-on-the-job*: eigene Arbeiten und Themen als Grundlage (Realitätsbezug, unmittelbare Umsetzung) • produktive Umwege gehen: kreative Übungen einsetzen • Analogien nutzen (z. B. zwischen Reportage und Seminararbeit) • positive Gruppeneffekte herbeiführen, negative vermeiden: gemeinsame, aber auch unterschiedliche Perspektiven fördern, systematische, faire, aber kritische Gruppendiskussion über die produzierten Texte • Kreative Pause: Ein Tag für Verfassen von Texten reservieren • Kombination von Gruppenarbeit und vertiefender Einzelberatung • Hilfe zur Selbsthilfe (Nachhaltigkeit: Techniken für selbstständiges Arbeiten vermitteln)

Motivation steigern

Wichtig für den Erfolg eines Trainings ist es, zunächst die Motivation der Teilnehmer zu steigern. Ein Mittel kann sein, Parallelen zwischen Seminararbeiten und anderen Textsorten zu ziehen, zum Beispiel einer Reportage. So verschieden die Stile auch sind, hier wie dort wird ein relevantes Thema aufgespürt, gründlich recherchiert, werden Fragestellungen und Ziele festgelegt und ein „Drehbuch" erarbeitet, wird der Text geschrieben und systematisch überarbeitet, bis er den Erwartungen entspricht. Wie bei einer Reportage braucht der Verfasser von Seminararbeiten aber auch wirkliches Interesse am Thema, also Neugier und die Identifikation mit der Schreibaufgabe, zudem die richtige Perspektive, ergiebige Fragen, klare Erwartungen und Ziele, viel Hintergrundwissen und eine Sprache, die den Leser für den Text gewinnt.

Parallelen finden

Wenn man erkennt, dass das Abfassen von Seminararbeiten nicht nur dem Scheinerwerb dient, sondern zur Aneignung grundlegender Schreibkompetenzen beiträgt, die auch bei anderen beruflichen Schreibaufgaben angewandt werden können, steigert dies nicht nur das Engagement im Workshop, sondern kann nachhaltig die oft negative Einstellung zum akademischen Arbeiten und Schreiben verbessern (dazu Ruhmann 1995).

Relevanz verdeutlichen

Die Analogie zur Reportage kann man auch nutzen, um den langen akademischen Schreibprozess in Phasen und Teilaufgaben herunterzubrechen, die einzeln besser zu bewältigen sind. Häufig wird Schreiben nach Hayes und Flower (1980, s. auch Artikel I.3) als systematischer Problemlöseprozess aufgefasst und in drei große Phasen eingeteilt: Planen (Problemdefinition und Lösungsentwurf) – Formulieren (Suchen nach geeigneter Lösungsform) – Überarbeiten (Analyse und Bewertung der Lösung, ggf. Revision). Bei einer so komplexen Schreibaufgabe wie dem Verfassen von Seminararbeiten reicht allerdings die Dreiteilung nicht aus, zumal wenn Schreibanfänger einen Leitfaden erhalten möchten. Hier ergibt sich beispielsweise folgendes Bild, das man auf die Trias Planen – Formulieren – Überarbeiten beziehen kann:

Schreibprozess in Phasen und Teilaufgaben herunterbrechen

Tab. 5
20 Schritte im akademischen Schreibprozess

1.	Bewusste Themenauswahl nach Interesse und Realisierbarkeit
2.	Vorgespräch mit dem Betreuer, ggf. Themenmodifizierung, Vorgaben absprechen
3.	Brainstorming, Erarbeitung erster Fragestellungen, Thesen, Ziele, Methodenreflexion
4.	Materialsammlung (Textkorpus erstellen)
5.	Literaturrecherche durch systematisches Bibliographieren
6.	Literaturausleihe und strukturiertes Lesen, Materialselektion, Literatur kopieren
7.	Intensives Lesen, Bearbeiten, Exzerpieren der ausgewählten Texte (= Schreibbeginn!)
8.	Analyse und Interpretation des Textkorpus auf der Grundlage der Sekundärliteratur
9.	Erstellung eines Exposés, Überdenken von Themeneingrenzung, Fragen, Zielen
10.	Erstellung der Grobgliederung
11.	Diskussion mit Betreuer und Kommilitonen (Peer Feedback) über Grobgliederung + Literaturauswahl, ggf. Modifizierung
12.	Entwicklung der Feingliederung

13.	Aufbereitung des Materials und der Sekundärliteratur: Herausschreiben der wichtigsten Stichworte und Zitate für jeden Gliederungspunkt
14.	Erstellen eines Typoskripts auf Basis von Feingliederung und Stichwortliste
15.	Gründliches Überarbeiten des Typoskripts (Inhaltliches, Sprachliches, Formales, Zusammenhänge), Textoptimieren (auch mit Peer Feedback)
16.	Selbstkontrolle: Korrekturlesen
17.	Fremdkontrolle: Korrekturlesen und Diskussion
18.	Feinschliff des Layouts
19.	Schlusskontrolle
20.	Abgabe

Zirkularität statt Linearität

Dieser „Fahrplan" ist nur einer unter mehreren denkbaren Varianten. Er suggeriert zudem eine Linearität, die in der Schreibpraxis nicht gegeben ist. Die Teilnehmer des Trainings müssen dementsprechend mit der Flexibilität und Zirkularität akademischen Schreibens konfrontiert werden: Jederzeit können neue Erkenntnisse im Schreibprozess dazu führen, dass man umstellen oder zurück liegende Phasen erneut durchlaufen muss.

Training modularisieren

Für große Arbeitsschritte kann man spezielle Trainings konzipieren und anbieten: etwa zu Literaturrecherche und Lesetechniken, zum Wissenschaftlichen Formulieren (zum Argumentieren oder spezifischen Sprachhandlungen wie Zitieren und Belegen), zu Formalia sowie zu Überarbeitungs- und Reformulierungstechniken. Andere Komponenten bieten sich eher für Beratungsgespräche an: die Themenfestlegung und -eingrenzung, die Erarbeitung der Fragen und Ziele oder die Gliederung. Die Zerlegung des Arbeits- und Schreibprozesses ist zugleich der Fahrplan für den Workshop, dessen Teilphasen (in Chemnitz zum Beispiel drei Tagesblöcke à vier Stunden) entsprechenden Themen gewidmet sind.

Kreative Wege gehen

Ein weiteres Prinzip erscheint wichtig für die Konzeption eines Schreibtrainings: Nicht immer ist der direkte Weg der angemessene. So kann es für den Erfolg eines Trainings kontraproduktiv sein, allein die angestrebten Textsorten zu erstellen. Wer etwa eine Seminararbeit schreiben soll, mag durch das Büffeln von Formalia oder das Verfassen von Einleitungen eher demotiviert werden. Hier sind Ansätze des Kreativen Schreibens gefragt (dazu z.B. Böttcher 1999, von Werder 1995), etwa das Ausprobieren ungewohnter Textsorten oder das Einnehmen veränderter Perspektiven.

> Das kreative Schreiben mobilisiert die brachliegende Kreativität, die Lust am Schreibprozess, die unbewussten Bilder und Ideen des Geistes, um bessere berufliche Texte zu produzieren. Kreatives Schreiben setzt Kräfte gegen Schreibstörungen und Schreibängste frei. Es leitet zum kooperativen Schreiben an. Es bietet sowohl Schreibtechniken, Methoden zur Entfaltung von Schreibideen, Schreibspiele, Entdeckung latenter Ausdrucksmöglichkeiten, als auch Schreibprojekte zur Schaffung von Schreibstilen und Textsicherheit. (von Werder 1995: 13)

Solche Methoden erscheinen auf den ersten Blick spielerisch, können aber Gewinn bringend auf konkrete Schreibaufgaben bezogen werden. Bewährte Techniken sind etwa das Brainstorming oder grafische Ausdrucksweisen wie *Cluster* und *Mind Map*, mit denen in der Orientierungsphase spontane thematische Impulse generiert werden, aber auch langfristige Methoden wie Arbeitsjournal oder Portfolio (dazu Bräuer 2000), bei denen man aus unterschiedlichen Gründen den Schreibprozess dokumentiert und reflektiert. Wir wollen kreative Methoden an drei Beispielen nachvollziehen, die der Motivationssteigerung, Problemdiagnose und Formulierungsvorbereitung dienen.

Beispiel 1
„Schreiben ist wie …" (Textbeispiel s. CD)

Zu den etablierten kreativen Schreibübungen in Trainings gehört das spontane assoziative Schreiben. Hier geht es zum einen darum, schnell und effektiv in eine konzentrierte Arbeits- und Schreibhaltung zu kommen (was auch beim Verfassen von Seminararbeiten wichtig ist, wenn man nicht jedes Mal Zeit vergeuden will), zum anderen, das Unbewusste „herauszulassen" und als Ressource für Reflexionen zu nutzen. Eine solche Übung ist „Schreiben ist wie …" (vgl. auch Bräuer 2000). Bei ihr geht es darum, den akademischen Schreibprozess metaphorisch zu umschreiben und diese Metapher plastisch auszugestalten. Die Seminarteilnehmer kommen dabei auf erstaunliche Analogien: Schreiben sei wie Essen kochen, ein Haus bauen, ein Puzzle legen, das Besteigen einer Treppe, das Bändigen eines wilden Flusses, das Kennenlernen eines Menschen, ein Behördengang, Billardspielen, das Entstehen der Erde … Jede Metapher fokussiert andere Aspekte des Schreibprozesses, wobei meist die positiven ausgewählt werden. Bei der Auswertung der Übung zeigt sich, dass diese Analogien nicht nur Spaß machen, sondern neue Perspektiven eröffnen und die Motivation für ein Schreiben erhöhen, das gemeinhin als trocken und langweilig gilt. Und hier ist gerade die Zusammenschau unterschiedlicher Metaphern im Rahmen der Trainingsgruppe befruchtend für alle. Der Trainer hat die Aufgabe, die Assoziationen auf konkrete Schritte im Schreibprozess zurück zu führen und diese produktiv für Anleitungen zu nutzen (z.B. im Hinblick auf Zeitmanagement, Recherche, Gliederung, Formulierungen).

Beispiel 2
„Meine Arbeit stellt mich vor" (Textbeispiel s. CD)

Ein Training wird vor allem dann zum Erfolg führen, wenn man von einer angemessenen Selbsteinschätzung ausgeht. Viele Schreiber, zumal von Seminararbeiten, kennen ihre Schwächen und Stärken insgeheim, machen sich diese aber selten bewusst. Hier kann eine Übung hilfreich sein, die den Teilnehmer zunächst recht skurril erscheint: „Meine Arbeit stellt mich vor". Diese Übung wurde inspiriert durch einen Workshop von Otto Kruse auf der Erfurter Tagung 1995.

Aufgabe ist es, aus der Perspektive der Arbeit, die man einbringt, den Schreiber, also sich selbst, zu portraitieren. Der Verfremdungseffekt trägt dazu bei, dass die Schreiber schonungsloser als gewohnt mit sich umgehen und ihre Schwachstellen direkt ansprechen, auch vor der Gruppe, wobei sie dies meist in unterhaltsamer Weise formulieren. Ausgehend davon kann man im zweiten Schritt drei explizite Forderungen der Arbeit an die Schreiber entwickeln lassen, aber auch als Regulativ drei lobende Aussagen über den Autor. Beides, Schwächen und Stärken, gilt es bewusst zu machen, bevor man beginnt, den Schreibprozess zu verbessern.

Während sich die bisher beschriebenen kreativen Techniken auf Motivation und Diagnose im Vorfeld des Schreibens beziehen, soll nun exemplarisch für viele, die hier nicht erwähnt werden können, eine Schreib-

Beispiel 3 *„Erstellen Sie einen Klappentext" (Textbeispiel s. CD)*

technik vorgestellt werden, die sich auf eine Phase des Schreibprozesses und einen konkreten Abschnitt einer Seminararbeit bezieht. Es geht um das Verfassen der Einleitung. Hieran kann recht viel Prinzipielles aufgezeigt werden, denn es handelt sich um einen verdichteten und relativ standardisierten Teiltext.

Klappentexte und Einleitungen

Bevor man lange theoretische Ausführungen über die Funktionen von Einleitungen beginnt, kann man die Teilnehmer auch auffordern, einen Klappentext zu ihrer Arbeit zu verfassen – zunächst ohne den Sinn näher zu erläutern. Diese Übung stellt die Teilnehmer vor eine ungewohnte Aufgabe und lässt sie erst mal über die zentralen Funktionen eines Klappentexts nachdenken: Knappe Information und überzeugende Werbung, denn schließlich will der Verlag eines Buches damit den Verkauf fördern. Die Teilnehmer sind in der Regel nicht gewohnt, für ihr eigenes Schreiben zu werben oder ihre Seminararbeit als etwas wie ein Buch zu betrachten. Zudem müssen sie sich bei der Inhaltsangabe sehr kurz fassen. Beides ist aber auch für eine Einleitung vonnöten, bei der man ja prägnant und womöglich auch originell die Relevanz und Aktualität des Themas und der Arbeit verdeutlichen sollte, bevor man Fragestellungen, Ziele und Vorgehensweise erläutert. Wer lernt, einen ansprechenden Einstieg in eine Seminararbeit zu verfassen, der kann dies auch bei vielen anderen Schreibaufgaben produktiv einsetzen; letztlich geht es zunächst immer darum, den Leser für die Lektüre zu gewinnen.

Funktion der Klappentexte

Die Klappentexte, die die Teilnehmer im Training verfassen, können somit als Textbausteine für die Einleitung fungieren. Zugleich fördern sie die Reflexion über die Besonderheiten und Stärken der eigenen Arbeit, zwingen zur Zuspitzung auf konkrete Fragestellungen und Ziele und verlangen eine sprachlich und argumentativ ansprechende Formulierung. Nicht zufällig verwenden die Teilnehmer viel Zeit und Mühe auf die Gestaltung des Klappentexts. Ihnen wird dabei klar, dass sie mit dieser Übung einen großen Schritt in ihrem Schreibprozess leisten, da auf kreative Weise wesentliche Fragen geklärt werden.

Andere kreative Übungen

Es sind auch andere kreative Formen und Transfers aus anderen Bezugsbereichen denkbar (dazu Ruhmann/Perrin 2002), mit denen die Einleitung vorbereitet werden kann. So kann man einen Presseartikel über die Arbeit verfassen lassen, ein „Interview mit sich selbst" oder auch eine Rezension. Es werden jeweils andere Aspekte fokussiert. Solche verfremdenden Techniken können zudem bei Blockaden im Schreibprozess hilfreich sein, um den Kopf wieder frei zu bekommen. Das Beispiel Einleitung muss hier genügen, um eine mögliche Vorgehensweise zu illustrieren. In einem Training sollten alle wesentlichen Etappen des Schreibprozesses auf vielfältige und ansprechende Weise bearbeitet werden, immer orientiert an den spezifischen Bedürfnissen der Teilnehmer.

Konstitutive Muster

Natürlich kann man auch einen konventionellen Weg einschlagen und zeigen, wie welcher Teil einer Arbeit konzipiert sein sollte. Insbesondere bei Anfängern empfiehlt sich die klassische Dreiteilung Einleitung – Hauptteil – Schluss. Hier kann man einen spezifisch pragmalinguistischen Ansatz nutzen (vgl. auch Püschel 1994) und eine Seminararbeit als Abfolge typischer Sprachhandlungsmuster beschreiben (zur theoretischen

Grundlage u.a. Holly 1990, Klemm 2000), so dass sich folgende Strukturierung ergibt:

Tab. 6 Grobstruktur einer Seminararbeit

A	EINLEITUNG: SYSTEMATISCH EINFÜHREN / VORSTRUKTURIEREN – THEMATISCH EINFÜHREN – THEMA EXPLIZIEREN – FRAGESTELLUNGEN und ZIELSETZUNGEN EXPLIZIEREN – METHODISCHE VORGEHENSWEISE VORSTELLEN und BEGRÜNDEN
B	HAUPTTEIL: SYSTEMATISCH PROBLEMSTELLUNG BEARBEITEN – BESCHREIBEN / ggf. VERGLEICHEN – ANALYSIEREN – INTERPRETIEREN – ARGUMENTIEREN / INTERPRETATION BEGRÜNDEN – SCHLUSSFOLGERN
C	SCHLUSSTEIL: THEMATIK ABSCHLIESSEND EINORDNEN – ZUSAMMENFASSEN / FAZIT ZIEHEN – BEWERTEN – PERSPEKTIVEN / DESIDERATE AUFZEIGEN

Checkliste (s. CD)

Diese Grobstruktur kann man nun noch in zahlreiche Untermuster ausdifferenzieren, so dass sich eine detaillierte Aufstellung der zentralen Muster einer Seminararbeit ergibt, die zum Beispiel als Checkliste in der Überarbeitungsphase Orientierung geben kann.

Während Einleitung und Schlussteil relativ standardisierte Muster aufweisen und dementsprechend auch im Training eingeübt werden können, ist der Hauptteil stark themen- und methodenabhängig. Hier sind lokale Lösungen gefragt, die eher in Beratung oder Coaching vermittelt werden können.

4.2 **Schreibberatung**

Ablauf einer Schreibberatung

Im Rahmen des Schreibtrainings hat Simone die Gelegenheit, eine Beratung aufzusuchen. Sie möchte dabei insbesondere die Gestaltung des Einleitungsteils ihrer Arbeit besprechen, da sie diesen – angeregt vom Training – als Schlüssel zu einem erfolgreichen Schreibprozess betrachtet.

Tab. 7 Ziele und Didaktische Prinzipien

Ziele der Schreibberatung:
• Fragen, Probleme, Schwächen und Stärken des Schreibers herausarbeiten und besprechen • intensive Textanalysen, detaillierte Textdiskussion, gemeinsame Textoptimierung • Standards des akademischen Schreibens für die Selbstdiagnose vermitteln

Didaktische Prinzipien:

- individuelle Bedarfs- und Problemanalyse als Basis, kein Schematismus
- Fragen statt Instruieren: Kompetenzen des Schreibers aktivieren und nutzen
- gemeinsame Lösungssuche für spezielles Problem
- Problembewusstsein fördern, eigene Lösungskompetenz stärken, Reflexionsprozess anstoßen, Nachhaltigkeit verbessern (Schwächen schwächen und Stärken stärken)

Stärken und Schwächen herausarbeiten

Dem Berater geht es zunächst darum, Simones individuelle Stärken und Schwächen herauszuarbeiten, um ihr gezielt helfen zu können. Hier ist Fingerspitzengefühl gefragt, denn Schreibprozesse und insbesondere die Kritik daran betreffen oft die ganze Persönlichkeit. Als Ausgangspunkt dienen die von ihr im Training geschriebenen Texte zu „Meine Arbeit stellt mich vor" und „Schreiben ist wie …", aber auch gezielte Fragen zu Simones Vorstellungen über wissenschaftliches Arbeiten, den Schreibprozess und ihre bisherigen Erfahrungen. Dabei wird deutlich, dass sich Simone über viele Aspekte des akademischen Schreibens noch im Unklaren ist.

Thema reflektieren (s. CD)

Da Simone gerne einen Leitfaden für ihre Arbeit hätte (bei selbstständigeren Schreibern würde man anders vorgehen), schlägt der Berater vor, dass Simone zukünftig systematisch in drei Schritten an Seminararbeiten herangeht und sich dabei selbstständig und intensiv mit wesentlichen Fragen auseinandersetzt. Am Anfang steht die Reflexion über das Thema: Wie kann man es in zwei, drei Sätzen umreißen? Was interessiert sie persönlich daran? Was weiß sie bereits darüber? Welche konkreten Fragen möchte sie im Arbeits- und Schreibprozess beantworten? Wie kann man – nach Diskussion mit anderen, z.B. Kommilitonen oder dem Seminarleiter – die definitiven Fragen und Ziele der Arbeit festlegen? Durch die Fragen kann sie früh erkennen, ob das Thema zu ihr passt und sie sich wirklich drei, vier Wochen intensiv mit ihm beschäftigen möchte.

Detailliertes Exposé erstellen (s. CD)

Im zweiten Schritt könnte Simone ein Exposé erstellen, bei dem sie neben Themenbeschreibung, Fragen und Zielen auch Angaben zum Arbeits- und Zeitplan, zur Methode, zum Analysekorpus, zur Literaturauswahl, zum Forschungsstand und zur Gliederung der Arbeit macht. Die detaillierte Reflexion und Zusammenstellung dieser Aspekte, die alle fundamental für den Schreibprozess sind und für gravierende Probleme bis hin zum Abbruch sorgen können, wenn sie nicht gründlich bedacht sind, kann als Grundlage für die weitere Betreuung dienen. Als dritten Schritt empfiehlt der Berater, ein etwa halbseitiges freies Exposé zu verfassen, in dem Simone nochmals alle wichtigen Aspekte der Arbeit in einem Fließtext zusammenfasst. Wenn es förmlich aus der Feder fließt, ist sie bereit, in die Formulierungsphase einzusteigen.

Freies Exposé verfassen (s. CD)

Anschließend wenden sich Simone und der Berater ihrer bisherigen Einleitung zu. Zunächst diskutieren sie, welche Komponenten konstitutiv für eine Einleitung sind und wie man diese realisieren kann. Folgendes Schema dient als Leitfaden der Diskussion:

Tab. 8 Sprachhandlungsmuster im Einleitungsteil

Systematisch Einleiten / Leser orientieren / Vorstrukturieren
• EINSTIEG, in allgemeine Thematik einführen a) historischen, sozialen, politischen, wissenschaftlichen Kontext referieren b) Aktualität des Themas herausstellen c) Relevanz des Themas aufzeigen d) relevante Aussagen zum allgemeinen Thema / zu dessen Kontext zitieren e) Thema als Desiderat der wissenschaftlichen Forschung präsentieren f) persönlichen Zugang zum Thema darlegen
• Thema explizieren a) Thema explizit nennen b) Thema für Analyse eingrenzen, spezifizieren c) Thema in einzelne Aspekte aufgliedern
• Fragestellungen und Ziele der Arbeit festlegen a) Fragestellungen (z. B. in rhetorischen Fragen) explizieren b) Fragestellungen in ihrer Relevanz begründen c) persönliches Interesse an Fragestellungen darlegen d) Hypothesen aufstellen, die überprüft werden sollen e) Ziele der Arbeit explizieren
• die methodische Vorgehensweise vorstellen und erläutern a) folgende Arbeitsschritte kurz auflisten b) Relevanz der Arbeitsschritte darlegen c) Abfolge der Arbeitsschritte erläutern d) Zusammenhänge zwischen Arbeitsschritten darlegen e) Ausblick auf die Kapitel geben, Inhalt kurz charakterisieren f) Grenzen und Probleme der Arbeit im Vorhinein aufzeigen **zentrale Themenentfaltungsmuster:** Beschreiben und Erklären **zentrale Texthandlungsmuster:** Leser orientieren, thematisch einführen, Text vorstrukturieren **bei den mit a – n gekennzeichneten Mustern handelt es sich jeweils um Alternativen**

Einstieg optimieren

Anschließend wenden sich Simone und der Schreibberater detailliert dem Text zu und diskutieren zunächst über den optimalen Einstieg: Was bietet sich beim Thema „Interkulturelle Kommunikation zwischen Deutschen und Aussiedlern“ als Einstieg an? Eine Szene aus dem Alltag? Ein Zitat? Eine Statistik, die die Relevanz des Themas belegt? Ein Transkriptausschnitt aus dem Korpus? Wie zieht man den Leser am besten in die Arbeit hinein, „holt man ihn ab“, zeigt man ihm Aktualität und Relevanz des Themas? Mehrere Alternativen werden diskutiert. Der Berater verdeutlicht dabei, wie wichtig es ist, auf einen konkreten Adressaten „zuzuschreiben“. Das Problem ist ja oft, festzulegen, was man voraussetzen kann und was noch ausgeführt werden muss, insbesondere, welche Begriffe man verwenden kann und welche man zuvor erklären muss. Der Berater empfiehlt, nicht unbedingt den Dozenten im Auge haben, sondern sich eher einen Kommilitonen vorstellen, da man sonst zu vieles weglassen könnte.

Adressat definieren

Schreibaufgabe präzisieren

Am Text und durch Rückfragen wird deutlich, dass Simone vieles noch nicht klar zu sein scheint: das Thema ist zu weit gefasst, die Fragestellungen sind zu heterogen, als dass sie zusammenhängend bearbeitet werden können, die Ziele bleiben diffus, die Vorgehensweise ist nicht stringent erläutert. Offenbar ist sich Simone noch nicht im Klaren, auf was ihre Arbeit hinauslaufen soll.

Es würde hier wenig helfen, wenn der Berater Simone seine Auffassungen aufdrängt. Schreibberatung ist keine Textberatung, bei der es lediglich um ein besseres Schreibprodukt geht. Sie soll Veränderungen beim Schreiber anstoßen, der den Schreibprozess ja selbst bewältigen muss (vgl. Bräuer 2004). Simone beschließt, den Abgabetermin ihrer Arbeit zu verschieben und vor der nächsten Beratung ein Exposé zu verfassen, das zur Verbesserung der Einleitung herangezogen wird.

Sprachliches analysieren

Simone vereinbart mit dem Berater auch einen Termin, bei dem sie ausschließlich sprachliche und stilistische Aspekte besprechen. Der Berater kommentiert dabei alle sprachlichen Ebenen, exemplarisch für die Formulierung der gesamten Arbeit: Orthographie, Grammatik, Syntax, Wortwahl – insbesondere im Hinblick auf die Wissenschaftlichkeit ihres Stils. Dabei bittet er Simone, einzelne Textstellen selbst zu beurteilen und bessere Alternativen vorzuschlagen, damit sie selbst bei späteren Gelegenheiten Urteile fällen und Veränderungen vornehmen kann. Ihr wird deutlich, dass es nicht darum geht, nach ewigem Nachdenken die perfekte Formulierung niederzuschreiben, sondern in einen Schreibfluss zu kommen, in dem man den Text permanent umstrukturiert und optimiert. Kaum etwas ist zudem produktiver für die Entwicklung der Schreibkompetenz als das Analysieren und Optimieren eigener (und fremder) Texte.

Wissenschaftsstil entzaubern

Der Berater bemüht sich auch, Simones prinzipielle Vorbehalte gegen den ihrer Meinung nach unnötig komplizierten und abstrakten Wissenschaftsstil abzubauen, der ihr fremd ist und der den Formulierungsprozess belastet. Er vergleicht dazu das Studium mit einem langen Auslandsaufenthalt, die Wissenschaftssprache mit einer Fremdsprache. So wie man bereit sein muss und in der Regel auch ist, die nötigen Vokabeln zu lernen, um sich im fremden Land integrieren zu können, so gilt dies auch für die wissenschaftliche Gemeinschaft, in die man als Student eintritt. Ein Dauerstatus als „Gastarbeiter“ wird für niemanden befriedigend sein. Und wie die Fremdsprache lernt man die Wissenschaftssprache am besten „im Land selbst“, also durch Lesen und Schreiben wissenschaftlicher Texte, durch Seminardiskussionen etc. Ein angemessenes Selbstverständnis als Teil der wissenschaftlichen Gemeinschaft ist nicht nur Basis für eine gelungene Seminararbeit, sondern Grundlage für ein erfolgreiches Studium.

Formalia erläutern

In weiteren Sitzungen diskutieren sie, welches Gliederungsschema für den Hauptteil der Arbeit geeignet ist, und betrachten die formale Gestaltung (Fußnoten, Literaturverweise etc.). Der Berater empfiehlt Simone, ein spezielles Training zum wissenschaftlichen Formulieren und Argumentieren zu besuchen, da teilweise Belege und Quellenverweise fehlen oder die Argumente nicht überzeugen.

Tab. 9 Gliederungsschemata im Hauptteil

- historisch-chronologisch
- theoretischer Teil – empirischer Teil
- Fallbeispiel(e) – Verallgemeinerte Theorie
- Formbeschreibung – Funktionsdarstellung
- Grundlagen – Spezielle Fragestellungen
- Problemdarstellung – Lösungsalternativen vergleichen

- Pro – Contra – Synthese
- Hypothese – Analyse – Interpretation

Je nach Thema kann eine Variante besser oder schlechter geeignet sein. Wichtig ist, dass der rote Faden erkennbar bleibt und eine Gliederungsvariante konsequent durchgehalten wird.

4.3 Schreibcoaching

Ablauf Schreibcoaching

Schreibcoaching ist – zumindest in der hier vertretenen Lesart – die intensivste Form der Beratung, da der Schreibende über längere Zeit und oft an seinem Arbeits- und Schreibplatz individuell betreut wird. Dieser Aufwand hat natürlich seinen Preis, so dass ein Schreibcoaching im akademischen Bereich in der Regel nicht angeboten wird. Im Rahmen des Führungskräftecoachings auf dem freien Markt wird eine Schreibkomponente hingegen immer häufiger (ausf. Fröchling 2002).

Tab. 10 Ziele und Didaktische Prinzipien

Ziele des Schreibcoachings:
• Erfassen typischer wichtiger Schreibaufgaben und -probleme des zu Coachenden • Verbesserung des Schreibprozesses: Arbeits- und Zeitplanung, Medieneinsatz, Textsortenauswahl etc. • Verbesserung des Schreibprodukts: detaillierte Textanalyse und -diskussion, sofortige oder nachträgliche gemeinsame Textoptimierung (Aufbau, Stil, Zielgruppenorientierung etc.) • Entwicklungsorientiertes Beraten: Potenziale aktivieren, Schreiberpersönlichkeit verändern • Nachhaltigkeit sichern: Analyse- und Optimierungstechniken vermitteln („Hilfe zur Selbsthilfe")
Didaktische Prinzipien:
• Teilnehmende Beobachtung: Ethnographische Schreibprozessforschung • Befragung des Schreibers über Schreiberfahrungen, intensive Diskussion, Bewusstmachung • Learning-on-the-job: Direktes Eingreifen in den Schreibprozess • Evaluation des Coachings: Auswertung des Lernfortschritts

Bedarfserfassung

Ausgangspunkt des Coachings ist oft eine Bedarfserfassung durch teilnehmende Beobachtung. Der Klient wird im Idealfall am Arbeitsplatz begleitet, seine Schreibaufgaben registriert, seine Texte erfasst und analysiert. Der Coach versucht dabei, Hindernisse in den Schreibprozessen zu entdecken, die zukünftig umgangen werden könnten.

Texte analysieren und optimieren

In Gesprächen werden Erfahrungen und Probleme des Schreibers erarbeitet, um durch „konstruktives Feedback, Instruktion und Training" (Fröchling 2002: 11) gezielt dort anzusetzen. Dauer, Inhalte und Ziele des Coachings werden vereinbart. Die Methoden des Coachs können sehr unterschiedlich sein, je nach Ausbildung. Linguisten werden aufgrund von Textanalysen besonders gelungene und fehlerbehaftete Texte des Schreibers herausfiltern, an denen Stärken und Schwächen verdeutlicht werden können, jeweils bezogen auf die Erwartungen der Zielgruppe.

Auch fremde gelungene Texte (*best practice*) können gegebenenfalls herangezogen werden.

Es geht weniger um den Einzelfall als um das Musterhafte und Strukturelle hinter diesen Phänomenen. „Coaching ist entwicklungsorientiertes Beraten" (Fröchling 2002: 7), zielt also nicht nur kurzfristig auf bessere Produkte, sondern die Veränderung der „Schreiberpersönlichkeit". Dies erfordert eine engere und vertrauensvollere Beziehung zwischen Klient und Coach als in einer üblichen Beratung. Ziel ist nicht, alle Probleme für den Klienten zu lösen. Ein Schreibcoach ist lediglich der Geburtshelfer. Es geht darum, die „Selbstregulationsfähigkeiten des Klienten wiederherzustellen oder zu fördern" (Rauen 1999: 10), die aus welchen Gründen auch immer aktuell beeinträchtigt sind (z.B. neue Schreibaufgaben, verfestigte Schreibprobleme).

Der Schreibcoach ist erfolgreich, wenn er sich überflüssig macht. Er kann den Schreibprozess selbst begleiten und gegebenenfalls direkt eingreifen, um einen Text zu verbessern und daran künftige Strategien zu demonstrieren. Eine zu starke Standardisierung ist aber auf lange Sicht kontraproduktiv, da der Schreiber selbst jeweils problem- und adressatenorientiert entscheiden können muss.

Zum Coaching gehört auch im Idealfall eine spätere Evaluation, möglichst sogar mehrere in regelmäßigen Abständen oder nach Bedarf, um festzustellen, ob die Beratung positive Effekte nach sich gezogen hat. Anhand von Texten kann man die Entwicklung und die Fortschritte des Schreibers dokumentieren.

4.4 Zusammenfassung: Notwendige bzw. vorteilhafte Kompetenzen

Die bisherigen Ausführungen zeigen, wie komplex akademische Schreibprozesse und damit auch die Anforderungen an einen Schreibtrainer in diesem Bereich sind. Viele Eigenschaften kann man auch auf Schreibtrainer in anderen Bereichen übertragen, wobei sicher nicht alle genannten Eigenschaften zwingend notwendig sind:

Tab. 11 Anforderungen an (nicht nur akademische) Schreibtrainer

- Hohe eigene Schreibkompetenz im anvisierten Bezugsbereich
- Möglichst vielseitiges allgemeines Stilrepertoire und umfassende Textsortenkenntnisse (nötig zum Beispiel für Analogie-Übungen)
- Umfassende Kenntnisse der (institutionellen) Vorgaben des Bezugsbereichs (Fachwissen)
- Fundierte Kenntnisse zur Schreibforschung (theoretische und empirische)
- Schreibdidaktische Kenntnisse (insbesondere Techniken des Kreativen Schreibens) und breites Methodenrepertoire (evtl. Neurolinguistisches Programmieren – NLP)
- Kommunikationstheoretische Kenntnisse (z. B. konstruktivistisches Kommunikationsmodell)
- Textanalytische Kompetenz (Diagnose der Stärken und Schwächen von Texten)
- Fundiertes Wissen auf allen sprachlichen Ebenen (Orthographie, Grammatik, Syntax etc.)

- Erwachsenenpädagogische Grundkenntnisse (Motivationstechniken, Gestaltung gruppendynamischer Prozesse)
- Psychologische Grundkenntnisse (Gesprächsführung, sensibler Umgang mit Schreibkrisen)
- Gute Präsentationstechnik, rhetorisches Geschick, Spontaneität
- Organisationstalent, konzeptionelle Fähigkeiten
- Kreativität und Flexibilität: Offene Konzepte, situationsbezogenes Vorgehen

„Werkzeugkasten" eines linguistischen Schreibtrainers

Ein Schreibtrainer muss solche Kompetenzen nicht nur besitzen, sondern sie auch in Training und Beratung „herüberbringen". Die Anforderungen sind nur teilweise exklusiv auf Sprachwissenschaftler bezogen und natürlich kann man auch ohne linguistische Ausbildung ein sehr guter Schreibberater werden. Der Linguist teilt seinen „Werkzeugkasten" weitgehend mit Vertretern anderer Disziplinen, setzt aber auch fachspezifische Akzente. Dazu gehört das Konzept des Sprachhandlungsmusters, das kreative Spiel mit verschiedenen Textsorten und insbesondere die fundierte textanalytische Ausbildung, die ein zielgenaues Feedback und eine überzeugende Textoptimierung ermöglicht. Dazu gehören sprachstrukturelle wie kommunikativ-pragmatische Detailkenntnisse, über die ausgebildete Linguisten in besonderem Maße verfügen. Zudem stellt die linguistische Schreibforschung theoretische Modelle sowie empirisch fundierte Erkenntnisse aus der Schreibprozessforschung bereit.

Wer selbst Schreibtrainer werden will, sollte sich früh im Studium und auch außerhalb in speziellen Schulungen diesen reichhaltig bestückten „Werkzeugkasten" aneignen, sich also Kenntnisse in Schreibforschung und Schreibpraxis, in Systemlinguistik und pragmatischer Textanalyse aneignen. Zunehmend gibt es, wenn auch noch selten, spezielle Schulungsangebote bis hin zur Ausbildung als Schreibcoach (vgl. Perrin/Kruse 2002, Fröchling 2002). Im Hinblick auf berufliches Schreiben sind Praktika von Vorteil. Vor allem sollte der Kandidat selbst möglichst viele unterschiedliche Schreiberfahrungen machen. Gute Schreibtrainer sind Generalisten, die entsprechend flexibel in Training und Beratung auf ihre Klienten eingehen können.

5 Perspektiven: (Akademische) Schreibberatung professionalisieren

Noch kein Berufsbild Schreibtrainer

Ein Berufsbild Schreibtrainer existiert noch nicht. Zwar boomt die Kommunikationsberatung, da besonders Wirtschaftsunternehmen die Schlüsselfunktion effektiver und einheitlicher Kommunikation (*Corporate Communications*) auf umkämpften Märkten bewusster wird. Freie spezialisierte Schreibtrainer sind aber noch die Ausnahme. Trainer für akademisches Schreiben gibt es vor allem in universitären Schreibzentren oder universitätsnahen Einrichtungen. Studenten sind keine zahlungskräftige Klientel, so dass eine Kommerzialisierung des Angebots schwierig ist. Andererseits ist gerade hier eine größere Professionalisierung, das heißt insbesondere der Aufbau weiterer Schreibzentren, aber auch die vermehrte Ausbildung von Studenten als Tutoren, dringend erforderlich: die Stu-

Universitäre Schreibzentren (s. CD)

dentenzahlen steigen, die Einführung neuer Bachelor- und Master-Studiengänge erhöht den Bedarf an einer Querschnittausbildung in Schlüsselkompetenzen wie Schreiben und Präsentieren, wie Erfahrungen in den USA zeigen. Ein wichtiger Schritt ist die Gründung von Vereinigungen zur Erforschung und Didaktik des wissenschaftlichen und beruflichen Schreibens (EATAW, ProWiTec).

Außeruniversitäre Berufsfelder erschließen

Außeruniversitäre Berufsfelder müssen individuell erschlossen werden, indem man die Auftraggeber vom (auch finanziell nachweisbaren) Erfolg linguistischer Beratung überzeugt. Grundlage dafür wird eine Ausweitung der berufsfeldbezogenen Schreibprozessforschung sein, die in den letzten Jahren im Aufwind ist und Schreibtrainern wertvolle Erkenntnisse an die Hand geben wird.

II.3 Technische Kommunikation

Susanne Göpferich

1 Das Problem- und Aufgabenfeld

Dokumentationsbedarf

Technische Produkte werden immer komplexer und bieten eine zunehmende Anzahl von Funktionen. Man vergleiche beispielsweise die Bedienmöglichkeiten einer mechanischen Schreibmaschine mit denjenigen eines modernen Textverarbeitungssystems. Diese Komplexität bringt es mit sich, dass viele Produkte nicht mehr selbsterklärend sind, sondern einer Bedienungs- bzw. Betriebsanleitung – oftmals im Umfang eines mehrere 100 Seiten umfassenden Handbuchs – sowie ggf. entsprechender Service-Literatur zur Wartung und Reparatur bedürfen. Hinzu kommen je nach Gegenstand u.a. Ersatzteil- und Produktkataloge sowie Vertriebs- und Schulungsunterlagen. Diese mit der Vermarktung technischer Produkte in Zusammenhang stehenden Texte, die – gemeinsam mit den entsprechenden Entwicklungsunterlagen – unter dem Oberbegriff ‚technische Dokumentation' zusammengefasst werden, werden nicht nur in gedruckter Form zur Verfügung gestellt, sondern immer häufiger teilweise auch oder sogar ausschließlich in elektronischer Form, sei es als integrierter Hilfetext, auf CD oder im Internet. Die Erstellung dieser Printtexte und Texte für elektronische Medien macht das Kerngeschäft eines Technischen Redakteurs aus. Das Berufsfeld Technische Kommunikation ist jedoch nicht auf die Erstellung technischer Dokumentation beschränkt. Es schließt auch die Popularisierung und Didaktisierung neuer Erkenntnisse aus den unterschiedlichsten Fachdisziplinen, vorwiegend aber aus den Naturwissenschaften und der Technik, ein, so dass das Textsortenspektrum, das Technische Redakteure beherrschen müssen, von anleitenden Texten über populärwissenschaftliche Artikel bis hin zu Lehrbuchtexten reicht (s. hierzu die Typologie von Göpferich 1995: 119ff.).

Technische Dokumentation

Qualifikationen

Die funktions- und adressatengerechte sowie effiziente Erstellung der unterschiedlichen Textsorten erfordert ein hohes Maß an Textproduktionskompetenz und didaktischem Geschick sowie die Fähigkeit, geeignete Software-Werkzeuge sowie Strukturierungstechniken einzusetzen. Zum Erwerb dieser Qualifikationen gab es in Deutschland bis Anfang der 90er Jahre des letzten Jahrhunderts, als der erste Studiengang zur Ausbildung Technischer Redakteure eingerichtet wurde, keine speziellen Ausbildungsgänge. Dies dürfte einer der Gründe sein, warum technische Dokumentation immer wieder massiv in die Kritik geraten ist. Bemängelt werden vor allem die fehlenden Möglichkeiten eines gezielten Informationszugriffs sowie die Schwer- oder gar Unverständlichkeit der Dokumente.

Medienvielfalt

Die bereits erwähnte Vielfalt der Medien (Papier, CD, elektronische Hilfe, Internet), in denen technische Informationen heute dargeboten werden, stellt dabei noch zusätzliche Anforderungen an die Qualifikation ihrer Verfasser. Da die entsprechenden Texte nämlich aus zeitlichen und wirtschaftlichen Gründen nicht für jedes Medium neu und spezifisch erstellt werden können, müssen sie so formuliert, strukturiert und modularisiert werden, dass sie nur einmal verfasst werden müssen und dann in unterschiedlichen Auswahlen mit einem jeweils medienspezifischen Layout zur Verfügung gestellt werden können, ohne dass sie zusammenhanglos (inkohärent) wirken (*Single-Source-Publishing*). Die Lösung dieses über den Gegenstandsbereich der Linguistik hinausweisenden Problems wird in Abschnitt 2 angesprochen.

Single-Source Publishing

Der vorliegende Artikel behandelt exemplarisch einige der wichtigsten Instrumentarien, die die Angewandte Linguistik zur zweck- und adressatengerechten Erstellung technischer Dokumente sowie ihrer Optimierung bereithält.

2 Linguistische Instrumentarien zur Erstellung und Optimierung technischer Dokumentation

Relevante Teilgebiete der Linguistik

Die für die Erstellung und Optimierung technischer Dokumentation und damit für den Technischen Redakteur relevanten Teilgebiete der Linguistik sind vor allem die Textlinguistik mit Subdisziplinen wie beispielsweise der Texttypologie und der Thema-Rhema-Theorie, darüber hinaus aber u.a. auch die Sprechakttheorie, die der Pragmatik zuzurechnen ist, sowie Verständlichkeitskonzepte und empirische Verfahren zur Überprüfung der Verständlichkeit von Dokumenten (*Usability Testing*, Frage-Testverfahren), die der Psycholinguistik und Kognitionswissenschaft zugeordnet werden können. Da technische Dokumentation je nach Adressaten stärker oder schwächer fach(sprach)lich geprägt ist, fällt sie auch in den Gegenstandsbereich der Fachsprachenforschung, die die o.g. Bereiche der Linguistik (Textlinguistik, Pragmatik, Psycholinguistik und Kognitionswissenschaft) speziell in Bezug auf die fachsprachliche Kommunikation integriert. Wichtig für die Erstellung und Optimierung technischer Dokumentation ist aus dem Bereich der Fachsprachenforschung auch die Terminologielehre und computergestützte Terminographie, denen ein gesonderter Artikel gewidmet wurde (s. Artikel VII.1).

Beispiel Mecedes-Benz-Betriebsanleitungen

In welcher Weise Instrumentarien der Angewandten Linguistik bei der Erstellung und Optimierung technischer Dokumentation angewandt werden können, soll in diesem Artikel schwerpunktmäßig an zwei Auszügen aus Mercedes-Benz-Betriebsanleitungen demonstriert werden sowie darüber hinaus auch an einem Auszug aus einer Kundeninformationsbroschüre zum Thema Bremsen sowie an Auszügen aus populärwissenschaftlichen Artikeln angehender Technischer Redakteure. Neben den Kritikpunkten, die mit einem linguistischen Instrumentarium bearbeitet werden können, gehe ich dabei auch knapp auf solche Kritikpunkte ein, deren Bewältigung über den Gegenstandsbereich der Linguistik hinausweist.

Betrachten wir zunächst die Mercedes-Benz-Betriebsanleitungen. Bei den Auszügen handelt es sich zum einen um die Informationen zur Sitzheizung in der C-Klasse-Betriebsanleitung (2000) und zum anderen um die optimierte Version der entsprechenden Informationen, wie sie 2001 erstmals in der Betriebsanleitung des SLK Roadster verwendet wurde.

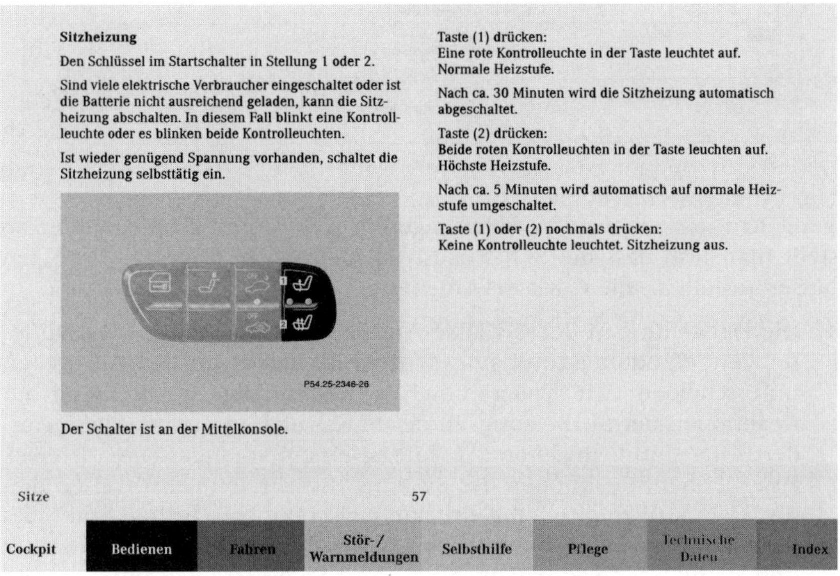

Sitzheizung

Den Schlüssel im Startschalter in Stellung 1 oder 2.

Sind viele elektrische Verbraucher eingeschaltet oder ist die Batterie nicht ausreichend geladen, kann die Sitzheizung abschalten. In diesem Fall blinkt eine Kontrollleuchte oder es blinken beide Kontrolleuchten.

Ist wieder genügend Spannung vorhanden, schaltet die Sitzheizung selbsttätig ein.

P54.25-2346-26

Der Schalter ist an der Mittelkonsole.

Taste (1) drücken:
Eine rote Kontrollleuchte in der Taste leuchtet auf. Normale Heizstufe.

Nach ca. 30 Minuten wird die Sitzheizung automatisch abgeschaltet.

Taste (2) drücken:
Beide roten Kontrolleuchten in der Taste leuchten auf. Höchste Heizstufe.

Nach ca. 5 Minuten wird automatisch auf normale Heizstufe umgeschaltet.

Taste (1) oder (2) nochmals drücken:
Keine Kontrolleuchte leuchtet. Sitzheizung aus.

Sitze 57

Cockpit | Bedienen | Fahren | Stör-/Warnmeldungen | Selbsthilfe | Pflege | Technische Daten | Index

Abb. 1
Auszug aus der Betriebsanleitung C-Klasse (DaimlerChrysler 2000: 57)

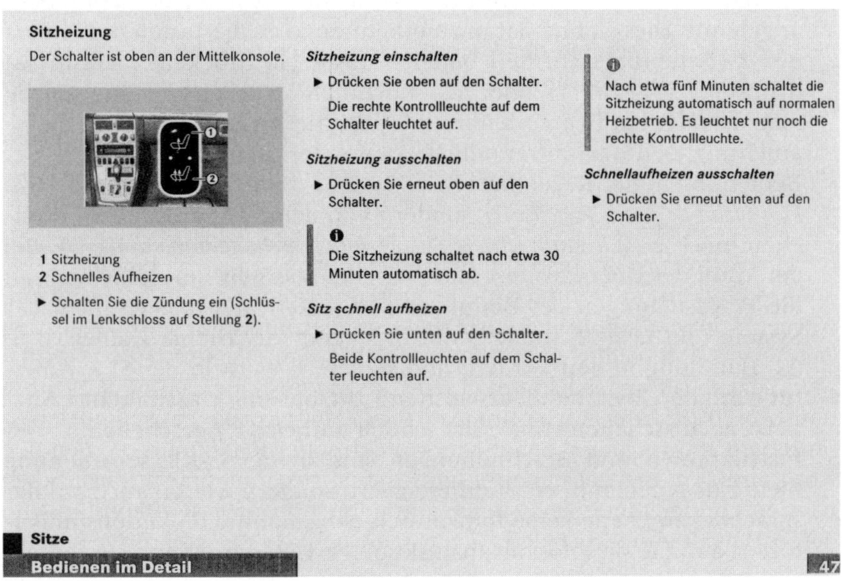

Sitzheizung

Der Schalter ist oben an der Mittelkonsole.

1 Sitzheizung
2 Schnelles Aufheizen

► Schalten Sie die Zündung ein (Schlüssel im Lenkschloss auf Stellung **2**).

Sitzheizung einschalten

► Drücken Sie oben auf den Schalter.

Die rechte Kontrollleuchte auf dem Schalter leuchtet auf.

Sitzheizung ausschalten

► Drücken Sie erneut oben auf den Schalter.

Die Sitzheizung schaltet nach etwa 30 Minuten automatisch ab.

Sitz schnell aufheizen

► Drücken Sie unten auf den Schalter.

Beide Kontrollleuchten auf dem Schalter leuchten auf.

Nach etwa fünf Minuten schaltet die Sitzheizung automatisch auf normalen Heizbetrieb. Es leuchtet nur noch die rechte Kontrollleuchte.

Schnellaufheizen ausschalten

► Drücken Sie erneut unten auf den Schalter.

Sitze
Bedienen im Detail 47

Abb. 2
Auszug aus der Betriebsanleitung SLK Roadster (DaimlerChrysler 2001: 47, 130)

Selbsthilfe **130**

Was tun, wenn...

Schalter an der Mittelkonsole

Problem	mögliche Ursache	Lösungsvorschläge
Eine oder beide Leuchten auf dem Schalter der Sitzheizung blinken.	Es ist nicht ausreichend Spannung vorhanden, da zu viele Verbraucher eingeschaltet sind. Die Sitzheizung hat sich automatisch abgeschaltet.	Sobald wieder genügend Spannung vorhanden ist, schaltet sich die Sitzheizung automatisch wieder ein.
Die Heckscheiben-Heizung schaltet sich zu früh aus.	Es ist nicht ausreichend Spannung vorhanden, da zu viele Verbraucher eingeschaltet sind. Die Heckscheiben-Heizung hat sich automatisch abgeschaltet.	Sobald wieder genügend Spannung vorhanden ist, schaltet sich die Heckscheiben-Heizung automatisch wieder ein.
Die AIRBAG Kontrollleuchte leuchtet auf.	• Der Beifahrer-Airbag ist abgeschaltet, weil sich ein Kindersitz auf dem Beifahrersitz befindet.	
	• Der Beifahrer-Airbag ist defekt, da sich kein Kindersitz auf dem Beifahrersitz befindet.	► Lassen Sie das Airbag-System von einer Mercedes-Benz Service-Station überprüfen.

Vergleicht man die beiden Anleitungen in Abb. 1 und 2 miteinander, so stellt man fest, dass die SLK-Roadster-Anleitung in folgenden Punkten besser ausfällt als die C-Klasse-Anleitung:

Typographie

1. Die Darstellung in der C-Klasse-Anleitung ist typographisch undifferenziert. Handlungsanweisungen (Instruktionen) an den Adressaten unterscheiden sich typographisch nicht von der Beschreibung der Reaktionen der Sitzheizung. In der SLK-Anleitung wurde dies geändert: Hier sind Instruktionen sofort an einem vorangestellten Dreieck zu erkennen. Reaktionen des Systems (Beschreibungen) weisen dieses Dreieck nicht auf; fett gedruckte Zwischenüberschriften untergliedern den Text. Für den Benutzer hat dies den Vorteil, dass er gezielter und damit schneller auf die von ihm gewünschten Informationen zugreifen kann.

Systemorientierung vs. Tätigkeitsorientierung

2. Die C-Klasse-Anleitung hat einen system- oder hardwareorientierten Aufbau, d.h., ihre Textstruktur ist an den Aufbau des Fahrzeugs angelehnt. Dies ist hier daran zu erkennen, dass die Tasten das Thema der Zwischenüberschriften bilden („Taste (1) drücken:“, „Taste (2) drücken:“, „Taste (1) oder (2) nochmals drücken:“). Eine solche system- oder hardwareorientierte Strukturierung ist in einer Betriebsanleitung benutzerunfreundlich. Denn der Benutzer geht bei der Bedienung in der Regel nicht vom System (hier den Tasten) aus (*Was kann ich mit dieser Taste tun?),* sondern von dem, was er tun bzw. erreichen möchte (*Wie kann ich die Sitzheizung einschalten/ausschalten?*). Bei der Wahl der Überschriften und Zwischenüberschriften sollte man an die Fragestellungen des Benutzers anknüpfen und folglich nicht das System (die Tasten), sondern die Tätigkeiten als Thema wählen, d.h. die Handlung in den Vordergrund stellen. Dies ist in der SLK-Anleitung mit den Zwischenüberschriften („Sitzheizung einschalten“, „Sitzheizung ausschalten“ und „Sitz schnell aufheizen“) geschehen.

Illokutionsindikatoren

3. Instruktionen und Beschreibungen sind in der C-Klasse-Anleitung nicht nur typographisch undifferenziert, sondern weisen auch auf der sprachlichen Ebene keine Indikatoren (so genannte Illokutionsindikatoren) auf, die sie sofort als Instruktion bzw. Beschreibung ausweisen.

So heißt es in der C-Klasse-Anleitung „Den Schlüssel im Startschalter in Stellung 1 oder 2.“ Man kann diesen elliptischen Satz als Instruktion auffassen, also interpretieren als „Bringen Sie den Schlüssel im Startschalter in Stellung 1 oder 2.“ (vgl. hierzu die Formulierung in der SLK-Anleitung). Man kann ihn aber auch auffassen als Beschreibung der Voraussetzungen, die erfüllt sein müssen, damit die anschließenden Instruktionen zum gewünschten Ziel führen. Beide Interpretationen sind hier zulässig. Insofern führt die vage elliptische Formulierung, die hier in der C-Klasse-Anleitung gewählt wurde, nicht zu Fehlinterpretationen. Schneller kann die Information jedoch vom Adressaten aufgenommen werden, wenn die entsprechende Formulierung typographisch und sprachlich, z.B. durch die Verwendung eines Signalworts wie *Voraussetzungen* oder eines Imperativs, eindeutig als Voraussetzung bzw. Instruktion markiert wird.

4. *Instruktionen* Die Instruktionen werden in der C-Klasse-Anleitung mit dem imperativischen Infinitiv (*Taste drücken.*) erteilt, in der SLK-Anleitung jedoch mit dem Imperativ (*Drücken Sie die Taste.*). Die Markierung der Instruktionen mit dem Imperativ ist in einer Betriebsanleitung für ein Fahrzeug der gehobenen Klasse angemessener, denn sie wirkt freundlicher und vermittelt vom Hersteller ein serviceorientierteres Image. Der imperativische Infinitiv ist beispielsweise in den – im Vergleich zu Betriebsanleitungen – fachsprachlicheren Reparaturanleitungen ein geeigneter Indikator zur Markierung von Instruktionen. Hieran wird bereits deutlich, dass auch die Textsorte Auswirkungen auf die zu wählenden Formulierungen hat.
5. *Gliederung – Strukturierung* Der Abschnitt zur Sitzheizung beginnt in der C-Klasse-Anleitung mit den möglichen Problemfällen, die eher die Ausnahme sein und daher hinter die Beschreibung der normalen Bedienung rücken sollten, damit der Leser nicht zunächst mit ihrer Lektüre belästigt wird, auch wenn er nur „normale“ Bedieninformationen wünscht. Problemfälle an den Anfang und damit in den Vordergrund zu stellen schadet außerdem dem Hersteller-Image. Dieser Mangel wurde in der SLK-Anleitung behoben. Dort erscheinen die Problemfälle in dem separaten Kapitel „Selbsthilfe“ gegen Ende der Anleitung, wo sie außerdem strukturiert wurden in „Problem“, „mögliche Ursache“ und „Lösungsvorschläge“, so dass auch hier wieder ein gezielterer Informationszugriff möglich ist. Die Auslagerung der Problemfälle ans Ende der Anleitung hat darüber hinaus den Vorteil, dass die wesentlichen Bedieninformationen dadurch rezeptionsökonomischer und folglich benutzerfreundlicher ausfallen.
6. *Terminologie* In der C-Klasse-Anleitung ist von einem *Startschalter* die Rede. Die unter Autofahrern übliche Bezeichnung hierfür ist *Zündung*. Diese Bezeichnung, die in der SLK-Anleitung verwendet wurde, dürfte für die Adressaten verständlicher sein und ist daher vorzuziehen.
7. *Abbildungen* Aus der Abbildung mit Beschriftung in der C-Klasse-Anleitung wird nicht deutlich, wo genau der Benutzer den betreffenden Schalter in der Mittelkonsole, die sehr viele Schalter aufweist, finden kann. Dies wurde in der SLK-Anleitung verbessert: Hier wurde textlich hinzugefügt, wo in der Mittelkonsole der Schalter angeordnet ist („oben“);

außerdem wird in der Abbildung nicht nur der Schalter allein, sondern auch seine Anordnung in der Mittelkonsole gezeigt, was dem Benutzer die Orientierung erleichtert.

Bei der Optimierung in den o. g. Punkten 1 bis 5 wurde stillschweigend die Sprechakttheorie genutzt. Sie soll im folgenden in den für die Erstellung und Optimierung technischer Dokumentation relevanten Aspekten kurz vorgestellt werden. Terminologische Gesichtspunkte, wie sie in Punkt 6 angesprochen wurden, werden hier ausgeklammert, da sie Gegenstand eines eigenen Artikels (VII.1) sind. Die Optimierung in Punkt 7 bezieht sich auf nonverbale Informationsträger und geht damit über den Gegenstandsbereich der Linguistik hinaus. Derartige Optimierungen fallen in den Gegenstandsbereich der Semiotik, der Lehre von den Zeichen. Des Weiteren wurden Optimierungen im typographischen Bereich vorgeschlagen, die ebenfalls nicht mehr in den Gegenstandsbereich der Linguistik im engeren Sinne fallen (s. hierzu Abschnitt 3).

2.1 Sprechakttheorie

Sprechakttheorie

Wie an den Auszügen aus den Mercedes-Benz-Betriebsanleitungen (s. Abb. 1 und 2) deutlich wurde, enthalten Anleitungen im Wesentlichen zwei Arten von Informationen: zum einen Beschreibungen des Produkts und seiner Reaktionen auf bestimmte Bedienvorgänge und zum anderen Anleitungen oder Anweisungen, so genannte Instruktionen, denen der Leser entnehmen kann, wie er vorgehen muss, um eine bestimmte Reaktion des Gerätes zu bewirken.

Illokutionen

Die Unterschiede in der Absicht (der so genannten Illokution), mit denen die Sätze geäußert werden, also z.B. Faktendarstellung vs. Instruktion, sind Gegenstand der Sprechakttheorie, die von John Langshaw Austin (1971 [1962]) und seinem Schüler John Roger Searle (1965, 1969) begründet wurde. Der Sprechakttheorie liegt die Idee zugrunde, dass wir mit unseren Äußerungen Handlungen vollziehen, was der Titel *How to Do Things with Words* (1971 [1962]) der Nachschrift von Austins Vorlesung, in der er seine Gedanken zur Sprechakttheorie darlegte, deutlich zum Ausdruck bringt.

Direkte und indirekte Sprechakte

Wie man mit seinen Äußerungen Handlungen vollzieht, lässt sich an folgendem Beispiel veranschaulichen: Indem man äußert *Es zieht!*, kann man jemanden auffordern, das Fenster zu schließen, also eine Aufforderungshandlung vollziehen. Allerdings geschieht dies mit der Äußerung *Es zieht!* nur indirekt, da *Es zieht!* – formal betrachtet – nur eine Feststellung ist. Von dieser Feststellung weiß der kompetente Sprachbenutzer aber, dass sie in einer entsprechenden Kommunikationssituation als Aufforderung gemeint ist. Man spricht in solchen Fällen von indirekten Sprechakten. Will man jemanden direkt zum Schließen des Fensters auffordern, kann man das z.B. mit der Äußerung tun: *Mach das Fenster zu!*. Hier handelt es sich um einen direkten Sprechakt des Aufforderns. Die Äußerungen *Es zieht!* und *Mach das Fenster zu!* sind also illokutionsidentisch, unterscheiden sich aber im übrigen Inhalt, den man in der Sprechakttheorie als

Proposition = Referenz + Prädikation

Proposition bezeichnet. Diese wiederum besteht aus der Referenz, also aus dem, worüber etwas ausgesagt wird (in Beispiel [1] unten *dieser Pilz*), und der Prädikation, d.h. dem, was über die Referenz ausgesagt wird (in Beispiel [1] *ist giftig*).

[1] Dieser Pilz ist giftig.

Je nach Kommunikationssituation kann die Äußerung in Beispiel [1], bei der es sich grammatisch gesehen um einen Aussagesatz handelt, unterschiedliche Illokutionen haben. Wenn Schülern im Biologieunterricht eine Reihe von Pilzen vorlegt wird mit der Frage, welche davon giftig sind, und ein Schüler dann einen herausgreift und die Äußerung [1] macht, dann handelt es sich um eine Äußerung mit der Illokution Feststellung. Wird die Äußerung [1] dagegen von einem Pilzesammler gemacht, weil er sieht, wie sein Begleiter gerade einen Giftpilz in den Korb legt, so ist sie eher als Aufforderung zu verstehen, den Pilz wegzuwerfen, oder – anders ausgedrückt – als Warnung, den Pilz nicht in den Korb zu legen. Hieran wird deutlich, dass Äußerungen nicht isoliert betrachtet werden dürfen, sondern immer in ihrer situativen Einbettung gesehen werden müssen.

Illokutionäre Verben

Um die Illokutionen in den angeführten Beispielen eindeutig zu benennen, wurden jeweils Verben, so genannte illokutionäre (oder auch illokutive) Verben, verwendet. In den verschiedenen Interpretationen von Beispiel [1] sind das die Verben *feststellen, auffordern* und *warnen*; in Beispiel [2] unten kann die Illokution mit dem Verb *versprechen* beim Namen genannt werden.

[2] Ich werde immer für dich da sein.

Sprechaktklassifikation

Die Anzahl illokutionärer Verben in den einzelnen Sprachen ist unüberschaubar groß; man kann sie bzw. die durch sie bezeichneten Sprechakte jedoch nach der Sprechaktklassifikation Searles (1976: 10 ff.) in fünf Klassen einteilen, die man vereinfacht, jedoch für die hier verfolgten Ziele ausreichend, wie folgt beschreiben kann:

1. Repräsentativa (*representatives*):
Hierunter versteht Searle Sprechakte, mit denen sich der Sprecher mehr oder weniger fest an die Wahrheit dessen bindet, was er in der Proposition ausdrückt. Hierzu gehören u.a. Feststellungen, Beschreibungen, Behauptungen und Vermutungen. Unter diese Kategorie fällt z.B. auch die folgende Äußerung:

[3] Die Anzeige arbeitet bei eingeschalteter Zündung.
(aus einer Kfz-Betriebsanleitung)

2. Direktiva (*directives*):
Hierbei handelt es sich um Sprechakte, wie das Bitten, das Auffordern und das Befehlen, die einen anderen zu einer Handlung bewegen wollen, z.B.:

[4] Zum Verriegeln Schlüssel abziehen, und Lenkrad bis zum hörbaren Einrasten nach links oder rechts drehen.

(aus einer Kfz-Betriebsanleitung)

3. Kommissiva (*commissives*):
Kommissiva sind Sprechakte, durch die sich der Sender zu etwas verpflichtet. Hierzu gehören z.B. das Versprechen, das Sich-Verpflichten und das Drohen:

[5] Wir gewähren auf alle Original-Teile 5 Jahre Garantie.

4. Expressiva (*expressives*):
Unter diese Kategorie fallen Sprechakte, mit denen der Sender seine Empfindungen, seine Stimmung zum Ausdruck bringt oder soziale Kontakte pflegt, wie Beglückwünschungen, Grüße und Freudenschreie:

[6] Wir wünschen Ihnen allzeit gute Fahrt.

(aus einer Kfz-Betriebsanleitung)

5. Deklarationen (*declarations*):
Dieser Kategorie rechnet Searle Sprechakte zu, durch deren Vollzug eine neue Wirklichkeit geschaffen wird, wie durch die Äußerung in Beispiel [7], durch die, wenn sie von einer Person mit der entsprechenden Befugnis gemacht wird, die Sitzung tatsächlich eröffnet ist. Zu dieser Sprechaktklasse gehören z.B. das Taufen und das Ernennen. Der erfolgreiche Vollzug dieser Sprechakte setzt voraus, dass derjenige, der sie vollzieht, die entsprechende offizielle Kompetenz hierzu hat.

[7] Hiermit erkläre ich die Sitzung für eröffnet.

In Anleitungstexten kommen vor allem repräsentative und direktive Sprechakte vor, aus denen sich auch die Auszüge aus den Kfz-Betriebsanleitungen in Abb. 1 und 2 zusammensetzen; Sprechakte der übrigen Klassen, wie z.B. Beglückwünschungen zum Kauf eines bestimmten Produktes als Expressiva oder Garantiebestimmungen als Kommissiva, sind in ihnen nur vereinzelt anzutreffen. Daher stehen die beiden Sprechaktklassen Repräsentativa und Direktiva im folgenden auch im Mittelpunkt.

Kompetente Sprachbenutzer haben in der Regel selbst dann keine Schwierigkeiten, die Illokution einer Äußerung zu erkennen, wenn in ihr kein illokutionäres Verb erscheint, die Illokution also nicht explizit beim

Namen genannt wird. Dies lässt sich anhand der angeführten Beispiele nachvollziehen. Welche Illokutionen eine Äußerung haben kann, ist konventionell geregelt; man lernt die möglichen Illokutionen von sprachlichen Formulierungen beim Spracherwerb wie man auch die Bedeutungen von Wörtern lernt. So weiß ein kompetenter Sprecher des Deutschen beispielsweise, dass Fragen wie *Könntest du mal das Fenster schließen?* in der Regel als höfliche Bitten gemeint sind, und nicht etwa als Fragen nach körperlichen oder geistigen Fähigkeiten.

Explizite Sprechaktkennzeichnung

Dennoch kann es verständnisfördernd bzw. verständnissichernd sein, vor allem in Textsorten wie Anleitungen, wenn man Sprechakte, insbesondere direktive, explizit als solche kennzeichnet, und zwar aus zwei Gründen: Wie die beiden Auszüge aus Kfz-Betriebsanleitungen in Abb. 1 und 2 illustrieren, wechseln sich in Anleitungen repräsentative und direktive Sprechakte häufig ab, wobei für den Benutzer, der in einem Text Abhilfe für ein Bedienproblem sucht, vornehmlich die direktiven Sprechakte von Bedeutung sind. Werden die direktiven Sprechakte mit Mitteln versprachlicht, die sie explizit und eindeutig als solche kennzeichnen, so fällt es dem Nachschlagenden erstens leichter, gezielt auf sie zuzugreifen, und zweitens wird die Gefahr vermieden, dass er eine Handlung, die von ihm auszuführen ist, versehentlich als Prozess interpretiert, der in dem dokumentierten Produkt selbsttätig abläuft.

Fehler auf der illokutionären Ebene

Zwei häufige Textproduktionsfehler, die auf illokutionärer Ebene gemacht werden, sind:

a) die Verwendung von indirekten Sprechakten, die den kognitiven Aufwand für die Textinterpretation unnötig erhöhen (Vagheit in Bezug auf die Sprechaktklasse), und
b) die Verwendung von Illokutionsindikatoren, die in Bezug auf den illokutionären Nachdruck innerhalb einer Sprechaktklasse vage sind (Vagheit in Bezug auf den illokutionären Nachdruck).

Diese Textproduktionsfehler und Strategien zu ihrer Vermeidung werden in den folgenden Abschnitten erörtert.

2.1.1 Vagheit in Bezug auf die Sprechaktklasse

Beschreibungen vs. Instruktionen

Analysiert man Anleitungstexte, die von Technikern erstellt wurden, unter sprechakttheoretischen Gesichtspunkten, stellt man fest, dass Techniker oftmals die Funktion der von ihnen zu erstellenden Texte verfehlen, indem sie fast ausschließlich repräsentative Sprechakte verwenden und damit systemorientierte Funktionsbeschreibungen liefern (s. Beispiel [8]) anstatt der vom Benutzer benötigten direktiven Sprechakte in Form von anwendungsorientierten (tätigkeitsorientierten) Instruktionen (s. Beispiel [8′]).

[8] Schalter A verriegelt die Türen.
(systemorientierte Beschreibung)

[8′] Zum Verriegeln der Türen Schalter A drücken.
(tätigkeitsorientierte Instruktion)

Das dürfte daran liegen, dass Techniker die Produkte, die sie entwickeln, aus einer ganz anderen Perspektive sehen als die Benutzer, die diese Produkte später einsetzen. Den Techniker interessiert, wie das Produkt aufgebaut ist, welche Prozesse in ihm ablaufen, welche konstruktiven Maßnahmen ergriffen werden müssen, um das Produkt technisch zu optimieren, was bestimmte Funktionen intern bewirken. Der Benutzer dagegen interessiert sich in der Regel nicht für technische Abläufe. Er hat eine bestimmte Aufgabenstellung im Kopf (z.B. Geschwindigkeit erhöhen) und fragt sich, was er tun muss, damit das Produkt entsprechend reagiert. Anders ausgedrückt: Den Techniker interessiert allein das Produkt, das ausschließlich mit repräsentativen Sprechakten, also in Passus mit Feststellungen (deskriptiven Passus) beschrieben werden kann, den Benutzer dagegen interessiert die Interaktion zwischen ihm selbst und dem Produkt; um sie zu verdeutlichen, sind Instruktionen, also direktive (anweisende oder anleitende) Sprechakte, erforderlich. Darüber hinaus benötigt der Benutzer aber ebenfalls auch Beschreibungen der Reaktionen des Systems, damit er vergleichen kann, ob er alles richtig gemacht hat, und Begründungen bzw. Zweckangaben für die Instruktionen, also repräsentative Sprechakte, die ihn motivieren, die Anweisungen auch zu befolgen.

Soll ein Techniker eine Anleitung erstellen, so gelingt es ihm oftmals nicht, die Perspektive zu wechseln und das Produkt, das er nur aus der Entwicklerperspektive kennt, nun einmal aus der Anwenderperspektive zu betrachten. Dabei entstehen dann Äußerungen (indirekte Sprechakte) wie diejenige in Beispiel [8], wo eine Formulierung wie in Beispiel [8'] viel deutlicher machen würde, dass der Schalter A dies nicht von alleine tut, sondern der Benutzer den Schalter A drücken muss, wenn er die Türen verriegeln will.

Die Äußerungen in [9] sind ein weiteres Beispiel, in dem sich Anweisungen hinter Beschreibungen verbergen:

[9] Achtung!
Das in dieser Maschine benutzte synthetische Schmieröl enthält Zusätze, die, wenn sie über einen längeren Zeitraum mit der Haut in Kontakt kommen, absorbiert werden und dann giftig wirken.

(Beispiel aus: Riedel/Walter/Wallin-Felkner 1995 ff.: 8.4.2–8)

Hier wird eine Beschreibung des Schmieröls geliefert (dieses ist das Thema), aber nicht direkt zum Ausdruck gebracht, welche Konsequenzen der Benutzer daraus für den Umgang mit dem Schmieröl ziehen soll, obwohl es darauf – zumal unter der Überschrift „Achtung!" – doch gerade ankommt. Außerdem ist dieser Satz aufgrund seiner Verschachtelung noch schwer verständlich und in seiner Zeitangabe („über einen längeren Zeitraum") vage. Leichter verständlich wäre hier eine eindeutige Instruktion, die dem Benutzer mitteilt, was er tun bzw. nicht tun soll, am besten mit Begründung:

[9'] Achtung!
Lassen Sie das giftige Schmieröl dieser Maschine keinesfalls länger als 1 Stunde auf Ihrer Haut.
Das synthetische Schmieröl enthält Zusätze, die nach einer Stunde in Ihre Haut eindringen und dann als Gift wirken.

(Beispiel aus: Riedel/Walter/Wallin-Felkner 1995 ff.: 8.4.2–8)

Hier steht nicht mehr das Schmieröl im Vordergrund, sondern die Instruierung des Adressaten. Die Begründung als repräsentativer Sprechakt verleiht der Instruktion dabei Nachdruck und motiviert den Leser dazu, sie auch zu befolgen.

Eindeutige Illokutionsindikatoren

Damit der Benutzer sofort erkennt, an welchen Stellen eines Anleitungstextes er über die Funktionsweise bzw. Reaktion des Systems, des Geräts usw. informiert und an welchen Stellen er instruiert wird, selbst etwas zu tun, ist es sinnvoll, Formulierungen zu verwenden, die sofort als repräsentativ bzw. direktiv zu erkennen sind. Passivkonstruktionen erfüllen diese Bedingung nicht. Sie können – zumindest im Deutschen – sowohl für Beschreibungen als auch für Instruktionen verwendet werden. Andere Formen, wie z.B. der Imperativ (*Klicken Sie das rechte Feld an.*) und der imperativische Infinitiv (*Das rechte Feld anklicken.*), dagegen haben den Vorteil, dass sie nur in direktiver Funktion verwendet werden können und sich daher besser zur deutlichen Absetzung der Instruktionen von den deskriptiven Passus eignen.

Um Instruktionen deutlich als solche kenntlich zu machen und sie dadurch von deskriptiven Passagen abzusetzen, empfiehlt es sich daher, für Instruktionen solche sprachlichen Mittel einzusetzen, die ausschließlich in instruktiver, nicht aber auch in deskriptiver Funktion verwendet werden können.

Passivkonstruktionen

Betrachten wir hierzu Beispiel [10], mit dem der Autor den Benutzer informieren will, wie er eine Klappe öffnen kann:

[10] Die Klappe wird mit Schalter 1 geöffnet.
[10'] Zum Öffnen der Klappe Schalter 1 drücken.

In Beispiel [10] wird eine Passivkonstruktion verwendet. Solche Passivkonstruktionen kommen in technischen Beschreibungen sehr häufig vor und können dort durchaus sinnvoll sein. In Beispiel [10] soll jedoch keine Systembeschreibung geliefert werden, sondern eine Instruktion, wie zum Öffnen der Klappe vorzugehen ist. Auch das kann der Leser der Äußerung in Beispiel [10] zwar entnehmen, jedoch nur indirekt; er muss die Beschreibung, die ihm dort geliefert wird, gedanklich in eine Instruktion umwandeln, d.h. die Äußerung in [10] als einen indirekten Sprechakt des Instruierens auffassen. Diesen gedanklichen Zwischenschritt kann der Verfasser des Textes dem Leser abnehmen, indem er zur Erteilung der Instruktion einen direkten Sprechakt wählt, der gar nicht als Beschreibung missverstanden werden und dem der Leser im obigen Beispiel auch sofort entnehmen kann, dass der Schalter die Klappe nicht von alleine öffnet, sondern dass hier seine Handlung gefordert ist. Dies bringt der eindeutig direktive imperativische Infinitiv in Beispiel [10'] unmissverständlich zum Ausdruck; die Formulierung in [10'] kann nicht auch als repräsentativer Sprechakt missverstanden werden.

Illokutionsindikatoren

Zu den sprachlichen Mitteln, die dazu beitragen, dass die Illokution einer Äußerung richtig erkannt wird, den so genannten Illokutionsindikatoren, gehören neben dem imperativischen Infinitiv illokutionäre Verben, der Modus, aber auch Modalverben, die Intonation in der gesprochenen Sprache, Partikeln wie *denn, doch, also, nun* und die Satzart (Aussage-, Frage- und Ausrufesätze), wie in den folgenden Beispielen:

[11a] Wir haben im Lotto gewonnen.
[11b] Haben wir im Lotto gewonnen?
[11c] Juchhu, wir haben im Lotto gewonnen!!

Die drei Sätze sind propositionsidentisch, d.h., sie haben alle drei dieselbe Referenz und dieselbe Prädikation, unterscheiden sich aber in ihrer Illokution: In Beispiel [11a] liegt eine Feststellung vor, in Beispiel [11b] eine Frage, die auch als Vorwurf gemeint sein kann, und in Beispiel [11c] eine Freudenbekundung.

Nicht alle Illokutionsindikatoren sind bei der Interpretation der Illokution einer Äußerung jedoch gleich hilfreich. Dies wird bereits an Beispiel [11b] deutlich, in dem als Illokutionsindikator die Satzart, hier die der Frage, in eine bestimmte Illokutionsrichtung weist, aber dennoch die Illokution nicht explizit auf eine ganz bestimmte festlegt: Ob [11b] als Informationsfrage oder als Ablehnung gemeint ist, hängt vom Kontext ab. In beiden Fällen handelt es sich um direktive Sprechakte, nämlich um eine Aufforderung zu antworten im Falle der Frage bzw. eine Aufforderung, eine bestimmte Investition nicht zu tätigen, im Falle der Ablehnung. Ist es in der Kommunikationssituation, in der die Äußerung [11b] gemacht wird, für eine Verhaltensänderung zu spät (etwa weil ein Kaufvertrag bereits abgeschlossen wurde), so kann die Äußerung auch als Unmutsbekundung der Klasse der expressiven Sprechakte zuzurechnen sein.

Mit dieser Ambiguität steht ein weiterer Fehler in Zusammenhang, der bei der Produktion von Anleitungstexten häufig gemacht wird. Er ist Gegenstand des nächsten Abschnitts.

2.1.2 Vagheit in Bezug auf den illokutionären Nachdruck

Empfehlungen vs. Anweisungen

Für direktive Sprechakte werden zwar häufig Illokutionsindikatoren verwendet, die diese Sprechakte eindeutig als direktiv markieren, die den Leser aber im Unklaren darüber lassen, ob die Proposition des direktiven Sprechakts eine unbedingt auszuführende bzw. – bei Verboten – eine unbedingt zu unterlassende Handlung bezeichnet oder lediglich eine vorteilhafte Handlung bzw. – beim Abraten – eine Handlung, die nicht in jedem Fall vermieden werden muss, ob es sich also bei dem Sprechakt um eine Anweisung bzw. ein Verbot oder um eine Empfehlung bzw. einen Sprechakt des Abratens handelt. Die Wahl falscher oder mehrdeutiger Illokutionsindikatoren kann auch hier zu Fehlinterpretationen führen, die tödliche Folgen haben können, etwa dann, wenn eine Äußerung aufgrund eines falschen oder nicht eindeutigen Illokutionsindikators als Empfehlung interpretiert wird, die man leicht einmal zu missachten wagt (wie in Beispiel [12a]), eigentlich aber eine Warnung zum Ausdruck bringen sollte (vgl. Beispiel [12b]):

[12a] Diesen Draht sollten Sie nicht berühren.
[12b] Diesen Draht auf keinen Fall berühren!

Illokutionsindikator ‚should'

Ein Beispiel für einen in Bezug auf die Sprechaktklasse eindeutigen, jedoch in Bezug auf den illokutionären Nachdruck innerhalb der Sprechaktklasse vagen Illokutionsindikator ist das Modalverb *should* in den folgenden Beispielen:

[13] Your driver maintenance chart, shown here, lists important items which you should check regularly.
[14] !! Warning! The automotive speed control system should not be used in heavy traffic, on twisty roads or when the surface is slippery.
(aus einer Kfz-Betriebsanleitung)

In beiden Fällen liegt als Illokutionsindikator das Modalverb *should* vor; es zeigt jedoch in den beiden Fällen nicht dieselbe Illokution an. Zur korrekten Interpretation des Illokutionsindikators ist hier jeweils eine genaue Analyse des Kotexts erforderlich:

In der Checkliste (*driver maintenance chart*), von der in Beispiel [13] die Rede ist, erscheinen Hinweise dazu, in welchen Abständen beispielsweise der Ölstand und der Bremsflüssigkeitsstand des Fahrzeugs zu messen sind. Es empfiehlt sich zwar, die dort angegebenen Zeitintervalle einzuhalten, doch besteht, wenn man das einmal nicht tut, keine unmittelbare Gefahr eines Personen- oder Sachschadens. In Beispiel [14] dagegen wird eine Instruktion gegeben, deren Nichtbeachtung lebensgefährlich sein kann; hierauf deutet bereits das Signalwort *Warning* mit mehreren Ausrufezeichen hin. Das bedeutet, dass *should* in Beispiel [13] als Illokutionsindikator für eine Empfehlung interpretiert werden muss, d.h. als Illokutionsindikator für einen Sprechakt, dessen Proposition vor dem Hintergrund der Textfunktion eine nicht notwendige, sondern lediglich eine vorteilhafte Handlung beschreibt. *Should* in Beispiel [14] dagegen muss als Illokutionsindikator für einen Sprechakt interpretiert werden, dessen Proposition vor dem Hintergrund der Textfunktion eine unbedingt auszuführende Handlung beschreibt bzw. hier – bei einem Verbot als negativem Pendant einer Anweisung – eine unbedingt zu unterlassende Handlung. Um dies eindeutig bestimmen zu können, muss der Rezipient das Signalwort *Warning* in die Interpretation einbeziehen.

In Ko- und Kontexten, in denen ein solcher zusätzlicher Illokutionsindikator fehlt, bleibt die Illokution, die das Modalverb *should* signalisiert, vage, was neben Fehlbedienungen und produkthaftungsrechtlichen Folgen (s. hierzu Göpferich 1998: Kap. 11) auch Übersetzungsprobleme, insbesondere beim Einsatz von Translation-Memory- und maschinellen Übersetzungssystemen, nach sich ziehen kann (s. hierzu Artikel VII.2).

Optimiert man die Äußerung in Beispiel [14] unter diesen sprechakttheoretischen Gesichtspunkten, erhält man die weniger Spielraum für Missverständnisse lassende Variante [14a]:

[14a] !! Warning! Do not use the automotive speed control system in heavy traffic, on twisty roads or when the surface is slippery.

2.2 Textlinguistik

Textlinguistik

Im Zentrum der Analysen in Abschnitt 2 stand eine spezifische Textsorte: die Kfz-Betriebsanleitung. Solche Anleitungen richten sich an Laien. Technische Redakteure erstellen aber auch Texte anderer Textsortenzugehörigkeit, z.B. Werkstattreparaturanleitungen, deren Adressaten Fachleute sind, oder Produktbeschreibungen, die nicht instruieren, sondern, wie ihr Name bereits aussagt, in erster Linie beschreiben. Für jede dieser Textsorten haben sich im Laufe der Zeit textsortenspezifische Formulierungs- und Textgestaltungsmuster, so genannte Textsortenkonventionen, herausgebildet, die sich nicht nur von Textsorte zu Textsorte, sondern auch von Kultur zu Kultur durchaus unterscheiden können. Textsortenkonventionen lassen sich auf allen Sprachbeschreibungsebenen feststellen, von der Ebene der Lexik über die Syntax und die Wahl der Illokutionsindikatoren bis hin zur Gesamtgliederung der jeweiligen Texte, ihrer so genannten Makrostruktur. Für den Textproduktionsspezialisten bedeutet dies, dass er sich nicht nur zielgruppengerecht ausdrücken können, sondern auch die jeweiligen textsortenspezifischen Besonderheiten der Versprachlichung beherrschen muss. Hierzu gehört beispielsweise, dass er weiß, dass man als Illokutionsindikator für Instruktionen in Anleitungen für den Laien durchaus den Imperativ verwenden kann (*Entfernen Sie die Verpackung.*), dass dies aber in Service- und Reparaturanleitungen für Fachleute unüblich ist; dort verwendet man als Illokutionsindikator für Instruktionen im Deutschen den imperativischen Infinitiv (*Verpackung entfernen.*). Viele für die professionelle technische Kommunikation relevante Ergebnisse in diesem Bereich hat die kontrastive Fachtextlinguistik zusammengetragen (s. hierzu z.B. Göpferich 1995; Kalverkämper/Baumann 1996; Trosborg 2000). Gegenstand der kontrastiven Fachtextlinguistik sind dabei sowohl Vergleiche verschiedener Textsorten derselben Sprache (intralinguale Kontrastierungen) als auch Vergleiche der Vertextungskonventionen einer Textsorte in verschiedenen Sprachen (interlinguale Kontrastierungen).

Textsortenkonventionen

Kontrastive Fachtextlinguistik

Thema-Rhema-Theorie

Einen weiteren Beitrag zur Verbesserung der Textproduktionskompetenz von Technischen Redakteuren leistet die Textlinguistik mit der Thema-Rhema-Theorie. Da sich die Einhaltung der Gesetzmäßigkeiten, die sich aus ihr für die Strukturierung und Verknüpfung von Sätzen ergeben, sehr stark auf die Verständlichkeit von Texten auswirkt, behandele ich sie hier näher.

Thema-Rhema-Theorie

Das Deutsche ist eine Sprache, die in einem Satz mit den gleichen Wörtern eine Vielzahl von Wortstellungen zulässt. Auf das Englische trifft dies in viel geringerem Maße zu; hier ist man weitgehend an die Wortstellung Subjekt–Prädikat–Objekt (SPO) gebunden. Das liegt daran, dass das heutige Englisch im Vergleich zum Deutschen eine viel schwächer ausgeprägte Flexionsmorphologie aufweist: Bei den englischen Verben ist lediglich das *-s* der 3. Person Singular im Präsens übrig geblieben, während im Deutschen die Verbendungen mit der Person und dem Numerus variieren. Bei den Substantiven kann man im Deutschen den Fall, in dem sie gebraucht werden, in der Regel ebenfalls an ihrer Endung und ihrem Artikel erkennen, der mit dekliniert wird, was im Englischen nicht zutrifft. So kann man im Deutschen z.B. sagen:

[15] Der Hund jagt die Katze.

oder:

[15′] Die Katze jagt der Hund.

Hilfskonstruktionen

Im Englischen dagegen kann man die zweite Variante nicht nachahmen. Hier ist lediglich möglich:

[16] The dog chases the cat.

nicht aber:

[16′] *The cat chases the dog.

wenn gemeint ist, dass die Katze gejagt wird. In der deutschen Version [15′] ist am Artikel von *Hund* (*der* Hund) eindeutig zu erkennen, dass der Hund nicht der Verfolgte ist (dann müsste *der Hund* im Akkusativ stehen: *den Hund*); im Englischen dagegen sind Nominativ und Akkusativ identisch, so dass über die Wortstellung deutlich gemacht werden muss, wer hier etwas mit wem macht (SPO).

Um im Englischen *die Katze* an den Satzanfang stellen zu können, muss man beispielsweise auf eine Passivkonstruktion ausweichen, die die Rollenverteilung deutlich macht (s. Variante [16″]), oder aber eine Hilfskonstruktion wie die Spaltkonstruktion (engl. *clefting construction*) verwenden (s. Variante [16‴]):

[16″] The cat is chased by the dog.
[16‴] It's the cat that the dog chases.

Dass die deutsche Grammatik in der Wortstellung relativ viel Spielraum lässt, bedeutet aber nicht, dass die unterschiedlichen Stellungsvarianten frei gegeneinander austauschbar wären; sie unterscheiden sich nämlich in ihrer Bedeutung. Welche von mehreren grammatisch korrekten Wortstellungen die beste ist, hängt von der textuellen und situativen Einbettung, also vom Ko- und Kontext, ab. Ist in einer Situation von einem Hund die Rede und wird dann gefragt, was dieser gerade macht, so wirkt [15] als Antwort natürlicher als [15']. Wird dagegen behauptet, der Hund jage den Wellensittich und soll dieser Aussage widersprochen werden, so ist [15'] passender; es weist in diesem Kotext nämlich als zusätzliche Bedeutungskomponente die Markierung des Widerspruchs auf. Diese Bedeutungskomponente ist dabei nicht lexikalisch, sondern rein syntaktisch verankert.

Vom Bekannten zum Neuen

Die Abfolge der Satzteile, die kompetente Sprachbenutzer aus der Summe aller grammatisch möglichen Abfolgen jeweils auswählen, unterliegt bestimmten Gesetzmäßigkeiten, deren Feststellung und Erforschung auf die Prager Strukturalisten (Mathesius, Daneš, Firbas u.a.) zurückgeht. Wenn kompetente Sprachbenutzer sachlich miteinander kommunizieren und anderen nicht widersprechen, bauen sie ihre Sätze intuitiv so, dass diese – im Rahmen des grammatisch Zulässigen – mit denjenigen Satzteilen beginnen, deren Informationsgehalt in der jeweiligen Situation relativ niedrig ist, und mit denjenigen Satzteilen enden, deren Informationsgehalt am höchsten ist (s. hierzu z.B. den Überblick in Lutz 1981). Dies gilt wohl für alle Sprachen, die jedoch u.U. Hilfskonstruktionen wie die Spaltkonstruktion bereitstellen müssen, damit diese Tendenz eingehalten werden kann.

Unprofessionell verfasste Texte weisen gelegentlich Abweichungen von dieser Gesetzmäßigkeit auf. Sie enthalten Sätze, deren Satzteile zwar unter grammatischen Gesichtspunkten korrekt angeordnet sein mögen, es aus kommunikationsdynamischer Sicht jedoch oftmals nicht sind. Ein Beispiel für einen typischen Verstoß gegen die Gesetzmäßigkeiten zur Anordnung von Satzteilen unter kommunikativen Gesichtspunkten findet sich im folgenden Auszug aus einer Informationsbroschüre zum Thema Bremsen eines Automobilherstellers:

[17] Starke Hitze kann die Wirkung von Trommelbremsen vermindern und die Bremsbeläge beschädigen. Diese zeitweilige Einbuße der Bremskraft kennen Sie vielleicht unter der Bezeichnung *Fading*. Besonders bei langen Bergabfahrten, wenn man lange auf der Bremse steht, kann bei Autos mit vier Trommelbremsen *Fading* auftreten.

In den ersten beiden Sätzen wird hier noch die übliche Anordnung der Satzteile von solchen mit niedrigem Informationsgehalt zu solchen mit hohem Informationsgehalt eingehalten. Am Ende des zweiten Satzes wird der Begriff des *Fading* in der Endposition neu eingeführt. Im letzten Satz sollen nun noch Zusatzinformationen zum Fading vermittelt werden. Da der Begriff des Fadings im vorangehenden Satz bereits eingeführt wurde, muss er im letzten Satz als vorerwähnt am Satzanfang erscheinen.

Er steht hier aber fälschlicherweise wieder in Endposition, also an der Stelle, an der die neuen Informationen erscheinen müssen, wodurch der Absatz holprig wirkt.

Hält man sich an das Prinzip ‚von Satzteilen mit niedrigem zu solchen mit hohem Informationsgehalt', wie in Beispiel [17'], so ist diese „Holprigkeit" beseitigt:

[17'] ... Diese zeitweilige Einbuße der Bremskraft kennen Sie vielleicht unter der Bezeichnung *Fading*. *Fading* kann bei Autos mit vier Trommelbremsen besonders bei langen Bergabfahrten auftreten, wenn man lange auf der Bremse steht.

Hier entspricht die Abfolge der Satzteile den Erwartungen des kompetenten Sprachbenutzers, was sich letztlich auch positiv auf die Verständlichkeit auswirkt.

Thema – Rhema

Im Zusammenhang mit dem Mitteilungswert von Satzteilen ist in der einschlägigen Literatur von den Begriffen ‚Thema' und ‚Rhema' die Rede, die von den Prager Strukturalisten geprägt wurden. Neben *Thema* (*theme*) und *Rhema* (*rheme*) werden – vor allem von amerikanischen Linguisten – u.a. auch die Bezeichnungen *topic* (*Topik*) und *comment* bzw. *focus* (*Fokus*) verwendet. Die Definitionen dieser Begriffe sind bei den verschiedenen Autoren nicht ganz einheitlich. Die Abweichungen sind jedoch für das hier angestrebte Ziel irrelevant. In Verfolgung dieses Ziels kann man verallgemeinernd sagen, dass als *Thema* derjenige Satzteil bezeichnet wird, der den niedrigsten Mitteilungswert besitzt und als Träger bekannter Information angesehen werden kann. Bekannt sein kann seine Information dabei aufgrund der Situation, der im Text zuvor gelieferten Informationen oder auch aufgrund der Tatsache, dass es sich um beim Empfänger voraussetzbares (Allgemein-)Wissen handelt. *Rhema* wird der Satzteil genannt, der den höchsten Mitteilungswert besitzt und etwas (Neues) über das Thema aussagt.

Thema-Rhema-Gliederung (TRG) / funktionale Satzperspektive (FSP)

Die Verteilung thematischer und rhematischer Elemente über den Satz unter kommunikativen Gesichtspunkten bezeichnet man mit den Prager Strukturalisten als *Thema-Rhema-Gliederung (TRG)* oder *funktionale Satzperspektive (FSP)*, aber auch als *Mitteilungsperspektive*.

Unmarkierte vs. markierte Wortstellung

Beginnt ein Satz mit Satzteilen mit niedrigem Mitteilungswert und endet er mit solchen mit hohem Mitteilungswert (soweit es die grammatischen Regeln zulassen), so spricht man von einer *unmarkierten* oder *neutralen Wortstellung*. Unter bestimmten Bedingungen wird diese Reihenfolge (niedriger Mitteilungswert – hoher Mitteilungswert) jedoch umgekehrt. Man spricht dann von einer *markierten* oder *expressiven Wortstellung* (Confais 1983: 245). Ein Grund für eine solche markierte Wortstellung ist z.B. ein Widerspruch zu einer vorausgehenden Aussage, etwa wenn der obige Satz [15'] auf die Behauptung hin geäußert wird, dass der Hund den Wellensittich jage. Da der hervorgehobene Satzteil einen Widerspruch (Kontrast) zur vorausgehenden Äußerung ausdrückt, sagt man bei ihm auch, er steht im *Kontrastfokus* (Hönig/Kußmaul 2003: 112).

Konstrastierung

In Beispiel [17] oben wurde bereits ein typischer Fehler bei der Anordnung von Satzteilen unter kommunikativen Gesichtspunkten vorgestellt: das grundlose Abweichen vom Prinzip ‚vom Bekannten zum Neuen', also ‚vom Thema zum Rhema'. Ein weiteres Prinzip, gegen das bei der Anordnung von Satzteilen unter kommunikativen Gesichtspunkten häufig verstoßen wird, besteht darin, dass man bei Vergleichen die kontrastierten Elemente nach Möglichkeit in die gleiche Satzposition stellt. Auch dies lässt sich an einem Beispiel veranschaulichen:

[18] Katzen sind nur schwer dressierbar. Man kann Hunden dagegen fast alles beibringen.

[18′] Katzen sind nur schwer dressierbar. Hunden kann man dagegen fast alles beibringen.

[18″] Katzen sind nur schwer dressierbar. Hunden dagegen kann man fast alles beibringen.

Der Übergang vom ersten zum zweiten Satz klingt auch in Beispiel [18] im Gegensatz zu den Varianten [18′] und [18″] wieder „holprig". Das liegt daran, dass in Beispiel [18] gegen das o. g. Prinzip zur Kontrastierung verstoßen wurde, während die beiden kontrastierten Elemente in den Varianten [18′] und [18″] in Übereinstimmung mit diesem Prinzip in beiden Sätzen jeweils an der gleichen Stelle – hier am Anfang – erscheinen. In Variante [18″] wird die Hervorhebung der Kontrastierung dabei zusätzlich dadurch verstärkt, dass die kontrastierende Konjunktion *dagegen* unmittelbar an das kontrastierte Element gerückt wurde und dieses dadurch noch stärker fokussiert wird.

Ein Verstoß gegen das Prinzip zur Kontrastierung liegt auch im folgenden Textauszug aus einer Studienarbeit eines angehenden Technischen Redakteurs vor:

[19] In der Region wurde der Getreidebau bis vor einigen Jahren durch die EU subventioniert. Als das Vereinigte Europa unter der selbst produzierten Getreidelast zu ersticken drohte, begann die EU mit der finanziellen Unterstützung der spanischen Schafzüchter.

In dieser Passage sollen der Getreidebau und die Schafzucht in Kontrast zueinander gestellt werden. Diese Information ist der Passage [19] jedoch nur mit Mühe zu entnehmen, da die kontrastierten Elemente nicht jeweils in der gleichen Satzposition erscheinen. Liest man den zweiten Satz nur bis zum Komma und überlegt sich dann, was dem Komma folgen könnte, so vermutet man eher, dass nun eine andere subventionierende Institution genannt wird (z.B. …, *begann die Subventionierung durch die Weltbank*). Das liegt daran, dass die kontrastierten Elemente (EU vs. Weltbank) dann wiederum gemäß dem o. g. Prinzip jeweils an der gleichen Stelle im Satz platziert wären. Damit die Passage die von ihrem Verfasser intendierte Botschaft optimal transportiert, müssen die Satzteile gemäß dem Kontrastierungsprinzip beispielsweise wie folgt umgestellt werden:

[19′] Bis vor einigen Jahren subventionierte die EU in der Region *den Getreidebau*. Als das Vereinigte Europa unter der selbst produzierten Getreidelast zu ersticken drohte, begann sie mit der finanziellen Unterstützung *der spanischen Schafzüchter*.

Zugleich konnte hier eine Passivkonstruktion in eine leichter verständliche Aktivformulierung umgewandelt werden (*wurde durch die EU subventioniert → subventionierte die EU*).

Thema-Rhema-Gliederung und Verständlichkeit

Ein Vergleich der ursprünglichen Formulierungen mit ihren optimierten Varianten dürfte, insbesondere bei Beispiel [19]/[19′], deutlich vor Augen führen, wie wichtig die Einhaltung der Prinzipien zur Anordnung von Satzteilen unter kommunikativen Gesichtspunkten auch für die Textverständlichkeit ist.

Betrachten wir noch ein letztes Beispiel aus einer Studienarbeit – diesmal einer angehenden Technischen Redakteurin –, in dem ebenfalls gegen die Prinzipien der funktionalen Satzperspektive verstoßen wurde. Das Thema dieser Studienarbeit ist die Ermittlung der Fernseheinschaltquoten in der BR Deutschland:

[20] Da die Befragung aller Bundesbürger aus Zeit- und Kostengründen nicht möglich ist, führt man die eigentliche Fernsehzuschauerforschung mit Hilfe eines Panels durch. Dieses Panel repräsentiert eine Stichprobe aus allen deutschen Haushalten, die mit mindestens einem Fernsehgerät ausgestattet sind.

Was hier kontrastiert werden soll, sind *alle Bundesbürger* vs. *ein Panel. Aller Bundesbürger* hat im ersten (Kausal-)Satz den höchsten Mitteilungswert, erscheint jedoch nicht in der rhematischen Endposition. Hat man den Sinn des zitierten Abschnitts erfasst und liest man ihn dann laut, wird man zum Ausgleich dieses Verstoßes intuitiv die Betonung auf *aller* legen. Verändert man nun lediglich die Anordnung der Satzteile entsprechend den Prinzipien der funktionalen Satzperspektive wie in Variante [20′], trägt immer noch die Prädikatsphrase (*ist nicht möglich*), die aus grammatischen Gründen am Ende stehen muss, eine Betonung, die höher ist, als sie ihr gebührt:

[20′] Da aus Zeit- und Kostengründen die Befragung aller Bundesbürger nicht möglich ist, führt man die eigentliche Fernsehzuschauerforschung mit Hilfe eines Panels durch. Dieses Panel repräsentiert eine Stichprobe aus allen deutschen Haushalten, die mit mindestens einem Fernsehgerät ausgestattet sind.

Gelöst werden kann das Problem nur, wenn man zudem die Nominalisierung *Befragung* in eine verbale Formulierung (*befragen*) umsetzt, wie in Variante [20″]:

[20"] Da es aus Zeit- und Kostengründen nicht möglich ist, alle Bundesbürger zu befragen, führt man die eigentliche Fernsehzuschauerforschung mit Hilfe eines Panels durch. Dieses Panel repräsentiert eine Stichprobe aus allen deutschen Haushalten, die mit mindestens einem Fernsehgerät ausgestattet sind.

Auch dieses Beispiel veranschaulicht den massiven Einfluss, den die Satzstellung unter kommunikativen Gesichtspunkten auch auf die Verständlichkeit eines Textes hat. Weiterführende Informationen zur Nutzung der Thema-Rhema-Theorie zur Textoptimierung finden sich in Göpferich (1998: Kap. 6) sowie Göpferich (2003: Kap. 3).

2.3 Verständlichkeitskonzepte und empirische Verständlichkeitsprüfung

Verständlichkeitskonzepte

An den Beispielen, die in den vorangehenden beiden Abschnitten zur Sprechakttheorie und zur Thema-Rhema-Theorie behandelt wurden, wird bereits deutlich, dass Schwerverständlichkeit und Missverständlichkeit ganz verschiedene Ursachen haben können. Die verschiedenartigen Quellen von Schwerverständlichkeit oder – positiv ausgedrückt – die verschiedenen Bereiche oder Dimensionen, in denen für Verständlichkeit zu sorgen ist, sind Gegenstand so genannter Verständlichkeitskonzepte, von denen sich für die hier verfolgten Ziele das Karlsruher Verständlichkeitskonzept (Göpferich 2001; 2002: Kap. 4.6) als besonders geeignet erweist. Es unterscheidet zwischen den folgenden Verständlichkeitsdimensionen: Prägnanz, inhaltliche und sprachliche Korrektheit, Struktur, Motivation, Simplizität und Perzipierbarkeit. Die Optimierungen, die in diesem Artikel vorgestellt wurden, sind den Dimensionen Simplizität (Terminologie, Sprechakttheorie), Struktur (Thema-Rhema-Gliederung) und Perzipierbarkeit (typographische Verbesserungen und Optimierung im nonverbalen Bereich) zuzurechnen. Eine ausführliche Darstellung des Karlsruher Verständlichkeitskonzepts würde den Rahmen dieses Artikels sprengen. Eine mit vielen Beispielen illustrierte Darstellung findet sich in den o. g. beiden Quellen.

Aus jeder der Dimensionen eines solchen Verständlichkeitskonzepts lassen sich Formulierungs- und Gestaltungsgrundsätze ableiten, wie sie hier im Zusammenhang mit der Sprechakttheorie und der Thema-Rhema-Theorie vorgestellt wurden. Die Beachtung dieser Grundsätze bei der Texterstellung ist ein wichtiger Schritt auf dem Weg zu funktions- und adressatengerechten Texten. Ob das Ziel der funktions- und adressatengerechten Gestaltung aber in idealer Weise erreicht wurde, kann mit letzter Bestimmtheit nur mit Hilfe empirischer Prüf- und ggf. Optimierungsverfahren beurteilt bzw. sichergestellt werden. Welche empirischen Prüfverfahren im jeweiligen Fall geeignet sind, muss von der Textsorte abhängig gemacht werden. Grob kann man unterscheiden zwischen Testverfahren für Anleitungstexte, die direkt zu praktischen Handlungen anleiten, dem so genannten *Usability Testing*, und Frage-Testverfahren

Empirische Verständlichkeitsprüfverfahren

Frage-Testverfahren

sowie optimierendes Reverbalisieren mit lautem Denken für Texte, die primär informieren, ohne praktische Anschlusshandlungen nach sich zu ziehen, wie populärwissenschaftliche Zeitschriftenartikel, Funktionsbeschreibungen und viele Lehrbuchtexte. Wird bei letzteren die Verständlichkeit mit Verständnisfragen zum Text gemessen, sollten diese sollten so beschaffen sein, dass deren Antworten nicht direkt dem Text entnommen werden können, der den Versuchspersonen bei der Beantwortung der Fragen weiterhin vorliegen sollte. Sie sollten vielmehr so gestellt werden, dass ihre Beantwortung ein Problemlöseverfahren voraussetzt, dessen erfolgreiche Bewältigung erfordert, dass der Text verstanden wurde.

Protokolle des lauten Denkens (TAPs)

Beim optimierenden Reverbalisieren mit lautem Denken werden Versuchspersonen, die zur Adressatengruppe des Textes gehören müssen, aufgefordert, den Text so zu paraphrasieren, dass er ihrer Ansicht nach für die Adressaten optimal verständlich ist. Dabei sollen sie laut denken. Das laute Denken wird in so genannten Protokollen des lauten Denkens (engl. *thinking-aloud protocols* – TAPs) festgehalten, denen Anhaltspunkte zu schwer oder unverständlichen Textstellen entnommen werden können, die aber auch Aufschluss über Missverständnisse geben, zu denen der zu bewertende Text Anlass gibt (vgl. hierzu Göpferich 2006).

Usability Testing

Beim *Usability Testing* hingegen erhalten die Versuchspersonen, die – wie bei den Verständnisfragentests sowie beim optimierenden Reverbalisieren auch – repräsentativ für die Adressatengruppe des jeweiligen Textes sein müssen, die zu prüfende Anleitung, das dazugehörige Produkt sowie Aufgaben, die in der Praxis typischerweise an bzw. mit dem Produkt gelöst werden (s. zum *Usability Testing* ausführlicher Rubin 1994). Dabei werden sie aufgefordert, die Gedanken, die ihnen bei der Lösung der Aufgabe durch den Kopf gehen, laut zu äußern. Diese Gedanken werden in Protokollen des lauten Denkens festgehalten, die Vorgehensweise der Versuchspersonen bei der Problemlösung ggf. auf Video aufgezeichnet. Vor allem große Software- und Hardware-Hersteller unterhalten zu diesem Zweck entsprechend ausgestattete *Usability-Test*-Laboratorien.

Die Ergebnisse dieser empirischen Prüfverfahren geben gezielt Aufschluss darüber, an welchen Stellen ggf. Verständnisprobleme auftreten, ob auf die jeweils gewünschten Informationen gezielt zugegriffen werden kann und ob die Terminologie verständlich ist (s. hierzu ausführlich Nielsen 1994 und Rubin 1994).

3 Nicht-linguistische Instrumentarien zur Erstellung und Optimierung technischer Dokumentation

Semiotik und Typographie

In Abschnitt 2 wurden bereits die Semiotik und die Typographie als zwei nicht-linguistische Disziplinen genannt, die mit ihren Instrumentarien ebenfalls zur Optimierung technischer Dokumentation genutzt werden können und damit für den Technischen Redakteur relevant sind.

Rechtliche Aspekte

Da technische Dokumente auch Anforderungen erfüllen müssen, die sich aus Gesetzen und Richtlinien wie dem Produkthaftungsgesetz ergeben, ist auch die Rechtswissenschaft eine wichtige Disziplin, die in das Berufsfeld des Technischen Redakteurs hineinspielt.

Informatik

Eine weitere Disziplin, die für die Erstellung und Optimierung technischer Dokumentation wesentlich ist, ist die Informatik. Sie liefert vor allem die Instrumentarien, die erforderlich sind, um Dokumentation softwaretechnisch effizient und damit wirtschaftlich erstellen zu können sowie den Arbeits- und Zeitaufwand für Aktualisierungen zu minimieren. Ein Prinzip, das hier heute zum Einsatz kommt, ist die Trennung von Information, Struktur und Layout mit Hilfe so genannter *Mark-up-Languages* wie SGML (*Standardized General Mark-up Language*) und XML (*Extended* **M***ark-up* **L***anguage*). Hierbei werden die Texte unformatiert (als reiner ASCII- bzw. Unicode-Text) erfasst. Jedem Textteil wird in jeweils zwei Markierungen, dem so genannten Anfangs- und dem End-Tag (z.B. <Titel> bzw. </Titel>), die es umschließen, seine Funktion zugewiesen (s. das Beispiel in Abb. 3).

Mark-up-Languages SGML und XML

Abb. 3 Nutzung von *Mark-up-Languages*

```
<Titel>Sitzheizung</Titel>
<Ziel>Sitzheizung einschalten</Ziel>
<Instruktion>Drücken Sie oben auf den Schalter.</Instruktion>
<Reaktion>Die rechte Kontrollleuchte auf dem Schalter leuchtet
auf.</Reaktion>
```

In einer separaten Datei, der so genannten Dokument-Typ-Definition (DTD), wird u.a. festgelegt, welche Tags in einem Dokument in welcher Abfolge vorkommen dürfen bzw. müssen, wie häufig sie wiederholt werden dürfen etc. Eine dritte Datei (*Style Sheet*) beinhaltet für jede Tag-Art die Layout-Informationen – für die Tag-Art <Instruktion> beispielsweise, dass den entsprechend markierten Elementen das kleine Dreieck vorangestellt werden soll, das auch in der SLK-Anleitung erscheint.

Dokumenten- vs. Content-Management

Sollen bestimmte Informationen z.B. sowohl in eine gedruckte Betriebsanleitung als auch in eine Online-Hilfe einfließen, so können hierfür jeweils verschiedene DTDs und Layout-Definitionen erstellt werden, die den medienspezifischen Anforderungen entsprechen. Dieses Dokumentationsprinzip wird häufig mit einer datenbankgestützten Dokumenterstellung gekoppelt. Abgelegt werden nicht mehr vollständige Dokumente, sondern einzelne Dokumentbestandteile, die bei der Erstellung neuer Dokumente nicht mehr neu formuliert werden müssen, sondern als Textbausteine aus der Datenbank abgerufen und somit wieder verwendet werden können (Content-Management anstelle von Dokumenten-Management). Diese Vorgehensweise hat den Vorteil einer größeren Konsistenz von Dokumenten, verringert den Neuformulierungsaufwand und damit auch die Übersetzungskosten; denn liegt in der Datenbank ein Textelement bereits mit Übersetzung vor, so entfällt bei seiner Wiederverwendung auch die Übersetzung, da diese ebenfalls aus der Datenbank abgerufen werden kann.

4 Ausblick und Hinweise

Übersetzungsgerechtes Schreiben

Im Zuge der Globalisierung kommt es immer seltener vor, dass technische Dokumente unübersetzt bleiben. Bedenkt man, dass viele technische Texte in mehr als zehn Sprachen übersetzt werden, so verwundert es nicht, dass die Übersetzungskosten ein Vielfaches der Erstellungskosten des Ausgangstextes ausmachen können. Durch eine übersetzungsgerechte Formatierung und Formulierung kann der Übersetzungsprozess erheblich vereinfacht und damit wirtschaftlicher gestaltet werden. Dies bedeutet, dass Technische Redakteure heute neben der Qualifikation des funktions- und adressatengerechten Schreibens auch das übersetzungsgerechte Schreiben (engl. *writing for translation*) beherrschen müssen und das Berufsbild des Technischen Redakteurs zunehmend mit demjenigen des Übersetzers verschmilzt. Das Resultat ist eine Art Interkultueller Technischer Redakteur. Seine spezifischen Aufgaben und die hierfür erforderlichen Qualifikationen sind Gegenstand von Artikel VII.2.

Interkulturelle Technische Redaktion

5 Ausgewählte Literatur

Ein breites Spektrum von Problemstellungen im Bereich der technischen Dokumentation einschließlich Fragen der Textverständlichkeit behandeln der Sammelband von Krings (1996), das Lehr- und Arbeitsbuch von Göpferich (1998), Göpferich (2002) sowie Böcher et al. (2003).

Einführungen in die Fachsprachenforschung liefern Fluck (1996), von Hahn (1981), Hoffmann (1985) und Roelcke (1999). Einen umfassenden Überblick über die Ergebnisse der Fachsprachenforschung bietet das von Hoffmann, Kalverkämper und Wiegand (1998/1999) herausgegebene zweibändige *Internationale Handbuch zur Fachsprachenforschung und Terminologiewissenschaft*.

Einführungen in die Textlinguistik bieten Beaugrande/Dressler (1981), Kalverkämper (1981) sowie Brinker (2005) und Adamzik (2004), einen umfassenden Überblick über die Ergebnisse der Textlinguistik die beiden Halbbände des Handbuchs von Brinker (2000/2001).

Sprechakttheoretische Fragen behandeln: Göpferich (2002: Kap. 3.1); Hönig/Kußmaul (2003: Kap. VII) sowie Kußmaul (1980) mit einer Sammlung einschlägiger sprechakttheoretischer Aufsätze.

Einführungen in die Thema-Rhema-Theorie bieten Hönig/Kußmaul (2003: Kap. IX), Lutz (1981) und Göpferich (2002: Kap. 3.2), eine praxisorientierte Einführung in das *Usability Testing* Rubin (1994).

III

Mit Neuen Medien kommunizieren

Einleitung

Neue Medien im Alltag

Neue Medien haben unseren Alltag, unsere Arbeitswelt und unsere Kommunikation verändert. Im Zentrum dieser Entwicklung steht der Computer. Nachdem er zunächst vor allem Arbeitsplätze eroberte, behauptete er danach seine Stellung auch in Privathaushalten. Diese Entwicklung ist parallel zur Verbreitung des Internet zu sehen: Auch Privatpersonen möchten Zugriff auf die dort verfügbaren Informationsressourcen, Kommunikations- und Geschäftsmöglichkeiten haben. Der dem Internet zugrunde liegende Vernetzungsgedanke zielt nun darauf, mit Hilfe der Informationstechnologie Maschinen zu verknüpfen und damit dem Menschen ihre Steuerung zu erleichtern. Wiederum wurden diese Technologien zunächst vor allem für die Arbeitswelt entwickelt und dort eingesetzt. Doch schon heute existieren auch vernetzte Haushalte, die es beispielsweise ermöglichen, von einem beliebigen PC aus die Heizung der vernetzten Wohnung zu regulieren.

Kommunikation mit dem Computer

Diese Entwicklungen eröffnen zahlreiche neue Anwendungsfelder und Arbeitstechniken für die Angewandte Linguistik. Je mehr der Einsatz der angesprochenen Informationstechnologien auch Produkte des Endkonsumentenmarkts betrifft, umso notwendiger wird es, natürlichsprachliche Schnittstellen zwischen Mensch und Computer zu schaffen. So soll die Kommunikation mit dem Computer möglich werden, ohne dass der Mensch die „Sprache des Computers" erlernt.

Sprache und Computer

Für das Kapitel „Mit Neuen Medien kommunizieren" haben wir Anwendungsfelder ausgewählt, bei denen einerseits Sprache im Zentrum steht, andererseits auch die (zurzeit noch) bestehenden Grenzen der Neuen Medien deutlich werden. Mit dem ersten Themengebiet „Sprachbezogene Computeranwendungen" diskutieren wir Anwendungen, an die viele denken, wenn die Ausdrücke *Sprache* und *Computer* fallen. Mittlerweile allgegenwärtig sind beispielsweise das elektronische Wörterbuch, der automatische WWW-Seitenübersetzer oder die Computerstimme, die Bestellungen entgegennimmt. Für die Entwicklung dieser Anwendungen ist die maschinelle Verarbeitung von sprachlichen Daten Voraussetzung.

Computerunterstützte Erforschung von Sprache

Diese computerbasierten Werkzeuge und ihre Umsetzung eröffnen zum einen neue Anwendungsfelder, zum anderen verändern sie aber auch die Möglichkeiten der Erforschung von Sprache. Zahlreiche computerunterstützte Instrumentarien sind für die Arbeit in der Angewandten Linguistik entwickelt worden. Dies gilt vor allem für den Bereich der Erfassung, der Aufbereitung und der Dokumentation sprachlicher Daten. Verschiedene Werkzeuge zur Annotation (analytische und/oder deskriptive Auszeichnung) gedruckter und gesprochener Sprache erleichtern die Arbeit von Linguisten und ermöglichen einen vielfältigen empirischen Zugang zu dem Sprachmaterial. Hinzutreten die halbautomatische oder automatische Analyse linguistischer Strukturen, wie beispielsweise die Analyse syntaktischer Strukturen durch Parser. So lassen sich die erarbeiteten Ansätze und Methoden wie zum Beispiel eine Grammatiktheorie anhand eines Computermodells evaluieren. Zudem lassen sich diese Programme häufig als Systemkomponenten in konkreten Anwendungen (beispielsweise im Bereich der Maschinellen Übersetzung) einsetzen.

Sprachbezogene Computeranwendungen

Hermann Cölfen konzentriert sich in dem Artikel „Sprachbezogene Computeranwendungen" auf die Darstellung solcher konkreter Anwendungsfelder. Er geht auf die linguistische Teildisziplin, die Computerlinguistik ein, die maßgeblich an der Entwicklung solcher Anwendungen beteiligt ist. Der Überblick zu den Anwendungsbereichen sprachbezogener Computeranwendungen zeigt das breite Spektrum, das sich für Angewandte Linguistinnen und Linguisten eröffnet. Wie linguistisches Wissen in solchen Anwendungen umgesetzt wird, wird am Beispiel von Korrekturprogrammen vorgestellt. Diese sind meist Bestandteil von Textverarbeitungsprogrammen und daher weit verbreitet. Sie sollen Texte hinsichtlich ihrer grammatischen und orthographischen Richtigkeit verbessern. Es wird gezeigt, welche Fehler solche Programme analysieren können, aber auch verdeutlicht, wo ihre Grenzen liegen.

Lernsoftware

In kommunikatikonstheoretischer Hinsicht verändern neue Medien den Blick auf Sprache, indem sie auch neue Möglichkeiten eröffnen, das Zusammenspiel von Bild, Text und Ton zu erforschen und in Computeranwendungen umzusetzen. Dieser Aspekt spielt insbesondere im Artikel „Lernsoftware" von *Claudia Villiger* eine zentrale Rolle. Der Einsatz digitaler Medien ermöglicht neue Formen des Transfers von Wissen, die in Schule, Hochschule und in der beruflichen Bildung eingesetzt werden können. Dabei geht es darum, Selektion und Präsentation des zu vermittelnden Stoffes sowohl auf die eingesetzten neuen Medien als auch auf die jeweilige Lernsituation der Benutzer abzustimmen. Immer wieder zeigt sich, dass Akzeptanzprobleme gegenüber den Lernprogrammen sich unter anderem darauf zurückführen lassen, dass diese in nicht ausreichendem Maße auf das Vorwissen und die Bedürfnisse ihrer Nutzer und ihre jeweilige Lernsituation angepasst wurden. Dazu gehört auch, dass die Grenzen der neuen Medien erkannt werden, und eine sinnvolle Kombination mit „alten Medien" angestrebt wird. Der Artikel gibt Hinweise darauf, wie eine solche Integration verschiedener Medien umgesetzt werden kann.

Fremdsprachenlernen mit dem Computer

Im Bereich der Angewandten Sprachwissenschaft stellt die Vermittlung sprachlichen Wissens, und hier insbesondere die Fremdsprachenvermittlung, einen zentralen Einsatzbereich des Computers dar. Hier ermöglicht die multimediale Gestaltung die Simulation von Kommunikationssituationen, in denen der Lernende neues Wissen erwirbt und vorhandenes Wissen erprobt und dabei vom Programm durch Hilfestellungen und Korrekturen unterstützt wird. Dies setzt voraus, dass bei der Entwicklung Fehler und Probleme der Lernenden antizipiert und entsprechende Überprüfungen und Erläuterungen in das Programm integriert werden. Daher kommt hier neben fundiertem linguistischem Wissen auch fachdidaktisches Wissen zum Tragen.

Hypertext und Texttechnologie

Der letzte Artikel des Kapitels setzt sich mit dem Bereich Hypertext und Texttechnologie auseinander. Hier können zwei Anwendungsbereiche der Angewandten Linguistik im Hinblick auf Neue Medien unterschieden werden: Zum einen stehen Aspekte des Textdesigns, die Aufbereitung von Inhalten für bestimmte Nutzergruppen und semiotische Aspekte der Umsetzung wie zum Beispiel die Integration von Text, Bild, Ton und Video im Vordergrund. Zum anderen müssen Formen der Informationsmodellierung entwickelt werden, die eine effiziente Ausnutzung der präsentierten Inhalte erlauben. Auf diesen Aspekt konzentriert sich *Angelika Storrer* im Artikel „Hypertext und Texttechnologie". Ausgehend von den Grundkonzepten der Hypertexttechnologie und den Besonderheiten des Schreibens und Lesens im Kontext von Neuen Medien stellt sie dar, wie eine mediengerechte Aufbereitung von Inhalten für die Hypertextproduktion und die Online-Kommunikation aussieht. Wiederum stehen der Nutzer und die Nutzungssituation im Vordergrund und von diesen Parametern ist es abhängig, wie die Inhalte präsentiert werden und welcher Typ von Hyperdokument angemessen ist. Die in dem Artikel vorgestellten Aufgaben und Leitlinien für die Hypertextproduktion bieten eine fundierte Ausgangsbasis für eine adressatengerechte Aufbereitung von Inhalten mit Neuen Medien.

Interdisziplinäre Zusammenarbeit

Die Aufgaben und Linklisten auf der beiliegenden CD erlauben eine vertiefte Einarbeitung in die in den Artikeln besprochenen Themengebiete. Einzelne Links auf der CD unterstützen auch den Zugang zu den informationstechnologischen Grundlagen der Anwendungsgebiete. Damit sind wir bei einer Gemeinsamkeit aller Artikel dieses Kapitels: Die anvisierten Anwendungen können in der Regel nur im interdisziplinären Team erarbeitet werden. Ein Fachgebiet, das dabei besonders interessiert, ist die Informatik. Doch je nach den zu präsentierenden Inhalten arbeiten Angewandte Linguistinnen und Linguisten mit Experten aus unterschiedlichen Disziplinen. Neben den für die jeweiligen Arbeitsgebiete notwendigen linguistischen Kenntnissen möchten wir mit den Artikeln dieses Kapitels auch zur interdisziplinären Zusammenarbeit schon während des Studiums anregen.

Claudia Villiger

III.1 Sprachbezogene Computeranwendungen

Hermann Cölfen

1 Das Problem- und Aufgabenfeld

LF: *Computer, als wir den Energielevel erhöhten – gab es da eine Gegenreaktion?*
C: Ja, die Strahlungsintensität stieg parallel zum Ansteigen des Energieverbrauchs auf der Enterprise.
LF: *Deshalb konnten wir kein Hyperraumfeld für den Warpantrieb aufbauen.*
C: Ja, ganz richtig.
LF: *Mhm.*
[Geordi La Forge wechselt zum Video-Interface und scrollt sich durch eine Liste mit Daten.]
LF: *Computer, wer ist eigentlich L. Brahms?*
C: Dr. Lea Brahms. Ingenieurin. Absolventin des Daystrom-Instituts. Theoretische Antriebslehre. Spezialisiert auf Raumschiffe der Galaxy-Klasse. Mitglied des Juniorteams 7.
LF: *Sie war in Team 7. Sie hat ein Buch über den Warp-Antrieb verfasst. Zeige mir das Kapitel über das Hyperraum-Feld.*
C: Sie können wählen: Daten auf dem Display oder die Stimme von Lea Brahms.
LF: *Stimmeneintrag.*
(...)

(Legende: LF=Geordi LaForge (Besatzungsmitglied der Enterprise); C=Computer)
Aus: Star Trek – The Next Generation, Episode 154: Die Energiefalle [The Booby Trap]. © 2002, Paramount Pictures.

Science-Fiction und Wirklichkeit

Ein Dialog dieser Art zwischen Mensch und Maschine, in gesprochener Sprache, und zwar auf Seiten beider Dialogbeteiligter, gehört in der Science-Fiction-Serie *Star Trek – The Next Generation* zur alltäglichen Kommunikation. Dabei gelingt nicht nur die Analyse gesprochener Sprache auf der Ebene der Akustik und Lexik, sondern auch hinsichtlich ihrer Bedeutung und Einbettung in den aktuellen Kontext. Solche Leistungen bestimmen vielleicht auch den zeitgenössischen Erwartungshorizont, obwohl man bislang von Mensch-Maschine-Dialogen dieser Qualität noch weit entfernt ist.

Der Computer als Textverarbeitungs-Maschine, Internet-Schnittstelle und multimediales Informationsterminal ist inzwischen ein alltäglicher Gebrauchsgegenstand, der in den meisten westeuropäischen Haushalten zu finden ist. Dabei haben die PCs, die so genannten Personal Computer, eine erstaunlich kurze und erfolgreiche Karriere hinter sich: Waren PCs noch Ende der 1980er-Jahre für die Allgemeinheit schwer handhabbare Maschinen, können sich heute Neueinsteiger in relativ kurzer Zeit z.B. mit den Grundlagen der Textverarbeitung vertraut machen. Im Laufe der letzten Jahre hat sich – neben der technischen Leistungsfähigkeit von Geräten und Software – vor allem auch die Interface-Gestaltung rasant weiterentwickelt. Kurzum: Die Bedienung eines Computers ist heutzutage meist erheblich leichter und effektiver als noch vor 10 oder 15 Jahren.

Mensch-Maschine-Kommunikation

Dennoch gibt es aufseiten der Anwender nach wie vor „große Wünsche", deren Erfüllung in absehbarer Zeit noch nicht in Aussicht steht. Die oben zitierte Kommunikation zwischen Mensch und Computer – obwohl in Science-Fiction-Filmen immer wieder zu sehen – ist gegenwärtig ganz und gar nicht realisierbar. Die hierfür erforderliche theoretische und anwendungsorientierte Forschung setzt eine breit angelegte interdisziplinäre Zusammenarbeit voraus, in der auch linguistische Kenntnisse benötigt werden.

Im Folgenden sollen die Vielfalt der Arbeitsfelder für Linguistinnen und Linguisten im Bereich der sprachbezogenen Computeranwendungen skizziert (Abschnitt 2 und 3) und deren sprachwissenschaftliche Aspekte am Beispiel eines Text-Korrekturprogramms (Abschnitt 4) veranschaulicht werden.

2 Anwendungsfelder

Anwendungsbereich

Forschungsergebnisse der Computerlinguistik, gesellschaftlicher Wandel (Stichworte: Informations- bzw. Wissensgesellschaft) und technologische Neuerungen haben eine Vielzahl an Anwendungsbereichen geschaffen, in denen – und für die – maschinelle Verarbeitung von Sprache auf die eine oder andere Weise wichtig ist.

> Anwendungen der Computerlinguistik lassen sich in erster Linie entlang eines Spektrums der funktionalen Komplexität unterscheiden, das von der Bewältigung grundlegender – aber nicht trivialer – Aufgaben im Umgang mit sprachlichen Daten [...] bis hin zur immer noch fiktiven Multifunktionalität domänenunabhängiger natürlichsprachlicher Systeme reicht. (Carstensen 2001:410)

Carstensen et al. (2001) führen vierzehn Anwendungsbereiche auf, die in der folgenden Tabelle 1 kurz skizziert werden sollen:

Tab. 1 Übersicht über die Anwendungsbereiche sprachbezogener Computeranwendungen

	Anwendungsbereiche	Beschreibung
(1)	Korrekturprogramme	Hierbei geht es um die Korrektur von Texten, und zwar neben der Erfassung bzw. Digitalisierung von Texten mittels optischer Zeichenerkennung vor allem um die folgenden drei Bereiche: (a) Korrektur von Nicht-Wörtern, (b) kontextabhängige Korrektur und (c) grammatische Korrektur. Bei Korrekturprogrammen geht es in erster Linie darum, Texte hinsichtlich ihrer ‚orthographischen' und ‚grammatischen' Qualität zu verbessern.

	Anwendungsbereiche	Beschreibung
(2)	Computergestützte Lexikographie	Durch den stetig steigenden Bedarf an „elektronischen“ Wörterbüchern ist man in der computergestützten Lexikographie mit der (a) „Beschaffung“ (sowohl aus bestehenden Wörterbüchern als auch durch Neuerstellung) und (b) „Aufbereitung“ der Wörterbücher für unterschiedliche Verwendungszwecke befasst.
(3) (4)	Volltextsuche, Text Mining und Informationsextraktion	Große Textmengen sind für die Leserinnen und Leser unübersichtlich. Wer sich mit Methoden der Volltextsuche (Information Retrieval), des Text Mining (Methoden zur Isolierung von Informationen aus natürlichsprachlichen Texten) und der Informationsextraktion befasst, sucht nach Wegen, aus großen Textmengen gezielt bestimmte Informationen abrufen zu können.
(5)	Textklassifikation	Bei der Textklassifikation (automatische Einordnung von Texten in unterschiedliche Kategorien, z.B. einzelne Zeitungsartikel in bestimmte Rubriken) geht es, wie beim Text Mining, darum, die Übersicht über große Textmengen zu behalten bzw. einer großen Textmenge so effizient wie möglich die gewünschte Teilmenge zu entnehmen.
(6)	Textzusammenfassung	Kurze Zusammenfassungen (wie z.B. so genannte Abstracts in wissenschaftlichen Publikationen) helfen den Leserinnen und Lesern bei der Lektüre, vor allem bei der Auswahl und Sondierung von Texten. Programme für die automatische Textzusammenfassung stellen solche Kurztexte durch eine systematische Bewertung inhaltlicher (wissensbasierter) und formaler (z.B. Satzstruktur, -länge usw.) Parameter her.
(7)	Sprachsynthesesysteme	In der Sprachsynthese versucht man, die gesprochene menschliche Sprache künstlich nachzubilden. Dabei greift man auf Kenntnisse aus der Morphologie, Lexikologie und Phonologie zurück. Anwendungsbereiche sind z.B. akustische Auskunftssysteme (Navigationssystem oder Telefonauskunft) oder Arbeitsplätze für Blinde und Sehbehinderte.
(8)	Spracherkennungs-systeme	Bei der Spracherkennung geht es darum, gesprochene Sprache zu erkennen bzw. zu digitalisieren (z.B. bei Diktierprogrammen oder Programmen, die mithilfe von gesprochener Sprache gesteuert werden). Die Hauptschwierigkeit liegt nach wie vor darin, dass man keine universale Spracherkennung entwickeln kann, weil der Wortschatz und die individuellen Eigenarten der Aussprache jeweils unterschiedliche Anforderungen an die Systeme stellen. Deshalb gibt es gegenwärtig entweder Systeme mit eingeschränktem Anwendungsfeld für viele Sprecher oder an die jeweilige Aussprache angepasste Systeme für Einzelsprecher.
(9)	Natürlichsprachliche Retrieval-Schnittstellen	Die Recherche in einer Datenbank war vor wenigen Jahren noch eine Aufgabe für Spezialisten,

	Anwendungsbereich	Beschreibung
		weil man die Elemente einer stark formalisierten ‚Sprache' kennen musste, um eine sinnvolle Anfrage zu formulieren. Mittlerweile gibt es so genannte Retrieval-Schnittstellen (Retrieval, von engl. *retrieve*: zurückholen, Verfahren um Informationen zu finden). Hierbei geht es um Verfahren, die Frage eines mit dem jeweiligen (Datenbank-)System nicht vertrauten Benutzers so weiterzuverarbeiten, dass die Anfrage vom System „verstanden" wird.
(10)	Dialogsysteme	In Dialogsystemen werden die beiden bereits zuvor genannten Arbeitsbereiche Sprachsynthese und Spracherkennung zusammengeführt. In Anwendungen wie z.B. elektronischen Auskunftssystemen werden Anfragen in gesprochener Sprache gestellt und ebenso beantwortet.
(11)	Sprachlehr- und -lernsysteme	Sprachlehr- und -lernsysteme umfassen das mittlerweile sehr weite Gebiet von Hard- und Software zum (Fremd-)Sprachenlernen. Der Einsatz von Computern eröffnet hier gegenüber traditionellen Lehr- und Lernformen neue Möglichkeiten (Einsatz unterschiedlicher Medien, Anpassung an individuelle Lerntypen und -geschwindigkeiten usw.; vgl. hierzu Artikel III.2).
(12)	Elektronische Kommunikationshilfen	Hierunter versteht man Hard- und Software, die in Bezug auf Kommunikation Behinderten (vor allem Sprechbehinderten) eine möglichst umfassende Teilnahme an allen Bereichen der Kommunikation ermöglicht. Zu solchen Hilfen zählt man z.B. elektronische Zeigetafeln und ganz allgemein Systeme, die die Sprachmodulierung erleichtern (z.B. Systeme, die das Formulieren „abkürzen" (Wortvorschlagssysteme)).
(13)	Angewandte natürlichsprachliche Generierungs- und Auskunftssysteme	In Anwendungsbereichen, in denen mehr oder weniger stereotype Texte erzeugt werden (wie z.B. bei Verkehrsnachrichten oder Wetterberichten), verwendet man natürlichsprachliche Generierungs- und Auskunftssysteme. Solche Systeme beziehen die aktuellen Informationen aus Datenbanken und erzeugen aus diesem „Rohmaterial" natürlichsprachliche und verständliche Texte.
(14)	Maschinelle Übersetzung	Die Leistungsfähigkeit maschineller Übersetzungssysteme wird allgemein überschätzt bzw. unzutreffend bewertet. Man wünscht eine vollständige automatische Übersetzung, die aber von keinem System geleistet werden kann, weil sowohl Kontextwissen als auch die strukturelle und semantische Komplexität von Texten und Sprachen zu vielfältig für eine maschinelle Übersetzung ist. Was aber geleistet und stetig verbessert wird, sind so genannte Rohübersetzungen, die einer Weiterbearbeitung bedürfen. Der Einsatz solcher Rohübersetzungen kann Zeit sparen oder für eine oberflächliche Lektüre hinreichen.

Aus der Fülle der oben aufgeführten Anwendungsbereiche werden in diesem Beitrag (weiter unten Abschnitt 4) beispielhaft allerdings nur Korrekturprogramme (vgl. Tab. 1, Nr. 1) ausführlicher vorgestellt: Sie sind weit verbreitet, leicht zugänglich und weniger komplex als zum Beispiel Sprachsynthesesysteme.

Textverarbeitung

Die zurzeit verfügbaren Hilfen bei der Verarbeitung geschriebener Sprache wurden erst dadurch ermöglicht, dass man Sprache in digitaler Form speichern kann. Die „heute allgemein gängigen Methoden der Textverarbeitung sind z.T. vor Jahren Gegenstand wissenschaftlicher Forschung gewesen (...)" (Lenders/Willée 1998: 13).

Die Möglichkeiten heutiger Textbearbeitung werden innerhalb aller gesellschaftlichen und institutionellen Gruppen genutzt und sind vielen vielleicht noch in umgangssprachlicher Verwendung unter dem Kürzel EDV (elektronische Datenverarbeitung) bekannt – wobei der Begriff EDV genau genommen den gesamten Umfang von Datenverarbeitung bezeichnet.

> Textverarbeitung, Datenverarbeitung: computerunterstützte Erstellung, Veränderung und Speicherung von Texten mithilfe spezieller Textverarbeitungsprogramme. Entsprechende Textverarbeitungssysteme verfügen über eine Tastatur zur Texteingabe, einen Bildschirm und einen Drucker als Ausgabegerät. Der Leistungsumfang reicht dabei von (wenig) erweiterten Schreibmaschinenfunktionen (z.B. Zeilenspeicher) über die Gestaltung von Layouts (Desktop-Publishing) bis zu zusätzlichen Funktionen wie Archivieren (elektronische Ordner) und Versenden (elektronische Post). Nach der Betriebsart unterscheidet man dialog- oder stapelorientierte Systeme. (Brockhaus 2000: Eintrag „Textverarbeitung")

Textverarbeitung und Schreibprozesse

Die Entwicklung der Textverarbeitung war mit der Erwartung verknüpft, mithilfe des Computers zeitraubende Routinearbeiten beim Umgang mit Texten zu erleichtern. Dabei haben sich die Möglichkeiten der Textverarbeitung von einer anfänglich bloßen Datenerfassung bis hin zur gegenwärtigen typographischen, medialen und nicht zuletzt auch stilistischen und grammatischen Bearbeitung sehr verbessert. So kann man sicherlich sagen, dass die heutigen technischen Möglichkeiten den Prozess des Schreibens in vieler Hinsicht revolutioniert und stark verändert haben. Dabei geht es nicht nur um Veränderungen der handwerklich-praktischen Aspekte (unkomplizierte und theoretisch beliebig wiederholbare Textänderung, druckreife und bildschirmgerechte Dokumentenansicht, digitale Archivierung usw.), sondern auch um den Einfluss der Textverarbeitung auf den Schreibprozess.

3 Interdisziplinarität und historische Einordnung der Computerlinguistik

> Computerlinguistik sagt weniger über Sprache als vielmehr über unsere Vorstellungen von Sprache. Computerlinguistik fußt auf einem bestimmten Bild von Sprache, das in Wissenschaft und Alltag gleichermaßen verbreitet ist. (Schmitz 1992: 11)

Innerhalb der Linguistik haben sich vor allem die Computerlinguistinnen und -linguisten mit sprachbezogenen Computeranwendungen auseinander gesetzt. Viele heutzutage selbstverständlich gewordene Eigenschaften und Möglichkeiten sprachbezogener Computeranwendungen – wie etwa die von Textbe- oder -verarbeitung – basieren auf wissenschaftlichen Forschungsergebnissen der Computerlinguistik (CL) – einer Fachrichtung, die sich in den 1970er und 80er-Jahren begründet hat. Doch schon vor der Etablierung der CL als eigenständige Disziplin im universitären Fächerkanon und der Entwicklung computerlinguistischer Theorien und Methoden hat man sich bereits mit der maschinellen Verarbeitung von Informationen und Sprache auseinander gesetzt. Dabei waren erste Forschungsansätze vor allem anwendungsorientiert ausgerichtet (z.B. bei der Entschlüsselung von Geheimsprachen oder Übersetzung von Sprachen mithilfe des Computers).

Umfassende Informationen und Erläuterungen zur Computerlinguistik (z.B. Entwicklung, Anwendungsfelder, Forschungsbereiche und -ziele, Literatur und Informationsmöglichkeiten) findet man in Lenders' und Willées „Linguistische Datenverarbeitung" (1998), in Carstensens et al. „Computerlinguistik und Sprachtechnologie" (2001) und in Schmitz' „Computerlinguistik" (1992). Dabei bietet sich eine vergleichende Lektüre der zuvor genannten Titel an: Trotz etlicher thematischer Überschneidungen beleuchten die Publikationen die Thematik aus unterschiedlichen Perspektiven. Wo Lenders und Willée einen vorwiegend deskriptiven Ansatz haben, bietet Schmitz durch seine kritische und fragende Einführung gerade Studienanfängern einen besonders verständlichen und interdisziplinären Einstieg in die CL. Carstensen et al. schließlich ist die aktuellste und zweifelsohne umfassendste Einführung in alle thematisch relevanten Forschungsbereiche.

Computerlinguistik in Geschichte und Gegenwart

Die Entwicklung der Computerlinguistik war und ist mit der Entwicklung der Computertechnologie verknüpft. Dieser Zusammenhang und die sich daraus entwickelnden unterschiedlichen Bereiche, Verfahren und Konzepte der Computerlinguistik werden z.B. bei Carstensen et al. (2001: 1–9) dargestellt. Geschichtliche Entwicklung, Formen der Auseinandersetzung mit Sprache und nicht zuletzt auch unterschiedliche Auffassungen von Computerlinguistik mögen sich auch in den unterschiedlichen Begriffen der Disziplin andeuten: Der Begriff Computerlinguistik ist nur einer von mehreren, die sich alle auf eine Disziplin beziehen, „die sich mit der maschinellen Verarbeitung natürlicher [geschriebener und gesprochener; H.C.] Sprachen befasst" (Bußmann 2002: 141). Neben ‚Computerlinguistik' spricht man auch von ‚Linguistischer Datenverarbeitung', ‚Automatischer Sprachbearbeitung', ‚Linguistischer Informationswissenschaft', ‚Informationswissenschaft', ‚Informationslinguistik' und ‚Maschineller Sprachverarbeitung'. Die unterschiedlichen Begriffe, die etwas über die Herkunft von Methoden und Theorien und das „Handwerkszeug" dieser Disziplin verraten, werden zum Teil als Synonyme verwendet, stehen mitunter aber auch in Konkurrenz zueinander (vgl. Lenders/Willée 1998: 9). „Dabei besteht eine Tendenz, *Linguistische Datenverarbeitung* durch *Computerlinguistik* zu ersetzen" (Lenders/Willée 1998: 9)

Zur Bezeichnung ‚Computerlinguistik' merkt Schmitz (1992) kritisch an, dass „das Instrument (...) der Wissenschaft den Namen [gibt]" und bezieht sich auf die „Frage nach dem Verhältnis von Werkzeug und

Erkenntnis" (ebd.). (...) „Aber es wäre doch merkwürdig, wenn die Eigenart des Werkzeugs den Gang der Erkenntnis so eindeutig lenkte, dass man die Fachwissenschaft nach dem benutzten Werkzeug benennen müsste." (Schmitz 1992: 21)

Forschungsschwerpunkte der Computerlinguistik

Als Forschungsschwerpunkte der Computerlinguistik werden genannt: geschriebene Sprache und Lautsprache, computergestützte bzw. maschinelle Übersetzung und die Informationserschließung aus Texten (vgl. Lenders/Willée 1998: 25). Schmitz (1992: 15) unterteilt in „drei Anwendungsbereiche, nämlich Mensch-Maschine-Dialoge, automatische Textanalyse und maschinelle Übersetzung".

Die interdisziplinäre Stellung der Computerlinguistik zeigt sich schon in den Definitionen des Fachs. Die Computerlinguistik wird als eine „Disziplin zwischen Linguistik und (angewandter) Informatik" (Bußmann 2002: 141) beschrieben bzw. „ist [angesiedelt] im Überschneidungsbereich von Informatik und Linguistik ..." (Carstensen et al. 2001: 1).

Computerlinguistik, Linguistik und Informatik

Für die Entwicklung computerlinguistischer Methoden wurden und werden Erkenntnisse sowohl aus der Informatik als auch aus der Linguistik genutzt. Neben der Informatik liefern z. B. auch Philosophie, Mathematik, Künstliche-Intelligenz-Forschung und Kognitionswissenschaft Hinweise, Methoden und Erkenntnisse für die Computerlinguistik (vgl. Carstensen et al. 2001: 11–14). Bis in die Gegenwart hängt die Entwicklung neuer computerlinguistischer Verfahren und Anwendungsmöglichkeiten auch von den Fortschritten in der Informations- und Computertechnologie ab. Je nach Perspektive, Anschauung und Interesse von Forschern rückt dabei entweder die Technik oder die Sprache in den Mittelpunkt. Ganz grob könnte man die Interessen der Computerlinguistik vielleicht als zweigeteilt beschreiben:

Methoden und Anwendungen

(1) Zum einen ist es das Ziel der Computerlinguistik als linguistischer Disziplin, mit Hilfe von Informations- und Computertechnologie grundlegende linguistische Fragen über das Warum, Wie und Wozu menschlicher Kommunikation zu beantworten; Informations- und Computertechnologie werden dabei eher als Werkzeuge verstanden. In diesem Sinne sehen Lenders und Willée (1998) die Aufgabe der Computerlinguistik vor allem darin,

> (...) Methoden zu finden, mit denen man Sprache und Kommunikation beschreiben und die Prozesse der Produktion (des Sprechens) und der Rezeption (des Verstehens) auf Computern nachbilden kann.
> Mit dieser Aufgabe steht die LDV/CL [LDV=Linguistische Datenverarbeitung; HC] in *erster Linie* im Dienste des *wissenschaftlichen* Ziels der Linguistik/Sprachwissenschaft, Theorien und Modelle über menschliches Sprachverhalten und sprachliche Kommunikation zu verbessern und zu optimieren (...) (Lenders/Willée 1998: 11).

(2) Auf der anderen Seite stehen die Computerlinguisten im Dienste der Anwendung bzw. der Technik. Kenntnisse der menschlichen Sprache werden genutzt, um technische Hilfen zu entwickeln.

> Computerlinguisten untersuchen Aufbau, Bedeutung und Verwendung menschlicher Sprache, um Computer zu intelligenten Werkzeugen menschlicher Kommunikation zu machen. (Schmitz 1992: 15)

Dabei geht es hier nicht allein um technische Hilfen für den außerlinguistischen Bereich, sondern auch um technische Hilfen für die Verbesserung linguistischer Forschung (z.B. in der Korpuslinguistik und Textanalyse).

Auch wenn unterschiedliche Auffassungen von der Computerlinguistik zu unterschiedlichen Forschungsschwerpunkten führen, so ist der Untersuchungsgegenstand, der die Verbindung zur Linguistik herstellt, doch immer derselbe: die Sprache. Dementsprechend orientiert man sich in der computerlinguistischen Arbeit auch an linguistischen Teilbereichen wie der Phonologie, Morphologie, Syntax, Semantik, Pragmatik und verwendet die entsprechenden linguistischen Fachbegriffe.

4 Korrekturprogramme

Fast jeder Benutzer von Textverarbeitungsprogrammen hat bereits Rechtschreib-Korrekturprogramme verwendet, die Bestandteil der Software sind wie zum Beispiel bei Microsofts Word oder dem Open Office. Das Projekt ‚Open Office' gehört zu den *Open-Source*-Initiativen, in denen die Nutzung von Software kostenlos und frei zugänglich ist und deren Weiterentwicklung allen Nutzern offen steht (Infos unter <www.openoffice.org>). Die Arbeitsweise und der Funktionsumfang von Korrekturprogrammen sollen hier allerdings anhand des DUDEN Korrektors, einem Ergänzungsprogramm zu Microsoft Word, illustriert werden. Der DUDEN Korrektor ist hierfür besonders geeignet, weil das Programm sowohl eine – an den Regeln der neuen Rechtschreibung orientierte – Rechtschreib- als auch Grammatikprüfung anbietet.

Dimensionen der Textkorrektur

Wie schon in der Kurzbeschreibung (vgl. Tab. 1 (1)) skizziert, geht es bei Korrekturprogrammen um die Verbesserung von Texten, und zwar hinsichtlich ihrer grammatischen und orthographischen Richtigkeit. Frühere Korrekturprogramme beschränkten sich auf die Korrektur von Nicht-Wörtern, wobei neuere Programme (wie auch der im Folgenden ausführlicher beschriebene DUDEN Korrektor) sowohl eine kontextabhängige als auch eine Grammatik-Korrektur anbieten.

4.1 Die Korrektur von Nicht-Wörtern

Bei der Korrektur von Nicht-Wörtern werden Zeichenketten (unterschiedlich große Mengen von Zeichen (bzw. Buchstaben), die durch Leerzeichen (engl.: *blanks*) voneinander unterschieden werden können) mit einer Liste von Wörtern (Lexikon) verglichen. Lässt sich eine Zeichenkette dem Lexikon nicht zuordnen, wird sie markiert und ggf. eine Alternative angeboten. Problematisch ist bei diesem Verfahren, dass die Flexion (Deklination, Konjugation, Komparation) z.B. im Deutschen relativ kompliziert aufgebaut bzw. nicht immer systematisch ist.

Bei der (Nicht-)Erkennung von Nicht-Wörtern kann man die folgenden Typen unterscheiden:

Nicht-Wörter durch Fehler bei der Textproduktion

[1] Buchstabenvertauschung
Kazastrophe statt *Katastrophe*

[2] Falsche Groß- oder Kleinschreibung
katastrophe statt *Katastrophe*

[3] Transposition (Dreher durch Vertauschen eines oder mehrerer Buchstaben)
Katastrohpe statt *Katastrophe*

[4] Überschüssige(r) Buchstabe(n)
Kattastrophe statt *Katastrophe*

[5] Fehlende(r) Buchstabe(n)
Katstrophe statt *Katastrophe*

[6] Fehlerhäufung
Kattastrohphe statt *Katastrophe*

[7] Durch die neue Rechtschreibung bedingte unangepasste Rechtschreibung
Nuß statt *Nuss*

Es können aber durchaus richtig geschriebene Wörter als Nicht-Wörter erkannt werden, und zwar aufgrund mangelnder Aktualität bzw. Vollständigkeit des Lexikons, wie die folgenden Beispiele illustrieren:

[1] Neologismen (Wortneubildung)
z.B. *unkaputtbar* (aus der Werbesprache) oder *abgefuckt*

[2] Komposita
z.B. *Festeis oder Ordnungswidrigkeitengesetz*

[3] Abweichungen von der Gemeinsprache wie z.B. in Soziolekten oder Sondersprachen (Beispiel: Jugendsprache)
dissen (für *verächtlich machen*) oder *ausklinken* (für *die Beherrschung verlieren*)

Grenzen bei der Erkennung von Nicht-Wörtern

Um Nicht-Wörter verlässlich zu erkennen und Alternativen anbieten zu können, müssen neben einem möglichst umfassenden Lexikon auch morphologische Strukturen erkannt und analysiert werden. Eine vollständige bzw. vollständig zuverlässige Analyse von Nicht-Wörtern lässt sich aufgrund der Vielzahl der oben aufgeführten Phänomene nicht erreichen. Dabei ist die Erkennung und Analyse von Nicht-Wörtern umso komplizierter, je unregelmäßiger die Flexion einer Sprache ist.

4.2 **Kontextabhängige Korrektur**

Die Erkennung von Nicht-Wörtern allein reicht allerdings für eine verlässliche Korrektur nicht aus. Die folgenden Beispiele zeigen, dass Zeichenketten durchaus richtig als Wörter erkannt, im Satzzusammenhang aber grammatisch oder semantisch falsch sind:

[1] Buchstabenvertauschung
Die Erkennung von Licht-Wörtern allein reicht allerdings für eine verlässliche Korrektur nicht aus.

[2] Falsche Groß- oder Kleinschreibung
Die Erkennung von Nicht-Wörtern allein reicht Allerdings für eine verlässliche Korrektur nicht aus.

[3] Transposition (Vertauschung)
Die Erkennung von Nicht-Wörtern allein riecht allerdings für eine verlässliche Korrektur nicht aus.

[4] Überschüssige Buchstaben
Die Erkennung von Nicht-Wörtern allein reicht allerdings für feine verlässliche Korrektur nicht raus.

[5] Fehlende(r) Buchstabe(n)
Die Erkennung von Nicht-Wörter_ allein reicht allerdings für ein_ verlässliche Korrektur nicht aus.

[6] Falsche(r) Buchstabe(n) oder Wörter
Der Erkennung von Licht-Wörtern allein reicht allerdings für eine vergessliche Korrektur nicht aus.

Textstatistik

Auch eine kontextabhängige Korrektur kann lediglich falsch geschriebene bzw. im jeweiligen Kontext falsch geschriebene Wörter erkennen; falsche Flexion und semantische Fehler bleiben unkorrigiert. Zusätzlich zum Lexikon-Vergleich bei der Nicht-Wörter-Erkennung werden bei der kontextabhängigen Korrektur vorwiegend textstatistische Parameter wie z.B. die Häufigkeit bestimmter Wörter in bestimmten Kontexten oder die Häufigkeit bestimmter Fehlertypen (auch unter Berücksichtigung der Buchstabenanordnung auf Tastaturen) geprüft.

4.3 **Grammatik-Korrektur**

Bei der Grammatik-Korrektur schließlich wird der jeweilige Satz als Ganzes u.a. auf die folgenden Fehlertypen analysiert:

[1] Kongruenzfehler [lat. *congruere*: übereinstimmen]
(a) Fehlende Kongruenz zwischen Subjekt und Prädikat:
Hierbei wird die folgenden Fehlertypen untersucht.
(b) Fehlende Kongruenz zwischen Adjektiv und Substantiv:
Hierbei werden die folgende_ Fehlertypen untersucht.

[2] Fehlende Wörter
Hierbei _ die folgenden Fehlertypen untersucht.
Hierbei werden _ folgenden Fehlertypen untersucht.

[3] Falscher Kasus
Hierbei werden die folgenden Fehlertype untersucht.

Constraint Relaxation

Solche Analysen werden mithilfe von Fehlermuster-Vergleichen und der so genannten ‚Constraint Relaxation' durchgeführt. Letzteres ist ein Verfahren, in dem das System die Bedingungen für die grammatische Richtigkeit des untersuchten Satzes so lange „lockert“, bis er analysiert werden kann. Die Position und die Beschaffenheit der „gelockerten“ Constraints (von engl. *constraint*; hier am besten übersetzt mit (grammatischer) Bedingung) erlaubt dann Aufschluss über den Typ des möglichen grammatischen Fehlers.

Trefferquote

Die Trefferquote solcher Systeme oder, genauer gesagt, der Grad der Präzision liegt heute bei maximal 50 Prozent (vgl. Fliedner 2001:415). Damit halten sich zutreffend markierte Fehler mit unzutreffend als Fehler markierten Textteilen die Waage, wobei man berücksichtigen muss, dass zudem auch nicht alle Fehlertypen oder -möglichkeiten erkannt werden.

4.4 Textkorrektur mit dem DUDEN Korrektor

Der DUDEN Korrektor (Version 2.0) ist keine eigenständige Anwendung, sondern wird bei der Installation in die Textverarbeitung Word® (ab Word 97) von Microsoft eingebunden. Damit beschränkt sich der Anwenderkreis auf Nutzerinnen und Nutzer von Microsoft Word, die mit dem Betriebssystem Windows® arbeiten. Nach der Installation verfügt die Textverarbeitung über eine weitere Symbolleiste, mit der die Funktionen des Korrektors gesteuert werden können (vgl. Abb. 1).

Abb. 1 Symbolleiste des DUDEN Korrektors

Automatische und manuelle Korrektur

Man kann den Korrektor automatisch während der Eingabe prüfen lassen oder manuell – nach der Fertigstellung eines Textes. Die automatische Korrektur eignet sich allerdings nur für sehr kurze Texte, weil bei längeren Texten die automatische Prüfung die Arbeitsgeschwindigkeit des Programms erheblich reduziert. Was aber genau bietet der DUDEN Korrektor?

Der Leistungsumfang des Programms wird vom Hersteller wie folgt beschrieben:

> Die Duden-Linguistic-Engine liefert Softwareherstellern eine Software zur Fehlererkennung und -korrektur mit Rechtschreib-und-Grammatik-Prüfung aus einem Guss. Sie wurde von den Computerlinguisten und Lexikographen des Dudenverlags in Zusammenarbeit mit Forschungspartnern entwickelt und setzt neue Maßstäbe in der Sprachtechnologie.
> Herkömmliche Programme bieten oft nur die Rechtschreibkorrektur: Das Modul Rechtschreibung und – soweit überhaupt vorhanden – das Modul Grammatik kommen häufig von verschiedenen Herstellern und greifen daher auf unterschiedliche Wörterbücher zu. Ganz anders bei Duden: Die kombinierte Rechtschreib- und Grammatik-Prüfung der Duden-Linguistic-Engine greift auf einen gemeinsamen Ressourcenpool zu und erzielt deshalb eine deutlich bessere Fehlerabdeckung und höhere Präzision. Darüber

hinaus funktioniert die Rechtschreibprüfung kontextabhängig und nicht wie bei herkömmlichen Produkten zur Rechtschreibprüfung nur über die Unterscheidung zwischen Wörtern und Nicht-Wörtern.

(Quelle: <http://www.duden.de/index2.html?produkte/elektronisch/korrektor/korrektor_upgrade.html>; eingesehen am 19.04.2003)

Linguistic-Engine

Die „Duden-Linguistic-Engine" prüft laut Auskunft des DUDEN-Verlags

(...) Geschriebenes u.a. auf Rechtschreibung, Interpunktion, Fremdwortschreibung, Getrennt- und Zusammenschreibung, Komposita, Fugenzeichen, Kongruenz, Typographie und Abkürzungen. Anwender können dabei zwischen zwei Prüfmodi, drei Sprachoptionen und vier Schreibstilen wählen.

(Quelle: <http://www.duden.de/index2.html?sprachtechnologie/linguistic_engine.html>)

Faire Tests

Ein kleiner Test mit Beispielsätzen soll zeigen, wie der Korrektor arbeitet bzw. wo Stärken und Schwächen des Programms liegen. Dabei muss man Folgendes bedenken: Mit Leichtigkeit lassen sich Sätze konstruieren (wie das Ickler 2002 in seiner Rezension tut), vor deren Fehlern das Programm kapitulieren wird; die Probleme bei der Textkorrektur sind bekannt und werden weiter erforscht (vgl. Fliedner 2001: 416 f.). Für eine sinnvolle Erprobung der Leistungsfähigkeit sollte man keine konstruierten Satzbeispiele, sondern Texte aus der alltäglichen Textproduktion verwenden – nur auf diese Weise bekommt man einen Überblick über die Tauglichkeit bzw. die Anwendungsmöglichkeiten im Kontext der je eigenen Schreibpraxis.

Wenn ich im Folgenden zum Teil von diesem Prinzip abweiche, indem ich Sätze mit künstlich erzeugten Fehlern als Beispielsätze verwende, dann geschieht das hier, um den Umgang des Korrektors mit unterschiedlichen Fehlertypen zu illustrieren.

4.4.1 Das Korrekturfenster des Korrektors

Die manuelle Korrektur aktiviert man mit einem Klick auf die Schaltfläche „Korrektur starten" (vgl. Abb. 1). Anschließend öffnet sich das DUDEN-Korrekturfenster (vgl. Abb. 2).

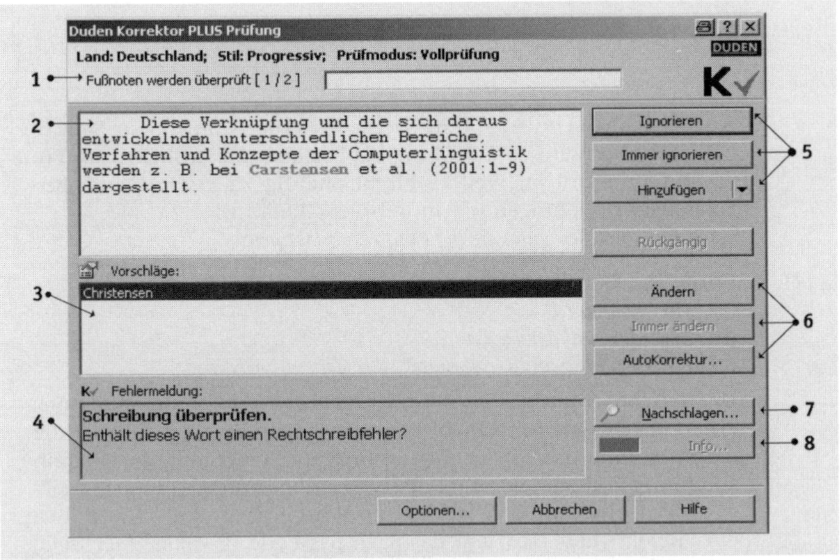

Abb. 2 DUDEN-Korrekturfenster

Unter [1] wird der Prüfungsfortschritt angezeigt; ein Balken informiert über die noch zu prüfende Textmenge. Im darunter liegenden Fenster [2] werden Textausschnitte wiedergegeben, in denen die fraglichen Passagen farbig markiert sind (in der Abbildung ist das Wort „Carstensen“ in Grau dargestellt; im Original in Rot). Im Fenster darunter [3] werden Vorschläge eingeblendet und unter [4] Begründungen bzw. Nachfragen für die Fehlermeldung angezeigt. Im rechten Bereich des Korrekturfensters lässt sich das Programm steuern: Unter [5] können Fehlermeldungen ignoriert werden („Immer ignorieren“ bedeutet, dass Wiederholungen derselben Fehlermeldung unterdrückt werden). Mit „Hinzufügen“ lassen sich Benutzerwörterbücher anlegen oder erweitern, sodass lästige Wiederholungen unnötiger Fehlermeldungen auch bei der Arbeit mit anderen Dokumenten vermieden werden können. Ist man mit dem Änderungsvorschlag einverstanden, kann man unter [6] die Änderung vornehmen lassen oder mit ‚AutoKorrektur‘ dem Verzeichnis automatisch zu korrigierender Wörter (in Word) hinzufügen. Mit der Funktion ‚Nachschlagen‘ stehen in der Korrektor plus-Version die folgenden elektronischen Wörterbücher zur Verfügung: *Das Fremdwörterbuch, Die sinn- und sachverwandten Wörter* und *Richtiges und gutes Deutsch.*

4.4.2 Grenzen und Möglichkeiten des Korrektors

Illustrieren wir einige der Grenzen und Möglichkeiten des Programms mit einigen Beispielsätzen an drei der häufigsten Fehlertypen.

[1] Fehlertyp: Verdopplung eines Wortes

(a) *Hier sind die die Daten.*

(b) *Hier sind der Freiheit Freiheit keine Grenzen gesetzt.*

Auf eine mögliche Dopplung weist das Programm nur in Satz (b) hin. Offenbar wird eine Prüfung bei bestimmten Artikeln vom Programm unterdrückt, weil es hierbei häufig zu erwünschten bzw. zulässigen Dopplungen wie in Beispiel c kommt.

(c) *Hier sind die Leute, die die Freiheit verteidigen.*

[2] Fehlertyp: Kongruenzfehler

(a) *Hier sind der Daten.*

(b) *Das hier sind der Daten.*

(c) *Orthographie und Grammatik soll_ geprüft werden.*

Der falsche Numerus in Beispiel (a) wird vom Programm nicht erkannt; der Satz wird nicht beanstandet. In Beispiel (b) markiert das Programm die Wörter *Das* und *sind* und empfiehlt, die Übereinstimmung von Subjekt und Prädikat zu überprüfen. Offenbar analysiert der Korrektor Sätze vom ersten Wort eines Satzes an und sucht ein Subjekt (hier *Das*) und das dazu passende Prädikat (hier: *sind*). Durch die Möglichkeit, dass der nachfolgende Artikel (der) einen Singular anzeigt, wird die entsprechende Fehlermeldung erzeugt. Dementsprechend – grammatisch richtig aber nur in Fall (e) – moniert das Programm die beiden folgenden Eingaben nicht:

(d) *Das ist der Daten.*

(e) *Das hier sind die Daten.*

In Satz (c) hingegen wird eine zutreffende und informative Fehlermeldung ausgegeben: „Das Prädikat muss in den Plural gesetzt werden, wenn das Subjekt aus mehreren Teilen besteht." Das Info-Fenster (vgl. Abb. 2 (8)) bietet zusätzlich eine umfassende Erklärung zum Begriff der grammatischen Kongruenz.

[3] Fehlertyp: Falscher Kasus

(a) *Er sieht nicht des Fehlers.* (abhängig vom Verb)

(b) *Er berichtet von der Fehler.* (abhängig von der Präp.)

(c) *Er erinnert an dem Fehler.* (Präp. mit mehreren Kasus)

Der falsche Kasus in Beispiel (b) wird vom Programm erkannt und mit dem Hinweis markiert: „Die vorangegangene Präposition verlangt vom Substantiv (gegebenenfalls auch von Artikel und Adjektiv) einen anderen Kasus."

Die Sätze (a) und (c) werden nicht beanstandet, denn für die Analyse von Satz (a) wäre ein Valenzlexikon (ein Lexikon, das die möglichen syntaktischen Konstellationen in der Umgebung von Wörtern, vor allem von Verben, verzeichnet) erforderlich. Warum Satz (c) nicht beanstandet wird, lässt sich ohne Kenntnis der Analyseverfahren nicht bestimmen.

4.5 Zusammenfassung

Grenzen und Möglichkeiten automatischer Textkorrektur

Eine vollständige bzw. umfassende orthographische und grammatische Korrektur ist auf Grund der Vielzahl möglicher semantischer, syntaktischer und kontextgebundener Parameter nicht realisierbar. Zu groß ist die Menge der Möglichkeiten, als dass sie durch eine automatische Korrektur bewältigt werden könnte. Gegenwärtig lässt sich im Durchschnitt rund die Hälfte aller Fehler erkennen und mit Korrekturvorschlägen versehen. Auch in den kommenden Jahren wird man mit Unterstützung von Linguisten bzw. Computerlinguisten weiter an der Verbesserung von Korrekturprogrammen arbeiten. Mittelfristig könnten Korrekturprogramme vor allem durch die statistische Auswertung von Fehlerhäufigkeiten und die Ausweitung semantischer Analysen optimiert werden; letzteres ist allerdings ungleich komplizierter. Fliedner (2001: 416) geht davon aus, dass „noch Jahrzehnte vergehen", bis Computer selbstständig Texte korrigieren können.

5 Ausblick

Berufliche Perspektiven für Linguisten

Wenn die Verbesserung von Korrekturprogrammen auch ein langwieriges Projekt ist, so gehören Korrekturprogramme ohne Zweifel zu den erfolgreichsten und bekanntesten sprachtechnologischen Anwendungen. Auch in den anderen (in Tabelle 1 aufgezählten) Arbeitsfeldern wurde und wird intensiv Forschung betrieben. So hat sich etwa die Spracherkennung (beim natürlichsprachlichen Diktieren mittels Mikrofon) mit Programmen wie *Linguatec Voice Pro 10* von *IBM* und *Dragon NaturallySpeaking* von *ScanSoft* in den letzten Jahren erheblich verbessert. War beim Diktieren Mitte der 1990er-Jahre noch so genanntes ‚diskretes Sprechen' (nach jedem gesprochenen Wort musste man eine kurze Pause machen) erforderlich, kann man heutzutage die je eigene Sprechgeschwindigkeit beibehalten.

Auch wenn die zukünftige Bedeutung bzw. die Rolle der Computerlinguistik bei der Weiterentwicklung von Sprachtechnologie innerhalb der eigenen Zunft nicht nur positiv bewertet wird (ablehnend z.B. Heyer

2002: 149 ff.), darf man aber doch insgesamt optimistisch sein, was den Bedarf an sprachbezogenen Computeranwendungen betrifft. Da hier die Nachfrage eher steigen dürfte und sich die Anwendungsbereiche eher ausweiten werden, eröffnen sich auch weiterhin interessante berufliche Perspektiven (vgl. hierzu Becker-Mrotzek et al. 2000) für angehende Linguistinnen und Linguisten.

6 Ausgewählte Literatur

Becker-Mrotzek, M. et. al. (Hg.) (2000): *Linguistische Berufe. Ein Ratgeber zu aktuellen linguistischen Berufsfeldern.* Frankfurt a.M. u.a.: Peter Lang.

Carstensen, K.-U. et al. (Hg.) (2004): *Computerlinguistik und Sprachtechnologie. Eine Einführung.* 2. Auflage, Heidelberg, Berlin: Spektrum Akademischer Verlag.

Kurzidim, M. (2004): Fehlerpolizei. Wie gut sind Rechtschreibkorrektur-Programme? In: *c't* 2/2004, 110–117.

Lenders, W. / Willée, G. (1998): Linguistische Datenverarbeitung. Ein Lehrbuch. 2., neu bearbeitete u. erweiterte Auflage. Opladen: Westdeutscher Verlag.

Schmitz, U. (1992): *Computerlinguistik. Eine Einführung.* Opladen: Westdeutscher Verlag.

III.2 Lernsoftware*

Claudia Villiger

1 Aufgaben- und Problemfeld

Frau Berger, 38 Jahre, Sekretärin, liebt amerikanische Literatur und so kommt sie auf die Idee, ihre Englischkenntnisse auf unterhaltsame Weise aufzubessern. Sie bestellt bei ihrem Buchhändler die englischsprachige Ausgabe von „The Enchantment of Lily Dahl" der amerikanischen Autorin Siri Hustvedt. Nach ein paar Tagen kann sie das Buch abholen. Obwohl sie einen anstrengenden Arbeitstag hinter sich hat, macht sie es sich auf ihrem Sofa gemütlich und beginnt mit der Lektüre. Nach wenigen Sätzen steht sie wieder auf, um ihr Englischwörterbuch zu holen. Sie schlägt *stoop* und *lunge* nach – na klar – weiter geht's. Aber die Lektüre ist sehr ermüdend. Dauernd muss sie Vokabeln nachschlagen, die jeweils passende Bedeutung ermitteln und dann wieder den Einstieg in den Roman finden. Außerdem fragt sie sich, wie die ihr nicht bekannten Vokabeln ausgesprochen werden. Nach zwei Seiten gibt sie frustriert auf und nimmt sich vor, es am Wochenende nochmals versuchen. Gut ausgeruht gehört der Samstagnachmittag „The Enchantment of Lily Dahl". Aber wiederum ist die Lektüre quälend. Nach drei weiteren Versuchen in der darauf folgenden Woche gibt Frau Berger auf. Sie ist der Ansicht, dass ihre Englischkenntnisse für die Lektüre nicht ausreichen.

Abb. 1 Einstiegsszenario zu Lernsoftware

Das Eingangsszenario gibt eine Situation wieder, für die sich der Einsatz von neuen Medien anbietet. Eine Software, die Frau Berger bei der Lektüre von *„The Enchantment of Lily Dahl"* unterstützt, indem sie ihr den Text bei Bedarf vorliest, die Vokabeln nachschlägt und die zum Kontext passende Bedeutung hervorhebt. Recherchiert man nach einer solchen Software, wird man mit einer riesigen Auswahl von Sprachlernsoftware konfrontiert. Es stellt sich heraus, dass es nicht einfach ist, die Bedürfnisse von Frau Berger zu erfüllen. Wenn sie allerdings bereit ist, ihren Lektürewunsch zu ändern, gibt es Sprachlernsoftware, die ihren Anforderungen entspricht.

Interessant an diesen Sprachlernsoftwareangeboten ist, dass sie nicht alleine die Lektüre unterstützen, sondern zusammen mit dem gedruckten Text, einer Vokabelhilfe und einer Audio-CD vertrieben werden. Um Frau

* Mein besonderer Dank gilt Bernd Rüschoff, der durch zahlreiche Beispiele, Diskussionen und das Besorgen der Demo-Lernsoftware auf der beiliegenden CD einen wertvollen Beitrag zu diesem Artikel geleistet hat.

Berger in ihrer spezifischen Lernsituation zu unterstützen, werden also sowohl „alte" als auch „neue" Medien eingesetzt. So kann sie ihre Lektüre mit dem gedruckten Text und der Vokabelhilfe weiterhin auf ihrem Sofa genießen. Möchte sie sich auf den gesprochenen Text konzentrieren oder einfach den Text nochmals nebenbei hören, legt sie die Audio-CD ein. Erst wenn Frau Berger sich konzentriert mit dem Text auseinandersetzen und Vokabular und Aussprache einüben möchte, kommt die Lernsoftware zum Einsatz.

Einschätzung des Nutzens von Lernsoftware

Die neuen Kommunikationstechnologien haben Lehren und Lernen in verschiedenen Lernsituationen wie Hochschule, Schule und beruflicher Aus- und Weiterbildung verändert. Die Chancen, die diese neuen Technologien eröffnen, werden allerdings unterschiedlich beurteilt. Positive Stimmen heben unter anderem die Zeitunabhängigkeit des Lernens mit dem Computer hervor. Der Lernende bestimmt, wann er lernen möchte und muss sich nicht nach bestimmten Kurszeiten richten. Der Lehrer Computer hat, vorausgesetzt er ist technisch einsatzbereit, immer Zeit.

Dieser Aspekt spielt vor allem in der beruflichen Weiterbildung eine zentrale Rolle. Hinzu tritt aus Unternehmensperspektive der Aspekt der Wirtschaftlichkeit. Vor allem aus den USA erreichten uns schon Ende der 1980er Jahre vorwiegend populärwissenschaftliche Publikationen, die vom erfolgreichen Einsatz von Lernsoftware zum Beispiel bei Autovermietungen, Paketdiensten oder Luftlinien berichteten (Kerres 1998: 117–118). Dabei stehen die Kosteneinsparungen, die durch den Einsatz des Computers in der betrieblichen Weiterbildung erzielt werden, im Vordergrund. Auch deutsche Unternehmen wie das Versicherungsunternehmen Colonia oder die Deutsche Bundespost betonten schon Ende der 80er Jahre die Wirtschaftlichkeit von Lernsoftware in der betrieblichen Weiterbildung (Kerres 1998: 118).

Ein anderes Bild zeichnet eine Studie des Bundesinstituts für Berufsbildung, die zu Beginn der 90er Jahre herausstellt, dass Lernsoftware in der betrieblichen Bildungsarbeit praktisch keine Rolle spielt (Kerres 1998: 118). Auch an Hochschulen wird der Einsatz von Lernprogrammen unterschiedlich beurteilt. Während Fernhochschulen wie die *Open University* hervorheben, dass ihre Kosten für eine Lerneinheit nur ein Drittel der Kosten einer Präsenzhochschule betragen (Kerres 1998: 118), zeigt eine Studie des Bundesministeriums für Bildung und Forschung (2002: 67), dass nur ein geringer Anteil der Studierenden die virtuellen Angebote ihrer Hochschule kennt und dementsprechend auch nutzen kann.

Die anfängliche Euphorie zum Beginn des Einsatzes von Lernsoftware hat sich zwar positiv auf die Bereitstellung der technologisch notwendigen Ausstattung beispielsweise an Schulen ausgewirkt, sie ist aber teilweise auch in Ablehnung umgeschlagen. Kritiker sprechen vom ‚Sprachlaboreffekt' („Jeder will es, keiner nutzt es"). Notwendig ist eine differenzierte Betrachtung, die die jeweilige Zielgruppe von Lernsoftware, die Kompetenzen der Produzenten von Lernsoftware und die Frage, in welcher Lernsituation und damit auf welchem didaktischen Hintergrund der Einsatz von Lernsoftware sinnvoll ist, in den Vordergrund rückt. Während die zuvor genannten Beispiele zum Einsatz von Lernsoftware in Unternehmen auf den Ersatz des Lehrers durch den Computer abheben, ist die derzeitige Diskussion mit Blick auf Schulen und Hochschulen von der Frage geprägt, wie Lernsoftware in den Unterricht eingebunden werden kann. In einem Vortrag auf der Bildungsmesse *Learntec* 2004 spitzte der Psychologe Mandl diesen Aspekt weiter zu. Für ihn stellt die Diskussion um den Einsatz von Lernsoftware die Möglichkeit dar, didaktische Konzepte grundsätzlich zu überdenken und zu untersuchen (Mandl 2004; ähnlich Rüschoff/Wolff 1999, 9).

Bei dieser Fragestellung setzt der Beitrag an. Zunächst werden die verschiedenen Typen von Lernsoftware vorgestellt, Bezüge zu den damit verbundenen Lerntheorien hergestellt und die damit einhergehende Entwicklung von Sprachlernsoftware nachgezeichnet (Abschnitt 2). Am Beispiel des WWW-Portals *Portalingua* zur Linguistik werden die Möglichkeiten der Vernetzung von „alten" und „neuen" Medien durch internetbasierte Lernplattformen diskutiert (Abschnitt 2.4). Ab dem dritten Abschnitt konzentriert sich der Beitrag auf Sprachlernsoftware, da in diesem Gebiet die Angewandte Linguistik sowohl bei der Erstellung der Lernsoftware als auch bei ihrer Evaluation eine zentrale Rolle einnimmt. Zu den angewandt linguistischen Untersuchungen der Medienkommunikation, der Gesprächsanalyse und der Konzeption von Hypertexten und Hypermedia (s. Artikel III.3), die grundsätzlich bei der Erstellung von Lernsoftware eine Rolle spielen, kommen bei Sprachlernsoftware auch linguistische und fachdidaktische Aspekte zum Tragen. Der Beitrag endet mit einer kurzen Skizze der Anwendungs- und Berufsperspektiven für Angewandte Linguistinnen und Angewandte Linguisten im Bereich von Lernsoftware (Abschnitt 4) und Hinweisen auf weiterführende Literatur (Abschnitt 5).

2 Typen von Lernsoftware

Benennungen für Lernsoftware

Beschäftigt man sich mit dem Gebiet der Lernsoftware, fällt zunächst die Vielfalt der Benennungen auf, die zur Bezeichnung des Gegenstands herangezogen werden (s. Tab. 1). Während die zurzeit am häufigsten verwendeten Bezeichnungen CAT, CAI und CAL den Computer als technische Basis hervorheben, hat der Ausdruck ‚Lernsoftware' den Vorteil,

Tab. 1 Bezeichnungen für Lernsoftware nach Blumenstengel 1998: 34

Bezeichnung	Abkürzung
Lernsoftware/Lernen mit Software	
Computer Based Learning/Computerbasiertes Lernen	CBL
Computer Based Training/Computerbasiertes Training	CBT
Computer Based Instruction	CBI
Computer Aided Instruction	CAI
Computer Aided Teaching	CAT
Computer Aided Learning	CAL
Computer Assisted Learning	CAL
Computerunterstützes Lernen	CUL
Computerunterstützer Unterricht	CUU
Courseware oder Teachware	

dass die technische Basis genauer als Software bezeichnet wird. Aus den Benennungen lässt sich zum Teil auch ein verschiedenartiger Einsatz der Programme bei der Vermittlung von Inhalten ablesen. Während die Mehrwortverbindungen mit *based* und *-basiert* auf Lernsoftware schließen lassen, die sich nur auf die Software zur Vermittlung des Lerninhalts stützt, deuten die Bezeichnungen mit den Komponenten *aided, assisted* und *-unterstützt* darauf hin, dass die Lernsoftware in einen didaktischen Gesamtzusammenhang eingebunden ist, und nicht alleine die Lehrfunktionen abdeckt. Diese Unterscheidung bildet eine mögliche Klassifikation von Lernsoftware: Sie wird danach eingeteilt, ob sie in eine Lernsituation eingebettet ist, die weitere Vermittlungstypen wie z.B. ein Lehrbuch, betreute Tutorien und Workshops etc. enthält, oder ob die Software dazu dient, alle Lehrfunktionen zu erfüllen. Mit Blick auf Sprachlernsoftware sind beide Typen gängig.

Methodische Grundtypen von Lernsoftware

Neben den unterschiedlichen Lehrfunktionen, die Lernsoftware einnimmt, differenziert man Lernsoftware auch hinsichtlich ihrer methodischen Herangehensweise. Blumenstengel (1998: 38–47) unterscheidet sechs methodische Grundtypen von Lernsoftware:

- Tutorielle Systeme
- Adaptive Systeme/Intelligente Tutorielle Systeme
- Spiele
- Simulationen und Planspiele
- Mikrowelten
- Kombinierte Ansätze

Diese Grundtypen gehen meist einher mit einer impliziten oder expliziten methodischen Verankerung in einer bestimmten Lerntheorie. Aktuelle Lernsoftware ist zwar selten strikt nach einer einzelnen Lerntheorie konzipiert, doch lässt sich eine bestimmte Orientierung an der Auswahl und vor allem an der Aufbereitung der Lerninhalte feststellen. Eine solche lerntheoretische Anbindung kann man auch bei der jeweils verfügbaren Sprachlernsoftware und der Forschung zu dieser Sprachlernsoftware beobachten, für die das Akronym CALL für *Computer-Assisted Language Learning* international benutzt wird.

2.1 **Tutorielle Systeme**

Tutorielle Systeme sind die älteste Form von Lernsoftware. Es handelt sich dabei um vornehmlich linear organisierte Lernprogramme mit einem hohen Grad an Steuerung der Lernprozesse durch das Programm und wenigen Möglichkeiten der Einflussnahme durch Lernende. Aufgrund dieser Eigenschaften werden sie auch als ‚Trainings'- oder ‚Drill- und Übungssysteme' oder pejorativ als „Drill- und Kill-Programme" bezeichnet. Bei Sprachlernsoftware ist dieser methodische Grundtyp vor allem durch Vokabel- und Grammatiktrainer vertreten.

Behavioristische Lerntheorie

Tutorielle Systeme sind in der behavioristischen Lerntheorie verankert. Lernen wird als das Bilden und Festigen von Reiz-Reaktions-Ketten begriffen. Es geht an erster Stelle um das Steuern von Verhalten, vornehmlich dadurch, dass erwünschtes Verhalten belohnt wird. Das Auslösen von kognitiven Prozessen wird dabei nicht angestrebt. Entsprechend versucht man Übungen so zu konzipieren, dass nur eine Antwort passend ist. Auf dem Hintergrund der behavioristischen Theorie lassen sich nur relativ einfache Zusammenhänge/Abläufe abbilden. Dem Lernenden werden in der Regel keine Möglichkeiten angeboten, den Lernprozess zu reflektieren. Der Lernweg ist meist strikt vorgegeben und die Interaktionsmöglichkeiten des Lernenden mit dem Programm bestehen häufig lediglich in der Einstellung der Bearbeitungsgeschwindigkeit von Übungen.

Trotz der Beschränkung der Lerninhalte auf relativ einfache Zusammenhänge und Prozesse haben Tulodziecki et al. Anfang 1995 in einer Untersuchung des deutschen Markts festgestellt, dass von 2.424 untersuchten Software-Einheiten für den schulischen Unterricht 56,5 Prozent als Tutorielle Systeme eingestuft werden konnten (Blumenstengel 1998: 40). Diese starke Verbreitung lässt sich zumindest zum Teil auf die relativ geringen Erstellungskosten dieses Typs von Lernsoftware zurückführen.

Behavoristisches CALL

Behavioristisch orientierte Sprachlernsoftware (behavioristisches CALL) wurde im Kontext der computerunterstützten Instruktion (CI) in den 1960er und 1970er Jahren entwickelt. Besonders in den USA war die Begeisterung für den mechanistischen Tutor, der unermüdlich Vokabel- und Grammatiktests mit den Lernenden durchführt, groß. Für die bekannte Sprachlernsoftware PLATO, die zahlreiche Vokabel- und Grammatikübungen und Übersetzungstests für verschiedene Lernstufen anbot, wurde sogar neben der Software eine eigene Hardware entwickelt (Warschauer/Healey 1998: 57).

Für aktuelle Sprachlernsoftware lässt sich feststellen, dass der rein tutorielle Ansatz verlassen wird, beziehungsweise andere lerntheoretische Ansätze integriert werden. So bieten viele Grammatiktrainer dem Lernenden eine Fehlerklassifikation an, mit deren Hilfe er seine Fehler analysieren kann. Das Beispiel in Abbildung 2 zur Einübung der Possessivpronomen geht hier noch einen Schritt weiter. An jeder Stelle der Übung hat der Lernende die Möglichkeit, sich die Korrektur oder die Lösung (oben in der Menüleiste) anzeigen zu lassen. Zudem kann er über den Menüpunkt *Grammar* das für die Lösung relevante grammatische Wissen abrufen. Wichtig ist dabei, dass die Korrektur sich auf den jeweiligen Fehler des Lernenden bezieht (s. auch Beispiel in Abb. 10). Dies setzt voraus, dass das Programm zumindest ansatzweise die Antwort des Lernenden analysieren kann und sie nicht nur mit der erwarteten Wortkette vergleicht und entsprechende Rückmeldung gibt.

2.2 Adaptive Systeme/Intelligente Tutorielle Systeme

‚Adaptive Systeme'/‚Intelligente Tutorielle Systeme' sollen sich im Unterschied zu den Tutoriellen Systemen an die Bedürfnisse des Benutzers anpassen. Diese Anpassungsfähigkeit der Lernsoftware kann auf unterschiedliche Art und Weise geschehen. Zum einen wird ein bestimmtes

Nutzerverhalten antizipiert und die Lernsoftware so gestaltet, dass sie auf dieses Nutzerverhalten eingehen kann. Zum anderen kann sich die Anpassungsfähigkeit auch auf den konkreten Benutzer der Lernsoftware beziehen. Dann muss das Programm in der Lage sein, den jeweiligen Unterstützungsbedarf des Lernenden zu analysieren. Ist eine solche individuelle Anpassbarkeit der Lernsoftware gegeben, spricht man von ‚Intelligenten Tutoriellen Systemen' (IST). Für die individuelle Anpassung an

Abb. 2 Grammatikübung aus *VITAMINE E* (Digital Publishing)

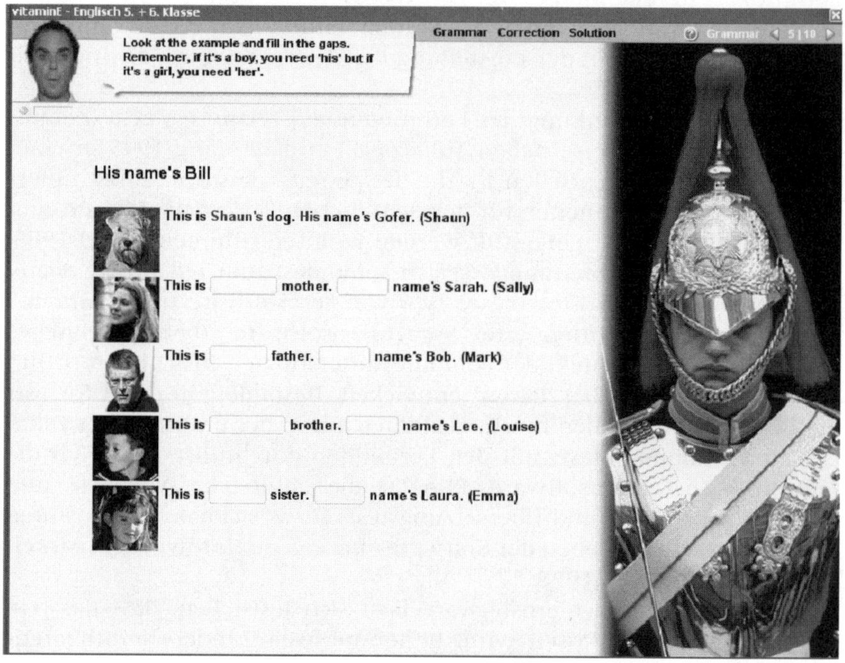

einzelne Lernende müssen bei der Entwicklung des Programms Methoden der Künstlichen Intelligenz (KI) eingesetzt werden.

Kognitive Lerntheorie

Die didaktische Konzeption von adaptiven/intelligenten Tutoriellen Systemen beruht zumeist auf kognitiven Lerntheorien. Lernen lässt sich hier als Veränderung von kognitiven Strukturen und Prozessen beschreiben. Ausgangsbasis sind Modelle der menschlichen Informationsverarbeitung, auf deren Grundlage Formen der Repräsentation kognitiver Strukturen entwickelt werden. Weiterhin wird der Interaktion zwischen Lernenden und Lehrenden und den Lernenden untereinander eine zentrale Rolle zugeschrieben. Daher wird sowohl ein Modell des Lernenden/Benutzers als auch ein Modell des Lehrenden/Tutors entwickelt. Dies kann wie in der Lernsoftware in Abbildung 2 so aussehen, dass der Tutor personalisiert wird (oben links auf dem Bildschirm) und der Lernende immer in Interaktion mit dem Tutor treten kann. Als weitere Komponenten werden für solche Lernsoftware die Domäne, also das zu vermittelnde Wissen aus dem jeweiligen Fachgebiet, und die Schnittstelle zwischen Tutor und Benutzer, das so genannte Interface, modelliert.

Kommunikatives CALL

Auf das Sprachenlernen mit dem Computer haben kognitive Lerntheorien großen Einfluss genommen und führten zu einer weit verbreiteten Ablehnung des behavioristischen Ansatzes und zur Entwicklung des kommunikativen CALL in den späten 1970er und frühen 1980er Jahren (Warschauer/Healey 1998: 57). Im Vordergrund steht nun nicht mehr das mechanische/isolierte Trainieren von Vokabeln und grammatischen Formen. Vielmehr geht es darum, den Gebrauch von Wortschatz und Grammatik zu vermitteln. Sprachliche Strukturen und Sprachbedeutung werden dem Lernenden anhand von möglichst authentischem Sprachmaterial angeboten und ihr Gebrauch eingeübt. Hierzu eignen sich verschiedene Übungstypen, die in Abschnitt 3.3.2 näher beschrieben sind.

2.3 Spiele, Simulationen und Mikrowelten

Konstruktivistische Lerntheorie

Spiele, Simulationen und Mikrowelten wurden zusammengefasst, da sich diese Typen von Lernsoftware zumeist auf konstruktivistische Lerntheorien stützen. Aus konstruktivistischer Sicht bezeichnet Lernen den Prozess des Aufbaus von Erfahrungen. Daher sollte Wissen nicht abstrakt vermittelt werden, sondern in komplexen und möglichst authentischen Lernsituationen erworben werden. Wiederum spielt die Interaktion des Benutzers mit der Lernsoftware eine zentrale Rolle. Doch nun erforscht der Lernende die von der Lernsoftware erzeugte „Welt" selbst und gewinnt seine Erfahrungen in der Interaktion mit der simulierten Lernumgebung.

Spiele werden meist für Kinder und Jugendliche als Zielgruppe entwickelt. Ein Beispiel hierfür ist das Multimedia-Spiel „Abenteuer Landtag" (Landtag Niedersachsen) über Niedersachsen und den Niedersächsischen Landtag. Der Spieler wurde aus Versehen nach einem Besuch im Landtag eingeschlossen. Er befindet sich im Keller des Landtags und den Weg hinaus erreicht er über das Entdecken von Informationen, die sich im Gebäude des Landtags auf drei Ebenen verstecken. So ist eine grobe Vorstrukturierung der zu entdeckenden Inhalte und damit des Lernwegs gegeben. Der Zugang zur nächsten Ebene gelingt nur über das Auffinden aller Inhalte einer Ebene. Der Spieler kann zwischen einer leichten Variante, in der er nur alle Informationen finden muss, und einer schweren Variante wählen, bei der er auch noch Multiple-Choice-Fragen beantworten muss. Bei diesem Spiel dürfte ähnlich wie bei *Adventure*-Spielen das aktive Entdecken zu einer hohen Motivation der Benutzer führen. Allerdings ist der Lerneffekt nur bei Anwahl der schweren Variante nachvollziehbar, da der Lerner dann zum Erreichen einer weiteren Ebene Fragen beantworten muss. Kritiker solcher Lernspiele stellen grundsätzlich die Frage, in welchem Verhältnis der Lerneffekt zur aufgewendeten Zeit und den zumeist erheblichen Produktionskosten steht.

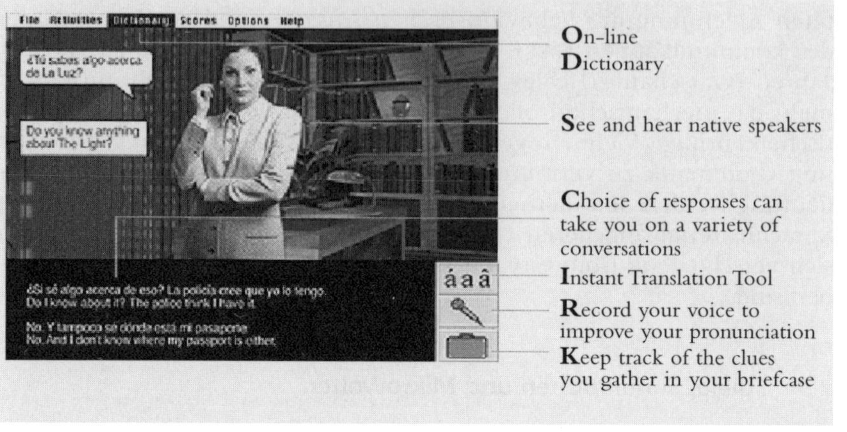

Abb. 3 *Who is Oscar Lake* (Language Publications Interactive)

In ähnlicher Weise entführen Simulationen und Mikrowelten in ein interaktiv veränderbares Computermodell eines Gegenstandsbereichs. Im Simulationsspiel *SimCity* (von Electronic Arts) geht es beispielsweise darum, dass eine Stadt entwickelt und verwaltet werden soll. Das Computermodell simuliert authentische Situationen des Gegenstandsbereichs und reagiert auf die Manipulationen der Spieler.

Integratives CALL

Konstruktivistische Lerntheorien beeinflussten auch das Sprachenlernen und die Entwicklung von Sprachlernsoftware und führten in den späten 1980er und frühen 1990er Jahren zur Ausbildung des so genannten integrativen CALL. Nun soll der Lernende in möglichst authentischen sozialen Situationen selbst agieren und dabei verschiedene Fertigkeiten wie Verstehen, Sprechen, Lesen, Schreiben und soziokulturelle Kompetenzen integriert entwickeln. Auf einem solchen Ansatz beruht das in Abbildung 3 dargestellte Beispiel. Ein anfänglich harmloser Besuch bei einer Freundin entwickelt sich zu einem Detektivabenteuer. Der Lernende muss mit Hilfe von Gesprächen, Texteingaben und Handlungen Identitäten aufdecken und Gefahren bestehen. Dabei stehen ihm neben den Gesprächen mit Personen verschiedene Wissensquellen, wie ein Übersetzungswerkzeug oder ein Online-Wörterbuch zur Verfügung. Die Verknüpfung mit einem im Internet verfügbaren Online-Wörterbuch ist ein Hinweis auf eine weitere Forderung des integrativen CALL. Neben den Sprachfertigkeiten sollen den Lernenden auch Kompetenzen im Umgang mit den neuen Technologien vermittelt werden, die über die auf der Lernsoftware zur Verfügung stehenden Werkzeuge hinausgehen. Der Computer soll in die Lernumgebung der Lernenden eingebettet und nicht, ähnlich wie das Sprachlabor, einmal in der Woche als Lerninstrument genutzt werden. Mit der Verbreitung des Internets hat diese Forderung eine neue Dimension erhalten, deren Möglichkeiten im Folgenden skizziert werden.

2.4 Internetbasierte Lernplattformen

Bei der Diskussion der verschiedenen methodischen Grundtypen wurde schon erwähnt, dass relativ selten „reine" Typen vorkommen. Vielmehr ist eine Integration der Ansätze zu beobachten, die idealerweise sowohl die Nutzerbedürfnisse als auch die darzustellenden Inhalte berücksichtigt. Nutzt man zur Verbreitung der Lernsoftware statt der „geschlossenen" Medien wie beispielsweise der CD-ROM das Internet, begünstigt dies eine Integration von weiteren Informationsquellen und befördert die konkrete Einordnung der Lernsoftware in ein übergreifendes Lernangebot. Eine solche gesammelte Bereitstellung von verschiedenen Ressourcen auf einer Internetplattform lässt sich in Unternehmen, aber vor allem im Hochschul- und Schulbereich beobachten. In Projekten wie „Neue Medien in der Bildung" oder „Schulen ans Netz" (s. Linkliste auf CD) wurden die Entwicklung von Lernsoftware und ihre Bereitstellung im Internet gefördert.

PortaLingua

Ein Beispiel für eine solche internetbasierte Lernplattform ist *PortaLingua*. Neun Universitäten und das Institut für deutsche Sprache in Mannheim haben in einem vom Bundesministerium für Bildung und Forschung geförderten Verbundprojekt eine Webpräsenz aufgebaut, die multimediale Lehr- und Lernressourcen aus den Bereichen Sprach- und Kommunikationswissenschaft präsentiert. Diese Ressourcen wurden im Hochschulalltag erprobt, bevor sie publiziert wurden.

Abbildung 4 zeigt die Inhalte der Webpräsenz nach Themen sortiert. PortaLingua enthält unter anderem Lernmodule zu Phonetik, Phonologie, Morphologie, Syntax, Semantik, Semiotik, Pragmatik, Soziolinguistik, Gesprächsforschung, Schrift, Sprachgeschichte und Etymologie. Zusätzlich zu diesen hypermedial präsentierten Lernmodulen findet der Benutzer auch ein Skript Grundkurs Linguistik und einen Studierplatz mit Übungen. Zahlreiche weitere Angebote wie eine Datenbank zum Recherchieren mit über 1600 Einträgen oder Chatmöglichkeiten zu einzelnen Seminaren ermöglichen es dem Lerner, die zu seiner jeweiligen Lernsituation passenden Materialien und Interaktionsformen zu wählen.

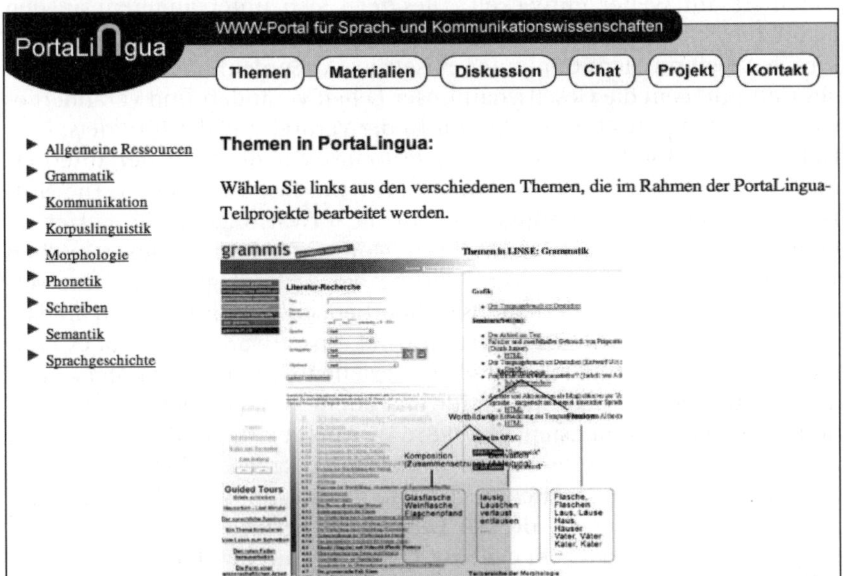

Abb. 4
WWW-Portal *PortaLingua* nach Themen sortiert

Blended Learning

Auf der internetbasierten Lernplattform eröffnen sich sowohl für die interaktive Erstellung von Lernmaterialien als auch für die Interaktion der Benutzer zahlreiche Möglichkeiten. Damit eignet sich das Internetportal zum Selbststudium aber auch als Plattform für das so genannte *Blended Learning*. *Blended Learning* verbindet „klassische" Vermittlungstypen wie die Vorlesung oder das Seminar mit dem Lernen mit digitalen Technologien in der Gruppe oder einzeln. Ziel ist es, die Vorteile der verschiedenen Vermittlungstypen effektiv zu nutzen und die Bedürfnisse unterschiedlicher Zielgruppen abzudecken. Daraus ergibt sich auch eine Anforderung an die Gestaltung von Medien für ein gut gestaltetes Multimedia-Lernen, wie Ulrich Schmitz (2004: 12) hervorhebt:

> Gut gestaltetes Multimedia-Lernen hingegen nutzt alle technischen und semiotischen Kanäle (geschriebene und gesprochene Sprache, Grafik, Bild, Film, Ton, Animation, Typographie, Design, Interaktion und Hypertechnik) in gegenseitiger Unterstützung und auf derselben Plattform.

Eine übergreifende Lernplattform wie PortaLingua, die verschiedene mediale Zugänge und methodische Ansätze in sich vereinigt, ist sicherlich nur im Verbund zu bewerkstelligen. Für Lehrende und Lernende stellt sich allerdings immer wieder die Frage, welche Lernsoftware sich für ein bestimmtes Gebiet wie beispielsweise das Fremdsprachenlernen eignet. Wie im Eingangsszenario zu diesem Beitrag wird auch am Beispiel von PortaLingua deutlich, dass in nutzerorientierten Angeboten von Lernsoftware alte und neue Medien aufeinander abgestimmt werden müssen.

3 Aspekte von Sprachlernsoftware

Probleme bei der Evaluation von Lernsoftware

Lernsoftware beruht auf einer noch relativ jungen Technologie, die sich zudem rasant weiter entwickelt. Dies zeigt sich unter anderem an den benutzten Speichermedien oder bei der Qualität der Bildschirme, die wir für die Arbeit mit dem Computer einsetzen. Außerdem hat die Integration des Computers in die Gesellschaft unser Leben verändert und verändert es weiterhin. Ein gutes Beispiel hierfür ist die Verbreitung des Internets: Laut GFK Online-Monitor (ECIN 2001) erhöhte sich die Zahl der Internetnutzer von Oktober 2000 bis Januar 2001 um fast 5 Millionen. Die Nutzung des Internets beeinflusst sowohl die Erwartungen, die Nutzer an Lernsoftware stellen, als auch ihren Umgang mit den elektronischen Werkzeugen. Diese stetige Veränderung der technologischen Voraussetzungen und des Nutzerverhaltens stellt erhebliche Anforderungen an eine systematische Bewertung/Evaluation von Lernsoftware. Zwar gibt es zahlreiche Evaluationsstudien, doch diese beziehen sich auf sehr unterschiedliche Lernsoftwaretypen und benutzen zudem keine einheitliche Evaluationsmethodik (Blumenstengel 1998: 64). Auch existierende Metastudien zu durchgeführten Lernsoftwareevaluationen lassen keine eindeutigen Schlüsse zu. Vielmehr weisen auch diese darauf hin, wie schwierig es ist, die zahlreichen Variabeln, die das Lernen mit Lernsoftware beeinflussen, so zu kontrollieren, dass ein erzielter Lernerfolg auf den Einsatz von Lernsoftware zurückzuführen ist (Blumenstengel 1998: 65).

Kriterienkataloge zur Evaluation von Lernsoftware

Trotz dieser ungünstigen Ausgangsvoraussetzungen sind Evaluationskriterien unerlässlich, um zu entscheiden, ob eine bestimmte Lernsoftware eingesetzt werden soll, oder ob und wie man bestimmte Lerninhalte als Lernsoftware selbst entwickelt. Hierzu sind zahlreiche Evaluationskataloge erhältlich (s. Liste auf CD), die zum Teil sehr unterschiedliche Kriterien berücksichtigen. Die Darstellung in den folgenden Abschnitten orientiert sich an dem von Schröder und Wazel entwickelten Kriterienkatalog (Schröder 1998: 97–102), da dieser sich auf Sprachlernsoftware konzentriert. Zunächst werden technisch praktische Kriterien, die Lernsoftware allgemein betreffen, aufgezeigt. Hierzu gehören die Unterstützung des Benutzers im Umgang mit Lernsoftware und die Bildschirmgestaltung. Danach geht es um die Inhalte von Sprachlernsoftware, ihre Anpassung an bestimmte Zielgruppen und Lernsituationen und um die Auswahl von Übungen und ihre didaktische Aufbereitung im Kontext neuer Medien.

3.1 Praktische Aspekte von Lernsoftware

Der große Vorteil der „alten" Medien liegt darin, dass ihr Gebrauch in der Regel keine Probleme bereitet. Wir schlagen das Buch auf, legen CD, Ton- oder Videokassette ein und beginnen. Bei Lernsoftware sieht dies zumeist anders aus: Das Programm und die unter Umständen fehlenden Systemkomponenten müssen installiert werden. Hohe Systemanforderungen und die Beschränkung auf ein bestimmtes Betriebssystem begrenzen den Gebrauch der Lernsoftware von vorneherein oder erfordern einen hohen Installationsaufwand. Daher sollte darauf geachtet werden, dass eine für die anvisierte Zielgruppe typische Hard- und Software-Ausstattung zu Grunde gelegt wird. Des Weiteren sollten Installation und Programmstart einfach sein. Aktuelle Software unterstützt den Installationsvorgang durch Assistenten, sodass die Printdokumentation zur Installation im Prinzip überflüssig wäre. Trotzdem sollte eine gedruckte Bedienungsanleitung zur Lernsoftware vorliegen, die kurz und verständlich formuliert ist. Bei Problemen mit der Lernsoftware sollten Lernende auch durch eine in das Programm integrierte Online-Hilfe unterstützt werden. Weitere wichtige Aspekte sind die Absturzsicherheit, Optionen zum Ausdrucken, Bild- und Tonqualität und die Geschwindigkeit des Aufbaus der Bildschirmseiten (die Schmerzgrenze liegt bei etwa fünf Sekunden).

3.2 Benutzeroberfläche und Navigation

Die Gestaltung der Benutzeroberfläche und die Festlegung der Prinzipien, nach denen Nutzer durch ein Programm geführt bzw. ihnen die Zugänge zu den Lern- und Informationsbereichen eröffnet werden, ist ein zentraler Aspekt bei der Gestaltung und Bewertung von Lernsoftware. Grundsätzlich gilt, dass die Benutzeroberfläche übersichtlich gestaltet und der Navigationsbereich klar vom Arbeitsbereich abgegrenzt werden soll.

Wie für Software allgemein kann für die Modellierung und Beurteilung der sprachlichen Gestaltung der Benutzeroberflächen von Lernsoftware auf sprachwissenschaftliche Untersuchungen zur Mensch-Maschine-Interaktion zurückgegriffen werden (s. z.B. Villiger 2002; Wagner 2002; Schweibenz 2000; Jakobs/Villiger 1998). Ein zentraler Aspekt ist dabei die adressatengerechte und konsistente Benennung von Menüpunkten und die Indizierung dieser Benennungen in den Hilfsmitteln zur Lernsoftware (z.B. Online-Hilfe). Für diese Fragestellung geben neben den angesprochenen Arbeiten zur Mensch-Maschine-Interaktion die Ausführungen zur Terminologiearbeit und der Standardisierung von Kommunikation (s. Artikel VIII.1 und VIII.2) wichtige Hinweise.

Abb. 5 Steuerung des Lernens bei *VITAMINE E* (Digital Publishing)

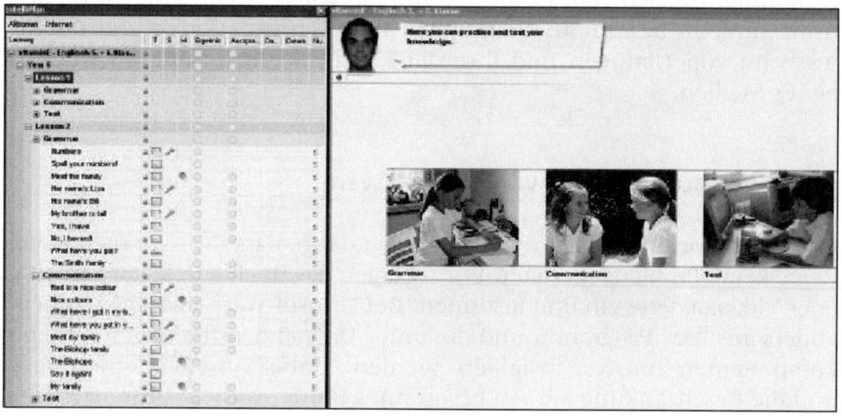

Weitere Aspekte der Gestaltung der Benutzeroberfläche sind hauptsächlich abhängig von der jeweiligen Domäne/den jeweiligen Lerninhalten und vom Nutzer. Lerninhalte, Lernziele und die didaktische Herangehensweise sollten daher im Begleitmaterial zur Sprachlernsoftware erläutert werden.

Orientierung an „klassischer" Menüstruktur

Manche Programme orientieren sich bei der Nutzerführung an den eher klassischen Prinzipien einer Menüstruktur, die sich an die Inhaltsangaben printgestützter Lernhilfen (Arbeitshefte, Lernwörterbücher oder Lerngrammatiken) und Selbstlernmaterialien anlehnen wie Abbildung 5 zeigt. Das Beispiel, das sich an Schülerinnen und Schüler der Klassen 5 und 6 wendet, und die Lernenden bei der Vor- und Nachbereitung des Unterrichts unterstützen soll, sucht eine Kombination zwischen genauen Lernvorgaben und Orientierungshilfen auf der einen und frei wählbaren Lernschritten auf der anderen Seite. Auf der linken Bildschirmhälfte findet sich eine am Schulunterricht orientierte Menüstruktur, der so genannte *IntelliPlan*. Er ist in einzelne Lektionen aufgeteilt und schlägt so dem Lernenden einen Lernweg vor. Per Mausklick können die einzelnen Lektionen „aufgeblättert" und angewählt werden. Mit Hilfe des IntelliPlans kann sich der Lernende auch jederzeit seinen Lernstand vergegenwärtigen. Sowohl der Bearbeitungsstand der Lektionen als auch der Lernerfolg bei den einzelnen Übungstypen zu Aussprache, Grammatik, Textverstehen und Vokabeln werden angezeigt. Das zweite visuell ausgelegte Menü auf der rechten Seite des Bildschirms ermöglicht zusammen

Abb. 6 Dreidimensionale Benutzeroberfläche in *English Coach 3D* (Cornelsen)

mit einem textgesteuerten Menü, das durch Anklicken des Tutors abgerufen werden kann, einen vereinfachten Zugriff auf bestimmte Inhaltstypen. Der *Intelliplan* kann auch ausgeblendet werden, wodurch der schon übersichtlich gestaltete Bildschirmaufbau weiter vereinfacht wird.

Der Tutor spielt bei dieser Lernsoftware auch bei der Navigation eine zentrale Rolle. Er führt nach Aufrufen einer Lerneinheit in diese ein und macht Vorschläge zu den Auswahlmöglichkeiten. Damit bestimmt der Nutzer seinen Lernweg zwar selbst, wird aber durch den Intelliplan und den Tutor auf den aufeinander aufbauenden systematischen Lernweg aufmerksam gemacht.

Lernlandschaften

Einen anderen, eher konstruktivistisch motivierten Ansatz verfolgt das Beispiel in Abbildung 6. Es wendet sich auch an Schüler der fünften Klasse und ist auf ein bestimmtes Lehrwerk abgestimmt. Der Lernende navigiert durch eine dreidimensionale Lernlandschaft und begegnet dort unterschiedlichen Figuren, mit denen er auch kommunizieren kann. Alternativ hierzu kann er sich über die Icons auf der „Wählscheibe“ oben rechts auf dem Bildschirm direkt in die einzelnen Lernbereiche einwählen. Beide Navigationsmetaphern zielen auf die Intuition und Neugier der Lernenden ab und unterstützen so entdeckendes Lernen. Die Lerneraktivitäten geschehen in Interaktion mit den Figuren, sodass hier auf die Unterstützung eines Tutors verzichtet werden kann.

Spielerische Aspekte kommen auch bei dem Beispiel in Abbildung 7 zum Tragen. Die Sprachlernsoftware adressiert Erwachsene, die ihre Kenntnisse in Wirtschaftsfranzösisch auffrischen möchten. Im Rahmen von fünf Computerspielen werden insgesamt 1600 Aufgaben mit unterschiedlichen Schwierigkeitsgraden gestellt. Durch den Punktstandsanzeiger, der die Gesamtpunktzahl fortlaufend wiedergibt, soll der Lernende zum Weiterspielen angeregt werden. Der Spielstand im einzelnen

Abb. 7 *Ecoute „Sprach"spiele Wirtschafts-Französisch* (Systhema, 1996)

Spiel wird durch anwachsende Elemente, in Spiel 5 in Abbildung 7 die Leiter unten rechts auf dem Bildschirm, abgebildet. Zwar ist auch dieser Bildschirmaufbau nicht überladen, doch wird die Unterscheidung von Navigations-/Steuerbereich einerseits und Arbeitsbereich andererseits in den einzelnen Spielen nicht eingehalten (beispielsweise erscheinen die Steuerungstasten in Spiel 5 unten links und in Spiel 3 am oberen Bildschirmrand). Des Weiteren werden sprachliche Orientierungshilfen in verschiedenen Sprachen präsentiert (*„Jeu"* und *„Score"* aber *„Frage 5 von 40"*). Letzteres deutet darauf hin, dass dieser Sprachlernsoftware keine oder eine mangelhafte didaktische Konzeption zu Grunde liegt. Auch im Begleitmaterial zur Lernsoftware finden sich keine Hinweise auf den methodischen Ansatz.

Mit Blick auf die Inhalte fällt auf, dass die Sprachlernsoftware entsprechend der Lernsituation eines Auffrischungskurses keine neuen Inhalte vermittelt, sondern schon vorhandenes Wissen im Kontext der verschiedenen Spiele abfragt. Es handelt sich um eine tutorielle Lernsoftware, die versucht, die Lernmotivation des Nutzers durch die Spielidee aufrecht zu erhalten. Zudem erfolgt die Darbietung des Sprachmaterials rein textuell. Dies mag unter anderem damit zusammen hängen, dass es sich um ältere Lernsoftware handelt und die Integration von Ton bei den Entwicklern als auch bei den Nutzern (Hard- und Softwarevoraussetzungen) mit Blick auf die Wirtschaftlichkeit der Programme noch Probleme aufwarf. Im Folgenden soll darauf eingegangen werden, welche Möglichkeiten der Präsentation von und Arbeit mit akustisch und grafisch präsentiertem Sprachmaterial aktuelle Lernsoftware bieten kann.

3.3 Vermittlung von Inhalten durch neue Medien

In Abschnitt 2.3 wurde bei der Beschreibung des integrativen CALL die Forderung laut, mit Sprachlernsoftware möglichst sozial authentische Situationen zu simulieren und so dem Nutzer eine integrative Lernumgebung anzubieten. Mit der rasanten Entwicklung im Bereich der softwaretechnischen Medienintegration von Text, Bild, Ton, Video und Animation ist die Umsetzung dieser Forderung zu erschwinglichen Preisen möglich geworden. Doch nicht nur dieser lerntheoretische Ansatz profitiert von den technischen Möglichkeiten. Auch tutorielle Systeme wie beispielsweise Vokabeltrainer können nun mit dem Nutzer sowohl Schreibung als auch Aussprache der Vokabeln üben und die Aufgaben durch die technische Umsetzung von Spielideen auflockern. Noch weitergehend beeinflussen die nun wirtschaftlich einsetzbaren Techniken die Adaptiven Systeme. Das nun ansatzweise tatsächlich mögliche Analysieren des Nutzerverhaltens führt zu einer besser an den jeweiligen Nutzer angepassten Lernsoftware. Doch auch diese neuen Möglichkeiten müssen unter Berücksichtigung von Lernzielen, Lerninhalten, Nutzern und Lernsituationen eingesetzt werden, wie im Folgenden dargestellt wird.

3.3.1 Auswahl des Sprachmaterials

Einsatz von Dialogen

Die Vermittlung des Sprachmaterials erfolgt häufig über Dialoge, die entweder als Fotostory oder als Video präsentiert werden. Hierbei ist darauf zu achten, dass ausschließlich Muttersprachler als Sprecher eingesetzt werden. Die Dialoge werden in der Regel zunächst sowohl akustisch präsentiert als auch grafisch in Sprechblasen angezeigt (s. Abb. 8). Zumeist kann der Nutzer den Dialog wie bei einem Videorekorder steuern und

Abb. 8
Dialog Geschäftsessen aus Sprachkurs 1 Deutsch (Digital Publishing)

auch die Sprechgeschwindigkeit selbst bestimmen (unterster Regler Mitte in Abb. 8). Des Weiteren kann die Anzeige des Dialogtextes ausgeblendet, zum Teil auch eine Übersetzung angefordert werden.

Bei der thematischen Auswahl der Dialogsituationen versucht man zum einen sozial authentische Situationen wiederzugeben, zum anderen die Interessen der jeweiligen Zielgruppe der Sprachlernsoftware zu berücksichtigen. Dabei sollte darauf geachtet werden, dass dem Nutzer auch die jeweils interessanten sozialen, kulturspezifischen oder landeskundlichen Hintergrundinformationen vermittelt werden, beispielsweise durch den Tutor. Je breiter die Zielgruppe einer Sprachlernsoftware ist, umso schwieriger gestaltet sich die Themenbestimmung wie Abbildung 9 aus dem „Kommunikationstrainer Deutsch" (Digital Publishing) zeigt. Über die verschiedenen Dialogszenen Galeriebesuch, Geschäftsessen und Motorradfahrer versucht man sehr unterschiedliche Zielgruppen anzusprechen.

Dialoge als Kommunikationstraining

Die zur Vermittlung des Sprachmaterials eingeführten Dialoge werden oft auch als Kommunikationstraining eingesetzt. Dabei schlüpft der Nutzer in eine oder mehrere Sprecherrollen, nimmt seine Sprecherbeiträge auf und kann sie danach wieder abspielen und überprüfen.

Authentische Texte

Stehen andere Lernziele im Vordergrund wie zum Beispiel das Erschließen von fremdsprachlicher Literatur wie im Eingangsszenario oder von Pressetexten, werden dem Lernenden die Inhalte durch Texte vorgestellt. Dabei spielen die Aspekte der Hypertextkonstruktion, wie sie in Artikel III.3 dargestellt werden, eine zentrale Rolle. Auch für solche Lernziele kann auf ausgestaltete Lernsoftware zurückgegriffen werden. Doch spätestens dann, wenn es um den Einsatz im Sprachunterricht geht, stellt sich die Frage, ob es nicht sinnvoller ist, authentisches Material aus dem Internet zu nutzen. Hierzu gibt es zahlreiche Angebote wie zum Beispiel für den Fremdsprachenunterricht Englisch Presseartikel der *BBC* und der *New York Times* (s. Linkliste auf CD).

Abb. 9 Dialogthemen aus Sprachkurs 1 Deutsch (Digital Publishing)

3.3.2 Aufgabentypen, Lernhilfen und Interaktion mit dem Tutor

Betrachtet man die Aufgabenstellungen, Übungstypen und Interaktionsstrukturen von Lernsoftware in den „klassischen“ Lernbereichen Grammatik und Wortschatz, so wird gerade hier deutlich, welchen Effekt unterschiedliche linguistische und lerntheoretische Sichtweisen haben können. Wie in Abschnitt 2.1 skizziert, bleiben immer noch viele Lernmaterialien auf der Entwicklungsstufe traditioneller „Drill-und-Kill“-Lernangebote stehen. Bei der Beurteilung von Lernsoftware spielen daher die Gestaltung der Aufgaben und die Rückmeldung des Programms auf Eingaben des Lernenden eine zentrale Rolle.

Rückmeldung zu Aufgaben

Die meiste Sprachlernsoftware enthält „klassische“ Vokabel- und Grammatikübungen wie die Zuordnung von Wörtern zu Bildern, Antwort-, Lücken- und Schüttelsätze und Diktate. Dabei sollte wie schon angesprochen die Rückmeldung über ein bloßes richtig oder falsch hinausgehen (s. Beispiel in Abbildung 10) und dem Lernenden der Zugriff auf die jeweils benötigten lexikalischen oder grammatischen Ressourcen an Ort und Stelle möglich sein. Zunehmend ist zu beobachten, dass die Anbieter

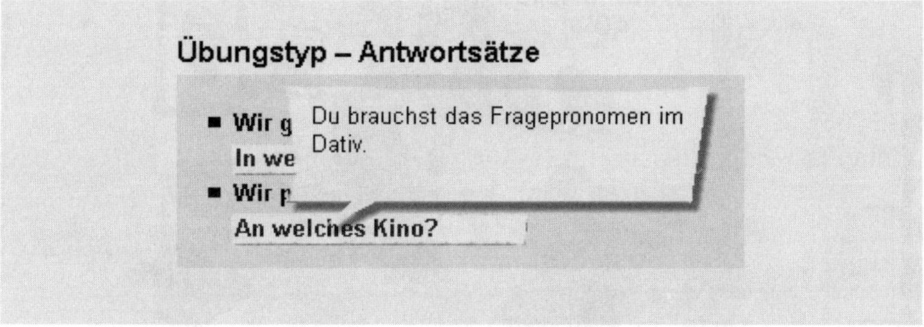

Abb. 10 Fehlerkorrektur bei Übungsaufgaben (Digital Publishing)

von Lernsoftware auch die Unterstützung der Lernenden durch einen Online-Tutor im Internet anbieten (z.B. bei den Verlagen Cornelsen und Digital Publishing). Bei für Kinder entwickelter Sprachlernsoftware sollte auf die adressatengerechte Aufbereitung der Aufgaben zum Beispiel als Lernspiel geachtet werden.

Exploration und Interaktion

Für letztgenanntes ist das interaktive Lernbild in Abbildung 11 ein gutes Beispiel. Auf der Grundlage eines gehörten Textes bzw. einer gehörten Anweisung bearbeitet der Lernende das Bild. Dabei geht es zum Teil um das bloße Identifizieren eines Elements durch Anklicken, aber auch um das Verändern und Verschieben von Bildelementen. Die so gestaltete Aufgabe unterscheidet sich durch die vielfältigen Aktionen des Lernenden von Aufgaben, bei denen beispielsweise nur die Zuordnung von Wörtern zu Bildern gefordert ist. Durch ihren explorativen Charakter motiviert sie den Lernenden zudem zum Weitermachen. Mit einem im Rahmen der Lernsoftware angebotenen englischsprachigen Tipptrainingsprogramm ist diese Sprachlernsoftware auch ein Beispiel dafür, wie die Forderung des integrativen CALL nach Authentizität und Förderung des Umgangs mit neuen Technologien unterstützt werden kann.

Aussprache-training

Besonders deutlich werden die Möglichkeiten von technisch ausgereifter Sprachlernsoftware bei Ausspracheübungen. Abbildung 12 zeigt die Analyse eines gesprochenen Satzes. Der Lernende erhält neben der prozentualen Gesamtbewertung eine Bewertung zu jedem einzelnen Wort. Nun kann er gezielt das Einzelworttraining beginnen, in dem der Tutor ihm das jeweilige Wort vorliest und der Lernende es wiederholt. Die integrierte Spracherkennung wird bei dieser Sprachlernsoftware auch zur Interaktion mit dem Tutor genutzt. Allerdings machen sich hier noch technische Beschränkungen bemerkbar, da der Tutor bei diesem Beispiel darauf angewiesen ist, dass der Lernende Schlüsselwörter gebraucht. So

Abb. 11
Übung Listen & Act in *English Coach 3D* (Cornelsen)

muss eine Äußerung jeweils mit dem Namen des jeweiligen Tutors begonnen werden und der Lernende muss bestimmte Kommandowörter benutzen. Neben den satz- bzw. äußerungsbasierten Übungen können in die Sprachlernsoftware auch Textaufgaben integriert werden. Wie schon erwähnt, gibt es hierzu und zu den anderen Aufgabentypen zahlreiche Quellen im Internet (s. Linkliste auf CD).

4 Anwendungs- und Berufsperspektiven

Für Studierende der Angewandten Linguistik bietet der Bereich der Lernsoftware und insbesondere der Sprachlernsoftware zahlreiche Anwendungs- und Berufsperspektiven. Hierzu gehören Verlage, die Lernsoftware entwickeln, Tätigkeiten in Hochschule und Schule, aber auch Unternehmen, die ihre Mitarbeiter mit Hilfe von Lernsoftware weiterbilden möchten. Neben der Psycholinguistik liefern insbesondere die Methoden der Gesprächs- und Textlinguistik wichtige Grundlagen für die Konzeption und Analyse von Lernsoftware.

Bei der Modellierung von Benutzungsoberflächen können sprachwissenschaftliche Untersuchungen zur Mensch-Maschine-Interaktion produktiv eingesetzt werden. Insbesondere anwendungsorientierte Erkenntnisse aus gesprächsanalytischen Analysen zum Dialog zwischen Mensch und Maschine werden an Bedeutung gewinnen, da die Nutzerunterstützung und -führung durch gesprochene Sprache nicht nur bei Software weiter zunehmen wird.

Auf die Auswahl von Sprachmaterial und die Aufgabengestaltung für Sprachlernsoftware werden Angewandte Linguistinnen und Linguisten insbesondere in der Fremdsprachendidaktik vorbereitet. Mindestens

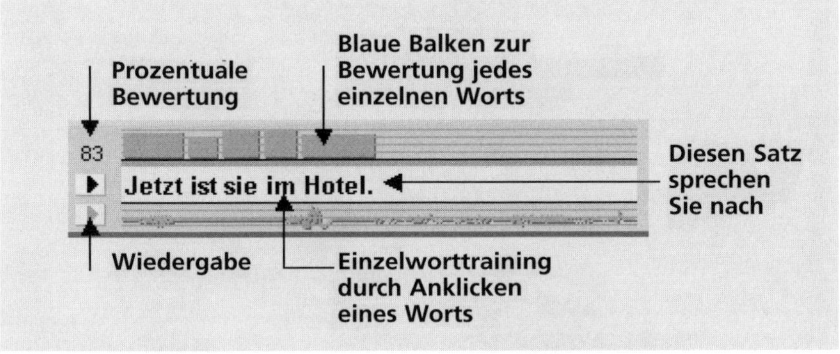

Abb. 12 Ausspracheanalyse mit IntelliSpeech (Digital Publishing)

ebenso wichtig ist das Sammeln von eigenen Lern- und Lehrerfahrungen mit neuen Medien. Neben der Nutzung und Evaluation von Lernsoftware bietet sich hierbei insbesondere die Mitarbeit an Internetplattformen an.

Die Entwicklung von Lernsoftware ist ein interdisziplinäres Aufgabenfeld. Während bei der gemeinsamen Erstellung von Sprachlernsoftware die Zusammenarbeit mit Informatikern, Mediendesignern und Computerlinguisten im Vordergrund steht, arbeiten bei der Entwicklung von Lernsoftware für andere Fachgebiete weitere Experten mit. Damit ist die Bereitschaft zur interdisziplinären Teamarbeit eine wichtige Voraussetzung. Auch sollte ein starkes Interesse an den jeweils bestehenden technischen Möglichkeiten bestehen und die Bereitschaft vorhanden sein, sich zumindest ansatzweise in die Grundlagen derselben einzuarbeiten.

5 Weiterführende Literatur

Zur vertiefenden Einarbeitung in das Thema Lernsoftware:

Kerres, M. (1998): *Multimediale und telemediale Lernumgebungen: Konzeption und Entwicklung*. München, Wien: R. Oldenbourg.

Schulmeister, R. (1997): *Grundlagen hypermedialer Lernsysteme*. 2. Aufl. München, Wien: R. Oldenbourg.

Zur Konzeption und Gestaltung von Sprachlernsoftware:

Kranz, D. / Legenhausen, L. / Lüking, B. (1997): *Multimedia Internet Lernsoftware. Fremdsprachenunterricht vor neuen Herausforderungen?* Münster: Agenda.
Rüschoff, B. / Wolff, D. (1999): *Fremdsprachenlernen in der Wissensgesellschaft. Zum Einsatz der neuen Technologien in Schule und Unterricht*. Ismaning: Hueber.

Hinweise zum Aufbau einer Internetlernplattform und eine Darstellung der Möglichkeiten zur Vermittlung von Linguistik im Internet:

Schmitz, U. (Hg.) (2004): *Linguistik lernen im Internet*. Tübingen: Narr.

III.3 Hypertext und Texttechnologie

Angelika Storrer

1 Problemaufriss: Textproduktion fürs WWW

Durch das World Wide Web (WWW), die Hypertextplattform des Internets, sind inzwischen viele Menschen mit Hypertexten in Berührung gekommen. Wer das WWW nicht nur zur Unterhaltung, sondern auch zur Informationsrecherche nutzt, entwickelt bald ein Gespür dafür, welche Angebote gut gemacht und hilfreich sind und welche eher verärgern und verwirren. Wer dafür einmal sensibilisiert ist, merkt schnell, dass die Qualität von Hypertextanwendungen nicht nur computertechnische und ästhetische, sondern auch sprachliche Aspekte hat: Klar benannte Linkanzeiger und verständlich etikettierte Navigationsleisten erleichtern das schnelle Auffinden der gesuchten Information und die Orientierung erheblich. Umgekehrt bringen unklar formulierte Metatexte zu interaktiven Angeboten, z.B. zur Bedienung von Auswahl- und Bestelldialogen, den „Dialog" zwischen Nutzer und Angebot schnell zum Erliegen und führen im ungünstigen Fall dazu, dass sich der Kunde-in-spe im Konkurrenz-Angebot bedient, das im WWW schließlich nur wenige Mausklicks entfernt erreichbar ist. In bildschirmgerecht aufbereiteten Texten findet man die gesuchten Informationen besser als in „digitalen Textwüsten", die sich über mehrere Scrollseiten erstrecken.

Online-Nachschlagewerke

Anschauliche Beispiele für die hypertextgerechte Aufbereitung von Informationen finden sich in Online-Nachschlagewerken. Abbildung 1 zeigt das Ergebnis der Suche nach der Wortform *forward* im Hypertext-Wörterbuch *Merriam Webster Online* <http://www.m-w.com/>. Wenn man diese Seite mit einem entsprechenden Artikel aus einem gedruckten Wörterbuch vergleicht, fallen wesentliche Unterschiede der beiden Präsentationsformen schnell ins Auge: Die lexikographischen Angaben des Artikels sind übersichtlich gestaltet und in einen Navigationsrahmen eingebunden. Dieser Rahmen bietet verschiedene Möglichkeiten zur interaktiven Steuerung der Bildschirmanzeige: Links ein Optionsfeld zur Wahl zwischen Wörterbuch und Thesaurus sowie ein Feld zur Eingabe von Suchwörtern. Rechts eine Navigationsleiste mit Standortmarkierung und Linkangeboten zu den wichtigsten Rubriken des Online-Angebots. Über dem Wörterbuchartikel sind alle Fundstellen zum Suchwort in einem Auswahlmenü gelistet; per Mausklick kann der entsprechende Artikel aktiviert werden. Statt Verweisangaben enthält der Artikeltext Linkanzeiger zu bedeutungsverwandten Wörtern (z.B. *extreme* und *brash*). Die Aussprache des Wortes kann man nicht nur den schriftlichen Ausspracheangaben entnehmen; durch Aktivierung des

Lautsprecher-Icons kann der Nutzer sich das Wort auch vorsprechen lassen.

Online-Wörterbuch und Printwörterbuch

Diese Besonderheiten, die mit Stichwörtern wie Multimedia, Interaktivität, nicht-lineare Organisation bezeichnet werden (vgl. Abschnitt 2.2), stiften in vielen Handlungszusammenhängen – und das Nachschlagen in Wörterbüchern gehört sicher dazu – so genannte „Mehrwerte" gegenüber den Printmedien. Hypertext-Wörterbücher sind einfacher zu lesen, weil der durch die Druckkosten erzeugte Zwang zur Textkomprimierung entfällt. Es können zu einem Eintrag mehr Angaben in einer übersichtlichen Form, also ohne die für Printwörterbücher typischen Abkürzungen und Notationskonventionen, gemacht werden. Die automatische Suche und die Verfolgung von Verweisen per Link ermöglichen einen schnelleren und komfortableren Zugriff auf die Informationen. Die Verfügbarkeit von vertonten Ausspracheangaben ist speziell für Nicht-Muttersprachler eine sehr interessante Option.

Bislang nutzen aber bei weitem noch nicht alle digitalen Informationsangebote diese Mehrwerteigenschaften. Noch viel zu häufig werden Printtexte einfach 1:1 in ein digitales Format überführt, sei es, weil man die Kosten für eine bildschirmgerechte Umarbeitung scheut, sei es aus fehlendem Wissen über die andersartigen Rezeptionsweisen am Computerbildschirm und die Konsequenzen, die sich daraus für die Textgestaltung auf Mikro- und Makroebene ergeben. Auf Dauer werden sich aber nur solche Angebote durchsetzen, die kompetent die Mehrwerteigenschaften der neuen Publikations- und Präsentationsformen ausreizen. Die sprachliche Gestaltung von Hypertextanwendungen und die Aufbereitung „traditioneller" Texte für das neue Medium sind deshalb linguistische Anwendungsfelder mit neuen und interessanten Forschungs- und Berufsperspektiven.

Dieser Artikel möchte in die Grundlagen von Hypertext einführen und die linguistischen Anwendungsfelder in den Bereichen Hypertextproduktion und Online-Kommunikation (auch Online-Schreiben) umreißen. Dazu werden im folgenden Abschnitt zunächst einige Grundbegriffe der Hypertextforschung eingeführt und die Besonderheiten der neuen Schreib- und Lesetechnologie in einem größeren medienhistorischen Kontext verortet. Abschnitt 3 behandelt dann ausgewählte Problemfelder und Lösungsstrategien, die bei der Durchführung von Hypertextprojekten relevant sind. Der Schwerpunkt liegt dabei auf den genuin sprachlichen Aspekten; für die texttechnologischen Grundlagen werde ich auf einführende Literatur in Buchform und im Netz verweisen. In Abschnitt 4 werden die Anwendungsfelder und Perspektiven in diesem Bereich und die dafür benötigten linguistischen Kompetenzen noch einmal zusammengefasst.

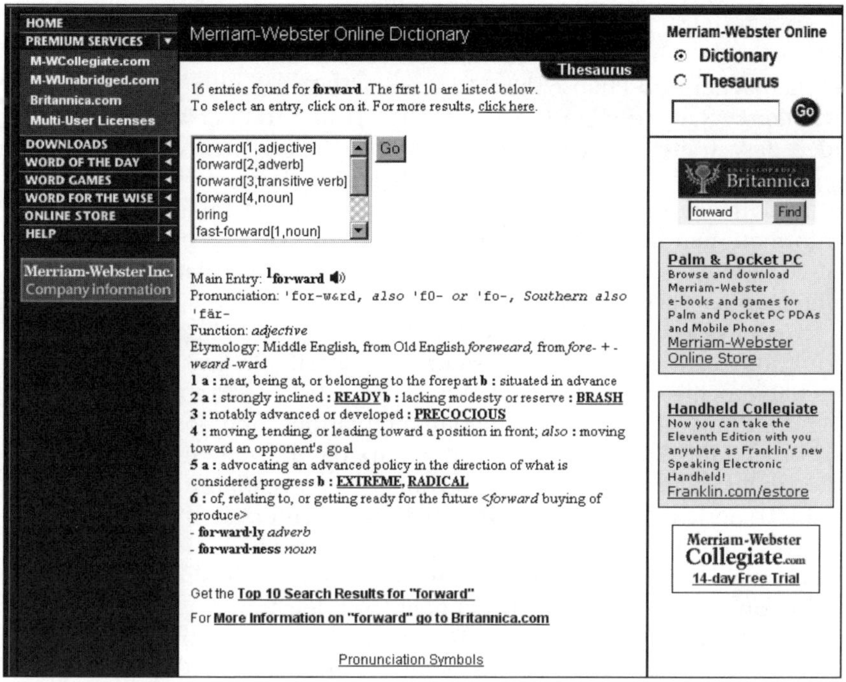

Abb. 1
Ein Artikel aus dem Hypertext-Wörterbuch *„Merriam-Webster Online"* (Ausschnitt eines Bildschirmschnappschusses)

2 Technische und konzeptionelle Grundlagen

2.1 Die Ideengeschichte von Hypertext: Von der Vision zur Wirklichkeit

Die meisten Menschen kennen Hypertext durch das World Wide Web (WWW), die Hypertextplattform im Internet. Tatsächlich existiert die Hypertextidee schon sehr viel länger; schon vor dem Siegeszug des WWW wurden Hypertextsysteme entworfen und (in kleinen aber begeisterten Zirkeln) auch genutzt. Bereits in seinem 1945 erschienenen Aufsatz *As we may think* (Bush 1945) entwickelt Vannevar Bush, der Direktor von Roosevelts *Office of Scientific Research and Development*, Visionen zur maschinengestützten Informationsspeicherung und -erschließung. Ausgangspunkt dieses Artikels war das Problem, dass es für Forschung und Entwicklung immer schwieriger wird, sich angesichts der stets ansteigenden Zahl von neuen Ideen und Publikationen auf dem aktuellen Stand des Wissens zu halten. Bushs Lösungsidee war eine Maschine namens Memex (*Memory Expander*), deren innovatives Konzept darin bestand, im System gespeicherte Dokumente und Dokumententeile durch so genannte *trails* zu verknüpfen und diese Verknüpfungen permanent zu speichern. Da das Konzept des „trails" die Idee des Hyperlinks vorwegnahm und Memex auch andere Funktionen künftiger Hypertextsysteme vorsah, gilt Vannevar Bush als geistiger Vater der Hypertext-Idee, auch wenn Memex nicht auf Computertechnik und digitaler Datenspeicherung fußte und in der von Bush konzipierten Form nie gebaut wurde.

Die Termini ‚Hypertext' und ‚Hypermedia' wurden 1965 von Ted Nelson geprägt, einem an der Harvard Universität ausgebildeten Soziologen, Filmemacher und Philosophen. In seinem 1972 gehaltenen Vortrag *As we will think* (Nachdruck in Nyce/Kahn 1992) überträgt er Vannevar Bushs Idee des „trails" auf den Schreibprozess. Nelson sieht den Vorteil der „nicht-linearen" Schreibtechnologie Hypertext darin, dass sich die Autoren nicht wie im gedruckten Medium auf eine bestimmte Abfolge der Informationen festlegen müssen, sondern Teiltexte durch computertechnisch verwaltete Verweise, die (Hyper)links, nach assoziativen Prinzipien miteinander verknüpfen können.

Hypertextsysteme

In der Zeit von 1962–1975 entwickelte Douglas C. Engelbart das erste funktionstüchtige Hypertextsystem. Engelbart sah den Computer, der damals noch hauptsächlich als Rechenmaschine verstanden wurde, als generelles Werkzeug zur Symbolmanipulation- und -bearbeitung, das nicht nur die Problemlösungskompetenz des Einzelnen, sondern auch die arbeitsteilige Bearbeitung von Aufgaben im Team unterstützen kann. Sein Hypertextsystem *Augment* verwaltete seinerzeit nicht nur nichtlinear strukturierte Dokumente sondern verfügte über viele Funktionen, um das gemeinsame Publizieren und Bearbeiten von Problemen innerhalb von verteilt arbeitenden Gruppen zu erleichtern.

Ab den 70-er-Jahren kamen Hypertextsysteme verstärkt zum Einsatz: Andries van Dam setzte an der Brown University das Hypertextsystem HES (*Hypertext Editing System*) für universitäre Lehrveranstaltungen in den Bereichen englischer Literatur und Zellbiologie ein. 1986 brachte Peter Brown mit *Guide* das erste erschwingliche Hypertextsystem auf den Markt. Die Firma Apple lieferte zwischen 1987–1992 mit jedem Apple-Macintosh-Computer das von Bill Atkinson konzipierte Hypertextsystem *Hyper Card* aus, das die Verbindung von Text, Grafik, Video und Tondateien unterstützte und über eine Skriptsprache namens *Hypertalk* auf einfache und komfortable Weise programmiert werden konnte.

World Wide Web

Auch wenn für diese Systeme sehr innovative und kreative Anwendungen entwickelt wurden, blieb die Kenntnis und Nutzung der Hypertextidee auf kleine, begeisterte Zirkel beschränkt. Erst der Erfolg des *World Wide Web* (WWW), das 1989 von Tim Berners-Lee am Genfer Kernforschungszentrum CERN konzipiert wurde, hat das Hypertextkonzept einer breiten Öffentlichkeit bekannt gemacht. Auch das World Wide Web entstand zunächst vornehmlich aus dem Interesse heraus, die Zusammenarbeit und die Kommunikation zwischen örtlich getrennten Forschergruppen zu unterstützen. Seinen Erfolg verdankt das WWW der Einbindung in das bereits vorhandene Internet, der schnell erlernbaren Dokumentenauszeichnungssprache HTML (*Hypertext Markup Language*) und der einfach bedienbaren Zugangssoftware, den Web-Browsern.

HTML

Die Stärke des WWW liegt in der Verbindung von Information und Kommunikation: Mit den Browsern kann man nicht nur WWW-Seiten abrufen, sondern auch die Kommunikationsdienste des Internets (*E-Mail, News, Chat*) in Anspruch nehmen. Ein weiterer Erfolgsfaktor ist sicherlich, dass Informationen attraktiver aufbereitet werden können, als dies mit früheren Informationsdiensten des Internets möglich war. Allerdings blieb das WWW in seiner Umsetzung der Hypertext-Idee zunächst hinter dem zurück, was in früheren, dezidierten Hypertextsystemen bereits realisiert worden war. Das für die Weiterentwicklung des WWW zuständige WWW-Consortium (W3C) hat den Standard HTML immer wieder erweitert, konnte dessen grundsätzliche Beschränkungen aber nicht überwinden. Erst der 1998 vom W3C gefasste Beschluss, XML (*eXtensible Markup Language*) als Alternative zu HTML zu unterstützen, bedeutete einen Paradigmenwechsel. XML erlaubt es, eigene Markup-Elemente für Textsegmente einzuführen und in Stylesheets festzulegen, wie diese vom Browser dargestellt werden. Das zentrale Problem beim momentanen WWW-Design, dass ein- und dasselbe HTML-Dokument von verschiedenen Browsern unterschiedlich dargestellt wird und damit für verschiedene Browsertypen und -versionen neu bearbeitet werden muss, wird auf diese Weise entschärft. Weiterhin ermöglicht es XML den Hypertextautoren, Textstrukturen explizit auszuzeichnen, Metadaten zu verwalten und darauf mehrdimensionale Verknüpfungsstrukturen aufzubauen. Wenn diese Optionen richtig eingesetzt werden, kann die Semantik des Links und des Linkziels auf der Präsentationsebene detailliert beschrieben und die Zielgenauigkeit der Navigation deutlich verbessert werden.

XML

2.2 Merkmale und Mehrwerte von Hypertext

Dass die Geschichte von Hypertext nicht erst mit dem WWW beginnt, zeigt sich auch darin, dass Berk/Devlin bereits 1991 ein Handbuch zum Thema, das *Hypertext/Hypermedia Handbook*, herausgegeben haben. Im Glossar dieses Handbuchs findet sich folgende Definition für ‚Hypertext':

> Hypertext: The technology of non-sequential reading and writing. Hypertext is technique, data structure, and user interface. (...) A hypertext (or hyperdocument) is an assemblage of texts, images, and sounds – nodes – connected by electronic links so as to form a system, whose existence is contingent upon the computer. The user/reader moves from node to node either by following established links or by creating new ones. (Berk/Devlin 1991: 543)

Diese Definition enthält drei definitorische Merkmale, die in vielen Hypertextdefinitionen genannt sind und die in den folgenden Unterabschnitten 2.2.1–2.2.3 kurz erläutert werden: Hypertexte sind nicht-linear organisiert; Hypertexte erlauben die Mehrfachkodierung von Daten in verschiedenen Symbolsystemen und deren Übermittlung auf mehreren Sinneskanälen; Hypertexte sind computerbasierte Texte.

2.2.1 Nicht-lineare Organisationsform

Die Grundidee der nicht-linearen Textorganisation lässt sich folgendermaßen skizzieren: Der Autor eines Hypertextes verteilt seine Daten auf Module, die durch computerisierte Verweise, die so genannten Hyperlinks, miteinander verknüpft sind. Metaphorisch gesprochen entsteht ein Wegenetz, mit den ‚Hyperlinks' (auch ‚Verknüpfungen' oder ‚Verweise'

Hyperlinks als Wegverbindungen zwischen Modulen

genannt) als Wegverbindungen zwischen den ‚Modulen' (auch ‚Knoten' oder ‚informationelle Einheiten genannt') als den Orten, an denen Daten gespeichert sind. Die Verweisverfolgung geschieht durch das Aktivieren von Linkanzeigern, die als Schaltflächen, sensitive Wörter oder sensitive Grafiken gestaltet sein können. Ein Mausklick auf einen Linkanzeiger in einem Modul A führt dazu, dass ein damit verbundenes Modul B angezeigt wird. Die Hypertextnutzer können je nach Vorwissen, Vorlieben und Interessen selbst entscheiden, welche Module sie in welcher Reihenfolge abrufen möchten. Diese nicht-lineare Organisationsform eignet sich insbesondere für Szenarien, in denen Inhalte für heterogene Adressatengruppen und unter verschiedenen Perspektiven vermittelt werden sollen. Sie kommt dabei – vor allem da Informationen unkompliziert modifiziert und ergänzt werden können – den bereits von Vannevar Bush benannten Problemen der Diversifizierung von Wissen und dem raschen Zuwachs neuen Wissens entgegen. Hypertextsysteme unterstützten insbesondere Prozesse der partiellen und selektiven Informationsrecherche durch Navigationswerkzeuge, die vom Autor durch Strukturierungsoptionen gesteuert werden können. Wenn diese Optionen intensiv genutzt werden, ist der Übergang vom gedruckten Textdesign zum computerverwalteten Hypertext nicht nur ein medialer Wechsel, sondern ein qualitativer Sprung: Das selektive Informationslesen wird nicht nur effizienter, sondern es bilden sich neue medienspezifische Nutzungsformen heraus, die im gedruckten Medium nicht möglich bzw. nicht effizient wären (vgl. Nielsen 1995; Hammwöhner 1997).

2.2.2 Mehrfachkodiertheit (Multimedia)

In Hypermedia-Anwendungen sind unterschiedliche mediale Objekte (Text-, Bild-, Audio- und Videodateien) in den Modulen kombiniert oder durch Hyperlinks verknüpft. Es kann also auf dem visuellen und dem auditiven Kanal kommuniziert werden und dies unter Verwendung unterschiedlicher Symbolsysteme. Die im gedruckten Medium dominante Schrift lässt sich nicht nur um Bilder und Grafiken anreichern, sondern auch um Ton- und Videodokumente. Schriftzeichen können dabei nicht nur als Textträger, sondern auch als Schaltflächen fungieren, die mit der Maus aktiviert werden, um zu dem im Text benannten thematischen Ort zu gelangen oder andere Informationen, z.B. Ton- und Videodokumente, abzurufen (vgl. Schmitz 2001).

Hypertext und Hypermedia

In frühen Arbeiten zu Hypertext wurden multimediafähige Hypertexte als ‚Hypermedien' von den rein textbasierten Hypertexten abgesetzt. Da es inzwischen keine rein textbasierten Systeme mehr gibt, läuft die Unterscheidung zunehmend leer. Wie Kuhlen 1991 und andere Hypertextforscher verstehen auch wir in diesem Artikel unter ‚Hypertext' nicht-lineare, computerbasierte Angebote, die neben Text auch andere Medien und Symbolsysteme integrieren können.

2.2.3 Computerbasiertheit und Interaktivität

Um die Vorteile der nicht-linearen Organisationsform nutzen zu können, wird Software benötigt, die auch als Browsersoftware bezeichnet wird. Erst die Such- und Navigationswerkzeuge der Browser machen es möglich, das Netzwerk von Modulen und Links auf eigenen Lesewegen zu durchstreifen, Tondateien anzuhören, Videosequenzen abzuspielen und verschiedene Interaktions- und Kommunikationsangebote zu nutzen. Die Charakterisierung von Hypertext als Text, der sich nicht ohne Wertverlust auf Papier ausdrucken lässt, findet sich deshalb in verschiedensten Hypertext-Definitionen wieder. Das Merkmal ‚computerbasiert' ist ein zentrales Unterscheidungsmerkmal, durch das sich nicht-linear organisierte Hypertextdokumente gegenüber modular organisierten gedruckten Dokumenten (z.B. Wörterbücher, Enzyklopädien oder modulare Formen der Zeitungsgestaltung) abheben: Während Verweise und Cluster im Printmedium fest fixiert sind, lassen sich sowohl die Module als auch die Links eines Hypertextdokuments flexibel an Rezeptionssituationen und Nutzerprofile anpassen. Das Potenzial von Hypertext liegt also nicht primär darin, nicht-lineare Strukturen von Printmedien auf den Bildschirm zu übertragen, sondern darin, einen auf individuelle Nutzerbedürfnisse hin zugeschnittenen Zugriff auf die Daten zu ermöglichen. Weil sich Hypertexte ohne Wertverlust nicht ausdrucken lassen, müssen sie am Bildschirm rezipiert werden. Dabei müssen die Rezipienten beim aktuellen Stand der Technik erhebliche Abstriche an den Lesekomfort machen, die sich, wie verschiedene Nutzerstudien ergeben, auch auf das Rezeptionsverhalten auswirken und bei der Sprachgestaltung berücksichtigt werden müssen (vgl. 3.1).

Computerbasiertheit

Ein Aspekt dieses Potenzials, der an die Computerbasiertheit geknüpft ist, wird in der Hypertextliteratur häufig auch als ‚Interaktivität' diskutiert. Als ‚interaktiv' bezeichnet man in der Informatik und Informationswissenschaft Software, die auf Eingaben eines Anwenders in vorprogrammierter Weise reagiert. Im Zusammenhang mit Hypertext deckt der Ausdruck ein Spektrum an Interaktionsangeboten ab, das von einfachen Operationen – z.B. Hyperlinks anklicken, Suchbegriffe eingeben oder Elemente aus einer Auswahlliste auswählen – über die Perspektivenwahl in so genannte „Panoramasichten" bis hin zur simulierten Dialogen mit so genannten elektronischen „Guides", „Agenten" oder „Assistenten" reicht. Interaktivität unterstützt die partielle und selektive Rezeption; dies ist sicher eine der zentralen Mehrwerteigenschaften von Hypertext gerade bei großen Dokumentenmengen.

Interaktivität

2.3 Typen von Hyperdokumenten: E-Texte, Hypertextdokumente, Hypernetze

Der Ausdruck ‚Hypertext' wird in der Literatur zur Bezeichnung der neuen Schreib- und Lesetechnologie erstens, der dafür verwendeten Software zweitens, und der von dieser erstellten und verwalteten Dokumente drittens verwendet (vgl. die in 2.2 zitierte Definition). Diese Mehrdeutigkeit ist oft praktisch, um Technologie, Software und Daten gleichzeitig ansprechen zu können. Um Regeln für die Gestaltung von Hypertextdokumenten formulieren zu können, ist es aber sinnvoll, terminologisch zwischen der Softwaretechnik einerseits und den damit erzeugten und verwalteten Daten andererseits zu differenzieren. In Anlehnung an das Standardwerk von Kuhlen (1991) kann man dabei unterscheiden:

Hypertextbasis und Hypertextsystem

1. zwischen der ‚Hypertextbasis' als dem materialen Teil eines Hypertextsystems – „der Teil, in dem die Gegenstände des Objektbereichs in entsprechenden Einheiten dargestellt und verknüpft sind" Kuhlen (1991: 17).
2. und dem ‚Hypertextsystem', das die Hypertextbasis und Softwarekomponenten zum Aufbau, zur Verwaltung und zur Veränderung derselben umfasst.

Bestandteile einer Hypertextbasis nennt man Hyperdokumente. Der Ausdruck umfasst dabei verschiedene Typen von Ganzheiten, die in der Werkstattsprache des WWW als „Seiten", „Homepages", „Sites", „Portale" etc. bezeichnet werden, und impliziert zunächst lediglich, dass es sich dabei um digital verwaltete, in eine Hypertextbasis eingebundene Dateneinheit handelt. Im Hinblick auf die Strategien der Hypertextproduktion und der Hypertextkonversion, also der Überführung von gedruckten Text in Hypertexte, ist es sinnvoll, drei Typen von Hyperdokumenten zu unterscheiden: Hypernetze, Hypertextdokumente und E-Texte (vgl. Storrer 2000):

Typen von Hyperdokumenten

- ‚Hypernetze' verknüpfen Hyperdokumente durch Links. Hypernetze können institutionell konstituiert („Sites" in der Werkstattsprache des WWW) oder thematisch motiviert sein („Portale" in der Werkstattsprache des WWW); sie können aber auch aufgrund automatischer Clustering- und Strukturierungsverfahren entstanden sein.
- ‚Hypertextdokumente' sind Hyperdokumente mit einer übergreifenden Textfunktion und einem erkennbaren Textthema. Im Gegensatz zu E-Texten sind Hypertextdokumente nicht-linear organisiert, d. h. bestehen aus mehreren Modulen, die durch interne Links verknüpft und durch externe Links in ein übergreifendes Hypernetz eingebunden sind. Oft stiftet eine vom Print-Medium her vertraute Textsortenbezeichnung (z. B. Online-Wörterbuch, Online-Biographie) den Zusammenhalt zwischen den Modulen.
- ‚E-Texte' sind linear organisierte Texte, die in ein Hypernetz eingebunden sind; sie können interne und externe Links aufweisen; müssen aber nicht. Viele im WWW publizierte Dokumente sind E-Texte in diesem Sinn; im Vordergrund steht die kostengünstige und schnelle Publikationsmöglichkeit und nicht die für Hypertext charakteristische nicht-lineare Organisationsform. Im Allgemeinen werden solche Texte entweder ausgedruckt und auf Papier rezipiert oder – wie z. B. im Falle von großen literarischen Textsammlungen wie dem Projekt Gutenberg – für computergestützte Textanalysen benutzt. Für die Publikation von E-Texten wird neben HTML auch das Format PDF (Portable Document Format) genutzt.

Planen und Erstellen von Hyperdokumenten

Die Antwort auf die Frage, ob und wie man Hyperdokumente anders planen und schreiben muss als gedruckte Dokumente, hängt nun wesentlich davon ab, von welchem Typ von Hyperdokument die Rede ist.

Wenn ein gedruckter Text in einen E-Text überführt und ohne Veränderung in ein Hypernetz integriert wird, ist der Bearbeitungsaufwand natürlich minimal und vorwiegend technischer Natur. Prinzipiell lohnt sich allerdings schon bei E-Texten der Nachbereitungsaufwand: Man kann den Text sprachlich und gestalterisch für die Lektüre am Bildschirm aufbereiten (vgl. 3.1). Man kann ihn um externe Links anreichern, die zu thematisch verwandten Beiträgen, zu Hintergrundinformationen oder zu externen Sites führen.

Wirklich anders schreiben und planen müssen aber vor allem die Autorinnen und Autoren von Hypertextdokumenten: Ihre Texte müssen nicht nur gut am Bildschirm lesbar, sondern auch in ein klares und durchschaubares Navigationskonzept eingebunden sein. Sie können nicht nur Text und Bild, sondern auch Ton- und Videodokumente durch Hyperlinks verknüpfen. Sie können über E-Mail und andere internetspezifische Kommunikationsdienste mit ihrer Online-Leserschaft kommunizieren und sie in die Hypertextproduktion mit einbeziehen. Sie können ein Thema über längere Zeit hinweg stets aktuell, in beliebiger Detailtiefe und aus verschiedenen Perspektiven bearbeiten (vgl. 3.2).

Bei der Planung und Verwaltung von Hypernetzen schließlich müssen transparente Ordnungssysteme gefunden und durch effiziente Werkzeuge zum Suchen und Stöbern (dem so genannten Browsen) zugänglich gemacht werden.

3 Aufgaben und Leitlinien für die Hypertext-Produktion

Bei der Rezeption von Hypertexten geht es eher um ein schnelles Durchforsten großer Datenbestände und um die eilige und punktuelle Recherche, als um das Sich-Versenken und Sich-Vertiefen, das für das Bücherlesen als typisch gilt. Verschiedene empirische Studien belegen die folgenden Punkte als Charakteristika der Web-Rezeption:

Charakteristika der Web-Rezeption

- Lesen am Bildschirm ist langsamer und fehleranfälliger.
- Auch kurze Textabschnitte auf Webseiten werden meist nicht Wort für Wort vom Anfang zum Ende gelesen. Stattdessen werden die Seiten „gescannt", d. h. nach Schlüsselwörtern abgesucht, die ggf. als Einstiegspunkte für die intensivere Lektüre dienen können.
- Es besteht wenig Bereitschaft zur Lektüre längerer Texte; lange Seiten zum Scrollen werden nicht gemocht. Stattdessen gibt es eine „Weiter-geht's"-Haltung, die funktional ist für Einstiegs-, Überblicks- und Navigationsseiten, bei denen die Selektion und Navigation im Vordergrund steht, die aber natürlich nicht unbedingt im Sinne des Autors ist bei Seiten, in denen Inhalt vermittelt werden soll. Diese Grundhaltung ist weitgehend unabhängig vom Rezeptionsmodus (d. h. ob gezielt gesucht oder assoziativ gestöbert wird).

Rezeption am Bildschirm

Diese Charakteristika müssen bei der sprachlichen Gestaltung von Webangeboten berücksichtigt werden. Einerseits muss die Textgestaltung dem scannenden Hypertextnutzer entgegenkommen; einige Grundregeln hierzu werden im folgenden Abschnitt erläutert. Andererseits muss den selektiv nach Informationen stöbernden Nutzern Rechnung getragen werden, die mit der Maus in der Hand vor dem Bildschirm sitzen und sich möglichst schnell zu den Inhalten durchklicken wollen, die sie interessieren. Für sie ist es von Vorteil, wenn die auf einer Website dargebotenen Informationen nicht als „digitale Textwüste" präsentiert werden, sondern als modularisiertes und nach transparenten Kriterien verlinktes Hypertextdokument, das für die selektive Lektüre auf selbst gewählten Wegen aufbereitet ist. Einige Strategien für die Planung und Produktion solcher Hypertextdokumente werden in Abschnitt 3.2 erörtert.

3.1 Schreiben, um besucht zu werden: Leitlinien für bildschirmgerechtes Schreiben

Studien zur Gestaltung von Web-Texten

Studien zur Rezeption am Bildschirm und zur Nutzung von Hypertext- und Web-Angeboten (‚Usability', ‚Software-Ergonomie') verwenden Methoden aus der Rezeptionsforschung wie Videobeobachtung und lautes Denken, Fragebogen (offline und online), Auswertung von Nutzungsprotokollen und Blickbewegungsmessungen (*Eye-Tracking*). Einer der „Gurus" der hypertextbezogenen Usability-Forschung ist Jakob Nielsen, der in seiner Kolumne *Alertbox* regelmäßig Themen zur Nutzung und Gestaltung des WWW behandelt. Im Kolumnenbeitrag *Differences between Print Design and Web Design* (Nielsen 1999a) weist er darauf hin, dass für die Gestaltung von Web-Texten andere Regeln gelten als für die Gestaltung von gedruckten Texten. Seine radikale Einschätzung: „Anything that is a great print design is likely to be a lousy web design". Als wichtige Unterschiede zwischen Papier und Bildschirm, derer man sich beim Web-Design bewusst sein sollte, nennt er:

- Print-Seiten haben eine 2-dimensionale Flächigkeit, auf der Text- und Bildelemente fest als Ensemble fixiert sind. Sie werden als Ganzheit wahrgenommen und mit den Augen erkundet.
- Web-Seiten werden mit den Augen und mit der Maus erkundet. Sie treten dem Nutzer nicht als vollständige Ganzheiten entgegen, sondern bauen sich von oben nach unten sukzessive auf – die Anordnung der Information auf der Vertikalen ist deshalb besonders wichtig. Wie schnell sich die Seite aufbaut und wieviel der Nutzer von der Seite auf dem Bildschirm zu sehen bekommt, hängt von Faktoren wie Bildschirmgröße, Auflösung, Browsereinstellungen etc. ab. Bei dynamischen Web-Angeboten sind selbst die angezeigten Inhalte nicht mehr vordefiniert; die Zusammenstellung der Seite erfolgt erst zur Laufzeit.

Die folgenden Empfehlungen sind durch Nutzerstudien motiviert und finden sich in vielen Ratgebern für das Online-Schreiben (z.B. Farkas/Farkas 2001; Heijnk 2002). Es handelt sich dabei um Faustregeln, die flexibel an die verfolgte Zielsetzung und die Adressatengruppe angepasst werden müssen.

Kurz und prägnant

Lesen am Bildschirm ist langsamer und fehleranfälliger. Um dies zu kompensieren, sollten die Texte möglichst kurz und prägnant geschrieben sein. Morkes/Nielsen 1998 empfehlen bis zu 50 % Kürzung gegenüber Printtexten. Als Orientierungshilfe gelten die Schreibregeln für Nachrichten und für das Texten fürs Radio. Empfohlen werden kurze Abschnitte, deren thematischer Kern durch Schlüsselwörter oder Zwischenüberschriften hervorgehoben ist (s. u.); kurze Sätze ohne lange Einschübe und verbaler Stil ohne komplexe Nominalkonstruktionen. Auch Füllfloskeln und lange Nominalkomposita („Silbenschleppzüge“) sollte man vermeiden.

detail on demand

Kurz und prägnant heißt aber nicht „verkürzt“. Die modularisierte Informationsgestaltung sollte natürlich nicht auf Kosten des Inhalts gehen. Die Kunst besteht vielmehr darin, die zu vermittelnden Inhalte auf autonom rezipierbare Informationsmodule zu verteilen und diese dann durch Links so zu verknüpfen, dass die Nutzer selbst entscheiden können, für welche Aspekte des Themas in welcher Detailtiefe sie sich entscheiden. ‚Detail auf Nachfrage‘ (*detail on demand*) heißt dieses Prinzip, das eine knappe und prägnante Schreibweise mit reichhaltigen und beliebig ins Detail führenden Informationsangeboten verbindet. Auf welche Weise dieses Prinzip umgesetzt werden kann, wird in 3.2.1 ausführlicher behandelt.

Umgekehrte Pyramide

Für die Anordnung der Inhalte innerhalb derselben Hypertextseite empfehlen Nielsen 1996 und andere die Organisationsform der „umgekehrten Pyramide“, die auch im „traditionellen“ Journalismus als wichtiges Ordnungsprinzip gilt: Das Wichtigste kommt zuerst, der Rest ist nach abnehmender Wichtigkeit geordnet. Im Print-Medium eignet sich die umgekehrte Pyramide v.a. für Agenturmeldungen und kleine Berichte (Blum/Bucher 1998: 42). Im Web-Design wird diese Anordnung neu motiviert: Weil sich die „Seiten“ von oben nach unten am Bildschirm aufbauen und die Nutzer nicht immer zum Scrollen bereit sind, gewinnt die vertikale Anordnung von Information an Gewicht. Anwendbar ist das Prinzip aber nur, wenn sich die Wichtigkeit von Inhalten auch einigermaßen plausibel bestimmen lässt. Schwierig ist es bei Textsorten wie Wörterbüchern und Enzyklopädien, deren Struktur von vornherein auf die partielle und selektive Informationslektüre hin ausgerichtet ist. Wer in einem Wörterbuch nach der Ausspracheangabe sucht, kann auf Angaben zur Synonymie verzichten; wer ein Synonym sucht, wird sich nicht für die Aussprache interessieren – je nach Nutzerinteresse können also unterschiedliche Textteile wichtig oder weniger wichtig werden.

Scannen unterstützen

Typisch für die Rezeption von Online-Angeboten ist das Überfliegen und Scannen von Dokumenten auf der Suche nach Einstiegspunkten zu relevanter Information. Diese Rezeptionsform kann man auf verschiedene Weise unterstützen:

- Indem man Schlüsselwörter oder thematische Sätze durch Farbe und/oder Fett- bzw. Kursivdruck hervorhebt. Unterstreichung sollte man nicht zur Hervorhebung einsetzen, da sie konventionell als Kennzeichnung eines Linkanzeigers interpretiert wird (vgl. 3.3.3). Aus demselben Grund muss man auch mit blauer Einfärbung von Wörtern vorsichtig umgehen.
- Alternativ kann man die Abschnitte mit sprechenden Zwischenüberschriften versehen oder Marginalien anbringen.
- Abschnittgliederung, Spiegelpunkte und Aufzählungen sind Mittel, um die inhaltliche Gliederung eines Textes durch die räumliche Anordnung der Textbausteine zu verdeutlichen. Da Druckraum im digitalen Medium kein Kosten-

faktor ist, kann man beim Textdesign für den Bildschirm mit Listen, Tabellen und Weißräumen großzügig umgehen.

- Numerische Daten, Fakten, Sachverhalte und Prozesse kann man in Diagrammen oder in Tabellenform oft schneller erfassen als in einem Fließtext (vgl. hierzu auch Ballstaedt 1997, Kap. III, IV, V).

Die hier genannten Faustregeln sollten allerdings nicht unreflektiert angewandt werden. Erstens bilden sich im Zuge der Webnutzung erst allmählich Hypertextsorten mit typischen Rezeptions- und Produktionsmustern heraus (Jakobs 2003). Zweitens haben die bisherigen Nutzerstudien gezeigt, dass das Rezeptionsverhalten stark von Parametern wie Alter, Internet-Erfahrung, Informationsziel und Bildschirmauflösung abhängt. Nicht nur das WWW verändert sich ständig, sondern auch seine Nutzer und ihre Gewohnheiten. Beispielsweise berief sich Nielsen 1996 in seinen *Top Ten Mistakes in Web Design* auf eine Studie, nach der nur 10% der Nutzer bereit sind, vertikal zu scrollen (was natürlich Konsequenzen für die Web-Gestaltung hat). Drei Jahre später in den *Top Ten Mistakes Revisited* (Nielsen 1999b) hat er diese Faustregel relativiert – inzwischen sind Nutzer eher bereit zu scrollen. Wenn Displays mit papieräquivalenter Auflösung und/oder transportable Lesegeräte zu akzeptablen Preisen auf den Markt kommen, kann die Bereitschaft schnell steigen, am Bildschirm längere Texte zu rezipieren. Die hier angegebenen Faustregeln müssen deshalb kontinuierlich neu geprüft werden. Insgesamt steht die Erforschung der Nutzung interaktiver Medien und insbesondere des Zusammenspiels von Text- und Bildelementen erst am Anfang.

3.2 Hypertextuelle Textorganisation: Modularisieren und Verknüpfen

3.2.1 Modularisieren = modulare Informationsaufbereitung

Die modulare Aufbereitung von Information ist keine Erfindung des WWW, sondern findet sich bereits im gedruckten Medium. Bei der modularen Informationsaufbereitung im so genannten ‚Textdesign' wird komplexe Information auf mehrere Module (Text, Grafik und Bild) verteilt, die auf einer Printseite zu einem Cluster verbunden werden (vgl. Blum/Bucher 1998). Im Gegensatz zum sequenziellen Langtext unterstützt diese Organisationsform schon in der gedruckten Zeitung die selektive, partielle und interessengeleitete Lektüre und kommt damit den veränderten Rezeptionsgewohnheiten der Zeitungsleser entgegen. Für die Modularisierung bei der Hypertextplanung bieten die von Blum/Bucher 1998 für das Textdesign entwickelten Prinzipien der Zerlegung von komplexer Information in kleinere Module nützliche Anhaltspunkte. Blum/Bucher (1998: 25 ff.) unterscheiden:

Zerlegung von komplexer Information

- Die funktionale Zerlegung, in der eine kommunikative Zielsetzung mit verschiedenen Modulen auf unterschiedliche Weise verfolgt wird.
- Die perspektivische Zerlegung, in der unterschiedliche Perspektiven auf denselben Gegenstand geworfen werden.

- Die thematische Zerlegung, in der ein komplexes Thema in thematische Teilaspekte untergliedert wird.

Die Prinzipien schließen einander nicht aus, sondern können gleichzeitig zum Tragen kommen. Abbildung 2 zeigt ein schematisches Beispiel für modularisierte Aufbereitung von Informationen, in der sowohl funktionale als auch perspektivische Zerlegungen zum Tragen kommen.

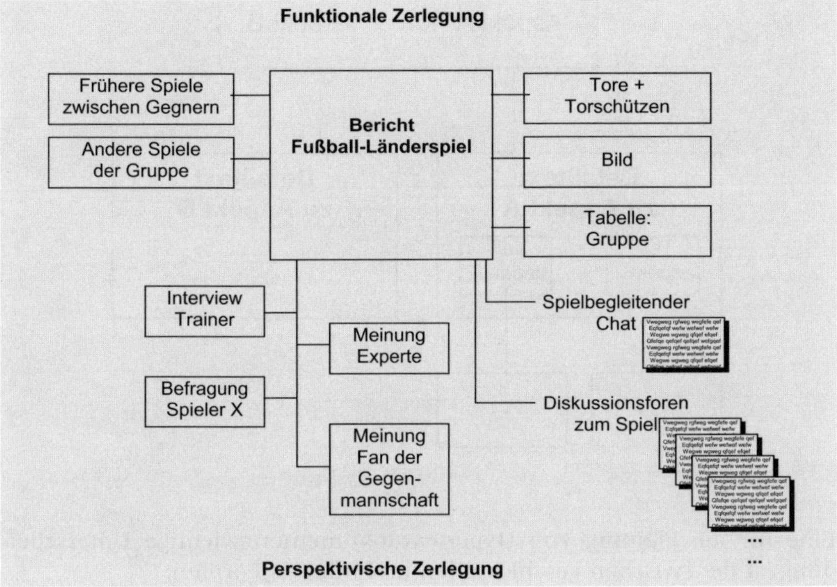

Abb. 2 Funktionale und perspektivische Zerlegung

Das für Hypertext typische Linking ist als Verfahren der Re-Komposition der zerlegten Module wesentlich flexibler als das Clustering bei der gedruckten Textdesign-Zeitung, weil es nicht an eine Seitengröße gebunden ist, sondern beliebig in die Tiefe und in die Breite erweitert werden kann. Grundlegend für die Hypertextstrukturierung ist das Prinzip der thematischen Zerlegung, das die hierarchische Anordnung nach Detailebenen motiviert. Leitlinie für eine modulare Informationsaufbereitung ist dabei das Prinzip „Detail auf Nachfrage" (vgl. 3.1), bei dem autonom rezipierbare Module in eine nach Detaillierungsgraden geschichtete Hierarchie eingeordnet und durch assoziative Links miteinander verwoben sind (s. Abb. 2). Diese Schichtung nach Detailebenen kann wiederum unterschiedlich motiviert sein:

Thematische Zerlegung

- Thematische Granularität: z. B. die Unterteilung in ein Hauptthema, Teilthemen und ggf. thematische Nebenstränge. Verschiedene Detaillierungsstufen können sich aber auch auf Nutzergruppen mit unterschiedlichem Vorwissen oder unterschiedlichem Bedarf an Detailschärfe einstellen.
- Ganzes-Teil-Granularität: Eine Ganzheit kann in immer kleinere Teile zerlegt werden. Ganzheiten können konkrete Objekte (Artefakte, Organismen), Handlungen und Ereignisse, Räume und Zeitverläufe sein.
- Vordergrund-Hintergrund-Granularität: Ein Thema im Vordergrund (z. B. ein aktuelles Ereignis) wird durch Hintergrundinformation angereichert.

Abb. 3 Zerlegung nach Detaillierungsebenen

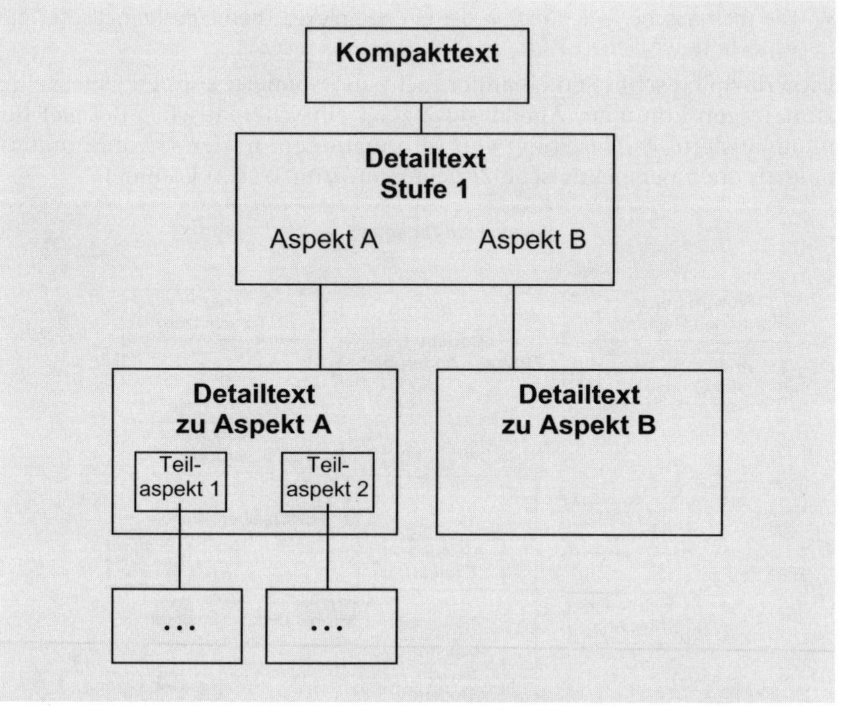

Geschlossene und offene Form

Eine für die Planung von Hypertextdokumenten wichtige Unterscheidung ist die zwischen geschlossenen und offenen Formen:

- Geschlossene Hypertextdokumente verfügen über eine feste Anzahl von Modulen und sind konzipiert als statische Produkte mit stabiler Struktur und verbindlich zitierbaren Inhalten.
- Offene Hypertextdokumente befinden sich in ständigem Auf- und Umbau und haben typischerweise „offene Enden", an denen die Autoren und Benutzer weitere Module anknüpfen können. Online-Beiträge, die über offene Enden verfügen, müssen nach ihrer Publikation im Netz kontinuierlich betreut und „gepflegt" werden.

Die Stärke der WWW-Technologie liegt darin, geschlossene und offene Formen, die beide zu unterschiedlichen Zwecken wichtig sind, kombinieren zu können. Besonders interessant ist die offene Form. Sie erlaubt es, Hypertextdokumente zu laufenden Ereignissen oder zu aktuellen Streitfragen über eine unbestimmte Zeitspanne hinweg im Gespräch zu halten. Die Module können dabei laufend aktualisiert werden, neue Module und Links zum Thema können dazu kommen, das Thema kann von den Lesern kommentiert und diskutiert werden. Dadurch entsteht ein Hypertext, der nicht einmal durchlaufen, sondern mehrfach besucht wird, um es mit der üblichen Metapher auszudrücken. Offene Hypertexte haben eine zeitliche Schichtung, die dem Leser transparent gemacht werden sollte. Wichtig ist die Angabe des Datums, an dem ein Hypertext bzw. ein Modul erstellt wurde; ebenso wichtig ist das Datum der letzten Änderung. Liegt kein bestimmter Aktualisierungsturnus fest, sollte zumindest klar sein, ob das Modul überhaupt noch auf Aktualität überprüft wird oder ob es sich um ein „eingefrorenes" Modul handelt.

3.2.2 Verknüpfen (Linking)

Die im Zuge der Zerlegung entstandenen Module müssen nun wieder durch Links zu den hypertexttypischen nicht-linearen Strukturen verknüpft werden. Bei der Planung und beim Aufbau solcher Strukturen lassen sich als die drei wichtigsten Strukturierungstypen unterscheiden:

Strukturierungstypen

- Die Hierarchie (Überordung-Unterordnung von Modulen)
- Der Pfad (Sequenzierung von Modulen durch Vorgänger-Nachfolger-Bezüge)
- Das Netz (assoziative n:m-Verknüpfung von Modulen nach thematisch-rhetorischen Gesichtpunkten)

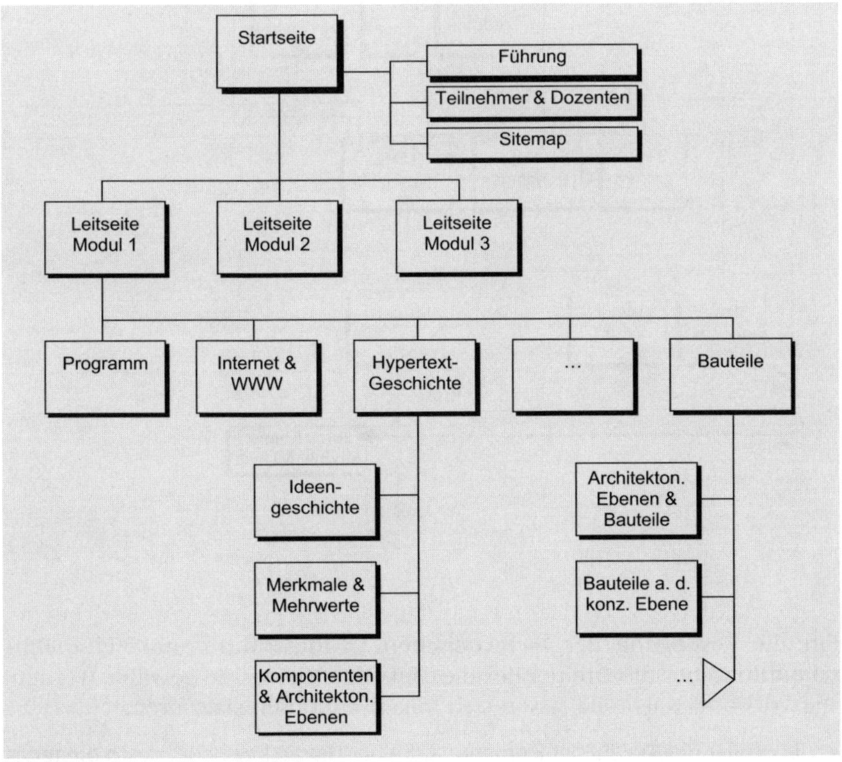

Abb. 4 Hierarchisches Grundgerüst

Bei größeren Sites sind die drei Strukturtypen meist kombiniert:

- In einem ersten Schritt wird das hierarchische Grundgerüst festgelegt. Abbildung 4 zeigt das hierarchische Grundgerüst einer begleitenden Web-Site zu einer Seminarveranstaltung mit dem Thema „Hypermedia-Texte planen und schreiben".
- Im zweiten Schritt können dann themen- und funktionsbezogene Pfade durch die Hierarchie gelegt werden. Abbildung 5 zeigt einen Pfad zum Thema „Hyperlinks", der durch die Module des Kurses führt.

- Bei der Ausgestaltung und der weiteren Pflege des Hypertextes können die Module und ihre Bestandteile assoziativ durch interne und externe Links zu einem Netz verknüpft werden. Abbildung 6 visualisiert die entstehende Struktur.

Abb. 5 Grundgerüst mit themenbezogenem Pfad (Legende s. Abb.6)

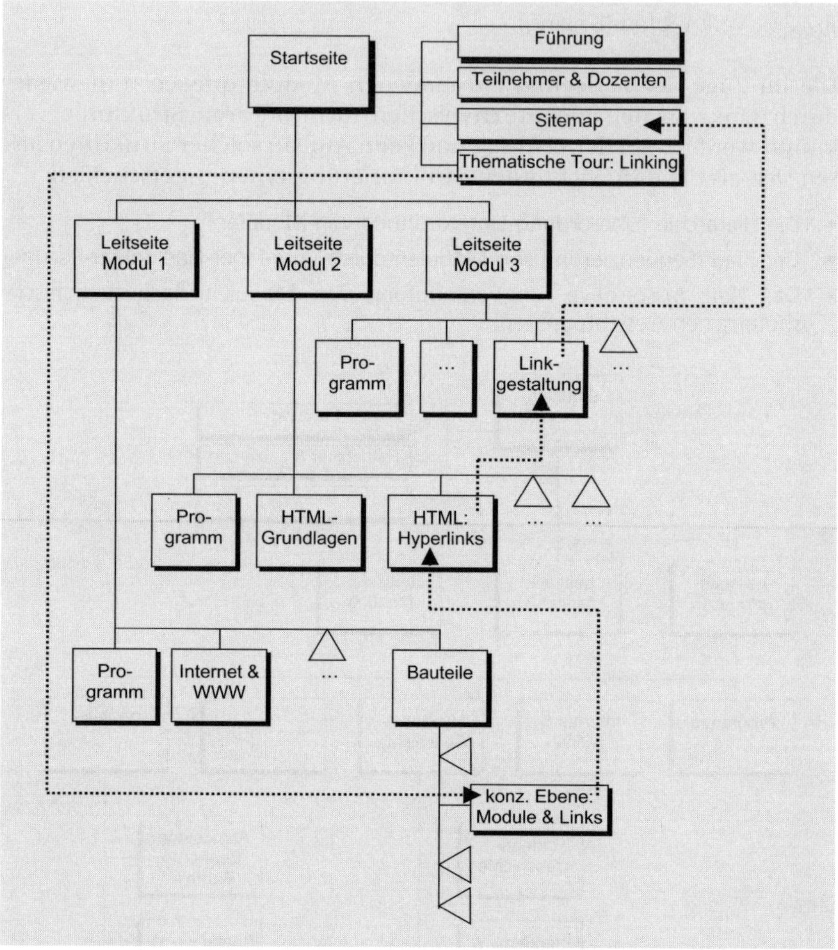

Hierarchische Grundstruktur

Für die Festlegung der hierarchischen Grundstruktur muss eine Entscheidung über die Breite oder die Tiefe der Hierarchie gewählt werden. Die Vor- und Nachteile lassen sich folgendermaßen skizzieren:

- Je größer die Anzahl der Elemente auf einer Hierarchieebene, desto breiter ist die Hierarchie. Bei breiten Hierarchien können die Nutzer mit einem Mausklick sehr viele Module erreichen. Allerdings wächst mit der Zahl der angebotenen Links auch der Aufwand für die Entscheidung und die Gefahr, dass Links übersehen werden.
- Je größer die Anzahl der Hierarchieebenen, desto tiefer ist die Hierarchie. Bei tiefen Hierarchien kann der Weg zur gesuchten Information mehrere Mausklicks lang sein. Tiefe Hierarchien sind aber eine gute Basis für systematische Navigationsplanung bei Angeboten, die über längere Zeit noch wachsen und ausgebaut werden sollen. Die Zahl der Mausklicks, die zum „Durchstieg"

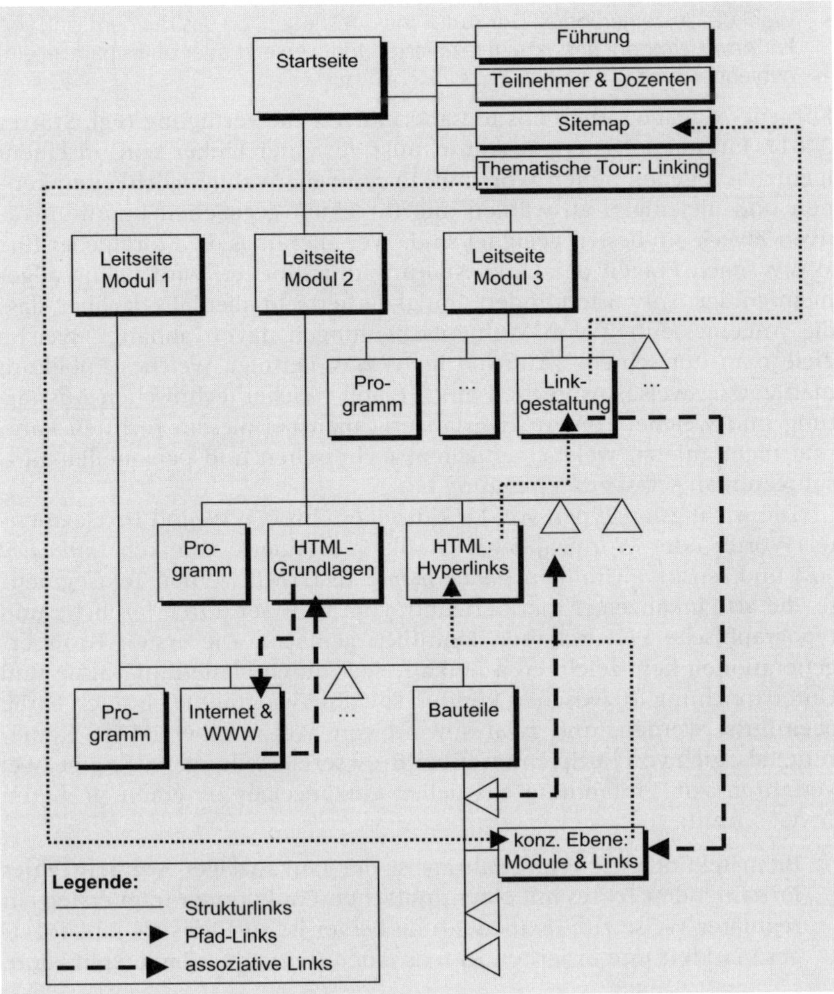

Abb. 6
Netz (assoziative Links quer zum Grundgerüst)

benötigt werden, kann für wichtige Module durch „Abkürzungslinks" verringert werden.

3.2.3 Faustregeln für die Linkgestaltung

Bei der Gestaltung von Hypertexten müssen Autoren im Umgang mit Links und Linkanzeigern vier Aufgaben lösen:

- Link-Kennzeichnung: Der Autor muss bestimmte Objekte am Bildschirm als Links kenntlich machen.
- Link-Explikation: Der Autor muss deutlich machen, was passiert, wenn ein Link aktiviert wird; d. h. er muss die Wahloptionen für den Nutzer semantisch und funktional transparent machen.
- Link-Positionierung: Der Autor muss die Links im Hypertext-Modul an der richtigen Stelle platzieren.

- Wahl des Anzeigemodus: Der Autor muss festlegen, ob das mit dem Link verknüpfte Zielmodul das aktuell rezipierte Modul ersetzt oder ob es parallel eingeblendet wird.

Für jede Aufgabe stehen Lösungsalternativen zur Verfügung (vgl. Storrer 2001). Ein guter Hypertext-Autor muss ein guter Linker sein, in einem medienbezogenen neuen Wortsinn: Er muss die Wahlmöglichkeiten kennen und diejenigen auswählen, die für einen gegebenen kommunikativen Zweck am besten geeignet sind. Wer allerdings die Stilratgeber fürs WWW nach Fragen der Linkgestaltung durchforstet, wird wenig allgemein gültige Antworten finden. Einigkeit herrscht allenfalls darüber, dass die Angemessenheit von Wahlentscheidungen davon abhängt, welche Ziele man mit seinem „Auftritt" im WWW verfolgt, welches Publikum man vorzugsweise ansprechen möchte, mit welcher technischen Ausstattung und welcher Hypertext-Erfahrung man bei diesem rechnen kann und nicht zuletzt, welche zeitlichen, technischen und personellen Ressourcen man selbst zur Verfügung hat.

Typen von Linkanzeigern

Die wichtigsten Typen von Linkanzeigern im WWW sind Textsegmente (Wörter oder Wortgruppen), Grafiken, animierte Grafiken (*animated gifs*) und sensitive Grafiken (*image maps*). In HTML werden Textsegmente, die als Linkanzeiger markiert sind, vom Browser durch farbliche und typographische Eigenschaften kenntlich gemacht. Die ersten Browsergenerationen kennzeichneten Linkanzeiger durch blaue Einfärbung und Unterstreichung. Inzwischen können sowohl Typographie als auch Farbe beeinflusst werden, und zwar sowohl vom Autor (über HTML-Kodierung) als auch von Rezipienten (über Browsereinstellungen). Es gibt zwei Verfahren zur Einbindung textueller Linkanzeiger in einen größeren Textabschnitt:

Einbindung von textuellen Linkanzeigern

> Beim textintegrierten Verfahren ist der Linkanzeiger Segment eines fortlaufenden Textes mit einer dreifachen Funktion: er trägt erstens in regulärer Weise zur Textbedeutung bei; er ist zweitens als Linkanzeiger markiert und er leistet drittens einen Beitrag zur Linkexplikation.
>
> Beim metakommunikativen Verfahren wird die Steuerungsfunktion des Linkanzeigers thematisiert, wobei die Absprungstelle oft als Ort auf dem Bildschirm konzeptualisiert ist, auf den mit dem deiktischen Ausdruck *hier* (im engl. *here*) explizit gezeigt wird.

Einige Regeln zur Link-Kennzeichnung und Link-Explikation gelten relativ unabhängig vom Zweck und vom Adressatenbezug. So ist zwar die Kennzeichnung der Linkanzeiger durch Unterstreichung nicht schön und muss auch nicht unbedingt übernommen werden. Allerdings wird das Mittel der Unterstreichung im WWW so stark mit dem Status eines Linkanzeigers assoziiert, dass zurecht davon abgeraten wird, im WWW Textsegmente zu unterstreichen, die keine Linkanzeiger sind.

Als schlechter Stil werden metakommunikative Verfahren zur Link-Kennzeichnung gewertet, insbesondere der Linkanzeiger *hier* in Formulierungen wie *Klicken Sie hier, um eine Definition zu sehen*. Der kundige Nutzer möchte nicht durch Metakommunikation vom Inhalt abgelenkt werden. Es gilt als hohe Kunst der Textgestaltung im WWW, die Bedienung des Hypertextes nicht zu thematisieren, sondern das Linkziel durch aussagekräftige, textintegrierte Linkträger zu explizieren. Icons als Linkanzeiger sind gut verständlich, wenn sich für ihre Funktion bereits webspezifische Konventionen herausgebildet haben. Ansonsten sollten Icons in Navigationsleisten durch ein sprachliches Label gestützt werden.

Einblendbare Link-Etiketten

Die möglichst explizite Kennzeichnung von Linkträgern und Linkzielen ist ein Desiderat im Hinblick auf Nutzer, die mit einem mehr oder weniger klar umrissenen Informationsbedarf eine Site besuchen und sich dort mit wenig Zeitaufwand möglichst schnell zurechtfinden möchten. Besonders empfehlenswert hierfür sind Link-Etiketten, die eingeblendet werden, wenn der Nutzer mit der Maus über den Linkanzeiger fährt. Der Autor kann die Etiketten so beschriften, dass sich der Rezipient ein genaues Bild über den Typ der Verweisung und die Art des Linkziels machen kann. Link-Etiketten sind besonders nützlich für sensitive Grafiken und für Übersichtsseiten, in denen viele Links auf einem grafischen Gestaltungskonzept untergebracht werden sollen, das durch lange Textblöcke verunstaltet würde. Ihr Vorteil gegenüber dem metakommunikativen Verfahren liegt darin, den Lesefluss nicht zu unterbrechen, sondern die Information zur Linksemantik nur im Bedarfsfall anzuzeigen.

Positionierung von Links

Typen von Anzeigemodi

Die Positionierung von Links ist stark kontextabhängig. Die Entscheidung hängt wesentlich ab von der Zielsetzung, dem anvisierten Publikum, vom Genre und vom Umfang der Präsentation. Weiterhin gibt es eine starke Interdependenz zwischen der Positionierung der Links und der Wahl des Anzeigemodus, bei dem sich nach (Kuhlen 1991: 16) drei Typen unterscheiden lassen:

- Links mit eingebetteter Anzeige bieten sich an für alle Informationen, die dem Rezipienten behilflich sein können, die im aktuellen Aufmerksamkeitsbereich stehende Textpassage besser zu verstehen; also z. B. für Definitionen zu im Text verwendeten Fachausdrücken, für Beispiele, die einen Argumentationsverlauf stützen, für Fußnoten, Literaturangaben und Veranschaulichungen.
- Links mit paralleler Anzeige bieten sich an, wenn der Vergleich zweier Module Verständnis und Erkenntnis fördert; Beispiele sind das Nebeneinander von Text und Variantenapparat in kritischen Editionen oder das Nebeneinander von Gedichtinterpretationen und interpretiertem Text.
- Links mit ersetzender Anzeige bieten sich an, wenn der Rezipient das aktuelle Modul für unbestimmte Zeit nicht mehr benötigt, sondern seinen Weg auf dem neuen Modul fortsetzt. Sie eignen sich für Linkanzeiger in Linksammlungen, die als eine Art Web-Bibliographie genau dazu gedacht sind, den Rezipienten zu interessanten Dokumenten zu einem Thema zu führen und ihn dort ungestört weiterstöbern zu lassen.

Abb. 7 Anzeigemodi (Unterscheidung nach Kuhlen 1991: 16)

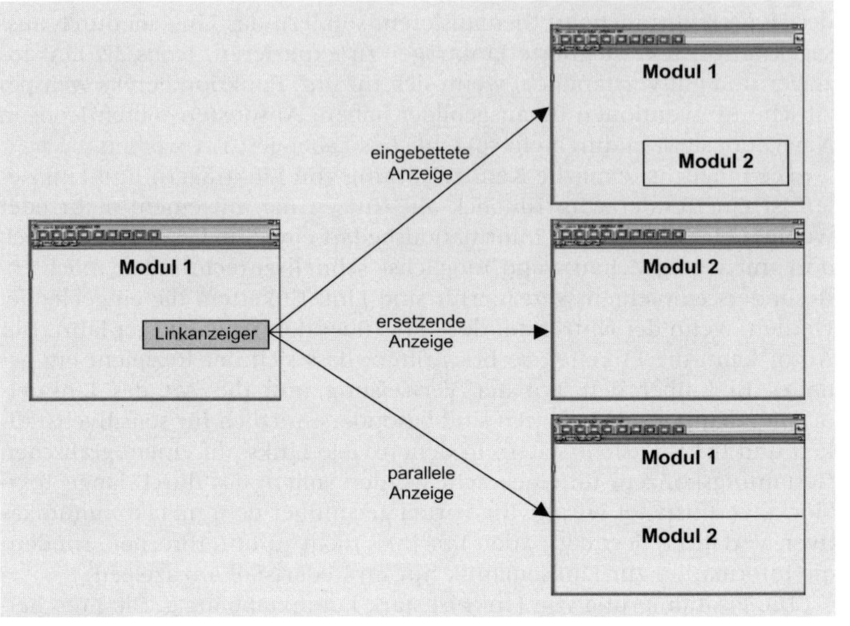

Positionierung und Anzeigemodus

Der Zusammenhang zwischen der Positionierung von Linkanzeigern und der Wahl des Anzeigemodus lässt sich folgendermaßen skizzieren: Bei paralleler und eingebetteter Anzeige kann der Link problemlos in den fortlaufenden Text integriert sein. Wenn der Link aktiviert wird, erscheinen parallel die ergänzenden, erläuternden oder komplementären Informationen; sie können gelesen und dann wieder weggeklickt werden. Bei der ersetzenden Anzeige hingegen sollten textintegrierte Links mit Bedacht gesetzt werden. Wenn der Link aktiviert wird, verschwindet das Ausgangsmodul ja zunächst aus dem Wahrnehmungsfeld. Ob der Nutzer je wieder zu ihm zurückkehrt und den Textabschnitt, in den der Linkanzeiger integriert war, zu Ende liest, ist unsicher – typisch für die WWW-Rezeption sind vielmehr „Rotkäppchen-Effekte", bei denen ein Nutzer von einem interessanten Modul zum nächsten springt ohne ein Modul komplett zu rezipieren. Wer darauf Wert legt, dass ein Textstück ganz gelesen wird, sollte deshalb seine Linkangebote besser an das Ende des Textmoduls oder an den Seitenrand auslagern. Dies gilt insbesondere für Online-Lernangebote, bei denen der Nutzer die auf einem Modul präsentierten Lerneinheiten zur Kenntnis nehmen muss, um überhaupt von weiteren Vertiefungs- und Erkundungsangeboten profitieren zu können.

4 Anwendungsfelder und Berufsperspektiven

Berufsfelder

Je mehr Erfahrung die Nutzer im Umgang mit digitalen Medien mitbringen, desto anspruchsvoller sind auch die Erwartungen an Nutzerfreundlichkeit und mediengerechte Aufbereitung von Informationen. Kompetenzen im Bereich der Gestaltung und Analyse von hypermedialen und interaktiven Online-Angeboten sind deshalb in verschiedenen Berufsfeldern gefragt:

- Verlage, die Nachschlagewerke in multimedialer Form neu publizieren möchten;
- Redaktionen von Online-Zeitschriften und Portalen;
- Anbieter von E-Learning-Komponenten in Bildung und Weiterbildung;
- Abteilungen der technischen Dokumentation und der Softwarelokalisation;

Linguistische Kompetenzen

Neben einem guten Sprachgefühl sind die folgenden linguistischen Kenntnisse für die Gestaltung, Evaluierung und Optimierung der sprachlichen Aspekte von Hypermedien relevant:

- Kenntnisse in Grammatik und praktischer Stilistik helfen, zwischen semantisch äquivalenten Ausdrucksmöglichkeiten die stilistisch adäquaten herauszugreifen.
- Kategorien und Methoden der Text- und Gesprächslinguistik können für die Konzeption und Analyse interaktiver Komponenten fruchtbar gemacht werden (vgl. Wagner 2002).
- Modelle und Theorien der psycholinguistischen Textproduktions- und Textrezeptionsforschung liefern gemeinsam mit empirischen Untersuchungen zur *Usability* Hinweise für die Gestaltung von Inhalten und Navigationsstrukturen von Online-Angeboten (vgl. Storrer 2003).

Neben den fachlichen Qualifikationen ist in diesen Arbeitsfeldern die Fähigkeit, interdisziplinär und im Team zu arbeiten, nicht nur wünschenswert, sondern unerlässlich. Schließlich sind bei der Entwicklung von Online-Angeboten die sprachlichen und kommunikationstheoretischen Aspekte untrennbar verwoben mit den Aspekten der technischen Umsetzung, der Softwareergonomie und mit Aspekten des Multimedia-Designs (visuelles Design, Integration von Bild, Ton und Video). Für die Konzeption und Entwicklung einer gelungenen Hypertext-Anwendung müssen die verschiedenen Aspekte optimal integriert sein, müssen Kompetenzen aus Informationstechnik, Linguistik und Mediendesign zusammengebracht und gebündelt werden. Computerlinguistik muss man nicht studiert haben, um sich als angewandte Linguistin oder angewandter Linguist in ein solches Team einzubringen (wenngleich sich in diesem Bereich auch interessante Arbeitsfelder für Computerlinguisten eröffnen, vgl. Lemnitzer/Lobin 2004). Mit den grundlegenden Konzepten der Texttechnologie (z.B. HTML, XML, Markup-Sprachen, Hypertext), mit den technischen Hintergründen und den kommunikativen Gepflogenheiten der „Netzgemeinde" sollte man jedoch gut vertraut sein. Fremdsprachenkenntnisse und eine weltoffene Grundeinstellung sind weitere Pluspunkte, speziell für die Arbeit in Online-Redaktionen. Da sich die technischen und auch die gestalterischen Randbedingungen schnell wandeln, erfordert eine Tätigkeit in diesem Bereich viel Flexibilität und die Fähigkeit, sich eigenständig weiterzubilden.

5 Ausgewählte Literatur

Eine auf wissenschaftliches Publizieren ausgerichtete Einführung in das Web-Publishing mit HTML gibt:

Beißwenger, M. (2000): *Online-Publishing für Studenten und Wissenschaftler. Rüstzeug und Know-How für das Publizieren wissenschaftlicher Beiträge im Internet.* Braunschweig und Wiesbaden: Vieweg.

Einen guten Überblick über Konzepte und Anwendungsfelder von XML geben:

Möhr, W. / Schmidt, I. (Hg.) (1999): *SGML und XML: Anwendungen und Perspektiven*. Berlin u.a.: Springer.

Eine Einführung in die Strategien der texttechnologischen Informationsmodellierung mit XML und SGML gibt:

Lobin, H. (2000): *Informationsmodellierung in XML und SGML*. Berlin u.a.: Springer.

Weitere Links zu HTML und XML finden sich auf der Linkliste der CD-ROM.

IV

Öffentlich kommunizieren

Einleitung

Kommunikation in und mit der Öffentlichkeit ist ein Aufgabenfeld par excellence für die Angewandte Sprachwissenschaft. Wenn sich Sprecher und Schreiber an große und oft heterogene Publika richten, ist die Notwendigkeit einer professionellen Reflexion, Analyse und Optimierung der kommunikativen Prozesse und Produkte unmittelbar einsichtig. Zudem wächst in einer zunehmend medial geprägten Welt das Interesse an der Kommunikation in und mittels Medien weiter an. Hier stellt die Linguistik eine Fülle an Theorien, Methoden und Erkenntnissen bereit.

Domänen

Bei öffentlicher Kommunikation denkt man zunächst an Massenmedien, die auch eine Schlüsselrolle bei der Herstellung von Publizität einnehmen. Die unterschiedlichen Medien und deren Akteure sind aber auch Instrumente und Mittler für eine Reihe von Domänen, die auf erfolgreiche öffentliche Kommunikation angewiesen sind: zum Beispiel Politik, Wirtschaft, Verwaltungen, Kultur- und Bildungseinrichtungen.

Ausweitung des öffentlichen Raums

Der öffentliche Raum wurde in den letzten Jahren beträchtlich ausgeweitet. Einerseits ist ein gestiegenes Bedürfnis nach Selbstdarstellung zu konstatieren und sind neue (Teil-)Öffentlichkeiten entstanden, etwa Web-Communities. Andererseits führt die Forderung nach Transparenz, Mitbestimmung und Kundenorientierung dazu, dass kaum eine Organisation und Institution auf Öffentlichkeitsarbeit oder Werbung verzichten kann (oder darf). Internationalisierung bzw. Globalisierung verstärken diese Tendenz.

Struktur- und Medienwandel

Der Strukturwandel geht mit einem Medienwandel einher. Multimediale Texte bündeln verschiedenste Zeichenformen. Neue Medien wie Internet oder Mobiltelefon und neue Kommunikationsformen wie Websites, Foren, Chats, Videokonferenzen, SMS schaffen ungeahnte Möglichkeiten zur raum- und zeitübergreifenden Kommunikation. Was früher Privileg weniger Medieneinrichtungen war, ist heute auch Privatpersonen möglich, wenn man etwa Homepages oder Weblogs betrachtet, die elektronische „Gegenöffentlichkeiten" schaffen. Zugleich stellen aber gerade die Neuen Medien alle, die öffentlich kommunizieren wollen und müssen, vor neue Anforderungen, Konventionen, Unsicherheiten und Probleme im Ansprechen der Öffentlichkeit.

Forschungsthemen und Anwendungsfelder

Die beschriebenen Tendenzen und die Folgen des Medienwandels haben auch das Arbeitsgebiet der Angewandten Linguistik erweitert. Sie befasst sich vielfältig mit der Analyse und Optimierung von Medien,

Kommunikationsformen, Text- und Gesprächssorten in den beschriebenen Domänen. Das Spektrum reicht von klassischen Massenmedien (Zeitungen, Zeitschriften, Hörfunk, Film und Fernsehen) über Medien für Teilöffentlichkeiten (Flyer, Image-Broschüren, Geschäftsberichte) bis hin zu neueren Formen wie Internet und Mobilfunk, bei denen teilweise die Grenze zwischen Individual- und Massenmedien schwindet. Standen zu Beginn massenmediale Texte im Vordergrund, etwa die Analyse der Pressesprache oder von Fernsehgenres, so ist im letzten Jahrzehnt die berufliche Kommunikation verstärkt in den Fokus gerückt.

Produktion, Produkt, Rezeption

Die Angewandte Linguistik befasst sich mit allen Aspekten des öffentlichen Kommunikationsprozesses: Produktion, Produkt und Rezeption. *Produktion*: Unter welchen spezifischen Bedingungen entstehen Texte, etwa im Hinblick auf institutionelle Vorgaben und Formen der Arbeitsteilung? Textproduktionsforschung (z.B. Antos/Krings 1989), Schreibprozessforschung (z.B. Pogner 1999, vgl. auch Art. II.2 und IV.2), Gesprächsanalyse (vgl. Kapitel V) oder auch Diskurslinguistik (z.B. Fraas/Klemm 2005) beschäftigen sich mit detaillierten Prozessanalysen, auch als Ausgangspunkt für eine Prozessoptimierung (z.B. Perrin 2001). *Produkte*: Mit den Methoden der pragmatischen Text- und Gesprächsanalyse wurde ein Vielzahl an Textsorten in verschiedenen Medien en detail analysiert, um deren Zeichenqualitäten und Strukturen, kommunikative Muster und soziale Regeln zu erarbeiten. Diese Grundlagenforschung dient auch als Basis für Produktoptimierungen. *Rezeption*: Die Erforschung der Aneignungsprozesse von Medientexten (z.B. Klemm 2000) steckt in Relation zur Produktforschung noch in den Kinderschuhen, obwohl auch hier wertvolle Erkenntnisse für die Produktion zu gewinnen sind.

Praxis braucht Theorie

Die Angewandte Linguistik ist auf schlüssige Theorien und eine solide empirische Grundlagenforschung angewiesen, um mit Erfolg in die Praxis hinein wirken zu können. Nur eine detaillierte Analyse der jeweiligen Prozesse und Produkte, die der Komplexität der sozialen Wirklichkeit mit ihren Problemen und Widersprüchen und ihrer Einbettung in außersprachliche institutionelle Zusammenhänge gerecht wird, kann Basis für Optimierungskonzepte sein. Ein Beispiel: Die Sprachwissenschaft kann die Potenziale und Defizite der einzelnen Medien und Kommunikationsformen in Theorie und Praxis erforschen und davon ausgehend beispielsweise ein Konzept zur Vernetzung von Medien in der internen und externen Unternehmenskommunikation entwickeln.

Fragestellungen

Typische Fragestellungen der Angewandten (Medien-)Linguistik sind:

Prozesse / Textsorten / Funktionen	Welche Texte/Textsorten werden im jeweiligen Anwendungsbereich auf welche Weise und zu welchen Zwecken produziert?
Muster / Stile / Strategien	Welchen Regeln und Mustern, Stilen und Strategien folgt die öffentliche Kommunikation in der konkreten Domäne?
Medienauswahl / Medienmix	Welche Medien sind für welche kommunikativen Aufgaben am besten geeignet oder miteinander kombinierbar?
Adressaten / Rezeption	Welche Texte/Textsorten/Medien sind für welche Adressaten am besten geeignet? Wie gehen die Adressaten mit den Produkten um?

Medienwandel	Wie beeinflusst der Medienwandel die Textproduktion und die Texte, etwa durch neue Strukturprinzipien wie Hypertexte? Welche neuen Entwicklungen sind zu erwarten, welche Chancen und Risiken bieten diese und wie sollte man mit ihnen umgehen?
Beratung / Ausbildung	Mit welchen Konzepten und Maßnahmen kann man Prozesse und Produkte öffentlicher Kommunikation optimieren?

Methoden

Die Linguistik hat ein reiches Methodeninventar entwickelt, etwa im Rahmen der pragmatischen Text- und Gesprächsanalyse, und verfügt auch über die notwendige systemlinguistische Kompetenz, um Texte und Textsorten mit der geforderten Genauigkeit zu analysieren. Dennoch: Wer öffentliche Kommunikation erforschen und verbessern will, sollte Anregungen aus Semiotik, Publizistik/Kommunikationswissenschaft, Soziologie, Psychologie und weiteren Nachbardisziplinen aufnehmen und sich mit den fachlichen Anforderungen des Bezugsbereichs auskennen. Dies gilt z.B. für die Analyse von Bildern und multimedialen Texten.

Interdisziplinarität

Ausgangspunkt ist eine detaillierte Analyse der kommunikativen Prozesse und Produkte im Bezugsbereich, insbesondere um Probleme aus Sicht der Beteiligten zu rekonstruieren, die die angewandte Forschung besonders interessieren. Auf dieser empirischen Basis können mit den Beteiligten Konzepte und Schritte zur Evaluation bzw. Verbesserung der Kommunikation erarbeitet werden (im Sinne eines „Kommunikationscontrollings"), etwa im Hinblick auf reflektierten und optimierten Medieneinsatz, geeignete Formulierungsstrategien und adressatenorientierte Kommunikation.

Ziele

Von der Analyse zur Beratung

Die Angewandte Linguistik hat gerade im Bereich der öffentlichen Kommunikation in den letzten drei Jahrzehnten ihre Analysekompetenz nachgewiesen. Im Rahmen der pragmatischen Textlinguistik, Schreib- und Gesprächsforschung haben sich Standards herausgebildet, mit denen eine Fülle von Domänen und Textsorten erforscht wurden. Zunehmend gefragt ist nun die Anwendungsrelevanz, das heißt die linguistische Problemlösungskompetenz. Hier müssen theoretisch und empirisch fundierte Beratungs-, Trainings- und Ausbildungskonzepte entwickelt und umgesetzt werden, ist der Linguist als Lehrer, Trainer, Berater, Coach oder Moderator gefragt.

Perspektiven

Linguisten als Experten für schriftliche und mündliche Kommunikation, für den reflektierten und korrekten Umgang mit Sprache und Medien sollten im Kommunikations- und Informationszeitalter notwendiger denn je sein. Tatsächlich gibt es einen wachsenden Arbeitsmarkt, weniger im Journalismus als in Wirtschaftsunternehmen, die z.B. Experten für Public Relations oder Werbung benötigen – allerdings ein umkämpfter Arbeitsmarkt, auf dem sich Absolventen verschiedenster Disziplinen tummeln. Auch als externe Kommunikationsberater für Unternehmen und Institutionen können sich Absolventen der Angewandten Linguistik mit Erfolg selbstständig machen – dies erfordert aber nicht nur fundierte Fachkenntnisse und praktische Erfahrungen im Zielbereich, sondern auch die Fähigkeit zur Selbstorganisation und überzeugenden Präsentation.

Drei exemplarische Felder

Für das folgende Kapitel wurden exemplarisch drei Felder öffentlicher Kommunikation ausgewählt, die für (und für die) angewandte Sprachwissenschaft von großer Relevanz sind (ist): Journalismus, Werbe- und Unternehmenskommunikation.

Werbekommunikation

Werbung gehört zu den Bereichen öffentlicher Kommunikation, die uns allen ständig präsent sind. Werbetexte, als Anzeige, Plakat, Spot, Internetbanner, Mail oder SMS, stehen aber vor einem doppelten Problem: Sie drohen einerseits, in der Konkurrenz zahlloser Werbebotschaften unterzugehen, und genießen andererseits geringes Prestige. *Hartmut Stöckl* demonstriert, wie aspektreich man mit breitem linguistischen Instrumentarium die komplexen Werbetexte analysieren kann und wie sich daraus Expertisen und Optimierungsvorschläge für Werbetexter entwickeln lassen.

Journalismus

Obwohl Journalisten als Profis in Sachen Sprache gelten, zeigt *Daniel Perrin*, dass gerade hier mit medienlinguistischem Rüstzeug, ausgefeilten Analysemethoden, einem systematischen Coaching und reflektierten Ausbildungskonzepten große Potenziale für die Textoptimierung liegen.

Unternehmenskommunikation

Die Unternehmenskommunikation bietet den wohl umfassendsten Anwendungsbereich der Angewandten Linguistik. Ein Großteil der Arbeit in Unternehmen ist öffentliche Kommunikationsarbeit, als Public Relations oder Werbekommunikation. Die Finanzkommunikation *(Investor Relations)* stellt den jüngsten Zweig der Wirtschaftskommunikation dar, ihr Herzstück ist der Geschäftsbericht. *Helmut Ebert* beschreibt, wie – auch mit linguistischer Unterstützung – aus dem trockenen Protokoll früherer Jahre ein werbewirksames Instrument der Unternehmenskommunikation geworden ist, das wesentliche Aufgaben der Public Relations übernommen hat.

Gemeinsamkeiten

Diese drei Domänen und Beiträge stehen als Pars pro toto für die vielfältigen Analyse- und Aufgabenfelder der Angewandten Linguistik im öffentlichen Raum. Was sie eint, sind ihre Voraussetzungen, methodischen Prämissen und Zielsetzungen: Am Anfang steht eine fundierte Ausbildung in allen wesentlichen Bereichen der Sprachwissenschaft, die zu einer aspektreichen Textanalyse befähigt, auf deren Grundlage man wiederum gezielte Optimierungsprozesse in der beruflichen Praxis initiieren kann.

Michael Klemm

IV.1 Werbekommunikation – Linguistische Analyse und Textoptimierung*

Hartmut Stöckl

1 Werbepraxis und Angewandte Linguistik

Werbung hält weite Teile des öffentlichen, massenmedialen Kommunikationsraums besetzt. Ihre Allgegenwärtigkeit und Vielfalt lassen keinen Zweifel daran, dass sie als soziale Praxis des zielorientierten Zeichenherstellens und -gebrauchens in unserer Alltagskultur einen zentralen Stellenwert einnimmt.

Drei Aufgaben der Angewandten Linguistik mit Blick auf die Werbepraxis

Werbekommunikation ist neben verschiedenen anderen Disziplinen (s. 3.2) auch Gegenstand in der Angewandten Linguistik (AL). Im Gegensatz zur Theoretischen Linguistik, für die Werbung dank ihrer Kürze und pragmatischen Prägnanz bestenfalls Textexempel zum Testen von Modellen bereit stellt, sucht die AL nach den „real-world problems" (Brumfit 1997: 93) der Werbung, zu deren Untersuchung und vielleicht Lösung sie beitragen könnte. Zumindest drei Aufgaben stellen sich der AL mit Blick auf Werbeforschung und -praxis.

1. Interpretationskompetenz: Detaillierte und umfassende Textanalysen (d.h. unter Einbezug aller Kodesysteme) konkreter Kommunikate und Kampagnen machen den Prozess des Werbetextens und Strategien moderner Werbekommunikation transparent. In diesem Sinne ist das systematisch reflektierende „Lesen" von Werbung ein Beitrag zur Mediensozialisierung und Befähigung zur Kommunikationskritik. Letzteres ist Voraussetzung für die Überarbeitung und Adaption von Werbetexten (s. Punkt 3).
2. Hilfe zur Kommunikationsplanung: Für die Gestaltungskonzepte neuer Werbemaßnahmen benötigt man Erkenntnisse über die aktuellen Diskurseigenschaften bestimmter Produktkategorien bzw. Marktsegmente. Auf der Grundlage solcher Textanalysen können Entscheidungen über geeignete Werbestrategien und Kommunikationsstile gefällt werden. Außerdem ist es für die Bestimmung der jeweiligen Zielgruppe oft sinnvoll, deren sprachliche und kommunikative Gewohnheiten (Redestile, sprachliche Inszenierung) zu kennen, damit man sie optimal adressieren kann.
3. Textoptimierung: Im Prozess des Werbetextens und -gestaltens müssen ständig Formulierungs- bzw. Designalternativen abgewogen werden. Dazu können bestimmte linguistische Kategorien reflektiert und plausible kommunikative Wirkungen einzelner Gestaltungsentscheidungen

* Beachten Sie auch das umfangreiche Audio- und Videomaterial sowie die Übungen auf der CD.

abgeschätzt werden. Eine Vertrautheit mit den Prinzipien der Werbekommunikation sowie der Rückgriff auf vorliegende Forschungserkenntnisse erleichtert dies.

2 Einführendes Fallbeispiel

2.1 Beispielanalyse

An einer Anzeige für ein neues Dieselautomobil von Mercedes-Benz (s. Abb. 1) sollen im Folgenden wichtige Ebenen und Kriterien einer linguistischen Werbetextanalyse skizziert werden. Dabei wird v.a. der dynamische Prozess des Werbens – bestehend aus Konzeption, Gestaltung und plausiblen Wirkungshypothesen – als kommunikative Praxis und linguistisches Arbeitsfeld dargestellt.

Abb. 1 „Was hat man heutzutage nicht alles um die Ohren!“: Mercedes Benz CDI (ADAC Motorwelt 6/98: 22 f.) (Original s. CD)

[1] Liebe Hörerinnen und Hörer! [2] Die Welt ist laut genug. [3] Was hat man heutzutage nicht alles um die Ohren! [4] Da hört man es doch gern, dass es jetzt einen Diesel gibt, der unglaublich leise ist: den CDI (steht für Common Rail Direct Injection). [5] Möglich wurde dies durch einen kleinen Trick: die Piloteinspritzung, bei der nur eine winzige Menge Kraftstoff vor der Haupteinspritzung zugeführt wird, die so den Brennraum vorwärmt. [6] Der Effekt: Das vertraute Dieselnageln verschwindet, so dass man den CDI mit bloßen Ohren kaum noch als Diesel wiedererkennt. [7] Am besten wäre, Sie fahren ihn selbst einmal Probe – ganz in Ruhe. [8] Ihre Ohren werden Augen machen. [9] Weitere Informationen unter ... [10] Der CDI. Ein Diesel wie kein Diesel [11] Mercedes-Benz Die Zukunft des Automobils

Werbestrategie

Ziel der herstellenden Firma ist es hier, eine neuartige Dieselmotorengeneration zu bewerben und zugleich das Image des Produzenten als führenden innovativen Autokonstrukteur zu prägen bzw. zu verstärken. Gewählt wird dementsprechend eine Werbestrategie, die auf eine zentrale Produkteigenschaft fokussiert (Laufruhe) – auch *unique selling proposition* genannt – und die technischen Grundlagen dafür „erklärt“. Diese Konzentration auf eine simplifizierende Technikerklärung erweckt den Anschein von Professionalität, Seriosität und Objektivität. Die Anzeige ist mit elf teils komplexeren Sätzen relativ sprachdominiert, wobei Sprache und Bild annähernd gleich große Teile des Layout beanspruchen. Auffällig erscheint, dass die bildliche Darstellung weder ein formschönes Auto im Kontext noch technische Skizzen oder Details zeigt. Vielmehr wird ein an sich themenfremdes Motiv gewählt, dessen inhaltlich-argumentative Relevanz durch ein „Problem" (Lärm) gegeben ist. Die technische Innovation verspricht dessen Lösung (*das vertraute Dieselnageln verschwindet*).

Textgliederung

Aufgrund ihrer typographischen Gestaltung und des Layouts suggeriert die Anzeige eine klare Gliederung. Die Adressierung des Rezipienten [1] und eine Headline [2] sind räumlich an das Bild gebunden und signalisieren einen gegenüber dem Fließtext [3–10] abgegrenzten Textblock. Darauf folgen ein mittig gesetzter Abbinder (oder Claim) [10], der den Inhalt des Fließtextes prägnant und memorisierbar zusammenfasst, und Firmenname samt Slogan [11], der das Image von Mercedes-Benz allgemeingültig formuliert. Die so entstehende Leselogik lässt sich mit einem Blick auf ausgeführte Sprachhandlungen und Textthemen detaillieren. Nach der soziale Nähe signalisierenden Anrede des Lesers (*Liebe Hörerinnen und Hörer!*) wird in [2–3] das zu lösende Problem (hohe Lärmpegel, viel Arbeit) als Sentenz präsentiert. [4] nennt das Produkt und seine hervorstechende Eigenschaft (*unglaublich leise*). Darauf beschreibt und erklärt [5] die Technologie, die zu der thematisierten Produkteigenschaft verhilft. [6] beschreibt das Resultat der technischen Neuerung und bewertet es positiv (*... kaum noch als Diesel wiedererkennt*). In [7] wird dem Leser ein Produkttest empfohlen und [8] verspricht die Zufriedenheit mit den Automobileigenschaften. Schließlich nennt [9] eine weitere Informations- und Kontaktmöglichkeit. [10–11] fassen den Textinhalt zusammen, bewerten ihn positiv und binden ihn an die Herstellermarke. Vom Blickwinkel einer Argumentationstechnik betrachtet, beschreitet die Anzeige den Weg vom Problem [2–3] zur Lösung durch das Produkt [4 & 8] und geht dabei über die Zwischenschritte Konstruktionsmethode [5] und -ergebnis [6].

Sprachhandlungen und Themen

Lexik/Phraseologie

Die logische Stringenz (Kohärenz) des Werbetextes beruht maßgeblich auf der Lexikverwendung, die wiederum stark von phraseologischen, d.h. festen Ausdrücken (z.B. *man hört es gern, ganz in Ruhe*) geprägt ist. Dabei wird das semantische Feld des Hörens bzw. der akustischen Wahrnehmbarkeit gezielt aufgebaut, das auch schon das Bild bemüht. So konstruieren einige Ausrücke den konzeptuellen Gegensatz zwischen Lärm und Ruhe (*was hat man nicht heutzutage alles um die Ohren, das vertraute Dieselnageln – unglaublich leise, ganz in Ruhe*). Andere thematisieren auditive Wahrnehmungsfähigkeit allgemein (*liebe Hörerinnen und Hörer, man hört es gerne*) und die dazu benötigten Instrumente (Sinnesorgane) (*mit bloßen Ohren, Ohren werden Augen machen*). Die hier genannten Ausdrücke sind Schlüsselstellen der Anzeige und verleihen ihr Textur und Prägnanz, die sich nicht zuletzt auch dadurch ergeben, dass die konzeptuelle Ordnung (auditive Fähigkeit, Wahrnehmungen und Instrumente) einen Sinnbezug zum Bild herstellt.

Ein Teil der Lexik des Textes evoziert und inszeniert Fachsprache als eine funktionale Varietät (z.B.: *CDI, Common Rail Direct Injection, Piloteinspritzung, Haupteinspritzung, Brennraum, Dieselnageln*). Dadurch kommt eine die potentielle Zielgruppe einengende Adressierung zustande, die sich speziell auf mit Technik Vertraute und an Technik Interessierte bezieht. Zudem suggeriert das technisierende Vokabular Autorität und Objektivität – in diesem Sinne ist es direkter Bestandteil der übergreifenden Werbestrategie (s. o.).

Rhetorik und Stil

Rhetorik und Stil der Anzeige demonstrieren jedoch prinzipiell eine sprachspielerische und kommunikationsreflexive Orientierung, in die die techniksprachlichen Elemente lediglich eingebettet sind. So wird v. a. mit den phraseologischen Ausdrücken gespielt: zum einen mit deren zwei im Kontext unterschiedlich aktivierbaren Lesarten (wörtlich und phraseologisch, z. B. [3] *etwas um die Ohren haben*, [7] *ganz in Ruhe*), zum anderen mit deren formaler Veränderbarkeit (z. B. [6] *mit bloßen Ohren* – vgl. *mit bloßem Auge*), [8] *Ohren machen Augen* – vgl. *Augen machen*). Diese sprachspielerischen Techniken sind Quelle von Humor und werden in ihrer Funktionsweise durch den Bildbezug unterstützt. Ebenfalls unterhaltend wirkt die metakommunikative Anrede in [1], da hier mit der Medialität des Textes gespielt wird. Man kann die Anzeige lesen, nicht hören – wohl aber spiegelt sich in dieser Formulierung bereits ein Hauptthema des Textes, das auf dem Konzept der auditiven Wahrnehmung beruht. Rhetorisch markiert sind außerdem *Ein Diesel wie kein Diesel* [10] – ein paradoxer, offener Vergleich – und *Mercedes-Benz Die Zukunft des Automobils* [11] – eine entkonkretisierende Formulierung. Beide dienen zur Neutralisierung pauschalisierender und superlativischer Behauptungen über Produkt und Firma (Marke).

Typographie Bildgestaltung

Neben Layout und Bild handelt es sich auch bei der Typographie um nicht-sprachliche Anteile einer Werbebotschaft, die nach bestimmten Kriterien funktional gestaltet werden können. Die Kfz-Anzeige nutzt den Schriftzug der Headline [2], um eine Bedeutung mit bildlichen Mitteln zu kommunizieren: Die verwackelt dargestellten Buchstaben in der Mitte wirken, als seien sie auf ein schallempfindliches Medium (z. B. Wasser) aufgebracht. Als Folge von Lärm zeigen sie die optischen Verzerrungen – somit ist die typographische Gestaltung Index für Lautstärke. Auch der bildlichen Gestaltung liegt die Idee zugrunde, eine auditive Sinneswahrnehmung (Lärm) in eine optische umzukodieren (Synästhesie). Das Bild nutzt dazu symbolische Elemente (verwackelte Umrisse und *‚speed lines‘*) sowie den dargestellten Inhalt selbst (Presslufthammer als Quelle von Lärm). Die Intensität bzw. „Wirkung“ des Lärms wird bildlich durch die starke Untersicht und die überzeichnete und verzerrte Perspektive (lange Fluchtlinien) verdeutlicht.

2.2 Gegenstände linguistischer Werbeanalyse und Werbepraxis

Linguistische Textanalyse rekonstruiert Textproduktionsprozesse und plausible Rezeptionsprozesse

Die Diskussion des Werbebeispiels in Abb. (1) zeigt zunächst, dass man einen ganzheitlichen Text systematisch auf verschiedenen Ebenen und nach bestimmten Kriterien „zerlegen“ kann. Dabei hängen alle isolierbaren Phänomene selbstverständlich wechselseitig zusammen – dies muss die konkrete Untersuchung berücksichtigen. In jedem Falle reflektiert das Ergebnis v. a. Texteigenschaften, d. h. Textinterna, anhand derer aber

Konzeptionsprozesse der Textproduzenten rekonstruiert und mögliche Rezeptionsprozesse erschlossen werden können. Ausgehend also von textinternen Eigenschaften lässt sich der Kontext einer Werbung (die Textexterna) interpretierend aufbauen.

Umfassende Analysen der am Fallbeispiel vorgeführten Art sind ein Manko in Werbeforschung und -praxis, obwohl sie gerade für die Agenturarbeit nützlich wären. Aber auch in der wissenschaftlichen Beschäftigung mit Werbung wird die Strukturierung der eigentlichen Instrumentarien von Kommunikation (Sprache, Bild, Typographie etc.) und deren ganzheitliche Betrachtung oft über einigen ausgesuchten Details vergessen. Hier verfügt die AL über Wissen und Kompetenz, die mit Gewinn exportiert werden könnten. Werbepraxis ist selbst intensive Kommunikationsarbeit: z.B. in Briefings, in Entwurfs- und Gestaltungsarbeit oder Kundenpräsentationen. Bei all diesen kommunikativen Schritten ist die reflektierte Konzeption, Begründung und Überarbeitung von textgestalterischer Arbeit auf der Grundlage systematischer Analyse sinnvoll. Mit den Ebenen und Kriterien linguistischer Werbeuntersuchungen läge auch ein begriffliches Instrumentarium vor, das bei einer an den Bedürfnissen der Praxis orientierten Einfachheit und Überschaubarkeit zur Verständigung zwischen Spezialisten und Disziplinen beitragen könnte.

Insgesamt ergibt sich für die Analyse konkreter Werbetexte bzw. -kommunikationsprozesse das folgende dreiteilige Programm (s. Abb. 2). Insbesondere die zwei den linguistischen Kern flankierenden „Randbereiche" bedürfen der Nutzbarmachung nicht-linguistischer Modelle und Erkenntnisse (s. 3.2).

Abb. 2 Ein umfassendes Programm der Werbeanalyse

Werbeplanung-Konzeption	**Werbegestaltung – Formulierung**	**Werbekontrolle – Optimierung**
• Marketing- und Werbeziele • Zielgruppenbestimmung • mediale Umsetzung (Mediaplan) • Marketing-, Werbe- und Gestaltungsstrategie • Marktforschung: vorhandene Kommunikationsstile	**Makroebene** • Produktspezifik, linguistische Werbestrategie • Layout, Gewichtung der Zeichenmodalitäten • Funktionale Textgliederung • Themenstruktur • Sprachhandlungsstruktur **Mikroebene** • Lexik (Schlüsselwörter, Konnotationen, Assoziationen) • Phraseologie • inszenierte sprachliche Varietäten • Rhetorik/Stil (Figuren) • Sprache-Bild-Bezüge • Bildgestaltung • typographische Gestaltung	• plausible Wirkungsweisen und -hypothesen • Werbetest • Kommunikationskritik • Optimierung von Werbetexten

3 Theoretischer Kontext und interdisziplinärer Rahmen

3.1 Linguistische Ansätze zur Werbeforschung

Ihre Prägnanz, Vielfalt und sprachliche Kreativität haben Werbung zu einem intensiv untersuchten Gegenstand der Sprachwissenschaft gemacht. Dementsprechend ist das linguistische Wissen über Werbetexte gut dokumentiert und in Janich (2001), Sowinski (1998) und Schifko (1982) z.B. auch überschaubar zusammengefasst. Relevante Ansätze und Erkenntnisse linguistischer Werbeforschung können hier nur knapp skizziert werden. Dafür wählen wir die folgende Systematik.

1. Sprachstrukturelle Systemlinguistik: Phonetik/Graphemik, Morphologie, Wortbildung, Lexik, Syntax
2. Rhetorik: rhetorische Figuren, rhetorische Textgliederung
3. Pragmatik: Sprachhandlungen (Sprechakte), kontextueller Rahmen des Werbetextes
4. Semiotik: allgemeine Kommunikationsmodelle der Werbung, nichtsprachliche Zeichensysteme des Werbetextes (Bild, Ton, Musik etc.) und ihre Verknüpfung
5. Textlinguistik/Stilistik: Argumentationen, Textmuster(-mischungen), Werbestile

Die Linguistik war zunächst darum bemüht, für die Werbung typische Sprachstrukturen zusammenzutragen (s. v.a. Römer 1968 und in ihrer Tradition auch Baumgart 1992). Das Ergebnis weist zwar auf ein gehäuftes Auftreten bestimmter sprachlicher Eigenschaften, berechtigt aber nicht dazu, im Falle der „Werbesprache" von einer eigenständigen Varietät oder einer Sondersprache zu sprechen (vgl. Sowinski 1998: 41 f., Janich 2001: 36 f.). Im besten Falle stellt Werbesprache einen funktionalen Sprachverwendungsstil dar, der auf Alltagssprache aufbaut, sich frei bestimmter Existenzformen von Sprache (z.B. Fachsprache bei Werbung für technische Konsumgüter) bedient und insgesamt an öffentlichen Sprachgebrauchsweisen orientiert ist.

Werbesprache?

Lautung und Schrift

Auf lautlicher Ebene z.B. gelten Alliterationen und Assonanzen als wichtige Instrumente des Werbetextens, weil sie zu Rhythmus und musikalischer Qualität verhelfen können. Dadurch werden die sensorischen Qualitäten des Textes intensiviert und u.U. seine Einprägsamkeit verbessert. Auf Schriftebene sind abweichende (z.B. fremdsprachige) Schreibweisen ein Mittel zur Auffälligkeit und Ästhetisierung – dies findet seine Fortsetzung erst recht in der materiellen Qualität der Schrift, d.h. der typographischen Gestaltung.

Morphologie

Morphologische Besonderheiten der Werbung liegen zunächst in der starken Konzentration auf Nomina (Substantive und Adjektive), was der im Text zumeist dominanten aufwertenden Beschreibung des beworbenen Produkts geschuldet ist. Dem gegenüber stehen wenige meist einfache Verben, die Kürze und Informationskomprimierung Rechnung tragen. Da Werbung implizit oder explizit stets auf einen Vergleich der betreffenden Ware mit konkurrierenden Angeboten zielt, spielen Komparativ- und

Superlativformen eine wichtige Rolle. Im Bereich der Verben kommen die Zeitformen Präsens und Futur sehr häufig vor, denn Allgemeingültigkeit beanspruchende Aussagen und Versprechen haben eine herausgehobene Stellung unter den möglichen Sprachhandlungen des Werbens. Im Sinne der direkten Adressierung des Rezipienten sind auch Imperative zentral. Werbliche Morphologie und Wortbildung stehen insgesamt betrachtet unter den Vorzeichen von Kreativität und Sprachökonomie. Ersteres findet seinen Ausdruck z.B. in für den speziellen Zweck gebildeten Wörtern (ad-hoc Bildungen, Neologismen), letzteres in flexibler Kompositabildung.

Lexik

Der Bereich der Lexik wird vom Prinzip der semantischen Aufwertung (‚Melioration') bestimmt. Das bedeutet: v.a. die Lexeme haben Platz, die einen Gegenstand oder einen Sachverhalt sprachlich positiv darstellen können. Man spricht hier einerseits von Hochwertwörtern, d.h. z.B. wertende Adjektive wie *superflach, extraleicht, reaktionsschnell*, andererseits von Schlüsselwörtern, also vage, aber assoziationsreiche Wörter wie *natürlich, Faszination, Abenteuer, sicher* etc. Fremdsprachige Lexik spielt ebenfalls eine Rolle in diesem Zusammenhang: Sie verleiht Lokalkolorit bzw. assoziiert ethnische Stereotype (Französisch für Wein und Mode, Spanisch für Leidenschaft etc.), ergibt sich aus dem fachsprachlichen Usus einer Produktkategorie (Englisch für Computerbranche), dient zu Wortspielen (auch durch Sprachenmischungen) und hat generell den Reizwert des Fremden und Modernen. Besondere Aufmerksamkeit verdienen Marken- und Produktnamen (Lötscher 1992), da sie bei der Kreation unterschiedlichen funktionalen Anforderungen genügen müssen. Sie sollen aufmerksamkeitsintensiv, wohlklingend (euphonisch), einprägsam (d.h. v.a. einfach und kurz) sowie dem Produkt angemessen oder gar aus der Spezifik des Produkts logisch abgeleitet sein. Werbung hat schließlich auch eine Vorliebe für phraseologische und hier v.a. idiomatische Ausdrücke, d.h. feststehende Redewendungen. Ihr Nutzen liegt v.a. in dem wortspielerischen Potenzial, das auf formaler Modifizierbarkeit und auf Mehrdeutigkeit beruht. Auch semantische Bezüge zu den materiellen Bildern der Texte werden über phraseologische Ausdrücke effizient hergestellt.

Syntax

Für die Syntax werblicher Sprache sind v.a. die Kürze der Sätze, deren strukturelle Einfachheit sowie die Tendenz zu Ellipsen und einer generell zergliedernden Satzgrammatik festgestellt worden. Dabei steht die Komplexität der Nominalphrasen (Attribut + Nomen) im Gegensatz zur Simplizität der Verbalphrasen.

Rhetorik

Rhetorische Ansätze in der Werbeforschung beschränken sich nicht mehr nur auf einzelne Sprachbeschreibungsebenen, sondern zielen bereits auf den Werbetext als ganzheitliches Gebilde. So sind rhetorische Textgliederungen – wie etwa die postulierte Drei- oder Fünfgeteiltheit – auf das Textganze bezogen und weisen den einzelnen Teilen jeweils typische außersprachliche Funktionen zu. Rhetorische Figuren beruhen entweder auf semantischen oder auf syntaktischen, d.h. formalen Besonderheiten. In jedem Falle aber lässt sich ihre Funktionsweise nicht auf eine Sprachsystemebene festlegen und überschreitet die Satz- bzw. Äußerungsgrenze. Als wichtig für die Werbung gelten Parallelismen, die verschiedensten Wiederholungsfiguren (Epipher, Anapher, Alliteration), Klimax und Dreierfigur, Antithese, rhetorische Frage und v.a. die semantischen Figuren (Tropen) der Metapher, Metonymie, Hyperbel und Personifikation. Einzelne rhetorische Figuren und deren Konfiguration in Textstrukturen helfen psychosoziale Kommunikationswirkungen zu entfalten, d.h. sie tragen zur persuasiven (d.h. überredenden) Wirkung werblicher Kommunikation bei (Stöckl 1997).

Pragmatik

Der pragmatische Ansatz misst dem Kommunikationskontext, d.h. der situativen Verankerung von Werbung (einschließlich medialer Spezifika) und den im Text ausgeführten Sprachhandlungen oberste Bedeutung bei. Bei weitgehendem Fehlen oben genannter sprachlicher Eigenschaften kann ein Text durchaus als Werbung gelten, wenn sich mit ihm werbetypische Sprachhandlungen durchführen lassen. Dazu gehört v.a. das positive Bewerten des Produkts sowie die bei der Beispieldiskussion in 2.1 (s. Abb. 1) bereits erörterten Sprechakte, wie z.B. Erklären, Beschreiben und Empfehlen. Auf der anderen Seite legt eine pragmatische Betrachtung von Werbung das Augenmerk v.a. auf die Funktionalität sprachlicher Mittel im Rahmen konkreter Situationen. Neben den Sprechakten zielt die gesamte sprachliche Gestaltung eines Werbetexts auf die übergeordnete Funktion des Überredens (Persuasion). Diese kann wie folgt in persuasive Teilfunktionen untergliedert werden (Stöckl 1997: 67 ff.).

1. Aufmerksamkeit und Interesse aktivieren
2. Verständnis schaffen
3. Akzeptanz sichern
4. Memorisierung ermöglichen
5. Vorstellung (mentale Bilder) aktivieren
6. von Strategie und Argumentation ablenken
7. Attraktivität des Kommunikationsdesigns garantieren

Semiotik

Semiotische Ansätze zur Werbeforschung besitzen eine Stärke in der multimodalen, d.h. alle beteiligten Zeichensysteme umfassenden und integrierenden Betrachtungsweise. So z.B. analysieren sie auch Bilder, Musik und Geräusche auf ihre Bedeutung hin. Vor allem aber die Verknüpfung, d.h. die semantischen Brücken zwischen Sprache und Bild z.B. sind aus semiotischer Sicht von Interesse (Stöckl 2004). Versteht man Semiotik als Kommunikationstheorie schlechthin, so gehören hierher auch alle Versuche, Werbung als kommunikativen Prozess zu modellieren. Dabei ist v.a. die Erkenntnis wichtig, dass alle zeichenvermittelten Werbeaktivitäten einer Firma bzw. einer Marke oder eines Produkts ein vernetztes Ganzes ergeben, dessen Teiltexte in vielfältigen Wechselwirkungen zueinander stehen. Produktkataloge, Werbeanzeigen, Spots (TV/Radio), technische Dokumentation, Verkaufsgespräche, Verkaufspräsentation, PR-Texte, Image-Broschüren etc. bilden eine ‚integrierte Unternehmens- bzw. Markenkommunikation'.

Textlinguistik

Textlinguistische Ansätze lassen sich zunächst als Fortführung der systemlinguistischen Perspektive verstehen. Hier ist von Interesse, durch welche formalen und inhaltlichen Mitteln die einzelnen Aussagen einer Werbeanzeige zu einem logisch-semantischen Textganzen werden. Die Struktur eines Werbetextes ergibt sich primär aus Form und Inhalt der vorgetragenen Argumentation. Für die Werbung sind v.a. Kausalschlüsse,

Vergleiche und Gegensätze, Beispielargumentationen, Analogien und Autoritätsbeweise wichtig. Inhaltlich ergeben sich verschiedene Werbestrategien jeweils aus einer Festlegung auf produktbezogene Argumente (z.B. Eigenschaften, Wirkungsweise, Verwendungssituation), senderbezogene Argumente (Image der Firma, Tradition, Erfahrung) oder empfängerbezogene Argumente (soziale Werte, individuelle Bedürfnisse, Emotionen/Stimmungen). Textlinguistik kann aber auch als ganzheitliche Methode der Textanalyse verstanden werden. Dann geht es ihr – wie auch der Stilistik – um die Zusammenführung und Beurteilung von relevanten sprachlichen Beobachtungen auf allen Beschreibungsebenen eines Textes bzw. Kommunikationsereignisses. Im Ergebnis steht die umfassende Charakteristik von Textmustern oder auch in der Werbung populären Textmustermischungen (Anzeige als Glosse oder Wörterbucheintrag, Spot als Wetterbericht oder Verkehrsfunkdurchsage etc.). Vor allem die Stilistik eignet sich als linguistische Pan-Disziplin, da Text- und Kommunikationsstile von Natur aus pragmatisch, multimodal und auf allen Textebenen begründet sind. Die ganzheitliche Gestalt eines Stils (d.h. alle „sinnfälligen" Qualitäten eines Textes) wird dann auch auf ihr Wirkungspotenzial und ihren sozialen Sinn, d.h. die gesellschaftlichen Faktoren ihrer Bedingtheit, hinterfragt. So ist es möglich, einen bestimmten, in einem Werbetext inszenierten kommunikativen Stil als Adressierungsstrategie für eine entsprechende Zielgruppe (ein soziales Milieu) zu verstehen (Stöckl 2003b). Da ständige Stilwechsel und Stilwandel quasi das „Kampfprinzip" der Kommunikationsindustrie Werbung darstellen, muss linguistische Werbetextanalyse v.a. durch kontrastive Vergleiche die jeweiligen Stilbesonderheiten und -unterschiede prägnant herausarbeiten können.

Stilistik

An einem Beispiel (s. Abb. 3) sollen im Folgenden soweit möglich wichtige Ergebnisse der einzelnen Betrachtungsweisen (s.o.) tabellarisch illustriert werden (vgl. Tab. 1).

Abb. 3 „Licht von einem anderen Stern": Osram Halolux (JBdW 98: 267) (Original s. CD)

[1] Es gibt Licht. [2] Und es gibt OSRAM. [3] Fast schon wie Licht von einem anderen Stern. [4] Drehen Sie doch mal statt einer Glühlampe unsere HALOLUX in die Fassung, und sehen Sie Licht mit anderen Augen. [5] Es strahlt weißer, brillanter und 25% heller. [6] Bei doppelter Lebensdauer. [7] So gesehen lebt eine ganz normale Glühlampe hinter dem Mond. [8] OSRAM

Tab. 1 Beispielanalyse (Osram Halolux, Abb. 3) nach linguistischen Beschreibungsebenen

Linguistischer Ansatz/ Beschreibungsebene	Relevante Beobachtungen
Phonetik/Graphemik	Halolux (Alliteration der Silbenanfänge, lang- lang-kurz-Rhythmus), Osram (Schriftfarbe: warmes Orange – Licht)
Morphologie/Wortbildung	weißer, brillanter, heller (Komparativ); einfache Verben (es gibt, drehen, sehen strahlen, leben), durchgängig Präsens, Imperativ in [4]) drehen Sie, sehen Sie
Lexik	Wortfeld: Licht, Stern, Glühlampe, Mond (Inhaltsanalogie); Melioration: strahlen; Phraseologismen: von einem anderen Stern, etwas mit anderen Augen sehen, hinter dem Mond leben (Bildbezüge, Wortspiele); Halolux (Halogen, Lux – fachsprachliches Muster der Komposition, lateinisches Kernmorphem), Osram (Osmium und Wolfram als Materialien zur Glühfadenherstellung, einfacher und kurzer Markenname)
Syntax	kurze Sätze (längerer komplexer Satz in [4], Ellipsen in [3] und [6], Zergliederung in [1]–[2] und [5]–[6]
Rhetorik	Dreiteilung in exordium (Einführung, [1]–[3]), narratio/argumentatio (Sachverhaltsschilderung/Argumentation, [4]–[6]), peroratio (Zusammenfassung, Fazit, [7]–[8]) [1]–[2]: Parallelismus (es gibt), Vergleich; [5] Dreierfigur/Parallelismus: weißer, brillanter, heller; [6]–[7]: figura etymologica (Lebensdauer, lebt), [3], [4], [7]: Sprachspiel aufgrund eines Idioms, Literalisierung/ Wörtlichnehmen (von einem anderen Stern, mit anderen Augen sehen, hinter dem Mond leben)
Pragmatik	[1]–[3]: Produkt und Produkteigenschaften nennen, [4] zum Produkttest auffordern, [5]–[6] Produkteigenschaften beschreiben, [7] Produkt positiv bewerten, indem Konkurrenzprodukt negativ bewertet wird, [8] Markenname nennen
Semiotik	Bild analogisiert Mond und Glühlampe (Form- und Inhaltsanalogie), Bild präsentiert Szene (Handlungskontext) und einfaches Handlungsergebnis (Abkehr vom Mond zur Glühlampe, vgl. „den Mond anbellen"); Konnotationen des Märchenhaften (der Wolf), des Natürlichen (der Wald) und des Fantastisch-Magischen (Szene); Phraseologismen binden das Bild in den Gesamttext ein, indem sie mit ihren wörtlichen Lesarten auf Bildelemente Bezug nehmen
Textlinguistik/Stilistik	Beispielargumentation im Bild (Osram muss heller sein als Mond, weil sich Wölfe Osram zuwenden, Kausalschluss), Analogie (Himmelskörper-Glühlampe) und Vergleich (Osram Halolux vs. normale Glühlampe), produktbezogene Werbestrategie; Textstruktur: Behauptung – Beweis durch Beispiel (Bild) – Aufforderung zum Produkttest (Evidenzargument) – Beschreibung – Bewertung; argumentativer Textstil mit sprachspielerischen Versatzstücken und engem Sprache-Bild-Bezug

3.2 Nicht-linguistische Ansätze zur Werbeforschung

Da Werbung ein in der öffentlichen Wahrnehmung schillerndes Phänomen ist, haben sich ihrer die verschiedensten Wissenschaftsdisziplinen angenommen. Im Folgenden können deren Sichtweisen und Grundfragen jeweils nur kurz angerissen werden.

1. Marketing: Werbung als Mittel zur Absatzpolitik und Marktgestaltung (Markenführung)
2. Psychologie/Soziologie: Konsequenzen von Werbung im Erleben und Verhalten
3. Interkulturelle Kommunikation: Kulturgebundenheit vs. Globalisierbarkeit von Werbung
4. Kunstwissenschaften/Design: Konvergenzen zwischen Werbung und Kunst

Marketing

Für das Marketing (Zentes/Swoboda 1996) ist Werbung zunächst nur ein Instrument (Marketinginstrument) unter vielen (z.B. Produktpolitik: Sortiment, Kundendienst; Preispolitik: Rabatte; Distributionspolitik: Händlernetz) im so genannten Marketing-Mix eines Unternehmens. Wie auch Public Relations, Produkt- und Packungsgestaltung oder ‚product placement' z.B. werden klassische Werbekommunikate der Kommunikationspolitik zugerechnet. Die Grundlogik des Marketing besteht in der Annahme, man könne – ausgehend von Marktforschungen – einen bestimmten Ist-Zustand (Stellung eines Produkts/einer Marke am Markt) durch den Einsatz bestimmter Instrumentarien (z.B. Spotwerbung, Anzeigenkampagne) zu einem vorher festgelegten, anvisierten Soll-Zustand verändern. Marketing-Ziele sind dabei zum einen ökonomischer Natur (Absatz, Umsatz, Gewinn, Marktanteil), zum anderen außerökonomischer Natur (Prestige, soziale Macht) – zwischen beiden bestehen enge Wechselwirkungen. Für die Werbung, die kurz- bis langfristig geplant sein kann, werden dann konkretere Ziele (Werbeziele) definiert wie z.B. Steigerung des Bekanntheitsgrads eines Produkts/einer Marke, Erhöhung des Stammverbraucheranteils oder des Probieranteils etc. Marketing bildet also den größeren kontextuellen Rahmen, in dem sich Werbung abspielt. In der Textanalyse sollte er rekonstruiert bzw. recherchiert werden.

Werbeziele

Die Frage, welche werblichen Mittel man wie einsetzen muss, um bestimmte Marketing- und Werbeziele zu erreichen, kann das Marketing selbst nur begrenzt beantworten. Hier kommen Psychologie (Mayer/Illmann 2000) und Soziologie (Rode 1994) ins Spiel, die sich aus teils unterschiedlichen Blickwinkeln den Werbewirkungen widmen.

Psychologie und Soziologie

Werbewirkung als multifaktorieller Prozess

Wie Werbewirkungen genau zustande kommen, ist kaum ausreichend geklärt – der Stand der Werbewirkungsforschung wird als unzureichend und realitätsfern bezeichnet (Mayer/Illmann 2000: 673 ff.). Trotz ihrer Vielfalt und Anwendungshäufigkeit in der Praxis sind Werbewirkungstests kaum ein qualifiziertes Entscheidungsinstrument. Konsens besteht darüber, dass Werbewirkung ein multifaktorieller Prozess ist, der immer in eine konkrete Situation mit zahlreichen Störgrößen wie z.B. Werbeablehnung (Reaktanz) oder Immunität gegenüber Werbung eingebettet ist. Folgende Stufen enthält das idealtypische Werbewirkungsmodell (vgl. persuasive Funktionen unter 3.1):

1. Werbekontakt: Werbebotschaft trifft auf Konsumenten mit Wissen und Einstellungen
2. Aktivierung (*involvement*): Botschaft sichert Aufmerksamkeit und Zuwendung
3. Wahrnehmung: Elemente der Botschaft führen zu emotionalen/kognitiven Reaktionen
4. Verständnis/Akzeptanz: Kernelemente der Botschaft werden verstanden und akzeptiert
5. Behalten/Erinnern: Teile der Botschaft werden eingeprägt und u.U. erinnert
6. Einstellung/Präferenz: Botschaft führt zu Einstellung gegenüber Produkt und zu Image

Werbetestmethoden

In der Agenturarbeit werden Werbewirkungen zum einen vor dem eigentlichen „Schalten" des Spots/der Anzeige etc. (Prätests) und danach (Posttest) erhoben. Solche Wirkungsforschungen können die verschiedensten Variablen testen, u.a. Erinnerung (*recall*), Wiedererkennen (*recognition*), Markenbekanntheit, Wissen über die Marke, Image, Glaubwürdigkeit, psychobiologische Reaktionen (Blickpfade, Erregung etc.) sowie Kaufbereitschaft oder -verhalten (Rode 1994: 243).

Die Werbesoziologie nimmt generell an, dass Menschen im Umgang mit Werbung und Warenangeboten lernen zu konsumieren und so ihre Sozialisation gefördert wird. Marken sind dabei „Kristallisationspunkte des Lernens und der Sozialisation" (Rode 1994: 3 f.). Führen nun Werbekontakte zu einer positiven Einstellung gegenüber einem Produkt/einer Marke (‚Individual-Image'), so kann dies erst in relevanten Konsumhandlungen resultieren, wenn die individuelle Einstellung durch positive Einstellungen des sozialen Umfelds (‚Sozial-Image') bestätigt und sanktioniert wird (Rode 1994: 300 ff.). D.h. individuelle Rezipienten sind immer Mitglieder einer sozialen Großgruppe, eines Milieus, die ihre Werte, ihren Geschmack (ästhetische Präferenzen), ihre Lebensziele und -philosophien prägt und „kontrolliert". Diese Orientierung individuellen Verhaltens und Empfindens an Gruppennormen wird auch als sozialer Stil (Schulze 2000) bezeichnet. Sozialer Stil betrifft neben demographischen Faktoren wie Alter, Geschlecht, Beruf, Einkommen etc. (soziale Lage) v.a. alltägliche Wahlen aus Zeichenangeboten (Kleidung, Einrichtung, Medienkonsum etc.) und Sinnangeboten (Lebensgewohnheiten, Lebensziele, Lebensauffassung etc.). Wenn Werbung wirken soll, müssen die präsentierten Lebens- und Erlebniswelten in erster Linie auch ein soziales Identifikationsangebot an den Rezipienten darstellen.

Soziale Milieus und soziale Stile

Werbung als soziales Identifikationsangebot

Ausgehend von der generellen Kulturgebundenheit jeglicher Kommunikation beschäftigt sich die interkulturelle Perspektive mit der Standardisierbarkeit von Werbung (globale Werbung) und mit den Möglichkeiten Werbetexte für Zielkulturen zu adaptieren (Dachkampagnen). Plausible Rationalisierungseffekte und stärker verflochtene nationale

Märkte sprechen zunächst für interkulturelle Werbung – in der Tat steigt der Anteil der international beworbenen Produkte und Marken stetig. Jedoch ist die Übertragbarkeit eines Werbekonzepts auf andere Kulturen an drei Faktoren geknüpft worden: 1. kulturübergreifende Marktsegmente, 2. kulturunabhängige Produkte und 3. interkulturell wirksame Werbebotschaften (,universal appeals'). Alle drei sind nur bedingt gegeben. Zu den Problembereichen kulturübergreifender Werbekommunikation, die bei einer Adaption zumeist Schwierigkeiten aufwerfen, gehören die folgenden Punkte (vgl. Hahn 2000: 28 ff.).

Probleme interkultureller Werbung

1. Kulturelle Bindung von Wörtern und Bildelementen
2. Kulturspezifische Anspielungen und intertextuelle Verweise
3. Sprachspiele und Sprache-Bild-Spiele
4. „Sprachbedingte" Bilder (Bilder, die auf idiomatischen Ausdrücken beruhen)
5. kulturraumbedingte Kommunikationsstile (präzise/nüchtern vs. vage/lyrisch)
6. Ethnostereotype (klischierte Vorstellungen über nationale Mentalitäten)
7. Kommunikationsinhalte
8. Verhältnis rationaler und affektiver Textelemente

Die explizite These, Werbung sei Kunst, stammt zwar erst aus den 80er Jahren, „Verflechtungen und gegenseitige Übergriffe" (Meffert 2001: 9) der beiden sozialen Praktiken gibt es allerdings schon seit der Etablierung der Reklame zur Zeit der letzten Jahrhundertwende. Konvergenzen zwischen Werbung und bildender Kunst zeigen sich u.a. in den folgenden Erscheinungen.

Konvergenzen zwischen Werbung und Kunst

1. Verwendung/Adaptation von Kunstobjekten und -stilen in Werbemitteln und umgekehrt Verarbeitung von Werbeobjekten (Produkten) und -stilen in Kunstwerken
2. Künstler arbeiten für die Werbung – Werber arbeiten für die Kunst
3. Soziale Behandlung von Werbung als Kunst (Sammeln, Präsentieren, Prämieren) und Nutzen von Kunst als imagebildender Faktor (Kultursponsoring)
4. Werbung und Kunst sind jeweils unter den Erstnutzern neuer Gestaltungstechnologien und tragen zu deren Entwicklung maßgeblich bei (Druck, Medien)

Für die konkrete Werbetextanalyse ist zweifellos die Frage vordergründig, wie und zu welchen kommunikativen Zwecken Kunstwerke und -stile verwendet werden können (s.o. Punkt 1). Sie lassen sich einfach übernehmen, verfremdend adaptieren oder stilistisch imitieren etc. Dabei besteht ihre Funktion zumeist in einer Aufwertung des beworbenen Produkts, d.h. einem positiven Imagetransfer. Ästhetisierung beschränkt sich nicht auf direkten Kunstimport, sondern wird generell darin gesehen, dass die sinnstiftende Eigentätigkeit bei der Rezeption von Werbekommunikaten (‚Sympraxis') größer und intensiver werden muss (Kloepfer/Landbeck 1991).

3.3 Historische Aspekte

Werbung als historischer Spiegel der Gesellschaft

Das Werben als eine wichtige soziale Handlung hat eine lange Geschichte, die unter wirtschaftshistorischen bzw. sozialgeschichtlichen Aspekten oder aber kommunikationsgeschichtlich im Sinne eines Wandels von Medien, Sprachgebrauch und Textmustern betrachtet werden kann. Einerseits stellen Werbetexte in gewisser Weise einen Spiegel gesellschaftlicher Zustände, Werte und Einstellungen dar. Andererseits wandelt sich die Textsorte Werbetext und ihr sprachlich-kommunikativer Stil. In jüngerer Zeit (50er Jahre des 20. Jahrhunderts bis heute) lassen sich m. E. zumindest drei wichtige Trends erkennen:

Textsortenwandel

1. von längeren explizit argumentierenden Werbetexten (*long copy*) hin zu kürzeren, implizit argumentierenden Texten (*short copy*)
2. von sprachlastigen Kommunikaten zu bildlastigen, spracharmen Kommunikaten (*no-copy advertising*)
3. von produktzentrierten, nüchternen Texten zu selbstreflexiven, intertextuell anspielenden und unterhaltenden Texten

4 Praxis der Werbeanalyse – Spezifikationen

4.1 Zielgruppenadressierung – sozialer Stil

Im Interesse einer extremen Funktionsorientierung muss die konkrete Gestaltung von Werbetexten viele Faktoren berücksichtigen. Wichtig ist dabei v.a. der Zuschnitt der Kommunikation auf bestimmte Zielgruppen. D.h.: Werber inszenieren Werbung auf allen Ebenen so, dass sich ein gewisser sozial definierter Typ von Mensch besonders angesprochen (adressiert) fühlen kann, weil er in Textinhalt und -form seinen Erfahrungshorizont, sein ästhetisches Empfinden, sein Wissen und seine Lebensziele wiedererkennt. Um soziale Gruppen mittels kommunikativer Inszenierungen zielgerichtet adressieren zu können, benötigen Werbemacher umfangreiche Kenntnisse über den jeweils anvisierten Kundenkreis. Einerseits stellen Marktforschungen solches Wissen zum Teil zur Verfügung (v.a. soziodemographische Erkenntnisse wie z.B. Alter, Beruf, Einkommen, Konsumbudget der Kundenkreise etc.). Andererseits beruhen die in Werbetexten inszenierten sozialen Adressierungen aber auch auf plausiblen Annahmen über die Zielgruppen, d.h. auf vermeintlichem Wissen, das gesellschaftlich tradierten Klischees oder Stereotypen entspricht. Für die Werbetextanalyse ist v.a. die zentrale Frage interessant, mit welchen Mitteln soziale Stile inszeniert werden können. An einem konkreten Beispiel wollen wir sehen, wie sich soziale Orientierungen aus Werbung rekonstruieren lassen.

Von 1997–1999 bewarb die Düsseldorfer Agentur FGK die Sektmarke Rotkäppchen in einer ungewöhnlichen Form (s. Abb. 4). Jeden zweiten Montag schaltete sie im Spiegel auf der letzten Seite eine neue, nur einmal an diesem Ort – zwischen den zwei gleichermaßen sprachreflexiven Glossen „Hohlspiegel" und „Rückspiegel" – erscheinende Anzeige (Unikatkampagne mit insgesamt 70 Texten). Von der Einengung des Media-Plans auf den Spiegel versprach sich FGK eine gewisse Garantie der Adressierung, denn das Nachrichtenmagazin verfügt über eine hohe Blattbindung der Leserschaft, die den „ebenso meinungs- wie intellektbildenden anspruchsvolleren Mitmenschen zuzuordnen" sei (FGK 2000). An die medial geprägten Lese- und Denkgewohnheiten der Spiegel-Konsumenten sollte die Gestaltung der Kampagne anknüpfen.

Die bewusste Distanzierung dieser Werbekampagne vom gestalterischen Mainstream der Sektwerbung zeigt sich nicht nur in der medialen Platzierung, sondern v.a. im Stil des Textes selbst. Gegenüber herkömmlichen Sektanzeigen fällt hier insbesondere auf, dass

1. der Text lang (viele lange Sätze) und sprachlich maximalistisch gestaltet ist,
2. eine aktive Beschäftigung mit sprachlicher Formulierung und Inhalt erfordert (*high involvement*),
3. ein saisonaktuelles Thema hat (Frühlingsbeginn),
4. in einem kleinen und aufgelockerten Spaltenlayout gesetzt ist und
5. über kleine, karikaturistische, handgezeichnete s/w-Illustrationen verfügt.

[1] Fragen nach Lust und Laune Nr. 69 [2] Begleitete mich Rotkäppchen Sekt frischluftig in die beginnende Kabriolett-Saison? [3] Turnusgemäß schreitet die alljährliche Renaturierung der Umwelt voran, olfaktorisch verheißungsvolle Geruchsmoleküle aktivieren interne Nasalepithelien. [4] Es riecht nach Frühling, Freiheit, Vorfahrtstraßen. [5] Man will an die Luft, und zwar schnell. [6] Folgerichtig öffnen sich dieser Tage weit verbreitete Garagen und entlassen mehr oder minder entdachte Fahrzeuge unterschiedlichster Provenienz in ein aktives Draußensein. [7] Man fährt offen, geriert sich dynamisch, erfolgreich, asphaltnah. [8] Harmlose Junginsekten unterliegen fortan der geschwindigkeitsbezogen zunehmend spontanen Entleibung am grenzdebilen Lächeln lederbekappter Frischluftautomobilisten. [9] Die nächstmorgendliche Nackenstarrehäufigkeit steigt in Relation zum Frischluftimpetus des persönlichen Kabrioletts. [10] Sie freuen sich trotzdem. [11] Ihre vollgasige Frei- wie auch Frischluftextravaganz empfehlen wir führerscheinerhaltend nach der Ausfahrt zu feiern. [12] Selbstredend mit nebenstehendem Muster. [13] Ansonsten mit wem auch immer.

Abb. 4
„... dynamisch, erfolgreich, asphaltnah": Rotkäppchen Sekt (FGK 2000) (Original s. CD)

Eine Reihe sprachlicher Eigenschaften des Textes lassen sich nun anführen und auf ihre Funktion für die soziale Adressierung überprüfen. Zunächst zeigt sich recht deutliche eine Tendenz zu komplexen Phrasen, die durch Attributhäufungen zustande kommen, z.B. in [8] ... *geschwindigkeitsbezogen zunehmend spontanen Entleibung am grenzdebilen Lächeln lederbekappter Frischluftautomobilisten*. Dieses syntaktische Phänomen führt zu einer kognitiven Belastung beim Lesen – es erfordert Übung und Übersicht der Leser. Semantisch betrachtet jedoch ist die Ausdruckskomplexität eine Strategie der Indirektheit: Die aufwendigen Phrasen sind Umschreibungen für banale Sachverhalte, z.B. *geschwindigkeitsbezogen zunehmend spontane Entleibung* (Tod) und *grenzdebiles Lächeln lederbekappter Frischluftautomobilisten* (Schutzbrille). Der Leser erkennt bei seiner Sinnstiftung die Diskrepanz zwischen syntaktisch-semantischem Aufwand der Formulierung und Simplizität der Aussagen, woraus Humor und distanzierende Ironie entstehen – vorausgesetzt der Rezipient hat Freude an Sprachreflexion.

Sprachliche Gestaltung als Hinweis auf Soziales

Ein eben solcher Hinweis auf den sprachlichen Intelligenzanspruch der adressierten sozialen Gruppen liegt in einer generellen Wortbildungskreativität des Texts. So sind *frischluftig, entdacht, asphaltnah, Entleibung, lederbekappt, vollgasig* zwar im Kontext verständlich, fallen aber im Lesefluss aufgrund ihrer formalen Fremdartigkeit und der fehlenden Lexikalisierung auf. Auch hier zwingt die Sinnstiftung zu stärkerer Eigenaktivität des Lesers – in diesem Sinne demonstriert die Wortbildung ästhetischen Anspruch und Abgrenzung vom Usus. Auch die Häufung von Fremdwörtern und technisierendem Vokabular hilft, Verstehensbarrieren zu bauen, die nur ausreichend sprachmächtige und gebildete Leser überwinden können (z.B. *Renaturierung, olfaktorisch, Geruchsmoleküle, interne Nasalepithelien, Provenienz, Nackenstarrehäufigkeit, Frischluftimpetus, in Relation zu*). Im Sinne komischer Effekte ist es dabei, dass alltägliche Sachverhalte mit ungewöhnlichen Fremdwörtern und unüblichen Kollokationen benannt werden. Die Persiflierung von Fachlichkeit stellt also einerseits eine kognitive Anforderung dar, andererseits bildet sie eine Quelle humoristischer Distanzierung.

Durchführung der Werbehandlung

Pragmatisch betrachtet fehlen dem Text einige typische Sprachhandlungen wie z.B. Produkt beschreiben, positiv bewerten und zum Kauf empfehlen etc. Hier wird indirekt geworben, indem eine saisonale Beschäftigung geschildert und kommentiert wird, die mit dem Sekt vage und assoziativ verknüpft werden kann. Die übliche Dominanz des Produkts als zentralem Textthema ist hier umgekehrt worden – das Produkt wird erst am Schluss, fast beiläufig ins Spiel gebracht. Damit entsteht eine Distanz zum Werbemuster, die kognitiv aktivierend wirkt. Die Anzeige liest sich eher wie eine Glosse zum Sozialverhalten als ein Werbetext – ein inszenierter Effekt, der auf den mündigen Konsumenten setzt und kommunikativen Mehrwert bietet.

Lebenswelten und Einstellungen

Der wichtigste Indikator für eine soziale Orientierung des Textes ist sein Inhalt und die dazu geäußerten Einstellungen. Cabrios gelten als kostenintensive soziale Statussymbole und sind Insignien erfolgreicher und einkommensstarker Berufstätigkeiten. Damit werden Lebensgewohnheiten „höherer" sozialer Milieus geschildert. Wenn allerdings die

Sinnhaftigkeit von Cabrioausfahrten ironisch hinterfragt wird (*geriert sich dynamisch ..., grenzdebiles Lächeln, Nackenstarrehäufigkeit, vollgasige ... -extravaganz*), entsteht eine mild-kritische Haltung zum geschilderten Milieu. Die moralisierende Distanz zum Alltag statusorientierter und etablierter Milieus beruht auf Sprachreflexion und Situationskomik, sie zielt auf intellektuelle soziale Gruppen. Insgesamt sind alle Texte der Kampagne Antworten auf abstruse und unernste Fragen, die als Rezepte für souveräne Gelassenheit und soziale Überlegenheit mittels Rotkäppchen Sekt gelesen werden sollen.

Die soziale Orientierungsstrategie lässt sich also wie folgt zusammenfassen: Adressiert werden in Abb. (4) und in der gesamten Kampagne überdurchschnittlich gebildete, gut informierte, sprachreflexive und werbeverdrossene Rezipienten mit intellektuellem Anspruch und Medienkompetenz. Ihnen bietet man intelligente sprachspielerische Unterhaltung und kritische Alltags- und Gegenwartsbeobachtungen. Das soziale Identifikationsangebot besteht darin, den eigenen Anspruch bestätigt und Skepsis, Distanz sowie Überlegenheit gegenüber Moden, Trends und Milieus artikuliert zu sehen. Soziale Adressierungen lassen sich in der Textanalyse v.a. auf den folgenden Ebenen rekonstruieren, wobei die letzte Ebene bereits eine Abstraktion der ersten drei darstellen kann.

1. Ästhetik des Kommunikationsdesigns: Sprach- und Bildgestaltung als Index für Soziales
2. Durchführung der Texthandlung: Wie wird informiert und überredet? (Produktbezug)
3. Textinhalte: dargestellte Lebenswelten und Einstellungen dazu
4. Kognitive Anforderungen: Wissensvoraussetzungen, Denkstile, Rezeptionsgewohnheiten

4.2 Medialität und semiotisches Potenzial von Werbung – Print/TV

Werbung existiert in verschiedenen medialen und modalen Erscheinungsformen, die sich durch die jeweils genutzten Zeichensysteme und Kanäle sowie deren Gewichtung und Kopplung auszeichnen. Generell lassen sich vier Formate unterscheiden: Print (Anzeige, Plakat), Fernsehen (TV-Spot), Rundfunk (Radio-Spot) und Neue Medien (Banner, Sites). Sie werden innerhalb der Werbeaktivitäten eines Unternehmens meist kombiniert eingesetzt, um die Reichweite und Streuung der Botschaften über ein Produkt/eine Marke zu verbessern. Dabei ergeben sich inhaltliche und formale Parallelitäten zwischen den medialen Texttypen, die zum einen aus den Vorgaben des jeweiligen ‚corporate design', zum anderen aus dem Ziel resultieren, kommunikative Synergien herzustellen. Im Falle solcher vernetzter Mediennutzungen in einer Werbekampagne spricht man auch von ‚integrierter Kommunikation'.

Integrierte Kommunikation Vernetzung medialer Formate

Sprache ist aufgrund ihrer kommunikativen Leistungsfähigkeit in allen medialen Werbeformaten ein zentrales, die anderen Kodes verknüpfendes und leitendes Zeichensystem. Allerdings ist Sprachliches sowohl in Bezug auf die Anteile am Gesamtkommunikat als auch mit Blick auf die Dominanz in der Wahrnehmung von anderen semiotischen Systemen zurückgedrängt bzw. überlagert worden. So wie die Stärken der TV-Werbung in den bewegten Bildern liegen, so beeindruckt der Radio-Spot durch Stimmqualitäten, Geräusche und Musik, während Werbung in den Neuen Medien v.a. von animierter Typographie und Grafik sowie den hypertextuellen Strukturen (Verweissysteme) und ihren interaktiven Möglichkeiten (Navigation) profitiert. Bei der medialen Gegenüberstellung von TV-Spot und Anzeige ergibt sich konkret der folgende semiotische Vergleich (s. Tab. 2):

Tab. 2 Print-Werbung und TV-Werbung im semiotischen Vergleich

Print (Anzeige/Plakat)	TV (Spot)
Sprache: geschrieben	Sprache: gesprochen (on/off), geschrieben, gesungen
Bild: statisch	Bild: dynamisch und statisch
Typographie / Layout	Typographie: statisch und animiert
Sprache-Bild-Bezüge	Musik Geräusche Verknüpfungen der einzelnen Zeichensysteme (z.B. Sprache-Bild-Bezüge, Musik-Bild-Bezüge, Musik-Sprach-Bezüge, Geräusch-Bild-Bezüge etc.)

Im Folgenden soll anhand eines Werbespots für Rotkäppchen Sekt gezeigt werden, welche zusätzlichen Aufgaben sich bei medial komplexeren Werbeformen für die multimodale Textanalyse und -interpretation ergeben. Bitte betrachten Sie dazu zunächst das Transkript auf der CD, auf das im Folgenden Bezug genommen wird.

Im Vergleich mit der Rotkäppchen-Anzeige (s. Abb. 4), die von sprachlichen Gestaltungsmitteln lebt, ist der TV-Spot (s. Abb. 5) ein primär visuell konstituierter Text. In knapp 30 Sekunden erzählen die Bilder eine Geschichte, ohne dass die handelnden Figuren auch nur ein Wort sprechen. Die geringen Sprachanteile beschränken sich auf Produktnennung und -charakteristik durch eine Sprecherin aus dem Off (N° 14) und durch die Schriftanteile der präsentierten Etiketten (N° 8, 10, 11, 14). Die Parallelisierung von gesprochener und geschriebener Sprache im abschließenden ‚branding' (N° 14) verbessert die Einprägsamkeit, da doppelte Kodierungen aufmerksamkeitsintensiv sind. Was der Spot über Produktname und Slogan hinaus kommuniziert, liegt in der Gestaltung der visuellen Narration, den Geräuschen, der Musik und v.a. der zielgerichteten Verknüpfung dieser Zeichenmodalitäten.

Abb. 5 „Phantasie aus tausend Perlen": Rotkäppchen Sekt (FGK Archiv) TV-Spot und Transkript s. CD-ROM

visuelle Erzählstruktur

Auf einer vordergründigen Ebene erzählt die Bilderfolge eine reale Geschichte: Eine Frau holt ihren Geliebten vom Bahnhof ab und überrascht ihn mit einer Flasche Rotkäppchen Sekt. Hier wird ein alltägliches und vertrautes Handlungsskript verwendet und dramatisierend adaptiert. Die Geschichte verfügt über das klassische Muster (Labov 1999: 227): Orientierung (Handlungskontext, -situation, N° 1–5), Komplikation (N° 6–8), Lösung (N° 9–13) und eine Bewertung (N° 14). Das beworbene Produkt ist als „Akteur" in die Handlung eingebunden und bewirkt die Lösung der narrativen Spannung. Ausgehend vom Markennamen „Rotkäppchen" entfaltet der Spot jedoch auch eine symbolische Ebene, die durch die bewusste Inszenierung der Handlung und durch die Bildgestaltung zustande kommt. Das rote Kleid (an Frau und im Schaufenster, N° 2), das Wolfsplakat an der U-Bahn-Wand (N° 1), die roten Blumen (N° 3), das Schlossinterieur (N° 3–4) und der Wolf auf dem Bahnsteig (N° 6) sind intertextuelle Verweise auf das Märchensujet Rotkäppchen. Der Schnitt des Spots mit seinen Überblendungen (Wolf – Sektregen – ankommender Geliebter in N° 6–7 und Sektperlen – Etikett – Sektperlen – küssendes Paar in N° 11–13) sowie analogisierenden Sequenzen (Mann vor Wolfsplakat: Mann = Wolf in N° 1) verstärkt das Märchenhafte. Der Betrachter schwankt dabei in seiner Wahrnehmung zwischen Realität und Fantasie – ein Effekt, der das künstlich Dramaturgische der Handlung sowie die fiktiven Elemente (Schlossinterieur in N° 3–4, Schaffner/Kellner in N° 9) neutralisiert. Seine erzählerische Dynamik erhält der Spot durch die Wechsel der Perspektiven – Szene einmal aus Sicht der Frau (N° 4, 6–7) und dann aus Sicht eines Unbeteiligten im Off –, durch die *close-ups* der Gesichter (N° 3) oder des Sekts (N° 10–12) im Wechsel mit Totalansichten der Szenerie (N° 5–7) sowie durch inhaltlich motivierte Kamerafahrten (N° 8: Neugier, N° 9, 10: Öffnen des Sekts, N° 12: Aufsteigen der Sektperlen, N° 13: Umarmung, Tanzen, N° 14: Schluss). Außerdem tragen die Blicke einzelner Akteure zur Beziehungsgestaltung und damit zur Entfaltung der Handlung bei: In N° 1, 2 und 5 wird die Begehrenswertigkeit der Frau durch ihr nachschauende Blicke demonstriert und in N° 8 die Freude über das Wiedersehen durch das strahlende Lachen des Geliebten.

Bildgestaltung

Musik

Musik kann in TV-Spots verschiedenste Formen annehmen und diverse Funktionen erfüllen. Generell beeinflusst sie gezielt die kommunikative Wirkung der Texte, indem sie dargestellte Handlungen strukturiert und verdeutlicht bzw. passende Stimmungen und Anmutungen evoziert. Bewertungsdimensionen des Kodesystems Musik sind: Melodie, Instrumentierung, Tempo, Rhythmus und Lautstärke sowie mögliche akustische Effekte. Am Rotkäppchen-Spot fällt zunächst auf, dass musikalische Elemente wichtige Handlungsphasen markieren und für die Wahrnehmung herausheben. So leitet ein Gong die Geschichte ein (N° 1), ein tuschartiger Glockenwirbel markiert die Verwandlung des Wolfes in den ankommenden Geliebten (N° 7), ein einzelner Triangel-Schlag signalisiert die Entdeckung des versteckten Sekts (N° 8), einsetzendes Schlagzeug und Orchester starten den Sektgenuss (N° 9–10) und sinkende Lautstärke weist auf das Ende der Handlung hin (N° 14). In zwei Abschnitten (N° 2–7 und N° 9–13) sorgt die Dynamik der Musik zudem für eine Verstärkung der Handlungsdramaturgie: Im ersten Abschnitt steigt die Spannung mit der Lautstärke und Intensität der Musik, im zweiten Abschnitt nimmt mit Lautstärke und Rhythmisierung der Sektgenuss zu. Die Instrumentierung der Musik ist jeweils dem Inhalt der Handlung angepasst. So eignen sich hohe Violinen-Töne zur Illustration von Spannung, leise dahin perlende Klaviermelodien passen zum Schreiten der Frau sowie zum Perlen des Sekts, eine Tutti-Besetzung hingegen markiert Dynamik und Aktion. Die Melodie ist nicht, wie bei vielen TV-Spots, ein Zitat oder eine Adaptation eines bekannten Stückes, das dann mehr oder weniger konventionalisierte Konnotationen übertragen kann. Vielmehr gleicht sie einem Jingle, d.h. einer einfachen Melodieführung, die endlos wiederholt werden kann und zur leichten Erkennbarkeit der Marke bzw. des Produkts beitragen soll.

Geräusche

Geräusche sind in starkem Maße an die Handlung des Spots gebunden. Sie folgen quasi logisch aus ihr. Dabei weisen Geräusche v.a. auf die Handlungsumstände, d.h. auf Situation und Kontext einer visuell präsentierten Geschichte hin. So ist der Verkehrslärm in N° 1 ein Index für die Verortung der Handlung auf einem Bahnhof. Die Motorengeräusche, das Quietschen von Rädern und der Lärm von Passanten lassen im Bezug zum Bildinhalt spätere Handlungselemente (einfahrender Zug, aussteigende Reisende) bereits antizipieren, bevor sie sichtbar werden. Das Geräusch der Schritte in N° 2, 3 und 5 hingegen ist mit den jeweiligen Bildinhalten synchronisiert, wie auch der Korkenknall in N° 10. Eher symbolischer Art ist das Zischen in N° 7, das den Abschluss der märchenhaften Verwandlung (Wolf in Geliebten) signalisiert und so den musikalischen Kode (Glockenwirbel) parallelisiert. Generell gilt, dass Geräusche im TV-Spot einen engen Bezug zu den Bildinhalten eingehen.

Fragen wir abschließend nach der Struktur der integrierten Kommunikation, die sich durch die Anzeigen (s. Abb. 4 und 6) und den Spot (s. Abb. 5) ergibt. Offensichtlich ist die Werbeanzeige in Abb. (6) eine „Auskopplung" aus dem TV-Spot. Zwar garantiert sie auch allein gestellt Verständnis – sie spielt mit dem symbolischen Rot und liefert eine hinreichend eindeutige Situationserkennung (Empfang auf dem Bahnhof, Sekt als versteckte Überraschung). Als intertextueller Verweis auf den Spot allerdings ist ihre Verständlichkeit und Wirkungskraft in weitaus stärkerem Maße gegeben. Diese Verweistechnik funktioniert in beide Richtungen: So erhält einerseits die Anzeige durch die explizite Erzählung des Spots einen erweiterten Kontext, andererseits gewinnt der Spot durch den verbalen Text der Anzeige (*Die Überraschungen feiern,*

Abb. 6 „Jetzt kommt Phantasie ins Spiel": Rotkäppchen Sekt (FGK Archiv)

wie sie fallen. Die kleinen Momente genießen. Von Trocken bis Mild: Rotkäppchen Sekt.) zusätzlichen Sinn, indem die Situation verallgemeinernd bezeichnet wird (*Überraschungen feiern, kleine Momente genießen*). Deutlich zu erkennen ist, dass die Unikatanzeige (s. Abb. 4) tatsächlich eine gestalterische Besonderheit ist, die sich an Medium und Zielgruppe orientiert, ohne aber aus der übergreifenden Strategie auszuscheren. Auch hier geht es um das Feiern kleiner, besonderer Lebensmomente. Inhaltlichen und gestalterischen Zusammenhalt erhält die Rotkäppchen-Kampagne durch eine übergreifende Strategie (stilvolles Produkt in stilvoller Verwendung) und einen gewissen kognitiven Anspruch (einerseits Sprachreflexion, andererseits anspruchsvolle Kodeverknüpfungen) sowie durch einheitliche Typographie, Markenzeichen und Produktabbildung.

5 Ausblick und Hinweise

5.1 Ausblick

Die vorgeführten Beispielanalysen sollten v.a. zeigen, wie reichhaltig und detailliert die Beobachtungen sind, die sich aus normalerweise flüchtig und selektiv wahrgenommenen Werbetexten „herauslesen" lassen. Solche Interpretationen setzen allerdings solide sprachwissenschaftliche Modelle und Begrifflichkeiten voraus, deren Anwendbarkeit und Nützlichkeit – aber auch Anschlussfähigkeit an und Erweiterbarkeit um linguistikfremde Aspekte – hier nachgewiesen werden sollte. Aus Sicht der AL ist es wichtig zu betonen, dass Werbeanalysen in erster Linie Motive und Absichten der Textschreiber und Grafiker rekonstruieren können und so zu einem tieferen Verständnis der Möglichkeiten werblicher Gestaltung allgemein verhelfen. Erst in einem zweiten Schritt wird es dann möglich, Ergebnisse der Analysen als Grundlage für Überlegungen zur Werbeoptimierung zu nutzen. Werbeeffizienz bleibt dabei aber eine schwer greifbare und relative Größe, die immer kontextuell bestimmt ist und deren Maximierung die Berücksichtigung aller verfügbaren Kenntnisse über Produkt, Markt, Medien, Zielgruppen und Ziele verlangt.

5.2 Hinweise

Fundorte für Werbetexte

Die Beschäftigung mit Werbekommunikation beruht immer auf dem Studium konkreter Texte. Zwar sind Werbetexte allgegenwärtig, ihre Verfügbarkeit und erst recht ihre praktische Nutzbarmachung für Analysen ist allerdings aufgrund der Flüchtigkeit und der Flut von Werbung schwerer als angenommen. Natürlich kann man aktuelle Werbetexte selbst ausschneiden, aufzeichnen oder „herunterladen". Für die Zusammenstellung einer Textsammlung (eines Korpus) stehen jedoch auch andere Quellen zur Verfügung. In den Zeitschriften ‚werben & verkaufen' und ‚Horizont' (beide wöchentlich) z.B. werden wichtige neue Kampagnen vorgestellt und kommentiert (national und international). Dies hat den Vorteil, dass man die Urheber kennt (die Agenturen, mit denen man Kontakt aufnehmen kann) und einige Fakten zu den werbenden Firmen, ihren Budgets, Zielen, Ideen und Vorgeschichten erfährt. Des Weiteren gibt es das ‚Jahrbuch der Werbung' (JBdW), eine Sammlung ausgesuchter (prämierter) Werbearbeiten unterschiedlichster Medien sortiert nach Branchen. Auch hier bekommt der Leser Zusatzinformationen und Insiderberichte. Gleiches gilt für das ‚ADC (Art Directors' Club) Jahrbuch', das ebenfalls jährlich herausragende Werbekommunikate prämiert und vorstellt. Zur Sammlung von Werbetexten eignen sich auch bestimmte Monographien, die Werbung unter verschiedensten Gesichtspunkten untersuchen und dazu reichhaltiges Beispielmaterial in guter Druckqualität verwenden (z.B. Berger 2001). Nutzen lassen sich auch Archive im Internet, wo sich v.a. die schwerer zugänglichen TV-Spots finden. In vielen Fällen – v.a. dann, wenn man eine bestimmte Kampagne im Auge hat – ist der Kontakt mit der jeweiligen Agentur sinnvoll, um an den entsprechenden Text zu gelangen. Die großen deutschen Werbeagenturen sind im ‚Gesamtverband Werbeagenturen' (GWA) organisiert, der regelmäßig ein Verzeichnis seiner Mitglieder herausgibt und über Ausbildungschancen und Berufseinstieg informiert. Ein Besuch bei einer Werbeagentur lohnt immer, denn er gibt Einblick in Organisationsformen, Arbeitsweisen und Gelegenheit zum direkten Gespräch.

TV-Spot-Archive im Internet *s. CD-ROM*

Danksagung: Mein herzlicher Dank gilt an dieser Stelle der Düsseldorfer Werbeagentur FGK Die Zweite, mit der mich einige Jahre konstruktiver Zusammenarbeit verbinden. Ralf Kahmann, Friederike Dornieden und Knut Volkenand haben mir in Vorbereitung dieses Kapitels die Möglichkeit eines langen und intensiven Gesprächs eingeräumt und mir geduldig und engagiert ihre Arbeit erläutert. Gedankt sei v.a. auch für den Zugang zu reichhaltigem Archivmaterial und die Erlaubnis, einige FGK-Arbeiten hier zu „verarbeiten".

IV.2 Journalistisches Schreiben Coaching aus medienlinguistischer Perspektive*

Daniel Perrin

1 Überblick

Was nützt Linguistik im Journalismus, und was bringt Journalismus der Linguistik? – Am Beispiel eines Projekts zum redaktionellen Qualitätsmanagement zeigt dieser Beitrag den Journalismus als Arbeitsfeld für Linguistinnen und Linguisten. Abschnitt 2 bezieht den Begriff des Qualitätsmanagements auf die zentrale Arbeit im Journalismus, die Textproduktion. Abschnitt 3 begründet, wieso Medienlinguistik als Wissenschaftsdisziplin berufen ist, zum Qualitätsmanagement der Textproduktion anzuleiten. Abschnitt 4 erschließt den Werkzeugkasten eines zweijährigen, medienlinguistisch basierten Qualitätsmanagement-Projekts mit Schreibcoaching für Journalisten. Abschnitt 5 stellt Risiken und Chancen linguistischen Engagements im Journalismus gegeneinander und lädt ein zum Üben, sofort.

2 Ein Fall für die Medienlinguistik? Qualität managen im Journalismus

Fall „Nahost"

Am 4. April 2002 schaltete der Online-Redakteur einer Schweizer Qualitätszeitung eine Meldung auf, in deren Titel zu lesen war, eine EU-Delegation sei soeben in den Nahen Osten aufgebrochen. Neben diesem Titel stand ein Bild und darunter die Legende „Wer der Delegation angehören soll, ist noch nicht klar." So verwirrend wie das Gespann aus Titel und Bildlegende war auch der Vorspann formuliert (Beispiel [1]):

> [1] EU-Delegation in Nahen Osten aufgebrochen
> Wer der Delegation angehören soll ist noch nicht klar.
> Die Europäische Union hat eine ranghohe Delegation in den Nahen Osten entsendet, um die Kriegsparteien zur Waffenruhe zu bewegen. Das beschlossen die EU-Außenminister am Mittwochabend während einer Sondersitzung in Luxemburg.

Fall „Wissenschaftszentrum"

Sicher, in der Online-Redaktion war alles noch jung, das Medium, das Produktionsverfahren, das Team. Wie schrieb denn die Stammredaktion,

* Die Orthographie der Beispiele folgt Schweizer Konventionen. Beachten Sie auch das Video-Datenmaterial sowie die Übungen auf CD.

die Zeitungsredaktion, mit deutlich mehr menschlichen Ressourcen und längerer Produktionserfahrung? Fast immer so, dass die Zeitung ihrem Ruf als Leitmedium gerecht wurde; manchmal aber auch nicht, wie die Kulturredaktion im folgenden Beispiel [2]:

> [2] Ähnlich dem Wissenschaftszentrum im niederrheinischen Wolfsburg wird man auch unter dem flachen Bauch des Raumgleiters promenieren, skaten und breaken können.

Fall „Swissair"

Kann ein Wissenschaftszentrum „skaten und breaken"? – Subtiler als Beispiel zur Problematik journalistischer Qualität der Satz gegen Schluss eines Berichts der Inlandredaktion. Die Selbsteinschätzung einer Quelle erschien in diesem Bericht als Tatsache [3]:

> [3] Die Swissair hat die Recherche der amerikanischen Zeitung aufmerksam und gelassen zur Kenntnis genommen.

Pannen zum Stolpern, Pannen zum Ärgern ... wen wundert's, bei all den Wörtern jeden Tag. Neue Autos stottern und neue Computerprogramme stürzen ab, wieso sollte jeder Medientext, nur für den Tag gemacht, vollkommen sein? – Das Problem steckt tiefer. Die Geschichten von der noch nicht gewählten, aber schon aufgebrochenen Nahost-Delegation, vom breakenden Wissenschaftszentrum und der gelassenen Swissair könnten für systematische Schwächen eines Journalisten oder einer Redaktion stehen – für eine Frage redaktionellen Qualitätsmanagements also.

Solche Fragen und Vermutungen standen am Anfang eines Qualitätsmanagement-Projekts (2.1), in dem sprachwissenschaftliches Wissen genutzt werden sollte, um Textproduktion im Journalismus (2.2) unter angemessenen Perspektiven (2.3) zu verbessern.

2.1 Textproduktion im *Tages-Anzeiger*

Die Pannen in den drei Beispielen betreffen das Kerngeschäft: Eine Online-Redaktion hat immer wieder Meldungen rasch zu aktualisieren, eine Kulturredaktion immer wieder Schwulst zu redigieren, ein Nachrichtenjournalist immer wieder Quellenrede abzugrenzen. Häufen sich Pannen in diesem Kerngeschäft, wird vermutlich nicht bloß nachlässig gearbeitet, sondern es fehlt einzelnen Journalisten oder ganzen Teams am Werkzeug: am Problembewusstsein, am Maßstab, an der Arbeitstechnik.

Pannen im Kerngeschäft

Ein solches Werkzeugset, geschliffen für die redaktionelle Hauptarbeit Schreiben, führte ich in einem zweijährigen Projekt (1999–2001) an der Schweizer Tageszeitung *Tages-Anzeiger* ein. Der *Tages-Anzeiger* ist die auflagenstärkste Schweizer Qualitätszeitung, ausgerichtet auf den Großraum Zürich. Zur Zeit des Projekts arbeiteten 180 Redakteurinnen und Redakteure in der Print- und 14 in der Online-Redaktion. Während des Projekts war ich jede Woche an drei Arbeitstagen im Haus.

Führende Qualitätszeitung

Das finanziell aufwändige Projekt lief auf der Rechnung des Medienhauses, nicht der Redaktion; es war laut dem verantwortlichen Mitglied der Geschäftsleitung ein „Teil der Öffentlichkeitsarbeit". Die Geschäftsleitung vermeldete das Qualitätsmanagement-Projekt als Einsatz des Medienhauses für die Qualität des Journalismus, und auch der Projektleiter wurde ermuntert, sein Wirken kundzutun: in der Öffentlichkeit, in Fachkreisen und in wissenschaftlichen Diskursen.

PR mittels Qualitätsmanagement

2.2 Textproduktion im Journalismus

Dieses Projekt also soll im Folgenden dazu genutzt werden, den Journalismus und besonders das Qualitätsmanagement journalistischer Textproduktion als Arbeitsfeld für Linguistinnen und Linguisten vorzustellen. Deshalb ist zu klären: Was tun Journalistinnen und Journalisten aus sprachwissenschaftlicher Sicht, wenn sie schreiben, Texte produzieren?

Journalisten produzieren primär Texte

Unter ‚Journalisten' verstehe ich hier medienwirtschaftlich organisierte Akteure, die Texte produzieren zu Themen, von denen sie vermuten, ihr Publikum interessiere sich dafür und/oder sie seien von öffentlichem Interesse. Dabei handelt eine Journalistin, ein Journalist eingebunden in soziale und intertextuelle Zusammenhänge.

Soziale Zusammenhänge

Ein Grundmuster sozialer Zusammenhänge ist das Produktionsumfeld: Journalistische Beiträge für Massenmedien entstehen in Kooperationen, Teams und Hierarchien. Dabei vertreten die Mitspieler unterschiedliche Interessen. Ein Medienmanager etwa zielt auf Marktakzeptanz, ein Produzent auf Zusammenspiel aller Beiträge, ein Kollege auf Achtung der Ressortgrenzen. Wenn Journalisten handeln, beziehen sie ihre Vorstellungen von den Zielen dieser Mitakteure ein. Wyss (2002) zeigt, dass sich Journalisten stark nach ihrer Vorstellung der Erwartungen von Kollegen und Redaktionen richten. Meier (2002) und Quandt (2002) beschreiben Abhängigkeiten in Produktionsteams detailliert.

Intertextuelle Zusammenhänge

Ein Grundmuster intertextueller Zusammenhänge ist das Textreproduktionsnetz: Jeder Journalist arbeitet als Knoten in einem Netz. Was Quellen aussagen oder im Internet publizieren, greifen Korrespondenten auf, dann, nacheinander oder parallel, Nachrichtenagenturen, Medienredaktionen, Lobbyisten, Rechtsinstanzen, Publika. Bell (1991), Luginbühl u.a. (2002) oder Perrin (2006) beschreiben, wie Texte Ketten und Netze von Produktionsinstanzen durchlaufen und dabei verändert werden, damit sie in die jeweils neuen Textumgebungen passen.

2.3 Textproduktion in komplexen Kontexten

Intertextuell inszenieren

Dieses intertextuelle Arbeiten, dieses Einpassen von Teiltexten in neue Textzusammenhänge und neue Kommunikationssituationen erscheint aus linguistisch-pragmatischer Sicht als Inszenieren. Unter ‚Inszenieren' verstehe ich hier den Handlungskomplex des Auswählens, Gewichtens und Verbindens von Themen, Schauplätzen, Akteuren, Aussagen, Blickwinkeln, Brennschärfen und Moderationsmitteln eines Beitrags. Jede noch so sachbezogene, scheinbar objektive Berichterstattung ist das Ergebnis subjektiver dramaturgischer Entscheide, wie etwa Häusermann (2001) zeigt.

Sprechplätze bereithalten

Den Prozess des Inszenierens modelliert Wagner (z.B. 1998) als ‚Vermitteln': Journalisten bieten Repräsentanten öffentlich relevanter Interessen Sprechplätze auf der Textbühne an, sie holen Akteure als Stellvertreter von Teilöffentlichkeiten auf das Podium eines zu schreibenden journalistischen Beitrags und vermitteln zwischen deren Voten und den vermuteten Ansprüchen des Publikums und anderer Anspruchsgruppen. Als Schreibende re-produzieren sie ausgewählte Teiltexte ausgewählter Akteure in ihrem eigenen Text.

Subjektiv gestalten

Mit ihrer eigenen Stimme haben Journalisten, so etwa Wagner (ebd.), zurückzuhalten. Bloß: Mediendramaturgisches Inszenieren eignet sich vorzüglich, einen Sachverhalt indirekt zu kommentieren und einen Text indirekt zu emotionalisieren, etwa positive Emotionen zu programmieren. Langenbucher (1996: 7 f.) beobachtet, dass Journalisten Akteure einbinden, um ihre eigenen Meinungen zu vermitteln. Und Saxer/Märki-Koepp (1992: 59) stellen fest, dass Zeitschriftentexte Emotionen erzeugen über Akteure, die in den Texten auftreten.

Eingebundene Akteure

Solche Beobachtungen lassen vermuten, dass journalistische Qualität zu tun hat mit den Techniken der Textproduktion, auch den Techniken eines konkreten Journalisten an einem konkreten Arbeitsplatz. Allerdings ist in Erinnerung zu rufen (s. Abschnitt 2.2), dass ein Journalist nicht autark handelt, sondern eingebunden ist in vielschichtige soziale Zusammenhänge. Neuere Medienforschung fordert deshalb, Individual- und Systemansätze zu verbinden (Raabe 2004).

Vertraute Perspektiven

Gerade mit diesem Anspruch aber ist eine Linguistik vertraut, die ihren Blick geweitet hat von der Sprache an sich zur kognitiven Sprachverarbeitung, zum Sprachgebrauch in sozialen Zusammenhängen, zur Funktion der Sprache für die Konstitution von Gesellschaft. – Journalistische Arbeit ist also im Wesentlichen Textproduktion, und die Sprachwissenschaft ist prinzipiell in der Lage, diese Textproduktion vom einzelnen Akteur wie vom System her wahrzunehmen. Braucht es deshalb für die Moderation des Qualitätsdiskurses einer Medienredaktion einen Sprachwissenschaftler?

3 Medienlinguistik als Disziplin: Wissen zur Sprache, zum Journalismus und zum Codeswitching verbinden

Mit Medien und Sprache beschäftigen sich zwar viele Disziplinen (3.1); die Medienlinguistik, eine Teildisziplin der Linguistik (vgl. Perrin 2006), fokussiert aber als einziges Fach allein auf Sprache und Sprachgebrauch in den Medien (3.2). Und sie bringt das Werkzeug zum Codeswitching mit, das eine Zusammenarbeit der Domänen Wissenschaft und Journalismus erleichtert (3.3). Für einen Auftritt als Dienstleisterin am Medienmarkt muss sie allerdings Brücken schlagen etwa zu Arbeitssoziologie, Medienökonomie und Didaktik (3.4).

3.1 Wissen zu Medien oder Wissen zur Sprache

Schnittfeld zweier Forschungsbereiche

In Medientextproduktion als Forschungsgegenstand überschneidet sich der Forschungsbereich Medien mit dem Forschungsbereich Textproduktion. Von beiden Forschungsbereichen her arbeiten sich wissenschaftliche Disziplinen an die Medientextproduktion heran. Aus linguistischer Sicht stellen die nicht-linguistischen Disziplinen scharf auf Ausschnitte des Kontexts der Textproduktion, während die Linguistik von der Sprache und dem Sprachgebrauch her fragt.

Nebenthema Medien

Massenmediale Kommunikation als ein Thema unter vielen behandeln etwa Soziologie, Politologie, Wirtschafts- und Rechtswissenschaften, Psychologie oder Pädagogik. Viele dieser Disziplinen untersuchen mediale und journalistische Kommunikation in eigenen Teildisziplinen: Mediensoziologie, Medienökonomie, Medienrecht, Medienpsychologie oder Medienpädagogik. Aus linguistischer Sicht thematisieren solche Fächer, mit je eigenem Erkenntnisinteresse und unterschiedlichen Methoden, Ausschnitte der vielschichtigen Kontexte der Medientextproduktion.

Hauptthema Medien

Einige Fächer konzentrieren sich dabei ganz auf öffentliche oder massenmediale oder journalistische Kommunikation: Kommunikationswissenschaft, Medienwissenschaft, Publizistik, Journalistik. Wie sich diese Fächer gegeneinander abgrenzen, darüber wird immer wieder gestritten (z.B. Ronneberger 1997: 11 f.). Aus linguistischer Sicht beschreiben auch sie soziale, organisationale, institutionelle, ökonomische oder technologische Aspekte der Kontexte, in denen Journalisten Texte produzieren.

Nebenthema (Medien-)Sprache

Vom Wissen zum Sprachgebrauch her nähern sich all jene Disziplinen der Medientextproduktion, die sich mit Sprache und Sprachen, mit Zeichen und Texten beschäftigen: Die Semiotik etwa untersucht Wechselwirkungen von Zeichensystemen, Einzelsprachenlinguistiken wie die (linguistische) Anglistik oder Germanistik untersuchen ihre einzelnen Sprachen in den Medien, die Literaturwissenschaft forscht an den Grenzen zur Alltagsprosa, die Sprachdidaktik erkennt Mediensprache als Sozialisationsfaktor, und Sprachkritik, Stilistik oder Rhetorik diskutieren Mediensprache meist im Vergleich mit Sprachen anderer Domänen, anderer Verwendungsbereiche.

Hauptthema (Medien-)Sprache

Bleibt die Allgemeine Linguistik: Sie untersucht im Gegensatz zur Semiotik nur Sprache, gesprochene oder geschriebene natürliche Sprache. Anders als die Einzelsprachen-Linguistiken tut sie dies über die Grenzen der Einzelsprachen hinweg. Sie arbeitet beschreibend, nicht wertend wie etwa die Sprachkritik, und interessiert sich, anders als die Literaturwissenschaft, für Sprache in allen Sprachgebrauchszusammenhängen. In drei Forschungsparadigmen erschloss sie Sprache zuerst strukturalistisch, als Sprache an sich, dann generativ, als Produkt geistiger Prozesse, dann pragmatisch, als Mittel und Spur sozial situierten Handelns.

3.2 Wissen zur Medientextproduktion

Medienlinguistik

Die Medienlinguistik nun, eine Teildisziplin der Linguistik, beschäftigt sich ausschließlich mit Sprache und Sprachgebrauch in (massen)medialer

Kommunikation. Sie wendet Fragestellungen und Methoden der Linguistik an, um zu untersuchen, wie die Akteure in den Massenmedien mit Sprache arbeiten und welche sprachlichen Spuren diese Arbeit hinterlässt. In der Wissenschaftspraxis existieren mehrere Konzeptionen von Medienlinguistik. Diese Konzeptionen stehen zwischen zwei Polen: dem Anspruch der Linguistik und dem Anspruch der Medien.

Linguistik-geleitete Ansätze

Die Linguistik will die klassischen linguistischen Fragen beantworten. Korpora von Mediensprache untersucht sie, weil natürliche Sprache in massenmedialen Situationen methodisch leichter greifbar ist als in anderen Situationen des Sprachgebrauchs. Zum Beispiel sind Beziehungsgespräche in Talkshows am Fernsehen leichter zugänglich als Beziehungsgespräche in Schlafzimmern. Die Arbeitsschwerpunkte einer Linguistik-geleiteten Medienlinguistik entsprechen der Systematik klassischer Linguistik: Phonetik/Phonologie, Morphologie, Syntax, Semantik, Pragmatik etc.

Medien-geleitete Ansätze

Die Medienpraxis dagegen will Lösungen für ihre alltäglichen Probleme finden. Das linguistische Fachwissen – Methodik, Theorie und Befunde – erscheint als nützlich, um berufspraktisch Wesentliches der Medientextproduktion adäquat zu beschreiben und zu erklären. Das linguistische Konzept der Intertextualität beispielsweise ist dem berufsständischen Konzept der Trennung von Information und Meinung überlegen, wenn es wahrzunehmen gilt, wie Journalisten mit Bewertungen in Quellentexten umgehen. Die Arbeitsschwerpunkte einer Medien-geleiteten Medienlinguistik ergeben sich aus konkreten Aufgaben.

Praktische Probleme theoretisch verorten

Eine Medienlinguistik nun, die Medien- *und* Linguistik-geleitet vorgeht, verortet Praxisprobleme und Lösungsansätze in einem theoretischen Bezugsrahmen. Einen solchen Bezugsrahmen für die hier diskutierten Praxisprobleme spannt die Abb. (1) auf. Die erste Spalte unterscheidet drei Perspektiven, unter denen die Linguistik Sprache angeht, die zweite Spalte fächert die Perspektiven auf, die dritte Spalte nennt die hauptsächlich zuständige Teildisziplin. Die vierte Spalte schließlich umreißt praktische Probleme aus dem Qualitätsmanagement-Projekt.

Abb. 1 Arbeitsfelder einer theoriebasierten, praxisgerichteten Medienlinguistik

Perspektive und Aspekte		Teildisziplin(en)	Praxisprobleme
Struktur	Laut	Phonetik, Phonologie	Mit welchen suprasegmentalen Mitteln werden rhetorische Figuren verstärkt? („skaten und breaken“)
	Wort	Morphologie	Mit welchen morphologischen Mitteln wird vermittelte Rede markiert? („Die Swissair hat …“)
	Satz	Syntax	Mit welchen syntaktischen Mitteln werden Aussagen komprimiert? („Ähnlich dem Wissenschaftszentrum …“)
	Text	Textlinguistik	Wie werden intertextuelle Bezüge (un)sichtbar gemacht? („Das beschlossen die EU-Außenminister“)

Perspektive und Aspekte		Teildisziplin(en)	Praxisprobleme
Funktion	Bedeutung	Semantik	Welche semantischen Relationen gelten für journalistische Ad-hoc-Komposita? („EU-Delegation", „EU-Außenminister")
	Handlung	Pragmatik	Wie wird der Sprechakt des Kritisierens in einer Blattkritik sprachlich realisiert? (Sprachhandlungstypen der Kritik, s. u. 4.2.2)
	Wissensbildung	Psycholinguistik	Wie wird materialer Text beim Nachlesen durch den Autor mental repräsentiert? („hat … entsendet … Das beschlossen …")
	Gesellschaftsbildung	Soziolinguistik	Wer nutzt welche sprachlichen Mittel zur Darstellung von Identität und Kompetenz? (Leitbild Kulturredaktion)
Medium	Gespräch	Gesprächsforschung	Wie werden Sprechplätze in Recherchegesprächen und Medientexten vermittelt? („Die Swissair hat …")
	Schreiben	Textproduktionsforschung	Wie werden konfligierende Ansprüche in Schreibprozessen behandelt? (Weidender Anfang, übereilter Schluss)
	Hypertextualität	Hypertextlinguistik	Welche Verfahren und Strukturen werden zum Aktualisieren von Hypertext genutzt? (partielle Substitution in linearen Teiltexten, …)
	Plurimedialität	Übergang zu Semiotik	Wie lassen sich Schreibprozesse für Coachings adäquat beschreiben? S-Notation vs. Progressionsgrafik

3.3 Wissen zum Codeswitching zwischen Wissenschaft und Praxis

Unter den Wissenschaftsdisziplinen ist also die Linguistik, präziser die Medienlinguistik, zuständig, Praxisprobleme journalistischer Textproduktion theoretisch gründlich und praktisch wirksam zu lösen. Dabei ist allerdings eine Kluft zwischen Wissenschaft überhaupt und Journalismus zu überwinden; die Systeme sind noch wenig aufeinander bezogen und sprechen andere Sprachen.

Zwei Systeme, zwei Sprachen

Journalismus wurde und wird spät professionalisiert und akademisiert. Die ersten Journalisten waren Buchdrucker und Einzelunternehmer, die ersten Ärzte Barbiere und Bademeister, die ersten Lehrer lädierte Söldner. Seither haben sich die Berufsfelder verändert. Im Journalismus etwa sind

Journalismus professionalisiert spät

die Redaktionen größer geworden, die Ansprüche differenzierter, die Abläufe komplexer. Noch immer aber ist das Berufsfeld Journalismus, anders als der Arzt- oder der Lehrerberuf, zugänglich ohne wissenschaftsbasierte Ausbildung. In Deutschland hatten Ende des letzten Jahrzehnts 35 Prozent aller Journalisten kein Hochschulstudium abgeschlossen, in der Schweiz 56 Prozent, in Österreich 69 Prozent (Übersicht in Marr u.a. 2001: 82 f.). Entsprechend breit gestreut ist etwa die Bereitschaft, das eigene Handeln systematisch zu reflektieren.

Wissenschaft baut Grundlagen spät auf

Aber auch in der Gegenrichtung, von der Wissenschaft hin zum Journalismus, begann die Annäherung spät. So fehlt der jungen Medien- und Kommunikationswissenschaft Grundlagenwissen zum Bearbeiten dringlicher Praxisprobleme. Dazu kommen die gegensätzlichen Arbeitshaltungen von Wissenschaft und Journalismus. Wenn der Linguist Teun A. van Dijk (1988) schreibt, „The field is only 20 years young [...] Thus, we still know little about the precise structures and processes of media discourse" – dann wirkt diese Aussage auf Journalisten wie eine Karikatur wissenschaftlicher Bedächtigkeit: Wer journalistisch schreibt, also täglich und für den Tag, erwartet schon ein paar gute Ideen von jemandem, der zwanzig Jahre lang nachgedacht hat.

Codeswitching nötig

Wer als Wissenschaftler die journalistische Domäne als Arbeitsfeld erschließen will, hat Arbeitshaltungen fernab eines wissenschaftlichen Berufsverständnisses zu verstehen und neue Codes zu erlernen. Wer dann die Standards beider Domänen achten und dazwischen vermitteln will, muss laufend Code switchen. Was das bedeutet, kann ein Sprachwissenschaftler, vor seinem soziolinguistischen Hintergrund, leichter einschätzen und vielleicht auch umsetzen als die Vertreter anderer Disziplinen, die ebenfalls über Medientextprozesse arbeiten. Die Medienlinguistik ist also auch auf der Ebene der Vermittlungssprache zum Brückenschlag berufen.

3.4 Wissen zum Verwerten wissenschaftlichen Wissens

Medien- und Sprachwissen reichen nicht

Wissen zum Sprachgebrauch in den Medien und in der Fachberatung reicht aber nicht. Will Medienlinguistik dazu beitragen, die Praxis der Textproduktion zu verbessern, muss sie sich Metawissen zum Umgang mit ihrem Sprachwissen aneignen: Zur Datenerhebung am Ort der Textproduktion ist methodisches Wissen erforderlich. Didaktisches Wissen erleichtert es, die Ergebnisse der Produkt- und Prozessanalyse in die Textproduktionsprozesse einzuspeisen. Berufssoziologisches und ökonomisches Wissen schließlich ermöglichen es, marktgerecht zur Professionalisierung der Berufsfelder beizutragen.

- Eine Medienlinguistik, die journalistische Textproduktion untersuchen will, braucht aussagekräftige Daten dazu; dort gewonnen, wo sich die zu untersuchende Textproduktion ereignet: im „Feld", in der Institution, an den Arbeitsplätzen. Wie aber kommt sie zu diesen Daten, ohne die Arbeitsabläufe in der Praxis zu beeinflussen und damit die Praxis zu stören und die Forschung zu verzerren? – Mit solchen Fragen beschäftigen sich alle Disziplinen, die menschliches Verhalten und Handeln in natürlichen Kontexten erforschen, etwa die Arbeitssoziologie oder die Diskursanalyse. Medienlinguistik im hier beschriebenen Sinn wird sich also für deren Methodik interessieren. *Methodikwissen*

- Eine Medienlinguistik, die mit ihren Befunden überdies dazu beitragen will, journalistische Textproduktion zu optimieren, braucht wirksame Mittel, um die Akteure zur Weiterentwicklung der Textproduktionskompetenz anzuregen. Fördermaßnahmen sind zu konzipieren, umzusetzen und zu evaluieren. Wie kann es gelingen, im komplexen Umfeld einer Redaktion gezielt Haltungen, Wissen und Arbeitsmethoden aufzubauen? – Mit solchen Fragen beschäftigen sich Didaktik und Pädagogik. Ansätze einer Didaktik der Kommunikationsausbildung, hier etwa eines Schreibcoachings für Journalistinnen und Journalisten, sind zu entwickeln. *Didaktikwissen*
- Eine Medienlinguistik schließlich, die sich am Markt journalistischer Textproduktion finanzieren will, muss eingehen auf die Bedürfnisse dieses Marktes. Was aber braucht und wie funktioniert ein Markt, der zugleich auf öffentlich-politische und medienwirtschaftliche Interessen ausgerichtet ist und dessen Berufsfeld sich spät und widerwillig professionalisiert? – Mit solchen Fragen beschäftigen sich Berufsfeldforschung und Medienökonomie, im Schnittfeld von Arbeitssoziologie, Medienwissenschaft und Ökonomie. Die Linguistik als kommerzieller Akteur und Dienstleister, auch Teil dieses Problemfelds, wird dagegen noch kaum untersucht (Antos 2004). *Marketingwissen*

4 Medienlinguistik im Praxisprojekt: Qualität definieren, erkennen und optimieren – über den Tag hinaus

Medientextproduktion am Markt untersuchen und optimieren, darum ging es im hier beschriebenen Projekt. Theoretisches Wissen zu Sprache und Sprachgebrauch war nutzbar zu machen für Praktiker, die möglichst ohne Mehraufwand eine „bessere Sprache" schreiben und damit eine „bessere Zeitung" machen wollten, wie sich ein Mitglied der Geschäftsleitung ausdrückte. Das Projekt gliederte sich in drei Phasen: eine Einstiegsphase, zur Annäherung der Domänen (4.1), eine Umsetzungsphase, zur Arbeit an der täglichen Arbeit (4.2), und eine Übertragungsphase, zum Weiterfahren nach dem Aufhören (4.3).

4.1 Werkzeug für die Einstiegsphase

In der ersten Phase des Projekts handelten die Geschäftsleitung des Medienhauses, die Chefredaktion und der Coach die organisatorischen Rahmenbedingungen aus. Coach und Chefredaktion besprachen den theoretischen Unterbau und legten das Verfahren fest. Chefredakteur, Redaktion und Projektleiter erarbeiteten gemeinsam ein Zeitungsleitbild. Ergebnis dieser Phase war eine gemeinsame Sprache über journalistische Qualität. Aus diesem Prozess greift der vorliegende Beitrag die Teile theoretischer Unterbau (4.1.1) und Leitbild (4.1.2) auf. *Gemeinsame Sprache finden*

4.1.1 Der theoretische Unterbau: Textproduktion verstehen

Zu „managen" war die Qualität der Textproduktion in Print und Online. Diese Aufgabe lösen heißt, die Soll-Qualität zu definieren, die Ist-Qualität zu erkennen, die Beteiligten zu orten und deren Leistung wenn nötig zu verbessern (Wyss 2002: 48 ff.) – was theoretische Annahmen voraussetzt:

Soll-Qualität definieren

- Im Anspruch, die Soll-Qualität zu definieren, baut das Projekt auf die pragmalinguistische Annahme, dass Sprechende und Schreibende bestimmte sprachliche Mittel einsetzen, um mit Sprache bestimmte Dinge zu tun und damit bestimmte Ziele zu erreichen (Leont'ev 1975: 164 f.; Wrobel 1995: 197; Perrin 2003: 825 ff.).

Ist-Qualität erkennen

- Im Anspruch, die Ist-Qualität zu erkennen, überträgt das Projekt Instrumente und Standards ethnomethodologischer Diskursanalyse, die natürliches Sprachhandeln im Feld untersucht, möglichst ohne es zu stören (Pitts 1982: 12 ff.; Bell 1991: 67; Smagorinsky 1994: 4; Bracewell/Breuleux 1994: 55 ff.; Bucher 1999: 213 ff.; Perrin 2002: 105 ff.).

Ist-Qualität zuordnen

- Im Anspruch, die Ist-Qualität Akteuren zuzuordnen, baut das Projekt auf die strukturationstheoretische Annahme, dass die Individuen beim Sprechhandeln eingebunden sind in Kollektive und dass sich Individuen und Kollektive als Akteure gegenseitig beeinflussen (Giddens 1984; Van Dijk 1988: 99; Bucher 2000: 245 ff.; Wyss 2002; Quandt 2002: 233 ff.).

Leistung verbessern

- Im Anspruch, die Leistung zu verbessern, baut das Projekt auf die didaktischen Prinzipien, den Lernenden ihr Tun bewusst zu machen, die Ergebnisse den eigenen Ansprüchen gegenüberzustellen und die Repertoires funktional zu erweitern (Van Waes 1994: 41 ff.; Häusermann 2001: 45 ff.; Bendel 2002: 263 ff.; Lehnen/Schindler 2002: 169 ff.; Ruhmann 2002; Dörig 2003).

Aufgaben präzisieren

Vor dem Hintergrund dieser theoretischen Annahmen lautet die Aufgabe, nun präzisiert: Entspricht die Qualität produzierter Texte nicht den Erwartungen der Textproduzenten, sind entweder die Erwartungen zu überdenken oder die Produktionsprozesse zu untersuchen – und zu einzelnen Entscheidketten und den dahinter liegenden Entscheidstrategien Alternativen zu erarbeiten.

Laufend Konflikte lösen

Journalistisches Konfliktmanagement

Der Gegenstand selbst, die journalistische Textproduktion, zeigt sich vor dem Hintergrund dieser theoretischen Annahmen als laufendes Konfliktmanagement im Team: Wer schreibt, muss Probleme auf mehreren Ebenen fortlaufend gewichten und lösen. Mit jeder Entscheidung sind Konflikte programmiert; eine kompromisslose Lösung eines Problems auf einer der Ebenen verschärft Probleme auf den anderen (Ruhmann/Perrin 2002: 130 f.). Die Gegenspieler im journalistischen Konfliktmanagement wurden im Einführungsgespräch zum Projekt so umrissen (Beispiel [4]):

[4] • *Ein Thema abgrenzen*: An welchem Informationsstand des Publikums knüpfe ich an? Welche Themenaspekte wähle ich aus, und wie weit vertiefe ich sie? Um welche Botschaft oder These bündle ich den Text? Bei welchem Informationsstand beende ich Recherche und Darlegung?

- *Die Quellen erforschen und Quellentexte bearbeiten*: Welche Quellentexte wähle ich aus? Wie gründlich setze ich mich damit auseinander? Wie überprüfe und vermittle ich die Authentizität der Quellentexte? Wie reduziere ich sie bei der Wiedergabe auf das, was für meinen neuen Beitrag wesentlich ist – ohne dabei Stücke aus dem Zusammenhang zu reißen?
- *Die eigene Position finden und formulieren*: Welchen Blickwinkel nehme ich ein, was ist meine eigene Position zum Thema? Wie gut ist sie begründet? Wie und wo weise ich diese Position aus, bringe ich mich also explizit ins Spiel? Und wie wahre ich Distanz zu den Positionen dort, wo ich mich nicht explizit einbringe?
- *Den Publikumsbezug herstellen*: Für welchen Wissensstand und welche Leseerwartungen will ich mein Thema aufbereiten? Bei welchen Lesern möchte ich welche Wirkung mit meinem Text erreichen? Wie stelle ich neues Wissen nachvollziehbar dar – oder Wissen, von dem ich vermute, dass es dem anvisierten Publikum neu ist?
- *Das Rollenspiel moderieren*: Wie viel Gesprächsplatz gebe ich mir selbst zur Formulierung meiner Position, wie viel Darstellungsraum bekommen die befragten Quellen? Wie moderiere ich diese Beiträge zu einem ausgewogenen Gespräch, in dem sowohl ich mit meiner eigenen Position als auch die befragten Quellen zu Wort kommen?
- *Umfang und Fristen einhalten*: Wie behandle ich mein Thema angemessen im vorgegebenen Raum und in der vorgegebenen Zeit? Wie setze ich meine Ressourcen im vorliegenden Schreibprojekt so ein, dass meine anderen Projekte und die Projekte anderer nicht darunter leiden?

Heikles Konfliktelösen

In der Praxis bereitet dieses Auf-allen-Ebenen-laufend-Konflikte-Lösen Mühe, was seine Spuren im fertigen Text zieht (Perrin 1999a: 134 ff.). Wer etwa mit hohem inhaltlichem Anspruch arbeitet und versucht, besonders relevante, begründete, neue Information zu liefern, läuft Gefahr, zugunsten dieser angestrebten Präzision die vorgegebenen Fristen zu verpassen. Wer dagegen, wie im Beispiel der Nahostmeldung, auf eilige punktuelle Texteingriffe setzt, riskiert, Unsinn zu veröffentlichen.

Entscheidungsmuster statt Zufallsentscheidungen

Zum Qualitätsmanagement hilft eine klare Strategie der Konfliktlösung. Im Fall Nahost etwa: rasch eine neue kurze Meldung ins Netz stellen, drei Sätze darüber, dass nun eine Delegation entsandt sei. Dazu einen Hyperlink setzen, der zur gründlichen, aber nicht mehr aktuellen Meldung des Vortages führt. Das darf aber nicht die Zufallsentscheidungen eines einzelnen Redakteurs sein. Solche Entscheidungsmuster müssen für das redaktionelle Zusammenspiel im Team erarbeitet und geübt, und dann angewandt und überprüft werden.

4.1.2 Das Leitbild: Einen Maßstab erarbeiten

Ansprüche versprachlichen und aushandeln

„Managen" lässt sich Qualität nur über eine Soll-Vorstellung, einen Maßstab, der benannt, verstanden und anerkannt ist. In einer ersten praxisgerichteten Phase des Projekts erarbeitete die Redaktion des *Tages-Anzeigers* deshalb ein Qualitätsleitbild. Dabei ging es um den Prozess des Erarbeitens, weniger um das Produkt. Implizite Qualitätsvorstellungen mussten versprachlicht und dabei überdacht und ausgehandelt werden – und zwar im Redaktionsgefüge von oben nach unten wie von unten nach oben.

Top-down und bottom-up

Den Prozess startete die Chefredaktion mit dem Auftrag an alle Ressortleitenden, mit den Ressort-Teams festzuhalten, was in ihrem Verständnis einen guten *Tages-Anzeiger* ausmache. Jedes Ressort reichte daraufhin ein gemeinsam erarbeitetes Papier ein. Für die so versprachlichten Ansprüche der Basis schlugen Chefredaktion und Projektleiter eine einheitliche Ordnung, Gewichtung und Sprache vor. Die Textvorschläge wurden in mehreren Zyklen von der Basis und dann wieder der Leitung diskutiert und überarbeitet, bis nach einem halben Jahr das „Qualitäts-Handbuch" vorlag. Das Vorwort [5] stellt die Funktion des Handbuchs für den Prozess des Qualitätsmanagements klar:

> [5] **Deshalb dieses Handbuch**
>
> Fünfzig Bilder und zweihundert Texte jeden Tag – die Redaktion des „Tages-Anzeigers" zeigte bisher auch ohne Handbuch, was sie unter journalistischer Qualität versteht. Wieso jetzt Qualitätsgrundsätze schriftlich festhalten? So paradox es klingt: Über Qualität schreiben wir, damit wir darüber reden; die Grundsätze halten wir fest, um sie weiterzudrehen.
>
> Dieses Handbuch soll und wird die Diskussion über journalistische Qualität im Haus fördern. Es verpflichtet uns, zu benennen und auszuhandeln, was wir unter einer gut gemachten Zeitung verstehen. Es sichert und begrenzt Freiräume – und lädt zum konstruktiven Widerspruch: Alles, was hier angedacht ist, lässt sich überdenken und weiterdenken.
>
> […]
>
> Wir sind also täglich zur Qualitätsdiskussion eingeladen. Die Spur des Gesprächs, das Logbuch der Debatte haben Sie eben aufgeschlagen. Schreiben Sie mit!

Das Leitbild an der Praxis prüfen

Das Hand-„Buch" war und ist also als lebendiger Text gedacht und in gedruckter Form als Ringordner angelegt, vor allem aber im Internet als Hypertext zur Diskussion gestellt, unter <www.tages-anzeiger.ch/leitbild>. Der Text wuchs mit den Beispielen aus der Blattkritik (s. Abschnitt 4.2.2) und gewann an Profil. Umgekehrt waren die gemeinsam festgehaltenen Qualitätsvorstellungen einer ständigen Prüfung durch die Redaktionspraxis ausgesetzt. Dabei erleichterte es der Leitbildtext, einen Konflikt überhaupt erst zu erkennen, zu benennen und einzuordnen, also einen strukturierten Qualitätsdiskurs zu führen.

Das Leitbild umfasst drei Teile:

- Ressort-übergreifende Seiten zur Politik des Medienhauses, zu den Grundsätzen der Chefredaktion, zu Kommentar, Leseführung, Bildsprache, zur Zusammenarbeit von Text- und Bildredaktion und zur Zusammenarbeit von Redaktion und Korrektorat.
- Ressort-gebundene Seiten zu allen Zeitungsteilen wie etwa Ausland oder Wirtschaft.
- Beispiele aus der tagesaktuellen Blattkritik (s. Abschnitt 4.2.2), die den Inhalt der Leitideen illustrieren und laufend mit den Ressort-übergreifenden und den Ressort-gebundenen Seiten verlinkt wurden.

Aufbau spiegelt Rollenverständnis

Der Text aller ressortgebundenen und vieler -übergreifender Seiten gliedert sich in je einen Absatz zu Leserschaft, Quellen, Themen, Perspektive und Sprache. Diese Einteilung spiegelt das ausgehandelte Rollenverständnis, dass ein Journalist als Regisseur („Perspektive") ausgewählte Inhalte („Themen") vermittelt zwischen Quellen und Publikum („Leserschaft"), und zwar in ausgewählter Form („Sprache", zu verstehen im weiteren, semiotischen Sinn, also auch als Bildsprache).

Ressortübergreifende und ressortspezifische Grundsätze

Diesen Standardaufbau führen die „Grundsätze der Chefredaktion" ein. Die Seite nennt das Grundsätzliche für die ganze Zeitung; sie postuliert etwa „Tabuthemen gibt es nicht" oder fordert „faire Dramaturgie, ohne künstliche [...] Emotionalisierung, ohne Häme und [...] ohne gewollte oder ungewollte Diskriminierung". Die ressortgebundenen Seiten übernehmen den Standardaufbau und ergänzen ressorttypische Qualitätsvorstellungen. Als Beispiel [6] hier ein Auszug aus dem Leitbild der Kulturredaktion, die mit dem breakenden und skatenden Wissenschaftszentrum in Konflikt geraten war (s. Beispiel [2]):

[6] **Der Teil Kultur**

Im Kulturteil des „Tages-Anzeigers" merkt man jedem einzelnen Beitrag die analytische Kraft kompetenter Kunst-, Musik-, Theater- oder Literaturkritik an. Und die Artikel verführen: durch ihren Stil, durch Pointen, Überraschungen, Anekdoten, einen Aufbau, der hineinzieht.

[...]

Sprache: Mit jeder Ausgabe sucht die Redaktion „Kultur" die abwechslungsreiche Mischung von kurzen und langen Geschichten, von leichten und schweren Themen, von planen und vielschichtigen Formen. In der Sprache von Text und Bild ist ein bisschen vom Ästhetischen spürbar, von dem der Beitrag handelt. Die Redaktion „Kultur" will den schönsten Teil der Zeitung machen.

4.2 Werkzeug für die Umsetzungsphase

In dieser zweiten Phase des Projekts wurden Coachings mit einzelnen Schreibenden und Teams durchgeführt, gestützt auf Analysen von Textprodukten und Arbeitsprozessen. Parallel dazu wurde das Blatt systematisch kritisiert. Schreibcoaching und Blattkritik nutzten die gemeinsame

Qualitätsdiskurs der Redaktion

Sprache der ersten Projektphase und waren auf die dort festgelegten Ziele ausgerichtet. Ergebnis der Umsetzungsphase war ein fortlaufender Qualitätsdiskurs in der Redaktion. Aus diesem Prozess greift der vorliegende Beitrag die Teile Einzelcoaching (4.2.1) und Blattkritik (4.2.2) auf.

4.2.1 Die Schreibcoachings: Den Produktionsprozess optimieren

Strategien für vorhersehbare Entscheidungen

Auch mit einer ausgehandelten Qualitätsvorstellung bleibt journalistisches Schreiben ein fortlaufendes, aufwändiges Konfliktmanagement mit mehr oder weniger frustrierendem Verlauf und Ausgang. Professionelles Schreiben im Journalismus verlangt, diese Frustrationen auszuhalten und mit den Kalamitäten der Textproduktion produktiv umzugehen. Funktionale Schreibstrategien entlasten das Konfliktmanagement von vorhersehbaren Entscheidungskonflikten.

Einzel- und Gruppencoachings

Nach der Einführung des Leitbilds begann deshalb ein Schreibcoaching mit dem Lernziel: Jedes Mitglied der Redaktion beherrscht Techniken für einen produktiven, ausbalancierten Umgang mit den individuellen Ressourcen in Konflikten des Schreibens und Redigierens. Und die Redaktion als Ganzes verfügt über Strategien zum ressourcensparenden Umgang mit vorhersehbaren Konflikten. Gefragt waren also Einzelcoachings und Coachings ganzer Organisationseinheiten.

Progressionsanalyse liefert empirische Daten

Diese Coachings bildeten den Kern des Qualitätsmanagement-Projekts. Sie waren ausgerichtet auf die Optimierung des Schreibprozesses, nicht des Textprodukts allein. Und sie waren abgestützt auf empirischen Daten, nicht bloß auf Vermutungen des Coachs oder auf Selbsteinschätzung der Journalisten. Die Daten zu den Schreibprozessen lieferte ein Computerprogramm, installiert im Redaktionssystem mit Einverständnis aller Redaktionsmitglieder. Das Programm zeichnete jeden Arbeitsschritt auf, als Teil eines methodenpluralistischen Verfahrens, der Progressionsanalyse (Perrin 2002: 105 ff.).

Als Beispiel für ein solches Einzelcoaching mit Progressionsanalyse die Arbeit mit MN, dem Journalisten des Falls „Swissair" (s. Beispiel [3]). Viele der Texte von MN zeigten einen starken, dichten Anfang, eine logische Gedankenentwicklung unter dramaturgisch frischen Ideen, aber verwischte Stimmen oder nur angedachte Pointen zum Schluss, also einen schwachen Abgang, gemessen an MNs prinzipieller journalistischer Präzisionsarbeit und seinem dramaturgischen Witz. MN bemerkte dies selbst, wusste aber nicht, wieso er „oft in diese Falle tappte". – Was tat MN denn, wenn er schrieb?

Schreibprozess

Ein Schreibprozess beginnt mit ersten vagen Ideen und endet dann, wenn die Verfasserin oder der Verfasser den fertigen Text weiterreicht; dazwischen liegt ein Ringen mit Schreibaufgabe und Schreibgerät, mit Quellentexten und überholten Textfassungen, mit eigenen Ansprüchen und den vermuteten oder manifesten Erwartungen anderer. Damit kämpfte MN bereits im Titel, wie der kurze Einblick in die Entstehung eines seiner Berichte belegt. Der Titel des fertigen Textes lautete, in seiner zwölften und endgültigen Fassung (Beispiel [7]) (Perrin 1999b: 110 ff.):

[7] Isolation der MD-11 untersucht

S-Notation

Einheitlich darstellbar sind die Schritte des Ringens beim Schreiben in S-Notation (Kollberg / Severinson Eklundh 2002: 92): Überall dort, wo jemand seinen Schreibfluss unterbricht, um etwas zu löschen oder einzufügen, setzt die S-Notation das Break-Zeichen | in den Text. Gelöschte Stellen, Deletionen, stehen in [eckigen Klammern]; nachträgliche Einfügungen, Insertionen, stehen in {geschweiften Klammern}. Insertionen und Deletionen bilden zusammen die Revisionen. Die Zahlen oben an den Klammern zeigen die Reihenfolge der Schritte, der Revisionen an (Beispiel [8]).

[8] $^{1}[\text{MD-11}|_{1}]^{1,4}[\text{MD-11}^{2}[\text{-Absturz}]^{2}|_{3}\text{:}$
$]^{4}|_{5}\text{Isol}^{7}[\text{ation}]^{7}|_{8}{}^{8}\{^{10}[\text{iermatten}]^{10}|_{11}\}^{8}|_{9}{}^{11}\{\text{ation}\}^{11}|_{12}\ {}^{3}[\text{wird}]^{3}|_{4}$
$^{5}\{\text{der MD-11 }\}^{5}|_{6}{}^{6}[\text{untersucht}|_{2}]^{6,9}[\text{im Fokus}|_{7}]^{9,12}[\text{gefährlich?}|_{10}]^{12}$
untersucht

Progressionsgrafik

Diese Notation ist präzis, aber umständlich zu lesen. Anschaulicher wirkt die Progressionsgrafik: Sie zeigt, wie sich ein Autor oder eine Autorin mit der Schreibmarke durch den entstehenden Text bewegt hat. Von links nach rechts läuft die Zeit, von oben nach unten die Textlänge. Ein Strich von oben links nach unten rechts steht für einen linearen Schreibprozess ohne Rücksprünge im Text. Schaut die Progressionsgrafik dagegen aus wie eine Fieberkurve, zeigt sie einen fragmentierten Schreibprozess mit vielem Hin- und Herspringen am Bildschirm. So zum Beispiel entstand der Titel vom MD-11-Absturz (Abb. 2):

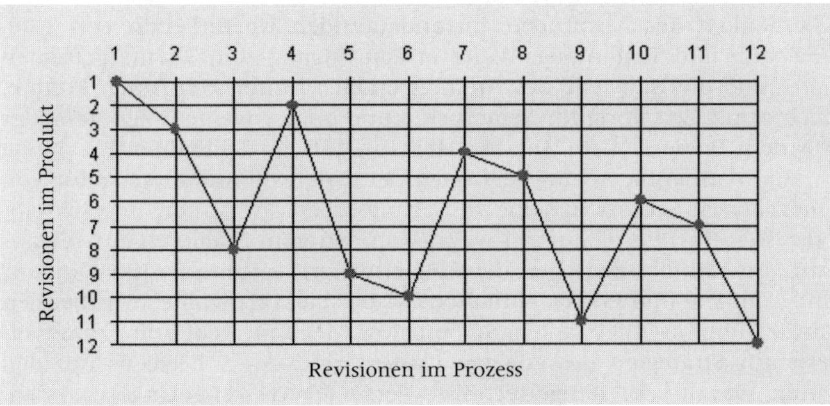

Abb. 2 Die Progressionsgrafik zeigt den Schreibverlauf

Während des Schreibens zeichnete der Computer jeden Arbeitsschritt auf. Das ermöglichte, dass sich die Kolleginnen und Kollegen nach dem Schreiben ihren ganzen Schreibprozess wie einen Film anschauen konnten, in Echtzeit oder gerafft. Um methodisch tiefer in ihren Schreibprozess vorzudringen, hatten sie beim Anschauen ihres Schreibfilms laufend zu sagen, was sie beim Schreiben getan hatten und vor allem warum

Verbalprotokoll

sie es getan hatten. Ein Tonband zeichnete dieses impulsgesteuerte retrospektive Verbalprotokoll auf.

Diese Stufe der Progressionsanalyse öffnet ein Fenster in den Kopf der schreibenden Person. Die Frage ist bloß, was man durch dieses Fenster erkennen kann: sicher nicht die Menge aller und nur der Überlegungen, die der Autor tatsächlich angestellt *hat*. Vielmehr wird offen gelegt, was ein Autor oder eine Autorin sich prinzipiell überlegt haben *könnte*. – So kommentierte MN einige seiner Revisionen im Titel (Beispiel [9]):

[9] „Der ist zu lang, also gehe ich irgendwie ‹Absturz› herausnehmen. Noch einmal ein Wort herausnehmen, weil er immer noch zu lang ist. Auf dieser Seite hat es nicht viel Platz" (zu den Revisionen 2 und 3). – „Jetzt habe ich nur noch den Titel ‹Isolation untersucht›. Aber irgendwas muss rein, damit man sofort weiß, worum es geht" (vor 5). – „Irgendwie gefällt mir das nicht mit dem ‹Fokus›" (zu 9).

Schreibstrategien

MN arbeitet in diesen Auszügen also mit Strategien, die sich am Textformat ausrichten („zu lang"), an der vermuteten Publikumserwartung („damit man sofort weiß, worum es geht") und am eigenen Geschmack („gefällt mir nicht"). „Schreibstrategie" oder kurz „Strategie" bezeichnet dabei die verfestigte, bewusste und damit benennbare Vorstellung davon, wie Entscheide beim Schreibhandeln zu fällen sind, damit der Schreibprozess oder das Textprodukt mit höherer Wahrscheinlichkeit die zielgemäße Gestalt annehmen und die zielgemäße Funktion erfüllen (Perrin 2001: 18).

Progressionsmuster

In der Gegenüberstellung mehrerer Schreibprozesse nun zeigte sich für MN ein typisches individuelles Progressionsmuster: Den Plan für den Text entwickelte MN am Textanfang, im Verschieben der Perspektiven, im Überdenken der Ansprüche, im andauernden Überarbeiten von Titel, Vorspann und Textanfang. Wenn er den Zugang zum Thema gefunden hatte und die Baustelle des Anfangs endlich hinter sich lassen konnte, blieb wenig Zeit übrig für Feinarbeit – und immer weniger Zeit, je näher MN dem Textende kam. Dies musste zum dünnen Ende führen.

Als Maßnahme schlug MN nach der Progressionsanalyse selbst vor, einen klaren Schluss in seine Justierungsarbeit am Anfang des Schreibprozesses einzubeziehen und wegzukommen vom Ziselieren am Textanfang. Im Konflikt zwischen den Gegenspielern „eigene Position finden" und „Umfang und Fristen einhalten" (s. Beispiel [4]) wollte er früher den ganzen Text ins Auge fassen. So beschloss MN, sein Repertoire zu erweitern um Strategien des zügigen Planens und des Schreibens auf den Punkt, was mit der „Fingertechnik" (Perrin 1999b: 41) gelang.

Repertoire an Schreibstrategien

Kaum weitergeholfen hätte ein solches Einzelcoaching aber im Fall der schon abgesandten, aber noch nicht ernannten Nahost-Delegation. Nicht subtiles Konfliktmanagement eines problembewussten schreibenden Einzelnen war da zu reflektieren, sondern eine klare Schwäche der ganzen Online-Redaktion: Es gab keine etablierten kooperativen Muster zum Aktualisieren von Nachrichten, und den Redakteuren fehlten die Erfahrung und die Zeit, aus dem Augenblick heraus selbst Lösungen für

Kooperative Muster entwickeln

dieses Problem zu entwickeln. Im Teamcoaching mussten Muster entworfen und geübt werden.

Im Fall des skatenden und breakenden Wissenschaftszentrums lag die Sache wieder anders. Selbstverständlich hätte jeder der Kulturredakteure den Unsinn korrigiert, hätte er ihn bemerkt. Die verantwortliche Abschlussredaktion hatte diese Textstelle, zusammen mit zwei anderen Problemstellen, schlicht übersehen. Gespräche mit der Kulturredaktion zeigten, dass hier alle Redakteurinnen und Redakteure möglichst viel Arbeitszeit für eigene kleine Kunstwerke einsetzten, aber ungern an Texten arbeiteten, über denen ein anderer Name steht. Die Kultur des Redigierens war also zu überdenken.

Arbeitskultur überdenken

4.2.2 Die Blattkritik: Das Endprodukt prüfen

Die Arbeit am Produktionsprozess sollte im Projekt letztlich dem Produkt zugute kommen. Parallel zum Coaching begann deshalb eine systematische Blattkritik des Projektleiters. Diese Kritik ergänzte die am Tagesgeschäft ausgerichtete Kritik des Abschlussredakteurs, der in der täglichen Mittagssitzung Stärken und Schwächen des Blatts kommentierte und seine Kritik wie auch Kommentare der Redaktionsmitglieder zu dieser Kritik in einer Art Tagebuch im Intranet publizierte.

Endprodukt prüfen

Die Blattkritik erreichte die Kollegen in der täglichen Mittagssitzung mündlich und jeden Donnerstag in der Mitarbeiterzeitschrift schriftlich, als „Sprachspritze“. Sie griff je ein herausragendes Merkmal der aktuellen Ausgabe auf und illustrierte an mehreren Beispielen aus der einen Ausgabe, wo das Zeitungsprodukt der vereinbarten Qualität entsprach und wo nicht. Hier als Beispiel [10] die „Sprachspritze“ zum Kulturteil der Zeitung, geschrieben und publiziert am Tag, an dem im Blatt das Wissenschaftszentrum skatete und breakte:

Jede Woche eine „Sprachspritze“

> [10] Kultur ist Kultur
>
> Je kultivierter die Sprache, desto auffälliger die Baustellen. Drei Beispiele von sprachlich Unfertigem, alle aus der Doppelseite 66/67 im Kulturteil vom 1. März 2001:
> „Ein Abend, der trotz allem immer Dodos Abend ist, weil Dodo Gott sei Dank nicht über ihren Schatten springen kann. Und wo wäre der denn anzusiedeln in diesem Kaleidoskop […]“ – Einen Schatten ansiedeln?
> „Ähnlich dem Wissenschaftszentrum im niederrheinischen Wolfsburg wird man auch unter dem flachen Bauch des Raumgleiters promenieren, skaten oder breaken können.“ – Kann das Wissenschaftszentrum in Wolfsburg wirklich skaten und breaken?
> „Trotz der komplexen Aussenhülle ist die Innenarchitektur des Museums erstaunlich klar gegliedert.“ – Sind denn Komplexität und Klarheit Gegensätze?

Die kleine Zusammenstellung machte jeweils deutlich, dass aufgegriffene Probleme nicht lange gesuchte Einzelfälle darstellten, sondern eben in ein und derselben Ausgabe gleich mehrmals aufgetreten waren. Die festgestellten Stärken und Schwächen waren aus dem Tag gegriffen, hatten aber ihren Platz im Gefüge der Qualitätsnormen. Um diesen Bezug nachzuweisen und nachvollziehbar zu machen, wurde jede „Sprachspritze" mit dem Hypertext des „Qualitäts-Handbuchs" verlinkt und verschlagwortet. Die Themen führten von „Abwechslung" bis „Zitat".

Qualitätsvorstellung

Kritik zu solchen Themen erreichte die Redaktion nach Abschluss des Produktions- und Publikationsprozesses, dann, wenn bei aller Einsicht nichts mehr zu ändern war. Und alle Kolleginnen und Kollegen konnten und sollten mitlesen oder mithören. Neben der Auswahl der Themen und der Schärfe des Arguments entschied deshalb der Ton wesentlich darüber, ob die Kritisierten die Kritik ohne Gesichtsverlust annehmen und in künftigen Textproduktionsprozessen konstruktiv umsetzen konnten.

Gesichtsverlust vermeiden

Sprachhandlungen der Kritik

Dazu nutzte die „Sprachspritze" fünf Typen von Sprachhandlungen:

a) die Analyse gewählter Varianten darstellen,
b) gewählte Varianten positiv oder negativ bewerten,
c) verletzte oder eingehaltene Normen benennen,
d) Alternativen vorschlagen oder
e) gewählte Varianten oder mögliche Wirkungen karikieren.

Die Karikatur (e) birgt den breitesten Unterhaltungswert – und die größte Verletzungsgefahr. Die Balance zwischen Leseanreiz und sachlicher Kritik gelang nicht immer. Einzelne Kolleginnen und Kollegen fühlten sich der Lächerlichkeit preisgegeben oder empfanden die Kritik als überspitzt oder falsch. Verstimmungen dieser Art wurden auch über die Redaktionsleiter und gelegentlich den Chefredakteur weitergeleitet, meist aber in E-Mails direkt mitgeteilt, was immer Anlass zu einem vertiefenden Gespräch war.

Kritik nachbearbeiten

4.3 Werkzeug für die Übertragungsphase

Den Qualitätsdiskurs weiterziehen

In einer dritten und letzten Phase des Projekts wurden Mittel entwickelt, den Hauptgewinn des Projekts – den breiten und selbstverständlichen Qualitätsdiskurs – über das Ende des Projekts hinauszutragen. Aus diesem Prozess greift der vorliegende Beitrag die Teile In-Haus-Ausbildungsstätte (4.3.1) und Coaching für Schreibcoaches (4.3.2) auf.

4.3.1 Medienforum tamedia und IAM: Das Projekt doppelt aufheben

Folgeprojekte

Das Ergebnis des Projekts wurde im Medienhaus als Erfolg gewertet. Neben der Redaktion des Hauptblattes, des *Tages-Anzeigers,* meldeten sich für ähnliche Projekte Redaktionen weiterer Produkte des Medienhauses an, von der Sonntagszeitung über die Frauenzeitschrift bis zum Privatfernsehen. Einzelne kleinere Projekte wurden bereits während des *Tages-Anzeiger*-Projekts durchgeführt, zwei größere danach. Im Großen und

Ganzen aber wurde die Zusammenarbeit nach Abschluss des Projekts aufgehoben, und dies im doppelten Sinn:

Es hatte sich, gerade durch die Nachfrage anderer Redaktionen des Medienhauses, ein breiter Schulungsbedarf im Haus offenbart, weshalb die Geschäftsleitung die Gründung einer hauseigenen Ausbildungsstätte beschloss, einer In-Haus-Schule. Das *Medienforum tamedia* bietet seit 2001 journalistische Weiterbildung an, kostengünstig intern und zu Marktpreisen auch extern <www.tamedia.ch/medienforum/>.

Intern institutionalisiert

Den Projektleiter erreichte ein Ruf an die Zürcher Hochschule Winterthur, Departement für Angewandte Linguistik. Auftrag: Aufbau und Führung des Instituts für Angewandte Medienwissenschaft IAM <www.iam.zhwin.ch>. Das Institut arbeitet in den vier Leistungsbereichen Ausbildung, Weiterbildung, Forschung und Beratung an der Professionalisierung der Berufsfelder Journalismus und Organisationskommunikation. In allen vier Leistungsbereichen bildet Textproduktion einen Arbeitsschwerpunkt, Medienlinguistik ist ein Kernfach.

Extern institutionalisiert

In der Forschung entwickelt das IAM die Progressionsanalyse weiter. Als Dienstleister bietet es Schreibcoachings für Medienredaktionen und medienlinguistisch abgestützte Beratung für Medienausbildungsstätten an. So unterstützt es das *Medienforum tamedia* in Fragen des Qualitätsmanagements. Als Ausbildner hat das IAM, aus den Erfahrungen mit dem Projekt *Tages-Anzeiger* und seinen Folgeprojekten, eine Ausbildung für Schreibcoaches entwickelt.

Beratung für Qualitätsmanagement

4.3.2 Die Ausbildung zum Schreibcoach: Die Projektideen weitergeben

Konstanz im Wandel

Eine Redaktion, die im steten Wandel etwa durch Personalfluktuation konstant und effizient gute Texte produzieren soll, braucht für ihr Kerngeschäft Qualitätsmanagement. Dieses Qualitätsmanagement der Textproduktion besteht im Aushandeln oder Vorgeben von Maßstäben, in Soll-Ist-Vergleichen, in Diagnosen individueller und systemischer Schwächen und Stärken, in Interventionen.

Nicht zwingend Chefsache

Gab man als Chefredakteur früher beim Schreiben den Maßstab vor und den Ton an, fehlen dazu heute oft Zeit und Kompetenz. Dann muss aber jemand anderer im Haus fachlich kompetent sein (und organisational die Weisungskompetenz haben), die Qualität der Textproduktion zu fordern und zu fördern – zum Beispiel ein Redaktionsmitglied, ausgebildet zum Schreibcoach.

Eine Ausbildung zum Schreibcoach für Redaktionen wurde bis 2001 im deutschen Sprachraum nicht angeboten. Die Ausbildung am IAM richtet sich an Redaktionskader, die selbst gern und gut schreiben und die andere – einzelne Kollegen und ganze Teams – dazu anleiten wollen, ihr Schreiben zu reflektieren und zu verbessern. Die Teilnehmenden lernen Schreiben reflektieren und optimieren, in fünf Modulen (Perrin/Kruse 2002: 219 ff.):

Ausbildung für Redaktionskader

- Modul A: Textproduktion bewusst machen. Die Teilnehmenden verwandeln ihr latentes Wissen über Textherstellung in explizites Wissen. Wie stellt man

Texte her? Wie überarbeitet man Texte? Und welche Textarten kann man unterscheiden?

- Modul B: Schreibprozesse organisieren. Die Teilnehmenden untersuchen, wie Recherchen, Einfälle und Schreibprozesse zusammenhängen und wie sich diese Prozesse aufeinander abstimmen lassen.
- Modul C: Domänen erschließen. Die Teilnehmenden vergleichen Texte und Schreibprozesse unterschiedlicher Ressorts, Medien, Kanäle. Und sie lernen sich selbst in neue Schreibdomänen einarbeiten.
- Modul D: Schreibtraining einbetten. Die Teilnehmenden konzipieren ein Redaktionscoaching mit Gruppeninputs und individueller Begleitung – und betten es mit Gewinn in den Redaktionsalltag ein.
- Modul E: Schreibprozesse anleiten. Die Teilnehmenden testen Werkzeuge zur Diagnose und Intervention. Sie lernen Schwächen erfassen, rasch erste Hilfe leisten und Grundlegendes mit Geduld und Beharrlichkeit angehen.

5 Medienlinguistik und Berufschancen: Linguistikstudium und journalistische Praxis eng verzahnen

Das zweijährige Projekt hat also nach innen wie nach außen Schule gemacht: Es mündete in eine In-Haus-Schule des Medienunternehmens. Die Progressionsanalyse warf ein stattliches Datenkorpus ab zum Erforschen des Schreibens am Arbeitsplatz. Der Projektleiter wurde auf eine Professur für Medienlinguistik berufen, und das Departement für Angewandte Linguistik der Zürcher Hochschule Winterthur führt nun vergleichbare Projekte mit Erfolg durch. – Was, noch einmal, hat das mit Linguistik zu tun und mit Berufschancen für Linguistinnen und Linguisten?

Rolle der Linguistik?

Journalismus ist ein Berufsfeld, dessen erste große Professionalisierungsschübe wenige Jahrzehnte zurückliegen (Donsbach 1978: 109) und das sich gegenwärtig erst akademisiert. Redaktionen wandeln sich unter ökonomischem, technologischem und politischem Druck vom Tummelfeld für Individualisten zu strukturierten Organisationen der Textproduktion mit Pflicht zum Leistungsnachweis. Abgesehen von betriebswirtschaftlichen, arbeitspsychologischen und medienethischen Problemen stellt sich dabei die zentrale Frage, wie und wie weit die Qualität beruflichen Sprachhandelns, der journalistischen Textproduktion „gemanagt" werden kann. Die Antwort setzt Wissen zu Sprache und Sprachgebrauch voraus, Linguistik.

Experten beruflichen Sprachhandelns

Das sagt noch nichts darüber aus, ob dieses Wissen auch angenommen und honoriert wird. Die Anzeichen dafür häufen sich aber. Auf der Seite der Wissenschaft etablierten sich in den letzten Jahren Konzepte wie ‚Medienlinguistik' oder ‚Textproduktionsforschung' mit Lehrstühlen, Studiengängen, Tagungen, Publikationen (z.B. Möhn/Roß u.a. 2001; Breuer/Korhonen 2001; Schmitz 2004; Burger 2005; Perrin 2006). Auf der Seite der journalistischen Praxis scheinen Sprachkurse, Schreibcoachings und anwendungsgerichtete Forschung stark nachgefragt zu werden. Systematische Untersuchungen dazu stehen allerdings noch aus.

Medienlinguistik im Kommen

Wo die Praxis nach Sprachwissen und Sprachkönnen ruft, findet Arbeit, wer über Sprache nachdenken und mit Sprache handeln kann.

Verlangt wird konkret die Fähigkeit, mit den Kommunikationssituationen und den Varietäten der Domänen, der Berufsfelder umzugehen, also zugleich journalistisch und sprachwissenschaftlich zu operieren. Spannende Aufgaben wie größere Coachings bedingen überdies didaktische und unternehmerische Kompetenz. Wo anfangen? – Zum Schluss ein persönlicher Vorschlag:

Komplexe Anforderungsprofile

Wer mit Linguistik in die Medienpraxis einsteigen will, dem rate ich, (1) die Hochschule, die Fächer, die Dozierenden auf dieses Vorhaben hin auszuwählen, (2) von der ersten Proseminararbeit bis zur Dissertation an Fragestellungen zur Mediensprache und -textproduktion zu arbeiten, (3) sich während des Studiums in der Medienpraxis zu bewähren, (4) ein wissenschaftliches und ein medienpraktisches Netzwerk aufzubauen und (5) jetzt gleich mit Übungen zur Medienlinguistik anzufangen: auf der CD zum Buch oder in <www.medienlinguistik.net>.

Auf das Arbeitsfeld zusteuern

IV.3 Geschäftsbericht und Public Relations*

Helmut Ebert

1 Einleitendes Beispiel: Der Vorwerk-Geschäftsbericht als linguistische Herausforderung

Beispiel Geschäftsbericht

In unsicheren wirtschaftlichen Zeiten wird effiziente und innovative Finanzkommunikation immer bedeutsamer. Vorwerk & Co. (Wuppertal), ein Familienunternehmen mit über hundertjähriger Tradition, war eines der ersten Unternehmen, das den Geschäftsbericht zur Selbstdarstellung und zur unternehmenskulturellen Entwicklung funktionalisierte. Da Aktionäre als Adressaten entfallen, wendet sich der Geschäftsbericht vor allem an Meinungsbildner, an den Personalmarkt und an die Mitarbeiter. Er erscheint seit 1980 in seiner heutigen Form und ist für viele Unternehmen zum Vorbild geworden. Die Verteilung (Auflage 1999: ca. 16.000, davon 2000 in Englisch) erfolgt durch die leitenden Mitarbeiter, die den Bericht an ihnen verbundene Personen schicken. Das vermeidet Fehlstreuungen und sichert Aufmerksamkeit. Das Neue am Vorwerk-Geschäftsbericht besteht darin, dass der informative Teil in ein Rahmenthema eingebettet wird. Auf diese Weise werden Ideen aufgegriffen und umgesetzt, die mithelfen, ein positives Unternehmensimage aufzubauen und die unternehmenskulturelle Entwicklung voranzutreiben.

Finanzkommunikation als strategische Kommunikation

Das Beispiel zeigt: Finanzkommunikation ist strategische Kommunikation – und damit ein Fall für linguistische Beratung. Auch der Geschäftsbericht muss sich daran messen lassen, was er dazu beiträgt, um die Unternehmensziele zu erreichen. Die Aufgabenstellung ist eine dreifache:

(1) Bericht über das abgelaufene Geschäftsjahr,
(2) Aufbau eines positiven Images,
(3) unternehmenskulturelle Entwicklung.

Dies bedeutet, dass er auch Einstellungen und Verhaltensweisen der Mitarbeiter beeinflussen will. Ein Beispiel: Der Geschäftsbericht des Jahres 1993 stand unter dem Motto *„The wind of change"*. Dieses Motto wurde gestalterisch und textlich umgesetzt, z.B. durch spielerische Elemente und Zitate aus einer Mitarbeiterbefragung: *„Veränderung macht das Leben interessanter"*, *„Qualität, Qualität, Qualität. Überall höre ich Qualität. Wie ein wilder Tollhaufen"* usw. Entscheidend ist, dass der Geschäftsbericht nicht als ein isoliertes Produkt, sondern als Element der Unternehmensentwicklung begriffen wird. Allerdings darf die Umsetzung des Rahmenthemas die Textsortenprägnanz des Berichtsteiles als Kerntext nicht negativ beeinflussen.

---

* Beachten Sie auch das Datenmaterial sowie die Übungen auf der CD.

Woran orientiert sich die Gestaltung des Vorwerk-Geschäftsberichtes?

Kommunikationskonzept

Der konkreten Gestaltung liegt ein Kommunikationskonzept zu Grunde. Dieses sieht vor, dass das Rahmenthema relevant sein muss für das Image, die Ziele und die Entwicklung des Unternehmens. Die Imagekomponenten sind: Kreativität, Offenheit, Humor und Gelassenheit als Stärken von Vorwerk. Zugleich fungiert die 1979 veröffentlichte und seither immer wieder weiterentwickelte Unternehmensverfassung als Leitbild und Maßstab für das unternehmerische Handeln auf allen Ebenen und damit auch für die Gestaltung des Geschäftsberichtes. Ein Unternehmensgrundsatz besagt zum Beispiel, dass Vorwerk in langfristigen Zusammenhängen denkt. Entsprechend wurde das Thema „Zeit" als Rahmenthema für den Geschäftsbericht 1992 ausgewählt.

Wer macht den Geschäftsbericht?

Gestaltung

Ideenfindung und Umsetzung mit Ausnahme der grafischen Gestaltung erfolgen grundsätzlich im eigenen Haus. Der Leiter Unternehmenskommunikation koordiniert die Zusammenarbeit mit den einzelnen Geschäftsfeldern. Er leitet die redaktionellen Tätigkeiten und schlägt mögliche Rahmenthemen vor. Wenn er ein bestimmtes Thema in Absprache mit der Unternehmensleitung festgelegt hat, erarbeitet er gemeinsam mit einem externen Gestalter verschiedene Lösungsstrategien für die Umsetzung. Je nach Bedarf und Budget können weitere externe Kräfte hinzugewonnen werden.

Welches Wissen und welche Erfahrungen können Linguisten einbringen?

Linguistische Expertise

Linguisten bringen ihr Wissen um sprachliche Korrektheit auf allen Ebenen der redaktionellen Tätigkeit ein. Sie wissen, wie man Texte auf den unterschiedlichen Ebenen optimiert: Einfachheit, Ordnung, Prägnanz und Anregung/Lesemotivation. Ihre Stilsicherheit hilft ihnen, verständlich und prägnant zu formulieren. Das Wissen darüber, dass journalistische Textproduktion oft Textreproduktion ist, hilft ihnen bei der Überarbeitung und textlichen Integration der Berichtstexte aus den jeweiligen Geschäftsfeldern. Die Textsortenkompetenz sorgt dafür, dass selbst bei einer so komplexen Aufgabe wie dem Vorwerk-Geschäftsbericht die Berichtsteile und die dem Rahmenthema zugehörigen Text- und Gestaltungselemente in einem ausgewogenen Verhältnis zueinander stehen und ein innerer Zusammenhang gewährleistet ist. Für die Bearbeitung vieler Rahmenthemen können Linguisten (und Literaturwissenschaftler) ein fundiertes Fach- und Allgemeinwissen zur Verfügung stellen. Sie können sich nicht nur kompetent zu Themen wie „Ritual", „Symbol", „Kommunikation", „Emotion" usw. äußern, sie wissen auch, in kürzester Zeit entsprechende Primär- und Sekundärliteratur zu beschaffen, um ein solches Thema inhaltlich ansprechend aufzubereiten. Da viele Linguistinnen und Linguisten mittlerweile auch Experten für nichtsprachliche Zeichensysteme sind, können sie die Qualität visueller Informationen (Porträts, Textdesign, Schrifttypen usw.) beurteilen und die Vor- und Nachteile der verschiedenen Grafiktypen und Schaubilder einschätzen (Stab- oder Säulengrafik, Kurven- oder Liniengrafik, Kreis- oder Kuchengrafik; vgl. Kuhn 2003).

2 Der Geschäftsbericht als komplexe Textsorte

Funktionen des Geschäftsberichts

Der Geschäftsbericht börsennotierter Unternehmen gehört zu den wichtigsten Instrumenten der Finanzkommunikation, denn an keiner Stelle wird so ausführlich über das Unternehmen und seine Leistung gesprochen. Der Kurs einer Aktie hängt ganz wesentlich davon ab, in welchem Maße die Finanzwelt über das Unternehmen informiert ist und wie sie sein Informationsverhalten empfindet: offen und adressatenorientiert, umfangreich oder restriktiv, zeitnah oder verzögert.

Rechtliche Grundlage

Die rechtliche Grundlage für den vom Gesetz ‚Jahresabschluss' genannten Geschäftsbericht ist in Deutschland noch weitgehend das Handelsgesetzbuch (HGB).

Seit 1998 können Unternehmen unter bestimmten Voraussetzungen von der Notwendigkeit, einen HGB-Abschluss vorzulegen, befreit werden. Es gibt Anzeichen dafür, dass die Bilanzierung nach HGB mit der Zeit von den International Accounting Standards (IAS) – eher als von dem US-amerikanischen GAAP (General Accepted Accounting Principles) – abgelöst wird.

Keine Formvorschriften

Formvorschriften gibt es keine. Theoretisch wäre beispielsweise sogar die handschriftliche Form ausreichend für die Offenlegung bzw. Veröffentlichung des Jahresabschlusses. Grundsätze der ordnungsgemäßen Berichterstattung sind Wahrheit, Vollständigkeit, Übersichtlichkeit, Verständlichkeit und Klarheit.

Adressaten

Der Geschäftsbericht börsennotierter Unternehmen wendet sich an private und institutionelle Aktionäre als primäre Adressaten. Sekundäre Adressaten sind potenzielle Investoren, Mitarbeiter, Kunden, Gläubiger, aber auch die Fachpresse und die Öffentlichkeit. Dabei darf nicht übersehen werden, dass z.B. viele Mitarbeiter zugleich Aktionäre ihres Unternehmens sind. Für die Rezeption der Geschäftsberichte börsennotierter Unternehmen ist in Zeiten des Aktienmarketings entscheidend, dass der Jahresbericht nicht länger gelesen werden *muss*, sondern gelesen werden *soll* (so der Linguist Rudi Keller).

Kundenorientierung

Besonders institutionelle Anleger arbeiten viel mit Geschäftsberichten. Das erfordert eine kundenorientierte Haltung der Verfasser gegenüber den Lesern. Wie aktuelle Umfragen belegen, setzen sich ca. 60 % der Leser länger als 30 Minuten mit dem Geschäftsbericht auseinander. 30 % entscheiden sich für eine kursorische Lektüre und benötigen dafür zwischen 15 und 30 Minuten (vgl. Gohr 2002: 26).

Tab. 1 Textsortenvarianten

Textsortenvarianten des Geschäftsberichts

Rechtliche Varianten:
- Geschäftsbericht nach HGB (Amtlicher Handel, z. B. DAX)
- Jahresabschluss nach IAS oder US-GAAP oder Rechnungslegung mit Überleitungsregelung (Neuer Markt)

Unterjährige Varianten:
- Halbjahresberichte (gesetzliche Vorschrift für deutsche Unternehmen)
- Quartalsberichte (US-Firmen; in Deutschland: Neuer Markt, SMAX; für DAX oder MDAX obligatorisch ab 2001)
- Vorläufige Jahresergebnisse (Tendenz bei großen Aktiengesellschaften)

Strukturvariante:
- Gedruckte Kurzfassung des Jahresberichtes für spezielle Zielgruppen

Mediale Variante:
- Online-Version des Jahresberichtes

Image- und Finanzbericht

Eine jüngere Tendenz – in Anlehnung an die Finanzberichterstattung in den USA – ist die funktionale Aufteilung des Geschäftsberichtes in einen Imagebericht und einen Finanzbericht, wie es die Bayer AG vorgemacht hat:

> Aus Lesersicht nahm man an, dass es grundsätzlich zwei Interessenbereiche gibt: Erstens einen Bereich, in dem es um die Sicht nach vorn geht, um ein plastisches, lebendiges Profil des Unternehmens, wie es sich zum Zeitpunkt der Veröffentlichung positioniert und sich für die Zukunft bereitmacht. Strategie, „Soft Facts", die Menschen, die Initiativen, Produkte, Nachrichten, Highlights sind die Themen, die aufzeigen, was „hinter den Zahlen" steckt, und die den Leser überzeugen können, langfristig Vertrauen in das Unternehmen zu investieren. So entstand als eigenes Format der „Imagebericht", der zudem abgerundet wird durch Reportagen und Nachrichten zu den wichtigsten Ereignissen und Entwicklungen des abgelaufenen Jahres. Der zweite Bereich umfasst das eigentliche Reporting, in dem die Retrospektive im Vordergrund steht, die alle gesetzlichen Anforderungen erfüllt, der „Finanzbericht". Bayer gehörte zu den ersten Unternehmen in Deutschland, die ihren Bericht geteilt haben, um damit auch für den Leser die Übersichtlichkeit und das Handling zu verbessern (Kirchhoff 2003: 115 f.).

Tab. 2
Textfunktionen

Textfunktionen des Geschäftsberichtes:		
Information: Rückschau	Selbstdarstellung (Image- u. Identitätsarbeit)	Information: Vorschau
– Jahresabschluss – Ergebnis-Kommentar – Segment-Berichterstattung	– Die Geschichte der Anziehungskraft der Aktie – Unternehmensstrategie – Produktportfolio – Stellung im Wettbewerb – Stärken u. Schwächen – Kernkompetenz – Unternehmensgeschichte Attraktivmacher: – spannende Zusatzthemen – hochwertiges Textdesign – Papierqualität und Format etc. – kohärenzstiftendes Leitmotiv	– Prognose (Ausblick) der Geschäftsentwicklung – Mehrjahresplanung – Vision
Vergangenheit	**Gegenwart**	**Zukunft**

Pflichttexte und freie Texte

Zur Textstruktur des Geschäftsberichtes gehören vorgeschriebene und freie Teiltexte. Für (große) Kapitalgesellschaften sind obligatorisch der Jahresabschluss (= Bilanz + Gewinn- und Verlustrechnung + Anhang mit Erläuterungen der Bilanzierungs- und Bewertungsmethoden) und der Lagebericht (Vermögens-, Finanz-, Ertragslage). Zu den fakultativen Texten gehören beispielsweise der Aktionärsbrief, eine Darstellung der Aktien-Performance oder ein Umwelt- und Sozialbericht. Daneben können aber auch spezielle imagerelevante Themen in den Geschäftsbericht einfließen (s. Abschnitt 1).

Vom Protokoll zum Marketinginstrument

Der Geschäftsbericht ist von einem rückwärtsgewandten Protokoll zu einem zukunftsorientierten Instrument des Aktienmarketings und des Identitäts- oder Image-Managements geworden. Die Ansprüche an den Informationsgehalt des Geschäftsberichtes sind gestiegen. Das hat aber nicht nur mit der wachsenden Konkurrenz auf den Märkten zu tun, sondern auch mit veränderten rechtlichen Rahmenbedingungen. Beispielsweise hat das 1998 verabschiedete Gesetz zur Kontrolle und Transparenz im Unternehmensbereich (KonTraG) dazu geführt, dass der Geschäftsbericht thematisch erweitert wurde um einen Risikobericht, eine Kapitalflussrechnung, eine Segmentberichterstattung im Anhang und durch Angaben zu den Aufsichtsratsmitgliedern (vgl. Gazdar/Kirchhoff 1999: 34).

Gesetzliche Grundlage

Während also die Transparenz der Berichterstattung wichtiger geworden ist, hat die Aktualität des gedruckten Jahresberichtes an Bedeutung verloren. Letzteres hängt damit zusammen, dass er zum Zeitpunkt seines Erscheinens bereits veraltet ist. Das Gesetz räumt eine Veröffentlichungsfrist von neun Monaten ein, die Deutsche Börse seit 2001 eine Frist von vier Monaten. Eine schnellere Veröffentlichung scheitert an den schwierigen Abstimmungsprozessen innerhalb der Unternehmen und an den langen Produktionszeiten. Die Quartalsberichte und die Praxis, „vorläufige Jahresergebnisse" zu veröffentlichen, entwerten ebenfalls die Aktualität des Geschäftsberichtes. Den Geschäftsbericht in dieser veränderten Situation allein auf seine Informationsfunktion hin abzustellen, ist also nicht mehr zweckmäßig (s. Abschnitt 1).

3 Fallbeispiel: Aktionärsbrief der Allianz AG

Aktionärsbrief

Innerhalb des Geschäftsberichtes bildet der so genannte Aktionärsbrief den einzigen Textteil, der sich direkt an die Eigentümer der Unternehmen, die privaten und institutionellen Aktionäre, wendet. Der Aktionärsbrief gibt dem Vorstandsvorsitzenden Gelegenheit, sich persönlich an diese und weitere Adressatengruppen zu wenden und Vertrauen aufzubauen bzw. zu festigen. Wie keine andere Textart ist der Brief geeignet, Nähe und Verbindlichkeit aufzubauen. Davon kann auch der Aktionärsbrief als so genannter „Offener Brief" profitieren. Briefe setzen „Gespräche" in Gang und stiften Texttraditionen. Sie geben dem Schreiber Gelegenheit, die Adressaten persönlich anzusprechen und die Identität des Unternehmens zu profilieren. Gerade die hohe Zahl börsennotierter Unternehmen macht es für jede Firma wichtig, ein eigenständiges Profil zu zeigen. Sprachlosig-

Anforderungen an Aktionärsbriefe

keit können sich Unternehmen immer weniger leisten. Wer einen Aktionärsbrief verfasst, muss die Fähigkeit zur Empathie ebenso mitbringen wie die Fähigkeit zur Selbstreflexion. Und er muss wissen, wie seine Adressaten denken und sprechen. Kurz: das Verfassen von Aktionärsbriefen fordert ein hohes Maß an Kontextsensibilität und Nuancenkompetenz.

Fallbeispiel Allianz

Das folgende Fallbeispiel [1] stammt aus dem Geschäftsbericht 2001 der Allianz AG. Es zeigt beinahe idealtypisch, worauf es beim Formulieren eines Briefes an die Aktionäre und Investoren ankommt:

Aufgaben

- Informationsaufgabe:
  Darlegen und begründen, warum die Aktie auch künftig ein lohnendes Investment darstellt. Substanz und Wert des Unternehmens verdeutlichen. Unternehmensstrategie erläutern. Wichtige Ergebnisse der Geschäftsentwicklung aufzeigen und kommentieren. Zukunftsperspektiven darlegen und künftige Risiken beurteilen.
- Beziehungsaufgabe:
  Verbundenheit mit den Aktionären herstellen. Vertrauen pflegen. Vertrauen bei ungünstiger Geschäftsentwicklung erhalten. Aktionärstreue fördern. Identität profilieren. Erwartungen steuern. Verständlich und persönlich schreiben. Nähe signalisieren.
- Intra- und intertextuelle Aufgabe:
  Den Brief funktional und thematisch auf die anderen Teiltexte des Geschäftsberichts abstimmen und vielleicht auch Bezug auf den vorangegangenen Brief nehmen, d. h. eine Texttradition aufbauen.

[1]

Aus dem Geschäftsbericht der Allianz AG 2001:
Brief des Vorstandsvorsitzenden an die Aktionäre

Sehr geehrte Aktionäre,

wenn ich zurückblicke auf ein Geschäftsjahr, das turbulenter verlaufen ist und größere Herausforderungen bereitgehalten hat als viele Jahrgänge zuvor in der jüngeren Geschichte Ihres Unternehmens, kommt mir eine eigenwillige Bemerkung Konrad Adenauers in den Sinn. „Geschichte", meinte der erste Kanzler der Bundesrepublik „ist die Summe aller Ereignisse, die nicht verhindert werden konnten". Wohl wahr. Gern hätten wir 2001 vieles ungeschehen gesehen, was die Welt und unsere Branche aufwühlte, allem voran die furchtbare Terrorattacke auf das World Trade Center, Symbol einer freien und prosperierenden Weltwirtschaft.

Eine neue Dimension terroristischen Zerstörungswillens hat nicht nur Tausende Mitmenschen in den Tod gerissen und Kollegen, Freunden und Angehörigen der Opfer schmerzliches Leid zugefügt. Der Anschlag hat auch Versicherungsschäden in nie erlebter Höhe verursacht und den Finanzmärkten einen bösen Schlag versetzt. Diese kumulierten Einflüsse in einem ohnehin rezessiven Umfeld haben tiefe Spuren in unserer Erfolgsrechnung hinterlassen. Trotz abermals großer Anstrengungen von annähernd 180 000 Mitarbeitern sowie unserer Vertreter und Kooperationspartner, denen ich allen herzlich für ihren Einsatz danke, beträgt der Jahresüberschuss nur 1,6 Milliarden Euro und liegt damit um gut eine Milliarde unter unserer Planung. Die Allianz Aktie erlitt über das gesamte Berichtsjahr einen Wertverlust von 33 Prozent, nach einer sehr guten Performance im Jahr 2000. Das ist für Sie, unsere Anteilseigner, ebenso enttäuschend wie für meine Kollegen und mich. Müssen wir deshalb im Licht der jüngsten Entwicklungen unser Geschäft neu überdenken? In einzelnen Bereichen ist dieser Prozess längst angestoßen, etwa bei der Einrichtung eines Frühwarnsystems, der Überprüfung unseres ganzheitlichen Risikocontrollings, der Deckung von Terrorrisiken, der Überprüfung [...]

Schlagen Sie die Zeitung auf, und Sie werden viele Meldungen über Unternehmen finden, die offenbar vergessen haben, wofür sie stehen. Manche sind bereits verschwunden, ohne einen Euro oder einen Dollar an Gewinn auszuweisen. Das ist nicht unsere Welt – die Allianz steht für Nachhaltigkeit, Kontinuität und Berechenbarkeit. Seit 1992 haben wir Jahr für Jahr das Ergebnis Ihres Unternehmens verbessert [...]

Sie werden möglicherweise fragen: Kann ein Unternehmen, das bereits einen Gesamtumsatz von über 80 Milliarden Euro [...] erzielt, weiter profitabel wachsen? Meine Antwort ist eindeutig ja. Größe muss nicht zu Schwerfälligkeit, zum Verlust an Dynamik führen [...] Dieser bewährte Geschäftsansatz wird uns helfen, in Zukunft noch viele Quellen weiteren Wachstums und höherer Effizienz zu erschließen.

Unser besonderes Augenmerk gilt ferner dem Ausbau von Kerngeschäftsfeldern und der wechselseitigen Verknüpfung zu integrierten Finanzdienstleistungen. Das herausragende Beispiel aus dem letzten Geschäftsjahr ist der Erwerb der Dresdner Bank, die umfangreichste Akquisition in der Geschichte der Allianz. Nach diesem Zusammenschluss ist Ihr Unternehmen nicht einfach größer geworden, sondern die Allianz Gruppe hat damit eine neue Qualität erreicht [...] Und wir bauen ein vielfältiges Vertriebswegenetz auf, das uns als Allroundanbieter integrierter Finanzdienstleistungen unverwechselbar macht und unseren Kunden jeden gewünschten Zugang bietet.

Wir haben im Berichtsjahr eine große Wegstrecke zurückgelegt, wie Sie im Magazin ab Seite 32 dieses Geschäftsberichts nachlesen können. Doch es bleibt nach wie vor viel zu tun. Deshalb steht das Jahr 2002 vor allem im Zeichen der Konsolidierung. Dabei konzentrieren wir uns auf drei Großvorhaben [...]

Meine Damen und Herren, ein schwieriges Geschäftsjahr liegt hinter uns, und wir können trotz aller optimistischen Augenblicksprognosen nicht wissen, welche Entwicklung die Weltwirtschaft nehmen wird. Wir haben uns gemeinsam mit der Dresdner Bank für die kommenden Jahre ehrgeizige Ziele gesetzt. Bitte schenken Sie uns weiter Ihr Vertrauen. Meine Kollegen und ich sind zuversichtlich, dieses Vertrauen in einem Jahr mit Berichten über gute unternehmerische Fortschritte und allemal bessere Ergebnisse rechtfertigen zu können.

Mit freundlichen Grüßen
Ihr
Schulte-Noelle
Dr. Henning Schulte-Noelle,
Vorsitzender des Vorstands

3.1 Die stilistischen Stärken des Allianz-Briefes

Textanalyse

Der Text ist übersichtlich und verständlich. Sprechsprachliche Elemente wie Ausklammerungen, Interjektionen und narrative Sequenzen machen ihn lebendig: *wenn ich zurückblicke auf ein Geschäftsjahr* (Zeile 02), *wohl wahr* (06), *und wir bauen* (37). Der Brief zieht den Leser durch Fragen in ein Gespräch hinein (18 f). Das Adenauer-Zitat (4–6) fungiert als Verstehens- und Bewertungsrahmen. Es soll nachdenklich und nachsichtig machen. Offen und ehrlich wird die schlechte Nachricht mitgeteilt (15–17). Zuvor wurden die Konsequenzen des Terroranschlags auf das *World Trade Center* erwähnt: zuerst das menschliche Leid (9 f.), dann die Auswirkungen auf die Erfolgsrechnung des Versicherungsunternehmens Allianz (11–13). Die Reihenfolge spiegelt also eine klare Werteprioritat wieder und erhöht die Akzeptanz. Die schlechte Nachricht wird in einen Kontext gestellt, der über die Bewertung und die Treue der Aktionäre entscheidet: Erinnerung an die guten Jahre (17, 26 f.), Empathie (18), Wahrnehmungskontrast durch Vergleich (23–26), Langfriststrategie (28–43), Zuversicht und Optimismus (47–49). Identitätsmanagement erfolgt durch Hinweise auf die Geschichte (3 u. 26 f), die Formulierung des Selbstverständnisses (25 f. u. 37 f.) und den Vergleich mit anderen Unternehmen (23–25).

Der Schreiber selbst weist seine Stilkompetenz durch Sicherheit und Offenheit nach sowie dadurch, dass er Probleme benennt (28–32) und Lösungen aufzeigt: *Ausbau von Kerngeschäftsfeldern ... drei Großvorhaben* (33–39 u. 42 ff.), Risikocontrolling (21). Verbundenheit wird durch folgende Texteigenschaften signalisiert: persönliche Sprache (*meine Kollegen und mich* 18), faksimilierte Anrede und Ergebenheitsformel (01 u. 51), Verbindlichkeit und Glaubwürdigkeit (*meine Antwort ist eindeutig ja* – 29; *das herausragende Beispiel* – 34 f.; *wie Sie ... nachlesen können* – 40 f.), direktes Ansprechen der Aktionäre (*für Sie, unsere Anteilseigner* 18), kontakt- und partnerorientierte Sprechhandlungen (Dank, Bitte, Frage), souveräner Gebrauch von sprachlichen Signalen der Unschärfe, hier um die kommunikativen Risiken von Partnerhypothesen zu entschärfen bzw. um die Erwartungen der Aktionäre zu steuern: *Sie werden möglicherweise fragen ...* (28); *wir können ... nicht wissen, welche Entwicklung die Weltwirtschaft nehmen wird* (44–46). Anrede- und Schlussformel betonen den Briefcharakter.

3.2 Schwächen der Aktionärsbriefe

Probleme und Schwächen

Viele Aktionärsbriefe der 30 DAX-Unternehmen aus den Jahren 2000 und 2001 verschenken Imagevorteile, weil sie das Wirkungspotenzial der Textsorte ‚Brief' nicht ausschöpfen. Die häufigsten Schwächen sind: Der Brief ist in Wirklichkeit ein verkürzter Lagebericht, es dominieren unpersönliche Formulierungen, eine Ansprache der Adressaten fehlt. Typisch sind ein spannungsloser Einstieg, mangelnde Textdramaturgie, eine fehlende Kernaussage (Leitmotiv), Monotonie in Wortwahl und Satzbau, stereotype Aussagen bis hin zum Ritualcharakter, Anglizismen, Dominanz der Innensicht (Jargon), Selbstlob, mangelnde Transparenz vor allem bei der Mitteilung schlechter Ergebnisse, Meinungen an Stelle begründeter Prognosen, Nichtthematisieren von Risiken der Geschäftsentwicklung, zuwenig Leidenschaft und Authentizität in Folge der kooperativen Textproduktion durch Gremien, fehlende konzeptionelle Vorgaben durch den Vorstand als textverantwortlicher Urheber.

3.3 Lesererwartungen

Rezeption

Bei amerikanischen Geschäftsberichten ist der Aktionärsbrief der meistgelesene Teiltext des Geschäftsberichts. Die Leser deutscher Geschäftsberichte erhoffen sich indes mehr Lesevergnügen von anderen Teilen: Umwelt, Bilanz/Konzernabschluss, Unternehmensbereiche, Forschung & Entwicklung. Allerdings rangiert der Aktionärsbrief vor den Teilen Mitarbeiter, Allgemeiner Lagebericht und Bericht des Aufsichtsrates. Strategische Aussagen scheint der Leser in anderen Teilen des Geschäftsberichtes zu vermuten (vgl. Gohr 2002: 21 u. 30). Ein Widerspruch bleibt: die Positionierung, die Unterschrift und das Foto des Vorstandsvorsitzenden, das Bemühen um persönliche Ansprache der Aktionäre und strategische Aussagen weisen dem Text eine besondere Bedeutung innerhalb des Geschäftsberichtes zu. Dass der Aktionärsbrief deutscher Unternehmen dennoch nicht die Aufmerksamkeit erfährt, die man ihm mit Blick auf die Image- und Kontaktfunktion zusprechen möchte, liegt an der Diskrepanz zwischen Inhalt und Form.

Textoptimierung

Das ist der Ansatzpunkt für jede künftige Textoptimierung. Zu beachten ist dabei, dass die Briefform noch nicht zum festen Bestandteil des Geschäftsberichtes geworden ist, denn einige Geschäftsberichte wählen statt der Briefform ein Vorwort oder verzichten ganz auf einleitende Vorbemerkungen.

4 Das für Geschäftsberichte erforderliche Sprach- und Kommunikationswissen

4.1 Linguistisches Fachwissen

Textverständlichkeit und Textverstehen

Das oberste Ziel jeder Kommunikation ist Verstehen. Verständlichkeit ist Dienst am Leser. Die meisten professionellen „Verwerter" von Geschäftsberichten haben nur wenig Zeit, um sich ein Bild von der Lage des Unternehmens zu machen. Deshalb kommt es darauf an, dass der Text für sich selbst spricht und auf allen vier Ebenen der Verständlichkeit angemessen formuliert und gestaltet ist: Einfachheit, Struktur, Prägnanz und zusätzliche Anregung. Zur Textverständlichkeit gehört auch die Klarheit des kommunikativen Zieles bzw. des Appells. Letztlich hat der Geschäftsbericht börsennotierter Unternehmen eine einzige – wenn auch allgemeinste – Botschaft: Die Aktie ist ein lohnendes Investment! Man muss wissen, wie man Fachliches adressatengerecht vermittelt (vgl. Göpferich 1998) und wie man einen Verstehenshorizont aufbaut. Das setzt voraus, den Adressaten gut zu kennen: Was für ein Vorwissen hat der Leser, welche Informationen sind für ihn relevant? Welche Informationsbedürfnisse hat er? Welches sind seine Erwartungen, Stimmungen, Gefühle? Welche Erwartungen hat das Unternehmen im Vorfeld der Berichterstattung geweckt? Wie steuert man die Erwartungen des Lesers? Wie führt man den Leser durch den Text?

Beziehungskommunikation

Das zweite Ziel jeder Kommunikation neben dem Verstehen ist die Akzeptanz. Zur Beziehungskommunikation gehören: akzeptanzstützende Maßnahmen, rituelle Kommunikation, Kontakt und Empathie, emotionale Kommunikation, sprachlicher Ausdruck von Respekt und Höflichkeit usw.

Lesbarkeit

Zudem sollte man Wissen aus der Lesbarkeitsforschung heranziehen. Wie lang sollen Sätze sein? Wie muss man texten und gestalten, damit der Leser die Wort- und Satzbedeutung schnell identifiziert?

Textdesign

Man benötigt Wissen über Mikro- und Makrotypographie sowie über die Verwendung von Abbildungen und Grafiken (vgl. Heijnk 1997: 121–132; Kuhn: 2003).

Visuelle Codes

Nötig ist auch Wissen über Qualität und Wirkung von Farben und von Fotos, insbesondere von Porträts (vgl. Schuster 2003).

Textoptimierung

Vor allem bei der redaktionellen Arbeit am Geschäftsbericht kommt es darauf an, die Texte aus den jeweiligen Geschäftsfeldern/Tochterunternehmen zu optimieren – und zwar auf den Ebenen Wort, Satz und Text.

Textsortenwissen und journalistisches Wissen

Geschäftsberichte kann nur derjenige kreativ und innovativ gestalten, der die konventionellen Muster (Darstellungsformen) kennt und um ihre Schwächen und Stärken weiß. Darstellungsformen sind z.B. Bericht, Erzählung, Reportage, Meldung, Brief, Interview usw.

Lexikalisches Wissen

Wer Geschäftsberichte schreibt, kann nicht zum Experten für die Produkte und Dienstleistungen der jeweiligen Unternehmen werden, falls er nicht fest mit einem einzigen Unternehmen verbunden ist. Umso wichtiger ist es, die Fachterminologie der Finanzkommunikation zu kennen. Welche und wie viele Fremdwörter und Abkürzungen dürfen dem Leser zugemutet werden? Wann ist ein Glossar zum Branchenvokabular angebracht?

Stilistisches Wissen

Absolute Stilsicherheit und ein hohes sprachliches Differenzierungsvermögen sind unerlässlich für die Arbeit am Geschäftsbericht. Es kommt darauf an, stets aktuell, inhaltlich vielschichtig, argumentativ herausfordernd, im Duktus brillant, immer authentisch und glaubwürdig zu schreiben. Kommunikation vollzieht sich auf der Sachebene (Was) und auf der Stilebene (Wie). Die Stilebene ist die integrative Ebene der Kommunikation und im Unterschied zur flüchtigen Information von Dauer. Stil bewirkt einen nachhaltigen Eindruck – im negativen wie im positiven Sinn. Stilistisches Wissen ist auch deshalb unerlässlich für die Arbeit am Geschäftsbericht, weil es unmittelbar imagerelevant ist. Unternehmen brauchen Aufmerksamkeit. Images geben Orientierung in einem Meer von Fakten, und Images schaffen Vertrauen auch bei nicht personaler Kommunikation.

Pragmatik und Organisationskommunikation

Man muss wissen, wie in Organisationen (Institutionen) kommuniziert wird. Die institutionellen Bedingungen für das Gelingen von Kommunikation sind zu beachten. Öffentliches Rechtfertigen, Entschuldigen, Richtigstellen und Schweigen usw. unterliegt in Institutionen (Organisationen) teilweise anderen Bedingungen als in privater Kommunikation.

Prozesse der Imagebildung und Eindruckssteuerung

Unternehmenskommunikation ist Wettbewerbskommunikation und stets auf die Unternehmensziele bezogen. Die Sprache und Gestaltung des Geschäftsberichts sollte dazu beitragen, die Ziele des Unternehmens zu erreichen. Wie bekommt man Aufmerksamkeit? Wie sichert man dem Unternehmen einen Platz im Gedächtnis der Öffentlichkeit? Was ist die zentrale Botschaft? Wie wollen wir wahrgenommen werden? Wie verkörpern wir Kompetenz? Wie gewinnen oder stabilisieren wir Vertrauen? Was macht uns sympathisch? Was macht uns glaubwürdig? Wie präsentieren sich Mitbewerber? Wie messen wir den Erfolg vor und nach einer kommunikativen Maßnahme?

Prozesse der sozialen Wahrnehmung (Kognition und Kommunikation)

Wissen über Prozesse der sozialen Wahrnehmung ist eine wichtige Voraussetzung für konzeptionelle Entscheidungen. Soziale Wahrnehmung ist Selbst- und Fremdwahrnehmung. Welche Eigenschaften werden dem Unternehmen zugesprochen? Einem Unternehmen, das bürokratisch auftritt, traut man nicht zu kreativ zu sein. Wie hängen Wahrnehmung und Kommunikation zusammen? Wie können Sprache und

Kommunikation gezielt genutzt werden, um die Wahrnehmung durch die Aktionäre positiv zu beeinflussen?

Empfehlungen

Aus den komplexen Anforderungen der Textsorte lassen sich Empfehlungen für die Formulierung und Gestaltung von Geschäftsberichten folgern (in Anlehnung an Keller 2001):

a) Kompetenz demonstrieren
Nutzen Sie die Chance, die Ihnen vor allem der Aktionärsbrief bietet. Allgemein gilt: Eine prägnante und natürliche Sprache bewirkt Zuschreibung von Sympathie und Kompetenz.

b) Glaubwürdig kommunizieren
Teilen Sie nicht nur Erfolge mit. Ein konstruktiver Umgang mit schlechten Nachrichten ist ein ausgezeichnetes Mittel, um Glaubwürdigkeit und Kompetenz zu demonstrieren.

c) Informationen veredeln
Narrativität ist ein Weg, um Informationen zu „veredeln", Neugierde zu wecken und Leser zu fesseln. Narrativität hilft, den Blick in die Vergangenheit mit dem in die Zukunft zu verknüpfen. Bringen Sie Fakten in einen argumentativen Zusammenhang, erörtern und erläutern sie dieselben. Auch Geschichten sind zusammenhängend, haben eine Dramaturgie, eine Pointe. Und sie handeln von Menschen. Menschen interessieren sich für Menschen und Geschichten. Vermeiden Sie den Fehler vieler deutscher Geschäftsberichte, die überinformativ und unterkommunikativ sind.

d) Den Aktionär (Leser) kennen lernen
Vergessen Sie nie die Perspektive Ihrer Leser, ihre Wertvorstellungen, Erwartungen, Hoffnungen, Enttäuschungen und Sorgen. Beziehungskommunikation geht logisch der Sachkommunikation voran.

e) Die Kernidee des Unternehmens deutlich machen
Machen sie die Kernidee Ihres Unternehmens deutlich. Wofür steht das Unternehmen? Wofür stehen Sie (als Vorstand)? Was ist das Soll-Image Ihres Unternehmens? Passt die Sprache zur Kernidentität?

Checkliste

Hilfreich ist auch eine Checkliste zur Sprach- und Textqualität von Geschäftsberichten (in Anlehnung an Keller 2001):

a) Rechtschreibung
Sind Rechtschreibung und Zeichensetzung korrekt? Rechtschreibfehler wirken wie ein Fleck auf einer Krawatte. Es sind Inszenierungsfehler, die nicht schlimm, aber peinlich sind. Werden die Satzzeichen als Mittel der Textgestaltung genutzt? Schlechte Texte enthalten nur Punkte und Kommata. Geschäftsberichte sind Antworten auf Fragen. Fast nie formulieren sie die Fragen, auf die sie eine Antwort geben. Das muss nicht so bleiben.

b) Morphologie
Sind Tempus, Numerus, Kasus korrekt? Sind die sprachlichen Bezüge klar und eindeutig? Wie im Falle des Verstoßes gegen die Rechtschreibung gilt: Inszenierungsfehler werden als Schlüsselreiz für man-

gelnde Managementkompetenz interpretiert. Morphologische Fehler sind zum Glück in Geschäftsberichten recht selten. Ein systematischer Fehler ist jedoch der falsche Bezug von Attributen des folgenden Typs: *die neue verstellbare Maschinengeneration.* Nicht die Generation ist verstellbar, sondern die Maschinen sind es: *die neue Generation verstellbarer Maschinen.*

c) Lexik
Ist die Wortwahl angemessen, prägnant und abwechslungsreich? Wird Fachjargon vermieden? Werden ungeläufige Termini und Abkürzungen erläutert? Finanztechnische Begriffe können beim Leser eines Geschäftsberichtes im Allgemeinen vorausgesetzt werden bzw. sind leicht nachzuschlagen. Nicht voraussetzen kann man das branchenspezifische Fachvokabular. Das ist angesichts der Branchenvielfalt unüberschaubar und auch praktisch unzugänglich. Wie man mit diesem Problem im Geschäftsbericht umgeht, erfordert eine konzeptionelle Lösung, die von Fall zu Fall anders aussehen kann. Ist die Zahl der Fachbegriffe relativ gering, kann man sie im Text erläutern, sonst empfiehlt sich ein Glossar. Auch Online-Hilfen können zweckmäßig sein, weil sie die Druckkosten reduzieren und ein Service sind. Treffen die Sprachbilder? Welche Konnotationen und Assoziationen lösen die verwendeten Wörter beim Leser aus? Beispiele: *Produktpipeline, Patientenpopulation, Personalanpassung* usw. Ein Text wird lesefreundlich, wenn der Wortschatz lebendig und treffend ist. Unnötige Wortwiederholungen ermüden, treffende Metaphern beleben. Insbesondere bei Metaphern sind Stilblüten zu vermeiden: *Wir haben auf allen Feldern die Weichen neu gestellt.*

d) Syntax
Ist der Satzbau korrekt, klar und abwechslungsreich? Verteilen sich Haupt- und Nebeninformationen richtig auf Haupt- und Nebensätze? „Hört" man den Rhythmus der Rede? Sätze können schwer verständlich sein, weil sie zu lang, zu komprimiert oder vage sind. Das folgende Beispiel ist zwar nicht lang, aber dennoch unklar, weil es syntaktisch vage ist: *Im Strombereich lag der Umsatz trotz eines Absatzanstiegs um 5,2% unter dem des Vorjahres.*

e) Stil
Enthält der Text Stilbrüche oder ist er aus einem Guss? Ist er narrativ und anschaulich geschrieben? Ist eine Textdramaturgie erkennbar? Ist der Text frei von Bürokratendeutsch? Bürokratendeutsch ist nicht nur schwer verständlich und unästhetisch, sondern es ist ein Schlüsselreiz dafür, dass ein Unternehmen als ineffizient, umständlich und unfreundlich wahrgenommen wird. Substantivhäufung, Passivlastigkeit, Partizipialattribute, Funktionsverbgefüge und Floskeln sind Elemente eines bürokratischen Stils. Floskeln: *DaimlerChrysler betrachtet sich als ein aktives Mitglied der Gesellschaft* (2002). Funktionsverbgefüge: *Optimierung durchführen* statt *optimieren. Nominalstil: Kosteneinsparungen werden durch die Schaffung von Synergien erreicht* statt *Wir sparen Kosten dadurch ein, dass wir Synergien schaffen.* Das letztgenannte Beispiel ist zugleich im Passiv formuliert. Nach Rudi Keller ist das Passiv nicht per

se schlecht. Das ist richtig mit Blick z.B. auf die Thema-Rhema-Struktur von Äußerungsfolgen (*Ihr Ausweis ist da. Er kann abgeholt werden*), aber zweifelhaft mit Blick auf die von Keller in Betracht gezogene Verwendungsweise. Kellers Empfehlung läuft nämlich darauf hinaus, bei schlechten Nachrichten den Verantwortlichen zu verschweigen und bei guten Nachrichten ins rechte Licht zu setzen: „Es [das Passiv; H. E.] eignet sich zum Beispiel vorzüglich dazu, schlechte Nachrichten mitzuteilen, denn es erlaubt, den Akteur ungenannt zu lassen" (Keller 2001: 9; Anm. 4). Warum soll ein Vorstand nicht – wie z. B. im Falle der Bayer AG geschehen – offen und ehrlich sagen *Wir haben unsere Ziele nicht erreicht* (Geschäftsbericht 2001). Der Vorstand kann dabei, was die Glaubwürdigkeit betrifft, nur gewinnen. Leider dominiert im Management die Vorstellung vom Maschinenmodell des Unternehmens, was zu einer einseitigen Ursachenzuschreibung verführt: Für Erfolge ist demnach ausschließlich das Management verantwortlich, für Misserfolge die Situation: *Im Jahr 2003 planen wir für den Konzern, ein höheres Ergebnis zu erwirtschaften als im Vorjahr. Vor dem Hintergrund des weltwirtschaftlich sehr schwierigen Umfeldes wäre es jedoch unverantwortlich, eine detailliertere Prognose für den Augenblick zu geben. Diejenigen Stellgrößen unseres Geschäfts, die wir direkt beeinflussen können, haben wir im Griff. Es liegt jedoch auf der Hand, dass sich die zunehmende politische und wirtschaftliche Unsicherheit auf das Unternehmen auswirken kann* (Geschäftsbericht DaimlerChrysler 2003). Eine der großen Herausforderungen bei der Suche nach neuen Organisationsformen und Traditionen des Sprechens ist die Herausbildung eines kontextsensiblen femininen Stiles im Unterschied zum kontextfreien männlich-militärischen Stil („Mehr Druck – mehr Leistung").

f) Leserorientierung
Führen sprachliche Signale den Leser durch den Text? Argumentationssignale, Kohärenzsignale, Querverweise? Werden Aufzählungen optisch gegliedert? Stellt sich das Unternehmen vor? Ergänzen die Bildunterschriften die Abbildungen? Wichtig ist es auch, das Unternehmen vorzustellen. Das gilt auch für scheinbar bekannte Unternehmen. Nicht jeder, der z.B. MAN als LKW-Hersteller kennt, weiß, dass das Unternehmen einer der größten Hersteller von Druckmaschinen ist.

g) Textlogik
Ist der Text klar aufgebaut? Ist die Argumentation stringent? Ist eine durchgehende Leitidee erkennbar? Gibt es eine klare funktionale und thematische Aufgabenverteilung unter den Teiltexten? Viele Geschäftsberichte erzählen alles dreimal: einmal im Lagebericht, ein zweites Mal im Regionalbericht und ein drittes Mal im Bericht aus den Geschäftsbereichen. Mit Hilfe von Querverweisen lässt sich Redundanz auf das didaktische Minimum reduzieren. Ein Mittel, Kohärenz herzustellen, ist die Verwendung eines Leitmotivs. Coca Cola wählte 1995 das Motiv „infinity": Auf dem Titel erscheint das Motiv der Unendlichkeit, symbolisiert durch eine Möbiusschleife. Im Aktionärsbrief erläutert der CEO seinen „fellow share owners" die unbegrenzten Möglichkeiten des Unternehmens, und über den gesamten Text

des Berichts wird immer wieder auf das Leitmotiv Bezug genommen. Ein Leitmotiv zwingt den Autor zu thematischer Fokussierung. Ereignisse werden dann nicht bloß aneinandergereiht, sondern ausgewählt und einer bestimmten Sehweise zugeordnet.

h) Textstrukturierung
Sind Vorspanne und Zusammenfassungen sinnvoll eingesetzt? Ist der Text systematisch durch Überschriften erschlossen? Passen die Überschriften formal und logisch zueinander? Klassifizierende Überschriften (*Umsatz*) haben den Vorteil der Klarheit. Sprechende Überschriften den der größeren Informativität (*Umsatz erneut gestiegen*).

i) Textorganisation
Ist das Inhaltsverzeichnis übersichtlich und in sich stimmig? Passt es zum Aufbau des Textes? Stellen Übersichten die Struktur des Unternehmens dar? Ist ein Glossar bzw. ein Stichwortverzeichnis vorhanden? Finanztechnische Begriffe kann man eher voraussetzen; außerdem sind sie in Wirtschaftswörterbüchern relativ leicht nachzuschlagen. Die Kenntnis branchenspezifischer Terminologien sollte nicht vorausgesetzt werden.

4.2 Nicht-linguistisches Fachwissen

Nicht-linguistisches Fachwissen

Sprachliches Wissen allein reicht bei weitem nicht aus, um in *Public Relations* (PR) und *Investor Relations* (IR) erfolgreich tätig zu sein. Je mehr Kommunikation zu einer zentralen Managementaufgabe wird, umso wichtiger ist es für die Kommunikationsfachleute, dass sie diejenigen Aufgabenanteile kennen, die Spezialwissen erfordern, um dieses Wissen zu integrieren und um mit den jeweiligen Spezialisten zu kooperieren.

Juristisches Wissen

Rechtsfragen spielen in vielen Bereichen eine Rolle. Die Fragen betreffen das Presserecht ebenso wie das Urheberrecht, wenn es beispielsweise um die Verwertung von Text- und Bildmaterial geht. Sie betreffen das Patentrecht, wenn es um den Namen eines Unternehmens geht. Rechtsfragen der *Investor Relations* (IR) berühren vor allem die Rechnungslegung (Bilanzrecht) sowie die Offenlegungs- und Mitteilungspflichten börsennotierter Unternehmen. Unter Umständen kollidieren die Mitteilungen oder Veröffentlichungen mit Geheimhaltungspflichten. Nach dem Börsengang können die Pflichten aus dem Insiderrecht (§§ 12 ff. Wertpapierhandelsgesetz) einer Mitteilung entgegenstehen. Ein eigenes Feld stellen die Grundsätze ordnungsgemäßer Ad-hoc-Publizität dar, wie sie sich aus § 15 des Wertpapierhandelsgesetz seit 1995 ergeben. Zu beachten sind die EU-Transparenzrichtlinie (nationale Umsetzung ab 1.1.2007) sowie die EU-Modernisierungsrichtlinie: Umsetzung durch §§ 289, 315 HGB, DRS 15: Finanzielle und nicht-finanzielle Leistungsindikatoren, Risiken *und* Chancen (ab 2005).

Wirtschaftliches Wissen

Im Rahmen der Investorenkommunikation gibt es zahlreiche betriebswirtschaftliche Zusammenhänge, die zu berücksichtigen sind. Hierzu zählen u.a. die Bewertung immaterieller Vermögenswerte, IR als Wertsteigerungsmanagement, die Internationalisierung der deutschen Rechnungslegung oder auch die Frage nach dem Zugang zu Kapital aus den USA.

Psychologisches Wissen

Ein zentrales Handlungsfeld der Public Relations im Sinne von Kommunikationsmanagement wird von all jenen Prozessen definiert, zu deren Beeinflussung und Steuerung Wissen aus dem Bereich der Sozialpsychologie erforderlich ist. Ohne auf Grenzfälle und Übergänge eingehen zu können, seien hier einige Stichworte genannt: Mitarbeiter- und Kundenbefragungen, Gestaltung von Symbolmilieus im Unternehmen, Skandalforschung, die Bedeutung der informellen Kommunikation für die betriebliche Wertschöpfung, Befindlichkeit von Mitarbeitern, Unternehmensentwicklung durch eine verbesserte Kommunikation von Mann und Frau am Arbeitsplatz *(Gender Mainstreaming)*.

Unternehmenskultur

Zu einem eigenständigen Forschungsgegenstand hat sich in den letzten Jahren die Unternehmenskultur entwickelt. Inhalte der Unternehmenskultur sind die Werte, Ziele und Normen, die Kompetenzen, die Sprache, die Sitten und Gebräuche sowie der Gestaltungsstil und das Design eines Unternehmens. Besonders das Handlungsfeld der IR ist eng mit dem Marketing verknüpft. Nach wie vor werden Unternehmen über Produkte und Dienstleistungen geführt. Mehr und mehr entscheidet jedoch ein professionelles Markenmanagement über die Akzeptanz und den Wert des Unternehmens sowie seine Positionierung am Markt. Entsprechend wird die Aktie mehr und mehr als Marke oder Markenprodukt angesehen und auch so behandelt. Erforderlich sind Profilierung im und Differenzierung vom Wettbewerb, um Kunden zu gewinnen und zu binden. Die Identität der Marke kann als strategische Ressource eingesetzt werden.

5 Allgemeine Ziele der Investor Relations

Investor Relations (IR)

Der Geschäftbericht ist nur ein Element der breiten Palette der *Investor Relations*, die prinzipiell folgende Finanz- und Kommunikationsziele verfolgen (s. Tab. 3):

Tab. 3 Ziele der Investor Relations

A. Finanzwirtschaftliche Ziele	B. Kommunikationspolitische Ziele
– Senkung der Eigenkapitalkosten – Geringe Schwankung des Aktienkurses – Zugang zu global verfügbarem Kapital – Schutz vor feindlichen Übernahmen – Hilfe bei Krisenmanagement – Implementierung von Strategien des Kaufs/Verkaufs von Unternehmen – Beeinflussung der Aktionärsstruktur – Hoher Aktienkurs als Akquisitionswährung	– Den Unternehmenswert dem Kapitalmarkt verdeutlichen – Vertrauensaufbau und -pflege – Steigerung des Bekanntheitsgrades – Unternehmen in der Branche positionieren – Informationsstand verbessern – Image positiv beeinflussen – Attraktivität für (neue) Mitarbeiter steigern (Aktienoptionsprogramme)

Grundsätze der IR

Grundsätze der IR sind: eine kontinuierliche und glaubwürdige Finanzkommunikation, die Beschränkung auf entscheidungsrelevante Informationen (Wesentlichkeit), die Zielgruppenbezogenheit (z.B. persönliche Gespräche und Telefonkonferenzen für die Unterrichtung institutioneller Investoren), Transparenz, Gleichzeitigkeit (alle Zielgruppen müssen gleichzeitig informiert werden) und Aktualität (kursrelevante Informationen müssen sofort der Finanzwelt zur Verfügung gestellt werden).

Der IR-Prozess lässt sich in verschiedene Phasen einteilen:

Phasen der IR

(1) den Markt verstehen,
(2) die Produkte und Services verstehen und kommunizieren,
(3) die Zielgruppen identifizieren und verstehen,
(4) Ziele definieren: Instrumente anwenden, Wirkungen kontrollieren, Schlüsse ziehen.

Die Zielgruppen von IR sind:

Zielgruppen der IR

(1) **Private Anleger.** Sie sind eine zahlenmäßig große und heterogene Gruppe, die über das geringste Anlagekapital pro Entscheider verfügt. Das bedeutet für das Unternehmen einen hohen Zeit– und Kostenaufwand relativ zum einzelnen Aktionär, der zudem schwer identifizierbar ist. Andererseits sind gerade die Privatanleger „ihrem" Unternehmen langfristig treu.
(2) **Institutionelle Anleger** wie z.B. Versicherungen und Investmentfonds erwarten sehr detaillierte Informationen über das Umfeld, die Besonderheiten des Unternehmens, seine Zielvorstellungen und Strategien für einen Fünf-Jahres-Zeitraum.
(3) **Multiplikatoren** sind Wirtschaftsjournalisten, Banken, Wertpapieranalysten, Fondsmanager, Ratingagenturen.

6 Lernen am Modell: Die Praxis ausgezeichneter Geschäftsberichte

Praxisbeispiele

Am Beispiel zweier ausgezeichneter Geschäftsberichte lassen sich erfolgreiche kommunikative Strategien aufzeigen.

6.1 Der Vorwerk-Geschäftsbericht: Ein Bericht mit Kultstatus

Beispiel Vorwerk

Vorwerk ist stets davon ausgegangen, dass Unternehmen einmalig sind. Also muss auch der Geschäftsbericht einmalig und unverwechselbar sein. Es sind die thematische Aufbereitung und künstlerische Gestaltung der Geschäftsberichte, welche dem Unternehmen Jahr für Jahr ein hohes Maß an Aufmerksamkeit und Ansehen sichern. Sie sind mittlerweile zum Markenzeichen Vorwerks geworden und haben Kultstatus und Sammlerwert.

Bedeutung des Rahmenthemas

Neu war, den informativen Teil des Geschäftsberichts in ein aktuelles Rahmenthema einzubetten. Die Themen stellen auf ganz unterschiedliche Weise einen Bezug zu Vorwerk und den Menschen, die dort arbeiten, her. Das Unternehmen signalisiert damit, dass es gerade auch der Alltagskultur als Teil der Unternehmenskultur ganz besondere Beachtung schenkt. Themen waren beispielsweise: Bindungen (2000), Rituale (1999), Missverständnisse (1998), Stimmungen (1996), Gefühle (1994), Veränderungen (1993). Jedes Thema wird auf eine aspektreiche Weise aufbereitet. Die Mischung stilistischer und grafischer Mittel wie Karikatur, Fotografie, Gags und Spiele mit beschreibenden, erläuternden und unterhaltsamen Texten bietet dem Leser ein hohes Maß an Abwechslung und Information.

Für den Bericht des Jahres 1997 wählten Kommunikationschef Manfred Piwinger und der Autor des vorliegenden Beitrags das Thema *Impression Management*. Wir haben theoretische Grundlagen studiert und auf den verschiedensten Feldern nach einschlägigen Beispielen dafür gesucht, wie Menschen und Organisationen den Eindruck, den sie auf andere machen, aktiv steuern. Im Mittelpunkt stand der *Return on Investment* – der Nutzen, den ein guter Ruf für eine Person oder eine Institution hat. Neben populärwissenschaftlichen Kurzinformationen zum Thema haben wir folgende Beispiele ausgewählt, um das Thema zu illustrieren: Die Selbstdarstellung römischer Kaiser, die Wirkung von Titeln, das Für und Wider von Schönheitsoperationen, der „Teufelsgeiger" Nicolo Paganini, die Kontrolle über das eigene Foto, Kafkas Bewerbungsschreiben für eine Stelle bei der Prager Arbeiter-Unfallversicherung, ein Selbstportrait des Künstlers David Hockney, Heiratsanzeigen, die Selbstdarstellung der Rocker, die Selbstdarstellung Rudolph Valentinos, Symbole als Attribute von Persönlichkeiten wie John Lennon (Brille), Ludwig Erhard (Zigarre), Charlie Chaplin (Spazierstock), die Kontrolle des Selbstbildes vor dem Spiegel. Was sollten die Leser auf eine unterhaltsame Art und Weise lernen? „Gezielte Imagepflege ist [...] keine Sache außergewöhnlicher Eitelkeit, sondern eine elementare Angelegenheit des Überlebens" (Richard Münch) – auch dieses Zitat ein schmückendes Element eines Geschäftsberichtes, der seine eigenen Wirkungsbedingungen reflektiert und mit einem außergewöhnlichen Titel zum Ausdruck bringt: *Der Vorwerk Geschäftsbericht 1997.*

6.2 Das Beispiel HypoVereinsbank

Beispiel HypoVereinsbank

Die Ausgangssituation und die Berichtsziele des HypoVereinsbank-Geschäftsberichtes im Jahre 1999 waren: Das Jahresergebnis war fusionsbedingt belastet. Das wurde auch offen im Aktionärsbrief kommuniziert. Außerdem wurde die Kluft zwischen Wunsch und Wirklichkeit bei zwei von drei Konzernzielen benannt: Die Eigenkapitalrendite war gesunken, und die *Cost-Income-Ratio*, die Messlatte für Kosteneffizienz, hatte sich unbefriedigend entwickelt. Nur beim Anteil des Provisionsergebnisses waren enorme Fortschritte erreicht worden. Berichtsziel war es, „einerseits die Belastungen des Geschäftsergebnisses durch die „*Workout*-Immobilien" detailliert aufzuzeichnen, andererseits die Konzernstrategie und die Zukunftsaussichten der HypoVereinsbank überzeugend darzustellen. Dies gelang durch den weiteren Ausbau des Prognoseteils im Bericht. Die in der Unternehmensbereichsrechnung erstmals veröffentlichten Planungs-Eckdaten verschafften den Lesern, extern wie intern, einen guten Einblick in die Konzernsteuerung. „Die Strategie der HypoVereinsbank zieht sich wie ein roter Faden durch den gesamten Geschäftsbericht [...]: Bank der Regionen in Europa, fokussierte Universalbank mit eindeutig definierten Kernkompetenzen" (Gazdar 2002: 105). Sie wird an mehreren Stellen hervorgehoben: im *Mission Statement*, das im Zeichen wertorientierter Unternehmensführung steht, im Aktionärsbrief, der die Strategie und Konzernziele darstellt, sowie im Kapitel „Die Aktie", das aufzeigt, wie wertorientierte Unternehmensführung mit Blick auf die Aktionärserwartungen am Kapitalmarkt umgesetzt wird: mehr Ergebnistransparenz, mehr Präsenz an den Finanzmärkten, Intensivierung des Dialogs mit Privataktionären über das Internet.

Tab. 4 Entstehungsprozess eines Geschäftsberichts

Der Geschäftsberichts der HypoVereinsbank von 1999 war das Ergebnis eines langen kommunikativen Prozesses (vgl. Gazdar 2002):

Analyse	April bis Juni 1999

Analyse von Best Practice Beispielen weltweit. Manöverkritik zum letzten Bericht. Analyse sprachlicher Gepflogenheiten der internationalen Finanzmärkte.

Konzeption	Juli bis Oktober 1999

Diskussion der Textstruktur, erste Gestaltungsideen. Sondierung thematischer Schwerpunkte. Ergebnisse der jährlich durchgeführten Aktionärsumfrage liegen vor und fließen in die Konzeption ein.

Planung	November bis Dezember 1999

Erstellung eines detaillierten Zeitplanes. Verabschiedung des Konzeptes. Die Struktur des Berichts und die Einteilung in mehrere Bände werden beschlossen. Das Autorenteam führt anhand eines detaillierten Anforderungsprofils eine Befragung der einzelnen Unternehmens- und Dienstleistungsbereiche durch.

Durchführung	Januar bis März 2000

Texte werden geschrieben und mit dem Vorstand abgestimmt. Das komplette Zahlenwerk und der Konzernlagebericht werden vom Konzernrechnungswesen verantwortet. Das Layout wird in enger Zusammenarbeit zwischen IR und der Gestaltungsabteilung erstellt. Die Texte werden lektoriert und auf Plausibilität überprüft. Mitte März findet die Druckfreigabe statt. Danach werden die Vorauflagen von der Projektkoordination gesteuert. Auflage des großen Geschäftsberichts: 30.000, Auflage des Kurzgeschäftsberichts: 200.000.

7 Ausblick und Hinweise

Aktuelle Situation

Public Relations sind ein Berufsfeld, das sich in Deutschland gegenwärtig in einer Phase der Konstitution befindet, und zwar mit einer Tendenz hin zu einem integrierten Berufsfeld „Kommunikationsmanagement". PR bieten sehr gute Perspektiven für Ein- und Umsteiger, auch und gerade aus dem Bereich der Angewandten Linguistik. Rund 16.000 PR-Fachleute sind als Angestellte in Unternehmen, Fachagenturen oder als Freiberufler mit den verschiedensten Kommunikationsaufgaben betraut. Die Prognosen sehen eine Verdoppelung der Arbeitsplätze bis 2010 vor.

Prognose

PR haben im letzten Jahrzehnt eine sprunghafte Entwicklung durchlaufen. Das Aufgabenspektrum hat sich z. B. um die Finanzkommunikation (IR) erweitert, und es sind Aufgaben wichtig geworden, die strategisch-konzeptionelle und analytische Fähigkeiten verlangen. Die Bezeichnung „Kommunikationsmanagement" deutet darauf hin, dass in der Spitze PR heute in der Bundesrepublik eng eingebunden sind in die Strategiediskussion und die Analyse sowie die Gestaltung der Unternehmenskultur eines Unternehmens. Die Funktion „Kommunikation" wird – neben Personal – zum Schlüsselressort im Unternehmen. Aus vielen Gründen stellen sich Unternehmen heute verstärkt die Frage: Was kostet und was bringt Kommunikation eigentlich? Gerade die Erwartungen und Anforderungen des Kapitalmarktes führen zu verstärkten Bemühungen, den Beitrag von Kommunikation zur Wertschöpfung rechenbar zu machen (vgl. Piwinger/Ebert 2002). Schon heute gibt es in einzelnen Unternehmen so genannte „Kommunikationsbeiräte". Das kann als Anzeichen gewertet werden, dass die bisherigen Kommunikationsaufgaben gebündelt und strategisch näher auf die Unternehmensziele Gewinn/Umsatz, Personal und Kunden ausgerichtet werden – bis hin zum neuen Berufsbild des „Kommunikationsmanagers".

Perspektive: Kommunikationsmanagement

Kommunikation als Schlüsselressort in Unternehmen

V

Mündlich kommunizieren

Einleitung

Mündliche Kommunikation: Naturwüchsige und systematisch bildbare Fähigkeit

Mündlich zu kommunizieren ist die Form des Sprachgebrauchs, die jeder von uns von klein auf ganz selbstverständlich lernt. In der Familie, in der Gleichaltrigengruppe und in Ausbildung und Beruf ist mündliche Kommunikation das Fundament des sozialen Austauschs. Dieses Fundament bildet sich langsam im Verlauf des Spracherwerbs und verändert sich in lebenslangen Prozessen der sprachlichen Sozialisation. Die Entwicklung von Gesprächsfähigkeiten (vgl. Artikel I.4) ist aber in viel geringerem Maße als der Erwerb von Lese- und Schreibfähigkeiten (vgl. Artikel I.1 und I.3) Gegenstand einer spezialisierten formalen Schulbildung. Mündliche Kommunikationsfähigkeiten entwickeln wir zunächst und vor allem in alltagspraktischen Zusammenhängen, en passant und ohne ausdrückliche Instruktionen. Manchmal erweist sich dieses selbstverständliche Fundament als nicht ausreichend: Unbemerkte Missverständnisse entfalten unangenehme Folgen, Konflikte lassen sich nicht lösen, Gespräche verlaufen ineffizient und ergebnislos, es gelingt nicht, Adressaten zu motivieren und zu überzeugen. Angesichts solcher Erfahrungen wird es zu einem gesellschaftlichen Bedürfnis, auch die naturwüchsig entwickelten mündlichen Kommunikationsfähigkeiten systematisch und zielgerichtet zu verbessern (vgl. Fiehler 2002).

Nicht-linguistische Ansätze

In der Regel sind es Psychologen, Pädagogen, Rhetoriker, Betriebswirtschaftler und Autodidakten, die die Kommunikations- und Rhetoriktrainings und die Ratgeberliteratur beherrschen (vgl. Antos 1996). Der Zugang zum Markt wird weniger über akademische Qualifikationen reguliert, sondern wesentlich durch privatwirtschaftlich angebotene Ausbildungen und Zertifikate. Da sie das Bild prägen, das die Gesellschaft von Zielen und Verfahren der „Optimierung" von Kommunikationsfähigkeit hat, ist es sehr wichtig, die gängigen Ansätze zu kennen. Wer in diesem Feld arbeiten will, sollte sich also mit Grundkonzepten des Neurolinguistischen Programmierens (Dilts 2001), dem Hamburger Verständlichkeitsmodell von Schulz von Thun (1981), dem Sender-Empfänger-Modell und populären Rhetorikratgebern vertraut machen. Für den Angewandten Linguisten ist es eminent wichtig, erkennen und vermitteln zu können, inwieweit sein fachwissenschaftlich fundiertes Vorgehen anderen, häufig wissenschaftlich nicht begründeten Ansätzen überlegen ist. Andererseits muss er sich der Grenzen eines rein linguistisch begründeten Vorgehens bewusst sein und diese durch Kenntnisse aus anderen Fachwissenschaften (v.a. Psychologie, Soziologie und Pädagogik) und durch Wissen über das Anwendungsfeld (Wirtschaft, Verwaltung, Medizin etc.) erweitern.

Linguistische Untersuchungen

Die Linguistik hat mündliche Kommunikation in den unterschiedlichsten gesellschaftlichen Handlungsbereichen untersucht (vgl. Becker-Mrotzek 1999). Die meisten Berufsmöglichkeiten für den Angewandten Linguisten bietet das Feld der Wirtschaftskommunikation. Hier wurden bspw. Arbeitsbesprechungen, Verhandlungen, Verkaufs- oder Servicegespräche untersucht (vgl. Brünner 2000; als kurzen Überblick s. Artikel V.1.2). Ein weiterer zentraler Bereich ist die Schule, die in den Artikeln I.4 und I.5 behandelt wird. Forschungen liegen auch zu Arzt-Patient-Gesprächen (Neises/Ditz/Spranz-Fogasy 2005), zu psychotherapeutischen und Beratungsgesprächen (Kallmeyer 2000) und zu Schlichtungsinteraktionen im Bereich der Justiz (Nothdurft 1995) vor.

Anforderungen des Berufsfelds

Das Arbeitsfeld der mündlichen Kommunikation erfordert vom Angewandten Linguisten fachliche und didaktische Fähigkeiten in zwei großen Aufgabenbereichen:

- Analyse und Diagnose von mündlicher Kommunikation
- Durchführung von Förderungsmaßnahmen mündlicher Kommunikation

Analyse und Diagnose

Die Analyse und Diagnose mündlicher Kommunikation erfordert ein solides allgemeinlinguistisches Wissen und Kenntnisse von Untersuchungen zum Kommunikationsbereich, in dem gearbeitet werden soll. Vor allem müssen die Methoden, Konzepte und Befunde der Forschungsrichtungen, die mündliche Kommunikation untersuchen (vgl. Brinker et al. 2001), beherrscht werden:

Gesprochene Sprache-Forschung

- Die Gesprochene Sprache-Forschung (Fiehler et al. 2004; Schwitalla 2003) beschreibt die besonderen phonologischen, aber auch syntaktischen, semantischen u. a. Eigenschaften, die gesprochene Sprache von der geschriebenen unterscheiden, und sie untersucht, welche speziellen Funktionen diese Eigenschaften in Gesprächen haben.

Konversationsanalyse

- Die Konversationsanalyse untersucht, nach welchen Prinzipien Kommunikationsteilnehmer ihre Gespräche organisieren (Bergmann 1994; Hutchby/Wooffitt 1998). Sie rekonstruiert, wie Gesprächsteilnehmer die Bedeutung ihres Tuns anzeigen und aushandeln, mit welchen Verfahren sie regelmäßig wiederkehrende Interaktionsaufgaben und -probleme bearbeiten und an welchen impliziten Erwartungen sie sich beim Produzieren und Verstehen von Gesprächsbeiträgen orientieren.

Funktionale Pragmatik

- Die Funktionale Pragmatik baut auf der Sprechakttheorie auf und befasst sich mit der Kommunikation in Institutionen (Ehlich/Rehbein 1986; Ehlich 1991). Sie fragt, wie gesellschaftliche Zwecke durch sprachliche Handlungsmuster verfolgt werden. Sie betrachtet den Zusammenhang zwischen dem diskursiven Handeln gesellschaftlicher Rollenträger (z. B. Verkäufer und Käufer) und ihren Interessen und zeigt die daraus resultierenden Probleme und Widersprüche institutioneller Kommunikation auf.

Interaktionale Soziolinguistik

- Die interaktionale Soziolinguistik ist aus der Untersuchung interkultureller Kommunikation entstanden (vgl. Kapitel VI.3; Gumperz 1982a; Auer 1999: 164 ff.). Sie befasst sich mit Strategien der Kontextualisierung, mit denen indirekt Einstellungen zum Gesprächspartner, Redeintentionen, Identitätszuschreibungen, Anspielungen usw. signalisiert werden, und untersucht Probleme, die entstehen, wenn sich Strategien der Gesprächsteilnehmer nicht decken.

Authentische Gespräche als Datengrundlage

Diese vier Ansätze bilden den Kern der Gesprächsforschung in Deutschland. Sie alle arbeiten mit Audio- bzw. Video-Aufzeichnungen authentischer Gespräche als Datengrundlage für den Gewinn wissenschaftlicher Erkenntnisse. Authentisch sind solche Gespräche, die genau der Kommunikationspraxis entstammen, über die Aussagen gemacht werden sollen, und die nicht eigens für Forschungszwecke arrangiert wurden. Zwar ist es in der angewandten Arbeit vor Ort oft sehr schwierig, solche Aufnahmen zu erhalten. Doch sollte soweit als möglich versucht werden, spätere Fördermaßnahmen auf die Analyse der tatsächlichen Kommunikationspraxis zu stützen, die verbessert werden soll, da sonst gar nicht klar ist, welche Probleme virulent sind (vgl. Artikel V.1 und V.3).

Transkription

Um Gespräche detailliert untersuchen zu können, müssen sie transkribiert werden. Transkription meint die Verschriftung von Audio- oder Videoaufnahmen mündlicher Kommunikation nach speziellen Notationskonventionen, genannt „Transkriptionsvorschriften". Mit diesen Vorschriften sollen die besonderen Eigenschaften von Mündlichkeit wiedergegeben werden.

Eigenschaften mündlicher Kommunikation

Die mündliche Kommunikation im Gespräch unterscheidet sich nämlich ganz grundsätzlich von der schriftlichen dadurch, dass sie

- von mehreren Beteiligten,
- stimmlich-akustisch,
- in einem fortlaufenden, flüchtigen und unumkehrbaren Prozess,
- mit Beteiligung des Körpers als kommunikativem Ausdrucksfeld,
- in einer konkreten raumzeitlichen Situation

realisiert wird.

Transkriptionsvorschriften

Entsprechend muss in Transkripten vieles notiert werden, was in Texten normalerweise nicht zu finden ist. Dazu gehört vor allem:

- die genaue Abfolge der Gesprächsbeiträge (*turns*) der Sprecher,
- die genaue, unbereinigte Notation des Gesprochenen, mit Versprechern, Abbrüchen, Reparaturen, Wiederholungen, ungrammatischen Formen etc.,
- die zeitlichen Eigenschaften der Kommunikation (Sprechtempo und Pausen),
- die prosodischen und stimmlichen Eigenschaften (Lautstärke, Tonhöhe, Sprechausdruck, dialektale Lautung),
- nicht-verbale Aktivitäten (vokale: Lachen, Gähnen, Einatmen etc.; Körperausdruck: Gestik, Mimik, Blickkontakt, Proxemik etc.; Parallelhandlungen während des Gesprächs: Dinge übergeben, Lesen, Essen etc.).

Nur durch die genaue Notation dieser Phänomene konnte entdeckt werden, dass vieles, was uns zunächst chaotisch, (grammatisch) falsch oder überflüssig zu sein scheint, in Gesprächen systematisch eingesetzt wird. Das gilt z.B. für Rückmeldesignale (*hm, ja*) und Gliederungssignale (*äh*), syntaktisch unvollständige Strukturen (Ellipsen), Wiederholungen oder Übertreibungen (Hyperbeln).

Anfertigung und Einsatz von Transkripten

Transkribieren ist eine zeitaufwändige Arbeit, die genauso wie das Lesen von Transkripten eingeübt werden muss. Da solche Erfahrung für die Lektüre des Lehrbuchs nicht vorausgesetzt werden kann, sind die Transkripte in diesem Buch nach vereinfachten Vorschriften angefertigt, die auf der beiliegenden CD zu finden sind. Die Fähigkeit, Transkripte anzufertigen, zu lesen und zu analysieren, ist unerlässlich, wenn man sich als Linguist mit mündlicher Kommunikation befasst. In der Arbeit mit Transkripten entwickelt sich der Blick für die Details des Interaktionsgeschehens und ihr Zusammenspiel. In der praktischen Arbeit im Berufsfeld ist es jedoch häufig nicht möglich, Transkripte von Aufnahmen zu erstellen. Der linguistische Gesprächsanalytiker wird hier gezwungen sein, Abkürzungsverfahren zu benutzen, die er seinem professionellen Wissen über typische Probleme und Lösungsmöglichkeiten entnehmen muss.

Gesprächsauswertung

Bei der Auswertung von Gesprächen ist zu rekonstruieren, nach welchen Prinzipien und mit welchen sprachlich-kommunikativen Verfahren Gesprächsteilnehmer ihren Austausch organisieren und welche Aufgaben, Ziele und Probleme sie dabei bearbeiten (Deppermann 1999 und als kurze Einführung Artikel V.2.2). Mit Blick auf Anwendungskontexte interessiert, wodurch Kommunikationsprobleme entstehen und wie ihnen vorgebeugt werden kann bzw. wie sie bereinigt werden können (vgl. Artikel V.1 und V.3). Das Interesse kann sich auf den Einsatz von kommunikativen Verfahren richten und nach ihrer Leistungsfähigkeit und problematischen Folgen fragen. Artikel V.2 diskutiert dies am Beispiel von Metaphern im Beratungsgespräch. Umgekehrt kann untersucht werden, in welchen Teilschritten und mit welchen sprachlich-kommunikativen Verfahren eine Kommunikationsaufgabe zu bewältigen ist und welche Probleme dabei entstehen können. Artikel V.1 zeigt dies an einem Servicegespräch, Artikel V.3 an der Erteilung einer Auskunft.

Förderungsmaßnahmen

Förderungsmaßnahmen können einzelfallbezogen oder als problembezogenes Programm durchgeführt werden. Die einzelfallbezogene Beratung analysiert zunächst die in der Kommunikationspraxis vor Ort festzustellenden Probleme und entwickelt dann für die Betroffenen und zusammen mit ihnen Handlungsalternativen. Trainings gehen dagegen davon aus, dass eine in ihren Grundzügen bekannte Problemsituation anzunehmen ist, die in oftmals vorab als Programm festgelegten Trainingsschritten bearbeitet werden kann. Diese können unterschiedlich stark didaktisiert sein und an die individuellen Bedingungen vor Ort und die speziellen Probleme und Fähigkeiten der Trainingsteilnehmer angepasst werden.

Schwerpunkte der Artikel

Die folgenden drei Artikel befassen sich mit der Analyse und Förderung von mündlicher Kommunikation in der Wirtschaft. Im Artikel V.1 „Gesprächsanalyse in der betrieblichen Praxis" diskutiert *Martin Hartung*, wie Gesprächsanalyse im Kontext von Organisationsentwicklungsmaßnahmen eingesetzt werden kann und geht dabei auf unterschiedliche Verwendungszwecke der Gesprächsanalyse und auf die Abfolge der einzelnen Phasen einer Maßnahme im Betrieb ein. Der Artikel V.2 „Gesprächsberatung in Organisationen und Institutionen" von *Stephan Habscheid* liefert theoretische Grundlagen zur (Gesprächs-)Beratung und zum Kontext des Arbeitens in Institutionen und Organisationen und exemplifiziert beides am Beispiel der Analyse der Beratung von Personalmanagern durch eine Beratungsfirma. *Reinhard Fiehler* und *Reinhold Schmitt* stellen in Artikel V.3 „Gesprächstraining" anhand eines authentischen Falles die idealtypische Ablaufstruktur einer gesprächsanalytischen Trainingsmaßnahme dar.

Arnulf Deppermann

V.1 Gesprächsanalyse in der betrieblichen Praxis

Martin Hartung

1 Problemaufriss

Fast täglich treten wir in unserem Alltagsleben in Kontakt mit Wirtschaftunternehmen. Wir kaufen Waren des täglichen Bedarfs in den Geschäften des Einzelhandels und tätigen größere Anschaffungen in spezialisierten Fachgeschäften wie Autohäusern, Möbel- oder Elektronikmärkten. Je komplexer das gewünschte Produkt ist, desto mehr Beratung erfordert es vor dem Kauf und umso mehr Fragen und Probleme können nach dem Kauf bei seiner Benutzung auftreten, so dass wir auch längerfristig in Kontakt mit Verkäufer, Servicepersonen und Hersteller bleiben. Im schlimmsten Fall erfüllt das Produkt seine vorgesehene Funktion nicht und muss umgetauscht oder zurückgegeben werden, was nicht selten umfangreiche Verhandlungen (Reklamationen) erfordert.

Kundenerwartungen

In allen Fällen treffen wir auf Mitarbeiter der Unternehmen, mit denen wir von Angesicht zu Angesicht oder auch telefonisch ein Gespräch beginnen, um unsere Anliegen vorzubringen und zu realisieren. Wir erwarten dann, dass der Mitarbeiter über genügend Gesprächskompetenz verfügt, um mit uns ein produktives und erfolgreiches Gespräch führen zu können, und über genügend Fachkompetenz, um unser Anliegen erfassen und uns gegebenenfalls gut beraten zu können. Wir erwarten außerdem, dass er über seine Firma und ihre Organisation genügend weiß, um uns die Konditionen des Kaufs und den Verlauf der Geschäftsabwicklung nennen zu können. Von diesen Strukturen erwarten wir, dass sie professionell und effizient gestaltet sind. Zum Kauf entschließen wir uns aber vor allem dann, wenn unser Gesprächspartner freundlich und höflich ist und es versteht, eine Beziehung zu uns aufzubauen, die über die reine Geschäftsabwicklung zwischen zwei Funktionsträgern (Kunde/Verkäufer) hinausgeht.

Anforderungen an den Mitarbeiter

Diesen Erwartungen von Kunden gerecht zu werden, ist für den wirtschaftlichen Erfolg eines Unternehmens entscheidend. Erfüllt werden müssen sie aber von einer konkreten Person, eben dem Mitarbeiter. Deshalb ist es für die Unternehmen von höchster Bedeutung, dass er über alle Kompetenzen verfügt, um die gestellten Aufgaben erfolgreich bearbeiten zu können. Die Unternehmen überprüfen deshalb – im Idealfall – schon bei der Einstellung, ob die erforderlichen Fähigkeiten bei einem Bewerber vorhanden sind, und bilden ihre Mitarbeiter später permanent weiter aus. Darüber hinaus sind sie bemüht, ihren Mitarbeitern eine zur Aufgabenbearbeitung optimale Arbeitsumgebung zur Verfügung zu stellen, beispielsweise bei einer telefonischen Bestellannahme die Telefonanlage und die Software zur Erfassung und Bearbeitung der Bestellung.

Praxisfragen

Damit ein Unternehmen diese Strukturen zur Verfügung stellen kann, müssen zuvor folgende Fragen beantwortet werden:

1. Welche Anforderungen an den Mitarbeiter hat ein bestimmter Arbeitsplatz (Anforderungsprofil)?
2. Welche Qualifikationen hat ein Bewerber (Bewerberprofil)?
3. Wie lassen sie sich prüfen (Einstellungsverfahren)?
4. Welche Fähigkeiten müssen bei einem Mitarbeiter geschult werden (Personalentwicklung)?
5. Wie sieht die ideale Arbeitsumgebung aus (Organisationsentwicklung)?

Die Antworten auf diese Fragen bestimmen in erheblichem Maß die Gestaltung der Organisation eines Unternehmens. Deshalb muss gewährleistet sein, dass sie so „richtig" und präzise wie möglich sind. Aus diesem Grund wurde in den Wirtschafts- und Sozialwissenschaften eine Reihe von Methoden entwickelt, um diese Fragen systematisch beantworten zu können. In diesem Beitrag soll eine Methode aus der Gesprächsforschung vorstellt werden, die bislang in der Wirtschaft kaum bekannt ist, aufgrund ihrer Präzision und Leistungsfähigkeit aber zunehmend an Bedeutung gewinnt: die wissenschaftlich fundierte Analyse von Gesprächen.

2 Einordnung in den größeren Kontext

2.1 Wirtschaft und Linguistik

Die oben aufgeworfenen Fragen bilden das Fundament von drei zentralen Unternehmensbereichen: Personalauswahl, Personalentwicklung und Organisationsentwicklung. Einen guten Einstieg in die Probleme und Verfahren der Personalauswahl bietet Schuler (1996), der Personalentwicklung Mentzel (2001), der Organisationsentwicklung Habscheid (2001). Ein Überblick über die Theorien der Organisation findet sich in Kieser (1995). Alle drei Bereiche stellen aufgrund ihrer großen Bedeutung für die Unternehmen eigene Forschungsfelder dar, in denen seit Jahrzehnten umfangreiche Studien betrieben werden. Sie beruhen vor allem auf Methoden und Ergebnissen aus Betriebswirtschaft, Psychologie und Soziologie – bemerkenswerter Weise sucht man aber linguistische Erkenntnisse vergebens. Dieser Sachverhalt steht in merkwürdigem Gegensatz zu der Praxis in diesen Bereichen, in der die Verwendung von Sprache eine grundlegende Rolle spielt.

Personalauswahl

In der Personalauswahl ist das am häufigsten eingesetzte, am höchsten gewichtete und bei Entscheidern wie Bewerbern beliebteste Instrument das Bewerbungsgespräch (Schuler 1996: 84 ff.). Obwohl alle Untersuchungen nachdrücklich darauf hinweisen, dass es ohne professionelle Gesprächsführung diagnostisch wertlos ist (Schuler 1996: 85 ff.), wird es nicht selten wie ein Alltagsgespräch geführt: ohne Strukturierung des Ablaufs, ohne Festlegung der Bewertungsdimensionen, ohne Ausbildung des Interviewers in Beobachtungskriterien und Gesprächsführung und ohne systematische Auswertung der Bewerbungsunterlagen zur Vorbereitung auf den konkreten Bewerber.

Assessment Center

Ähnliches lässt sich auch bei einem Verfahren feststellen, das inzwischen häufig zur Bewerberauswahl, aber auch zur Potenzialanalyse schon eingestellter Mitarbeiter eingesetzt wird, dem Assessment Center. Es besteht aus mehreren Übungen, die möglichst genau die Anforderungen an einem konkreten Arbeitsplatz abbilden sollen und von den Teilnehmern unter Beobachtung zu absolvieren sind. Diese Anforderungen werden jedoch selten am Arbeitsplatz selbst erhoben, sondern auf dem indirekten Weg über Befragungen vor allem der Vorgesetzten, weniger der Mitarbeiter, so dass sie nur eingeschränkt die tatsächliche Arbeitspraxis widerspiegeln. Obwohl die meisten Übungsformen im Assessment Center, wie Gruppendiskussion, Präsentation, Rollenspiel usw., das kommunikative Verhalten abprüfen, werden sie nicht auf der Grundlage linguistischer Erkenntnisse gestaltet. Als Beobachter werden im Allgemeinen Vorgesetzte aus dem Unternehmen eingesetzt, die zwar Experten für die Arbeitspraxis und die Interaktionskultur im Unternehmen sind, in Bezug auf Kenntnisse über Sprache und Gesprächskompetenz jedoch als Laien gelten müssen. Es kann deshalb auch nicht überraschen, dass ein Assessment Center im Extremfall eine noch schlechtere Vorhersagewahrscheinlichkeit hinsichtlich der Eignung eines Bewerbers für den Arbeitsplatz haben kann hat als eine schlichte Zufallsauswahl (Schuler 1996: 128). Ein Assessment Center kann nur dann seiner Aufgabe gerecht werden, wenn es entsprechend professionell konzipiert, durchgeführt und ausgewertet wird (dazu ausführlich Obermann 2002).

Dazu kann die Gesprächsforschung einen erheblichen Beitrag leisten (ausführlicher dargestellt im Abschnitt 4.2.3). Eine Gesprächsanalyse liefert ein präzises Anforderungsprofil der Aufgaben an einem Arbeitsplatz. Interviewer und Assessment Center-Beobachter können auf der Grundlage wissenschaftlicher Erkenntnisse auf ihre Aufgabe vorbereitet sowie Einstellungsgespräch und Übungen auf dieser Grundlage gestaltet werden.

Personalentwicklung

Auch in der Personalentwicklung wird der Schulungsbedarf der Mitarbeiter vor allem über eine Befragung der Vorgesetzten mittels Fragebogen oder Interview ermittelt. Dieses Vorgehen trifft aber auf eine Reihe von Problemen. Eine Befragung der Beteiligten setzt zunächst eine Reihe von Fragen voraus, die gestellt werden sollen. Dieser im Vorhinein erstellte Katalog muss aber nicht zwingend die Sachverhalte erfragen, die tatsächlich problematisch sind. Die richtigen Fragen zu stellen setzt beim Personalentwickler eine Kenntnis der Arbeitspraxis und der Arbeitsabläufe voraus, die nicht immer vorhanden ist und oft gar nicht vorhanden sein kann. Eine Befragung der Beteiligten trifft darüber hinaus immer auf subjektive Perspektiven, die von ganz unterschiedlichen Interessen geprägt sind. Unterschiede in der Sichtweise von Führungsebene, direktem Vorgesetzten und Mitarbeitern sind daher fast schon systematisch, und der Personalentwickler steht vor der schwierigen Aufgabe, allen Seiten gerecht zu werden. Für Vorgesetzte und Mitarbeiter gilt zudem oft, dass das Offenlegen von Qualifizierungsbedarf nicht als Chance zur Weiterentwicklung, sondern als Eingeständnis von Defiziten betrachtet und daher eher vermieden wird. Schließlich kann auch nur erfragt werden, was den Beteiligten selbst bewusst ist. Gerade in der Kommunikation laufen viele fundamentale Interaktionsprozesse aber automatisch (und daher oft unbewusst) ab, so dass einem Sprecher in vielen Fällen sein eigenes Sprachverhalten gar nicht zugänglich ist (man denke z.B. an die Mimik oder das Rückmelde-Signal *hm*).

Eine Gesprächsanalyse kann hier Abhilfe schaffen, weil dazu Aufzeichnungen von täglich anfallenden Gesprächen am Arbeitsplatz gemacht werden und die Probleme damit objektiv sichtbar und jederzeit reproduzierbar gemacht werden können (vgl. Abschnitt 4.2.3). Sie ist auch unabdingbare Voraussetzung, um ein effizientes, auf den tatsächlichen Bedarf der Mitarbeiter abgestimmtes Training zur Verbesserung der Gesprächskompetenz zu entwickeln (vgl. Artikel V.3 und Hartung 2004). Das ist umso wichtiger, als Gesprächskompetenz in der heutigen Wirtschaft die zentrale Qualifikation für alle Führungspositionen (Brünner 2000: 15 f.) und die meisten Dienstleistungsberufe darstellt (Brünner 2000: 7 f.).

Organisationsentwicklung

Organisationsentwicklung hat die Aufgabe, die Strukturen einer Organisation – z.B. eines Wirtschaftsunternehmens – zu untersuchen und ihre Entwicklungspotenziale zu bestimmen. Dabei setzt sich in der Organisationsforschung immer mehr die Einsicht durch, dass Strukturen zwar mehr oder weniger explizit vorgegeben sein können, letztlich aber durch die Handlungspraxis und im Zusammenspiel aller Beteiligten mit ihren unterschiedlichen Zielsetzungen bestimmt werden. Ihre Untersuchung muss deshalb auch an der konkreten Handlungspraxis ansetzen (siehe den Abschnitt 4.2.2). Daher lässt sich eine Verschiebung des Methodenschwerpunkts in der Organisationsentwicklung von quantitativen zu qualitativen Methoden beobachten (Kieser 1995: 303; Strodtholz/Kühl 2002: 16 ff.). Da diese Methoden fast ausschließlich aus der empirischen Sozialforschung stammen, fehlt ihnen ein begriffliches Instrumentarium, um den Gebrauch von Sprache zu beschreiben. Hier stellt die Gesprächsforschung eine wichtige Ergänzung dar (Habscheid 2001: 67 ff.).

Der Einsatz der Gesprächsforschung mit ihren Forschungsergebnissen und mit ihren Verfahren, vor allem der Gesprächsanalyse, in Personalauswahl und -entwicklung und in der Organisationsentwicklung könnte diesen Bereichen einen deutlichen Zuwachs an Effizienz und Qualität verschaffen. Die Untersuchung, Interpretation und Bewertung kommunikativen Verhaltens ist im Grunde undenkbar ohne die Beteiligung der dafür zentralen Forschungsdisziplin. Welchen Erkenntnisgewinn eine solche Beteiligung bringen kann, soll dieser Beitrag an einigen Beispielen zeigen. Darüber hinaus bietet die Linguistik der Wirtschaft aber noch wesentlich mehr Anknüpfungspunkte, die im nächsten Abschnitt dargestellt werden.

2.2 Linguistik und Wirtschaft

Mündlichkeit vs. Schriftlichkeit

Ein wichtiger Forschungsbereich der Linguistik ist der Gebrauch von Sprache in den verschiedenen gesellschaftlichen Handlungsfeldern („Angewandte Linguistik"). Dabei wird zwischen dem schriftlichen und dem mündlichen Gebrauch unterschieden, da sich die Gebrauchsbedingungen erheblich unterscheiden. In dem einen Fall geht es um die Bedingungen dafür, zweckmäßige und verständliche Texte zu verfassen (siehe Artikel II.2, II.3 und VII.1, VII.2), im anderen darum, Gespräche zielgerichtet und sozial angemessen zu führen (s.a. Artikel V.2 und V.3).

Texte in Unternehmen

Der Alltag in den Unternehmen ist durch eine Flut von Texten bestimmt: Geschäftsbriefe und Formulare, Berichte und Protokolle, Arbeitsanweisungen und Vereinbarungen. Die Linguistik bietet dazu das Wissen, wie diese Texte aufgebaut und formuliert werden müssen, damit sie für den Adressaten verständlich sind, der Sache und der Situation gerecht werden, ihre Aufgabe erfüllen und zugleich noch der *Corporate Identity* Ausdruck verleihen. Besonders wichtig ist das im Marketing (Kundeninformationen, Produktkataloge, Newsletter, Firmenzeitschriften) und in der – vor allem technischen – Dokumentation (Gebrauchsanleitungen für Produkte, Vorgehensweisen im Arbeitsablauf, s. Artikel II.3), so dass sich Linguisten auf diese Bereiche sogar spezialisiert haben (vgl. dazu Becker-Mrotzek/Brünner/Cölfen 2000: 59 ff. und 71 ff.).

Gespräche in Unternehmen

Eine nicht geringere Rolle spielen im Unternehmensalltag die Gespräche. Hier bietet vor allem die „Angewandte Gesprächsforschung“ das Wissen darüber an, wie Gespräche geführt und ihre Rahmenbedingungen gestaltet werden müssen, damit sie ihre Zwecke erfüllen können. Eine Einführung in Verfahren und Forschungsfelder bieten Fiehler/Brünner/Kindt (2002), einen Forschungsüberblick über die mündliche Wirtschaftskommunikation Brünner (2000), eine Sammlung von Einzelstudien Becker-Mrotzek/Fiehler (2002). Gerade in den letzten Jahren hat sich in vielen Bereichen der Wirtschaft die Einsicht durchgesetzt, dass Kommunikation und Information (‚Wissensmanagement') zu den entscheidenden Erfolgsfaktoren gehören. Zu ihrer Umsetzung ist vor allem eine funktionierende Gesprächskultur notwendige Voraussetzung, sowohl extern mit Kunden und Geschäftspartnern (‚Schnittstellenkommunikation') als auch intern zwischen Kollegen (‚horizontal') und zwischen Führungskräften und Mitarbeitern (‚vertikal'). Zu ihrer Optimierung ist die Gesprächsanalyse zwar bestens geeignet, stößt im konkreten Einsatz jedoch auf Hindernisse, weil sie auf Aufzeichnungen angewiesen ist. Einige Firmen erlauben die Dokumentation interner Abläufe und Informationen nur zögerlich, und auch auf der Seite der Mitarbeiter müssen Befürchtungen durch Aufklärung zerstreut werden. Dennoch gibt es inzwischen zu fast jeder Gesprächsgattung umfangreiche Studien, beispielsweise zu Verkaufsgesprächen Brons-Albert (1995a) und Pothmann (1997), zu Reklamationen Fiehler/Kindt (1994), Fiehler/Kindt/Schnieders (2002) und Brünner (2000: 101), zu internen Besprechungen Meier (2002), Dannerer (1999) und Brünner (2000: 183), zu Bewerbungsgesprächen Lepschy (1995) und Birkner (2001).

Kommunikationsprobleme

Für alle Gesprächstypen relevant ist die Frage, nach welchen Mustern Gespräche ablaufen und welche spezifischen Gesprächsaufgaben durch ihren jeweiligen Zweck vorgegeben sind und bewältigt werden müssen. Dabei spielt für ihre Optimierung die Untersuchung von systematisch auftretenden Kommunikationsproblemen eine besondere Rolle. Gesprächsanalytische Untersuchungen haben beispielsweise gezeigt (vgl. dazu Fiehler 2002b), dass sich ein großer Teil von Verständigungsproblemen auf Unterschiede in den Wissensbeständen der Gesprächspartner zurückführen lässt, sei es auf der Ebene des Sprachwissens, des Fachwissens (Experten-Laien-Kommunikation, z.B. bei allen Formen der Beratung) oder der Interaktions-Konventionen (z.B. in allen Formen interkultureller Kommunikation, s. Artikel VI.3).

Kommunikationstraining

Die Angewandte Gesprächsforschung bietet jedoch nicht nur Wissen über typische Probleme, Störungen und Defizite in der mündlichen Kommunikation und Verfahren zu ihrer Untersuchung an, sondern hat in Form des „gesprächsanalytischen Kommunikationstrainings" auch ein Konzept entwickelt, wie auf der Grundlage konkreter Gesprächsanalysen die Gesprächskompetenzen von Mitarbeitern und Führungskräften verbessert werden können (vgl. Artikel V.3; Fiehler/Sucharowski 1992 und Becker-Mrotzek/Brünner 2004).

Neue Medien

Durch die rasante technologische Entwicklung der letzten Jahre gerade im Bereich der Kommunikation sind völlig neue Formen der technisch vermittelten Interaktion entstanden, bei denen sich Mündlichkeit im schriftlichen Medium realisiert: E-Mail, Chatten, Newsgroups, Short Message Service (SMS), Word Wide Web (WWW). Für die Wirtschaft bieten diese neuen Kommunikationswege zwar enorme Chancen, ihr kompetenter Einsatz aber ebensoviele Fallstricke und Stolpersteine. Hier kann linguistisches Wissen helfen, diese neuen Technologien souverän zu handhaben und zweckmäßig einzusetzen (vgl. Kapitel III sowie Runkehl/Schlobinki/Siever 1999 und Thimm 2002).

Die Darstellung so vieler möglicher Anknüpfungspunkte für eine Kooperation zwischen Wirtschaft und Linguistik sollte jedoch nicht darüber hinwegtäuschen, dass die Praxis zur Zeit noch eher dürftig aussieht. Das liegt vor allem daran, dass die Linguistik nach einer jahrzehntelang fehlenden Öffentlichkeitsarbeit in eben dieser Öffentlichkeit und damit auch in der Wirtschaft weitgehend unbekannt ist (vgl. Barth-Weingarten/Metzger i.V.). Die systematische Integration der Linguistik in den Kanon der für die Wirtschaft relevanten Forschungsdisziplinen steht also noch aus. Die aufgeführten Anknüpfungspunkte zeigen jedoch, dass sie gerade aufgrund ihrer zentralen Bedeutung für alle Formen von Kommunikation zu einem neuen Paradigma in der Wirtschaft und für die Wirtschaftswissenschaften werden könnte.

3 Methodik

3.1 Erforderliches Wissen

Alltägliche vs. wissenschaftliche Gesprächsanalyse

Im Alltag denken wir ständig über Gespräche nach. Wir fragen uns oder diskutieren mit anderen, wie unser Vortrag gewirkt hat oder warum wir in einer Verhandlung unsere Position nicht durchsetzen konnten, weshalb uns unser Lebenspartner wieder mal missverstanden hat oder in welcher Form wir wohl ein Anliegen vorbringen sollten, damit es Erfolg haben kann. Deshalb kann die Bezeichnung „Gesprächsanalyse" leicht mit dieser Alltagsaktivität verwechselt werden. Bei der wissenschaftlichen ‚Gesprächsanalyse' handelt es sich jedoch um ein systematisches

Verfahren zur Auswertung von aufgezeichneten Gesprächen, das Vertrautheit mit den wissenschaftlichen Auswertungsmethoden und umfangreiche Kenntnisse voraussetzt, um zu gesicherten Erkenntnissen kommen zu können (siehe Deppermann 1999).

Notwendige Kenntnisse

Um eine solche Analyse durchführen zu können, sind Kenntnisse aus folgenden Bereichen notwendig:

1. Erhebungsmethoden: Wie müssen die Gespräche aufgezeichnet und ethnographische Informationen erfasst werden?
2. Beschreibungskonzepte: Mit welchen Begriffen und Konzepten lassen sich die beobachtbaren Gesprächsstrukturen beschreiben?
3. Auswertungsmethoden: Nach welchen Maximen muss die Interpretation dieser Strukturen erarbeitet werden?
4. Forschungsstand: Welche Fragestellungen wurden bisher gesprächsanalytisch untersucht und welche Ergebnisse wurden dabei erarbeitet?

Erwerb von Analysepraxis

Diese Kenntnisse nur theoretisch durch die Lektüre entsprechender Fachliteratur zu erwerben genügt jedoch nicht. Gesprächsanalyse ist eine Vorgehensweise, die nur durch Praxis erlernt und eingeübt werden kann. Unter der Anleitung eines erfahrenen Analytikers werden in Lehr-Datensitzungen Gesprächsausschnitte in allen Einzelheiten und unter Anwendung des gesamten Beschreibungsinventars zergliedert, um das Verfahren in aller Vollständigkeit kennen zu lernen. Durch die intensive Analyse eines Einzelfalles werden einerseits Kenntnisse über Begriffe und Konzepte und ihre Anwendung erworben, andererseits muss sich dieses Wissen an einem konkreten Gesprächsausschnitt bewähren und seinem spezifischen Verlauf und seinen einzigartigen Details gerecht werden. Die erforderliche Erfahrung in der Durchführung einer Gesprächsanalyse gewinnt man durch häufige Datensitzungen in Gruppen und mit möglichst verschiedenartigen Einzelfällen. Durch die Gruppe wird es dem Einzelnen möglich, die eigene Subjektivität in der Wahrnehmung und Interpretation von Daten zu reflektieren und zu relativieren.

In der wissenschaftlichen Forschung ist das Ziel dieser Analysen, die Regelhaftigkeiten und Handlungsprinzipien zu erarbeiten, nach denen Gespräche ablaufen (vgl. Deppermann 1999). Auch wenn uns im Alltag Gespräche als zufällig und chaotisch, auf keinen Fall aber als geordnete Aktivitäten erscheinen, hat die Gesprächsforschung gezeigt, dass sie einer sehr komplexen, unserer Alltagswahrnehmung aus Gründen der kognitiven Ökonomie weitgehend entzogenen Ordnung folgen. Ohne diese Ordnung käme eine kollektive Aktivität wie ein Gespräch nicht zustande, an dem sich ja nicht nur sehr viele, sondern auch untereinander völlig fremde Teilnehmer beteiligen können, solange sie die Spielregeln beherrschen.

Interaktionsdimensionen

Diese Ordnung schließt alle Dimensionen einer Interaktion ein. Die wichtigsten sind:

1. Gesprächsorganisation: Wie muss ein Gespräch eröffnet und abgeschlossen werden? Auf welche Weise wird der Wechsel des Rederechtes organisiert (Sprecherwechsel)?
2. Beteiligungsrollen: Welches Verhalten wird von einem Sprecher, einem Adressaten oder einem Zuhörer (Rückmeldeverhalten) erwartet?

3. Handlungskonstitution: Wie müssen Stimme, Sprechweise und Formulierung eingesetzt werden, damit eine Äußerung als eine bestimmte Handlung (wie Aufforderung, Entschuldigung usw.) verstanden werden kann?
4. Beziehungsgestaltung: Welches Verhalten ist der sozialen Position der Beteiligten angemessen? Wie wird das Verhältnis der Gesprächspartner zueinander ausgedrückt?
5. Gesprächsgattung: Was ist der Zweck der Interaktion (Besprechung, Reklamation, Bewerbung)? Welcher Ablauf und welches Verhalten der Beteiligten ist dadurch vorgegeben?
6. Themenprogression: Worüber wird gerade geredet? Was gilt als thematisch angemessener Beitrag?
7. Sequenzverlauf (Abfolge von Beiträgen): Welche Reaktion wird an einer bestimmten Stelle des Gesprächs erwartet (konditionale Relevanz)? Welche Reaktionen sind zulässig?
8. Emotionsausdruck: Wie ist die Gesprächsatmosphäre (heiter, ernst, gereizt)? Welches Verhalten ist ihr angemessen? Wie verändert sie sich im Gesprächsverlauf?

Lokale Gültigkeit

Die Regeln auf den einzelnen Ebenen der Ordnung sind jedoch nicht generell gültig, sondern hängen von der Situation und den beteiligten Personen ab. In einem Gespräch unter Freunden gelten andere Regeln als in einem Gespräch unter Geschäftspartnern, ein Bewerbungsgespräch erfordert andere Gesprächspraktiken als die Moderation einer Arbeitsbesprechung, und das Setting einer Psychotherapie-Sitzung unterscheidet sich erheblich vom Familiengespräch am Mittagstisch. Das bedeutet nicht, dass diese Regeln individuell gesetzt werden können und daher beliebig sind. Welche Regeln jedoch gerade gültig sind, hängt von einer beeindruckenden Vielzahl von Faktoren ab. Lösungen für Kommunikationsprobleme können deshalb nie global gültig sein, sondern müssen immer die besondere Situation berücksichtigen, in denen die Probleme auftreten. Die Vielfalt von Gesprächsordnungen liegt aber nicht nur an der Vielfalt von Gesprächsgattungen, die sich im Alltag beobachten lassen. Sie entsteht auch dadurch, dass solche Ordnungen von den Gesprächsteilnehmern selbst hervorgebracht und weiterentwickelt werden. Besonders auffällige Beispiele dafür sind Jugendgruppen, die sehr viel Wert darauf legen, dass sich ihre speziellen Interaktionsspielregeln von allen anderen unterscheiden, und viel Kreativität in ihre permanente Weiterentwicklung legen. In Familien entwickelt sich durch das intensive Zusammenleben fast zwangsläufig ein individueller Umgangsstil, dessen Exklusivität von Liebespaaren besonders gepflegt wird. Ähnliches lässt sich auch in Arbeitsgruppen beobachten, umso mehr, je stabiler ihre Zusammensetzung und je länger die Dauer ihrer Zusammenarbeit ist.

Impliziter Erwerb

Diese Regelungen werden aber nicht explizit vereinbart, sondern spielen sich durch die Praxis ein. Das bedeutet, dass die Teilnehmer ihnen zwar folgen und bei Abweichungen entsprechend reagieren, dass sie sie auf Nachfrage aber nicht explizit formulieren können. Deshalb werden sie vor allem durch Nachahmung und Anpassung der eigenen Verhaltensweisen an die übrigen Mitglieder erworben. Das gilt nicht nur für das

Hineinwachsen in die Gemeinschaft der Erwachsenen, sondern grundsätzlich für den Eintritt in jede soziale Gemeinschaft mit eigener Interaktions-Ordnung, ob nun am neuen Arbeitsplatz oder im Kegelverein. Für den, der nun für einen bestimmten sozialen Bereich die Regeln rekonstruieren will, nach denen sich die Teilnehmer richten, hat es deshalb nur sehr begrenzt Sinn, sich an die Teilnehmer selbst zu wenden (z.B. mittels Interview oder Fragebogen). Die Regeln werden vielmehr sichtbar im Verhalten der Teilnehmer, die in ähnlichen Situationen auf ähnliche Weise reagieren. Man kann ihnen nur auf die Spur kommen, wenn man Aufzeichnungen dieses Verhaltens macht und z.B. die Reaktionen in ähnlichen Situationen vergleicht.

Erkenntnisgewinne durch Aufzeichnung und Transkription

Video- oder Audio-Aufzeichnungen und ihre Verschriftung nach vorgegebenen Konventionen (‚Transkription') ermöglichen aber noch wesentlich mehr. Sie machen Strukturen, Prinzipien und Muster sichtbar, die der Wahrnehmung der Teilnehmer weitgehend entzogen sind. Dazu gehören:

1. Ausdrucksverhalten, das den Teilnehmern selbst nicht bewusst ist, wie Mimik, Gestik oder das Rückmeldeverhalten (z.B. Kopfnicken, Stirnrunzeln);
2. Zusammenhänge, die nur in der handlungsentlasteten Beobachtung zutage treten. So lässt sich zum Beispiel zeigen, dass oft schon mit den ersten Worten eines Gesprächs der Ablauf und das Ergebnis vorweggenommen werden.
3. Einzelne Komponenten von Eindrücken, die im Alltag nur ganzheitlich wahrgenommen werden. Einschätzungen, die von den Teilnehmern selbst nicht begründet und nur sehr allgemein und ungenau beschrieben werden können („ich hab so das Gefühl, das ist nicht gut gelaufen ..."), lassen sich präzise auf einzelne Elemente zurückführen (z.B. Stimme, Sprechweise, Mimik, Formulierung).

Die Tiefe und Komplexität der Analyse und die Überprüfbarkeit aller Aussagen am dokumentierten Material sind der elementare Unterschied zu jeder Analyse im Alltag durch Laien.

3.2 Angewandte Gesprächsforschung

In der akademischen Gesprächsforschung ist das Ziel der Untersuchung die Rekonstruktion von Regelhaftigkeiten in einem konkreten Geltungsbereich, z.B. in einer Gesprächsgattung (Reklamation), einer sozialen Gruppe (Jugendkommunikation) oder bei einer Aktivität (Verhandeln). Gespräche werden aber überhaupt nur geführt, weil die Gesprächsteilnehmer damit Ziele realisieren wollen. Genau das ist Gegenstand der ‚Angewandten Gesprächsforschung': Sie untersucht an authentischen Gesprächen, welche Aufgaben auf welche Weise in welcher Reihenfolge bearbeitet werden müssen, um bestimmte Ziele zu erreichen. Sie erforscht, wie sich die unterschiedlichen Möglichkeiten, eine Aufgabe im Gespräch zu lösen, auf die Realisierung des Zieles auswirken, welche also unter bestimmten Rahmenbedingungen das Maximum gewünschter Wirkung entfalten.

Zielsetzung von Gesprächen

Im Gegensatz zur Grundlagenforschung, die neutral die in den Gesprächen vorgefundene Praxis beschreibt, bewertet die Angewandte Gesprächsforschung die Gesprächspraktiken im Hinblick auf das Ziel, das mit ihnen erreicht werden soll. Auf diese Weise lässt sich nicht nur Gesprächsverhalten in Bezug auf ein konkretes Ziel optimieren. Probleme und Komplikationen in der Praxis lassen sich fast immer als Folge von Erwartungsdiskrepanzen in Bezug auf die aktuell geltende Ordnung oder von Abweichungen von der erwartbaren Ordnung rekonstruieren.

Dazu ein einfaches Beispiel. In fast allen Kundengesprächen müssen die Mitarbeiter Informationen vom Kunden erfragen. Eine Gesprächsanalyse ergibt schnell, dass sie das auf drei Arten tun (stark vereinfacht):

Beispiel
Informationen erfragen

a)	Sie sind Kunde bei uns.	Aussagesyntax mit Aussageintonation
b)	Sie sind Kunde bei uns?	Aussagesyntax mit Frageintonation
c)	Sind Sie Kunde bei uns?	Fragesyntax mit Frageintonation

Die Analyse ergibt, dass nach Version A der Kunde häufig schweigt, weil er erwartet, dass der Mitarbeiter in seiner Rede fortfährt, nach Version B häufig, aber nicht immer antwortet, während Version C immer sofort zu einer Antwort führt. Das sind zunächst empirisch feststellbare Regelhaftigkeiten. Erst wenn das Ziel der Äußerung vom Sprecher definiert wird als „Kunde soll Information liefern", ergibt sich sofort, dass Version C die ideale Realisierung darstellt. Ob eine Äußerung also ihre Aufgabe optimal erfüllt, hängt immer davon ab, was ein konkreter Sprecher in einer konkreten Situation mit ihr erreichen wollte. Durch eine Gesprächsanalyse lässt sich empirisch feststellen, welche Wirkung eine bestimmte Äußerungsrealisierung hat, und sie kann dann mit diesem Ziel verglichen werden. Auf diese Weise kann die optimale Realisierungsform in einer konkreten Situation ermittelt werden. Diese Bindung an den Verwendungs-Kontext ist von großer Bedeutung, da es – im Gegensatz zu den Versprechen vieler Rhetorikratgeber – in Interaktionen keine „ideale" Form für Äußerungen oder Handlungen gibt, die in jedem Kontext dieselbe optimale Wirkung erzielt.

Einzelfallanalyse

Der akademischen Gesprächsforschung wird häufig vorgeworfen, ihre Ergebnisse seien nur schwer verallgemeinerbar, weil sie bei ihren Untersuchungen immer von einer konkreten Situation mit ihren ganz spezifischen Rahmenbedingungen ausgeht (‚Einzelfallanalyse'). Genau das stellt in der Anwendung jedoch den entscheidenden Vorteil dieser Vorgehensweise dar: Alle Optimierungsmaßnahmen beruhen auf Beobachtungen, die genau in der Situation gemacht wurden, die optimiert werden soll. Sie stammen weder aus einem Lehrbuch noch aus anderen Situationen, die die relevanten Besonderheiten nicht aufweisen und daher nur ungefähr vergleichbar sind.

4 Gesprächanalyse im Unternehmen

4.1 Durchführung

Ökonomischer Erfolg durch optimierte Gesprächsführung

Eine Gesprächsanalyse liefert Informationen darüber, wie konkrete Gespräche aus dem Alltag geführt werden, ob in ihnen die vorgegebenen Ziele erreicht werden und welche Möglichkeiten der Optimierung es gibt. Diese Informationen sind für Wirtschaftsunternehmen von größter Bedeutung, denn ihr Erfolg hängt in mehreren Bereichen von optimal geführten Gesprächen ab:

1. bei der Realisierung des Warenverkaufs (Verkaufs-/Beratungsgespräche, Bestellannahme, Reklamation),
2. bei der Erbringung von Dienstleistungen, die in Gesprächen bestehen (Beratung, Support),
3. bei der Führung durch das Management (vertikale Kommunikation),
4. bei der internen Koordination der Arbeit (horizontale Kommunikation).

Projektphasen

Führt man Gesprächsanalysen in der Praxis durch, durchläuft das Projekt im allgemeinen vier Phasen:

1. Vorbereitung;
2. Arbeit „vor Ort" im Unternehmen;
3. Analyse des Materials;
4. Rückmeldung.

4.1.1 Vorbereitung

Die erste Voraussetzung für ein Beratungsprojekt ist natürlich eine Firma, die die Gesprächsanalyse zur Optimierung einsetzen möchte. Es wäre schön, wenn die Gesprächsanalyse als leistungsfähiges Instrument schon so bekannt wäre, dass Firmen von sich aus Interesse anmelden würden. Da dem aber (noch) nicht so ist, müssen die Firmen aktiv angesprochen werden.

Ansprechpartner

Ansprechpartner können Vertreter der schon genannten Abteilungen Personalauswahl, Personalentwicklung oder Organisationsentwicklung sein. Darüber hinaus ist der Einsatz der Gesprächsanalyse aber auch für externe Dienstleister interessant, die für die Firmen in diesen Bereichen Beratungs- oder Trainingsprojekte durchführen.

Darstellung der Leistungsfähigkeit der Gesprächsanalyse

Es wurde schon angesprochen: Aufgrund der bislang fehlenden Öffentlichkeitsarbeit muss man beim ersten Kontakt mit einem Firmenmitarbeiter damit rechnen, dass er von Gesprächsforschung oder Gesprächsanalyse noch nie etwas gehört hat. Das Darstellen der Vorteile dieser Vorgehensweise wird dabei oft zur Bewährungsprobe für die eigene Gesprächskompetenz, weil man einerseits jede wissenschaftliche Fachsprache vermeiden muss und andererseits auch nicht auf den in der beruflichen Weiterbildung etablierten Jargon zurückgreifen sollte, um nicht falsche Erwartungen zu wecken. Diese auf der Grundlage populärer Ratgeber-Literatur etablierten Erwartungen und Vorstellungen (z.B. von Gesprächskompetenz oder Kommunikationstraining) sind so verbreitet und verwurzelt, dass man sich häufig genug an ihnen messen lassen muss – der tatsächliche Expertenstatus als wissenschaftlich ausgebildeter Gesprächsanalytiker ist hier weitgehend wertlos und muss im Gespräch erst mühsam erarbeitet werden.

Zeigt sich der Ansprechpartner jedoch interessiert, muss zunächst die Aufgabe definiert werden, die mit der Gesprächsanalyse bearbeitet werden soll. Danach wird die Durchführung und die Art der Rückmeldung festgelegt.

4.1.2 Arbeit vor Ort

Datenerhebung

Vor Ort im Unternehmen stellen sich dem Gesprächsanalytiker zwei Aufgaben: das Aufzeichnen oder wenigstens Mithören der Gespräche, die untersucht werden sollen, und die Erhebung von Hintergrundwissen über die Firma, die Produkte, die Organisationsstruktur und die Abläufe, die verwendeten Geräte und Software usw. (‚Ethnographie'). Um möglichst viel von den Gesprächen und ihrem Zweck zu verstehen, sollte zuerst die Befragung der Mitarbeiter und ihren Führungskräften durchgeführt werden. Dann folgt meist über mehrere Tage die Erfassung einzelner Gespräche, im allgemeinen durch Audio- oder Video-Aufzeichnung, nur in besonderen Fällen (wegen Datenschutz oder technischer Probleme) durch Protokolle. Diese Phase lässt sich kaum abschließen, ohne den Beteiligten eine erste Rückmeldung (‚Feedback') zu geben, denn das Bedürfnis der Mitarbeiter nach einer Rückmeldung zu ihrer Arbeit und damit einer Wertschätzung ist häufig stark ausgeprägt.

4.1.3 Analyse des Materials

Gesprächsanalyse

Das vor Ort erhobene Material wird nun nach den „Regeln der Kunst" ausgewertet. Im Idealfall hat man die Möglichkeit, relevante Stellen in den Gesprächen zur genaueren Untersuchung zu transkribieren, üblicherweise aber reicht der vorgegebene Zeitrahmen für dieses aufwändige Verfahren nicht aus. Die Dimensionen, nach denen ausgewertet wird, ergeben sich zwar durch die Fragestellung, aber der besondere Vorteil dieser Methode ist es, dass sich in der genaueren Betrachtung ganz neue, bisher unbemerkte Problemfelder erschließen können. Wie die daraufhin erstellten Befunde aussehen können, wird im Abschnitt 4.2 ausführlich beschrieben.

4.1.4 Formen der Rückmeldung

Erforderliche Maßnahmen

In welcher Form die Ergebnisse der Gesprächsanalyse an den Betrieb zurückgemeldet werden, hängt von der gestellten Aufgabe ab. In einigen Fällen wird nur ein schriftliches Gutachten gewünscht, das zur Grundlage weiterer Planungen gemacht werden soll. Der häufigste Fall ist wohl, dass durch eine Gesprächsanalyse Schulungsmaßnahmen vorbereitet werden oder auch schon durchgeführte Schulungsmaßnahmen auf ihre Wirkung hin überprüft (Evaluation) und fortgeführt werden (vgl. Artikel V.3). Geht es weniger um die Qualifikation der Mitarbeiter, sondern um die Organisationsstruktur, werden die Ergebnisse den verantwortlichen Führungskräften in einer Präsentation oder einem Workshop vermittelt. Wird die Gesprächsanalyse zur gezielten Schulung einer einzelnen Führungskraft eingesetzt (‚Coaching'), werden die Ergebnisse natürlich nur dieser Person zugänglich gemacht, meistens in Form eines intensiven Feedback-Gesprächs, das sich über einen ganzen Tag hinziehen kann. Was die Rückmeldung enthalten kann, wird im nächsten Abschnitt ausführlich dargestellt.

4.2 **Rückmeldung: Beispiele**

Die folgenden Beispiele stammen aus Gesprächsanalysen, die für verschiedene Firmen in den letzten acht Jahren durchgeführt wurden. Alle Beispiele beruhen auf authentischen Gesprächsaufzeichnungen aus mehreren abgeschlossenen Beratungsprojekten, zum Schutz der Firmen und der Mitarbeiter aber werden sie hier drei fiktiven Firmen zugeordnet. Deshalb – und aus Gründen einer kompakten, lehrbuchangemessenen Darstellungsweise – können in diesem Beitrag auch keine transkribierten Gesprächsausschnitte präsentiert werden wie normalerweise in wissenschaftlichen Publikationen zur Gesprächsforschung unabdingbar. Bei der fiktiven Firma „Paket" handelt es sich um einen weltweit operierenden Paketdienst, bei der Firma „Telefon" um einen Hersteller von Telefonanlagen mit mehreren tausend Mitarbeitern, die Firma „Software" entwickelt mit zweihundert Mitarbeitern eine komplexe Spezialsoftware. In allen Fällen geht es um Kundengespräche, die telefonisch geführt werden, teilweise über ein so genanntes ‚Call Center'. Die Rückmeldungen sind danach geordnet, für welchen der drei oben genannten Unternehmensbereiche sie jeweils relevant sind.

4.2.1 Personalentwicklung

Die Personalentwicklung ist verantwortlich für die Weiterbildung der Mitarbeiter. Sie soll Schwächen in der Qualifikation feststellen und durch Bildungsmaßnahmen abstellen. Die Kompetenzen der Mitarbeiter lassen sich drei Bereichen zuordnen:

1. Gesprächskompetenz
2. Fachkompetenz
3. Methodenkompetenz

Rückmeldungen zur Gesprächkompetenz
Gesprächskompetenz ist die Fähigkeit, zu einem beliebigen Zeitpunkt in einem Gespräch

Definition von Gesprächskompetenz

1. zu einer angemessenen Einschätzung der aktuellen Situation und der Erwartungen der Gesprächspartner zu kommen,
2. auf dem Hintergrund dieser Einschätzung eine den eigenen Interessen und den eigenen Ausdrucksmöglichkeiten angemessene Reaktion mit hoher Erfolgswahrscheinlichkeit zu finden
3. und diese Reaktion der eigenen Absicht entsprechend adäquat körperlich, stimmlich und sprachlich zum Ausdruck zu bringen

Punkt 1 und 2 lassen sich auch als ,soziale Kompetenz' bezeichnen, Punkt 2 und 3 als ,rhetorische Kompetenz'.

Nach einer erfolgreichen Sozialisation ist jeder Mensch mehr oder weniger in der Lage, ein Gespräch zu führen, und tut das täglich vielfach. Deshalb wird oft nicht erkannt, dass Gespräche in beruflichen Kontexten nicht nur eine allgemein stärker ausgeprägte Gesprächskompetenz erfordern, sondern auch spezielle Fertigkeiten, die zur Bewältigung der arbeitsplatzspezifischen Gesprächsaufgaben notwendig sind. Während es bei Therapie-Gesprächen, dem ärztlichen Anamnese-Gespräch oder dem Lehrgespräch zwischen Lehrer und Schülern keinen Zweifel gibt, dass sie erlernt und trainiert werden müssen, wird von vielen Gesprächen in Unternehmen unter den Mitarbeitern und zwischen Mitarbeitern und Kunden angenommen, dass die „normale" Gesprächskompetenz aus dem Alltag ausreicht.

Professionelle Gesprächsführung

Das ist jedoch ein Irrtum: wo immer Gespräche zur Erfüllung beruflicher Aufgaben eingesetzt werden, erfordern sie auch eine professionelle Gesprächsführung, die teilweise erheblich vom Verhalten im Alltag abweicht. Bezogen auf die drei Teilfähigkeiten lässt sich generell sagen, dass

Geschärfte Wahrnehmung

1. die Wahrnehmung für den Gesprächspartner und die Situation erhöht ist. Beispielsweise unterbricht ein geschulter Call Center Agent seine Äußerung, sobald er hört, dass der Anrufer Atem holt, um zu reden – im Alltag würde er lauter und schneller sprechen, um die Unterbrechung zu verhindern.

Zweckgerichtete Reaktionsauswahl

2. die Auswahl an Reaktionsmöglichkeiten durch den Zweck des Gesprächs bestimmt ist. Beispielsweise werden auch heftigere Beschwerden von Kunden höflich und freundlich bearbeitet und selbst dann nicht in Frage gestellt, wenn sie offensichtlich unglaubwürdig sind – im Alltag wäre die emotionale Eskalation („Streit") die angemessene Reaktion.

Expliziterer Ausdruck

3. das Ausdrucksverhalten expliziter ist als im Alltag. Beispielsweise werden einzelne Sprechhandlungen möglichst in Idealform ausgeführt (vgl. das oben angeführte Beispiel mit der optimalen Form einer Frage) und Verstehen wird explizit durch Rückfragen und Paraphrasen abgesichert.

Im Folgenden werden einige ausgewählte Verhaltensweisen vorgestellt, die in untersuchten Telefongesprächen beobachtet wurden. Es lässt sich an den Gesprächen selbst zeigen, dass sie die gestellten Gesprächsaufgaben nicht optimal lösen. In allen Fällen kann man sagen, das sie dem

„normalen" Alltagssprechen entstammen, aber genau deshalb im professionellen Kontext versagen.

Gesprächseröffnung

In allen drei Firmen beginnt das Telefongespräch zwischen Mitarbeiter und Kunde damit, dass der Anrufer nach der Begrüßung sein Anliegen schildert. Der Mitarbeiter hat solche Anliegen oft schon viele tausend Mal gehört und glaubt nach wenigen „Schlüsselwörtern" zu wissen, worum es gehen wird. Er unterbricht also die Schilderung, um sofort die seiner Meinung nach notwendigen Maßnahmen einzuleiten. Im Alltag wird durch dieses Verhalten unnötige Redundanz vermieden, an dieser Stelle jedoch hat es negative Folgen: Nicht nur verärgert die unhöfliche Unterbrechung den Anrufer (wie deutlich zu hören ist), in den meisten Fällen zeigt der weitere Gesprächsverlauf, dass die Vermutung des Mitarbeiters falsch war und aufwändig korrigiert werden muss.

Missverstehen als Problem

Aber auch wenn der Anrufer sein Anliegen ungestört vorbringen durfte, zeigt der weitere Gesprächsverlauf nicht selten, dass er vom Mitarbeiter nicht richtig verstanden wurde. Dieses Missverstehen lässt sich jedoch viel früher offen legen, wenn der Mitarbeiter systematisch ein im Alltag aus Gründen der Gesprächsökonomie nur in besonderen Fällen angewandtes Verfahren einsetzt, nämlich sein Verstehen direkt nach der Äußerung zur Bestätigung oder Korrektur zurückzumelden (z.B. „Sie wollen also ein defektes Telefon reklamieren?").

Verständnissicherung

Bei der Nachbearbeitung eines Anrufs erweist es sich oft, dass dieses Verfahren der expliziten Verständnissicherung besonders bei allen Angaben des Anrufers unabdingbar ist: Namen, Adressen und Telefonnummern werden nur zu häufig fehlerhaft übermittelt, wenn sie vom Mitarbeiter nicht mitgesprochen oder zur Bestätigung wiederholt werden.

Intransparenz des Gesprächsverlaufs als Problem

Diese Explizitheit ist aber nicht nur auf der Ebene der Verständnissicherung notwendig, sondern auch auf der Ebene des Gesprächsablaufs: im Allgemeinen weiß nur der Mitarbeiter, welche Schritte in welcher Reihenfolge zur Bearbeitung des Anliegens notwendig sind. Damit der Anrufer optimal kooperieren kann, muss ihm diese Struktur nicht bekannt sein, er muss aber vom Mitarbeiter durch diese Struktur geführt werden. Unterlässt es der Mitarbeiter (so wie im Alltag üblich), die einzelnen Schritte explizit zu benennen und ihre Notwendigkeit zu begründen, kann das erhebliche Folgen für den Gesprächsverlauf haben bis hin zum Gesprächsabbruch.

Das soll anhand der genannten Beratungsprojekte erläutert werden. In der Firma „Software" ist der Support so geregelt, dass ein Anrufer nicht sofort mit einem Experten verbunden wird, sondern zunächst mit einem Dispatcher, der entscheiden muss, welcher Experte für das Problem zuständig ist. Die Anrufer jedoch gehen häufig davon aus, schon mit dem Experten zu sprechen. Macht nun der Dispatcher dieses Verfahren nicht rechtzeitig deutlich, schildern die Anrufer ihr Anliegen ausführlich, nur um zu erfahren, dass sie ihre Bemühungen mit einem neuen Gesprächspartner wiederholen müssen.

In der Firma „Telefon" bekamen die Mitarbeiter an der Hotline die Aufgabe, die Anrufer nach ihrer zur Beantwortung der Anfragen eigentlich nicht notwendigen Adresse zu fragen, um so Daten für Marketing-Maßnahmen zu gewinnen. Diese Frage wurde aber im Gesprächsablauf an das Ende gehängt, so dass das Anliegen des Anrufers schon (mehr oder weniger) befriedigend bearbeitet worden war und das Gespräch an einem natürlichen Abschlusspunkt angekommen war. Tatsächlich legten auch viele Anrufer auf, bevor der Mitarbeiter die Frage überhaupt stellen konnte, in jedem Fall aber rief sie Irritation hervor, die oft zu Rückfragen und sogar zur Verweigerung von Angaben führte. An einer früheren Position im Gespräch mit expliziter Begründung der Frage traten diese Probleme nicht mehr auf (z.B.: „Um Sie in Zukunft besser informieren zu können, würden Sie mir da noch ihre Adresse nennen?").

Begründung von Sprechhandlungen

Die im Alltag oft unnötige Begründung von Aufforderungen und Fragen dient aber nicht nur dazu, die Kooperationsbereitschaft des Gesprächspartners zu erlangen, sondern vor allem, ihm die aktive Mitarbeit zu ermöglichen. In der Firma „Software" wurden die Anrufer nach ihrer Telefonnummer gefragt. Wurde ihnen aber nicht erklärt, dass sie unter dieser Nummer in den nächsten Stunden zurückgerufen werden sollten, um die Lösung ihres Problems zu erfahren, nannten sie oft Nummern, unter denen sie aktuell gar nicht erreichbar waren (z.B. „Geben Sie mir bitte noch ihre Telefonnummer, damit wir Sie so bald wie möglich zurückrufen können"). In der Firma „Paket" kam es sehr häufig zu Eskalationen, wenn negative Informationen ohne Begründung gegeben wurden. Wenn Anrufer Auskünfte zum Verbleib ihres Paketes haben wollten, wurde von ihnen eine Paketnummer gefordert – es wurde ihnen aber nicht gesagt, dass ohne diese Nummer eine Suche im System nicht möglich war (z.B. „Dazu brauche ich Ihre Paketnummer, weil darunter alle Informationen im System gespeichert sind"). Deshalb wurde die Frage häufig als bürokratische Schikane wahrgenommen – mit entsprechenden Folgen für den Gesprächsverlauf.

Fachsprache

Die Explizitheit in der Gesprächsführung durch den Mitarbeiter ist notwendig, weil der Anrufer im Allgemeinen mit dem Ablauf des Gesprächs nicht vertraut ist. Das ist natürlich nicht der Fall, wenn ein Kunde häufiger anruft und dadurch Hintergrundwissen und Interaktionsregeln dieser speziellen Gesprächsgattung erlernt hat. Ein Mitarbeiter muss deshalb in der Lage sein, dieses Vorwissen zu erkennen und seine Gesprächsführung anzupassen. Diese Orientierung am Kenntnisstand des Gesprächspartners ist besonders wichtig, wenn Fachsprache verwendet wird.

In der Firma „Telefon" riefen ausschließlich Laien an, die Probleme mit ihrem Telefon hatten. Die gut ausgebildeten Telekommunikations-Ingenieure waren jedoch kaum in der Lage, ihre unverständliche Fachterminologie in allgemein verständliche Alltagssprache zu übersetzen, beispielsweise „Ziehen Sie den Analog-Adapter heraus" in „Ziehen Sie den kleinen schwarzen Stecker am Ende des roten Kabels heraus" zu übersetzen. Oft war ihnen die Notwendigkeit dieser Transferleistung auch nicht ausreichend bewusst, obwohl aus dem Anrufer-Verhalten das Unverständnis deutlich herauszuhören war. Besonders problematisch erwiesen sich hier Alltagsbegriffe, die durch die Fachkompetenz mit anderen Inhalten gefüllt worden waren. Beispielsweise heißt „ist angeschlossen" für einen Anrufer nur, dass irgendein Kabel in irgendeiner Buchse steckt, für einen Ingenieur aber, dass das richtige Kabel auf korrekte Weise in der richtigen Buchse steckt und das System zudem noch korrekt konfiguriert ist.

Ähnliche Probleme traten auch in der Firma „Paket" auf. Hier hatten sich firmeninterne Bezeichnungen entwickelt, die für Außenstehende nicht verständlich sein konnten, in den Kundengesprächen aber verwendet wurden. So bekamen Anrufer bei Fragen nach ihren Paketen häufig die Auskunft „da hab ich keinen Scan" oder „ich hab hier Beladen Tour" – in Alltagssprache übersetzt hätten die beiden Formulierungen gelautet „das Paket ist noch unterwegs zur Sammelstelle und daher vom System noch nicht erfasst worden" bzw. „das Paket befindet sich auf einem Transporter auf dem Weg zu Ihnen".

Die Verwendung einer Fachsprache hängt natürlich eng zusammen mit der zugrundeliegenden Fachkompetenz, und damit kommen wir zu einem weiteren Bereich, in dem durch eine Gesprächsanalyse Rückmeldungen gegeben werden können.

Rückmeldungen zur Fachkompetenz

Mangelnde Fachkompetenz der Mitarbeiter

In der Firma „Software" sollten die Dispatcher die Probleme der Anrufer kurz notieren und diese Informationen an die zuständigen Experten weiterleiten. In den Gesprächen fiel durchwegs auf, das die Mitarbeiter während der Problemschilderungen nur sehr schwache oder sogar gar keine Rückmeldesignale produzierten. Bei der Wiederholung der Kunden-Anliegen waren bei Fachbegriffen Mikropausen und leichte Artikulationsschwierigkeiten festzustellen, als wären die Begriffe neu und ungewohnt. Zudem traten viele syntaktische Abbrüche und gefüllte (*äh*) und echte Pausen auf. Eine Befragung bestätigte den Verdacht: Die Mitarbeiter hatten zuvor keinerlei Einweisung in die Software-Produkte der Firma erhalten und konnten die Anliegen daher nur mechanisch erfassen, ohne sie wirklich zu verstehen. Es liegt auf der Hand, dass die Gespräche nach einer entsprechenden Schulungsmaßnahme erheblich besser verliefen.

Gezielte Schulungsmaßnahmen

Im Allgemeinen können durch eine Gesprächsanalyse fachliche Defizite entdeckt und durch gezielte Schulungsangebote behoben werden. Wie schon angedeutet, können die Rückmeldungen zur Fachkompetenz aber auch ganz unerwartet ausfallen: In der Firma „Telefon" war die Fachkompetenz der Ingenieure an der Hotline ganz ausgezeichnet, führte aber dennoch zu erheblichen Störungen im Gesprächsverlauf. Die von ihnen verwendete und für den Anrufer unverständliche Fachsprache war ihnen so wenig bewusst, dass sie ihre Formulierungen bei Rückfragen nicht etwa alltagstauglich umformulierten, sondern wörtlich wiederholten, als handele es sich um ein rein akustisches Problem. Darüber hinaus führte die Begeisterung für das Thema „Telekommunikation" dazu, den überforderten Anrufer mit viel zu vielen Details und vollkommen unnötigen Informationen zu überschütten. Die Gespräche verlängerten sich dadurch teilweise um ein Vielfaches, jedoch ohne den Anrufer wirklich zufrieden zu stellen. Die Schattenseite der Begeisterung war die negative Einstellung gegenüber weniger kompetenten Menschen – also exakt der Zielgruppe der Hotline. Dieses Problem ließ sich nicht durch Schulungsmaßnahmen, sondern nur durch eine Veränderung des Anforderungsprofils der Stelle lösen, bei der Gesprächskompetenz deutlich erkennbar wichtiger ist als die reine Fachkompetenz. Diese Unterscheidung in Fachkompetenz und die Fähigkeit zu ihrer sprachlichen Vermittlung (z.B. an den Kunden) wird in der Praxis häufig übersehen und ist deshalb eine wichtige Rückmeldung an die Personalabteilung, zu der wir noch kommen werden.

Rückmeldungen zur Methodenkompetenz

Zu dem Wissen, das zur Bearbeitung der Aufgaben eines Arbeitsplatzes nötig ist, gehört neben den Fachkenntnissen auch das Wissen über den vorgegebenen Arbeitsablauf, die Bedienung der notwendigen Geräte und die Rahmenbedingungen der Firma, die so genannte ‚Methodenkompetenz'.

Kenntnis der unternehmensinternen Verfahrensweisen

In der Firma „Software" riefen häufig Kunden mit gravierenden Problemen wie Datenverlust oder Systemabsturz an. Sie drängten deshalb massiv darauf, entgegen dem Normalverfahren direkt zu dem Experten durchgestellt zu werden. Aber auch wenn die Anrufer das Normalverfahren akzeptierten, wollten sie in jedem Fall eine verbindliche Auskunft, bis wann sie mit einer Lösung rechnen konnten. Das Gesprächsverhalten der Mitarbeiter zeigte deutlich (und damit auch dem Kunden), dass sie nicht wussten, ob und wen sie durchstellen durften und bis wann sie eine Lösung zusagen durften. Es wurden Formulierungen verwendet wie „Kann ich Ihnen nicht so genau sagen", „Ich hoffe, weiß aber nicht, wie viel die Kollegen zu tun haben, aber ich denke, morgen werden Sie schon eine Antwort haben" oder „Ähm innerhalb der nächsten zwei Tage, aber ich kann Ihnen das nicht garantieren, kommt drauf an, wie viel meine Kollegen zu tun ham, aber es schaut nicht so schlecht aus". Die Nachforschung ergab, dass im Supportvertrag eine Reaktionszeit von 24 Stunden garantiert wurde, in der Praxis aber fast alle Anliegen innerhalb von zwei Stunden bearbeitet wurden. Mit diesem Wissen konnten die Mitarbeiter deutlich souveräner agieren und die Akzeptanz für das Normalverfahren deutlich erhöhen, indem sie sofort ungefragt auf die kurze Rückmeldezeit hinwiesen.

In der Firma „Paket" gab es immer wieder Unsicherheiten im Gespräch mit Kunden, ab welchem Zeitpunkt (*cut-off*) Pakete nicht mehr am gleichen Tag abgeholt werden konnten, wo sich das für den jeweiligen Regionalbereich zuständige Depot befindet, bis wann das Paket frühestens zugestellt sein kann, welche Art von Paketen nicht transportiert werden. Es stellte sich heraus, dass es zu diesen wichtigen Punkten keine offizielle Schulung gab, sondern immer nur eine informelle Einweisung durch Kollegen am Arbeitsplatz. Daher waren die Angestellten nie sicher, wie vollständig und verbindlich ihr Wissen war, was sich deutlich auf ihr Gesprächsverhalten auswirkte (Zögern, leise Stimme, Relativierungen: *ich denke / ich glaube / vermutlich,* Gesprächsunterbrechung, um Information einzuholen).

Kenntnis der Gerätebedienung

Diese Defizite im Wissen waren in allen drei Firmen in einem zentralen Bereich anzutreffen, nämlich bei der Bedienung der Telefonanlage und der Software. Auch hier waren neue Mitarbeiter nur durch Kollegen direkt am Arbeitsplatz (*on the job*) eingewiesen worden. Die Folgen waren fatal: Selbst Standardfunktionen konnten teilweise nicht korrekt benutzt werden, seltener benötigte Funktionen waren vollkommen unbekannt. Für einige Aufgaben hatten sich sogar umständliche Prozeduren eingebürgert, die in dieser Form nie vorgesehen waren (und bei denen im „virtuellen Büro" Papier und Bleistift nicht selten eine zentrale Rolle spielten). In den Gesprächen mit den Kunden kam das unter anderem zum Ausdruck, indem die Mitarbeiter ihr Tun (oder besser: Nicht-Tun) kommentierten mit „Wie geht denn das nun wieder?" oder „Uups was macht er denn jetzt?".

Die durch Unsicherheiten und Auffälligkeiten im Gesprächsverhalten der Mitarbeiter ausgelösten Nachforschungen ergaben aber häufig nicht nur, dass bestimmte Wissensbereiche bislang nicht systematisch geschult worden waren. Es ergab sich auch, dass Abläufe und Verfahrensweisen gar nicht dokumentiert (schriftlich fixiert) worden waren, so dass auch ein Selbststudium der Mitarbeiter oder wenigstens ein Nachschlagen im akuten Fall nicht möglich war. In einigen Fällen war das keine bloße Nachlässigkeit: Es stellte sich heraus, dass die Abläufe gar nicht definiert worden waren, dass es also keine verbindliche Vorgehensweise gab. Diese Feststellung ist für die Organisationsentwicklung wichtig, zu der wir jetzt kommen.

4.2.2 Organisationsentwicklung

Damit ein Mitarbeiter seine Aufgaben erfüllen kann, wird ihm vom Unternehmen eine Arbeitsumgebung zur Verfügung gestellt. Diese Struktur permanent an die Aufgaben anzupassen und zu verbessern ist – neben anderem – die Aufgabe der Organisationsentwicklung.

Dokumentation der Vorgaben

Organisationsentwicklung ist auch dafür verantwortlich, dass es klare Vorgaben dafür gibt, wie die Aufgaben im Detail zu bearbeiten sind, damit sich die Arbeit des Einzelnen ins Ganze der Organisation reibungslos einfügen kann. Damit das gelingt, müssen die Vorgaben und Verfahrensweisen dokumentiert werden. Eine Gesprächsanalyse zeigt, wie die konkrete Praxis im Detail an einem Arbeitsplatz aussieht. Sie bringt zutage, wenn Vorgaben fehlen und es den Mitarbeitern überlassen bleibt, einen Bearbeitungsweg zu finden. Sie legt offen, ob Vorgaben deshalb ignoriert werden, weil sie unbekannt sind oder in der Praxis einfach nicht funktionieren. Häufig ist es Ergebnis einer Gesprächsanalyse, dass Probleme nicht durch die Qualifikation der Mitarbeiter, sondern durch Rahmenbedingungen verursacht werden, so dass sie nur durch Strukturveränderungen, nicht aber durch Schulungsmaßnahmen abzustellen sind.

Der Support in der Firma „Software" ist kostenpflichtig, so dass der Dispatcher bei jedem einzelnen Anrufer wissen muss, ob er das Anliegen erfassen darf oder den Anrufer höflich auf den Abschluss eines Supportvertrages verweisen muss. Die Kundendatenbank war aber so beschaffen, dass sich diese Supportberechtigung gar nicht während des Anrufs überprüfen ließ. Zudem stellte sich heraus, das die Datenbank nicht aktuell war, weil der für die Datenpflege verantwortliche Vertrieb sich nicht an die Vorgaben hielt. Diese Struktur schlug sich in einer umständlichen

Gesprächspraxis zur Bearbeitung der Aufgabe nieder: Der Dispatcher nahm alle Anliegen auf, verifizierte nach dem Kundengespräch durch einen Anruf im Vertrieb eine fehlende Supportberechtigung in der Datenbank und rief dann im Bedarfsfall den Kunden mit der „frohen" Botschaft zurück, dass sein Problem nun doch nicht bearbeitet werden würde. Dieses ineffiziente und kundenfeindliche Verfahren kann nicht durch den einzelnen Mitarbeiter, sondern nur über eine Veränderung der Organisation (hier: die Kundendatenbank und ihre Pflege) überflüssig gemacht werden.

4.2.3 Personalauswahl

Eine Gesprächsanalyse am Arbeitsplatz zeigt, welche Aufgaben im Gespräch mit welcher Häufigkeit zu bearbeiten sind und wie wichtig sie für den Erfolg der Gespräche, aber auch der Gesamtaufgabe sind. Man könnte sie also als eine Weiterentwicklung des für die Gestaltung von Assessment Centern am häufigsten verwendeten Verfahrens betrachten (Obermann 2002: 75), der *Critical Incidents Technique* (CIT), die von J.C. Flanagan schon 1954 entwickelt wurde. Dabei berichten kompetente Beobachter der Arbeitspraxis von den erfolgsrelevanten Aufgaben (*critical incidents*) und ihrer optimalen Bewältigung. Eine Gesprächsanalyse mit ihren Aufzeichnungen kann diese Aufgaben jedoch wesentlich präziser und informationsreicher erfassen als es durch bloße Beobachtung möglich ist. Sie zeigt auch bis in den Einzelfall hinein, welches Verhalten bei bestimmten Aufgaben besonders erfolgreich ist und welches den Erfolg eher verhindert (vgl. das Beispiel mit der optimalen Form der Frage).

Anforderungsprofil

Aus diesen empirischen Beobachtungen lässt sich ein sehr präzises und vollständiges Anforderungsprofil für einen Arbeitsplatz erstellen, das die entscheidende Voraussetzung für ein erfolgreiches Einstellungsverfahren darstellt (Schuler 1996: 59 ff.). Nur so ist gewährleistet, dass Fähigkeiten oder Eigenschaften, die durch Schulungsmaßnahmen nur schwer oder gar nicht veränderbar sind, schon bei der Einstellung des Mitarbeiters ausreichend ausgeprägt sind.

Unterschätzung von Gesprächskompetenz als Problem

Auch an dieser Stelle zeigte sich in den Beratungsprojekten, dass Gesprächskompetenz als eigenständige und eben nicht selbstverständliche Schlüsselqualifikation, die jeder sowieso „irgendwie" mitbringt, erheblich unterschätzt wird. Der Anteil an Mitarbeitern, deren Stimme, Sprechweise oder Gesprächsverhalten (Hörerrückmeldungen, Sprecherwechsel usw.) für eine Arbeit am Telefon ungeeignet war, war beeindruckend hoch. Es stellte sich heraus, dass diese wichtige Grundvoraussetzung für den Gesprächserfolg im Einstellungsverfahren gar nicht geprüft worden war, weil neben der Einsicht in die Notwendigkeit auch die dafür nötige Fachkompetenz in den Firmen fehlte. Auch dieses Defizit lässt sich durch eine Gesprächsanalyse abstellen: Ihre Ergebnisse lassen sich dazu verwenden, Instrumente für die Personalauswahl wie Telefoninterviews und Übungen im Assessment Center zu entwickeln, die auf die spezifischen Bedingungen am Arbeitsplatz ausgerichtet sind. Das Verhalten der Bewerber in diesen Gesprächssituationen lässt sich erneut durch eine Gesprächsanalyse oder durch gesprächsanalytisch geschulte Beobachter auswerten.

5 Zusammenfassung

Die Methode der wissenschaftlichen Gesprächsanalyse bietet die Möglichkeit, die Arbeitspraxis in Unternehmen sehr präzise zu erfassen, soweit sie vor allem aus Gesprächen besteht. Sie kann deshalb in der Personalentwicklung eingesetzt werden, um Schulungsbedarf im Bereich von Gesprächs-, Fach- und Methodenkompetenz zu ermitteln und den Erfolg der Weiterbildungsmaßnahmen durch eine zweite Gesprächsanalyse zu evaluieren. Dabei können die Aufzeichnungen und Analyseergebnisse zur gezielten Entwicklung der Gesprächskompetenz von Mitarbeitern und Führungskräften verwendet werden. In der Personalauswahl kann sie eingesetzt werden, um für einen Arbeitsplatz ein Anforderungsprofil zu erstellen, entsprechende Eignungstests für das Einstellungsverfahren zu entwickeln (z.B. Telefoninterviews oder Übungen im Assessment Center) und das Gesprächsverhalten der Bewerber einzustufen. Für die Organisationsentwicklung kann eine Gesprächsanalyse wertvolle Hinweise zur optimalen Gestaltung der Rahmenbedingungen am Arbeitsplatz, aber auch zur allgemeinen Arbeitsorganisation liefern.

V.2 Gesprächsberatung in Organisationen und Institutionen

Stephan Habscheid

1 Warum Berater sich für Linguistik interessieren, und wie Linguisten als Berater tätig werden können

Linguistische Gesprächsforschung kann im Anwendungsfall der Kommunikationsberatung in ganz unterschiedlichen Praxisfeldern – von der Schule über das Gesundheitswesen bis zur Politik – zum Tragen kommen, nicht zuletzt auch in den Einrichtungen des Beratungssektors selbst.

Fallbeispiel: Gespräche in Beratungsinstitutionen

Einen Anstoß zu dem Projekt (ausführlich in Habscheid 2003a), das im vorliegenden Beitrag als Fallbeispiel dient, gab ein Organisationsberater. Der Problemhintergrund: Wie viele andere professionelle Tätigkeiten in unserer Gesellschaft stellt auch die Beratung – als Gespräch – zunächst wesentlich eine sprachlich-kommunikative Aufgabe dar. Im Fall der ‚systemischen Beratung', um die es hier gehen soll, kommt noch ein Weiteres hinzu: Während in der klassischen ‚Expertenberatung' Fachwissen von der Wissenschaft in die Praxis übermittelt werden soll, gehen neuere, ‚prozessorientierte' Beratungsansätze wie die systemische Beratung davon aus, dass die Klienten selbst bereits über das erforderliche Wissen zur Bestimmung und Bewältigung ihrer Aufgaben verfügen. Probleme resultieren in dieser Perspektive aber daraus, dass die Sichtweisen und Interessen der verschiedenen Abteilungen und Spezialisten in einer Organisation (z.B. Techniker, Designer, Marketing-Experten, Juristen) nur unzureichend koordiniert sind. Diese Koordination ist insofern eine schwierige Aufgabe, als die verschiedenen Perspektiven einerseits nicht vereinfachend über einen Leisten geschlagen werden sollen, andererseits aber von kaum einem der Beteiligten in ihrer ganzen Komplexität überblickt werden können. Systemische Berater verstehen sich hier als „Moderatoren" und „Katalysatoren" im Organisationsprozess, die unterschiedliche Perspektiven analysieren, Konflikte ergründen, zur Veränderung von Wahrnehmungsgewohnheiten beitragen und dem Klientensystem dabei helfen, die verschiedenen Perspektiven aufeinander abzustimmen (vgl. Schmid 1989; Groth 1996). Ein Schlüssel zur Analyse und Veränderung der perspektivengebundenen Wirklichkeiten in den Köpfen der Klienten wird in der Sprache gesehen, die daher nicht nur ein Werkzeug der Beratung darstellt, sondern häufig auch zum Gegenstand des Beratungsgesprächs wird. Das Sprechen über Probleme der Organisation, z.B. die Komplexität großer Wirtschaftsunternehmen, schließt in dieser Perspektive nicht zuletzt ein Sprechen über Sprache, z.B. über Metaphern, ein.

Geht man nun davon aus, dass eine Professionalisierung des Beratungshandelns (wie übrigens auch anderer Tätigkeiten) wesentlich auf

Selbstreflexion der Beratung durch sprachwissenschaftliche Analyse

der Fähigkeit basiert, die eigene Alltagspraxis einer bewussten Reflexion zugänglich zu machen, so weist die Sprachwissenschaft – aufgrund des in zweifacher Hinsicht sprachlichen Charakters der Beratung – ein erhebliches Anwendungspotenzial auf. Die Sprachwissenschaft kann (wie andere Geistes- und Sozialwissenschaften auch) der Praxis Wissen über sich selbst in wissenschaftlicher Form zur Verfügung stellen (vgl. Frühwald et al. 1991), das eine systematische Selbst-Betrachtung und -Evaluation und ggf. eine Optimierung des eigenen Handelns erlaubt.

Im Mittelpunkt des vorliegenden Beitrags stehen – am Beispiel der Organisationsberatung – methodische und terminologische Grundlagen, über die Linguisten verfügen müssen, wenn sie einen relevanten Beitrag zur Lösung von Problemen in kommunikativen Praxisfeldern leisten möchten. Didaktische und organisatorische Fragen der Vermittlung treten demgegenüber in den Hintergrund, da sie in den anderen Beiträgen des Kapitels V behandelt sind.

Überblick

Im Folgenden werden zunächst die methodischen Prinzipien linguistischer Gesprächsforschung knapp dargestellt (Abschnitt 2.1), auch in ihrer speziellen Ausrichtung auf den Anwendungsfall (Abschnitt 2.2). Dabei wird im Blick auf die Komplexität der in der Praxis zu bearbeitenden Kommunikationsprobleme auch die Notwendigkeit thematisiert, strukturelle Voraussetzungen des sprachlichen Handelns, vor allem ‚Institutionen' und ‚Organisationen', in die Betrachtung einzubeziehen (Abschnitt 2.4). All diese Aspekte werden dann anhand des Fallbeispiels (Abschnitt 3) für eine konkrete, anwendungsbezogene Analyse von Kommunikationsproblemen fruchtbar gemacht.

2 Wie man einen praxisrelevanten Gegenstand begründet, und welche methodischen Prinzipien sich daraus ergeben

2.1 Methodische Prinzipien der Gesprächsforschung

Die Bearbeitung von Praxisproblemen mit den Mitteln der wissenschaftlichen Gesprächsanalyse setzt eine intensive Beschäftigung mit diesem Ansatz der Sprach- und Sozialforschung voraus. Ebenso wichtig wie die detaillierte Kenntnis von Analysekategorien (das „Handwerkszeug") ist dabei eine bestimmte Perspektive auf den Gegenstand ‚Gespräch' und die Art und Weise, wie man sich diesem Alltagsphänomen wissenschaftlich nähert (die „Methodologie"). Erst diese viel beschworene „Analysementalität" erlaubt es nämlich, das Werkzeug der wissenschaftlichen Kategorien sinnvoll zu gebrauchen und im Rahmen der eigenen Aufgabenstellungen weiterzuentwickeln. Die methodologischen Grundlagen der wissenschaftlichen Gesprächsforschung sind an anderer Stelle im Überblick dargestellt (vgl. Deppermann 1999). Wir können uns hier auf die Darstellung einiger elementarer Prinzipien beschränken, die für jede gesprächsanalytische Arbeit, ob in der Grundlagenforschung oder im Anwendungsfall der Beratung, unverzichtbar sind.

Wissenschaftliche Erkenntnisse der Gesprächsforschung basieren nicht in erster Linie auf logischer Herleitung, sondern auf der empirischen Ana-

Rekonstruktion der Beteiligtenperspektive: Sinn und Methoden

lyse und Interpretation authentischer Gesprächsereignisse. Dies bedeutet freilich nicht, dass auf die begriffliche Schärfung der eigenen Verstehensgrundlagen, die Alltags- und Theoriewissen umfassen, verzichtet werden könnte. Die Analyse selbst ist jedoch streng „entdeckungsorientiert" und, was die Aussagen betrifft, so eng wie möglich bezogen auf das audio- bzw. videotechnisch aufgezeichnete und genau verschriftete Datenmaterial. Sie zielt auf eine methodisch kontrollierte Deutung des Sinns, den die Beteiligten selbst ihrem Tun beimessen, und der Methoden, nach denen sie einander diesen Sinn deutlich machen. Relevantes Hintergrundwissen wird nur herangezogen, soweit es von den Beteiligten selbst erkennbar vorausgesetzt wird. Dabei bleibt die Analyse des Gesprächsprozesses (und nicht anderweitig gewonnenes Wissen über das Feld) Ausgangs- und Bezugspunkt der wissenschaftlichen Aussagen.

Sequenzialität im Gespräch und in der Rekonstruktion

Wesentlich für die kontrollierte Herangehensweise ist, dass Prinzipien des methodischen Vorgehens aus den strukturellen Merkmalen von Gesprächen hergeleitet werden. So sind – um ein Beispiel zu geben – die Beiträge der Beteiligten in einem Gespräch Schritt für Schritt wechselseitig aufeinander bezogen: An einem Schalter bittet ein Kunde um eine Auskunft („Können Sie mir bitte sagen, wann/wo/wer ..."); der Angestellte teilt ihm die gesuchte Information mit; der Kunde bedankt sich. Dieser ‚Sequenzialität' in der Herstellung eines Gesprächs entspricht das sequenzielle Vorgehen in der Rekonstruktion: So kann z.B. die erste Äußerung des Kunden („Können Sie mir bitte sagen ...") aufgrund des konventionellen Formulierungsmusters als Handlung des Typs ‚Bitte um eine Auskunft' kategorisiert werden; zugleich zeigt die Äußerung an, welche Art der Interaktion der Kunde in diesem Fall erwartet. Derartige Schlüsse aus der Äußerung des Kunden kann nun aber nicht erst der wissenschaftliche Interpret ziehen, sondern bereits der Angestellte, der seine Aufmerksamkeit dem Gesprächspartner zuwendet und das Verhalten des anderen im eigenen Handeln berücksichtigt. Obwohl ihm nur sein eigenes Bewusstsein direkt zugänglich ist, hat er die Möglichkeit, durch Beobachtung des Interaktionspartners mittelbar auch dessen Erlebnisablauf zu erschließen und dies im eigenen Handeln zu berücksichtigen. In unserem Beispiel fasst er die Äußerung des Kunden offenbar als ‚Bitte um eine Auskunft' auf: Er teilt die gesuchte Information mit. Der Kunde berücksichtigt nun seinerseits das Verhalten des Angestellten, der auf die Kundenäußerung eingegangen ist, und bedankt sich. Die erste Instanz der Interpretation ist also jeweils der Hörer, dessen Verständnis wir aus seiner eigenen Folgehandlung erschließen können: Wie versteht der Angestellte die Äußerung des Kunden, wie der Kunde die Antwort des Angestellten? Aus den wechselseitig aufeinander bezogenen Äußerungen ergibt sich für den wissenschaftlichen Beobachter die Möglichkeit und Notwendigkeit, das eigene Verständnis (z.B. der ersten Kundenäußerung) am weiteren Verlauf des Gesprächs zu überprüfen. Die Deutung, dass es sich bei der zitierten Äußerung um den ersten Schritt in einer Auskunftsinteraktion am Schalter handelt, an die bestimmte Erwartungen geknüpft sind, wird also nicht (nur) von außen her zugeschrieben, sondern sie ergibt sich (auch) aus dem Verlauf der Interaktion selbst:

> [D]as Ziel besteht nicht darin, Gespräche an vorausgesetzten Maßstäben zu messen oder Kategorien zuzuordnen, die der Forscher vorab festgelegt hat. Es geht stattdessen darum, die Prinzipien zu rekonstruieren, an denen sich die Beteiligten selbst beim Handeln und Interpretieren im Gespräch orientieren, und dies soll soweit als möglich an den Daten, d.h. an wahrnehmbaren, prinzipiell ‚öffentlichen', weil für alle sichtbaren Merkmalen des Gesprächsprotokolls ausgewiesen werden. (Deppermann 1999: 50)

Habituelle Praktiken

Bei diesen „Prinzipien [...], an denen sich die Beteiligten selbst beim Handeln und Interpretieren im Gespräch orientieren", handelt es sich freilich über weite Strecken um einen Hintergrund eingeschliffener Fähigkeiten, die eher habituell gekonnt als begrifflich gewusst werden (vgl. Searle 1997). Eine (methodisch bedeutsame) Ausnahme stellt die explizite Formulierung dessen, was gemeint war, dar. Allerdings sehen „unsere alltagspraktischen Verfahren der Sinngebung weder eindeutige Formulierungen vor, noch setzen sie sie voraus" (Auer 1999: 131). Der Analytiker versucht nun, diese „alltagspraktischen Verfahren der Sinngebung" in expliziten Beschreibungen zu fassen und terminologisch zu bezeichnen, wobei er, soweit dies möglich ist, an die Alltagskategorien der Beteiligten anknüpft.

Methodische Problemlösungen

Der Analysierende verfügt also über einen Fundus an Erkenntnissen und Kategorien aus der Gesprächsanalyse. Sein Umgang mit den Daten ist jedoch gekennzeichnet von größtmöglicher Neugierde und dem Bestreben, die Sichtweisen der Beteiligten datengeleitet zu rekonstruieren. Dabei zielt die Analyse nicht in erster Linie auf den historischen Einzelfall („das legendäre Beratungsgespräch vom ..."), sondern auf regelmäßige, immer wiederkehrende Strukturen und Prinzipien der Interaktion. Diese werden als musterhafte kommunikative Problemlösungen aufgefasst, an denen sich die Beteiligten – unter Berücksichtigung des jeweiligen Kontextes – in einer flexiblen Weise orientieren:

> Die Ordnung des Gesprächs wird [...] als Resultat methodischer Anstrengungen zur Bewältigung von Aufgaben und Problemen begriffen, die sich den Interaktanten im Verlauf ihres Austauschs stellen. Mit der Oberflächengestalt des Gesprächs haben wir also gewissermaßen eine Lösung vor uns, und die Frage ist, welche Probleme da gelöst – oder wenigstens bearbeitet – wurden. (Deppermann 1999: 80)

Wie und Wozu

Daraus ergeben sich die beiden Fragerichtungen des ‚Wie' und des ‚Wozu' von Äußerungen, wobei die Gesprächsanalyse davon ausgeht, dass jedem noch so unauffälligen Detail einer Äußerung hinsichtlich der Bedeutungskonstitution Sinn zukommen kann. So erfüllen z.B. neben Satzbau und Wortschatz (einschließlich der Metapher und anderer Muster „uneigentlichen Sprechens") auch Merkmale der Prosodie wie Intonationsverlauf, Akzente, Sprechgeschwindigkeit, Pausen, Lautstärke, „Stimmenvielfalt" oder Klangfarbe wichtige interaktive Funktionen, wie z.B. Gliederung, thematische Fokussierung, Hervorhebung, Aufmerksamkeitssteuerung oder Beziehungsarbeit (vgl. Schwitalla 2003). Damit sind zugleich einige wichtige linguistische Themengebiete umrissen, mit denen sich Gesprächsforscherinnen und -forscher in ihrem Studium vertraut machen müssen.

Aufgabenfelder der Kommunikation

Während die Frage nach dem ‚Wie' auf eine genaue strukturelle Beschreibung dieser wiederkehrenden Phänomene zielt, betont die Analyse der Probleme die Aspekte des ‚Warum' und ‚Wozu'. Anhand möglichst präzise beschriebener Äußerungen können so Hypothesen darüber gebildet werden, welche kommunikativen Aufgaben ein Sprecher gerade in diesem Moment des Gesprächs wahrnahm und in der Interaktion zu bewältigen versuchte (vgl. Deppermann 1999: 79 ff.). Neben der Handlungskonstitution (im obigen Beispiel: ‚Bitte um Auskunft' usw.) kommen dabei weitere kommunikative Aufgabenfelder oder ‚Ebenen der Interaktionskonstitution' in den Blick (Kallmeyer 1985; Holly 1992):

- die Herstellung und Aufrechterhaltung eines ‚Kontaktes' (dass man in ein Gespräch eintreten will, an wen man sich mit einer Äußerung wendet …)
- die ‚Darstellung von Sachverhalten' (worum es geht, was geschehen ist …)
- die soziale und situationale Bestimmung der eigenen ‚Identität' und die Verortung des Gesprächspartners (wer man ist, zu welcher Gruppe man gehört, welche Funktion man wahrnimmt …)
- die Gestaltung einer ‚Beziehung' in den Dimensionen ‚Distanz vs. Nähe', ‚Macht/Dominanz', ‚positive vs. negative Selbst- und Partnerbewertung' (‚Imagearbeit') und ‚Sympathie vs. Antipathie'
- der Status der ‚Interaktionsbeteiligung' (für wen bzw. mit wessen Stimme man spricht, an wen die Äußerung adressiert ist, wer nur Mithörer ist …)
- die ‚Gesprächsorganisation' (wer gerade spricht bzw. hört, wem das Rederecht zugewiesen wird oder wer das Rederecht übernimmt, dass das Gespräch beendet werden soll …)
- die ‚Verständnissicherung' (ob man von den gleichen Voraussetzungen ausgeht, wie das, was man gesagt hat oder sagen wird, zu verstehen ist …)
- die ‚Interaktionsmodalität' (unter welchen Vorzeichen eine Äußerung gültig ist: im Ernst, im Scherz, im Spiel usw.; in welcher Weise man emotional beteiligt ist: ärgerlich, vergnügt, sachlich …).

2.2 **Der Anwendungsfall**

Wie zahlreiche Aktivitäten im Rahmen der Angewandten Gesprächs- oder Diskursforschung belegen (vgl. z. B. die Beiträge in Brünner/Fiehler/Kindt 2002), eignen sich exemplarische Interaktionsanalysen in hohem Maße als Instrument der Beratung, Ausbildung und Supervision. Die Gesprächsanalyse bietet für derartige Prozesse einen alltagsnahen, empirisch fundierten Ausgangspunkt, wobei kommunikative Praktiken im Zentrum stehen. Zu den erprobten Vermittlungsformen gehören die Arbeit mit Aufzeichnungen authentischer Fälle (Audio, Video) und mit Transkripten, die Detailanalysen und die vergleichende Gegenüberstellung exemplarischer Ausschnitte erlauben (s. Artikel V.1 und V.3).

Gegenstände der Angewandten Diskursforschung

Mögliche Gegenstände der Angewandten Diskursforschung (vgl. Meier/Becker-Mrotzek 2002) sind generelle Spezifika und typische Probleme bestimmter Interaktionstypen (z. B. Arbeitsbesprechungen, Beratungsgespräche), individuelle Kommunikationsmuster (z. B. der Personalstil eines Vorgesetzten, der Gruppenstil eines Teams) oder die Realisierung von Interaktionsmustern in einer bestimmten Organisation bzw. einem institutionellen Zusammenhang (z. B. Telefongespräche unter den widersprüchlichen Anforderungen eines Call-Centers, das Rationalisierung und individuelle Kundenorientierung zugleich anstrebt).

Ziele der Angewandten Diskursforschung

Dementsprechend bestehen die Ziele der Angewandten Diskursforschung in der Reflexion bestimmter Interaktionsformen und der Entfaltung eines Spektrums von Handlungsalternativen, der Verbesserung der sprachlich-kommunikativen Kompetenz einer Person oder einer Gruppe und der Befähigung, soziale Prozesse in Organisationen zu verstehen und – soweit es geht – reflektiert zu gestalten. Dabei kann der Kontrast zwischen unkomplizierten Problemlösungsroutinen und konflikthaften oder misslungenen Realisierungen des gleichen Musters aufschlussreich sein. Derartige abweichende Fälle können z.B. markiert sein durch die schleifenhafte Wiederholung oder unvollständige Ausführung der gleichen Handlungsschritte, strategische Musterverwendungen, häufige Unterbrechungen und Simultanphasen, Missfallensbekundungen u.a.m. (vgl. Abschnitt 3.2). Dezidiert ‚kritische' Ansätze zielen dabei auf die Analyse von Herrschaftsverhältnissen, die, sofern sie den Beteiligten zugänglich gemacht wird, dazu beitragen kann, die ungleiche Verteilung von Chancen bei der interaktiven Herstellung sozialer Ordnung abzumildern. Nicht nur in dieser Hinsicht ist es erforderlich, die strukturellen Bedingungen des sprachlichen Handelns in gesellschaftlichen Kontexten mit in die Betrachtung einzubeziehen, wenn man der Komplexität der in Rede stehenden Probleme gerecht werden will.

2.3 Die Komplexität von Kommunikationsproblemen: Institutionen und Organisationen

Institutionen

Wer sprachlich handelt, muss sich auch mit Bedingungen auseinandersetzen, die das „Produkt vergangener Aktivitäten anderer Menschen" sind (Balog 2001: 232). So bilden Gesellschaften historisch Einrichtungen aus, die das Zusammenleben ordnen, indem sie eingespielte kommunikative Lösungen für Probleme des Daseins bewahren. Solche Probleme können die Weitergabe des Wissens (Erziehung, Bildung), öffentliche Selbstverständigung und gesellschaftliche Bewusstseins- und Traditionsbildung (Massenmedien) oder etwa helfende Interaktion in psychosozialen Krisensituationen (Therapie, Beratung) sein, um nur einige Beispiele zu nennen. Derartige Problemlösungen werden oft über Generationen hinweg quasi fraglos tradiert, so dass sich Handelnde im Rahmen von Institutionen auch mit Bedingungen auseinanderzusetzen haben, die sich im Verlauf ihrer Geschichte „von der konkreten Relevanz ihres Ursprungs gelöst haben" (Berger/Luckmann 1980: 66). Eine Sprachwissenschaft, die der Komplexität sprachlicher Praxis in gesellschaftlichen Kontexten gerecht werden will, muss derartige Bedingungen – soweit sie von den Kommunizierenden selbst angezeigt oder erkennbar in Rechnung gestellt werden – in ihre analytischen Rekonstruktionen einbeziehen (grundlegend: Ehlich/Rehbein 1986). Dabei zeugen die Institutionen selbst oft vom Widerstreit gegensätzlicher Perspektiven und Interessen, so dass sich die Handelnden mit widersprüchlichen Anforderungen konfrontiert sehen. So ist z.B. die Kommunikationsarbeit in Wirtschaftsunternehmen heute oft durch ein Spannungsfeld ökonomischer Kalküle – Kundenorientierung, Prozessoptimierung, Kostenführerschaft – geprägt, das vom Management nicht aufgelöst wird. Hinzu kommen die eigensinnigen Perspektiven der Mitarbeiter und der Kunden, die jeweils nur partiell mit den Kalkülen des Managements zur Deckung kommen. All das manifestiert sich – in Form perspektivischer Brüche und interaktiver Inkonsistenzen – in der sprachlichen Kommunikation selbst (vgl. Habscheid 2003b).

Sprachhandlungsmuster

Einen wesentlichen „Speicher" institutionell eingespielter Problemlösungen stellt die Sprache selbst dar, insofern sie mit sozialer Praxis und kultureller Ordnung untrennbar verwoben ist. Daher lässt sich der skizzierte Zusammenhang von Handeln und gesellschaftlicher Struktur bereits für den ureigensten Gegenstand der Sprachwissenschaft aufzeigen: Sprachliches Handeln, vom Wortgebrauch bis zum Text, wird ermöglicht und beschränkt durch kulturell tradierte Handlungsmuster (vgl. Ehlich/Rehbein 1986). Diese werden umgekehrt im sprachlichen Handeln – in einer flexiblen, verstehend zu rekonstruierenden Weise (vgl. Abschnitt 2.2) – verstetigt, mitunter auch im Zusammenhang mit gesellschaftlichem Wandel auf längere Sicht verändert. Das spezifische Interesse an „Sprache in Institutionen" zielt nun freilich nicht in erster Linie auf die Institution der Sprache selbst. Es geht vielmehr – im Sinne eines engeren Institutionenbegriffs – um andere Institutionen, die ihre Existenz wesentlich der Sprache verdanken. Umgekehrt prägen diese die Muster und Strukturen der Sprachen im historischen Wandel wesentlich, z.B. Schiedsmann und Gericht, Polizei und Militär, Behörde und Amt, Schule und Universität, Parlament und Presse, Kirche und Kunst, Unternehmen und Verband, Arztpraxis und Krankenhaus, Therapie und Beratung. Wir kommen am Beispiel der Beratung darauf zurück.

Organisationen

Zu den strukturellen Bedingungen des Handelns gehört neben den Institutionen in vielen Praxisfeldern auch die Organisation. Gemeint ist damit ein Zusammenschluss von Personen, der auf freiwilliger Mitgliedschaft beruht und auf ein gemeinsames Ziel gerichtet und koordiniert ist (z.B. ein bestimmter Sportverein, eine bestimmte Universität oder ein bestimmtes Wirtschaftsunternehmen). Organisationen müssen sich mit institutionellen Rahmenbedingungen (z.B. dem Vereinsrecht, den Traditionen der universitären Selbstverwaltung oder der Wirtschaftsordnung) auseinandersetzen, auf deren Entwicklung sie umgekehrt Einfluss zu nehmen versuchen. Daneben stellen sie soziale Ordnungen dar, mit denen sich ihre Mitglieder und Klienten auseinandersetzen müssen.

Mitgliedschaft Formalisierung Entscheidungen

Organisationen sind zum einen charakterisiert durch die Entscheidung des Personals zur Mitgliedschaft, zum anderen durch mehr oder weniger verbindliche formale Festlegungen über Erwartungen, die an Rollen in der Organisation gebunden sind. „Wer sich", so der Organisationstheoretiker Dirk Baecker (2003: 293), „auf eine ‚Organisation' einlässt, kommuniziert und akzeptiert damit die Erwartung, dass die eigenen Handlungen [bis zu einem gewissen Grad, St.H.] zum Gegenstand von Entscheidungen der Organisation werden. Organisation ist Autonomieverzicht des einzelnen Individuums zugunsten eines Autonomiegewinns der Organisation." Dabei sind die Entscheidungen nicht nur geprägt durch rationale, z.B. unternehmerische Kalküle seitens des Managements. Sie stellen vielmehr das Produkt komplexer kommunikativer Prozesse dar, in denen unterschiedliche Perspektiven aufeinander treffen und zum Gegenstand interessegeleiteten sprachlichen Handelns werden.

Implizite Normen

Die Alltagskultur einer Organisation ist aber nicht nur geprägt durch derartige formale Festlegungen, die ihren Ausdruck in Organigrammen, hierarchischer (De-)Legitimierung und bürokratischen Regelungen finden. Daneben und mitunter auch im Spannungsverhältnis hierzu existieren Phänomene wie „kurze Dienstwege", diffus verteilte, mikropolitische Machtausübung, Textsorten der Alltagskommunikation (z.B. Klatsch) und zahlreiche „ungeschriebene Gesetze". Mit diesen Vorklärungen sind nun die Voraussetzungen für eine problemorientierte und praxisrelevante Analyse des Fallbeispiels geschaffen.

3 Beratungsgespräche als Gegenstand angewandter Gesprächsforschung

3.1 Warum Beratung zum Problem werden kann

Expansion der Beratung

Professionelles Handeln umfasst heute in vielen Praxisfeldern Tätigkeiten, die von den Akteuren selbst als ‚Beraten' charakterisiert werden. Dabei ist die Beratung teils in allgemeinere professionelle Aufgaben integriert, z.B. beim Arzt, Apotheker, Therapeuten, Rechtsanwalt, Verwaltungsbeamten, Lehrer oder Verkäufer. Teils macht die Beratung das Wesentliche der Arbeit und der wirtschaftlichen Wertschöpfung aus, z.B. bei der professionellen kommunikativen Bearbeitung psychischer, sozialer und kommunikativer Probleme. Für derartige Dienstleistungen wird seit etwa zwei Jahrzehnten eine zunehmende Ausweitung des Marktes festgestellt. Neben der direkten Beratung im Gespräch umfasst er auch diverse mediale Beratungsangebote, vom Beratungstelefon über Ratgeberliteratur bis zur Fernsehberatung. Häufig konkurrieren in der Beratung unterschiedliche Professionen und Bezugsdisziplinen miteinander (Riemann/Frommer/Marotzki 2000: 217f.), z.B. im Bereich der Unternehmensberatung Ingenieure, Betriebswirte, Psychologen, Linguisten u.a.m.

Dabei ist für den Beratungssektor „ein Spannungsverhältnis zwischen Wildwüchsigkeit und Professionalisierung kennzeichnend" (Bergmann/Goll/Wiltschek 1998: 216) – mehr als z.B. für den benachbarten Bereich der Psychotherapie, wo aufgrund der Kassenzulassung bestimmter Schulen Standards gesetzlich durchgesetzt wurden. Der größere Spielraum im Beratungssektor ermöglicht einerseits ein rasches Reagieren auf (mutmaßliche) Problem- und Bedarfslagen (vgl. ebd.). Andererseits ist der Bereich unter erhöhtem Profilierungs- und Präsentationsdruck in hohem Maße anfällig

> für Abschottungstendenzen, die Entwicklung von Ausschließlichkeitsansprüchen und die Extremfokussierung auf ‚Techniken', was im konkreten Beratungsgeschehen in manipulativen und zwangskommunikativen Strategien und im fehlenden Respekt vor der Fremdheit des Anderen (des Klienten) zum Ausdruck kommen kann. (Riemann/Frommer/Marotzki 2000: 219)

Beratungsforschung

Mit Beratung befassen sich seit den 70er Jahren unterschiedliche wissenschaftliche Disziplinen (Linguistik, Kommunikationswissenschaft, Psychologie, Soziologie). In der Linguistik wurden ‚Ratschläge' zunächst in der Perspektive der Sprechakttheorie als eine besondere Form von ‚Aufforderungen' beschrieben, die mutmaßlich im Interesse des Hörers liegen und auf die Bewältigung eines (unterstellten) Problems zielen (Rolf 1997: 187). Später rückten gesprächsanalytische Untersuchungen im Rahmen der Beratungsforschung die besondere Rollenkonstellation, Komponenten des Aufgabenschemas und Besonderheiten des Interaktionstyps in institutionellen Kontexten in den Mittelpunkt des Interesses (Forschungsüberblick: Kallmeyer 2000).

Asymmetrie

Aus gesprächslinguistischer Sicht handelt es sich bereits im elementaren Fall der Beratung im nicht-institutionellen Alltag um einen asymmetrischen Interaktionstyp mit komplementären, d.h. einander ergänzenden Beteiligungsrollen (Nothdurft 1984; Nothdurft/Reitemeier/Schröder 1994: 7 ff.) und einem gemeinsamen Interesse an der Problemlösung (Hundsnurscher 1994: 221 f.). Den prototypischen Beratungsfall kann man so definieren:

> Eine Partei, der Ratsuchende (RS), hat ein Problem; RS veranlasst oder lässt zu, dass sich eine andere Partei (RG) mit seinem Problem in helfender Funktion beschäftigt; RG schlägt als Problemlösung ein zukünftiges Handeln von RS vor; RS entscheidet über die Annahme des Lösungsvorschlags, und die Realisierung der Lösung bleibt Aufgabe von RS. (Kallmeyer 2000: 228)

Bemerkenswert ist dabei, dass eine Beratung lediglich auf die „Hinführung zur Lösung eines Problems" zielt, nicht auf die Lösung selbst, die im Anschluss an die Beratung stattfindet und von einer entsprechenden, selbstverantworteten Entscheidung des Ratsuchenden abhängt. Dies schließt freilich nicht aus, dass sich die Beratungsinstitution auch in anderer Funktion an der Problemlösung beteiligt (Bergmann/Goll/Wiltschek 1998: 156 ff.), z.B. im Kommunikationsbereich durch Trainingsmaßnahmen.

3.2 Das Dilemma der Perspektivendivergenz

Perspektivendivergenzen zwischen Ratsuchendem und Ratgebendem

Es gehört zu den wesentlichen Merkmalen des Beratens, dass zwischen dem Ratsuchenden und dem Ratgebenden Divergenzen bestehen, die in den unterschiedlichen Rollen der Beteiligten begründet sind. Divergenzen bestehen hinsichtlich des Wissens, der Perspektiven, der Distanz zum Problem, der Betroffenheit und der Handlungs- und Lösungsmöglichkeiten. Diese Merkmale der Beratung stellen aber nicht nur „eine systematische Quelle für Mißverständnisse, Störungen, Komplikationen oder Enttäuschungen" (Nothdurft/Reitemeier/Schröder 1994: 7) dar. Sie sind auch eine Bedingung für den Erfolg dieses Interaktionstyps: Gerade das spezifische Wissen des Ratgebenden, seine andere Sicht der Dinge, seine Distanz zum Problem usw. lassen es ja sinnvoll erscheinen, ihn um Rat zu fragen. Es wird also vom Ratgebenden erwartet, dass er eine andersartige, vielleicht überraschende und originelle Sichtweise ins Spiel bringt (Kallmeyer 2000: 240). Andererseits wird der Ratsuchende oft nicht ohne Weiteres geneigt sein, seine bisherigen Wahrnehmungs- und Handlungsmuster zur Disposition zu stellen. Daher kommt Aushandlungsprozessen und Versuchen der Verständnissicherung im Beratungsgespräch eine hohe Relevanz zu (Kallmeyer 2000: 236).

Fallbeispiel: Umstrukturierung von Deutungsmustern

In dem folgenden, hier nur in einem kleinen Ausschnitt zitierten Fall unternimmt der Berater den Versuch, die Optionen der Klienten zur Lösung eines Praxisproblems um einen Handlungsplan zu erweitern, der sich von dem bisherigen, aus Beratersicht unzureichenden Ansatz der Klienten grundlegend unterscheidet. Wie die Analysen (des gesamten Falls) deutlich werden lassen (vgl. ausführlich Habscheid 2003a), handelt es sich bei diesem Versuch einer Destabilisierung und Umstrukturierung von Deutungsmustern des Klienten um eine sehr anspruchsvolle Kommunikationsaufgabe, die prinzipiell vom Risiko des Scheiterns bedroht ist. Dies zeigt auch das hier betrachtete Detail. Der Berater formuliert eine Klientenäußerung um, indem er eine Metapher („kette") durch eine andere („puzzle") ersetzt. Anders als häufig in der Alltagskommunikation dient die Neuformulierung nicht zur Behebung eines spontan aufgetretenen Verständigungsproblems, indem das vom Sprecher Gemeinte im Zweifelsfall mit dem vom Hörer Verstandenen abgeglichen wird („Wenn ich Dich richtig verstehe, willst Du sagen, dass ..."). Vielmehr wird – vor dem Hintergrund theoretischer Einsichten des Beraters – eine Sichtweise des Klienten grundlegend in Frage gestellt und (im weiteren Verlauf des Gesprächs) eine ganz andere, wesentlich komplexere Konstruktion des Problems angeboten („Wenn ich es richtig sehe, behandelst Du das Problem als einen Fall des Typs X. Dieser ist jedoch ungeeignet, weil ... Ich schlage Dir daher vor, das Problem als einen Fall des Typs Y zu behandeln ...").

Chancen und Risiken der Metapher

Diese Argumentation wird zunächst nicht explizit entwickelt, sondern mit Hilfe eines metaphorischen Verfahrens („Sieh das Problem, als sei es ein Puzzle ..."), bei dem große Teile des Gemeinten implizit bleiben und vom Hörer erschlossen werden müssen. Dabei werden neben Chancen der Metapher (Anschaulichkeit; die Möglichkeit, Konsequenzen für das Handeln abzuleiten ...) auch Risiken „unglücklicher" Metaphern deutlich (unklare Vergleichsgesichtspunkte, unerwünschte Implikationen ...).

Integrierte Personalarbeit

Bei dem vorliegenden Beispiel handelt es sich um ein Gespräch, in dem sich der Ratgebende und der Ratsuchende in den institutionalisierten Rollen des Beraters (Be) und des Klienten (K) begegnen. Teilnehmer des Gesprächs sind in diesem Beispiel neben dem Berater zwei Führungskräfte aus dem Personalbereich eines Industrieunternehmens als Klienten (K1, K2). Die Beteiligten haben in der Anfangsphase als Thema des Gesprächs die Aufgabe der Klienten bestimmt, die anstehenden Projekte unterschiedlicher, mit Personalfragen befasster Abteilungen zu einem Gesamtkonzept der Integrierten Personalarbeit zu verbinden. Das Konzept der Integrierten Personalarbeit, ein von den Beteiligten ‚mitgebrachter' Wissensbestand, basiert auf der

> Grundidee [...], dass menschenorientierter *und* effizienter Umgang mit Menschen in Organisationen nur dadurch zu leisten ist, dass unterschiedliche Perspektiven der Personalarbeit zusammengedacht werden, die bisher von

unterschiedlichen Abteilungen vertreten wurden. (Schmid/Hipp 1997: 3; Hervorh. im Original)

Zu derartigen für die Personalarbeit einschlägigen innerbetrieblichen Akteuren gehören die Personalverwaltung, die mit der Aus- und Weiterbildung und der perspektivischen Weiterentwicklung des Personals befassten Abteilungen, die auf längerfristige kollektive Lern- und Wandelprozesse zielende Organisationsentwicklung sowie die Abteilungsleiter, die in einem direkten Führungsverhältnis zu den Mitarbeitern stehen. Der Anspruch der Integrierten Personalarbeit setzt an bei dem häufig konstatierten Defizit bisheriger Personalarbeit,

> dass kaum eine Abstimmung der spezifischen Strategien dieser unterschiedlichen Bereiche bzw. Perspektiven erfolgte. Zum Teil ist diese Situation durch die Unterschiedlichkeit des professionellen Hintergrunds (Juristen im Personalmanagement, Pädagogen oder Psychologen in der Personalentwicklung usw.) zu erklären, zum anderen haben Bereichsegoismen eher dazu geführt, den ganzen Acker für sich zu beanspruchen, denn zueinander passende Strategien des Ackerbaus zu entwickeln. (Schmid/Hipp 1997: 3; Hervorh. im Original)

Problem der Klienten

Vor diesem Hintergrund wurde den Klienten des vorliegenden Fallbeispiels die Aufgabe übertragen, für ihre Organisation ein Konzept der Integrierten Personalarbeit zu entwickeln und seine Umsetzung einzuleiten.

Vorgeschichte des Gesprächsausschnitts

In dem Gesprächsabschnitt, der dem folgenden Transkript 1 vorausgeht, hatte der Berater – im Sinne einer Ausschöpfung klientenseitiger Ressourcen für die Lösung des Problems – den Fokus des Gesprächs auf die bereits von den Klienten selbst durchgeführten Maßnahmen gelenkt. Daraufhin berichtet nun K1 – im Anschluss an eine Gesamteinschätzung (Zeile 01 ff.) in zwei thematischen Segmenten (Aktivitäten der Human Resource Führungskräfte; Aktivitäten des klassischen Personalbereichs), jeweils gegliedert durch ein Kontrastierungsverfahren (‚bis jetzt' vs. ‚künftig'), über Geleistetes und Geplantes (Zeile 03–26). Dabei charakterisiert er das zur Rede stehende ‚Problem' als die ungelöste Aufgabe, die anstehenden Themen und Projekte der unterschiedlichen Abteilungen im Sinne der Integrierten Personalarbeit zu einer – so die Metapher – „logischen kette" (Zeile 12) zu verbinden und auf dieser Grundlage die ersten Schritte im Rahmen eines Gesamtkonzepts festzulegen:

Transkript 1 „kette/dreidimensionales puzzle"

01	K1	also wir stehn denk ich schon n bisschen
02	K1:	am anfang an DER stelle was wer bis jetz gemacht
03	K1:	haben is folgendes (.) wir haben (.)
04	K1:	in dem dem kreis äh ich sach mal der (.)
05	K1:	human resource führungskräfte [äh]
06	BE:	[hm]
07	K1:	regelmäßig zusammgesessen wir haben ne sammlung von (.)
08	K1:	ich sach mal unendlichen themen und projekten
09	K1:	wobei wir jetz den nächsten schritt machen wolln
10	K1:	die überhaupt mal zu <<englisch> ranken>
11	K1:	und zu sagen was GLAUben wer denn (.)
12	K1:	is die logische KETte dieser ganzen dinge

BE: [ja]
K1: [und] was glauben wer (.)
K1: wie müssten wers eigentlich anfangen
K1: das isn schritt der noch VOR uns steht-[para]llel dazu
BE: [ja]
K1: haben wir mit dem gesamten KLASSischen personalbereich
K1: also das heißt [perso]nalentWICKlung
BE: [ja]
BE: [ja]
K1: [per]sonaladministration (.) äh (.) personalLEItung (.)
K1: zusammengesessen und haben en Workshop gemacht
BE: [ja]
K1: [von] (.) anderthalb tagen ne? und (.)
K1: habn ne verabredung zunem wei zweiten workshop im januar
((kurze Auslassung))
BE: wenn ichs recht SEhe is (.) DAS n verfahren
BE: wo sozusagen die puzzlestücke die DA sind (.)
BE: alle mal auf n TISCH [gelegt werden un mer]
K1: [((lacht)) ja ja]
BE: guckt jetz kann man die neu ordnen dass es
BE: dass es besser AUSsieht;
K1: <<lachend> wobei ich (da noch) die situation
K1: für mich noch sehe ich bin mir noch nicht sicher
K1: ob alle puzzlestücke da LIE[gen ich] guck
BE: [(ja)]
K1: immer noch ob nich noch n paar DA sind ne?
K2: erste [ns]
K1: [weil] wenn sie so n zehntausend teile puzzle
K1: haben [und sie haben den ganzen tisch voll dann
BE: [jaja
K1: wissen se nich ob se neuntausendneunhundertneunundneunzig
K1: drauf haben oder zehntausend>
BE: ja u und ob die puzzle (.) stücke so wie sie
BE: geschnitten sind überhaupt ein bild ergeben können
BE: oder ob man nicht sozusagen in eine/
BE: ne neue logik des puzzles machen müssTE
K1: <<lachend> ja das wär noch ne erschwernis
K1: des ganzen themas, ja>
K2: [( )]
BE: [erschwernis] einerseits UND erLEI [CHterung wenn]
K1: [JA (.) JA]
BE: man ne steuerungsebene findet- (-) die eben dies
BE: also was sie da geschildert haben
BE: das problem hatten [wer] jetz bei U* auch
K1: [ja]
BE: wir haben einfach mal versucht aufzuschreiben

* Name eines Unternehmens.

BE: um was GEHT es eigentlich [und] wir sind sofort
K1: [ja]
BE: in wirklich in n n mentales problem gekommen
K1: hm
BE: weil wir äh d die menge (-)
BE: der äh äh ereignisse un was gelöst werden ( )
BE: konntens im he im kopf nicht <<englisch> HANdeln> (.)
K1: hm
BE: und EINkochn löst das problem nicht
K1: <<lachend> hm> hm
BE: und (.) äh deswegen ham wer uns drangemacht
BE: auch ((atmet ein)) äh überhaupt n neues denkmodell
K1: hm
BE: ne neue art (.) des aufzuarbeiten und neue perspektiven
BE: zu entwickeln also ich sag (.)
BE: ich mach mal n KLEInes beispiel wozu wir gekommen sind

Der Ansatz des Beraters

Die Darstellung des problematischen Sachverhalts durch den Berater unterscheidet sich grundlegend von der vorherigen Problemdefinition des Klienten. Personalentwickler, so der Ansatz des Beraters, müssen zunächst rekonstruieren, wie andere Personalverantwortliche aus ihren jeweiligen Perspektiven die Ereignisse wahrnehmen. Erst dann lässt sich eine angemessene Integration der verschiedenen Aufgaben versuchen, die den verschiedenen Bereichslogiken gerecht wird. Dagegen stehen im Mittelpunkt der Sachverhaltsdarstellung von K1 Begriffe wie „sammlung“ (Zeile 07) und „kette“ (Zeile 12), die auf eine rein additive, aus systemischer Sicht unterkomplexe Logik der Kombination schließen lassen. Es ist aber aus Beratersicht gerade die als Mangel empfundene, unkoordinierte Perspektivendivergenz der Abteilungen, die durch den Lösungsansatz überwunden und nicht reproduziert werden soll. Es muss also aus der Sicht des Beraters darum gehen, ein alltägliches Deutungsmuster des Klienten im Gespräch in Frage zu stellen und so die Voraussetzung dafür zu schaffen, dass eine professionellere, systemisch orientierte Sichtweise etabliert werden kann, die den komplexen Verhältnissen in Organisationen angemessen ist (vgl. Abschnitt 1). Eben dieser Umstand, dass der Berater eine ganz andere, dem Alltagsdenken der Klienten fremde Perspektive ins Spiel bringt, macht das Problemlösungspotenzial dieses Typs von Beratung aus. Er stellt aber auch eine erhebliche Herausforderung an die Kommunizierenden dar.

Kognitive Perspektivendivergenz: Wahrnehmung des Problems

Eine derartige Asymmetrie im Beratungsgespräch liegt zum einen begründet in der Beratungsbeziehung selbst. Sie kann zum anderen durch Beziehungen im Rahmen von Institutionen und Organisationen überformt sein. Betrachten wir zunächst die Divergenzen zwischen dem Ratgebenden und dem Ratsuchenden als solchen, besonders die unterschiedliche Sicht auf die zur Rede stehenden Sachverhalte. Peter Schröder (1994) charakterisiert diesen Umstand als ‚kognitive Perspektivendivergenz‘, wobei unter ‚Perspektive‘ „die besondere Wahrnehmung oder Sichtweise von Sachverhalten“ verstanden wird,

> und zwar von Sachverhalten im weitesten Sinne, also von Ereignissen, Gegenständen, Werten, Ideen, Personen, aber auch von der konkreten Interaktionssituation und den Interaktionspartnern mit ihren Aktivitäten. Für die Herausbildung spezifischer Perspektiven ist sicherlich jeweils ein ganzer Komplex von Faktoren verantwortlich, d.h. nicht nur die Erziehung, die Ausbildung, der berufliche und familiäre Kontext einer Person, ihre Biographie, sondern sicherlich auch die momentane psychische und physische Verfassung, die konkrete Lebenssituation, die momentane Interessenlage etc. Diese Sichtweisen oder Perspektiven sind, dem Handelnden bewusst oder unbewusst, als Basis seiner Handlungsorientierungen anzusehen. (Schröder 1994: 92)

Dies gilt im vorliegenden Fallbeispiel für die grundlegend unterschiedlichen Herangehensweisen, mit denen sich die Beteiligten der zur Rede stehenden Aufgabe nähern, ein Konzept der Integrierten Personalarbeit zu entwickeln: das additive Vorgehen des Klienten und die systemische Rekonstruktion der verschiedenartigen Bereichslogiken, die der Berater vorschlägt.

Konstruktion einer geteilten Sicht

Da bestimmte Sachverhalte von den Beteiligten unterschiedlich gesehen werden – was für jede Interaktion gilt, für Beratungsgespräche jedoch wesentlich ist –, besteht eine Aufgabe in der Schaffung einer geteilten Sicht des Problems. Aufgrund der besonderen Konstellation muss im erfolgreichen Beratungsgespräch das einzelfallbezogene, konkrete Wissen des Klienten mit dem professionellen, abstrakten Kategorienrepertoire des Beraters vermittelt werden, wobei der ratsuchende Klient teilweise die Perspektive des Beraters übernimmt und umgekehrt:

> Während der Ratsuchende unmittelbar von einem Problem betroffen ist, aber nicht in ausreichendem Maße über Ressourcen zur Lösung oder Bewältigung des Problems verfügt, hat der Berater nur vermittelt über das Hilfsansinnen des Ratsuchenden etwas mit diesem Problem zu tun, verfügt aber über Kompetenzen und Ressourcen, die (im Idealfall) geeignet sind, das Problem des Ratsuchenden zu beheben bzw. es einer Lösung näher zu bringen. (Reitemeier 1994: 230)

So stellt auch im vorliegenden Fall die individuelle Problempräsentation des Klienten den Ausgangspunkt der Beratung dar, das Problem wird dann aber, wie wir noch sehen werden, im Verlauf der Interaktion (mehrfach) umgedeutet (vgl. dazu Nothdurft 1984). Dabei bringt der Berater Erfahrungen mit (aus seiner Sicht) vergleichbaren Fällen ins Spiel („das problem hatten wer jetz bei U auch …", Zeile 56 ff.).

Interaktive Perspektivendivergenz: Gesprächsorganisation

Eine weitere Form der beratungskonstitutiven Perspektivendivergenz ist auf der interaktiven Ebene angesiedelt: Mit den Beteiligungsrollen ‚Berater' und ‚Ratsuchender' sind unterschiedliche Aufgaben, Rechte und Verpflichtungen im Gespräch verbunden, die den Einfluss des Ratsuchenden auf die Aushandlung einer gemeinsamen Sichtweise stark beschränken können. Dies gilt besonders in institutionellen Kontexten, von denen in den folgenden Abschnitten die Rede sein wird. So kann es zur Initiativ- und Kontrollkompetenz des Beraters gehören, den offiziellen Beginn des Gesprächs und die Situationsauflösung einzuleiten, das Rederecht zuzuweisen und zu beschränken, die Selbstdarstellung des Klienten thematisch zu steuern, den Beratungsgegenstand wesentlich zu definieren und einen Wechsel im Gesprächsstil zu initiieren. Auch im vorliegenden Gesprächsausschnitt liegt die Kompetenz zur Einführung und Kontrolle von Gesprächsthemen beim Berater, der zunächst den Fokus des Gesprächs auf die bereits von den Klienten selbst durchgeführten Maßnahmen lenkt. Im Anschluss an die Problempräsentation des Klienten (Zeile 01–26) rückt er den Typus des gewählten Verfahrens problematisierend ins Zentrum der Aufmerksamkeit (Zeile 28), später die Konsequenzen, die sich unter einer bestimmten Perspektive für das Handeln ergeben (Zeile 45 ff.). Diese Asymmetrie hinsichtlich der Gesprächsorganisation wird von den Klienten akzeptiert, die kooperativ die thematischen Initiativen des Beraters aufgreifen. Über die strukturell begründeten Divergenzen hinaus können – wie in jedem Gespräch – „zufällig" verschiedenartige Interaktionsmuster, Präsentationsstile und Gesprächsstrategien der Beteiligten aufeinander treffen, was zusätzliche Probleme verursachen kann (vgl. Schröder 1994: 93 ff.). Die unterschiedliche Verteilung emotionaler Betroffenheit im Beratungsgespräch kann zu Problemen führen, z.B. wenn der Ratsuchende sein Problem in der perspektivischen Darstellung seitens des Beraters nicht wiederfindet, dessen emotionale Anteilnahme vermisst oder eine Bestätigung der eigenen Bewertungen erwartet (vgl. Schröder 1994: 99 ff.).

Weitere Quellen der Asymmetrie

Chancen und Gefahren der Asymmetrie beruhen also zum einen auf Merkmalen, die für Beratungsbeziehungen wesentlich oder typisch sind. Im Fall der Beratung im Kontext von Institutionen und Organisationen weist die Interaktion darüber hinaus Merkmale auf, die weitere Aspekte der Asymmetrie begründen und nur kurz genannt werden können (vgl. Reitemeier 1994 und 2000; Schröder 1994: 107 ff.):

Institutionelle Rahmenbedingungen

- Für institutionelle Beratung (z. B. beim Sozialamt) vorgegebene Aufgaben, Rechte und Pflichten überformen das Beratungshandeln und begründen zusätzlich eine asymmetrische Rollenkonstellation: „Prüfen und Bewerten, Bewilligen, Statuszuweisung und soziale Kontrolle" (Kallmeyer 2000: 230).

Kommerzielle Ziele

- Unterschiedliche Interessen, z. B. aufgrund von Zielvorgaben für Kundenberater im Wirtschaftsunternehmen oder in privaten Beratungseinrichtungen, können sich ebenfalls kontraproduktiv auswirken. Das ist z. B. der Fall, wenn solchen übergeordneten Orientierungen des Ratgebenden (etwa am Verkauf eines Produktes) keine komplementären Ziele auf Seiten des Ratsuchenden entsprechen.

Paradoxien professionellen Handelns

- Professionell vorgeprägte Lösungen, an denen sich der Ratgebende orientiert, können zu so genannten „Paradoxien des professionellen Handelns" führen: „die grundsätzliche Aufforderung, handeln zu müssen, ohne die relevanten Bedingungen hinreichend zu kennen" oder der „Einsatz von professionellen Abkürzungen, fertigen Problemkategorien und Lösungsschemata oder die Übernahme von Verantwortung für andere mit der Gefahr der Entmündigung und Förderung von Unselbständigkeit" (Kallmeyer 2000). Entdramatisierung, Normalisierung, Bagatellisierung des Problems bergen die Gefahr, dass der Ratsuchende sein Problem als nur unzureichend gewürdigt empfindet (vgl. Bergmann/Goll/Wiltschek 1998: 177 ff.). Dagegen scheint im vorliegenden Beispiel die professionelle Analyse des Problems hinsichtlich ihrer Komplexität dem Handlungskontext ‚Organisation' zu entsprechen. Eine andere Frage ist allerdings, wie und inwieweit diese Perspektive im Alltagshandeln durch die Klienten und ihre Mitspieler umgesetzt werden kann.

- Mit den institutionellen Rollen können Arten und Grade der Verbindlichkeit von Beratungssituationen einhergehen, bis hin zur gesetzlich verordneten „Pflichtberatung" (vgl. Schröder 1994: 107 ff.).

Pflichtberatung

Beratung in Institutionen

Bei der Herstellung eines Kontaktes greifen die Beteiligten in Institutionen auf vorab definierte, institutionelle Rollenkonstellationen zurück. Es genügt daher, wenn die Beteiligten einander die Orientierung an diesen Wissensbeständen signalisieren, z. B. durch die Begrüßung und kategoriengebundene Aktivitäten wie die Aufforderung seitens des Beraters an den Klienten, bitte Platz zu nehmen, oder durch das Vortragen des Anliegens seitens des Ratsuchenden. Darüber hinaus kommen – je nach Institution – überformend weitere Rollen zum Tragen (z. B. auf Seiten des Ratsuchenden: ‚Klient', ‚Patient', ‚Mandant'). Diese institutionellen Beziehungen gehen oft mit einer asymmetrischen Verteilung von interaktiven Einflussmöglichkeiten einher, wie wir bereits anhand des Transkripts „kette/dreidimensionales puzzle" gesehen haben. Ein kontraproduktives Potenzial der Kompetenzen des Beraters besteht darin, dass Bedürfnisse des Ratsuchenden, die im institutionellen Rahmen nicht zu bearbeiten sind, abgewehrt oder unangemessen kategorisiert und nach Routinen bearbeitet werden, die dem individuellen Problem nicht gerecht werden. Im schlimmsten Fall werden Probleme durch den Berater definitorisch gesetzt und Lösungen verordnet, ohne dass es zu einer Abstimmung der unterschiedlichen Sichtweisen kommt (Schröder 1994: 104 f.). Manchmal ergibt sich „ein reibungsloses Zusammenspiel wechselseitiger Nicht-Berücksichtigung" (Kallmeyer 2000: 246). Andererseits kann die institutionell begründete Asymmetrie jedoch auf Seiten des Beraters spezialisierte und vielfach erprobte Kompetenzen verfügbar machen. Sie ermöglicht zudem thematische Stringenz, eine ökonomische Organisation des Gesprächs und eine auch für den Ratsuchenden angenehme Fokussierung auf bestimmte, institutionell relevante Aspekte seiner Identität.

3.3 **Chancen und Risiken sprachreflexiver Verfahren: Die Metapher**

Sprachreflexive Verfahren

Wenden wir uns nun der genaueren Analyse des Beispiels zu. Zu den immer wiederkehrenden Strukturen der untersuchten Beratungsgespräche gehört die sprachreflexive Bezugnahme des Beraters auf vorherige Äußerungen der Klienten, sei es in Form einer erneuten Formulierung des dargestellten Sachverhalts, sei es in Form der Bewertung oder Kommentierung des Gesagten. Dies gilt auch für die oben (Zeile 28 ff.) zitierte Stelle, an der Be durch das einfache Demonstrativpronomen „das" Bezug auf die von K1 zuvor dargestellten Handlungen nimmt. Wie häufig wird auch hier zwischen der Darstellung und dem Dargestellten keine scharfe Grenze gezogen: „wenn ich's recht SEhe is (.) DAS n verfahren wo sozusagen die puzzlestücke die DA sind (.) alle mal auf 'n TISCH (.) gelegt werden un mer guckt jetz kann man die neu ordnen dass es/ dass es besser AUSsieht" (Zeile 28–33). Be bestimmt hier zunächst die von K1 beschriebenen Handlungen als ein „verfahren" und damit als etwas, das im Gesamten musterhaft einer bestimmten Logik folgt. Fokussiert wird hier also die übergeordnete Steuerungsebene, auf der das Handeln im Einzelfall basiert. Durch die Akzentuierung des Demonstrativpronomens („... is (.) DAS n verfahren ...") wird dabei auf einen zu erwartenden Kontrast verwiesen (vgl. Schwitalla 2003: 60). Es folgt dann eine Paraphrase, durch die Be das von K1 vorgeschlagene Verfahren ein weiteres Mal charakterisiert. Diese Paraphrase ist durch den Heckenausdruck „sozusagen" (Zeile 29) als nicht ganz präzise markiert, wodurch hier der metaphorische Charakter der Darstellung angezeigt wird. Sie ist außerdem durch die Formel „wenn ich es recht sehe" ausdrücklich als subjektive Interpretation gekennzeichnet.

Ersetzung einer Metapher durch eine andere

Bemerkenswert ist nun aber vor allem, dass Be nicht die Metapher der Kette aufgreift, die K1 eingeführt hatte. Vielmehr bringt er eine andere Metapher, das Bild des Puzzles, ins Spiel. Auf diese Weise wird, wie noch zu zeigen sein wird, die Sachverhaltsdarstellung semantisch komplett umstrukturiert und neu bewertet. Damit wird das Deutungsmuster des Klienten, wonach die Koordination von Projekten unterschiedlicher Abteilungen in Analogie zur Struktur einer Kette organisiert werden kann, fundamental in Frage gestellt.

Struktur der Metapher

Durch eine Metapher wird ein Sachverhalt semantisch strukturiert, indem das Modell eines anderen, mindestens in einem Punkt vergleichbaren Sachverhalts auf ihn übertragen wird. Auf diese Weise können – durch die Suche nach Analogie – Erkenntnisse über den Zielbereich gewonnen werden, wobei bestimmte Aspekte des Hintergrundwissens hervorgehoben, andere verborgen werden (vgl. Liebert 1997). So bezieht Be im vorliegenden Fall die Konstellation des Puzzlens – Teile werden auf dem Tisch ausgebreitet und mit Blick auf Anschließbarkeiten geordnet – auf die von K1 beschriebene Vorgehensweise des Sammelns und Ordnens von Projekten und Themen der beteiligten Abteilungen. Eine Schwierigkeit des metaphorischen Verfahrens besteht nun darin, dass der Vergleichsgesichtspunkt, das *tertium comparations*, üblicherweise implizit bleibt. So ergibt sich auch hier für die Klienten die Aufgabe, nach Übereinstimmungen zwischen den Sachverhalten zu suchen und zu überprüfen, „ob die Gesetzmäßigkeiten, denen der eine gehorcht, auch für den anderen Gültigkeit haben" (Coulmas 1992: 11). K1 ermittelt, wie seine Gesprächsbeiträge (Zeile 34 ff. und 40 ff.) zeigen, zunächst die folgenden erfahrungsbasierten Übereinstimmungen: So, wie es im Herkunftsbereich vorkommt, dass Puzzle-Teile fehlen und sich daher kein Gesamtbild ergeben kann, kann es im Zielbereich des Organisierens passieren, dass wichtige Beteiligte oder Elemente des Verfahrens fehlen, so dass die Integration der Personalarbeit nicht erreicht werden kann.

Funktionen der Metapher

Metaphern dienen nun, etwa im Zusammenhang mit Problemen der Organisation, nicht nur der Analyse von Situationen, sondern auch dazu, auf der Grundlage der erzielten Erkenntnisse eine Handlungsorientierung zu gewinnen. So zieht im vorliegenden Fall K1 aus seiner Interpretation der Metapher für den Zielbereich die Konsequenz, dass zu Beginn des Verfahrens, das nicht prinzipiell in Frage gestellt ist, die Vollständigkeit der Beteiligten bzw. der Verfahrenselemente gründlich überprüft werden muss (Zeile 36 ff.). Auch diese Konsequenz ist, denkt man vom Herkunftsbereich her, nah an der Alltagserfahrung, insofern erfahrene Puzzle-Spieler zu Beginn des Spiels die Teile zählen.

Ausdeutung einer Metapher

Dass Be dagegen eine Interpretation der Puzzle-Metapher vornehmen wird, die das von K1 dargelegte Vorgehen fundamental in Frage stellt, war bereits durch ein Akzentuierungsverfahren markiert worden, mit dem Be auf die Darstellung eines anderen Verfahrens vorauswies. Wie die Erläuterung (Zeile 19 ff.) verdeutlicht, beziehen sich seine Bedenken nicht auf den heilbaren Aspekt der Vollständigkeit, sondern auf ein anderes in Analogie zum Puzzle-Spiel fokussiertes Element, das den Erfolg der gesamten Unternehmung in Frage stellt. So wie es denkbar ist, dass Puzzle-Teile aus verschiedenen Spielen nicht zueinander passen, kann es vorkommen, dass sich Verfahrenselemente (aus verschiedenen Abteilungen) nicht ohne Weiteres miteinander kombinieren lassen. Aus dieser Interpretation der Metapher ist (in der Perspektive von Be) die Konsequenz zu ziehen, dass ein Bestand an Puzzle-Teilen bzw. eine Sammlung von Verfahrenselementen unter dem Kriterium der Kompatibilität überprüft werden muss. Sofern diese nicht vorliegt, muss – wenn mit den vorhandenen Elementen gearbeitet werden soll – die Art der Kombination grundlegend geändert werden. Diese Sachverhaltssicht entspricht einer Grundidee des systemischen Denkens, wonach die Integration komplexer Organisationen (z.B. hinsichtlich der Personalarbeit) nur dann gelingen kann, wenn die als Mangel empfundene unkoordinierte Perspektivendivergenz der verschiedenen Abteilungen einer Organisation nicht durch den Lösungsansatz reproduziert, sondern grundsätzlich überwunden wird. Wie dies aus Sicht des Beraters geschehen soll, ist Gegenstand der folgenden Segmente des Gesprächs, die hier nicht betrachtet werden können.

Risiko Perspektivendivergenz

Divergierende Perspektiven stellen nicht nur ein Problem innerhalb des Klientensystems dar, sie kennzeichnen auch die Beratung selbst. In beiden Fällen sind sie einerseits funktional, andererseits begründen sie ein mögliches Risiko kommunikativen Scheiterns (vgl. Abschnitt 3.1). Dies zeigt sich im vorliegenden Gesprächsausschnitt auch im Detail der Metapher. So unterscheidet sich die Art der Analogiebildung durch den professionellen Berater in zweierlei Hinsicht von der Interpretation durch K1: Zum einen knüpft sie in der Wahl des Vergleichsgesichtspunktes nicht direkt am Erfahrungswissen über das Puzzeln an, sondern entwirft mit den Mitteln der Sprache eine hypothetische Welt, in der Spieler Puzzle-Teile unterschiedlicher Herkunft zusammenwerfen bzw. zusammenbauen müssen. Zum anderen verschiebt Be, wiederum im Gegensatz zur Alltagssicht, in der Formulierung der Konsequenz die Perspektive auf eine übergeordnete Ebene der Beobachtung: Gefragt ist nicht der naive „Puzzler“, sondern der reflexive Analytiker und kreative Gestalter. Dazu passt auch, dass Be in seiner Charakterisierung des unangemessenen Vorgehens die Orientierung der Klienten an der trügerischen Evidenz des Augenscheins („dass es besser aussieht“, Zeile 33) heraushebt. Hier manifestiert sich die kognitive Perspektivendivergenz, die dem Problemlösungspotenzial des Interaktionstyps ‚Beratung‘ (in diesem Kontext) zugrunde liegt. Schauen wir uns an, was im Gespräch daraus wird.

Aushandlung der Interpretation der Metapher

Noch während Be die metaphorische Sachverhaltsdarstellung entfaltet, signalisiert K1, dass er die Metapher akzeptiert. Er entwickelt dann, in Form eines locker angeschlossenen „wobei"-Satzes (Zeile 34) das metaphorische Szenario in Übereinstimmung mit dem eigenen Modell der Kette. Auffällig ist, dass er hier und in einem späteren Redebeitrag, mit dem er die durch Be gezogene Konsequenz scherzhaft als mögliche „erschwernis" charakterisiert (Zeile 49), durch Lachen eine spielerische Modalität der Interaktion anzeigt, während Be durchgängig sachlich und ernst bleibt. Die diesbezügliche Aushandlung kommt erst zum Abschluss, als Be durch die Charakterisierung seines Ansatzes als mögliche „erleichterung" (Zeile 52) die ernsthafte Relevanz seiner Beobachtung markiert. Be führt dann Argumente an, welche die Destabilisierung des Deutungsmusters von K1 bzw. die Notwendigkeit einer komplexeren Konzeptualisierung des Sachverhalts untermauern sollen. Dazu charakterisiert er den von K1 praktizierten Ansatz, gestützt auf Erfahrungen mit anderen, vergleichbaren Fällen, als praxisuntauglich (Zeile 56 ff.) und stellt ein geeigneteres ‚neues Denkmodell' in Aussicht (Zeile 70 ff.).

4 Was man mit den Ergebnissen Angewandter Gesprächsforschung anfangen kann

Auf der Basis Angewandter Gesprächsforschung wurden in den letzten Jahren vielfältige Erfahrungen in unterschiedlichsten Praxisfeldern gesammelt. Die Erfahrungen lehren, dass die verfremdende Perspektive der gesprächslinguistischen Beratung einerseits hinreichend „anders" ist, um der Erwartung an originelle und im produktiven Sinne irritierende Blickwechsel in der Beratung gerecht werden zu können. Zugleich kann sie, in geeigneter Darstellung, aufgrund ihrer empirischen Basis und ihrer Orientierung an einer Rekonstruktion des Alltagshandelns vielfältige vertraute Anknüpfungspunkte bieten. Die Fokussierung auf Probleme des professionellen Handelns kann ihre Relevanz für den Praktiker begründen. Zudem ist sie aufgrund ihrer konstruktivistischen Didaktik im Idealfall bis zuletzt offen für einen Abgleich mit den Sichtweisen der Beteiligten.

Praktische Konsequenzen

So konnten auch im vorliegenden Beispiel, ausgehend von den Strategien der Beteiligten, Chancen und Risiken metaphorischer Kommunikation und Kognition aufgezeigt werden (vgl. Abschnitt 3.2). Daraus sind folgende Empfehlungen abzuleiten:

Erfahrungsbasis der Metapher

- Unter erschwerten Bedingungen der Verständigung, wie sie für Beratungsgespräche wesentlich und typisch sind, können Metaphern eine im Alltagswissen der Beteiligten verankerte Brücke darstellen. Allerdings sollten die Metaphern daraufhin geprüft werden, inwieweit der bildspendende Herkunftsbereich der Metapher in der geteilten Alltagserfahrung des Beraters und des Klienten verankert ist: Zum Beispiel werden Puzzle-Teile vom Spieler in der Regel nur zusammengesetzt, nicht hergestellt; die Teile stammen üblicherweise aus einem Spiel, nicht aus mehreren usw.

Implizite Gehalte der Metapher

- Im Fall mutmaßlicher oder manifester Verständigungsprobleme sollten auch die impliziten Komponenten der Metapher (aus Sprechersicht) verständnissichernd explizit gemacht, nicht nur implizit „vor Augen geführt" werden: Unter welchem Gesichtspunkt bzw. unter welchen Gesichtspunkten ist der Sachverhalt im Herkunftsbereich (Puzzle) mit dem des Zielbereichs (Integration der Personalarbeit) vergleichbar, welche Analogien sind gemeint bzw. nicht gemeint? Welche Erkenntnisse über den Zielbereich sind auf der Basis dieser Analogien zu gewinnen? Welche Konsequenzen für das Handeln sind aus den Aspekten der Sachverhalte (im Herkunftsbereich, im Zielbereich) zu ziehen?

- Metaphorische Modelle sollten auf ihre Reichweite hin überprüft werden, um einen raschen, irritierenden Wechsel der Modelle zu vermeiden: Welche Aspekte des Problems im Zielbereich werden durch eine bestimmte Metapher veranschaulicht? Lassen sich durch einen Ausbau der Metapher weitere relevante Aspekte erfassen? Stehen alternative Metaphern zur Verfügung? So wird im weiteren (hier nicht zitierten) Verlauf des Gesprächs (vgl. Habscheid 2003a: 191 ff.) die Metapher des Puzzles durch das Bild von Scheinwerfern ersetzt, die ein Phänomen (z. B. ein Gespräch mit dem Mitarbeiter im Rahmen der Personalarbeit) aus unterschiedlichen Perspektiven beleuchten.

Reichweite der Metapher

Wie die Untersuchung weiteren Datenmaterials zeigt, verfügen die Beteiligten bereits selbst über vielfältige Verfahren zur Annäherung ihrer Perspektiven, die durch die Gesprächsforschung systematisiert und so einer gezielteren Verwendung zugänglich gemacht werden können.

Erhöhung der Komplexität: Verständnis für widersprüchliche Anforderungen

Was für das Mittel der Metapher zutrifft, gilt nicht in gleicher Weise für die Ambivalenz divergierender Perspektiven: Eine Analyse, die der Komplexität professionellen Handelns im Kontext von Institutionen und Organisationen (z.B. in der systemischen Beratung) gerecht werden will, muss in Rechnung stellen, dass unterschiedliche Sichtweisen nicht nur ein Risiko dieser Gespräche darstellen, sondern auch in mehrfacher Hinsicht deren spezifische Funktionalität begründen. Diese manifestiert sich im Gespräch in unterschiedlichen – ebenso sinnvollen wie kommunikativ riskanten – Strategien des Beraters. Vor dem Hintergrund der kognitiven Perspektivendivergenz manifestieren sich Kommunikationsprobleme durch Missverständnisse, Fokusdifferenzen, thematische Brüche und interaktive Inkonsistenzen (vgl. Abschnitt 3.2). Dass dieses Dilemma nicht prinzipiell aufzulösen ist, wohl aber graduell abgemildert werden kann, gehört zu den praxisrelevanten Einsichten angewandter gesprächsanalytischer Beratungsforschung. Ähnlich schwierige Konstellationen, für die u.U. auch bei den Klienten um Verständnis und Einsicht geworben werden muss, ergeben sich auch durch die widersprüchlichen Handlungsorientierungen, die andere institutionelle Kontexte, z.B. die Schule oder die Verwaltung, prägen (vgl. Abschnitt 2.3).

Gesprächslinguistische Beratung

Wie alle Beratung unterliegt, dies sei abschließend bedacht, auch der gesprächslinguistisch fundierte Ansatz selbst den prinzipiellen Risiken und Paradoxien des Beratungshandelns (vgl. Abschnitt 3.1). Eine spezifische Form der Asymmetrie kann dabei in dem noch vergleichsweise niedrigen Grad einer Verselbstständigung des gesprächslinguistischen Beratungs- gegenüber dem Wissenschaftssystem gesehen werden: An systematischer Erkenntnis orientierte wissenschaftliche Fragestellungen, Methoden, Kategorien und Erkenntnisse stellen nicht nur eine wichtige Ressource dar (sachlich wie hinsichtlich der Selbstdarstellung), sondern auch eine permanente Herausforderung im Sinne der Experten-Laien-Kommunikation. Zwar kann eine gewisse Unverständlichkeit des Beratungs- gegenüber dem Klientensystem im Sinne der Abgrenzung durchaus funktional sein (vgl. Luhmann 1989). Sie stellt jedoch auch ein ernst zu nehmendes Risiko in der Beratung dar. Je weiter andererseits die Verselbstständigung linguistischer Beratung im Kontext des Beratungsmarktes voranschreitet, umso mehr ist mit kommerziellen Eigeninteressen zu rechnen.

Eine besondere Schwierigkeit ist schließlich in dem nach wie vor problematischen Verhältnis zwischen Linguistik und Öffentlichkeit zu sehen: Gesprächsanalytische Berater können nur ansatzweise an etablierte, allgemein bekannte und akzeptierte Arrangements anknüpfen. Umso mehr hängt von ihrer individuellen Fähigkeit ab, sich überzeugend zu präsentieren – „ohne Überheblichkeit, mit dem Willen zum Lernen aus der Praxis, aber auch mit Vertrauen auf die Kraft der besseren gesprächsanalytisch fundierten Angebote“ (Antos 2001: 1723).

V.3 Gesprächstraining

Reinhard Fiehler und Reinhold Schmitt

1 Formen der Entwicklung von Gesprächsfähigkeiten

Entwicklung von Gesprächsfähigkeiten

Die Fähigkeiten, mündlich zu kommunizieren und Gespräche zu führen, entwickeln und verändern sich über die gesamte Lebensspanne. Der Erwerb von Gesprächsfähigkeiten kann dabei auf zweierlei Weise erfolgen: einerseits ungesteuert in der Kommunikationspraxis selbst, andererseits gesteuert durch systematisches Lehren und Lernen von Gesprächsverhalten. Wird versucht, Gesprächsfähigkeiten explizit durch Unterricht und Übungen zu entwickeln und zu verbessern, so hat dies zur Voraussetzung, dass man Gesprächsfähigkeit als ein gestalt- und entwickelbares Vermögen versteht und dass das naturwüchsige Sprechen-Können nicht unbedingt bedeutet, dass man Gespräche auch in einer partnerbezogenen und effektiven Weise führt.

Sprach- und Kommunikationsprobleme

Vermeintliche und tatsächliche Sprach- und Kommunikationsprobleme, wie viele Menschen sie im beruflichen, öffentlichen und privaten Bereich erleben, führen zu einer gewaltigen gesellschaftlichen Nachfrage nach systematisch angeleiteter Entwicklung von Gesprächsfähigkeiten. Diese Nachfrage begründet einen riesigen Markt kommunikationsbezogener Dienstleistungen. Auf diesem Markt treffen sich die verschiedensten Disziplinen, Konzeptionen und Personen mit einem breiten und differenzierten Angebot. Die wissenschaftlichen Disziplinen, die sich theoretisch und praktisch mit der Entwicklung von Gesprächsfähigkeiten befassen, reichen von der Rhetorik über die Psychologie (inklusive therapeutischer Konzepte wie Gesprächstherapie, Transaktionsanalyse, Neurolinguistisches Programmieren etc.), Pädagogik und Sprechwissenschaft bis hin zur Linguistik, insbesondere in Gestalt der angewandten Gesprächsforschung. Sie befriedigen die Nachfrage mit Kursen, Seminaren und Trainings, durch verschiedene Formen von Beratung (z.B. Coaching) oder durch Ratgeberliteratur (vgl. Bremerich-Vos 1991; Antos 1996), die zum Selbststudium gedacht ist.

Unterschiedliche Trainingskonzeptionen

Die Angebote unterscheiden sich in vielen Dimensionen: Unterschiede bestehen hinsichtlich der zugrunde liegenden Auffassungen von Kommunikation, der relevanten Bezugstheorien und der Wege, wie Wissen über die bei den Teilnehmerinnen und Teilnehmern vorhandenen kommunikativen Fähigkeiten, über relevante Kommunikationsprobleme und über Veränderungsnotwendigkeiten gewonnen wird. Darüber hinaus unterscheiden sie sich hinsichtlich der Zielvorstellungen, wie Kommunikation idealer Weise sein soll, der vermittelten Inhalte und der Methodik des Lehrens und Lernens etc. (vgl. Fiehler 2001).

Linguistisches Wissen in Trainings

Linguistisches Wissen über Kommunikation und Gespräche spielt in den gängigen Formen von Beratung und Training nur am Rande eine Rolle. Hauptsächlich sind es nach wie vor psychologische und nachrichtentechnische Kommunikationsmodelle wie Bühlers Organon-Modell, das Sender-Empfänger-Modell, Watzlawicks Kommunikationsaxiome oder das 4-Ohren-Modell von Schulz von Thun, die in diesen Trainings den Rahmen für das Verständnis von Kommunikation bilden. Nur in Ausnahmefällen arbeiten Personen mit einer linguistischen oder gesprächsanalytischen Ausbildung in diesem Feld hauptberuflich (vgl. Brünner/Fiehler 2002). Das Fehlen linguistischer Kompetenz im Trainingssektor ist bemerkenswert, denn die Gesprächsforschung kann ohne Zweifel aufgrund ihres breiten und empirisch fundierten Wissens über Kommunikation einen wesentlichen Beitrag sowohl zur Konzeption und zu den Inhalten als auch zur Methodik von Kommunikationstrainings leisten.

Aufgabenstellung

In diesem Artikel möchten wir deshalb verdeutlichen, wie sich Aufgabe und Praxis der Entwicklung und Veränderung kommunikativer Fähigkeiten aus Sicht der angewandten Gesprächsforschung darstellen. Wir beschreiben die Arbeitsweise gesprächsanalytischer Trainings und stellen dar, worin ihre Spezifik besteht.

Gliederung

Zunächst skizzieren wir dazu das Verhältnis von wissenschaftlicher und angewandter Gesprächsforschung (Abschnitt 2), charakterisieren dann das Anwendungsfeld ‚Unternehmenskommunikation' (Abschnitt 3), stellen die idealtypische Struktur gesprächsanalytischer Trainings vor (Abschnitt 4), diskutieren Vor- und Nachteile des gesprächsanalytischen Vermittlungsansatzes (Abschnitt 5) und entwerfen zum Abschluss Perspektiven für Studierende, die sich für angewandte Gesprächsforschung als Möglichkeit der Vermittlung kommunikativer Fähigkeiten interessieren (Abschnitt 6).

2 Wissenschaftliche und angewandte Gesprächsforschung

Wissenschaftliche Gesprächsforschung

Die Gesprächsforschung hat sich in Deutschland in mehreren Varianten und unter verschiedenen Bezeichnungen (Gesprächs-, Konversations-, Diskurs-, Dialog-, Kommunikationsanalyse/-forschung/-linguistik) in den letzten 25 Jahren als eigenständige Teildisziplin innerhalb der Sprachwissenschaft und Soziologie etabliert. Ihr Ziel ist die wissenschaftliche Erforschung der Organisationsprinzipien von mündlicher Kommunikation und der Regularitäten des kommunikativen Handelns in Gesprächen. Die Aufzeichnung authentischer Gespräche, ihre detaillierte Verschriftlichung (Transkription) und die Analyse dieser Transkripte und Aufnahmen bilden den Kern der gesprächsanalytischen Arbeitsweise (siehe Becker-Mrotzek/Meier 2002; Deppermann 1999).

Auf der Basis dieser Methodologie hat die Gesprächsforschung umfangreiche Untersuchungen zu den kommunikativen Besonderheiten der verschiedenen gesellschaftlichen Institutionen (Schule, Gericht, Arzt-Patienten-Kommunikation, Bürger-Verwaltungs-Kommunikation, Kommunikation im Unternehmen etc.), der massenmedialen und der privaten Kommunikation durchgeführt. Resultat dieser Untersuchungen sind generalisierende deskriptive Aussagen über Regularitäten des Gesprächsverhaltens (z.B. befolgte Regeln, Muster, Handlungsschemata). Sie beziehen sich auf Gespräche generell, auf einzelne Gesprächsgattungen und auf lokale Gesprächsaufgaben.

Angewandte Gesprächsforschung

Mitte der 80er Jahre begann die Gesprächsforschung sich für den Bereich der gesteuerten Entwicklung kommunikativer Fähigkeiten zu interessieren (Kallmeyer 1985). Sie war dabei zunächst noch nicht auf praktische Anwendung ausgerichtet, sondern verstand sich weiterhin als wissenschaftliche Disziplin. Das Arbeitsfeld und die Arbeitsweise der Gesprächsforschung enthalten aber Elemente, die eine praktische Anwendung ihrer Ergebnisse fördern: die Aufzeichnung und Untersuchung von authentischen Gesprächen (sehr häufig aus institutionellen und professionellen Kontexten), der Umgang mit den Personen im untersuchten Feld, die häufig im Zusammenhang mit der Datenerhebung den Wunsch nach Rückmeldung von Ergebnissen äußern, und die beobachtete kommunikative Praxis, bei der aus der Außenperspektive häufig Probleme und Störungen auffallen. All diese Punkte legen es nahe, diese Praxis nicht nur zu beschreiben, sondern auch über Möglichkeiten ihrer Veränderung oder Verbesserung nachzudenken.

Verständigungsprobleme und Kommunikationsstörungen

In einem zweiten Schritt zielten gesprächsanalytische Untersuchungen also auch auf die systematische Identifizierung von Verständigungsproblemen und Kommunikationsstörungen in den verschiedenen Interaktionsformen und Gesprächstypen. Neben das Wissen um Organisationsprinzipien und Regularitäten der Kommunikation tritt so ein Wissen über typische Sprach- und Kommunikationsprobleme, die mit bestimmten Gesprächsformen und -aufgaben verbunden sind. Sprach- und Kommunikationsprobleme stellen damit die zentrale Schnittstelle der Gesprächsforschung zu ihrer Anwendung in Kommunikationsberatung und -training dar (vgl. Antos 1996).

Arbeitskreis ‚Angewandte Gesprächsforschung'

Inzwischen versteht sich die Gesprächsforschung zunehmend auch als anwendungsorientierte Disziplin. Seinen organisatorischen Ausdruck fand dies 1987 in der Gründung des Arbeitskreises ‚Angewandte Gesprächsforschung', der sich die Umsetzung gesprächsanalytischer Forschungsergebnisse in Kommunikationsberatung und -training sowie die theoretische Reflexion dieser Umsetzung zur Aufgabe gemacht hat (vgl. Becker-Mrotzek/Brünner 1992).

3 Anwendungsfelder: Das Beispiel Unternehmenskommunikation

Unternehmenskommunikation als Gegenstand der Gesprächsforschung

Eines der vorrangigen Praxisfelder gesprächsanalytischer Kommunikationstrainings sind Wirtschaftsunternehmen mit ihrem komplexen Geflecht unterschiedlicher Formen inner- und außerbetrieblicher Kommunikation. Die Sprachwissenschaft hat betriebliche Kommunikation lange Zeit nicht als ein relevantes Untersuchungsfeld betrachtet, sondern es Betriebswirten, Psychologen und Kommunikationstrainern überlassen, die im Regelfall keine spezielle sprachwissenschaftliche und kommunikationstheoretische Ausbildung haben. Erst mit der neuen Forschungsrichtung der Gesprächsanalyse ist auch die Wirtschaft ins Blickfeld der

Sprachwissenschaft gerückt. Inzwischen gibt es zu diesem Bereich eine ganze Reihe gesprächsanalytischer Untersuchungen, und es haben auch vielfach gesprächsanalytische Trainings in Unternehmen stattgefunden (z.B. Becker-Mrotzek 1994; Fiehler/Kindt 1994; Brünner 2000; Becker-Mrotzek/Fiehler 2002). Darüber hinaus hat eine methodologische Reflexion dieser Trainings (Fiehler/Schmitt 2004; Schmitt/Heitmann 2003) wie auch der angewandten Gesprächsforschung generell eingesetzt (Hartung 2004; Bendel 2004).

Kommunikation als Wirtschaftsfaktor

Auf der anderen Seite ist in den letzten fünfzehn Jahren auch in den Wirtschaftsunternehmen das Bewusstsein der Bedeutung von Kommunikation deutlich gewachsen. Immer klarer trat hervor, dass wirtschaftliches Handeln zu einem wesentlichen Teil kommunikatives Handeln ist und dass der Unternehmenserfolg entscheidend von der Qualität der internen und externen Kommunikation abhängt. Kommunikation wurde als zentrale Produktivkraft erkannt, und Kommunikationsfähigkeit rückte in den Rang einer Schlüsselqualifikation.

Auch das Aufkommen des Konzepts der Kundenorientierung lenkte die Aufmerksamkeit verstärkt auf die Bedeutung von Kommunikation. Kundenorientierung wird dabei verstanden als die „systematische Umsetzung der Kundenerwartungen in leistungs- und interaktionsbezogene Maßnahmen mit dem Ziel, den Kundennutzen zu erhöhen und langfristig stabile Kundenbeziehungen zu etablieren" (Bruhn 1997: 48).

Kundenorientierte Gesprächsführung

Zu diesen interaktionsbezogenen Maßnahmen gehört auch das Gespräch mit dem Kunden, in dem sich der wirtschaftliche Erfolg oder Misserfolg eines Unternehmens am Unmittelbarsten entscheidet. Kommunikative Kundenorientierung ist dabei nicht auf Verkaufs- und Dienstleistungssituationen beschränkt, sondern umfasst alle Kontakte mit unternehmensexternen Personen. Ein wesentlicher Aspekt von Kundenorientierung besteht darin, diese unternehmensexternen Gesprächskontakte so zu gestalten, dass Wünsche und Bedürfnisse der Kunden erkannt und in einer angenehmen persönlichen Atmosphäre in möglichst effektiver Weise erfüllt werden.

Kundenorientierte Gesprächsführung ist für viele Unternehmen inzwischen eine in Unternehmensgrundsätzen und Firmenleitlinien verankerte Zielsetzung. Entsprechend existiert eine unüberschaubare Flut von Kommunikationstrainings, die sich die Schulung von kundenorientierter Gesprächsführung zur Aufgabe gemacht hat (vgl. z.B. Gillen 1997; Seiwert 1999). Auch wenn generell deutliche Fortschritte in Hinblick auf Kundenorientierung festzustellen sind, belegen zahlreiche Beispiele jedoch, dass die alltägliche Praxis der Kommunikation mit Kunden den formulierten Ansprüchen in vieler Hinsicht (noch) nicht entspricht. Empirische Untersuchungen (z.B. Fiehler/Schmitt 2002) haben u.a. drei Gründe für diese Mängel in der Kundenorientierung deutlich gemacht:

Mängel in der Kundenorientierung

1. Unternehmensvertreter und Kunde haben unterschiedliche Perspektiven und Interessen. Die Leistung, die notwendig ist, um sich dies kontinuierlich zu vergegenwärtigen und im Gespräch zu berücksichtigen, wird nicht hinreichend erbracht.

2. In vielen Fällen stimmt die grundlegende Einstellung zum Kunden nicht: Man hält ihn für eine Störung des eigenen Tuns oder behandelt ihn als inkompetent, statt dessen Grad an Kompetenz herauszuarbeiten und dort anzusetzen.
3. Eine wichtige Rolle spielen unangemessene Vorstellungen über den eigenen Anteil an Gesprächen. Häufig meint der Unternehmensvertreter, dass das Resultat des Gesprächs nur von ihm abhängt und er daher den Kunden einseitig steuern muss.

4 Das gesprächsanalytische Training

Struktur gesprächsanalytischer Trainings

Wir stellen im Folgenden die idealtypische Struktur eines gesprächsanalytischen Trainings dar, indem wir die einzelnen Arbeitsschritte und Anforderungen beschreiben, die ein solches Training beinhaltet. Dabei verdeutlichen wir die allgemeinen Ausführungen zu den strukturellen Besonderheiten gesprächsanalytischer Trainings an einem konkreten Beispiel einer Studie zum Thema „Kundenorientierung und Unternehmenspräsentation am Telefon". Es ist wichtig, die konkrete Praxis gesprächsanalytischer Trainings dem Idealtyp gegenüber zu stellen, da sich in der Praxis häufig nicht alle Schritte realisieren lassen. Wir werden am Ende dieses Abschnitts diejenigen Schritte zusammenstellen, die unbedingt erfolgen müssen, damit Trainings ihre spezifische gesprächsanalytische Grundlage und Qualität erhalten.

4.1 Kontaktaufnahme

Anlässe für Trainings

Trainingsmaßnahmen werden erwogen, wenn kommunikative Schwachstellen festgestellt werden, oder sie werden prophylaktisch durchgeführt, um „noch besser" zu werden: „Die Schwächen schwächen und die Stärken stärken" ist eine geläufige Formulierung für die Begründung von Trainings. Dass in der Praxis Kommunikationstrainings nicht immer auf Grund einer zielgerichteten Bedarfsfeststellung zu Stande kommen, sondern auch eine Folge anderer Maßnahmen sein können, zeigt das nachfolgende Beispiel.

Beispiel für Trainingsanlässe

Vor einiger Zeit entwickelte ein großes Unternehmen der Baubranche eine Imagebroschüre, um zur Fachkräfterekrutierung gezielt Absolventen von Universitäten und Fachhochschulen mit betriebswirtschaftlicher Ausbildung anzusprechen. Die Broschüre wurde auf Messen verteilt und auch im Unternehmen flächendeckend verbreitet. Interessierte Absolventen sollten so ohne größere Schwierigkeiten an diese für sie relevanten Informationen herankommen, um gezielt mit dem Unternehmen in Kontakt treten zu können. Das Unternehmen suchte gleichzeitig nach einer Möglichkeit, die Effektivität und Wirkung dieser Image-Initiative zu überprüfen, und interessierte sich dabei auch dafür, wie die Mitarbeiter der einzelnen Niederlassungen die Broschüre und das Unternehmen am Telefon präsentieren. Das Unternehmen beauftragte einen Gesprächsforscher – Reinhold Schmitt – mit der Konzeption, Durchführung und Evaluation dieser Effektivitätsprüfung. Dies führte zur Studie „Unternehmenspräsentation am Telefon". Ihre Ergebnisse veranlassten die Verantwortlichen dann, die Mitarbeiter in Kundenorientierung und Unternehmenspräsentation zu schulen.

Kommt es zur Durchführung eines gesprächsanalytisch fundierten Trainings, lässt sich der Arbeitsprozess als Abfolge von vier Schritten beschreiben, wie sie in den Abschnitten 4.2 bis 4.5 dargestellt werden (zur Konzeption von gesprächsanalytischen Trainings vgl. auch Reuter 2003).

4.2 Bedarfserfassung: Erstellung einer Datenbasis

Schritt 1: *Dokumentation der kommunikativen Praxis*

In einem ersten Schritt wird die in Frage stehende kommunikative Praxis möglichst authentisch und in ausreichendem Umfang dokumentiert. Zunächst wird also eine Datenbasis erstellt, die als empirische Grundlage für eine Bedarfsanalyse dient. Gesprächsaufnahmen, in denen der kommunikative Arbeitsalltag dokumentiert ist, stellen eine zentrale Voraussetzung für gesprächsanalytische Kommunikationstrainings dar. Sie können durch andere Formen der Problemerkundung ergänzt werden (z.B. Beschreibungen der Probleme durch die Beteiligten, teilnehmende Beobachtung, Vorwissen über typische Probleme aufgrund vorhandener gesprächsanalytischer Untersuchungen oder die Verwendung von Aufnahmen des gleichen Gesprächstyps, die analoge Kommunikationsprobleme zeigen, aber aus einem anderen Zusammenhang stammen), sind durch diese jedoch nicht zu ersetzen. Ergänzend zu den Aufzeichnungen macht sich der Trainer vor Ort mit der Einbettung der Gespräche in den institutionellen Rahmen vertraut.

Beispiel für Bedarfserfassung

Ein Betriebswirtschaftsstudent (also ein Mitglied der anvisierten Zielgruppe) sollte in den verschiedenen Zentralen der Niederlassungen anrufen und sich dort ganz allgemein nach Arbeitsmöglichkeiten für Betriebswirte im Unternehmen erkundigen. Die Mitarbeiter des Unternehmens wurden durch die beschriebene Telefonaktion im Rahmen ihres Arbeitsalltages in die Situation gebracht, über die Imagebroschüre Auskunft zu geben, um zu sehen, wie sie dabei das Unternehmen präsentierten. Die entstandenen Gespräche wurden aufgezeichnet und verschriftlicht. Da alle wichtigen Niederlassungen des Unternehmens einbezogen wurden, entstand ein repräsentativer Überblick, der die Untersuchung typischer Gesprächsverläufe, charakteristischer Probleme und Missverständnisse sowie prototypischer Formen der Kundenorientierung und Unternehmenspräsentation der Mitarbeiter am Telefon ermöglichte.

4.3 Analyse: Identifikation von Kommunikationsproblemen und besonders gelungenen Lösungen

Schritt 2: *Analyse der Daten*

Der zweite Schritt besteht in der Analyse der aufgezeichneten Daten. Die Gespräche werden dazu verschriftlicht und stellen als Transkripte die Grundlage einerseits für die Identifikation von Sprach- und Kommunikationsproblemen und andererseits für besonders gelungene Lösungen dar. Diese Probleme werden anhand der Transkripte herauspräpariert, wobei das gesamte gesprächsanalytische Wissen über Kommunikationsprobleme, die für bestimmte Gesprächsformen und -aufgaben charakteristisch sind, im Hintergrund steht. Die Verwendung von Transkripten spielt eine zentrale Rolle. Durch sie unterscheidet sich die Arbeitsweise der angewandten Gesprächsforschung wesentlich von anderen Trainingskonzeptionen. Transkripte sind die „Zeitlupe" und das „Mikroskop" des Gesprächsanalytikers, mit deren Hilfe sowohl die Entstehung wie auch die Auswirkungen von Sprach- und Kommunikationsproblemen detailliert und systematisch untersucht werden können. Transkripte leisten wie kein anderes Instrument eine Vergegenwärtigung des kommunikativen Geschehens und machen es so reflektierbar.

Die Analyse des Gesprächsmaterials erfolgt zeitlich vor dem Training, um Probleme, die mit Ad-hoc-Analysen von nicht dokumentierten und nicht verschriftlichten Gesprächen zwangsläufig verbunden sind, zu vermeiden (wie z.B. oberflächliche, einseitige oder zu grobe Interpretationen).

Diagnose von Kommunikationsproblemen

Die Diagnose von Sprach- und Kommunikationsproblemen verläuft als Dreischritt:

1. Ein faktisches Kommunikationsverhalten wird mit Vorstellungen verglichen, wie Kommunikation sein sollte, und dabei an Zielvorstellungen und Normen für kommunikatives Verhalten gemessen.
2. Eine Diskrepanz wird registriert: Das faktische Kommunikationsverhalten weicht von den Normvorstellungen ab.
3. Die Diskrepanz wird negativ bewertet.

Durch die negative Bewertung gewinnt das in Frage stehende Kommunikationsverhalten den Status eines Kommunikationsproblems. Zugleich erzeugt die negative Bewertung dieser Diskrepanz die Motivation zur Lösung des Problems. Kommunikationsprobleme sind ein spezifischer Typ von Problemen. Es ist bereits eine wesentliche analytische Entscheidung, ob man ein Problem als eines der Kommunikation oder als eines der Persönlichkeit, der sozialen Beziehung oder der Arbeitsorganisation klassifiziert.

Die Analyse der aufgezeichneten Gespräche zielt weniger auf singuläre oder überwiegend persönliche Probleme der Interaktionsbeteiligten ab, sondern vielmehr auf überindividuelle strukturelle Probleme bei der Realisierung kommunikativer Aufgaben im Rahmen spezifischer Situationen.

Die Vorgehensweise bei der Identifikation von Kommunikationsproblemen lässt sich am Beispiel „Die Zentrale und der ‚Kommissar'" aus der Studie zur Unternehmenspräsentation demonstrieren. Zum Verständnis der Analyse ist es nötig, das Transkript genau zu lesen. Eine detaillierte Analyse des Gesprächs findet sich in Fiehler/Schmitt (2002). Das Beispiel zeigt typische Unterlassungen und Fehler, die auch in vielen anderen Gesprächen im Rahmen der Studie zu beobachten waren, und ist insofern eine ergiebige Quelle, um strukturelle Aspekte und systematische Anforderungen von Kundenorientierung zu verdeutlichen.

Die Analyse zielt aber nicht nur auf die Herausarbeitung von Kommunikationsproblemen ab. Ergänzend gilt die Aufmerksamkeit auch Verhaltensweisen, die besonders gelungen sind. An ihnen lässt sich zeigen, welche Verfahren und Strategien bei der Bearbeitung von Gesprächsaufgaben positive Wirkungen und Bewertungen haben und worauf diese Wirkungen und Bewertungen im Einzelnen beruhen. Dies soll hier im Folgenden an dem Transkript „Die Zentrale und der ‚Kommissar'" illustriert werden.

Transkript

Die Zentrale und der „Kommissar"

AN: Anrufer
ZE: Mitarbeiterin in der Zentrale
MI: Mitarbeiter („Der Kommissar")

Teil 1: Die Zentrale

Im Unternehmen klingelt das Telefon (und zwar genau 4,5 Sekunden lang). Das Warten des Anrufers wird durch eine Frauenstimme beendet, die zunächst das Unternehmen identifiziert und anschließend den Anrufer grüßt:

Identifizierung und Begrüßung

01 ZE: (4,5) halbmann und meyer guten tag

Wir sprechen hier von einer „Frauenstimme", weil die Gesprächsteilnehmerin sich selbst nicht mit Namen vorstellt. Die Person tritt vollkommen in den Hintergrund, die Stimme agiert nur funktional. Sie ist die erste Vertreterin des Unternehmens, mit der der Anrufer Kontakt bekommt. Solche Erstkontakte sind hochgradig wichtig, da sie das nachfolgende Geschehen weitgehend vorstrukturieren und die Grundlage für Sympathie oder Antipathie sind. Eine solche Sicht entspricht auch dem Selbstverständnis vieler Unternehmen: „Visitenkarte des Unternehmens" und andere blumige Beschreibungen werden als Kennzeichnung für die Bedeutung der Telefonzentrale herangezogen. Die Visitenkarte dieses Unternehmens jedoch ist namenlos und unpersönlich. Anschließend wartet sie ab, bis der Anrufer sein Anliegen formuliert hat:

02 AN: ja schönen guten tag schulz am apparat (.)
03 AN: ich hätte gerne eine auskunft (.)
04 AN: äh ich habe betriebswirtschaft studiert und hab mein
05 AN: studium mit dem diplom abgeschlossen (.) und wollte mich
06 AN: jetzt mal erkundigen (.) welche arbeitsmöglichkeiten es bei
07 AN: ihnen im unternehmen für betriebswirte gibt
08 ZE: ja ich verbinde mal
09 AN: ja
10 AN: (15,0)

Nach der Anliegensformulierung meldet sich die „Frauenstimme" wieder und sagt: „ja ich verbinde mal" (Zeile 08). Dies verdeutlicht, dass die Mitarbeiterin, der die Stimme gehört, ihrem Selbstverständnis nach in erster Linie dazu da ist, Anrufer zu verbinden. Mehr tut sie nicht, obwohl sie im Sinne der Dienstleistungsphilosophie des Unternehmens einiges mehr tun könnte und auch sollte. „Wir konkurrieren nicht mehr mit der Qualität unserer Produkte, sondern wir konkurrieren mit der Qualität unserer Mitarbeiter" ist eine der geflügelten Formulierungen in Unternehmensphilosophien. Dabei ist ein wesentliches Element der Mitarbeiterqualität deren Kommunikationsbereitschaft und Kommunikationsfähigkeit. Der einzige Dienst, den die „Frauenstimme" jedoch dem Anrufer hier leistet, ist die

Auskunft, dass sie verbinden wird, und das anschließende Herstellen der Verbindung.
Bezogen auf das Grundverständnis, das die Gesprächsforschung von Interaktion als einer gemeinschaftlichen Hervorbringung aller Beteiligten hat, verhält sich die „Frauenstimme" erkennbar unkooperativ, und sie ist keine aktive Hörerin. Als aktive Hörerin hätte sie die vom Anrufer produzierten Pausen als Reaktionsangebote genutzt und dessen sich entwickelnde Äußerung kontinuierlich mit Rückmeldungen begleitet. Bleiben solche Rückmeldungen über längere Zeit aus, führt das auf der Seite des Sprechers zu Irritation und Verunsicherung und zu negativen Annahmen über seinen Adressaten.

Transparenz

Der Anrufer weiß zwar auf Grund des „ja ich verbinde mal" (Zeile 08) der „Frauenstimme", dass er verbunden wird, er weiß jedoch nicht, in welche Abteilung er verbunden und wer sein nächster Gesprächspartner sein wird. Die „Frauenstimme" sorgt nicht für die mögliche oder nötige Transparenz des weiteren Geschehens. Dem Anrufer bleibt nichts anderes übrig, als am Hörer zu warten und der Dinge zu harren, die da kommen werden.
Die Bilanz für die „Frauenstimme" und das durch sie vertretene Unternehmen fällt nicht eben günstig aus. In positiver Hinsicht bleibt lediglich festzuhalten, dass sie den Anrufer tatsächlich weiterleitet. In negativer Hinsicht sind jedoch folgende Punkte zu vermerken: ihre passive Gesprächsbeteiligung, ihr gänzlicher Verzicht auf positive Beziehungsgestaltung und die ungenügende Transparenz hinsichtlich ihrer Tätigkeit.

Teil 2: Der „Kommissar"

11	MI:	alt
12	AN:	guten tag (.) schulz am apparat (.) [ich] hätte gern (.)
13	MI:	[ja]
14	AN:	äh eine auskunft (.) und zwar habe ich betriebswirtschaft
15	AN:	studiert und hab mein studium mit dem diplom abgeschlossen (.)
16	AN:	ich wollte mich jetzt mal erkundigen (.)
17	AN:	welche arbeitsmöglichkeiten es bei ihnen im unternehmen
18	AN:	für betriebswirte gibt
19	MI:	<<streng und mit Nachdruck> wie kommen sie denn jetzt an
20	MI:	unser unternehmen?> (2,0)
21	AN:	ich bin dabei mich äh beruflich zu orientieren
22	AN:	zu orientiern- und [hab so]
23	MI:	[JA wie] KOMmen sie an unser
24	MI:	unternehmen jetzt das ist die frage ((lacht kurz))
25	AN:	ja ich hab interesse äh an der äh der bauwirtschaft
26	AN:	und hab gehört (.) von kommilitonen dass im bausektor
27	AN:	verstärkt betriebswirte eingesetzt werden
28	MI:	mhm SO äh ja ich wollte ein bisschen
29	MI:	hintergrundinformation haben
30	MI:	<<imitiert den Anrufer> ich habe gehört von kommilitonen dass> (.)
31	MI:	es ist jetzt die frage
32	MI:	hier in x-stadt stellen wir keine betriebswirte ein
33	AN:	sie stellen [keine]
34	MI:	[wir haben] keine servicebereiche

AN: ja
MI: die sind alle in b-stadt in der hauptverwaltung
AN: ja
MI: dort sind betriebswirte tätig die also in den servicebereichen
MI: sind die auch in den abteilungsbereichen sind
AN: ja
MI: wir haben hier die klassische form der BAUkaufleute
AN: ja
MI: das ist also eine PRAKtische ausbildung
MI: <<leicht herrisch> WO haben sie (.)
MI: studiert und welches examen haben sie?> (...)
AN: ich war in äh ludwigshafen
MI: ja
AN: und äh also das examen ist sehr gut [also]
MI: [mhm] mhm und
MI: sie haben in ludwigshafen was studiert fachhochschule oder
AN: ja fach/ fachhoch[schule]
MI: [fachhoch]schule
AN: haben sie irgendwie unterlagen oder einen prospekt den sie mir
AN: [zuschicken könnten]
MI: [nö: hab ich nicht] hier in x-stadt da sollten sie sich
MI: an unsre hauptverwaltung b-stadt wenden
AN: ja
MI: die hauptverwaltung b-stadt kann ihnen bestimmt
MI: da einiges an unterlagen zusenden
AN: ja
MI: was zu ihrer entscheidungsfindung notwendig ist
AN: ja könnten sie mir da einen ansprechpartner geben
MI: ja ich würde mal sagen die personalabteilung (.)
MI: den herrn osthoff (1,5)
AN: den namen hab ich nicht verstanden
MI: [<<gequält> OSThoff>]
AN: [tut mir leid] osthoff ja
MI: mhm
AN: okay
MI: nö und da ist auch der sitz der hauptverwaltung
AN: ja
MI: und wenn also betriebswirte eingestellt werden
MI: nur in der hauptverwaltung
AN: okay haben sie vielen dank
MI: ja bitte schön
AN: wiederhören
MI: gut wiederhören

Der Mitarbeiter, der das Warten des Anrufers nach 15 Sekunden beendet, meldet sich ohne Gruß kurz und bündig mit „alt" (Zeile 11). Hatte sich die „Frauenstimme" nur als Funktion präsentiert, so wird Herr Alt im Gegensatz hierzu ausschließlich als Person aktiv. Der Anrufer weiß nun zwar, mit wem er spricht, nicht jedoch, in welcher Abteilung er gelandet ist und welche Funktion Herr Alt im Unternehmen hat. Wie die „Frauenstimme", so wartet auch der Mitarbeiter still ab, was der Anrufer als Anliegen formuliert.

Dass eine nochmalige vollständige Wiederholung des Anruferanliegens erforderlich wird (Zeile 12–18), deutet darauf hin, dass die „Frauenstimme" keine oder zu wenig Informationen an den Mitarbeiter weitergegeben hat oder dass der Mitarbeiter über die relevanten inhaltlichen Informationen verfügt, diese aber nicht nutzt. Er vergibt somit die Möglichkeit, von sich aus das Anruferanliegen zu formulieren und diesen zu fragen, was er für ihn tun könne. Dies hätte positive Folgen sowohl für seine eigene Selbstpräsentation als auch für die Gestaltung der Beziehung zu dem Anrufer.

Nach der Anliegenformulierung jedoch definiert er die Situation vollständig um und macht aus dem vom Anrufer ganz allgemein als Informationsgespräch begonnenen Austausch eine Art Verhör: Er fragt den Anrufer „wie kommen sie denn jetzt an unser unternehmen" (Zeile 19 f.) und unterbricht ihn barsch, als dieser gerade beginnt, die Frage zu beantworten (Zeile 23). Mit deutlicher Ungeduld und mit Nachdruck wiederholt er seine Frage (Zeile 23 f.) und entwertet damit die bisherigen Antwortbemühungen des Anrufers als ungenügend, indem er auf einer „besseren" Antwort besteht.

Auch wenn der Mitarbeiter mit seiner Frage eine für die Bearbeitung des Anruferanliegens durchaus wichtige Voraussetzung für sich klären will, ist ein gänzlich anderes Verhalten vonnöten, wenn man den Maßstab der Kundenorientierung anlegt. So wären nicht nur andere Formulierungen oder Nachfragen denkbar, um das spezifische Interesse des Anrufers zu erkunden, vor allem wäre ein wesentlich freundlicherer Tonfall ein Muss (wie beispielsweise: Darf ich fragen, warum Sie sich gerade für unser Unternehmen interessieren, Herr Schulz?). Der unangemessene Tonfall wird bei der Wiederholung der Frage noch deutlicher. Hier bestimmt ein herrischer Ton die Formulierung, und durch die Unterbrechung erhält die Wiederholung der Frage deutlich forcierende Qualität (zum gesprächsrhetorischen Konzept ‚Forcieren' als eingeschränkte Form der Kooperativität siehe Kallmeyer/Schmitt 1996).

Der Mitarbeiter liefert schließlich eine Erklärung für sein Verhalten: Er wollte Hintergrundinformationen einholen (Zeile 28 ff.). Um sich jedoch diese zu beschaffen, wäre im Sinne der Kundenorientierung ein anderes Gesprächsverhalten nötig gewesen, das nicht mit diesen offenkundig negativen Auswirkungen für den Anrufer verbunden gewesen wäre. Zum Beispiel: Interessieren sie sich speziell für unser Unternehmen oder für die Baubranche allgemein? Der Mitarbeiter fährt jedoch in vergleichbar barschem Ton fort, den Anrufer auszufragen: Er will nun wissen, wo der Anrufer Examen gemacht hat und welches Examen er hat (Zeile 44 ff.).

Als er hört, dass der Anrufer Unterlagen von ihm will, reagiert der Mitarbeiter schnell mit „nö hab ich nicht hier in x-stadt" (Zeile 55). Er fühlt sich also nicht dazu veranlasst, z.B. bei seinen Kollegen wegen der Unterlagen nachzufragen. Er überlässt es im Folgenden dem Anrufer, nach einem konkreten Ansprechpartner zu fragen, anstatt diesen von sich aus zu nennen. Immerhin weist er den von ihm genannten Mitarbeiter als Mitglied der Personalabteilung aus. Im Rahmen der Gesprächsbeendigung unterlässt er es, sich bei dem Anrufer für das dem Unternehmen entgegengebrachte Interesse zu bedanken.

Auch die Bilanz des Mitarbeiters fällt wenig positiv aus:

- Er gestaltet die Situation in unangemessener Weise um und macht aus dem Anrufer einen „Verdächtigen", der von ihm, dem „Kommissar", verhört wird.
- Er gestaltet dadurch die Beziehung zum Anrufer in völlig inakzeptabler Weise.
- Er verdeutlicht seine Funktion und Zuständigkeit im Unternehmen nur ungenügend.

4.4 **Training: Umsetzung der Ergebnisse**

Schritt 3: *Entwicklung eines Trainings*

Der dritte Schritt im Rahmen eines gesprächsanalytischen Trainings besteht in der Umsetzung der Diagnoseergebnisse in Form einer spezifischen Trainingskonzeption (4.4.1), die aus problembezogenen Einheiten und Übungen besteht (4.4.2) und auf der Grundlage einer spezifischen Methode durchgeführt wird (4.4.3).

4.4.1 Trainingskonzeption

Problemorientierte Konzeption

Die Konzeption gesprächsanalytischer Trainings reagiert unmittelbar auf die bei der Analyse deutlich gewordene Problemqualität. In Abhängigkeit von dieser Problemqualität werden Entscheidungen hinsichtlich der Konzeption und der Inhalte getroffen. Fragen, die hier zu beantworten sind, sind beispielsweise:

- Muss man auf Probleme reagieren, die mit Anforderungen und Struktur des jeweiligen Gesprächstyps (z. B. Reklamation) zusammenhängen?
- Ist angesichts der Problemlage eher ein Gruppentraining oder eine Form von Einzelcoaching erforderlich?
- Verlangt die Problemlage eher das systematische Einüben konkreter Verhaltensweisen oder ist die allgemeine Sensibilisierung für bestimmte Aspekte von Kommunikation die richtige Antwort?

Als unmittelbare Reaktion auf die Ergebnisse der Studie „Unternehmenspräsentation am Telefon" entstand auf der Grundlage der aufgezeichneten Gespräche ein eintägiges gesprächsanalytisches Training. Das Konzept bestand aus drei aufeinander aufbauenden Blöcken und gliederte sich wie folgt:

Theoretische Grundlagen vermitteln

Im ersten Teil wurden auf der Grundlage der empirischen und theoretischen Erkenntnisse der Gesprächsforschung die für die Schulungszwecke grundlegenden Begriffe eingeführt. Hier wurde die theoretische Kompetenz der Teilnehmenden angesprochen.

Fallbeispiele analysieren

Im zweiten Teil wurden ausgewählte Fallbeispiele in Gruppen analysiert. Diese Analysen erfolgen unter Bezug auf die zuvor eingeführten Aspekte von Kommunikation. Hier ging es darum, die analytische Kompetenz der Teilnehmenden anzusprechen und ihnen Begriffe zur Beschreibung ihrer Eindrücke an die Hand zu geben.

Rollenspiele

Im dritten Teil spielten die Teilnehmenden auf der Grundlage vorgegebener Spielrollen Situationen, die den zuvor analysierten Fallbeispielen entsprachen und ihrer unmittelbaren Alltagserfahrung am Arbeitsplatz entstammten. Hier wurde die Gesprächskompetenz der Teilnehmenden angesprochen. Die gemeinsame Analyse der Rollenspiele erfolgte unter Bezug auf die im ersten Teil theoretisch eingeführten Aspekte und die im zweiten Teil bei der Analyse der Fallbeispiele erarbeiteten Kenntnisse und vermittelten Begriffe.

4.4.2 Problembezogene Einheiten und Übungen

Problemliste

Aus der Gesamtheit aller aufgezeichneten Gespräche wird eine Problemliste zusammengestellt, in der systematische, d.h. immer wiederkehrende, mit der Aufgabenstruktur der Gespräche verbundene Probleme erfasst sind. Um diese im Training gezielt zu bearbeiten, werden geeignete Gespräche als Fallbeispiele eingesetzt.

Zielgruppenspezifisches Training

Aus den Ergebnissen der vorangegangenen Analysen des Gesprächs „Die Zentrale und der ‚Kommissar'" ergeben sich für ein gesprächsanalytisches Training folgende Möglichkeiten der Operationalisierung: Zunächst sind die beiden Zielgruppen „Zentrale" und „Mitarbeiter" zu unterscheiden. Für beide muss man – auf Grund der analytischen Einsichten – unterschiedliche Ursachen für ihr Verhalten veranschlagen und problemspezifisch reagieren.

Die Telefonzentrale

Bei der Telefonzentrale haben wir es mit einem Kommunikationsproblem im engeren Sinne zu tun. Dieses muss durch entsprechende Maßnahmen den Mitarbeiterinnen und Mitarbeitern der Zentrale in seinen negativen Auswirkungen verdeutlicht und durch spezielle Übungen bearbeitet werden. Zentrale Bestandteile sind dabei a) aktive Gesprächsteilnahme und b) Informationsmanagement.

Aktive Gesprächsteilnahme trainieren

Im Sinne eines positiven Konzeptes von Kundenorientierung muss man auf eine grundsätzlich aktive Teilnahme am Gespräch hinarbeiten und die Mitarbeiter der Telefonzentrale zur Übernahme der Rolle aktiver Zuhörer bewegen. Das kann zum einen reflexiv-analytisch erfolgen, indem man in gemeinsamer Analyse authentischer Gespräche systematisch das Verhalten aktiver Hörer betrachtet und dabei verdeutlicht, welche Funktionen Rückmeldungen im Gespräch haben. Eine weitere Möglichkeit besteht darin, die Teilnehmenden in Transkripten, in denen alle Rückmelder getilgt sind, Rückmeldungen platzieren zu lassen und die Wahl der Rückmeldestellen jeweils zu begründen. Eine wichtige Erkenntnis ist hierbei der Kontrast der Gespräche mit und ohne Rückmeldungen im Hinblick auf Beziehungsgestaltung, Interaktionsdynamik und Gesprächsatmosphäre. Die Gesprächsteilnahme kann aber auch aktiv eingeübt werden, indem man z.B. in Rollenspielen oder Simulationen authentischer Fälle die Rolle des aktiven Hörers und die systematische Produktion von Rückmeldern spielen lässt und in einer anschließenden gemeinsamen Auswertung bespricht. Eine weitere Möglichkeit besteht darin, im Rahmen eines Rollenspiels einen Sprecher zu bitten, egal was die Sprechpartnerin oder der Sprechpartner auch macht, jegliche Form von Rückmeldungen zu unterlassen. Eine wichtige Erkenntnis dabei ist, den Spielenden die grundlegende Erfahrung zu vermitteln, wie wichtig die gemeinsame Arbeit von Sprecher und Hörer für den Gesprächsverlauf ist.

Informationsmanagement üben

Hinsichtlich des Problemaspekts „Informationsmanagement" geht es darum, die für den Informationsfluss und die Beziehungsgestaltung wichtige Rolle der Telefonzentrale als Vermittler zwischen Anrufer und Mitarbeiter zu verdeutlichen. Als konkrete Maßnahmen, beides in seiner Bedeutung zu vermitteln und daraus resultierende Verhaltensweisen einzuüben, bieten sich auch hier reflexiv-analytische und aktiv-spielerische Möglichkeiten an. Reflexiv-analytisch kann an Hand authentischer Gespräche und auf der Grundlage eigener Arbeitserfahrung ein idealtypisches Modell entworfen werden, in dem die Aufgaben der Zentrale als Vermittlungsstation beschrieben sind. Dieses Modell muss alle wichtigen Informationen enthalten, die die Zentrale a) an den zuständigen Mitarbeiter weitergeben soll (Name, kurze Charakterisierung des Anliegens etc.) und b) an den Anrufer kommunizieren soll (Name des Mitarbeiters oder der Abteilung, an den/die sie das Gespräch weiterleitet).

Aktiv-spielerisch kann man die gewünschten (und im idealtypischen Modell aufgeführten) Verhaltensweisen in unterschiedlicher Weise einüben. So kann man es den Teilnehmenden zur Aufgabe machen, aufgezeichnete oder simulierte Anrufe für einen Mitarbeiter in einer sinnvollen und praktikablen Weise weiterzuleiten und dem Anrufer zu kommunizieren, an wen und in welche Abteilung man sie verbindet. Wichtig bei solchen Übungen ist eine möglichst realistische Umgebung und Ausgestaltung der Situation. Denn der Arbeitsalltag von Mitarbeiterinnen und Mitarbeitern der Zentrale zeichnet sich oft durch Hektik, Stress und Multitasking aus (mehrere Aufgaben, mehrere gleichzeitige Anrufe, gleichzeitiger Umgang mit verschiedenen Anrufern, Relevanzentscheidungen etc.), die sich im Sinne der Kundenorientierung negativ auswirken.

Arbeitsorganisatorische Maßnahmen

Will man jedoch von Unternehmensseite die Zentrale tatsächlich im Sinne eines umfassenden Konzeptes von Kundenorientierung effektiv einsetzen, dann ist es mit kommunikationsbezogenen Maßnahmen allein nicht getan. Vielmehr sind konkrete arbeitsorganisatorische Veränderungen notwendig, die den Mitarbeitern der Zentrale die Voraussetzungen schaffen, überhaupt kundenorientiert aktiv werden zu können. Hinsichtlich einer faktischen Problemlösung sind hier die Grenzen gesprächsanalytischer – und auch anderer – Trainings erreicht.

Der Mitarbeiter

Bei dem Mitarbeiter fällt unsere Einschätzung hinsichtlich der Problemqualität anders aus. Hier sehen wir in erster Linie kommunikative Auswirkungen eines Einstellungsproblems. Dementsprechend muss man andere Maßnahmen in Betracht ziehen, um im Sinne der Kundenorientierung positive Auswirkungen zu erreichen.

Einstellungsänderung versuchen

Da es dem Mitarbeiter nicht an kommunikativem Engagement mangelt, sondern vielmehr an der Fähigkeit bzw. Bereitschaft zur angemessenen Beziehungsgestaltung, sind kommunikative Übungen wie bei der Zentrale fehl am Platz. In diesem Fall sind in erster Linie analytisch-reflexive Maßnahmen gefragt. Auf der Grundlage der Tonbandaufzeichnung und des Transkriptes kann man beispielsweise gemeinsam mit dem Mitarbeiter Schritt für Schritt durch das Gespräch gehen und ihm jeweils – im Sinne einer positiven Kundenorientierung, die hier quasi die zu Grunde liegende Norm für die Beurteilung des Kommunikationsverhaltens darstellt – die

negativen Implikationen seines Verhaltens verdeutlichen. Hier zeigt sich dann auch noch einmal ganz konkret das Potenzial und die Wichtigkeit von Transkripten für das gesprächsanalytische Training.
Um eine tatsächliche Änderung seiner Einstellung zu erreichen, bedarf es jedoch seiner Einsicht und seiner eigenen Mitarbeit. Sind diese vorhanden, kann man auf dieser Grundlage durchaus konkrete Übungen konzipieren, um den Mitarbeiter zu unterstützen. Fehlt aber eine solche Basis, ist jede Form kommunikationsbezogener Trainingsanstrengung umsonst. Die Gesprächsanalyse kann Einstellungsprobleme zwar diagnostizieren, diese jedoch nicht selbst beheben.

4.4.3 Trainings- und Vermittlungsmethode

Wesentliche Besonderheiten gesprächsanalytischer Trainings bestehen in der Art und Weise der Bewertung von Kommunikationsverhalten und in dem Typ von Normen, auf den sie dabei rekurrieren. Für das gesprächsanalytische Training ist charakteristisch, dass der Trainer nicht auf der Grundlage seines Wissens und seines analytischen Vorsprungs doziert, sondern systematisch die Einschätzungen der Teilnehmenden einholt.

Beteiligung der Teilnehmenden

Es ist wichtig, dass die Teilnehmenden an ausgewählten Beispielen aus dem Datenmaterial darlegen, wo und in welcher Hinsicht sie Kommunikationsprobleme sehen. Teilnehmende und Trainerin bzw. Trainer werden dabei in der Einschätzung dessen, was sie als Kommunikationsproblem bewerten, nicht immer übereinstimmen. Dies ist zurückzuführen auf unterschiedliche Relevanzen und Wissenshintergründe sowie auf unterschiedliche Normen als Beurteilungshintergrund. Unter Umständen sind die Teilnehmenden aus ihrer genauen Kenntnis der betreffenden kommunikativen Praxis heraus in der Lage, auf Probleme hinzuweisen, die dem Trainer bei seiner Analyse entgangen sind. Umgekehrt wird der Trainer den Teilnehmenden Probleme verdeutlichen, die ihnen bislang als solche nicht bewusst waren („Betriebsblindheit").

Kommunikative Normen

Divergierende Einschätzungen sind oft zurückzuführen auf unterschiedliche Normen bzw. Vorstellungen darüber, wie Kommunikation sein soll. In solchen Fällen gilt es, die jeweiligen Normen bewusst zu machen, denen die Teilnehmenden folgen und auf deren Grundlage sie Kommunikationsverhalten bewerten. Beispielsweise kann jemand als Norm vertreten, dass man „wie gedruckt" sprechen soll und dass sein Problem darin besteht, dass er dies nicht kann. In diesem Fall kann relativ einfach verdeutlicht werden, dass diese Norm empirisch nicht begründet ist: Korrekturen, Abbrüche, Versprecher, Konstruktionsmischungen und Reformulierungen sind für mündliche Kommunikation nicht nur charakteristisch, sondern in sehr vielen Fällen funktional. Hier besteht die Aufgabe des Trainers darin, diese Funktionalität am Einzelfall zu verdeutlichen und mit Hilfe seines theoretischen Wissens diese Erscheinungen als für mündliche Kommunikation charakteristisch auszuweisen.

Ausarbeitung des Alternativenspektrums

Zum faktischen Verhalten, das die Kommunikationsprobleme produziert, werden im Training gemeinsam systematisch alternative Verhaltensweisen gesucht und diskutiert. Im Zentrum steht die Explikation und

Bewusstmachung des Alternativenspektrums und die Sensibilisierung für mögliche Verläufe der Kommunikation. Dass nicht nur eine Alternative favorisiert, sondern jeweils mehrere diskutiert werden, hat die Funktion, eine Polarisierung der Möglichkeiten in „richtig" vs. „falsch" oder „gut" vs. „schlecht" zu vermeiden und das positive wie negative Potenzial jeder einzelnen Möglichkeit zu verdeutlichen.

Erprobung neuer Verhaltsweisen

Der Trainer überlässt es den Teilnehmenden, aus dem Alternativenspektrum diejenige(n) Verhaltensweise(n) auszuwählen, die ihnen am Geeignetsten erscheinen, um sie in der Praxis auszuprobieren. Die Alternativen können auf unterschiedliche Weise auch bereits im Training erprobt werden. Die hierfür gängigen Methoden sind das Rollenspiel in seinen vielfältigen Varianten oder die Simulation authentischer Fälle (s. Becker-Mrotzek/Brünner 2002). Gemeinsam ist allen Erprobungsvarianten, die im Training eingesetzt werden, dass sie nicht unter faktischen Ernstfallbedingungen erfolgen. Folglich bleibt immer ein gewisser Spielcharakter erhalten (zu unterschiedlichen Bewertungen der „Artefaktproblematik" vgl. Brons-Albert 1995a: 102 ff. und Schmitt 2002).

Die prinzipielle Offenheit, die mit der Entwicklung von Alternativen verbunden ist, stößt häufig auf anders geartete Erwartungen der Teilnehmer und Teilnehmerinnen, die wissen wollen, was denn nun „richtig" ist. Wesentliches Lernziel gesprächsanalytischer Trainings ist aber gerade die Einsicht, dass dies im Bereich der Kommunikation oft nicht eindeutig und allgemeingültig gesagt werden kann.

Bewertung von Kommunikationsverhalten

Bei aller Offenheit kommen auch gesprächsanalytische Trainings nicht ohne Bewertungen aus. Gesprächsanalytische Trainings stützen sich im Wesentlichen jedoch auf gesicherte Einsichten über Normalformen der Kommunikation, wie sie in gesprächsanalytischen Untersuchungen gewonnen und beschrieben werden. Normalformen, die ihren Niederschlag in kommunikativen Regeln, Mustern oder Handlungsschemata finden, sind gesellschaftlich ausgebildete Standardlösungen für die Bewältigung kommunikativer Aufgaben. Sie legen das Gesprächsverhalten nicht im Detail fest, aber sie umreißen den Rahmen, in dem es sich bewegt. Die Normalformen haben sich gesellschaftlich vielfach bewährt und sind im Zuge ihrer Ausarbeitung optimiert worden. Wechselseitig wird erwartet, dass man sie benutzt und dass man nicht ohne Not gegen sie verstößt, sie modifiziert oder sie außer Acht lässt. Sie besitzen so die normative Kraft des Faktischen und Bewährten.

Empirische Regularitäten als Basis für Empfehlungen

Mit empirischen Regularitäten als Basis für ihre Empfehlungen unterscheidet sich die Gesprächsanalyse von vielen anderen Formen der Kommunikationsberatung und des Kommunikationstrainings. Die gängige Praxis in vielen Trainings besteht darin, präskriptive Normen für Kommunikationsverhalten zu propagieren und in rezeptartigen Handlungsanweisungen zur Befolgung anzubieten. Dabei ist jedoch häufig unklar, wie sich diese Normen legitimieren und wodurch die Annahme gesichert ist, dass die Befolgung der Handlungsanweisungen tatsächlich zu einer „besseren" oder „effektiveren" Kommunikation führt.

4.5 Evaluation: Erprobung in der Praxis

Schritt 4: Erprobung in der Praxis und erneutes Training

Als vierter Schritt erfolgt eine gesprächsanalytische Evaluation. Die alternativen Verhaltensweisen werden von den Teilnehmenden nach dem Training in ihrer beruflichen Praxis erprobt, und in einem weiteren Training wird auf der Grundlage neuer Aufzeichnungen analysiert, ob sich diese Alternativen bewährt haben. Der zentrale Ort für die Erprobung alternativer Verhaltensweisen ist nach gesprächsanalytischer Auffassung also nicht die Gesprächssimulation im Training, sondern der kommunikative Ernstfall in der beruflichen Praxis. Gesprächsanalytisch basierte Trainings sollten demnach keine einmalige Veranstaltung sein, sondern sich zyklisch wiederholen. Gesprächskompetenz ist nach Auffassung der Gesprächsforschung nicht etwas, was man punktuell erlernt und dann für alle Zeit „beherrscht", sondern etwas, was eines permanenten Trainings und eines fortgesetzten Bemühens um Kultivierung bedarf (vgl. Fiehler 2002).

Die Möglichkeit einer gesprächsanalytischen Evaluation war im Rahmen der Studie „Unternehmenspräsentation am Telefon" nicht gegeben.

4.6 Gesprächsanalytische Trainings in der Praxis

Ausbaustufen gesprächsanalytischer Trainings

Die genannten vier Schritte beschreiben in idealtypischer Weise die Vollform gesprächsanalytisch fundierter Trainings. Ein gesprächsanalytisches Kommunikationstraining muss oder kann dieses Spektrum jedoch nicht immer ausschöpfen, sondern kann sich auf einzelne dieser Schritte beschränken. Gleichwohl gibt es Minimalanforderungen, die ein Kommunikationstraining erfüllen muss, damit es seine gesprächsanalytische Grundlage und Charakteristik erhält. Hierzu gehören:

Essentials gesprächsanalytischer Trainings

1. eine empirische Grundlage von aufgezeichneten authentischen Gesprächen,
2. die vorgängige analytische Auswertung dieser Gespräche auf der Grundlage von Transkripten oder Videoaufzeichnungen unter Maßgabe einer spezifischen Problemstellung und
3. die Entwicklung eines Alternativenspektrums in der Zusammenarbeit mit Trainingsteilnehmern aus dem Bereich, aus dem die Aufnahmen stammen und in dem das Kommunikationsproblem aufgetreten ist.

Realisierungshindernisse

Im Regelfall bestimmt der Auftraggeber, wie umfangreich die idealtypische Struktur gesprächsanalytischer Trainings realisiert werden kann. Einschränkungen, mit denen hier zu rechnen ist, betreffen v.a. die nachträgliche Evaluation des Trainingserfolges und die zeitaufwändige Verschriftlichung der aufgezeichneten Gespräche. Da der gesprächsanalytische Trainingsansatz noch nicht weitreichend etabliert ist, tun sich Gesprächsanalytiker zuweilen auch schwer damit, Auftraggebern die Notwendigkeit einer vorgängigen Analyse zu verdeutlichen, die einiges an Zeit in Anspruch nimmt. Jeder Gesprächsanalytiker muss hier entscheiden, welche Kompromisse er im Einzelfall für vertretbar hält.

Gesprächsanalytische Trainings sind auf dem Markt keine Selbstverständlichkeit. Häufig ist ein erheblicher argumentativer Aufwand erforderlich, um Auftraggeber – gerade auch angesichts der höheren Kosten – vom Nutzen und den Erfolgschancen des gesprächsanalytischen Ansatzes zu überzeugen. Diese Überzeugungsarbeit stößt zudem häufig auf Erwartungen und Standards, die Psychologen, Pädagogen und Betriebssoziologen in dem weiten Feld kommunikationsbezogener Aus- und Weiterbildung etabliert haben: die Vermittlung von Rezeptwissen auf der Grundlage von Ad-hoc-Analysen ohne authentische Datenbasis und ohne systematische Auswertung der zu analysierenden Situationen und Verhaltensweisen.

5 Vor- und Nachteile gesprächsanalytischer Trainings

Der gesprächsanalytische Trainingsansatz ist gerade erst dabei, auf dem Feld kommunikationsbezogener Dienstleistungen Fuß zu fassen. Da er dort auf die Konkurrenz bereits etablierter Formen und Konzeptionen der Vermittlung kommunikativer Fähigkeiten trifft, ist es wichtig, die Stärken und Schwächen des gesprächsanalytischen Zugangs realistisch einzuschätzen. Wir wollen deshalb nachfolgend seine wesentlichen Vor- und Nachteile einander gegenüberstellen.

Vorteile

Die Vorteile einer gesprächsanalytisch fundierten Beratung und Kommunikationsschulung lassen sich in folgenden Punkten zusammenfassen:

Wissenschaftliche Erkenntnisgrundlagen

- Es kann auf den umfangreichen von der Gesprächsforschung erarbeiteten Wissensfundus über Muster und Organisationsprinzipien der Kommunikation einerseits und über typische Formen von Kommunikationsproblemen andererseits zurückgegriffen werden.

Authentizität

- Die Diagnose von Kommunikationsproblemen erfolgt durch die Analyse authentischer Gespräche aus der Berufspraxis.

Analytische Präzision

- Jeder Beratung und jedem Training geht die gründliche Analyse des empirischen Materials voraus. Kommunikationsprobleme werden so systematisch und empirisch erhoben. Die zeitliche Trennung von Analyse und Beratung bzw. Training ermöglicht einen vollständigeren Überblick über auffällige und problematische Phänomene in den einzelnen Gesprächen, als er bei einer Ad-hoc-Besprechung zu erreichen ist. Die Verwendung von Transkripten ermöglicht sowohl im Makro- wie im Mikrobereich eine genauere und detailliertere Analyse von Kommunikationsproblemen.

Berücksichtigung von Teilnehmerkompetenzen

- Ob etwas ein Kommunikationsproblem ist, wird nicht allein vom Berater bzw. Trainer gesetzt, sondern in einem Diskussionsprozess mit den Beteiligten geklärt. Ebenso werden alternative Verhaltensweisen gemeinsam entwickelt.

Verhaltensalternativen

- Im Zentrum steht die Explikation und Bewusstmachung des Alternativenspektrums, nicht die Präskription einzelner Verhaltensweisen.

Zyklisches Trainingsmodell

- Die Beratung und das Training werden nicht als einmaliger Akt verstanden, sondern als etwas, was sich wiederholen sollte. Die zyklische Struktur der Beratung erlaubt einerseits eine Bestimmung der Effekte des Trainings und andererseits eine empirisch fundierte Analyse der Transferprobleme.

Die Nachteile einer gesprächsanalytisch fundierten Beratung und Kommunikationsschulung bestehen u.a. in Folgendem:

Nachteile

- Die Erhebung authentischer Daten, ihre (teilweise) Transkription, die vorgängige Analyse und die Evaluation der Trainingseffekte in der Praxis, die eine zyklische Struktur des Trainings zur Folge hat, bedeuten einen erheblichen Mehraufwand, und d. h. auch erheblich höhere Kosten. *Aufwand*
- Die Teilnehmenden müssen u. a. den Umgang und die Arbeit mit Transkripten erlernen. Von ihnen wird auch häufiger eigeninitiatives Arbeiten erwartet. *Ungewohnte Arbeitsmittel und -formen*
- Die Teilnehmenden werden dadurch, dass sie an der Problemidentifizierung und an der Alternativenentwicklung zentral beteiligt sind, in einem erheblichen Maß gefordert und beansprucht. Sie müssen aushalten können, dass es kein klares „richtig" oder „falsch" gibt und dass keine eindeutigen Rezepte angeboten werden. *Beanspruchung*
- Stärker als in anderen Trainings sind die Teilnehmenden auf eigenständige Reflexion und ein Lernen durch Einsicht verwiesen. Der Ort der praktischen Umsetzung und Erprobung dieser Einsichten ist weniger das Training selbst als viel mehr die nachfolgende berufliche Praxis, die sich nur sehr beschränkt in die Trainingssituation einbeziehen lässt. *Kognitives Lernen*

6 Perspektiven für Studierende

Studierende, die sich für Fragen der angewandten Gesprächsforschung interessieren und sich diesen Bereich als späteres Berufsfeld vorstellen, sollten sich frühzeitig hierauf vorbereiten (vgl. auch Brünner/Lepschy 2000). Dazu sind gezielte Orientierungen in zwei Bereichen erforderlich: dem universitär-wissenschaftlichen und dem Bereich konkreter Praxisfelder.

Aktivitäten im universitär-wissenschaftlichen Bereich

Im universitär-wissenschaftlichen Bereich ist es nötig, die gesprächsanalytische Methode im engeren Sinn als zentrale Grundlage der anwendungsorientierten Gesprächsforschung zu erlernen und sich mit der gesprächsanalytischen Arbeitsweise umfassend vertraut zu machen. Hierzu zählen Aufgaben wie die Erstellung von Aufnahmen authentischer Gespräche in relevanten gesellschaftlichen Praxisbereichen, die Dokumentation und Verschriftlichung der Aufzeichnungen und ihre themenspezifische Auswertung. In diesem Zusammenhang sind auch die technischen Fragen der Aufnahme, Verschriftlichung und Verwaltung der Gespräche nicht zu unterschätzen. Zentrale Voraussetzung ist aber vor allem die mehrsemestrige kontinuierliche Analyse von Transkripten aus den unterschiedlichsten gesellschaftlichen Bereichen und Situationen.

Bei der Wahl des Studienortes ist also zu berücksichtigen, dass die Universität gesprächsanalytische Ausbildung in einer substanziellen Weise anbieten sollte. Leider ist dies nur an wenigen deutschen Universitäten der Fall. Auch gesprächsanalytische Lehrveranstaltungen, die explizit als solche ausgewiesen und thematisch strukturiert sind, werden nicht häufig angeboten. Gesprächsanalyse wird in Überblicksseminaren oft nur als eine von mehreren linguistischen Methoden vermittelt, was der Komplexität, dem Anspruch und der methodologischen Grundlage des Ansatzes in keiner Weise gerecht wird. Eine zwei- oder dreistündige Beschäftigung mit Gesprächsanalyse in dieser Form ist keine Grundlage, um (a) das Wesen und die Tragfähigkeit des Ansatzes in wissenschaftlicher Hinsicht zu erfassen und (b) gesprächsanalytisch fundierte Kommunikationstrainings durchführen zu können. Tatsächliche Einblicke in die Struktur von Kommunikation aus der Perspektive der Gesprächsanalyse erschließen sich erst, wenn man über längere Zeit kontinuierlich und unter Anleitung eines erfahrenen Gesprächsanalytikers eine Vielzahl von Gesprächen selbst analysiert hat.

Aktivitäten in den Praxisfeldern

Was die notwendigen eigenen Erfahrungen in relevanten Praxisfeldern betrifft, so gibt es unterschiedliche Möglichkeiten und Zugänge, die jeweils eine gewisse Form von Eigeninitiative voraussetzen. Bislang existiert noch kein etablierter Studiengang „Angewandte Gesprächsforschung", der interessierte Studierende bei ihrer Kontaktsuche in der kommunikativen Realität in organisierter Weise unterstützen könnte.

Praktika

Ein wichtiger Zugang sind Praktika in Unternehmen, größeren und kleineren Institutionen, Verbänden, Arztpraxen, Sozial- und Krankeneinrichtungen etc. Der persönliche Einblick in die kommunikative Realität von Unternehmen und Organisationen aller Art ist eine notwendige Ergänzung zur universitären gesprächsanalytischen Ausbildung. Besonders interessante und ergiebige Praxisfelder sind beispielsweise Unternehmensberatungen oder andere Unternehmen mit explizit kommunikationsbezogenen Schwerpunkten. Solche Praktika sind wegen der Kontakte und Erfahrungen unbedingt empfehlenswert, auch wenn sie nur in den wenigsten Fällen Kommunikationsberatung und -training direkt zum Inhalt haben können.

Die persönlichen Erfahrungen in Wirtschaftsunternehmen sensibilisieren beispielsweise auch dafür, dass der Bereich „innerbetriebliche und außerbetriebliche Kommunikation" organisationsstrukturell bereits weitgehend besetzt ist. Und sie machen klar, dass die Struktur von Wirtschaftskommunikation in der Regel gerade nicht von angewandten Gesprächsforschern, sondern von Betriebswirten, Soziologen und Psychologen geprägt wurde, die einen anderen Zugang zu Kommunikation und der Bewältigung kommunikativer Probleme haben. Hier kann man die Erfahrung machen, dass der gesprächsanalytische Ansatz oft bereichs- und problemspezifisch an die vorgefundene Realität der Organisation angepasst werden muss.

Abschlussarbeit als Türöffner

Nach der universitären Ausbildung stellt die Abschlussarbeit eine Möglichkeit dar, sich auf den Bereich der angewandten Gesprächsforschung zu konzentrieren. Wer also ernsthaftes Interesse hat, sollte die Möglichkeit ergreifen, eine Magisterarbeit oder eine Dissertation mit anwendungsbezogener Thematik zu verfassen. Gelingt es, dies auf der Basis selbst erhobener Gespräche zu tun, die während eines Praktikums dokumentiert worden sind, stellt dies nicht nur im wissenschaftlichen Sinne, sondern auch im Hinblick auf das Unternehmen bzw. die Organisation, aus dem/der die Aufnahmen stammen, eine Möglichkeit dar, sich mit Aussicht auf Erfolg zu positionieren.

Es gibt neben den im engeren Sinne gesprächsanalytischen und praxisspezifischen Erfahrungen noch eine Reihe weiterer Qualifikationen, die der anwendungsorientierte Gesprächsforscher haben bzw. sich aneignen sollte. Hierzu zählen u.a.:

Weitere erforderliche Qualifikationen

- Didaktisches Interesse und Fähigkeiten
- Erfahrungen mit Gruppendynamik
- Fähigkeiten im Bereich Präsentationstechnik
- Situative und kommunikative Flexibilität
- Erfahrungen im Bereich Erwachsenenbildung
- Freude an Kommunikation und an der Vermittlung von Kommunikationswissen

Grundsätzlich gibt es zwei Richtungen, denen man als interessierter Student im Bereich der angewandten Gesprächsforschung folgen kann: Die eine ist eine primär wissenschaftliche, bei der Fragen der Theorie, Methode und empirischen Analyse der Vermittlung von Gesprächskompetenzen im Zentrum stehen. Die andere ist eine primär anwendungsorientierte, bei der es konkret um die Konzeption und Durchführung gesprächsanalytisch basierter Kommunikationsberatung und Kommunikationstrainings geht.

Wissenschaftliche und anwendungsorientierte Ausrichtung

VI

Mehrsprachig kommunizieren

Einleitung

Mehrsprachigkeit als Problem

Nach der Mythologie des Alten Testaments strafte Gott die Hybris der am Turmbau zu Babel beteiligten Menschen damit, dass er ihnen ihre zuvor gemeinsame Sprache nahm und ihnen unterschiedliche Sprachen gab, wodurch ihnen die Möglichkeit zu weiterer Kommunikation und damit Kooperation bei ihrem ambitiösen Projekt genommen wurde. Auch heute noch wird für viele die Selbstverständlichkeit, sich mit Anderen verständigen zu können, erst dann problematisch, wenn sie auf Sprecher anderer Sprachen treffen und sich einer fremden Sprache bedienen müssen. Diese Notwendigkeit macht den Betroffenen oft erstmals Eigenschaften der Form und des Gebrauchs ihrer Muttersprache bewusst, und das Defizit, sich nicht wie gewohnt ausdrücken zu können, wird u.U. als eine Einschränkung der Persönlichkeit und Beschädigung des Selbstbildes erfahren.

Einsprachigkeit als Problem

Allerdings ist diese Erfahrung eine, die typischerweise von Angehörigen sich als monolingual begreifender Gesellschaften gemacht wird, wie sie sich z.B. mit den europäischen Nationalstaaten seit dem 19. Jahrhundert entwickelt haben. In den meisten Gegenden der Welt ist jedoch Mehrsprachigkeit für Individuen und Gesellschaften der Normalfall, und selbst in den westlichen Industrienationen hat sich nicht zuletzt als Folge der veränderten Einstellungen gegenüber sprachlichen Minderheiten, des Zustroms von Migranten und der Globalisierung von Wirtschaft, Politik und Wissenschaft neben der offiziellen Einsprachigkeit eine faktische individuelle und soziale Mehrsprachigkeit etabliert. Innergesellschaftliche und globale Entwicklungen lassen Monolingualität heute zunehmend als Problem erscheinen und machen es auch für größere europäische Staaten, die nicht wie etwa Belgien oder die Schweiz offiziell mehrsprachig sind, notwendig, darauf politisch zu reagieren – also z.B. auch für Deutschland.

Unter anderem stellen sich dabei Fragen wie:

Soziale und politische Konsequenzen von Mehrsprachigkeit

- Welchen Status sollen Sprachen von Minderheiten und Migranten in der Gesellschaft bekommen, wann, wo und in welchem Umfang sollen sie verwendet werden können?
- Sollen Sprachen von Migranten durch staatlich geförderten Muttersprachenunterricht gestützt werden, und soll dies u. U. auch die Alphabetisierung Erwachsener einschließen, die als Illiterate immigriert sind?

- Sollen Migranten Unterricht in der offiziellen Landessprache, d. h. der Majoritätensprache erhalten?
- Soll die eigene Sprache im politischen, kulturellen und wirtschaftlichen Interesse des Staates im Ausland als Fremdsprache gelehrt und in internationalen Institutionen, multinationalen Wirtschaftsunternehmen und anderen Bereichen internationalen Kontakts als offizielle Sprache oder als Verkehrssprache durchgesetzt werden, und wenn ja, wie?
- Welche Sprachen sollen vor dem Hintergrund ebensolcher Interessen in welchem Umfang und auf welche Weise als Fremdsprachen an den Schulen gelernt werden?
- In welchem Umfang sollen andere Strategien des Umgangs mit Mehrsprachigkeit als die Vermittlung und der Erwerb anderer Sprachen eingesetzt werden, z. B. die Bereitstellung von Übersetzungen oder Dolmetschern?
- In welchem Umfang sollen in öffentlichen Institutionen, z. B. in den Medien (etwa fremdsprachige Filme im Fernsehen mit oder sogar ohne Untertitel) oder z. B. im Unterricht an Hochschulen, andere als die offiziell innerhalb des Staates verwendeten Sprachen zugelassen werden? (Diese Fragen haben kleinere europäische Staaten wie die Niederlande, Dänemark oder Finnland längst im Sinne einer Mehrsprachigkeit entschieden, überwiegend zugunsten des Englischen als weiterer Sprache neben der oder den einheimischen.)
- Welche Probleme entstehen durch den Kontakt von Angehörigen sprachlich und kulturell unterschiedlicher Gruppen innerhalb einer Gesellschaft oder zwischen Staaten für das praktische Zusammenleben und für die Identitäten dieser Gruppen und wie lassen sie sich lösen?

Fremdsprachenvermittlung = Angewandte Linguistik?

Auf derartige Fragen kann die Angewandte Linguistik heute einschlägige Antworten geben (vgl. zu einigen dieser Probleme z.B. die Artikel I.2 *Alphabetisierung Erwachsener* oder VII.3 *Sprachplanung* in diesem Band), wobei allerdings in der öffentlichen Wahrnehmung ihre diesbezügliche Kompetenz in Konkurrenz z.B. zur Politikwissenschaft, Soziologie oder Erziehungswissenschaft steht. Unbestritten ist jedoch die Kompetenz der Angewandten Linguistik, wenn es um den Gegenstand „Fremdsprachenunterricht" geht. In der Tat wird vor allem im angelsächsischen Sprachraum *Applied Linguistics* immer noch weitgehend mit Fremdsprachenlehren und -lernen gleichgesetzt – seit dem erstmaligen Erscheinen der Zeitschrift *Language Learning* im Jahr 1948 mit dem Untertitel *A Journal of Applied Linguistics*. Und so bezeichnet sich auch das 1998 erschienene *Encyclopedic Dictionary of Applied Linguistics* (Johnson/Johnson 1998) als *A Handbook for Language Teaching*.

Zweifellos stellt dies eine beträchtlich Einschränkung der Themen dar, die zum Gegenstand „Mehrsprachigkeit" – und mehr noch: als Arbeitsfelder der Angewandten Linguistik insgesamt – abgehandelt werden können. Dennoch ist allein schon von der Zahl der dazu jährlich erscheinenden Publikationen die Sprachvermittlung der produktivste Zweig der Angewandten Linguistik. Dies nicht zuletzt auch, weil die Notwendigkeit der Anwendung von linguistischen Erkenntnissen hier unmittelbar einsichtig ist.

So ist z.B. ein Kriterium für die Wahl einer bestimmten Sprache oder Varietät einer Sprache als Schulfremdsprache deren kommunikative Reichweite, die von der Zahl ihrer Sprecher und ihrer geografischen

Anwendungen von Linguistik in der Sprachvermittlung

Verbreitung bestimmt ist – Faktoren, die von der Soziolinguistik untersucht werden (vgl. zum Deutschen z.B. Ammon 1991). Die Formulierung von Lernzielen und die Auswahl von Inhalten für den Unterricht setzt linguistische Beschreibungen der Aussprache, des Wortschatzes, der Morphosyntax, der Textsorten und Formen von kommunikativen Genres der zu erlernenden Sprache ebenso voraus wie Beschreibungen der pragmatischen Konventionen ihres Gebrauchs in unterschiedlichen sozialen Situationen. Und Methoden der Sprachbeschreibung sind auch nötig, um zu bestimmen, ob die Lernziele erreicht wurden, d.h. was die Lerner schließlich können, und was genau falsch ist an den Fehlern, die sie machen (Corder 1981). Schließlich ist es notwendig, dass Unterrichtsmethoden in Übereinstimmung stehen mit den in Lernern ablaufenden Prozessen des Spracherwerbs, die von der Zweitsprachenerwerbsforschung identifiziert wurden, einem ebenfalls äußerst produktiven Arbeitsfeld zwischen theoretischer Linguistik, Psychologie und unterrichtlicher Praxis (vgl. z.B. Doughty/Long 2003).

Fremdsprachenunterricht

Vor diesem Hintergrund soll von der Vielfalt der Fragestellungen im Bereich der Mehrsprachigkeit auch in diesem Buch die Fremdsprachenvermittlung im Vordergrund stehen. In Artikel VI.1 „Fremdsprachenunterricht“ begründet *Annelie Knapp-Potthoff* an zahlreichen Beispielen, warum und welche linguistischen Kompetenzen für Fremdsprachenlehrer unbedingt notwendig sind. Dies ist relevant auch vor dem Hintergrund der Tatsache, dass fremde oder zweite Sprachen auch auf natürlichem Wege, d.h. ohne jede Art von Unterricht erworben werden, und dass selbst dort, wo man wie bei den Fremdsprachenlektoren an Hochschulen bestausgebildete Lehrkräfte erwarten würde, nicht selten nur die Eigenschaft, Muttersprachler der betreffenden Sprache zu sein, das einzige Einstellungskriterium ist.

Deutsch als Fremdsprache

In Artikel VI.2 „Deutsch als Fremdsprache“ beschreibt *Martina Liedke* einige besondere Aspekte des Unterrichts in Deutsch als Fremdsprache für Ausländer in Deutschland. Sie zeigt auf, wie linguistische Vorgehensweisen bei der Erhebung des konkreten Lernbedarfs dieser Adressatengruppe eingesetzt werden und konzentriert sich dabei vor allem auf mündliche Aspekte der Deutschbeherrschung. Insbesondere wird gezeigt, wie im Interesse einer besseren Verständlichkeit ausländische Akzente durch Unterricht auf der Basis von Phonetik dem Standard des Deutschen angepasst werden können.

Interkulturelle Kommunikation

Mit Artikel VI.3 „Interkulturelle Kommunikation“ von *Karlfried Knapp* wird ein Gegenstand abgehandelt, der erst in der letzten Zeit als solcher Eingang in den Fremdsprachenunterricht gefunden hat und bislang eher ein Thema in Weiterbildung, Consulting und Training war, z.B. bei der Auslandsvorbereitung von Firmenangehörigen, der Beratung zur Auflösung und Vermeidung von Konflikten zwischen Angehörigen unterschiedlicher kultureller oder ethnischer Gruppen oder bei der Vorbereitung von Migranten auf kommunikative Schlüsselsituationen wie Bewerbungsgespräche. Das Thema „Interkulturelle Kommunikation“ greift von den Problemfeldern der Mehrsprachigkeit jene auf, die aus dem direkten Kontakt zwischen Angehörigen unterschiedlicher sprachlicher und kultureller Gruppen hervorgehen können. Aus linguistischer Sicht sind dies insbesondere solche, die aus den unterschiedlichen Konventionen des sprachlichen Handelns und den daraus folgenden Missverständnissen erwachsen und zu Konflikten zwischen Individuen und Gruppen führen können. Der Beitrag führt zunächst in die grundlegenden Probleme ein, die mit dem Prozess des interkulturellen Kommunizierens verbunden sind, gibt typische Beispiele für potentiell konfliktträchtige Kulturunterschiede in Formen und Konventionen des Kommunizierens und beschreibt praktische Anwendungen der auf diesem Feld gewonnenen Erkenntnisse in Beratung und Training.

Zum Begriff ‚Interkulturelle Kommunikation'

Es ist wichtig, hervorzuheben, dass die Darstellung in Kapitel VI.3 einer explizit linguistischen Perspektive folgt. Der Ausdruck „Interkulturelle Kommunikation" hat sich im deutschen Sprachraum allgemein durchgesetzt, doch nicht überall wird darunter konkrete interpersonale sprachliche Interaktion zwischen Angehörigen unterschiedlicher sprachlicher und soziokultureller Gruppen verstanden. In der Politik- und Kommunikationswissenschaft etwa kommt ‚Interkulturelle Kommunikation' oft auch als Synonym für ‚Internationale' bzw. ‚Transnationale Kommunikation' vor, womit grenzüberschreitende Kontakte z.B. in der Diplomatie und zwischen Institutionen oder Organisationen in verschiedenen Ländern sowie die Erfahrung kultureller Andersartigkeit durch Medien (Film, Fernsehen, Presse) gemeint sind (Melde 1987). In der Psychologie werden unter ‚interkultureller Kommunikation' oft deskriptive, kulturvergleichende Arbeiten versammelt, deren komparatistische Perspektive in dem im Englischen hierfür gebräuchlichen Terminus ‚cross-cultural communication' deutlicher wird (Thomas 2003, Gudykunst 2003).

Modalitäten interkulturellen Kommunizierens

Aus linguistischer Sicht ist interkulturelle Kommunikation vor allem dadurch charakterisiert, dass die an ihr Beteiligten nicht dieselbe Sprache oder Varietät sprechen. Damit kann auf unterschiedliche Weisen umgegangen werden, aus denen sich die unterschiedlichen Modalitäten des interkulturellen Kommunizierens ergeben. Zum einen kann mindestens eine der an interkulturellen Interaktionen teilnehmenden Parteien ein mehr oder weniger weit fortgeschrittener Lerner der in dieser Situation verwendeten Sprache sein. Dann liegt der Modus der *lernersprachlichen Kommunikation* vor. Zum zweiten können sämtliche Parteien sich einer dritten Sprache bedienen, in denen alle mehr oder weniger weit fortgeschrittene Lerner sind. Dies ist der Modus der *lingua-franca-Kommunikation.* Schließlich können sich die Beteiligten in den Fällen, in denen sie keine Sprache gemeinsam haben, einer dritten Person bedienen, die die Sprachen der Beteiligten mehr oder weniger gut beherrscht und für sie dolmetschen oder übersetzen kann. Dies ist der Modus der translatorischen Kommunikation, die in Interaktionssituationen zumeist als Dolmetschkommunikation realisiert wird.

Übersetzen

Mit Artikel VI.4 „Übersetzen" beschreibt Christina Schäffner den schriftlichen Modus der translatorischen Kommunikation. Sie macht deutlich, dass Übersetzen eine enorm nachgefragte angewandt-linguistische Dienstleistung ist, beschreibt typische Probleme, die sich beim Übersetzen aus grammatischen, lexikalischen und kulturellen Unterschieden zwischen Ausgangs- und Zielsprache ergeben und weist auf, wie diese

Probleme im Sinne einer „guten“, d.h. hier: funktional äquivalenten Übersetzung bearbeitet werden können.

Schon an diesen vier ausgewählten Themen zeigt sich, dass mehrsprachiges Kommunizieren ein vielfältiges Problemfeld und ertragreiches Arbeitsgebiet für die Angewandte Linguistik darstellt.

Karlfried Knapp

VI.1 Fremdsprachenunterricht

Annelie Knapp-Potthoff

1 Problemaufriss

1.1 Akteure im Praxisfeld Fremdsprachenunterricht

Fremdsprachenunterricht als relevantes Praxisfeld

Der Fremdsprachenunterricht ist ein Praxisfeld für die Anwendung von Linguistik, das schon in quantitativer Hinsicht von herausragender Bedeutung ist: Millionen von Menschen nehmen als Lernende an der einen oder anderen Form von Fremdsprachenunterricht teil; allein an deutschen Schulen lernen fast sieben Millionen Schüler Englisch. Es ist daher auch kein Zufall, dass – wenn man die historische Entwicklung der Angewandten Linguistik betrachtet – das Anwendungsfeld Fremdsprachenunterricht zunächst im Vordergrund stand und sich im angelsächsischen Sprachgebrauch *‚Applied Linguistics'* vor allem als die für den Fremdsprachenunterricht zuständige wissenschaftliche Disziplin verstand und teilweise noch versteht.

Um über ein diffuses Verständnis von „Linguistik ist irgendwie wichtig für Fremdsprachenunterricht" hinaus zu einer fundierteren und differenzierteren Einschätzung der Relevanz von Linguistik für dieses Praxisfeld zu gelangen, erscheint es sinnvoll, den Blick zunächst einmal auf die im Praxisfeld Fremdsprachenunterricht handelnden Personen zu lenken. Dabei soll nicht die zahlenmäßig größte Gruppe im Vordergrund stehen (die Fremdsprachenlerner), sondern es soll primär um die professionellen Akteure gehen: um ihre Aufgaben und um die zur Erfüllung dieser Aufgaben erforderlichen Kompetenzen und das erforderliche linguistische Wissen.

Professionelle Akteure im Praxisfeld Fremdsprachenunterricht

Professionelle Akteure im Praxisfeld Fremdsprachenunterricht sind neben den Fremdsprachenlehrern an öffentlichen Schulen auch Fremdsprachenlehrende an privaten Sprachschulen sowie an öffentlichen und nichtöffentlichen Einrichtungen der Erwachsenenbildung (z.B. Volkshochschulen und Fortbildungseinrichtungen in Betrieben). Zu den professionellen Akteuren gehören aber auch Personengruppen, die eher indirekt mit der Gestaltung von Fremdsprachenunterricht befasst sind, z.B. Personen, die Lernmaterial für den Fremdsprachenunterricht entwickeln (einschließlich Sprachlernsoftware, Lernerwörterbücher, Lernergrammatiken) und über den Einsatz dieser Materialien beraten oder Lernumgebungen gestalten, darüber hinaus auch alle Personen, die an der Entwicklung und Durchführung von Fremdsprachentests arbeiten, den Bedarf an Fremdsprachenkursen erheben und Lehrpläne bzw. Kurskonzepte entwickeln. Nicht zu vergessen sind schließlich die an Hochschulen tätigen professionellen Akteure: Hochschullehrer, die Fremdsprachenlehrer ausbilden und das Lehren und Lernen von Fremdsprachen erforschen. Auch Studierende, die den Beruf des Fremdsprachenlehrers anstreben und dabei sind, ihre Professionalität zu entwickeln, sollen zu dieser Gruppe gezählt werden – handeln sie doch im Rahmen von Praktika häufig schon selbst als professionelle Akteure.

Im Folgenden wird im Interesse der Lesbarkeit des Textes entweder von ‚professionellen Akteuren' die Rede sein – oder von ‚Fremdsprachenlehrern', auch wenn andere professionelle Akteure mitgemeint sind.

1.2 Fremdsprachenlernen, Fremdsprachenlehren und Linguistik

Einschätzungen der Relevanz von Linguistik

Die professionellen Akteure unterscheiden sich nicht nur im Hinblick auf ihr Aufgabenspektrum und dahingehend, ob sie eher mit der Planung, der Durchführung, den Ergebnissen oder der Reflexion von Fremdsprachenunterricht befasst sind. Sie unterscheiden sich auch hinsichtlich ihrer Einschätzung der Relevanz von Linguistik für ihre Tätigkeit, und die unterscheidet sich wiederum häufig von den Einschätzungen vieler Laien-Akteure im Kontext des Fremdsprachenunterrichts (Lernende, Eltern jugendlicher Lernender, nicht-professionelle Lehrende). In der Praxis kann dies durchaus zu vielerlei Problemen (z.B. der Kompetenzanmaßung, des Kompetenzabsprechens oder der Vermeidung einer Auseinandersetzung mit Linguistik) führen.

Die Relevanz der Linguistik für das Praxisfeld Fremdsprachenunterricht ist daher keineswegs so selbstverständlich, wie es nach der Einleitung in Abschn. 1.1 den Anschein haben könnte. Bevor genauer nach den Anforderungen an die professionellen Akteure und ihrem Bedarf an Linguistik-Kenntnissen gefragt wird, sollen deshalb zunächst noch einige grundsätzliche, problematisierende Überlegungen angestellt werden.*

Fremdsprachenlernen und -lehren auch ohne Linguistikkenntnisse

Richten wir den Blick zunächst noch einmal auf die Lernenden: Braucht man Linguistik-Kenntnisse, um eine fremde Sprache zu lernen? Definitiv nicht – das Gegenteil ist millionenfach bewiesen: Menschen können Sprachen – ihre Muttersprache (L1) und auch weitere Sprachen (L2) – lernen, ohne zu wissen, was ein Subjekt oder ein Prädikat ist, und schon gar nicht ist eine Kenntnis verschiedener Grammatiktheorien für erfolgreiches Sprachenlernen erforderlich. Menschen können nicht nur ihre L1, sondern auch weitere Sprachen ohne Unterricht erlernen. Und wie steht es mit den professionellen Akteuren? Kann – wenn denn

* Wer sofort etwas über die erforderlichen Kompetenzen und Linguistik-Kenntnisse der professionellen Akteure erfahren möchte, kann die folgenden Passagen zunächst überspringen, bei Abschnitt 2 (Lehren im Fremdsprachenunterricht: Funktionen und Kompetenzen von Fremdsprachenlehrern) weiter lesen und anschließend zu dieser Stelle zurückkehren. Die Konsistenz der Argumentation bleibt aber eher gewahrt, wenn der vorliegenden Organisation des Textes gefolgt wird.

Fremdsprachenunterricht stattfindet – dieser Unterricht nur dann erfolgreich sein, wenn der Lehrer über Linguistik-Kenntnisse verfügt? Auch diese Frage muss man verneinen: Es gab und gibt auch erfolgreichen Fremdsprachenunterricht, ohne dass die Fremdsprachenlehrer Linguistik studiert hätten.

Sprachbewusstheit

Dennoch: Sprachlerner entwickeln im Verlauf des Spracherwerbs – in individuell unterschiedlichem Ausmaß – Sprachbewusstheit (*(meta)linguistic awareness*; vgl. z.B. Knapp-Potthoff 1997b; Edmondson/House 1997): Lerner reflektieren über Sprache, sie erkennen Regelmäßigkeiten, können sie teilweise auch explizit formulieren, und sie können Urteile über Grammatikalität abgeben. Sie setzen metasprachliches Wissen, das sie durch Reflexion über Sprache gewonnen haben, zum *Monitoring* und zur gezielten Überarbeitung und Korrektur ihrer eigenen Sprachproduktionen (vgl. Krashen/Terrell 1983; Cook 1993) ein. Sie entwickeln und nutzen damit eine rudimentäre linguistische Kompetenz – auch wenn es sich nicht um eine professionelle Kompetenz handelt.

Auch Fremdsprachenlehrer nutzen ihre eigene Sprachbewusstheit und entwickeln sie im Laufe ihrer Lehrtätigkeit weiter. Sie haben darüber hinaus – wie auch viele Fremdsprachenlerner – gelernt, Referenzwerke wie Wörterbücher und Grammatiken zu benutzen und damit eine bestimmte Sorte linguistischen Wissens abzurufen und zu verwenden. Dazu ist in der Regel ebenfalls kein Linguistik-Studium erforderlich.

Grenzen linguistischen Alltagswissens

Höchst fraglich ist jedoch, ob allein auf dieser Basis größtmögliche Professionalität bei einer größtmöglichen Zahl von Fremdsprachenlehrenden und größtmöglicher Erfolg des Fremdsprachenunterrichts erzielbar sind. Die Weiterentwicklung der Sprachbewusstheit in der Praxis des Fremdsprachenlernens und -lehrens geht sowohl bei Lehrenden als auch bei Lernenden (die dann später u.U. selbst zu Lehrenden werden) mit der Entstehung und Konsolidierung alltagstheoretischer Annahmen über diesen Prozess und über den Gegenstand Sprache einher, die mit wissenschaftlichen Erkenntnissen nicht immer kompatibel sind (vgl. Kallenbach 1996; De Florio-Hansen 1998). Häufig muss das alltagstheoretische Wissen revidiert, präzisiert und durch adäquatere linguistische und spracherwerbstheoretische Kenntnisse ersetzt werden. So ist beispielsweise – konträr zur Auffassung vieler Laien – die L1 der Lernenden nicht die alleinige Ursache für Fehler; nicht jeder Fehler muss sofort korrigiert werden, und nicht jede Fehlerkorrektur nützt etwas. Auch ist erfolgreiches Fremdsprachenlernen möglich, ohne dass Grammatikregeln auswendig gelernt werden und ohne dass ein zweispaltiges Vokabelheft geführt wird.

Linguistik in der Lehrerausbildung

Eine Grundannahme, auf der heutzutage die Organisation einer professionellen Fremdsprachenlehrerausbildung an Hochschulen basiert, ist die, dass durch Linguistik-Kenntnisse der Fremdsprachenlehrenden das Fremdsprachenlernen verbessert werden kann. „Verbessern" kann dabei mehrere Bedeutungen haben, z.B. „beschleunigen", „zu einem besseren Ergebnis führen" oder „für mehr Personen realisierbar machen". Hochschulen haben daher aus gutem Grund, wenn auch in unterschiedlichem Ausmaß, Linguistik-Komponenten in die entsprechenden Lehramtsstudiengänge integriert. War dabei früher die Auswahl linguistischer

Lehrveranstaltungen für Fremdsprachenstudierende in Lehramtsstudiengängen häufig eher zufällig und blieb damit die Beziehung zwischen Linguistik und zu erreichender Professionalität eher ungeklärt, so haben in jüngerer Zeit der Bolognaprozess und im Zusammenhang damit die Forderung nach Modularisierung von Studiengängen einschneidende Veränderungen auf breiter Basis herbeigeführt: Bei der Konzeption bzw. Reorganisation von Studiengängen steht nun eher die Frage nach den Kompetenzen, die für das Agieren in bestimmten Berufs- oder Praxisfeldern erforderlich sind, im Vordergrund. Studiengänge stellen inzwischen weniger eine Abbildung von Fachdisziplinen dar, als vielmehr ein in Modulen organisiertes Lehr- und Lernangebot, wobei das Studium eines jeden Moduls zur Entwicklung von Teilkompetenzen für die angestrebte Tätigkeit/das angestrebte Berufsfeld führen soll. Linguistik und Angewandte Linguistik müssen in diesem Kontext ihren Platz finden, und es ist sehr viel genauer zu klären, wofür Linguistik gebraucht wird bzw. welche Anwendungspotenziale die Linguistik hat. Es bedarf daher hier noch eines kleinen Exkurses (Exkurs 1) zur Relation von Linguistik, Angewandter Linguistik und Fremdsprachenunterricht.

Erwerb professioneller Kompetenzen als Ziel von Studiengängen

Angewandte Linguistik zwischen Linguistik und Praxis

Exkurs 1: Linguistik, Angewandte Linguistik und das Praxisfeld Fremdsprachenunterricht

Bisher wurde in diesem Artikel noch nicht diskutiert, wo sich ‚Angewandte Linguistik' in Relation zur Wissenschaft Linguistik und zum Praxisfeld Fremdsprachenunterricht positionieren lässt. Die Diskussion dieser Frage ist alles andere als einfach, und völlig zufriedenstellend wird sie hier auch nicht gelingen können.

Eine Unterscheidung sollte aber in jedem Fall getroffen werden: die zwischen (1.) einer Wissenschaftsperspektive und (2.) einer Praxisperspektive.

Wissenschaftsperspektive

Leitende Frage zu (1.) ist: Welche Funktion hat die Linguistik bei der Erforschung des Fremdsprachenlernens und -lehrens? Insoweit als hier Linguistik relevant wird, handelt es sich bei dieser Forschung um eine Spielart der Angewandten Linguistik. So sind bei jedem Forschungsprojekt, bei dem es eine Rolle spielt, Unterschiede in der fremdsprachlichen Kompetenz verschiedener Lernender oder Fortschritte in der Entwicklung der fremdsprachlichen Kompetenz festzustellen, linguistische Beschreibungen (Syntax, Morphologie, Lexik usw.) erforderlich. Wenn man feststellen will, welchen Einfluss die jeweilige L1 der Lernenden auf Verlauf, Geschwindigkeit und Ergebnis des Fremdsprachenlernprozesses hat, muss man auch diese Sprachen beschreiben.

‚Linguistik' kann hier aber nicht nur im Sinne der Anwendung von theoretischer bzw. deskriptiver Linguistik relevant werden, sondern auch im Sinne der sekundären Anwendung von Forschungsergebnissen Angewandter Linguistik auf ein anderes Praxisfeld. So muss man bei der Entwicklung von Designs für empirische Forschungen im Kontext des Fremdsprachenunterrichts beispielsweise berücksichtigen, welche Konsequenzen es für das Ergebnis haben kann, ob man die Lernenden isolierte Einzelsätze oder komplexere Texte produzieren, reproduzieren oder rezipieren lässt. Dazu sind psycholinguistische Kenntnisse über Textverstehens- und Sprachproduktionsprozesse sowie über Speicherung und Abruf sprachlichen Materials erforderlich. Und wenn man erforschen will, wie durch Fremdsprachenunterricht die interkulturelle Kompetenz der Lernenden verbessert werden kann, muss man zunächst angewandt-linguistische Forschungen zu den spezifischen Merkmalen und Problemen interkultureller Kommunikation zur Kenntnis nehmen und ihre Ergebnisse sodann wiederum in einen neuen Anwendungskontext – den Fremdsprachenunterricht – integrieren. Ähnliche Formen der Anwendung angewandt-linguistischer Forschungsergebnisse in neuen anwendungsbezogenen Forschungskontexten bestehen auch beispielsweise bei der Nutzung von Diskursanalyse oder Lexikographie.

Praxisperspektive

Leitende Frage zu (2.) ist: Welches linguistische (und angewandt-linguistische) Wissen benötigen die professionellen Akteure im Praxisfeld Fremdsprachenunterricht, um fremde Sprachen zu lehren (und nicht primär, um das Fremdsprachenlehren und -lernen zu erforschen)? Hier handelt es sich also um die Perspektive der Anwendung von Forschungsergebnissen der Linguistik und der Angewandten Linguistik (als Wissenschaft) in konkreten Praxisfeldern, um die Funktion linguistischen und angewandt-linguistischen Wissens als Hintergrund- und Handlungswissen für professionelles Agieren. Zu dieser Form der Anwendung gehört auch die adressatenadäquate Vermittlung linguistischen und angewandt-linguistischen Wissens, z.B. in Lehrveranstaltungen für Lehramtsstudierende, in verständlichen theoretischen Texten, Handlungsvorschlägen usw.

Komplexität der Bezüge

Die Beziehungen zwischen Linguistik, Angewandter Linguistik, Fremdsprachenunterricht und den in diesem Praxisfeld tätigen professionellen Akteuren sind äußerst vielfältig und komplex. Eine in irgendeinem Sinne Vollständigkeit beanspruchende Darstellung ist deshalb hier nicht leistbar. Auch eine Systematisierung dieser Beziehungen, die trennscharf und überschneidungsfrei verschiedene Anwendungsfelder innerhalb des Bereichs darstellt, ist kaum möglich. Aus den zahlreichen prinzipiell möglichen Formen der Darstellung wird hier der Weg gewählt, von den erforderlichen Kompetenzen der im Praxisfeld Fremdsprachenunterricht tätigen professionellen Akteure auszugehen.

2 Lehren im Fremdsprachenunterricht: Funktionen und Kompetenzen von Fremdsprachenlehrern

Fremdsprachen können ohne Unterricht und ohne Lehrer nur dann gelernt werden, wenn bestimmte Voraussetzungen erfüllt sind. Zu diesen Voraussetzungen gehören vor allem eine fremdsprachige Umgebung, ausreichende Kontaktmöglichkeiten mit Sprechern der Sprache, Nutzung dieser Kontaktmöglichkeiten und Motivation zum Erlernen der betreffenden Sprache.

Lernbedingungen im Fremdsprachenunterricht

Im Fremdsprachenunterricht sind diese Bedingungen nur sehr begrenzt gegeben. Schüler nehmen überwiegend nicht freiwillig am Fremdsprachenunterricht teil. Fremdsprachenunterricht findet in der Regel nicht in der entsprechenden fremdsprachlichen Umgebung statt. Fremdsprachlicher Input (also sprachliches Material, mündlich oder schriftlich, anhand dessen die Sprache gelernt werden kann), Anlässe zur Verwendung der L2 und entsprechende Interaktionssituationen sind daher nicht automatisch gegeben, sondern müssen im Unterricht erst hergestellt werden. Die Zeit für das Sprachenlernen im Fremdsprachenunterricht ist in der Regel ganz erheblich kürzer als in „natürlichen" Erwerbssituationen, und überwiegend sind die Lernergruppen so zusammengesetzt, dass eine andere Sprache, die gemeinsame L1, zur problemloseren Kommunikation zur Verfügung steht – eine Situation, die nicht gerade für den Gebrauch eines schwieriger handhabbaren Kommunikationsmittels, nämlich einer Fremdsprache, motiviert.

Professionelle Fremdsprachenlehrer haben die Aufgabe, trotz dieser eher widrigen Bedingungen die Lernenden zu einem definierten Kompetenzniveau zu führen. Sie sollten, um diese Aufgabe bewältigen zu können, selbst über eine Reihe von Kompetenzen (zum Begriff ‚Kompetenz' s. Exkurs 2) sowie darauf bezogenes linguistisches und angewandt-linguistisches Wissen verfügen.

Kompetenzen von Lehrenden und Lernenden

Exkurs 2: An dieser Stelle sei noch auf ein terminologisches Problem hingewiesen, das u.U. Verwirrung stiften könnte. Hier war schon mehrfach von „Kompetenzen" die Rede. Dabei sind zwei grundsätzlich verschiedene Sorten von Kompetenzen zu unterscheiden: erstens die sprachlichen Kompetenzen, die Fremdsprachenlerner erwerben (und die zweifellos bei Fremdsprachenlehrern selbst zu erwarten sind), zweitens die Kompetenzen, über die Fremdsprachenlehrer für eine erfolgreiche Tätigkeit verfügen sollten. Eine terminologische Unterscheidung scheint hier wenig sinnvoll, handelt es sich doch in beiden Fällen um Kompetenzen, und entspricht dies auch dem üblichen Sprachgebrauch. Bei der Lektüre des folgenden Textes ist jedoch sorgsam darauf zu achten, um welche dieser beiden Sorten von Kompetenzen es sich jeweils handelt.

2.1 Beschreibungs- und Bewertungskompetenz: Lernziele und Lernergebnisse

Fremdsprachenlehrer sollten in der Lage sein, die im Fremdsprachenunterricht bzw. in einem bestimmten Kurs zu erwerbenden Kompetenzen zu beschreiben. Sie sollten ebenfalls feststellen und beschreiben können, wie weit einzelne Lernende auf dem Weg zu diesem Ziel fortgeschritten sind und was sie noch lernen müssen.

Lernziele und Lernergebnisse

Dazu ist es erforderlich, linguistische Beschreibungsverfahren für alle Ebenen der Sprache, auch kontrastiv zur L1, zu beherrschen und anwenden zu können. Es ist ebenfalls nötig, Kenntnisse über Speicherung, Auffindung und Produktion sprachlichen Wissens zu besitzen.

2.1.1 Beispielbereich ‚Wortschatz'

Auswahl von Wortschatz

Hier sei aus der Vielfalt der Aspekte zunächst exemplarisch der Bereich Wortschatz herausgegriffen. Es ist offensichtlich unrealistisch, in einem

Fremdsprachenlehrgang – so umfangreich er auch sein mag – die Beherrschung des gesamten Vokabulars der jeweiligen Fremdsprache anzustreben. Daher muss entschieden werden: Welcher Wortschatz soll vermittelt werden – oder ist es vielleicht sinnvoll, die Lernenden selbst entscheiden zu lassen, was sie lernen wollen? Wenn man sich für eine Steuerung der Wortschatzauswahl entscheidet, ist weiterhin über die Relevanz u.a. der folgenden Faktoren zu entscheiden:

- *Vorkommenshäufigkeit*: Welche Rolle soll die Vorkommenshäufigkeit eines Wortes für die Entscheidung spielen? Soll vielleicht nur die Vorkommenshäufigkeit in bestimmten Textsorten berücksichtigt werden? Wie sind Häufigkeitslisten zu bewerten, wenn sie nur auf schriftlichen Korpora basieren? Und was wird beim Zählen überhaupt als ‚ein Wort' aufgefasst?
- *Bedeutungsreichweite/Hyponymiebeziehungen*: Einige Wörter sind spezieller als andere (z.B. ist *zierlich* oder *mini* spezieller als *klein*), andere sind universeller einsetzbar, und innerhalb des Wortschatzes einer Sprache gibt es systematische Beziehungen, u.a. auch hierarchische. So ist *Baum* ein Oberbegriff zu *Erle, Buche, Kirschbaum* usw. und *Küchengerät* ein Oberbegriff zu *Mixer, Kaffeemaschine* usw. Es gibt Wörter, die üblicherweise nur unter bestimmten Bedingungen verwendet werden, z.B. in Fachtexten, in sehr formellen – oder aber auch in sehr informellen Kontexten. Um entscheiden zu können, welche Rolle diese Faktoren bei der Auswahl von Vokabular spielen sollten, muss man zunächst einmal die semantischen Beziehungen zwischen Wörtern, ihre Vorkommensbedingungen usw. beschreiben können.
- *Definitionsvokabular*: Wenn man davon ausgeht, dass Fremdsprachenlerner einsprachige Wörterbücher benutzen werden, um selbstständig ihren Wortschatz zu erweitern, lässt sich gut begründen, so genanntes Definitionsvokabular, also Wörter, die zur Erklärung der Bedeutung anderer Wörter verwendet werden (im Englischen z.B. *object, used for, place, state*), bevorzugt zu lehren.
- *Lernbarkeit*: Sind einige Wörter leichter zu lernen als andere? Ist dies u.U. von der jeweiligen L1 abhängig, evtl. auch vom individuellen Lerner? Sollte man die leichter lernbaren Wörter bevorzugt lehren, und welche sind diese leichter lernbaren? (Bei diesem möglichen Kriterium spielt auch die unter 2.2 beschriebene Kompetenz zur Beschreibung von Lernprozessen eine Rolle.)
- *Wortbildungsregelmäßigkeiten*: Angesichts der begrenzten Zeit, die normalerweise im Fremdsprachenunterricht zur Verfügung steht, wird die Forderung nach der Vermittlung der Fähigkeit zu selbstständigem Weiterlernen erhoben. Für den Bereich des Wortschatzes lässt sich dies besonders gut begründen und veranschaulichen. So kann die Kenntnis von Wortbildungsregelmäßigkeiten (z.B. im Englischen *-ness* als Suffix zur Bildung eines Nomens oder *-ify* als Verbalsuffix) den Wortschatz eines Lerners beträchtlich vergrößern, zumindest im rezeptiven Bereich (Verstehenskompetenz). Lehrer und Autoren von Lehr- und Lernmaterial müssen dazu selbst diese Regelmäßigkeiten

kennen und systematisch beschreiben können. (Vgl. zu diesem Themenkomplex u.a. Nation 2001.)

Bleiben wir noch eine Weile beim Beispielbereich Wortschatz: Um überprüfen zu können, welche Wörter gelernt worden sind, ist es erforderlich, eine Vorstellung davon zu besitzen, was es heißt, ein Wort zu ‚können'. Zwei extreme Möglichkeiten der Interpretation von ‚ein Wort können' sollen das Spektrum verdeutlichen:

Ein Wort ‚können'

(a) ‚Ein Wort können' kann heißen, auf einen fremdsprachlichen Stimulus hin ein muttersprachliches Äquivalent produzieren. Unter dieser Interpretation von ‚ein Wort können' würde man also behaupten, ein deutscher Lerner des Englischen ‚kann' das Wort *support*, wenn er auf den Stimulus *support* hin das deutsche Wort *unterstützen* produziert.

(b) ‚Ein Wort können' kann heißen, dieses Wort situations- und kontextangemessen im kommunikativen Zusammenhang produzieren können, es angemessen syntaktisch verknüpfen können, wissen, mit welchen anderen Wörtern es bevorzugt vorkommt, es korrekt aussprechen und schreiben können und seine genaue Bedeutung (die eventuell mehr oder weniger von einem muttersprachlichen „Äquivalent" abweicht) kennen. Selbstverständlich hat die Antwort auf die Frage, was man unter ‚ein Wort können' versteht, auch Konsequenzen für die Beurteilung der Adäquatheit von Überprüfungsverfahren. Man muss sich also z.B. kritisch fragen, welchen Erkenntnisgewinn bezüglich der Kompetenzen von Fremdsprachenlernern man durch das Abfragen zweisprachiger Vokabellisten erzielt.

2.1.2 Beispielbereich ‚kommunikative Kompetenz'

Kommunikative Kompetenz

Wenn man einmal von Fremdsprachenlehrgängen mit ganz speziellen und begrenzten Zielsetzungen absieht (etwa von Kursen, die ausschließlich dem Erwerb von Lesekompetenz dienen), kann man sagen, dass es unbestrittenes oberstes Ziel von Fremdsprachenunterricht ist, den Lernenden kommunikative Kompetenz in der jeweiligen Fremdsprache zu vermitteln. Damit setzt sich der moderne Fremdsprachenunterricht ab von früheren, am Lateinunterricht orientierten Konzeptionen, die primär das Übersetzen schriftlicher Texte und die grammatische Analyse zum Gegenstand und Ziel hatten, und betont Mündlichkeit und die verbale Interaktion mit anderen Sprechern. Eine ganze Reihe von Fragen im Zusammenhang mit ‚kommunikativer Kompetenz' sind jedoch noch ungeklärt bzw. kontrovers diskutiert und bedürfen linguistischer Expertise zu ihrer Beantwortung. Zwei dieser Fragen sollen hier etwas detaillierter entfaltet werden:

Relevanz sprachlicher Korrektheit

Wenn die Verständigung mit Hilfe einer fremden Sprache in mündlichen Interaktionen im Vordergrund steht, stellt sich die Frage nach der Relevanz sprachlicher Korrektheit. Unbestritten können ja auch fehlerhafte, lernersprachliche Äußerungen verständlich sein. Wenn ein Lerner des Englischen beispielsweise auf die Einladung, sich mit an den Essenstisch zu setzen, mit der lernersprachlichen Äußerung *I no hungry* reagiert, so ist diese Äußerung mit großer Wahrscheinlichkeit sowohl für Muttersprachler als auch für andere Lerner des Englischen verständlich, zumindest was den sachlichen Gehalt der Äußerung angeht. (Ob der betreffende Lerner gut daran tut, so zu reagieren, ist allerdings mehr als fraglich, denn höflich verhält er sich damit nicht.)

Grenzen der Verständlichkeit

Offenbar gibt es aber auch Grenzen der Verständlichkeit. Ein französischer Austauschschüler, der ein Dankesschreiben an seine deutsche Gastfamilie mit dem Satz *Kräftig die Reise!* beendete (authentisches Beispiel), hat die Adressaten dieses Briefes vor ein unauflösbares Rätsel gestellt, insbesondere deshalb, weil – anders als in mündlichen Interaktionssituationen – eine Rückfrage, ein Aushandeln von Bedeutung, nicht möglich war.

Bezüglich der Relevanz sprachlicher Korrektheit lässt sich folgende grundsätzliche Frage pointiert formulieren: Wie viel Entfernung von der sprachlichen Norm der Muttersprachler verträgt die Kommunikation – und unter welchen Bedingungen? Neuere linguistische Forschungen zur *lingua-franca*-Kommunikation (z.B. Knapp/Meierkord 2002) und zu interkultureller Kommunikation (z.B. DiLuzio/Günthner/Orletti 2001) haben Besonderheiten von Lernerkommunikation und ihre Verstehens- und Missverständnispotenziale aufgezeigt und sind damit wichtige Grundlagen für Lernzielentscheidungen. Neben der Rolle sprachlicher Korrektheit für die Herstellung von Verständigung spielen aber noch andere Überlegungen in diesem Zusammenhang eine Rolle, und diese Überlegungen sind eher soziolinguistischer und psycholinguistischer Art: Wie wirkt sich eine große Distanz der Lernersprache zur Norm der Zielsprache darauf aus, wie der jeweilige Lerner als Person wahrgenommen und eingeschätzt wird? Welche (zumeist unbewussten) Annahmen machen die Kommunikationspartner über die Intelligenz und Sachkompetenz der Lerner? Selbst wenn also der Sprecher von *I no hungry* seine Beteiligung an der gemeinsamen Nahrungsaufnahme erfolgreich verhindert hat (welche Gründe auch immer er dafür gehabt haben mag): Was denken die Kommunikationspartner über seine sozialen und intellektuellen Fähigkeiten? Es liegt auf der Hand, dass derartige Zusammenhänge für ein weites Spektrum der Fremdsprachenverwendung relevant sind: für die Verwendung von Fremdsprachen in beruflichen Kontexten ebenso wie für die Sprachverwendung von Migrantenkindern und die Einschätzung der jeweiligen Personen.

Wie wirkt der Lerner?

Kommunikative Kompetenz als Kompetenz in der mündlichen Sprachverwendung bedeutet auch die Fähigkeit zur souveränen Teilhabe an Gesprächen in der fremden Sprache. Dazu reicht es nicht aus, einzelne Sätze oder auch längere Texte produzieren zu können; vielmehr müssen Lerner auch in der Lage sein, Sprecherwechsel zu initiieren, das Thema zu wechseln, auf ein früheres Thema zurückzukommen, ein Gespräch zu beginnen oder zu beenden usw. M.a.W.: Sie müssen über die Fähigkeit zur Diskurssteuerung und die dafür erforderlichen Mittel in der fremden Sprache verfügen. Sie müssen weiterhin eine gewisse Flüssigkeit in der Sprachverwendung haben, denn wer lange überlegen muss, wie er am besten seine Sätze konstruiert, und wer lange nach pas-

Fähigkeit zur Gesprächsteilhabe

sendem Vokabular suchen muss, ist schnell aus der Interaktion ausgeschlossen. Auch in diesem Feld sind linguistische Beschreibungen nötig: Was ist ‚Flüssigkeit'? Was ist ‚Diskurskompetenz'?

2.2 Beschreibungskompetenz: Lernprozesse

Fremdsprachenlehrer müssen sich darum bemühen, Sprachlernprozesse abzukürzen, Umwege zu vermeiden, die Speicherung des Gelernten zu fördern und die Lernenden zu einem höheren Niveau der Sprachbeherrschung zu führen, als dies ohne Lehrverfahren unter gegebenen Bedingungen möglich wäre.

Lernprozesse

Um in diesem Bereich begründete Entscheidungen treffen zu können, sollten Fremdsprachenlehrer die Entwicklung der Lernersprachen und das lernersprachliche Verhalten ihrer Schüler einschätzen können und über mögliche Effekte von Korrekturmaßnahmen oder anderen Formen der Intervention informiert sein. Dazu sollten sie u.a. Kenntnisse über Spracherwerbsprozesse, Ursachen von Fehlern und typische Merkmale und Probleme lernersprachlichen Verhaltens haben. Auch Kenntnisse über Wortbildungsregelmäßigkeiten, Typen von semantischen Beziehungen zwischen Wörtern, Grenzen der 1:1-Übersetzung von Wörtern und Kenntnisse über die Speicherung von Wörtern im mentalen Lexikon, die schon unter 2.1 eine Rolle spielten, sind hier relevant.

Fehlerhafte Äußerungen

Es gehört zu den Alltagserfahrungen der meisten Menschen, dass Fremdsprachenlerner fehlerhafte Äußerungen produzieren und dass die Art der Fehler auch häufig Rückschlüsse auf die jeweilige Muttersprache erlaubt. Eine Tatsache, die Menschen mit einem relativ entwickelten Sprachbewusstsein zusätzlich auffällt, ist, dass diese Fehler nicht zufällig sind, sondern dass es bestimmte Sorten von Fehlern gibt, die immer wieder auftreten. Auch linguistische Laien erkennen in der Regel, dass deutsche Lerner des Englischen Schwierigkeiten bei der Aussprache des *th* haben, und sie erklären dies üblicherweise damit, dass dieser Laut im Deutschen nicht vorkommt. Derartige Fehler werden in der Fremdsprachendidaktik Interferenzfehler genannt. Selten allerdings gelingt es linguistischen Laien aus dem deutschen Sprachraum zu erklären, warum ein iranischer Student, der Deutsch als Fremdsprache spricht, nach etwas fragt, was sich wie *eschetottescheparkasse* anhört – ja, sie verstehen dieses Wort wahrscheinlich gar nicht. Ein Mensch mit Linguistik-Kenntnissen kann diese lernersprachliche Form jedoch mit der vom Deutschen abweichenden Vokal-Konsonant-Silbenstruktur in der Muttersprache des Studenten, dem Farsi, erklären und verstehen, was gemeint ist: *Stadtsparkasse*.

Die Spracherwerbsforschung hat – ungeachtet aller noch offener bzw. kontrovers diskutierter Fragen – eine Reihe von Erkenntnissen hervorgebracht, die das Wissen linguistischer Laien weit übersteigen und die relevant sind für die Wahrnehmung der unter diesem Punkt diskutierten Funktionen von Fremdsprachenlehrern (vgl. Gass/Selinker 2001). Dazu gehören beispielsweise folgende Erkenntnisse:

„Fehler" sind zwangsläufige Begleiterscheinungen des Erwerbs einer fremden Sprache. Sie sind häufig Indizien dafür, dass die Lernenden Regelmäßigkeiten der L2 erkannt haben. Ein klassisches Beispiel sind Übergeneralisierungsfehler, wie etwa die Form *goed* statt *went* bei Lernern des Englischen. Diese Fehler treten unabhängig von der jeweiligen Muttersprache der Lernenden auf, und sie kommen nicht nur beim L2-Erwerb, sondern ebenso beim L1-Erwerb vor. Fehler sind nicht zufällig und isoliert, sondern sie stehen in einem systematischen Zusammenhang, der sich allerdings nur dem erschließt, der über die Fähigkeit zur systematischen Sprachbeschreibung verfügt. So werden beispielsweise Fremdsprachenlerner des Englischen, die die Äußerung *Why come you so late?* produzieren – also die Frage ohne *do*-Umschreibung bilden –, auch dazu tendieren, Sätze wie *I know not the answer* zu äußern. Sie werden allerdings vermutlich auch Sätze wie *Who knows the answer?* produzieren – also im letzteren Fall durchaus korrektes Englisch. Die Erkenntnis des systematischen Zusammenhangs verschiedener fehlerhafter, aber auch – im Sinne der zielsprachlichen Norm – korrekter Äußerungen von Lernern haben zur Entwicklung des Konzepts ‚Lernersprache' geführt. Unter Lernersprache versteht man das systematisch und regelhaft organisierte Sprachwissen eines Fremdsprachenlerners. Dieses Sprachwissen besteht charakteristischerweise sowohl aus Annahmen über Regelhaftigkeit, die der Norm der zu erlernenden Sprache, der Zielsprache, entsprechen (also aus „korrekten Regeln"), als auch aus unangemessenen bzw. zu wenig differenzierten Annahmen über die Regelhaftigkeit der Zielsprache (also „falschen Regeln"). Lernersprachen sind u.a. durch Instabilität gekennzeichnet (sie verändern sich relativ schnell im Laufe der Zeit), durch starke situations- und aufgabenspezifische Variabilität („mal richtig, mal falsch") sowie Unsicherheit des Lerners bezüglich der Angemessenheit/Korrektheit der ihnen verfügbaren Regeln.

Übergeneralisierung

Lernersprache

Lernschwierigkeiten äußern sich nun aber nicht nur in Form von Fehlern, sondern beispielsweise auch in der Tendenz, schwierige Strukturen bzw. solche, deren sich Lerner noch unsicher sind, gar nicht zu verwenden, sie also zu vermeiden. Diese Vermeidung kann auch dazu führen, dass Lerner bestimmte Strukturen, für die es in ihrer Muttersprache kein direktes Äquivalent gibt, nicht oder nur selten produktiv verwenden (z.B. trifft dies oft für Gerundialkonstruktionen bei deutschen Lernern des Englischen zu). Wie die Regeln, die der Sprache eines Lerners zugrunde liegen, ist auch Strukturvermeidung nicht immer auf den ersten Blick erkennbar, sondern zumeist erst dann, wenn man die Lernersprache systematisch analysiert und mit der Zielsprache vergleicht.

Vermeidung

Eine der wichtigsten Erkenntnisse der Spracherwerbsforschung besteht darin, dass sprachliche Strukturen offenbar in einer bestimmten Reihenfolge erworben werden, wobei typische lernersprachliche Zwischenstadien erkennbar sind (etwa realisiert in dem Satz *I no want envelope*). Dies hat zur Folge, dass man nicht von der beliebigen Lehrbarkeit sprachlicher Strukturen zu beliebigen Zeitpunkten ausgehen kann. So gibt es beispielsweise Hinweise darauf, dass von Lernern des Englischen die anaphorische Negation (*no bread, no sleep*) relativ früh, die interne Negation mit einer Form von *be* jedoch später erworben wird (*that's no*

Erwerbssequenzen

good, lunch is no ready). (Vgl. Wode 1981.) Lehrbemühungen, die diese Reihenfolge ignorieren, sind ziemlich fruchtlos bzw. führen bestenfalls zu einem oberflächlichen Lernerfolg.

Erkenntnisse über Regelmäßigkeiten des Spracherwerbs, insbesondere die Erkenntnis, dass nicht alles zu jedem Zeitpunkt lern- und lehrbar ist, haben auch zu einer realistischeren Einschätzung der Funktion von Fehlerkorrekturen geführt. Daten aus dem natürlichen Spracherwerb wie in Beispiel [1] belegen schön und eindrucksvoll, dass Kinder auch dann, wenn ihnen das korrekte sprachliche Modell vorgesprochen wird, auf ihrer lernersprachlichen Form beharren:

Beispiel 1 Korrekturresistenz von Lernern bei impliziter Korrektur

CHILD:	My teacher holded the rabbits and we patted them.
ADULT:	Did you say you held the baby rabbits?
CHILD:	Yes.
ADULT:	What did you say she did?
CHILD:	She holded the baby rabbits and we patted them.
ADULT:	Did you say she held them tightly?
CHILD:	No, she holded them loosely.

(Beispiel von Cazden 1972, zitiert nach Gass/Selinker 2001, S. 61)

Selbst dann, wenn Kinder explizit zur Reproduktion der ihnen vorgesprochenen korrekten Form einer von ihnen fehlerhaft produzierten Äußerung aufgefordert werden, sind sie wie in Beispiel [2] manchmal dazu nicht vollständig in der Lage:

Beispiel 2 Korrekturresistenz von Lernern bei expliziter Korrektur

CHILD:	Nobody don't like me.
MOTHER:	No, say ‚nobody likes me'.
CHILD:	Nobody don't like me.
(Eight repetitions of this dialogue)	
MOTHER:	No, now listen carefully; say *‚nobody likes me.'*
CHILD:	Oh! Nobody don't likes me.

(Beispiel von McNeill 1966, zitiert nach Gass/Selinker 2001)

Erklärt wird dies damit, dass die Lernenden auf Grund des Standes ihrer lernersprachlichen Entwicklung offenbar noch nicht zur Verarbeitung des angebotenen sprachlichen Materials bereit sind. Dies soll nun nicht bedeuten, dass Fehlerkorrekturen im Fremdsprachenunterricht grundsätzlich sinnlos sind. Wissen über Spracherwerbsprozesse kann aber erklären, weshalb bestimmte lernersprachliche bzw. fehlerhafte Strukturen manchmal über eine gewisse Zeit bestehen bleiben und sich erst zu einem späteren Zeitpunkt verändern, obwohl Lehrer entsprechende Äußerungen korrigiert haben. Es kann auch erklären, weshalb Lerner manchmal unmittelbar im Anschluss an eine Lehrerkorrektur die betreffende Äußerung zwar korrekt reproduzieren, die entsprechenden Regelmäßigkeiten aber trotzdem (noch) nicht dauerhaft Eingang in die Lernersprache finden.

2.3 Beschreibungs-, Bewertungs- und Gestaltungskompetenz: Lehrverfahren

Fremdsprachenlehrer müssen geeigneten sprachlichen Input, geeignete Lernmaterialien, geeignete Aufgaben und geeignete Interaktionsformen bereitstellen, damit Sprachenlernen stattfinden kann.

Lehrverfahren

Auch dazu sind Kenntnisse über Spracherwerb und Grenzen bzw. Möglichkeiten seiner Steuerung erforderlich. Lehrer sollten u.a. informiert sein über die Rolle von sprachlichem Input und Interaktion beim Sprachenlernen, und sie sollten in der Lage sein, Interaktionsstrukturen unter linguistischer Perspektive zu analysieren. Sie sollten Lernmaterial und anderen sprachlichen Input auf der Basis einer linguistischen Analyse als mehr oder weniger geeignet für eine bestimmte Lernergruppe einschätzen bzw. ggf. modifizieren können.

Die Ausführungen im vorangehenden Abschnitt gingen von der Überlegung aus, dass sich auch im Fremdsprachenunterricht die natürlichen Spracherwerbsfähigkeiten von Menschen entfalten – dass sie also nicht nur „einfach" die im Unterricht angebotenen Sätze, Wörter und Grammatikregeln lernen, sondern dass sie vielmehr komplexes, systematisches lernersprachliches Wissen konstruieren, das sich im Idealfall sehr stark dem Wissen von Muttersprachlern annähert. Nun ist aber Fremdsprachenunterricht – auch dies wurde oben schon angesprochen – mehr als die Ermöglichung natürlichen Spracherwerbs zu festen Zeiten und unter Aufsicht. Lehrbemühungen gehen davon aus, dass im Fremdsprachenunterricht Lernarrangements, speziell aufbereitete Materialien, Aktivitäten und Aufgaben bereitgestellt werden, die den Prozess der Wissenskonstruktion unterstützen. Das entscheidende Stichwort ist hier *focus on form*. Lehrverfahren, die gezielt den Blick auf sprachliche Regelmäßigkeiten der zu erlernenden Sprache lenken, können helfen, diese Regelmäßigkeiten schneller und besser zu erkennen. Dies kann beispielsweise über Aufgabenstellungen geschehen, in denen Schüler in einem gegebenen fremdsprachlichen Text gezielt nach Sätzen suchen sollen, in denen Vorgänge beschrieben werden, die in der Vergangenheit stattfanden.

Gestaltung von Input: Verständlichkeit

Fremdsprachenlehrer müssen darüber hinaus die Verständlichkeit bzw. den Schwierigkeitsgrad von Texten für eine bestimmte Lernergruppe einschätzen können. Sie sollten dazu über generelles Wissen darüber verfügen, welche Faktoren überhaupt die Verständlichkeit von Texten beeinflussen. Sie sollten darüber hinaus erkennen können, welche für die Lernenden neuen syntaktischen Strukturen ein Text enthält, und sie sollten erkennen können, wie viel an neuem Vokabular, das ein Text enthält, von den Lernenden auf der Basis semantischer Beziehungen zu bekannten Wörtern im Text oder auf der Basis der Kenntnis von Wortbildungsregelmäßigkeiten selbstständig erschlossen werden kann. Ähnliches gilt für das Anspruchsniveau von Übersetzungsaufgaben: Fremdsprachenlehrer sollten es in lexikalischer, syntaktischer, stilistischer und idiomatischer Hinsicht einschätzen können. Sie müssen natürlich auch – und hier gibt es wieder Berührungspunkte zu der in Abschnitt 2.1 behandelten Kompetenz – die Adäquatheit von Übersetzungsleistungen der Lerner im Hinblick auf diese Faktoren beurteilen können. Grundlage dafür ist mindestens ein Wissen über die Problematik von 1:1-Übersetzungen, über semantische Beziehungen zwischen Wörtern sowie die Kenntnis unterschiedlicher Stilebenen und Register.

Abschnitt 2.1 handelte u.a. davon, ‚Kommunikative Kompetenz' als oberstes Lernziel des Fremdsprachenunterrichts zu problematisieren und zu spezifizieren. Dabei ging es auch um die Fähigkeit zur souveränen Teilhabe an Gesprächen, wozu es u.a. gehört, Sprecherwechsel initiieren, das Thema wechseln und ein Gespräch beenden zu können. Aus der Perspektive der Gestaltungskompetenz, über die Lehrer verfügen sollten, tun sich weitere Fragen auf. Kann man kommunikative Kompetenz, so wie sie oben ansatzweise skizziert wurde, in jeder Form von Fremdsprachenunterricht erwerben? Sind die immer noch verbreiteten Sequenzen von Lehrerfrage – Schülerantwort – Lehrerfeedback dazu geeignet? (Vgl. auch den Beitrag I.5 von Vogt in diesem Band.) Eine größere Vielfalt von Interaktions- und Arbeitsformen im Fremdsprachenunterricht ist also nicht nur unter allgemein-didaktischen, sondern auch unter linguistischen Gesichtspunkten angezeigt. Schon Kleingruppendiskussionen in der Fremdsprache scheinen eher geeignet, das Erlernen und den angemessenen Gebrauch diskurssteuernder Mittel zu ermöglichen; durch gezielt ausgewählte Rollenspiele lassen sich das Unterbrechen des Gesprächspartners oder das Äußern von Widerspruch üben. Fremdsprachenlehrer müssen also, um geeignete Aktivitäten und Aufgaben für ihre Lernergruppe auswählen bzw. arrangieren zu können, über diese Zusammenhänge Bescheid wissen, Interaktionsformen analysieren können und die fremdsprachlichen Mittel kennen, die dazu geeignet sind, bestimmte Funktionen im Diskurs zu erfüllen (etwa Gesprächseröffnung, Übernahme oder Abgabe des Rederechts, Äußerung von Zustimmung und Widerspruch). Leider liegt hier noch Vieles im Argen. So zeigten Analysen von Simulationsspielen, die deutsche Oberstufenschüler in englischer Sprache durchgeführt hatten, dass selbst diese fortgeschrittenen Fremdsprachenlerner nur über ein äußerst beschränktes Repertoire an diskurssteuernden Formeln verfügten (s. u.: Beispiel „Mündliche Kommunikationsfähigkeit").

Interaktions- und Arbeitsformen

3 Beispiele

Anhand von zwei etwas komplexeren Beispielen soll die Anwendung der Linguistik (bzw. die Anwendung Angewandter Linguistik) auf das Praxisfeld Fremdsprachenunterricht noch einmal illustriert werden. Die Beispiele sind – anders als die Darstellung von Kompetenzen in Abschnitt 2 – nach sprachlichen Gesichtspunkten organisiert und integrieren jeweils unterschiedliche Kompetenzen der professionellen Akteure.

3.1 Beispiel „Wortschatz"

Lehrbücher für den Fremdsprachenunterricht enthalten häufig Vokabelverzeichnisse. Diese Vokabelverzeichnisse werden von Schülern genutzt, um Bedeutungen von Wörtern nachzuschlagen, aber auch zum Vokabellernen zu Haus. Lehrer nutzen diese Verzeichnisse gelegentlich zur Leistungsüberprüfung, d.h. zum „Abfragen" von Vokabeln.

Vokabelverzeichnisse in Lehrwerken können ganz unterschiedlich organisiert sein. Zumeist handelt es sich um Listen von Wörtern, die entweder lektionsbezogen und in der Reihenfolge ihres Vorkommens im Lehrbuch angeordnet sind oder auch in alphabetischer Reihenfolge. Traditionell sind zweisprachige Vokabellisten üblich, also Listen, die dem Nutzer ein muttersprachliches Äquivalent anbieten. Seit längerer Zeit haben sich aber auch einsprachige Vokabelverzeichnisse durchgesetzt, in denen zielsprachliche Erläuterungen (Paraphrasen, Synonyme u.ä.) angeboten werden. Aus linguistischer sowie aus fremdsprachendidaktischer Sicht sind derartige Verzeichnisse nicht immer unproblematisch. Eine Analyse von Beispielen aus dem Vokabelverzeichnis eines Lehrbuchs, in dem sowohl zielsprachliche Erläuterungen als auch muttersprachliche Äquivalente eingesetzt werden (Tab. 1), soll dies zeigen:

Tab. 1 Probleme von Vokabelverzeichnissen

SPALTE A	SPALTE B	SPALTE C
1. to **place**	to put	(aufer)legen
2. every**day life**	how people live every day	das tägliche Leben
3. **appendicitis**	~ can be dangerous.	Blinddarmentzündung
4. to **turn into** s.th.	to become	sich in etw verwandeln
5. to be **scornful**	to show that you think s.th. or s.o. is silly	jdn/etw verachten, verspotten

Auf den ersten Blick mögen die Angaben in Spalte B hilfreiche Erläuterungen für die Bedeutung der Ausdrücke in Spalte A darstellen. Bei genauerem Hinsehen und vor allem bei einer sprachwissenschaftlich basierten Analyse zeigen sich jedoch Inkonsistenzen und Probleme.

1. Die Beziehungen der Ausdrücke in Spalte B zu den jeweils zugeordneten in Spalte A sind unterschiedlicher Art. In den Einträgen [1], [4] und [5] handelt es sich um (mehr oder weniger gelungene) Paraphrasen der Ausdrücke in Spalte A. Im Eintrag [2] würde der Ausdruck in Spalte B (*how people live every day*) nahe legen, dass es sich bei dem Ausdruck in Spalte A um ein Adjektiv oder Adverb handelt – was aber nicht der Fall ist. Für einen kompetenten Sprecher des Englischen ist dies vermutlich nicht weiter problematisch – für einen Lerner jedoch, der *everyday life* noch nicht kennt, könnte dies – als Erläuterung der Spalte A – Verwirrung bezüglich der Wortklasse stiften. In jedem Fall wird Eintrag [2] problematisch, wenn der Ausdruck in Spalte B als Stimulus zum „Abfragen" der Vokabeln benutzt wird – sei es beim Lernen zu Haus oder bei der Überprüfung des Lernerfolgs durch den Lehrer. Bei dem Stimulus *how people live every day* würde man normalerweise nach einem Adverb suchen; die Antwort *everyday*

life ist eine, die nur im speziellen Kontext dieses Vokabelverzeichnisses Sinn macht. Im Eintrag [3] ist die Relation zwischen dem Ausdruck in Spalte A und dem in Spalte B wiederum eine andere: Spalte B gibt einen möglichen syntaktischen Kontext für *appendicitis* an. Als Stimulus, der beim Üben oder bei der Überprüfung des Lernerfolgs genau *appendicitis* elizitieren soll, ist der Ausdruck *can be dangerous* absolut ungeeignet.

2. In den Einträgen [1] und [4] wird suggeriert, der Ausdruck in Spalte B sei jeweils bedeutungsgleich mit dem in Spalte A. De facto können jedoch die Ausdrücke in Spalte B in weit mehr Kontexten verwendet werden als die in Spalte A. Bei Eintrag [4] kommt hinzu, dass für den Lerner völlig offen bleibt, was mit dem *into s. th.* in der Paraphrase in Spalte B geschehen ist.
3. Ungereimtheiten bezüglich der syntaktischen Informationen, die zu den Ausdrücken in Spalte A gehören (Informationen über die Wortart und darüber, ob beispielsweise als nächstes eine Präpositionalphrase oder ein direktes Objekt obligatorisch sind), zeigen sich auch bei der Gegenüberstellung von Spalte A und Spalte C: Das Äquivalent *legen* für *place* mag in dieser Hinsicht unproblematisch sein, aber was ist mit *auferlegen* (vermutlich ja: *jemandem etwas auferlegen*)? Bei *to be scornful* bleibt offen, wie das Objekt des Verachtens im Englischen syntaktisch realisiert wird.

Welche praktischen Konsequenzen ergeben sich aus dieser kleinen Analyse? Zunächst einmal die, dass Autoren von Lernmaterial und selbstverständlich auch Autoren von Wörterbüchern, die für Sprachlerner gedacht sind, auf der Grundlage einer sehr sorgfältigen linguistischen Analyse über die Art der Einträge im Vokabelverzeichnis und der angebotenen Paraphrasen und Erläuterungen entscheiden müssen und dabei auch berücksichtigen sollten, in welcher Weise Lerner das Verzeichnis/das Wörterbuch nutzen: zum Nachschlagen von Bedeutung, zum Nachschlagen der Rechtschreibung und/oder syntaktischer Informationen – oder aber auch zum Lernen und Üben. Zum anderen sollten Lehrer sich dessen bewusst sein, welche unangemessenen Annahmen bei den Lernenden u.U. durch Gegenüberstellungen wie denen im obigen Beispiel entstehen können, und entsprechende zusätzliche Informationen bereitstellen. Denn die Gefahr besteht, dass Schüler sonst Sätze produzieren wie *They put him a punishment* oder *Whom are you scornful?* Lehrer sollten sich auch gut überlegen, ob sie ihren Schülern anraten sollten, mit Hilfe von Zuordnungen wie denen im obigen Beispiel Vokabeln zu lernen, oder ob sie selbst mit Hilfe solcher Zuordnungen Vokabelkenntnisse überprüfen sollten.

3.2 Beispiel „Mündliche Kommunikationsfähigkeit"

Im Rahmen seiner Staatsexamensarbeit (Thielmann 2004) ist ein Student der Frage nachgegangen, wie gut Schüler der Oberstufe eines deutschen

Gymnasiums in der Lage sind, diskurssteuernde Mittel in englischen mündlichen Interaktionen zu verwenden, also sprachliche Mittel wie in der folgenden Tabelle (2), mit denen man Redebeiträge einleiten, sie in den fortlaufenden Gesprächskontext einordnen und seine Einstellung zum Gesagten ausdrücken kann:

well, listen, look, see, right, alright, still, actually, basically, incidentally, essentially, of course, really, okay, anyway, however, obviously, you know, you see, I mean, briefly, superficially, to put it this way, in any case, yet, nevertheless, at any rate, certainly, all the same, in fact, once again, to get back to, going back to, to come back to, now let's go back to, tell you what, talking about, switching to, by the way, I was going to say, before I go any further, now you come to mention it, come to think of it, now then, if it comes to that, another thing, two further points, just to add, firstly, to give an example, again, again as I say, as you know, in a word, strictly speaking, and far more important, better still, let's face it, let's be clear, to tell you the fact, honestly, quite frankly, to be fair, as I believe, as far as I can see, in my opinion, if I may say so, I think, I feel, after all, as I say, the point is, as X has suggested, to sum up, etc.

Tab. 2 Diskurssteuernde Mittel

Die adäquate Verwendung solcher diskurssteuernder Mittel wurde dabei als Komponente mündlicher Kommunikationskompetenz angesehen.

Bei dieser Fragestellung ist die Anwendung von Linguistik in mehrfacher Weise relevant. Zunächst einmal war darüber zu entscheiden, welche Interaktionsformen bzw. Diskurstypen den Schülern überhaupt ein gewisses Maß an Kompetenz zur Diskurssteuerung abverlangen und worin diese Anforderungen genau bestehen. Formen lehrergesteuerter Interaktion, bei denen Schüler hauptsächlich auf Lehrerfragen antworten und in denen das Rederecht von der Lehrperson verteilt wird, schienen kaum geeignet, Fähigkeiten wie die zur Einleitung und Beendigung einer Interaktion, zum Themenwechsel, zum Zurückkommen auf ein früheres Thema, zum Einwurf von Bedenken, zur Verteilung und Behauptung des Rederechts zu überprüfen. Die Entscheidung fiel deshalb auf ein Simulationsspiel in Gruppen zu jeweils drei Personen. Das Simulationsspiel war so angelegt, dass alle Beteiligten prinzipiell gleiche Rechte und Pflichten der Partizipation hatten, dass Themenwechsel, Argumentieren, Widersprechen und Konsensfindung erforderlich waren.

Weiterhin mussten die auf Tonträger aufgenommenen Rollenspiele transkribiert und die von den Schülern verwendeten diskursstrukturierenden Ausdrücke identifiziert sowie hinsichtlich ihrer Funktionen beschrieben werden. Als Ergebnis zeigte sich, vereinfacht gesagt, dass insgesamt das Spektrum der von den Lernern verwendeten diskurssteuernden Ausdrücke im Vergleich zu der Fülle von Ausdrücken, die Muttersprachler verwenden (vgl. z.B. Aijmer 1996), stark eingeschränkt ist. Insgesamt ist der Anteil diskurssteuernder Redemittel im untersuchten Lernerkorpus deutlich geringer als bei Muttersprachlern, und einige wenige Redemittel werden von den Lernern polyfunktional eingesetzt, vor allem *I think*, *well* und *yes*. Dabei kommt es oft zu unangemessenen Verwendungen dieser Ausdrücke. Z.B. wird *yes* an vielen Stellen verwendet, an denen man im Deutschen *ja* sagen könnte. Im Deutschen kann man mit *ja* u.a. einen Redebeitrag einleiten; mit dem englischen *yes* ist dies aber nicht üblich; hier würde man eher *well* verwenden (vgl. Edmondson/House 1981 sowie Leech at al. 2001).

Auf der Basis derartiger Analysen lassen sich in einem nächsten Schritt Überlegungen zu Aufgabenformen für den Fremdsprachenunterricht entwickeln, die es ermöglichen, die adäquate Verwendung diskurssteuernder Mittel zu erlernen.

4 Weitere Perspektiven: Bildungspolitische Entscheidungen und Fachzuständigkeiten

Hier konnten nur exemplarisch einige der Anwendungsgebiete der Linguistik für das Praxisfeld Fremdsprachenunterricht aufgezeigt werden. Dabei wurden solche Bereiche ausgewählt, die von grundsätzlichem und dauerhaftem Interesse für den Fremdsprachenunterricht sind.

Aber auch viele Themen der aktuellen bildungspolitischen Diskussion, die mit Fremdsprachenunterricht in Zusammenhang stehen, können solide und professionell nur auf der Basis von Erkenntnissen und Methoden der Linguistik und der Spracherwerbsforschung diskutiert werden. Um das breite Spektrum von Anwendungsfeldern und auch deren gesellschaftliche Relevanz aufzeigen, sollen hier noch einige dieser Themen und Fragestellungen genannt werden:

Bildungspolitische Fragen und Angewandte Linguistik

- Fremdsprachenfrühbeginn: Wie früh sollte man mit dem Fremdsprachenunterricht beginnen? Lernen junge Fremdsprachenlerner besser/anders als ältere? Bedarf es deshalb einer besonderen Methodik?
- Zusätzliche Fremdsprachen für Kinder mit Migrationshintergrund: Wie viele Sprachen verkraftet ein Kind – unter welchen Bedingungen? Ist es eine Überforderung für Kinder nicht-deutscher Muttersprache, in der Grundschule auch noch Englisch zu lernen?
- Muttersprachlicher Unterricht: Wie wichtig ist es, Kindern mit Migrationshintergrund auch im Einwanderungsland Deutschland muttersprachlichen Unterricht zu erteilen?
- Bilingualer Sachfachunterricht/Fremdsprache als Arbeitssprache: Führt bilingualer Sachfachunterricht, also der schulische Unterricht eines Sachfachs wie z. B. Geschichte, Biologie oder Chemie in einer Fremdsprache, bzw. die Nutzung einer Fremdsprache als Arbeitssprache in einem Sachfach wirklich zu kompetenterer Sprachverwendung? Bleibt die sprachliche Korrektheit auf der Strecke, wenn im bilingualen Sachfachunterricht nicht auch systematische Spracharbeit betrieben wird?
- Fremdsprachige Studiengänge an Universitäten: Welche Konsequenzen hat es, wenn z. B. natur- oder ingenieurwissenschaftliche Lehrveranstaltungen von Dozenten, die selbst „nur" mehr oder weniger weit fortgeschrittene Englischlerner sind, in englischer Sprache angeboten werden? Wie wirkt sich dies auf die Entwicklung der Lernersprachen der Studierenden aus? Welche Kompetenzen bleiben u.U. unterentwickelt? Wie verändert dies die Lernsituation, die Formen der Interaktion, die Bereitschaft der Studierenden, sich durch Fragen und Anregungen aktiv in die Diskussion einzubringen?

Bedauerlicherweise wird die öffentliche Diskussion mancher dieser Themen bisher eher von Politikern und Pädagogen als von Angewandten

Sprachwissenschaftlern und Fremdsprachendidaktikern geführt. Umso wichtiger ist es, dass die Angewandte Sprachwissenschaft – ebenso wie natürlich die Fremdsprachendidaktik – ihre Expertise in diesen Fragen auch überzeugend nach außen darstellt.

Disziplinäre Zuständigkeiten

Ohnehin sind die wissenschaftlichen Zuständigkeiten für das Praxisfeld „Fremdsprachenunterricht" und die Relation der hier konkurrierenden Forschungszweige alles andere als geklärt. Zu nennen sind hier über die Erziehungswissenschaft hinaus die Fremdsprachendidaktik, die Sprachlehr- und -lernforschung, die Fremdsprachenforschung und die Zweitsprachenerwerbsforschung.

Die *Fremdsprachendidaktik* als akademische Disziplin ist in Deutschland schulfachbezogen, d.h. als Didaktik des Englischen, Französischen, Spanischen usw. den betreffenden fremdsprachlichen Philologien zugeordnet. Entsprechend den Zielen des schulischen Fremdsprachenunterrichts spielen auch Aspekte der Vermittlung von Kultur- und insbesondere Literaturkenntnissen eine zentrale Rolle, und soweit auf die oben geschilderten linguistischen Grundlagen des Lehrens und Lernens von Fremdsprachen eingegangen wird, geschieht dies überwiegend bezogen auf die betreffende Linguistik der Einzelsprache, etwa für die Bestimmung von Lernzielen und Lerninhalten oder die Erklärung von Fehlern, z.B. mit Kontrasten zwischen Ausgangs- und Zielsprache. Die Prozesse des schulischen Lehrens und Lernens von Fremdsprachen empirisch und sprachübergreifend zu untersuchen ist – zumindest nach dem programmatischen Anspruch in ihren Anfängen (Koordinierungsgremium 1983) – Ziel der *Sprachlehr- und -lernforschung*. Sie nimmt dabei auch auf Teilgebiete der Linguistik und Angewandten Linguistik sowie auf die Zweitsprachenerwerbsforschung Bezug. Die *Zweitsprachenerwerbsforschung* untersucht vor allem die kognitiven und interaktionalen Prozesse sowie die individuellen und sozialen Bedingungen des natürlichen, d.h. nicht schulisch gesteuerten, Zweitsprachenerwerbs von Kindern und Erwachsenen. In der Forschungspraxis haben sich diese disziplinären Trennungen jedoch zu einem großen Teil verwischt. Dies nicht zuletzt auch deshalb, weil sich angesichts der Biographien von Lernern die kategorische Trennung von ‚natürlichem' und ‚gesteuerten' Zweitsprachenerwerb nicht durchhalten lässt, vor allem dann, wenn der Unterricht im Land der Zielsprache stattfindet (vgl. auch Artikel VI.2 *Deutsch als Fremdsprache*). In der aktuellen deutschsprachigen Literatur findet sich neuerdings auch eine Fusion von Fremdsprachendidaktik und Sprachlehr- und -lernforschung unter der Bezeichnung *Fremdsprachenforschung*.

5 Weiterführende Literatur

Entsprechend ist weiterführende Literatur unter unterschiedlichen disziplinären Etiketten anzutreffen.

Einen Gesamtüberblick über die in der Fremdsprachendidaktik behandelten Aspekte des Lernens und Lehrens von Fremdsprachen bietet das *Handbuch Fremdsprachenunterricht* (Bausch/Christ/Krumm [4]2003), ein

Beispiel für eine einzelsprachlich angelegte Fremdsprachendidaktik ist die Einführung in die Englisch-Didaktik von Klein (2001). Fremdsprachenlehren und -lernen aus der Sicht der Sprachlehr- und -lernforschung beschreiben Edmondson/House (^{2}2000). Zur Zweitsprachenerwerbsforschung ist an deutschsprachiger Literatur zur Einführung immer noch Knapp-Potthoff/Knapp (1982) brauchbar, weiterführend Wode (1994). Den aktuellen Stand der Forschung stellen in englischer Sprache einführend z.B. Gass/Selinker (2001) dar, umfassend das *Handbook of Second Language Acquisition* (Doughty/Long 2003).

Vor dem Hintergrund dieses Beitrags relevante Zeitschriften sind die *Zeitschrift für Fremdsprachenforschung (ZFF), Fremdsprachen Lehren und Lernen (FluL)* sowie international *Language Learning, Applied Linguistics* und *Studies in Second Language Acquisition (SSLA).*

VI.2 Deutsch als Fremdsprache

Martina Liedke

1 Praxisbezug

Anwendungsbezug Sprachlehre

Angewandte Linguistik hat es bei ‚Deutsch als Fremdsprache' mit Konstellationen zu tun, in denen die deutsche Sprache vor dem Hintergrund anderer, früher erlernter oder erworbener Sprachen verwendet wird. Konkrete Anwendungsinteressen betreffen vor allem den Sprachunterricht, den es zu fundieren und effizienter zu gestalten gilt, wobei die Lernergruppen, auf die dieser abzielt, sehr unterschiedlich sind. Grob differenzieren lassen sich Lernergruppen im Ausland sowie im Inland, Kinder, Jugendliche, Erwachsene. Tabelle 1 gibt einen Überblick in Zahlen.

Lernergruppen

Tab. 1
DaF in Zahlen

Deutsch als Fremdsprache in Zahlen

20.248.066	Menschen lernen weltweit Deutsch[1]
7.288.000	Menschen mit anderer Staatszugehörigkeit und anderen Erstsprachen leben derzeit in Deutschland[2] (Anteil an der Gesamtbevölkerung bundesweit rund 9 %; Städte exemplarisch: Berlin 13 %, Frankfurt 30 %, Hamburg 15 %, Gelsenkirchen 14 %, Leipzig 3 %, München 24 %)[3]
ca. 1,2 Millionen	Kinder und Jugendliche nicht-deutscher Erstsprache besuchen allgemeinbildende oder berufliche Schulen in Deutschland (9,1 % aller Schüler)[4]
246.334	ausländische Studierende sind an deutschen Hochschulen eingeschrieben, hinzu kommen 59.678 Bildungsländer[5]
60.198	binationale Ehen werden in Deutschland pro Jahr geschlossen (15,7 % aller Ehen)[6]

1 Quelle: Ständige Arbeitsgruppe Deutsch als Fremdsprache (hg.) (2003): Deutsch als Fremdsprache Erhebung 2000. Berlin/Bonn/Köln/München: Auswärtiges Amt / Deutscher Akademischer Austauschdienst / Goethe-Institut Internationales / Zentralstelle für das Auslandsschulwesen <http://www.goethe.de/uun/pub/de18483.htm

2 Angabe für 2005, Quelle: Statistisches Bundesamt <http://www.destatis.de/basis/d/bevoe/bevoetab4.htm>

3 Spiegel online 2001, interaktive Grafik <http://www.spiegel.de/politik/deutschland/0,1518,129563,00.html>

4 Angaben für 2004, Quelle: Beauftragte der Bundesregierung für Migration, Flüchtlinge und Integration (hg.) (2005): Daten, Fakten, Trends – Bildung und Ausbildung 2004 <http://www.integrationsbeauftragte.de>

5 Angabe WS 2004/05; Quellen: Statistisches Bundesamt <www.destatis.de, hochtab.2.php.htm>

6 Angabe für 2003, Quelle: Verband binationaler Familien und Partnerschaften, iaf.ev, <http://www.verband-binationaler.de/faktenundzahlen/html>

Beispiele für verschiedene Lernhintergründe

Die Gründe verschiedener Lerner für die Beschäftigung mit der deutschen Sprache sind heterogen: Der Wunsch, Deutsch zu lernen, kann dadurch bedingt sein, dass die deutsche Sprache Zugang zu bestimmtem Wissen bietet (z.B. im Falle rumänischer Agrarwissenschaftler oder nigerianischer Solartechniker); er kann darauf beruhen, dass man sich konkrete berufliche Vorteile von der Kenntnis des Deutschen verspricht (z.B. als bulgarischer Hotelmanager oder finnischer Unternehmer); er kann durch den Status des Deutschen als einer „exotischen Sprache" begründet sein, wie dies z.B. bei japanischen Deutschlernenden häufig der Fall ist; oder er kann sich unmittelbar auf lebenspraktische Notwendigkeiten gründen, z.B. bei einer Migration nach Deutschland, wo man sich in der deutschen Gesellschaft sprachlich zurecht finden muss (etwa als türkische Hausfrau, amerikanischer Manager oder afghanischer Flüchtling).

DaF und DaZ

Eine grobe Einteilung zweier unterschiedlicher Lernkonstellationen erfolgt mit der Differenzierung zwischen ‚Deutsch als Fremdsprache im engeren Sinn (DaF)' als Bezeichnung für einen Spracherwerb durch Unterricht, der im Ausland stattfindet, und ‚Deutsch als Zweitsprache (DaZ)', einem Spracherwerb, der mit einem Wechsel des Lebensmittelpunkts nach Deutschland verbunden ist und durch Unterricht begleitet sein kann oder auch nicht. Angesichts komplexer Sprachlernbiographien ist eine eindeutige Zuordnung individueller Lerner zu dem einen oder anderen Typ jedoch oft nicht möglich (z.B. im Fall eines Deutschlandaufenthalts als internationaler Student); im Zuge der Globalisierung nehmen zudem auch Auslandskurse häufig auf einen längeren oder kürzeren Aufenthalt in Deutschland Bezug.

Mündliche oder schriftliche Sprache als Lerngegenstand

Je nach Lerninteressen, kommen für einzelne Lerner oder Lernergruppen zum Teil sehr unterschiedliche Bereiche der deutschen Sprache in den Blick, auf die der Lernprozess abzielt. So macht es beispielsweise einen erheblichen Unterschied, ob Sprachkenntnisse im Deutschen vorwiegend dafür benötigt werden, um auf Deutsch verfasste Texte zu lesen (z.B. als Student im Rahmen eines Philosophiestudiums), oder um sich in mündlichen Interaktionssituationen zurecht zu finden (z.B. als Tourist oder Austauschschüler).

Homogene und heterogene Gruppen

Innerhalb einer Lernergruppe können die Lerninteressen und -voraussetzungen relativ homogen sein (etwa im Falle eines universitären Deutschkurses für Wirtschafts-Studenten in Kanada), sie können jedoch auch, wie bei Inlandskursen häufig der Fall, beträchtlich divergieren und unterschiedliche Herkunftssprachen, Bildungsgrade und Interessen hinsichtlich der zu vermittelnden Sprachkenntnisse umfassen.

DaZ i.e.S.

Spezifische Erfordernisse der Sprachlehre stellen sich mit Blick auf Kinder und Jugendliche anderer Erstsprachen, die zum Teil in Deutschland geboren, zum Teil in kindlichem Alter zugezogen sind (‚Deutsch als Zweitsprache im engeren Sinn') und die nun deutsche Bildungseinrichtungen besuchen, also einen großen Teil ihrer Sozialisation in deutschen Institutionen durchlaufen – zumeist, ohne auf diese Situation hinreichend sprachlich vorbereitet zu sein. Die sich in diesem Zusammenhang stellenden Aufgaben betreffen eine gezielte Sprachförderung, die den Schulerfolg dieser Kinder verbessern soll, ebenso wie den Aufbau einer Mehrsprachigkeit, bei der die Sprache der Familie in ihrer identitätsstiftenden und in ihrer Bildungsfunktion ernst genommen und als ökonomische Ressource angesehen wird. Ein entsprechender Aufgabenbereich für den Sprachunterricht liegt hier bereits im Kindergarten.

Komplementäre Anwendungsinteressen

Neben dem Anwendungsinteresse ‚Sprachunterricht', hat sich im Blick auf die durch Migration entstandene Mehrsprachigkeitssituation im Inland für die wissenschaftliche und praktische Beschäftigung mit dem Deutschen als Fremdsprache als erweitertes Arbeitsfeld die Beratung und Schulung von Personen ergeben, die häufig mit fremdsprachlichen Sprechern zu tun haben (Lehrer und Lehrerinnen, Kindergärtner und Kindergärtnerinnen, Behördenmitarbeiter und -mitarbeiterinnen, Vorgesetzte, Ärzt und Ärztinnen, Ehepartner etc.). In diesem Zusammenhang fließen Ergebnisse und Erkenntnisse linguistisch-handlungspraktischer Analysen, die u.a. im Sprachunterricht bearbeitet werden, auch in die allgemeinere Vorbereitung auf durch Fremdsprachigkeit gekennzeichnete Kommunikationssituationen ein (s. ‚interkulturelle Kommunikation').

2 Gegenstände und Vorgehen linguistischer Analysen

Empirisches Vorgehen

Angewandte Linguistik im Bereich Deutsch als Fremdsprache will Probleme, die sich aus einer eingeschränkten Beherrschung der deutschen Sprache ergeben, aufdecken und einer Bearbeitung durch Lehr-/Lernverfahren, sei es im Rahmen von Sprachunterricht, eines Kommunikationstrainings oder einer Beratung, zugänglich machen. Der praxisbezogene Ansatz umfasst die Stadien Bedarfserhebung, Implementierung der Ergebnisse linguistischer Analysen und Evaluation des Lernerfolgs. Mit dem Verfahren der Aufnahme, Transkription und Auswertung authentischer Sprachdaten stellt die Angewandte Linguistik ein methodisches Instrument bereit, das in den verschiedenen Stadien des Vermittlungsprozesses (Bedarfserhebung, Implementierung und Evaluation) zur Anwendung kommt.

Bedarfserhebung Implementierung Evaluation

2.1 Bedarfserhebung

Ausgangspunkt der Analyse

Ausgangspunkt der linguistischen Analyse im Bereich DaF bildet zumeist entweder ein konkretes Lerninteresse bzw. Lernbedürfnis oder aber – ebenfalls häufig – ein erlebtes „Unbehagen" (in) der fremdsprachlichen Umgebung, eine Unzufriedenheit des Lerners mit den bisherigen Erfolgen, den Lernmaterialien oder Lernmethoden, Ängste und negative Erlebnisse im sprachlichen Umgang mit Lehrenden oder anderen Interaktionspartnern. Je nachdem, ob es sich bei dem Ausgangspunkt der linguistischen Analyse um ein konkretes Lerninteresse oder um ein „allgemeines Unbehagen" handelt, sind jeweils unterschiedliche Zugänge notwendig bzw. ist die Reihenfolge, in der die linguistische Analyse verfährt, eine jeweils andere.

Lerninteressen

2.1.1 Lernerbefragung

Konkretion der Lernbedürfnisse

Setzt die linguistische Analyse bei den Lernenden selbst an, so sind zunächst die persönlichen Lerninteressen zu erheben (z.B. „einen Geschäftsbrief schreiben können“, „einen Arztbesuch selbstständig abwickeln können“, „ein Germanistikstudium absolvieren“, „deutsche Grammatik lernen“, „meine Aussprache verbessern“ etc.). Die Erhebung der persönlichen Lerninteressen kann mittels klassischer sozialwissenschaftlicher Verfahren wie Fragebogen oder Interview erfolgen, wobei den befragten Lernern offene Fragen gestellt werden können (z.B. „Was wollen Sie in diesem Kurs lernen? Welche Themen, Situationen, Texte sind für Sie besonders wichtig?“ usw.) oder sie bereits systematisch zu bestimmten Bereichen befragt werden (z.B. „Ich möchte meine Aussprache verbessern. (ja/nein)“, „Ich möchte einen Geschäftsbrief schreiben können. (ja/nein)“, „Ich möchte einen deutschen Fussballer um ein Autogramm bitten können. (ja/nein)“ etc.). Im ersten Fall ist damit zu rechnen, dass die Lerner sehr unterschiedliche sprachliche Momente und Dimensionen in weitgehend unsystematisierter Weise nennen (wie in den obigen Beispielen der Fall); im zweiten Fall hingegen besteht aufgrund der starken Steuerung der Antwortmöglichkeiten durch den Lehrenden bzw. analysierenden Linguisten die Gefahr, wichtige Lernerinteressen zu übersehen, so dass sich ein kombiniertes Vorgehen anbietet.

Das Verfahren der Lernerbefragung ist vor allem unter motivationalem Aspekt ein wichtiges Moment. Allerdings ist es nicht selbstverständlich, dass die Lernenden ihre Interessen erkennen und artikulieren können, insbesondere dann, wenn ihnen wenig Wissen über Sprache und sprachliches Handeln zur Verfügung steht („Ich möchte einfach mein Deutsch verbessern/Deutsch lernen.“). Aus linguistischer Perspektive ist daher ausgehend von der Lernerbefragung eine Konkretion der Lerninteressen vorzunehmen, d.h. festzustellen, was die relevanten Handlungssituationen, die der Lerner in der Fremdsprache zu bewältigen sucht, kennzeichnet und welche sprachlichen Mittel zur Verfügung stehen müssen, um die jeweiligen individuellen Ziele auf Deutsch erreichen zu können. In der konkreten Unterrichtspraxis kann die Vermittlung von Deutschkenntnissen unter Umständen z.B. auch eine Erstalphabetisierung der Kursteilnehmer umfassen (Schramm 1996).

Sprach- und Kulturkontraste

Weitergehend ist ausgehend von den Herkunftssprachen und -gesellschaften sowie von den bisherigen Sprachlernerfahrungen der Lerner zu fragen, ob es im Lernprozess hinsichtlich der relevanten Handlungssituationen, der in ihnen üblichen Handlungserfordernisse und der zu verwendenden sprachlichen Mittel Sprach- und Kulturunterschiede zu überwinden gilt, sei es beispielsweise im Bereich der Aussprache und Schrift (z.B. <h> zur graphemischen Darstellung von [x] im Polnischen versus [h] im Deutschen, s. Abschnitt 4.1.), im Bereich der Anrede (z.B. Siezen von Vorgesetzten im Russischen versus mögliche Du-Anrede im Deutschen, s. Liedke 2000), im Bereich des *turn-taking* (z.B. größere Pausenlänge bei der Markierung von potentiellen *turn*-Übergangsstellen im Finnischen, s. Müller-Jacquier/ten Thije 2000) oder in der Abwicklung komplexer Handlungsmuster wie ‚Sich-Vorstellen‘ im Seminar (s. Sugitani 1996). Im

Lernprozess selbst bildet die Bewusstmachung kontrastierender Momente ein wichtiges Verfahren, das mit einem erweiterten Wissen über Funktionen und Abläufe von kommunikativen Prozessen einher geht bzw. durch die Vermittlung entsprechenden Wissens ergänzt werden sollte (s. Redder 1998).

metakommunikatives Wissen und Bewusstheit

2.1.2 Bedarfserhebung ausgehend von der authentischen Handlungspraxis der Lerner

Obwohl das Verfahren der Lernerbefragung ein wichtiges Moment für den Lehr-/Lernprozess darstellt, ist es für dessen Fundierung allein nicht hinreichend. So ist nämlich keineswegs gewährleistet, dass sich artikulierte Lernerinteressen und tatsächlicher Lernbedarf decken. Ein Fremdsprachensprecher kann beispielsweise seinen eigenen Lernbedarf im Bereich der deutschen Artikelsetzung ansiedeln; die konkrete Analyse kann jedoch unter Umständen aufweisen, dass seine Aussprache oder die unangemessene Verwendung von Sprechhandlungen wie ‚Auffordern', ‚Entschuldigen' oder ‚Bitten' in der konkreten Handlungspraxis ein wesentlich problematischeres Moment darstellt als ein gelegentlicher Artikelfehler. Die Aufnahme, Transkription und Auswertung authentischen Lernerhandelns ist daher ein unumgängliches Moment der Bedarfserhebung. Dies gilt umso mehr in solchen Fällen, in denen der Ausgangspunkt der linguistischen Analyse, wie oben angesprochen, lediglich in einem „allgemeinen Unbehagen" angesiedelt ist, das der fremdsprachlich Handelnde selbst oder das sein Gegenüber empfindet. Häufig kann ein solches Unbehagen von den Beteiligten selbst nicht näher charakterisiert und im Blick auf seine Ursachen ergründet werden. In solchen Fällen hat die linguistische Analyse zunächst die handlungspraktischen Grundlagen dieses Unbehagens aufzudecken. Unter Umständen ist nicht allein die Fremdsprachlichkeit eines der an der Interaktion Beteiligten Ursache kommunikativer Probleme, sondern können diese auf institutionelle Bedingungen des sprachlichen Handelns zurückzuführen sein (s. Liedke/Redder/Scheiter 1996), d.h. außerhalb der Bearbeitungsmöglichkeiten von Sprachunterricht liegen.

authentische Handlungspraxis

Ausgangspunkt „Unbehagen"

Bei der Auswertung des authentischen fremdsprachlichen Handelns ist zum einen aufzuweisen, inwieweit dieses vom Handeln muttersprachlicher Sprecherinnen und Sprecher abweicht. Zum anderen ist zu fragen, ob und welche Probleme sich aus Abweichungen ergeben. So ist es nicht immer notwendigerweise der Fall, dass Sprach- und Kulturunterschiede zu Problemen in der Interaktion führen: Eine aus der Herkunftssprache übertragene, von der Zielsprache abweichende Realisierung von Lauten beispielsweise kann ihren ästhetischen Reiz haben. Die abweichende Abwicklung eines Handlungsmusters, etwa ein in das Deutsche übertragener russischer Trinkspruch, eine ausgebaute kirgisische Tischrede oder eine Entschuldigung nach dem Niesen, kann den Sprecher als besonders charmant, tiefsinnig oder höflich erscheinen lassen. In der Kommunikation fremdsprachlicher Sprecher untereinander (z.B. wenn ein griechischer Arzt und eine bosnische Krankenschwester

Abweichungen als Problem?

miteinander auf Deutsch kommunizieren) schließlich können aus der Herkunftssprache übertragene Momente der Gesprächsführung unter Umständen im Blick auf den Gesprächspartner angemessener sein als eine „typisch deutsche" Abwicklung.

Fragestellungen der empirischen Analyse

Die empirische linguistische Analyse hat sich daher im einzelnen folgenden Fragen zu widmen: Welche tatsächlichen Probleme finden sich im authentischen Handeln der Lernerinnen und Lerner? Sind diese institutionell oder interkulturell bedingt? Ergeben sich aus zielsprachenabweichenden Handlungen des Fremdsprachensprechers Schwierigkeiten, oder bringt die Abweichung möglicherweise sogar Vorteile mit sich? Gelten die betreffenden Lernmomente nur in Bezug auf die Kommunikation zwischen Muttersprachlern und Fremdsprachlern oder auch für die Kommunikation fremdsprachlicher bzw. – bei einer zu beratenden muttersprachlichen Klientel – für die Kommunikation muttersprachlicher Sprecher untereinander?

Ausgehend von der Beantwortung der obigen Fragen ist über den konkreten Inhalt des Deutsch-als-Fremdsprache-Unterrichts, Trainings oder Beratungsgesprächs zu entscheiden. Das in der Bedarfserhebung analysierte Material bildet ausgehend von einem linguistischen Ansatz auch methodisch den Ausgangspunkt der angestrebten Praxisveränderung (s. Abschnitt 2.2).

2.2 Implementierung der Ergebnisse

Implementierung

Die Bewusstmachung kommunikativer Prozesse und Vermittlung von metakommunikativem Wissen wurden bereits oben (Abschnitt 2.1.1) als wichtige Ziele und Verfahren im Lehr-/Lernprozess angesprochen. Ergebnisse der Bedarfserhebung, linguistische Systematisierung der Lerninteressen und empirisch aufgewiesene sprachliche Probleme sind daher den Lernenden im Unterricht oder in der Schulung zugänglich zu machen und mit ihnen zu reflektieren.

Transkriptarbeit

Methodisch hat sich – für die mündliche Sprache – das Verfahren der Transkriptarbeit und Simulation authentischer Fälle bewährt, um auf kommunikative Momente, sei es der zielsprachlichen Norm oder des eigenen Handelns, aufmerksam zu machen. Bei diesem Verfahren, das auch in allgemeinen und interkulturellen Kommunikationstrainings Einsatz findet (s. Becker-Mrotzek/Brünner 2003), werden die Lernenden mit Transkripten ihrer authentischen Handlungspraxis konfrontiert, die gemeinsam gelesen, nachgespielt und diskutiert werden, wobei alternative Handlungsweisen in ihrer kommunikativen Wirkung erprobt werden.

Vermittlung von Zwecksetzungen

Im Blick auf schriftliche Handlungszusammenhänge, im Handlungsraum Universität beispielsweise Protokoll, Exzerpt oder Seminararbeit (Moll 2001, Redder 2002), ist das Einüben von spezifischen sprachlichen Formen wie Passiv- oder Modalverb-Konstruktionen mit der Vermittlung der Zwecksetzungen der Textarten verbunden (Tradierung gesellschaftlichen Wissens und daraus entstehende Anforderungen an Objektivität), deren Erfüllung oder Nicht-Erfüllung am empirisch erhobenen Material rekonstruiert wird (z.B. „Die Dozentin meinte, dass ..." als Verstoß gegen die Anforderung an ein Ergebnisprotokoll, erarbeitetes Wissen als allgemein Gültiges festzuhalten).

Die Anbindung des Lehr-/Lernprozesses an das authentisch erhobene Material kann in mehr oder weniger engem Maße geschehen. Die Lehre kann sich der eigenen Praxis nähern, indem authentische Beispiele für das ziel- oder lernersprachliche Handeln von anderen Personen in ähnlichen Situationen gegeben werden, z.B. im Prüfungsgespräch (Wollert 2002), in Vorlesungen oder Seminaren (Wiesmann 1999), im Bewerbungsgespräch (Schilling 2001) oder in der universitären Sprechstunde (Rost-Roth 1998). Die Analyse kann, u.U. in einem zweiten Schritt, aber auch unmittelbar am eigenen Handeln der Lerner ansetzen, das beobachtet, transkribiert und ausgewertet wird. Drei Punkte sind in diesem Zusammenhang zu berücksichtigen:

Ausmaß der Praxisanbindung

1. Das Vorgehen der empirischen Datenerhebung setzt ein Vertrauensverhältnis zwischen den Beobachteten und den Analysierenden voraus. Dies gilt insbesondere dann, wenn die Sprachdatenerhebung nicht nur Audiodaten, sondern auch Videoaufnahmen umfasst, z.B., wenn auch das nonverbale Handeln in der Fremdsprache mit in den Blick kommen soll.
2. Inbesondere die empirische Datenerhebung mittels Aufnahme und Transkription bedeutet einen erheblichen Zeitaufwand, der unter anderem bei der Planung von zeitlichen Abständen zwischen Kursen oder Trainings und bei der Kursfinanzierung zu berücksichtigen ist.
3. Die Lehrenden müssen von ihren theoretisch-praktischen Voraussetzungen her in der Lage sein, eigenständige linguistische Analysen vorzunehmen bzw. analysierende Linguisten müssen in der Lage sein, Deutsch-als-Fremdsprache-Unterricht, Beratungen oder Trainings durchzuführen. Supervision, Team-Bildung und Anbindung von Forschung und Praxis durch Weiterbildung und Praktika sind in diesem Zusammenhang anzustrebende, allerdings bislang noch weitgehend unzureichend verwirklichte Konzepte.

2.3 Evaluation des Lehr-/Lernprozesses

Das Verfahren der Aufnahme, Transkription und Analyse sprachlicher Handlungen bildet auch im Blick auf den dritten angesprochenen Schritt des Vermittlungsprozesses, die Überprüfung des Lernerfolgs, ein wichtiges methodisches Instrument. Mittels der Herangehensweise lassen sich sowohl summative, d.h. das Gesamtergebnis von Unterricht bzw. Training thematisierende, als auch formative, d.h. den Verlauf des Kurses bestimmende Evaluationen durchführen. Im Evaluationsverfahren werden die in Abschnitt 2.1 beschriebenen Teilschritte der empirischen Datenerhebung erneut durchlaufen und wird nach Veränderungen in den individuellen Befindlichkeiten und Selbsteinschätzungen der Lerner und nach Veränderungen in ihrem authentischen sprachlichen Handeln gefragt. Bei einem summativen Vorgehen erfolgt am Ende der Lehr-/Lernsequenz

Evaluation summativ und formativ

ein „Vorher-nachher"-Vergleich. Bei einem formativen Vorgehen wird der Unterrichtsprozess selbst beobachtet, um die methodische Planung während der Durchführung des laufenden Kurses an den Lernstand der Beteiligten anpassen zu können. Aufnahme und Transkription des authentischen Handelns sind auch hier unumgängliche Qualitätssicherungsverfahren, da subjektiver Eindruck („habe viel/wenig gelernt") und objektiver Lernerfolg ähnlich wie im Falle einer Selbsteinschätzung von Lernbedürfnissen stark auseinanderklaffen können. Wie bereits für die Implementierung angesprochen, spielen auch hier Zeit, Kosten und Ausbildung der Lehrenden eine Rolle, wobei jedoch zu berücksichtigen ist, dass ineffektiver Unterricht, ineffektive Trainings oder ineffektive Beratungen letztlich einen erheblich höheren Kostenfaktor für öffentliche oder privatwirtschaftliche Einrichtungen darstellen. Ein Modellprojekt im Kindergarten, das die Sprachförderung der Kinder mit einer Weiterbildung der Erzieherinnen verbindet und sowohl formative als auch summative Evaluationen mittels linguistischer Verfahren umfasst, dokumentiert Guadatiello (2003).

Modellprojekt

Im Folgenden soll das Vorgehen einer angewandt-linguistischen Arbeit lernergruppenspezifisch am Beispiel einer internationalen Lernergruppe (Abschnitt 3) und einzelfallbezogen am Beispiel einer polnischen Lernerin (Abschnitt 4) verdeutlicht werden. Es wird gezeigt, wie sich allgemeine Lerninteressen im Blick auf den persönlichen Lernbedarf konkretisieren und in Empfehlungen für den Unterricht umsetzen lassen. Es sei jedoch darauf hingewiesen, dass die Implementierung von Ergebnissen linguistischer Analysen um die konkrete didaktisch-methodische Unterrichtsplanung durch den Lehrenden zu ergänzen ist, die letztlich nur kursspezifisch geleistet werden kann und z.B. Entscheidungen hinsichtlich der Abfolge aktiver und passiver Lernphasen, von Übungen und notwendigen Wiederholungen und hinsichtlich der zu verwendenden Medien umfasst.

Didaktisch-methodische Umsetzung

3 Zielgruppe: Ausländische Germanistikstudenten

Zielgruppe ausländische Studierende

Die Zielgruppe, um die es im Folgenden prototypisch geht, sind ausländische Studierende, die an einer deutschen Universität für das Fach Germanistik eingeschrieben sind. In Abschnitt 3.1 soll zunächst ausgehend von einer authentischen Befragung aufgezeigt werden, welchen Lernbedarf die Studierenden selbst thematisieren, um anschließend (Abschnitt 3.2) die linguistischen Hintergründe dieser Einschätzungen näher zu beleuchten.

3.1 Befragung der Lernergruppe

Fallbeispiel Germanistik-Studenten

Im Rahmen eines linguistischen Seminars wurden im Wintersemester 2002/03 an der Ludwig-Maximilians-Universität München 30 ausländische Studierende der Germanistik im Blick auf ihre Sprachlernbiographien, ihre Zufriedenheit mit ihren Lebensumständen in Deutschland, ihre selbsteingeschätzten Sprachkenntnisse und ihren selbst empfundenen Lernbedarf hinsichtlich der deutschen Sprache und hinsichtlich verschiedener Handlungssituationen schriftlich und mündlich befragt. Die zumeist weiblichen (96 %) Studierenden kamen aus 19 verschiedenen Nationen, unter anderem aus Albanien, Bulgarien, Estland, Griechenland, Kirgisien, Peru, Polen, Russland, Tschechien und der Türkei. Sie waren durchschnittlich 24 Jahre alt, befanden sich im 4. Fachsemester, hatten durchschnittlich rund 5 Jahre Deutsch gelernt und lebten – bei beträchtlicher individueller Varianz – durchschnittlich seit rund 4 Jahren in Deutschland.

Lernerbefragung

In der schriftlichen Befragung der Gruppe mittels Fragebogen wurde für verschiedene Fragen eine siebenstufige Skala vorgegeben, die eine differenzierte Auswertung erlaubte. Im Einzelnen ergab sich folgendes Bild: Insgesamt hatten sich die ausländischen Studierenden „gut in München eingelebt“ (Durchschnittswert 1,7 bei „1 = ja“ und „7 = nein“). Ihre Sprachkenntnisse sehen die Studierenden als halbwegs, aber nicht als völlig ausreichend an: Die Frage „Sind Sie zufrieden mit Ihren Sprachkenntnissen?“ („1 = ja“ bis „7 = nein“) wurde mit einem durchschnittlichen Wert von 3,1 beantwortet. Nach Einschätzung der Befragten weicht ihre Sprachbeherrschung noch deutlich von einer muttersprachlichen Beherrschung ab (Durchschnittswert 4,8 bei „1 = keine Kenntnisse“ bis „7 = muttersprachlich“). Bezogen auf die verschiedenen Handlungsräume im Alltag, empfanden die Studierenden im privaten Bereich eine deutlich höhere Sicherheit als im Handlungskontext Universität (Durchschnittswert 5,5 im privaten gegenüber 4,6 im universitären Bereich bei „1 = sehr unsicher“ und „7 = sehr sicher“).

Sprachkenntnisse

Lerninteressen der Gruppe

Die Lerninteressen der vorliegenden Gruppe wurden im Fragebogen mittels einfacher Ankreuzoptionen erfragt. Diagramm [1] gibt eine Übersicht darüber, wie viel Prozent der Befragten den betreffenden Lernbereich für sich persönlich als sinnvoll einschätzen. Ihre Aussprache und ihre Schreibkompetenz wurden von 60 % der Studierenden als verbesserungsbedürftig angesehen. Wesentlich weniger Bearbeitungsbedarf scheint nach Einschätzung der Befragten hingegen hinsichtlich ihrer Lesekompetenz, Grammatik- und lexikalischen Kenntnisse zu bestehen. Gegenüber dem „Hörverstehen im Handlungsraum Universität“ (58 %) wurde ein „Hörverstehen im privaten Bereich“ nur von 9 % der Beteiligten problematisiert.

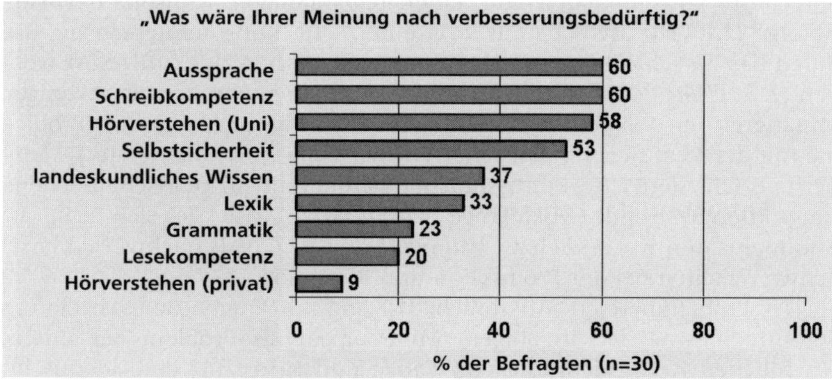

Problematische Handlungssituationen

Im Anschluss an die Fragebogenerhebung wurden die Teilnehmenden mündlich nach den für sie problematischen Handlungssituationen im Studium befragt. In Bezug auf das mündliche Handeln wurde vor allem das Halten von Referaten, in Bezug auf das schriftliche Handeln das Verfassen von Protokollen und Hausarbeiten thematisiert. Dieser Selbsteinschätzung entspricht die zunehmende Thematisierung der Handlungssituationen in angewandt-linguistischen Arbeiten, die auf die Schulung ausländischer Studierender abzielen (s. Abschnitt 2.2).

3.2 Linguistische Hintergründe der Lerninteressen

Aussprache

Ausgehend von der exemplarischen Lernerbefragung soll im Folgenden der Lernbereich ‚Aussprache' den Ausgangspunkt weiterer Überlegungen bilden, der für die Studierenden trotz eines fortgeschrittenen Sprachstands ein offensichtlich immer noch großes Problem darstellt. Die meisten Befragen waren sich bewusst, dass sie im Deutschen einen „hörbaren Akzent" besitzen: Die Frage „Sprechen Sie mit Akzent?" wurde von den Lernenden auf einer Skala von „1 = ja" und „7 = nein" durchschnittlich mit 3,4 bewertet. In Abschnitt 3.2.1 soll kurz aufgewiesen werden, wie Lernprobleme im Bereich der Phonetik bzw. Phonologie des Deutschen linguistisch näher zu charakterisieren sind. In Abschnitt 3.2.2 wird auf den Stellenwert des Lernziels in dem von den Lernern genannten Handlungskontext ‚Referat' eingegangen.

3.2.1 Lernziel ‚Aussprache'

Laute

Phonetisch-phonologische Lernprobleme für Deutsch als Fremdsprache sind häufig durch unterschiedliche Auswahlen bedingt, die Einzelsprachen aus der Vielfalt der Möglichkeiten menschlicher Lautproduktion treffen. Oft werden Artikulationsgewohnheiten in einer ‚negativen Interferenz' aus der Erstsprache oder einer vorher erlernten Fremdsprache (z.B. Englisch) von Lernern auf das Deutsche übertragen oder können vom erstsprachlichen Lautsystem abweichende Laute nicht (mehr) produziert werden (s. Dieling 1992). Besondere Schwierigkeiten bereiten Sprechern von Sprachen mit einer regelmäßigen Konsonant-Vokal-Abfolge (z.B. Türkisch) beispielsweise deutsche Konsonantencluster, die durch das Einschieben von so genannten ‚Sprossvokalen' aufgelöst werden (z.B. *biringit* statt *bringt*). Sprecher von Sprachen mit einem weniger umfangreichen Vokalsystem (z.B. Arabisch) hingegen haben oft Probleme mit der Realisierung deutscher Vokale wie *ü* ([yː]) oder *ö* ([øː]). Lernern verschiedener Herkunftssprachen bereitet die im Deutschen bedeutungsdifferenzierende Vokallänge bzw. -kürze, wie sie sich z.B. an Minimalpaaren wie *Wahl* bzw. *Wal* [vaːl] und *Wall* [val] nachweisen lässt, Schwierigkeiten bei der Produktion und Rezeption.

Schreibung

Der Problembereich ‚Aussprache' ist eng mit Fragen der Schreibung verbunden, was sich in obigem Minimalpaar als Problem der unterschiedlichen Kennzeichnung von Länge und Kürze für eine identische

Lautsequenz zeigt, ein Problem, das sich auch beim Schrifterwerb muttersprachlicher Sprecher des Deutschen stellt. Vom Deutschen divergierende Verschriftlichungen gleicher oder ähnlicher Laute in der Erstsprache oder einer zuvor gelernten Fremdsprache bereiten fremdsprachlichen Schreibern oder Lesern weitere Schwierigkeiten.

Intonation i.w.S.

Ein eigenes phonetisch-phonologisches Problempotential für Fremdsprachensprecher bildet die Intonation bzw. Prosodie des Deutschen, z.B. Stimmhebungen/-senkungen, emphatische Betonungen, Lautstärke, Sprechgeschwindigkeit, Pausenlänge und -setzung, Töne, Intonationsverläufe. Jüngste Untersuchungen haben gezeigt, dass phonetisch-phonologische Abweichungen auch bei ansonsten recht guter Sprachbeherrschung unter Umständen erhebliche soziale Konsequenzen bei der Einschätzung der Glaubwürdigkeit und Zurechnungsfähigkeit eines Sprechers zeitigen (Liedke 2003). Es zeichnete sich zugleich ab, dass fremdsprachliche Hörerinnen und Hörer in dieser Hinsicht sogar weniger Toleranz als muttersprachliche Hörerinnen und Hörer zeigen.

3.2.2 Lernziel ‚Referat'

Diskurstyp ‚Referat' / ‚Vortrag'

Der von den Lernern gesehene Verbesserungsbedarf im Bereich der Aussprache steht, wie ein Blick auf die von den Lernenden genannten Handlungssituationen zeigt, in systematischem Bezug zu dem von ihnen problematisierten Diskurstyp ‚Referat'; dies sowohl im Blick auf die Sprachproduktion als auch im Blick auf die Rezeption des sprachlichen Handelns anderer (‚Hörverstehen').

Zwecksetzung ‚Überlieferung'

Beim ‚Referat', einem Untertyp des ‚Vortrags', kommt der Mündlichkeit eine zentrale Rolle zu, wenngleich durch Folien oder Handouts den Zuhörern zum Teil visuelle Hilfen gegeben werden. Da für den Diskurstyp charakteristisch ist, dass seine Inhalte ‚Überlieferungscharakter' (Ehlich 1983) haben, ist das ‚Referat' zugleich durch einen hohen Grad an Textualität gekennzeichnet, der sich in der *face-to-face*-Situation in einer Skala von möglichen spontan produzierten bis hin zu vollständig abgelesenen Äußerungen konkretisiert. Für die Diskursart ‚Vortrag/Referat' ist ferner kennzeichnend, dass das sprachliche Handeln des Sprechers im Blick auf eine größere Hörergruppe stattfindet. So bedarf dieser Diskurstyp aufgrund akustisch-auditiver Erfordernisse häufig einer besonders deutlichen Sprechweise, wobei die verbale Präsentation in Aufbau und Geschwindigkeit an die Verstehensleistungen der Zuhörer anzupassen ist. Dieses Problem stellt sich sowohl für mutter- als auch für fremdsprachliche Referenten.

Informationsverlust bei Fremdsprachigkeit

Gleichwohl macht sich Fremdsprachlichkeit in der Diskursart ‚Vortrag/Referat' besonders negativ bemerkbar. Untersuchungen zur phonetischen Verständlichkeit von Deutschlernern haben gezeigt, dass selbst bei fremdsprachlichen Sprechern, die im allgemeinen von ihrer phonetischen Kompetenz her als „gut" oder „sehr gut verständlich" eingeschätzt wurden, beim Halten eines textidentischen Vortrags auf Seiten der Zuhörer ein Informationsverlust von rund 30 bis 40 % gegenüber einem muttersprachlichen Vortragenden zu verzeichnen ist (Hirschfeld 1994).

Die unterschiedlichen Rezeptionsleistungen der Hörer im Blick auf die Verständlichkeit der fremdsprachigen Versuchspersonen bei isoliert gesprochenen Wörtern und Kurzsätzen und bei der Realisierung eines Vortrags können auf zwei Gründe zurückgeführt werden. Zum einen kommen im Kontext des ‚Vortrags' prosodische Mittel in anderer Weise zum Tragen bzw. wirken sich in ihrem Fehlen oder ihrer zielsprachenabweichenden Realisierung erst dann aus. Zum zweiten legen die Ergebnisse nahe, dass sich bei längerem Hören fremdsprachliche Lautabweichungen als Störfaktoren stärker bemerkbar machen.

Die wissenschaftlichen Ergebnisse decken sich mit den eigenen Einschätzungen des Verbesserungsbedarfs im Bereich der Phonetik durch die Lerner sowie ihrer Problematisierung des Diskurstyps ‚Referat' (s. auch Esser 1997) und weisen auf eine notwendige Bearbeitung durch Unterricht hin.

3.3 Standardsprache und Abweichungen

Standardsprache

Um eine gezielte Bearbeitung des Problembereichs ‚Phonetik' im Deutschunterricht vornehmen zu können, ist zunächst eine genaue Diagnose erforderlich, wo die Probleme der Lerner und Lernerinnen liegen, d.h. an welchen Stellen sie von den zielsprachlichen Strukturen abweichende Formen produzieren. Diese Frage ist insofern nicht leicht zu beantworten, als sich in der deutschen Sprache durchaus unterschiedliche regionale Realisierungsvarianten von Lauten finden (siehe z.B. Abschnitt 4.3). Generell sollte jedoch als Lernziel die Norm der ‚Standardsprache' angesetzt werden (s. Dieling 1992, Dieling/Hirschfeld 2000), zum einen, da diese anders als die verschiedenen regionalen Varianten als gut beschrieben gelten kann; zum zweiten, da nicht alle Lerner in ihrer Sprache eine regionale Zugehörigkeit ausdrücken wollen; zum dritten, da eine regional oder dialektal geprägte Sprechweise über die Realisierung von Einzellauten bzw. Lautabfolgen hinaus auch bestimmte morphologische, lexikalische oder syntaktische Eigenheiten aufweist, die entsprechend ebenfalls zu realisieren wären, um einen einheitlichen linguistischen Eindruck zu erzeugen.

Individualisierter und verallgemeinerter Problemaufweis

Die Diagnose von Abweichungen von der Standardsprache kann letztlich nur individuell geschehen, da auch Lerner derselben Herkunftssprache unterschiedliche „Fehler" machen. Gleichwohl ist es für den Lehrer und Diagnostiker hilfreich, sich anhand kontrastiver Analysen über die potentiellen Problembereiche zu informieren, die für Lerner verschiedener Herkunftssprachen aufgedeckt worden sind (Dieling 1992), da sie erste Vermutungen darüber zulassen, in welchen Bereichen die Schwierigkeiten angesiedelt sind. Ausgehend von solchen allgemeinen linguistischen Vorinformationen, geben individuelle Untersuchungen des aktuellen sprachlichen Handelns wiederum Hinweise auf Aspekte, die für eine bestimmte Lernergruppe als ganze problematisch sein können, sich jedoch dem unmittelbaren kontrastiven Vergleich entziehen.

4 Einzellfallanalyse: Der „fremdsprachliche Akzent"

Fallbeispiel Marga P.

Im Folgenden soll beispielhaft eine solche individuelle Analyse für eine der LernerInnen durchgeführt werden. Marga P., die vorliegende Sprecherin, hat Deutsch vor dem Hintergrund der polnischen Sprache erlernt. Marga weiß, dass sie im Deutschen einen hörbaren „Akzent" besitzt (s. Abschnitt 3.2). Nach eigenen Angaben kann sie diesen Akzent jedoch nicht mehr „genauer bestimmen" und sieht insofern auch keine Bearbeitungsmöglichkeit für sich selbst, z.B. durch ein phonetisches Selbstlernbuch.

4.1 Kontrastive Vorinformationen

Deutsch-polnischer Sprachkontrast

Bevor im Folgenden eine Sprachprobe der Sprecherin analysiert wird, soll kurz nach dem Problempotential gefragt werden, das sich aus dem deutsch-polnischen Sprachkontrast für polnische Lerner beim Erwerb des Deutschen ergibt, wenn Eigenschaften der Erstsprache bei der Sprachproduktion (Dieling 1992) oder -rezeption (Hentschel 1986) auf die Zielsprache übertragen werden.

Vokalsystem

Das Lautsystem des Polnischen ist im Vergleich zu dem Lautsystem des Deutschen (s. Tabellen [2] und [3] im Anhang) durch eine geringere Anzahl von Vokalen gekennzeichnet, wobei sich keine bedeutungstragende Differenzierung von Lang- und Kurzvokalen findet. Schwierigkeiten für Polen sind im Blick auf die Umlaute [ʏ] und [œ], insbesondere hinsichtlich der lang realisierten Formen [yː] und [øː] prognostizierbar, die im Polnischen nicht vorhanden sind. Ein weiteres Problempotential bildet der deutsche Langvokal [eː], der sich im Polnischen nicht findet und von polnischen Deutschlernern meist zu offen gesprochen [ɛ] oder diphtongiert bzw. als Diphtong [ei] wahrgenommen wird. Eine Lautreduktion bei unbetonten Silben wird im Polnischen nicht vorgenommen, was zur Folge hat, dass der deutsche Schwa-Laut [ə] von polnischen Lernern ebenfalls häufig als [ɛ] realisiert und die unbetonten Silben überdeutlich artikuliert werden. Auch ist die Realisierung des Glottisverschlusses bei einem Vokalneueinsatz im Polnischen anders als im Deutschen nicht obligatorisch.

Konsonanten

Das Konsonantensystem des Polnischen ist reicher als das des Deutschen und umfasst die Palatalisierung verschiedener Laute, die von Lernern z.T. auf das Deutsche übertragen wird. Insgesamt ist die Sprechspannung im Polnischen geringer, was zu einer weniger deutlichen artikulatorischen Abgrenzung von Fortis- und Lenislauten führt. Das polnische /r/ wird stets als ‚Zungenspitzen-r' realisiert. Die Frikative [h] und [ç] finden sich im Polnischen nicht; das Graphem <h> steht für den Laut [x]. Der Laut [ŋ] (wie in dt. *lang* oder engl. *song*) ist im polnischen Phonemsystem ebenfalls nicht vorhanden. Hinsichtlich von Konsonantenabfolgen sind im Deutschen und im Polnischen andere Assimilationsgesetze zu verzeichnen.

Intonation

Anders als im Deutschen, gibt es im Polnischen keinen freien Wortakzent. Der Akzent liegt bei der Intonation von Worten und Sprech-Takten typischerweise auf der vorletzten Silbe und fällt, anders als im Deutschen, häufig auch auf Funktionswörter.

4.2 Ableitung von Lernzielen aus der sprachlichen Handlungswirklichkeit

Sprechprobe als Datengrundlage

Betrachten wir nun einen Auszug aus einer Sprechprobe, die von der hier interessierenden polnischen Sprecherin erhoben wurde [Abb. 1]. Der Auszug wird in zwei Transkriptionsweisen vorgestellt.

Abb. 1
Sprechprobe

Sprechprobe „Reiseleitung bei Stadtrundfahrt"
Aufnahme: Liedke 2000

Literarische Umschrift (nach HIAT 1+2)

Literarische Umschrift

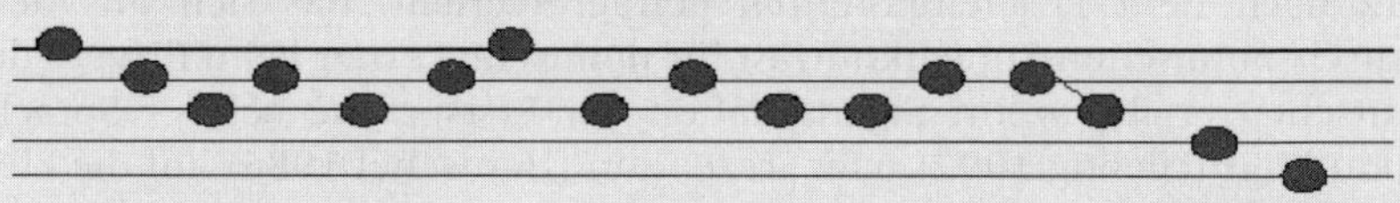

Elfchundertachtenfünfzig ä:h . ist der Geburtsjahr . Münchens.

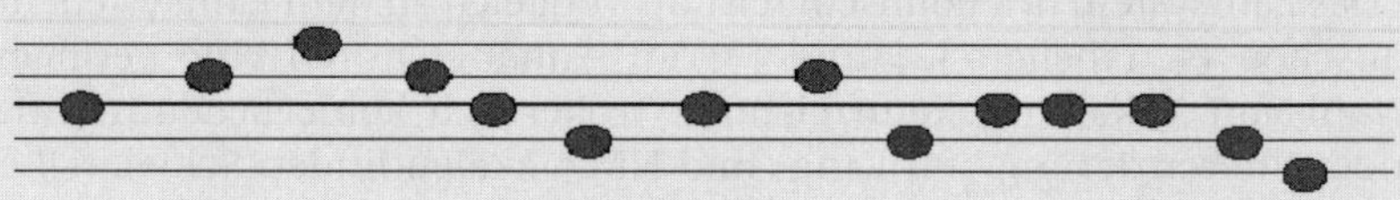

ä:hm . München würde durch Heinrich den Löwen gegründet.

Phonetische Transkription (nach IPA)

IPA

'ʔɛlfxʊndert ˌaxtən ˌfʏnftsɪkʰ˥|ʔəː˧|
'ʔɪsdʒgə'bʊʀtsjaːɐ̯˧|'mʏnçɪns˩‖
ʔæːm˧|'mynçɪn'vʏɾdəduəçː‿'haeɐ̯nɾɪçde'n
'løːvəngə'gɾʏndʒt˩‖

Zum einen wird er in ‚literarischer Umschrift' wiedergegeben, die auf die üblichen Verschriftlichungskonventionen des Deutschen zurückgreift und Abweichungen in der lautlichen Realisierung daher nur grob erfasst. Längungen werden gemäß dem Verfahren der ‚Halbinterpretativen Arbeitstranskription (HIAT)' durch das Zeichen ‚:', Pausen durch ‚.' erfasst. Der Intonationsverlauf wurde gemäß HIAT auf einer fünfstufigen Skala notiert, wobei über den Silben die relative Tonhöhe verzeichnet wird, mit der sie realisiert werden.

In einer zweiten Fassung wird der Ausschnitt in der phonetischen Umschrift des ‚Internationalen Phonetischen Alphabets (IPA)' präsentiert, die eine Eins-zu-Eins-Zuordnung von Laut und Verschriftlichung ermöglicht. Es handelt sich hier um eine so genannte ‚breite Transkription', die Feinheiten wie geringfügige Verschiebungen der Artikulationsstellen im Mundraum noch nicht berücksichtigt. Die verwendeten IPA-Lautzeichen werden in den Tabellen [2] und [3] im Anhang anhand von deutschen Beispielwörtern verdeutlicht. Die Haupt- [ˈ] und Nebenakzente [ˌ], die in der Äußerung realisiert werden, sind der IPA-Konvention entsprechend vor der betonten Silbe notiert. Transkribiert wurde ferner die intonatorische Absetzung von Äußerungseinheiten: [|] zeigt eine binnenstrukturelle Segmentierung an; [‖] kennzeichnet das Ende einer größeren Äußerungseinheit. Ferner wurden die auf den Endsilben der Äußerungseinheiten realisierten Tonverläufe steigend/hoch [˥], gleichbleibend/mittel [˧] und fallend/tief [˩] notiert.

Der kurze Äußerungsausschnitt der Sprecherin lässt verschiedene bearbeitungsbedürftige Bereiche erkennen (Abschnitt 4.2.1 ff.).

4.2.1 Reduktion des Artikels (phonetische Neutralisierung)

Problemkomplex 1: „Neutralform" des Artikels

Im vorliegenden Beispiel ist zunächst ein syntaktisch-morphologischer Fehler auffällig, der die Wahl des richtigen Artikels (*der Geburtsjahr*) betrifft. Die phonetische Transkription zeigt, dass der Artikel *der* hier nicht explizit, sondern nur näherungsweise artikulatorisch realisiert wird [dɜ]. Es kann vermutet werden, dass die Sprecherin Probleme mit der Artikelsetzung im Deutschen vermeiden bzw. verdecken will, indem sie gegebenenfalls eine undeutliche Kurzform artikuliert, die eine Art „neutralen Kompromiss" zwischen [deɐ̯], [diː] und [das] darstellt. So wirkt ein möglicher „Fehler" zwar weniger auffällig, zugleich wird die Rede von Marga durch solche Neutralisierungsformen jedoch verschliffen und undeutlich. Ihre Unsicherheit in der artikulatorischen Umsetzung des Artikels kann ferner durch Unsicherheiten im Blick auf die Realisierung der verschiedenen Varianten des Phonems /r/ im Deutschen bedingt sein, ein Punkt, der im Folgenden angesprochen wird.

4.2.2 Realisierungen des /r/

Problemkomplex 2: das deutsche /r/

Die korrekte Realisierung des /r/ stellt einen besonderen Problembereich im Deutschen dar. So sind in der Sprechrealität der gesprochenen deutschen Standardsprache, wie sie überregional in Nachrichtensendungen und Talkshows verwendet wird, neun verschiedene Realisierungsvarianten für /r/ zu verzeichnen (Krech 1997). Es lassen sich jedoch eindeutige normative Tendenzen erkennen, die entsprechend in Regelwerken wie dem ‚Grossen Wörterbuch der deutschen Aussprache' kodifiziert werden, das laufend anhand von Sprachuntersuchungen angepasst und erneuert wird. Für /r/ unterscheiden sich die Normen bei prävokalischer und postvokalischer Realisierung.

Standardsprachliche Normen

In prävokalischer Stellung, also z.B. in Wörtern wie *Heinrich* oder *gründen*, wird /r/ in 89 % aller Fälle als uvularer Frikativ ausgesprochen, der sowohl stimmhaft ([ʁ], 40 %) als auch stimmlos ([χ], 30 %) realisiert werden kann und der z.T. (19 %) auch nur approximativ, d.h. mit schwacher Reibung artikuliert wird. Wesentlich seltener, nämlich nur in rund

9% aller Fälle, finden sich in der gesprochenen Standardsprache die z.B. noch bei Zifonun et al. (1997) als Norm geführten Umsetzungen als Vibrant. Dabei wird der Vibrant in 6% der Fälle uvular, als ‚Zäpfchen-r' [ʀ] gebildet, das zumeist mehrschlägig realisiert wird. Das im Süddeutschen häufig verwendete, einschlägige ‚Zungen-r' [ɾ] findet in der Standardsprache nur in rund 3% aller Fälle Einsatz.

In postvokalischer Stellung, d.h. in sprachlichen Umgebungen wie *der, hundert* oder *Jahr*, wird /r/ demgegenüber je nach vorhergehendem Laut bzw. Lautumgebungen in rund 81 bis 95% der untersuchten Verwendungsweisen voll vokalisiert [ɐ], kurz vokalisiert oder unterliegt dem Lautschwund, häufig verbunden mit einer Längung des vorhergehenden Vokals und einer Änderung seiner Qualität (Krech 1997). Lediglich in 1 bis 17% der Fälle wird /r/ postvokalisch als Frikativ und ausgesprochen selten (0,1%–1% der Fälle) als Vibrant artikuliert.

Lernersprachliche Realisierungen

Wie stellt sich die Umsetzung des /r/ nun bei Marga P. dar? Ausgehend von der vorliegenden Sprechprobe kann zunächst festgehalten werden, dass Marga verschiedene Varianten des /r/-Lautes in ihrer Rede einsetzt. Sie verwendet sowohl den palatalisierten Vibranten [ʀ] (*Geburts-*) als auch die vokalisierten Varianten [ɐ] (*-jahr*) bzw. – abgeschwächt – [ə] (*durch*). In den meisten Fällen, sowohl in prävokalischer (*Heinrich, gegründet*) als auch in postvokalischer Stellung (*hundert, würde*) realisiert sie /r/ jedoch als ‚Zungenspitzen-r'. Dies lässt den Laut als Fremdheitsaufweis auditiv markant hervortreten.

4.2.3 Umsetzungen des /h/, Reibelaute

Problemkomplex 3: Hauchlaut und Reibelaute

Der glottale Frikativ /h/ ist im Deutschen phonematisch von den velar und palatal artikulierten Frikativen [ç] und [x] differenziert, die als gebundene Varianten des Phonems /x/ allophonischen Charakter besitzen. Im Blick auf die Umsetzung von [h] lässt die vorliegende Sprechprobe für Marga P. erkennen, dass sie den Laut zwar durchaus artikulieren kann (*Heinrich*), ihn aber entweder mit einem vorhergehenden, lang gezogenen [ç] verschleift (*durch Heinrich*) oder ihn durch [x] ersetzt (*elfhundert*).

Statt der im Standarddeutschen üblichen Artikulation der Endung *-ig* als [ɪç] (*fünfzig*) realisiert Marga die im Süddeutschen übliche Umsetzung mit stimmlosem Plosiv [ɪg̊] bzw. [ɪk], die für das Hochdeutsche als „hyperkorrekt" angesehen wird (Zifonun et al. 1997, 174).

4.2.4 Auffälligkeiten im Bereich der Vokale

Problemkomplex 4: Übergeneralisierung des ü

Im Bereich des deutschen Vokalsystems schließlich stellen sich für Marga zwei Zusammenhänge als zielsprachenabweichend heraus. Im Zusammenhang mit dem deutschen Umlaut *ü* [ʏ] ist eine Übergeneralisierung zu beobachten (*würde* statt *wurde*).

Im Zusammenhang mit den für das Deutsche typischen Abschwächungen des <e> in unbetonten Vor- und Endsilben als [ə], [ɘ] oder [ɜ] in Wörtern wie *gegründet* oder *wurde*, findet sich bei Marga auch der Einsatz von [ɪ] (*München*). Die Vokale in den Nebensilben werden von ihr immer deutlich artikuliert. Der für das gesprochene Deutsch typische ‚Schwa-Ausfall', der gegenüber einer isolierten Wortpräsentation in so genannten ‚Zitierformen' zu rein konsonantischen Endsilbenrealisierungen führt (z.B. [maxn̩] statt ['maxən]) und der für bestimmte Lautumgebungen standardmäßig sowohl beim Vorlesen von Nachrichten als auch in Alltagsgesprächen auftritt (Krech 1998), findet sich bei Marga nicht.

Problemkomplex 5: Abschwächung der Nebensilben

4.2.5 Wort- und Äußerungsintonation

Problemkomplex 6: Intonation

Neben den oben aufgewiesenen Abweichungen im Bereich der Realisierung des deutschen Lautsystems sind für Marga P. ausgehend vom vorliegenden Beispiel auch prosodische Merkmale auffällig. Im Bereich der Wortintonation lassen sich Unsicherheiten bei der Setzung des Wortakzents in dem Mehrfachkompositum *elfhundertachtundfünfzig* erkennen, das sie gleich mit zwei Nebenakzenten überdeutlich artikuliert. Damit geht einher, dass Sprechrhythmus und Stimmführung in der obigen Sprechprobe durch eine regelmäßige Akzentsetzung gekennzeichnet sind. Ein ‚Gewichtungsakzent', d.h. die intonatorische Hervorhebung eines Hauptakzents in der Äußerungskonstruktion (Zifonun et al. 1997, 212 ff.), ist nicht erkennbar. Für Zuhörer entfällt somit ein zentrales Mittel der inhaltlichen Relevanzsetzung: Alle verbalen Informationen erscheinen in diesem Zusammenhang gleich gewichtet; eine Fokussierung semantischer Momente findet nicht statt. Aufgrund der zentralen Rolle der Intonation bei der Informationsprozessierung im Deutschen kann davon ausgegangen werden, dass sich dieses intonatorische Moment bei Vorträgen oder Referaten – neben einem durch die o.g. artikulatorischen Abweichungen bedingten erhöhten Rekonstruktionsaufwand – unmittelbar in der hörerseitigen Verstehensleistung auswirkt und den rekonstruierenden Nachvollzug des Gesagten stark behindert.

4.2.6 Verzögerungsphänomene

Problemkomplex 7: ‚äh'

Ein weiterer Problembereich, der sich in vorliegendem Beispiel zeigt, wurde bislang nicht angesprochen: die Realisierung von verzögernden *äh*s, mit denen ein Sprecher anzeigt, dass er das Rederecht übernehmen will bzw. dass seine laufende Äußerung noch in Planung begriffen ist, er das Rederecht jedoch nicht abgeben möchte (Zifonun et al. 1997). In Bezug auf Diskursarten wie den ‚Vortrag' gilt die Verwendung solcher Elemente als störend und dysfunktional, da hier kein freier Sprecherwechsel stattfindet, sie mithin keine Funktion mit Blick auf das *turn-taking* erfüllen. Der häufige Einsatz der verschiedenen Formen von *äh* ist jedoch kein für fremdsprachliche Lerner spezifisches Phänomen, sondern stellt sich ebenso für muttersprachliche Referenten oder Vortragende, wenngleich es bei Fremdsprachigkeit aufgrund der Suche nach einer passenden Vokabel oder eines längeren Planungsbedarfs von Äußerungen aufgrund geringerer Automation insbesondere bei noch niedriger Sprachkompetenz in der Fremdsprache zu einem verstärkten Einsatz verzögernder Partikeln kommen mag.

5 Bearbeitung

Sprachkontrast und Lernerleistung

Die linguistische Analyse konnte für die polnische Sprecherin verschiedene Aspekte aufweisen, die zusammengenommen ihren im Deutschen hörbaren „fremdsprachlichen Akzent" ausmachen. Es zeigt sich, dass die von ihr realisierten lautlichen Abweichungen größtenteils auf den Sprachkontrast Deutsch-Polnisch zurückgeführt werden können: Die aufgewiesenen Probleme waren in den vom Sprachkontrast her erwartbaren Bereichen angesiedelt, allerdings nicht immer als eine unmittelbare Konsequenz von „Übertragung" anzusehen. So zeigte sich für Marga beispielsweise die Tendenz zur Übergeneralisierung (statt zur Nicht-Verwendung) des im Polnischen unbekannten [ʏ]-Lautes, die sicherlich ebenfalls mit dadurch bedingt ist, dass es sich um einen Laut handelt, der ausgehend von dem automatisierten polnischen Inventar eine Umstellung der erstsprachlichen Artikulationsgewohnheiten mit sich bringt. Vor dem Hintergrund der kontrastiven Analyse des Deutschen und Polnischen weisen das Beispiel [ʏ] ebenso wie andere der für die Sprechprobe diskutierten artikulatorischen Kennzeichen zugleich darauf hin, dass die Sprecherin im Bereich der deutschen Aussprache bereits erhebliche Lernleistungen erbracht hat. Die Hervorhebung dieses Aspekts ist für Lerner ein wichtiges motivierendes Moment. Neben den in der Analyse aufgewiesenen Fehlleistungen sollten daher im Zusammenhang einer phonetischen Schulung auch aufzuweisende Leistungen deutlich gemacht werden.

Bewusstmachung der Problembereiche und ihrer Ursachen

Bei der Bearbeitung fremdsprachlicher Abweichungen von der Zielsprache ist ein kombiniert kognitiv-praktisches Vorgehen sinnvoll. So sollten den Lernern zunächst die aufgewiesenen Problembereiche bewusst und in ihren Ursachen transparent gemacht werden. Dazu gehört es, die für das Deutsche geltenden Normen als Regelwissen zu vermitteln. Zugleich sollten in praktischen Übungen eine höhere Produktionsaufmerksamkeit und eine größere Artikulationsautomation erreicht werden. Für die Vermittlung und das Training bestimmter Lautbereiche können Lehrende auf einschlägiges Übungsmaterial zurückgreifen (s. Dieling/Hirschfeld 2000). Für Marga P. bieten sich im Einzelnen an:

Übungen zu den Problembereichen

- Erklärung der verschiedenen Möglichkeiten, im Deutschen das /r/ zu realisieren; vereinfachte Regelbildung „vor Vokal Reibelaut, nach Vokal vokalisiert"; Einübung der Produktion des frikativ realisierten /r/ und seiner vokalischen Varianten anhand von Gurgelübungen und Übungssätzen wie *Rita rodet rote Rüben* oder *Peter oder wer auch immer ärgert Herbert sehr*;
- gezielte Bewusstseinslenkung auf die Produktion des Hauchlauts /h/ in Abgrenzung zu den genannten anderen Reibelauten, die Marga ersatzweise realisiert; Artikulationstraining des /h/ in Übungsfolgen wie *oho, aha, uhu*

oder *Ich haste nach Haus, vor Hitze hechelnd*; Vermittlung der Regel „bei *-ig* sprich *-ich*" als Standardvariante, die anhand von Sätzen wie *Ich bin ein kleiner König, gib mir nicht zu wenig* automatisiert werden kann;

- Übung der Vokalartikulationen (‚Lippentraining/Mundgymnastik'), besonders des als problematisch hervorgetretenen Lautkontrasts [ʏ] / [ʊ] bzw. der Lautfolge [ʏ] / [ə] durch bewusstes Artikulieren von Lautfolgen wie [ʏ] – [ʊ] – [ʏ] – [ʊ] und [ʏ] – [ə] – [ʏ] – [ə], Ausspracheübungen wie *München, Münster, Würzburg und Lünen*;
- Bewusstmachung der verschiedenen Endsilbenabschwächungen, besonders des Lautwegfalls, Festigung durch Ausspracheübungen wie *In München mahlen viele Mühlen* o.ä.;
- gezielte Aufmerksamkeitslenkung auf die explizite Artikulation der Artikel, zumindest im Kontext der Handlungsform ‚Vortrag/Referat';
- Aufmerksamkeitslenkung auf intonatorische Gesamtkonturen, insbesondere auf den Gewichtungsakzent, sowohl rezeptiv als auch produktiv.

Der Problemkomplex *äh*, der oben als nicht fremdsprachenspezifisch angesprochen wurde, kann im Rahmen eines allgemeinen Kommunikationstrainings thematisiert und z.B. durch bewusstes Sprechen in Stichwortreden bearbeitet werden.

individualisierter und verallgemeinerter Einsatz

Wie für Marga gezeigt, lässt sich auf der Basis von Sprechproben bei einem individuellen Ansatz für verschiedene Lerner der jeweilige Bedarf an korrektivem Phonetik-Training ermitteln (s. Abschnitt 2). Beispiele wie das oben dokumentierte lassen sich jedoch auch mittelbar im Unterricht anderer Sprecher des Deutschen als Fremdsprache nutzen, um zunächst allgemein die Aufmerksamkeit auf bestimmte phonetisch-phonologische Fehlleistungen und Eigenschaften der Zielsprache und folgend auf die eigene Aussprache zu lenken.

Anhang

Phonetische Umschrift und Wortbeispiele: deutsche Vokale

[aː]	wie in *Wahl, Wal, Sahne, Rabe*	[vaːl] [ˈzaːnə] [ˈʁaːbə]
[a]	wie in *Wall, Hans, Kanne*	[val] [hans] [ˈkanə]
[ɐ]	vokalisiertes „r" (<r>, <er>) wie in *Lehrer, Uhr, Wärter*	[ˈleːʁɐ] [ʔuːɐ̯] [ˈvɛɐ̯tɐ]
[eː]	wie in *Leben, See, Reh*	[leːbm̩] [zeː] [ʁeː]
[ɛ]	wie in *Berg, denken, Länge*	[bɛɐ̯k] [ˈdɛŋkn̩] [ˈlɛŋə]
[ə]	wie in *Haare, arbeitet,* bei Vorsilben oft in Richtung [e] oder [ɛ] verschoben ([ɘ], [ɜ]) wie in *Gebet, verändern*	[haːʁə] [ˈʔaɐ̯baet̯ət] [gɘˈbeːt] [fɜɐ̯ˈʔɛndɐn]
[iː]	wie in *Liebe, Stil, sieht*	[ˈliːbə] [stiːl] [ziːt]
[ɪ]	wie in *Stille, Kind, Sinn*	[ˈʃtɪlə] [kʰɪnt] [zɪn]
[oː]	wie in *Hose, Ofen, Sohn*	[ˈhoːzə] [ˈʔoːfn̩] [zoːn]
[ɔ]	wie in *Hort, offen, Sonne*	[hɔɐ̯t] [ˈʔɔfn̩] [ˈzɔnə]
[uː]	wie in *Mut, Krug, Uhr*	[muːt] [kʁuːk] [ʔuːɐ̯]
[ʊ]	wie in *Mutter,Hund, Unsinn*	[ˈmʊtɐ] [hʊnt] [ˈʔʊnzɪn]
[øː]	wie in *Löwe, Töne, Söhne*	[ˈløːvə][ˈtøːnə] [ˈzøːnə]
[œ]	wie in *Stöcke, Röcke*	[ˈʃtœkə] [ˈʁœkə]
[yː]	wie in *Lüge, süß,müßig*	[ˈlyːgə] [zyːs] [ˈmyːsɪç]
[ʏ]	wie in *drücken, müssen*	[ˈdʁʏkn̩] [ˈmʏsn̩]
[ae̯]	wie in *Eis, Reise, Mais*	[ʔae̯s] [ˈʁae̯zə] [mae̯s]
[ao̯]	wie in *Haus, saufen, Traube*	[hao̯s] [ˈzao̯fn̩] [ˈtʁao̯bə]
[ɔe̯]	wie in *Eule, Freude, Mäuse*	[ˈʔɔe̯lə][ˈfʁɔe̯də] [ˈmɔe̯zə]

Phonetische Umschrift und Wortbeispiele: deutsche Konsonanten

[p]	*Panne, schlapp, lieb, Topf*	['panə] [ʃlap] [li:p] [tɔpf]
[b]	*Ball, Rabe, Liebe*	[bal] ['ʁa:bə] ['li:bə]
[t]	*Tanne, Latte, Leid, Zange*	['tanə]['latə] [lae̯t] ['tsaŋə]
[d]	*Dienst, Laden, leider*	[di:nst]['la:dn̩] ['lae̯:dɐ]
[k]	*Kiste, Stock, Dank , Betrug, Knast*	['kɪstə] [ʃtɔk] [dank] [bɜ'tʁu:k]/[bə'tʁu:k] [knast]
[g]	*Gabel, Lüge, Wege*	['ga:bl̩]['ly:gə] ['ve:gə]
[ʔ]	*aber, eröffnen, aufessen*	['ʔa:bɐ] [ʔɜɐ'ʔœfnən] ['ʔao̯fʔɛsn̩]
[m]	*Mama, Lamm. Sommer*	['mama] [lam] ['zɔmɐ]
[n]	*Nase, Land, Sonne*	['na:zə]['lant] ['zɔnə]
[ŋ]	*lang, Zange, Menge*	[laŋ] ['tsaŋə] ['mɛŋə]
[f]	*Fuß, Affe, Vogel*	[fu:s] ['ʔafə] ['fo:gl̩]
[v]	*Wanne, Möwe, Verb*	['vanə]['mø:və]['veɐ̯p]
[s]	*Wasser, Rost, Samstag*	['vasɐ][ʁɔst]['zamsta:k]
[z]	*Sonne, Nase, Samstag*	['zɔnə]['na:zə]['zamsta:k]
[ʃ]	*Schule, Matsche, Stock*	['ʃʊ:lə] ['matʃə] [ʃtɔk]
[ç]	*ich, lächeln, Mönch*	[ʔɪç] ['lɛçəln̩] [mœnç]
[x]	*ach, lachen, doch*	[ʔax] ['laxn̩] [dɔx]
[ʁ]	*Rabe, krank, Haare* (regionale Umsetzung auch [ɾ])	['ʁa:bə] [kʁank] ['ha:ʁə]
[h]	*Hose, Haus, aha*	['ho:zə] [hao̯s] [ʔa'ha]
[j]	*ja, Junge, Majoran*	[ja:] [juŋə] ['majɔʁa:n]
[l]	*Leiter, Welle, Wild*	['lae̯tɐ] ['vɛlə] [vɪlt]

Einführende Literatur

Breitung, Horst (Hg.) (1994): Phonetik, Intonation, Kommunikation. München: Goethe-Institut

Dieling, Helga / Hirschfeld, Ursula (2000): Phonetik lehren und lernen. München: Langenscheidt

Ehlich, Konrad (2001): Das Verhältnis von Sprachwissenschaft und Sprachvermittlung – prekär, unabdingbar, nützlich. Einige Konzeptionsüberlegungen am Beispiel Deutsch als Fremdsprache. In: Zickfeldt, W. / Issel, B. / Ehlich, K. (Hg.): Deutsch in Norwegen. Regensburg: Fachverband für Deutsch als Fremdsprache, 137–156

Helbig, Gerhard / Götze, Lutz / Henrici, Gert / Krumm, Hans-Jürgen (Hg.) (2001): Deutsch als Fremdsprache. Ein internationales Handbuch. Berlin, New York: de Gruyter

Hirschfeld, Ursula / Kelz, Heinrich P. / Müller, Ursula (Hg.) (2002): Phonetik international. Grundwissen von Albanisch bis Zulu. Phonetische Beschreibung von mehr als 50 Sprachen im Vergleich zur deutschen Sprache mit Hinweisen für den Unterricht. Waldsteinberg: Heidrun Popp Verlag

Redder, Angelika (Hg.) (2002): „Effektiv studieren". Diskurse und Texte an einer deutschen Universität. (= Osnabrücker Beiträge zur Sprachtheorie, OBST Beiheft 12)

URLs

International Phonetic Association <http://www.arts.gla.ac.uk/IP/ipa.html>

Hilfsprogramm IPA-help, Summer Institute of Linguistics,
<http://www.sil.org/computing/speechtools/index.htm>

Transkriptionsverfahren HIAT <http://www.daf.uni-muenchen.de>

VI.3 Interkulturelle Kommunikation

Karlfried Knapp

1 Die Grundproblematik

In den heutigen Industriegesellschaften führen berufliche oder private Auslandsreisen, die Einwanderung von Arbeitsmigranten und der Zustrom von Flüchtlingen sowie die wachsende internationale Vernetzung von Wirtschaft, Wissenschaft und Politik zu einer beständigen Zunahme von Kontakten, die über nationale und ethnische Grenzen hinausgehen. Dabei kommt es vermehrt zu Kommunikationsproblemen durch das Zusammentreffen von Verhaltensweisen und Denkmustern, die durch unterschiedliche, einander fremde Kulturen geprägt sind. Diese kulturelle Fremdheit kann oft problematisch werden, indem sie das, was normalerweise selbstverständlich ist, infragestellt, indem sie teilweise oder ganz unverständlich bleibt oder indem sie zu Missverständnissen, gar zu Konflikten zwischen Angehörigen unterschiedlicher Kulturen führt. Solche Auswirkungen kulturbedingter Andersartigkeit kennzeichnen die Grundproblematik der interkulturellen Kommunikation.

Die folgenden Beispiele [1] bis [3] illustrieren einige unterschiedliche, generelle Aspekte dieser Problematik:

Probleme interkultureller Kommunikation: Beispiele

[1] *„Incentive"*: Um die einheimischen Mitarbeiter der Verkaufsabteilung der Niederlassung einer deutschen Firma in Tokio zu besseren Leistungen zu motivieren, versprach der deutsche Chef dem besten Verkäufer eine Reise nach Deutschland. Zu seiner Überraschung löste er damit bei den Japanern wenig Begeisterung aus.

[2] „Diskriminierung": Ein deutscher Mitarbeiter einer amerikanischen Softwarefirma in Großbritannien kündigte und verklagte das Unternehmen wegen Diskriminierung. Obwohl er in keiner Weise faschistischen Ideologien anhing oder aufgrund seines Verhaltens in die Nähe des Nationalsozialismus gebracht werden konnte, wurde er von seinen britischen Kollegen andauernd mit „Heil Hitler" gegrüßt und in anderer Weise als Nazi verspottet; seine Arbeitsleistung wurde nicht anerkannt. Er konnte die Frustration und Diskriminierung nicht mehr ertragen.

[3] „Soße": In den siebziger Jahren gab es zwischen dem pakistanischen und indischen Bedienungspersonal der Angestelltenkantine des Flughafens Heathrow und den britischen Angestellten, die dort ihre Mahlzeiten einnahmen, erhebliche Spannungen. Sie entzündeten sich am Vorwurf der Briten, dass die Asiatinnen sehr unfreundlich

mit ihnen umgingen. Beobachtungen zeigten jedoch, dass das Bedienungspersonal ein unauffälliges nonverbales Verhalten zeigte und nur wenig sprach. Dennoch wurde gerade das Sprachverhalten von den Briten als unfreundlich aufgefasst. Linguisten stellten bei näherer Betrachtung fest, dass die Asiatinnen überwiegend nur kurze Äußerungen in Englisch machten, die mit dem Vorgang des Bedienens zusammenhingen, etwa geschäftsmäßig freundlich intendierte Angebote wie „mehr Kartoffeln?" oder „Soße?". Allerdings realisierten sie diese kurzen Fragen nicht mit steigender, d.h. Fragesatzintonation, sondern mit fallender Intonation, wie sie in europäischen Sprachen für Aussagesätze charakteristisch ist.

Beispiel [1] *„Incentive"* betrifft Unterschiede im Wissen über die Kultur, das für die soziale Interaktion relevant ist – hier sowohl auf der Ebene von Faktenwissen wie auf der Ebene von Werten wie Individualismus und Kollektivismus. Zwar reisen Japaner gern, aber nicht allein, und auch das Herausheben einer einzelnen Person gegenüber den Kollegen als der oder die Beste schafft bei den Beteiligten eher Unbehagen. In einer kollektivistischen Gesellschaft wie der Japanischen wäre es besser gewesen, diese Belohnung für das ganze Team auszusetzen.

Beispiel [2] „Diskriminierung" betrifft im weitesten Sinne motivationale Faktoren, hier affektive Variablen wie Selbstwertgefühl und Frustrationstoleranz oder Einstellungen, aus denen auch negative Stereotype und Vorurteile hervorgehen, und deren Ausprägungen den interkulturellen Kontakt für die beteiligen Individuen erleichtern oder erschweren können.

Das in der Linguistik schon klassische Beispiel [3] „Soße" – es stammt von Gumperz (1982a) – betrifft Unterschiede in kulturtypischen sprachlichen Handlungsformen. In diesem Fall lag eine Interferenz aus den Muttersprachen der asiatischen Sprecherinnen vor, in denen ein geschäftsmässig höflich realisiertes Angebot wie „Soße?" im Sinne von „Möchten Sie Soße?" konventionellerweise mit fallender Intonation realisiert wird. Dies gibt der Einwortäußerung im Englischen die Bedeutung „Das ist Soße", macht sie also zu einer Feststellung. Wiederholt etwas zu konstatieren, was für die Angesprochenen so offensichtlich ist, stellt einen Affront dar.

Mit dem Ziel, derartige Auswirkungen kultureller Unterschiede zu identifizieren, deren Ursachen aufzudecken und durch geeignete Formen von Beratung, Ausbildung oder Training ihr Auftreten zu vermeiden oder ihre Folgen zu minimieren, beschäftigen sich heute mehrere anwendungsorientierte Disziplinen mit interkultureller Kommunikation. Neben der Angewandten Linguistik ist hier vor allem die sozialpsychologische Kommunikationswissenschaft zu nennen. Als Konsequenz der jeweiligen Gegenstandskonstitutionen unterscheiden sich diese Disziplinen z.T. jedoch beträchtlich in der Bedeutung, die sie Aspekten des kulturtypischen Fakten- und Hintergrundwissens, motivationalen Faktoren oder kulturtypischen sprachlichen Handlungsformen und deren Auswirkungen im Kommunikationsprozess beimessen.

2 Zur linguistischen Konzeption von ‚interkultureller Kommunikation'

Linguistische Zugänge zu interkultureller Kommunikation befassen sich einerseits mit den kommunikativen Voraussetzungen, die Teilnehmer in interkulturelle Kontaktsituationen einbringen, andererseits mit den tatsächlichen Auswirkungen dieser Voraussetzungen in konkreten Interaktionssituationen. Erstere sind Gegenstand kontrastiver Arbeiten, die kulturrelevante Unterschiede zwischen Sprachen auf allen deskriptiven Ebenen (verbal, paraverbal, nonverbal) beschreiben, letztere stehen im Fokus von empirischen Studien, die authentische interkulturelle Interaktionen mit Mitteln der Gesprächsanalyse untersuchen.

Kontrastive Linguistik

Die Beschäftigung mit kulturbedingten Unterschieden zwischen Sprachen hat schon seit Wilhelm von Humboldts Spekulationen über die Beziehungen zwischen Sprache und Weltsicht in der Linguistik eine lange Tradition. In größerem Umfang konkret wurde diese Beschäftigung freilich erst durch die kontrastive Linguistik, die in ihren Anfängen bei Lado (1957) nicht nur strukturbezogen, sondern auch kulturvergleichend angelegt war – eine Perspektive, die erst später wieder mit der kontrastiven Pragmatik (vgl. z.B. Blum-Kulka/House/Kasper 1989) aufgenommen wurde. Ein zweiter Traditionsstrang ist die Ethnographie der Kommunikation. Sie geht davon aus, dass sprachliche Interaktion Handlungsmustern unterliegt, die mit den Parametern des situativen Kontextes variieren. Um diese Muster und deren situationsabhängige Variationen zu beschreiben, analysiert sie Kommunikationsereignisse in unterschiedlichen kulturellen oder ethnischen Gemeinschaften und zeigt dabei auf, welche formalen und inhaltlichen Eigenschaften die Interaktion je nach z.B. ihrem Zweck und Klima, der physischen Umgebung der Beteiligten oder gegebenen Konventionen und Genres aufweist (z.B. Hymes 1964, Saville-Troike 1982).

Ethnographie der Kommunikation

Interpretative Soziolinguistik

Die Beschäftigung mit interkultureller Kommunikation im Wortsinne – d.h. mit der authentischen, aktuell ablaufenden Interaktion zwischen Angehörigen unterschiedlicher ethnischer oder kultureller Gruppen – ist dagegen ein vergleichsweise junges Arbeitsfeld der Linguistik. Sie geht im Wesentlichen zurück auf die Arbeiten von John Gumperz, der seit den 80er Jahren Kommunikationsprobleme untersuchte, die Angehörige von ethnischen Minderheiten im Umgang mit Repräsentanten der Mehrheitskultur insbesondere in kommunikativen Schlüsselsituationen wie bei Bewerbungsgesprächen, in Ämtern bei Anträgen für öffentliche Dienstleistungen, vor Gericht usw. erlebten und die zu vielfältigen Formen der Diskriminierung und Benachteiligung führten (Gumperz 1982a, 1982b). Dabei geht es dieser Forschungsrichtung darum, aufzudecken, ob und wieweit Gesprächsbeteiligte mit unterschiedlichem kulturellem Hintergrund sprachliche Mittel und Merkmale des interaktiven Kontextes – letztlich die gesamte Interaktion selbst – unterschiedlich interpretieren. Sie wird deshalb auch als ‚interpretative Soziolinguistik' bezeichnet.

Angestoßen durch die Arbeiten von Gumperz hat es auch im deutschen Sprachraum zahlreiche ähnliche Untersuchungen real ablaufender Interaktionen zwischen Angehörigen unterschiedlicher Kulturen gegeben, überwiegend bezogen auf Interaktionen zwischen Deutschen und Arbeitsmigranten bzw. deren Nachkommen. Beispiele finden sich u.a. in den Sammelbänden Auer/di Luzio (1984), Rehbein (1985), Knapp/Enninger/Knapp-Potthoff (1987), Di Luzio/Günthner/Orletti (2001) oder in Kotthoff (1989) und Hinnenkamp (1989).

Die Ethnographie der Kommunikation und interpretative Soziolinguistik haben die linguistischen Konzeptualisierungen von ‚Kultur' und ‚Kommunikation' sowie die Vorstellungen vom Prozess des interkulturellen Kommunizierens maßgeblich beeinflusst.

2.1 ‚Kultur'

‚Kultur' wird in diesem Kontext als ein Bestand an Symbolen und Praktiken verstanden, durch den ein zwischen Mitgliedern einer Gruppe geteiltes Wissen an Standards des Glaubens, Deutens und Handelns in der sozialen Interaktion manifest gemacht wird. Er dient zur überindividuellen Konstruktion sozialer Wirklichkeit, stellt Orientierungsmuster bereit und konstitutiert soziale Identität.

Kultur als gruppenspezifisches Symbolsystem

Ein solcher Bestand an Symbolen und Praktiken ist jedoch nicht nur durch nationalstaatliche Grenzen oder durch ethnische Merkmale wie Abstammung, Sprache, Religion definierten Gesellschaften (z.B. „die deutsche" oder „die arabische") gemeinsam, sondern allen sozialen Einheiten, die im Kontakt zwischen ihren Mitgliedern eigene Standards des Glaubens, Deutens und Handelns entwickelt haben und sich damit auch auf spezifische symbolische Formen und Routinen stützen, mit denen diese Einheiten ihre Identität markieren. Dies trifft natürlich auch zu auf Teilgruppen nationaler oder ethnischer Gesellschaften, die sich etwa nach Regionen, Generationen, Geschlechtern, Professionen usw. unterscheiden. Dies gilt aber auch und besonders für soziale Einheiten, die nationale oder ethnische Grenzen überlappen. Beispiele für solche übergreifenden, eigenständigen Kommunikationskontexte finden sich als Effekte von Internationalisierung und Globalisierung zunehmend in Wissenschaft, Wirtschaft, Politik, Sport usw. Innerhalb solcher Kontexte entstehen durch die gemeinsame Interaktionsgeschichte oft jeweils spezifische Bestände an gemeinsamem Wissen und eigene Standards des Kommunizierens, die die Identitäten solcher Gruppen charakterisieren.

Dynamik von Kultur in der Interaktion

Gerade das Entstehen neuer Gruppen zeigt, dass eine Kultur keine statische Entität ist. Was jeweils für das aktuelle Deuten, Handeln und Herstellen von Identität relevant wird, ist nicht zwangsläufig und gleichsam als Liste von Merkmalen vorgegeben, sondern kann sich auch erst in der sozialen Interaktion ergeben, mitunter sogar in dem Sinne, dass nur einzelne oder neue solcher Merkmale für diese Zwecke relevant gemacht werden. Eine Kultur ist demnach ein emergentes Phänomen. Sie entsteht gleichsam aus der sozialen Interaktion (Sarangi 1995).

Kommunikationsgemeinschaften

Da Individuen in der Regel unterschiedlichen Gruppen angehören und manche Gruppen nationale, ethnische und sprachliche Grenzen überlappen, macht es wenig Sinn, die faktische Heterogenität von nationalen und ethnischen Kulturen durch eine nach Kriterien wie Region, Alter usw. vorgenommene Sortierung in subkulturelle Teilgruppen aufzufangen. Aus linguistischer Sicht sind es stattdessen Kommunikationsgemeinschaften, die als Träger von Kulturen fungieren.

Kommunikationsgemeinschaften sind allgemeiner zu verstehen als soziale Gruppen, die durch regelmäßige und häufige sprachliche Interaktion charakterisiert sind und die sich durch ihre – vor allem sprachlichen – Symbolsysteme und kommunikativen Praktiken von anderen solcher Gemeinschaften unterscheiden. Auch Institutionen wie Unternehmen, Behörden, Krankenhäuser usw. reflektieren deshalb einerseits die Kultur, in die sie eingebettet sind, andererseits stellen sie eigenständige Kommunikationsgemeinschaften dar, die sich eigene Werte, Normen und kommunikative Handlungsmuster schaffen.

2.2 **‚Kommunikation'**

Interpersonale Interaktion

Naheliegenderweise wird in linguistischen Arbeiten zur interkulturellen Kommunikation ‚Kommunikation' als sprachliche, interpersonale Interaktion verstanden. ‚Interkulturelle Kommunikation' ist demnach interpersonale Interaktion zwischen Angehörigen unterschiedlicher Kommunikationsgemeinschaften, die hinsichtlich der ihren Mitgliedern jeweils gemeinsamen Wissensbestände und Formen sprachlichen Handelns differieren. Solche Unterschiede bestehen auch schon zwischen Kommunikationsgemeinschaften innerhalb einer national oder ethnisch definierten Gesellschaft. Insofern unterscheidet sich interkulturelle Kommunikation nicht prinzipiell von *intra*kultureller Kommunikation. Ein wesentliches Charakteristikum von *inter*kultureller Kommunikation ist jedoch damit gegeben, dass sich einer der Kommunikationspartner normalerweise einer Sprache oder Varietät bedienen muss, die nicht seine eigene ist.

2.3 **Zum Prozess der interkulturellen Kommunikation**

Referentielle Bedeutung

Damit ist zugleich auch die besondere Problematik von interkultureller Kommunikation angesprochen. Sprachliches Handeln verweist wie alles symbolische Handeln immer über die verwendeten kommunikativen Mittel hinaus auf das in die Kommunikation eingebrachte Wissen, das die Kommunikationspartner einander wechselseitig zur Deutung und Orientierung als selbstverständlich und vorausgesetzt unterstellen. Deutung und Orientierung sind nicht nur bezogen auf Aspekte der Inhalte und der intendierten Handlungen – die *referentielle Bedeutung* –, sondern immer auch auf Aspekte der sozialen Beziehung zwischen den Gesprächspartnern – die *soziale Bedeutung*. Wie eine stattfindende Interak-

Soziale Bedeutung

tion referentiell und sozial zu deuten ist, wird von den Partnern jedoch gewöhnlich nicht explizit gemacht, sondern lediglich durch verbale und/oder non-verbale Signale angezeigt und durch den fortlaufenden Handlungszusammenhang retrospektiv und prospektiv erschlossen.

Diese Deutung von nicht-explizit Gesagtem ist grundlegend für die Kommunikation. Ob etwa eine Äußerung als Vorwurf zu verstehen ist, als Drohung oder Bitte, als ironisch oder ernsthaft, wird ja selten explizit angekündigt, sondern z.B. durch Intonation oder Mimik angezeigt. Um die in der Begegnung mit Fremden immer vorhandene Unsicherheit über weitere Handlungsmöglichkeiten und die eröffnete soziale Beziehung zu reduzieren, ziehen Kommunikationspartner auf der Basis ihrer kulturell determinierten Erwartungen Rückschlüsse aus dem Verhalten des Anderen. Auch in der Kommunikation mit Angehörigen fremder Kulturen muss permanent eine Deutung von nicht explizit Gesagtem stattfinden. Da aber die sprachlichen Mittel zur Identifizierung der vorausgesetzten Handlungs- und Beziehungstypen ebenso wie diese Typen selbst interkulturell verschieden sein können, kann es schnell zu Nicht-Verstehen oder Missverstehen kommen. Dies ist nicht nur auf der inhaltlichen Ebene problematisch: Gerade weil Kommunikation immer auch sozial gedeutet wird, werden Belastungen und Fehlschläge der Verständigung schnell der Person, gar der Intention, des Anderen zugeschrieben.

Interaktionale Konsequenzen von Kultur unterschieden

Beispiel [3] „Soße" belegt diesen Deutungsmechanismus: Vor dem Hintergrund der eigenen Erwartungen an Intonationsmuster des Englischen wird die Intonation des Bedienungspersonals von den Briten automatisch fehlgedeutet und als Signal dafür interpretiert, dass die Serviererinnen die Interaktionssituation als einen Kontext einschätzen, in dem sie die zugrundeliegende soziale Beziehung als „unfreundlich" definieren.

Beispiel [3] „Soße" legt nahe, dass unerkannte Kulturunterschiede zu Missverständnissen, gar zu Konflikten führen. Dies ist aber nicht zwangsläufig der Fall. Es kann auch geschehen, dass Kommunikationsteilnehmer das Missverständnispotential von Unterschieden schlichtweg nicht wahrnehmen, ein unerwartetes und für sie nicht erklärbares Verhalten des Gegenüber gleichsam mit einem „Fremdenbonus" tolerieren oder aber im Interesse eines mit der Interaktion angestrebten Ziels – etwa einen guten Geschäftsabschluss auszuhandeln – überspielen. Ebenso können sie jedoch auch Unterschiede im Verlauf der Interaktion betonen und interaktionsstrategisch zur Abgrenzung relevant machen. Eine solche Betonung von Unterschieden zeigt Beispiel [4] „Bettler".

Kodewechsel zur Betonung sozialer Distanz

[4] „Bettler": Hinnenkamp (1987: 163 ff.) zeigt, wie ein deutscher Bettler in einer Interaktion mit einem Passanten, in der zunächst beide über Ungerechtigkeiten des deutschen Sozialsystems solidarisch übereinstimmen, vom normalen Hochdeutschen in ein gebrochenes Ausländerdeutsch wechselt und das Hilfsangebot des Passanten explizit zurückweist, nachdem er erkannt hat, dass der Passant Ausländer ist. Der Bettler signalisiert durch diesen

Kodewechsel und die Ablehnung des Hilfsangebots plötzlich soziale Distanz und nimmt damit die zuvor demonstrierte Übereinstimmung wieder zurück.

Was aus eingebrachten Kulturunterschieden, aus eingebrachten Handlungstypen und Beziehungsdefinitionen wird und ob u.U. in der Situation neue Unterschiede, Handlungstypen und Beziehungsdefinitionen hervorgebracht und relevant gemacht werden, entwickelt sich oft erst in der Dynamik der ablaufenden Interaktion.

Auch kann die Dynamik interkultureller Kommunikation dazu führen, dass einer oder beide der Interaktionsteilnehmer ihr Verhalten an die – tatsächlichen oder vermuteten – Handlungstypen ihres jeweiligen Kommunikationspartners mehr oder weniger weit anpassen und dass so Mischformen entstehen, die die Beteiligten in der einzelnen Interaktion oder dauerhaft weiterverwenden.

3 Kulturunterschiede in der Kommunikation und ihre Auswirkungen: Beispiele

Auf die Vielfalt von kulturspezifischen Unterschieden in der sprachlichen Kommunikation und ihre Auswirkungen, die inzwischen in der Linguistik beschrieben wurden, kann hier nicht eingegangen werden. Die folgenden Beispiele sollen deshalb nur einige wesentliche Dimensionen solcher Unterschiede und potentielle Ursachen für Kommunikationsprobleme illustrieren.

3.1 Lexikon

Fehlende Übersetzungsäquivalente

Im Bereich des Lexikons können Kulturunterschiede vor allem dann problematisch werden, wenn es für Ausdrücke, die auf einen vergleichbaren Realitätsausschnitt bezogen sind, interlingual keine vollständigen Übersetzungsäquivalente gibt. Mangelnde Äquivalenz zeigt sich oft schon bei den semantischen Prototypen, die als typisches Exemplar einer begrifflichen Kategorie gelten. So nennen z.B. Deutsche heutzutage überwiegend den VW Golf als typisches Beispiel für *Auto*, Amerikaner dagegen für *Car* einen anderen und wesentlich größeren Fahrzeugtyp, der im Straßenbild der USA weit verbreitet ist: ein *SUV (Sports Utility Vehicle)* oder Geländewagen. Besonders groß können Unterschiede in den mit einem Wort verbundenen Konnotationen sein. Noch in den 70er Jahren des letzten Jahrhunderts signalisierte ein *refrigerador* in ländlichen Gebieten Lateinamerikas besonderen Wohlstand seines Besitzers, als ein Kühlschrank auch in weniger gut gestellten Schichten Europas bereits ein selbstverständlicher Haushaltsgegenstand war (Müller 1981).

Die linguistische Forschung zu Problemen interkultureller Kommunikation hat sich allerdings vorrangig auf Unterschiede bei Sprechakten und größeren kommunikativen Handlungsmustern, insbesondere innerhalb von Gesprächen, konzentriert.

3.2 Sprechakte und Sprechaktsequenzen

Sprechakte variieren kulturell nach ihrem Vorkommen und ihren Realisierungsformen. So wird z.B. in der japanischen Kultur als Reaktion auf eine Gefälligkeit konventionellerweise der Sprechakt der Entschuldigung erwartet – für die Mühe, die man dem Anderen bereitet hat – statt des Sprechaktes des Dankes, der im westlichen Kontext üblich ist (Loveday 1982).

Präferierte Sprechakttypen

Alltägliche Aufforderungen werden unter Deutschen tendenziell mit formal direkteren sprachlichen Mitteln, nämlich Imperativen, vollzogen, die allerdings normalerweise mit Modalpartikeln wie *doch, mal, eben, gerade* usw. abgetönt sind, wie etwa in *Gib mir mal eben deinen Bleistift.* Im Englischen, das außer *just* keine Modalpartikel kennt, ist die Normalform einer alltäglichen Aufforderung die formal diese kommunikative Funktion verschleiernde Frage *Can you give me your pen?* – ein Unterschied, der Deutsche bei Briten als direkt oder gar unhöflich erscheinen lässt (Blum-Kulka/House/Kasper 1989).

Präferierte Sprechaktsequenzen

Vergleichbares gilt für Präferenzstrukturen bei der Abfolge von Sprechakten. Während es in westlichen Kontexten durchaus üblich ist, ein Kompliment dankend anzunehmen, wäre es für Japaner unangemessen und ein Zeichen von Überheblichkeit, wenn man es nicht zurückweisen und die eigene Leistung nicht herunterspielen würde (Wolfson 1981).

3.3 Argumentationsstrukturen

Umgang mit Dissens

Kulturelle Präferenzstrukturen existieren auch für das Argumentieren. Für jüdische Sprecher des Englischen (Schiffrin 1984) ebenso wie für Sprecher des Deutschen (Kotthoff 1989) ist belegt, dass diese im Fall von Nicht-Übereinstimmung mit dem Gesprächspartner ihren Dissens vorzugsweise explizit artikulieren. Ein solches Verhalten ist in asiatischen Kulturen verpönt, wo man direkte verbale Konfrontation vermeidet und formal Harmonie bewahrt. Nicht selten drücken z.B. Chinesen zunächst formal Zustimmung zum vorangegangenen Sprecher aus, um dann in ihrem weiteren Redebeitrag – ohne dies explizit als Ablehnung zu kennzeichnen und oft verbunden durch eine additive Konjunktion wie *und*, die oberflächlich eine Fortsetzung der zustimmenden Argumentation signalisiert – eine abweichende Position zu formulieren. Dergleichen wirkt z.B. auf Deutsche als völlig inkonsistent (Günthner 1993).

Gliederung von Information

Inhaltlich besonders wichtige Informationen werden in europäischen Sprachen durch kontrastive Betonung hervorgehoben. In südasiatischen Sprachen wird dagegen in Äußerungen, mit denen z.B. ein vom vorherigen Sprecher eingeführtes Argument weiterentwickelt werden soll, der einleitende Äußerungsteil, der an das vom vorherigen Sprecher Gesagte – das Bekannte – anknüpft, betont und lauter gesprochen als der nachfolgende Äußerungsteil, in dem der Sprecher seinen weiterführenden Punkt – das Neue – artikuliert. In Diskussionen mit Sprechern westlicher Sprachen kommt es deshalb oft vor, dass Redebeiträge von Indern, die diese Kommunikationskonvention beibehalten, als wenig kooperativ wahrgenommen werden – sogar, dass andere Gesprächsteilnehmer sie nicht weiter zu Wort kommen lassen, nachdem sie „nur" dem Gesprächsstand nach Bekanntes vorgetragen haben (Gumperz/Aulakh/Kaltman 1982).

3.4 Makrostrukturen und Funktionen von Kommunikationsereignissen

Inhalte und Abläufe von Kommunikationsereignissen

Kulturspezifisch können auch erwartete Inhalte, Funktionen und formale Abläufe von Sprechereignissen variieren. Bei Gesprächen in Behörden, in denen von einem Bürger eine öffentliche Dienstleistung beantragt werden soll, fragt ein Antragsteller im indischen Kontext in der Gesprächseinleitung den Behördenrepräsentanten nach dessen Namen und Stellung in der Institution, wenn dies nicht von vornherein bekannt ist, um sicher zu gehen, das er sein Anliegen der wirklich entscheidungsbefugten Person vorträgt. Abgesehen davon, dass westliche Behördenrepräsentanten die geforderte Offenlegung ihres Status potentiell als eine Gesichtsbedrohung wahrnehmen, stellt dies in westlichen Kulturen eine unangebrachte Individualisierung einer nach bürokratischen Prozeduren vorstrukturierten Interaktion dar (Gumperz 1982a).

Informelle vs. formelle Kommunikation

In westlichen Kulturen dienen Geschäftsbesprechungen in der Regel dazu, offene Probleme zu klären und Entscheidungen herbeizuführen. Deshalb ist die Kommunikation argumentativ und darauf angelegt, Gesprächspartner zu überzeugen, wie auch eigene Standpunkte im Laufe des Gesprächs aufgegeben werden können. Dies kontrastiert erheblich mit dem japanischen Verständnis dieses Sprechereignisses. Hier werden offene Fragen oder Meinungsunterschiede zunächst durch informelle Gespräche z.B. in Bars und Restaurants geklärt oder ausgeräumt. Die offizielle Besprechung hat dann nur noch die Funktion, den informell ausgehandelten Konsens noch einmal rituell zu bestätigen. Die kulturell unterschiedliche Funktion einer Besprechung führt dazu, dass westliche Verhandler erheblich mehr Anstrengungen für die Entwicklung informeller persönlicher Beziehungen zu japanischen als zu westlichen Geschäftspartnern unternehmen müssen (Miller 1994).

Sachbezogene vs. beziehungsbezogene Kommunikation

Bei Geschäftsbesprechungen in Deutschland werden die zu behandelnden Tagesordungspunkte in der Regel aufgabenbezogen nacheinander abgearbeitet, beziehungsorientierte Kommunikation wie *small talk*, Scherze usw. findet typischerweise vor oder nach dem Sprechereignis „Besprechung" statt. Um mögliche Spannungen im Gespräch zu entschärfen und um Gemeinsamkeit herzustellen, wechseln Franzosen dagegen in Besprechungen häufig vom ernsten, aufgabenorientierten Gesprächsmodus zu einem informellen, scherzhaften – markiert z.B. durch Gestik und Mimik, Neckereien, Gelächter und Anspielungen auf ein nicht die Tagesordnung betreffendes gemeinsames Wissen. Bei gemeinsamen Besprechungen zwischen deutschen und französischen Ingenieuren in den *Airbus Industries* führte dieser Unterschied im formalen Ablauf dieser Art von Sprechereignis bei den Deutschen zu der Wahrnehmung, dass die

Franzosen frivol und unseriös seien, während umgekehrt die Franzosen die Deutschen als unflexibel und humorlos wahrnahmen (v. Helmoldt 1994).

3.5 Mikrostrukturelle Muster

Sprecherwechsel

Auch in der Mikrostruktur von Gesprächen gibt es kulturell unterschiedliche Handlungsmuster. Ein Beispiel ist der Sprecherwechsel. Wenn z.B. im arabischen Kontext mehrere Personen um das Rederecht als nächster Sprecher konkurrieren, wird diese Konkurrenz über die Lautstärke beim Sprecheinsatz ausgetragen. In nordeuropäischen Kulturen indiziert dieses Verhalten Streit oder ähnliche Konflikte auf der Beziehungsebene. Während der Gesprächsstil amerikanischer Juden durch das Überlappen von Redebeiträgen unterschiedlicher Sprecher auf Europäer drängend und stakkatohaft wirkt (Tannen 1981), sind in den Indianerkulturen des amerikanischen Nordwestens sehr lange Pausen innerhalb von und zwischen Redebeiträgen normal, was auf weiße Amerikaner oft den Eindruck mangelnder Kompetenz oder Kooperativität macht (Scollon/Scollon 1981).

3.6 Modalitäten des Kommunizierens

Diese ausgewählten Beispiele illustrieren mögliche Kommunikationsprobleme in der interkulturellen Kommunikation. Allerdings sind auch im interkulturellen Kontakt Kommunikationsprobleme nicht nur kulturellen Differenzen geschuldet. Bestimmte Probleme können sich auch aus den spezifischen Modalitäten des Kommunizierens ergeben, bei denen sich *lernersprachliche Kommunikation, lingua-franca-Kommunikation* und *Dolmetsch-Kommunikation* unterscheiden lassen.

Lernersprachliche Kommunikation

Insoweit sich in interkultureller Kommunikation einer der Kommunikationspartner einer Sprache oder Varietät bedienen muss, die nicht seine eigene ist, ist dieser Interaktionsteilnehmer ein mehr oder weniger weit fortgeschrittener Lerner dieser Sprache oder Varietät. Deshalb kann interkulturelle Kommunikation auch durch die üblichen Beschränkungen lernersprachlicher Kommunikation beeinträchtigt sein. Dazu zählen z.B. u.a. *Bedeutungsreduktion*, die vorliegt, wenn ein Lerner aufgrund fehlenden Vokabulars sich nicht differenziert genug ausdrückt, *Themenvermeidung*, bei der ein Lerner aus sprachlicher Inkompetenz oder Unsicherheit zu bestimmten Themen oder generell nichts sagt, und *Modalitätsreduktion*, bei der ein Lerner in Ermanglung der sprachlichen Mittel – etwa der Beherrschung von Modalpartikeln – seinen Redebeitrag nicht abmildern oder verstärken kann. Der Eindruck von Unkooperativität oder mangelnder Kompetenz kann auch nur durch diese lernertypischen Verhaltensweisen verursacht sein, wie etwa auch der Eindruck, dass ein Sprecher unangemessen direkt ist, er aber in Wirklichkeit nur ungewollt eine negative soziale Bedeutung signalisiert.

Naturgemäß ist der Kommunikationspartner, der lernersprachlichen Beschränkungen unterworfen ist, interaktionsstrategisch in einer eher unvorteilhaften Lage. Deshalb ist die Frage der Sprachenwahl zu Beginn einer interkulturellen Interaktion von entscheidender Bedeutung für die Beteiligten. In der Regel ist sie mit dem institutionellen Rahmen der Kommunikationssituation vorentschieden – z.B. wird in Deutschland in einer Behörde, vor einem Gericht oder in einem Krankenhaus üblicherweise Deutsch gesprochen. Wo keine derartigen institutionellen Vorgaben bestehen, ist die Wahl der zugrundegelegten Sprache sehr oft ein Resultat der realen Machtverhältnisse: der Mächtigere, Statushöhere, Majoritätenangehörige usw. kann davon ausgehen, dass seine Sprache gewählt wird oder setzt diese Wahl durch.

Lingua-franca-Kommunikation

Chancengleichheit bei der Sprachenwahl verspricht auf den ersten Blick die *lingua-franca*-Kommunikation, bei der sich alle Interaktionspartner einer Sprache bedienen, die nicht ihre eigene ist. Weltweit dominiert heute zweifellos das Englische in der Funktion als *lingua franca*. Aber gerade am Beispiel dieser Sprache lässt sich zeigen, dass *lingua-franca*-Kommunikation lernersprachlich und interkulturell bedingte Probleme potenzieren kann. Denn hier stoßen Kommunikationspartner aufeinander, die sich hinsichtlich ihrer Sprachkompetenz weit unterscheiden können, deren Kommunikation durchsetzt ist mit Interferenzen aus verschiedenen Herkunftssprachen und -kulturen und die sich an möglicherweise unterschiedlichen Zielvarianten des Englischen orientieren – wobei hierfür nicht nur die britische oder amerikanische Varietät in Frage kommen, sondern auch noch zahlreiche weitere Standardvarietäten wie *Nigerian English, Indian English, Singaporean English* usw., die hinsichtlich der formal-linguistischen Eigenschaften und soziokulturellen Konventionen des Kommunizierens teilweise erheblich von den Lernzielnormen des Englischunterrichts in westlichen Ländern abweichen. Wenn z.B. Deutsche, die in der Schule normalerweise britisches Englisch lernen, auf Englisch mit Japanern kommunizieren, die in der Regel amerikanisches Englisch lernen, ist a priori keinesfalls klar, welche sprachlichen Standards und Kommunikationskonventionen gelten sollen – die deutschen, die japanischen, die britischen, die amerikanischen oder gänzlich andere, von den Interaktionspartnern geschaffene Mischformen.

Dolmetsch-Kommunikation

Die für die beiden bisher beschriebenen Modalitäten des Kommunizierens angeführten Probleme können durch den Einsatz von Dolmetschern prinzipiell vermieden werden. Allerdings wird in alltäglichen interkulturellen Kontaktsituationen nur selten auf professionell ausgebildete Dolmetscher zurückgegriffen. Häufiger sind dagegen Fälle, in denen eine Person diese Funktion ausübt, weil sie in den Sprachen der am Gespräch Beteiligten mehr oder weniger bilingual ist und als Mitarbeiter, Kollege oder Angehöriger einer Partei gerade zur Verfügung steht. Die Kommunikation mit solchen nicht-professionellen Dolmetschern ist mit zahlreichen Risiken eigener Art behaftet. Dazu gehören die beschränkte sprachliche, kulturelle und sachliche Kompetenz von nicht-professionellen Dolmetschern: Sie sind in der Regel in mindestens einer der beteiligten Sprachen und Kulturen nur mehr oder weniger weit fortgeschrittene Lerner und verfügen nur selten über die gleiche Sachkunde zum Gesprächsgegenstand wie die Gesprächsparteien. Letzteres ist besonders problematisch in institutionellen Kontexten wie bei Behörden, in Krankenhäusern usw., in denen der Behördenrepräsentant oder der Arzt über ein Expertenwissen verfügt, das für den Ablauf der Interaktion relevant ist, der Dolmetscher aber selbst nicht kennt oder nicht versprachlichen kann. Entsprechend kann die Wiedergabe des Dolmetschers ungenau oder gar falsch sein und er kann u.U. kulturelle und sachbezogene Missverständnisse der Beteiligten nicht antizipieren oder nachträglich ausräumen. Zu den Risiken gehören auch solche, die sich aus der sozialen Rolle des Dolmetschers ergeben: Um etwa bei drohenden Verständigungsproblemen klärend eingreifen zu können, muss er die Rolle einer aktiven Gesprächspartei einnehmen und durch Rückfragen, Erklärungen usw. eigene Redebeiträge initiieren können. Diese Rolle, in der er konfliktvermeidend und im Interesse des Interaktionsziels strategisch handelnd in den Gesprächsablauf eingreift, wird dem Dolmetscher jedoch oft dann nicht zugestanden, wenn er z.B. aufgrund seines Alters, seiner Stellung oder Nicht-Zugehörigkeit zur betreffenden Institution einen niedrigeren Status als zumindest der Mächtigere der übrigen Beteiligten hat.

4 Anwendungen

4.1 Anwendungsfelder und -formen

Von Anfang an waren linguistische Analysen interkultureller Kommunikationsvorgänge und Beschreibungen von kulturbedingten Unterschieden zwischen Sprachen auf praktische Anwendungen ausgerichtet. So entstanden im Kontext der von Gumperz initiierten Arbeiten zur interpretativen Soziolinguistik Materialien für die Weiterbildung von so genannten „Torwächtern" (*gatekeepers*), d.h. Personen, die in kommunikativen Schlüsselsituationen wie bei Bewerbungsgesprächen, Anträgen auf öffentliche Dienstleistungen, vor Gericht usw. über die Belange des Minderheitenangehörigen entscheiden, sowie Materialien zur Vorbereitung der Betroffenen auf solche Situationen. Bekannt wurde besonders auch eine Fernsehserie für die BBC, mit der die Kommunikationsprobleme von farbigen Immigranten in Großbritannien einer breiteren Öffentlichkeit ins Bewusstsein gehoben werden sollten (Gumperz/Jupp/Roberts 1979).

Anwendungsfelder im deutschsprachigen Raum

Aktuelle Anwendungsfelder linguistischer Analysen interkultureller Interaktionen im deutschsprachigen Raum sind z.B. die Kommunikation zwischen deutschen Behördenvertretern und ausländischen Klienten (z.B. ten Thije 2001), die Kommunikation zwischen deutschem Personal und ausländischen Patienten im Gesundheitswesen (z.B. Bührig/Durlanik/Meyer 2000) sowie die interkulturelle Wirtschaftskommunikation (z.B. Müller-Jacquier 1993, Bolten 1995). Dabei geht es in den ersten beiden Bereichen darum, die Kommunikationsfähigkeit von Minderheitenangehörigen zu verbessern sowie bei Institutionenvertretern ein Bewusstsein für mögliche Kommunikationsprobleme zu entwickeln und ihnen Strategien zu deren Bewältigung zu vermitteln. Dazu zählt auch, Minderheitenangehörige als semi-professionelle Dolmetscher auszubilden, die als sprachliche und interkulturelle Mittler in Interaktionen zwischen ihren Landsleuten und Institutionenvertretern agieren können –

eine Tätigkeit, für die sich die Bezeichnung *Community Interpreting* eingebürgert hat (Carr et al. 1997). Im Bereich der interkulturellen Wirtschaftkommunikation stehen sprachlich-kommunikative Aspekte des Marktauftritts, der Personalführung und -entwicklung (einschließlich der Auslandsvorbereitung), von internationalen Verhandlungen sowie der Bildung multinationaler Teams im Vordergrund. Als Formen der Anwendung kommen hier hauptsächlich Beratung und Training vor.

Community Interpreting

In der mit interkultureller Kommunikation befassten Praxis geht es allerdings nur selten allein um die bisher beschriebenen linguistischen Aspekte. Sehr oft dominieren Unterschiede im allgemeinen – nicht nur sprachbezogenen – soziokulturellen Hintergrundwissen und motivationale Faktoren. Dies ist ein Arbeitsfeld insbesondere der Psychologie.

4.2 **Ein alternativer disziplinärer Zugang: Psychologie**

Wie eine kulturvergleichend angelegte Sprachwissenschaft gibt es auch eine kulturvergleichende Psychologie. Sie hinterfragt die universelle Gültigkeit psychologischer Theorien und untersucht, wieweit Art und Ausprägung psychischer Funktionen mit unterschiedlichen kulturellen Kontexten variieren. Die hier verfolgten Fragestellungen betreffen u.a. die Kulturabhängigkeit der visuellen Wahrnehmung – etwa beim räumlichen Sehen –, kulturelle Unterschiede in Art und Grad von Intelligenz und Stadien der kognitiven Entwicklung, bei alltäglichen kognitiven Prozessen (wie z.B. Kategorisieren, Generalisieren, Schlussfolgern, Problemlösen, Rechnen) oder kulturspezifische Ausprägungen von Werten und deren Konsequenzen für das Verhalten (vgl. Thomas 2003). In geringerem Umfang gilt dies auch für die Kulturbedingtheit von sprachlichem Verhalten. Hierzu wurden Studien unternommen, die z.B. untersuchen, wieweit die Direktheit von Sprechhandlungen davon abhängt, ob der jeweilige Sprecher aus einer Kultur stammt, die durch eine Werteorientierung auf Individualismus oder Kollektivismus gekennzeichnet ist (vgl. Helfrich 2003).

Kulturvergleichende Psychologie

Obwohl Ergebnisse der kulturvergleichenden Psychologie durchaus für Anwendungszwecke wie die Vorbereitung auf Auslandsaufenthalte nützlich sein können, wird die Anwendungspraxis jedoch von einer speziellen Forschungsrichtung dominiert, die sich als interkulturell orientierte sozialpsychologische Kommunikationswissenschaft darstellt.

Einer ihrer zentralen Gegenstände ist das Konzept der ‚interkulturellen Kommunikations-Kompetenz'. In der dieser Richtung zuzurechnenden Handbuch- und Übersichtsliteratur besteht dahingehend Übereinstimmung, dass diese Kompetenz ein sozialer Eindruck ist, den ein Kommunikationspartner bei dem anderen hinterlässt, und zwar hinsichtlich der Effektivität und der Angemessenheit seines Verhaltens. Kompetent mit Blick auf die Angemessenheit seines Verhaltens ist ein Kommunikator dann, wenn er die Erwartungen und Anforderungen der Situation erfüllt. Effektiv ist sein Verhalten dann, wenn es die angestrebten Ergebnisse erbringt, beispielsweise die Etablierung einer interpersonalen Beziehung oder das Realisieren eines bestimmten aufgabenbezogenen Ziels

Interkulturelle Kommunikationskompetenz

(Wiseman 2002). Um dies zu erreichen, muss ein Kommunikator über ein bestimmtes kultur- und situationsangemessenes Wissen, über Einstellungen und Motivationen sowie – ebenfalls kultur- und situationsadäquate – Handlungsfähigkeiten verfügen (Chen/Starosta 1996).

Merkmale des guten interkulturellen Kommunikators

Deshalb befasst sich die einschlägige psychologische Forschung vorrangig damit, die Aspekte von Wissen, Einstellungen und Verhalten zu identifizieren, die einen guten interkulturellen Kommunikator ausmachen. Dies geschieht durch post-hoc Befragungen von Personen, die an interkulturellen Interaktionen wie etwa Auslandseinsätzen von Hilfsorganisationen oder Verhandlungen mit Ausländern teilgenommen haben. Auf der Basis solcher Daten werden die Variablen bestimmt, die für den Eindruck ausschlaggebend sind, ein Kommunikationspartner sei mehr oder weniger interkulturell kompetent. Solche Variablen sind z.B.

- im Bereich des Wissens: kulturspezifisches Faktenwissen über die Zielkultur oder die Situation, insbesondere über die Standards, die das kulturtypische Verhalten bestimmen. Ein solcher Kulturstandard ist z. B. die Orientierung einer Gesellschaft gegenüber Individualismus oder Kollektivismus. Das einleitende Beispiel [1] „*Incentive*" nimmt auf dieses Wissen Bezug.
- im Bereich der Einstellungen und Motivationen: u. a. Stressstabilität, Vorurteilsfreiheit, Toleranz. Der Umgang mit den physischen und psychischen Belastungen des Anpassungsprozesses in einem fremden Umfeld – dem so genannten „Kulturschock" – gehören ebenso hierzu wie die Vermeidung von negativen Stereotypen und Diskriminierung. Beispiel [2] „Diskriminierung" zeigt, dass die englischen Kollegen des deutschen Mitarbeiters in dieser Hinsicht unstreitig schlechte interkulturelle Kommunikatoren sind.
- im Bereich des Verhaltens: u. a. die Fähigkeiten, gegenüber einem Interaktionspartner Respekt zu zeigen, Empathie erkennen zu lassen, ein der Situation angemessenes Rollenverhalten an den Tag zu legen, Unklarheit und Mehrdeutigkeit zu ertragen oder auch eine Interaktion abwickeln zu können.

Unterschiede zur Linguistik

Gerade am Beispiel „Interaktion abwickeln können" lässt sich der Unterschied zum Ansatz der Linguistik verdeutlichen. Diese Fähigkeit, die in sozialpsychologischen Entwürfen interkultureller Kompetenz auch als *skill in regulating conversations* vorkommt, betrifft die einzige im engeren Sinne sprachlich-kommunikative Verhaltensdimension. Allerdings bleiben die konkreten Verhaltensweisen unspezifiziert, die diese *skill* ausmachen. Sprach- und kulturspezifische Besonderheiten der formalen und inhaltlichen Organisation von Gesprächen, wie sie oben als Ergebnisse linguistischer Forschungen zu interkultureller Kommunikation skizziert wurden, bleiben auf dieser Generalitätsebene aus dem Blick, desgleichen die Tatsache, dass das Zustandekommen und der Ablauf von Gesprächen ein Produkt der Aktivitäten aller Beteiligten ist. Schon der methodische Ansatz, Teilnehmer an interkulturellen Kontaktsituationen nachträglich zu befragen, welches Wissen, welche Einstellungen und Verhaltensweisen eines Interaktionspartners auf sie den Eindruck von Kompetenz machen, lässt eine Identifizierung konkreter sprachlicher Mittel und der Besonderheiten der Dynamik interkultureller Interaktion nicht zu. Sozialpsychologischen Ansätzen liegt also ein sehr weitgefasstes, aber zugleich individuenzentriertes und statisches Verständnis von Kommunikation zugrunde.

Trotz dieser linguistischen Vorbehalte ist zu konzedieren, dass die Praxis von Beratung und Training auf dem Gebiet der interkulturellen Kommunikation sehr stark von den Ansätzen der Psychologie beeinflusst ist.

4.3 **Anwendungsfälle mit Beteiligung der Linguistik**

Zur Demonstration für Anwendungsfälle linguistischer Methoden und Erkenntnisse in der auf interkulturelle Kommunikation bezogenen Praxis seien im Folgenden einige ausgewählte Beispiele aus Beratung und Training vorgestellt.

4.3.1 Beratung

Linguistische Aspekte spielen in der Beratungspraxis vor allem in der Wirtschaft im Bereich des Marketing eine Rolle, ferner generell bei der Analyse von Konflikten zwischen kulturell und sprachlich unterschiedlichen Gruppen sowie bei der Mediation als Mittel zur Konfliktbearbeitung.

Zum Marketing:
Für einen erfolgreichen Marktzugang ist zu einem nicht geringen Maß der geeignete Produktname oder Werbeslogan entscheidend. Firmen, deren Produkte weltweit vertrieben werden und die darauf Wert legen müssen, dass diese global beworben und wieder erkannt werden können, sind darauf angewiesen, Produktnamen und Werbeaussagen zu finden, die einerseits mit der Identität des Produktes und der Firma vereinbar sind, andererseits nirgendwo negative Assoziationen auslösen. Typischerweise gilt dies für die Automobilindustrie, wie Beispiel [5] „Produktnamen" zeigt.

Marketing

[5] „Produktnamen": Rolls Royce beabsichtigte, sein in den 70er Jahren neu eingeführtes Modell in der Tradition der bisherigen Namensgebung *Silver Ghost, Silver Dawn, Silver Cloud* mit *Silver Mist* zu bezeichnen, nahm aber wegen der Assoziation, die *Mist* im deutschsprachigen Raum nicht zuletzt mit Blick auf Produktqualität auslöst, davon Abstand. Mitsubishi verzichtete darauf, seinen Geländewagen weltweit *Pajero* zu nennen, da in vielen spanischsprachigen Ländern dieser Begriff nicht nur jemanden bezeichnet, der auf dem Lande Stroh transportiert – was ja mit der Funktion eines Geländewagen vereinbar wäre –, sondern auch ausgesprochen vulgäre und beleidigende Bedeutungen hat, die u.a. um das Masturbieren und Lügen kreisen.

Kulturelle Implikationen von Produktnamen

Wenn Werbeagenturen oder Unternehmen für Zwecke des Marketing auf Beratung durch Linguisten zurückgreifen, geschieht dies allerdings in der Regel nicht in Fällen, die durch bloße Konsultation von Wörterbüchern gelöst werden können, sondern etwa dann, wenn ein Neologismus als

Produktname oder Teil eines Werbeslogans in einen anderen sprachlich-kulturellen Kontext übertragen werden soll. In einem solchen Fall geht es darum, zunächst mögliche Übersetzungen vorzuschlagen und diese dann einer repräsentativen Stichprobe von Adressaten der Werbung oder möglichen Käufern vorzulegen und durch Befragung und semantische Tests zu erheben, ob eine der Übersetzungen die intendierte Bedeutung und die angestrebten Assoziationen mit dem Produkt sowie die erwünschten positiven Konnotationen weckt.

Zur Konfliktanalyse:

Konfliktanalyse

Auch bei der Analyse von Intergruppenkonflikten in interkulturellen Kontexten werden Linguisten zu Rate gezogen, wenn die Umstände der Konflikte sprachlich-kommunikative Ursachen nahe legen. In der Wirtschaft geschieht dies insbesondere durch Unternehmensberatungen, die Probleme der Organisationsentwicklung von Firmen nach dem Erwerb anderer Unternehmen oder nach Fusionen bearbeiten. Im Wesentlichen handelt es sich dabei um Konflikte, die aus der Notwendigkeit der Integration unterschiedlicher Organisationskulturen entstehen und die vor allem dann von der Linguistik bearbeitete Aspekte interkultureller Kommunikation betreffen, wenn die *Mergers and Acquisitions* sprachliche und kulturelle Grenzen überschreiten. Beispiele sind etwa das Zusammengehen von Daimler-Benz und Chrysler oder der Erwerb von Mannesmann durch Vodafone. Zur Illustration mag auch das folgende Fallbeispiel [6] „Zentrale-Niederlassung" aus Knapp (1998) dienen.

Kulturbedingte Konflikte in einer Organisation

[6] „Zentrale-Niederlassung": Ein deutsches Unternehmen der Automobilzulieferindustrie erwarb einen wesentlich kleineren Konkurrenten in Großbritannien. Nach dem Erwerb wurde das gesamte, nun größere Unternehmen unter Wirtschaftlichkeitsgesichtspunkten umstrukturiert, der ehemalige Leiter der britischen Firma in den Vorstand des Unternehmens nach Deutschland berufen und entschieden, dass in allen Situationen, in denen mit Personen vom britischen Unternehmensteil kommuniziert wurde, das Englische zu benutzen sei. Im Vorstand verlief die Kommunikation reibungslos. Auf der für das Alltagsgeschäft entscheidenden Ebene des Mittleren Managements kam es dagegen zwischen Deutschen und Briten zu erheblichen Kommunikations- und Kooperationsproblemen, die letztlich den Bestand des Unternehmens bedrohten.

Die Analyse dieser Probleme ergab: Die Deutschen in der Firmenzentrale warfen den Briten besonders Unorganisiertheit in der Arbeit sowie Vagheit, Ungenauigkeit und vor allem Indirektheit in der Kommunikation vor. Zudem beklagten sie sich darüber, dass die Briten in der Interaktion keinerlei Rücksicht auf die beschränkte Englischkompetenz ihrer deutschen Kollegen nahmen. Die Briten dagegen beschwerten sich über die Dominanz und Regulierungswut der Deutschen und deren unhöfliche Direktheit in der Kommunikation. Es zeigte aber auch, dass die Vorwürfe an die jeweils andere Seite von allen Deutschen und Briten geteilt wurden, obwohl sie nur in wenigen Fällen aus eigener Kommunikationserfahrung erwachsen waren: Nur ein Teil der Manager in Deutschland und Großbritannien kommunizierte tatsächlich miteinander bei der Arbeit. Mehrheitlich waren lediglich Stereotype über das Arbeitsverhalten und den kommunikativen Stil der Angehörigen der anderen Kultur Anlass für die Wahrnehmung, dass kulturbedingte Eigenschaften der jeweiligen Gruppen den Konflikt verursachen. Deshalb wurde klar, dass die Beteiligen hier übliche organisationsinterne Interessenskonflikte zwischen einer Firmenzentrale und einer Niederlassung bei von der Zentrale initiierten Umstrukturierungsmaßnahmen als interkulturelle Konflikte umgedeutet hatten.

Arbeitsschritte der Konfliktanalyse

Für die linguistische Analyse derartiger potentieller interkultureller Kommunikationskonflikte haben sich auf Beobachtung und Befragung basierende Arbeitschritte eingespielt, die auf die Erstellung eines Kommunikationsprofils in der Organisation, die Identifizierung tatsächlicher Probleme und die Wahrnehmung der Kommunikation durch die Beteiligten abheben. Sie lassen sich an den folgenden Fragen festmachen:

1. Wer kommuniziert mit wem worüber?
2. In welcher Sprache, auf welchem Kompetenzniveau wird kommuniziert?
3. Bei welchen Anlässen, ggf. über welche Medien wird kommuniziert?
4. Welche Probleme berichten Organisationsangehörige von der Kommunikation?
5. Wie werden die Kommunikationsprobleme von Teilnehmern wahrgenommen, welchen Ursachen werden die Probleme zugeschrieben?
6. Lassen sich diese Probleme auch bei teilnehmender Beobachtung durch den Linguisten feststellen und gibt es noch andere Probleme?
7. Können diese Probleme als linguistische identifiziert und entsprechend bearbeitet werden, etwa als verursacht durch unterschiedliche kulturelle Kommunikationskonventionen, durch Modalitäten des Kommunizierens wie lernersprachliche oder Dolmetsch-Kommunikation?
8. Gibt es andere als linguistische Erklärungen für die aufgetretenen Probleme?

In der Regel führen derartige Analysen zu Trainings, in denen Mitgliedern der betreffenden Organisation die maßgeblichen Ursachen ihrer Wahrnehmungen und Interpretationen bewusst gemacht werden und in denen ein weniger konfligierendes Kommunikationsverhalten eingeübt wird.

Zur Mediation:

Mediation

Mediation ist ein Verfahren zur Konfliktlösung, bei dem ein neutraler Dritter ohne eigentliche Entscheidungsgewalt versucht, sich im Streit befindlichen Parteien dabei zu helfen, zu einer Einigung zu gelangen. Mediation wird meistens bei Arbeits- und Organisationskonflikten, in Schulen sowie bei juristischen Streitigkeiten angewendet, in selteneren Fällen auch in der Privatsphäre. Bei interkultureller Mediation geht es darum, den Beteiligten die kulturbedingten Ursachen – oder Anteile an den Ursachen – ihres Konfliktes deutlich zu machen, ihnen zu helfen, durch kulturbedingte Unterschiede des Kommunizierens entstehende Schwierigkeiten der Bearbeitung des Konflikts zu überwinden, und ggf. auch die Instrumentalisierung der kulturellen Zugehörigkeit für die Austragung des Konfliktes sichtbar zu machen. Eine solche Instrumentalisierung lag in Beispiel [6] „Zentrale-Niederlassung" vor.

Die besondere Aufgabe interkultureller Mediatoren liegt darin, zwischen den Parteien Kommunikationsregeln zu etablieren, die Gesichtsbedrohungen vermeiden und eine einvernehmliche Formulierung des Konfliktes und seiner Lösungsmöglichkeiten erlauben. Dadurch sollen auch die Anteile von Konflikten, die unterschiedlichen Haltungen der Beteiligten zu Sachproblemen geschuldet sind – etwa aufgrund von Unterschieden in kulturellem Faktenwissen oder in berufsbedingten Handlungsweisen –, von solchen Anteilen unterschieden werden, die aus falschen Interpretationen von Kommunikationskonventionen erwachsen, die für die eine Partei normal und angemessen, für die andere jedoch inakzeptabel sind. Dafür müssen interkulturelle Mediatoren über hohe analytische Kompetenzen hinsichtlich der von den Beteiligten eingebrachten kulturbedingten Kommunikationskonventionen verfügen und in der Lage sein, die problemverursachenden Aspekte mit den Betroffenen metakommunikativ zu bearbeiten (Müller-Jacquier / ten Thije 2003).

Interkulturelle Moderatoren

In der Wirtschaft werden interkulturelle Mediatoren oft auch als Moderatoren in internationalen bzw. gemischt-kulturellen Teams eingesetzt. Sie haben die Aufgabe, die Kommunikation in Teamsitzungen zu beobachten und einzugreifen, sobald es aufgrund von kulturbedingten Präferenzen im Arbeitsverhalten oder aufgrund von Aspekten interkulturellen Kommunizierens zu Problemen kommen kann. Diese Tätigkeit ist extrem anspruchsvoll, da sie gleichsam eine *on-line*-Analyse der fortlaufenden Interaktion erfordert, und zwar unter Berücksichtigung der bisherigen Interaktionsgeschichte, der unterschiedlichen Arbeits- und Kommunikationsstile und ggf. auch lernersprachlicher Beschränkungen einzelner Teilnehmer, die es u.U. notwendig machen, dass der Moderator dolmetscht.

4.3.2 Training

Der Bereich des interkulturellen Trainings stellt zweifellos das umfangreichste Praxisfeld dar, in dem Erkenntnisse über interkulturelle Kommunikation zur Anwendung gelangen. Solche Trainings werden für sehr unterschiedliche Zwecke angeboten, etwa zur Vorbereitung auf einen Auslandsaufenthalt in einer bestimmten Kultur, auf internationale Verhandlungen, auf die Zusammenarbeit in internationalen Teams, zur Integration von Ausländern in eine Organisation, usw.

Dafür gibt es eine Fülle unterschiedlicher Trainingskonzepte, die sich nach Methodik und Inhalten klassifizieren lassen. Hinsichtlich der Methodik wird zwischen informations- vs. erfahrungsorientierten Trainings unterschieden; hinsichtlich der Inhalte nach kulturallgemeinen und kulturspezifischen.

Trainingskonzepte

In informationsorientierten Trainings werden Methoden angewandt, die darauf abzielen, durch kognitive Verfahren wie Texte, Filme oder Diskussionen, Wissen über eigene und fremde Kulturen aufzubauen. Erfahrungsorientierte Trainings gehen davon aus, dass man am besten durch eigene Erfahrung lernt, und benutzen Simulationsübungen und Rollenspiele, um bei Teilnehmern affektive und verhaltensbezogene Erlebnisse auszulösen, die anschließend durch kontrollierte Reflexionsprozesse aufgearbeitet werden. Kulturspezifische Trainings beschränken sich darauf, Teilnehmer auf eine bestimmte Zielkultur vorzubereiten, während kulturallgemeine nicht nur eine einzelne, bestimmte Kultur behandeln, sondern grundsätzlich für die spezifischen Aspekte interkultureller Kommunikation sensibilisieren und generell auf Handeln in interkulturellen Kontaktsituationen vorbereiten wollen. Diese vier Trainingstypen kommen prinzipiell auch bei Trainings vor, die die in diesem Artikel beschriebenen sprachlich-kommunikativen Aspekte zum Gegenstand haben.

Als kulturspezifisches Training mit dem Ziel, sprachliche Kommunikationsfähigkeit in einer bestimmten Zielregion und für bestimmte kommunikative Zwecke wie Präsentationen, Verhandlungen usw. zu vermitteln, kann man den fachspezifischen Fremdsprachenunterricht ansehen. Dessen Inhalte sind gewöhnlich an zielsprachenkonformer Sprachverwendung ausgerichtet und greifen auf deskriptive Ergebnisse der kontrastiven Pragmatik zurück. Hierbei steht eine konkrete sprachliche Handlungsfähigkeit in einem eindeutig umrissenen fremdkulturellen Kontext im Vordergrund, weniger eine Sensibilität für Erscheinungsformen und Auswirkungen von Kulturunterschieden in der Interaktion.

Es gibt jedoch gute Argumente dafür, auch in derartig funktional orientierten Kursen eine generelle Sensibilität für Kommunikation in interkulturellen Kontexten zu berücksichtigen. In Abschnitt (2) wurden Gründe dafür angegeben, dass auch bei der Orientierung auf eine bestimmte Kultur die kommunikativen Handlungsformen, denen ein Trainingsteilnehmer in der Zukunft begegnet, und deren Art der Deutung nicht unbedingt antizipierbar sind. Deshalb steht bei interkulturellen Trainings sprachlicher Kommunikationsfähigkeit heute der kulturallgemeine Ansatz im Vordergrund, der darauf abzielt, eine generelle interkulturelle Kommunikationsbewusstheit zu entwickeln.

Interkulturelle Kommunikationsbewusstheit

Interkulturelle Kommunikationsbewusstheit bezieht sich zum einen auf eine generelle Bewusstheit der Tatsache, dass viele Probleme im interkulturellen Kontakt ihren Ursprung in Unterschieden in den jeweils kulturspezifischen Konventionen des Kommunizierens und in den Beschränkungen der Modalitäten des interkulturellen Kommunizierens haben, zum anderen auf eine spezielle Bewusstheit der Auswirkungen dieser Unterschiede und Beschränkungen in der Interaktion. Dies schließt auch die Bewusstheit ein, dass diese Deutungen der jeweiligen kommunikativen Handlungsmuster abhängig von den Konstellationen der Interaktionssituationen variieren können (Knapp-Potthoff 1997b).

Um diese Bewusstheit zu entwickeln, müssen Trainingsverfahren nicht nur über unterschiedliche kulturelle Kommunikationskonventionen informieren, sondern auch deren Wirkungen erfahrbar machen und deren potentielle Offenheit für unterschiedliche Deutungen aufzeigen.

Um Wirkungen erfahrbar zu machen, sollte ein Trainer ein erfahrungsorientiertes Verfahren wie z.B. ein Rollenspiel verwenden und bei solchen Unterschieden in Kommunikationskonventionen ansetzen, die zu negativen Wahrnehmungen des Kommunikationspartners herausfordern, wie etwa das Pausenverhalten beim Sprecherwechsel in Beispiel [7] „Kreditvergabe".

Rollenspiele

[7] „Kreditvergabe": In einem Rollenspiel mit vier Beteiligten spielt eine deutsche Person einen Bankangestellten, die drei anderen (A, B und C) agieren als Bankkunden, die aus einem soliden Anstellungsverhältnis heraus um einen Ratenkredit nachsuchen. Der Bankangestellte bekommt die Vorgabe, einen Kredit nur an eine Person zu vergeben, die beim Kreditantragsgespräch einen vertrauenswürdigen Eindruck macht. Kunde A bekommt die Vorgabe, im Antragsgespräch einen überlappenden Kommunikationsstil zu zeigen, wie er etwa in den Kulturen des Vorderen Orients üblich ist, d.h. zwischen den Redebeiträgen des Bankiers und seinen eigenen keine Pausen zu lassen, sondern dem Bankier ins Wort zu fallen. B, ebenfalls Deutscher, bekommt keine Vorgabe hinsichtlich des Pausenverhaltens, er agiert deshalb im Rollenspiel beim Sprecherwechsel nach denselben Konventionen wie der Bankier. C bekommt die Vorgabe, zwischen seinen Redebeiträgen und denen des Bankiers sehr lange Pausen zu lassen, sich also so zu verhalten, wie es z.B. bei nordamerikanischen Indianerkulturen normal ist.

Dieses vielfach durchgeführte Rollenspiel führt jedes Mal zu dem Ergebnis, dass nur B den Kredit bekommt, weil A und C nicht vertrauenswürdig erscheinen – A, weil er für den Bankier ungebührlich aggressiv ist und ein problematischer Kunde zu werden droht, C, weil dessen langes Überlegen vor der Beantwortung von Fragen nahe legt, dass es etwas zu verbergen hat. Diese Entscheidung des Bankiers und seine Begründung werden jedes Mal von der übergroßen Mehrheit des Publikums dieses Rollenspiels geteilt. Die Auflösung des Spiels zeigt, dass unerkannte Unterschiede in kulturtypischen Kommunikationskonventionen fehlgedeutet werden und zu Diskriminierung führen können – für die Beteiligen in der Regel eine schockierende Erfahrung.

Critical Incidents

Zur Vermittlung der prinzipiellen Offenheit für unterschiedliche Deutungen von kommunikativem Verhalten bieten sich informationsorientierte Verfahren wie die so genannten *critical incidents* an. Dabei handelt es sich um Beschreibungen kritischer Interaktionssituationen, in denen Angehörige unterschiedlicher Kulturen miteinander kommunizieren, diese Kommunikation jedoch nicht den vom Initiator der Interaktion beabsichtigten Effekt hat. Die Trainingsteilnehmer lesen einen solchen Text und überlegen gemeinsam, welche Ursache als Erklärung für das Kommunikationsproblem plausibel ist. Da es jedoch nicht nur eine einzelne „richtige" Erklärung gibt, führt die Koexistenz alternativer Erklärungsmöglichkeiten zu der Einsicht, dass man sich in interkulturellen Interaktionssituationen mehrere Deutungsmöglichkeiten offen halten sollte. Dies gilt auch für mögliche Erklärungen mit Unterschieden in Kommunikationskonventionen, wie in Beispiel [8] „Besprechung".

Unterschiede in Kommunikationskonventionen

[8] „Besprechung“: Dr. Greiner wurde als Leiter der Niederlassung einer deutschen Firma nach Asien versetzt und lädt zu seiner ersten Arbeitsbesprechung ein. Zu seiner ersten Orientierung stellt er eine Reihe wichtiger Fragen, merkt aber, dass die Antworten seiner zukünftigen Mitarbeiter vage sind und immer ausweichender werden, je genauer er nachfragt.
Um sicher zugehen, dass sein Englisch gut verstanden wird, wiederholt er seine Fragen, wenn die Antworten nur zögerlich kommen, und versucht dabei, die ausweichenden Blicke der Asiaten einzufangen. Hinterher ist er jedoch nicht informierter als zuvor. Er nimmt sich vor, bei nächster Gelegenheit die Fragen noch genauer zu formulieren.

Als mögliche Erklärungen eines *critical incident* wie diesem werden von Trainingsteilnehmern u.a. die folgenden Vorschläge berichtet (Müller-Jacquier 2000):

- Die Antworten sind möglicherweise nach asiatischen Konventionen direkt, aber Dr. Greiner kann sie nicht als direkt deuten – hier geht es um Konventionen der Direktheit/Indirektheit.
- Dr. Greiner hat möglicherweise seine Fragen so gestellt, dass die erwünschten Antworten gesichtsbedrohende Festlegungen erfordern – hier geht es um Präferenzen bei der Realisierung von Sprechakten.
- Durch die Wiederholung von Fragen, die schon beantwortet wurden, hat Dr. Greiner den normalen Ablauf eines Gespräches außer Kraft gesetzt und damit Unsicherheit bei seinen Gesprächspartnern erzeugt – hier geht es um Konventionen der Makrostruktur des Gesprächsablaufs.

Gerade weil dieser *critical incident* nicht auf eine bestimmte Kultur bezogen ist, die die Bearbeiter nach den kommunikativen Konventionen gerade dieser Kultur suchen lässt, sondern nur unspezifisch Fremdheit thematisiert, lässt sich an derartigen Beispielen demonstrieren, dass es für Kommunikationsprobleme in interkulturellen Kontaktsituation unterschiedliche, linguistisch gleichermaßen plausible Erklärungshypothesen gibt und dass es für einen Teilnehmer an interkulturellen Kontaktsituation strategisch sinnvoll ist, mehrere Hypothesen über mögliche Gründe des Verhaltens seiner Kommunikationspartner gleichzeitig zu unterhalten.

5 Erforderliche Kompetenzen in der Anwendungspraxis

Interkulturelle Kommunikation ist ein Thema mit großer Attraktivität bei Studierenden in angewandt-linguistischen Fächern, die nach einer Beschäftigung mit diesem Gegenstand oft als Berufsziel eine Tätigkeit als interkultureller Berater oder Trainer anstreben. So bedeutsam die Anwendung linguistischer Erkenntnisse in diesem Arbeitsfeld unstreitig auch ist, so muss doch hervorgehoben werden, dass in der Alltagspraxis linguistischen Kompetenzen oft nur ein Teilbeitrag zur Bearbeitung interkultureller Probleme zugestanden wird. In Trainings stehen für die

Abnehmer kulturbezogenes Wissen, insbesondere eindeutige Verhaltensregeln für das jeweilige ganz spezielle zukünftige berufliche oder private Umfeld, und motivationale Faktoren in der Regel stärker im Vordergrund als Aspekte der sprachlichen Kommunikation. Zudem erwarten Abnehmer, dass Trainer und Berater ihre Probleme nicht nur theoretisch kennen, sondern selbst Erfahrungen z.B. in interkulturellen Verhandlungen, in der Personalführung mit ausländischen Mitarbeitern oder auch nur mit dem Kulturschock gemacht haben. Beratungsfälle wie Beispiel [6] „Zentrale-Niederlassung" lassen sich ohne Kenntnisse von Organisationsstrukturen und Prozessen der Organisationsentwicklung in der Wirtschaft kaum angemessen lösen. Deshalb sollten Interessenten an einer Tätigkeit in diesem Praxisfeld ihre Ausbildung über das Studium der Angewandten Linguistik hinaus so anlegen, dass ihnen auch einschlägige Kenntnisse der Wirtschaftswissenschaft, Organisationslehre und Sozialpsychologie zugänglich werden und dass sie selbst durch längere Auslandsaufenthalte interkulturelle Erfahrungen sammeln und sich zu bilingualen und bikulturellen Personen entwickeln.

6 Weitere Informationen

Eine umfassende Bibliographie zu den vielen Facetten des Themas ist Hinnenkamp (1994). Sprachliche Aspekte interkultureller Kommunikation werden u.a. in der Zeitschrift *Language and Intercultural Communication* abgehandelt. Psychologische Ansätze finden sich in Gudykunst/Mody (2002), zu Traningsmethoden ist Landis/Bhagat (1996) nützlich. Interessante Links sind z.B. <www. SIETAR.de>, <www.interculture-online. info>, <www.interculture.de>.

VI.4 Übersetzen

Christina Schäffner

1 Aufgabenfeld Übersetzen

Übersetzen und Dolmetschen als Formen der vermittelten Kommunikation können auf eine lange Geschichte zurückblicken. Archäologische Funde, wie der berühmte Stein von Rosette, dessen dreisprachige Inschrift die Entschlüsselung der Hieroglyphen ermöglichte, legen davon Zeugnis ab. Delisle/Woodsworth (1995) illustrieren anhand zahlreicher Beispiele, welchen Beitrag Übersetzer und Dolmetscher für die Entwicklung von Nationalsprachen, Nationalliteraturen, die Verbreitung von wissenschaftlichen, technischen und intellektuellen Erkenntnissen sowie auch zur Vermittlung von Wissen über andere Kulturen geleistet haben. Übersetzen bezeichnet dabei normalerweise die Übertragung von schriftlichen Texten in der Ausgangssprache in schriftliche Texte der Zielsprache, und Dolmetschen die mündliche Übertragung mündlicher Rede.

Geschichte des Übersetzens: Textsorten

In der langen Geschichte der vermittelten Kommunikation haben es Übersetzer mit einer Vielfalt von Texten zu tun gehabt. Bis zur Mitte des 19. Jahrhunderts dominierten vor allem literarische und religiöse Texte (vgl. z.B. die reiche Tradition der Bibelübersetzungen). Mit Beginn des 20. Jahrhunderts und infolge der rasanten Entwicklung in Wissenschaft, Technik, Wirtschaft und Politik sowie der damit verbundenen neuen Möglichkeiten für umfangreichere und schnellere Kommunikation über Länder- und Sprachgrenzen hinweg, erhöhte sich der Bedarf an Übersetzungen. Das bedeutet auch, dass neue Themenbereiche und neue Textsorten übersetzungsrelevant wurden, etwa Geschäftskorrespondenz, Benutzerinformationen, wissenschaftlich-technische Berichte, Verträge, Fachzeitschriftenartikel, Werbetexte (Schmitt 1998: 10, Stoll 2000). Englisch fungiert dabei am häufigsten sowohl als Ausgangs- als auch als Zielsprache.

Bedarf an Übersetzungen

Laut einer Studie der EU verzeichnete der Markt für Übersetzungen und Dolmetschungen in der EU im Jahre 1997 einen Umsatz von rund 3,75 Milliarden Euro (www.druck.or.at/news/oegg/ueb/h200202.pdf). Weltweit steigt nach Schätzungen der Übersetzungspraxis der Übersetzungsbedarf um 20–25 % pro Jahr an. Die Globalisierung von Wirtschaft und Politik geht einher mit der Produktion von Texten, die zum Zwecke der effektiven internationalen Kommunikation in mehreren Sprachen verfügbar sein müssen, oft gleichzeitig mit der Einführung neuer Produkte. Deshalb haben viele große Unternehmen (z.B. SAP, Volkswagen) eine eigene Übersetzungsabteilung.

Übersetzungsbedarf in der EU

Für den Bereich Politik kann stellvertretend die Generaldirektion Übersetzung der Europäischen Kommission (DGT, *Directorate-General for Translation*) genannt werden, der weltweit größte Dienst seiner Art. Ebenso umfangreich ist die Arbeit der Generaldirektion Dolmetschen. Gemäß der offiziellen Mehrsprachigkeitspolitik der EU haben alle EU-Bürger das Recht, mit den EU-Institutionen in ihren eigenen Sprachen zu kommunizieren und Gesetzestexte in ihren eigenen Sprachen zu lesen. Der in mehreren Verordnungen verankerte Grundsatz der Gleichwertigkeit aller Amtssprachen bringt eine enorme Übersetzungstätigkeit mit sich. Im Jahr 2005 übersetzte die DGT 1 324 231 Seiten. 80 % davon wurde im Hause erledigt (die DGT beschäftigt ca. 1650 Übersetzer an ihren Dienstorten Brüssel und Luxemburg), der Rest von freiberuflichen Übersetzern aus aller Welt (http://europa.eu.int/comm/dgs/translation/index_de.htm). Durch den Beitritt neuer Mitgliedsstaaten erhöht sich der Übersetzungsbedarf weiter und erfasst neue Sprachen und Sprachkombinationen. So wird die EU nach dem für das Jahr 2007 erwarteten Beitritt Bulgariens und Rumäniens in 23 Amtssprachen arbeiten.

Formen des Übersetzens und Dolmetschens

Übersetzen spielt aber nicht nur für Wirtschaft und Politik eine entscheidende Rolle. Wir begegnen Formen des Übersetzens und Dolmetschens nahezu täglich, ohne uns immer dessen bewusst zu sein. Wenn wir z.B. ein elektronisches Produkt kaufen, so liegt diesem üblicherweise eine mehrsprachige Bedienungsanleitung bei. Wir lesen Romane in deutscher Übersetzung, wir schauen uns ausländische Filme in deutscher Synchronisation an, und im Urlaub im Ausland lauschen wir den gedolmetschten Erklärungen der Reisebegleiterin. Das heißt, dass es neben der Vielfalt der Textsorten und Themen, die Gegenstand des Übersetzens und Dolmetschens sind, auch verschiedene Formen gibt. Zum Übersetzen zählen demnach sowohl das Übersetzen fachsprachlicher und literarischer Texte, als auch die Softwarelokalisierung und die Filmuntertitelung. Dasselbe gilt für das Dolmetschen, wozu unter anderem Konferenzdolmetschen, Verhandlungsdolmetschen, aber auch das Dolmetschen für Migranten bei Behörden (u.a. Krankenhaus, Gericht) gehört. Darüber hinaus gibt es Mischformen, wie das Übersetzen vom Blatt, d.h. die mündliche Übertragung schriftlich formulierter Texte für den sofortigen Gebrauch. Im weitesten Sinn kann auch die Übertragung von natürlichsprachlicher Information in andere Zeichensysteme (z.B. Piktogramme) als Übersetzen bezeichnet werden (und analog dazu das Gebärdensprachendolmetschen). Im deutschsprachigen Raum hat sich ‚Translation' weitgehend als Oberbegriff zu Übersetzen und Dolmetschen etabliert. Analog dazu ist ‚Translationswissenschaft' der Name für die wissenschaftliche Disziplin, die die Translation erforscht (mit ihren Teildisziplinen Übersetzungswissenschaft und Dolmetschwissenschaft).

Translation als Oberbegriff

In diesem Artikel geht es ausschließlich um das Übersetzen (zum Dolmetschen s. Pöchhacker 2004). Folgende Fragen werden erörtert: Worin besteht die Spezifik des Übersetzens? Welche Probleme stellen sich für Übersetzer? Über welche Kenntnisse und Fertigkeiten müssen Übersetzer verfügen? Inwiefern ist Übersetzen ein Anwendungsfeld der Angewandten Linguistik? Und schließlich, in welcher Beziehung stehen die Disziplinen der Übersetzungswissenschaft und der Angewandten Linguistik? Schauen wir uns zunächst einige Beispiele an.

2 Problemfeld Übersetzen

Internationale Nachrichtenagenturen liefern Kurznachrichten, die für die Publikation in nationalen Massenmedien übersetzt werden. Die folgende Kurznachricht in Beispiel [1] bietet für eine Übersetzung ins Deutsche grammatische und lexikalische Probleme:

Grammatische und lexikalische Probleme des Übersetzens

[1] A Spanish judge charged 29 people suspected of involvement in the Madrid train bombings in March 2004. Most of the suspects are Moroccon nationals.
(*The Economist*, 15. April 2006, S. 8)

Kenntnisse der grammatischen Regeln des Englischen ermöglichen die Identifizierung der Partizipialform *suspected* als verkürzten Relativnebensatz (*people who are suspected of*). Aber ist *judge* als *Richter* oder als *Richterin* wiederzugeben? Der englische Ausgangstext gibt dazu keine Information. Entscheidet sich der Übersetzer für die männliche Form, in der (unter Umständen falschen) Annahme, dass Richter meist Männer sind, dann ist der deutsche Zieltext spezifischer als der englische Ausgangstext. Es gibt im Deutschen auch kein etabliertes Kompositum als direktes Äquivalent zu *train bombings*, so dass eine alternative Formulierung gefunden werden muss. Eine mögliche deutsche Übersetzung wäre die folgende in Beispiel [1a]:

[1a] Ein spanischer Richter hat 29 Menschen angeklagt, die der Beteiligung an den Bombenanschlägen auf Züge in Madrid im März 2004 verdächtigt werden. Die meisten der Verdächtigten sind marokkanische Staatsbürger.

Beispiel [2] bietet ein ähnliches lexikalisches Problem, denn auch für *suicide-bombers* gibt es kein etabliertes Äquivalent:

[2] At least 90 people were killed and 120 injured when suicide-bombers attacked a Shia mosque in the Iraqi city of Musayib. It was the worst attack of the year so far. Politicians in the government reiterated that the country was not entering into a civil war.
(*The Economist*, 15. April 2006, S. 8)

In deutschen Texten wird normalerweise von *Selbstmordattentätern* gesprochen, oder von *Selbstmordanschlag*. Die Spezifizierung kann durch Komposita wie *Bombenanschlag* oder *Bombenexplosion* sowie durch Kollokationen wie *eine Bombe zünden, eine Bombe zur Explosion bringen* erfolgen.

Der erste Satz des obigen Beispiels könnte dann wie in [2a] übersetzt werden:

> [2a] Mindestens 90 Menschen wurden getötet und 120 verwundet, als Selbstmordattentäter Bomben in einer schiitischen Moschee in der irakischen Stadt Musayib zündeten. [...]

Anforderung sprachliche Korrektheit

Bei dieser Lösung ist die semantische Bedeutung von *suicide-bombers* durch die Kombination von *Selbstmordattentäter* und *Bomben zünden* ausgedrückt. Nun müssen wir allerdings fragen, ob die Zieltexte [1a] und [2a] auch wirklich gute bzw. angemessene Übersetzungen sind. Leser erwarten von (guten) Übersetzungen normalerweise inhaltliche und sprachliche Korrektheit. So kann ein Leser relativ schnell erkennen, dass der deutsche Text, der neben seinem englischen Originaltext auf einem Informationsblatt eines Hotels steht (Beispiel [3]), sowohl in grammatischer als auch lexikalischer Sicht Mängel aufweist:

> [3] Messages: Please refer to the reception message board if you are expecting any messages during your stay.
>
> Fernsprüche: Wollen Sie sich bitte auf das Anschlagbrett der Fernsprüche an der Rezeption beziehen, sollen Sie es erwünschen während ihre Aufenthalt Zeit.

Anforderung inhaltliche Korrektheit

Was aber genau heißt inhaltliche Korrektheit? Schauen wir uns zwei weitere Beispiele von authentischen Übersetzungen an. Der folgende Ausschnitt (Beispiel [4]) stammt aus Lewis Carrolls Roman *Alice in Wonderland*:

> [4] „Perhaps it doesn't understand English", thought Alice; „I dare say it's a French mouse, come over with William the Conquerer."
>
> „Vielleicht versteht sie kein Deutsch," dachte Alice; „ich könnte mir denken, sie ist eine französische Maus und mit Napoleon herübergekommen."

Hier sehen wir Veränderungen der denotativen und referentiellen Bedeutung (*English – Deutsch, William the Conquerer – Napoleon*). In Beispiel [5], der deutschen Fassung des englischsprachigen Liedes *Memories are made of this*, ist überhaupt keine inhaltliche Übereinstimmung mehr erkennbar:

> [5] Take one fresh and tender kiss,
> add one stolen night of bliss.
> One girl, one boy, some grief, some joy,
> memories are made of this. [...]

Brennend heißer Wüstensand,
fern, so fern dem Heimatland.
Kein Gruß, kein Herz, kein Kuss, kein Scherz,
alles liegt so weit, so weit. [...]

Gute Übersetzung ist mehr als Finden äquivalenter Ausdrücke und Strukturen

Angesichts solcher Beispiele stellt sich die Frage, wieweit sich ein Übersetzer vom Ausgangstext lösen darf und nach welchen Kriterien die Qualität einer Übersetzung beurteilt werden kann. Unter Laien ist die Annahme weit verbreitet, dass eine Übersetzung eine exakte Reproduktion des jeweiligen Ausgangstextes ist, so dass der Zieltext sprachlich äquivalent zu seinem Ausgangstext ist. Nun sollten die obigen Beispiele bereits angedeutet haben, dass von Übersetzern mehr verlangt wird als die Ersetzung sprachlicher Ausdrücke und Strukturen im Ausgangstext durch äquivalente Ausdrücke und Strukturen der Zielsprache. Faktoren wie kommunikative Angemessenheit der zielsprachlichen Strukturen, Wirkungsabsicht oder Adressatenkenntnisse spielen oft eine größere Rolle als das Finden eines zielsprachlichen Ausdrucks mit gleicher denotativer und konnotativer Bedeutung.

Welche Antworten bietet nun die Übersetzungswissenschaft auf die in diesem Abschnitt aufgeworfenen Fragen? Im Folgenden wird die Entwicklung der Übersetzungswissenschaft kurz skizziert, und moderne funktionale Ansätze werden sodann in ihrer Relevanz für die Übersetzungspraxis und -ausbildung näher beleuchtet.

3 Ansätze der Übersetzungswissenschaft

Linguistische Ansätze: Sprachvergleich

Die ersten systematischen Beschäftigungen mit Übersetzen erfolgten in den 50er Jahren im Rahmen der Linguistik. Da der Sprachwechsel das Spezifikum des Übersetzens ist, widmeten sich Übersetzungswissenschaftler zuerst dem Ziel, objektive Aussagen über die systemhaften Beziehungen zwischen Zeichen und Zeichenverbindungen der Ausgangssprache (AS, auch Quellensprache, QS) und der Zielsprache (ZS) zu treffen.

Semantische Unterschiede

Nun sind Sprachen in ihrem eigenen Umfeld gemäß den Kommunikationsbedürfnissen der jeweiligen Sprachnutzer natürlich gewachsen. Ein Vergleich zwischen linguistischen Strukturen zweier Sprachen zeigt sehr schnell, dass es weder bei den lexikalischen Bedeutungen noch bei den syntaktischen Stukturen vollkommene Identität geben kann. Wir hatten bereits bei Beispiel [1] auf die Genusproblematik verwiesen. Der deutsche Satz *Ich habe gestern meinen Großvater besucht* bietet z. B. ein Problem für die Übersetzung ins Schwedische, da es im Schwedischen die spezifischeren Bezeichnungen *morfar* für den Vater der Mutter und *farfar* für den Vater des Vaters gibt, aber keinen neutralen Oberbegriff wie im Deutschen.

Auch beim Vergleich der deutschen und französischen Übersetzungen des englischen Satzes *I have gone to the station* zeigen sich Unterschiede:

[6]	Deutsch:	Ich bin zum Bahnhof gegangen.
	Französisch:	Je suis allé à la gare.

Grammatische Unterschiede

Der französische Text spezifiziert das Geschlecht des Sprechers (weiblich), und der deutsche Text spezifiziert die Art der Bewegung (*zu Fuß gegangen*). Darüber hinaus weisen das Deutsche und das Französische dem Bahnhof ein grammatisches Geschlecht zu: maskulin im Deutschen, aber feminin im Französischen. Im Russischen würde ein Satz wie *I wrote a letter to my friend* die Genusidentifizierung für beide Personen erfordern (genauer: wenn *I* für eine männliche Person steht, lautet die Vergangenheitsform des Verbs *pisal*, und im Falle einer weiblichen Person *pisala*; hinzu kommt die lexikalische Differenzierung *drug* für einen männlichen Freund, oder *podruga* für die Freundin). Darüber hinaus signalisiert die Wahl der Aspektform des Verbs (*pisal* oder *napisal*) ob die Handlung vollendet ist oder nicht.

Trotz solcher Unterschiede der Sprachsysteme ist Übersetzen prinzipiell möglich. Die Fragen für die linguistische Übersetzungswissenschaft lauteten folglich: Wie kann Übersetzen die Unterschiede zwischen Sprachen überwinden? Wie kann Äquivalenz auf der Inhaltsebene trotz Kodierungswechsel auf der Ausdrucksebene hergestellt werden? Diese Aufgabenstellung zeigt sich auch in dem folgenden Zitat:

> Übersetzen ist ein sprachlich-textueller Prozeß, bei dem AS-Ausdrücken (Lexemen, Syntagmen, Sätzen) ZS-Ausdrücke zugeordnet werden. Die linguistische Übersetzungswissenschaft beschreibt die potentiellen Zuordnungsvarianten (Äquivalente) und gibt die Faktoren und Kriterien an, die die Wahl von aktuellen Entsprechungen bestimmen. (Koller 2004: 125)

Völlige Äquivalenz ist die Ausnahme

Beim Sprachenpaarvergleich auf der lexikalischen Ebene zeigt sich, dass totale Äquivalenz, d.h. völlige Bedeutungsgleichheit, die Ausnahme ist. Typischer sind Fälle von approximativer Äquivalenz, d.h. Teilentsprechung in denotativer, konnotativer oder stilistischer Hinsicht (z.B. *judge – Richter, Richterin; suicide bomber – Selbstmordattentäter; die* (neutral) – *ins Gras beißen* (salopp); *diabetes* [Fachsprache und Allgemeinsprache] – *Zucker* [Allgemeinsprache], *Diabetis* [Fachsprache]).

Methoden zur Herstellung von Äquivalenz

Beim Transferprozess von der Ausgangs- in die Zielsprache kann Äquivalenz auf der Inhaltsebene durch verschiedene Übersetzungsmethoden hergestellt werden, wie sie erstmals in dem Buch *Stylistique comparée* (Vinay/Darbelnet 1958) beschrieben wurden. Insbesondere die Methoden der Direktentlehnung (Übernahme des ausgangssprachlichen Ausdrucks in die Zielsprache), Lehnübersetzung (strukturelle Nachbildung mit Mitteln der Zielsprache), Transposition und Modulation sind verbreitet. ‚Transposition' bezeichnet einen Wortartwechsel oder ähnliche syntaktische Veränderungen, und ‚Modulation' ist der Oberbegriff für Verschiebungen im semantischen Gehalt (z.B. Generalisierung, Spezifizierung, Perspektivenwechsel).

Unter Beachtung solcher Methoden wäre eine alternative Übersetzung unseres Beispieltextes [1] dann z.B.:

[1b] Ein spanisches Gericht hat gegen 29 Personen Anklage erhoben. Sie werden verdächtigt, an den Bombenanschlägen auf den Bahnhof Atocha im März 2004 beteiligt gewesen zu sein. Die meisten der Verdächtigten sind marokkanische Staatsbürger

Hier zeigen sich Transpositionen (*charged – Anklage erhoben, involvement – beteiligt gewesen*) und Modulationen (*judge – Gericht*, semantische Verschiebung von einer Person zu einer Institution, wodurch das Genusproblem gelöst ist; *Madrid train bombings – Bombenanschläge auf den Bahnhof Atocha*, spezifischere Bezeichnung des Ereignisses im deutschen Kompositum, unterschiedliche Perspektivierung bei der Lokalbestimmung).

Grenzen der Kontrastiven Linguistik

Der systematische Vergleich lexikalisch-semantischer und syntaktischer Strukturen eines Sprachenpaars ist auch Gegenstand der Kontrastiven Linguistik. Der Wert solcher Untersuchungen für den Sprachvergleich ist unbestritten, jedoch lassen sich Übersetzungsregeln aus dem Systemvergleich nicht direkt ableiten. Beim Übersetzen haben wir es nicht mit Einzelwörtern, Phrasen oder syntaktischen Strukturen an sich zu tun, sondern mit Texten, und nur innerhalb eines Textes werden Wörter, Phrasen und syntaktische Strukturen bedeutungsvoll. Übersetzen ist folglich ein „Textverarbeitungs- und Textreverbalisierungsprozeß" (Wilss 1977: 72).

Text als Übersetzungseinheit

Die Hinwendung der Translationswissenschaft zum Text als Übersetzungseinheit ist eng verbunden mit der Entwicklung der Textlinguistik als Teilbereich der Angewandten Linguistik in den 70er Jahren des 20. Jahrhunderts. Die Grundpositionen der textlinguistisch-orientierten Übersetzungsforschungen lassen sich wie folgt charakterisieren: Texte sind kommunikative Ereignisse in spezifischen Kommunikationssituationen und Kulturen. Ein Ausgangstext erfüllt seine kommunikative Funktion für Adressaten in der Ausgangskultur, ein Zieltext hingegen richtet sich an einen anderen Adressatenkreis in einer anderen Kultur. Der Zieltext muss folglich so gestaltet sein, damit er seine kommunikative Funktion für neue Adressaten in der Zielkultur erfüllen kann.

Übersetzungsorientierte Texttypologie

Ein erster Schritt in Richtung Text war die übersetzungsorientierte Texttypologie von Reiß (1971). Reiß bestimmte drei Texttypen, denen sie systematische Übersetzungsmethoden zuordnete: Das Ziel bei der Übersetzung von Texten des inhaltsbetonten bzw. informativen Typs (z.B. Nachrichtentext, Wirtschaftskorrespondenz) ist die Invarianz des Inhalts, die Übersetzungsmethode ist folglich schlicht prosaisch. Beim formbetonten bzw. expressiven Texttyp (z.B. Roman, Poesie) ist das Ziel eine analoge künstlerische Gestalt, die Methode demnach identifizierend; und beim appellbetonten bzw. operativen Typ (z.B. Werbetext, Wahlpropaganda) besteht das Ziel in der Beibehaltung des textimmanenten Appells, was durch eine adaptierende Übersetzungsmethode erreicht werden kann. Mit diesem Ansatz verfolgte Reiß auch das Ziel, die Übersetzungsbewertung objektiv zu gestalten, und folglich solch weit verbreitete Maximen wie ‚So wörtlich wie möglich, so frei wie nötig' überflüssig zu machen.

Wichtiger als solche eher abstrakten Texttypen sind jedoch die Textsorten (z.B. Leitartikel, Bedienungsanleitung, Kochrezept). Textsorten

Textsortenkonventionen

haben sich im Laufe der Zeit in ihren Kulturen und Kommunikationsgemeinschaften herausgebildet und mehr oder weniger feste konventionelle Muster, d.h. Textsortenkonventionen, entwickelt. Solche Muster reflektieren den situationsadäquaten Einsatz sprachlicher Mittel und betreffen sowohl die Makrostruktur (globale funktionale Einheiten, Textbausteine) als auch die Mikrostruktur (lexikalisch-semantische, grammatische und stilistische Merkmale). So sind z.B. bei der Textsorte Bedienungsanleitung die globalen Textbausteine in einer logischen Folge angeordnet (Produktname, Technische Daten und Beschreibung des Produkts, Instruktionen zur Anwendung des Produkts, Hinweise zur Wartung und Pflege, Kundendienst, Garantiehinweise). In dem Teil der Anleitung, in dem die eigentliche Bedienung des Produkts beschrieben wird, finden sich im Deutschen typischerweise Infinitive zum Ausdruck von Anweisungen (z.B. *Gerät einschalten*) (s. Artikel II.3).

Übersetzer benötigen interkulturelle Textsortenkompetenz

Aufgrund unserer Erfahrung mit Texten verfügen wir als Mitglieder einer Kommunikationsgemeinschaft über Textsortenkompetenz, und wir erwarten daher, dass Texte (sowohl Originaltexte als auch Übersetzungen) entsprechend den konventionell geltenden Mustern gestaltet sind. Das bedeutet für Übersetzer, dass sie über Kenntnis der Textsortenkonventionen in Ausgangs- und Zielsprachenkulturen verfügen müssen – sie benötigen eine kontrastive, interkulturelle Textsortenkompetenz. Eine solche Kompetenz kann in der Ausbildung erworben werden, u.a. anhand des systematischen Vergleichs von Paralleltexten. Paralleltexte sind Originaltexte der Ausgangs- und der Zielkultur, die derselben Textsorte angehören und folglich in vergleichbaren Kommunikationssituationen zum Einsatz kommen (Neubert 1985: 75).

Beispiel: Textsorte Kurznachricht

Schauen wir uns noch einmal Beispiel [2] an, ein Exemplar der Textsorte Kurznachricht. Diese Texte zeichnen sich durch eine konventionelle Struktur aus, wenn sie Unfälle zum Thema haben. Bei den englischen Texten stehen typischerweise die Opfer am Anfang (im Verbalstil, z.B. *at least 90 people were killed and 120 injured*), danach folgt die Ursache (ebenfalls im Verbalstil, *when suicide-bombers attacked a Shia mosque*). Deutsche Paralleltexte nennen typischerweise zuerst die Ursache (im Nominalstil, oft als Präpositionalphrase, z.B. *beim Absturz eines Flugzeugs*), und danach folgen Angaben zu den Opfern (ebenfalls im Nominalstil, oft als Verbgefüge, z.B. *sind sieben Personen ums Leben gekommen*). Paralleltexte der Zielkultur können Übersetzer folglich als Modelle für die textsortengerechte Retextualisierung des Ausgangstextes dienen.

Den Textsortenkonventionen der Zielkultur angemessene Übersetzungen von Beispiel [2] wären demnach [2b] oder auch [2c]:

[2b] Bei einem Bombenanschlag durch Selbstmordattentäter in einer schiitischen Moschee in der irakischen Stadt Musayib wurden mindestens 90 Menschen getötet und 120 verwundet. [...]

[2c] Bei einem Selbstmordanschlag in der irakischen Stadt Musayib wurden mindestens 90 Menschen getötet und 120 verwundet. Die Attentäter hatten in einer schiitischen Moschee eine Bombe gezündet. [...]

Diese Zieltexte sind nicht nur auf der Inhaltsebene gegenüber dem Ausgangstext äquivalent, sondern sie zeichnen sich auch durch kommunikative Gleichwertigkeit aus, und sind folglich kommunikativ äquivalent.

Grenzen maschineller Übersetzung

Solche konventionalisierten Textsorten eignen sich sehr gut, um die Leistungsfähigkeit von Maschinenübersetzungssystemen zu testen. [2d] ist das Ergebnis der Übersetzung unserer obigen Kurznachricht, produziert von Babel Fish, einem im Internet frei verfügbaren Maschinenübersetzungssystem (http://babelfish.altavista.com/tr):

> [2d] Mindestens wurden 90 Leute getötet und 120 als Selbstmord-Bomber eine Shia Moschee in der irakischen Stadt von Musayib verletzt, in Angriff nahmen. Es war der schlechteste Angriff des Jahres bis jetzt. Politiker in der Regierung reiterierten, dass das Land nicht an einem Bürgerkrieg teilnahm.

Diese Version ist eine nahezu wörtliche Reproduktion des Ausgangstextes, mit einigen lexikalischen und syntaktischen Mängeln, und dieser Text reflektiert auch nicht die Textsortenkonventionen der Zielkultur.

Notwendigkeit der Einhaltung von Textsortenkonventionen ist zweckabhängig

Mit vergleichenden Textsortenanalysen beschäftigt sich auch die Disziplin der Fachsprachenforschung, deren Ergebnisse ebenfalls für das Übersetzen nutzbar gemacht werden können (vgl. Göpferich 1995, die Beiträge in Trosborg 1997). Allerdings muss ein Zieltext nicht immer den Textsortenkonventionen der Zielkultur entsprechen: Ob die Textsortenkonventionen der Zielkultur eingehalten werden müssen oder nicht, hängt nicht vom Ausgangstext und dessen Textsorte ab, sondern vielmehr von dem Zweck, den der Zieltext in der Zielkultur erfüllen soll. Theorien, die den Zweck des Zieltexts als Determinante für dessen textuelle Gestalt bestimmen und die Qualität einer Übersetzung folglich an der Erfüllung ihrer Funktion (bzw. ihres Zwecks) für die Adressaten messen, werden als funktionalistische, oder auch als funktionale Übersetzungstheorien bezeichnet. Diese haben sich unter Bezugnahme auf Handlungstheorien und Aspekte der interkulturellen Kommunikation ab Ende der 70er Jahre des 20. Jahrhunderts entwickelt. Funktionale Theorien beschreiben Übersetzen als zweckdeterminiertes und transkulturelles Handeln (z.B. Vermeer 1978). Für ‚Zweck' verwendet Vermeer die aus dem Griechischen stammende Bezeichnung ‚Skopos', was zur Benennung ‚Skopostheorie' führte.

Zu einem Ausgangstext gibt es ja nach Zweck verschiedene Zieltexte

Da ein jeglicher Zieltext von einem Übersetzer für die Bedürfnisse der intendierten Rezipienten in einer neuen kulturellen Umgebung produziert wird, gibt es folglich nicht nur einen möglichen Zieltext zu einem Ausgangstext, sondern je nach Zweck verschiedene Zieltexte. In welcher konkreten Beziehung der jeweilige Zieltext zum Ausgangstext steht, zu welchem Grad er äquivalent ist, ist zweckdeterminiert (funktionale Theorien vermeiden meist den Begriff ‚Äquivalenz' und sprechen stattdessen von funktionaler Adäquatheit oder Angemessenheit). Dieses Verständnis zeigt sich auch in der folgenden Definition von Nord:

> Translation ist die Produktion eines funktionsgerechten Zieltextes in einer je nach der angestrebten oder geforderten Funktion des Zieltextes (Translatskopos) unterschiedlich spezifizierten Anbindung an einen vorhandenen Ausgangstext. (Nord 1988: 31)

Dokumentarisches vs. instrumentelles Übersetzen

Je nach der Funktion des Zieltextes für den interkulturellen Transfer unterscheidet Nord (2001: 11) zwischen dokumentarischem und instrumentellem Übersetzen als zwei Hauptarten, denen sie spezifischere Formen unterordnet. Beim dokumentarischen Übersetzen geht es um die „Dokumentierung einer ausgangskulturellen Kommunikationshandlung für zielkulturelle Adressaten" (Formen: Interlinearversion, wörtliches Übersetzen, philologisches Übersetzen, exotisierendes Übersetzen). Instrumentelles Übersetzen ist die „Herstellung eines zielkulturellen Kommunikationsinstruments auf der Basis des Ausgangstexts" (Formen: funktionskonstantes Übersetzen, funktionsvariierendes Übersetzen, korrespondierendes Übersetzen). Alle diese Formen sind je nach Skopos und Zieltextfunktion gleichermaßen legitim und führen zu angemessenen (guten) Übersetzungen.

Wir wollen ein solches funktionales Verständnis im nächsten Abschnitt illustrieren.

4 Übersetzen als zweckdeterminiertes Handeln: Bearbeitung von Übersetzungsproblemen

Übersetzungsauftrag bestimmt Übersetzungsstrategien

Ausgangspunkt eines jeden Übersetzungsvorgangs ist ein Übersetzungsauftrag eines Bedarfsträgers oder Kunden (wobei sich Übersetzer auch selbst ihren eigenen Auftrag erteilen können). Je spezifischer dieser Auftrag formuliert ist, desto präziser kann die Produktspezifikation erfolgen und die Entscheidung bezüglich der Übersetzungsstrategien getroffen werden. Der folgende englische Text (Beispiel [7]) erschien im Mai 2000 in dem naturwissenschaftlichen Magazin *National Geographic.*

[7] Parting the Waters
Tides, not divine intervention, divide the waters around the Korean peninsula's southwestern tip at least once a month, opening a 1.7-mile-long path between Chindo and Modo Islands. The phenomenon has, of course, inspired legends; in one, an old woman on Modo successfully crosses to Chindo to flee pursuing tigers. The „mysterious sea path" reaches an average width of 15 feet in the spring, when some 300,000 people stream across the temporary link as part of an annual festival. The revelers have little time to rest: Within an hour the walkway begins to close.

Das Magazin *National Geographic* gibt es seit wenigen Jahren auch in deutscher Ausgabe, wofür eine signifikante Anzahl der Texte aus dem Englischen übersetzt werden. Der Übersetzungsauftrag für Beispiel [7] kann folglich relativ klar formuliert werden: eine deutsche Version dieses Textes soll im Mai 2000 in der deutschen Ausgabe von *National Geographic* erscheinen.

Bestimmung der Adressaten

Aus der Analyse dieses Auftrags können erste Entscheidungen für den zu produzierenden Zieltext getroffen werden (Produktspezifizierung). Die Adressaten des Zieltexts sind im Prinzip vergleichbar mit den Adressaten des Ausgangstextes, d.h. an naturwissenschaftlichen Themen interessierte Leser. Anders gesagt, die Texte im *National Geographic* sind populärwissenschaftliche Texte, die bei den Lesern zwar keine profunden Kenntnisse zu spezifischen Themen, jedoch eine gute Allgemeinbildung voraussetzen. Die Hauptfunktion des Textes besteht darin, die Leser über ein Naturereignis zu informieren, und diese Funktion gilt ebenfalls für den Zieltext. Gefordert wird also eine instrumentelle Übersetzung mit Funktionskonstanz. Solche journalistischen, populärwissenschaftlichen Informationstexte zeichnen sich weder im Englischen noch im Deutschen durch verfestigte Textsortenkonventionen aus. Die kurzen englischen Texte auf den ersten Seiten des Magazins sind jedoch oft durch bestimmte Stilmittel gekennzeichnet, z.B. Wortspiele und Anspielungen, die den Leser auch emotional ansprechen sollen.

Bestimmung der Textfunktion

Vor dem Hintergrund des somit spezifizierten Skopos kann als erster Schritt eine übersetzungsorientierte Ausgangstextanalyse erfolgen, auf deren Grundlage dann die Produktion eines funktionsgerechten Zieltexts in Angriff genommen werden kann, unterstützt durch notwendige Rechercheschritte. Für eine solche übersetzungsorientierte Ausgangstextanalyse können die Typen der Übersetzungsprobleme von Nord (z.B. 1988, 1993a, 2001) herangezogen werden. Nord unterscheidet pragmatische, konventionsbedingte bzw. kulturpaarspezifische, sprachenpaarspezifische, sowie text-spezifische Übersetzungsprobleme. Wir wollen anhand unseres Beispieltextes [7] diese Typen illustrieren und sehen, welche Übersetzungsstrategien für den authentischen deutschen Zieltext [7a] in der deutschen Ausgabe von *National Geographic* vom Mai 2000 gewählt wurden.

Ausgangstextanalyse zur Identifikation von Übersetzungsproblemen

[7a] Eine Furt im Ozean
Kein göttliches Gebot, sondern die Gezeiten teilen einmal im Monat das Wasser an der Südwestspitze der koreanischen Halbinsel. Dabei öffnet sich eine 2,8 Kilometer lange Schneise zwischen den Inseln Chindo und Modo. Dieses Phänomen bildet die Quelle zahlreicher Legenden. In einer flieht eine alte Frau vor Tigern von Modo nach Chindo. Der „geheimnisvolle Seeweg" erreicht im Frühjahr eine Breite von 4,5 Metern. Dann strömen etwa 300000 Menschen über die vergängliche Verbindung. Viel Zeit haben die Feiernden nicht: Nach einer Stunde beginnt die Flut den Fußweg wieder zu schließen.

Pragmatische Übersetzungsprobleme

Die Überschrift des englischen Textes (*Parting the Waters*) verweist auf die Bibel, genauer: auf die Geschichte, in der Moses das Volk Israel aus Ägypten zurückführt. Der erste Satz greift die Formulierung der Überschrift wieder auf (s. auch die Pluralform *waters*), wobei das Synonym *divide* als

Stilmittel fungiert und die Alliteration zu *divine intervention* ermöglicht. Dies ist ein Beispiel für pragmatische Übersetzungsprobleme, die „aus dem Kontrast von Ausgangs- und Zielsituation einschließlich der Konstellation der Kommunikationspartner und der intendierten Textfunktion(en)" resultieren (Nord 1993a:209). Das Verständnis expliziter oder impliziter Information in einem Ausgangstext (z.B. kulturspezifische Benennungen, Anspielungen auf geschichtliche Ereignisse oder – wie hier – auf Texte, die für die Kulturgemeinschaft eine wesentliche Rolle spielen) setzt spezifisches Wissen der Adressaten voraus. Können gleiche Kenntnisse auf Seiten der Zieltextadressaten nicht angenommen werden, so liegt ein pragmatisches Übersetzungsproblem vor. In diesem speziellen Fall sollten die Kenntnisse der britischen und deutschen Adressaten über die Mosesgeschichte nicht signifikant unterschiedlich sein (wir hatten Leser dieses Magazins als Menschen mit guter Allgemeinbildung charakterisiert). Der Übersetzer des Zieltextes hatte sich offenbar entschieden, sowohl die Anspielung als auch die Alliteration zu reproduzieren. Für Leser des deutschen Textes wird der Bezug zur Bibel jedoch nicht bereits im Titel deutlich, sondern erst im ersten Satz, und das in leicht abgeschwächter Form (z.B. Singularform *das Wasser* – in der Luther-Übersetzung der Bibel heißt es *und die Wasser teilten sich*).

Konventionsbedingte Übersetzungsprobleme

Die Maßeinheiten im Ausgangstext sind Beispiele für konventionsbedingte Übersetzungsprobleme, d.h. Probleme, die sich „aus der Konfrontation unterschiedlicher Normen und Konventionen in Ausgangs- und Zielkultur" ergeben (Nord 1993a:209). Für den Zieltext sind die Längeneinheiten entsprechend umgerechnet worden.

Sprachenpaarspezifische Übersetzungsprobleme

Die Präsenspartizipien im Titel (*parting*) und im ersten Satz (*opening*) können als Beispiele für sprachenpaarspezifische Übersetzungsprobleme genannt werden, d.h. Probleme, die sich aus den „strukturellen Unterschieden besonders von Lexik und Syntax der Ausgangs- und Zielsprache" ergeben (Nord 1993a: 209). Präsenspartizipien gibt es auch im Sprachsystem des Deutschen, allerdings reflektieren sie eine höhere Stilebene. In journalistischen Texten werden sie kaum zur Einleitung von Nebensätzen verwendet, wie bei *opening* im Ausgangstext. Für die Übersetzung dieses Textes ins Deutsche entscheidend ist daher die Bestimmung des Typs des Nebensatzes, damit die angemessene Konjunktion verwendet werden kann. In diesem Fall handelt es sich um einen impliziten Kausalsatz, d.h. durch das Ereignis des Teilens (*divide*) öffnet sich ein Weg. Im deutschen Zieltext ist diese Ursache-Folge-Beziehung durch die Konjunktion *dabei* explizit gemacht worden, und gleichzeitig wurde der komplexe Satz im Ausgangstext in zwei Sätze im Zieltext aufgespalten.

Textspezifische Übersetzungsprobleme

Textspezifische Übersetzungsprobleme betreffen „ganz spezifisch ausgangstextgebundene Besonderheiten" (Nord 1993a: 209. Die Alliteration (*divine, divide*) und die lexikalische Analogie zwischen Überschrift und erstem Satz (*parting the waters, divide the waters*) können hierfür als Beispiel dienen. Im deutschen Zieltext wurde das Merkmal der Alliteration reproduziert (*göttliches Gebot, Gezeiten*), jedoch nicht die strukturelle Analogie zur Überschrift. Ein weiteres Beispiel ist das lexikalisch-semantische Wortnetz, durch das thematische Kontinuität angezeigt wird: *part, divide, path, cross, „mysterious sea path", stream across, temporary link, walkway* – all diese Ausdrücke verweisen auf das Thema ‚kurzzeitiger Verbindungsweg im Meer' und fungieren somit als kohäsive Mittel an der Textoberfläche. Das Element Wasser ist metaphorisch auch in dem Verb *stream across* verdeutlicht. In der deutschen Übersetzung ist das Makro-Thema erhalten, die Kohäsion jedoch infolge von Kürzungen und lexikalischer Variation abgeschwächt (*Furt, teilen, Schneise, geheimnisvolle[r] Seeweg, strömen über, vergängliche Verbindung, Fußweg*). Die Wahl von *Schneise* lässt darüber hinaus das Element Wasser in den Hintergrund treten (Schneisen werden in einem Wald durch Fällen von Bäumen angelegt). In dem Zieltext gibt es jedoch mehr Beispiele für Alliteration als im Ausgangstext (neben den bereits erwähnten *göttliches Gebot, Gezeiten* auch *vergängliche Verbindung* sowie *Feiernde, Flut, Fußweg*). Es ist durchaus möglich, dass der Übersetzer Alliteration als typisches Merkmal für populärwissenschaftliche Texte auch in dem Zieltext verwenden wollte und die lexikalischen Mittel bewusst unter diesem Aspekt gewählt hat.

Im letzten Satz sehen wir eine Veränderung im Subjekt des Satzes (*... the walkway begins to close. – ... beginnt die Flut den Fußweg wieder zu schließen.*). Die Verwendung von *Flut* (das die eigentliche Ursache des Vorgangs benennt) führt dazu, dass der deutsche Text stärker die wissenschaftlichen Aspekte des Naturereignisses betont und somit das Mysterium abschwächt. Die Versachlichung der Überschrift trägt ebenfalls zur Abschwächung des Elements des Mystischen bei. Es ist durchaus möglich, dass auch eine solche Versachlichung des Textes bzw. Betonung des wissenschaftlichen Elements Teil des Übersetzungsauftrags gewesen ist. Das Fehlen der Information, dass es sich um ein Fest handelt (im Ausgangstext steht *the revelers* in einer logischen Beziehung zu *annual festival, die Feiernden* ist für deutsche Leser jedoch unmotiviert) dürfte dagegen eher die Folge der Arbeit eines Redakteurs sein, der den Text dem verfügbaren Platz anpassen musste.

Übersetzung als Überwinden von Kulturbarrieren

Schauen wir uns noch ein weiteres Beispiel an. Funktionale Ansätze betonen, dass es beim Übersetzen nicht nur um die Überwindung von Sprachbarrieren geht, sondern vor allem um die Überwindung von Kulturbarrieren. Kulturbarrieren können bei Texten zur Touristeninformation auftreten, da diese durch ihren kulturspezifischen Inhalt charakterisiert sind, was wiederum zu pragmatischen Übersetzungsproblemen führt. Beispiele für ausgangskulturspezifische Phänomene (Gebäude, Markenzeichen) finden wir in dem folgenden Auszug aus einer Touristenbroschüre zu Birmingham.

[8] You won't need to travel far to experience Birmingham's past. Charming historical houses, like Aston Hall, Blakesley Hall and Sarehole Mill – one of the inspirations for the famous English writer JRR Tolkien – are all within the city. [...]
Or why not visit Birmingham's unique Jewellery Quarter? There you can admire craftsmen at work, and even commission your own unique piece from one of the many artists' workshops, with the Birmingham Anchor Hallmark.

Übersetzungszweck kann Hinzufügen kulturspezifischer Informationen erfordern

Texte der Touristeninformation dienen nicht allein der Information, ihre Funktion ist vielmehr appellativ und persuasiv. Diese Funktion ist identisch für Ausgangstext und Zieltext (erforderlich ist wiederum instrumentelles, funktionskonstantes Übersetzen). Wenn der Übersetzungsauftrag lautet, eine deutsche Version dieser Touristenbroschüre zu produzieren, die den Touristen in Birmingham selbst zur Verfügung steht, dann können diese eher zum Besuch der verschiedenen historischen Gebäude animiert werden, wenn sie durch den Text eine genauere Vorstellung bekommen. In dem authentischen deutschen Zieltext wurde das durch zusätzliche Erklärungen erreicht (Zuordnung der Gebäude zu Kategorien: *Schloß, Herrenhaus, Wassermühle*; präzisierende Erklärung des *Birmingham Anchor*):

[8a] Die Vergangenheit ist in Birmingham allgegenwärtig. Großartige historische Bauten wie z.B. das Schloss von Aston Hall lohnen den Besuch ebenso wie das charmante Herrenhaus von Blakesley Hall oder die alte Wassermühle Sarehole Mill, die übrigens den berühmten englischen Schriftsteller Tolkien inspirierte. [...]
Auch ein Besuch in Birminghams einzigartigem Juwelierviertel lohnt sich. Hier sieht man die Handwerker bei der Arbeit. In einigen Werkstätten kann man sich auch ein Unikat anfertigen lassen, natürlich mit eingeprägtem Anker, dem Prüfzeichen der örtlichen Edelmetall-Prüfanstalt.

Änderung der Funktion des Zieltextes: Gedicht als Informationstext durch Beibehaltung der denotativen Bedeutung

Angesichts der unterschiedlichen kulturspezifischen Kenntnisse der Zieltextadressaten ist das Hinzufügen von Information somit eine angemessene Übersetzungsstrategie für die zweckgerechte Zieltextproduktion. Nun kann es beim Übersetzen aber auch vorkommen, dass der Zieltext eine andere Funktion erfüllt als der Ausgangstext. Eine Veränderung des Übersetzungsauftrags bedeutet somit einen anderen Skopos und erfordert einen anderen Zieltext. Lautet der Auftrag zum Beispiel, Christian Morgensterns Gedicht ‚Das ästhetische Wiesel' als reinen Informationstext über den Inhalt für einen englischen Literaturwissenschaftler zu übersetzen, der an einer vergleichenden Studie zur Motivwahl in Gedichten mit Sprachspielen verschiedener europäischer Poeten des 19. Jahrhunderts arbeitet, so liegt eine Veränderung der Textfunktion im Vergleich zur Funktion des Gedichts vor. In diesem Fall ist die Beibehaltung der denotativen Bedeutungen im Zieltext wichtig, und eine wörtliche Übersetzung (dokumentarische Übersetzung) ist die angemessene Lösung, wie in den ersten Versen des Gedichts illustriert (Beispiel [9]):

[9] Ein Wiesel
saß auf einem Kiesel
inmitten Bachgeriesel. [...]

[9a] A weasel
sat on a pebble
in the midst of trickling brook. [...]

Lautet der Skopos allerdings, ein ebenso lustiges Gedicht im Englischen zu produzieren, in dem sowohl Reim als auch Wortspiele vorkommen, so wird eine instrumentelle Übersetzung erforderlich. Der von Max Knight produzierte Text [9b] ist dafür eine mögliche Lösung:

Erhalt des Gedichtcharakters durch Änderung der denotativen Bedeutung

[9b] A weasel
perched on an easel
within a patch of teasel. [...]

Ebenso adäquate Lösungen wären allerdings auch [9c] und [9d] (Levy 2000: 155)

[9c] A ferret
nibbling a carrot
in a garret [...]

[9d] A mink
sipping a drink
in a kitchen sink [...]

Jeder dieser Texte reproduziert das formale Element des Reims, präsentiert aber eine andere Szene. Die Veränderung der denotativen Bedeutungen gegenüber dem Ausgangstext ist durch den Skopos legitimiert. Die Irrelevanz des spezifischen Tieres (Wiesel) ist durch das Gedicht selbst bestätigt, heißt es doch dort am Ende „Das raffinierte Tier tat's um des Reimes willen".

Veränderungen der referentiellen Bedeutung durch Orientierung am Wissen der Adressaten

Auch die Veränderung der referentiellen Bedeutungen in Beispiel [4] kann mit Blick auf den Skopos erklärt werden. *English* und *William the Conquerer* sind erneut Beispiele für pragmatische Übersetzungsprobleme. Die Anspielung auf das geschichtliche Ereignis in der Ausgangskultur kann nur aufgrund entsprechenden Vorwissens der Ausgangstextadressaten verstanden werden. Ein solches Wissen kann in der Zielkultur Deutschland nicht vorausgesetzt werden. Die adaptierende Ersetzung durch *Deutsch* sowie *Napoleon* trägt dem Rechnung. Diese globale Strategie, die gesamte Handlung des Romans in die Zielkultur zu übertragen, war unter Umständen durch einen übergeordneten Skopos determiniert. Die spezielle Zielgruppe des Übersetzers (Christian Enzensberger) können Kinder gewesen sein, und seine Strategie mag folglich eher auf Identifikation als auf Bewahrung von Fremdheit ausgerichtet gewesen sein. Andere Übersetzungen von *Alice in Wonderland* zeigen unterschiedliche Strategien (s. Nord 1993b). Für die Übersetzung solcher Texte spielen außer dem Skopos (im weitesten Sinne) auch weitere Faktoren eine Rolle, wie z.B. der Status von Übersetzungen im literarischen System einer Kultur oder die Verlagspolitik.

Bei Beispiel [5], dem Lied, handelt es sich um eine Übersetzung, bei der nur das Grundthema des Ausgangstextes, die Erinnerung an eine schöne Zeit, beibehalten wurde. Der Übersetzer war hier gefordert, ein dem Image des deutschen Interpreten adäquates Produkt zu schaffen, was zu einem gänzlich anderen Text führte (s. Kaindl 2005). Aber auch solche Aufträge gehören zum Berufsfeld Übersetzen, und ihre Erfüllung erfordert Übersetzungskompetenz. Gleichzeitig zeigen solche Fälle, dass Konzepte und Methoden der Angewandten Linguistik allein nicht zu ihrer Beschreibung ausreichen. Im nächsten Abschnitt soll daher kurz skizziert werden, welche weiteren Disziplinen für das Verständnis des Übersetzens relevant sind, ehe wir abschließend die spezifische Übersetzungskompetenz charakterisieren.

5 Übersetzen, Angewandte Linguistik und Nachbardisziplinen

Relevanz von Angewandter Linguistik und Korpuslinguistik

In Abschnitt 3 und bei der Beispieldiskussion haben wir bereits darauf hingewiesen, dass Erkenntnisse der Angewandten Linguistik und ihrer Teildisziplinen, vor allem der kontrastiven Linguistik, Pragmatik, Soziolinguistik, Textlinguistik, Fachsprachenlinguistik und der interkulturellen Kommunikationsforschung für die Übersetzungstheorie und -praxis nutzbar gemacht wurden. Von zunehmender praktischer Relevanz ist auch die Korpuslinguistik, die in jüngster Zeit eine starke Ausbreitung erfahren hat. Elektronische Korpora illustrieren das Verhalten von Wörtern und Strukturen in realen Kontexten. Zweisprachige Wörterbücher bieten zwar potentielle zielsprachliche Äquivalente an, die jedoch nicht einfach als Übersetzungsäquivalente übernommen werden können. Korpora zeigen unter anderem, in welchen Kollokationen Wörter normalerweise verwendet werden, und mit welchen anderen Wörtern sie in Texten auftreten (semantische Prosodie). Sie liefern Humanübersetzern somit objektive Daten für die adäquate Textproduktion (s. Bowker/Pearson 2002).

Maschinelles Übersetzen

Solche über das Einzelwort hinausgehende Regularitäten sind auch für das maschinelle Übersetzen wichtig. Trotz aller Fortschritte im Bereich des maschinellen Übersetzens sind die produzierten Texte noch nicht in einer Qualität, die ihre Veröffentlichung ohne den Eingriff kompetenter Humanübersetzer erlaubt. Wir hatten oben anhand der Babel Fish-Version der Kurznachricht gezeigt, dass Maschinenübersetzungssysteme noch dominant auf der Grundlage von Wortäquivalenten funktionieren. Deshalb gibt es in der Praxis meist maschinengestütztes Humanübersetzen oder humangestütztes Maschinenübersetzen, wobei der Mensch den Text vor oder nach dem maschinellen Übersetzen bearbeitet (*pre-* und *postediting*). Ein Beispiel für erfolgreiches maschinelles Übersetzen ist die Übersetzung von Wetterberichten zwischen Englisch und Französisch in Kanada, die auf Grund einer spezifischen Thematik, begrenzter Lexik sowie konstanter syntaktischer Strukturen erfolgreich ist. Die Einbeziehung von Ergebnissen der Korpuslinguistik, wie auch die Integration von Textsortenkonventionen, wird auch im Bereich Maschinenübersetzen zu weiteren Fortschritten führen, ohne den Menschen dabei völlig zu verdrängen.

Innerhalb der Übersetzungswissenschaft hat sich der Schwerpunkt der Forschungen seit Beginn der 90er Jahre des 20. Jahrhunderts von linguistischen Fragestellungen auf die kulturellen, sozialen und ideologischen

Aspekte des Übersetzens verlagert. Wesentlichen Einfluss auf diese Entwicklung hatten dabei Nachbardisziplinen wie Anthropologie, Ethnographie, Kulturtheorie, Feminismus, Postkolonialismus. Diese Ansätze, die unter dem Begriff ‚postmoderne Theorien' zusammengefasst werden können, untersuchen Übersetzen als soziokulturellen Prozess, der durch politische und ideologische Machtverhältnisse determiniert ist. Übersetzungen entstehen in einem bestimmten sozialen und historischen Umfeld, übersetzerisches Handeln ist determiniert durch soziokulturelle Normen (Toury 1995), wie auch durch die fördernde oder hemmende Rolle von Institutionen oder Einzelpersonen.

Postmoderne Theorien

Wurde die Übersetzungswissenschaft traditionell als Teildisziplin der Angewandten Linguistik aufgefasst, so ist heutzutage allgemein anerkannt, dass das komplexe Phänomen Übersetzen nicht allein mit Methoden der Angewandten Linguistik erforscht und beschrieben werden kann. Die moderne Translationswissenschaft (mit ihren Teilgebieten Übersetzungswissenschaft und Dolmetschwissenschaft) hat sich als eine eigenständige Disziplin etabliert, die ihrem Wesen nach interdisziplinär ist (vgl. Snell-Hornby et al. 1994). Die Übersetzerausbildung trägt dieser Entwicklung Rechnung.

6 Übersetzungskompetenz

Übersetzen als eine komplexe Tätigkeit erfordert eine spezielle Kompetenz. Eine solche für das berufsspezifische Handeln benötigte Übersetzungskompetenz (in der übersetzungswissenschaftlichen Literatur meist als Translationskompetenz bezeichnet) umfasst verschiedene Teilelemente (vgl. die Beiträge in Schäffner/Adab 2000 und in Fleischmann et al. 2004). Dazu zählen:

Dimensionen von Übersetzungskompetenz

- sprachliche Kompetenz (kommunikative Kompetenz in Ausgangs- und Zielsprache, d. h. Fähigkeit, sprachliche Mittel situations-, funktions- und adressatengerecht anzuwenden; plus metalinguistische Kompetenz, d. h. Fähigkeit, über sprachliche Strukturen und Funktionen zu reflektieren)
- kulturelle Kompetenz (d. h. Wissen über historische, politische, ökonomische, kulturelle usw. Aspekte in Ausgangs- und Zielkultur – zur Spezifierung der translatorischen Kulturkompetenz s. Witte 2000)
- Textkompetenz (d. h. Wissen über Regularitäten in Einzeltexten, Kenntnisse der Textsortenkonventionen in Ausgangs- und Zielkultur, einschließlich Kenntnisse typographischer Aspekte und Regularitäten – vgl. die Diskussion zu Beispiel [2] in Abschnitt 3).
- Sachkompetenz (d. h. Wissen zu einem konkreten Themenbereich oder Sachgebiet; eine solche Kompetenz ist von besonderer Relevanz für das Fachübersetzen, s. z. B. Stolze 1999)
- Recherchekompetenz (als strategische Kompetenz zur Problemlösung, Ressourcennutzung, d. h. Wissen durch welche Mittel und Methoden im Übersetzungsprozess auftretende Probleme gelöst werden können)
- Transferkompetenz (d. h. Fähigkeit zur zweckgerechten Textproduktion; angemessenes und verantwortungsbewusstes Handeln im sozialen Kontext)

Die professionelle Erstellung von Texten für den Fremdbedarf schließt somit alle Prozesse vom Erhalt eines Übersetzungsauftrags bis zur Übersendung des Zieltexts an den Auftraggeber ein. Angesichts der Ausweitung des Übersetzungsbedarfs auf neue Formen der Kommunikation (z.B. in der EDV-Branche) werden auch an Übersetzer neue Forderungen gestellt, und somit weitere spezifische Kompetenzen entwickelt. Bei der Arbeit mit Texten, die einem für den globalen Markt bestimmten Produkt beigegeben werden, muss das gesamte Produkt, einschließlich der produktbegleitenden Texte (z.B. Anleitungen, Marketingunterlagen, Benutzerhandbücher, Online-Hilfen) an die soziokulturellen Besonderheiten und formalen Erfordernisse des fremden Marktes angepasst werden. In der Praxis hat sich dafür die Bezeichnung Lokalisierung eingebürgert. Da Anleitungen für die Endnutzer verständlich sein müssen, und Software oder Computerspiele in der Zielkultur funktionieren müssen, schließt Lokalisierung auch Anpassungen z.B. der Tastatur und der Symbole ein (s. Schmitz/Wahle 2000). Diese Prozesse sind ein integraler Bestandteil der Arbeit der Übersetzer. In Unternehmen wie z.B. SAP sind die Übersetzer daher von Anfang an in den Prozess der Produkterstellung eingebunden und arbeiten eng mit den Softwareentwicklern zusammen.

Lokalisierung von Übersetzungsprodukten

Medienspezifische Anforderungen

Im Zeitalter der Globalisierung ist Kommunikation zunehmend multilingual und auch multimedial. Digitale Technologie öffnet neue Möglichkeiten für die Kommunikation, und vor allem Webseiten und DVDs gehören in jüngster Zeit zu den Medien, mit denen Unternehmen sowie Institutionen ihre Klienten und Adressaten weltweit erreichen können. Zu den Herausforderungen, die das Übersetzen für diese Medien mit sich bringt, gehören die Berücksichtigung der technischen Gegebenheiten, z.B. bei Untertitelung der verfügbare Platz, die maximal mögliche Standzeit für den Text, die Lesegeschwindigkeit des Publikums, die Beziehung zwischen Untertiteltext und Bild bzw. im Bildteil visualisierter kulturspezifischer Verhaltensweisen.

Ausbildung zum Übersetzer

Die Komplexität der Übersetzungskompetenz erfordert somit ein spezifisches Berufsbild Übersetzer. Die systematische Ausbildung von Übersetzern an Universitäten begann in den 40er Jahren des 20. Jahrhunderts (z.B. Genf 1941, Wien 1943, Mainz/Germersheim 1946). Innerhalb der letzten 60 Jahre haben sich sowohl Ausbildungsinhalte als auch Methoden verändert, bedingt vor allem durch das veränderte Verständnis vom Übersetzen in der Übersetzungstheorie sowie die neuen Herausforderungen, vor denen die Übersetzungspraxis steht. Heutzutage beinhaltet die universitäre Übersetzerausbildung die Vermittlung sowohl theoretischen Wissens als auch praktischer Fähigkeiten. Funktionale Übersetzungstheorien bilden dabei weitgehend den Rahmen für die Ausbildung, die zunehmend praxisnah gestaltet wird. So werden Studierende mit neuen elektronischen Übersetzungshilfsmitteln (wie Terminologiedatenbanken, Korpora, *Translation Memory Systems*) vertraut gemacht, die die traditionellen Hilfsmittel (wie zweisprachige Wörterbücher, Spezialwörterbücher) ergänzen und ablösen. Allerdings stehen auch Wörterbücher, Enzyklopädien und fachspezifische Glossare zunehmend *on-line* zur Verfügung. *Translation Memory Systems* (z.B. TRADOS) sind eine Art Übersetzungsspeicher, d.h. menschliche Übersetzungsleistungen werden gespei-

Elektronische Übersetzungshilfen

chert, so dass ihre Wiederverwertung möglich ist, wodurch die Produktivität gesteigert wird. Durch eine solche Speicherung früherer Übersetzungen kann ein hoher Grad an Konsistenz erreicht werden, was besonders für Texte mit wiederkehrenden Formulierungen (z.B. Standardbriefe) relevant ist.

Übersetzungsstudiengänge

In vielen Studiengängen können Studierende auch Sachfächer belegen und somit eine spezifische Sachkompetenz für die Arbeit als Fachübersetzer entwickeln. Es gibt inzwischen auch Studiengänge (meist als Aufbaustudiengänge), die auf eine spezifische Berufstätigkeit im Bereich Lokalisierung oder Filmuntertitelung vorbereiten. Außer der Entwicklung von Fertigkeiten im Umgang mit technologischen Hilfsmitteln wird in der Ausbildung auch verstärkt Augenmerk auf die Herausbildung der interpersonellen Kompetenz für den Umgang mit Klienten, Auftraggebern und Kollegen gelegt. Innerhalb der letzten ca. 10 Jahre sind allein in Europa eine Vielzahl neuer Übersetzungsstudiengänge entstanden, die, vor allem im postgradualen Bereich, ein breites Spektrum an Spezialisierung bieten. Die Harmonisierung der Studiengänge in Europa im Rahmen des Bolognaprozesses eröffnet angehenden Übersetzern somit auch die Möglichkeit, ihre Übersetzungskompetenz in mehreren Ländern und Kulturen zu entwickeln und zu vertiefen.

7 Weiterführende Literatur und Hinweise

Handbücher, Übungen und Links

Ein umfassendes Nachschlagewerk zu wissenschaftlichen und praktischen Aspekten des Übersetzens ist das *Handbuch Translation* (Snell-Hornby et al. 1998). Eine Einführung in die Übersetzungswissenschaft gibt Stolze (1997). Für praktische Übersetzungsübungen auf der Grundlage funktionaler Theorien empfehlenswert sind Nord (2001) für das Sprachenpaar Deutsch – Spanisch sowie Hönig/Kußmaul (1996) für das Sprachenpaar Englisch – Deutsch. Einen Überblick über Studiengänge weltweit findet man auf http://isg.urv.es/tti/tti.htm [letzter Zugriff: 05.07.2006]. Kurz/Moisl (2002) stellen Berufsbilder für Übersetzer und Dolmetscher vor. Von praktischer Relevanz sind auch die Informationen sowie die Links auf den Webseiten des Bundesverbands der Dolmetscher und Übersetzer e.V. (BDÜ): http://www.bdue.de/ [letzter Zugriff: 05.07.2006] und der internationalen Dachorganisation FIT (Fédération Internationale des Traducteurs): http://www.fit-ift.org/ [letzter Zugriff: 05.07.2006]. Die *European Society for Translation Studies* (EST), die ihre Hauptaufgabe in der Erforschung der Translation und der Ausbildung von Translatoren sieht, hat auf ihrer Webseite http://www.est-translationstudies.org/ [letzter Zugriff: 05.07.2006] Links zu Ressourcen wie z.B. übersetzungswissenschaftliche Zeitschriften.

VII

An der Sprache arbeiten

Einleitung

„Sprachsteuerung"

Im Kapitel „An der Sprache arbeiten" geht es im weitesten Sinne um die äußere Einflussnahme auf Sprache, die „Sprachsteuerung". Eine solche Einflussnahme auf Sprache erfolgt beispielsweise mit der Erstellung von Grammatiken und Wörterbüchern. Auch wenn die Grammatikographie und Lexikographie heute weitgehend deskriptiv vorgehen, d.h. den tatsächlichen Ist-Zustand des Sprachgebrauchs dokumentieren, und weniger einen anzustrebenden Soll-Zustand, wirken Grammatiken und Wörterbücher doch immer auch reglementierend, denn sie werden von den Sprachbenutzern zur Orientierung und an Schulen und Hochschulen beispielsweise zur Begründung von Sanktionen im Deutsch- und Fremdsprachenunterricht genutzt. In den drei Artikeln des vorliegenden Kapitels steht jedoch weniger die Sprach*beschreibung* im Vordergrund, wie sie vorwiegend in der Lexikographie und Grammatikographie erfolgt, als vielmehr das *normative* Arbeiten an der Sprache.

Normative Linguistik in Unternehmen

Explizit normative Linguistik wird im Zuge der Globalisierung in vielen Unternehmen praktiziert. Ein mögliches Ziel dabei ist es, beispielsweise den in einem Unternehmen verwendeten Wortschatz zu vereinheitlichen und zu standardisieren, um die Kommunikation innerhalb des Unternehmens sowie zwischen dem Unternehmen und seinen Zulieferern bzw. Kunden zu verbessern, aber vor allem auch um Dokumentationserstellungs- und Übersetzungsprozesse zwecks Kosteneinsparung zu optimieren. Die zur Realisierung dieses Ziels zu bewältigenden Aufgaben fallen vor allem in den Gegenstandsbereich der Terminologiearbeit, die im Zentrum des ersten Artikels dieses Kapitels steht (s. Artikel VII.1 von *Klaus-Dirk Schmitz*). Ein wichtiges Aufgabengebiet innerhalb der Terminologiearbeit ist die Terminographie, deren Gegenstand die geordnete Darstellung von Fachwortbeständen in gedruckten und elektronischen ein- und mehrsprachigen Nachschlagewerken aller Art ist. Sie erfolgt heute fast ausschließlich computergestützt – idealerweise mit speziellen Terminologieverwaltungsprogrammen, die sowohl zur Erstellung von Fachwörterbüchern genutzt werden können als auch zur Einrichtung und Pflege von Terminologiedatenbanken. Letztere werden u.a. bei der Erstellung von technischer Dokumentation und ihren Übersetzungen genutzt, um terminologische Konsistenz zu erreichen, d.h. sicherzustellen, dass in bestimmten Textsorten wie beispielsweise Bedienungsanleitungen ein und derselbe Gegenstand bzw. Sachverhalt immer

Terminologiearbeit

gleich bezeichnet wird, auch wenn unterschiedliche Autoren an der Erstellung eines solchen Dokuments beteiligt sind. Ferner können solche Datenbanken genutzt werden, um Glossare zu erstellen, wie sie immer häufiger im Anhang von Handbüchern zu finden sind. Insbesondere dann, wenn bei der Erstellung mehrsprachiger Dokumentation elektronische Übersetzungshilfen wie Translation-Memory-Systeme (TMS) – und ggf. auch maschinelle Übersetzungssysteme (MÜ-Systeme) – genutzt werden (s. Artikel VII.2), ist der Einsatz solcher Datenbanken bei der Dokumentationserstellung unverzichtbar.

Terminographie und Lexikographie

Stellt man die Terminographie der (gemeinsprachlichen) Lexikographie gegenüber, so ist zu beachten, dass sie sich nicht nur in dem Ausschnitt der Sprache unterscheiden (Fachsprache(n) vs. „Gemeinsprache"), den sie erfassen, sondern auch in den dabei angewandten Methoden und der Terminologie: Während die Lexikographie überwiegend vom Wort ausgeht und in einem Wörterbucheintrag u.a. dokumentiert, in welchen Bedeutungen dieses Wort gebraucht werden kann (benennungsorientierter oder semasiologischer Ansatz), geht die Terminographie von Begriffen aus und dokumentiert u.a., mit welchen Bezeichnungen auf sie Bezug genommen werden kann (begriffsorientierter oder onomasiologischer Ansatz). Zu beachten ist dabei, dass die Begrifflichkeiten der beiden Disziplinen und auch ihre Terminologie oft ähnlich, aber nicht identisch sind. So ist ein ‚Merkmal' (‚Sem') im strukturalistischen Sinne nicht gleichzusetzen mit einem ‚Merkmal' in der Terminologielehre. Seme sind minimaldistinktive Merkmale, die sich aus sprachlichen Oppositionen in Wortfeldern ergeben; Merkmale im Sinne der Terminologielehre hingegen beschreiben Eigenschaften von Gegenständen und Sachverhalten, die unter den entsprechenden Begriff fallen und erforderlich sind, um diesen Begriff von verwandten Begriffen abzugrenzen. Sie können oftmals nicht „aus dem Sprachgefühl heraus" ermittelt werden und werden in vielen Fällen normativ gesetzt. Entsprechend unterscheiden sich auch die Begriffe ‚Bedeutung'/‚signifié' in der Lexikographie von ihrem Pendant ‚Begriff' in der Terminologielehre.

Kosteneinsparungspotential

Im Zuge der Globalisierung mit steigendem Übersetzungsaufkommen, durch die zunehmende Vielfalt der Medien, in denen Informationen zur Verfügung gestellt werden müssen, und die Möglichkeit, Terminologien in modernen Redaktions- und Übersetzungswerkzeugen zu nutzen, bietet eine systematisch aufbereitete Firmenterminologie ein Kosteneinsparungspotential, das viele Unternehmen nun dazu bewegt, Ordnung in ihre Terminologie zu bringen. Dadurch entstehen Betätigungsfelder für „Angewandte Linguisten", die auf dem Gebiet der Terminologiearbeit ausgebildet sind. Kenntnisse in diesem Bereich zu erwerben ist also eine Investition in die berufliche Zukunft.

Standardisierung von Kommunikation

Die „Steuerung" von Sprache beschränkt sich in Unternehmen und Institutionen jedoch nicht auf die Reduzierung und Standardisierung ihres Wortschatzes. Konsistente Dokumente entstehenden nur dann, wenn auch eine Einschränkung der in dem jeweiligen Umfeld zulässigen grammatischen Konstruktionen und stilistischen Varianten erfolgt. Die hierzu erforderliche umfassendere Form der Standardisierung von Kommunikation ist Gegenstand des gleichnamigen zweiten Artikels dieses

Kapitels (Artikel VII.2 von *Susanne Göpferich*). Solche umfassenderen Standardisierungsbestrebungen sind heute in nahezu allen Unternehmen zu beobachten, die Dokumentation entweder in unterschiedlichen Medien (gedruckt, in Online-Hilfen, auf CD, im Intra- und Internet) zur Verfügung stellen und/oder ihre Dokumentation in mehreren Sprachen ausliefern müssen. Sie führen zu so genannten kontrollierten Sprachen, bei denen es sich wohlgemerkt nicht um Kunstsprachen, sondern um Teilmengen natürlicher Sprachen handelt. Vorstufen der Regelwerke kontrollierter Sprachen sind so genannte Redaktionshandbücher oder *Style Guides*. Die Abfassung von Texten gemäß solchen *Style Guides* bzw. in einer kontrollierten Sprache stellt einen wesentlichen Beitrag zum übersetzungsgerechten Schreiben dar. Derzeit handelt es sich bei den eingesetzten kontrollierten Sprachen noch um firmenspezifische bzw. allenfalls branchenspezifische Standards. Die Entwicklung branchenübergreifender kontrollierter Sprachen (aber zunächst auch einmal die Entwicklung bzw. Optimierung firmenspezifischer *Style Guides*) einschließlich der entsprechenden Prüfprogramme, die Autoren beim Verfassen von Texten in solchen kontrollierten Sprachen unterstützen, sowie die Schulung von Technischen Redakteuren in der Nutzung solcher kontrollierter Sprachen stellen Herausforderungen dar, die ohne Kenntnisse aus verschiedenen Bereichen der Angewandten Linguistik nicht zu bewältigen sind. Auch sich in diesem Bereich zu qualifizieren stellt eine Investition in die berufliche Zukunft dar, insbesondere für all diejenigen, die Berufsbilder im Bereich der Technischen Redaktion oder des Übersetzens anstreben.

Kontrollierte Sprachen und Redaktionsleitfäden

Geht es im zweiten Artikel dieses Kapitels um Fragen der Sprachplanung auf Unternehmens- bzw. institutioneller Ebene, steht im dritten Artikel von *Nina Janich* die Sprachplanung auf vorwiegend nationaler Ebene im Mittelpunkt. Im Vergleich zu den Aktivitäten, die in den ersten beiden Artikeln dieses Kapitels behandelt werden, sind solche sprachplanerischen Maßnahmen die umfassendsten; sie können sich auf alle Ebenen des Sprachsystems beziehen, z.B. auf die Lautung, die Schreibung, den Wortschatz oder die Grammatik, aber auch auf den Einsatzbereich einer Sprache.

Sprachplanung

Entsprechend unterscheidet man innerhalb der Sprachplanung zwischen der Sprachkorpusplanung, d.h. der bewussten und methodischen Veränderung der Form und Struktur von Sprachen, z.B. durch deren Ausbau, Verbesserung oder „Verfeinerung“, und der Sprachstatusplanung, die sich mit der Funktion und Stellung einer Sprache in einer Sprachgemeinschaft befasst.

Sprachkorpus- und Sprachstatusplanung

Mögliche Ziele sprach(korpus)planerischer Maßnahmen sind z.B., die Rechtschreibung zu standardisieren oder zu vereinfachen (Rechtschreibreform), (noch) nicht für alle Kommunikationsbereiche einsetzbare (National-)Sprachen auszubauen (z.B. durch die Alphabetisierung bisher schriftloser Sprachen oder die Erweiterung von Sprachen um fachsprachlichen Wortschatz), um sicherzustellen, dass in ihnen beispielsweise auch die Kommunikation über fachliche Sachverhalte möglich ist, ohne dass ihre Sprecher auf eine Fremdsprache wie das Englische als *Lingua franca* ausweichen müssen. Sprach(korpus)planerische Maßnahmen können aber auch abzielen auf die planmäßige Kultivierung einer Sprache, wie sie in Frankreich beispielsweise durch die *Académie Française* angestrebt wird, die u.a. versucht, Anglizismen aus dem Französischen zu verdrängen.

Maßnahmen aus dem Bereich der Sprachstatusplanung beziehen sich z.B. auf die Anerkennung von Sprachen in mehrsprachigen Staaten, die Festlegung von Amts- und Arbeitssprachen in internationalen Organisationen sowie die Regelung der an Schulen gelehrten Fremdsprachen (Schulsprachenpolitik).

An diesen Beispielen wird bereits deutlich, wie breit gefächert das Aufgabenspektrum ist, mit dem Sprachplaner zu tun haben. Es kann daher im Artikel zur Sprachplanung nur ein Überblick über die Fragestellungen und Methoden dieses Tätigkeitsbereichs gegeben werden, wobei jedoch sowohl Maßnahmen im Bereich der Sprachkorpusplanung als auch solche im Bereich der Sprachstatusplanung an einem Beispiel illustriert werden.

Susanne Göpferich

VII.1 Terminologiearbeit und Terminographie

Klaus-Dirk Schmitz

1 Ein Beispiel aus der Praxis

Beispiel ‚Maus'

Angenommen, Sie sollen einen Fachtext aus dem Gebiet der elektronischen Datenverarbeitung aus dem Deutschen ins Englische übersetzen. Ein Auszug aus diesem Text findet sich in Abb. (1).

Abb. 1
Auszug aus einem zu übersetzenden Text

> 1.2.12 Mäuse und andere **Zeigeeinrichtungen**
> Durch das Vordringen der grafischen Benutzeroberflächen haben neben der Tastatur die so genannten **Zeigeeinrichtungen** immer mehr an Bedeutung gewonnen. Für die Bedienung vieler Programme (z.B. Windows) sind sie sehr nützlich oder sogar unumgänglich (z.B. AutoCAD). Die älteste **Zeigeeinrichtung** ist die Maus, deren Bezeichnung sich unschwer aus der runden Form und dem langen Schwanz ableiten läßt (manche zu groß geratenen „Mäuse" verdienen dabei aber wohl eher die Bezeichnung Ratte).

Da Sie die englische Entsprechung des Fachwortes *Zeigeeinrichtung* nicht kennen, schauen Sie im gerade verfügbaren Fachwörterbuch nach und finden dort *pointing device* und *pointer*, allerdings ohne zusätzliche Informationen, die Ihnen die Wahl des passenden Äquivalents erleichtern würden. Deshalb konsultieren Sie das Internet, um Textstellen mit Beispielen für die Verwendung der beiden englischen Fachtermini zu finden (s. Abb. 2).

Abb. 2
Zwei Textstellen aus dem Internet

> The standard PC **pointing device** is a mouse, usually with two buttons.
> Quelle: <http://www.geek.com/htbc/buy/pointby.htm>
>
> Play a game of Descent with it. If you get nuked in seconds, maybe it's not the best **pointer** around. When you finally get the mouse that feels best in hand, take the time to tune the acceleration, tracking, and double-click settings to your liking.
> Quelle:
> <http://www.zdnet.com/products/stories/reviews/0,4161,335016,00.html>

Da die Stilebene der ersten Textstelle derjenigen der von Ihnen anzufertigenden Übersetzung eher entspricht, entscheiden Sie sich für *pointing device* als Übersetzung von *Zeigeeinrichtung*.

Um die Ergebnisse Ihrer Recherche für die Qualitätssicherung (Begründung der Wahl Ihrer Übersetzung), für zukünftige Übersetzungen oder für die Produktion eines kleinen EDV-Glossars festzuhalten, legen Sie eine Karteikarte, eine Textdatei oder einen Datenbankeintrag an, notieren alle gefundenen Informationen und ergänzen diese durch weitere Daten, die Ihnen bei einer späteren Nutzung hilfreich sein können. Abb. 3 zeigt ein Beispiel einer derartigen Karteikarte.

Abb. 3 Karteikarte mit Ergebnissen der Recherche

Fachgebiet:	Computer, Hardware	Eintrag: 1
Autor:	Klaus-Dirk Schmitz	
Datum:	2.7.2003	
Deutsch:	Zeigeeinrichtung	
Kontext:	Durch das Vordringen der grafischen Benutzeroberflächen haben neben der Tastatur die so genannten Zeigeeinrichtungen immer mehr an Bedeutung gewonnen.	
Quelle:	Messmer, PC-Hardwarebuch, 455	
Englisch:	pointing device *<bevorzugt>*	
Definition:	Any hardware component that allows a user to input spatial data to a computer. CAD systems and Graphical User Interfaces (GUI) allow the user to control and provide data to the computer using physical „gestures" – point, click, and drag – typically by moving a hand-held mouse across the surface of the physical desktop and activating switches on the mouse.	
Quelle:	<http://www.instantweb.com/foldoc/foldoc.cgi?query=Pointing+device; 2.7.2003>	
Kontext:	The standard PC pointing device is a mouse, usually with two buttons.	
Quelle:	<http://www.geek.com/htbc/buy/pointby.htm; 2.7.2003>	
Englisch:	pointer	
Kontext:	Play a game of Descent with it. If you get nuked in seconds, maybe it's not the best pointer around.	
Quelle:	<http://www.zdnet.com/products/stories/reviews/0,4161,335016,00.html; 2.7.2003>	

Terminologie und Terminologiearbeit

Die Arbeitsschritte, die Sie jetzt durchgeführt haben, nämlich die Suche nach Äquivalenten von Fachwörtern, nach Kontextbeispielen und Definitionen, die Auswahl eines geeigneten englischen Fachworts und die Erfassung und Speicherung der Rechercheergebnisse, nennt man Terminologiearbeit; die Summe der Fachwörter eines Fachgebiets bezeichnet man als Terminologie.

2 Aufgabenfelder

Terminologie als Voraussetzung für Kommunikation und Wissenstransfer

Das einführende Beispiel zeigt nur einen Anwendungsbereich für Terminologiearbeit in der Praxis. Jegliche zielgerichtete und effiziente fachliche Kommunikation und Wissensvermittlung ist ohne korrekte Terminologie nicht denkbar. Deswegen spielt Terminologie überall eine entscheidende Rolle, wo Fachinformationen und fachgebietsspezifisches Wissen aufgezeichnet, verarbeitet, genutzt und ausgetauscht werden. Im Rahmen dieser Arbeitsschritte benötigen beispielsweise Fachleute der verschiedenen Sachgebiete, Technische Redakteure und Dokumentare Zugriff auf vorwiegend einsprachige Bestände an Fachwörtern mit entsprechenden Definitionen und Erläuterungen. Erfolgt die Kommunikation über Sprachgrenzen hinweg, müssen Übersetzer und Dolmetscher die Informationen funktions- und adressatengerecht in die Zielsprache übertragen; Recherchen in zwei- und mehrsprachigen Terminologiebeständen sind hier eine Voraussetzung für fachsprachlich korrekte, qualitativ hochwertige translatorische Endprodukte. Sprachplaner, Normungsfachleute und Terminologen unterstützen die genannten Terminologienutzer durch die Erarbeitung und Dokumentation ein- und mehrsprachiger Fachwortbestände.

Computereinsatz für die Terminologiearbeit

Traditionelle Medien für die Erarbeitung, Weitergabe und Nutzung von Terminologie, wie (Fach-)Wörterbücher, Glossare und Karteikarten-Sammlungen, wurden durch die Entwicklung der elektronischen Datenverarbeitung immer stärker verdrängt. Dieser Prozess, der Mitte der 1960er Jahre mit dem Aufbau von Terminologiedatenbanken auf Großrechenanlagen begann, hat dazu geführt, dass heute eine Vielzahl von meist PC-basierten Programmen zur Verwaltung von Terminologie existiert und von den oben erwähnten Personengruppen zur Erarbeitung und Nutzung von Fachwortbeständen eingesetzt wird. In den letzten Jahren ist außerdem durch das Internet nicht nur eine Plattform für den Informationsaustausch und die Zusammenarbeit der an Terminologie interessierten Kreise entstanden; das Internet stellt auch einen riesigen Informations- und Wissensbestand zur Verfügung, der für die Recherche nach Terminologie und terminologischen Daten genutzt werden kann.

3 Begriffsbestimmungen

Terminologie und Terminologielehre

Unter Terminologie versteht man den Fachwortbestand eines Fachgebietes und nicht etwa, wie der Wortbestandteil *-logie* vermuten lassen könnte, eine wissenschaftliche Disziplin. Terminologie entspricht deswegen im gemein- oder gesamtsprachlichen Kontext eher den Begriffen ‚Lexikon' oder ‚Wörterbuch' (beide im Sinne von ‚Wortbestand', nicht im Sinne von ‚Nachschlagewerk' zu verstehen) und nicht dem Begriff ‚Lexikologie'. Das Pendant der Lexikologie im fachsprachlichen Bereich ist die Terminologielehre oder Terminologiewissenschaft (s. hierzu auch DIN 2342).

Terminologiearbeit

Die praktische Umsetzung der Erkenntnisse und Methoden der Terminologielehre bei der Erarbeitung und Bearbeitung von Fachwortbeständen (Terminologien) wird als Terminologiearbeit bezeichnet. Nach der Arbeitsausrichtung und Qualifikation der an der Terminologiearbeit beteiligten Personengruppen sowie nach der geplanten Nutzergruppe und dem Verwendungszweck der Terminologien kann man verschiedene Formen der Terminologiearbeit unterscheiden (s. hierzu Abschnitt 6.1).

Terminologieverwaltung

Schließt man bei den verschiedenen Formen der Terminologiearbeit den Bereich der terminologischen Analyse, d.h. der Erarbeitung (Recherche, Sammlung und Festlegung) von Terminologien aus, so bezeichnet man die verbleibenden Schritte der Erfassung, Verarbeitung, Pflege und

Bereitstellung der Fachwortbestände als Terminologieverwaltung oder Terminologiemanagement.

Terminographie

Die Begriffe ‚Terminographie' oder ‚Fachlexikographie' werden in der DIN 2342 definiert als die „geordnete Darstellung von Terminologie auf der Grundlage der in der Lexikologie und der Terminologielehre gewonnenen Erkenntnisse". Die entsprechende ISO-Norm ISO 1087 stellt die Arbeitsschritte in den Vordergrund und definiert Terminographie als „part of terminology work concerned with the recording and presentation of terminological data". Diese ISO-Definition deutet an, dass sich die Terminographie von einer stark fachlexikographischen Ausrichtung auf gedruckte Medien gelöst hat. Sie hat sich vielmehr zu einem Tätigkeitsbereich entwickelt, in dem alle Schritte der systematischen Bereitstellung von Ergebnissen aus terminologischen Untersuchungen computergestützt erfolgen. Deshalb werden im deutschen Sprachraum die Bezeichnungen *Terminologieverwaltung* und *Terminographie* meist synonym verwendet. Auch wenn in der DIN 2342 die Begriffe ‚Fachlexikographie' und ‚Terminographie' synonym gesetzt werden, so gibt es doch zwischen beiden einen wesentlichen Unterschied in der Betrachtungsweise des fachsprachlichen Wortmaterials (siehe hierzu Abschnitt 5, „Terminographie und Lexikographie").

4 Einordnung des Faches

Ihrem Wesen nach ist die Terminologielehre ein interdisziplinär orientiertes Fach (s. auch Arntz/Picht/Mayer 2002, Laurén/Myking/Picht 1998 und Picht/Schmitz 2001).

Terminologielehre und Sprachwissenschaft

Da sich die Terminologielehre mit Fachwortbeständen beschäftigt, ist eine inhärente Verbindung zur Sprachwissenschaft und besonders zur Angewandten Linguistik gegeben. Aus dem Strukturalismus und der Semiotik sind Ansätze und Modelle übernommen worden; die Lexikologie und Lexikographie liefern trotz des unterschiedlichen Ansatzes Verfahren und Beschreibungsmechanismen zur Darstellung des fachsprachlichen Wortgutes. Auch eine Nähe zur Semantik kann festgestellt werden, da Fragen der Bedeutung in der Terminologielehre eine nicht unwesentliche Rolle spielen. Ein charakteristisches Merkmal von Fachsprachen ist die hohe Frequenz des Auftretens von Fachwörtern; deshalb ergänzen sich die Fachsprachenforschung und die Terminologielehre bei der Untersuchung und Beschreibung dieses Forschungsgegenstandes.

Terminologielehre und die Sachwissenschaften

Wer Terminologiearbeit betreibt, braucht auch Sachwissen aus den jeweiligen Fachgebieten. Ohne dieses können Begriffe nicht korrekt definiert und zueinander in Beziehung gesetzt werden. Umgekehrt brauchen Experten der einzelnen Fachdisziplinen terminologische Arbeitsmethoden, um das Wissen ihres Gebietes aufzubereiten und die fachsprachliche Kommunikation untereinander durch festgelegte Terminologie zu unterstützen.

Terminologielehre und andere Wissenschaften

In der Terminologielehre finden sich auch Verknüpfungspunkte zur Philosophie und Logik, etwa wenn es darum geht, die Denkeinheiten hinter den Fachwörtern zu beschreiben und zueinander in Beziehung zu setzen. Innerhalb der Wissens- und Wissenschaftstheorie ist Terminologie unverzichtbar, um die einzelnen Disziplinen zu definieren und gegeneinander abzugrenzen. Die Informationswissenschaft, die sich mit der Erschließung, Ordnung und Bereitstellung von Wissen beschäftigt, greift auf Methoden der Terminologielehre zurück, um Dokumente inhaltlich zu beschreiben und Klassifikationssysteme sowie Thesauri zu entwickeln. Umgekehrt braucht die praktische Terminologiearbeit aus der Informationswissenschaft Verfahren und Techniken, um terminologisches Material zu finden und aufzubereiten. Bei der automatischen Auswertung von Fachtexten und der Aufbereitung von Fachwortbeständen helfen Methoden und Werkzeuge der Computerlinguistik, etwa bei der Gewinnung (Extraktion) von Termini aus Fachtexten oder bei der Überprüfung der konsistenten Verwendung von Fachwörtern.

5 Theoretische Grundlagen

Es kann nicht Aufgabe dieses Beitrags sein, die theoretischen Grundlagen der Terminologielehre in voller Breite vorzustellen; hierzu sei auf die einführenden Werke von Arntz/Picht/Mayer (2002), Felber/Budin (1989), Wright/Budin (1997) und Wüster (1991), dem Begründer der Terminologielehre, verwiesen. Die allerwichtigsten Grundbegriffe der Terminologiearbeit und Terminographie sollen jedoch im Folgenden kurz erläutert werden.

Semiotisches Dreieck

Zentral für die Terminologiearbeit ist die Unterscheidung zwischen ‚Begriff' und ‚Benennung', die zusammen das Fachwort bilden. Das Fachwort nimmt Bezug auf einen ‚Gegenstand' in der außersprachlichen Wirklichkeit. Zur Darstellung dieser Beziehungen wird in der Regel ein einfaches, von den amerikanischen Linguisten Ogden und Richards eingeführtes Modell (s. Abb. 4) benutzt, das oft als „semiotisches Dreieck" bezeichnet wird.

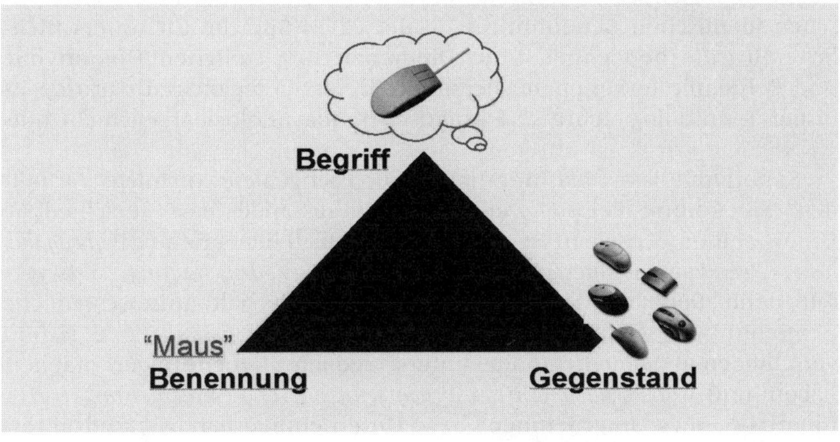

Abb. 4 Semiotisches Dreieck

Zur Erklärung der drei Eckelemente des Dreiecks kann auf die DIN 2342 zurückgegriffen werden.

Gegenstand

Hier wird der ‚Gegenstand' als beliebiger Ausschnitt aus der wahrnehmbaren oder vorstellbaren Welt definiert, wobei darauf hingewiesen wird, dass auch Geschehnisse, Sachverhalte und sogar Begriffe selbst Gegenstände sein können.

Begriff

In der Terminologielehre wird der Begriff als Denkeinheit gesehen, die aus einer Menge von Gegenständen unter Ermittlung der diesen Gegenständen gemeinsamen Eigenschaften mittels Abstraktion gebildet wird. Begriffe sind zwar nicht an einzelne Sprachen gebunden, sie sind aber von dem jeweiligen gesellschaftlichen, kulturellen und technischen Hintergrund einer Sprachgemeinschaft beeinflusst. So versteht man etwa unter *Bundeskanzler* im politischen System Deutschlands den Regierungschef, in der Schweiz jedoch (nur) den Stabschef der Regierung. Ein weiteres Beispiel aus dem Bereich der Gemeinsprache ist der Begriff ‚Brot', den es in den meisten Kulturen gibt, wobei sich jedoch ein Franzose unter ‚pain' etwas ganz anderes vorstellt als etwa ein Brite unter ‚bread'.

Die Definition des Begriffs ‚Begriff' der DIN 2342 ist spezifisch für die Terminologielehre und unterscheidet sich von anderen, oft nicht auf Fachbegriffe ausgerichteten Begriffsdefinitionen in anderen Wissenschaftsbereichen.

Benennung

Unter ‚Benennung' versteht man nach DIN 2342 die sprachliche Bezeichnung eines Allgemeinbegriffs aus einem Fachgebiet (z.B. *Dom*). Benennungen können aus einem Wort (z.B. *Maus*) oder mehreren Wörtern (z.B. *parallele Schnittstelle*) bestehen und auch Symbole oder Formeln (z.B. *@-Zeichen*) enthalten. Die sprachliche Bezeichnung eines Individualbegriffs, der im Gegensatz zu einem Allgemeinbegriff genau einen einzelnen Gegenstand repräsentiert, wird *Name* genannt (z.B. *Kölner Dom*).

Synonymie und Homonymie

Auf der Basis dieser Definitionen und Festlegungen lassen sich sprachliche Phänomene, die in der Terminologiearbeit untersucht, klassifiziert und verwaltet werden müssen, recht einfach und anschaulich darstellen. So kann die ‚Synonymie' als Beziehung zwischen zwei unterschiedlichen Benennungen in derselben Sprache beschrieben werden, die denselben Begriff repräsentieren, während die ‚Homonymie' eine Beziehung zwischen identischen Benennungen in derselben Sprache für unterschiedliche Begriffe bezeichnet. Eine Differenzierung zwischen Homonymie und Polysemie (erkennbarer gemeinsamer etymologischer Ursprung) ist in der Terminologielehre und praktischen Terminologiearbeit nicht notwendig.

Synonymie lässt sich innerhalb eines Fachgebietes oft nicht vermeiden. Sie kommt beispielsweise dadurch zustande, dass verschiedene Unternehmen denselben Begriff unterschiedlich benennen (z.B. *Eingabetaste – Returntaste – Entertaste – Bestätigungstaste – Zeilenschaltung*), dass verschiedene Sprechergruppen für einen Sachverhalt unterschiedliche Bezeichnungen gebrauchen (z.B. *Muskelschwäche – Adynamie*) oder sich in verschiedenen Sprachregionen unterschiedliche Benennungen etabliert haben (z.B. *Nießbrauch (DE) – Fruchtgenuss (AT) – Nutzniessung (CH)*). Innerhalb eines Unternehmens bzw. Unternehmensbereichs und innerhalb bestimmter Fachtextsorten sollte jedoch nur eine festgelegte Benennung verwendet werden, damit der fachliche Informationsaustausch ungestört ablaufen kann.

Gesamtsprachlich gesehen ist auch Homonymie (bzw. Polysemie) nicht vermeidbar, da die Übernahme von Benennungen aus der Gemeinsprache, die so genannte Terminologisierung, eines der üblichen Mittel der Benennungsbildung bei neuen Begriffen ist: z.B. *Maus* (Tier) – *Maus* (Zeigeinstrument). Innerhalb eines Fachgebietes führen Homonyme aber häufig zu Kommunikationsproblemen, da mit gleichen Benennungen Verschiedenes bezeichnet wird.

Begriffsbeziehungen und Begriffssysteme

Zwischen Begriffen, die meist anhand ihrer Merkmale beschrieben und definiert werden, können Beziehungen hergestellt werden. So besteht etwa zwischen ‚Maus' (EDV) und ‚Zeigeeinrichtung' (EDV) die Begriffsbeziehung der Über- bzw. Unterordnung: Der Begriff ‚Maus' weist alle Merkmale des Begriffs ‚Zeigeeinrichtung' (Oberbegriff) auf, hat darüber hinaus aber noch mindestens ein weiteres Merkmal, das ‚Maus' zum spezifischeren oder Unterbegriff macht. Solche hierarchischen Begriffsbeziehungen (Über-, Unter- und Nebenordnungen) sind für die terminologische Arbeit von besonderer Bedeutung. Im Wesentlichen unterscheidet man dabei zwischen Abstraktionsbeziehungen wie in unserem Beispiel oben (s. hierzu auch Abb. 5) und Bestandsbeziehungen (s. Abb. 6). Es gibt aber auch andere, nicht-hierarchische Beziehungen, die beispielsweise temporale (zeitliche Abfolge) oder kausale Zusammenhänge (Ursache und Wirkung) von Begriffen verdeutlichen.

Auf der Basis der Begriffsbeziehungen kann man Begriffssysteme aufbauen, die eine Menge von Begriffen in ein zusammenhängendes Ganzes einordnen. Im Rahmen der systematischen Terminologiearbeit (s. auch Abschnitt 6.1) werden vor allem Abstraktionssysteme (generische Begriffssysteme) und Bestandssysteme (partitive Begriffssysteme) aufgebaut. Abb. 5 und 6 zeigen Beispiele derartiger Begriffssysteme. Weitere Ausführungen zu Begriffsbeziehungen und Begriffssystemen finden sich in Arntz/Picht/Mayer (2002) und Felber/Budin (1989), vor allem aber in der DIN 2331 *Begriffssysteme und ihre Darstellung* (1980).

Abb. 5
Beispiel eines Abstraktionssystems

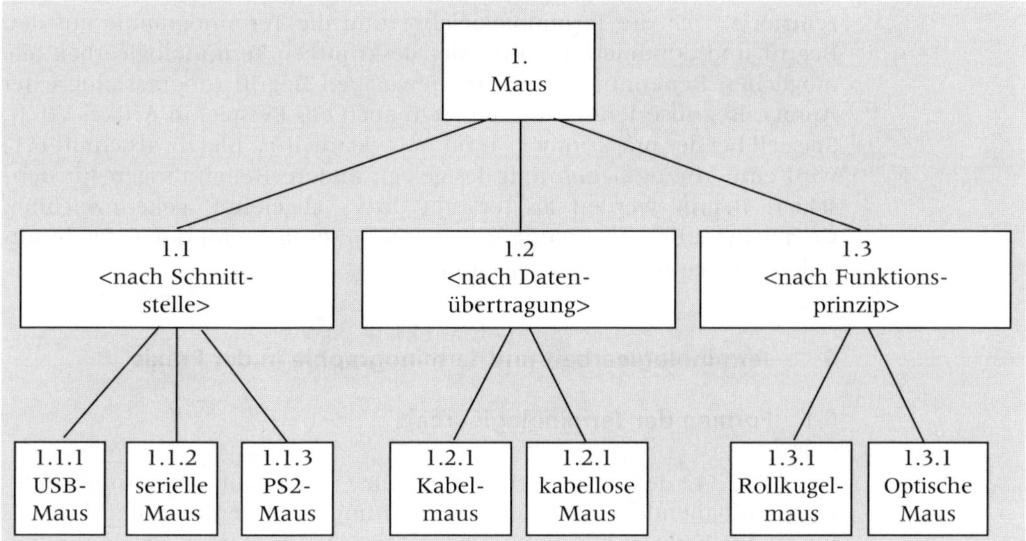

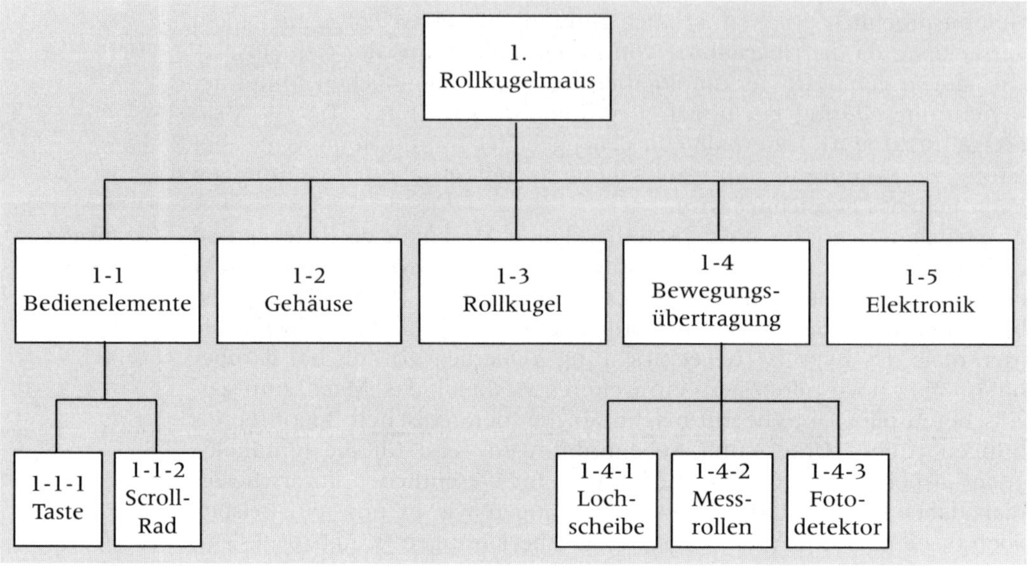

Abb. 6
Beispiel eines Bestandssystems

Terminographie und Lexikographie

Zwischen Terminologielehre und Terminographie einerseits und Lexikologie und Lexikographie andererseits besteht ein wesentlicher Unterschied, der hier nicht unerwähnt bleiben soll: Außer durch die Konzentration auf unterschiedliche Bereiche der Sprache (Fachsprache vs. Gemeinsprache) unterscheiden sich die beiden Wissenschaftsbereiche vor allem auch in der Betrachtungsweise. Während in der Lexikologie und Lexikographie das Wort im Hauptinteresse des Betrachters steht und die unterschiedlichen Bedeutungen des Wortes untersucht und dokumentiert werden (semasiologischer Ansatz, Benennungsorientierung), konzentrieren sich die Terminologielehre und die Terminographie auf den Begriff und dokumentieren bei der deskriptiven Terminologiearbeit alle möglichen Benennungen für den jeweiligen Begriff (onomasiologischer Ansatz, Begriffsorientierung; s. hierzu auch das Beispiel in Artikel VII.2). Speziell bei der präskriptiven Terminologiearbeit (s. hierzu Abschnitt 6.1) wird eine Vorzugsbenennung festgelegt; andere Benennungen für denselben Begriff werden als ‚erlaubt' bzw. ‚abgelehnt' gekennzeichnet. Gerade diese Begriffsorientierung ist das wesentliche Merkmal der Terminologielehre und Terminologiearbeit.

6 Terminologiearbeit und Terminographie in der Praxis

6.1 Formen der Terminologiearbeit

Die DIN 2342 definiert ‚Terminologiearbeit' als die auf der Terminologielehre aufbauende Erarbeitung, Bearbeitung oder Verarbeitung, Darstellung oder Verbreitung von Terminologie. Darin ist auch die Extraktion von Terminologie aus Texten sowie die Einarbeitung von Terminologie in Texte eingeschlossen. Ziel der Terminologiearbeit ist es, die Terminologie einzelner Fachgebiete in einer oder mehreren Sprachen zu sammeln, zu prüfen und bereitzustellen. Dabei werden existierende Fachwörter aufgezeichnet; in innovativen Fachgebieten kann es aber auch notwendig sein, neue Benennungen festzulegen, wenn ein Begriff neu ist und durch die Fachleute einer Sprachgemeinschaft noch nicht benannt wurde. Die Ergebnisse der Terminologiearbeit werden Nutzern in terminologischen Datenbanken, Fachwortlisten, Glossaren und Fachwörterbüchern zur Verfügung gestellt.

Deskriptive und präskriptive Terminologiearbeit

Terminologiearbeit kann für eine Sprache oder für mehrere, für ein Fachgebiet oder für mehrere betrieben werden. Weiterhin kann man die deskriptive Terminologiearbeit, die in der Regel den existierenden Gebrauch der fachsprachlichen Benennungen beschreibt, von der präskriptive Terminologiearbeit unterscheiden, die festlegt, welche Fachwörter für die jeweiligen Begriffe zu verwenden sind. Präskriptive Terminologiearbeit wird nicht nur von Normungs- und Sprachplanungsorganisationen durchgeführt; auch innerhalb eines Unternehmens kann präskriptive Terminologiearbeit betrieben werden, vor allem mit dem Ziel der Verbesserung der Unternehmenskommunikation und der Reduktion von Übersetzungskosten durch terminologische Konsistenz (s. hierzu ausführlich Artikel VII.2).

Punktuelle und systematische Terminologiearbeit

Terminologiearbeit kann weiterhin punktuell, textbezogen oder sachgebietsbezogen durchgeführt werden. Bei der auch als *ad-hoc-Terminologiearbeit* bezeichneten punktuellen Untersuchung wird ein aktuelles terminologisches Problem gelöst, wobei es meistens um die Klärung von einzelnen Benennungen und den dahinter stehenden Begriffen geht. Bei der textbezogenen Terminologiearbeit wird die Terminologie eines umfangreicheren Fachtextes, der sich idealerweise auf ein Fachgebiet konzentrieren sollte, vollständig erarbeitet, etwa um ein größeres Übersetzungsprojekt vorzubereiten. Die sachgebietsbezogene terminologische Untersuchung liefert eine systematisch aufgebaute Terminologie eines in sich geschlossenen (Teil-)Fachgebiets. Nur bei dieser Art der Terminologiearbeit lassen sich folgerichtige Begriffsbeziehungen und planvolle Begriffssysteme aufbauen (s. hierzu Abschnitt 5, „Begriffsbeziehungen und Begriffssysteme").

6.2 Organisation der Terminologiearbeit

Terminologiearbeit als Projekt

Umfangreichere Terminologievorhaben sollten als eigenständige Projekte betrachtet und durchgeführt werden. Dabei beeinflussen die Art und Zielsetzung der Terminologiearbeit sowie die intendierte Nutzergruppe die Projektdurchführung ganz entscheidend. Als wirtschaftliche Faktoren sind bei der Terminologiearbeit der geplante Umfang und die zu bearbeitenden Sprachen ebenso zu berücksichtigen wie die Anzahl der einsetzbaren Mitarbeiter, der projektierte Zeitrahmen, die verfügbare Dokumentation und die vorhandene technische Infrastruktur. In der täglichen Praxis führen diese wirtschaftlichen Faktoren oft zu einer von den terminologischen Grundsätzen abweichenden Kompromisslösung.

Schritte eines Terminologieprojektes

Ein gut organisiertes und ideal durchgeführtes Terminologieprojekt sollte folgende Arbeitsschritte beinhalten (s. auch Arntz/Picht/Mayer 2002 und KÜDES 2002):

- organisatorische Überlegungen zur Projektdurchführung
- Einarbeitung in das Fachgebiet (Fachliteratur, Expertenbefragung)
- Abgrenzung und Strukturierung des Fachgebiets
- Beschaffung und Analyse des Dokumentationsmaterials
- Suche nach existierenden Terminologiebeständen
- Sammlung der gefundenen Benennungen; Erstellung einer einsprachigen Fachwortliste; dabei Bestimmung der zu bearbeitenden Begriffe
- Sammlung weiterer Informationen (Benennungen in anderen Sprachen, Definitionen, Kontexte, Abbildungen etc.)
- terminologische Bearbeitung des Materials, dabei:
  - Überprüfung der Äquivalente
  - Abklärung von Synonymen, Abkürzungen etc.
  - ggf. Festlegung von bevorzugten, erlaubten, abzulehnenden Benennungen
  - Vorschläge für neue Benennungen (wenn Benennungen fehlen)
  - Dokumentation der Benennungen (z. B. Grammatik)
  - Auswahl bzw. Schreiben von Definitionen; Auswahl von Kontexten
  - Auswahl von grafischen Darstellungen, Abbildungen etc., soweit sinnvoll
  - Anmerkungen zu Synonymie, Äquivalenz, Gebrauch etc.
- ggf. Erstellung eines Begriffssystems oder Begriffsplans
- Überprüfung (durch Experten) und Endredaktion
- Bereitstellung der Terminologie für die Benutzer

6.3 Qualitätssicherung bei der Terminologiearbeit

Um einen hohen Grad an Terminologiequalität zu erzielen, müssen sich die Methoden und Prinzipien der Terminologiearbeit an etablierten und anerkannten Theorien, Lehrwerken und Normen orientieren. Als Standardwerke gelten im deutschsprachigen Raum die Publikationen von Arntz/Picht/Mayer (2002), Felber/Budin (1989) und Wüster (1991) sowie die *Empfehlungen für die Terminologiearbeit* der KÜDES-Gruppe (KÜDES 2002); aber auch viele Artikel in Fachzeitschriften wie *Lebende Sprachen* und das *Mitteilungsblatt für Dolmetscher und Übersetzer (MDÜ)* geben Hinweise auf wichtige Aspekte der Terminologiearbeit. Entsprechende Arbeiten existieren natürlich auch im internationalen Bereich; beispielhaft sei hier das *Handbook of Terminology Management* von Wright/Budin (1997/2001) genannt. Auch die nationalen und internationalen Normungsinstitutionen haben für die Terminologiearbeit wichtige Standards und technische Berichte erstellt.

Werkzeuge zur Qualitätssicherung

Neben den Methoden der Terminologiearbeit sind auch die verwendeten Werkzeuge maßgebend für die Terminologiequalität. Während man früher zunächst mit Karteikarten, dann mit der Entwicklung der EDV mit Großrechner-Terminologiedatenbanken und anschließend mit einfachen PC-orientierten Terminologieprogrammen gearbeitet hat, stehen heute ausgereifte und leistungsfähige Terminologieverwaltungssysteme zur Verfügung, die eine systematische und konsistente Erfassung und Nutzung von Terminologie unterstützen (s. Abschnitt 8).

Kompetenz des Terminologen

Eine der Grundvoraussetzungen für die Erarbeitung qualitativ hochwertiger Terminologie ist die fachliche und die (fremd-)sprachliche Kompetenz des Terminologen bzw. der Terminologin. Neben diesen beiden Basiskompetenzen darf aber die terminologisch-methodische Kompetenz nicht zu kurz kommen, die auch Recherche-Techniken mit einschließt. Entsprechende Aus- und Weiterbildungsangebote sollten unbedingt genutzt werden (s. hierzu die Hinweise auf der CD).

Begriffsorientierter Ansatz

Eine korrekte Terminologie kann aus der Sicht des Autors dieses Artikels auf Dauer nur durch die Verfolgung des begriffsorientierten Ansatzes sichergestellt werden, und zwar sowohl bei der Arbeitsmethodik als auch bei der Konzeption der rechnergestützten Terminologieverwaltung. Die Vorteile des begriffsorientierten Ansatzes gehen aus dem Beispiel in Artikel VII.2 deutlich hervor. Diese Vorteile spiegeln sich auch in der Tatsache wider, dass es kaum (gute) mehrsprachige Fachlexika, dagegen aber viele mehrsprachige (begriffsorientierte) Terminologiedatenbanken gibt.

Fachgebietsklassifikation und Definitionen

Idealerweise werden in begriffsorientierten Datenbanken auch gut durchdachte und auf die Themengebiete der Nutzer abgestimmte Fachgebietsklassifikationen verwendet und die einzelnen Einträge mit nach festgelegten Kriterien formulierten und aussagekräftigen Definitionen versehen. Diese Zusatzinformationen ermöglichen erst die korrekte und adäquate Auswahl des für den jeweiligen Verwendungszweck geeignetsten Fachwortes.

Dokumentation der Benennungen

Die Auswahl eines in einem Fachtext (einschließlich einer Fachübersetzung) zu verwendenden Fachwortes ist nicht nur vom Fachgebiet abhängig, sondern auch vom auftraggebenden Kunden (firmenspezifischer Sprachgebrauch), dem im Text behandelten Produkt, dem geplanten Zielmarkt und der spezifischen Textsorte. Um den Nutzer einer Terminologiesammlung mit den entsprechenden Informationen zur Beurteilung der Angemessenheit versorgen zu können, müssen die entsprechenden Angaben als Zusatzinformationen zu den einzelnen Benennungen mit angegeben werden.

Konsistenz der terminologischen Daten

Ein Merkmal hochwertiger Terminologiearbeit ist ferner die Konsistenz der terminologischen Daten. Dabei muss grundsätzlich zwischen der Konsistenz bei der Erarbeitung von Terminologie und der Konsistenz bei der Verwendung von Terminologie unterschieden werden. Der Konsistenzgrad bei der Erarbeitung terminologischer Daten kann im Allgemeinen dadurch erhöht werden, dass die Ersteller von terminologischen Einträgen (in Terminologieverwaltungssystemen) nach einheitlichen Methoden ausgebildet werden, dass entsprechende Richtlinien und Anleitungen zur Terminologiearbeit vorliegen und befolgt werden und dass ein Terminologieverantwortlicher den gesamten Prozess überwacht, Problemfälle klärt und periodisch den Terminologiebestand validiert und konsolidiert. Zur Konsistenz bei der Erarbeitung von Terminologie gehört beispielsweise, dass für dasselbe Fachgebiet nicht unterschiedliche Kürzel verwendet werden, für das Fachgebiet *Datenverarbeitung* etwa alternativ auch *Computer, EDV, IT* oder differenziertere Kategorien wie *Hardware* und *Soft-*

ware. Wird dies nicht beachtet, können bei der systematischen Auswertung, Nutzung und Interpretation des Terminologiebestandes Fehler passieren. Beispielsweise wird man bei der automatischen Erstellung eines kleinen Glossars zur Terminologie der Datenverarbeitung nicht alle relevanten Einträge finden können, wenn diese nicht mit dem Wert *Datenverarbeitung* versehen sind.

Validierung der terminologischen Daten

Bei der Validierung der terminologischen Einträge kann das Terminologieverwaltungssystem unterstützend eingreifen, indem etwa während der Eingabe einer Benennung darauf hingewiesen wird, ob diese Benennung schon im Datenbestand enthalten ist; der Erfasser muss sich dann – nach Konsultation des bereits existierenden Eintrags – entscheiden, ob es sich um den gleichen Begriff oder um ein Homonym handelt. Ebenso kann die Arbeit des Terminologieverantwortlichen bei der Validierung und Konsolidierung des Datenbestandes durch Bereitstellung ausgereifter Filterroutinen oder Mechanismen zur Kontrolle von potenziellen Doppeleinträgen unterstützt werden.

Die konsistente Verwendung von Terminologie bei der Erstellung oder Übersetzung von Fachtexten muss durch das verwendete Terminologiewerkzeug unterstützt werden. So ist der direkte Zugriff auf den Terminologiebestand während der Erstellung einer Übersetzung sowie die automatische Übernahme der gefundenen zielsprachlichen Entsprechung in die Übersetzung (*cut-and-paste*) eine Grundvoraussetzung dafür, dass Fachwörter in einem Text immer gleich verwendet und geschrieben werden.

Einbindung von Terminologie-Komponenten in andere Systeme

Um Autoren bei der Einhaltung einer korrekten und konsistenten Terminologie zu unterstützen, werden Terminologieverwaltungskomponenten immer häufiger auch in Redaktionssysteme integriert. Sie erleichtern den Autoren das Nachschlagen von Termini sowie die Übernahme von Fachausdrücken in den von ihnen zu verfassenden Text. Spezielle Prüfprogramme können eingesetzt werden, um die in einem Dokument verwendete Terminologie mit der in einer Terminologiedatenbank enthaltenen freigegebenen Terminologie zu vergleichen. Auch in computergestützte Übersetzungswerkzeuge wie beispielsweise Translation-Memory-Systeme (s. hierzu Artikel VII.2) sind in der Regel Terminologieverwaltungskomponenten integriert. Hier wird in einem speziellen Fenster jeweils die in dem gerade zu übersetzenden Textsegment verwendete Terminologie, die in der Datenbank enthalten ist, mit den ebenfalls enthaltenen zielsprachlichen Äquivalenten angezeigt. Diese können auf Tastendruck in die Übersetzung übernommen werden. Dadurch wird auch sichergestellt, dass nicht nur die Begriffe recherchiert werden, von denen der Autor oder Übersetzer meint, sie nachschlagen zu müssen, sondern alle im Fachtext enthaltenen Termini.

Nur eine gut dokumentierte Terminologie kann die hohen Qualitätsanforderungen im Bereich der Terminologiearbeit erfüllen. Deshalb ist eine den jeweiligen Anforderungen des Arbeitsumfeldes angemessene Strukturierung und Modellierung der terminologischen Daten notwendig, die entweder durch das gewählte Terminologieverwaltungssystem vorgegeben sein können und/oder durch den Terminologieverantwortlichen bei der Konfiguration des Systems festgelegt werden müssen (s. Abschnitt 7).

7 Konzeption einer rechnergestützten Terminologieverwaltung

Überlegungen zur Einrichtung einer Terminologieverwaltung

Abhängig von den Personengruppen, die Terminologie erarbeiten und nutzen, und vom organisatorischen Umfeld, in dem Terminologiearbeit betrieben wird, müssen konzeptionelle Überlegungen zur Terminologieverwaltung angestellt werden. Dabei ist es wichtig festzulegen, welche Arten von Daten verwaltet und wie diese Daten strukturiert werden sollen. Derartige Überlegungen sollten zunächst nicht davon abhängen, welches Werkzeug dazu eingesetzt wird (s. Abschnitt 8). Im Laufe der Überlegungen wird man jedoch feststellen, dass die Art der Terminologieverwaltung und die Wahl des Werkzeuges auch Auswirkungen auf die inhaltliche Konzeption der Terminologie-Struktur, d.h. auf die benutzten Datenkategorien (s. Abschnitt 7.1) und den Aufbau des terminologischen Eintrags, haben.

Die folgenden Überlegungen orientieren sich an den Bedürfnissen von Technischen Redakteuren, Übersetzern und Fachexperten; spezielle Aspekte der Sprachplanung, Normung und Fachwörterbuchproduktion sind nicht berücksichtigt.

7.1 Auswahl und Definition von Datenkategorien

Bei der Auswahl von Datenkategorien für die Terminologieverwaltung und der darauf basierenden Eintragsmodellierung ist die ISO 12620 (1999) zu Rate zu ziehen. Sowohl in dieser Norm als auch in anderen Publikationen wird im Wesentlichen zwischen begriffsbezogenen, benennungsbezogenen und verwaltungstechnischen Datenkategorien unterschieden. Hiervon ausgehend erscheinen die Datenkategorien in Tab. 1 für viele Lösungen zur Terminologieverwaltung sinnvoll, wobei in diesem Beitrag die verwaltungstechnischen Kategorien, wie z.B. ‚Bearbeiter' und ‚Änderungsdatum', zusammen mit den begriffsbezogenen Kategorien auf der Begriffsebene (Eintragsebene) angeordnet wurden. Die dargestellte Liste kann für konkrete Anwendungsfälle erweitert bzw. reduziert werden.

Tab. 1 Datenkategorien für die Terminologieverwaltung

Begriffs- und Eintragsebene (für jeden Begriff)	
Eintragsnummer	eindeutige Identifikation(snummer) des Eintrags
Sachgebiet	Fachgebiet, dem der Begriff zugeordnet werden kann
Urheber	Ersteller des Eintrags
Bearbeiter	Nutzer, der den Eintrag (zuletzt) geändert hat
Ursprungsdatum	Datum (und Zeit) der Erstellung des Eintrags
Änderungsdatum	Datum (und Zeit) der (letzten) Veränderung des Eintrags
Begriffsbeziehung	Verweis auf einen verwandten Begriff
Verlässlichkeitsangabe	Angabe zur Zuverlässigkeit bzw. zum Status des Eintrags
Anmerkung	Anmerkung zum gesamten Begriff oder zum Eintrag

Benennungsebene (für jede Benennung)	
Benennung	sprachliche Repräsentation des Begriffs
Benennungstyp	Art der Benennung (z.B. *Hauptbenennung, Kurzform, orthographische Variante*)
Genus	Genusangabe
Wortklasse	Wortklassenangabe
Numerus	Numerusangabe
Geografischer Gebrauch	Angabe zur geografischen Verwendung der Benennung (*Hier sollten die ISO-Länderkürzel verwendet werden.*)
Sprachebene	Angabe zur Sprachebene
Normativer Status	Angabe zum Normungsstatus
Projekt-Teilbestand	Angabe zur Gültigkeit der Benennung innerhalb eines Projekts
Kunden-Teilbestand	Angabe zur Gültigkeit der Benennung für einen bestimmten Kunden
Definition	Definition des Begriffs (in einer Sprache) (*Eigentlich begriffsorientiert, sollte aber zumindest einmal pro Sprache erscheinen.*)
Kontext	sprachlicher Kontext, der die (typische) Verwendung einer Benennung aufzeigt
Quelle	Quellenangabe (*Quellenangaben werden für die Definition und den Kontext, manchmal auch für die Benennung benötigt.*)
Anmerkung	Anmerkung zur Benennung

Die benennungsorientierten Kategorien müssen für jede Benennung und bei der mehrsprachigen Terminologieverwaltung natürlich auch für jede Sprache wiederholt werden. Beispiele für die Auswahl von Datenkategorien finden sich in den terminologischen Einträgen in Abb. 3, 8 und 10.

Beim Erstellen von Einträgen in einer Terminologieverwaltung ist darauf zu achten, dass nur diejenigen Datenelemente eingegeben werden, die der Definition der jeweiligen Datenkategorie entsprechen. Dies wird in einigen Systemen bei bestimmten Datenkategorien durch vorgegebene Wertelisten sichergestellt. In solchen Datenfeldern kann der Benutzer keinen beliebigen Inhalt eingeben, sondern lediglich vorgegebene Werte aus einer Liste anwählen, z.B. im Datenfeld ‚Genus' nur die drei Werte *maskulin, feminin* oder *neutrum.*

7.2 Elementarität von Datenkategorien

Bei der Terminologieverwaltung sollte, wie bei anderen Datenbankanwendungen auch, sichergestellt werden, dass das Prinzip der Elementarität befolgt wird. Unter der Elementaritätsforderung versteht man, dass Datenkategorien nur mit genau einem, der Definition der Kategorie entsprechenden Datenelement gefüllt werden. Dies bedeutet beispielsweise, dass mehrere Definitionen für einen Begriff nicht zusammen in einem Datenfeld ‚Definition' abgelegt werden sollen; das Datenmodell muss vielmehr eine Wiederholung der Kategorie ‚Definition' erlauben. Ein in der Praxis recht häufig vorkommender Verstoß gegen das Prinzip der Elementarität, vor allem bei einfacher strukturierten Systemen, ist die Verwaltung unterschiedlicher Informationen in einer Datenkategorie, z.B. die Speicherung eines Kontextbeispiels und der dazugehörigen Quelle in einer Kategorie ‚Kontext' oder die Speicherung der Genusinformation zusammen mit der Benennung im Benennungsfeld.

7.3 Granularität von Datenkategorien

Unter der Granularitätsforderung versteht man, dass Datenkategorien so eng wie möglich definiert werden sollen. Ein typisches Beispiel für eine zu geringe Granularität ist die Definition einer Datenkategorie ‚Grammatik' statt der engeren Kategorien ‚Genus', ‚Numerus' und ‚Wortklasse'. Die ISO 12620 erlaubt zwar beide Realisierungen, das Nichtbeachten des Granularitätsprinzips führt aber zwangsläufig zu Problemen bei einer systematischen Auswertung und Nutzung des Terminologiebestandes sowie beim Datenaustausch. Werden beispielsweise in der Datenkategorie ‚Grammatik' die Eingaben *m* und *npl* gemacht, die aussagen, dass die Benennung ein maskulines Substantiv im Plural ist, so ist bei einer Suche nach allen Substantiven oder nach allen Benennungen im Plural ein aufwändiges und fehlerträchtiges Analysieren der Inhalte des Feldes ‚Grammatik' notwendig. Auch die Übertragung von Daten in eine andere terminologische Sammlung, die feinere Datenkategorien (z.B. ‚Genus', ‚Numerus', ‚Wortklasse') besitzt oder das Grammatikfeld anders besetzt (z.B. *sub, pl, mask.*), führt zu höherem Umwandlungsaufwand und möglichen Fehlinterpretationen.

7.4 Begriffsorientierung

Ein Eintrag = ein Begriff

Ein terminologischer Eintrag enthält per Definition alle Informationen zu einem Begriff. Die Strukturierung des Eintrags muss diese Begriffsorientierung widerspiegeln. Dies bedeutet, dass es möglich sein muss, alle begriffsbezogenen Informationen einschließlich aller Benennungen mit ihren benennungsbezogenen Informationen einem Eintrag zuzuordnen und in entsprechenden Datenkategorien abzulegen. Terminologische Informationen zu verschiedenen Begriffen müssen in verschiedenen Einträgen abgelegt werden; dies darf nicht durch Wiederholung von Datenkategorien im gleichen Eintrag umgangen werden.

Das folgende Beispiel soll die Begriffsorientierung veranschaulichen: Gibt es zwei Begriffe, die die gleichlautende Benennung *Maus* haben (Homonymie), so müssen zwei terminologische Einträge angelegt werden und alle Informationen zu *Maus* (Biologie) in den einen Eintrag und zu *Maus* (EDV) in den anderen Eintrag aufgenommen werden.

Es widerspricht dem Prinzip der Begriffsorientierung des terminologischen Eintrags aber nicht, wenn beispielsweise aus Zeitmangel während des Erstellens eines technischen Fachtextes oder einer Übersetzung nur

Benennungen, jeweils mit Projektcode sowie Sachgebiet, Erstellungsdatum und Autor, in einem Eintrag erfasst werden. Wichtig ist aber, dass weitere Benennungen (Synonyme) zum gleichen Begriff nicht als neue Einträge gespeichert, sondern in den existierenden Begriffseintrag aufgenommen werden.

7.5 Benennungsautonomie

Die Benennungsautonomie ist eine Eigenschaft des terminologischen Eintrags, die direkt mit der Abhängigkeit der Datenkategorien untereinander und der Begriffsorientierung des Eintrags zu tun hat. Unter Benennungsautonomie versteht man, dass alle Typen von Benennungen (z.B. Hauptbenennung, Synonym, orthographische Variante oder Kurzform) als eigenständige Teileinheiten des terminologischen Eintrags betrachtet und jeweils selbst mit einer Reihe von (abhängigen) Datenkategorien dokumentiert werden (s. Abb. 7). Beispiele für diese benennungsbezogenen abhängigen Datenkategorien sind etwa die Benennungsquelle, grammatische Angaben, geografische und stilistische Einschränkungen, Kunden- und Projektinformationen sowie der Kontext. Schon die Karteikarte in Abb. 3, aber auch der Datenbankeintrag in Abb. 8 folgt dem Prinzip der Benennungsautonomie.

Benennungstyp

Ist der Typ der Benennung wichtig, dann sollte dieser in einer eigenen Datenkategorie ‚Benennungstyp', die natürlich auch benennungsbezogen ist, vermerkt werden. Die mögliche Anzahl der eigenständigen „Benennungsblöcke" sollte nicht begrenzt oder recht hoch angesetzt werden, da man nicht voraussehen kann, wie viele Benennungen insgesamt zu einem Begriff erfasst werden müssen.

Besonders in älteren Anwendungen zur Terminologieverwaltung, wie bei nahezu allen Großrechner-Datenbanken, ist die Benennungsautonomie nicht realisiert. Entweder werden alle Benennungen in einer einzelnen Datenkategorie verwaltet, was auch noch dem Prinzip der Elementarität widerspricht, oder es gibt zusätzliche Datenkategorien für Synonyme oder Kurzformen, die aber nicht mehr durch weitere Kategorien für die Angabe von Genus, Quelle oder Kontext dokumentiert werden können.

Abb. 7 Benennungsautonomie

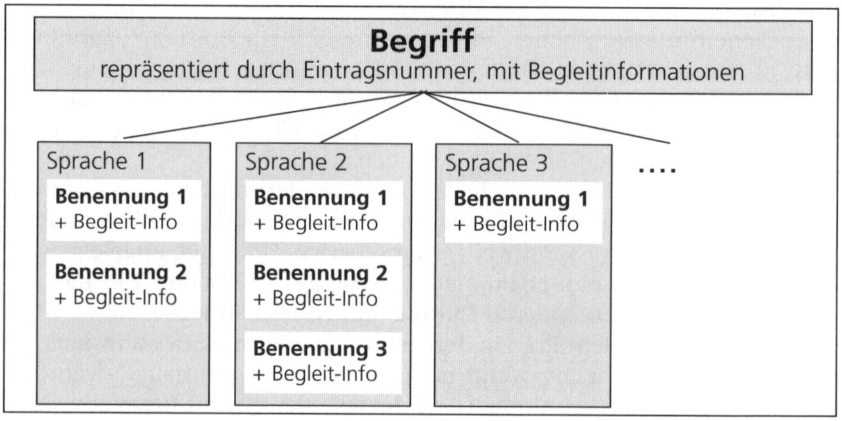

In der Vergangenheit ist oft versucht worden, die Struktur des terminologischen Eintrags eindeutig festzulegen, um z.B. den Austausch terminologischer Daten zu vereinfachen. Dies musste jedoch scheitern, da Terminologieverwaltung immer zweckorientiert und anwendungsspezifisch erfolgt, was Konsequenzen für die Auswahl der Datenkategorien und die Strukturierung des Eintrags haben muss. Empfehlungen und Anregungen für die Eintragsgestaltung finden sich z.B. in Arntz/Picht/Mayer (2002), Felber/Budin (1989), GTW (1994) und KÜDES (2002).

Struktur des terminologischen Eintrags

8 Werkzeuge zur Terminologieverwaltung

8.1 Terminologieverwaltungssysteme

Für die Verwaltung terminologischer Daten hat man in der Vergangenheit vorwiegend Zettelkästen oder einfache Glossarlisten benutzt. Mit dem Aufkommen der elektronischen Datenverarbeitung begannen große Sprachendienste etwa Mitte der 1960er Jahre damit, eigene Terminologiedatenbanken für die hausinterne Terminologieverwaltung einzusetzen. Derartige Datenbanken werden z.B. beim Bundessprachenamt (Lexis), bei der Kommission der Europäischen Gemeinschaft (EURODICAUTOM, seit 2005 überführt in IATE) und bei der Kanadischen Regierung (TERMIUM) auch heute noch gepflegt und genutzt.

Lösungen zur Terminologieverwaltung

Durch die Entwicklung leistungsfähiger und preiswerter Personalcomputer wurden nach und nach auch kleinere Sprachendienstleister und Einzelpersonen in die Lage versetzt, rechnergestützte Werkzeuge für die Terminologieverwaltung zu nutzen. Die traditionell benutzten Karteikästen werden in der Praxis zunehmend durch den Einsatz von Textverarbeitungsprogrammen, universellen Datenbanksystemen oder speziellen Terminologieverwaltungsprogrammen ersetzt.

Textverarbeitungs- und Datenbankprogramme

Textverarbeitungsprogramme sind für die systematische Verwaltung eigener Terminologiebestände wenig geeignet; eine vernünftige (begriffsorientierte) Strukturierung der Daten ist nicht möglich und die Reaktionszeit bei der Suche lässt schon bei Datenbeständen von wenigen hundert Einträgen zu wünschen übrig. Universelle Datenbanksysteme erlauben zwar die Strukturierung der Daten und kurze Antwortzeiten, erfordern aber vom Benutzer einen nicht unerheblichen Anpassungs- und Programmieraufwand, wenn die Verwaltung sprachlicher Daten, die Wiederholbarkeit von Datenkategorien und eine benutzerfreundliche Bedienungsoberfläche vernünftig realisiert werden sollen.

Terminologieverwaltungssysteme

Als Terminologieverwaltungssysteme (TVS) werden Software-Produkte bezeichnet, die speziell für die Verwaltung terminologischer Datenbestände und für die Nutzung innerhalb der technischen Redaktion, bei der Übersetzung von Fachtexten und bei der Terminologiearbeit konzipiert sind. Sie sind in der Regel datenbankähnlich aufgebaut, haben aber nicht die volle Leistungsfähigkeit eines (relationalen) Datenbanksystems; dafür erlauben sie aber alle für die Verwaltung von Terminologie notwendigen Operationen mit relativ einfachen Befehlen.

8.1.1 Sprachenpaarorientierte vs. mehrsprachige Systeme

Die ersten auf dem Markt angebotenen Programme zur Terminologieverwaltung gehörten zur Klasse der sprachenpaarorientierten Systeme. Diese Programme folgen eher dem benennungsorientierten oder lexikographischen Ansatz und sind vorwiegend für den Einsatz durch den Einzelübersetzer oder den Autor zweisprachiger Wörterbücher bzw. Glossare konzipiert.

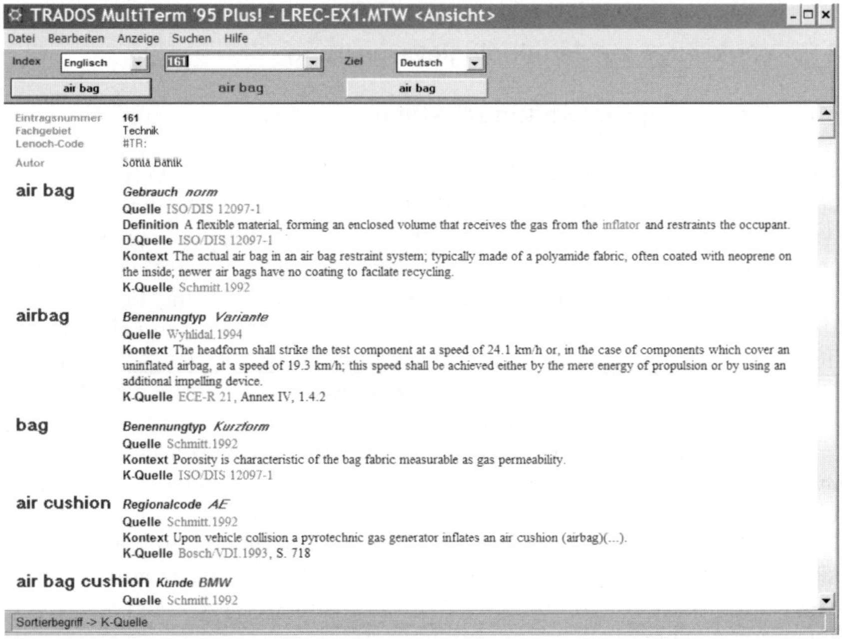

Abb. 8 Realisierung der Benennungsautonomie in *MultiTerm '95Plus!*

Mehrsprachige Terminologieverwaltungssysteme dagegen erlauben die weitgehend gleichberechtigte Behandlung von Fachwortbeständen mehrerer Sprachen auf der Basis des begriffsorientierten Ansatzes, wobei jede Sprache als Such- oder Ausgangssprache gewählt werden kann. Alle Informationen zu einem fachsprachlichen Begriff werden einander zugeordnet und in einem terminologischen Eintrag gespeichert. Für die spezifischen Anforderungen beim Übersetzen erlauben manche dieser Systeme eine zweisprachige (sprachrichtungsbezogene) Sicht auf den mehrsprachigen Terminologiebestand. Die meisten dieser Systeme sind wegen des begriffsorientierten Ansatzes in der Lage, neben den Bedürfnissen von Übersetzern auch die Anforderungen zu erfüllen, die an die einsprachige Terminologiearbeit im Bereich der technischen Redaktion, der Terminologienormung, der Sprachplanung (s. hierzu Artikel VII.3) und der Nutzung durch Fachleute im jeweiligen Gebiet gestellt werden.

Benennungsautonomie

Vor allem bei leistungsfähigen begriffsorientierten Terminologieverwaltungssystemen gehört die Benennungsautonomie (s. Abschnitt 7.5) zu den generellen Funktionsprinzipien. Manche dieser Systeme bieten Benennungsautonomie nur bei Synonymen, aber nicht bei Abkürzungen und Schreibvarianten, andere Systeme jedoch für alle alternativen Benennungsformen. Abb. 8 zeigt die Realisierung der Benennungsautonomie in *MultiTerm '95Plus!*, bei der alle deutschen Benennungen (genormte Benennung, Schreibvariante, Kurzform, in den USA übliche Benennung, bei BMW übliche Benennung) mit Quellen und Kontexten dokumentiert wurden.

8.1.2 Systeme mit vorgegebener Eintragsstruktur

Außer nach den beschriebenen generellen Funktionsprinzipien (sprachenpaarorientierte Systeme, mehrsprachige Systeme mit Begriffsorientierung, Systeme mit Benennungsautonomie) kann man Terminologieverwaltungssysteme auch nach der Flexibilität der Datenstrukturierung und Datenmodellierung klassifizieren.

Systementwickler definieren Eintragsstruktur

Terminologieverwaltungssysteme mit vorgegebener Eintragsstruktur basieren auf vom Systementwickler festgelegten Datenkategorien und Eintragsmodellen, die in der Regel durch den Nutzer nicht oder nur unwesentlich verändert werden können. Der Nutzer muss (kann) das System nicht selbst auf seine Anwendung hin konfigurieren; er sollte aber in jedem Fall genau prüfen, ob seine spezifischen Anforderungen an die Terminologieverwaltung durch das jeweilige System erfüllt werden können. Unter den Systemen mit fester Eintragsstruktur gibt es einfache Systeme mit wenigen Datenkategorien und komplexe Systeme mit einer ausgereiften Eintragsstruktur; ebenso finden sich in dieser Klasse zweisprachige und mehrsprachige Terminologieverwaltungssysteme (s. Abb. 9).

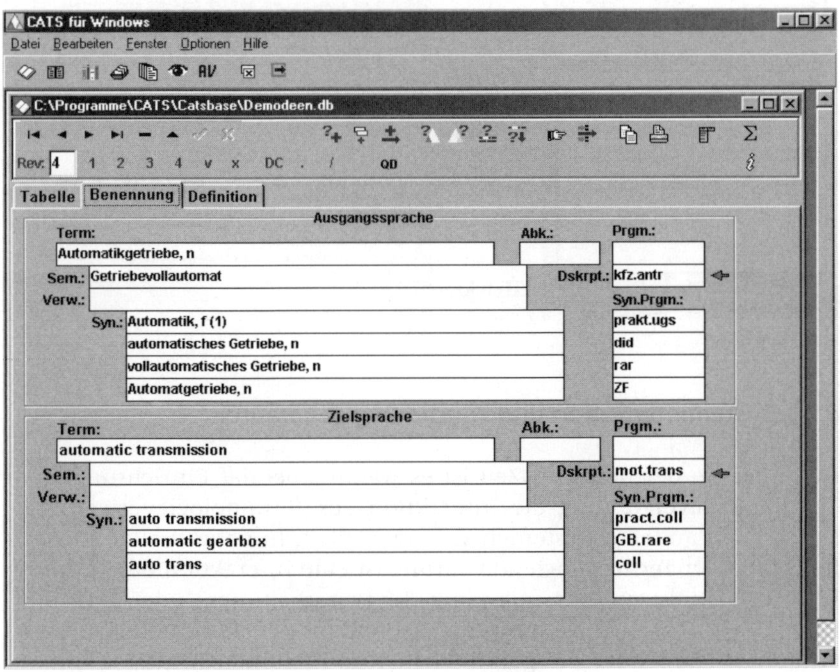

Abb. 9 *CATS for Windows* als Beispiel für ein komplexes sprachenpaarbezogenes Terminologieverwaltungssystem mit vorgegebener Struktur

8.1.3 Systeme mit definierbarer Eintragsstruktur

Anwender definieren Eintragsstruktur

Terminologieverwaltungssysteme mit definierbarer Eintragsstruktur erlauben eine Anpassung des Systems an die eigenen Anforderungen: Hier können die notwendigen Datenkategorien festgelegt werden sowie die zu verwaltenden Sprachen; es kann zwischen einer begriffs- oder benennungsorientierten Strukturierung entschieden und festgelegt werden, ob Benennungsautonomie bestehen soll. Wenn die Datenkategorien und die Eintragsstruktur zu Beginn der Arbeit mit dem System festgelegt worden sind, muss sich der Nutzer beim Erfassen terminologischer Einträge an die vordefinierte Struktur halten; hierdurch ist die Voraussetzung für eine konsistente Terminologieverwaltung gegeben. Auch eine spätere Erweiterung und Änderung der definierten Eintragsstruktur ist bei diesen Systemen möglich. Soll eine solche Modifikation der bestehenden Struktur jedoch bei einer bereits mit Daten gefüllten Terminologiesammlung vorgenommen werden, können Probleme auftreten, die eine manuelle Anpassung der Datensätze erfordern (s. Abb. 10).

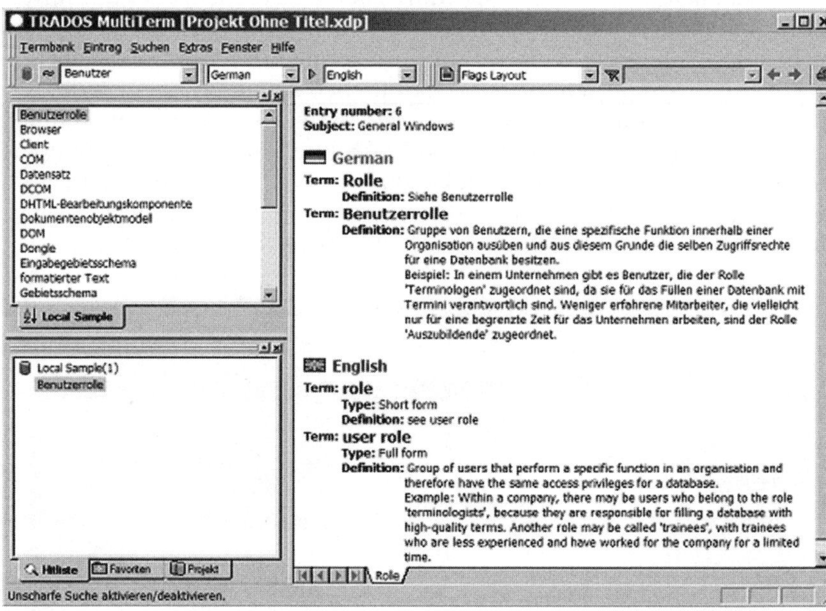

Abb. 10 *MultiTerm iX* als Beispiel für ein Terminologieverwaltungssystem mit definierbarer Struktur

8.2 Systemintegration und Terminologieaustausch

Interaktion mit anderen Werkzeugen

Besonders in der heutigen Zeit ist es wichtig, bei der Einrichtung einer Terminologieverwaltung die Interaktion des Terminologieverwaltungssystems mit anderen Systemen sicherzustellen. In nahezu allen Einsatzbereichen der Terminologieverwaltung ist eine Interaktion des Terminologieverwaltungssystems mit einer Textverarbeitungs- oder DTP-Software gewünscht, um während des Schreibens den Terminologiebestand zu konsultieren oder die gefundenen Informationen in das Textdokument zu übernehmen. Vor allem im Bereich der Softwarelokalisierung (s. Schmitz/Wahle 2000), aber auch in anderen Bereichen mit repetitiven Texten, ist ein Zusammenwirken von Terminologieverwaltungssystem und Übersetzungsspeicher (Translation Memory) wünschenswert (s. hierzu Artikel VII.2). Seltener wird eine Interaktion mit einem maschinengestützten Übersetzungssystem oder mit Werkzeugen zur Terminologieextraktion gefordert.

Austausch terminologischer Daten

Neben der direkten Interaktion ist in vielen Anwendungsumgebungen der Datenaustausch (Import und Export von Daten) zwischen Terminologieverwaltungssystem und anderen Systemen notwendig, etwa um Terminologiebestände zu übernehmen oder diese für andere Applikationen bereitzustellen. Gerade in heterogenen Arbeitsumgebungen, aber auch bei der Umstellung von einem Terminologieverwaltungssystem auf ein anderes (auch beim gleichen Anwender) tritt das Problem des Terminologieaustausches auf. Hierfür wurde durch die ISO 12200 (1999) das Austauschformat MARTIF definiert (s. auch Schmitz 1998 und Wright/Budin 2001), das derzeit von der LISA (*Localisation Industry Standards Association*) als TBX (*TermBase eXchange format*) weiterentwickelt wird.

Abgesehen von den beschriebenen Kriterien sind für die Auswahl einer Lösung zur Terminologieverwaltung noch weitere relevant, z.B. Anzahl und maximale Länge der Datenkategorien, die Suchmöglichkeiten, Filterkriterien, Verweismöglichkeiten, die Behandlung von so genannten *shared resources* (wie bibliographischen Daten, Klassifikationen, multimedialen Elementen) sowie die Benutzerverwaltung mit definierbaren Rechten und Profilen. Näheres hierzu findet sich insbesondere in GTW (1994), GTW (1996) und Schmitz (2001a).

9 Ausgewählte Literatur

Als umfassende und leicht verständliche Einführung in die Theorie und Praxis der Terminologiearbeit können Arntz/Picht/Mayer (2002), zur Vertiefung bestimmter Aspekte Felber/Budin (1989) empfohlen werden. Während sich die Empfehlungen der KÜDES (2002) vorwiegend mit den praktischen Schritten der Terminologiearbeit beschäftigen, enthalten die beiden Bände des *Handbook of Terminology Management* (Wright/Budin 1997/2001) sowohl theoretische Fundierungen als auch anwendungsorientierte Aspekte der Terminologieverwaltung. Neuere Ansätze der rechnergestützten Terminologiearbeit werden in dem Tagungsband des DTT-Symposions *eTerminology* von Mayer/Schmitz/Zeumer (2002) sowie bei Schmitz (2004) vorgestellt. Die Theorie der Terminologielehre behandeln ausführlich Wüster (1991), Lauren/Myking/Picht (1998) sowie der von Picht und Schmitz (2001) herausgegebene Band mit teilweise nicht mehr verfügbaren Einzelpublikationen Eugen Wüsters. Der zweite Halbband des *Internationalen Handbuchs zur Fachsprachenforschung und Terminologiewissenschaft* (Hoffmann/Kalverkämper/Wiegand 1999) enthält ebenfalls wichtige Beiträge einzelner Autoren zur Terminologielehre. Für den Bereich der Softwarelokalisierung (unter Einbezug der Terminologiearbeit) empfiehlt sich die Lektüre von Schmitz/Wahle (2000) und Reinecke/Schmitz (2005). Ein Verweis auf relevante nationale und internationale Normen zur Terminologie sowie weitere Literatur finden sich auf den Seiten des Deutschen Terminologie-Portals DTP (s. hierzu den Link auf der CD).

VII.2 Standardisierung von Kommunikation

Susanne Göpferich

1 Das Problem- und Aufgabenfeld

Mensch/Maschine-Kommmunikation

Die Notwendigkeit, Kommunikation zu standardisieren, ergibt sich heute vor allem in zwei Bereichen: a) in der Mensch/Maschine-Kommunikation und b) in der technischen Dokumentation. In der Mensch/Maschine-Kommunikation besteht die Standardisierung darin, dass bestimmte Befehle vereinbart werden, die der Benutzer zur Kommunikation mit der Maschine verwenden muss, damit diese auf die gewünschte Weise reagiert, und umgekehrt die Maschine standardisierte Meldungen an den Benutzer ausgibt. In der technischen Dokumentation hingegen werden mit Standardisierungen die folgenden Ziele verfolgt:

Technische Dokumentation

Konsistenz

1. Technische Dokumentationen sind oft sehr umfangreich und müssen innerhalb kürzester Zeit erstellt werden. Dies ist in vielen Fällen nur durch den Einsatz mehrerer Autoren möglich, die zeitgleich an verschiedenen Teilen der Dokumentation arbeiten. Hier ist eine Standardisierung erforderlich, um Formatierungs-, terminologische und stilistische bzw. Formulierungskonsistenz zu erreichen.

Wiederverwendung von Textbausteinen

2. In den technischen Dokumentationen für verschiedene Produkte eines Herstellers (z.B. die verschiedenen Fahrzeugmodelle eines Automobilherstellers) müssen an vielen Stellen dieselben Sachverhalte versprachlicht werden, z.B. weil in verschiedenen Fahrzeugmodellen des Herstellers dasselbe Getriebe oder dasselbe Verdeck verbaut wird und folglich zur Reparatur des Getriebes bzw. zur Bedienung des Verdecks in den jeweiligen Anleitungen dieselben Reparatur- bzw. Bedienschritte zu dokumentieren sind. Hier gilt es, bei der Erstellung der Dokumentationen Doppelarbeit zu vermeiden, indem immer dann, wenn Sachverhalte zu versprachlichen sind, die in identischer Weise bereits für ein anderes Dokument versprachlicht wurden, die bereits existierenden Textbausteine wiederverwendet werden. Idealerweise werden diese Textbausteine – mit ihrer Übersetzung in allen benötigten Sprachen – in einer Datenbank abgelegt (datenbankgestütztes Publizieren), so dass sie in den Dokumenten, in die sie integriert werden sollen, einfach aus der Datenbank „angezogen" werden können (Content-Management statt Dokumenten-Management; s. hierzu Artikel II.3, Abschnitt 3). Die Vorgehensweise, dass durch die Wiederverwendung von Textbausteinen gleiche Sachverhalte immer gleich versprachlicht werden, kann bereits als Standardisierung bezeichnet werden. Durch sie werden Redundanzen in der Datenhaltung vermieden. Da ein Text-

Datenbankgestütztes Publizieren – Content-Management

baustein auf diese Weise in verschiedene Dokumente integriert werden kann, in die er sich terminologisch und stilistisch unauffällig einfügen muss, setzt diese Vorgehensweise auch voraus, dass die Textbausteine sowie die Dokumente, in die sie integriert werden, ebenfalls in der Terminologie, dem Stil und den Formulierungen konsistent sind, wozu es weiterer Standardisierungsmaßnahmen, z.B. der Sicherstellung einer einheitlichen Terminologie, bedarf (s. hierzu Artikel VII.1). Wird auf sie verzichtet, besteht beispielsweise die Gefahr, dass bereits existierende Textbausteine nicht wiedergefunden werden, z.B. weil sie unter einer bestimmten Benennung abgelegt wurden (z.B. *Leichtmetallscheibenrad*), der Benutzer aber eine synonyme Bezeichnung wie *Alufelge* als Suchbegriff nutzt. Das kann dann auch dazu führen, dass zu demselben Sachverhalt ein zweiter Textbaustein angelegt wird, weil der bereits existierende nicht aufgefunden wurde. Wie eine redundanzarme Dokumentation mit standardisierter Terminologie realisiert werden kann, wird in Abschnitt 3 am Beispiel eines Dokumentationsprojektes aus der Automobilbranche skizziert.

Verknüpfung zwischen Informationsarten

3. Eine einheitliche Terminologie als Standardisierungsmaßnahme kann auch zur Verknüpfung zwischen verschiedenen Informationsarten wie beispielsweise Reparaturmethoden und Teileinformationen genutzt werden. Traditionellerweise wurden diese Informationsarten in voneinander völlig unabhängig arbeitenden Organisationseinheiten von Unternehmen erstellt mit der Folge, dass die in den beiden Informationsarten verwendete Terminologie unterschiedlich war. Im Zeitalter der elektronischen Dokumentation ist es nun aber möglich, die beiden Informationsarten so miteinander zu verknüpfen, dass der Benutzer von einem Teil (beispielsweise einem Achsschenkel), das in einem Instruktionsschritt einer Reparaturmethode erwähnt wird, durch Anklicken von dessen Benennung direkt in die Teileinformationen springen kann, denen er z.B. die Teilenummer (Bestellnummer) des Achsschenkels entnehmen kann. Auch die Realisierung dieser Verknüpfung zwischen Informationsarten illustriert das Dokumentationsbeispiel in Abschnitt 3 (s. hierzu ausführlich Göpferich 2003).

Standardisierung für die Übersetzung

Translation-Memory-Systeme (TMS)

4. Eine Standardisierung von Dokumenten in der unter den Punkten 1 bis 3 beschriebenen Hinsicht trägt in erheblichem Maße zur Einsparung von Übersetzungskosten bei. Erstens brauchen Textbausteine, die in einer Datenbank abgelegt und von dort in den Dokumenten, in denen sie benötigt werden, „angezogen" werden, nur einmal übersetzt zu werden. Die Übersetzungen werden dann ebenfalls in der Datenbank abgelegt und können wie die ausgangssprachlichen Textbausteine wiederverwendet werden. Zweitens kommen heute bei der Übersetzung technischer Dokumentation Translation-Memory-Systeme (TMS) zum Einsatz, die das erneute Übersetzen von Textsegmenten, die bereits einmal übersetzt wurden, überflüssig machen. Ihr Funktionsprinzip besteht darin, dass ein Text, der von einem Menschen in einem solchen Programm übersetzt wird, in Segmente (in der Regel Sätze oder Absätze) zerlegt wird. Jedem dieser Segmente wird die Übersetzung zugeordnet, die der menschliche Übersetzer für es eingegeben hat. Der so entstehende Übersetzungsspeicher kann bei der Überset-

zung eines ähnlichen Textes, z.B. eines Updates eines Handbuchs oder der Kfz-Betriebsanleitung für ein Modell, das demjenigen ähnelt, dessen Anleitung bereits in dem TMS übersetzt wurde, wiederverwendet werden. Tritt in dem neu zu übersetzenden Text ein Segment auf, das identisch ist mit einem Segment, das bereits im Übersetzungsspeicher vorliegt, so bekommt der Übersetzer hierfür die bereits vorliegende Übersetzung angeboten. Darüber hinaus weisen TMS auch eine Fuzzy-Match-Funktion auf, d.h., findet sich im Übersetzungsspeicher ein Segment, das mit dem neu zu übersetzenden eine Ähnlichkeit aufweist, die einen bestimmten Prozentsatz erreicht, der vorher eingestellt werden kann (z.B. 70%), so bekommt der Übersetzer die bereits vorliegende Übersetzung dieses Segments angezeigt und kann diese entsprechend anpassen. In der Regel ist in ein TMS auch ein Terminologieverwaltungsprogramm integriert (s. hierzu Artikel VII.1). Kommen in einem zu übersetzenden Segment Termini vor, die in der Terminologiedatenbank enthalten sind, so bekommt der Übersetzer in einem speziellen Fenster des TMS die hierfür in der Datenbank enthaltenen Äquivalente angezeigt und kann diese auf Tastendruck in die Übersetzung übernehmen. Je konsistenter zu übersetzende Dokumente nun in der Terminologie und den Formulierungen sind, desto zahlreicher sind die Fälle, in denen zu einem Segment bereits eine Übersetzung bzw. ein Fuzzy-Match vorliegt und desto kostengünstiger fällt die Übersetzung aus, wobei sich das Kosteneinsparungspotential mit jeder zusätzlichen Zielsprache vergrößert.

Fuzzy Matches

5. Bei zu übersetzenden Dokumenten kann ein weiterer Beitrag zur Standardisierung dadurch geleistet werden, dass kulturspezifische Informationen nur dort geboten werden, wo sie unverzichtbar sind. Notwendige kulturspezifische Informationen sind beispielsweise solche zu länderspezifischen Produktvarianten (z.B. Rechtslenker vs. Linkslenker; spezielle Scheinwerfer für bestimmte Absatzmärkte). Verzichtbar sind hingegen kulturspezifische Beispiele wie die exemplarische Nennung von Namen (Müller, Meier, Huber), die in den Übersetzungen jeweils durch für das betreffende Zielland typische Namen ersetzt werden müssen. Für diese Form der Standardisierung mit dem Ziel der Kulturneutralität hat sich die Bezeichnung *Internationalisierung* eingebürgert (s. hierzu Göpferich 2002: Kap. 7).

Internationalisierung

6. Texte können nur dann mit geringem Nachbearbeitungsaufwand (Post-Editing) wirtschaftlich maschinell übersetzt werden, wenn der in ihnen verwendete Wortschatz (Lexik) und Satzbau (Syntax) sich im Rahmen dessen bewegt, was das maschinelle Übersetzungssystem analysieren kann. Bei der Abfassung maschinell zu übersetzender Texte sind also den Wortschatz und den Satzbau beschränkende Regeln zu beachten (Pre-Editing), was ebenfalls bereits als Standardisierung bezeichnet werden kann.

Pre-Editing und Post-Editing

Einen wichtigen Beitrag zur Standardisierung von Kommunikation leisten auch Terminologienormen sowie Normen wie beispielsweise die DIN 1421 zur Gliederung und Benummerung von Texten sowie die DIN 5008 zu Schreib- und Gestaltungsregeln für die Textverarbeitung und

Normen

die DIN 676 zur Gestaltung von Geschäftsbriefen. Normen wie die letztere erleichtern die Kommunikation, weil sie bestimmten Informationen eine feste Platzierung in einem Dokument zuweisen, wodurch diese schneller auffindbar werden.

In diesem Artikel soll es ausschließlich um die Standardisierung in der technischen Dokumentation gehen, da diese ein zukunftsträchtiges und reiches Betätigungsfeld für Linguisten darstellt.

2 Linguistische Instrumentarien zur Standardisierung technischer Dokumentation

Redaktionshandbücher (Style Guides)

Zur Erzielung einer Standardisierung auf Formatierungsebene müssen bestimmte Programmfunktionen, wie das Arbeiten mit Dokumentvorlagen (*Style Sheets*) u. dgl. (s. hierzu Artikel II.3, Abschnitt 3) konsequent genutzt werden. Auf der Formulierungsebene ist die Erstellung und Einhaltung eines Regelwerkes (Redaktionshandbuchs, *Style Guides*) erforderlich, das die Formulierungsalternativen, die eine nicht-standardisierte natürliche Sprache für die Verbalisierung von Sachverhalten bietet, einschränkt. Die aus der konsequenten Anwendung solcher Regelwerke resultierenden Sprachen bezeichnet man als *kontrollierte Sprachen*. Dies sind keineswegs Kunstsprachen, wie etwa Esperanto, sondern Teilmengen natürlicher Sprachen, die sich von diesen dadurch unterscheiden, dass sie einen eingeschränkten Wortschatz aufweisen und nur eine eingeschränkte Palette von syntaktischen Konstruktionen nutzen. Unterstützung bei der Einhaltung der Regelwerke kontrollierter Sprachen bieten spezielle Programme, so genannte *Controlled Language Checkers* (*Conformance Checkers*), und umfassendere Redaktionssysteme, in die solche *Controlled Language Checkers* integriert sind. Letztere setzen sich wiederum aus verschiedenen Modulen zusammen, wie beispielsweise solchen zur Einhaltung eines bestimmten Wortschatzes sowie Grammatik- und Stilprüfprogrammen.

Kontrollierte Sprachen

Controlled Language Checkers + Redaktionssysteme

Problematisch an kontrollierten Sprachen ist derzeit noch, dass sie jeweils auf firmen- bzw. branchenspezifische Bedürfnisse zugeschnitten sind und branchenübergreifende Standards noch ausstehen bzw. nur in Ansätzen entwickelt sind, so dass es auch bei den Programmen, die die Einhaltung des Regelwerks einer kontrollierten Sprache sicherstellen, noch keine umfassenden Standardlösungen gibt.

Betätigungsfelder für Linguisten

Betätigungsfelder für Linguisten ergeben sich in der Entwicklung von kontrollierten Sprachen, die auf die spezifischen Bedürfnisse eines Unternehmens zugeschnitten sind. Eine solche Entwicklung geht stets mit a) der Entwicklung von Spezifikationen für die EDV-technische Unterstützung der Autoren bei der Einhaltung des Regelwerks einer solchen kontrollierten Sprache einher, b) der Definition hierzu passender Dokumentationserstellungsprozesse und c) der Schulung der Autoren in der Nutzung der kontrollierten Sprache in einer auf sie abgestimmten Arbeitsumgebung (s. hierzu das Beispiel in Abschnitt 3).

In Abschnitt 2.1 werden zunächst allgemeine Anforderungen vorgestellt, die eine kontrollierte Sprache erfüllen sollte. Ein Beispiel für eine kontrollierte Sprache, das international in der Luft- und Raumfahrtindustrie eingesetzte *Simplified Technical English* (STE) der ASD (*__A__ero__S__pace and __D__efence Industries Association of Europe*), formals unter dem Namen AECMA ***Simplified English*** (SE) bekannt (*__A__ssociation __E__uropéene des __C__onstructeurs de __M__atériel __A__érospatial*), ist Gegenstand von Abschnitt 2.2. In Abschnitt 2.3 folgen Informationen zu Programmen, die die Einhaltung des Regelwerkes einer kontrollierten Sprache unterstützen. Abschnitt 3 ist schließlich der Kurzdarstellung des Projekts DAiSY *(Daimler Automotive Information SYstem)* gewidmet, einem innovativen Dokumentationsprojekt der DaimlerChrysler AG, in dem alle Arten der hier beschriebenen Standardisierungsmethoden zum Einsatz kommen.

2.1 Anforderungen an kontrollierte Sprachen

Heute besitzt nahezu jedes Unternehmen, das mehrsprachige Dokumentation erstellt, ein Redaktionshandbuch (*Style Guide*) mit einer mehr oder weniger umfangreichen Sammlung von Formulierungsrichtlinien – und damit bereits eine kontrollierte Sprache. Unternehmen unterscheiden sich heute also nicht mehr darin, *ob* sie eine kontrollierte Sprache benutzen oder nicht, sondern nur noch darin, *wie umfassend* die Sammlung der Formulierungsregeln ist und wie streng sie eingehalten werden, *wie stark* die eingesetzte Sprache also „kontrolliert" wird. Werden in einem Unternehmen Formulierungsrichtlinien festgelegt und damit eine kontrollierte Sprache eingeführt, so sollten diese Formulierungsregeln abzielen auf:

a) Eindeutigkeit,
b) Konsistenz,
c) Verständlichkeit und
d) Prägnanz

sowie beim Einsatz maschineller Übersetzungssysteme (MÜ-Systeme) auch auf

e) Analysierbarkeit durch das verwendete MÜ-System.

Eindeutigkeit und Verständlichkeit

Eindeutigkeit ist oftmals eine Voraussetzung für Verständlichkeit und kann dort, wo dies der Fall ist, unter ihr subsumiert werden. In manchen Fällen merkt ein Leser jedoch nicht, dass ein Satz oder Textabschnitt mehrere Lesarten zulässt, und interpretiert ihn ohne subjektive Verstehensprobleme nach einer bestimmten Lesart, die jedoch u. U. nicht die vom Autor intendierte ist. Dies führt zu Missverständnissen. Solche Fälle rechtfertigen es, in der Aufzählung der Anforderungen, zu deren Erfüllung Formulierungsrichtlinien beitragen sollen, der Verständlichkeit die Eindeutigkeit zur Seite zu stellen. Zu bedenken ist hierbei ferner, dass ein Text, der für einen Leser aufgrund seines Weltwissens, das er in das Verstehen einbringt, eindeutig sein mag, für ein maschinelles Übersetzungssystem (MÜ-System) dennoch mehrere Lesarten zulassen kann. Dies illustrieren die folgenden Beispiele:

[1] **Ikarus** aß einen **Apfel**, obwohl **er** nicht reif war, weil **er** hungrig war.

Für ein MÜ-System ist in Beispiel [1] nicht ohne weiteres erkennbar, dass sich das Pronomen *er* bei seinem ersten Auftreten auf *Apfel*, bei seinem zweiten jedoch auf *Ikarus* bezieht und somit im Englischen einmal mit *it* und einmal mit *he* wiedergegeben werden muss. Der Leser kann dies aus seinem Weltwissen erschließen (inferieren). Bei der maschinellen Übersetzung lässt sich das Problem lösen, indem im Wörterbuch, auf das das MÜ-System zurückgreift, im Eintrag *hungrig* festgelegt wird, dass dies eine Eigenschaft ist, die nur auf Menschen und Tiere zutreffen kann. Hiermit wäre sichergestellt, dass das MÜ-System das Pronomen bei seinem zweiten Vorkommen auf *Ikarus* bezieht. Diese Strategie führt jedoch beim Adjektiv *reif* nicht weiter, da es sich sowohl auf Menschen als auch auf Früchte beziehen kann. Erfolglos bleibt diese Vorgehensweise auch bei metaphorischem Gebrauch, etwa wenn *hungrig* nicht auf Menschen oder Tiere, sondern auf ein Fahrzeug mit hohem Kraftstoffverbrauch bezogen wird. Einschränkend ist hier jedoch anzumerken, dass sich Texte mit solchem metaphorischen Sprachgebrauch generell nicht für die maschinelle Übersetzung eignen. Im Umkehrschluss kann man festhalten, dass in maschinell zu übersetzenden Texten auf metaphorischen Sprachgebrauch grundsätzlich zu verzichten ist.

Vagheit

In Beispiel [2] unten kann in der deutschen Version zufällig der gleiche Vagheitsgrad beibehalten werden wie in der englischen. Es kann jedoch auch Sprachen geben, in denen das System zur Entscheidung für eine der beiden Lesarten zwingt, da es in ihnen keine Konstruktion gibt, die beide Lesarten zulässt.

[2] She killed the man with the hammer.

[2′] Sie tötete den Mann mit dem Hammer.

a) Der Mann hatte einen Hammer; dieser war aber nicht die Mordwaffe.

b) Sie hatte den Hammer; er war die Mordwaffe.

Automatisches Vorübersetzen

Formulierungen zu vermeiden, die zwar formal identisch sind, deren Bedeutung aber kontextabhängig ist und die daher je nach Kontext anders übersetzt werden müssen, ist vor allem auch beim Einsatz von TMS wichtig. Hier ist nämlich Folgendes zu beachten:

Beim Import eines Textes in ein TMS besteht in der Regel die Möglichkeit, den Text „automatisch vorübersetzen" zu lassen. Hierbei vergleicht das TMS die Segmente des zu übersetzenden Textes mit den bereits in seinem Übersetzungsspeicher vorhandenen Segmenten. Wird eine Übereinstimmung festgestellt, wird in den zielsprachigen Text automatisch die im Übersetzungsspeicher gefundene Übersetzung eingefügt. Tritt in dem neu zu übersetzenden Text ein Segment auf, das nur formal mit einem bereits übersetzten Segment im Übersetzungsspeicher identisch ist, aber eine andere Bedeutung hat, so führt das „automatische Vorübersetzen" zu einem stilistischen Mangel oder gar Übersetzungsfehler.

In manchen Fällen muss sich ein Textproduzent entscheiden, ob er den Text für die Anforderungen des MÜ-Systems optimiert, mit dem der

Text übersetzt werden soll, und damit eventuell – aber nicht unbedingt – stilistische „Holprigkeiten“ hinnimmt oder ob er Wert auf einen stilistisch einwandfreien Text legt. Solche Entweder-oder-Entscheidungen dürfen jedoch nicht zu der falschen Vorstellung führen, dass übersetzungsgerechtes Schreiben sich stets nachteilig auf den Stil auswirken muss. Oftmals lassen sich die Forderungen nach stilistischer Eleganz und maschineller Übersetzbarkeit nämlich zugleich erfüllen. Außerdem sind punktuell auftretende stilistische Einbußen bei Gebrauchstexten, insbesondere technischer Dokumentation, durchaus hinnehmbar.

Prägnanz

Nicht mit den Erfordernissen der maschinellen Übersetzbarkeit vereinbar ist hingegen gelegentlich die Forderung nach Prägnanz, wie sie vor allem für Sicherheitshinweise zu stellen ist. Grundsätzlich lässt sich die Prägnanzforderung zwar zum einen damit begründen, dass der Leser eines Gebrauchstextes nicht mehr Zeit in die Textrezeption investieren möchte als unbedingt erforderlich, und zum anderen mit den Übersetzungskosten, die mit jedem zusätzlichen Wort im Ausgangstext und mit jeder weiteren Zielsprache steigen. Aus Gründen der Rezeptionsökonomie sollte beispielsweise in Sicherheitshinweisen, insbesondere wenn sie auf Produkten direkt angebracht werden, auf Artikel und Pronomen verzichtet werden. Für die maschinelle Übersetzung ist der Gebrauch von Artikeln und Pronomen aus Eindeutigkeitsgründen aber von Vorteil. Ohne sie ist nämlich z. B. bei vielen Substantiven nicht zu erkennen, ob sie im Singular oder im Plural gebraucht werden (vgl. *Regler auf 0 stellen. – Den Regler oder Die Regler?*). Im Zweifelsfall sollte hier der Sicherheitsaspekt Vorrang haben.

Die Bedeutung, die der Erfüllung der Anforderungen Verständlichkeit, Eindeutigkeit und Prägnanz beizumessen ist, nimmt mit jeder weiteren Zielsprache zu. Je verständlicher und eindeutiger ein Text ist, desto leichter fällt seine Rezeption bzw. seine Analyse nicht nur dem Ausgangstextadressaten, sondern auch dem Übersetzer bzw. dem MÜ-System, und desto geringer ist die Wahrscheinlichkeit, dass im Übersetzungsprozess bereits in der Rezeptions- bzw. Analysephase Fehler auftreten, die dann in den Übersetzungen propagiert werden. Ist ein Ausgangstext beispielsweise mehrdeutig, so besteht die Gefahr, dass der Übersetzer bzw. das MÜ-System von den möglichen Lesarten nicht die richtige erkennt und ggf. in der Zielsprache eine falsche Lesart oder nicht alle relevanten wiedergibt. Selbst wenn alle Lesarten erkannt werden, muss in der Zielsprache ggf. eine Entscheidung für eine bzw. einen Teil der möglichen Lesarten getroffen werden, z. B. weil die Zielsprache systembedingt nicht die Möglichkeit bietet, den Vagheitsgrad des Ausgangstextes beizubehalten. Potenzielle Mehrdeutigkeiten sind also Fehlerquellen, die es vor allem bei der Textproduktion für die anschließende Übersetzung zu vermeiden gilt.

Formulierungsleitlinien

Für die Abfassung verständlicher, eindeutiger und prägnanter Texte wurden bereits in Artikel II.3 im Zusammenhang mit der Sprechakttheorie und der Thema-Rhema-Theorie Leitlinien vorgestellt. Weitere Beispiele für solche Leitlinien (s. hierzu ausführlich Göpferich 2002: 4.6) sind die Vermeidung von Schachtelsätzen und Klammerkonstruktionen (s. die Beispiele [3], [4] und [5]), die Vermeidung von Präpositions- und

Konjunktionsballungen (s. Beispiel [4] bzw. [5]) sowie die Vermittlung von Informationen in der Reihenfolge, in der der Benutzer sie braucht (s. Beispiel [6]):

[3]

Nicht:	Falls Sie über keinen Texteditor verfügen, läßt sich eine AUTO-EXEC.BAT-Datei mit Hilfe des DOS-Befehls COPY CON, indem Sie den folgenden Anweisungen folgen, anlegen. (Beispiel adaptiert aus Schmitt 1999: 394)
	Satzschema: N_1, H–, N_1, –H.
Sondern:	Falls Sie keinen Texteditor haben, läßt sich eine AUTOEXEC.BAT-Datei mit Hilfe des Befehls COPY CON anlegen. Hierzu gehen Sie wie folgt vor: ...
	Satzschema: N_1, H. H:

[4]

Nicht:	Zu den bei den im Labor durchgeführten Versuchen getöteten Tieren gehörte auch die Katze unserer Nachbarn.
Sondern:	Zu den Tieren, die bei den Laborversuchen getötet wurden, gehörte auch die Katze unserer Nachbarn.

[5]

Nicht:	Der Pressesprecher erklärte, dass, wenn die Emissionswerte das kritische Niveau erreichten, sofort Schutzmaßnahmen ergriffen würden.
	Satzschema: H, N_1–, N_2, –N_1.
Sondern:	Der Pressesprecher erklärte, dass sofort Schutzmaßnahmen ergriffen würden, wenn die Emissionswerte das kritische Niveau erreichten.
	Satzschema: H, N_1, N_2.

[6]

Nicht:	X lösen, nachdem Y entladen wurde.
Sondern:	Y entladen, dann X lösen.

Erklärung zu den Satzschemata:

H:	Hauptsatz
H– / –H:	Hauptsatzanfang bzw. -ende
N_1:	Nebensatz ersten Grades, d.h., Nebensatz, der von einem Hauptsatz abhängig ist
N_2:	Nebensatz zweiten Grades, d.h., Nebensatz, der von einem Nebensatz ersten Grades abhängig ist

Konsistenz

Neben der Verständlichkeit, der Eindeutigkeit und der Prägnanz fördert die konsequente Beachtung der exemplarisch angeführten Leitlinien auch die Konsistenz von Dokumenten, durch die sich die Trefferquoten beim Einsatz von TMS und MÜ-Systemen erhöhen. Eine zusätzliche Erhöhung des Konsistenzgrades erreicht man durch die Vereinbarung fester grammatischer Strukturen, Schreibweisen bzw. Formulierungsmuster für:

- Überschriften
  Hier ist zu vereinbaren, ob diese beispielsweise stets nominal (*Erstellen von Tabellen*) oder stets verbal (*Tabellen erstellen*) zu formulieren sind. Dabei ist es sinnvoll, für Überschriften, Instruktionen und Aufzählungen jeweils eine unterschiedliche Syntax zu wählen, da die Übertragung in manche Sprachen bei gleicher ausgangssprachlicher Formulierung je nach Funktion im Text unterschiedlich ausfallen muss. So kann beispielsweise die deutsche Formulierung [7] sowohl als Überschrift als auch als Instruktion verwendet werden. Im Englischen muss sie je nach Funktion mit [7a] bzw. mit [7b] wiedergegeben werden. Eine englische Formulierung, die ebenfalls beide Verwendungsweisen zulässt, gibt es nicht.

  [7] Tabellen erstellen

  [7a] Creating tables (als Überschrift)

  [7b] Create the tables (als Instruktion)
- Aufzählungen
  Ist hier am Anfang der Groß- oder der Kleinschreibung der Vorzug zu geben? Werden Kommata und Satzendezeichen gesetzt? Wird verbal oder nominal formuliert? Werden die Informationen stichwortartig oder in vollständigen Sätzen vermittelt? etc.
- Sicherheitshinweise
  In welchen Fällen ist welches Signalwort (*Hinweis, Achtung, Vorsicht*) zu vergeben (s. hierzu Göpferich 1998: Abschnitt 11.7; sowie Schmitt 1995: 219; 1999: 127 ff.)?
- Instruktionen
  Ist zur Erteilung von Instruktionen der Imperativ zu verwenden (*Lassen Sie den Motor an.*) oder der imperativische Infinitiv (*Motor anlassen.*)?

Besonderheiten bei der maschinellen Übersetzung

Bei der Abfassung von Texten, die maschinell übersetzt werden, sind ggf. noch zusätzliche Regeln zu beachten, auf die hier nicht eingegangen werden soll, da sie zum großen Teil systemspezifisch sind. Gemeinsam ist diesen zusätzlichen Regeln jedoch, dass sie u.a. darauf abzielen, potenzielle Mehrdeutigkeiten noch weiter zu reduzieren bzw. ganz auszuschließen, wie in den folgenden Beispielen:

Das MÜ-System KANT (*Knowledge-based, Accurate Natural-Language Translation*) erfordert eine Beschränkung im Gebrauch von Partizipialkonstruktionen (s. hierzu Mitamura 1999, dem auch die nachfolgenden beiden Beispiele entstammen). Nebensatzwertige Partizipialkonstruktionen mit dem Partizip Präsens dürfen nur gebraucht werden, wenn der Handlungsträger in der Partizipialkonstruktion explizit genannt wird, also:

Nicht:	When starting the engine, …
Sondern:	When **you** start the engine, …

Partizipialkonstruktionen mit dem Partizip Perfekt (*past participle constructions*) dürfen nicht in der Funktion verkürzter Relativsätze verwendet werden, also:

Nicht:	… the pumps mounted to the pump drive …
Sondern:	… the pumps **that are** mounted to the pump drive …

Relativsätze müssen für die Übersetzung mit KANT stets mit den Relativpronomen *that* oder *which* eingeleitet werden.

2.2 Das Regelwerk einer kontrollierten Sprache am Beispiel des *Simplified Technical English* der ASD

Simplified Technical English (STE)

Einen Eindruck davon, wie eine kontrollierte Sprache beschaffen ist, vermitteln die folgenden Regelbeispiele aus dem *Simplified Technical English* (STE) der ASD. Hierbei ist zu beachten, dass STE (formals SE – *Simplified English*) im Laufe der Jahre ständig weiterentwickelt wurde und auch noch weiterentwickelt wird. Die nachfolgenden Ausführungen beziehen sich auf den derzeit aktuellen Stand vom Januar 2005 (ASD 2005).

Die Formulierungsregeln (*Writing Rules*) für das STE der ASD sind in die folgenden neun Abschnitte gegliedert:

- „Words" (Wörter),
- „Noun Phrases" (Kompositabildung),
- „Verbs" (Verben),
- „Sentences" (Sätze),
- „Procedures" (Instruktionen),
- „Descriptive Writing" (Beschreibungen),
- „Warnings, Cautions and Notes" (Sicherheits- und sonstige Hinweise),
- „Punctuation and Word Counts" (Zeichensetzung und Vorgehensweise beim Wörterzählen) sowie
- „Writing Practices" (Sonstiges).

Jeder von ihnen umfasst im Durchschnitt 7 Regeln; insgesamt sind es 61 (ASD 2005: 1-0-5 ff.).

Wortschatz des STE

Der Wortschatz des STE umfasst ca. 1.500 Worteinträge, deren Bedeutung, grammatische Formen und Verwendungsweisen genau definiert sind. Für jedes Wort wird genau eine Bedeutung festgelegt. So darf das Verb *to follow* z.B. nur im Sinne von ‚to come after' verwendet werden, nicht aber im Sinne von ‚Regeln befolgen'. Jedes Wort ist nur in einer Wortart zugelassen: Das Wort *estimate* darf z.B. nur als Substantiv im Sinne von ‚a calculated approximate result', nicht aber als Verb verwendet werden. Statt *to estimate* muss *to make an estimate* gebraucht werden (Lehrndorfer 1996).

Die Auswahl der Wörter, die in den Wortschatz des STE Eingang gefunden hat, ist nicht beliebig, sondern unterliegt den folgenden Kriterien:

- Es wurden die häufigsten und gebräuchlichsten Wörter aufgenommen.
- Kurze und einfache Wörter wurden komplizierten und langen Wörtern vorgezogen (z. B. regelmäßige Verben den unregelmäßigen).
- Es wurden Internationalismen bevorzugt, also Wörter, die in möglichst vielen Sprachen ähnlich sind, da sie das Erlernen als Fremdsprache erleichtern.
- Redewendungen u. dgl., die leicht zu Missverständnissen führen, wurden ausgegrenzt.

- Synonyme wurden nicht zugelassen.
- Es wurden nur Wörter mit möglichst präziser Bedeutung (nicht *should, would, perhaps* etc.) und keine so genannten Füllwörter oder Füllwendungen aufgenommen.

Der folgende Auszug aus dem ASD-STE-Wörterbuch (Tab. 1) illustriert die Art, in der die lexikalischen Möglichkeiten und Einschränkungen des STE vermittelt werden:

Keyword (part of speech)	Assigned meaning/USE	APPROVED EXAMPLE	Not Acceptable
able (adj)	CAN (v)	IF YOU CAN START THE ENGINE, DO A BITE TEST.	If you are able to start the engine, do a BITE test.
...			
ABOUT (pre)	„Concerned" with NOTE: For other meanings, USE: APPROXIMATELY, AROUND	FOR DATA ABOUT THE LOCATION OF CIRCUIT BREAKERS, REFER TO THE WRITING LIST.	
...		DRAIN APPROXIMATELY 2 LITERS OF FUEL FROM THE TANK.	Drain about 2 liters of fuel from the tank.
		TURN THE SHAFT AROUND ITS AXIS.	Rotate the shaft about its axis.
absolutely (adv)	FULLY	MAKE SURE THE LATCH IS FULLY ENGAGED.	Ensure the latch is absolutely engaged.

Tab. 1 Auszug aus dem ASD-STE-Wörterbuch (ASD 2005)

Fachwörter (technical names und *technical verbs)*

Für Fachwörter (so genannte *technical names* und *technical verbs*) sieht das STE eine Sonderregelung vor: Da diese in technischen Texten sehr zahlreich vorkommen und außerdem herstellerspezifisch sind, wurde für sie kein Lexikon mit einem endlichen zulässigen Bestand angelegt, sondern ein Kriterienraster aufgestellt, anhand dessen zu entscheiden ist, ob ein bestimmter Ausdruck ein so genannter *technical name* oder ein *technical verb* ist und dann verwendet werden darf. Ein Wort oder Symbol gilt als *technical name,* wenn es beispielsweise einer der folgenden Kategorien zuzuordnen ist (vgl. ASD 2005: 1-1-3 ff.):

- Teile- und Ortsbezeichnungen von Flugzeugen *(wing, cabin, fuselage, airframe)*
- Bezeichnungen von Werkzeugen und Ausstattungen (*torque wrench, rigging pin, chock)*
- mathematische, wissenschaftliche und maschinentechnische Begriffe (*radius, diameter, gravity, density*)
- Begriffe aus Navigation und Flugpraxis (*altitude, skid, coordinate, heading*)
- Bezeichnungen für Personen und Gruppen (*crew chief, copilot, air force)*
- Begriffe für Materialschäden (*corrosion, deformation, crack, discoloration*)
- Namen von Körperteilen (*skin, hand, head*)
- medizinische Begriffe (*skin irritation, dizziness, dermatitis*)

Beispiele für *technical verbs* sind Verben für Fertigungsprozesse (wie *to drill, to grind, to roam*) und Verben zur Beschreibung von Computerbedienschritten (wie *to enter, to click* und *to print*) (ASD 2005: 1-1-6–1-1-7).

Formulierungsregeln des STE

Die Formulierungsregeln für das STE lauten im Wesentlichen wie folgt:

- Keine langen Sätze verwenden.
  - Handlungsanweisungen in Sätzen mit maximal 20 Wörtern geben.
  - In Beschreibungen und anderen Aussageformen darf durchschnittlich einer von zehn Sätzen bis zu 25 Wörter lang sein.
- Nur eine Aussage pro Satz machen.
- Vollständige Sätze konstruieren.
- Zur Erteilung von Instruktionen den Imperativ verwenden.
- Pro Absatz maximal sechs Sätze verwenden.
- *Noun cluster*, also Aneinanderreihungen von Nomen, auflösen; die maximale *Cluster*-Länge umfasst drei Substantive:
  Nicht: The nose landing gear uplock attachment bolt is …
  Sondern: The bolt that attaches the uplock to the nose landing gear is …
- Substantive mit Artikel verwenden.
- Bei Handlungsbeschreibungen immer aktive Verben verwenden.
- Als Zeitformen sind zugelassen: *Present Tense, Past Tense und Simple Future* (vgl. ASD 2005 sowie Lehrndorfer 1996).

Einige der Forderungen, die hier gestellt werden, lassen sich mit Ergebnissen der Verständlichkeitsforschung rechtfertigen (z.B. die Forderung nach Imperativen in Instruktionen), andere hingegen erscheinen willkürlich (insbesondere die exakten Quantifizierungen) und harren noch der wissenschaftlichen Prüfung und Fundierung.

Kontrastpaare

Zur Demonstration des Effekts, den die Einhaltung des AECMA-STE-Regelwerks hat, hier zwei Kontrastpaare (Tab. 2):

Tab. 2 Textbeispiele in nicht-kontrolliertem Englisch und ihre Pendants in Simplified Technical English (cf. AECMA o. J.)

Nicht-kontrolliertes Englisch	***Simplified Technical English* (STE)**
Ensure that none of the flap system drive shafts are rotated during removal of the feedback assembly to avert malalignment of the flaps.	Make sure that the drive shafts of the flap system do not turn during removal of the feedback assembly. This makes sure that you align the flaps correctly.
It is equally important that there should be no seasonal changes in procedures, as, although aircraft fuel system icing due to water contamination is more often met with in winter, it can be equally dangerous during summer months.	Use the same procedures all the time, because water in the fuel system can freeze during summer or winter.

2.3 Programme zur Erleichterung der Textproduktion in kontrollierten Sprachen

Zur Unterstützung von Autoren bei der Einhaltung der lexikalischen, grammatischen/syntaktischen, stilistischen und formalen Beschränkungen, die kontrollierte Sprachen auferlegen, wurden Prüfprogramme, so genannte *Controlled Language Checkers* oder *Conformance Checkers*, entwickelt. Solche Prüfprogramme können Module umfassen zur Rechtschreibprüfung, zur Grammatikprüfung, zur Terminologiekontrolle, zur Stilprüfung sowie zur Konsistenzprüfung. Im Falle des *Controlled Language Checkers* CLAT (**C**ontrolled **L**anguage **A**uthoring **T**echnology, ehemals MULTILINT) können diese Module in beliebiger Kombination von einem SGML/XML-Editor aus, in dem die Dokumentation erstellt wird, aufgerufen werden. Textbestandteile, die gegen die Regeln der kontrollierten Sprache verstoßen, werden von derartigen Prüfprogrammen hervorgehoben; es erscheint eine Klassifikation des Fehlers und ggf. auch ein Korrekturvorschlag. Im Falle von CLAT kann der Verfasser vor der Textprüfung Parameter festlegen wie die Textfunktion (d.h. instruktiv oder deskriptiv, wobei diese Festlegung eine Auswirkung hat auf die Stilregeln, die das Programm der Textprüfung zugrunde legt), das Fachgebiet, dem der Text entstammt, sowie die Sprache und Ausführlichkeit, in der die Meldungen des Prüfprogramms erscheinen. Um dem Verfasser ein gewisses Maß an Gestaltungsspielraum zu gewähren, ermöglicht es CLAT auch, bestimmte lexikalische Einheiten und grammatische Strukturen von der Prüfung auszuschließen. Die so von der Prüfung ausgenommenen lexikalischen Einheiten werden vom System in einer autorspezifischen Wortliste gespeichert, die später überprüft und deren Inhalte dann ggf. dem zulässigen Wortschatz hinzugefügt werden können (Reuther 1999: 4 ff.).

Controlled Language Checkers

CLAT

Während die meisten Prüfprogramme die Einhaltung firmenspezifischer Textproduktionsstandards abprüfen und auf dem Markt nicht erhältlich sind, wurden inzwischen auch Programme kommerzialisiert, die bei der Einhaltung firmenübergreifender Standards unterstützen. Hierzu gehört MAXit (Smart Communications, New York), das die Textproduktion in STE und *Controlled English* (CE), einer auf dem STE basierenden, aber weniger eng auf die Luft- und Raumfahrtindustrie zugeschnittenen kontrollierten Sprache, unterstützt und im Folgenden exemplarisch für solche Programme näher betrachtet werden soll.

MAXit

MAXit überprüft Texte wahlweise auf die Einhaltung der Anforderungen des ASD-STE oder des CE. Es ist u.a. für MicroSoft Word, FrameMaker sowie SGML/XML-Editoren erhältlich und läuft unter allen gängigen Betriebssystemen. Nachdem der Autor seinen Text erstellt hat, wobei er eine Wörterbuchnachschlagefunktion nutzen kann, aktiviert er MAXit aus seinem Textverarbeitungs- bzw. DTP-Programm heraus. MAXit analysiert dann den Text (Parsing) wahlweise absatzweise, seitenweise oder insgesamt und vergleicht die Ergebnisse mit den Anforderungen der kontrollierten Sprache.

Die problematischen Stellen werden im Text optisch hervorgehoben und jeweils einer der 40 MAXit-Fehlerklassen zugeordnet. Die entsprechende Fehlerklasse wird dabei zu jeder problematischen Stelle mit angegeben. Wählt der Autor die betreffende Fehlermeldung an, zeigt ihm MAXit einen Korrekturvorschlag und/oder eine Fehlererklärung an, die ihn bei der Umformulierung bzw. Korrektur des Textes unterstützt.

Die neuesten Bestrebungen gehen dahin, Autorensysteme zu entwickeln, die den Verfasser bereits bei der Erstformulierung interaktiv

Authoring-Memory-Programme

unterstützen, indem sie ihm aus einem Textversatzstück-Speicher mit Formulierungen aus Vorläuferdokumenten beim Schreiben jeweils Formulierungen anbieten, die zur Versprachlichung gleicher oder ähnlicher Sachverhalte früher einmal verwendet wurden (Allen 1999). In Analogie zu Translation-Memory-Programmen könnte man diese Systeme als *Authoring-Memory-Programme* bezeichnen.

3 Umfassende Standardisierung technischer Dokumentation: Ein Beispiel aus der Praxis

Beispiel Automobilindustrie – DAiSY

Ein Dokumentationsprojekt, in dem alle in diesem Artikel genannten linguistischen Standardisierungsansätze genutzt werden, ist das Projekt DAiSY (*Daimler Automotive Information SYstem*) der DaimlerChrysler AG. Es wird hier als Beispiel aus der Praxis skizziert, weil an ihm zugleich aufgezeigt werden kann, welche nicht-linguistischen Maßnahmen mit Standardisierungsbestrebungen im linguistischen Bereich einhergehen müssen.

3.1 Problemstellung

In Kfz-Werkstätten werden unterschiedliche Informationsarten benötigt. Hierzu gehören u.a. Reparaturanleitungen und Teileinformationen. Bisher werden diese verschiedenen Informationsarten z.B. bei DaimlerChrysler getrennt erstellt, wodurch es vorkommen kann, dass diese nicht aufeinander abgestimmt sind. Ferner werden die verschiedenen Informationsarten in unterschiedlichen Systemen zur Verfügung gestellt, so dass der Kfz-Mechaniker seinen Informationsbedarf nicht an einem System decken kann, sondern verschiedene Systeme konsultieren muss. Dabei muss er die Fahrzeugdaten, die er zum Auffinden einer fahrzeugspezifischen Reparaturmethode in einem System, z.B. dem Werkstattinformationssystem mit den Reparaturmethoden, bereits eingegeben hat, u. U. in einem anderen System, z.B. dem elektronischen Ersatzteilkatalog, nochmals eingeben, was als lästig und zeitraubend beanstandet wird.

Ein drittes Problem besteht darin, dass dem Kfz-Mechaniker in vielen Fällen bei einer Informationsrecherche nicht nur genau die Informationen geboten werden, die er in seinem jeweiligen Anwendungsfall (z.B. für das spezielle Fahrzeug, das er gerade repariert) benötigt, sondern Informationspakete für verschiedene Fahrzeuge, aus denen er sich dasjenige auswählen muss, das er gerade braucht.

Die Ziele

An diesen Problemen setzt das Projekt DAiSY an. Es verfolgt die nachstehenden Ziele:

Vereinheitlichung

1. Die verschiedenen in der Werkstatt benötigten Informationsarten sollen nach einem einheitlichen Prinzip erstellt und in einem einzigen Informationssystem zur Verfügung gestellt werden.
2. Die Informationsarten sollen miteinander verknüpft werden. So soll es beispielsweise möglich sein, aus einer Reparaturmethode heraus, in der ein bestimmtes Teil erwähnt wird (z.B. Achsschenkel), durch Anklicken der Benennung des entsprechenden Teils auf dessen Teile-

dokumentation (wie Teilenummer für die Bestellung) zu verzweigen.

Dynamische Verknüpfung von Informationsarten

3. Die Verknüpfung der verschiedenen Informationsarten soll dynamisch erfolgen. Unter dynamischer Verknüpfung ist dabei Folgendes zu verstehen: Ein und dieselbe Reparaturmethode (z.B. „Zylinderkopf ausbauen") kann für verschiedene Fahrzeuge identisch sein. Die in einer solchen Reparaturmethode genannten Teile (z.B. Zylinderkopfhaube) können aber je nach Fahrzeugmodell unterschiedlich beschaffen sein. D.h., dass ein Teil, das bei allen Modellen *Zylinderkopfhaube* heißt, je nach Modell eine andere Teilenummer haben kann. Würden nun alle Teilebezeichnungen, die in einer Reparaturmethode auftreten, jeweils auf feste Teilenummern verzweigen, so müsste man immer dann, wenn für bestimmte Fahrzeuge andere Teilenummern benötigt werden, auch eine Variante der Reparaturmethode erstellen, und zwar auch dann, wenn diese Varianten im Wortlaut identisch bleiben könnten. Diese Vorgehensweise würde zu erheblichen Redundanzen in der Datenhaltung führen. In DAiSY soll nun für alle Fahrzeuge, für die in einer Reparaturmethode derselbe Wortlaut verwendet werden kann, diese Reparaturmethode nur ein einziges Mal erstellt werden. Von einer Teilebenennung wird *nicht direkt* auf ein spezifisches Einzelteil verzweigt, sondern über einen Thesaurus. In ihm sind all diejenigen Teile, die dieselbe Benennung tragen und unter demselben Begriff zusammengefasst werden können (s. hierzu Artikel VII.1, Abschnitt 5), einem Datensatz zugeordnet. Über diesen Datensatz wird dann erst auf das oder die Einzelteile mit ihren spezifischen Teilenummern verzweigt, die im Kontext, aus dem heraus sie aufgerufen wurden, relevant sein können. Klickt der Benutzer also beispielsweise in einer Reparaturmethode auf *Zylinderkopfhaube*, um sich hierzu die Teileinformationen abzurufen, so bekommt er nicht etwa die Teileinformationen zu allen Teilen, die *Zylinderkopfhaube* heißen, angezeigt, sondern nur zu demjenigen bzw. denjenigen, die zum einen zu dem Fahrzeug passen, das vom Benutzer vor der Informationsrecherche mit seinen Kenndaten angegeben wurde, und zum anderen zu dem Fahrzeugbereich (Produktgliederung), auf den sich auch die Reparaturmethode bezieht. Dies setzt eine strenge Vergabe von Gültigkeiten und Produktgliederungskategorien voraus (s. hierzu Abschnitt 3.2).

Bedarfsspezifisches Informations-Retrieval

4. Der Benutzer soll jeweils gezielt die Informationen zur Verfügung gestellt bekommen, die für das spezielle Fahrzeug gelten, zu denen er die Informationen abruft.

Redundanzvermeidung

5. Die verschiedenen Informationsarten sollen redundanzarm erstellt werden, d.h., wiederverwendbare Informationseinheiten (Funktionsbausteine) werden nur einmal erstellt, in einer Datenbank abgelegt und von dort an all den Stellen aufgerufen, an denen sie benötigt werden (datenbankgestütztes Publizieren).

3.2 Lösungsansatz begriffsorientierte Terminologiedatenbank (Thesaurus)

Der im Projekt DAiSY verfolgte Lösungsansatz wird im Folgenden in seinen zentralen Aspekten skizziert. Die Beschreibung beschränkt sich dabei auf die Lösungsprinzipien. Abb. 1 zeigt den in DAiSY verfolgten Ansatz in vereinfachter Form.

Abb. 1 Schichtenmodell

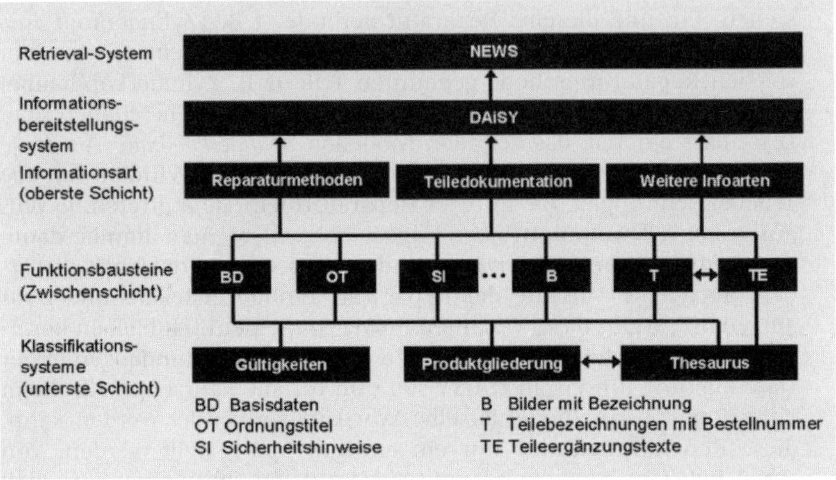

Aus Abb. 1 geht hervor, dass die verschiedenen Informationsarten, die in DAiSY zusammengeführt und bereitgestellt werden sollen (oberste Schicht), in Funktionsbausteine zerlegt werden können (Zwischenschicht). Bei diesen Funktionsbausteinen handelt es sich um Informationsblöcke (Textbausteine), die in identischer Form in verschiedenen Dokumenten wiederverwendet werden können. Solche Funktionsbausteine sind beispielsweise Basisdaten (BS), z.B. Anziehdrehmomente für Schrauben; Ordnungstitel (OT), also u.a. Überschriften und Zwischenüberschriften wie „Motor ausbauen"; Sicherheitshinweise (SI); Bilder mit ihren Bezeichnungen (B); Teilebezeichnungen mit ihren Bestellnummern (T) sowie Teileergänzungstexte (TE), d.h. Texte, die bestimmte Teile näher spezifizieren, z.B. durch Angabe des Durchmessers, der Länge und des Werkstoffs. Jeder dieser Funktionsbausteine (außer TE; s. unten) wird mit einer Gültigkeit versehen, aus der hervorgeht, für welche Fahrzeuge er gilt, sowie mit einer Produktgliederungskategorie, die angibt, auf welchen Fahrzeugbereich er sich bezieht. Außerdem müssen alle Benennungen, die in Funktionsbausteinen verwendet werden, mit denjenigen übereinstimmen, die in der begriffsorientierten Terminologiedatenbank, dem Thesaurus, als Vorzugsbenennungen festgelegt wurden. Die Teileergänzungstexte (TE) sind nicht an die Gültigkeiten und die Produktgliederung gekoppelt. Sie enthalten u.a. die Teilenummer, über die sie den Funktionsbausteinen T eindeutig zugeordnet werden können. Die Teileergänzungstexte werden vor allem dann benötigt, wenn bei Teilerecherchen mehrere Teile gefunden werden, die die gewünschte Produktgliederungskategorie sowie Gültigkeit aufweisen. Sie dienen dann zur Auswahl des im jeweiligen Anwendungsfall benötigten Teils.

Die unterste Schicht wird gebildet von den drei bereits erläuterten Klassifizierungssystemen Gültigkeit, Produktgliederung und Thesaurus. Alle Texte, die auf der obersten Schicht frei formuliert werden, müssen ebenfalls thesauruskonform erstellt werden, d.h., sie dürfen ausschließlich Benennungen aus dem Thesaurus enthalten.

Alle Informationen werden im Bereitstellungssystem DAiSY verwaltet und von DAiSY dem Retrieval-System NEWS in der Werkstatt zugeführt.

3.3 Bedarfsspezifisches Informations-Retrieval

Filterung über Gültigkeiten und Produktgliederung

Bei der Informationssuche in NEWS gibt der Benutzer zunächst die Daten des Fahrzeugs an, zu dem er Informationsbedarf hat. Entsprechend diesen Fahrzeugdaten wird auf den Datenbestand ein Filter gelegt, der all diejenigen Informationen zurückhält, die nicht zur Gültigkeit des Fahrzeugs passen. Über die Produktgliederung können die Informationen noch weiter eingeschränkt werden. Sucht der Kfz-Mechaniker beispielsweise Informationen zum Motor, so werden alle Informationen ausgeblendet, die nicht zur entsprechenden Kategorie der Produktgliederung passen.

3.4 Verknüpfung der verschiedenen Informationsarten über Begriffsnummern

Verknüpfung über Begriffsnummern

Der Dokumentationsprozess erfolgt für die verschiedenen Informationsarten in der Weise, dass alle Benennungen, über die eine Verzweigung in eine andere Informationsart möglich sein soll, in das jeweilige Dokument mit ihrer Begriffsnummer aus dem Thesaurus (s. hierzu Abschnitt 3.5.1) übernommen werden. Über diese sprachneutrale Begriffsnummer erfolgt dann die Verzweigung. Betrachten wir hierzu ein Beispiel. In einer Reparaturmethode erscheint die Instruktion: „Schraube anziehen". Wurde *Schraube* als Link definiert, so erscheint es im Retrieval-System NEWS entsprechend hervorgehoben. Solche Links können auf eine oder mehrere andere Informationsarten führen. Im Falle von *Schraube* könnte der Link beispielsweise auf Basiswerte (Anziehdrehmoment) und auf Teileinformationen führen. Verweist ein Link auf mehrere Informationsarten und klickt der Benutzer diesen Link in NEWS an, so erscheint zunächst eine Abfrage, auf welche Informationsart verzweigt werden soll – im Falle der Schraube also auf Basiswerte oder auf Teileinformationen. Der Benutzer wählt nun die gewünschte Informationsart aus. Nehmen wir an, er wünscht zu *Schraube* Teileinformationen. Nun erscheinen die Teileinformationen zu allen Schrauben, die eine Gültigkeit und eine Produktgliederungskategorie aufweisen, die zu denjenigen des zunächst identifizierten Fahrzeugs bzw. des Dokuments passen, aus dem heraus die Informationen aufgerufen wurden. Werden hierbei mehrere Treffer erzielt, so erhält der Benutzer neben den Teilenummern und deren Benennung auch noch die jeweiligen Teileergänzungstexte und ggf. Bilder zu den betreffenden Teilen. Diese Zusatzinformationen ermöglichen dem Benutzer dann die eindeutige Auswahl des für seinen spezifischen Anwendungsfall benötigten Teils.

Die hier beschriebene Art des Informations-Retrievals setzt einen bestimmten standardisierten Dokumentationserstellungsprozess voraus

(s. hierzu Abschnitt 3.6), in dessen Zentrum der Thesaurus steht. Er wird im nächsten Abschnitt beschrieben.

3.5 Der Thesaurus

3.5.1 Begriffsorientierung vs. Benennungsorientierung

Begriffsorientierung

Beim Thesaurus handelt es sich um eine begriffsorientierte Terminologiedatenbank. *Begriffsorientiert* bedeutet, dass in einem Datensatz nicht von einem Wort ausgegangen wird, das in diesem Datensatz mit allen seinen möglichen Bedeutungen behandelt wird, sondern jeder Bedeutung eines Wortes (jedem Begriff, jedem gedanklichen Konzept) ein eigener Datensatz gewidmet wird (s. Abb. 2, vgl. hierzu auch Artikel VII.1, Abschnitt 7.4).

Abb. 2 Begriffsorientierung vs. Benennungsorientierung

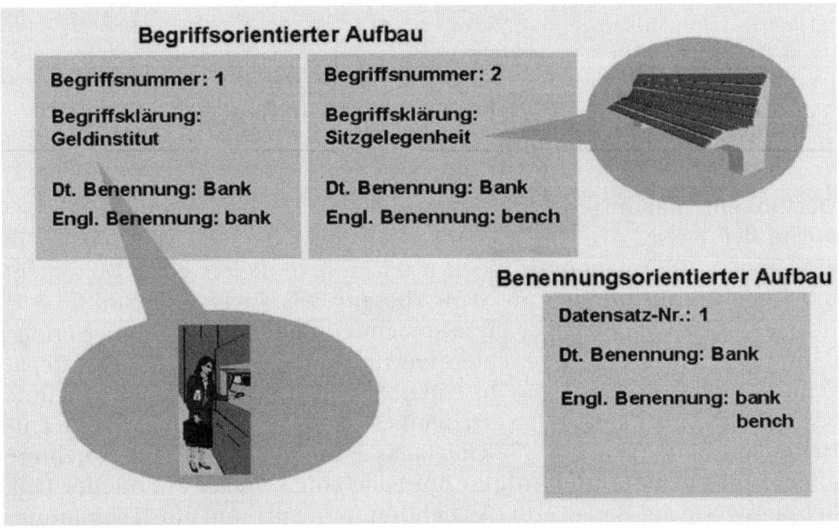

Mehrdeutigkeit von ‚Bank'

Betrachten wir hierzu ein Beispiel: Eine Benennung, wie z.B. *Bank*, kann mehrere Bedeutungen haben, also für verschiedene Begriffe stehen. So kann mit *Bank* beispielsweise u.a. sowohl ein Geldinstitut als auch eine Sitzgelegenheit gemeint sein. Je nach Kontext und damit Bedeutung ist die englische Entsprechung des deutschen Wortes *Bank* unterschiedlich, nämlich entweder *bank* (Geldinstitut) oder *bench* (Sitzgelegenheit). Während diese verschiedenen Bedeutungen in einer benennungsorientierten Datenbank in einem Datensatz abgehandelt werden, in dem dann im Falle der Mehrsprachigkeit auch alle möglichen fremdsprachlichen Entsprechungen von *Bank* abgelegt werden, wird in einer begriffsorientierten Datenbank für jede Bedeutung ein eigener Datensatz angelegt. Für das deutsche *Bank* werden also entsprechend den möglichen Bedeutungen mindestens zwei Datensätze benötigt. In ihnen kann dem deutschen Wort in seiner jeweiligen einen Bedeutung eindeutig eine englische Entsprechung zugeordnet werden, was die Übersetzung erleichtert.

Jeder dieser Datensätze hat eine eindeutige Identifikationsnummer, die Begriffsnummer. Erfolgt die Verknüpfung von Informationen über diese Begriffsnummer, so ist sichergestellt, dass die Verknüpfung ausschließlich zwischen Benennungen mit gleicher Bedeutung, also zwischen gleichen Begriffen, erfolgt. Wird das Wort *Bank* also beispielsweise in einer Reparaturmethode in der Bedeutung ‚Sitzgelegenheit' verwendet und möchte der Benutzer durch Anklicken dieses Wortes zu den Teileinformationen zu *Bank* springen, so ist sichergestellt, dass er nur zu Teilen gelangt, die *Bank* heißen und bei denen es sich um Sitzgelegenheiten handelt.

3.5.2 Begriffliche Klarheit und terminologische Konsistenz

Terminologische Konsistenz

Derzeit kommt es noch häufig vor, dass ein und dasselbe Teil in den Werkstattinformationen unterschiedlich benannt wird. So findet man zur Bezeichnung eines Leichtmetallscheibenrades auch die in Abb. 3 unter Synonyme genannten Alternativ-Bezeichnungen. Für den Leser und auch Übersetzer solcher Dokumente ist nicht sofort klar, dass die verschiedenen Alternativ-Bezeichnungen sich auf dieselbe Sache beziehen. Das kann zu Verständnisproblemen führen und die Übersetzungskosten in die Höhe treiben, weil es den Übersetzer Zeit kostet, zu recherchieren, ob mit den verschiedenen Bezeichnungen wirklich dasselbe gemeint ist und folglich auch dieselbe Übersetzung verwendet werden kann oder nicht.

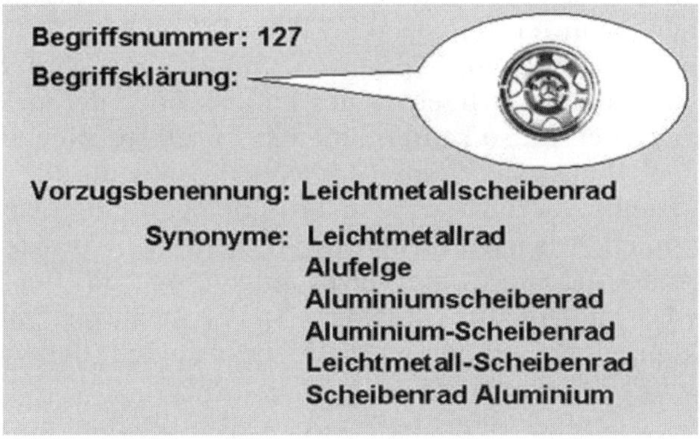

Abb. 3
Terminologische Konsistenz

In DAiSY wird für jeden Begriff genau eine Vorzugsbenennung festgelegt. Nur diese darf in den Werkstattinformationen verwendet werden. Die Synonyme werden aber in den Thesaurus mit aufgenommen. Verwendet ein Autor versehentlich ein solches Synonym, so kann ein Terminologie-Prüfprogramm (T-Checker) ihn darauf hinweisen und ihm zugleich anzeigen, welche Benennung er anstelle des Synonyms verwenden sollte.

Außerdem können die Synonyme auch in NEWS zum Informations-Retrieval genutzt werden. Hier kann nämlich nicht davon ausgegangen werden, dass der Kfz-Mechaniker in der Werkstatt nur die Vorzugsbenennungen als Suchworte benützt. Verwendet er als Suchwort eines der

Synonyme, so sollte er ebenfalls zu den gewünschten Informationen gelangen.

3.5.3 Die Thesaurusbefüllung und kontinuierliche Erweiterung

Bei einer Erstbefüllung (Urladung) des Thesaurus müssen nach Möglichkeit alle für die Werkstattinformationen benötigten Begriffe (bei DaimlerChrysler schätzungsweise 80.000) in den Thesaurus aufgenommen werden. Zu jedem Begriff ist im Thesaurus neben seiner Vorzugsbenennung, ggf. einer Kurzform, einer Abkürzung, Synonymen sowie erforderlichenfalls einer Definition oder Explikation u.a. auch die Begriffsart anzugeben, wie Teil, Werkzeug, Tätigkeit, Symptom. Die Begriffsarten können zur Formulierung von Eingaberichtlinien (z.B. für Ordnungstitel) genutzt werden. So kann z.B. festgelegt werden, dass ein Ordnungstitel stets mit einer Teilebezeichnung beginnen und mit einer Tätigkeit enden muss (z.B. „Zylinderkopfhaube ausbauen").

Begriffsarten

Terminologie-Freigabeprozeduren

Grundsätzlich dürfen die Autoren aller Werkstattinformationen ausschließlich die Vorzugsbenennungen (sowie ggf. Kurzformen sowie Abkürzungen) verwenden, die zuvor freigegeben werden müssen. Für die Freigabe ist ein Terminologe (ggf. auch mehrere) verantwortlich. Da nicht sichergestellt werden kann, dass der Thesaurus nach der Erstbefüllung bereits alle Begriffe enthält, die von den Autoren benötigt werden, diese aber keine nicht freigegebenen Benennungen verwenden dürfen, und da kontinuierlich neue Teile entwickelt werden, die folglich in den Thesaurus aufgenommen werden müssen, muss die Möglichkeit bestehen, beim Terminologen bei Bedarf neue Begriffe zu beantragen. Hierfür wurde ein Online-Verfahren vorgesehen: Wird eine Benennung für einen Begriff (z.B. ein neues Teil) benötigt, der im Thesaurus noch nicht enthalten ist, so kann online ein Antrag auf Neuaufnahme gestellt werden. Hierzu steht eine Maske zur Verfügung. Wird ein solcher Antrag gestellt, so erscheint beim Terminologen ein entsprechender Eintrag in seinem Arbeitsvorratsfenster, in dem alle Anträge auf Neuanlage oder Änderung eines Datensatzes aufgeführt sind. Der beantragte Datensatz wird im Thesaurus mit dem Status „beantragt" abgelegt. Die Autoren können die auf diese Weise beantragten Benennungen provisorisch sofort verwenden.

Jeder, der berechtigt ist, Anträge auf Neuanlage oder Änderung eines Datensatzes zu stellen, verfügt ebenfalls über ein Arbeitsvorratsfenster, in dem alle von ihm gestellten Anträge mit Bearbeitungsstatus aufgeführt sind. Der Terminologe kann sich die beantragten Datensätze durch Anklicken der jeweiligen Zeile in seinem Arbeitsvorratsfenster anzeigen lassen, sie ablehnen (z.B. weil es einen entsprechenden Begriff unter einer anderen Benennung schon gibt) sowie – ggf. nach einer Korrektur – freigeben. Wird der Datensatz abgelehnt, weil es den Begriff schon gibt, so wird die beantragte Benennung als Synonym in den bereits existierenden Datensatz aufgenommen. Sobald der Terminologe einen Antrag fertig bearbeitet hat, erhält der jeweilige Antragsteller in seinem Arbeitsvorratsfenster einen entsprechenden Status-Hinweis und kann in den

Dokumenten, in denen er den beantragten Begriff bereits benennen musste, ggf. entsprechende Korrekturen durchführen.

3.6 Dokumentationserstellungsprozess

Abb. 4 stellt schematisch dar, wie die Thesaurusdaten im Dokumentationserstellungsprozess genutzt werden. Wie aus der Abbildung hervorgeht, werden Teile, Bilder und Textbausteine nicht im Thesaurus selbst verwaltet, sondern extern, wobei es jedoch einen Link von jedem Thesaurus-Datensatz auf die zugehörigen Teile, Bilder und Textbausteine gibt. Diese Links kommen dadurch zustande, dass beim Anlegen von Teilen, der Vergabe von Bildbezeichnungen und der Erstellung von Funktionsbausteinen (Textbausteinen) jeweils auf die Bezeichnungen aus dem Thesaurus zurückgegriffen werden muss, die dann mit ihrer Begriffsnummer in die jeweiligen Teile- und Bildbezeichnungen bzw. Funktionsbausteine übernommen werden. Über die Begriffsnummer ist dann die Beziehung zum jeweiligen Thesaurus-Datensatz hergestellt.

Für die verschiedenen Funktionsbausteine und Informationsarten wird es jeweils einen Editor (für die meisten Informationsarten und Funktionsbausteine einen XML-Editor) geben, von dem aus der Thesaurus konsultiert werden kann, wenn sich ein Autor nicht sicher ist, ob eine bestimmte Benennung, die er verwenden möchte, im Thesaurus enthalten ist. Gefundene Vorzugsbenennungen können mit ihrer Begriffsnummer durch Doppelklick aus dem Thesaurus direkt in den Text übernommen werden. Dabei kann der Autor entscheiden, ob der übernommene Begriff ein Link werden soll oder nicht.

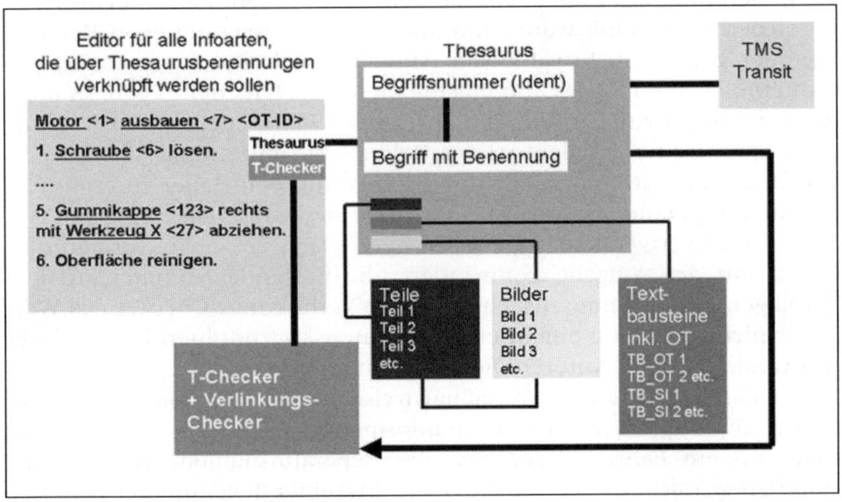

Abb. 4
Einbindung des Thesaurus in den Dokumentationserstellungsprozess

Terminologieprüfung

Jedes Dokument wird durch ein Terminologie-Prüfprogramm (T-Checker) darauf geprüft, ob es ausschließlich im Thesaurus freigegebene Benennungen enthält, und muss ggf. entsprechend korrigiert werden. Weiß der Autor, dass eine bestimmte Benennung im Thesaurus enthalten ist, so kann er sie im Text direkt verwenden. Verlinkungen können nachträglich über den Verlinkungs-Checker eingefügt werden. Hierbei handelt es sich um ein Programm, das zu jeder Benennung, die im Thesaurus enthalten ist, einer bestimmten Begriffsart (s. hierzu Abschnitt 3.5.3) angehört und noch nicht als Link definiert wurde, anfragt, ob nachträglich ein Link gesetzt (also die entsprechende Begriffsnummer übernommen) werden soll.

Übersetzungs-Workflow

Die Daten aus dem Thesaurus werden an das Terminologie-Verwaltungsprogramm TermStar übergeben, das in das im Sprachendienst von DaimlerChrysler verwendete Translation-Memory-System (TMS) TRANSIT integriert ist. Somit steht die Terminologie auch im Sprachendienst direkt zur Nutzung in den dort eingesetzten Systemen zur Verfügung. In der TermStar-Version des Thesaurus können die Übersetzer bei Bedarf zusätzliche Informationen (z.B. Grammatikinformationen) zu jedem Datensatz ablegen, die im Thesaurus selbst für die Dokumentationserstellung nicht benötigt werden.

Die Gründe dafür, dass nicht jedem Teil mit einer eigenen Nummer ein Datensatz gewidmet wurde, sondern alle Teile mit derselben Benennung einem Datensatz zugeordnet wurden, sind zum einen im Erstellungsprozess und zum anderen im Retrieval-Prozess zu suchen. Betrachten wir zur Illustration ein Beispiel: Bei Beginn des DAISY-Projektes gab es bei DaimlerChrysler über 1000 Teile, die die Bezeichnung *Halter* tragen. Selbst dann, wenn man versucht, die Anzahl der Teile, die *Halter* heißen, dadurch zu reduzieren, dass man diese Teile näher spezifiziert (z.B. *Batteriehalter*, *Feuerlöscherhalter*), bleiben immer noch zahlreiche Halter übrig, die sich nicht näher spezifizieren lassen, z.B. weil sie viele Teile (zusammen)halten und man die Bezeichnungen dieser Teile nicht alle in die Benennung des Halters aufnehmen kann. Jedem dieser nicht näher spezifizierbaren Halter wäre dann noch ein Datensatz mit einer Begriffsnummer gewidmet. Erwähnt ein Autor beispielweise in einer Reparaturmethode einen Halter und möchte diesen als Link definieren, so müsste er entweder zunächst im Thesaurus nach *Halter* suchen. Dabei würde er so viele Treffer erzielen, wie es Halter gibt, und müsste die entsprechenden Datensätze dann alle durchsehen, um den Halter zu ermitteln, der für ihn gerade relevant ist. Er könnte das Wort *Halter* aber im Text auch direkt verwenden, wäre dann aber spätestens beim Verlinkungs-Check mit der Aufgabe konfrontiert, die passende Nummer zu dem jeweiligen Halter herauszusuchen, da der Verlinkungs-Checker das Wort *Halter* nicht eindeutig einem einzigen Datensatz zuordnen kann. Dieser Aufwand kann den Autoren nicht zugemutet werden.

Beispiel ‚Halter'

Gleichzeitig hätte diese Vorgehensweise den Nachteil, dass eine dynamische Verknüpfung zwischen den Informationsarten nicht möglich wäre. Denn für ein Fahrzeug, für das eine Reparaturmethode wortwörtlich zutreffen würde, das aber einen Halter mit einer Teilenummer benötigt, die von derjenigen abweicht, die der Reparaturmethode fest zugeordnet wurde, wäre diese Reparaturmethode nicht mehr zu gebrauchen.

Das Prinzip der dynamischen Verknüpfung setzt voraus, dass die Anzahl der Treffer, die bei Anwendung der Gültigkeiten und der Produktgliederungskategorien erzielt werden, überschaubar klein ist. Um sie weiter zu reduzieren, werden bei der Vergabe der Vorzugsbenennungen bestimmte Benennungsgrundsätze beachtet, z.B. derjenige, dass Teile nach Möglichkeit sowohl nach ihrer Funktion als auch nach ihrer Form benannt werden (also z.B. nicht *Abstandshalter*, sondern – je nach Form – *Abstandsrohr*, *Abstandsscheibe* bzw. *Abstandsring* etc.).

3.7 Auswirkungen auf die Organisation der Dokumentationserstellungsprozesse

Service-Center für Terminologie und Funktionsbausteine

Im Projekt DAiSY wird das Prinzip des datenbankgestützten Single-Source-Publishing auf der Basis von XML genutzt, das verbunden ist mit der Auflösung von Gesamtdokumenten in funktionale Einheiten, die beim Informationsretrieval bedarfsgerecht zu größeren Informationseinheiten zusammengestellt werden (Content-Mangement statt Dokumenten-Management). Diese Form der Informationsaufbereitung hat Auswirkungen auf den Dokumentationserstellungsprozess und die Organisation innerhalb von Dokumentationsabteilungen. So ist z.B. zur Versorgung der Autoren für die verschiedenen Informationsarten mit den von ihnen benötigten Begriffen und Funktionsbausteinen eine Art zentrales Service-Center erforderlich. Dieses umfasst neben Terminologen, die für die Bearbeitung von Anträgen zur Neuanlage von Begriffen verantwortlich sind, auch Autoren, die für die Neuanlage der Funktionsbausteine aus der Zwischenschicht in Abb. 1 zuständig sind. Für diese Funktionsbausteine ist ebenfalls ein Antragsverfahren vorzusehen, das demjenigen zur Neuanlage von Begriffen gleicht.

4 Ausblick und Hinweise

Interdisziplinarität

Die Beispiele in diesem Artikel dürften illustrieren, dass für die Standardisierung von Kommunikation linguistisches Grundlagenwissen auf allen Sprachbeschreibungsebenen erforderlich ist, von der Morphologie über die Syntax bis hin zur Textlinguistik. Besonders relevant sind für Standardisierungsbestrebungen Kenntnisse aus der Lexikologie und Lexikographie (Bedeutungsbeschreibung, Bedeutungsrelationen) sowie der Terminologiewissenschaft und Terminographie (Begriffsbeschreibung und Darstellung von Begriffsrelationen wie Hyperonymie, Hyponymie, Kohyponymie, Homonymie, Synonymie und Antonymie). Da Gegenstand von Standardisierungsbestrebungen insbesondere Gebrauchs- und Fachtexte sind, empfiehlt sich zur Vorbereitung auf dieses Tätigkeitsfeld auch die Absolvierung von Lehrveranstaltungen speziell zur Fachsprachenforschung.

Wie am Projekt DAiSY deutlich wird, ist die Standardisierung von Kommunikation, insbesondere technischer Dokumentation, jedoch kein Unterfangen, das mit linguistischem Know-how allein gelöst werden kann. Standardisierungsbestrebungen sind stets mit Prozess- bzw. organisatorischen Veränderungen gekoppelt und erfordern den Einsatz neuer IT-Lösungen. Optimale Ergebnisse werden hier nur durch interdisziplinäre Zusammenarbeit erzielt. Diese setzt die Bereitschaft voraus, das Fachwissen aus der eigenen Disziplin Projektmitgliedern aus anderen Disziplinen in einer für sie verständlichen Sprache aufzubereiten. Diese Fähigkeit, eine Art Dolmetschen innerhalb einer Sprache von „Fachchinesisch" in eine laienverständliche Sprache, ist eine Kernqualifikation sowohl von Technischen Redakteuren als auch von Übersetzern und Dolmetschern, die sehr häufig neben Sprachbarrieren aufgrund unterschiedlicher Bildungsvoraussetzungen in Ausgangs- und Zielkultur auch Wissensbarrieren überwinden müssen. Die Absolvierung eines entsprechenden Studiengangs schafft besonders gute Voraussetzungen dafür, erfolgreich zu Standardisierungsprojekten in der Industrie beitragen zu können, ohne die ein global agierendes Unternehmen Dokumentation heute nicht mehr wirtschaftlich erstellen kann.

5 Ausgewählte Literatur und Institutionen

Gegenstand von Standardisierungsbestrebungen sind meist Textsorten, die unter dem Oberbegriff ‚technische Dokumentation' zusammengefasst werden. Daher kann an dieser Stelle auch auf die Literaturempfehlungen zum Artikel II.3 „Technische Kommunikation" verwiesen werden. Speziell zu Fragen der Standardisierung von Kommunikation siehe auch Göpferich (2002 und 2003). Kontrollierte Sprachen behandelt ausführlich Lehrndorfer (1996). Speziell zum *Simplified Technical English* (STE) der ASD siehe ASD (2005). Ein Konsortium aus Anwendern kontrollierter Sprachen ist das *National Consortium to Advance Controlled Language and Computer-Aided Translation Tools* (NCCAT). Sein Ziel ist es, Regeln für branchenübergreifende kontrollierte Sprachen und entsprechende Schulungsprinzipien zu entwickeln.

Auf die Standardisierung von Kommunikation speziell zur Optimierung von Übersetzungs- bzw. Lokalisierungsprozessen gehen neben Göpferich (2002) Schmitz/Wahle (2000), Reinecke/Schmitz (2005) sowie Sprung (2000) und Esselink (2000) ein. Standardwerke zur Terminologiearbeit sind die Einführung von Arntz/Picht/Mayer (2002) sowie das zweibändige *Handbook of Terminology Management* von Wright/Budin (1997/2001).

VII.3 Sprachplanung

Nina Janich

1 Das Problem- und Aufgabenfeld

Sprachplanung

Sprachplanung umfasst die bewusste, absichtliche und methodische Regulierung, Veränderung, Verbesserung und/oder den Ausbau sprachlicher Systeme (und zwar auf allen Ebenen des Sprachsystems: Lautung, Schreibung, Wortschatz, Grammatik etc.). Diese Aktivitäten gehen in der Regel von Institutionen oder Organisationen aus, die zu diesen Zwecken eingerichtet oder damit beauftragt sind, und können verschiedene Domänen betreffen, d.h. Kommunikationsbereiche, die durch typische Situationstypen und -konstellationen gekennzeichnet sind, wie Politik, Verwaltung, Kirche, Schule, Beruf, Familie usw. (s. zu einer Übersicht über verschiedene Definitionsvorschläge z.B. Haugen 1987: 626 f.). Zur Sprachplanung zählt man in der Regel vor allem zwei große Bereiche: Die Sprachstatusplanung betrifft die Funktion und Stellung einer Sprache in einer Sprachgemeinschaft und stützt sich deshalb vor allem auf außersprachliche Kriterien. Bei der Sprachkorpusplanung geht es dagegen konkret um die Form und Struktur einer Sprache.

Sprachstatusplanung

Sprachkorpusplanung

Diese Begriffsklärungen zeigen bereits, dass Sprachplanung ein breit gefächertes Aufgabengebiet darstellt, das Kenntnisse aus den unterschiedlichsten Bereichen der Linguistik und auch aus nicht-linguistischen Disziplinen erfordert. Das Ziel dieses Beitrags ist es, einen ersten Überblick über Fragestellungen und Herangehensweisen der Sprachplanung zu bieten, und zwar – nach einer kurzen allgemeinen definitorischen und historischen Einführung (Abschnitt 2) – getrennt für die Bereiche Sprachstatusplanung (Abschnitt 3) und Sprachkorpusplanung (Abschnitt 4). Ein Fallbeispiel soll jeweils veranschaulichen, um welche konkreten Probleme es in diesen beiden Schwerpunktbereichen von Sprachplanung gehen kann. Die Fallbeispiele decken aber keinesfalls die Bandbreite der möglichen Arbeitsfelder im Bereich der Sprachplanung ab. Beim ersten Beispiel handelt es sich um einen historischen Fall von Sprachstatusplanung, der bereits (vorläufig) abgeschlossen ist (Abschnitt 3.4). Das zweite Beispiel befasst sich dagegen mit einem aktuellen Problem von Sprachkorpusplanung, zu dem Lösungsvorschläge angeboten werden, die klassifikatorischen Charakter haben (Abschnitt 4.4).

2 Sprachplanung im Überblick

2.1 Sprachpolitik – Sprachenpolitik – Sprachplanung

Sprachplanung ist zu unterscheiden von Sprachenpolitik und Sprachpolitik (s. Haarmann 1988: 1661 f.):

Sprachenpolitik

- Sprachenpolitik bezieht sich auf die politische Situation in einer mehrsprachigen Gemeinschaft (zum Beispiel in einem Staat oder Staatenbund) und regelt das Verhältnis verschiedener Sprachen zueinander: Welche Sprachen haben welchen rechtlichen Status und übernehmen welche gesellschaftlichen Funktionen? Sprachenpolitik kann dem Schutz einer Sprachgemeinschaft vor dem Staat dienen, genauso gut aber auch der Unterdrückung einer Sprachgemeinschaft durch den Staat.

Sprachpolitik

- Sprachpolitik betrifft dagegen politische Eingriffe in die Verwendung einer Sprache, zum Beispiel durch Reglementierungen des Fremdwortgebrauchs oder offiziell verordnete Sprachregelungen.

Sprachenpolitik, Sprachpolitik und Sprachplanung hängen jedoch eng zusammen: Sprachenpolitik bezieht sich wie Sprachstatusplanung auf den rechtlichen, politischen und/oder gesellschaftlichen Status von Sprachen (z. B. Nationalsprache, Amtssprache, Arbeitssprache, Regionalsprache, gesetzlich anerkannte Minderheitensprache; s. Haarmann 1988: 1668, Dittmar 1997: 152 ff.); durch Sprachgesetzgebung schafft Sprachenpolitik den rechtlichen Rahmen für Sprachplanung: „Diejenigen, die Sprachenpolitik betreiben, besitzen die Autorität, Sprachplanung zu dirigieren. Umgekehrt besitzen Vertreter der Sprachplanung keine Befugnis, Direktiven für sprachpolitische Regelungen festzulegen." (Haarmann 1988: 1666)

Sprachpolitik betrifft dagegen die staatliche Regelung des Sprachgebrauchs und überschneidet sich damit in ähnlicher Weise mit der Sprachkorpusplanung.

2.2 Geschichte der Sprachplanung

Verschriftung

Sprachplanung findet im Prinzip seit der Antike statt (s. den historischen Überblick bei Haugen 1987: 628 f.): Die ersten Sprachplaner aus eigener Initiative waren Verfasser von Grammatiken z. B. des Lateinischen und Griechischen, im Mittelalter dann des Altisländischen und des Mittelenglischen. Auch Regierungen bzw. Herrscher betätigten sich schon früh als Initiatoren von Sprachplanung, wenn sie z. B. wie Karl der Große die Verschriftung der Volkssprachen (Althochdeutsch, Altfranzösisch) und die Kreierung volkssprachlicher Ausdrücke für die lateinischen Monatsnamen oder Windbezeichnungen veranlassten. Außerdem spielte die Mission seit dem Mittelalter eine wichtige Rolle für Sprachplanung: Die Missionare übersetzten die christliche Lehre in die Volkssprachen und initiierten damit häufig überhaupt erst deren Verschriftung und erste Erforschung. Durch ihre Bibelübersetzungen erweiterten sie den volkssprachlichen Wortschatz um den christlich-religiösen Bereich. Am berühmtesten sind unter dem Aspekt Sprachplanung die slawischen Missionare

Cyril und Method, die im 9. Jahrhundert das Kyrillische, eine an das Griechische angelehnte Schrift, als Grundlage für das Altkirchenslawische entwickelten.

Standardisierung

Die erste bedeutende theoretische Auseinandersetzung mit Sprachplanung stammt von Dante Alighieri Anfang des 14. Jahrhunderts. In seiner Schrift *De vulgari eloquentia* skizziert er zwei Wege zur Etablierung eines Standards:

1. Wahl eines prestigeträchtigen Dialekts (in Italien z.B. des Toskanischen) oder
2. Schaffung einer „neuen" Sprache, die als Dialektmischung oder Dialektausgleich einen Kompromiss zwischen den verschiedenen Dialekten darstellt.

Dialektmischung/-ausgleich

Dialektmischung heißt, dass sozusagen eine neue Varietät entsteht, indem Elemente aus mehreren oder allen Dialekten kombiniert werden. Dialektausgleich läuft ähnlich ab, doch bemüht man sich in diesem Fall vor allem darum, auf besonders stark dialektale Ausdrücke und Formen zu verzichten. Die Übergänge zwischen Dialektmischung und -ausgleich sind daher fließend.

Die europäischen Sprachgeschichten haben gezeigt, dass sich in so genannten „monozentrischen" Staaten eher die Varietät eines politischen, wirtschaftlichen und/oder kulturellen Zentrums als so genannte Prestigevarietät durchsetzt: So wurde in Frankreich der Dialekt der *Île de France* in der Französischen Revolution 1789 zur französischen Nationalsprache erhoben. „Plurizentrische" Staaten dagegen, in denen ein solches Zentrum fehlt, neigen eher zum Dialektausgleich bzw. zur Dialektmischung: So entwickelte sich in Deutschland, forciert durch Martin Luthers Bibelübersetzung im 16. Jahrhundert, in den darauf folgenden beiden Jahrhunderten ein Standard auf ostmitteldeutscher-oberdeutscher Grundlage.

Sprachakademien

Seit der Renaissance (besonders im 16. und 17. Jahrhundert) entstanden in den europäischen Ländern die ersten staatlichen Sprachakademien (z.B. die *Accademia della Crusca* in Italien, die *Académie Française* in Frankreich, die *Real Academia Española* in Spanien) und Sprachgesellschaften (z.B. die *Fruchtbringende Gesellschaft* in Deutschland) mit dem Ziel der Standardisierung, Kodifizierung und des weiteren Ausbaus der Nationalsprachen. Heute existieren in vielen Ländern staatliche oder staatlich geförderte Institutionen, die mit der Sprachplanung befasst oder offiziell damit beauftragt sind. Außer den genannten Akademien sind dies z.B. in Finnland das *Forschungszentrum für die Landessprachen Finnlands* oder in Dänemark der *Dänische Sprachrat*.

Probleme ganz anderer Art stellen sich, wenn sich in einem Land ein Standard nicht allmählich entwickeln konnte, z.B. weil lange Zeit eine andere, fremde Sprache dominierte (s. hierzu ausführlicher Abschnitt 3.1).

3 Sprachstatusplanung

3.1 Mehrsprachigkeit und Standardisierungsprozess

Einsprachigkeitsideal

Mit der Bildung von Nationalstaaten in Europa verband sich von Anfang an die Vorstellung, dass eine Nation unter anderem durch ihre (einheitliche) Nationalsprache definiert sei. Diese „Einsprachigkeitsideologie“ (Oppenrieder/Thurmair 2003: 48) widersprach und widerspricht jedoch der tatsächlichen Sprachsituation in den meisten Staaten. In den seltensten Fällen stimmen Staatsgebilde mit homogenen Sprachgemeinschaften überein. Meistens leben mehrere Volksgruppen mit verschiedenen Kulturen und Muttersprachen in einem Staat zusammen und/oder es existieren innerhalb einer Volksgruppe regional unterschiedliche Dialekte.

Komplexe moderne Gesellschaften brauchen jedoch eine oder wenigstens einige wenige offizielle Sprachen, damit überregionale Verständigung möglich ist und die staatliche Organisation funktionsfähig (und bezahlbar!) bleibt. Eine Festlegung auf eine oder mehrere offizielle Sprache(n) kann entweder Folge einer mehr oder weniger ungesteuerten Entwicklung oder einer politisch-rechtlichen Entscheidung und Durchsetzung sein.

Die Erhebung einer Sprache oder eines Dialekts zur offiziellen Standardsprache, d.h. also zu der Varietät, die für die öffentliche und schriftliche Kommunikation gilt, wird in der Regel als identitätsstiftend und damit als vorteilhaft für den Staat angesehen. Sie hat aber auch (meist negative) Konsequenzen für die anderen in einem Staat gebräuchlichen Sprachen und Dialekte, deren Normen dann häufig als „schlechter“ oder gar als falsch bewertet werden. Aufgrund des kulturellen Symbolwerts von Sprache haben Prozesse der Standardisierung bzw. Maßnahmen der Sprachstatusplanung häufig ein hohes Konfliktpotenzial.

Minderheitensprachen

Für die Staaten Europas ist die Frage nach der bzw. den Nationalsprache(n) zwar weitgehend entschieden; sie haben sich aber noch mit dem Status von und dem Umgang mit Minderheitensprachen auseinander zu setzen, da die Verwendung und Pflege der Muttersprache im Sinne des Völkerrechts als menschliches Grundrecht gilt (s. z.B. die *Europäische Charta der Regional- oder Minderheitensprachen* vom 05.11.1992, die allerdings noch längst nicht von allen EU-Mitgliedern ratifiziert wurde; Streinz 2000: 148 ff.). Für eine rigide Haltung gegenüber Minderheitensprachen steht zum Beispiel Frankreich, für eine eher tolerante dagegen Finnland. In vielen Ländern der Dritten Welt dagegen wird entweder noch mit dem sprachlichen Kolonialerbe gerungen: so in Mauritius, wo eine landesspezifische Kreolsprache, d.h. eine neu entstandene Mischsprache aus der Sprache der einheimischen Bevölkerung (besonders Syntax und Semantik) und der der ehemaligen Kolonialherren (besonders Lexik), gegen das bereits als offizielle Sprache anerkannte Französisch durchgesetzt werden soll; oder es gibt – nach Überwindung des Kolonialismus auch auf gesellschaftspolitischer Ebene – Konflikte wegen der im Staat herrschenden Mehrsprachigkeit: So war das Hindi als nationale Sprache Indiens in der ganzen Bevölkerung so lange unumstritten, bis der Widerstand gegen das Englische politisch keine Rolle mehr spielte.

Sprachkonflikte

Danach jedoch entstand im Süden des Landes, wo nicht-arische Sprachen gesprochen werden, eine Opposition gegen das Hindi (zu diesen und weiteren Beispielen s. Bartsch 1985: 219 ff., bes. 227 und 230). Beispiele wie Pakistan (mit der Auseinandersetzung um Urdu vs. Bengalisch), das ehemalige Jugoslawien (mit dem Zerfall des Serbokroatischen in Kroatisch und Serbisch) und Korsika (mit seinem Widerstand gegen die Vormacht des Französischen zuungunsten des Korsischen) zeigen, dass Sprachstatusfragen ein hohes Konfliktpotenzial besitzen und in Auseinandersetzungen zwischen verschiedenen Volksgruppen immer eine zentrale Rolle spielen (s. zu den europäischen Sprachen Janich/Greule 2002).

Aufgabenbereiche der Sprachstatusplanung

Sprachstatusplanung hat also etwas mit der Funktion, dem Prestige und dem Status von Sprachen relativ zu anderen zu tun; sie beschäftigt sich mit grundsätzlichen Problemen wie:

- der Verschriftung einer bisher nur mündlich verwendeten Sprache bzw. der entsprechenden Schreib- und Leseausbildung (Alphabetisierung) ihrer Sprecher,
- der Durchsetzung einer Sprache oder eines Dialekts als Standard- oder Nationalsprache (was in der Regel mit der Durchsetzung einer Sprache in zentralen Lebensbereichen bzw. Domänen wie Schule, Recht und Verwaltung, Kirche, Medien, Wirtschaft beginnt),
- der Sprachförderung im Ausland (z. B. durch Kultur- und Fremdsprachenpolitik) sowie
- ganz konkret mit der Standardisierung und Kodifikation einer Sprache, was schon am Übergang zur Sprachkorpusplanung liegt.

Wir wollen in diesem Artikel am Beispiel Norwegens das Problem der Konstitution und Festlegung einer Nationalsprache (bzw. einer amtlich gültigen, überregionalen Standardvarietät) und damit der Entscheidung zwischen Mehrsprachigkeit und Verfolgen des Einsprachigkeitsideals näher betrachten. Eine solche Entscheidung ist in mehrsprachigen Staaten vor allem eine politische und juristische. Arbeitsgebiete für Linguisten ergeben sich hier jedoch im Bereich der fachlichen Beratung und Entscheidungsfindung und – an der Schnittstelle zur Sprachkorpusplanung – auch in der konkreten Umsetzung. Bei der Entwicklung der europäischen Nationalsprachen haben Philologen nicht selten auch als Initiatoren von Sprachstatusplanung und -veränderung eine Rolle gespielt, wie das Beispiel Norwegens zeigen wird.

Folgende Modelle nationaler Sprachstatusplanung bei mehrsprachigen Staaten lassen sich unterscheiden (nach Siguan 2001: 56 ff.; s. auch systematisch Oppenrieder/Thurmair 2003; zur weltweiten Situation s. Coulmas 1985: 38 f.):

Einsprachigkeit

1. Einsprachigkeit: Eine Sprache ist alleinige offizielle Sprache des Landes. Dies ist in Portugal der Fall, durch gezielte Sprachstatusplanung und Sprachenpolitik auf Kosten der Minderheitensprachen wie Bretonisch oder Okzitanisch aber auch in Frankreich.

Minderheitenschutz

2. Schutz und/oder Toleranz von Sprachminderheiten: Es gibt zwar nur eine offizielle Sprache, doch Minderheitensprachen werden respektiert oder sind gar gesetzlich geschützt. Dies trifft zu auf Großbritan-

nien (in Bezug auf Kymrisch/Walisisch) und die Niederlande (in Bezug auf Friesisch).

Sprachautonomie

3. Sprachliche Autonomie: Es gibt eine Nationalsprache, aber Minderheiten wird nicht nur das Recht auf ihre Sprache, sondern auch eine gewisse politische Autonomie und damit die Möglichkeit zu eigenständiger Sprachstatusplanung und Sprachpolitik eingeräumt. Dies gilt für Spanien (mit Katalanisch, Valenzianisch, Galizisch, Baskisch) und für einige Landesteile Italiens (mit Ladinisch und Friulanisch).

Sprachlicher Föderalismus

4. Sprachlicher Föderalismus: Je nach geografischer Verteilung können in föderativ organisierten Ländern auch mehrere Sprachen als Nationalsprachen gelten, für die jeweils eine weitgehend eigenständige Sprachplanung möglich ist. Dies ist der Fall in Belgien (regionale Amtssprachen sind Flämisch/Belgisch-Niederländisch und Wallonisch/Belgisch-Französisch) und in der Schweiz (mit deutsch-, französisch-, italienisch-, rätoromanisch- und mehrsprachigen Kantonen).

Institutionalisierte Mehrsprachigkeit

5. Institutionalisierte Mehrsprachigkeit: Es gibt zwei oder mehr Nationalsprachen, die jedoch nicht föderativ nur für bestimmte Gebiete gelten, sondern im ganzen Land als offizielle Sprachen gebraucht werden können. Am eindeutigsten gilt dies in Luxemburg (Deutsch, Französisch, seit 1984 Lëtzebuergesch) und – mit einer gewissen Tendenz zu regionalen Schwerpunkten wie im sprachlichen Föderalismus – auch in Finnland (Finnisch, Schwedisch) und Irland (Irisch-Gälisch, Englisch).

Minderheitensprachen können also unterschiedlich behandelt werden: Sie können erstens keinen offiziellen Status genießen, so dass allenfalls Anspruch auf kostenlose Übersetzung im amtlichen Sprachverkehr besteht. Sie können zweitens als weitere Amtssprache einer oder mehreren anderen Amtssprachen gleichgestellt sein oder es kann zumindest ein Individualrecht auf Benutzung der Minderheitensprache im Amtsverkehr bestehen. Sie können drittens die einzige örtliche Amtssprache sein (Blumenwitz 1996: 166 ff.).

Kriterien für die Auswahl offizieller Sprachen

Welche Sprache als offizielle Sprache in einem mehrsprachigen Staat ausgewählt wird, hängt vor allem von zwei Faktoren ab (Bartsch 1985: 222):

1. Von welchen Bevölkerungsgruppen werden die jeweils in Frage kommenden Sprachen gesprochen, d.h., wie akzeptiert ist die jeweilige Bevölkerungsgruppe und welche gesellschaftliche Rolle spielt sie (z.B. Bildungselite)?
2. Mit welchen Funktionen und in welchen Domänen werden die jeweiligen Sprachen bereits gebraucht, d.h., wie wichtig sind sie bereits für die allgemeine Kommunikation und wie groß ist ihre Chance auf eine Erweiterung ihres Kommunikationsbereichs?

Bei Varietätenvielfalt innerhalb einer Sprachgemeinschaft sind folgende Modelle denkbar, die schon Dante Alighieri im 14. Jahrhundert als Alternative sah (s. Abschnitt 2.2): Entweder wird eine Varietät (in der Regel ein Dialekt) zum Standard erhoben oder es findet eine Varietätenmischung bzw. ein Varietätenausgleich statt.

Die Wahl einer Varietät als Standard wird dann begünstigt, wenn sie

- von einer Prestigegruppe gesprochen wird, wobei *Prestige* im Sinne von politischer und ökonomischer Macht oder Bildung/Ausbildung zu verstehen ist;
- eine literarische Geschichte hat (vor allem wenn es „große" Autoren/Werke gibt);
- in einem Gebiet gesprochen wird, in dem verschiedene Varietäten miteinander in Kontakt kommen und sprachlicher Austausch bzw. Anpassung möglich ist, z. B. in einem politisch-kulturellen Zentrum (Bartsch 1985: 238 f.).

Meistens besteht nicht die Möglichkeit einer freien Wahl, sondern die Herausbildung, Festlegung und Sicherung eines Standards sind Folge langfristiger Entwicklungen. Trotzdem greifen Politik und Gesetzgebung häufig aktiv in Fragen der Sprachstatusplanung ein, so dass die Implikationen und Folgen der einzelnen Modelle diskutiert und mit der Sprachkorpusplanung in sinnvolle Verbindung gebracht werden müssen.

3.2 Handlungsfelder der Sprachstatusplanung

Chaim Rabin (1971) hat den Versuch unternommen, Ziele und Aufgaben (*aims*) der Sprachplanung zu typologisieren:

- *Geografische Verbreitung*
  Veränderungen des Sprachgebrauchs in seiner geografischen Verbreitung: Hierzu gehören z. B. Aktivitäten, die das Prestige und die Verbreitung einer Sprache als Fremdsprache fördern (für das Deutsche z. B. die Kulturpolitik des Goethe-Instituts). Politisch brisanter sind Maßnahmen, die die geografische Ausbreitung einer Sprache auf Kosten einer anderen zum Ziel haben (s. unten unter „Verdrängung").
- *Öffentliche Kommunikation*
  Veränderungen des Sprachgebrauchs, was die Nutzung in öffentlichen Bereichen betrifft: Ein Konfliktherd in mehrsprachigen Staaten ist z. B. die Beschriftung von Orts- und Straßenschildern (z. B. in Kärnten, Spanien, Korsika), weil sie vielfach als ein Symbol für die offizielle Anerkennung einer Sprachgemeinschaft interpretiert wird.
- *Sozialer Status*
  Veränderungen des sozialen Status einer Sprache/Varietät und ihrer sozialen Reichweite: Dies betrifft Aspekte wie Stadt-Land-Unterschiede im Sprachgebrauch, den unterschiedlichen Stellenwert gesprochener und geschriebener Varietäten oder die unterschiedliche soziale Bewertung von Nicht-Standardvarietäten. So kann eine moderne und nicht nur museal betriebene Dialektpflege z. B. zur größeren gesellschaftlichen Wertschätzung der Dialekte beitragen.
- *Wiederbelebung von Sprachen*
  Wiederbelebung „toter" Sprachen: Durch kulturelle und politische Aktivitäten lassen sich totgeglaubte Sprachen wiederbeleben, wie z. B. das Cornische oder das Bretonische im 20. Jahrhundert, auch wenn sich die Sprachverwendung in solchen Fällen häufig auf folkloristische Veranstaltungen aller Art beschränkt.
- *Verschriftung*
  Verschriftung einer bisher nur gesprochenen Sprache oder umgekehrt das Sprechen einer nur schriftlich gebrauchten Sprache: Was in früherer Zeit für die Volkssprachen Europas galt, nämlich eine neue Wertschätzung durch Verschriftung (s. Abschnitt 2.2), ist heute ein Handlungsfeld vor allem in Bezug auf die normalerweise nur gesprochenen Pidgin- und Kreolsprachen, wenn diese in einem mehrsprachigen Staat eine offizielle Rolle spielen sollen.

Neuschaffung

- Kreierung einer „neuen" Sprache bzw. Sprachform: Hierauf gehen wir am Beispiel Norwegens noch genauer ein (s. Abschnitt 3.4). Man könnte diesen Aspekt aber noch etwas weiter fassen und sich ändernde Sprachdefinitionen einbeziehen: Serben und Kroaten leugnen aus nationalistischen Gründen seit Beginn der 90er Jahre des 20. Jahrhunderts zunehmend den Status des Serbokroatischen als Einzelsprache und propagieren stattdessen die sprachsystematische Eigenständigkeit des Serbischen, Kroatischen und teilweise schon des Bosnischen. Dies kann so weit führen, dass Angehörige dieser Volksgruppen in Situationen, in denen sie ihre ethnische Zugehörigkeit demonstrieren wollen, absurderweise behaupten, sie könnten die jeweils andere Sprache nicht verstehen.

Sprachverdrängung

- Verdrängung existierender Sprachen: Durch restriktive und diskriminierende Sprachpolitik kann eine Sprache eine andere verdrängen, wie dies in Frankreich bei der erwähnten Durchsetzung des Dialekts der *Île de France* auf Kosten von regionalen Sprachen wie dem Bretonischen und Okzitanischen der Fall war.

Einschränkende Normen

- Einführung bestimmter Höflichkeitsnormen und Festlegung von sprachlichen Tabus: Diese den Sprachgebrauch einschränkenden Handlungsfelder fallen in den Übergangsbereich von der Sprachstatus- zur Sprachkorpusplanung (Rabin 1971: 278).

Dieser erste, umfangreiche Überblick zeigt, dass die Sprachstatusplanung vorwiegend interdisziplinär zu bewältigende Aufgaben betrifft (Rabin 1971: 277; zu europäischen Beispielen s. Janich/Greule 2002).

3.3 Methodische Ansätze der Sprachstatusplanung

3.3.1 Nicht-linguistische Ansätze im Überblick

Aus der Übersicht zu den Handlungsfeldern der Sprachstatusplanung geht hervor, dass Sprachstatusplanung zwar ein wichtiges Arbeitsfeld für Linguisten bietet, dass aber zahlreiche andere Wissenschaften hier involviert sind oder sein können. Entscheidungen über den Status von Sprachen oder Sprachvarietäten sowie die Entwicklung und Verbreitung von offiziellen Sprachen oder Standardvarietäten sind prinzipiell abhängig von gesellschaftlichen, politischen und ideologischen Entwicklungen und rufen damit Soziologen, Psychologen, Kulturanthropologen, Wirtschaftswissenschaftler, Politikwissenschaftler und Juristen auf den Plan (s. hierzu z.B. die interdisziplinären Beiträge im Sammelband von Rubin/Jernudd 1971 sowie die Forschungsüberblicke bei Haugen 1987 und Dressler 1988). Denn der Status einer Sprache hängt von ihrem Prestige und ihrem Gebrauch in zentralen Institutionen einer Gesellschaft ab: in der öffentlichen Verwaltung, als Sprache des Rechts und der Gerichte sowie als Unterrichtssprache bzw. nur unterrichtete Sprache im Bildungswesen (Schulen, Universitäten). Weil beispielsweise Spanisch in den USA fast ausschließlich die Sprache sozial niedriger Schichten ist, ist eine Aufwertung ihres Status wenig wahrscheinlich, obwohl sich das Spanische aufgrund der starken Zuwanderungen aus Mittelamerika und der Karibik immer deutlicher zur zweitwichtigsten Sprache der USA entwickelt (Coulmas 1985: 81).

Politikwissenschaftler und Juristen betrachten Sprachstatusplanung (und damit häufig den übergeordneten Aspekt der Sprachenpolitik, s. Abschnitt 2.1) demnach unter dem Aspekt rechtlicher, politischer und ideologischer Implikationen (s. z.B. Héraud 1986). Diskutiert werden beispielsweise völkerrechtliche Anforderungen an den Umgang mit Minderheitensprachen und Möglichkeiten der rechtlichen Umsetzung von Minderheitenschutz oder auch Chancen und Versäumnisse der EU-Sprachenpolitik (s. z.B. Blumenwitz 1996 und Manssen/Banaszak 2001). Ferner spielen ideologische Hintergründe und Probleme der politischen Durchsetzung eine Rolle, wenn es um die Frage nach den Erfolgschancen und den Folgen von Sprachplanung geht (zum Fallbeispiel Sowjetunion s. Haarmann 1988: 1675 ff.).

Politik- und Rechtswissenschaften

Psychologen, Soziologen und Kulturanthropologen betrachten Sprachplanung und ihre Umsetzung eher unter mentalitätsgeschichtlichen oder individualpsychologischen Aspekten. Sie untersuchen zum Beispiel,

Psychologie und Soziologie

- welche Bedeutung der jeweilige Status einer Sprache bzw. einer Varietät für die Identität des Einzelnen bzw. einer Volksgruppe hat, die diese Sprache/ Varietät zur Muttersprache haben;
- welche Rolle unterschiedliche Bewertungen von Sprachen für ethnische Vorurteile und Konflikte spielen,
- inwiefern Sprachstatusplanung religiöse und weltanschauliche Konstellationen berücksichtigen muss und
- ob bzw. wie – mit dem Ziel eines friedlichen Zusammenlebens in Europa – das Recht auf Sprachidentität verteidigt werden kann (s. z. B. Siguan 2001).

Unter wirtschaftlichen Gesichtspunkten interessiert zum Beispiel das Kosten-Nutzen-Verhältnis von geplanten Sprachveränderungen (s. z.B. die Beiträge in Rubin/Jernudd 1971): Die Einführung einer zweiten Amtssprache (oder auch die Verschriftung einer Sprache und die entsprechende Alphabetisierung ihrer Sprecher) zieht für einen Staat erhebliche Kosten nach sich. Übersetzungen müssen angefertigt werden; für die Sprachausbildung werden Lehrer und entsprechende Lehrmaterialien benötigt; Verwaltung, Rechtswesen und Bildungssystem müssen zweisprachig organisiert werden.

Wirtschaftswissenschaften

3.3.2 Linguistische Ansätze und erforderliches linguistisches Wissen

Die Sprachstatusplanung fällt primär in den Aufgabenbereich der Soziolinguistik. Hierbei handelt es sich um diejenige sprachwissenschaftliche Disziplin, die sich innerhalb einer Sprache mit der Stellung ihrer Varietäten zueinander und auf interlingualer bzw. interkultureller Ebene mit dem Verhältnis zwischen verschiedenen Sprachen befasst (zur Einführung und zu den Forschungsfragen unten s. Barbour/Stevenson 1998 und Dittmar 1997; umfassend Ammon/Dittmar/Mattheier 1987/1988).

Soziolinguistik

Eine ganz grundsätzliche Fragestellung in Bezug auf den Sprachstatus ist beispielsweise, ab wann eine bestimmte Sprache tatsächlich als eine Einzelsprache zu betrachten ist und wann „nur" als Dialekt oder eine sonstige Varietät (s. Coulmas 1985: 9 f.). Diese Frage kann einerseits

Sprache oder Varietät?

sprachsystematisch diskutiert werden, indem Gemeinsamkeiten mit und Unterschiede zu ähnlichen Sprachen bzw. Varietäten in Phonologie und Morphologie untersucht werden. Man spricht dann von der *linguistischen Distanz* zwischen zwei Sprachformen, wobei es allerdings schwierig zu entscheiden ist, wie groß diese Distanz zu sein hat und welche sprachlichen Merkmale dafür ausschlaggebend sind, um von ‚Sprachen' statt von ‚Varietäten' sprechen zu können.

Spracheinstellungen

Andererseits spielen aber auch die Bewertung und der Gebrauch der betreffenden Sprachform durch die Sprecher eine Rolle, weswegen die sprachsystematische, strukturalistische Sichtweise durch eine die konkrete Sprachsituation berücksichtigende soziolinguistische ergänzt werden sollte. In Zweifelsfällen entscheiden die Sprecher nämlich durch ihre Sprachloyalität, ob eine Sprachform als Varietät oder als Sprache zu behandeln ist: Indem Lëtzebuergesch 1984 zur dritten Amtssprache Luxemburgs neben Deutsch erhoben wurde, wurde es von der lëtzebuergeschen Sprachgemeinschaft als Sprache proklamiert, auch wenn das Lëtzebuergesche sprachwissenschaftlich teilweise noch als deutscher Dialekt behandelt wird (s. Janich/Greule 2002: 156 f.).

Sprachbewertungen und Spracheinstellungen können entweder durch strukturierte Fragebögen und offene Interviews abgefragt oder durch indirekte Tests erschlossen werden (zu den Methoden der Spracheinstellungsforschung s. z.B. Neuland 1993: 727 ff.). Bekannt ist der *matched guise test* des kanadischen Psychologen Wallace Lambert, bei dem den Versuchspersonen verschiedene Sprachproben mit der Frage vorgelegt werden, was sie von den Sprechern denken. Da immer mindestens zwei, u. U. sogar alle Sprachproben von derselben Person stammen, können alle Faktoren außer dem Akzent konstant gehalten werden, so dass dadurch die Einstellungen zu Varietäten quantifizierbar werden (Barbour/Stevenson 1998: 132; zum Erkenntnispotenzial von Interviews s. z.B. Werlen 1998, die mit dieser Methode die unterschiedlichen Selbsteinschätzungen und wechselseitigen Fremdbewertungen bei Schweizern und Süddeutschen untersucht hat).

Varietätenmodell

Ist die Frage nach Sprache oder Varietät entschieden, können die Varietäten innerhalb einer Sprache nach verschiedenen Kriterien geordnet werden. Durchgesetzt hat sich eine erste grobe Unterscheidung nach Zeit (diachronische Varietäten), Raum (Dialekte), sozialer Schicht oder Gruppe (Soziolekte) und sozialer Situation (Situolekte), mit der man jedoch bei der Zuordnung einzelner Varietäten immer wieder auf Schwierigkeiten stößt: So sind z.B. Jugendsprachen einerseits Gruppensprachen, andererseits aber „transitorisch", d.h., sie werden nur in einem Übergangsstadium gesprochen und sind damit auch an die soziale Situation gebunden.

Quer durch diese Systematik läuft die Unterscheidung nach dem Kriterium ‚gesprochen vs. geschrieben': Manche Varietäten kommen vorwiegend geschrieben vor (z.B. Standard), manche vorwiegend gesprochen (z.B. Dialekte, Jugendsprachen), andere wieder haben Ausprägungen in der gesprochenen und geschriebenen Sprache (z.B. Fachsprachen).

Standardsprache

Als Merkmale der Standardvarietät gelten: potenziell geschrieben, weitgehend kodifiziert, überregionale Reichweite und Gültigkeit, prestigebesetzt, nicht als Primärvarietät erworben, sondern in der Schule gelernt, flexible Stabilität. Unter flexibler Stabilität versteht man, dass Varianten bedingt zugelassen werden, um eine möglichst große Funktionalität zu gewährleisten. Je größer die Funktionalität einer Standardsprache, desto mehr wird sie verwendet und umso stabiler wird sie dadurch.

Varietät oder Stil?

Weiterhin wird in der Soziolinguistik die sprachsystematische Eigenständigkeit von Varietäten diskutiert, die allenfalls bei den Dialekten unstrittig ist: Handelt es sich tatsächlich um Subsysteme mit wirklich eigenen sprachlichen Strukturen oder sind viele Lekte nicht eher als Stile und Register zu interpretieren, also als Gebrauchspräferenzen von Sprechern bzw. als Existenz innersprachlicher Variation? Ein Kompromissvorschlag ist, Varietäten nicht als eigenständige Subsysteme, sondern als situationsspezifische Konzentrationen sprachlicher Merkmalsbündel zu sehen (Berruto 1987).

Hilfreich für die Sprachstatusplanung sind außerdem breite sprachsystematische und sprachhistorische Kenntnisse, die hier jedoch nicht entfaltet werden können.

3.4 Fallbeispiel: „Festlegung" eines Standards am Beispiel Norwegens

Zur Illustration sprachplanerischer Maßnahmen, die auf den Status einer Sprache gerichtet sind, betrachten wir das Beispiel Norwegens (s. Sandøy in Janich/Greule 2002: 178 ff., Haarmann 2001: 282 ff.). Als Schriftsprache existiert Norwegisch seit dem 11. Jahrhundert. Ab dem 16. Jahrhundert übernahm jedoch Dänisch, das schon das ganze Mittelalter über einen starken Einfluss auf das Norwegische ausgeübt hatte, die Funktion einer Amtssprache, später auch der Kirchensprache in Norwegen. Dies galt selbst dann noch, als Norwegen unter schwedische Herrschaft fiel – letztendlich bis zur endgültigen Unabhängigkeit Norwegens im Jahr 1905. Durch diese Sprachkonkurrenz mit dem Dänischen kam die altnorwegische Schrifttradition außer Gebrauch.

Während der nationalromantischen Bewegung in den 30er Jahren des 19. Jahrhunderts diskutierten Intellektuelle erstmals das Fehlen einer norwegischen (Standard-)Schriftsprache. Die Sprachsituation war zu dieser Zeit wie folgt: Neben dem Dänischen als amtlicher Schriftsprache existierten die vor allem gesprochenen und teilweise zur schriftlichen Fixierung der Volksdichtung verwendeten norwegischen Dialekte mit einer auf das Altnorwegische (700–1350) zurückgehenden Tradition. Die Bildungsschicht sprach dagegen landesweit eine modernere, weitgehend einheitliche norwegische städtische Umgangssprache.

Welche prinzipiellen Möglichkeiten gab es für die Festlegung und Etablierung einer norwegischen Nationalsprache? Welche sprachliche Entwicklung zeichnete sich in Norwegen tatsächlich ab? Und welche Rolle spielte dabei Sprachplanung?

Norwegen ist deshalb unter sprachplanerischen Gesichtspunkten besonders interessant, weil aufgrund von Sprachplanung unter dem Namen *Norwegisch* bis heute eigentlich zwei verschiedene Sprachen „fir-

Nynorsk mieren": *Bokmål* und *Nynorsk*. Nynorsk (bis 1929 *Landsmål* genannt) wurde 1853 von dem Hauslehrer Ivar Aasen (1813–1896) auf der Grundlage der archaischen norwegischen Dialekte geschaffen und kodifiziert; es handelt sich bei Nynorsk also um eine künstliche Dialektmischung. Aasen entsprach damit nationalromantischen Ideen und der Forderung nach einer „echt" norwegischen Nationalsprache. 1885 wurde Nynorsk als gleichgestellte zweite Amtssprache anerkannt. Dem stand die gemäßigtere Haltung des Pädagogen Knud Knudsen (1812–1895) gegenüber, der schon 1845 eine norwegische Nationalsprache auf der Basis der landesweit gültigen gesprochenen norwegischen Sprache der gebildeten Klasse forderte, also eine Prestigevarietät zur Nationalsprache erheben wollte. Durch zahlreiche Rechtschreibreformen und Strukturänderungen in den 60er Jahren des 19. Jahrhunderts und in den Jahren 1907 und 1917 wurde die in Norwegen gebräuchliche dänische Schriftsprache so stark verändert, dass sie Anfang des 20. Jahrhunderts mehr Ähnlichkeit mit dem gesprochenen Norwegischen als mit dem Dänischen hatte. Diese Sprache heißt seit 1929 *Bokmål*. Sowohl Aasen als auch Knudsen setzten ihre Vorschläge und Ideen in Grammatiken und Wörterbüchern um und profitierten außerdem jeweils von der Unterstützung durch eine politisch-gesellschaftliche Lobby.

Bokmål

Bis heute dominiert je nach (Schul-)Bezirk Bokmål oder Nynorsk; die Gleichberechtigung beider Sprachen ist gesetzlich festgeschrieben. Im Rahmen eines gemeinnorwegischen Ansatzes wurde zwar bis in die 60er Jahre des 20. Jahrhunderts gezielt versucht, die beiden Sprachen einander anzunähern, was dazu geführt hat, dass inzwischen in beiden Schriftsprachen morphologische und orthographische Varianten zugelassen sind. Da die auf Verschmelzung abzielende Sprachpolitik jedoch immer auf Widerstand stieß, wurde sie Anfang der 70er Jahre geändert: Die sprachplanerische (und im europäischen Kontext durchaus beachtliche) Konsequenz ist, dass eine klare und strikte Standardisierung keine Voraussetzung mehr für die Definition des Norwegischen ist, d.h., die Pluralität norwegischer Varietäten wird entgegen dem üblichen nationalsprachlichen Einsprachigkeitsideal bewusst zugelassen! Im 1972 gegründeten Norwegischen Sprachrat (*Norsk Språkråd*) sitzen daher zu gleichen Teilen Vertreter von Nynorsk und Bokmål; sein Auftrag ist u.a., behutsam die weitere Angleichung der beiden Sprachen zu fördern, dabei jedoch beide weiterhin zu pflegen und zu normieren, den gegenseitigen Respekt und die Toleranz der Sprecher der verschiedenen Standards zu stärken und die sprachlichen Rechte der Bürger zu schützen.

Norsk Språkråd

Welches der oben diskutierten Standardisierungsmodelle – Wahl einer Prestigevarietät oder Dialektausgleich (s. Abschnitt 3.1) – für den jeweiligen historischen Einzelfall in Frage kommt, kann also nicht allein aus sprachwissenschaftlicher Perspektive entschieden werden; die Linguistik kann nur prüfen, ob sich keine sprachsystematischen Widersprüche ergeben und welche Lösung angesichts soziolinguistischer Tatbestände am meist versprechenden ist, um eine möglichst viele Domänen abdeckende Standardvarietät mit hoher Funktionalität zu erhalten.

4 Sprachkorpusplanung

4.1 Kodifizierung – Elaborierung – Kultivierung

Aufgabenbereiche der Sprachkorpusplanung

Sprachkorpusplanung hat sprachinterne Aspekte zum Gegenstand. Sie umfasst Aktivitäten Einzelner sowie wissenschaftlicher und/oder staatlicher Institutionen, die sich mit allen Ebenen des Sprachsystems befassen können: Phonologie, Orthographie, Morphologie, Lexik, Syntax/Grammatik, Textsortennormen und Funktionalstile (s. Haarmann 1988: 1667, Haugen 1987). Sprachkorpusplanung betrifft damit vor allem

- die Elaborierung einer Sprache, d. h. den Domänenausbau und die Erweiterung der sprachlichen Mittel,
- die Kodifizierung einer Sprache, d. h. die Festschreibung sprachlicher Normen in Grammatiken, Wörterbüchern etc.,
- die Kultivierung einer Sprache, z. B. durch Sprachkritik, Sprachberatung, Auseinandersetzung mit Fremdworteinflüssen u. Ä.

Sprachkorpusplanung ist eng mit der Sprachstatusplanung verknüpft, denn sie ist zugleich ihre Voraussetzung und ihre Folge (s. Coulmas 1985: 82): Einerseits hat nur eine ausgebaute und verschriftete Sprache die Chance, sich in einem mehrsprachigen Land als Standard durchzusetzen bzw. angesichts der häufigen Statusprobleme von Minderheitensprachen zu überleben. Andererseits werden Kodifizierung und Ausbau umso mehr gefördert, je höher und gesicherter der Status einer Sprache innerhalb eines Staates oder auch innerhalb einer Staatengemeinschaft wie z.B. der Europäischen Union ist.

Fremdworteinfluss

Betrachten wir nun die Sprachkorpusplanung am Beispiel des Umgangs mit Fremdwörtern näher. Sprachkontakte und die daraus resultierende gegenseitige Beeinflussung von Sprachen sind normal und in allen Regionen der Welt die Regel. Die einzelnen Sprachgemeinschaften verhalten sich angesichts fremdsprachiger Einflüsse jedoch – abhängig von ihrer jeweiligen Sprachsituation – unterschiedlich. Je nach dem symbolischen Wert einer Sprache für die (Gruppen-)Identität und der Intensität des fremdsprachlichen bzw. fremdkulturellen Einflusses wird fremdes Sprachmaterial (oft in Kombination mehrerer Verfahren)

- in die eigene Sprache aufgenommen und damit zum Sprachausbau genutzt,
- an die eigene Sprache morphologisch und strukturell angepasst oder
- mehr oder weniger radikal abgelehnt und durch eigensprachliches Material ersetzt.

Arbeitsfelder für Linguisten ergeben sich hier – zum Beispiel in Akademien und Institutionen der Sprachberatung und Sprachdokumentation – erstens in der wissenschaftlichen Überprüfung und Dokumentation, wie fremdsprachliche Einflüsse aufgenommen werden und welche Auswirkungen sie auf das System der Nehmersprache haben, und zweitens in der konkreten Arbeit mit diesem fremden Sprachmaterial, d.h. in der Erarbeitung von Vorschlägen zur Integration oder Ersetzung von Fremdwörtern.

4.2 Handlungsfelder der Sprachkorpusplanung

Auch hier greifen wir wieder – etwas modifiziert – auf den Überblick von Chaim Rabin zu den Aufgabenbereichen von Sprachplanung zurück, der deutlich macht, dass die Sprachkorpusplanung ein typisches Arbeitsgebiet der (normativen) Linguistik darstellt (Rabin 1971: 278 f.):

Schreibsystem

- Entscheidungen zum Schreibsystem: Es stehen prinzipiell verschiedene Möglichkeiten der Verschriftung einer Sprache zur Verfügung: z. B. Piktographie (Bilderschrift), Ideo- und Logographie (Begriffsschriften, bei denen komplexe Bedeutungen durch einzelne Schriftzeichen dargestellt werden) oder Alphabet-/Buchstabenschriften (Verschriftung auf der Basis einer Laut-Buchstaben-Zuordnung). Das Schreibsystem kann gewechselt werden, wie z. B. im Ägyptischen von den altägyptischen piktographischen Hieroglyphen zu neueren Alphabetschriften wie dem Koptischen.

Schrift

- Schriftwechsel: Statt des ganzen Schriftsystems kann auch nur die Schrift gewechselt werden (z. B. von lateinischer zu kyrillischer Schrift wie im Altkirchenslawischen oder von der Runen- zur lateinischen Schrift wie im Althochdeutschen).

Schreibung

- Veränderungen einzelner Aspekte der Schreibung: Dies betrifft z. B. die Einführung von Großschreibung oder Veränderungen in der Schreibung einzelner Laute (z. B. durch die Einführung von Sonderzeichen wie dem Umlaut).
- Systematisierung, Vereinheitlichung und Vereinfachung der Schreibung: Sprachplanerische Eingriffe in die Orthographie werden nicht nur im Deutschen sehr intensiv diskutiert, sondern stellen auch in anderen Sprachen ein beträchtliches Konfliktpotenzial dar (z. B. im Bretonischen, wo der Streit zwischen den verschiedenen orthographischen Lagern jede weitere Sprachförderung behindert). Ein Problem kann beispielsweise die Systematisierung der Laut-Buchstaben-Zuordnung darstellen, wenn zwischen etymologischen Schreibweisen und den Bedürfnissen und Kenntnissen heutiger Sprecher abgewogen werden muss. Dies war und ist auch einer der besonders strittigen Punkte in der deutschen Rechtschreibreform (z. B. bei Fällen wie *aufwändig* neben *aufwendig* durch Herleitung von *Aufwand* statt von *aufwenden*, aber auch bei der Eindeutschung von Fremdwortschreibung: *Spagetti* neben *Spaghetti*, *Orthografie* neben *Orthographie*).
- Orthographische Veränderungen im weiteren Sinn: Sie können z. B. die Interpunktion betreffen.

Aussprache

- Vereinheitlichung des Laut- bzw. Aussprachesystems: Sie kann erforderlich sein, wenn z. B. dialektale oder sozial determinierte Aussprachevarianten existieren, die den Standard beeinflussen.

Wortschatz

- Wortschatzerweiterung: Hierbei kann es ebenso um die grundsätzliche Planung von Wortbildungsprozessen wie auch um praktische Entscheidungen zu Einzelwörtern gehen (z. B. in der Fachlexikographie).
- Wortschatzstandardisierung: Wortschatzerweiterung und -modifikation können mit dem ausdrücklichen Ziel der Normung und Standardisierung vorgenommen werden (besonders bei technischem Wortschatz, s. die Artikel VII.1 und VII.2).
- Soziosemantische Entscheidungen über die lexikalischen Quellen der Wortschatzerweiterung: Möglich sind Übernahmen oder Wortneubildungen aus fremdem Sprachmaterial ebenso wie aus eigenem, z. B. durch Anleihen bei älteren oder regionalen Formen. Zu entscheiden ist dabei z. B. auch, inwie-

weit Ausdrücke aus Substandardvarietäten übernommen werden können (Slang, Jargon) und ob mit der Wortschatzerweiterung eine Annäherung an eng verwandte Sprachen erreicht werden soll (man denke an die Ausgleichsbestrebungen zwischen Nynorsk und Bokmål, s. Abschnitt 3.4).

- Ausbau und Kodifikation phonologischer, morphologischer und syntaktischer Strukturen: Dies geschieht durch wissenschaftliche Erforschung und Fixierung, z. B. in Wörterbüchern und Grammatiken. *Grammatik*
- Stilistische Entscheidungen in Bezug auf den Standard: Hierunter fallen z. B. Fragen wie: Wie wird durch stilistische Empfehlungen oder Restriktionen eine möglichst hohe Funktionalität für möglichst viele Domänen erreicht? Wie sehr soll Europäisierungs- bzw. Internationalisierungstendenzen auf Kosten traditioneller und indigener Stilmerkmale nachgegeben werden? Welche Kriterien bestimmen das angestrebte Stilniveau (z. B. Verständlichkeit, Direktheit, Elaboriertheit, Ästhetik)? *Stil*
- Entscheidungen in Fragen der Präsentation prestigeträchtiger Nationalliteratur: Hier geht es darum, ob wichtige Werke der Nationalliteratur z. B. eher in der Originalform verbreitet werden sollen (dann oft auf Kosten einer breiteren Leserschicht) oder in modernisierter Schreibung und ob und wie sie übersetzt werden sollen. *Literatur*

4.3 Methodische Ansätze der Sprachkorpusplanung

4.3.1 Nicht-linguistische Ansätze im Überblick

Im Bereich der Sprachkorpusplanung sind – wie nach den obigen Ausführungen zu den Handlungsfeldern zu erwarten – nur wenige nicht-linguistische Ansätze zu verzeichnen. Bei einem Thema wie dem Umgang mit Fremdwörtern könnten zwar psychologische, soziologische und kulturwissenschaftliche Begleitstudien Auskünfte über Akzeptanz von Fremdspracheneinflüssen und Sprachbewertungen geben – mir sind jedoch keine spezielleren nicht-linguistischen Ansätze außer den in Abschnitt 3.3.1 schon angeführten bekannt.

Im Bereich des Terminologieausbaus und der Terminologienormung dagegen spielen andere Disziplinen durchaus eine wichtige Rolle (s. hierzu Artikel VII.1). Beteiligt sind in der Regel immer die jeweiligen Fachwissenschaften, um deren Terminologie es geht. Ein Beispiel dafür ist die Rechtswissenschaft: In der Diskussion um die Anzahl und die tatsächliche Verwendung der Amts- und Arbeitssprachen der Europäischen Union (selbst wieder ein konfliktträchtiges Problem der internationalen Sprachstatusplanung!), insbesondere im Zusammenhang mit der EU-Osterweiterung und dem damit einhergehenden zunehmenden Übersetzungs- und Dolmetschaufwand, tritt ein spezifisches Sprachkorpusproblem auf – die innere Mehrsprachigkeit (s. ausführlich Lohse 2002). Bei der Umsetzung gemeinschaftsrechtlicher EU-Richtlinien in nationales Recht müssen die nationalen Regelungen mit den Richtlinienvorgaben verglichen und die Rechtstexte so formuliert werden, dass sie konform zum gemeinschaftsrechtlichen Begriffsinhalt ausgelegt werden können. Dabei sind sprachliche Form und Mittel oft vom jeweiligen Gesetzgeber bestimmbar. In Deutschland wurde im Unterschied zu anderen Staaten von diesem Recht

Rechtswissenschaft

Gebrauch gemacht, als das Umsatzsteuergesetz 1980 an die europäischen Mehrwertsteuer-Richtlinien angepasst wurde, so dass sich im Umsatzsteuergesetz (UStG) und der Mehrwertsteuer-Richtlinie (MwSt-RL) nun zahlreiche Parallelbezeichnungen finden, die begrifflich jedoch nicht vollständig synonym sind: Neben *Umsatzsteuer* (UStG) heißt es *Mehrwertsteuer* (MwSt-RL), neben *Unternehmer* (UStG) steht *Steuerpflichtiger* (MwSt-RL), neben *sonstige Leistung* (UStG) steht *Dienstleistung* (MwSt-RL), neben *Bemessungsgrundlage* (UStG) steht *Besteuerungsgrundlage* (MwSt-RL). Selbst dem Fachfremden leuchtet ein, dass diese unterschiedlichen Bezeichnungen zu Definitions- und Auslegungsschwierigkeiten führen können. Hier wäre eine sprachwissenschaftlich und juristisch fundierte Terminologieplanung nötig gewesen bzw. ist es noch.

4.3.2 Linguistische Ansätze und erforderliches sprachwissenschaftliches Wissen

Normative Linguistik

Die Sprachkorpusplanung ist also ein genuines Aufgabengebiet der Sprachwissenschaft. Deskriptive Ansätze (z.B. empirische Frequenzanalysen zum Wortschatzgebrauch) dienen vorbereitend zur Eruierung sprachsystematischer Gegebenheiten; in der Sprachplanung selbst geht es jedoch um normative Linguistik: um das Vorschlagen – und im Idealfall Begründen –, Festschreiben und Durchsetzen von sprachlichen Normen. Hier kommen dann alle möglichen Teildisziplinen zum Tragen: Phonetik und Phonologie, Morphologie, Syntax, Funktionalstilistik, Textlinguistik, Fachsprachenforschung usw.

Da es für Sprachfragen in Deutschland keine staatlichen oder vom Staat beauftragten Normierungsinstitutionen gibt – sieht man von der Kultusministerkonferenz ab, die über die amtliche Rechtschreibung entscheidet –, existiert auf staatlicher Ebene im strengen Sinne auch keine normative Linguistik. Es gibt zwar Institutionen auf vereinsrechtlicher oder privatwirtschaftlicher Grundlage, die sich mit Terminologienormung, Sprachberatung oder Kodifikation beschäftigen (z.B. das *Deutsche Institut für Normung (DIN) e.V.*, die *Gesellschaft für deutsche Sprache e. V.*, das *Institut für deutsche Sprache (IdS), die Dudenredaktion*). Auch wird in vielen Unternehmen inzwischen mit der Einführung einheitlicher Terminologien und Formulierungsrichtlinien im weiteren Sinn normative Linguistik betrieben (s. Artikel VII.2). Viele Sprachwissenschaftler aber ziehen sich heute ausdrücklich auf eine rein deskriptive Haltung zurück.

Da sich jedoch das Verfassen von Wörterbüchern, Grammatiken u. Ä. letztlich normativ bzw. präskriptiv auswirkt (denn diese Werke werden ja von den Sprachbenutzern zur Orientierung oder von Lehrern beispielsweise zur Begründung von Sanktionen im Deutschunterricht genutzt), können vor allem Lexikographie und Grammatikographie zu den ausschlaggebenden Disziplinen gerechnet werden. Es müssten allerdings noch weitere linguistische Ansätze entwickelt werden, wenn man den Platz der Linguistik als Fachwissenschaft in diesen Fragen nicht der so genannten Laien-Linguistik (Sprachratgeber, Kommunikationstrainings u. Ä. durch Nicht-Linguisten) überlassen und damit die Chance auf sprachwissenschaftlich sinnvoll begründete Normen vergeben möchte (s. Antos 1996).

Entlehnung

Da an dieser Stelle nicht das gesamte relevante linguistische Wissen entfaltet werden kann, wollen wir uns mit Blick auf das folgende Fallbeispiel (Tab. 1) auf den Aspekt der Entlehnung beschränken.

Tab. 1 Entlehnungstypen

Entlehnungstyp	*Definition*	*Beispiele*
Fremdwort	Noch nicht an die Nehmersprache angepasster/assimilierter Ausdruck, der von einer fremden Gebersprache übernommen wurde.	*lingua franca* *Computer*
Lehnwort	Phonetisch, orthographisch und/oder morphologisch an die Nehmersprache angepasster Ausdruck einer fremden Gebersprache.	*Keks* < engl. *cakes* *Büro* < frz. *bureau*
Scheinentlehnung	Ausdruck, der aufgrund seiner Ausdrucksseite wie ein Fremdwort wirkt, aber in der vermeintlichen Gebersprache nicht oder nur in anderer Bedeutung existiert.	*Handy* = engl. *mobile phone*; engl. *handy* – ‚geschickt', ‚günstig gelegen', ‚praktisch', ‚handlich'
Hybridform	Ausdruckskombination aus fremdsprachlichen und eigensprachlichen Anteilen.	*Haarspray* *Managerkrankheit*
Lehnübersetzung	Wörtliche Glied-für-Glied-Übersetzung eines fremdsprachlichen Ausdrucks in die Nehmersprache.	*Dampfmaschine* < engl. *steam engine*
Lehnübertragung	Vom Ausgangswort leicht abweichende Teilübersetzung in die Nehmersprache.	*Wolkenkratzer* < engl. *sky scraper*
Lehnschöpfung	Vollständige Neubildung eines eigensprachlichen Ausdrucks ohne formale Orientierung am Ausdruck der Gebersprache.	*Luftkissenboot* < engl. *hovercraft*
Lehnbedeutung	Ein bereits in der Nehmersprache vorhandenes Wort wird, initiiert durch einen fremdsprachlichen Ausdruck, mit einer neuen oder zusätzlichen Bedeutung versehen.	*realisieren* – ‚in die Tat umsetzen'; durch engl. *to realize* neuerdings zusätzlich in der Bedeutung ‚wahrnehmen', ‚erkennen'

Äußeres Lehngut

Man unterscheidet grundsätzlich zwischen äußerem und innerem Lehngut: Das äußere Lehngut umfasst die Ausdrücke, die mit fremdsprachlichem Sprachmaterial gebildet sind. Hierzu zählen Fremdwörter, Lehnwörter, Scheinentlehnungen und Hybridformen. Die Abgrenzung zwischen Fremd- und Lehnwort kann schwierig sein, da die meisten Sprachen dazu tendieren, fremde Ausdrücke sehr schnell zumindest orthographisch, wenn nicht gar morphologisch leicht anzupassen (vgl. z.B. *mit den Computern* statt engl. *with computers*). Zum inneren Lehngut zählen alle mit eigenem Sprachmaterial gebildeten Ausdrücke, deren Bil-

Inneres Lehngut

dung jedoch durch fremdsprachlichen Einfluss initiiert wurde. Der fremdsprachliche Einfluss lässt sich beim inneren Lehngut daher nur noch auf der Inhaltsseite, nicht mehr wie beim äußeren Lehngut auf der Ausdrucksseite eines Sprachzeichens feststellen. Zum inneren Lehngut gehören Lehnübersetzung und Lehnübertragung, Lehnschöpfung und Lehnbedeutung.

Sprachhistorisch wichtig ist, dass Entlehnung ein Phänomen des Sprachwandels ist und durch Sprachkontakte in allen Sprachen immerzu stattfindet. Sprachplanerisch spielt nur die Perspektive auf den Sprachkontakt eine Rolle: Welche fremden Sprachen beeinflussen die eigene Sprache aus welchen Gründen und auf welchen Wegen bzw. in welcher Form?

Sachentlehnung

Sehr häufig hängt Wortentlehnung mit Sachentlehnung zusammen: Die Germanen übernahmen von den Römern z.B. den Wein- und Obstanbau sowie die Technik des Steinhausbaus und damit auch ursprünglich lateinische Wörter wie *Wein, Kelter, Pflanze, pflücken, Mauer, Fenster, Keller* usw.; heute wird dies am Computerwortschatz deutlich, der zusammen mit der entsprechenden Technik vor allem aus den USA kommt. Wortentlehnung steht aber auch im Zusammenhang mit kultureller und/oder politischer Orientierung: Im Hochmittelalter und dann wieder im 17. und 18. Jahrhundert war das Französische die wichtigste Gebersprache für das Deutsche, zuerst wegen der Übernahme der französischen Hofkultur und Ritterideologie, später wegen der Orientierung am französischen Absolutismus und dann an der französischen Aufklärung. Im 19. Jahrhundert wurde das Französische durch die Industrialisierung vom Englischen abgelöst. Seit dem Zweiten Weltkrieg ist das Vorbild des *American way of life* ein wichtiger Grund für die Übernahme von Angloamerikanismen. Dabei werden englischsprachige Wörter derzeit meist direkt und unverändert ins Deutsche entlehnt und breiten sich in vielen Kommunikationsbereichen (z.B. im Sport, der Werbung und der Mode) fast „epidemisch" aus; Latinismen nehmen im Deutschen dagegen inzwischen nur noch über etablierte Wortbildungsmuster (z.B. durch Ableitungen mit *-ismus, -(i)tät, anti-, in-, super-/supra-*) insbesondere in der Bildungs- und Wissenschaftssprache zu (Eisenberg 2001: 186).

Kulturelle Orientierung

Sprachhistorische Kenntnisse, insbesondere über Sprachkontakttraditionen, tragen also zu einer differenzierteren Sicht auf das Phänomen der Entlehnung bei.

4.4 Fallbeispiel: Der Umgang mit Fremdwörtern

Anglizismen

Englisch entwickelt sich seit Mitte des 20. Jahrhunderts zunehmend zu einer *lingua franca*, d.h. einer Weltsprache, mit der sich Angehörige unterschiedlicher Sprachgemeinschaften in Situationen interkultureller Begegnung verständigen können. Der zunehmende Einfluss des Englischen (bzw. Angloamerikanischen) in wichtigen Bereichen wie Wirtschaft, Wissenschaft, Technik, Sport, Politik usw. hat zur Folge, dass viele Sprachgemeinschaften zunehmend englisches Wortgut in ihre eigene Sprache aufnehmen. Diese Entwicklung wird derzeit in den meisten europäischen Ländern – oft sehr kontrovers – diskutiert:

Contra

- Die einen empfinden sie als unschön oder kommunikationsstörend und lehnen sie daher ab. Die ältere Generation beklagt z. B. häufig Verständnisprobleme, wenn in den Medien immer mehr Anglizismen verwendet werden; andere finden die Häufigkeit englischer Ausdrücke in Werbung, Sport oder Wirtschaft einfach nur affektiert und unnütz. Kommunikationsstörend können sich Anglizismen zum Beispiel auswirken, wenn in Fachsprachen dazu übergegangen wird, englische Fachwörter zu übernehmen statt eigene Terminologien zu bilden. Dies kann zum Funktionalitätsverlust der eigenen Sprache führen, d. h., die jeweilige Nationalsprache wird (möglicherweise) allmählich aus bestimmten Domänen verdrängt.

Pro

- Die anderen befürworten die starke Stellung des Englischen und schätzen den englischen Spracheinfluss nicht als bedrohlich ein, sondern als Beitrag zur Modernisierung ihrer eigenen Sprache und als Beweis für deren Flexibilität. So weisen englische Wörter oft besondere Konnotationen auf, die sich nicht ohne weiteres in die jeweilige Nationalsprache übersetzen oder übertragen lassen, weshalb deutsche Jugendliche beispielsweise lieber zum *Joggen* als zum *Dauerlauf* gehen, *Badminton* statt *Federball* spielen und ihre *Hobbys* statt ihre *Steckenpferde* pflegen. Und der Vorteil von englischen Terminologien, um auf das obige Beispiel zurückzukommen, wird in einer verbesserten internationalen Verständigung (z. B. in der Informatik, den Natur- und Wirtschaftswissenschaften) gesehen.

Sprachplanerische Maßnahmen

Welche sprachplanerischen Möglichkeiten gibt es, mit dem Einfluss des Englischen umzugehen?

Im Umgang mit fremdsprachlichen Einflüssen stellt sich für die Sprachplanung nicht nur die grundsätzliche Frage, ob Fremdwörter oder andere Entlehnungsformen aufgenommen oder abgelehnt werden sollen, sondern auch, in welcher Form Fremdwörter an die Nehmersprache angepasst werden sollen und ob ihre Integration Konsequenzen für das System der Nehmersprache hat (ausführlich dazu Eisenberg 2001). Soll es zum Beispiel *downgeloadet* oder *gedownloadet* heißen, sagt man *upzugraden* oder *zu upgraden*? Schreibt man *recycelt* oder *recyclet* oder englisch korrekt *recycled*, wird sich *gemanaged* oder *gemanagt* durchsetzen?

Gerade viele osteuropäische Sprachen, die erst seit dem Systemwechsel Ende der 80er Jahre des 20. Jahrhunderts einem ungebremsten Anglizismenschub ausgesetzt sind, tun sich aufgrund entfernterer oder fehlender Sprachverwandtschaft und u. U. auch eines anderen Schriftsystems besonders schwer mit Fragen der Aussprache, Schreibung, Morphologie und Syntax englischer Fremdwörter. Die westeuropäischen Sprachen hingegen nehmen schon seit 1945, teilweise sogar schon seit Ende des 19. Jahrhunderts, kontinuierlich englischsprachiges Wortgut auf und werden mit diesem Problem daher nicht so plötzlich konfrontiert. Doch auch in Westeuropa wird auf verschiedenen Ebenen diskutiert, wie mit dem zunehmenden Anglizismeneinfluss umgegangen werden soll. Da Wortentlehnung, wie bereits festgestellt, mit Sachentlehnung oder kultureller Orientierung zusammenhängt, können die

Antworten auf die oben gestellten Fragen jedoch nicht ausschließlich von der Sprachwissenschaft geliefert werden.

Aus den unterschiedlichen Diskurstraditionen in Deutschland (vgl. Gardt 2001) lassen sich verschiedene Formen des methodischen Umgangs mit Fremdwörtern ableiten:

Sprachbeobachtung

1. Völliger Verzicht auf sprachplanerische Maßnahmen, da die Aufnahme von Anglizismen als ein sprachhistorisch „normaler" Prozess verstanden und als Zeichen der Produktivität, Lebendigkeit und Elastizität der eigenen Sprache aufgefasst wird; stattdessen allenfalls linguistische Beobachtung und Beschreibung von Entlehnungsvorgängen.

Sprachkritik

2. Wissenschaftliche und/oder öffentliche Sprachkritik und Sprachreflexion in Bezug auf die kommunikative Notwendigkeit bzw. die Folgen von Fremdworteinflüssen. Dabei können z.B. Integrationsmechanismen unter dem Aspekt der Systemstabilität der eigenen Sprache kritisch untersucht (z.B. Eisenberg 2001) oder die Frage der Funktionalität (Füllen von Wortschatzlücken vs. Moden; Verständlichkeit vs. Pseudogelehrtheit) diskutiert werden.

Aktive Sprachplanung

3. Aktive Sprachplanung, die auf den gemäßigten Ersatz bestimmter Fremdwörter durch eigensprachliches Wortmaterial abzielt, um einem Domänenverlust der eigenen Sprache entgegenzuwirken. Diese Form der Sprachplanung wurde beispielsweise im 17. bis 19. Jahrhundert bei der Verdeutschung französischer Fremdwörter durchaus erfolgreich umgesetzt. In Frankreich wird aktive Sprachplanung von offizieller Seite und auf gesetzlicher Grundlage durch die *Commission générale de terminologie et de néologie* (nach Zustimmung durch die staatliche *Académie Française*) betrieben, auch wenn sich viele der regelmäßig im *Journal Officiel* veröffentlichten Vorschläge französischer Neologismen für Anglizismen nicht durchsetzen und die stark puristisch-nationalistische Sprachpolitik in der Bevölkerung auf Akzeptanzprobleme stößt.

Welche der drei Haltungen in welcher Situation die angemessenste ist, muss jede Sprachgemeinschaft für sich entscheiden. In Deutschland schwankt man derzeit vor allem zwischen den Vorgehensweisen 1 und 2, weshalb Kritiker (z.B. im *Verein deutsche Sprache e. V.*) Frankreich gerne als Vorbild hinstellen. Voraussetzung für eine sprachplanerische Diskussion und Entscheidung ist in jedem Fall eine Klärung der jeweiligen Fremdwortdefinition und der Kriterien, nach denen fremder Wortschatz als ggf. entbehrlich oder gar im Sinne einer kommunikativen Ethik als kritikwürdig und damit ersetzbar eingestuft wird (s. dazu die hilfreichen Beiträge von Gardt 2001 und Law 2002). Für diese definitorischen Aufgaben, die Erarbeitung von Bewertungskriterien und ihre Anwendung, aber auch für sinnvolle Ersatzvorschläge für Fremdwörter (unter Aspekten wie Strukturgemäßheit, Praktikabilität, konnotativer Entsprechung usw.) ist spezifisch linguistisches Wissen unabdingbar.

5 Ausblick und Hinweise

5.1 Berufsfelder und Arbeitsmöglichkeiten

In Deutschland gibt es weder eine staatliche Sprachakademie noch sonstige staatliche Organisationen, die zentrale Institutionen für Sprachplanung wären. Mit Sprachdokumentation und Sprachberatung befassen sich außer der *Dudenredaktion* (Bibliographisches Institut Mannheim) das *Institut für deutsche Sprache* (IdS) in Mannheim und die *Gesellschaft für deutsche Sprache* (GfdS) in Wiesbaden (s. die entsprechenden Links auf der CD). Einen umfassenden Überblick über Institutionen, die sich in Deutschland praktisch und/oder theoretisch mit der Förderung der Sprachkultur auseinander setzen, bietet das Handbuch *Förderung der Sprachkultur in Deutschland. Eine Bestandsaufnahme* von GfdS und IdS (GfdS/IdS 1999).

Die Europäische Union bietet Arbeitsmöglichkeiten im sprachplanerischen Bereich in den Dolmetsch- und Übersetzungsdiensten, in EU-Sprachenprogrammen, bei der Pflege ihrer Terminologiedatenbank, aber auch in Forschungsinstitutionen zur Unterstützung von Sprachplanung wie dem *Europäischen Amt für weniger verbreitete Sprachen (European Bureau for Lesser Used Languages)* (s. z.B. Siguan 2001).

5.2 Ausgewählte Literatur

Einen Überblick über die Sprachsituationen in Europa bzw. weltweit und damit über die historischen und aktuellen Grundlagen für Sprachplanung geben z.B. der Sammelband von Janich/Geule (2002) sowie das *Kleine Lexikon der Sprachen* von Haarmann (2001). Eine knappe Einführung in die Sprachplanung und Sprachenpolitik liefern die Handbuchartikel von Haugen (1987) und Haarmann (1988).

Zur Sprachplanung aus spezifisch linguistisch-normativer Perspektive mit vielen internationalen Beispielen äußert sich Bartsch (1985: insbes. 213 ff.). Einen soziolinguistischen Einstieg in Problemfelder der Sprachplanung bieten u.a. Barbour/Stevenson (1998) und Dittmar (1997). Speziell zum Aspekt des Fremdworteinflusses sind z.B. die verschiedenen Studien (darunter die bereits zitierten von Gardt und Eisenberg) im Sammelband von Stickel (2001) hilfreich; zusätzlich verbunden mit dem Aspekt der Sprach- und Sprachenpolitik wird der deutsch-englische Sprachkontakt im Sammelband von Hoberg (2002) diskutiert. Zum interdisziplinären Spektrum der Fragestellungen (politische, juristische, soziologische und psychologische Aspekte) mit zahlreichen konkreten Beispielen empfehlen sich Coulmas (1985), Rubin/Jernudd (1971) und Siguan (2001).

VIII

Diagnostizieren und therapieren

Einleitung

Ein Kapitel über Diagnose und Therapie steht nicht nur zufällig am Ende dieses Einführungslehrbuchs in die Angewandte Linguistik. Während zuvor weit überwiegend Anwendungszusammenhänge behandelt wurden, die unmittelbar aus sprachwissenschaftlichen Erkenntnissen resultieren und von sprachwissenschaftlichen Experten und Expertinnen gestaltet werden, haben wir es im Folgenden mit einer in fachlicher wie gesellschaftspraktischer Hinsicht etwas differenzierteren Sachlage zu tun. Wir wollen zunächst jedoch skizzieren, was unter Diagnose und Therapie zu verstehen ist, bevor wir die speziellen Beteiligungsformen linguistischer Expertise an diesen Anwendungsgebieten darlegen.

Definition Diagnose

Diagnosen sind Schlussfolgerungsprozesse, bei denen aus Mess- oder Beobachtungsresultaten oder anderen Zeichen und Indizien auf nicht direkt erkennbare Gegebenheiten rückgeschlossen wird; im typischen Fall medizinischer Diagnosen etwa von Symptomen auf zugrunde liegende Krankheiten. In einem weiten, vorwissenschaftlichen Sinne verstanden, kennzeichnet diagnostisches Schließen eine Vielzahl unserer alltäglichen Begegnungen mit Menschen und Gegenständen: Aus der Kleidung oder anderen äußeren Erscheinungs- oder Verhaltensmerkmalen eines Menschen schließen wir beispielsweise darauf, wie angenehm, bedrohlich, wünschenswert etc. der weitere Umgang mit dieser Person wohl sein mag; aus der Art der Fehler in einem Rechentest schließt eine Lehrerin beispielsweise darauf, ob die Schüler die Prinzipien des mehrstelligen Subtrahierens verstanden haben und anzuwenden wissen.

Diagnose in der Wissenschaft

Von einer Diagnose im fachlich-wissenschaftlichen Sinne kann jedoch erst gesprochen werden, wenn dabei Methoden und Zusammenhangswissen herangezogen werden, deren Eignung und Güte im Diskurs einer rationalen Wissenschaftsgemeinschaft als bewährt gelten. Diese Methoden und Wissensbestände werden in unserer Gesellschaft durch Ausbildungen wie beispielsweise einschlägige Studiengänge vermittelt; zur diagnostischen Kompetenz einer Person trägt häufig noch eine längere Erfahrung im Umgang mit Fällen bei, bei welcher der angemessene Einsatz der Methoden eingeübt wurde. Ohne die Beachtung diagnostischer Kompetenz und Methodik können beispielsweise Vor- und Fehlurteile zustande kommen. Das mag im Laienalltag in vielen Situationen nicht erheblich sein; sobald jedoch in Abhängigkeit vom Resultat einer Diagnose für die betroffene(n) Person(en) weitere, relevante Entscheidungen getroffen werden, ist ein Verzicht auf fachliche Kompetenz nicht zu rechtfertigen.

Diagnose und Prognose

Diagnostische Prozesse müssen nicht notwendigerweise mit negativen Zuschreibungen an die untersuchten Personen oder Objekte einhergehen. Oft sind Diagnosen einfach aktuelle Zustandsbeschreibungen, auf deren Grundlage beispielsweise Prognosen für die Zukunft erstellt werden. Aus der Jahresinspektion eines Fahrzeugs, die keine Mängel erkennen ließ, wird auf die weitere Verkehrstüchtigkeit des Fahrzeugs geschlossen; das Jahresabschlusszeugnis in der Schule – ein zunächst diagnostisches Urteil – enthält in der Regel das prognostische Element „versetzt nach Klasse x", das auf der Basis der aktuellen Leistungsfähigkeit auf den mutmaßlichen oder potenziellen Erfolg auch in der nächsten Klassenstufe schließt.

Ein prototypischer Fall der Notwendigkeit von Diagnosen ist der Verdacht auf das Vorliegen einer Störung oder die Suche nach den Ursachen manifester, als negativ bewerteter Symptome. Dabei bleibt es in fachlichen Zusammenhängen in der Regel nicht beim diagnostischen Urteil, sondern es werden – wiederum auf der Basis geeigneter Methoden und Fachkenntnisse – Maßnahmen geplant und eingesetzt, um den bestehenden oder drohenden Zustand zu verändern. Diesen, der Diagnose nachgeordneten Teil fachlichen Handelns nennt man ‚Intervention'. Im Zusammenhang mit Störungen kann man dabei die Prävention, die Therapie und die Rehabilitation unterscheiden. ‚Prävention' ist der Versuch, Störungen vorzubeugen. ‚Therapie' bezeichnet Maßnahmen, um Störungen zu beheben. ‚Rehabilitation' schließlich zielt darauf, negative Folgen oder Begleiterscheinungen von Störungen einzudämmen. Dieses Kapitel handelt somit eigentlich von Diagnose und Intervention; „Therapieren" wurde in den Titel gesetzt, weil Therapie als Begriff und als Handlungsform am bekanntesten und typischsten sein dürfte.

Intervention

Welche Rollen spielen nun Sprache und die sie behandelnde Fachdisziplin der Linguistik im Zusammenhang mit diagnostischem und therapeutischem (bzw. intervenierendem) Handeln? Hier muss man zunächst die Diagnose von *Sprachlichem* von der Diagnose durch *Sprachliches* unterscheiden. Sprachliche Äußerungen eines Menschen – gleich ob in mündlicher, schriftlicher oder gebärdeter Modalität – sind unser wichtigstes Fenster zum Denken und zu den inneren Zuständen einer Person. Beispielsweise erfolgt die schulische Feststellung von Lern- und Verstehensleistungen weit überwiegend anhand sprachlicher Äußerungen, wobei die Äußerungen aber eher als diagnostisches Vehikel zum Rückschluss auf vorhandenes Wissen und Können dienen, auf das man sich verlässt, dessen diagnostische Qualitäten aber selbst nicht Gegenstand des diagnostischen Prozesses sind. Ähnliches gilt für Bewerbungsverfahren, in denen man aus sprachlich (schriftlich wie mündlich) vermittelten Informationen der Bewerber auf ihre Fähigkeiten und ihre Eignung für die fragliche Tätigkeit schließt. Mit der Frage der grundsätzlichen oder variablen Eignung sprachlicher Äußerungen für diagnostische Prozesse – beim Arzt, in der Schule, bei der Personalauswahl etc. – haben sich die Sprachwissenschaft, aber auch die Psychologie und allgemein die Sozial- und Verhaltenswissenschaften bislang nur in wenigen Zusammenhängen und Ansätzen befasst.

Diagnose durch Sprache

Diagnose von Sprachlichem

Das vorliegende Kapitel behandelt demgegenüber Fragen der Diagnose und Therapie von Sprachlichem. Diese Fragen können hier nicht systematisch oder flächendeckend abgehandelt werden, sondern nur anhand von Beispielen, die in unserer Gesellschaft eine gewisse Relevanz besitzen. Auf die Notwendigkeit des methodischen und inhaltlichen Fachwissens bei diagnostischen und erst recht bei therapeutischen Prozessen wurde bereits hingewiesen. Für die zugehörigen Berufsfelder der ausgewählten Beispiele reicht eine angewandt-linguistische Ausbildung allein nicht aus; die linguistischen Kenntnisse und Analyseverfahren und ihre Beiträge zu den jeweiligen fachlichen und fachwissenschaftlichen, in der Regel interdisziplinären Handlungsfeldern werden jedoch besonders hervorgehoben.

Sprachentwicklungsdiagnostik

Der erste Artikel von *Hermann Schöler* und *Joachim Grabowski* beschreibt allgemeine Methoden und konkrete Verfahren der Sprachentwicklungsdiagnostik. Die Frage nach einer objektiven Diagnose des sprachlichen Entwicklungsstandes eines Kindes stellt sich immer dann, wenn der Verdacht auf eine Störung bzw. Entwicklungsverzögerung vorliegt oder wenn das zukünftige Risiko kontrolliert und minimiert werden soll. Die Relevanz einer erfolgreichen und qualitativ hochstehenden Sprachentwicklungsdiagnostik ergibt sich beispielsweise aus der Klage über mangelnde sprachliche Kompetenzen von Kindern beim Schuleingang, die sich über ihre Folgen für den Unterrichtserfolg hinaus auch auf den Schriftspracherwerb negativ auswirken. Ein Schwerpunkt des Artikels liegt bei den Eigenschaften von standardisierten Tests; damit können zugleich auch die generellen Anforderungen an brauchbare diagnostische (Mess-)Instrumente in jeglichem wissenschaftlich-objektiven Zusammenhang dargestellt und erläutert werden.

Klinische Linguistik: Aphasien

Der zweite Artikel von *Martina Hielscher-Fastabend* behandelt Grundlagen und Methoden der Klinischen Linguistik am Beispiel von Aphasien; das sind erworbene Störungen der Sprachfähigkeit eines Menschen, beispielsweise infolge eines Schlaganfalls. Ein Schwerpunkt liegt hier auf der Differentialdiagnose der Störungsbilder, also der Abgrenzung verschiedener Störungsformen, um die optimalen therapeutischen und rehabilitativen Maßnahmen – die ebenfalls eingehend beschrieben werden – für die jeweiligen Patienten einleiten und durchführen zu können.

Forensische Linguistik

Der dritte Artikel von *Sabine Schall* schließlich beschreibt ein Anwendungsgebiet der Linguistik, das besondere diagnostische Erfordernisse mit sich bringt: die Forensische Linguistik. Hierbei geht es – in einem Teilbereich des Gebiets, auf den sich der Artikel jedoch besonders konzentriert – um die Frage, in welcher Weise und anhand welcher linguistischer Analysen von sprachlichen Produkten (beispielsweise Erpresserbriefen) auf Merkmale ihrer Urheber geschlossen werden kann.

Interdisziplinäre Zusammenarbeit

Allen drei sprachwissenschaftlichen Anwendungskontexten, die im vorliegenden Kapitel dargestellt werden, ist mindestens zweierlei gemeinsam: (a) Sie erfordern in methodischer wie inhaltlicher Hinsicht die intensive Zusammenarbeit mit Experten und Erkenntnissen anderer Fachgebiete wie der Psychologie und ihrer diagnostischen Methodenlehre (der Psychodiagnostik), der Medizin und Neurologie oder der Forensischen Chemie und Kriminologie. (b) Sie illustrieren die Notwendigkeit fachlicher und methodischer Expertise für die sachgerechte Bewältigung der jeweiligen diagnostischen Fragestellungen und der daraus abgeleiteten Maßnahmen und Handlungsempfehlungen. Zu allen drei Themengebieten bietet die beiliegende CD-ROM instruktive Veranschaulichungen und Konkretisierungen.

Joachim Grabowski

VIII.1 Sprachentwicklungsdiagnostik: Einsatz und Bedeutung von Tests

Hermann Schöler und Joachim Grabowski

1 Sprachentwicklung: Ein Anlass zur Sorge?

Die Fähigkeit zum Umgang mit Sprache gilt gemeinhin als einzigartige oder zumindest doch herausragende Errungenschaft des Menschen. Wir wissen heute, dass bereits der Fötus im Mutterleib Aufmerksamkeitsreaktionen gegenüber sprachlichen Lauten zeigt, und im Weiteren wenden sich Säuglinge und Kleinkinder mit so viel Aktivität und doch scheinbar mühelos dem Erlernen ihrer jeweiligen Muttersprache zu, dass man sich – sofern die Lebensumgebung des Kindes sprachlichen Input zur Verfügung stellt – eigentlich darum nicht zu sorgen braucht, dass ein Kind gleichsam von selbst mündliche Äußerungen zu verstehen und zu produzieren lernt. Angesichts der Wichtigkeit der sprachlichen Leistungsfähigkeit für viele private wie berufliche Lebensbereiche und auch für andere, beispielsweise kognitive und soziale Entwicklungsaspekte erscheint es dennoch umso wichtiger, Auffälligkeiten bei der Sprachentwicklung eines Kindes möglichst früh zu erkennen und Maßnahmen einzuleiten, die das betroffene Kind gegebenenfalls unterstützen und fördern. Ein Übriges tun die in den Medien verbreiteten Horror-Meldungen, denen zufolge die Auftrittshäufigkeit von Sprachentwicklungsstörungen in den letzten Jahren dramatisch (von bis zu 30 Prozent einer Jahrgangsstufe ist hier die Rede) ansteige – verursacht durch die für die Pädagogik „üblichen Verdächtigen" wie erhöhten Medienkonsum oder zunehmende Vernachlässigung durch Bezugspersonen. Statistisch erweisen sich diese Befürchtungen glücklicherweise als wenig stichhaltig (Schöler 1999); doch allein die Tatsache, dass bei gut der Hälfte von Kindern mit bestehenden Sprachentwicklungsauffälligkeiten in der Grundschule dann auch Probleme beim Schriftspracherwerb hinzutreten (Schöler 2003), lässt eine angemessene Aufmerksamkeit für die Sprachentwicklung eines Kindes gerechtfertigt erscheinen.

Früherkennung und Förderung

2 Vom Anlass zum Testergebnis: Ein Fallbeispiel

Michael ist ein Kindergartenkind im Alter von 6;1 Jahren. (Die vordere Zahl steht bei Altersangaben für die Lebensjahre, die Zahl nach dem Semikolon für die Lebensmonate.) Der Name des Kindes wurde selbstverständlich verändert; die Unterlagen zu seinem Fall wurden uns dankenswerterweise von der Lehrlogopädin Karin Schakib-Ekbatan überlassen. Bei Michael steht der Eintritt in die Grundschule an, und seine

Untersuchungsanlass

Erzieherin wies die Eltern auf ihre Beobachtung hin, dass der Junge möglicherweise in der Entwicklung seiner sprachlichen Fähigkeiten im Vergleich zu anderen Jungen gleichen Alters zurückgeblieben sein könnte. Solche Verzögerungen im Entwicklungsverlauf nennt man *Retardierung*. In diesem Fall würde man beispielsweise die Zurückstellung der Einschulung um ein Jahr in Erwägung ziehen. Die Eltern nehmen diesen Hinweis ernst und wollen die Altersangemessenheit von Michaels sprachlichem Entwicklungsstand überprüfen lassen. Wir beschreiben im Folgenden die einzelnen Schritte dieses Prozesses und erläutern die fachlichen Grundlagen und Zusammenhänge.

2.1 Wer leistet Sprachentwicklungsdiagnostik?

Interdisziplinäre Zusammenarbeit

Ein umfassender diagnostischer Prozess im Bereich der Sprachentwicklung und dessen theoretische wie methodische Grundlegung erfordern die interdisziplinäre Zusammenarbeit von Medizin, Psychologie, Linguistik und Logopädie beziehungsweise Sprachheilpädagogik. So muss für eine spezifisch sprachentwicklungsbezogene Diagnostik vorausgesetzt sein, dass den beobachteten Defiziten keine Wahrnehmungsstörungen (zum Beispiel Schwerhörigkeit) oder allgemeine Störungen der Lernfähigkeit oder der Intelligenzentwicklung zugrunde liegen. Die Prüfung der grundsätzlichen körperlichen und sensorischen Funktionstüchtigkeit gehört in der Regel zu den Aufgaben des Kinderarztes. Die Beiträge der Psychologie bestehen vor allem in der Erforschung und Beschreibung der Sprachentwicklung als psychischem Funktionsbereich des Menschen (z.B. Szagun 2000) sowie in der Methodik zur Erstellung geeigneter Messinstrumente, der Tests (dazu s. u. Abb. 1). Die Linguistik liefert zum einen geeignete Beschreibungskategorien für die kritischen sprachlichen Merkmale, zum anderen ist sie insbesondere in ihrem Zweig der Psycholinguistik an der allgemeinen Erforschung der kindlichen Sprachentwicklung beteiligt (z.B. Klann-Delius 1999). Während sich die Klinische Linguistik beim Umgang mit Sprachstörungen des Erwachsenen mit eigenen Ausbildungsprofilen zunehmend etabliert, gehört die Diagnose und Therapie von Sprachentwicklungsauffälligkeiten in Deutschland überwiegend zum Dienstleistungsangebot von Logopäden und Logopädinnen. In Artikel VIII.2 zur Klinischen Linguistik finden sich Informationen zu den verschiedenen Ausbildungsgängen und -stätten. – Michaels Eltern wenden sich auf Anraten der Erzieherin also an eine logopädische Praxis.

2.2 Diagnostische Wege

Exploration

Anamnese

Die diagnostizierende Person wird zunächst versuchen, allgemeine biographische und anamnestische Information über das vorgestellte Kind zu erhalten. Diese erste Phase eines Diagnoseprozesses nennt man *Exploration*. Beispielsweise ist es interessant zu erfahren, ob Hinweise auf erbliche Veranlagungen vorliegen oder ob das Kind auch in anderen Leistungsbereichen als auffällig gilt. Die Anamnese im engeren Sinne ist die

Erfragung der speziellen Vorgeschichte der in Frage stehenden Auffälligkeiten, in unserem Beispiel also etwa die Nachzeichnung des bisherigen sprachlichen Entwicklungsverlaufs. Über Michael wissen wir nur zweierlei: Zum einen – das mag zunächst trivial erscheinen – ist Michael ein Junge. Das ist aber insofern informativ, als Sprachentwicklungsauffälligkeiten bei Jungen zwei bis drei Mal so häufig auftreten wie bei Mädchen. Zum anderen erfahren wir, dass Michael als ältestes Geschwister eine um gut zwei Jahre jüngere Schwester hat.

Für die eigentliche Diagnose des Sprachentwicklungsstandes eines Kindes kann man im Wesentlichen zwei Klassen von Methoden unterscheiden. Ein diagnostischer Weg besteht darin, die spontane Sprache des Kindes zu dokumentieren und zu analysieren, beispielsweise mit Hilfe von so genannten Profilanalysen (Clahsen 1986; Clahsen/Hansen 1992). Ein alternativer Weg besteht darin, nicht die spontanen Äußerungen des Kindes heranzuziehen, sondern kontrollierte sprachliche Reaktionen hervorzurufen; hier spricht man von Elizitationstechniken. Diese Verfahren kann man anhand ihres Standardisierungsgrads weiter untergliedern; es finden sich eher informelle Verfahren (z.B. das *Dysgrammatiker-Prüfmaterial*; Frank/Grziwotz 1978), Screening-Verfahren (das sind Verfahren, die möglichst ökonomisch einen allgemeinen Überblick über die Leistungsfähigkeit in einem bestimmten Bereich geben sollen; z.B. Heinemann/Höpfner 1993; Brunner/Schöler 2002) sowie standardisierte Tests zur differenzierten Feindiagnose relevanter sprachlicher Formen, Wissensbestände und Verhaltensweisen.

Profilanalysen spontaner Sprache

Elizitationstechniken

Wir konzentrieren uns im weiteren Verlauf dieses Beitrags auf standardisierte Sprachentwicklungstests. Diese Entscheidung liegt einerseits darin begründet, dass die methodischen Grundlagen, Konstruktionsprinzipien und Auswertungsverfahren von Tests (s. Abb. 1 und 2) für Studierende der Angewandten Linguistik mutmaßlich erklärungsbedürftiger sind als die Analyse sprachlicher Daten mithilfe linguistischer Kriterien, die auch in vielen anderen linguistischen Themenbereichen zum fachlichen Standard gehört. Tests – man denke nur an Intelligenztests und den resultierenden IQ – gelten in unserer außerakademischen Gesellschaft häufig noch als etwas Mystisches, das man fürchtet und ablehnt, dem man aber gleichzeitig unrealistische oder überhöhte Eigenschaften zuschreibt. Umso wichtiger erscheint es, dass die einschlägigen Fachabsolventen realistische Informationen über Nutzen und Grenzen der vorhandenen Verfahren besitzen und Dritte aufgeklärt beraten können.

Standardisierte Entwicklungstests

Tests sind wissenschaftliche Verfahren zur Messung von Merkmalen oder Eigenschaften von Personen, die nicht unmittelbar beobachtbar (z.B. die Körpergröße, die direkt gemessen werden kann) oder anderweitig direkt zugänglich sind (z.B. der Name einer Person, den man einfach erfragen kann). Ein typisches Beispiel für ein Merkmal einer Person, das nur erschlossen werden kann, ist deren Intelligenzausprägung.
Tests bestehen in der Regel aus einer Reihe von Aufgabenstellungen, die in ihrer Gesamtheit den Rückschluss auf die interessierende Merkmalsausprägung erlauben. Manchmal sind Tests in mehrere Skalen untergliedert, die einzelne Facetten des interessierenden Gesamtmerkmals messen.

Abb. 1 Kennzeichen von Tests.

Tests sind in dreifacher Hinsicht standardisiert. Es gibt eine eindeutige Anweisung dafür, wie sie durchzuführen sind (mit welchem Material, in welchem Zeitraum, mit welcher Instruktion etc.). Es gibt eine eindeutige Vorschrift, wie die erhaltenen Reaktionen der Person ausgewertet werden, so dass am Ende ein Messwert resultiert (s. Abb. 2). Und es gibt eindeutige Angaben darüber, wie die jeweiligen Messwerte zu interpretieren sind, was sie also bedeuten.

Abb. 2 Gütekriterien von Tests.

Wenn eine Messung brauchbar sein soll, muss sie bestimmte Gütekriterien erfüllen. Diese Gütekriterien gelten für jedwedes Messinstrument, und sie sind in der Regel auch bei einfachen oder technischen Messgeräten nur in bestimmten Grenzen gewährleistet. Bei Tests ist die Prüfung der Gütekriterien wegen der Indirektheit der Messung jedoch besonders wichtig. Im Einzelnen werden vorrangig drei Kriterien angelegt:

Objektivität: Wenn ein Messergebnis vorliegt, sollte es von unterschiedlichen Personen gleich abgelesen werden können. Wenn bei einer analogen Personenwaage, wie wir sie aus unserem Badezimmer kennen, der rote Zeiger ein Stück über der sich drehenden Messscheibe angebracht ist, wird man von rechts her blickend ein anderes Gewicht ablesen, als wenn man von links oder senkrecht von oben auf die Waage schaut. Das wäre ein Beispiel für mangelnde Objektivität. Bei Tests bedeutet Objektivität analog, dass bei gegebenem Reaktionsverhalten einer Person jeder Auswerter zu demselben Messwert gelangt.

Zuverlässigkeit (*Reliabilität*): Wenn sich das gemessene Merkmal zwischenzeitlich nicht verändert hat, sollte eine wiederholte Messung auch dasselbe Resultat erbringen. Bei Waagen gibt der Parameter „d" an, mit welcher Genauigkeit das Gewicht angezeigt wird. Bei einfachen analogen Personenwaagen schwankt die Zuverlässigkeit oft im Bereich von 500 Gramm; bei einer Briefwaage wäre diese Messungenauigkeit natürlich nicht tolerierbar. Die Reliabilität eines Tests hängt von seiner Anfälligkeit für Störfaktoren ab, die nicht das gemessene Merkmal betreffen.

Gültigkeit (*Validität*): Ein Messinstrument soll das messen, was es zu messen vorgibt. Wenn wir uns wieder auf das Beispiel der analogen Personenwaage beziehen, besitzt diese meistens ein Justierrad. Dies könnte man missbräuchlich so verstellen, dass die Waage immer ein paar Kilos zu viel oder zu wenig anzeigt. Auch wenn die Gewichtsmessung dadurch hoch objektiv und zuverlässig wäre, wäre sie doch nicht gültig. Ein Sprachentwicklungstest muss, um valide zu sein, auch tatsächlich Sprachentwicklungsrelevantes messen – und nicht beispielsweise die Intelligenz der Person, die in der angewandten Strategie bei der Aufgabenbearbeitung zum Ausdruck kommt.

Standardisierte Tests sind in ihrer Entwicklung dadurch gekennzeichnet, dass ihre Gütekriterien explizit überprüft und angegeben werden, um die Zuverlässigkeit und Gültigkeit der Messung abschätzen zu können. Bei vielen anderen Messungen, die zum Teil sogar über Wohl und Wehe einer Person befinden können (man denke nur an Klassenarbeiten und Zeugnisse als Grundlage von diagnostischen Entscheidungen), werden Messgütekriterien nicht selten enorm vernachlässigt, obwohl mit geeigneten Methoden und angemessenem Aufwand die Messqualität durchaus kontrolliert werden könnte (z.B. Sacher 2001).

Ein zweiter Grund für die Konzentration auf Elizitationsverfahren ist der folgende: Wenn man sich allein auf Aufzeichnungen spontaner sprachlicher Äußerungen eines Kindes verlässt, beschränkt man sich damit zugleich auf die Sprachproduktion. Kinder verstehen jedoch viel mehr Äußerungen, als sie selbst produzieren können, und sie verstehen viele Äußerungen früher, als sie diese produzieren können. Der Sprachentwicklungsstand eines Kindes erschließt sich somit eingehender, wenn man Sprachproduktions- und Sprachverstehensleistungen berücksichtigt. Für den Fall von Kindern mit auffälliger oder gestörter Sprachentwicklung kommt hinzu, dass sie ihre Defizite häufig mit Hilfe geeigneter Strategien kompensieren und damit kaschieren: Sie beschränken sich auf ein reduziertes, wenig umfangreiches Repertoire an beherrschten Satzstrukturen und erscheinen damit bei der Produktion ihrer Äußerungen auf den ersten Blick unauffällig.

Sprachproduktion und Sprachverstehen

Michael wurde hinsichtlich seines Sprachentwicklungsstandes mit dem *Heidelberger Sprachentwicklungstest* untersucht (*H-S-E-T*; Grimm/Schöler 1991). Dieser für Kinder zwischen 3 und 9 Jahren konzipierte Test gilt im Vergleich zu anderen allgemeinen Sprachentwicklungstests als „das am sorgfältigsten konstruierte und theoretisch bestbegründete Instrument" (Filipp/Doenges 1983: 285). „Zusammenfassend bleibt festzustellen, daß der *H-S-E-T* unter den gegenwärtig für das Vor- und Grundschulalter verfügbaren normierten Verfahren als einziger eine relativ breite, Sprachproduktion und -rezeption umfassende und (pädo)linguistisch fundierte Einschätzung des individuellen Sprachentwicklungsstatus ermöglicht" (Ihssen 1980: 37).

Heidelberger Sprachentwicklungstest

Diese Wertung, die sich auf die erste Auflage des Tests bezieht, dürfte auch heute noch gültig sein, zumal zwischenzeitlich keine neueren Sprachentwicklungstests vorgelegt wurden. Für die Überprüfung des eher unspezifischen Verdachts, bei Michael könnte eine sprachbezogene Entwicklungsverzögerung vorliegen, erscheint der Einsatz dieses Diagnoseinstruments somit angezeigt und zielführend. In Abb. 3 sind die einzelnen Aufgabentypen des *H-S-E-T* aufgelistet, an Beispielen erläutert und hinsichtlich ihrer Messintention erklärt.

Abb. 3
Die Aufgaben des Heidelberger Sprachentwicklungstests

Ebene der Satzstruktur

Der *H-S-E-T* besteht aus 13 Untertests, mit denen grammatische (morphologische und syntaktische), semantische und pragmatische Aspekte der Sprachproduktion und des Sprachverstehens überprüft werden sollen.

VS – Verstehen grammatischer Strukturformen
Dem Kind werden 17 verbale Instruktionen unterschiedlicher grammatischer Komplexität gegeben, die es mit kleinen Holzfiguren ausführen soll. Beispiele:

- Lass das kleine Kind zu dem Schaf gehen. (Aufgabe 1)
- Die Mutter wird von dem kleinen Kind gewaschen. (Aufgabe 8)
- Die Giraffe, die der Hase packt, beißt die Ente. (Aufgabe 16)

Anhand des Verstehens der Sätze prüft der Test, ob das Kind das erforderliche grammatische Regelwissen bereits erworben hat. Falls die grammatische Verschiebung der Agens-Rolle bei der Passivierung noch nicht beherrscht wird, würde Aufgabe 8 beispielsweise so interpretiert, dass die Mutter das Kind wäscht.

IS – Imitation grammatischer Strukturformen
Dem Kind werden 12 Sätze unterschiedlicher Struktur und Komplexität vorgesprochen, die es unmittelbar danach wörtlich wiedergeben (nachsprechen) soll. Beispiele:

- Es ist heute morgen kein schönes Wetter. (Aufgabe 3)
- Die Tante, die weit weg wohnt, kommt zu Besuch. (Aufgabe 8)

Weglassungen und Veränderungen beim Nachsprechen der Satzvorgaben lassen auf fehlende syntaktische Fähigkeiten schließen. Bei Aufgabe 3 beispielsweise wird das Expletivum nur dann wiederholt, wenn das Kind bereits in der Lage ist, eine semantisch leere Kategorie syntaktisch dennoch zu kennzeichnen; andernfalls resultiert „Heute morgen ist kein schönes Wetter".
Die Untertests *VS* und *IS* zielen auf die sprachliche Ebene der Satzstruktur.

Ebene der morphologischen Struktur

PS – Plural-Singular-Bildung
Das Kind soll zu vorgesprochenen Wörtern (zumeist Phantasiewörtern), zu denen auf jeweils einer Bildtafel eines und mehrere Objekte dargestellt sind, bei den ersten 12 den Plural, bei den letzten 6 die Singularform des vorgegebenen Pluralwortes bilden. Beispiele:

- Auto (Aufgabe 1)
- Maling (Aufgabe 6)
- Kolz (Aufgabe 11)
- Mindinnen (Aufgabe 14)

Dieser Test prüft die Beherrschung der im Deutschen bestehenden morphologischen Regelhaftigkeiten bei der Pluralbildung.

AM – Bildung von Ableitungsmorphemen
Das Kind soll von einer in Verbform vorgegebenen Tätigkeit zunächst den Agenten dieser Tätigkeit, dann die weibliche Form davon und den Ort dieser Tätigkeit ableiten sowie eine Diminuitivform bilden. Bei zwei der vier Aufgaben werden Phantasiewörter verwendet. Die jeweils zu verbalisierenden Sachverhalte sind zudem bildlich dargestellt. Beispiele:

- backen: Bäcker – Bäckerin – Bäckerei – Brötchen (als Verkleinerungsform von *Brot*) (Aufgabe 1)
- falen: Faler – Falerin – Falerei – Zingchen (als Verkleinerungsform von *Zing*) (Aufgabe 3)

Bei diesem Test geht es um die Beherrschung regelhafter morphologischer Ableitungen (Derivationen).

AD – Adjektivableitungen
Das Kind soll zunächst von einem Substantiv die Adjektivform ableiten und anschließend unterschiedliche Ausprägungsgrade dieses Attributes markieren, indem es die Komparativ- und die Superlativform bildet. Bei vier der fünf Aufgaben werden wieder Phantasiewörter verwendet; die Attribute und ihre jeweiligen Ausprägungsänderungen sind bildlich dargestellt. Beispiele:

- Blome: blomig – blomiger – am blomigsten (Aufgabe 3)
- Retze: retzig – retziger – am retzigsten (Aufgabe 5)

Dieser Test zielt wie schon die Untertests *PS* und *AM* auf die sprachliche Ebene der morphologischen Struktur.

Ebene der Satzbedeutung

KS – Korrektur semantisch inkonsistenter Sätze
Das Kind soll jeweils ein semantisch unpassendes Wort in den neun vorgesprochenen Sätzen erkennen und korrigieren. Beispiele:

- Die Mutter stellt die Blumenvase in den Tisch. (Aufgabe 1)
- Der lustige Clown macht sehr viele Fragen. (Aufgabe 6)

SB – Satzbildung
Dem Kind werden zwei oder drei Wörter (insgesamt 10 Aufgaben) vorgesprochen, aus denen es einen Satz bilden soll. Beispiele:

- Hof – liegen – Hund (Aufgabe 3)
- weinen – traurig (Aufgabe 8)

Die Untertests *KS* und *SB* zielen auf die Erfassung der Fähigkeit zum Umgang mit Satzbedeutungen.

Ebene der Wortbedeutung

WF – Wortfindung
Das Kind soll zu drei vorgesprochenen Wörtern ein viertes, dazu passendes Wort produzieren. Der Untertest enthält 14 Aufgaben. Beispiele:

- blau – gelb – rot (Aufgabe 1)
- springen – gehen – laufen (Aufgabe 3)
- jetzt – später – früher (Aufgabe 13)

Für die Bewältigung dieser Aufgaben muss das Kind erkennen, welcher Bedeutungsaspekt den vorgegebenen Wörtern gemeinsam ist. Bei Aufgabe 3 zum Beispiel handelt es sich um Begriffe der Fortbewegung mit den Beinen. Das erlaubt Aufschlüsse über die Organisation des subjektiven Lexikons.

BK – Begriffsklassifikation
Das Kind soll aus einem Set von 30 Fotos die zu einem vorgegebenen Begriff (insgesamt 6) jeweils passenden Fotos finden. Beispiele:

- Tiere: Fisch, Hund, Huhn, Pferd, Schildkröte (Aufgabe 1)
- Kleidung: Handschuhe, Hut, Jacke, Kleid, Schuhe (Aufgabe 3)

Zusammen mit dem Untertest *WF* dient dieser Test zur Erfassung der Fähigkeit im Umgang mit Wortbedeutungen.

Ebene der interaktiven Bedeutung

BF – Benennungsflexibilität
Eine auf einer Bildkarte dargestellte Person wird mit Vor- und Zunamen vorgestellt, und das Kind soll aus der Perspektive einer anderen Person die dargestellte Person anreden, wobei die Beziehungen zwischen den Personen variieren. So soll bei der ersten der zwei Aufgaben *Kurt Schneider* von seinem *Sohn*, seiner *Frau* und dem *Lehrer* mit dem entsprechenden Namen angesprochen werden.
Dieser Test prüft die Fähigkeit, die Beziehung zwischen Personen mit einer angemessenen Anredeform zum Ausdruck zu bringen.

VN – In-Beziehung-Setzung von verbaler und nonverbaler Information
Das Kind soll die jeweils vorgesprochene Äußerung (8 Aufgaben) einem von vier Gesichtsbildern zuordnen, die unterschiedliche emotionale Zustände (*wütend, unfreundlich, zufrieden, fröhlich*) ausdrücken. Beispiele:

- Das ist ja zum Verrücktwerden! Du bist ein vollständiger Idiot! (Aufgabe 2)
- Ich fühle mich so leicht und beschwingt wie ein Schmetterling. Ich könnte tanzen vor Vergnügen! (Aufgabe 8)

ER – Enkodierung und Rekodierung gesetzter Intentionen
Das Kind soll sich in die Rolle von vorgegebenen Personen (drei Gesichtsbilder: wütend, traurig, zufrieden) versetzen und eine Äußerung produzieren, die sowohl den Gefühlszustand des Sprechers als auch das Ereignis/die Situation zum Ausdruck bringt, in der sich der Sprecher befindet (4 Situationen, 9 Aufgaben). Beispiel:

- (Vorlage des wütenden Gesichtsausdrucks): Der Mann hat sein ganzes Geld verloren. Er kann nun nicht mehr mit seiner Familie in Urlaub gehen. Was glaubst du, sagt er gerade zu seiner Frau? (Situation 4, Aufgabe 7)

Die angemessene Lösung dieser Aufgaben erfordert eine komplexe Reihe von Schritten: Das Kind muss zunächst den vorgegebenen Inhalt verstehen, es muss sich in die Rolle der Sprecherperson versetzen und deren Perspektive und Gefühlszustand emotional und kognitiv einnehmen, um schließlich eine Äußerung zu produzieren, deren Illokution zu der Rolle passt. Die Untertests *BF, VN* und *ER* sollen die Fähigkeit zum Umgang mit Äußerungen und zum Verständnis ihrer interaktiven Bedeutung erfassen.

TG – Textgedächtnis
Das Kind soll eine Geschichte nacherzählen, die ihm einige Zeit zuvor (vor der Durchführung weiterer Untertests) zweimal vorgelesen worden ist. Als Erinnerungshilfe werden die vier in der Geschichte vorkommenden Tiere als Bildkarte vorgelegt. Diese Aufgabe erfasst die Fähigkeit zur komplexen Integration unterschiedlichster sprachlicher Merkmale zu einer Geschichte.

Anmerkung: Aufgrund ihrer Schwierigkeit werden die Untertests *KS, BF* und *ER* nur bei fünfjährigen und älteren Kindern durchgeführt. Da der Test für den Altersbereich zwischen 3 und 9 Jahren konzipiert ist und die Aufgaben nach Schwierigkeit angeordnet sind, werden bei den meisten Untertests Kriterien dafür definiert, mit welchen Aufgaben in Abhängigkeit vom Alter des untersuchten Kindes begonnen wird und wann die Bearbeitung eines Untertests abgebrochen wird.

2.3 **Durchführung und Ergebnis**

Die Durchführung des gesamten Tests dauert mehr als eine Stunde. Deshalb wurde bei Michael der Test über zwei Sitzungen verteilt, zwischen denen sechs Wochen lagen. Zum *H-S-E-T* – wie zu jedem anderen standardisierten Test – gibt es neben den erforderlichen Figuren- und Bildmaterialien eine Durchführungsanweisung und eine so genannte Handanweisung. Die Durchführungsanweisung ist für die durchführende Person der Leitfaden; sie gibt genau an, wie die einzelnen Aufgaben vor-

Durchführungsanweisung

zustellen und durchzuführen sind, einschließlich der zu verwendenden Formulierungen. Für die Gewährleistung der Gütekriterien des Tests ist es absolut notwendig, sich eng an diese Anleitungen zu halten; wenn schon die Durchführungsobjektivität nicht gegeben wäre, könnten die darauf aufbauenden Messgütekriterien keine hohen Ausprägungen annehmen. Darüber hinaus erfordert die sachgemäße Testdurchführung aber auch die professionelle Erfahrung der Testleiterin im Umgang mit den Materialien und besonders bei Kindern in der Gestaltung einer einerseits nicht überfordernden, aber dennoch auf die Aufgabenbearbeitung konzentrierten Untersuchungssituation.

Handanweisung

Die Handanweisung beschreibt den Sinn der Aufgaben und gibt explizite Vorschriften und Beispiele für die Bewertung der jeweiligen Leistungen eines getesteten Kindes. Eine Besonderheit des *H-S-E-T* besteht darin, dass die untersuchten sprachlichen Fähigkeiten nicht nur als vorhanden oder nicht vorhanden eingeschätzt werden, sondern dass die Auswertung der Tatsache gerecht wird, dass sich sprachliche Fähigkeiten über Zwischenstufen entwickeln. In Abhängigkeit von der Art und Weise, in der eine Aufgabe korrekt, unvollständig oder falsch gelöst wurde, werden bei den meisten Untertests 0, 1 oder 2 Punkte vergeben. Dazu macht die Handanweisung detaillierte Angaben, deren Umsetzung ein ausgebildetes linguistisch-reflexives Verständnis sprachlicher Eigenschaften und Beschreibungsdimensionen voraussetzt.

Die Auswertung aller Testteile wird in einem Ergebnisbogen zusammengetragen; bei Michael führte das zu dem in Abb. 4 gezeigten Befundmuster.

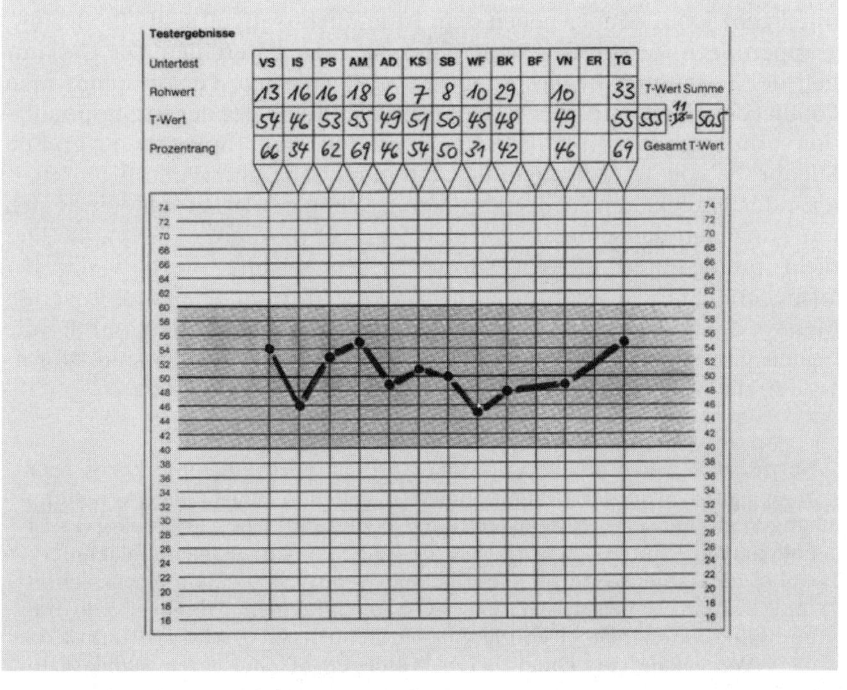

Abb. 4
Das Ergebnisprofil für Michael

Wie kommt es zu den einzelnen Angaben dieses Ergebnisbogens? Und was bedeuten die Ergebnisse; wie sind sie zu interpretieren? Wir sehen zunächst, dass die beiden Untertests *BF* und *ER* nicht durchgeführt wurden, ohne dass von der Untersuchungsleiterin dafür ein Grund benannt wurde. Auf dem Protokollbogen wurde vermerkt, dass Michael sehr kommunikativ und eloquent sei und sich bei der Durchführung sehr gut habe konzentrieren können.

Rohwerte

In der obersten Ergebniszeile sehen wir die Rohwerte. Das sind die Punktzahlen, die Michael bei den einzelnen Untertests anhand der Auswertungsvorschrift erreicht hat. Da Tests unterschiedlich lang sein und unterschiedlich viele Aufgaben umfassen können, für die es unterschiedliche Punktzahlen geben kann, müssen diese Rohwerte irgendwie standardisiert werden, damit sie miteinander verglichen werden können. Bei genauer Betrachtung geht es um zwei Arten von Vergleichen, die zwischen Testergebnissen günstigerweise möglich sein sollten. Zum einen ist es wichtig, die Ergebnisse der einzelnen Untertests miteinander vergleichen zu können, um zu erkennen, ob die getestete Person beispielsweise bei den Aufgaben zur Wortbedeutung gleich gut, besser oder schlechter abgeschnitten hat als bei den Aufgaben zur morphologischen Struktur (= intraindividueller Vergleich). Nur so kann man spezifische Stärken oder Schwächen in der erreichten Sprachentwicklung eines Kindes erkennen. Zum anderen werden die Testergebnisse eines Kindes mit den hypothetischen Testergebnissen aller anderen Kinder verglichen, die einen ähnlichen Entwicklungsstand haben sollten (= interindividueller Vergleich). Im Falle der Sprachentwicklung ist das vor allem vom Alter abhängig; bei anderen diagnostizierten Leistungen wie beispielsweise der Intelligenz kann es aber neben dem Alter auch sinnvoll sein, die Bezugsgruppen nach Geschlecht, Schulbildung etc. zu unterteilen. Die Gesamtheit der relevanten Bezugsgruppe für eine getestete Person nennt man Population; da man in aller Regel nicht alle Mitglieder der Bezugspopulation untersuchen kann, muss man anhand einer hinreichend großen Stichprobe von Testpersonen die Verteilung der gemessenen Eigenschaften oder Fähigkeiten in der Population schätzen. Dabei handelt es sich um Prinzipien der schlussfolgernden Statistik (Inferenzstatistik), die hier nicht interessieren müssen (Bortz 1999). Wichtig ist, dass der beschriebene Standardisierungsprozess dazu führt, dass den Rohwerten Messwerte auf einer Normskala zugeordnet werden können, auf der die beiden genannten Arten von Vergleichen sinnvoll möglich sind. Normskalen, die bei Tests häufig herangezogen werden, nennt Abb. 5.

Intraindividueller Vergleich

Interindividueller Vergleich

Population

Abb. 5
Normskalen

Normskalen geben an, wie sich die Ausprägungen eines Merkmals oder einer Fähigkeit in der Bezugspopulation verteilen. Eine solche Verteilung (angenommen, eine Normalverteilung oder Gauß'sche Glockenkurve) ist üblicherweise durch den Mittelwert und die Standardabweichung definiert, wobei die Zahlenwerte für diese beiden Kennwerte willkürlich bestimmt sind. Bekannt ist beispielsweise die IQ-Skala mit einem Mittelwert von 100 und einer Standardabweichung von 15. Beim *H-S-E-T* wird als Normskala die T-Wert-Skala verwendet, deren Mittelwert 50 und deren Standardab-

weichung 10 beträgt. Mathematisch kann man den Anteil der Personen aus einer Population, der bestimmte Ausprägungsintervalle des gemessenen Merkmals besitzt, als Fläche unter der Verteilungskurve beschreiben. Der Mittelwert gibt den Messwert an, den die eine Hälfte der Population übertrifft und die andere Hälfte unterschreitet. Im Bereich jeweils einer Standardabweichung links und rechts vom Mittelwert, bei der T-Wert-Skala also im Bereich zwischen 40 (50–10) und 60 (50+10) Punkten, liegen jeweils etwa 68 Prozent der Population. Der Prozentrang schließlich – in Michaels Ergebnistabelle in der dritten Zeile eingetragen – gibt an, wie viel Prozent der Bezugspopulation gleich oder schlechter abschneiden als das erzielte Ergebnisse der Testperson. – In diesem Zusammenhang ist darauf hinzuweisen, dass die bei uns verwendete Schulnotenskala von 1 bis 6 nicht den Kriterien einer standardisierten Normskala entspricht.
Angesichts der variierenden Entwicklungsgeschwindigkeit sprachlicher Fähigkeiten enthält der *H-S-E-T* altersabhängige Tabellen für die Zuordnung von Rohwerten zu Normwerten für die Bezugsgruppe der Kinder unter 4 Jahren, dann im Halbjahresabstand für Kinder von 4;0 bis 4;5, 4;6 bis 4;11, 5;0 bis 5;5 und 5;6 bis 5;11 Jahren, im Jahresabstand für Kinder von 6;0 bis 6;11 und 7;0 bis 7;11 Jahren sowie eine gemeinsame Tabelle für 8- und 9-jährige Kinder, deren Leistungen sich in den gemessenen Aspekten kaum noch unterscheiden.

Wenn wir uns Michaels Ergebnisprofil betrachten, so fällt auf, dass die normierten Testwerte bei allen Untertests im Bereich des Mittelswerts von 50 liegen. Das in die Gittertabelle eingezeichnete Profil bleibt bei allen Untertests im grau hinterlegten Bereich; das ist der Bereich zwischen den T-Skalen-Werten 40 und 60, in dem die mittleren 68 Prozent der Bezugspopulation liegen. Ein Unterschreiten dieses Messwerts würde bedeuten, dass die untersuchte Person bei der jeweils gemessenen Fähigkeit zu den schlechtesten, eine Überschreitung, dass sie zu den besten 16 Prozent ihrer Altersgruppe gehört.

Das in Abb. 4 dargelegte Testergebnis erweist Michaels sprachliche Leistungen, so wie sie mit dem *H-S-E-T* überprüft wurden, als vollkommen altersangemessen aus. Der Hinweis der Erzieherin, der die Untersuchung veranlasste, entsprang sicherlich der pädagogischen Verantwortung und Sorgfalt, konnte aber nur auf unstandardisierten Beobachtungen beruhen. Nach der objektiven Testung von Michaels Sprachentwicklungsstand kann eine Retardierung seiner sprachlichen Fähigkeiten aber ausgeschlossen werden.

3 Ein ähnlicher und doch anderer Fall

Wolfgang ist 5;9 Jahre alt, er hat ebenfalls eine Schwester, die allerdings drei Jahre älter ist als er. Als Untersuchungsanlass wird die Überprüfung seines Sprachentwicklungsstandes genannt. Der Test wurde in einer Sitzung absolviert, wobei wiederum die beiden Untertests *BF* und *ER* nicht vorgegeben wurden. Auf dem Protokollbogen ist als ein Ergebnis der Exploration vermerkt, dass Wolfgang im Alter von 3;3 Jahren über einen

Wortschatz von nur 20 Wörtern verfügt haben soll. Abb. 6 zeigt das Ergebnisprofil der Testung.

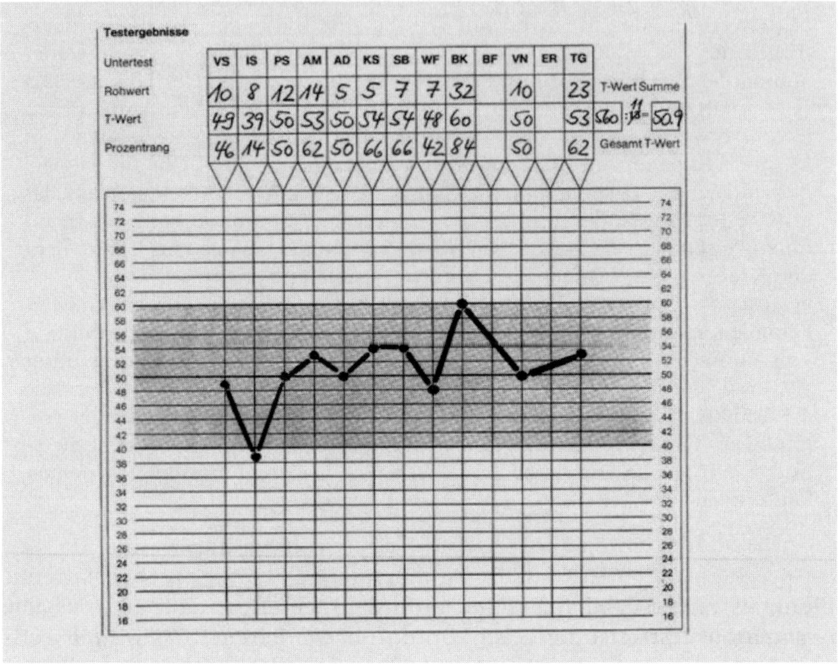

Abb. 6 Das Ergebnisprofil für Wolfgang

Auch das Profil von Wolfgang weist keine großen Schwankungen auf, der mittlere T-Wert von 50,9 repräsentiert daher auch recht gut die einzelnen Leistungen. Bei *BK* liegt seine Leistung sogar an der oberen Grenze des Durchschnittsbereiches; nur etwa 16 Prozent seiner Alterspopulation erbringen hier noch höhere Leistungen. Seine Leistungen erscheinen also altersangemessen – bis auf den Messwert des Untertests *IS*, der die Fähigkeit zur Imitation grammatischer Strukturformen prüft. Zu fragen ist daher, ob diese Leistung beim Nachsprechen von Sätzen für die Diagnose des Sprachentwicklungsstands von Bedeutung ist oder ob es sich nur um ein zufällig zustande gekommenes unterdurchschnittliches Ergebnis handelt.

Kritische Differenz

In der Handanweisung des Tests ist in einer Tabelle angegeben (Grimm/Schöler 1991: 33), wie groß der Unterschied zwischen den Messwerten der jeweiligen Untertests sein muss, um begründet anzunehmen, dass eine gemessene Fähigkeit bei einer Person tatsächlich besser oder schlechter ausgeprägt ist als die anderen. („Begründet" bedeutet statistisch, dass die Wahrscheinlichkeit für den Fehler, einen systematischen, auf den jeweiligen Fähigkeitsausprägungen bestehenden Unterschied anzunehmen, obwohl tatsächlich nur ein zufälliger Messwertunterschied vorliegt, nicht größer ist als 5 Prozent.) Diese so genannte kritische Differenz ist bei Wolfgang überschritten; seine Leistung im Untertest *IS* muss als auffällig und altersgemäß schwach gelten. Schauen wir uns seine Reproduktionen genauer an (Abb. 7).

Untertest 3 IS

Aufgabe	Punkte
1. Der Teppich wird von dem Vater ausgeklopft.	2
2. Die kleine Maus wird von dem Löwen gejagt.	2
3. Es ist heute morgen kein schönes Wetter.	1
4. Bevor du spielst, mußt du den Tisch abräumen.	0
5. Es sitzt der kleine Vogel im Gebüsch.	0
6. Ursula wird von Peter auf dem Rücken getragen.	1
7. Das Fahrrad wird von dem Omnibus an die Wand geschoben.	0
8. Die Tante, die weit weg wohnt, kommt zu Besuch.	0
9. Der Schrank, den ich mir gekauft habe, ist schön.	2
10. Vater hat einen Rucksack gekauft, bevor wir wanderten.	0
11. Das ist der Mann, dessen Sohn krank ist.	0
12. Die Sonne scheint, nachdem es immer geregnet hatte.	0
RW	8

Abb. 7 Die Reaktionen von Wolfgang bei Untertest *IS* im Einzelnen

Unauffällig sind seine Reproduktionen der ersten beiden vorgesprochenen Sätze, hier liegen lediglich dyslalische Modifikationen vor, die bei der Bewertung unberücksichtigt bleiben. Bei Satz 3 liegt eine Veränderung gegenüber dem Originalsatz vor, die entwicklungsangemessen ist und entsprechend noch mit einem Punkt bewertet wird. Ab Satz 4 treten allerdings andere Auffälligkeiten auf – ausgenommen bei Satz 9, den Wolfgang überraschenderweise korrekt nachspricht. Auffällig sind seine Schwierigkeiten mit den Konjunktionen, den Präpositionen und den Verbformen. Hier zeigen sich Fehler, wie sie bei spezifisch sprachentwicklungsgestörten Kindern immer wieder als typisch zu beobachten sind (vgl. dazu u.a. Schöler 1999; Schöler/Fromm/Kany 1998). Ähnliche Schwierigkeiten wie beim Nachsprechen von Sätzen deuten sich auch bei der Produktion von Sätzen (*SB*) an, obwohl die Leistung hier quantitativ als durchschnittlich zu bewerten ist: *Der Hof liegt der Hund* (nach Vorgabe von *Hof – liegen – Hund*), *Weinen traurig das Kind* (nach Vorgabe von *weinen – traurig*). Bei der Inspektion der Antworten bei anderen Untertests ist der Befund bei *PS* (Plural-Singular-Bildung) auffällig (s. Abb. 8), obwohl der Testpunktwert die Leistung quantitativ wiederum als durchschnittlich kennzeichnet.

Untertest 2 PS

Aufgabe	Antwort	Punkte
1. Auto	Autos	2
2. Streichholz	Streichholze	1
3. Buch	Buche	0
4. Schmetterling	Schmetterlinge	2
5. Sperling	Sperling	0
6. Maling	Maling	0
7. Zawo	Zawo	0
8. Naloß	Naloss	0
9. Findin	Findin	0
10. Mattau	Mattaue	1
11. Kolz	Kolz	0
12. Luch	Luch	0
13. Plabeln	Plabeln	0
14. Mindinnen	Mindin	2
15. Külinge	Küling	2
16. Krauern	Krauern	0
17. Jalosse	Jaloss	2
18. Kattaus	Kattaus	0
	RW	12

Abb. 8 Die Reaktionen von Wolfgang bei Untertest *PS* im Einzelnen.

Bis auf *Autos*, sicherlich eine häufig gehörte und überlernte Pluralform, scheint Wolfgang nur das Suffix *-e* zur Pluralisierung einzusetzen; interessanterweise streicht er auch nur bei den mit *-e* gebildeten Pluralformen dieses Suffix weg, wobei die Annahme durchaus plausibel ist, dass er bei *Mindinnen* die Pluralendung vielleicht (infolge dialektaler Färbung) auch nur als *Mindinne* gehört hat.

Wolfgang wird der Logopädin mit 7;1 Jahren ein zweites Mal und mit 8;2 Jahren ein drittes Mal vorgestellt. Dabei wurde aus dem *H-S-E-T* jeweils nur der Untertest *IS* durchgeführt, zusammen mit einer Auswahl anderer Aufgaben aus anderen diagnostischen Instrumenten.

Spezifische Sprachentwicklungsstörung

Die beiden Nachtestungen sprechen für die diagnostische Annahme, dass bei Wolfgang eine *Spezifische Sprachentwicklungsstörung* vorliegen könnte. Im Vergleich zur Altersnorm vermindert sich seine Leistung im Test *IS* mit zunehmendem Alter: Mit 7;6 Jahren erreicht er nur noch einen *T-Wert* von 35, und mit 8;2 Jahren sinkt der *T-Wert* weiter auf 17. Ein *T-Wert* von 17 bedeutet, dass Wolfgang nun hinsichtlich seiner Nachsprechleistung zu den unteren 0,05 Prozent seiner Alterspopulation zählt. Zwar verbessert sich seine Nachsprechleistung relativ zu seiner Fähigkeit zu früheren Zeitpunkten deutlich, die Schwierigkeiten mit den Konjunktionen und somit den komplexeren hypotaktischen Strukturen bleiben aber beobachtbar. Da die sprachunauffälligen Kinder in diesem Alter solche Sätze nahezu vollkommen korrekt reproduzieren, öffnet sich die Schere zwischen seiner Leistung und der Leistung seiner Altersgruppe stetig, wie sich dies in den Normwerten dokumentiert.

Zusammen mit den weiteren durchgeführten Sprachleistungstests erhärtet sich die Diagnose einer Spezifischen Sprachentwicklungsstörung: Auch die Kurzzeitgedächtnisleistung von Wolfgang liegt gerade an der unteren Grenze des Durchschnittsbereichs, und seine Leistungen beim Nachsprechen von Kunstwörtern liegen ebenfalls unter der Altersnorm. Beide Leistungsbereiche weisen auf Probleme der so genannten phonologischen Schleife des menschlichen Arbeitsgedächtnisses hin (Gathercole/Baddeley 1993; s. auch Hasselhorn/Werner 2000), die für die kurzzeitige Aufrechterhaltung von phonologischer Information im menschlichen Gedächtnis zuständig ist und deren Beeinträchtigung als maßgeblich, bei einer Reihe von Kindern mit einer Spezifischen Sprachentwicklungsstörung sogar als (mit) verursachend für die beobachteten sprachlichen Auffälligkeiten gilt. – Ein kurzer Lehrfilm zum kindlichen Dysgrammatismus (der früheren Bezeichnung der Spezifischen Sprachentwicklungsstörung; vgl. Schöler 1994) ist auf der beiliegenden CD-ROM zu sehen.

3.1 Vergleich der beiden Beispielfälle

Die beiden konkreten Fälle Michael und Wolfgang, zu denen den Verfassern außer den genannten Unterlagen keine weiteren Informationen vorliegen, erweisen sich zumindest in zweifacher Hinsicht als besonders tauglich für die Darstellung von Möglichkeiten und Grenzen psychodiagnostischer Tests. (1) Schon allein eine quantitativ-vergleichende Analyse von Testergebnissen kann hinreichend zuverlässige und valide diagnostische Informationen liefern. Sie ist bereits sehr hilfreich für eine differenzierende Bewertung der beiden Testergebnisse von Michael und Wolfgang, obwohl die Testleistungen der beiden auf den ersten Blick durchaus vergleichbar scheinen. Die detailliertere Betrachtung des Testprofils und der intraindividuelle Vergleich der Testleistungen im Falle von Wolfgang lassen bereits auf einer quantitativ-vergleichenden Ebene ein Defizit der Sprachentwicklung annehmen, was sich bei einer detaillierteren Antwortanalyse erhärtet. (2) Über eine rein normvergleichende Ebene hinaus, die im Falle von Michael für sich genommen bereits durchaus sinnvoll sein kann, ist es wichtig, sich die einzelnen Antworten eines Kindes anzuschauen, um detailliertere Informationen für die diagnostische Entscheidungsfindung zu gewinnen.

4 Weitere testdiagnostische Möglichkeiten

Diagnostische Messinstrumente, mit denen für spezifische Auffälligkeiten in sprachlichen Leistungsbereichen detailliertere Hypothesen über Bedingungsgefüge für eben diese Auffälligkeiten generiert und geprüft werden sollen, sind als Einzeltests konzipiert. Der Regelfall im Bereich der Sprachentwicklungsdiagnostik ist wie in den oben vorgestellten Fällen die Einzeluntersuchung: Ein einzelnes Kind wird beobachtet und getestet. Ausnahmen von dieser Regel wären beispielsweise Untersuchungen im Klassenverband, bei denen ein Gruppentest zur Diagnose etwa des Stands des Schriftspracherwerbs (also ein Lese- oder Rechtschreibtest) eingesetzt würde.

Professionelle Anwendung

Sprachentwicklungsauffälligkeiten bedürfen professioneller individueller Diagnostik und Therapie. Die Diagnostik sollte daher in der Regel in den Händen der entsprechenden Experten der beteiligten Disziplinen (Logopädie, Sprachheilpädagogik, Psychologie, Linguistik) verbleiben. Ein sachgerechter Einsatz von Tests erfordert nicht nur theoretische Kenntnisse über die Zielsetzungen der einzelnen Aufgaben, sondern vor allem auch die praktische Einübung der Handhabung und Durchführung solcher Tests. Im Ernstfall, wenn entsprechende Schlussfolgerungen bezüglich des Leistungsstands und der zu ergreifenden Maßnahmen gezogen werden sollen, muss gewährleistet sein, dass diese Tests ihrer Zielsetzung entsprechend angemessen eingesetzt werden können.

In Abhängigkeit von der jeweils individuell zu formulierenden diagnostischen Fragestellung wird man einen oder mehrere Tests auswählen müssen. In den Fallbeispielen haben wir uns auf den *H-S-E-T* beschränkt, um das diagnostische Vorgehen an diesem Beispiel Schritt für Schritt zu erläutern. Im Folgenden werden exemplarisch für einzelne Sprachleistungsbereiche jeweils typische Tests kurz vorgestellt. Es geht dabei um die Prüfung (1) phonologisch-phonetischer Leistungen, des (2) Wortschatzes und der (3) Grammatik. Für einen Überblick über die insgesamt verfügbaren Tests sei auf die einschlägigen Handbücher von Brähler et al. (2002) und Lukesch (1998) verwiesen; einen aktuellen Überblick über Sprachtests im Schulalter gibt Schöler (2003).

4.1 Phonologisch-phonetische Leistungen

Der *Lautbildungstest für Vorschulkinder* (Fried 1980a) dient dazu, Kinder mit Lautbildungsschwächen im Alter zwischen vier und sieben Jahren zu erfassen. Die Kinder haben die Aufgabe, jeweils den auf vorgelegten Bildkarten dargestellten Begriff zu nennen. Die Testkurzform (*LBT*, 43 Bildkarten) differenziert zwischen mangelhafter und einer der Altersnorm entsprechenden Lautbildungsleistung. Mit Hilfe einer profilanalytischen Auswertung kann gleichzeitig die Ausprägung von Lautbildungsmängeln festgestellt werden beziehungsweise welche Lautbereiche besonders betroffen sind. Die diagnostische Testform (*DLBT*, 101 Bildkarten) gibt Aufschluss über den Ausprägungsgrad der Lautbildungsschwäche, in welchem Lautbereich die Leistung bedeutsam gemindert ist und welche Fehlerarten vorherrschen. Das Testergebnis soll Hinweise für eine gezielte Förderung liefern. Der Test ist in 15 bis 25 Minuten durchführbar. Altersnormen liegen in Form von Prozenträngen für zwei Altersstufen (4–5 Jahre und 5–7 Jahre) vor.

Auch der *Lautunterscheidungstest für Vorschulkinder* (Fried, 1980b) liegt in zwei Formen vor und ist als Einzel- oder Gruppentest im Alter von vier bis sieben Jahren einsetzbar. Mit der Kurzform *LUT* (17 Aufgaben) soll überprüft werden, ob die Lautunterscheidungsleistung eines Vorschulkindes seiner Altersnorm entspricht oder in entscheidendem Maße davon abweicht und ob bei mangelhafter Lautbildungsleistung (Dyslalie) eine Lautunterscheidungsschwäche als Teil- oder Hauptursache vorliegt. Mit der diagnostischen Testform *DLUT* (32 Aufgaben) soll die Lautunterscheidungsleistung systematisch geprüft werden, um eine Grundlage zur gezielten Förderung der Defizite zu finden. Die Testanweisung erfolgt über Kassette, und die Kinder streichen in einem Testheft den gehörten Begriff an (im Testheft sind immer drei Objekte dargestellt, z.B. Koffer, Käse, Kasse; eines wird akustisch benannt und soll dann vom Kind markiert werden). Für die Testbearbeitung werden etwa 30 Minuten benötigt, wobei ein Einübungsprogramm am Tag vor der eigentlichen Testung durchgeführt werden sollte, das nochmals etwa 10 Minuten beansprucht.

4.2 Wortschatz

Ein geringer Wortschatzumfang in den ersten drei Lebensjahren gilt als ein hohes Risiko für gestörte Entwicklungsprozesse, speziell für den Erwerb von grammatischem Wissen. Die Testung des Wortschatzes ist methodisch allerdings nicht einfach, weil bestenfalls Teilaspekte des aktiven und passiven Wortschatzes erfasst werden können; die vom Kind zu benennenden Bilder werden immer nur einen Ausschnitt des individuellen aktiven Wortschatzes darstellen. Dies gilt auch für die Prüfung des eher passiven Wortschatzes, wenn zu vorgegebenen Wörtern ein semantisch passendes Wort ausgewählt werden soll, ein Gegensatz oder ein Oberbegriff zu finden ist. Der Wortschatzumfang kann immer nur vor dem Hintergrund der vorgegebenen Bilder beziehungsweise Wörter hochgerechnet werden – und dies auch nur unter der Voraussetzung, dass die Repräsentativität dieser Vorgaben gewährleistet ist.

Der *Aktive Wortschatztest für 3–5-jährige Kinder AWST-R* (Kiese-Himmel 2005) erfasst den aktiven Wortschatz und trägt zur diagnostischen Abklärung von Sprachentwicklungsauffälligkeiten bei. Dem Kind werden insgesamt 75 Bilder vorgelegt, die zur Produktion von 51 Substantiven und 24 Verben anregen sollen. Der Test dauert etwa eine Viertelstunde. Altersnormen sind in Form von T-Werten und Prozenträngen, für Jungen und Mädchen getrennt, vorhanden.

4.3 Grammatik

Für die Prüfung grammatischer Fähigkeiten liegen so gut wie keine eigenständigen standardisierten Tests vor. In den allgemeinen Sprachentwicklungstests wie dem *Psycholinguistischen Entwicklungstest* (*PET*; Angermaier 1974) oder dem *H-S-E-T* werden grammatische Leistungen in einzelnen Untertests mit erfasst.

Mit dem *Nachsprechen von Sätzen* liegt ein Verfahren vor, das sich als geeignet erwiesen hat, Sprach- und Schriftspracherwerbsprobleme von unauffälligen Sprachentwicklungsbefunden zuverlässig abzugrenzen. Es gibt hierzu bislang noch kein eigenständiges standardisiertes Messinstrument; die Nachsprechaufgabe ist immer nur als Untertest in verschiedenen Verfahren enthalten. Wir haben am Beispiel von Wolfgangs Leistungen im Untertest *IS* des *H-S-E-T* gesehen, dass gerade dieser Aufgabentyp für die Unterscheidung von normalen beziehungsweise unauffälligen und auffälligen beziehungsweise gestörten Sprachentwicklungsverläufen von entscheidendem diagnostischen Nutzen sein kann.

5 Ausblick

Stagnation der Testentwicklung

Seit Mitte der 1970er Jahre wird immer wieder die „Stiefkind"-Situation beklagt, in der sich die Tests zum Stand der individuellen Sprachentwicklung befinden. Nicht nur vor dem Hintergrund der Bedeutsamkeit sprachlicher Fähigkeiten für die Persönlichkeitsentwicklung und für die Leistungsentwicklung in vielen Lebensbereichen überrascht, dass sich im Bereich der Entwicklung von Tests für die Prüfung von Sprachleistungen bis heute relativ wenig getan hat. Denn auch die Forderung, dass diagnostischen Verfahren eine Theorie des zu prüfenden Gegenstandsbereiches zugrunde liegen sollte – bei entwicklungsdiagnostischen Verfahren ist eine Entwicklungstheorie sogar unabdingbar (vgl. Filipp/Doenges 1983) –, hätte zu einer Neu- oder Weiterentwicklung auch der bestehenden Tests führen müssen.

Sicherlich ist ein Grund für die Stagnation in der prinzipiellen Ablehnung von Tests begründet: „Die bis heute anhaltende Diskussion über die Anwendungsmöglichkeiten und die Relevanz standardisierter Verfahren (Tests) für Leistungsmessungen gipfelte in Aussagen wie die, dass man ‚Menschen nicht messen' könne und man durch Definitionen,

Klassifikationen, Zuordnungen schon inhuman, weil ‚ausgrenzend' agieren würde ..." (Schöler 2003).

Vorbehalte gegen Tests

Will man verantwortungsvoll diagnostizieren und – auf der Grundlage der diagnostischen Ergebnisse – angemessen fördern, dann sind eine fundierte, explizite methodische Vorgehensweise und intersubjektiv nachvollziehbare Urteile unverzichtbar. So hat auch die Diskussion um die „Ganzheitlichkeit" oder die „Subjektorientiertheit" seltsame Blüten in der diagnostischen Landschaft getrieben und fundamentale Missverständnisse offenbart. In der Diagnostik (wie im Übrigen in jeder anderen Lebenssituation auch) kann man nur Ausschnitte aus der Ganzheit betrachten, auf die aufgrund einer bestimmten Fragestellung fokussiert werden muss. Auch systemisches Denken und Urteilen setzt zwingend voraus, dass man an bestimmten Punkten ansetzt (und nicht an allen Stellen zugleich). Eine auf das Finden von Gesetzmäßigkeiten hin orientierte diagnostische Vorgehensweise impliziert keineswegs, dass man das Gegenüber nicht als Subjekt oder nicht als Mensch betrachten würde. Umgekehrt können „ganzheitliche" Ansätze, die das Erkennen des Subjekts in den Mittelpunkt des diagnostischen Prozesses stellen, meist den Ansprüchen an eine zuverlässige und gültige Diagnostik und damit an die Voraussetzungen einer angemessenen individuellen Förderung im Sinne der Kinder nicht genügen (Schöler 1999: 23 ff.).

Linguistische und psychologische Expertise

Ein weiterer Grund für die mögliche Skepsis gegenüber dem Einsatz standardisierter sprachentwicklungsdiagnostischer Verfahren ist sicherlich auch inhaltlich begründet, denn oft findet sich keine ausreichende linguistische Fundierung der sprachlichen Aufgaben. Diese unzureichende Expertise dürfte zu einem guten Teil an der mangelnden Kooperation zwischen den Testkonstrukteuren (zumeist aus der Psychologie) und den Experten für Sprache (zumeist aus der Linguistik) liegen. Da zum einen immer noch vergleichbar wenige Tests für die Messung sprachlicher Leistungen vorhanden sind, zum anderen die vorhandenen Methoden teilweise aufgrund messtechnischer Defizite oder aufgrund mangelhafter entwicklungstheoretischer Durchdringung unzureichend sind, ist der Forderung nach Weiter- und Neuentwicklung standardisierter sprachentwicklungsdiagnostischer Verfahren Nachdruck zu verleihen. Gerade die letzte internationale Vergleichsstudie PISA und ihre Konzentration auf die Lesekompetenz zeigt, dass es nicht allein den Lehrerinnen oder Erzieherinnen überlassen bleiben kann, auch nicht den Kinderärztinnen, die erforderlichen differenzierten und differenzierenden Diagnosen im sprachlichen Bereich abzugeben. Auch die derzeitigen Überlegungen zur Einführung eines obligatorischen Sprachtests mit 5 Jahren, um frühzeitig eine abweichende oder auffällige Sprachentwicklung eines Kindes zu entdecken und dieses dann entsprechenden Fördermaßnahmen zuführen zu können, sprechen für eine eingehende Beschäftigung mit Sprachentwicklungstests.

PISA

Zwar liegt eine Reihe von Tests vor; diese bleiben jedoch in vielen Fällen hinter der Theoriebildung im Bereich der Sprachentwicklung zurück, auch müssen die angegebenen Vergleichsnormen als veraltet gelten. Nach einem Testboom in den 1970er Jahren stagnierte die Weiterentwicklung von Tests, weil zum Teil berechtigte Kritik, zum Teil aber auch nur ideologische Positionen diesen Forschungszweig so gut wie lahm legten. Im Interesse der Kinder ist zu hoffen, dass die schädigenden, sachunangemessenen Einflussnahmen überwunden werden, um die notwendige Verbesserung und Erweiterung diagnostischer Verfahren vorwärts zu bringen. Und hierbei ist eine interdisziplinäre Zusammenarbeit insbesondere zwischen psychologischer Expertise bezüglich der Testkonstruktion und linguistischer Expertise bezüglich der sprachlichen Inhalte und vor allem Strukturformen wünschenswert und erforderlich. Die logische Sequenz von Theorie über Diagnose und Prognose zur Intervention beziehungsweise Therapie impliziert, dass nur auf der Basis einer soliden theoriegeleiteten Diagnostik nachfolgend angemessene Intervention wie beispielsweise Frühförderung oder Therapiemaßnahmen entwickelt werden können.

VIII.2 Klinische Linguistik – zur Behandlung neurogener Sprachstörungen

Martina Hielscher-Fastabend

1 Die Aufgaben der Klinischen Linguistik

Berufsbild

Klinische Linguisten sind akademisch ausgebildete Sprachtherapeuten, die über besonders fundierte sprachwissenschaftliche Kenntnisse verfügen. Die inhaltlichen Schwerpunkte liegen auf den neurologisch bedingten Störungen des Sprechens und der Sprache bei Erwachsenen und auf Störungen des Spracherwerbs bei Kindern. Sie arbeiten vorwiegend in Kliniken, Rehabilitations- und Förderzentren. Klinische Linguisten haben seit einigen Jahren aber auch die offizielle Anerkennung als therapeutischer Berufsstand mit der Möglichkeit, sich kassenrechtlich niederzulassen.

Ausbildungssituation in Deutschland

Die Ausbildungssituation der akademischen Sprachtherapie unterliegt in Deutschland derzeit massiven Veränderungen: Bachelor- und Masterstudiengänge lösen die bisherigen Magister- und Diplomstudiengänge ab, die heilpädagogischen Studiengänge mit sprachtherapeutischem Schwerpunkt werden ebenfalls umstrukturiert – oder gestrichen – und Bachelorstudiengänge der Logopädie werden an Fachhochschulen etabliert, um den Logopädinnen und Logopäden einen schnellen Übergang in die akademische Laufbahn zu ermöglichen. Die Logopädieausbildung wird in Deutschland, einzigartig in ganz Europa, als nicht akademische Ausbildung durchgeführt (*Ausnahme*: Bachelorstudiengang Logopädie des Fresenius-Institutes in Idstein), der zuständige Verband ist der Deutsche Bundesverband für Logopädie. Circa 1 500 Logopädinnen und Logopäden verlassen jährlich die Schulen, nachdem sie oftmals im Rahmen einer Umschulungsmaßnahme in diesen Bereich gekommen sind und speziell an privaten Instituten nicht immer optimal ausgebildet wurden. Aufgrund europäischer Angleichungsmaßnahmen können sie sich nach ihrem Abschluss direkt niederlassen und tun dies auch teilweise bedenkenlos ohne weitere praktische Erfahrungen. Vor diesem Hintergrund ist um die Qualität der sprachtherapeutischen Versorgung in Deutschland zu fürchten. Im Gegenzug hat der Bundesverband 2005 eine Pilotphase zur Qualitätssicherung (QMS) in freien Praxen zunächst auf freiwilliger Basis gestartet.

Studienorte

Klinische Linguistik kann man derzeit studieren an der Universität Bielefeld als Bachelor- und aufbauenden Masterstudiengang oder an der Universität Potsdam unter der Bezeichnung *Patholinguistik* als Bachelor und als europäischen Masterstudiengang. Zusätzlich ist 2005 ein umfassender Bachelorstudiengang *Sprachtherapie* in München etabliert worden. Ein Studium der Sprachheilpädagogik (z.B. in Dortmund, Heidelberg,

Köln, Leipzig oder Würzburg) bildet die pädagogisch orientierte Alternative zur Klinischen Linguistik. In Ausnahmefällen kann auch nach einem einschlägigen theoretischen Studium an einer anderen Universität (z.B. Frankfurt oder Freiburg) ein praktisches Ausbildungsjahr folgen, welches die Anerkennung durch den Bundesverband Klinische Linguistik e.V. (BKL) ermöglicht. Als relevanter übergeordneter Verband ist der Deutsche Bundesverband der akademischen Sprachtherapeuten zu nennen. Dieser Verband bietet Neuanfängern sehr gute Orientierungsmöglichkeiten und ist überaus aktiv im gesundheitspolitischen Bereich.

Inhaltliche Unterschiede in den Schwerpunkten Klinischer Linguisten, Sprachheilpädagogen und Logopäden sind eher in der theoretischen Ausrichtung zu sehen als in den behandelten Störungsbildern. So ist es im Oktober 2005 in Hannover nach mehrjähriger Arbeit zu einer gemeinsamen Resolution aller ProfessorInnen sprachtherapeutischer Studiengänge und VertreterInnen des Bundesverbands für Logopädie gekommen, in welcher eine Einigung auf Mindeststandards für die Schaffung eines Berufsgesetzes zum Heilberuf Sprachtherapeut/Logopäde erzielt werden konnte. Wie diese nun in den verschiedenen Studiengängen umgesetzt und von Bund und Ländern wahrgenommen wird, bleibt abzuwarten.

Studieninhalte

Ein Studium der Klinischen Linguistik legt besonderen Wert auf die sprachwissenschaftlichen Grundlagen, auf methodische Kenntnisse sowie auf eine vertiefte Behandlung der Nachbardisziplinen Medizin, Psychologie und Pädagogik. Das Studium befasst sich mit Veränderungen der Sprache und des Sprechens aufgrund von angeborenen oder erworbenen Erkrankungen. Man unterscheidet Störungsbilder, die entweder das zentrale Sprachsystem, die Sprechmotorik, die Sprechflüssigkeit oder die Stimme betreffen. Einen umfassenden Überblick über die verschiedenen Störungsbilder bieten z. B. die Lehrbücher von Böhme (2003, 2001) oder das immer noch sehr informative Handbuch von Blanken et al. (1993). Traditionell befasst sich die klinische Linguistik vorwiegend mit der Erforschung der *Aphasien*. Das sind erworbene Störungen der Sprache aufgrund einer Erkrankung in Bereichen der sprachdominanten, meist linken Großhirnhemisphäre, als Folge zum Beispiel eines Schlaganfalls oder Schädel-Hirn-Traumas.

2 Aphasische Syndrome und Symptome

Bei einer Aphasie sind sämtliche Modalitäten und sprachlichen Ebenen betroffen. Das Muster der Störungen, die Art der Fehler, die Schwere der jeweiligen Beeinträchtigungen und die Möglichkeiten der Stimulation über erhaltene, noch vorhandene Kompetenzen sind jedoch individuell sehr unterschiedlich. In Abschnitt 2.1 werden zunächst die gängigen aphasischen Syndrome – die typischen Muster der gemeinsam auftretenden Symptome – skizziert. Der praktische und erkenntnistheoretische Wert einer Syndromklassifikation wird heute jedoch in Frage gestellt. Die Alternative einer exakten linguistischen Symptombeschreibung mit psycholinguistisch fundierten Überlegungen zu den zugrunde liegenden gestörten Verarbeitungsprozessen folgt in Abschnitt 2.2.

2.1 Aphasische Syndrome

Wichtige aphasische Störungsbilder

Man unterscheidet heute im deutschen Sprachraum gewöhnlich vier Standardsyndrome (Amnestische Aphasie, Wernicke-Aphasie, Broca-Aphasie, globale Aphasie) und einige Sonderformen (z.B. Leitungsaphasie, transkortikal-motorische oder sensorische Aphasie, Worttaubheit oder spezielle Störungen der Schriftsprache) (vgl. Huber/Poeck/Weniger 2002). Die ersten Syndrombeschreibungen stammen von zwei berühmten Aphasiologen des 19. Jahrhunderts, *Paul Broca* und *Carl Wernicke*, die zeitlich fast parallel zwei sehr unterschiedliche Formen aphasischer Störungen beschrieben haben.

2.1.1 Die Broca-Aphasie

Agrammatismus als Leitsymptom der Broca-Aphasie

Die Broca-Aphasie zeichnet sich durch eine unflüssige und mühsame Sprachproduktion mit grammatisch einfachsten Strukturen aus. Als Leitsymptom wird der *Agrammatismus* genannt, der sich in einer stark reduzierten, elliptischen Sprache äußert („Telegrammstil"). In der spontanen Sprachproduktion fehlen viele freie grammatische Morpheme (Artikel, Präpositionen, Junktionen). Adjektive und Verben bereiten mehr Probleme als Nomen, speziell Verben werden häufig in infiniter Form verwendet. Die eingesetzten Wörter der geschlossenen Wortklasse variieren kaum und werden zum Teil falsch verwendet. Die spontane Kommunikation über alltägliche Inhalte gelingt Broca-Aphasikern besser als die Bewältigung strukturierter Aufgaben (vgl. Audiobeispiel 1 gegenüber Audiobeispiel 2 vom selben Patienten). In schweren Fällen kommt es nur noch zu Ein- und Zweiwortäußerungen. Der Telegrammstil wird von einigen Autoren als kompensatorisches Mittel zur Vermeidung von Fehlern in der spontanen Sprachproduktion gesehen. Broca-Aphasiker sind sich ihrer Störung bewusst, ihre Sprachrezeption ist besser erhalten als die Sprachproduktion.

Phonematische Paraphasien

Sprechapraxie

Neben den Problemen der grammatischen Verarbeitung zeichnet sich die Sprache der Broca-Aphasiker gewöhnlich durch viele phonematische Paraphasien aus; darunter versteht man lautlich entstellte Äußerungen, die das Zielwort aber noch erkennen lassen. Begleitet wird die Broca-Aphasie häufig von einer Störung der Sprechplanung und zeitlichen Koordination der Sprechbewegungsmuster, der so genannten Sprechapraxie. Eine Broca-Aphasie resultiert gewöhnlich aus Schädigungen im Gehirn, die bestimmte Areale des Frontallappens und des Inselkortex der sprachdominanten (gewöhnlich linken) Hirnhälfte betreffen, die in der Nachbarschaft von motorischen Repräsentationsarealen der Sprechsteuerung liegen.

Im frühen Verlauf ist manchmal die Rückbildung zu leichteren Aphasieformen möglich. Die Artikulation und Phonematik verbessern sich gewöhnlich rascher als die grammatischen Defizite; es bleiben jedoch häufig prosodische Auffälligkeiten. Selbst bei gutem Verlauf bleiben auch die Satzsyntax einfach und das Sprechtempo verlangsamt.

2.1.2 Die Wernicke-Aphasie

Paragrammatismus als Leitsymptom der Wernicke-Aphasie

Wernicke-Patienten sprechen mit normaler Sprechgeschwindigkeit und legen ihre Äußerungen auch grammatisch komplex an. Sie machen jedoch syntaktische und morphologische Fehler und zeigen Satzabbrüche, Satzverschränkungen und Satzteilverdoppelungen, was als *Paragrammatismus* bezeichnet wird. Dieser Sprachstil wird durch strukturierte Aufgaben eher verbessert, ein zum Teil überschießender Sprachfluss wird etwas eingedämmt (vgl. Audiobeispiele 3 und 4 derselben Patientin; die Audiobeispiele 2 zur Broca- und 4 zur Wernicke-Aphasie bei strukturierten Sprechaufgaben beziehen sich auf die Bilderfolge „Pudding", die als Ergänzung auf der CD-ROM enthalten ist). Die Artikulation und Prosodie der Patienten ist meist unauffällig. Es finden sich jedoch eine Vielzahl phonematischer Paraphasien und Annäherungen an das Zielwort (Audiobeispiel 5) sowie semantische Paraphasien. Solche semantische Abweichungen vom Zielwort können durch einen Ober- oder Unterbegriff gegeben sein, oder sie können eine situative Assoziation beinhalten. Auch Wortneubildungen – semantische Neologismen – kommen vor (z.B. *Eismacher* anstelle des Zielwortes *Kühlschrank*). Das Sprachverstehen ist bei Patienten mit einer Wernicke-Aphasie gewöhnlich ebenfalls deutlich gestört. Semantische Fehler wurden daher häufig auf ein generelles Defizit der semantisch-lexikalischen Repräsentation im sprachlichen Gedächtnis zurückgeführt.

Paraphasien und Neologismen

Störungen der Schriftsprache

Schädigungen in Regionen des Temporallappens der sprachdominanten Hemisphäre, die typisch für eine Wernicke-Aphasie sind, und des angrenzenden Parietallappens gehen auch häufig mit einer speziellen Störung des Lesen und/oder des Schreibens einher (vgl. die Beschreibung der Patientin am Ende von Audiobeispiel 6).

Im Verlauf der Erkrankung verringert sich die Häufigkeit phonematischer Paraphasien relativ schnell, die semantischen Paraphasien bestimmen dann später das Störungsbild. Die Wernicke-Aphasie kann sich zu einer amnestischen Aphasie (s. unten) zurückbilden. Liegen erhebliche Störungen des Sprachverständnisses vor, so ist die Prognose jedoch eher ungünstig.

2.1.3 Amnestische Aphasie

Die amnestische Aphasie ist die leichteste Aphasieform, bei der Wortfindungsstörungen im Vordergrund der Symptomatik stehen. Die Sprechweise ist relativ flüssig mit normaler, komplexer Satzsyntax, und das Sprachverständnis ist recht gut erhalten. Untersucht man jedoch genauer das Verstehen von seltenen und abstrakten Wörtern, von Metaphern, komplexen Sätzen und Texten, so lassen sich auch bei einer amnestischen Aphasie deutliche Einschränkungen nachweisen.

Die Wortfindungsstörungen äußern sich durch Hesitationsmarkierungen, Pausen oder Wiederholungen. Es kommt häufig zu Umschreibungen des gesuchten Wortes, manchmal unterstützt durch nonverbale Elemente (vgl. Audiobeispiel 7 eines Patienten mit schwerer amnestischer Aphasie).

Wortfindungsstörungen als Leitsymptom der amnestischen Aphasie

Kommt es zu Paraphasien, so weisen semantische Paraphasien gewöhnlich deutliche Ähnlichkeit mit dem Zielwort auf. Gibt man ein passendes Wort vor oder auch nur eine Anlauthilfe, so kommt der Aphasiker gewöhnlich schnell auf die korrekte Form. Daher werden die Wortfindungsprobleme eher auf eine Zugriffsproblematik beziehungsweise Aktivierungsproblematik der phonematischen Wortformen zurückgeführt, die eventuell von Aktivierungsproblemen der genauen semantischen Bedeutung begleitet sein kann.

Die Ursache der amnestischen Aphasie wird typischerweise in Schädigungen temporo-parietaler Bereiche der sprachdominanten Hemisphäre gesehen. Die Läsionen sind gewöhnlich kleiner, oder es handelt sich um mehrere kleine Gewebeverletzungen. Der Verlauf der amnestischen Aphasie nach einem akuten Ereignis ist häufig sehr günstig; es verbleibt zum Teil nur eine Restsymptomatik.

2.1.4 Globale Aphasie

Umfassende Störung von Sprachproduktion und Sprachverstehen

Als globale Aphasie wird die schwerste Form der Aphasie bezeichnet. Die Sprachproduktion ist sehr stark betroffen, stockend und mit großer Anstrengung verbunden. In ganz schweren Fällen ist keine verbale Äußerung mehr möglich. In anderen Varianten kommt es zu stereotypen Sprachautomatismen und starren Formulierungsmustern, die nicht situationsadäquat eingesetzt werden, sondern quasi als Platzhalter fungieren. Erhalten geblieben ist häufig die prosodische Modulationsfähigkeit, mit deren Hilfe beispielsweise Emotionen ausgedrückt werden können. Auch wenn die Rezeption gewöhnlich weniger stark gestört ist als die Produktion, so ist sie bei der globalen Aphasie im Vergleich zu den anderen aphasischen Syndromen doch am stärksten betroffen. Zum Teil kommen bei den Patienten Defizite in der allgemeinen Bedeutungsverarbeitung hinzu.

Ursache für eine globale Aphasie sind gewöhnlich ausgedehnte Schädigungen im Bereich der sprachdominanten Hemisphäre, die die gesamten sprachrelevanten Areale von ihren frontalen bis hin zu den temporoparietalen Gebieten umfassen. Der Verlauf der Störung ist durch die Ausdehnung der Verletzung sowie durch Möglichkeiten restituierender und reorganisierender Rückbildungsprozesse bestimmt (Stein et al. 2000). Bei günstigem Verlauf und angemessener Therapie ist eine Verbesserung bis hin zum Bild der Broca-Aphasie möglich.

2.2 Symptomorientierte Beschreibung

Linguistische Symptomanalyse statt Syndrom-Klassifikation

Hilft dem Sprachtherapeuten eine an den Syndromen orientierte, in medizinischer Tradition entstandene Klassifikation wie die oben genannte? Da die Heterogenität der Fehlermuster innerhalb der Syndrome immer noch erheblich ist und 30 % bis 40 % der Aphasien gar nicht sinnvoll in diesem Klassifikationssystem zu fassen sind, ist für eine therapierelevante Diagnostik eine feinere, linguistisch gestützte Diagnostik auf der Wort-, Satz- und Textebene notwendig.

2.2.1 Störungen auf der Wortebene

Störungen des Wortformenabrufs finden sich bei der Produktion in der spontanen Sprache und in spezifischen Benennsituationen. Aber auch bei der Rezeption kann es zu Problemen der korrekten Interpretation von Wortformen kommen sowie zu einer falschen oder unvollständigen Bedeutungsrepräsentation.

Modelle der Wortrepräsentation

In gängigen Modellen der Wortrepräsentation im menschlichen Gedächtnis (Levelt 1989; Engelkamp/Rummer 1999; Jescheniak 2002) wird zwischen der Wortform und der Wortbedeutung beziehungsweise dem zugehörigen Begriff unterschieden. Repräsentationen der Wortform umfassen phonologische, silbische, prosodische und morphologische sowie graphematische Informationen. Sie sind jeweils mit einer semantischen Repräsentation und Bedeutungsaspekten verknüpft. Diese verschiedenen Informationen beziehungsweise ihre Verfügbarkeit können bei einer Aphasie in unterschiedlichem Ausmaß beeinträchtigt sein.

Ein klassisches Modell der Einzelwortverarbeitung findet sich bei Ellis/Young (1991, siehe Abb. 1). Die Autoren folgen einer modularen Sicht der Wortverarbeitungsprozesse und haben in äußerst systematischer Weise Patientendaten herangezogen, um isoliert erhaltene oder gestörte Verarbeitungskomponenten zu identifizieren, die jeweils ein Modul/eine Route im Modell zugewiesen bekommen. Das Modell liegt z.B. den diagnostischen Materialien von Blanken (1996, 1999a, b) und de Bleser et al. (2004) zugrunde und dient in der Praxis bis heute einer Einordnung von Störungen der Einzelwortverarbeitung.

Abb. 1 Modell der Einzelwortverarbeitung nach Ellis/Young (1991)

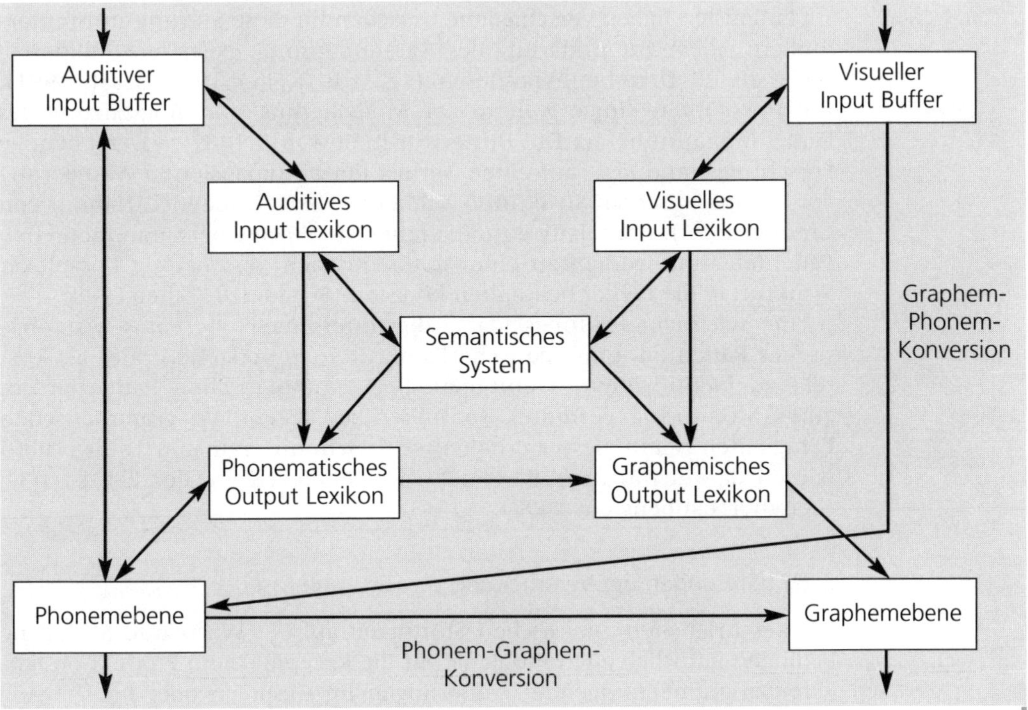

Das Modell unterscheidet jeweils periphere Verarbeitungsprozesse des auditiven und visuell-schriftsprachlichen Inputs und Prozesse des Lexikonzugriffs sowie des semantischen Bedeutungsabrufes bei der Rezeption und der Produktion. Zu den einzelnen Verarbeitungsprozessen und Repräsentationsebenen existieren allerdings noch unterschiedliche Vorstellungen und Modellierungen.

2.2.2 Störungen auf der Satzebene

Agrammatismus

Störungen der grammatischen Verarbeitung treten bei Aphasikern in zwei verschiedenen Ausprägungen auf. Einige Patienten zeigen eine sehr stockende, unflüssige und reduzierte grammatische Sprache, die als Produktionsagrammatismus bezeichnet wird. Bei leichter betroffenen Patienten findet man noch einfache Satzstrukturen, kurze Äußerungen sowie fehlende Funktionswörter und morphologisch einfache Verbformen (Infinitiv- oder Partizipstrukturen). Bei schwerer betroffenen Patienten oder bei Aufgaben mit erhöhten kognitiven Anforderungen wird die Sprache immer elliptischer und telegrammstilartig verkürzt, bis hin zu einem Überwiegen von Einwortäußerungen.

Paragrammatismus

Das entgegengesetzte Muster beobachtet man bei Patienten mit so genanntem Paragrammatismus. Die Patienten zeigen eine flüssige bis überschießende Sprachproduktion mit komplex angelegten Satzstrukturen. Sie beginnen komplexe Satzgefüge (Nebensätze, Passivkonstruktionen), brechen diese aber häufig ab oder verschränken verschiedene Satzgefüge ineinander. Grammatische Morpheme werden mit normaler Häufigkeit, aber öfter falsch verwendet.

Erklärungsansätze

Linguisten haben verschiedene Ursachen für diese Störungsmuster formuliert. Allein zur Erklärung des Agrammatismus existieren traditionell mehr als 20 Ursachenhypothesen (vgl. z.B. Kelter 1990; Tesak 1991). Hinzu kommen einige weitere zur Modellierung und Abgrenzung des Paragrammatismus (z.B. Butterworth/Howard 1987). Der heutige Forschungsstand lässt auf einen Verlust der automatisierten Aktivierung von grammatischen Strukturen schließen (z.B. Friederici / Hahne / von Cramon 1998). Ein relativ gut erhaltenes Monitoring bei agrammatischen Patienten führt zudem zu einer automatischen Vermeidung komplexer Strukturen, die Fehler beinhalten könnten (Schade/Hielscher 1998).

Ein wichtiger Faktor ist dabei die unterschiedliche Fähigkeit aphasischer Patienten, grammatische Strukturen zu verstehen oder als korrekt zu identifizieren. Wenn man bei agrammatischen Patienten ein gutes Monitoring vermutet, so sollten die rezeptiven grammatischen Fähigkeiten relativ besser erhalten sein. Schon Caramazza/Hillis (1989) wiesen darauf hin, dass dies nicht notwendigerweise der Fall ist (vgl. Hielscher/Laubenstein 1997).

2.2.3 Störungen der Verarbeitung von Text und Diskurs

Prozesse im (Kon-)Text

Die beschriebenen aphasischen Störungen auf der Wort- und Satzebene bedingen natürlich auch Probleme für die Rezeption und Produktion längerer zusammenhängender Äußerungen im Gespräch oder im Umgang mit Texten. Ob darüber hinaus die sprachliche Ebene des Textes spezielle Probleme beinhaltet, war lange umstritten, zumal in einigen Studien sogar eine unterstützende Funktion des Kontextes für das Satzverständnis nachgewiesen werden konnte (Hough et al. 1989). Modelle der Textrezeption setzen gewöhnlich eine vollständige und fehlerfreie Analyse der phonologischen, semantischen und grammatischen Elemente voraus und definieren darauf die spezifischen Prozesse des Textverstehens (z.B. Kintsch 1988, 1998; Johnson-Laird 1989). Ist diese Basis jedoch gestört, kann es dennoch in begrenztem Rahmen zu korrektem Textverstehen kommen. Auch im Normalfall sind nicht immer alle Informationen durch den Text gegeben, es werden fehlende Informationen stark durch Weltwissen und Schlussfolgerungen ersetzt. Huber (1990) bezeichnet die sprachnahe genaue Verarbeitung als Mikroprozesse und unterscheidet hiervon die ganzheitlich arbeitenden, auf Schlüsselwörtern basierenden Routinen als Makroprozesse. Die Mikroprozesse sind aufgrund der aphasischen Störung deutlich gestört, Makroprozesse können hingegen weitgehend intakt sein.

Kohäsion und Kohärenz

Zwei wesentliche Charakteristika von Texten werden durch die Begriffe der Kohäsion und der Kohärenz gefasst. Nach modernen Definitionen (z.B. Rickheit/Schade 2000) bezeichnet (1) die Kohäsion eines Textes den formalen Zusammenhang der Phrasen und Textteile aufgrund von sprachlichen Mitteln. Als solche fungieren Strukturen wie Junktionen, pronominale Referenz, nominale Wiederaufnahme, Inklusion etc. (2) Die Kohärenz ist besser als ein Prozess zu verstehen, der eine aktive Rolle des Rezipienten fordert, um aus dem Sprachinput eine sinnvoll gegliederte Gesamtvorstellung zu bilden, bzw. des Produzenten, um eine solche mentale Vorstellung in adäquater Weise zu ordnen, für die Situation angemessen zu konzeptualisieren und schließlich zu versprachlichen.

Kohärenz und Kohäsion sind bis zu einem gewissen Grade unabhängig. Ein Wernicke-Aphasiker, der Kohäsionsmittel relativ gut verwenden kann, produziert zum Teil weniger kohärente Texte, da die Strukturierung schlechter ist und die Gesamtbedeutung nicht adäquat übermittelt werden kann. Ein Broca-Aphasiker dagegen, der nur einfachste kohäsive Mittel verwenden kann, bildet aber eine stringente Struktur ohne überflüssige Informationen und Rücksprünge und erleichtert damit dem Rezipienten die Kohärenzbildung (vgl. Regenbrecht et al. 1992; vgl. die Audiobeispiele 2 und 4). Selbst leicht gestörte Aphasiker mit einer amnestischen Aphasie oder Restsymptomatik zeigen z.B. wenig Variationen in der Verwendung von Junktionen, Partikeln und Proformen für die Konzeptwiederaufnahme, und die Texte sind generell inhaltsärmer.

Aphasie und kommunikative Kompetenz

Die Diskursebene schließlich wird für Aphasiker eher als leicht gestört beschrieben, das heißt gewöhnlich, dass Aphasiker nonverbale Mittel (Mimik, Gestik, Bilder, Laute) ergänzend oder ersetzend als kommunikative Mittel einsetzen können. Grenzen können aber auch für diese Kanäle auftreten, wenn die Aphasie z.B. von Störungen der Prosodie (Gramley/Hielscher 2004), einer Sprechapraxie und/oder dem Verlust bedeutungshaltiger Gesten (Asymbolie; vgl. Goldenberg 2003) begleitet wird. Hier sind normative Daten oft schwer feststellbar. Insgesamt sind die höheren kommunikativen Fähigkeiten der Aphasiker jedoch sicher nicht ungestört (vgl. Zaidel et al., 2002).

2.3 Zusammenfassung

Aphasische Syndrome geben eine erste grobe Klassifikation der sprachlichen Störungsmuster und ihrer vermuteten Ursachen. Die Klassifikation ist allerdings erst ca. 4 bis 6 Wochen nach dem verursachenden Ereignis möglich und sinnvoll, und auch dies nur in ca. 60 % der Fälle. Zudem erfordert die Planung sprachtherapeutischer Maßnahmen eine sehr viel differenziertere Diagnose der individuellen Störungsschwerpunkte und der erhaltenen Fähigkeiten und Ressourcen, so dass im klinischen Alltag wie auch in der Theoriebildung heute die symptom- und modellorientierte Beschreibung der Störungen klar im Vordergrund steht. In Abschnitt 3 wird nun die diagnostische und therapeutische Vorgehensweise im Verlauf einer Aphasie genauer geschildert.

3 Aphasische Störungen im Verlauf

3.1 Das auslösende Ereignis

Fallbeispiel

Herr T. (46) kommt von einer längeren Flugreise nach Hause. Zwei Tage später fühlt er sich morgens nicht wohl. Sein rechtes Bein und der Arm werden taub, er kann nicht mehr sprechen, ihm ist schwindelig, und er wird vorübergehend bewusstlos. Herr T. hat einen Schlaganfall. Darüber berichtet Herr T. drei Monate später:

> Das Ganze begann ehm vier Tage nach [be] [ai] nach Rückkehr auf einer [ai] Reise nach Korea / und wir kamen ehm Donnerstag nachmittags da / und dann ganz normal eh ausgeschlafen / dann Freitag Samstag / und dann fing der Sonntag normal an / [h] halb neun etwa aufgestanden / und dann ein bisschen rumgeknößt, rum ... eh aufgeräumt eh in mein Büro / und dann gab es dieses plötzliche Blackout / sodass ich nach irgendeiner Weile / ob fünf Minuten oder zehn Minuten / eh ich fand dann also mich wieder auf dem Boden / ich merk ... ich merkte, dass ich eine eh eh ... / das rechte Bein und den rechten Arm konnte ich nich bewegen / und ich auch nicht alleine eh aufstehen könnte / und dann eh da ... dadurch, dass ich ja alles hörte eh hörte ich Telefon / und meine Frau wusste es, eh dass ich da war / aber ich konnte natürlich das [k] Telefon nicht bedienen / und eh also Anja stürzte dann runter ...

Aphasie nach Schlaganfall

Herr T. hatte einen Schlaganfall. Insgesamt gehen z.B. Diener/Forsting (2002) von mindestens 800.000 an einem Schlaganfall erkrankten Personen in Deutschland aus. Von diesen leiden ca. 30 % unter einer Aphasie. Nur bei ca. 40 % der an Aphasie erkrankten Patienten bildet sich die Sprachstörung bis auf Restsymptome oder sogar bis auf normale Sprachverwendung zurück, die übrigen benötigen auch langfristig therapeutische Maßnahmen.

3.2 Die Akutphase der Aphasie

Starke Veränderlichkeit am Anfang

Als Akutphase der Aphasie bezeichnet man aus neurolinguistischer Sicht die ersten 4 bis 6 Wochen nach dem Schlaganfall, bis sich ein relativ stabiles Störungsbild abzeichnet. Zum Verlauf aphasischer Störungen während dieser ersten Wochen gibt es bislang nur wenig systematische Untersuchungen. Für den deutschen Sprachraum finden sich allein bei Biniek (1993) differenzierte Daten zu Verläufen wichtiger aphasischer Symptome. Es zeigte sich erwartungsgemäß, dass die sprachlichen und sonstigen kognitiven Störungen in den ersten Tagen und Wochen erheblich fluktuieren. Nur sehr schwer gestörte Patienten mit starken Defiziten des Sprachverständnisses und der Sprachproduktion verändern Störungsmuster und Schweregrad in dieser Zeit wenig. Eine klare Prognose scheint in den ersten vier Wochen insgesamt kaum möglich.

Diagnostik in der Akutphase

Die Sprachdiagnostik dient in der Akutphase vorrangig dem Erkennen einer Aphasie und einer ersten Orientierung für die adäquate Therapie. Diagnostische Verfahren für den deutschen Sprachraum bilden unter anderem der AABT (Aachener Aphasie Bedside Test; Biniek 1993), der AST (Aphasie Schnelltest; Kroker 2000) oder das BiAS (Bielefelder Aphasie Screening; Richter/Wittler/Hielscher 2006).

Fallbeispiel
Diagnoseresultat

Herr T. wurde dreimal mit dem BiAS untersucht, einem kurzen Verfahren zur Testung rezeptiver und produktiver sprachlicher Funktionsbereiche, das am Bett des Patienten durchgeführt werden kann, um abzuschätzen, ob eine Aphasie vorliegt, und um erste Hinweise für das therapeutische Verhalten abzuleiten. Die Leistungen (Prozent) und typische Fehler zu den drei Messzeitpunkten (Tag 3, Tag 12, Abschluss der Reha-Maßnahmen Tag 41) sind Tab. (1) zu entnehmen. Zusammenfassend ergab die Diagnostik für Herrn T. folgendes Bild an Tag 3 nach dem Schlaganfall: Herr T. zeigte in den ersten Tagen nach dem Schlaganfall mittelgradige Beeinträchtigungen bei Aufgaben zum Sprachverständnis und schwere aphasische Beeinträchtigungen bei der Sprachproduktion. Dabei zeigten sich deutlich stärkere Störungen in der mündlichen als in der schriftlichen Sprachproduktion, was eventuell auf eine zusätzliche sprechapraktische Komponente zurückzuführen war, da artikulatorische Suchbewegungen und silbisches Sprechen auffielen. Ab und zu traten auch perseveratorische Tendenzen auf, die nicht als Selbstkorrekturverhalten gewertet werden konnten.

Tab. 1 Prozentwerte bei den verschiedenen Aufgabengruppen des BiAS; für die Wortflüssigkeit ist die mittlere Anzahl der genannten verschiedenen Wörter über drei Kategorien gemittelt angegeben.

	Tag 3	Tag 12	Tag 45	*exemplarische Fehler*
Wortverständnis	87,5	91,7	100	Seepferdchen → *Auswahlitem: Seestern*
Satzverständnis	50,0	75,0	87,5	Zahlt der Staat die Steuern? → *JA*
Automat. Sprache	57,0	91,7	91,7	Wer andern eine Grube gräbt … → *fällt da runter*
Nachsprechen	66,7	91,7	83,3	Futter → *[pfuta]* Affrizierung des Frikativ Knopfloch → *[Kopf … knopf.koch]* (Elision des *n*, Korrektur mit Substitution des *l* in der zweiten Silbe, Perseveration des *k* aus der ersten Silbe)
Benennen (einfache Objektbezeichnungen, Komposita, SVO-Sätze)	33,3	58,3	75,0	Wärmflasche → *[lasche , eine … habe ich doch gestern noch gehabt …* (semantische Hilfe: Was soll die denn tun?) *Wärmeflasche]* Die Frau trinkt Kaffee. → *Dame … jetzt geht's wieder los … die Dame koch … trinkt Kaffee* (semantische Paraphasie mit Selbstkorrektur) (vgl. Audiobeispiel 8)
Schriftsprache	58,3	91,7	100	Straßenbahnschienen → *[sch … Straßen äh schiene]* phonematische Unsicherheit, Elision des mittleren Morphems des Kompositums
Wortflüssigkeit	0	4,7	7,0	lange Zeit deutlich reduziert (vgl. Audiobeispiel 9)

Aktivierungsphase

Wie sah nun die Therapie für Herrn T. in den ersten zwei Wochen in der Akutklinik aus? Generell setzt die Therapie der Aphasie in der Akutphase, man spricht hier von der Aktivierungsphase, den Schwerpunkt auf die Reaktivierung und Wiederherstellung vorübergehend blockierter, zeitweilig nicht verfügbarer sprachlicher Prozesse und Inhalte. Es wird davon ausgegangen, dass die Sprache nicht verloren ist, sondern dass es sich zu einem erheblichen Anteil um Zugriffsstörungen handelt. So versucht man mit gezielten sprachlichen Angeboten und Übungen, den Restitutionsprozess der Hirnfunktionen zu unterstützen, die eine erhebliche Plastizität aufweisen (Stein et al. 2000).

Stimulierungsverfahren

Die klassischen stimulierenden Verfahren, die speziell in der Frühphase der Erkrankung eingesetzt werden, gründen auf Methoden von Schuell et al. (1964; *auditory sensory stimulation*) und von dem Ehepaar Weigl (1961, 1979; *Deblockierung*), die bis heute kaum von ihrem praktischen Wert verloren haben. Bei beiden Verfahren werden verbale Reize in verschiedenen Modalitäten vorgegeben. Die Wirkung dieser Stimulationsmethoden wird heute in der Voraktivierung sprachlicher Wort- und Satzformen vermutet. Der Einsatz multimodal stimulierender Verfahren ist in der Akutphase für alle Patienten indiziert, deren Sprachproduktion verlangsamt ist, sich durch Wortfindungsstörungen auszeichnet und keine Automatismen und keine Neigung zu Perseverationen aufweist.

Bei Patienten mit überschießender Sprachproduktion und einer Tendenz zu Perseverationen wird dagegen zunächst versucht, diesen Störungskomponenten entgegenzuwirken, indem z. B. verstärkt an der Rezeption gearbeitet wird.

Weiterhin sollte auch der pragmatische Aspekt des Gebrauchs der verbliebenen verbalen und nonverbalen Mittel berücksichtigt werden, da die psychosoziale Situation des Aphasikers durch seine Unfähigkeit, sich wie üblich auszudrücken, um vieles schwieriger ist als z. B. die eines Patienten mit einem Herzinfarkt, der über normale Kommunikationsfähigkeit verfügt. Die Verständigung des Patienten in seinem Umfeld hat absolute Priorität.

Fallbeispiel: Therapeutischer Verlauf

Herr T. erhielt Sprachtherapie in der Akutklinik ab dem 2. Tag nach dem Schlaganfall. Sie umfasste zunächst eine Aufklärung über das Krankheitsbild, soweit dies von Herrn T. verstanden werden konnte, und erprobte Möglichkeiten einer ersten kommunikativen Verständigung, die auch Gestik und Symbole mit einsetzen kann. Auf der funktionalen Ebene der Symptome wurde anfangs die Sprachrezeption stärker in den Vordergrund gestellt, um die Ausbildung von Sprachautomatismen zu vermeiden. In den ersten Tagen kam es bei Herrn T. manchmal zu perseveratorischen Tendenzen, d. h. auch beim Versuch, neue Wörter abzurufen, äußerte der Patient manchmal Fragmente des vorangegangenen Items. In diesen Fällen wurde mit Aufgaben zur Rezeption weitergearbeitet, oder es wurde auf die Schriftsprache zurückgegriffen. Nachdem sich bezüglich der Perseverationen relativ schnell eine Verbesserung eingestellt hatte, wurde weitgehend stimulierend und über alle Verarbeitungskanäle sprachaktivierend gearbeitet. Zum Beispiel wurden dem Patienten, der das Wort *Frühstück* nicht äußern und damit auch sein Frühstück nicht in üblicher Weise verlangen konnte, verbale und nonverbale Hilfen angeboten. Möglichkeiten hierfür sind:

- Anlauthilfe: /f/ oder /fRY:/
- Prosodische Anbahnung des Wortes „Frühstück"
- Mitsprechen des Wortes oder Satzes
- Semantischer Prime: nicht Abendbrot, sondern …
- Semantischer Primesatz: Morgens esse ich mein …
- Semantisches Feld: Kaffee, Brötchen, Marmelade und Ei gibt es zum …
- Bildkarte eines Frühstücktabletts
- Gesten, die das Kaffeetrinken etc. darstellen

Ziel einer solchen multimodalen Stimulation ist es, die sprachlichen Bedeutungen wieder zugänglich zu machen, Verstehen zu fördern und mündliche Sprachproduktion zu erleichtern. Beim Benennen konnten insbesondere häufig verbalisierte Begriffe bei Herrn T. über den situativen Kontext gut stimuliert werden; zu beobachten waren dann jedoch oft phonematische Paraphasien, welche bei mehrmaligem Mitsprechen und durch Anlauthilfen dem Zielwort angenähert werden konnten. Eine direkte Fehlerkorrektur wird zunächst allerdings vermieden, da jegliche zielbezogene Sprachproduktion zu fördern ist. – Zusätzlich wurden Übungen zur Besserung der Sprechapraxie durchgeführt.

Abschließend ergab die Diagnostik an Tag 12 nach dem Schlaganfall, nach knapp zwei Wochen Therapie in der Akutklinik, eine deutlich gebesserte Symptomatik (s. Tab.1). Qualitativ war auffällig, dass perseveratorische Fehler nicht mehr auftraten, phonetische Fehler und phonematische Paraphasien zurückgegangen waren. Das Sprachverständnis auf der Wortebene war für die Aufgaben im BiAS nur noch wenig gestört, Probleme auf der Satzebene blieben jedoch für die Rezeption und für die Produktion deutlich. Die Sprachproduktion auf der Wortebene war vor allem bei Komposita und beim freien Assoziieren beeinträchtigt.

3.3 Aphasiediagnostik und Therapie in der postakuten Phase

Gewöhnlich folgt dem Aufenthalt in der Akutklinik eine Anschlussheilbehandlung (AHB) in einer Klinik für neurologische Rehabilitation oder eine ambulante Versorgung durch eine Tagesklinik, um den Prozess der Wiederherstellung und weiteren Reorganisation motorischer und kognitiver Funktionen zu unterstützen.

Die Diagnostik durch den klinischen Linguisten dient im weiteren Verlauf der Akut- und Postakutphase vor allem einer genauen Eingrenzung der Störungsschwerpunkte, des Schweregrades und der modellorientierten Einordnung bestimmter Störungsmuster mit dem Ziel einer adäquaten Therapieplanung.

Diagnostik in der Postakutphase

Im Verlauf der AHB festigt sich langsam die Symptomatik. Etwa 6 Wochen nach dem Schlaganfall hat sich in der Regel eine relativ stabile Symptomatik der aphasischen Störung herausgebildet, und in ca. 60 % der Fälle lässt sich ein typisches syndromales Störungsmuster finden. Eine Klassifikation in eines der aphasischen Syndrome ist dann möglich. Manche Autoren sprechen hier auch von der postakuten Phase. Sie bezeichnet die Zeit, in der noch Spontanremission der Symptomatik auftritt (bis ca. 6 Monate nach dem Schlaganfall), die aber das generelle Bild der Aphasie nicht mehr grundlegend verändert. Die Diagnostik geschieht üblicherweise mit der klassischen Testdiagnostik. In Deutschland liefert der Aachener Aphasie Test (AAT; Huber et al. 1983) hierfür die umfassendste normierte und standardisierte Aufgabensammlung zur Diagnostik der aphasischen Störungsmuster. Die Ziele des Tests werden in (1) der Bestimmung einer Aphasie und (2) deren Störungsgrad sowie (3) in der Syndromklassifikation bzw. Erfassung von Sonderformen und (4) in einer ersten therapierelevanten Bestimmung der Störungsschwerpunkte gesehen. Zudem kann (5) bei wiederholter Anwendung die therapiebezogene Veränderung gegen die Spontanremission abgegrenzt werden, da der AAT eine systematische Einzelfalldiagnostik erlaubt und Normdaten für den Verlauf ohne Therapie vorliegen (Poeck/Huber/Willmes 1989).

Der Aachener Aphasie Test (AAT)

Aphasie Checkliste (ACL)

Erst kürzlich ist mit der ACL (Aphasie Checkliste; vgl. Kessler et al. 2003) ein kürzeres Testverfahren veröffentlicht worden, welches überdies auch nichtsprachliche kognitive Funktionen erfasst. Allerdings ist die Genauigkeit seiner Aussagen, seine Normierung und die Aussagekraft hinsichtlich der Therapieplanung bislang umstritten.

Screenings für die symptomorientierte Diagnostik

Außerdem ist gewöhnlich eine vertiefende Analyse des Störungsmusters anhand von Screenings mit dem Ziel vorzunehmen, die primär gestörten Funktionen und mögliche kompensatorische Mittel genauer einzugrenzen. Exemplarisch sei hier nur auf den Bereich der Störungen des lexikalischen Systems verwiesen. Für diesen Bereich der Prozesse des Zugriffs auf Wortformen und ihre phonematischen, morphologischen, syntaktischen, semantischen und konzeptuellen Informationen existieren im deutschen Sprachraum z.B. die genannten Aufgabensammlungen von de Bleser et al. (2004) oder von Blanken (1996, 1999a, b). Eine solche Diagnostik ist allerdings äußerst zeitaufwendig und ist therapiebegleitend und zur Evaluation spezifischer therapeutischer Maßnahmen einzusetzen.

Im Verlauf der postakuten Phase lösen störungsspezifische Übungen, die auf eine Modifizierung der defizitären Verhaltensweisen zielen, die eher globalen, multimodal stimulierenden Verfahren mehr und mehr ab. Die therapeutischen Programme richten sich zunächst nach den Syndromen mit ihren spezifischen Störungsschwerpunkten (vgl. Chapey 1994). Eine symptomorientierte, an neurolinguistischen Prinzipien ausgerichtete Therapie wird aber außerdem individuell auf die Fehlermuster und vorhandenen Kompetenzen des Patienten abgestimmt.

Fallbeispiel Anschlussbehandlung

Für Herrn T. folgte nach der Behandlung in der Akutklinik eine Anschlussheilbehandlung (AHB) über 5 Wochen in einer nahe gelegenen Klinik für neurologische Rehabilitation mit intensiver Sprachtherapie. Im Verlauf der Behandlung in der Rehaklinik wurde es therapeutisch notwendig, eine genauere Einordnung der Störungsursachen vornehmen zu können. Der Schwerpunkt der Behandlung lag auf den Bereichen:

- Störungen des Benennens und der Wortfindung
- Störungen auf der Satz- und Textebene
- Sprechapraxie

Zu allen drei Bereichen wurden Screenings durchgeführt, die eine spezifischere Einordnung der Symptomatik ergaben und die Ableitung genauerer therapeutischer Maßnahmen erlaubten.

Annahmen zur Wortrepräsentation

Betrachten wir hier näher die Ebene des Benennens und der Wortfindung. Wie unter Abschnitt 2.2 beschrieben, wird zwischen der Wortform und der Wortbedeutung bzw. dem zugehörigen Begriff unterschieden. Die Wortform umfasst phonologische, silbische, prosodische und morphologische sowie graphematische Repräsentationen. Sie ist mit einer semantisch-grammatikalischen Repräsentation verknüpft. In der Neurolinguistik werden häufig extrem modulare Modelle sprachlicher Repräsentationsebenen zugrunde gelegt, die eine relative Unabhängigkeit einzelner Verarbeitungseinheiten (der „Module") voneinander annehmen. Störungsschwerpunkte können die verschiedenen Repräsentationsebenen selbst oder die Verbindung zwischen ihnen sein, d.h. der Zugriff auf eine bestimmte Repräsentationsform.

Exemplarisch sei hier auf die Störungen des mündlichen Benennens eingegangen. Fehler, die auf Störungen im Bereich der semantischen

Repräsentationen zurückgehen, können sich als semantische Paraphasien (Kirche → Zwiebelglocke, Löwe → Tiger) äußern. Sind die semantischen Bedeutungsrepräsentationen lückenhaft, so sollten natürlich alle sprachlichen Modalitäten davon betroffen sein. Es sollte zu übereinstimmenden Fehlern bei Verstehen und Sprechen, Lesen und Schreiben kommen.

Bei Problemen der semantischen Interpretation versucht die Klinische Linguistik, Zugriffsstörungen zu unterscheiden von Repräsentationsstörungen, die einen Verlust des semantischen Wissens implizieren. Für eine Repräsentationsstörung spricht z.B. eine hohe Konsistenz der Fehler über Zeitpunkte und Aufgaben, Hyperonyme sollten weniger betroffen als Hyponyme, und ein semantisches Priming sollte bei einem Verlust der Repräsentation nicht mehr erfolgreich sein. Allerdings verwischen diese Unterschiede vor dem Hintergrund konnektionistischer Sprachverarbeitungsmodelle (vgl. Kelter 1990; Schade 1999).

Phonematische Paraphasien

Ist der Abruf oder Aufbau der phonologischen Form gestört, kommt es zu phonematischen Paraphasien, die eher leichte Veränderungen des Wortes bedeuten und häufig durch Korrekturbemühungen an das Zielwort angenähert werden können. Phonematische Paraphasien folgen vermutlich denselben Prozessen, wie sie für die alltäglichen Versprecher von Sprachgesunden angenommen werden (z.B. Buckingham 1980; Schade 1999), nur treten sie bei vielen Aphasikern erheblich häufiger auf. Man findet Additionen, Elisionen und Substitutionen einzelner Laute, Lautgruppen oder ganzer Silben analog zur Klassifikation in der Versprecherforschung (s. Tab. 2). Substitutionen weisen häufig einen Kontextbezug auf, und man unterscheidet dann Vertauschungen (Metathesen), Antizipationen (Vorwegnahmen) und Perseverationen (Beibehalten) von Lauten oder Lautmerkmalen. Allerdings kommt es zu einer etwas anderen Häufigkeitsverteilung der Fehlertypen. So zeigen einige Aphasiker z.B. häufiger Perseverationen, die bei Sprachgesunden nur ganz selten auftreten.

Tab. 2 Beispiele für phonematische Paraphasien

Addition:	Verbot → [fɛrbloːt]
Elision:	versprach → [fɐʃpɑːx]
Substitution:	Heiterkeit → [ka͡ɪtɐka͡ɪt]
Metathese:	Patentante → [taːtənpantə]
Kontextbezogene Substitution:	
antizipatorisch:	Staubsauger → [ʃta͡ukza͡ugɐ]
perseveratorisch:	Blutfleck → [bluːtblɛk]

Phonematischer Jargon

In bestimmten Fällen können die Fehler bei Aphasikern aber auch zu starken Verfremdungen führen, die als Neologismen erscheinen und bei gehäuftem Auftreten als phonematischer Jargon bezeichnet werden. Hier spielt vermutlich die Monitoring-Funktion eine wesentliche Rolle, die aufgrund eines ebenfalls deutlich gestörten Sprachverständnisses bei einigen Patienten außer Kraft gesetzt ist und eigene Produktionsfehler nicht mehr erkennen und angemessen korrigieren lässt.

Phonetische Fehler

Als phonetische Fehler bezeichnet man schließlich Lautveränderungen und Lautentstellungen, die gewöhnlich auf eine zusätzliche (sprech-) apraktische oder dysarthrische Komponente des Störungsbildes schließen lassen. Auch sind speziell bei Sprechapraxie Fehler zu beobachten, die die suprasegmentale Ebene (Koartikulation, Prosodie) betreffen.

Fallbeispiel
Spezifisches Befundmuster

Bei Herrn T. kommt es nur selten zu semantischen Paraphasien, die dann gewöhnlich aus dem situativen Kontext entlehnt sind (*Die Dame kocht …* anstelle von *Die Frau trinkt Kaffee*, vgl. Audiobeispiel 8). Dabei ist das Verstehen dieser Wörter gewöhnlich kein Problem. Auch kommt es häufig zu Selbstkorrekturen und Selbstkorrekturversuchen sowie zu semantischen Umschreibungen. Nur bei Abstrakta ist auch die Rezeption beeinträchtigt. Die Störungen des Benennens auf der Einzelwortebene sind damit insgesamt weniger auf ein semantisch-konzeptuelles Defizit zurückzuführen. Es zeigen sich dagegen Wortfindungsstörungen, die auf einen gestörten Zugriff vom semantischen System auf die phonematische Form schließen lassen. Daneben traten lange Zeit phonematische Fehler und phonetische Fehler und Unsicherheiten auf. Es wurde also vermutet, dass sowohl der Abruf der phonematischen Wortform als auch ihre kurzfristige Repräsentation für die weitere Planung von Artikulationsmustern im phonematischen Buffer gestört sein sollten, da auch beim lauten Lesen phonematische und phonetische Fehler und Unsicherheiten auftraten. Leichte Dysprosodien und artikulatorisches Suchverhalten weisen zudem auf Reste einer Sprechapraxie hin. Für die Therapie werden damit Übungen relevant, die speziell den Wortformenabruf und die kurzfristige Speicherung fördern.
Zusätzlich wurden in der Rehabilitationsklinik Probleme im Umgang mit Zahlen auffällig, die ebenfalls in der Therapie behandelt wurden, da Herr T. diesen Bereich beruflich notwendig brauchte (vgl. Audiobeispiel 10).

Therapieergebnis

Am Ende der Therapiephase in der Rehabilitationsklinik (7 Wochen nach dem Schlaganfall) wurden schließlich nochmals das BiAS und der Aachener Aphasie Test (AAT; Huber et al. 1983) erhoben. Herr T. machte im BiAS in dieser dritten Testung in den Untertests nur noch wenige Fehler (siehe Tab. 1), allein Komposita bereiteten noch erhebliche Probleme (vgl. Audiobeispiel 11), und die Wortflüssigkeit war noch reduziert (Kategorie Tiere: Audiobeispiel 9). In der Spontansprache zeigten sich ebenfalls noch deutlich aphasische Symptome.
Insgesamt kann Herr T. nun Inhalte ohne Hilfe verständlich vermitteln, aber er benötigt hierzu viel Zeit, viele Wiederholungen, und seine Sprache verwendet nur sehr wenige so genannte Inhaltswörter, unter die üblicherweise Nomen, Adjektive, Verben, als Adjektive einsetzbare Adverbien und Zahlen gefasst werden. Die Syntax und Morphologie sind in der Spontansprache weitgehend intakt, in komplexeren Aufgaben zeigen sich auch hier noch Fehler. Die Hauptproblematik liegt jedoch vermutlich nach wie vor im Wortformenabruf und in der phonematischen Umsetzung der Wörter mit leichten sprechapraktischen Beeinträchtigungen.
In den Untertests des AATs bestätigte sich das Profil der erfassten Problembereiche. Es wurde zu diesem Zeitpunkt eine amnestische Aphasie mittleren Schweregrades diagnostiziert.

Nachbehandlung

Herr T. erhielt im Anschluss über 4 Monate hinweg ambulante Therapie mit einer Frequenz von 2 Sitzungen wöchentlich á 45 Minuten. In dieser Zeit wurde weiterhin stark multimodal aktivierend gearbeitet, um die Benenn-

fähigkeit zu steigern. Zudem wurden aber auch die Bereiche der Grammatik sowie der Textproduktion und -rezeption berücksichtigt. Außerdem lief anfangs noch einmal wöchentlich eine kürzere Therapieeinheit zur Behandlung der verbliebenen sprechapraktischen Probleme. Damit erhielt Herr T. verhältnismäßig viel Therapie. Dieses wurde von den Krankenkassen finanziert, unter anderem, weil für Herrn T. eine berufliche Wiedereingliederung angestrebt wurde.
Herr T. arbeitet nun seit ca. einem Jahr wieder in seinem Beruf, anfangs eng sprachtherapeutisch und beratend betreut. Sein günstiger Krankheitsverlauf und das über die Maßen große Engagement haben diesen Schritt möglich gemacht, der leider in Deutschland nicht sehr vielen Aphasikern gelingt.

3.4 Die chronische Phase der Aphasie – Stagnation?

Nicht jeder Aphasieverlauf zeigt sich so günstig wie der von Herrn T. Nachdem die Phase der Spontanremission nach ca. 6 Monaten abgeschlossen ist, tritt ohne Fortführung spezifischer Therapieangebote keine weitere Verbesserung der aphasischen Symptomatik auf. Aber die Patienten lernen, mit ihren begrenzten Kapazitäten besser umzugehen und ihre Aufmerksamkeit und die sprachlichen Verarbeitungsressourcen noch adäquater einzusetzen. In der chronischen Phase der Aphasie müssen die Patienten zum Teil endgültig akzeptieren lernen, mit den veränderten sprachlichen Möglichkeiten zu leben und ihren Alltag neu zu gestalten.

Folgeprobleme

Viele psychosoziale Probleme beginnen erst in dieser Phase, in der ehemalige Freundschaften einschlafen, Probleme in der Partnerschaft auftreten oder sich verschärfen können (Bowe et al. 1998). Patienten mit schweren Störungen stehen immer weniger Interessengebiete offen. Manche Patienten verlieren die Motivation, sich mit ihrer Problematik auseinanderzusetzen. Eine depressive Reaktion ist eine häufige Konsequenz der Erkrankung (Aben et al. 2001; King et al. 2002), sozialer Rückzug und Isolation sind häufig weitere Folgen.

Diagnostik kommunikativer Kompetenzen

Für die Diagnostik gewinnen Verfahren zur Überprüfung kommunikativer Kompetenzen zunehmend an Wichtigkeit, z.B. der ANELT (Blomert/Buslach 1997) oder gesprächsanalytisch orientierte Verfahren (Bongartz 1997). Auch auf die Alltagskommunikation bezogene Einschätzungen werden wichtig für die Planung weiterer Therapiephasen und für die Angehörigenberatung, so z.B. der CETI (deutsche Fassung: KETI von Schlenck/Schlenck 1994; Fragebögen von Bongartz 1997). Die Sprachtherapie in der chronischen Phase ist zunehmend auf die bessere Nutzung der verbliebenen Ressourcen bezogen (Konsolidierungsphase). Sie befasst sich mit Hilfen zur Reintegration in den Alltag, wenn möglich auch mit der beruflichen Reintegration und in diesem Zusammenhang natürlich weiterhin mit der gezielten Verbesserung relevanter sprachlicher Funktionen.

4 Ausblick

Die Behandlung aphasischer Patienten erfordert gewöhnlich eine enge Zusammenarbeit in einem multiprofessionalen Team aus Sprachtherapeuten, Neurologen, Psychologen, Ergo- und Physiotherapeuten, da die sprachlichen Störungen der Person immer im Zusammenhang mit ihren gesamten Beeinträchtigungen, aber auch mit ihren Möglichkeiten und Coping-Strategien gesehen werden müssen. Die Behandlung aphasischer Störungen erfordert differenziertes Wissen über die sprachlichen Strukturen, ihre normale und ihre gestörte Form und über Modelle zugrunde liegender Störungsmechanismen.

Klinische Linguisten haben in diesem Kontext die wichtige Aufgabe, ihre Professionalität hinsichtlich sprachbeschreibender und analysierender empirischer Methoden einzubringen sowie ihr Wissen über sprachliche Verarbeitungsprozesse und deren neurogene Grundlagen aus den Bereichen der Psycho- und Neurolinguistik. Eine fundierte Ausbildung hat neben den sprachpathologischen Inhalten eben diese Grundlagen aus der Linguistik, Psychologie und Medizin zu umfassen. Die Notwendigkeit einer engen Verzahnung zwischen Theorie und Praxis ist evident.

Klinische Linguisten und Sprachpsychologen haben in den vergangenen Jahrzehnten besonders im Bereich der neurogenen Sprachstörungen die Forschung in Deutschland vorangetrieben und so zur Professionalisierung der Diagnostik und Sprachtherapie beigetragen. Dennoch ist man auch heute noch weit entfernt von einem umfassend evaluierten Therapiekonzept, welches die verschiedenen Facetten der Störungsbereiche abdecken könnte und Ansätze der Didaktik und lerntheoretischer Modelle integriert. Im Rahmen der Forderung nach einem angemessenen Qualitätsmanagement in der Rehabilitation ist hier also noch ein erheblicher Forschungsbedarf zu erkennen.

VIII.3 Forensische Linguistik*

Sabine Schall

1 Einleitung

Wie stellt man einen Erpresserbrief her? Nun, man nimmt eine oder mehrere Zeitungen, schneidet die Buchstaben, die man braucht, aus und bastelt eine Collage. So hat man es schon in vielen Kriminalgeschichten gesehen oder gelesen. Tatsächlich ist das nur selten der Fall: Texte dieser Art gibt es zwar wirklich, doch sie stellen im Alltag der Forensischen Linguistik (FL) kuriose Randerscheinungen dar.

Bei Erpressungen von Lebensmittelherstellern und Großhandelsketten, derjenigen Sorte von Delikten also, mit deren Untersuchung man in der FL beim Bundeskriminalamt (BKA) am häufigsten beauftragt ist, spielt es eine untergeordnete Rolle, mit welchen Mitteln ein Text zu Papier gebracht wurde, denn mit den produktionstechnischen Grundlagen (Papier, gegebenenfalls Klebstoff, Drucker oder Schreibmaschine, Handschrift) hat die FL nur am Rande zu tun. Was also ist eigentlich „Forensische Linguistik" und welches sind ihre Aufgaben?

Definition „forensisch"

Schaut man sich an, wie der Duden das Wort „forensisch" definiert, so findet man folgende Erklärung: „lat.: 1. (veraltet) zur wortgewandten Rede gehörend, […] 2. die Gerichtsverhandlung betreffend, gerichtlich: [forensisch]e Chemie: Teilgebiet der Chemie im Bereich der Gerichtsmedizin, das sich mit dem Nachweis von Vergiftungen u. der Aufklärung von Verbrechen durch eine chemische Spurenanalyse beschäftigt […]" (Duden 4: 260). (Die Duden-Erklärung greift in diesem Beispiel ein wenig zu kurz, denn die forensische Chemie kommt auch in vielen anderen Bereichen zum Einsatz, wo sie ebenfalls als Instrument der Verbrechensbekämpfung dient, beispielsweise zur Bestimmung von fraglichen Substanzen, bei Schussspuren, zur Analyse kleinster Partikel mit Hilfe modernster Technik etc.). Weiterhin werden als Beispiele für forensische Wissenschaftsbereiche die Pädagogik und die Psychologie genannt, aus vielen Fernsehkrimis kennt man darüber hinaus die forensische Medizin.

Die FL kann man durchaus analog zur Duden-Definition, die sich auf die Chemie bezieht, erklären: Die Forensische Linguistik stellt ein Teilgebiet der Sprachwissenschaft im Bereich der Strafverfolgung dar, das sich mit der Aufklärung von Verbrechen, die in Form sprachlicher Handlungen verübt werden, durch eine sprachliche Spurenanalyse beschäftigt.

---

* Zusätzliche Materialien befinden sich auf der CD-ROM.

Damit ist jedoch nur ein Teil des Gegenstands beschrieben; die FL umfasst nämlich eine Vielzahl von Teildisziplinen, etwa die Analyse des Sprachverhaltens vor dem Gericht, die Analyse der Gesetzessprache, die Analyse von in Warenzeichen verwendeter Sprache (Stichwort *Warenzeichenrecht*) und die Autorenidentifizierung, die in der Erstellung forensisch-linguistischer Gutachten mündet, die im Gerichtsverfahren gegen einen mutmaßlichen Täter eine gewichtige Rolle spielen können. Daher findet man im ‚Großen Duden' zurecht folgende ergänzende Definition: „gerichtlichen oder kriminologischen Zwecken dienend, im Dienste der Rechtspflege stehend, gerichtlich" (Duden 10: 1133).

Gerichtsrelevante Gutachten

In diesem Beitrag sollen die verschiedenen Aspekte der FL und ihrer Nachbardisziplinen betrachtet werden, das Hauptaugenmerk wird aber auf der Autorenerkennung liegen (vgl. Abschnitt 5.2). Professionelle, hauptamtliche Autorenerkenner gibt es bisher nur beim BKA; weder in den Landeskriminalämtern, noch bei der Kriminalpolizei (auch nicht im deutschsprachigen Ausland) wird diese Tätigkeit ausgeübt.

Anwendungsschwerpunkt: Autorenerkennung

2 Wo steht die FL? Versuch einer Standortbeschreibung

2.1 Die FL im Rahmen der Kriminaltechnik

Immer wieder sorgen Erpressungen gegen Kaufhäuser oder Lebensmittelhersteller, sorgen terroristische Bekennungen aus dem linken und rechten Spektrum für Schlagzeilen. Einige Fälle sind durch die Medien zu einer gewissen Bekanntheit gelangt, man denke beispielsweise an „Dagobert" auf der einen Seite, an die RAF auf der anderen Seite.

Dagobert war das Pseudonym eines Erpressers, der 1992 die Firma Karstadt erpresst hat. Er wurde deutschlandweit berühmt, weil sich die ganze Nation über seine technisch raffinierten Geldübergabetricks, mit denen er die Polizei über Wochen zum Narren hielt, amüsiert hat. Im Laufe der Erpressung hat er über 30 Anrufe mit verstellter Stimme getätigt und über 50 Briefe geschrieben. Wie beinahe alle Erpresser ist auch er gefasst worden und hat eine mehrjährige Haftstrafe verbüßt. Seine spektakuläre Erpressung ist Gegenstand eines Spielfilms geworden.

Erpressung: der Fall „Dagobert"

Traurige Berühmtheit erreichten Entführungsfälle (juristisch: Erpresserischer Menschenraub) wie die Entführung des Richard Oetker oder des Jan Philipp Reemtsma, die glücklicherweise ihre Entführung überlebt haben. Beide Entführungen sind literarisch dokumentiert: Die Oetker-Entführung aus der Sicht des Täters (Amelung 1997), die Reemtsma-Entführung aus der Sicht des Opfers (Reemtsma 1997; in diesem erschütternden und zugleich sachlichen Buch sind auch sämtliche Erpresser-Texte abgedruckt). Tragisch sind demgegenüber die Entführungen des Jakub Fiszman oder des Jakob von Metzler zu Ende gegangen.

Entführungsfälle

Verbrechen dieser Art, also Erpressungen, aber auch Drohungen, Nötigungen und Beleidigungen, gehen immer mit sprachlichen Handlun-

Sprach-Tat als Straftat

gen einher. Ohne schriftliche oder mündliche (zum Beispiel telefonische) Sprachäußerungen können diese Straftaten nicht verübt werden. Aber hier geht es um mehr: Die Sprache, der Erpresserbrief oder -anruf, ist hier nicht nur ein Tatmittel, er ist die Straftat selbst.

Farbreproduktionen der Erpresserbrief-Beispiele befinden sich auf der CD-ROM

[1] Ich habe anders formuliert als sonst. Das Papier stammt aus einem Supermarkt. Die Schreibmaschine kaufte ich in einer anderen Stadt auf einem Trödelmarkt. Ich habe sie nur einmal benutzt. Sie ist bald zerstört und landet in verschiedenen Orten in vielen Müllcontainern. Meine Hände bedeckten immer Handschuhe. Alles wurde zusätzlich mit einem Lappen abgewischt. Das Papier ist mit einem Parfüm behandelt, welches ich noch nie benutzte. Die Briefe sind nicht mit Speichel zugeklebt und nicht von hier abgesandt.

In Beispiel [1], dem Transkript eines Erpresserschreibens, gibt der Autor vor, viele der Spuren, die ihn verraten könnten, bei der Planung und Durchführung seiner Tat bedacht zu haben: Er stellt zumindest in knappen Worten dar, welchen kriminaltechnischen Untersuchungen diese Briefe unterzogen werden können und welche Spuren es darum zu vermeiden gilt:

Außersprachliche Spuren

- Die Untersuchung des Papiers und der Schreibmaschinentype, des Poststempels (Absendeort) und der Briefmarke fällt in das Ressort der forensischen Urkundenuntersuchung (dazu käme gegebenenfalls noch die Analyse des Schreibmittels und seiner genauen chemischen Zusammensetzung; das fiele in den Bereich der forensischen Chemie);
- die Untersuchung auf Fingerabdrücke (Daktyloskopie);
- die Untersuchung auf DNA-Spuren, die sich beispielsweise im Speichel befinden (fällt in das Ressort der forensischen Biologie).

Wer aufmerksam die Tageszeitung liest oder die diversen Täterermittlungen durch das Fernsehen verfolgt, der wird sicherlich von den raffinierten Methoden der Kriminaltechnik erfahren haben. Echte Expertenkenntnisse gibt der Autor dieses Ausschnitts also nicht zu erkennen. Eines erstaunt allerdings: Einen Aspekt, der aber bisher weniger die Aufmerksamkeit eines breiten Publikums erreicht hat, erwähnt der Erpresser in Beispiel [1] sogar als ersten: seine (angeblich verstellte) Sprache.

2.2 FL im Rahmen der Angewandten Linguistik: Versuch eines Überblicks

FL findet in ganz verschiedenen Zusammenhängen Anwendung: In seinem Buch *Rechtskultur als Sprachkultur* hat Grewendorf (1992) eine sehr anschauliche Gliederung vorgenommen, in denen die Bereiche der FL einfach und treffend benannt werden: die Sprache des Gesetzes, die Sprache vor Gericht und die Sprache des Täters. Diese (in ihrer ursprünglichen Reihenfolge modifizierte) Gliederung möchte ich für die folgende zusammenfassende Darstellung übernehmen:

Gesetzestexte

Die Sprache des Gesetzes: Eine Aufgabe der FL besteht darin, in Koordination mit Rechtspflegern Gesetze verständlicher zu machen. Dies ist durchaus keine einfache und auch keine neue Aufgabe, aber ihre Bewältigung hat sich als sehr diffizil herausgestellt. Gemäß den Anforderungen der Textlinguistik, dass Texte adressatenorientiert gestaltet sein sollen, muss man zunächst genau analysieren, für wen die Verständlichkeit von Gesetzen gewährleistet sein soll. Schon hier ist ein großes Streitpotenzial verborgen: Verständlichkeit für den spezialisierten Juristen kann nicht mit einer Allgemeinverständlichkeit gleichgesetzt werden. Wem also soll eine Neuformulierung dienen? Wie bei allen Fachsprachen (s. auch Kap. VII „Arbeit an der Sprache") verträgt auch die Rechtssprache nur ein gewisses Maß an kolloquialen Formulierungen, um nicht missverständlich zu sein. Dazu kommt, dass Gesetzestexte die Balance halten müssen zwischen einerseits einer Allgemeingültigkeit (beispielsweise von Tatbeständen wie Erpressungen, bei denen nicht immer Geld verlangt werden muss, um den Straftatbestand zu erfüllen), andererseits muss das Gesetz für den Anwendungsfall speziell genug formuliert werden. Die in Gesetzesformulierungen auftretenden Phrasen („Ordnungswidrigkeit", „geldwerter Vorteil", „Unfallbeteiligter" und so weiter) bedürfen für die weitere Auslegung wiederum einer Definition, die oftmals weitere zu definierende Phrasen enthält. Somit würde eine Optimierung von Formulierungen nach Maßgabe einer besseren Verständlichkeit wiederum eine lange Reihe weiterer Neuformulierungen erforderlich machen (für weitere Details siehe zum Beispiel Hoffmann 1992). Unabhängig vom Leser ist die Gesetzessprache in vieler Hinsicht antiquiert, und der Wunsch, sich einerseits von veralteten, inzwischen ungebräuchlichen oder kaum mehr verständlichen Wortungetümen (zum Beispiel *Kraftdroschke*; Hoffmann 1992: 123) zu trennen, ist nur zu verständlich; andererseits ist das Rechtssystem ein historisch gewachsenes, dessen sprachliche Bezüge untereinander auch in jeder modernisierten Version erhalten bleiben müssen. Eine Vereinheitlichung und Vereinfachung innerhalb eines Sprach- und Kulturraumes wäre schon schwierig genug. Wie groß mögen erst die Probleme für eine europäische Rechtsformulierung sein? Hier findet sich vermutlich ein unerschöpfliches Betätigungsfeld für forensische Linguisten.

Verständlichkeit von Gesetzen

Diskurs bei Gericht

Die Sprache vor Gericht: In diesem Bereich gilt es zum Beispiel zu klären, ob es sprachlich bedingte Benachteiligungen vor dem Gericht gibt. Hierzu wird die ganz spezielle Kommunikationssituation nach linguistischen Kriterien, etwa dem Diskursverhalten, untersucht (s. auch Kapitel V). Insbesondere in der anglo-amerikanischen Literatur wurde intensiv über diesen Forschungsbereich reflektiert. In diesem Zusammenhang sei auf den Sammelband *Language and the Law* von John Gibbons (1994) hingewiesen, der dem Thema *Language and Disadvantage Before the Law* ein eigenes umfangreiches Kapitel einräumt.

Auch Sprache, die nicht in Form inkriminierter Schreiben oder Reden eingesetzt wird, ist Gegenstand gerichtlicher Auseinandersetzungen. Als Beispiele seien hier genannt: das Warenzeichenrecht (die FL versucht, die Verwechselbarkeit von Warenzeichen oder Slogans zu klären; s. Stoll 1995) und die so genannten verdeckten Beurteilungen in

Arbeitszeugnissen (Presch 1996). Einen Überblick über weitere forensische Fragestellung bietet Kniffka (1990) sowie die Bibliographie von Nussbaumer (1997).

Der Sprache des Täters ist der Rest dieses Artikels überwiegend gewidmet.

3 Die forensische Linguistik im Rahmen der Verhaltenswissenschaften: Die Nachbardisziplinen in der Kriminaltechnik

3.1 Allgemeines

Der Mythos vom ‚sprachlichen Fingerabdruck'

Wenn im Folgenden in aller Kürze einige Aspekte der engsten Nachbardisziplinen zur FL betrachtet werden, soll bei dieser Gelegenheit in aller Deutlichkeit mit einem Mythos aufgeräumt werden, der bei Polizeien und Gerichten noch immer für überzogene Erwartungen oder mindestens für Verwirrung sorgt: der häufig so genannte stimmliche, handschriftliche und sprachliche *Fingerabdruck*. Zusammengefasst ist ein Fingerabdruck dadurch charakterisiert, dass er einmalig, unveränderlich und beliebig reproduzierbar ist (für weitere Details s. beispielsweise Burghard et al. 1996). Dies gilt nicht für Merkmale menschlichen Verhaltens wie die Sprache. Sprache ist Veränderungen unterworfen: Sie verändert sich im Laufe eines Lebens, etwa durch eine Berufsausbildung oder einen Wohnortwechsel, und sie ist situationsabhängig. Das zeigt sich zum Beispiel in der Verwendung verschiedener stilistischer *Register* durch einen Autor: Eine Urlaubspostkarte ist sprachlich stark von einem Brief an das Finanzamt unterschieden, der Stil einer Seminararbeit unterscheidet sich von dem eines Liebesbriefs. (Auf die Besonderheiten der *Textsortenproblematik* wird in Abschnitt 4.3.2 genauer eingegangen.) Die daktyloskopischen Spuren, die derselbe Autor auf all diesen Schriftstücken hinterlassen haben mag, bleiben aber auch nach Jahrzehnten, nach einer Universitätsausbildung oder mit 1,2 Promille Blutalkohol immer gleich.

3.2 Forensische Sprechererkennung

Phonetik/ Sprechererkennung

Analog zu dem nicht auszurottenden Mythos des sprachlichen oder auch philologischen Fingerabdrucks hat im Bereich der forensischen Phonetik die – ebenfalls äußerst zweifelhafte – Idee eines *Voiceprint* (wie *Fingerprint*) Aufsehen erregt. Allerdings wird bei der Verwendung dieses plakativen Ausdrucks bewusst oder unbewusst übersehen, dass „streng physikalisch betrachtet kein Mensch in der Lage ist, eine Äußerung – und sei sie noch so kurz wie ein einzelner Vokal – zweimal exakt gleich zu produzieren" (Künzel 1989: 403). Gfroerer (im Druck) macht deutlich: „Insbesondere die dem Ausdruck ‚Stimmabdruck' innewohnende Suggestion einer Parallele mit Fingerabdrücken hat sich als irreführend erwiesen."

In der Literatur über forensische Sprechererkennung ist von drei Teilbereichen der Sprecheridentifikation die Rede: der Stimme, der Sprache und der Sprechweise (vgl. Künzel 1989, Gfroerer/Baldauf 2000).

Zu den weiteren Aufgabengebieten gehören die technische Aufbereitung von gestörten Sprachsignalen (beispielsweise Tonbandaufnahmen mit Rauschtönen oder anderen Störsignalen), die Analyse nichtsprachlicher Hintergrundgeräusche (Verkehrslärm, Kirchenglocken) und fernmeldespezifischer Merkmale (Kassierimpulse von öffentlichen Telefonen und Ähnliches) sowie die Tonträgerauthentisierung (Analyse hinsichtlich Manipulationen oder Löschungen einer Aufzeichnung).

Sprechermerkmale

Unter ‚Stimme' im eigentlichen Sinne wird das Schwingungsverhalten der Stimmbänder im Kehlkopf verstanden; messbar sind zum Beispiel die Sprechstimmlage und die Stimmhöhenvarianz. Hinzu kommen Auffälligkeiten oder Normabweichungen wie Heiserkeit oder Knarrstimme.

Unter ‚Sprache' wird zum einen die Einzelsprache wie Deutsch, Italienisch oder Türkisch, zum anderen aber auch der Dialekt (regionales Zuordnungskriterium) und Soziolekt (schichtspezifische Sprache, Jargon) verstanden.

‚Sprechweise' schließlich umfasst Merkmale wie Sprechgeschwindigkeit, Rhythmus, Intonation, Pausen und Atmung.

Auditive Methode

Die forensische Phonetik bedient sich dabei zwar einer Vielzahl instrumenteller, technischer Verfahren – das wirkungsvollste Instrument ist jedoch das geschulte Ohr des Wissenschaftlers, der die Untersuchung der Eigenschaften gesprochener Sprache mit der so genannten auditiven Methode durchführt (also dem analytischen Hören durch den phonetisch geschulten Experten; für eine umfangreiche einführende Darstellung phonetischer Verfahren siehe zum Beispiel Künzel 1987 und Hollien 1990).

3.3 Forensischer Handschriftenvergleich

Um gleich mit einem weit verbreiteten Missverständnis aufzuräumen: Der Handschriftenvergleich ist auf gar keinen Fall gleichzusetzen mit der Graphologie! Handschriften werden in der forensischen Arbeit nicht im Hinblick auf Charaktereigenschaften des Schrifturhebers analysiert. Vielmehr wird die Handschrift nach „funktionalen Eigenschaften" geordnet (Michel 1991: 224), dabei

Merkmale der Handschrift

> [werden] die Fülle von Einzeleindrücken und Beziehungen zwischen ihnen […] zurückgeführt auf eine möglichst kleine Anzahl von Begriffen, die eine relativ einfache Ordnung der Vielfalt der Einzelheiten gestattet. (a.a.O.: 225)

Hierbei sind „grafische Grundkomponenten" auszuwerten, wie Strichbeschaffenheit, Druckgebung, Bewegungsfluss, horizontale und vertikale Ausdehnung und so weiter. Diese Merkmale werden mittels physikalisch-technischer Verfahren untersucht und hinsichtlich ihrer Ausprägung innerhalb der jeweiligen Schrift sowie ihrer Variabilität und Streuung bestimmt. Sie werden im Gesamtverlauf innerhalb von Wörtern, Zeilen und so weiter unter dem Einfluss verschiedener Schreibbedingungen und der beim Schrifterwerb herrschenden Schulvorlagen betrachtet.

Handschrift ist veränderlich

Bei Michel wird deutlich, dass die Handschrift einer Person ebenfalls keineswegs den Kriterien eines Fingerabdrucks entspricht. So heißt es: „Selbstverständlich ist die Schrift im Erwachsenenalter noch einer Entwicklung im weiteren Sinne unterworfen" (Michel 1982: 27). Menschen tendieren dazu, Merkmale oder Merkmalsgruppen anderer Schreiber zu übernehmen oder nachzuahmen (a.a.O.: 32), die Handschrift ist bei bestimmten Krankheiten, der Einnahme von Drogen und so weiter Veränderungen unterworfen (a.a.O.: 56). Kurz: „Die Handschrift einer Person ist nur relativ konstant" (a.a.O.: 36).

Für Hecker (1993: 81) ergibt dies die Schlussfolgerung, „[...] daß es zwei gleiche Handschriften in der Welt nicht gibt" (Wittlich 1951: 206, zitiert nach Hecker a.a.O.: 81). Im Gegenteil „[l]äßt eine übermäßige Konstanz in Form einer absoluten Identität (Deckungsgleichheit) von Schriftzügen den Schluß auf Manipulation zu [...]" (Hecker 1993: 88), wie sie zum Beispiel durch Unterschriftsautomaten erzeugt werden. „Diese Automaten sind sehr verbreitet und viele Politiker, Spitzensportler und andere Prominente bedienen sich ihrer" (Hecker 1991). Dabei ist es offenbar gar nicht so einfach, eine Automatenschrift von einer persönlichen Handschrift zu unterscheiden, und: „Wer da glaubt, es handele sich um eine schöne Spielzeugkuriosität einer Erfindermesse, der irrt gewaltig!" (Für Interessierte der forensischen Schriftuntersuchung sei die sehr anschauliche Einführung von Michel 1982 oder für eine weiterführende Darstellung Hecker 1993 empfohlen.)

3.4 Zusammenfassung

Mit diesen Stichwörtern zu den Nachbardisziplinen der forensischen Phonetik beziehungsweise Sprechererkennung und der forensischen Handschriftenuntersuchung sind die beiden Bereiche keineswegs auch nur annähernd umfassend dargestellt. Es sollte an dieser Stelle lediglich deutlich gemacht werden, wo die Linguistik im Rahmen der kriminaltechnischen Wissenschaften angesiedelt ist. Ihre wichtigste Gemeinsamkeit liegt darin, dass die drei genannten Disziplinen direkt Rückschlüsse auf so genannte personenidentifizierende Daten erlauben. Hat man beispielsweise die Herkunft eines bestimmten Papiers ausfindig gemacht oder hat man die Schreibmaschine gefunden, auf der ein Erpresserbrief getippt wurde, steht immer noch nicht fest, wer die Maschine bedient hat. Man kann also ein Tatmittel finden und hat noch nicht den Täter. Zwischen einer Handschrift, einer Stimme oder der Sprache und der Person, die sie hervorbringen, besteht jedoch ein unmittelbarer Zusammenhang.

Personenidentifizierende Daten

4 Die forensische Linguistik im Bundeskriminalamt

4.1 Allgemeines

Aufgabenstellungen der FL

Im Bereich der Autorenerkennung sind drei Aufgabenstellungen zu unterscheiden:

1. die Textanalyse (Autorenanalyse);
2. der Textvergleich (Autorenvergleich);
3. die Pflege der Sammlung inkriminierter Schreiben und die Sammlungsrecherche.

Die inkriminierten Schreiben (also Schreiben, die im Zusammenhang mit Straftaten stehen), die zur Untersuchung eingereicht werden, gehören im Wesentlichen zu den Deliktbereichen

- Erpressung, Bedrohung (so genannte Allgemeine Kriminalität);
- Volksverhetzung, Beleidigung (meist aus dem rechtsextremistischen Bereich);
- Bekennungen (meist aus dem linksextremistischen Bereich). Im selben Zusammenhang werden auch Positionspapiere terroristischer Gruppierungen untersucht, obwohl das Verfassen eines Positionspapiers selbst (sofern nicht volksverhetzende, bedrohende oder erpresserische Inhalte enthalten sind) noch keinen Straftatbestand darstellt.

Tab. (1) (Quelle: BKA, KT 54-Autorenerkennung) zeigt die Häufigkeit der verschiedenen Deliktklassen, die in den vergangenen Jahren beim BKA forensisch-linguistisch bearbeitetet wurden.

Tab. 1 Forensisch-linguistisch untersuchte Delikte

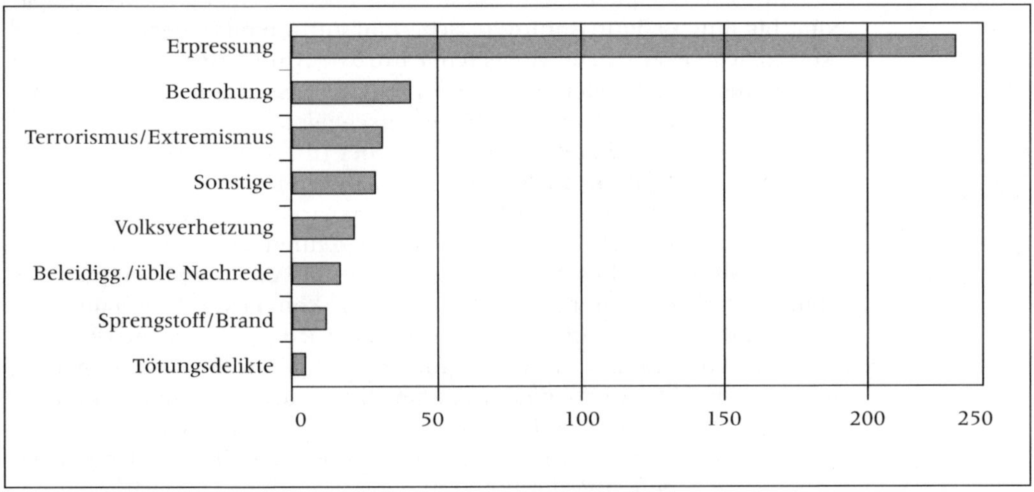

Aufgaben des BKA

In kriminellen Fällen der in Tab. (1) dargestellten Art werden von der FL Gutachten erstellt, wie in § 2, Abs. 7 des BKA-Gesetzes festgelegt:

> Das Bundeskriminalamt erstattet erkennungsdienstliche und kriminaltechnische Gutachten für Strafverfahren auf Anforderungen von Polizeidienststellen, Staatsanwaltschaften und Gerichten.

Bevor auf die drei oben genannten Aufgabenstellungen eingegangen wird, sollen einige grundsätzliche Fragen der Methodik der FL und einige spezielle Problemen dieses Bereichs erörtert werden.

4.2 Methodik der FL

Die FL stellt einen Zweig der Angewandten Linguistik dar, das heißt, das bestehende linguistische Analyse- und Beschreibungsinstrumentarium soll auf die spezifischen Fragestellungen des forensischen Kontextes angewandt werden.

Fehlerananalyse

Im Zentrum der Untersuchungen stehen die Fehler- und die Stilanalyse (vgl. Baldauf 1999: 94). Dabei lässt das Fehlervorkommen Rückschlüsse auf das sprachliche Vermögen eines Verfassers zu, das sich in den Bereichen der Orthographie, Interpunktion, Syntax, Morphologie und Wortwahl manifestiert. Neben der Fehleridentifizierung und Fehlerbeschreibung sind Überlegungen zur Fehlergenese vorzunehmen (zum Beispiel schreibtechnisch bedingt, aussprachebedingt, stressbedingt). Die Abweichung von den Normen stellt ein Maß für die sprachliche Bildung des Schreibers dar, die wiederum auch Rückschlüsse auf den Bildungsgrad erlaubt.

Stilanalyse

Der Stil wird im Unterschied dazu als ein Mittel sprachlicher Selbstdarstellung angesehen. Seine Bewertung gestaltet sich sehr viel komplexer, weil es keine griffigen Vergleichsnormen gibt und weil alle Sprachebenen, von der äußeren Textgestaltung über die syntaktische Komplexität bis hin zur Wortwahl, von der Wahl der Stilmittel beeinflusst sind. Ausschlaggebend ist die Möglichkeit für den Autor, zwischen mehreren Ausdrucksmöglichkeiten wählen zu können. So kann ein Autor beispielsweise auf syntaktischer Ebene entscheiden, ob er schreibt (i) „Der Mann mit dem Geld kennt uns nicht." oder (ii) „Der Mann, der das Geld bei sich hat, kennt uns nicht." oder (iii) „Der mit dem Geld ausgestattete Mann kennt uns nicht.". Alle drei Syntaxvarianten sagen in etwa das Gleiche aus, unterscheiden sich jedoch strukturell: Der Relativsatz (ii) ist nicht nur satzsyntaktisch komplexer, er enthält auch eine Tempusinformation, dagegen besteht Satz (iii) aus einer komplexen Nominalphrase, weist jedoch eine niedrige Satzkomplexität auf. Auf der Ebene der Lexik (also der Wortwahl) kann der Autor sich beispielsweise entscheiden, ob er schreiben will (iv) „Der Typ mit dem Zaster hat null Ahnung von uns." oder (v) „Der mit dem Zahlungsmittel versehene Bürger hat keine Kenntnis unserer Person.", die inhaltlich etwa dasselbe abbilden, die jedoch zu völlig verschiedenen *Registern* gehören.

Die Wahl der stilistischen Mittel kann auch auf die Orthographie und die Interpunktion Einfluss haben sowie auf Formatierungsvorlieben. Mit anderen Worten: Stil kann sich auf jeder sprachlichen Ebene manifestieren, und er stellt eine für ein Individuum charakteristische Wahl an sprachlichen Mitteln auf allen sprachlichen Ebenen dar. Allerdings sind die Möglichkeiten nicht beliebig: Einfluss auf den Stil eines Schreibens haben

- Textsortenstil/Funktionalstil;
- Zeitstil (Tendenzen in der Entwicklung der deutschen Gegenwartssprache);
- Sozialstil/Gruppenstil.

Insbesondere die Textsorte hat einen wesentlichen Einfluss auf die Wahl der Stilmittel. In Abschnitt 4.3.2 wird dazu ausführlicher Stellung genommen werden.

4.3 Grundsätzliche Probleme der FL

4.3.1 Textlänge

Problem: Kürze der Texte

Eine der Hauptschwierigkeiten, mit denen man bei der Arbeit mit forensischen Texten zu tun hat, ist die Kürze der Schreiben: In Fällen allgemeiner Kriminalität liegen, wie aus Tab. (2) ersichtlich, in der Regel Texte von einer Länge unter 200 Wörtern vor.

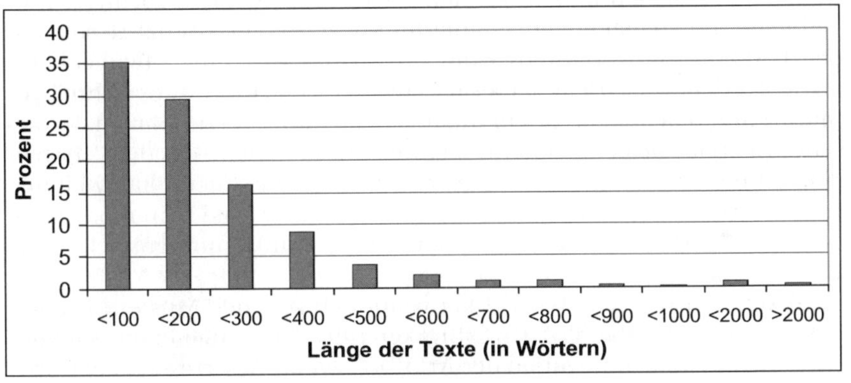

Tab. 2 Verteilung der Textlängen (Gesamtzahl 1513 Texte)

Diese Menge reicht oft für zuverlässige Aussagen, zum Beispiel über habituelle oder erratische Fehler, nicht aus. Dennoch sind auch kurze Texte gelegentlich sehr aussagekräftig: Auch ein einzelnes Merkmal kann interessante Hinweise auf den Autor geben. Allerdings ist die gutachtliche Aussage in solchen Fällen doch mit einer relativ großen *Irrtumswahrscheinlichkeit* behaftet, weshalb man im Allgemeinen sehr vorsichtige Formulierungen wie *könnte ein Hinweis auf … sein* wählt. Auch wenn der Gutachter scheinbar wenig aussagekräftige Angaben macht, können diese linguistisch begründeten Indizien interessante Ansatzpunkte für die weitere Ermittlung liefern. Betrachten wir uns dazu das folgende Beispiel eines Drohschreibens:

[2] ER SOLL DICH BEI DER FIRMA X VERBRENNEN DAS KOSTET IHM NICHTS […] ABER EUCH WIRD DAS LACHEN NOCH VERGEHEN WENN IHR DIE ANZEIGE IM PLAYBOY LIEST.

Dialektmerkmale

Zwei vom Standarddeutschen abweichende und daher auffällige Merkmale in Beispiel [2] betreffen Formulierungen, die im Oberdeutschen, speziell im Bairischen, in der mündlichen Rede gebräuchlich sind, nämlich der abweichende Kasus (Dativ statt Akkusativ) und die an die mündliche Aussprache angelehnte Schreibweise von *liest*. Eine gutachtliche Aussage könnte in diesem Fall lauten: „Der Autor kommt wahrscheinlich aus einer oberdeutschen, wahrscheinlich bairischen Sprachumgebung." Eine solche Aussage ist ein wertvoller Hinweis für die Ermittlungsseite. (Weiter unten wird zur Erhebung der einzelnen Merkmale genauer Stellung genommen.)

Die häufig gestellte Frage nach der minimalen Länge eines Textes kann also nicht pauschal beantwortet werden. Es gilt jedoch das einfache Prinzip: Je mehr Text vorhanden ist, desto aussagekräftigere Ergebnisse sind zu erwarten.

4.3.2 Textsorte

Textvergleich verschiedener Textsorten

In Ermittlungsfällen kommt es häufig vor, dass ein Tatverdächtiger festgenommen wird, der ein inkriminiertes Schreiben verfasst haben soll. Für den Fortgang des Verfahrens kann es hilfreich sein, einen Textvergleich zwischen dem Tatschreiben (beispielsweise einem Erpressungsschreiben) und weiteren Schreiben des mutmaßlichen Autors vorzunehmen. In diesem Fall ergibt sich ein weiteres methodisches Problem: das der Verschie denheit der *Textsorten*, denn für gewöhnlich hat ein Täter keine weiteren Erpresserschreiben in seiner Schreibtischschublade, und man muss daher auf andere Produkte zurückgreifen, etwa auf Behördenbriefe oder Urlaubspost.

Definition Textsorte

Textsorten werden als „[…] konventionell geltende Muster für komplexe sprachliche Handlungen" (Brinker 1997: 132) angesehen. Sie können sowohl grobe Kategorien der Art Kochrezept, Gesetzestext oder Brief umfassen als auch Feinklassifizierungen, etwa verschiedene Briefsorten wie Behördenbrief, Liebesbrief und so weiter. Die Textsorte bestimmt einerseits die Wahl der charakteristischen Merkmale (Stilmittel), lässt dem Sprecher oder Schreiber aber andererseits innerhalb dieser Grenzen Raum für die individuelle Textgestaltung. Die Textsortenabhängigkeit von stilistischen Merkmalen kann im Extremfall dazu führen, dass verschiedene Schreiber innerhalb derselben Textsorte mehr Ähnlichkeiten produzieren als ein und derselbe Schreiber in verschiedenen Textsorten.

Stilrepertoire

Jeder Sprecher oder Schreiber einer Sprache verfügt über ein Repertoire von sprachlichen Ausdrucksmöglichkeiten, die er in der Regel situationsadäquat einsetzt. Diese Kenntnis über ein bestimmtes stilistisches Verhalten ist ein Wissen, das die Angehörigen einer Sprachgemeinschaft teilen und das zur menschlichen Sprachkompetenz ebenso gehört wie die Grammatik. Der FL kommt nun die schwierige Aufgabe zu, Merkmale, die der Textsorte geschuldet sind, von denen, die individualtypisch sind, zu unterscheiden und somit individualisierende Merkmale eines Textes festzustellen und über Textsorten hinweg zu vergleichen.

4.3.3 Verstellung

Grundsätzlich kann ein Autor innerhalb gewisser Grenzen eine Verstellung seiner Sprachgewohnheiten vornehmen. Dafür ist natürlich vorauszusetzen, dass der Texturheber seine Fehler- und Stilmerkmale überhaupt *erkennt*. Zum Glück für die FL reichen die Kenntnisse eines Durchschnittsschreibers nicht sehr weit, um eine gut gemachte Täuschung durchzuhalten (obwohl natürlich auch eine weniger gute Verstellung einen Teil der authentischen sprachlichen Merkmale eines Autors wirkungsvoll maskieren kann). Zudem stößt die Phantasie der Autoren schnell an ihre Grenzen, sodass die Kategorien einer Verstellung doch meist dieselben sind. Eine Möglichkeit besteht im Nachahmen eines Nicht-Muttersprachlers des Deutschen, wie in Beispiel [3]:

Muttersprache Deutsch?

[3] Achtung ! Achtung ! Bomben versteckt in X Internaten und Schulgebäuden aber nicht sein Gefahr für Krankenhaus wir leid tun kranke Leute Forderung: Leute von X schicken heim wegen Gefährlichkeit. Landesregierung zahlen uns 2 Millionen (deutschmark)

Wie man sieht, reicht die Verstellung jedoch über eine oberflächliche und stereotype Veränderung in der Morphologie (Infinitivformen der Verben) und Syntax (Verzicht auf Inversion) kaum hinaus. Gleichzeitig ist die Orthographie, selbst bei schwieriger Graphem-Phonem-Korrespondenz wie in *Gefährlichkeit*, vollständig intakt.

4.3.4 Gruppenprodukte

Ein Autor oder mehrere Autoren?

Gerade bei Texten mit politischem Hintergrund ist häufig unklar, ob sie Produkt einer Gruppe oder eines einzelnen Autors sind. Über die Entstehungsweise von Gruppenprodukten ist nicht viel bekannt; man kann also – selbst wenn man davon ausgeht, dass mehrere Personen an der Erstellung eines Textes beteiligt waren – kaum Aussagen darüber treffen, wie viele Personen in welchem Umfang einen Beitrag geliefert haben. Bungarten (1997: 194) schlägt ein Textproduktionsmodell vor, das die Textentstehung in mehrere Phasen untergliedert: Orientierungsphase (Festlegung der technischen Mittel, des Gegenübers, des Themas); Entwurfsphase (grobe Gliederung, Themenentfaltung, Argumentationen, Makrostruktur); Formulierungsphase (Ausformulieren des Textes); Kontrollphase (optional; Überprüfen der sachlichen und argumentativen Darstellung, der Textsortenadäquatheit und Regelhaftigkeit). Ob eine derartige Zusammensetzung vorgelegen haben mag, ist dem fertigen Text nicht mehr anzusehen. In jedem Fall muss man versuchen, den Gruppenjargon von individualtypischen Merkmalen zu trennen, indem man die Untersuchung beispielsweise nach Schreibermerkmalen und Verfassermerkmalen aufschlüsselt. Schreibermerkmale sind solche, die mit der Manifestierung eines Textes zu tun haben (zum Beispiel Interpunktion, Orthographie, Formatierung), Verfassermerkmale hingegen sind solche, die auf die geistige Urheberschaft zu beziehen sind (zum Beispiel syntaktische Komplexität, Wortwahl).

Schreibermerkmale vs. Verfassermerkmale

4.3.5 Besonderheiten der Schriftsprache

Schriftsprache

Weiteren Besonderheiten der Schriftsprache muss bei der Bewertung der Analyseergebnisse Rechnung getragen werden:

- Schriftsprache unterliegt starker *Normierung*. Sprecher des Deutschen haben in der Regel eine mehrjährige Schulausbildung durchlaufen, in der sie eine Grundkompetenz ihrer Schriftsprache erworben haben.
- Schriftsprache wird *off-line* produziert. Dadurch ist eine reflektiertere Produktion geschriebener Sprache im Vergleich zu spontan gesprochener Sprache möglich. Diese Reflexion ermöglicht die nachträgliche Korrektur, eventuell auch durch eine andere Person, ohne dass das am fertigen Produkt noch erkennbar sein muss.
- Es können mehrere Autoren an einem Text beteiligt sein, etwa durch Diktieren oder Abschreiben.

5 Anwendungsfälle

5.1 Allgemeines

Hiermit kommen wir nun endlich zu dem Bereich, den man das Herzstück der FL nennen könnte: die *Autorenerkennung*. Bei der Autorenerkennung, die sich mit den oben erwähnten Aufgabenstellungen befasst, werden nämlich die verschiedenen Forschungsbereiche der theoretischen Linguistik zur Anwendung gebracht. Ziel der Untersuchung ist es, anhand eines Textes biographische Angaben des Autors festzustellen; man analysiert also genau genommen den Text beziehungsweise die Texte und schließt aus den sprachlichen Daten auf den Autor. Folgende Fragen über den Autor eines anonymen Schreibens, die von den ermittelnden Polizeidienststellen oder den Staatsanwaltschaften gestellt werden, spielen dabei eine Rolle:

Fragen an die Autorenerkennung

- Handelt es sich um einen Muttersprachler des Deutschen oder nicht?
- Aus welcher Region kommt der Autor?
- Welchen Bildungsgrad hat der Autor?
- Welcher Berufsgruppe gehört der Autor an ?
- Handelt es sich um einen Autor oder um mehrere Autoren?

Nicht in allen Fällen ist es möglich, diese Fragen zu beantworten, aber grundsätzlich, das heißt unter optimalen Bedingungen, sollte es möglich sein, hierzu Stellung zu nehmen. Auf die Details wird weiter unten eingegangen.

Für die Ermittlung häufig gestellte relevante, aber auf der Grundlage der Texte unmöglich zu beantwortende Fragen sind folgende (dazu mehr in Abschnitt 5.2.7):

- Handelt es sich um einen männlichen Autor oder um eine weibliche Autorin?
- Ist das Schreiben als ernsthaft zu bewerten?

Weil Erpressungsschreiben unter den in der FL untersuchen Texten nicht nur die zahlenmäßig größte Menge, sondern auch die wohl interessanteste und heterogenste Klasse bilden, werden im Folgenden die Aspekte der Autorenanalyse anhand exemplarischer Texte aus diesem Bereich dargestellt.

5.2 Die Autorenanalyse

5.2.1 Muttersprache des Autors

Ob ein Autor Deutscher ist oder nicht, wird so nicht von der FL beantwortet. Stattdessen muss die Frage lauten: Besitzt der Autor muttersprachliche Kompetenz des Deutschen oder nicht? Dies ist keineswegs eine triviale Frage. Sie zu beantworten ist häufig nicht einfach, weil es viele Grenzfälle gibt, in denen schwer zu entscheiden ist, ob der Autor zwar keine Muttersprachkompetenz des Deutschen besitzt, sich aber trotzdem recht gut ausdrücken kann, oder ob man mit einem deutschen Muttersprachler zu tun hat, der aber nur sehr geringe Fertigkeiten in der Erstellung schriftlicher Texte erworben hat. Zu welcher Kategorie das folgende Beispiel [4] gehört, bleibt unklar:

Grenzfälle der Muttersprachbestimmung

[4] ALLES IHREN LEBENSMITTELVERSUCHEN VERGIFTET WERDEN (UNREGELMÄSSIG) IN ALLES SUPERMARKET IN GANZE DEUTSCHLAND (PSYCHOSE) VON LANGERDAUER. AUF DIE BÖRSE UND INTERNET WERDEN WIR EINFLUSS AUSÜBEN.

Häufig jedoch gibt es Diskrepanzen zwischen einer relativ primitiven Morphologie (Infinitive, Genusfehler) auf der einen Seite und komplexen Nominalphrasen vs. intakter Orthographie und formelhaften Redewendungen auf der anderen Seite, so dass in vielen Fällen erkennbar ist, wenn eine mangelnde Deutschkompetenz nur vorgetäuscht wurde, wie im Beispiel [3].

Ergibt die Analyse aber, dass der Autor *keine* muttersprachliche Kompetenz des Deutschen besitzt wie in Beispiel [5], so ist meist die genaue Quellsprache, die Interferenzfehlern zugrunde liegt, nicht eindeutig zu bestimmen.

[5] Hallo Schatz Hoite teime besuch hat mich seher ge froit, aber leida war korz und di zeit gang ja ganz schnell [...] ich habe suga nicht geschaft dich zu frag wi dier es geht, aber hofi das duch da mit featik wers.

Grobkategorisierungen wie slawische, romanische oder germanische Sprachherkunft können unter Umständen jedoch vorgenommen werden.

5.2.2 Regionale Herkunft/Dialekt

Grundsätzlich ist es bei schriftsprachlichen Erzeugnissen nicht einfach, eine Dialektbestimmung vorzunehmen und so auf die regionale Herkunft eines Autors zu schließen. Wie in Abschnitt 4.3.5 dargestellt, werden durch die im Schulunterricht erworbenen Orthographie- und Grammatikkenntnisse die regionalen Ausdrucksmittel, die in der mündlichen Sprache oft erhalten bleiben, durch die Standardsprache abgelöst und dadurch auf ein weitgehend einheitliches Niveau gebracht. Es gibt aber trotzdem immer wieder kleine Abweichungen in Bezug auf das Standarddeutsche, die oftmals nicht auf den ersten Blick zu erkennen sind, die dem Linguisten jedoch Aufschluss über die regionale Herkunft eines Autors geben können. Diese kleinen Merkmale können auf verschiedenen Ebenen gefunden werden: Ein Autor hat beispielsweise seine Herkunft preisgegeben, indem er ein ungewöhnliches Orts-/Datumsformat wählte: „O.U., den ...". Bei Nachforschungen stellte sich heraus, dass diese Abkürzung für „Ortsunterkunft" in der NVA (Nationale Volksarmee der DDR) gebräuchlich war. Der Autor konnte also zumindest dem ostdeutschen Sprachraum zugewiesen werden. In Beispiel [2], einem Beispiel für einen Schreiber aus dem bairischen Sprachraum, sieht man an dem Wort „liest", wie sich Regionalismen in morphologischen Prozessen zeigen können. Auch die Kasusverwendung spielt eine wichtige Rolle bei der Ermittlung des Dialekts. So regiert zum Beispiel im Hessischen die Präposition *bei* den Akkusativ, weshalb der Satz „geh bei misch" (für „komm her") im Hessischen und angrenzenden rheinfränkischen Dialektregionen in der mündlichen Sprache völlig in Ordnung ist. Wie man aus Erkenntnissen der Dialektologie/Dialektsyntax weiß, kommen Verwechslungen von Dativ und Akkusativ aber in relativ vielen Dialekten vor, darum genügt ein singuläres Vorkommen für eine regionale Einschätzung des Autors nicht.

Abweichungen vom Standarddeutsch

Syntaktische und morphologische Dialektmerkmale

5.2.3 Alter

Altersspezifische Lexik und Morphologie

Eine Alterseinschätzung kann nur in grober Rasterung gegeben werden, die den Kategorien ‚Jugendlicher', ‚reifer Erwachsener' oder ‚alter Mensch' entsprechen. Dabei sind zum Beispiel Aspekte des Zeitstils zu bewerten, wie etwa auf der lexematischen Ebene Modewörter: *geil* (zeitgenössisch) im Unterschied zu *toll* (etabliert) oder *knorke* (veraltet). Aber auch grammatische Aspekte sind wichtig, wie in der Morphologie die Adjektivbildung mit *-mäßig* (zeitgenössisch) oder die volle Ausprägung der Dativ- und Genitivendung (veraltend). Auch die Verwendung von Phraseologismen kann hier aufschlussreich sein, da auch sie gewissen Moden unterworfen sind.

5.2.4 Beruf

Fachsprachliche Merkmale

Eine Berufseingrenzung ist dann möglich, wenn ein Text Fachtermini aufweist oder zum Beispiel – im Falle von Behördenstil – bestimmte stilistische Besonderheiten (geschäftliche Aufmachung, Nominalstil, unpersönliches Passiv oder dergleichen) vorhanden sind. Es gibt auch Beispiele von Erpresserschreiben, die alle Komponenten eines Geschäftsbriefs aufweisen, von der Adressgestaltung über den Betreff bis zur Paginierung und dem Anfügen von Anlagen. Dazu passt der formelle Stil, wie in folgendem Textausschnitt [6].

> [6] Die von uns geforderte Anzeige in der Rheinischen Post [...] Beigefügt erhalten Sie einen zufällig ausgewählten Artikel [...] Hinsichtlich möglichen gesundheitlichen Schäden [...]

Hier liegt der Schluss nahe, dass der Autor über Erfahrung im Erstellen längerer, komplexer formeller Texte verfügt; er also mit einer gewissen Wahrscheinlichkeit einen „schreibenden Beruf" ausübt. Damit nimmt dieser Text eine Sonderstellung ein, denn die große Zahl der Erpresserschreiben ist, wie in Beispiel [7], wesentlich einfacher gestaltet:

> [7] Du hast nur eine chance entweder macht du voll mit oder dich fressen die geier.

5.2.5 Bildung

Ausdrucksvermögen

Die Bildung eines Autors wird anhand seines sprachlichen Ausdrucksvermögens eingeschätzt. Dabei spielen Bewertungen auf verschiedenen Ebenen eine Rolle: Fehlerstruktur, Ausdrucksvermögen, syntaktische Komplexität, korrekte, falsche oder auffällige Verwendung von Fremdwörtern, Fachwörtern, idiomatischen Wendungen und so weiter. Auch die thematische Entfaltung ist von Bedeutung und die Strukturierung des ganzen Textes (Redundanzen, stringenter Aufbau, Angemessenheit der Stilmittel im Bezug auf die Textfunktion).

5.2.6 Ein Autor oder mehrere Autoren

Wie in 4.3.4 erläutert, ist die Feststellung einer multiplen Autorschaft problematisch. Wenn in einem Text jedoch Diskrepanzen hinsichtlich des Sprachvermögens auf verschiedenen Ebenen festzustellen sind, etwa sehr gute Orthographiebeherrschung und gleichzeitig sehr fehlerhafte oder verstümmelte Syntax, könnte dies ein Hinweis auf eine Diktatsituation sein, in der die Beteiligten offenbar unterschiedlich sprachkompetent sind. Auch Brüche in der Sprachverwendung auf anderen Ebene können durch die Beteiligung mehrerer Autoren entstanden sein (zum Beispiel die Verwendung des Lexems *Samstag* in den ersten Texten einer Textserie und dem Auftreten des norddeutschen Synonyms *Sonnabend* in weiteren Schreiben).

5.2.7 Fragen, die von der Autorenanalyse nicht beantwortet werden

Grenzen der Autorenerkennung

Die Frage nach dem Geschlecht des Texturhebers ist auf der Grundlage eines Schreibens nicht zu beantworten. Zwar gibt es in der so genannten Feministischen Linguistik Versuche, unterschiedliches Sprachverhalten bei Frauen und Männern systematisch zu erfassen, jedoch handelt es sich überwiegend um Untersuchungen auf dem Gebiet des Diskurses, also des Gesprächsverhaltens. Hinsichtlich des Stils lässt sich eine geschlechtsabhängige Klassifikation („Genderlekt") nicht vornehmen. Bei der Textmenge, die im Durchschnitt in der FL anfällt (vgl. Abschnitt 4.3.2), ist mit aussagekräftigen Kriterien zur Geschlechterunterscheidung auch nicht zu rechnen.

Auch die Frage nach der Ernsthaftigkeit oder Glaubwürdigkeit eines Schreibens kann linguistisch nicht geklärt werden: Ein Autor kann die formalen Merkmale seines Textes dahingehend verstellen, dass er beispielsweise Fehler einbaut, die er normalerweise nicht macht. Hier kann man bei genügender Textmenge versuchen, die Konsistenz der Fehler und des sonstigen Sprachverhaltens auf den verschiedenen Ebenen (zum Beispiel Orthographie vs. Syntax) abzugleichen. Aber selbstverständlich kann ein Autor auch Inhalte zu Papier bringen, die nicht seinen eigentlichen Überzeugungen entsprechen. Dies nachzuweisen dürfte unmöglich sein.

Eine Erpressung beispielsweise, in der sich der Autor zur Bekräftigung seiner Drohung als Besitzer von Tausenden von Giftschlangen ausgibt, mit deren Gift er Lebensmittel verseuchen will (ebenfalls ein authentischer Fall), erscheint sicherlich aufgrund seiner allgemeinen Unglaubwürdigkeit als wenig ernsthaft. Aber dies ist kein sprachliches Kriterium, sondern allenfalls ein psychologisches. Selbst bei einem so nahe liegenden Urteil wie in diesem Fall würde von Seiten der FL keine derartige Aussage gemacht. Denn wer kann garantieren, dass der Autor eines „unsinnigen" Textes nicht doch zur Durchführung gefährlicher Taten im Stande wäre?

5.3 Der Textvergleich

Wie in Abschnitt 4.3.2 (Textsorten) bereits angedeutet, werden Textvergleiche angefordert,

- wenn Vergleichsschreiben von einem Tatverdächtigen vorliegen,
- wenn es mehrere Schreiben in einem Fall gibt, deren Zusammenhang überprüft werden soll oder
- wenn der Zusammenhang mehrerer Straftaten festgestellt werden soll.

Gewichtung von Merkmalen

Die Ergebnisse der unter 5.2 geschilderten Untersuchungen auf allen sprachlichen Ebenen werden in einem weiteren Schritt abgeglichen und bewertet. Dabei ist es wichtig zu wissen, welche Merkmale häufig vorkommen, also nicht sehr individualisierend sind (zum Beispiel die Falschschreibung des Konjunktors *dass/daß* mit einfachem *s*) und welche selten vorkommen und daher eine höhere Gewichtung erfahren (zum Beispiel die Falschschreibung des Artikels *das* mit *ß*). Die Gewichtung aller Merkmale und der Vergleich der Gesamtbefunde der Texte führt zu einer Wahrscheinlichkeitsaussage über die Urheberidentität beziehungsweise -nichtidentität zweier Schreiben auf einer bipolaren Rangskala, die von „non-liquet" (nicht entscheidbar) bis zu „an Sicherheit grenzende Wahrscheinlichkeit" reicht. Aufgrund des oft geringen Umfangs der

Texte (vgl. Tab. 2) werden sehr hohe Wahrscheinlichkeitsgrade nur selten erreicht.

5.4 Die Sammlungspflege und Sammlungsrecherche

Laut § 2 des BKA-Gesetzes stellt das BKA eine Zentralstelle für die Polizeien in Deutschland dar, die zur Verhütung und Verfolgung von Straftaten alle hierfür erforderlichen Informationen zu sammeln und auszuwerten hat. Auf dieser Grundlage wurde ab 1989 eine rechnergestützte Sammlung inkriminierter Schreiben angelegt (KISTE = *K*riminaltechnisches *I*nformationssystem *Te*xte), die seitdem ständig angewachsen ist und in der sich im Oktober 2003 über 3.000 Texte befanden.

Korpusaufbereitung: Kategorisierung von Merkmalen

Inkriminierte Texte werden in KISTE eingegeben und korpusgerecht aufbereitet. Dazu werden zusätzlich zum Originaltext die darin enthaltenen Fehler und Auffälligkeiten auf verschiedenen sprachlichen Ebenen kategorisiert: Merkmale der Interpunktion oder der Orthographie, morphologische Aspekte etwa der Kasusverwendung, aber auch Formatierungsaspekte (Datumsformate, Absatzgestaltungen), Merkmale der Redesituierung, Textmerkmale und andere werden an den entsprechenden Stellen des Textes markiert. Auf diese Weise erhält man ein Befundprotokoll des einzelnen Textes und – besonders wichtig bei der Bewertung und Gewichtung von Befunden in einem Gutachten – eine Statistik über das Vorkommen bestimmter Merkmale in allen einliegenden Schreiben.

Suchoperationen sind auf allen Ebenen der Merkmalsvergabe möglich, so dass KISTE dabei hilft, Tatzusammenhänge (eigentlich Textzusammenhänge) zu finden. Man kann also zum Beispiel nach allen Texten suchen, in denen morphologische Fehler vorkommen, oder nach Texten, in denen morphologische Fehler: genauer Kasusfehler, vorkommen, oder nach Texten, in denen morphologische Fehler: genauer Kasusfehler: genauer Verwechslung von Dativ und Genitiv vorkommen und die zudem auf eine bestimmte Dialektregion schließen lassen. Diese Recherchen können verknüpft werden mit weiteren Suchoperationen, etwa nach einem bestimmten orthographischen Fehlertyp. Auch Verknüpfungen mit administrativen Daten wie dem Tatzeitpunkt sind möglich.

6 Zusammenfassung und Ausblick

In diesem Artikel sollte die Verschiedenheit der Aufgaben, die der FL zukommen, im Rahmen der Angewandten Linguistik und ihrer Nachbardisziplinen in der Kriminaltechnik dargestellt werden. Im Zentrum der Darstellung stand die *Autorenerkennung* und die beispielhafte Demonstration der Anwendung von Erkenntnissen der theoretischen Linguistik anhand authentischer Erpressertextausschnitte.

Forschungsdesiderata

Es ist in diesem relativ jungen Bereich der Angewandten Linguistik noch viel Forschungsarbeit zu tun, sowohl Grundlagenforschung, beispielsweise auf dem Gebiet der Textsorte, als auch empirische Forschung. Stellen Erpresserbriefe (oder andere inkriminierte Schreiben) eigene

Textsorten dar, oder werden die Textsortenmerkmale anderer Texte diesen Schreiben übergestülpt? Welche Merkmale muss ein Erpresserschreiben aufweisen, um überhaupt ein Erpresserschreiben zu sein? Eine erste Arbeit in dieser Richtung wurde von Artmann (1996) vorgelegt, auf dieser Grundlage könnte weitergeforscht werden. Für diese und andere Forschungsvorhaben können interessierten Fachwissenschaftlern nach Vorlage einer Projektskizze anonymisierte authentische Materialien zur Verfügung gestellt werden.

Über die Autoren

Gerd Antos Dr. phil. habil. Prof. h.c., ist Professor für germanistische Sprachwissenschaft an der Martin-Luther-Universität Halle-Wittenberg. Studium der Germanistik, Geschichte und Philosophie in Erlangen und Saarbrücken, Promotion 1980, Habilitation 1992. Forschungsschwerpunkte: Kommunikation in der Wissensgesellschaft, Text- und Gesprächslinguistik, Schreibforschung, Soziolinguistik, Wissenstransfer. 1998–2000: Präsident der Gesellschaft für Angewandte Linguistik (GAL).

Michael Becker-Mrotzek Dr. phil. habil., ist Professor für deutsche Sprache und ihre Didaktik an der Universität zu Köln. Studium für das Lehramt der Sekundarstufe II mit den Fächern Germanistik und Sport (1. und 2. Staatsexamen), 1986 Promotion an der Universität Hamburg, 1990–1996 Wissenschaftlicher Assistent an der Universität Münster, Habilitation mit einer Arbeit zum Schreibentwicklung, 1996-1999 Hochschuldozent in Münster, seit 1999 Professor an der Universität zu Köln. Arbeitsschwerpunkte im Bereich der Schreibforschung, Gesprächsforschung und Sprachdidaktik. Vorstandsmitglied der Gesellschaft für Angewandte Linguistik (GAL).

Ines Bose Dr. phil. habil., Diplom-Sprechwissenschaftlerin, ist Privatdozentin am Institut für Sprechwissenschaft und Phonetik der Martin-Luther-Universität Halle (Saale). Ihre Forschungs- und Publikationsschwerpunkte sind: Phonetik der deutschen Sprache, kindliche Kommunikationsentwicklung, rhetorische Kommunikation.

Hermann Cölfen Dr. phil. habil., M.A., Jahrgang 1959, ist Privatdozent für Germanistische Linguistik und Mediendidaktik an der Universität Duisburg-Essen, Campus Essen. Redaktionsmitglied der Zeitschriften *ELiS_e* (Essener Linguistische Skripte – elektronisch), *OBST* (Osnabrücker Beiträge zur Sprachtheorie) und *SDV* (Sprache und Datenverarbeitung). Stellv. Sektionsleiter der Sektion „Computerlinguistik" und Internet-Beauftragter der Gesellschaft für Angewandte Linguistik (GAL). Forschungsschwerpunkte: Sprache in (Neuen) Medien; Mediendidaktik; Angewandte Gesprächsforschung; Hypertext und Hypermedien; Schreibpraxis (Schreiben für digitale Medien); Hermeneutik.

Arnulf Deppermann Prof. Dr., Dipl.-Psych., M.A., ist Leiter der Abteilung „Pragmatik" am Institut für Deutsche Sprache (Mannheim) und W3-Professor für Germanistische Linguistik an der Universität Mannheim. Herausgeber und Redakteur der Zeitschrift „Gesprächsforschung" (mit Martin Hartung). Arbeitsschwerpunkte: Theorie und Methodik der Gesprächsforschung, Jugend- und Konfliktkommunikation, Erzähl- und Argumentationsforschung, Identitäts- und Bedeutungskonstitution, Grammatik und Semantik im Gespräch.

Helmut Ebert Dr. phil. habil., ist Kommunikationsberater für Wirtschaft, Politik und Verwaltung sowie Außerplanmäßiger Professor für Germanistische Sprachwissenschaft an der Rheinischen Friedrich-Wilhelms-Universität Bonn. Promotion 1986, Habilitation 1994 in Bonn. Gastprofessuren und Lehraufträge u.a. an der TU Chemnitz, RWTH Aachen sowie anm Zentrum für strategische Unternehmensführung und Leadership der Leopold-Franzens-Universität Innsbruck (2006). Publikations- und Forschungsschwerpunkte: Corporate Language, Effizienz in der Kommunikation, Schreibkultur in der Verwaltung, Schreibstil von Geschäftsberichten und politischen Textsorten (EU-Verfassung), Wissenskommunikation.

Reinhard Fiehler Dr. phil. habil., ist Professor in der Abteilung Pragmatik beim Institut für Deutsche Sprache in Mannheim. Er ist Mitglied des Vorstands der Gesellschaft für Angewandte Linguistik (GAL) und langjähriges Mitglied des Arbeitskreises „Angewandte Gesprächsforschung“. Arbeitsschwerpunkte: Gesprächsforschung mit den Schwerpunkten Unternehmenskommunikation, Emotionalität im Gespräch, Alterskommunikation; Angewandte Gesprächsforschung: Kommunikationsberatung und Training auf gesprächsanalytischer Basis; Grammatik der gesprochenen Sprache.

Ruth Geier Dr. phil, Studium der Germanistik und Altphilologie in Leipzig, 1975 Promotion über politische Semantik, bis 1999 wiss. Mitarbeiterin im Bereich Germanistik der Universität Leipzig, ist seit 2000 im Bereich Medienkommunikation der TU Chemnitz beschäftigt. Leitung des „Sprachberatungstelefon“ in Leipzig von 1996–2001, seit 2001 in Chemnitz. Veröffentlichungen vor allem zur politischen Rhetorik und Sprache in der DDR.

Susanne Göpferich Dr. phil. habil., Dipl.-Übers., ist Universitätsprofessorin für Übersetzungs- und Dolmetschwissenschaft am Institut für Theoretische und Angewandte Translationswissenschaft (ITAT) der Karl-Franzens-Universität Graz, dort Leiterin des *Laboratory for Communication & Documentation* (LabCom.Doc), einer Einrichtung zur Förderung des Wissenstransfers zwischen Hochschule und Industrie, Leiterin der Sektion „Fachkommunikation“ der Gesellschaft für Angewandte Linguistik (GAL), Mitglied im Beirat der Fachzeitschrift für Technische Dokumentation und Informationsmanagement *technische kommunikation* sowie der Fachzeitschrift *LSP and Professional Communication*, Forschungs- und Publikationsschwerpunkte: Fachkommunikation und Fachübersetzen, Textlinguistik, Verständlichkeitsforschung, Textoptimierung, *Technical Writing* / übersetzungsgerechtes Schreiben, Translationsprozessforschung, Textproduktions- und Übersetzungsdidaktik, Workflow-Optimierung, Terminologielehre und Terminographie.

Joachim Grabowski Dr. phil. habil., Dipl.-Psych., M.A., ist Professor für Psychologie an der Pädagogischen Hochschule Heidelberg und Privat-Dozent für Germanistische Linguistik an der Universität Mannheim. Studierte Psychologie, Linguistik und Literaturwissenschaft an der Universität Mannheim sowie Mathematik und Informatik an der FernUniversität Hagen. Forschungsschwerpunkte: Psycholinguistik/Sprachpsychologie; Automatisierung bei Sprachproduktionsprozessen, insbesondere beim Schreiben; Kognition von Raumrelationen und Semantik raumrelationaler Ausdrücke; Quizshow-Wissen. Seit 1998 Leiter der Sektion „Psycholinguistik“ und Beiratsmitglied der Gesellschaft für Angewandte Linguistik (GAL); seit 2003 Koordinator der Special - Interest Group „Writing“ in der *European Association for Research on Learning and Instruction*.

Norbert Gutenberg Dr. phil. habil., M.A., Sprecherzieher (DGSS), ist Professor und Leiter des Fachgebietes Sprechwissenschaft/ Sprecherziehung an der Universität des Saarlandes Saarbrücken. Forschungs- und Publikationsschwerpunkte: Sprecherziehung in der Lehrerbildung, Sprechwissenschaftliche Grundlagentheorie/Medienrhetorik/Nachrichtenanalyse, Lehrerstimme/Stimmprophylaxe. Zunächst gemeinsam mit Prof. Dr. Cornelia Gräsel (Erziehungswissenschaft), später gemeinsam mit Prof. Dr. Robin Stark (Erziehungswissenschaft) Leiter des Projekts „Hören-Lauschen-Lernen – Legasthenie-Prophylaxe im Kindergarten“. Leiter des Projekts ‚Entwicklung von Methoden zur Früherkennung und Frühprophylaxe von Stimmstörungen bei Lehrer/innen‘ zusammen mit PD. Dr. med. Wolfgang Delb (Phoneatrie). Leiter des Projekts ‚Lesen, Reden, Schreiben – Ein Forschungsprojekt zum Leseverstehen, Hörverstehen, mündliches und schriftliches Formulieren bei Hauptschulabsolvent/innen deutscher und nicht deutscher Muttersprache: Leistungstests – Förderprogramm – Evaluation‘ zusammen mit Prof. Dr. Lutz Götze (Deutsch als Fremdsprache) Prof. Dr. Robin Stark (Erziehungswissenschaft).

Stephan Habscheid Dr. phil. habil., Jahrgang 1966, ist Universitätsprofessor für Germanistik/Angewandte Sprachwissenschaft an der Universität Siegen und Geschäftsführender Leiter des *Siegener Instituts für Sprachen im Beruf* (SISIB). Nach einer Berufsausbildung zum Verlagsbuchhändler Studium der Germanistik und Geschichte, 1995 Promotion mit einer sprachhistorischen Arbeit, 1996 Förderpreis des Freundeskreises der Universität Trier. 2002 Habilitation zum Thema „Sprache in der Organisation" an der Technischen Universität Chemnitz. Seit 1994 Lehrtätigkeit an verschiedenen Hochschulen im In- und Ausland und im Weiterbildungsfernstudiengang „Sozialkompetenz". Arbeitsschwerpunkte: Kommunikation in Organisationen und Institutionen; linguistische Diskursanalyse; Medienkommunikation; Stilistik. URL: http://www3.uni-siegen.de/fb3/lissie/

Martin Hartung Dr. phil., Leiter des Instituts und des Verlages für Gesprächsforschung, Mitherausgeber der Fachzeitschriften *Gesprächsforschung* und *Psychotherapie und Sozialwissenschaft*. Forschungs- und Beratungsschwerpunkte: Entwicklung, Vermittlung und Einsatz der Ergebnisse und Methoden aus der Gesprächsforschung mit Schwerpunkt auf Personalauswahl, Personalentwicklung und Organisationsentwicklung in Organisationen und Unternehmen.

Martina Hielscher-Fastabend Dr. phil., Dipl.-Psych., ist Hochschuldozentin im Bereich der Klinischen Linguistik an der Universität Bielefeld. Sie studierte Psychologie, Mathematik und Linguistik an der Universität Bielefeld und absolvierte verschiedene psychotherapeutische Ausbildungsgänge (Grundausbildung Gesprächspsychotherapie (GWG) und Verhaltenstherapie (DGVT), Master Practitioner NLP (DGNLP)). Klinische Tätigkeit als Neuropsychologin 1991–1994. Forschungsschwerpunkte: Psycholinguistik; speziell Zusammenhänge von Emotion und Sprachverarbeitungsprozessen/Neurolinguistik und Sprachstörungen; speziell Aphasie sowie andere neurologische Störungsbilder mit Sprach- und Sprechstörungen. Seit 1996 Leiterin der Sektion „Klinische Linguistik" und Beiratsmitglied der Gesellschaft für Angewandte Linguistik (GAL); seit 2004 zweite Vorstandsvorsitzende des BKL (Bundesverbandes für Klinische Linguistik e.V.).

Nina Janich Dr. phil. habil, ist Professorin für Germanistik im Institut für Sprach- und Literaturwissenschaft der Technischen Universität Darmstadt. Forschungs- und Publikationsschwerpunkte: Sprachkulturforschung, Werbe- und Wirtschaftskommunikation, Kommunikation der neuen Medien (bes. E-Mail). Mitherausgeberin der Reihen „Europäische Kulturen in der Wirtschaftskommunikation" und „Studien und Quellen zur deutschen Sprachwissenschaft". Deutschlandkoordinatorin der internationalen Forschergruppe „Europäische Kulturen in der Wirtschaftskommunikation", Kooperationspartnerin des Internetportals <www.werbesprache.net>

Michael Klemm Dr. phil., ist Professor für Medienwissenschaft (Ausrichtung Sprachwissenschaft) am Institut für Kulturwissenschaft der Universität Koblenz-Landau, Campus Koblenz, 2000–2006 Leiter der GAL-Sektion „Medienkommunikation", seit 2006 Pressesprecher der GAL, 2000–2005 Leiter des Schreibzentrums im Fachgebiet Germanistik an der TU Chemnitz, mit Werner Holly Leiter des BMBF-Projekts „Entwicklung multimedialer Lehr-Lern-Ressourcen für die Sprachwissenschaft (PortaLingua)" (2001–2004). Publikations- und Forschungsschwerpunkte: Medienkommunikation, Gesprächsanalyse, Textlinguistik, Schreibdidaktik, e-Learning. Als Herausgeber vor allem für Kapitel IV „Öffentlich kommunizieren" verantwortlich.

Karlfried Knapp Dr. phil. habil., Prof. h.c., ist Professor für Englische und Angewandte Sprachwissenschaft an der Universität Erfurt. Von 1988–2002 zunächst Leiter der Sektion „Kontrastive Linguistik und Interkulturelle Kommunikation", dann in verschiedenen Funktionen Vorstandsmitglied der Gesellschaft für Angewandte Linguistik (GAL), zuletzt als Vizepräsident. Seit 2002 Secretary General der *Association de Linguistique Appliquée* (AILA). Mitbegründer des privaten Instituts für Interkulturelle Kommunikation (Aachen); in diesem Rahmen Tätigkeit als Berater und Trainer für internationale Wirtschaftsunternehmen und Verbände. Forschungs- und Publikationsschwerpunkte: Zweitsprachenerwerb, Soziolinguistik des Englischen als *lingua franca*, interkulturelle Kommunikation, *Community Interpreting*. Herausgeber der de Gruyter *Handbooks of Applied Linguistics* (HAL).

Annelie Knapp-Potthoff Dr. phil, M.A., ist Professorin für Didaktik der Englischen Sprache sowie Sprachlehr- und Lernforschung an der Universität Siegen. Lehramtsstudium mit den Fächern Anglistik und Pädagogik. 1978 Promotion in Angewandter Sprachwissenschaft, Allgemeiner Sprachwissenschaft und Erziehungswissenschaft an der Universität Konstanz. Lehrtätigkeiten an den Universitäten Konstanz, Aachen, Düsseldorf, Bielefeld, Gießen; zwischenzeitlich Planung und Durchführung interkultureller Trainings für internationale Wirtschaftsunternehmen und Verbände im Rahmen des privaten Instituts für Interkulturelle Kommunikation. Von 2002–2004 Prorektorin für Lehre an der Universität Siegen; von 2000– 2004 stellv. DFG-Fachgutachterin. Arbeitsschwerpunkte: Lehr-Lernprozesse im Kontext des Fremdsprachenunterrichts, interkulturelle Kommunikation.

Martina Liedke Dr. phil., Mitarbeiterin am Institut für Deutsch als Fremdsprache/Transnationale Germanistik der Ludwig-Maximilians-Universität München. Lehramtsstudium Germanistik und Anglistik mit Schwerpunkt Deutsch als Zweitsprache, 1993 Promotion zum deutsch-neugriechischen Sprachkontrast. 1986–1993 wissenschaftliche Angestellte am Fachbereich Sprach- und Literaturwissenschaften der Universität Dortmund, 1990–1993 Lehrtätigkeiten an den Universitäten Münster und Hannover und der *International School of Management*. In München seit 1993 Lehre im Rahmen der Arbeitsfelder „Deutsch als Fremdsprache“ und „Interkulturelle Kommunikation“ sowie Betreuung und Organisation von Praktika. Publikations- und Forschungsschwerpunkte: Diskursanalyse und Funktionale Pragmatik, Kontrastive Linguistik, Sprach- und Kommunikationstrainings. Spezieller Arbeitsschwerpunkt: Kontaktphonologie des Deutschen.

Daniel Perrin Dr. phil., ist Professor für Medienlinguistik und leitet das Institut für Angewandte Medienwissenschaft IAM der Zürcher Hochschule Winterthur. Arbeitsschwerpunkte: Medienlinguistik, Textlinguistik, Textproduktionsforschung; berufliches Schreiben, Professionalisierung der Kommunikation; Wissenstransfer der Linguistik, Kommunikationsberatung. – Projekte und Publikationen: http://www.iam.zhwin.ch

Christa Röber-Siekmeyer Dr. phil., bis 1990 Tätigkeit als Lehrerin vorwiegend in Klassen mit Migrantenkindern, in der Lehrerfort-und -ausbildung und im niedersächsischen Kultusministerium. Ab 1990 Tätigkeit an den Universitäten Bielefeld, Hamburg, Paderborn. Seit 1996 Professorin für sprachlichen Anfangsunterricht in der Fakultät für Erziehungswissenschaft der Pädagogischen Hochschule Freiburg; zahlreiche Veröffentlichungen zur Öffnung des Unterrichts, zum Zweitspracherwerb, zum Schrift- und Grammatikerwerb.

Christina Schäffner Dr. phil., ist Reader in Translationswissenschaft an der Aston University in Birmingham (Großbritannien). 1977 Promotion an der Universität Leipzig, 1982–1992 Leiterin einer Forschungsgruppe zur Textlinguistik an der Sächsischen Akademie der Wissenschaften zu Leipzig, seit 1992 an der Aston University. 1998–2004 Secretary General der European Society for Translation Studies (EST). Mitglied im Beirat der Fachzeitschriften Target, The Translator, Discourse & Society. Forschungs- und Publikationsschwerpunkte: Translationswissenschaft, Übersetzungsdidaktik, politische Diskursanalyse, Metaphernforschung, Textlinguistik.

Sabine Schall Jahrgang 1965. Nach dem Studium der Germanistik, Anglistik und Psychologie mit Schwerpunkten im Bereich der Psycho- und Neurolinguistik an der Universität Frankfurt Mitarbeiterin im Sondersammelgebiet Linguistik der Stadt- und Universitätsbibliothek Frankfurt. Seit 1992 als Wissenschaftliche Angestellte (Sachverständige) im Bereich Autorenerkennung im BKA tätig und dort zuständig für die Untersuchung so genannter inkriminierter Schreiben sowie den Aufbau und die Pflege des Textkorpus. Neben der Forensischen Linguistik großes Interesse für die Gebärdensprachlinguistik; Ausbildung zur Gebärdensprachdolmetscherin; seit 2001 Lehraufträge für das Fach „Deutsche Laut- und Schriftsprache“ im Rahmen von Weiterbildungsmaßnahmen zum/zur Gebärdensprachdolmetscher/in an der Fachhochschule Frankfurt und dem „Institut für Gebärdensprache“ in Winnenden.

Reinhold Schmitt Dr. rer soc., Mitarbeiter am Institut für Deutsche Sprache in Mannheim, Abteilung Pragmatik. Forschungs- und Publikationsschwerpunkte: Ethnographie,

Konversationsanalyse, Gesprächsrhetorik, Methode und Methodologie videobasierter Interaktionsanalyse, multimodale Interaktionstheorie; thematische Schwerpunkte: Kooperation in Arbeitsgruppen, Koordination und multimodale Konstitution von Interaktionsräumen; angewandte Gesprächsforschung (seit Anfang der 90er Jahre) mit Schwerpunkten: Industrielektorat, Kommunikationsberatung, Konzeption und Durchführung von Kommunikationstraining in Wirtschaftsunternehmen und Institutionen; Ausbildung von Drehbuchautoren (Entwicklung und Analyse von Drehbüchern).

Klaus-Dirk Schmitz Diplom-Informatiker, Dr. phil., ist seit 1992 Professor für übersetzungsbezogene Terminologielehre am Institut für Translation und mehrsprachige Kommunikation der Fachhochschule Köln, geschäftsführender Direktor des Instituts für Informationsmanagement und des Deutschen Informations- und Dokumentationszentrums für Terminologie (DEUTERM) an der gleichen Hochschule, Präsident des Internationalen Informationszentrums für Terminologie (Infoterm), Obmann des DIN/NAT/AA 5 „Systeme für die Verwaltung von Terminologie, Wissen, Content", Mitglied des Vorstands und Beirats verschiedener Fachverbände und Organisationen. Forschungs- und Publikationsschwerpunkte: Terminologielehre, rechnergestützte Terminologieverwaltung, Datenmodellierung und Datenaustausch, (Software-)Lokalisierung.

Hermann Schöler Dr. phil., Dipl. Psych., ist Professor für Psychologie der Lernbehinderten an der Pädagogischen Hochschule Heidelberg. 1967–1972 Studium der Psychologie in Marburg und Freiburg, 1972–1978 wissenschaftlicher Mitarbeiter am Psychologischen Institut der Universität Heidelberg, 1978–1982 am Lehrstuhl Psychologie III der Universität Mannheim, 1981 Promotion an der Universität Mannheim, seit 1982 Professor an der Pädagogischen Hochschule Heidelberg. Forschungsschwerpunkte im Bereich der Sprachentwicklungsstörung und des Schriftspracherwerbs.

Georg Schuppener apl. Prof. Dr. phil., Dr. rer. nat., Dipl.-Math. Geboren 1968 in Aachen. Studium der Mathematik, Germanistik, Wissenschaftstheorie und Geschichte in Aachen, Leipzig, Hamburg, Jena. Promotion Germanistik 1996. Promotion Geschichte der Naturwissenschaften 1999. Habilitation 2001. Theodor-Frings-Preis für Sprachgeschichte der Sächsischen Akademie der Wissenschaften 2002. Langjährige freiberufliche Tätigkeit im Bereich der Sprachberatung und Kommunikation. Schulungen zu Sprachentwicklungsstörungen und zur Sprachförderung.

Hartmut Stöckl PD Dr. phil. habil., ist wissenschaftlicher Oberassistent am Lehrstuhl für Angewandte Sprachwissenschaft der Technischen Universität Chemnitz und lehrt dort in den MA-Studiengängen Angewandte Sprachwissenschaft und Technikkommunikation. Seine Forschungsinteressen liegen u.a. auf den Gebieten der Textlinguistik/Stilistik, der Multimodalen und hier insbesondere Visuellen Kommunikation, der Werbekommunikation sowie des Sprachgebrauchs und der Textgestaltung in den Massenmedien. Weitere Arbeitsfelder berühren die Phraseologieforschung und die Kognitive Linguistik (insbesondere Semantik).

Angelika Storrer Dr. phil., ist Professorin für deutsche Sprache und ihre Didaktik an der Universität Dortmund. Sie beschäftigt sich seit 1993 mit der sprachlichen und stilistischen Gestaltung von Online-Medien. Sie war an der Konzeption und Entwicklung verschiedener Hypermedia-Anwendungen beteiligt (u.a. an GRAMMIS, der Hypermedia-Grammatik am Institut für deutsche Sprache), ist wissenschaftliche Leiterin und Dozentin der berufsbegleitenden Weiterbildungsveranstaltung „Online-Journalismus" der Akademie für Weiterbildung in Heidelberg, und hat zahlreiche Publikationen zu Hypermedien und zur internetbasierten Kommunikation verfasst. Seit 2001 leitet sie das Projekt „Hypertextualisierung auf textgrammatischer Grundlage", ein Teilprojekt der DFG-Forschergruppe „Texttechnologische Informationsmodellierung".

Claudia Villiger Dr. phil., ist seit 2003 Verwaltungsprofessorin an der Fachhochschule Hannover, Fachbereich Informations- und Kommunikationswesen, Fachrichtung Technische Redaktion. Stellv. Leiterin der Sektion „Psycholinguistik" der Gesellschaft für Angewandte Linguistik (GAL). Forschungsschwerpunkte: Textverstehen, Textproduktion (auch automatische Textgenerierung), Textoptimierung, Hypertext- und Hypermedien (insbesondere Online-Hilfen), Ontologieerstellung, sprachliche Aspekte des Information Retrieval, Experten-Laienkommunikation und Risikokommunikation (insbesondere Technik und Medizin).

Rüdiger Vogt Dr. phil. habil., Lehrer, 1993–2001 Studienrat i. H. für Deutsche Sprache und ihre Didaktik an der Justus-Liebig-Universität Gießen, ist seit 2001 Professor für Sprachwissenschaft und Sprachdidaktik im Fach Deutsch der Pädagogischen Hochschule Ludwigsburg. Forschungs- und Publikationsschwerpunkte: Text- und Diskurslinguistik, Gesprächsforschung, speziell im Handlungsbereich Schule, Gesprächsdidaktik.

Literaturverzeichnis

ABEN, I. et al. (2001): Research into the specificity of depression after stroke. In: *Progress in Neuro-Psychopharmacology and Biological Psychiatry* 25, 671–689.

ADAM-WINTJEN, C. (1998): *Werbung im Jahr 1947. Zur Sprache der Anzeigen in Zeitschriften der Nachkriegszeit.* Tübingen: Niemeyer.

ADAMZIK, K. (2004): *Textlinguistik. Eine einführende Darstellung.* Tübingen: Niemeyer.

ADAMZIK, K. / ANTOS, G. / JAKOBS, E.-M. (Hg.) (1997): *Domänen- und kulturspezifisches Schreiben.* Frankfurt a.M.: Lang.

AECMA (1998): *AECMA Simplified English: A Guide for the Preparation of Aircraft Maintenance Documentation in the International Aerospace Maintenance Language.* (AECMA Document PSC-85–16598, Issue 1, January 1998). Brüssel. AECMA. [Erhältlich über: Info Vision Systems Ltd., Derby, UK; E-Mail: <info@vision.co. uk>].

AECMA (o.J.): *AECMA Simplified English.* [Kurzinformation ohne nähere bibliographische Angaben; bezogen am 16.02.2000 von Kathleen Barthe, E-Mail: <kathleen.barthe@airbus.aeromatra.com>].

AIJMER, K. (1996): *Conversational Routines in English.* London: Longman.

ALLEN, J. (1999): Different types of controlled languages. *TC-Forum* 1. 16.02.1999. <http://www.tc-forum. org/topiccl/cl15diff. htm>.

ALLEN, J. / CORDER, S.P. (1973): Editor's preface. In: Allen/Corder (Hg.): *The Edinburgh Course in Applied Linguistics. Volume I: Readings in Applied Linguistics.* London: Oxford University Press, xi–x.

ALLEN, J. / CORDER, S.P. (Hg.) (1973–1975): *The Edinburgh Course in Applied Linguistics. 4 Vols.* London: Oxford University Press.

AMELUNG, N. (1997): *Die Oetker-Entführung. Geständnisse des Dieter Zlof: die Geschichte der 21-Millionen-Erpressung.* Neuss: Lesani-Medienverlag.

AMMON, U. (Hg.) (1991): *Die internationale Stellung der deutschen Sprache.* Berlin: de Gruyter.

AMMON, U. / DITTMAR, N. / MATTHEIER, K.J. (Hg.) (1987–1988): *Sociolinguistics. An International Handbook of the Science of Language and Society/Soziolinguistik. Ein internationales Handbuch zur Wissenschaft von Sprache und Gesellschaft.* 2 Bde. (Bd. 1 = 1987, Bd. 2 = 1988) Berlin: de Gruyter.

ANGERMAIER, M.W.F. (1974): *Psycholinguistischer Entwicklungstest.* Weinheim: Beltz.

ANTOS, G. (1982): *Grundlagen einer Theorie des Formulierens. Textherstellung in gesprochener und geschriebener Sprache.* Tübingen: Niemeyer.

ANTOS, G. (1988): Eigene Texte herstellen! Schriftliches Formulieren in der Schule. Argumente aus der Sicht der Schreibforschung. In: *Der Deutschunterricht* 40/3: 37–48.

ANTOS, G. (1989): Textproduktion: Ein einleitender Überblick. In: Antos/Krings, 5–57.

ANTOS, G. (1996): *Laien-Linguistik. Studien zu Sprach- und Kommunikationsproblemen im Alltag.* Tübingen: Niemeyer.

ANTOS, G. (2001): Gesprächsanalyse und Ratgeberliteratur. In: Brinker, K. et al., 1716–1725.

ANTOS, G. (2003): *„Imperfektibles" sprachliches Wissen. Theoretische Vorüberlegungen zu „sprachlichen Zweifelsfällen".* In: Klein, W.P. (Hg.): Sprachliche Zweifelsfälle. Theorie und Empirie: *Linguistik online* 16403.

ANTOS, G. (2004): Wie kann sich die Linguistik Öffentlichkeit „schaffen"? Wissenschaftspraktische Perspektiven einer künftigen Linguistik. In: Linke, A. / Ortner H. / Portmann-Tselikas, P. R. (Hg.). *Sprache und mehr. Ansichten einer Linguistik der sprachlichen Praxis.* Tübingen: Niemeyer, 471–488.

ANTOS, G. / KRINGS, H.P. (Hg.) (1989): *Textproduktion. Ein interdisziplinärer Forschungsüberblick.* Tübingen: Niemeyer.

ANTOS, G. / KUTSCH, S. (1997): Vernetztes Schreiben in der interaktiven Verwaltung. Am Beispiel des betriebsinternen Kommunikations- und Steuerungssystems ANOTE. In: Adamzik/Antos/Jakobs, 151–167.

ANTOS, G. / POGNER, K.H. (1995): *Schreiben.* Heidelberg: Groos.

AR (2002): *Die Zukunft gehört den Mutigen. Report of Annual Reports. Vierundzwanzig noch nie dagewesene Geschäftsberichte.* Mainz: Hermann Schmidt.

ARNTZ, R. / PICHT, H. / MAYER, F. (⁴2002): *Einführung in die Terminologiearbeit.* Hildesheim: Olms.

ART-DIRECTORS-CLUB FÜR DEUTSCHLAND (Hg.) (1997): *ADC-Jahrbuch 1997.* Mainz: Schmidt.

ARTMANN, P. (1996): *Tätertexte – eine linguistische Analyse der Textsorten Erpresserbrief und Drohbrief.* München: Eigenverlag.

ASCHERSLEBEN, K. (1999): *Frontalunterricht: klassisch und modern.* Neuwied: Luchterhand.

ASD (2005): *ASD Simplified Technical English Specification ASD-STE 100™ pending: A Guide for the Preparation of Aircraft Maintenance Documentation in the International Aerospace Maintenance Language.* Issue 3 (January 2005). Brüssel: InfoVision.

AUER, P. (1999): *Sprachliche Interaktion.* Tübingen: Niemeyer.

AUER, P. / DI LUZIO, A. (Hg.) (1984): *Interpretive Sociolinguistics: Migrants, Children, Migrant Children.* Tübingen: Narr.

AUGST, G. / FAIGEL, P. (1986): *Von der Reihung zur Gestaltung. Untersuchungen zur Ontogenese der schriftsprachlichen Fähigkeiten von 13–23 Jahren.* Frankfurt a.M.: Lang.

AUSTIN, J.L. (1971): *How to Do Things with Words.* 1962. Oxford: Oxford University Press.

AVENARIUS, H. (1995): *Public Relations.* Darmstadt: Wissenschaftliche Buchgesellschaft.

BAC BURDA ADVERTISING CENTER (Hg.) (2000): *Die Sinus-Milieus in Deutschland. Strategische Marketing- und Mediaplanung mit der Typologie der Wünsche Intermedia.* Offenburg: BAC.

BAECKER, D. (2003): *Organisation und Management.* Frankfurt a.M.: Suhrkamp.

BAJWA, Y.H. (1995): *Werbesprache – ein intermediärer Vergleich.* Dietikon: Juris.

BALDAUF, C. (1999): Zur Signifikanz sprachlicher Merkmale im Rahmen des Autorschaftsnachweises: Ansätze und Desiderate der forensischen Linguistik. In: *Archiv für Kriminologie* 204/3,4: 93–105.

BALLSTAEDT, S.-P. (1997): *Wissensvermittlung. Die Gestaltung von Lernmaterial.* Weinheim: Beltz.

BALOG, A. (2001): *Neuere Entwicklungen in der soziologischen Theorie.* Stuttgart: Lucius & Lucius.

BARBOUR, S. / STEVENSON, P. (1998): *Variation im Deutschen. Soziolinguistische Perspektiven.* Berlin: de Gruyter.

BARTH-WEINGARTEN, D. / METZGER, M. (i.V.): „Sprachwissenschaft? Was ist das?“ In: Wichter, S. / Stenschke, O. (Hg.): *Theorie, Steuerung und Medien des Wissenstransfers.* Frankfurt a.M.: Lang.

BARTSCH, R. (1985): *Sprachnormen: Theorie und Praxis.* Tübingen: Niemeyer.

BAUMGART, M. (1992): *Die Sprache der Anzeigenwerbung. Eine linguistische Analyse aktueller Werbeslogans.* Heidelberg: Physica.

BÄUMLER, S. (Hg.) (1996): *Die Kunst zu werben. Das Jahrhundert der Reklame.* München: Stadtmuseum.

BAURMANN, J. / LUDWIG, O. (2001): Schreibaufgaben und selbst organisiertes Schreiben. In: *Praxis Deutsch* 168: 6–11.

BAURMANN, J. / WEINGARTEN R. (Hg.) (1995): *Schreiben. Prozesse, Prozeduren und Produkte.* Opladen: Westdeutscher Verlag.

BAUSCH, K.-R. / CHRIST, H. / KRUMM, H.-J. (Hg.) (⁴2003): *Handbuch Fremdsprachenunterricht.* Tübingen: Francke.

BEAUGRANDE, R.A. DE / DRESSLER, W. (1981): *Einführung in die Textlinguistik.* Tübingen: Niemeyer.

BECKER-MROTZEK, M. (1994): Gesprächsschulung für Mitarbeiter und Mitarbeiterinnen öffentlicher Dienstleistungsunternehmen auf linguistischer Grundlage. In: Bartsch, E. (Hg.): *Sprechen, Führen, Kooperieren in Betrieb und Verwaltung. Kommunikation in Unternehmen.* München: Ernst Reinhardt Verlag, 240– 254.

BECKER-MROTZEK, M. (1997) *Schreibentwicklung und Textproduktion. Der Erwerb der Schreibfertigkeit am Beispiel der Bedienungsanleitung.* Opladen: Westdeutscher Verlag.

BECKER-MROTZEK, M. (1999): *Diskursforschung und Kommunikation.* Heidelberg: Groos.

BECKER-MROTZEK, M. (2004): Aufsatz- und Schreibdidaktik. In diesem Band, 36–55.

BECKER-MROTZEK, M. / BRÜNNER, G. (1992): Angewandte Gesprächsforschung: Ziele – Methoden – Probleme. In: Fiehler/Sucharowski (Hg.): *Kommunikationsberatung und Kommunikationstraining. Anwendungsfelder der Diskursforschung.* Opladen: Westdeutscher Verlag, 12–23.

BECKER-MROTZEK, M. / BRÜNNER, G. (1999/2002): Simulation authentischer Fälle (SAF). In: Brünner/Fiehler/Kindt, Bd. 2, 72–80.

BECKER-MROTZEK, M. / BRÜNNER, G. (Hg.) (2004): *Analyse und Vermittlung von Gesprächskompetenz.* Frankfurt a.M.: Lang und Radolfzell: Verlag für Gesprächsforschung. <www.verlag-gespraechsforschung.de/2004/becker1.htm>

BECKER-MROTZEK, M. / BRÜNNER G. / CÖLFEN H. (Hg.) (2000): *Linguistische Berufe.* Frankfurt a.M.: Lang.

BECKER-MROTZEK, M. / FIEHLER, R. (Hg.) (2002): *Unternehmenskommunikation.* Tübingen: Narr.

BECKER-MROTZEK, M. / MEIER, C. (1999/2002): Arbeitsweisen und Standardverfahren der Angewandten Diskursforschung. In: Brünner/Fiehler/Kindt, Bd. 1, 18–45.

BECKER-MROTZEK, M. / VOGT, R. (2002): *Unterrichtskommunikation. Linguistische Analysemethoden und Forschungsergebnisse.* Tübingen: Niemeyer.

BECKER-MROTZEK, M. / BÖTTCHER, I._(2006): *Schreibkompetenz entwickeln und beurteilen.* Berlin: Cornelsen.

BELL, A. (1991): *The Language of News Media.* Oxford: Blackwell.

BENDEL, S. (1998): *Werbeanzeigen von 1622–1798. Entstehung und Entwicklung einer Textsorte.* Tübingen: Niemeyer.

BENDEL, S. (2002): „Gesprächskompetenz am Telefon" – Ein Weiterbildungskonzept für Bankangestellte auf der Basis authentischer Gespräche. In: Becker-Mrotzek/Fiehler, 257–276.

BENDEL, S. (2004): Gesprächskompetenz vermitteln – Angewandte Forschung? In: Becker-Mrotzek/Brünner, 67–85. <www.verlag-gespraechsforschung.de/kompetenz/067-086.pdf>

BENTELE, G. / PIWINGER, M. / SCHÖNBORN, G. (Hg.) (2001 f.): *Kommunikationsmanagement. Strategien, Wissen, Lösungen* (Loseblattsammlung). Neuwied: Luchterhand.

BEREITER, C. (1980): Development in Writing. In: Gregg, L.W. / Steinberg, E.R. (Hg.): *Cognitive Processes in Writing.* Hillsdale: Lawrence Earlbaum, 73–93.

BEREITER, C. / SCARDAMALIA, M. (1987): *The Psychology of Written Composition.* Hillsdale: Lawrence Earlbaum.

BERGER, P.L. / LUCKMANN, T. (1980): *Die gesellschaftliche Konstruktion der Wirklichkeit.* Frankfurt a.M.: Fischer.

BERGER, R. (1989a): Berufsunfähigkeit bei Pädagogen – eine phoniatrische Analyse aus Berlin-Leipzig-Dresden. In: *HNO–Praxis* 14: 153–158.

BERGER, R. (1989b): Phoniatrische Tauglichkeitsentscheidungen der Jahre 1979 bis 1985 in Leipzig. In: *HNO–Praxis* 14: 217–220.

BERGER, R. (1991): Analyse von Stimmerkrankungen in sprechintensiven Berufen. In: *Otorhinolaryngoligica Nova* 1: 305–308.

BERGER, W. (2001): *Advertising Today.* London: Phaidon.

BERGMANN, J.R. (1994): Ethnomethodologische Konversationsanalyse. In: Fritz/Hundsnurscher 3–16.

BERGMANN, J.R. / GOLL, M. / WILTSCHEK, S. (1998): Sinnorientierung durch Beratung? Funktionen von Beratungseinrichtungen in der pluralistischen Gesellschaft. In: Luckmann, T. (Hg.): *Moral im Alltag.* Gütersloh: Verlag Bertelsmann Stiftung, 143–218.

BERK, E. / DEVLIN, J. (Hg.) (1991): *Hypertext/Hypermedia Handbook.* New York: Intertext Publications McGraw-Hill.

BERRUTO, G. (1987): Varietät. In: Ammon/Dittmar/Mattheier, 263–267.

BERTHOLD, S. (Hg.) (1985): *Gedichte sprechen und interpretieren.* Bonn: Dürr.

BICKES, H. / TRABOLD A. (Hg.): *Förderung der sprachlichen Kultur in der Bundesrepublik Deutschland. Positionsbestimmung und Bestandsaufnahme. Materialien und Berichte 40.* Stuttgart: Robert Bosch Stiftung.

BIERE, B.U. (1993): Schrift-Los. Analphabetismus in Deutschland. In: *Sprachreport* 2: 1–2.

BIERE, B.U. / HOBERG R. (Hg.) (1995): *Bewertungskriterien in der Sprachberatung.* Tübingen: Narr.

BINIEK, R. (1993): *Akute Aphasien.* Stuttgart: Thieme.

BIRKNER, K. (2001): *Bewerbungsgespräche mit Ost- und Westdeutschen.* Tübingen: Niemeyer.

BLANKEN, G. (1996): *Auditives Sprachverständnis: Wortbedeutungen; visuelles Sprachverständnis: Wortbedeutungen. Materialien zur neurolinguistischen Aphasiediagnostik.* Hofheim: NAT-Verlag.

BLANKEN, G. (1999a): *Auditives Sprachverständnis: Wortformen. Materialien zur neurolinguistischen Aphasiediagnostik.* Hofheim: NAT-Verlag.

BLANKEN, G. (1999b): *Wortproduktionsprüfung. Materialien zur neurolinguistischen Aphasiediagnostik.* Hofheim: NAT-Verlag.

BLANKEN, G. et al. (Hg.) (1993): *Linguistic Disorders and Pathologies.* Berlin: de Gruyter.

BLÄTTER ZUR BERUFKUNDE (1999): *Sprecherzieher/ Sprecherzieherin, Sprechwissenschaftler/ Sprechwissenschaftlerin (3 – III E 07).* Bielefeld: Bertelsmann.

BLOMERT, L. / BUSLACH, D.C. (1997): *Amsterdam-Nijmegen Everyday Language Test (ANELT). Deutsche Fassung.* Lisse: Swets & Zeitlinger.

BLUM, J. / BUCHER, H.-J. (1998): *Die Zeitung: Ein Multimedium. Textdesign – ein Gestaltungskonzept für Text, Bild und Grafik.* Konstanz: UVK Medien.

BLUMENSTENGEL, A. (1998): *Entwicklung hypermedialer Lernsysteme.* Berlin: Wissenschaftlicher Verlag Berlin.

BLUMENWITZ, D. (1996): Das Recht auf Gebrauch der Minderheitensprache. Gegenwärtiger Stand und Entwicklungstendenzen im europäischen Völkerrecht. In: Bott-Bodenhausen, K. (Hg.): *Unterdrückte Sprachen. Sprachverbote und das Recht auf Gebrauch der Minderheitensprachen.* Frankfurt a.M.: Lang, 159–202.

BLUM-KULKA, S. / HOUSE, J. / KASPER, G. (Hg.) (1989): *Cross-Cultural Pragmatics: Requests and Apologies.* Norwood: Ablex.

BÖCHER, K. et al. (2003): *Praxishandbuch Plus Technische Dokumentation: wirtschaftlich organisieren, systematisch erstellen, kundengerecht gestalten.* Augsburg: WEKA.

BÖHME, G. (⁴2003): *Sprach-, Sprech-, Stimm- und Schluckstörungen: Klinik (1. Bd.).* Stuttgart: Gustav Fischer.

BÖHME, G. (Hg.) (³2001): *Sprach-, Sprech-, Stimm- und Schluckstörungen: Therapie (2. Bd.).* Stuttgart: Gustav Fischer.

BOLTEN, J. (Hg.) (1995): *Cross Culture – Interkulturelles Handeln in der Wirtschaft.* Berlin: Verlag Wissenschaft & Praxis.

BOLTER, J.D. (1991): *Writing Space. The Computer, Hypertext and the History of Writing.* Hillsdale: Lawrence Earlbaum.

BOMMES, M. / NOACK, C. / TOPHINKE, D. (Hg.) (2002): *Sprache als Form. Festschrift für Utz Maas zum 60. Geburtstag.* Frankfurt a.M.: Westdeutscher Verlag

BONGARTZ, R. (1997): *Kommunikationstherapie mit Aphasikern und Angehörigen.* Stuttgart: Thieme.

BORTZ, J. (1999): *Statistik für Sozialwissenschaftler.* Berlin: Springer.

BOS, W. (2003): *Erste Ergebnisse aus IGLU. Schülerleistungen am Ende der 4. Jahrgangsstufe im internationalen Vergleich.* Münster. Waxmann.

BOSCH, B. (1984): *Grundlagen des Erstleseunterrichts.* Frankfurt a.M.: Arbeitskreis Grundschule.

BOSE, I. (2003): *Kindlicher Sprechausdruck im sozialen Rollenspiel.* Frankfurt a.M.: Lang.

BÖTTCHER, I. (Hg.) (1999): *Kreatives Schreiben.* Berlin: Cornelsen.

BÖTTCHER, I. / BECKER-MROTZEK, M. (2003): *Texte bearbeiten, bewerten und benoten. Schreibdidaktische Grundlagen und unterrichtsdidaktische Anregungen.* Berlin: Cornelsen.

BOWE, S. et al (1998): Aphasie als Kommunikationsstörung in der Familie. In: Hielscher, M. et al., 201–221.

BOWKER, L. / PEARSON, J. (2002): *Working with Specialized Language. A practical guide to using corpora.* London: Routledge.

BRACEWELL, R.J. / BREULEUX, A. (1994): Substance and romance in analyzing think-aloud protocols. In: Smagorinsky, P. (Hg.): *Speaking about Writing. Reflections on Research Methodology.* Thousand Oaks: Sage, 55–88.

BRÄHLER, E. et al. (Hg.) (³2002): *Brickenkamp Handbuch psychologischer und pädagogischer Tests.* Göttingen: Hogrefe.

BRÄUER, G. (1996): *Warum Schreiben? Schreiben in den USA: Aspekte, Verbindungen, Tendenzen.* Frankfurt a.M.: Lang.

BRÄUER, G. (2000): *Schreiben als reflexive Praxis. Tagebuch, Arbeitsjournal, Portfolio.* Freiburg: Fillibach.

BRÄUER, G. (2004): Resümee und Ausblick: Schreiben verändern und durch Schreiben verändern. Potenziale moderner Schreibdidaktik für die Schul- und Hochschulentwicklung. In: Abraham, U. et al. (Hg.): *Schreibförderung und Schreiberziehung: Eine Einführung für Schule und Hochschule.* Donauwörth: Auer (im Druck).

BREITUNG, H. (Hg.) (1994): *Phonetik, Intonation, Kommunikation.* München: Goethe-Institut.

BREMERICH-VOS, A. (1991): *Populäre rhetorische Ratgeber. Historisch-systematische Untersuchungen*. Tübingen: Niemeyer.

BREUER, U. / KORHONEN, J. (Hg.) (2001): *Mediensprache, Medienkritik*. Frankfurt a.M.: Lang.

BRINKER, K. (²1988): *Linguistische Textanalyse: Eine Einführung in Grundbegriffe und Methoden*. Berlin: Erich Schmidt.

BRINKER, K. (⁶2003): *Linguistische Textanalyse. Eine Einführung in die Grundbegriffe und Methoden*. Berlin: Erich Schmidt.

BRINKER, K. et al. (Hg.) (2000/2001): *Text- und Gesprächslinguistik: Ein internationales Handbuch zeitgenössischer Forschung*. 2 Halbbände. (1. Halbband 2000, 2. Halbband 2001). Berlin: de Gruyter.

BROCKHAUS (2000): *Der Brockhaus in Text und Bild 2000/2001* (CD-ROM). Leipzig: Brockhaus.

BRONS-ALBERT, R. (1995a): *Auswirkungen von Kommunikationstraining auf das Gesprächsverhalten*. Tübingen: Niemeyer.

BRONS-ALBERT, R. (1995b): *Verkaufsgespräche und Verkaufstrainings*. Opladen: Westdeutscher Verlag.

BRUHN, M. (1997): Kundenorientierung im Handel durch professionelles Qualitätsmanagement – das Fallbeispiel Migros. In: Trommsdorff, V. (Hg.): *Handelsforschung: Jahrbuch der Forschungsstelle für den Handel Berlin (FfH) e.V.* Wiesbaden, 47–70.

BRUMFIT, C. (1997): How applied linguistics is the same as any other science. In: *International Journal of Applied Linguistics*, 7(1): 86–94.

BRUNER, J. / OLSON, D. R. (1978): Symbole und Texte als Werkzeuge des Denkens. In: Steiner, G. (Hg.): *Piaget und die Folgen*. Zürich: Kindler, 306–320.

BRÜNNER, G. (2000): *Wirtschaftskommunikation*. Tübingen: Niemeyer.

BRÜNNER, G. / FIEHLER, R. (1999/2002): KommunikationstrainerInnen über Kommunikation. Eine Befragung von TrainerInnen zu ihrer Arbeit und ihrem Verhältnis zur Sprachwissenschaft. In: Brünner/Fiehler/Kindt, Bd. 2, 211–225.

BRÜNNER, G. / FIEHLER, R. / KINDT, W. (Hg.) (1999/2002): *Angewandte Diskursforschung* (2 Bde.). Opladen: Westdeutscher Verlag (1999, Neuauflage 2002 im Verlag für Gesprächsforschung, verfügbar unter <www.verlag-gespraechsforschung.de/2002/bruenner1.htm>).

BRÜNNER, G. / LEPSCHY, A. (2000): Fortbildung/Personalarbeit. In: Becker-Mrotzek/Brünner/Cölfen, 27–38.

BRUNNER, M. / SCHÖLER, H. (2002): *HASE – Heidelberger Auditives Screening in der Einschulungsuntersuchung*. Wertingen: Westra.

BUCHER, H.-J. (1999): Sprachwissenschaftliche Methoden der Medienanalyse. In: Leonhard, J.-F. et al. (Hg.): *Medienwissenschaft. Ein Handbuch zur Entwicklung der Medien und Kommunikationsformen*. Berlin: de Gruyter, 213–231.

BUCHER, H.-J. (2000): Journalismus als kommunikatives Handeln. Zum Verhältnis von Systemtheorie und Handlungstheorie. In: Löffelholz, M. (Hg.): *Theorien des Journalismus*. Wiesbaden: Westdeutscher Verlag, 245–273.

BUCHER, H.-J. / BARTH, C. (1998): Rezeptionsmuster der Online-Kommunikation. In: *Media Perspektiven* 10: 517–523.

BUCHLI, H. (1962–1966): *6000 Jahre Werbung. Geschichte der Wirtschaftswerbung und der Propaganda*. (Bd. 1: Altertum und Mittelalter, Bd. 2: Die Neuere Zeit, Bd. 3: Das Zeitalter der Revolutionen) Berlin: de Gruyter.

BUCKINGHAM, H.W. (1980): On correlating aphasic errors with slips of the tongue. In: *Applied Psycholinguistics* 1: 199–220.

BÜHLMANN, R. (2003): Ehefrau Vreni haucht ihm ins Ohr ... Untersuchung zur geschlechtergerechten Sprache und zur Darstellung von Frauen in Deutschschweizer Tageszeitungen, Linguistik online. <http://viadrina.euv-frankfurt-o.de/~wjournal/>, [letzter Zugriff: 15.2.2004]

BÜHRIG, K. / DURLANÝK, L. / MEYER, B. (2000): *Arzt-Patienten-Kommunikation im Krankenhaus: konstitutive Handlungseinheiten, institutionelle Handlungslinien*. (Arbeiten zur Mehrsprachigkeit, Folge B (Nr. 2). Universität Hamburg: Sonderforschungsbereich Mehrsprachigkeit.

BUNDESMINISTERIUM FÜR BILDUNG UND FORSCHUNG (BMBF) (2002): *Computernutzung und Neue Medien im Studium. Ergebnisse der 16. Sozialerhebung des Deutschen Studentenwerks (DSW)*. Bonn: BMBF.

BUNGARTEN, T. (1996): Anonymität und Urheberschaft. Kommunikationswissenschaftliche, linguistische und informationstheoretische Modellierung möglicher Urheberschaften von anonymen Textdokumenten. In: Kniffka, 181–201.

BÜNTING, K.-D. / BITTERLICH, A. / POSPIECH, U. (1996): *Schreiben im Studium. Ein Trainingsprogramm.* Berlin: Cornelsen Verlag Scriptor.

BURGER, H. (2005): *Mediensprache. Eine Einführung in Sprache und Kommunikationsformen der Massenmedien.* 3. Auflage. Berlin: de Gruyter.

BURGHARD, W. (1996): *Kriminalistik Lexikon.* Heidelberg: Kriminalistik-Verlag.

BÜSCHGEN, H. (2001): *Das kleine Börsen-Lexikon.* 22., erw. u. akt. Aufl. Düsseldorf: Verlagsgruppe Handelsblatt.

BUSH, V. (1945): *As we may think.* (Erschienen im Juli 1945 in *The Atlantic Monthly*); E-Version (erstellt von Denys Duchier). <http://www.ps.uni-sb.de/~duchier/pub/vbush/> [letzter Zugriff: 05.04.2004]

BUSS, E. / FINK-HEUBERGER, U. (2000): *Image Management: Wie Sie Ihr Image-Kapital erhöhen! – Erfolgsregeln für das öffentliche Ansehen von Unternehmen, Parteien und Organisationen.* Frankfurt a.M.: FAZ-Institut.

BUßMANN, H. (Hg.) (2002): *Lexikon der Sprachwissenschaft.* Stuttgart: Kröner.

BUTTERWORTH, B. / HOWARD, D. (1987): Paragrammatism. In: *Cognition* 26: 1–37.

CALDERÓN, M. (1998): *La vita può essere bella,* und was nationale Stereotype in Werbewelten dazu beitragen können. In: Rainer/Stegu, 203–214.

CAMPILLO-LUNDBECK, S. (2002): Kunst und Werbung. Kundenmeeting mit Pablo, Andy und Keith. In: *Horizont – Magazin*: 22–25.

CARAMAZZA, A. / HILLIS, A. (1989): The disruption of sentence production: some dissociations. In: *Brain and Language* 36: 625–650.

CARAVOLAS, M. (1993): Language-specific influences of phonology and orthography on emergent literacy. In: Altarriba, J. (Hg.): *Cognition and Culture.* Amsterdam: North-Holland, 207–228.

CARR, S. (Hg.) (1997): *The Critical Link: Interpreters in the Community.* Amsterdam: Benjamins.

CARSTENSEN, K.-U. (Hg.) (2001): Anwendungen. In: Carstensen, K.-U. et al., 409–521.

CARSTENSEN, K.-U. et al. (Hg.) (2001): *Computerlinguistik und Sprachtechnologie. Eine Einführung.* Heidelberg: Spektrum.

CHAPEY, R. (1994) (Hg.): *Language Intervention Strategies in Adult Aphasia.* Baltimore: Williams & Wilkins.

CLAHSEN, H. (1986): *Die Profilanalyse. Ein linguistisches Verfahren für die Sprachdiagnose im Vorschulalter.* Berlin: Marhold.

CLAHSEN, H. / HANSEN, D. (1992): *COPROF – ein linguistisches Untersuchungsverfahren für die sprachdiagnostische Praxis.* Köln: COPROF Fokus.

CONFAIS, J.-P. ([2]1983): *Grammaire explicative. Schwerpunkte der französischen Grammatik für Leistungskurs und Studium.* München: Hueber.

CORDER, S.P. (1981): *Error Analysis and Interlanguage.* London: Oxford University Press.

COULMAS, F. (1985): *Sprache und Staat. Studien zur Sprachplanung.* Berlin: de Gruyter.

COULMAS, F. (1992): *Die Wirtschaft mit der Sprache.* Frankfurt a.M.: Suhrkamp.

DAIMLERCHRYSLER (2000): *Betriebsanleitung C-Klasse.* Stuttgart: DaimlerChrysler.

DAIMLERCHRYSLER (2001): *Betriebsanleitung SLK Roadster.* Stuttgart: DaimlerChrysler.

DANNERER, M. (1999): *Besprechungen im Betrieb.* München: Iudicium.

DAVIES, A. / ELDER, C. (2004): General introduction – Applied Linguistics: Subject to discipline? In: Davies/Elder (Hg.): *The Handbook of Applied Linguistics.* Oxford: Blackwell.

DE BLESER, R. et al. (2004): *LEMO – Lexikon modellorientiert.* München: Elsevier.

DE FLORIO-HANSEN, I. (Hg.) (1998): *Themenheft: Subjektive Theorien von Fremdsprachenlehrern. Fremdsprachen Lehren und Lernen (FLuL)* 27.

DELISLE, J. / WOODSWORTH, J. (Hg.) (1995): *Translators through history.* Amsterdam: Benjamins, UNESCO Publishing.

DEPPERMANN, A. (1999): *Gespräche analysieren. Eine Einführung in konversationsanalytische Methoden.* Opladen: Leske & Budrich.

DI LUZIO, A. / GÜNTHNER, S. / ORLETTI, F. (Hg.) (2001): *Culture in Communiation. Analyses of Intercultural Situations.* Amsterdam: Benjamins.

Die neuen Rechtschreibregeln. Sachsen LB. Landesbank Sachsen Girozentrale, o. J.

DIEGRITZ, T. / ROSENBUSCH, H.S. (1977): *Kommunikation zwischen Schülern.* München: Urban & Schwarzenberg.

DIELING, H. (1992): *Phonetik im Fremdsprachenunterricht Deutsch.* Berlin: Langenscheidt.

DIELING, H. / HIRSCHFELD, U. (2000): *Phonetik lehren und lernen.* München: Langenscheidt.

DIENER, H.C. / FORSTING, M. (2002): *Schlaganfall.* Stuttgart: Thieme.

DILTS, R.B. (2001): *Die Magie der Sprache: Angewandtes NLP.* Paderborn: Junfermann.

DIN 1421 (1983): *Gliederung und Benummerung von Texten – Abschnitte, Absätze, Aufzählungen.* Berlin: Beuth.

DIN 5008 (2005): *Schreib- und Gestaltungsregeln für die Textverarbeitung.* Berlin: Beuth.

DIN 676 (1995): *Geschäftsbrief – Einzelvordruck und Endlosvordrucke.* Berlin: Beuth.

DIN 2331 (1980): *Begriffssysteme und ihre Darstellung.* Berlin: Beuth.

DIN 2342 (2003): *Begriffe der Terminologielehre (Entwurf).* Berlin: Beuth.

DITLEVSEN, M.G. (2002): Der Geschäftsbericht aus kommunikativ-funktionaler Perspektive. In: Thimm, 54–75.

DITTMANN, J. et al. (2003): Schreibprobleme im Studium. Eine empirische Untersuchung. In: Ehlich/Steets, 155–185.

DITTMAR, N. (1997): *Grundlagen der Soziolinguistik. Ein Arbeitsbuch mit Aufgaben.* Tübingen: Niemeyer.

DÖBERT, M. (1997): Schriftsprachunkundigkeit bei deutschsprachigen Erwachsenen. In: Eicher, Th. (Hg.): *Zwischen Leseanimation und literarischer Sozialisation. Konzepte der Lese(r)förderung.* Oberhausen: Athena, 117–139.

DÖBERT, M. / HUBERTUS, P. (2000): *Ihr Kreuz ist die Schrift.* Stuttgart: Klett.

DONSBACH, W. (1978): Zur professionellen Kompetenz von Journalisten. In: Hömberg, W. (Hg.): *Journalistenausbildung. Modelle, Erfahrungen, Analysen.* München: Ölschläger, 108–121.

DÖRIG, R. (2003): *Handlungsorientierter Unterricht. Ansätze, Kritik und Neuorientierung unter bildungstheoretischer, curricularer und instruktionspsychologischer Perspektive.* Habilitationsschrift, Universität St. Gallen.

DÖRIG, R. / PERRIN, D. (i.V.): *Didaktik der Kommunikationsausbildung.*

DOUGHTY, C.J. / LONG, M.H. (Hg.) (2003): *Handbook of Second Language Acquisition.* Oxford: Blackwell.

DRESSLER, W. (1988): Spracherhaltung – Sprachverfall – Sprachtod. In: Ammon/Dittmar/Mattheier, 1551–1563.

DZAMIC, L. (2001): *No-Copy Advertising.* Hove: Rotovision.

EBERT, H. (1997): *Textfunktionen und Textstrukturen von Führungs- und Unternehmensgrundsätzen der Gegenwart.* Frankfurt a.M.: Lang.

EBERT, H. (2002): Der Geschäftsbericht zwischen Tradition und Innovation. In: Bateman, J. / Wildgen, W. (Hg.): *Sprachbewusstheit im schulischen und sozialen Kontext.* Frankfurt a.M.: Lang, 139–150.

EBERT, H. (2003): Aktionärsbriefe. Imagegewinne durch Textqualität. In: Piwinger, 94–110.

EBERT, H. (2003): *Höflichkeit und Respekt in der Unternehmenskommunikation. Wege zu einem professionellen Beziehungsmanagement.* Neuwied: Luchterhand.

EBERT, H. / PIWINGER M. (2005): Finanzkommunikation als Beziehungskommunikation. Die Praxis des Aktionärsbriefs. In: Kirchhoff, K.R. / Piwinger, M. (Hg.). *Praxishandbuch Investor Relations. Das Standardwerk der Finanzkommunikation.* Wiesbaden: Gabler, 353–365.

ECIN (2001): Internetnutzung – ja wo surfe. <www.ecin.de/marktbarometer/internetnutzung/> [FTK 2004; letzter Zugriff 05.06.2004].

ECKERT, H. / Laver, J. (1994): *Menschen und ihre Stimmen: Aspekte der vokalen Kommunikation.* Beltz, Psychologie-Verlags-Union: Weinheim.

EDMONDON, W. / HOUSE, J. (1981): *Let's Talk, and Talk About it: A Pedagogic Interactional Grammar of English.* München: Urban & Schwarzenberg.

EDMONDSON, W. / HOUSE, J. (Hg.) (1997): *Themenheft: Language Awareness. Fremdsprachen Lehren und Lernen (FLuL) 26.*

EDMONDSON, W. / HOUSE, J. (²2000): *Einführung in die Sprachlehrforschung.* Tübingen: Francke.

EDWARDS, V. / CORSON, D. (Hg.) (1997): *Encyclopedia of Language und Education: Literacy.* Dordrecht: Kluwer.

EGLOFF, B. (1997): *Biographische Muster funktionaler Analphabeten.* Frankfurt a.M.: Deutsches Institut für Erwachsenenbildung.

EHLICH, K. (1981): Schulischer Diskurs als Dialog? In: Schröder, P. / Steger, H. (Hg.): *Dialogforschung.* Düsseldorf: Schwann, 334–369.

EHLICH, K. (1983): Text und sprachliches Handeln. Die Entstehung von Texten aus dem Bedürfnis nach Überlieferung. In: Assmann, A. / Assmann, J. / Hardmeier, C. (Hg.): *Schrift und Gedächtnis.* München: Fink, 24–43.

EHLICH, K. (1989): Zur Genese von Textformen – Prolegomena zu einer pragmatischen Texttypologie. In: Antos/Krings, 84–99.

EHLICH, K. (1991): Funktional-pragmatische Kommunikationsanalyse. In: Flader, D. (Hg.): *Verbale Interaktion.* Stuttgart: Metzler, 127–143.

EHLICH, K. (1999): Der Nutzen der ‚Funktionalen Pragmatik' für die Angewandte Linguistik. In: Becker-Mrotzek, M. / Doppler, C. (Hg.): *Medium Sprache im Beruf. Eine Aufgabe für die Linguistik.* Tübingen: Narr, 23–36.

EHLICH, K. (2001): Das Verhältnis von Sprachwissenschaft und Sprachvermittlung – prekär, unabdingbar, nützlich. Einige Konzeptionsüberlegungen am Beispiel Deutsch als Fremdsprache. In: Zickfeldt, W. / Issel, B. / Ehlich, K. (Hg.): *Deutsch in Norwegen.* Regensburg: Fachverband für Deutsch als Fremdsprache, 137–156.

EHLICH, K. / REHBEIN, J. (1986): *Muster und Institution.* Untersuchungen zur schulischen Kommunikation. Tübingen: Narr.

EHLICH, K. / STEETS, A. (Hg.) (2003): *Wissenschaftlich schreiben – lehren und lernen.* Berlin: de Gruyter.

EIGLER, G. (1996): Methoden der Textproduktionsforschung. In: Günther/Ludwig, 992–1005.

EISENBERG, P. (1995): Deutsche Orthographie und Deutsch als Fremdsprache: analoge Strukturierung von System und Erwerb. In: *Jahrbuch Deutsch als Fremdsprache* 21: 171–184.

EISENBERG, P. (1998): *Grundriss der deutschen Grammatik. Das Wort.* Stuttgart: Metzler.

EISENBERG, P. (2001): Die grammatische Integration von Fremdwörtern. Was fängt das Deutsche mit seinen Latinismen und Anglizismen an? In: Stickel, 183–209.

ELLIS, A.W. / YOUNG, A.W. (1991): *Einführung in die kognitive Neuropsychologie.* Bern: Huber.

ENGELKAMP, J. / RUMMER, R. (1999): Die Architektur des mentalen Lexikons. In: Friederici, A.D. (Hg.): *Sprachrezeption.* Göttingen: Hogrefe, 155–201.

ESSELBORN-KRUMBIEGEL, H. (2002): *Von der Idee zum Text. Eine Anleitung zum wissenschaftlichen Schreiben.* Paderborn: Schöningh.

ESSELINK, B. (2000): *A Practical Guide to Localization.* Amsterdam: Benjamins.

ESSER, R. (1997): *„Etwas ist mir geheim geblieben am deutschen Referat". Kulturelle Geprägtheit wissenschaftlicher Textproduktion und ihre Konsequenzen für den universitären Unterricht von Deutsch als Fremdsprache.* München: Iudicium.

FALLOWS, D. (1981): Experimental evidence for English syllabification and syllabic structure. In: *Journal for Linguistics* 17: 309–317.

FARKAS, D.K. / FARKAS, J.B. (2001): *Principles of Web Design.* Allyn & Bacon.

FEILKE, H. (1996): Die Entwicklung der Schreibfähigkeiten. In: Günther/Ludwig, 1178– 1191.

FEILKE, H. (2000/2001): Die pragmatische Wende in der Textlinguistik. In: Brinker et al., 64–82.

FELBER, H. / BUDIN, G. (1989): *Terminologie in Theorie und Praxis.* Tübingen: Narr.

FELSER, G. (2001): *Werbe- und Konsumentenpsychologie.* Stuttgart: Schäffer-Poeschel.

FGK – Agentur für Markenführung/Rotkäppchen Sektkellerei (Hg.) (2000): *Spieglein, Spieglein in der Hand, wer frug am schrägsten im ganzen Land?* Düsseldorf: FGK.

FIEHLER, R. (2001): Gesprächsanalyse und Kommunikationstraining. In: Brinker et al., 1697–1710.

FIEHLER, R. (1999/2002): Kann man Kommunikation lehren? Zur Veränderbarkeit von Kommunikationsverhalten durch Kommunikationstrainings. In: Brünner/Fiehler/Kindt, Bd. 2, 18–35.

FIEHLER, R. (Hg.) (2002): *Verständigungsprobleme und gestörte Kommunikation.* Radolfzell: Verlag für Gesprächsforschung <www.verlag-gespraechsforschung.de>.

FIEHLER, R. / BARDEN, B. / ELSTERMANN, M. et al. (2004): *Eigenschaften gesprochener Sprache.* Tübingen: Narr.

FIEHLER, R. / KINDT, W. (1994): Reklamationsgespräche. In: Bartsch, E. (Hg.): *Sprechen, Führen, Kooperieren in Betrieb und Verwaltung. Kommunikation in Unternehmen.* München: Ernst Reinhardt Verlag, 255–269.

FIEHLER, R. / KINDT, W. / SCHNIEDERS, G. (1999/2002): Kommunikationsprobleme in Reklamationsgesprächen. In: Brünner/Fiehler/Kindt, Bd. 1, 120–154.

FIEHLER, R. / SCHMITT, R. (2002): Das Potenzial der angewandten Gesprächsforschung für Unternehmenskommunikation: Das Beispiel „Kundenorientierung". In: Haß-Zumkehr, U. / Zifonun, G. / Kallmeyer, W. (Hg.): *Ansichten der deutschen Sprache. Festschrift für*

Gerd Stickel zum 65. Geburtstag. Tübingen: Niemeyer, 501–527.

FIEHLER, R. / SCHMITT, R. (2004): Gesprächstraining. In diesem Band, 341–361.

FIEHLER, R. / SCHMITT, R. (2004): Die Vermittlung kommunikativer Fähigkeiten als Kommunikation. Kommunikationstrainings als Gegenstand der Gesprächsanalyse. In: Becker-Mrotzek/Brünner, 113–135. <www.verlag-gespraechsforschung.de/kompetenz/ 113-136.pdf>

FIEHLER, R. / SUCHAROWSKI, W. (Hg.) (1992): *Kommunikationsberatung und Kommunikationstraining*. Opladen: Westdeutscher Verlag.

FIKKERT, P. (1994): *On the Acquisition of Prosodic Structure. ICG Printing*. Dordrecht: Kluwer.

FILIPP, S.-H. / DOENGES, D. (1983): Entwicklungstests. In: Groffmann, K.-J. / Michel, L. (Hg.): *Intelligenz- und Leistungsdiagnostik*. Göttingen: Hogrefe, 202–306.

FIUKOWSKI, H. (1992): *Sprecherzieherisches Elementarbuch*. Tübingen: Niemeyer.

FIX, U. (2001): Die Ästhetisierung des Alltags – am Beispiel seiner Texte. In: *Zeitschrift für Germanistik*, Neue Folge XI/1: 36–53.

FIX, U. / HABSCHEID, S. (Hg.) (2003): *Gruppenstile*. Frankfurt a.M.: Lang,

FLANAGAN, J.C. (1954): The critical incident technique. In: *Psychological Bulletin* 51/4: 327–358.

FLEISCHMANN, E. / SCHMITT, P.A. / WOTJAK, G. (Hg.) (2004): *Translationskompetenz*. Tübingen: Stauffenburg.

FLEMING, J. (1998): *Web Navigation. Designing the User Experience*. Bejing: Reilly.

FLIEDNER, G. (2001): Korrekturprogramme. In: Carstensen, K.-U. et al., 411–417.

FLUCK, H.-R. (Hg.) (1996): *Fachsprachen: Einführung und Bibliographie*. 5., überarb. u. erw. Aufl. Tübingen: Francke.

FORSTER, R. (1997): *Mündliche Kommunikation in Deutsch als Fremdsprache*. St. Ingbert: Röhrig.

FÖRSTER, U. (1972): Der Sprachberatungsdienst. In: Förster, U. (2000): *Sprachpflege auf wissenschaftlicher Grundlage. Beiträge aus drei Jahrzehnten*. Mannheim: Dudenverlag, 185–206.

FÖRSTER, U. (1989): Praktische Sprachpflege. Ein Sprachberater gibt Auskunft. In: *Der Sprachdienst* 4: 105–115.

FÖRSTER, U. (2000): *Sprachpflege auf wissenschaftlicher Grundlage. Beiträge aus drei Jahrzehnten*. Mannheim: Dudenverlag.

FRANCK, N. (1998): *Fit fürs Studium. Erfolgreich reden, lesen, schreiben*. München: dtv.

FRANK, G. / GRZIWOTZ, P. (1978): *Dysgrammatiker-Prüfmaterial*. Sprachheilzentrum Ravensburg: Selbstverlag.

FRAAS, C. / KLEMM M. (Hg.) (2005): *Mediendiskurse. Bestandsaufnahme und Perspektiven*. Frankfurt a.M.: Lang.

FRIED, L. (1980a): *Lautbildungstest für Vorschulkinder*. Weinheim: Beltz.

FRIED, L. (1980b): *Lautunterscheidungstest für Vorschulkinder*. Weinheim: Beltz.

FRIEDERICI, A.D. / HAHNE, A. / VON CRAMON, D.Y. (1998): First-pass versus second-pass parsing processes in a Wernicke's and a Broca's aphasic: Electrophysiological evidence for a double dissociation. In: *Brain and Language* 62: 311–341.

FRILLING, S.: Die Sprachberatung der GfdS. Resultate einer aktuellen Untersuchung. In: *Der Sprachdienst* 2/04: 43.

FRITZ, G. / HUNDSNURSCHER, F. (Hg.) (1994): *Handbuch der Dialoganalyse*. Tübingen: Niemeyer

FRÖCHLING, A. (2002): *Schreibcoaching. Ein innovatives Beratungskonzept*. Aachen: Shaker.

FRÜHWALD, W. et al. (1991): *Geisteswissenschaften heute*. Frankfurt a.M.: Suhrkamp.

FUCHS, M. / RÖBER-SIEKMEYER, C. (2002): Elemente eines phonologisch bestimmten Konzeptes für das Lesen- und Schreibenlernen: Die musikalische Hervorhebung prosodischer Strukturen. In: Röber- Siekmeyer, C. / Tophinke, D. (Hg.): *Schrifterwerbskonzepte zwischen Pädagogik und Sprachwissenschaft*. Baltmannsweiler: Schneider Hohengehren.

GAEDE, W. (1981): *Vom Wort zum Bild. Kreativ-Methoden der Visualisierung*. München: Langen-Müller-Herbig.

GAGE, N.L. / BERLINER, D.C. ([5]1996): *Pädagogische Psychologie*. Weinheim: Psychologie Verlags Union.

GARDT, A. (2001): Das Fremde und das Eigene. Versuch einer Systematik des Fremdwortbegriffs in der deutschen Sprachgeschichte. In: Stickel, 30–58.

GASS, S. / SELINKER, L. ([2]2001): *Second Language Acquisition. An Introductory Course*. Hillsdale: Lawrence Earlbaum.

GATHERCOLE, S.E. / BADDELEY, A.D. (1993): *Working Memory and Language*. Hove: Lawrence Earlbaum.

GAZDAR, K. (2002): Eine Bewerbungsmappe im Finanzmarkt: Der Geschäftsbericht der HypoVereinsbank. In: Piwinger, M. / Prött, M. (Hg.): *Ausgezeichnete PR.* Frankfurt a.M.: FAZ-Institut, 103–112.

GAZDAR, K. / KIRCHHOFF, K.R. (1999): *Geschäftsberichte ohne Fehl und Tadel.* Neuwied: Luchterhand.

GEHRAU, V. (2002): *Die Beobachtung in der Kommunikationswissenschaft. Methodische Ansätze und Beispielstudien.* Konstanz: UVK.

GEIER, R. (2002): Sprachberatung. In: *Neue Stenographische Praxis* 3: 82–90.

GEIßNER, H. (1981): Sprechenlernen lehren – Sprechenlehren lernen. In: Kühlwein, W. / Raasch, A. (Hg.): *Sprache: Lehren – Lernen.* 1. Bd., Tübingen: Narr, 105–113.

GEIßNER, H. (1986): *Sprecherziehung.* Königstein: Scriptor.

GFDS/IDS (Hg.) (1999): *Förderung der Sprachkultur in Deutschland. Eine Bestandsaufnahme.* Wiesbaden: GfdS.

GFROERER, S. (im Druck): Sprechererkennung. In: Widmaier (Hg.): *Münchener Anwaltshandbuch Strafverteidigung.* München.

GFROERER, S. / BALDAUF, C. (2000): Sprechererkennung, Tonträgerauswertung und Autorenerkennung. In: *Kriminalistische Kompetenz. Kriminalwissenschaften, kommentiertes Recht und Kriminaltaktik für Studium und Praxis.* Kübeck: Verlag Schmidt-Römhild.

GIBBONS, J. (Hg.) (1994): *Language and the Law.* London: Longman.

GIDDENS, A. (1984): *The Constitution of Society.* Cambridge: Polity Press.

GIESE, H.W. (1991): *Analphabetismus, Alphabetisierung, Schriftkultur. Eine Auswahlbibliographie.* Berlin: Deutsches Bibliotheksinstitut.

GILLEN, T. (1997): *20 Workshops zur Kundenorientierung.* Kronberg.

GLÜCK, H. (Hg.) (2000/2002): *Lexikon Sprache.* Stuttgart: Metzler.

GOFFMAN, E. (1971): *Verhalten in sozialen Situationen. Strukturen und Regeln der Interaktion im öffentlichen Raum.* Gütersloh: Bertelsmann Fachverlag.

GOHR, M. (2002): *Geschäftsbericht und Aktionärsbrief – Eine textsortenlinguistische Analyse mit anwendungsbezogenen Aspekten.* Diss. Universität Düsseldorf.

GOLDENBERG, G. (2003): Pantomime des Objektgebrauchs und Aphasie. In: *L.O.G.O.S Interdisziplinär* 11: 90–99.

GÖPFERICH, S. (1995): *Textsorten in Naturwissenschaft und Technik. Pragmatische Typologie – Kontrastierung – Translation.* Tübingen: Narr.

GÖPFERICH, S. (1998): *Interkulturelles Technical Writing. Fachliches adressatengerecht vermitteln. Ein Lehr- und Arbeitsbuch.* Tübingen: Narr.

GÖPFERICH, S. (2001): Von Hamburg nach Karlsruhe: Ein kommunikationsorientierter Bezugsrahmen zur Bewertung der Verständlichkeit von Texten. In: *Fachsprache/International Journal of LSP* 23/3–4: 117–138.

GÖPFERICH, S. (2002): *Textproduktion im Zeitalter der Globalisierung: Entwicklung einer Didaktik des Wissenstransfers.* Tübingen: Stauffenburg.

GÖPFERICH, S. (2003): Dynamische Verknüpfung zwischen Informationsarten über eine begriffsorientierte Terminologiedatenbank – Erfahrungsbericht aus dem Projekt DAiSY der DaimlerChrysler AG. In: *LSP and Professional Communication.* 3.1: 60–81.

GÖPFERICH, S. (2006): How Comprehensive Are Popular Science Texts? – The Use of Thinking-aloud Protocols and Log Files in Comprehensibility Research. In: Gotti, M. / Giannoni, D.S. (Eds.) (2006): *New Trends in Specialized Discourse.* Frankfurt a.M.: Lang, im Druck.

GÖTTERT, K.-H. (1999): *Kleine Schreibschule für Studierende.* München: Fink.

GRAMLEY, V. / HIELSCHER, M. (2004): Comprehension of prosody in aphasia. In: *Folia Phoniatrica et Logopaedia* 56: 7–13.

GRASER, J.B. (1819): *Der erste Kindes-Unterricht, die erste Kindes-Qual.* Bayreuth: Grautsche Buchhandlung.

GREWENDORF, G. (Hg.) (1992): *Rechtskultur als Sprachkultur: Zur forensischen Funktion der Sprachanalyse.* Frankfurt a.M.: Suhrkamp.

GRIMM, H. / SCHÖLER, H. (1991): *Der Heidelberger Sprachentwicklungstest* (2. korrigierte Auflage). Göttingen: Hogrefe.

GRIMM, P. (1996): *Filmnarratologie. Eine Einführung in die Praxis der Interpretation am Beispiel des Werbespots.* München: Diskurs-Film-Verlag Schaudig und Ledig.

GROSSE, E. (1980): *100 Jahre Werbung in Europa.* Berlin: Dreilinden.

GROTH, T. (1996): *Wie systemtheoretisch ist ‚Systemische Organisationsberatung'?* Münster: Lit.

GRÜMMER, C. / WELLING, A. (2002): Die Silbe und ihre Bedeutung für das Schriftspracherlernen – ein Bericht über anglo-amerikanische Forschungen. In: Tophinke, D. / Röber-

Siekmeyer, C. (Hg.): *Schärfungsschreibung im Fokus. Zur schriftlichen Repräsentation sprachlicher Strukturen im Spannungsfeld von Sprachwissenschaft und Didaktik.* Baltmannsweiler: Schneider Hohengehren, 15–55.

GTW = Gesellschaft für Terminologie und Wissenstransfer (1994): *Empfehlungen für Planung und Aufbau von Terminologiedatenbanken.* (GTW-Report). Saarbrücken: GTW.

GTW = Gesellschaft für Terminologie und Wissenstransfer (1996): *Criteria for the Evaluation of Terminology Management Software.* (GTW-Report). Saarbrücken: GTW.

GUADATIELLO, A. (2003): *KIKUS – Sprachförderung Deutsch für Kinder im Vor- und Grundschulalter. Projektdokumentation – Linguistische Analysen – Empfehlungen.* München: Zentrum für kindliche Mehrsprachigkeit e.V.

GUDYKUNST, W.B. (Hg.) (2003): *Crosscultural and Intercultural Communication.* Thousand Oaks: Sage.

GUDYKUNST, W.B. / MODY, B. (Hg.) (2002): *Handbook of International and Intercultural Communication.* Thousand Oaks: Sage.

GUMPERZ, J.J. (1982a): *Discourse Strategies.* Cambridge: Cambridge University Press.

GUMPERZ, J.J. (Hg.) (1982b): *Language and Social Identity.* Cambridge: Cambridge University Press.

GUMPERZ, J.J. / AULAKH, G. / KALTMAN, H. (1982): Thematic structure and progression in discourse. In: Gumperz, J.J. (1982b), 22–56.

GUMPERZ, J.J. / JUPP, T. / ROBERTS, C. (1979): *Crosstalk. A Study of Cross-Cultural Communication. Background Material and Notes to Accompany the B.B.C. Film.* Southall: NCILT.

GÜNTHER, H. / LUDWIG, O. (Hg.) (1996): *Schrift und Schriftlichkeit / Writing and Its Use. Ein interdisziplinäres Handbuch internationaler Forschung.* 2. Halbband. Berlin: de Gruyter

GÜNTHER, U. (1993): *Texte planen – Texte produzieren. Kognitive Prozesse der schriftlichen Textproduktion.* Opladen: Westdeutscher Verlag.

GÜNTHNER, S. (1993): *Diskursstrategien in der interkulturellen Kommunikation. Analysen deutsch-chinesischer Gespräche.* Tübingen: Niemeyer.

GUTENBERG, N. (2001): *Einführung in Sprechwissenschaft und Sprecherziehung.* Frankfurt a.M.: Lang.

GUTENBERG, N. (Hg.): Sprechwissenschaft und Schule. Sprecherziehung – Lehrerbildung – Unterricht. (= Sprache und Sprechen, Bd. 42) München: Reinhardt.

GUTENBERG, N. / MÖNNICH, A. (2003): Sprecherziehung in der Lehrerbildung. In: Anders, L.C. / Hirschfeld, U. (Hg.): *Sprechsprachliche Kommunikation.* Frankfurt a.M.: Lang, 97–110.

GUTENBERG, N. / PIETZSCH, T. (2003): Pilotstudie zur Karriere von Lehrerstimmen mit stimmpathologischem Befund bzw. Prognose eines stimmpathologischen Risikos unter Unterrichtsbelastung: Zwischenergebnisse. In: Anders, L.C. / Hirschfeld, U. (Hg.): *Sprechsprachliche Kommunikation.* Frankfurt a.M.: Lang, 111–120.

GUTENBERG, N. / PIETZSCH, T. (2004): Pilotstudie zur Karriere von Lehrerstimmen mit stimmpathologischem Befund, bzw. Prognose eines stimmpathologischen Risikos unter Unterrichtsbelastung. In: Geißner, H. (Hg.): *Das Phänomen Stimme.* St. Ingbert: Röhrig, 207–212.

HAARMANN, H. (1988): Sprachen- und Sprachpolitik. In: Ammon/Dittmar/Mattheier, 1660–1678.

HAARMANN, H. (1991): *Universalgeschichte der Schrift.* Frankfurt a.M.: Campus.

HAARMANN, H. (2001): *Kleines Lexikon der Sprachen. Von Albanisch bis Zulu.* München: dtv.

HABSCHEID, S. (2001): *Organisationsentwicklung.* Koblenz: Schriften des Weiterbildungsverbundstudiums Sozialkompetenz.

HABSCHEID, S. (2002): *Die Regelung und Getrennt- und Zusammenschreibung – „Kuckucksei der Orthographiereform"?. Wiss. Vortrag im Rahmen des Habilitationsverfahrens.* Manuskript.

HABSCHEID, S. (2003a): *Sprache in der Organisation. Sprachreflexive Verfahren im systemischen Beratungsgespräch.* Berlin: de Gruyter.

HABSCHEID, S. (2003b): Wie viel Rationalisierung verträgt die Sprache? Untersuchungen am Beispiel der Dienstleistungskommunikation. In: *Muttersprache* 113/3: 208–224.

HABSCHEID, S. / STÖCKL, H. (2003): Inszenierung sozialer Stile in Werbetexten – dargestellt am Beispiel der Möbelbranche. In: Fix, U. / Habscheid, S. (Hg.): *Gruppenstile.* Frankfurt a.M.: Lang, 189–210.

HACKS, P. (1974): „Der Bär auf dem Försterball". In: Loschütz, G. (Hg.): *Das Einhorn sagt zum Zweihorn. 42 Schriftsteller schreiben für Kinder.* Köln: Middelhauve, 55–57.

HAHN, S. (2000): *Werbediskurs im interkulturellen Kontext. Semiotische Strategien bei der Adaption deutscher und französischer Werbeanzeigen.* Wilhelmsfeld: Egert.

HAHN, W. VON (Hg.) (1981): *Fachsprachen.* Darmstadt: Wiss. Buchgesellschaft.

HAMMWÖHNER, R. (1997): *Offene Hypertextsysteme. Das Konstanzer Hypertextsystem (KHS) im wissenschaftlichen und technischen Kontext.* Konstanz.

HARTUNG, M. (2004): Wie lässt sich Gesprächskompetenz wirksam und nachhaltig vermitteln? In: Becker-Mrotzek/Brünner, 43–62.

HARTUNG, M. (2004): Wie lässt sich Gesprächskompetenz wirksam und nachhaltig vermitteln? In: Becker-Mrotzek/Brünner, 47–66. <www.verlag-gespraechsforschung.de/kompetenz/047-066.pdf>

HASSELHORN, M. / WERNER, I. (2000): Zur Bedeutung des phonologischen Arbeitsgedächtnisses für die Sprachentwicklung. In: Grimm, H. (Hg.): *Sprachentwicklung.* Göttingen: Hogrefe, 363–378.

HAUEIS, E. / HOPPE, O. (1972): *Aufsatz und Kommunikation. Zwei Untersuchungen.* Düsseldorf: Schwann.

HAUGEN, E. (1987): Language planning. In: Ammon/Dittmar/Mattheier, 626–637.

HÄUSERMANN, J. (2001): Der Text als Ort der öffentlichen Kommunikation. Zur sprachlichen Aus- und Fortbildung im Journalismus. In: Breuer/Korhonen, 45–54.

HAYES, J. (1996): A new framework for understanding cognition and affect in writing. In: Levy, C.M. / Ransdell, S. (Hg.): *The Science of Writing. Theories, Methods, Individual Differences, and Application.* Hillsdale: Lawrence Earlbaum, 1–27.

HAYES, J. / FLOWER, L. (1980): Identifying the Organization of Writing Processes. In: Gregg, L.W. / Steinberg, E.R. (Hg.): *Cognitive Processes in Writing.* Hillsdale: Lawrence Earlbaum, 3–30.

HECKER, M.R. (1991): *Probleme der forensischen Handschriftenuntersuchung.* Vortrag, gehalten beim Congres Espanol de Graphologia in Madrid.

HECKER, M.R. (1993): *Forensische Handschriftenuntersuchung. Eine systematische Darstellung von Forschung, Begutachtung und Beweiswert.* Heidelberg: Kriminalistik Verlag.

HEIJNK, S. (1997): *Textoptimierung für Printmedien.* Opladen: Westdeutscher Verlag.

HEIJNK, S. (2002): *Texten fürs Web. Grundlagen und Praxiswissen für Online-Redakteure.* Heidelberg: dpunkt.

HEINEMANN, M. / HÖPFNER, C. (1993): *Screeningverfahren zur Erfassung von Sprachentwicklungsverzögerungen.* Weinheim: Beltz.

HELBIG, G. et al. (Hg.) (2001): *Deutsch als Fremdsprache. Ein internationales Handbuch.* Berlin: de Gruyter.

HELMOLDT, K. VON (1994): *Kommunikation in internationalen Arbeitsgruppen: Eine Fallstudie über divergierende Konventionen der Modalitätskonstituierung.* München: Iudicium.

HENDRICKS, W. (Hg.) (2000): *Neue Medien in der Sekundarstufe I und II. Didaktik, Unterrichtspraxis.* Berlin: Cornelsen.

HENTSCHEL, G. (1986): *Vokalperzeption und natürlich Phonologie. Eine kontrastive Untersuchung zum Deutschen und Polnischen.* München: Otto Sagner.

HÉRAUD, G. (1986): Zum Rechtsvergleich im Sprachenrecht. In: Hinderling, R. (Hg.): *Europäische Sprachminderheiten im Vergleich. Deutsch und andere Sprachen.* Stuttgart: Steiner-Verlag-Wiesbaden-GmbH, 343–356.

HEYER, G. (2002): Computerlinguistik und die Entwicklung von Sprachprodukten. In: Willée, G. / Schröder, B. / Schmitz, H.-C. (Hg.): *Computerlinguistik. Was geht, was kommt?. Computational Linguistics. Achievements and Perspectives.* St. Augustin: Gardez!-Verlag, 149–153.

HIELSCHER, M. / LAUBENSTEIN, U. (1997): Störungen des Satzverstehens bei Aphasie: Empirische Rätsel und Simulationen. In: G. Rickheit (Hg.): *Studien zur klinischen Linguistik: Modelle, Methoden, Intervention.* Opladen: Westdeutscher Verlag, 67–103.

HIELSCHER, M. et al. (Hg.) (1998): *Beeinträchtigungen des Mediums Sprache.* Tübingen: Stauffenburg, 167–186.

HINNENKAMP, V. (1987): Foreigner talk, code switching and the concept of trouble. In: Knapp/Enninger/Knapp-Potthoff, 137–180.

HINNENKAMP, V. (1989): *Interaktionale Soziolinguistik und Interkulturelle Kommunikation. Gesprächsmanagement zwischen Deutschen und Türken.* Tübingen: Niemeyer.

HINNENKAMP, V. (1994): *Interkulturelle Kommunikation. Studienbibliographie Sprachwissenschaft, Band 11* (Sonderband). Heidelberg: Groos.

HIRSCHFELD, U. (1994): *Untersuchungen zur phonetischen Verständlichkeit Deutschlernender.* Frankfurt a.M.: Hector.

HIRSCHFELD, U. (2004): Aussprachprobleme nicht deutschsprachiger Schülerinnen und Schüler. In: Gutenberg, N. (Hg.), 155–163.

HIRSCHFELD, U. / KELZ, H.P. / MÜLLER, U. (Hg.) (2002): *Phonetik international. Grundwissen von Albanisch bis Zulu. Phonetische Beschreibung von mehr als 50 Sprachen im Vergleich zur deutschen Sprache mit Hinweisen für den Unterricht.* Waldsteinberg: Heidrun Popp Verlag.

HIRSCHFELD, U. / STOCK, E. (Hg.) (2000): *Phonothek interaktiv.* Leipzig: Langenscheidt.

HOBERG, R. (1997): Öffentlichkeit und Sprachwissenschaft. In: *Muttersprache* 107: 54–63.

HOBERG, R. (Hg.) (2002): *Deutsch – Englisch – Europäisch. Impulse für eine neue Sprachpolitik. (Thema Deutsch 3).* Mannheim: Dudenverlag.

HOFFMANN, E. (1998): Ethnostereotype in der russischen Werbekommunikation. In: Rainer/Stegu, 229–247.

HOFFMANN, L. (1985): *Kommunikationsmittel Fachsprache. Eine Einführung.* Tübingen: Narr.

HOFFMANN, L. (1992): Können Gesetze verständlich sein? In: Grewendorf, 122–157.

HOFFMANN, L. / KALVERKÄMPER, H. / WIEGAND, H.E. (Hg.) (1998): *Fachsprachen: Ein internationales Handbuch zur Fachsprachenforschung und Terminologiewissenschaft.* 2 Bde. Berlin: de Gruyter.

HOFSTEDE, G. (1984): *Culture's Consequences: International Differences in Work-Related Values.* Beverly Hills: Sage.

HOHNHOLD, I. (1990): *Übersetzungsorientierte Terminologiearbeit. Eine Grundlegung für Praktiker.* Stuttgart: Intra.

HOLLIEN, H. (1990): *The Acoustics of Crime. The New Science of Forensic Phonetics.* New York: Plenum Press.

HOLLY, W. (1990): *Politikersprache. Inszenierungen und Rollenkonflikte im informellen Sprachhandeln eines Bundestagsabgeordneten.* Berlin: de Gruyter.

HOLLY, W. (1992): Holistische Dialoganalyse. In: Stati, S. / Weigand, E. (Hg.): Methodologie der Dialoganalyse. Tübingen: Niemeyer, 15–40.

HÖNIG, H.G. / KUßMAUL, P. (1996): *Strategie der Übersetzung. Ein Lehr- und Arbeitsbuch.* 4. Aufl. Tübingen: Narr.

HÖNIG, H.G. / KUßMAUL, P. (62003): *Strategie der Übersetzung. Ein Lehr- und Arbeitsbuch.* Tübingen: Narr.

HOUGH, M.S. / PIERCE, R.S. / CANNITO, M.P. (1989): Contextual influences in aphasia: Effects of predictive versus nonpredictive narratives. In: *Brain and Language* 36: 325–334.

HUBER, L. / KEGEL, G. / SPECK-HAMDAN, A. (Hg.) (1999): *Schriftspracherwerb: Neue Medien – Neues Lernen!?* Braunschweig: Westermann.

HUBER, W. (1990): Text comprehension and production in aphasia: Analysis in terms of micro- and macrostructure. In: Joanette, Y. / Brownell, H.H. (Hg.): *Discourse Ability and Brain Damage.* Berlin: Springer, 154–179.

HUBER, W. / POECK, K. / WENIGER, D. (2002): Aphasie. In: W. Hartje / K. Poeck (Hg.): *Klinische Neuropsychologie* (5. Aufl.). Stuttgart: Thieme, 93–160.

HUBER, W. et al. (1983): *Der Aachener Aphasie Test.* Göttingen: Hogrefe.

HUBERTUS, P. (1998): Zur Größenordnung des funktionalen Analphabetismus in Deutschland-Kommentar aus der Alphabetisierungspraxis. In: Stark, W. / Fitzner, T. / Schubert, C. (Hg.): *Wer schreibt, der bleibt! Und wer nicht schreibt? Gesellschaftliche, pädagogische und persönlichkeitsbildende Aspekte des Schreibens als Überwindung des Analphabetismus und Sicherung einer Grundbildung für alle.* Stuttgart: Klett, 82–92.

HUBERTUS, P. (2000): Sonnen schein am Liebsten du auch? Kurzbriefe im Alphabetisierungskurs. In: *Alfa-Forum* 43: 35–36.

HUNDSNURSCHER, F. (1994): Dialog-Typologie. In: Fritz/Hundsnurscher, 203–238.

HUTCHBY, I. / WOOFFITT, R. (1998): *Conversation Analysis.* Oxford. Polity.

HYMES, D. (1964): Introduction: Towards ethnographies of communication: The analysis of communicative events. In: *American Anthropologist* 66 (6): 1–34.

ICKELSAMER, V. (1972): *Die rechte weis auffs kürzist lesen zu lernen.* Reprint. Hildesheim: Olms.

ICKLER, T. (2002): *Rezension: Ein geschlafen – Der Duden-Korrektor im Test.* <http://www.linse. uni-essen.de/linse/rezensionen/software/korrektor.html> [letzter Zugriff: 19.04.2003)]

IHSSEN, W.B. (1980): Sprachdiagnostik in der Grundschule. In: Vogel, H. (Hg.): *Der Deutsch-*

unterricht in der Grundschule. Baltmannsweiler: Schneider, 30–46.

ISO 1087–1 (2001): *Terminology Work – Vocabulary – Part 1: Theory and application*. Genf: ISO.

ISO 12200 (1999): *Computer Applications in Terminology – Machine-Readable Terminology Interchange Format (MARTIF) – Negotiated Interchange*. Genf: ISO.

ISO 12620 (1999): *Computer Applications in Terminology – Data Categories*. Genf: ISO.

JAHRBUCH DER WERBUNG IN DEUTSCHLAND, ÖSTERREICH UND DER SCHWEIZ (JBdW) (= *The Advertiser's Annual for Germany, Austria and Switzerland*) (1990–2002), Düsseldorf: Econ.

JAKOBS, E.-M. (2003): Hypertext-Sorten. In: *Zeitschrift für germanistische Linguistik* 31.2003, 232–252.

JAKOBS, E.-M. / KNORR, D. (Hg.) (1997): *Schreiben in den Wissenschaften*. Frankfurt a.M.: Lang.

JAKOBS, E.-M. / LEHNEN, K. / SCHINDLER, K. (Hg.) (2005): *Schreiben am Arbeitsplatz*. Wiesbaden: Verlag für Sozialwissenschaften.

JAKOBS, E.-M. / VILLIGER, C. (1998): „Das versteht kein Mensch ..." Verständliche Gestaltung von Hilfesystemen für Softwareprogramme. In: Knorr, D. / Jakobs, E.-M. / Pogner, K.-H. (Hg.): *Textproduktion. HyperText, Text, KonText*. Frankfurt a.M: Lang, 211–228.

JANICH, N. (2001): *Werbesprache*. Ein Arbeitsbuch. Tübingen: Narr.

JANICH, N. (2002): Wirtschaftwerbung offline und online – eine Bestandsaufnahme. In: Thimm, 136–163.

JANICH, N. / GREULE, A. (Hg.) (2002): *Sprachkulturen in Europa. Ein internationales Handbuch*. Tübingen: Narr.

JESCHENIAK, J.D. (2002): *Sprachproduktion. Der Zugriff auf das lexikalische Gedächtnis beim Sprechen*. Göttingen: Hogrefe.

JOHNSON, K. / JOHNSON, H.J. (Hg.) (1998): *Encyclopedic Dictionary of Applied Linguistics. A Handbook for Language Teaching*. Oxford: Blackwell.

JOHNSON-LAIRD, P.N. (1989): Mental models. In: Posner, M.I. (Hg.): *Foundations of Cognitive Science*. Cambridge, MA: MIT Press, 469– 499.

KAINDL, K. (2005): Kreativität in der Übersetzung von Populärmusik. In: *Lebende Sprachen* 50: 119–124.

KALLENBACH, C. (1996): *Subjektive Theorien. Was Schüler und Schülerinnen über Fremdsprachenlernen denken*. Tübingen: Narr.

KALLMEYER, W. (1985): Ein Orientierungsversuch im Feld der praktischen Rhetorik. In: Grosse, S. / Bausch, K.-H. (Hg.): *Praktische Rhetorik. Beiträge zu ihrer Funktion in der Aus- und Fortbildung*. Mannheim: Eigenverlag, 23–50.

KALLMEYER, W. (1985): Handlungskonstitution im Gespräch. Dupont und sein Experte führen ein Beratungsgespräch. In: Gülich, E. / Kotschi, T. (Hg.): *Grammatik, Konversation, Interaktion*. Tübingen: Niemeyer, 81– 121.

KALLMEYER, W. (2000): Beraten und Betreuen. Zur gesprächsanalytischen Untersuchung von helfenden Interaktionen. In: *Zeitschrift für qualitative Bildungs-, Beratungs- und Sozialforschung*, 1/2: 227–252.

KALLMEYER, W. / SCHMITT, R. (1996): Forcieren oder: Die verschärfte Gangart. Zur Analyse von Kooperationsformen im Gespräch. In: Kallmeyer, W. (Hg.): *Gesprächsrhetorik. Rhetorische Verfahren im Gesprächsprozeß*. Tübingen: Narr, 20–118.

KALVERKÄMPER, H. (1981): *Orientierung zur Textlinguistik*. Tübingen: Niemeyer.

KALVERKÄMPER, H. / BAUMANN, K.-D. (Hg.) (1996): *Fachliche Textsorten. Komponenten – Relationen – Strategien*. Tübingen: Narr.

KELLER, R. (2001): *Die Sprache des Geschäftsberichts*. Online-Manuskript <http://www.phil-fak. uni-duesseldorf.de/rudi.keller/index.php?home.php&1>, [letzter Zugriff am 16.2.2004]

KELTER, S. (1990): *Aphasie*. Stuttgart: Kohlhammer.

KEPSER, M. (1999): *Massenmedium Computer. Ein Handbuch für Theorie und Praxis des Deutschunterrichts*. Bad Krozingen: D-Punkt.

KERRES, M. (1998): *Multimediale und telemediale Lernumgebungen. Konzeption und Entwicklungen*. München: Oldenbourg.

KESSLER, J. / KALBE, E. / HEISS, W.-D. (2003): *Sprachstörungen – Phänomenologie, Diagnostik und Therapie der Aphasie*. Bremen: Uni-Med.

KIESE-HIMMEL, C. (2005): *Aktiver Wortschatztest für 3- bis 5-jährige Kinder – Revision*. Göttingen: Hogrefe.

KIESER, A. (Hg.) (1995): *Organisationstheorien*. Stuttgart: Kohlhammer.

KIMPEL, H. (1982): Von der Ware zum Kunstwerk: das imaginäre Museum der Werbung.

In: v. Geese, U. / Kimpel, H. (Hg.): *Kunst im Rahmen der Werbung.* Marburg: Jonas, 43–85.

KING, R.B. et al. (2002): Adaptation to stroke. In: *Topics in Stroke Rehabilitation* 9: 46–66.

KINTSCH, W. (1988): The role of knowledge in discourse comprehension: A construction-integration model. In: *Psychological Review* 95: 163–182.

KINTSCH, W. (1998): *Comprehension: A Paradigm for Cognition.* New York: Cambridge University Press.

KIRCHHOFF, K.R. (2001): Grundlagen der Investor Relations. In: Kirchhoff, K.R. / Piwinger, M. (Hg.): *Die Praxis der Investor Relations.* 2. Aufl. Neuwied: Luchterhand, 25–55.

KIRCHHOFF, K.R. (2003): Bayer AG: Performance through people. In: Piwinger, 112–130.

KLANN-DELIUS, G. (1999): *Spracherwerb.* Stuttgart: Metzler.

KLEIN, E. (2001): *Sprachdidaktik Englisch.* Ismaning: Hueber.

KLEIN, P. (Hg.): Sprachliche Zweifelsfälle. Theorie und Empirie. In: *Linguistik online* <http://www.linguistik-online.de/16_03/> [letzter Zugriff: 16.04.2003]

KLEMM, M. (2000): *Zuschauerkommunikation. Formen und Funktionen der alltäglichen kommunikativen Fernsehaneignung.* Frankfurt a.M.: Lang.

KLOEPFER, R. / LANDBECK, H. (1991): *Ästhetik der Werbung. Der Fernsehwerbespot in Europa als Symptom neuer Macht.* Frankfurt a.M.: Fischer.

KNAPP, K. (1998): Cultural, linguistic or organizational reasons for intercultural conflict? A case study. In: Beneke, J. (Hg.): *Thriving on Diversity. Cultural Differences in the Workplace.* Bonn: Dümmler, 173–190.

KNAPP, K. / ENNINGER, W. / KNAPP-POTTHOFF, A. (Hg.) (1987): *Analyzing Intercultural Communication.* Berlin: de Gruyter.

KNAPP, K. / MEIERKORD, C. (Hg.) (2002): *Lingua Franca Communication.* Frankfurt a.M.: Lang.

KNAPP-POTTHOFF, A. (1997a): Interkulturelle Kommunikationsfähigkeit als Lernziel. In: Knapp-Potthoff, A. / Liedke, M. (Hg.): *Aspekte interkultureller Kommunikationsfähigkeit.* München: Iudicium, 181–205.

KNAPP-POTTHOFF, A. (1997b): Sprach(lern)bewusstheit im Kontext. In: *Fremdsprachen Lehren und Lernen* (FLuL) 26: 9–23.

KNAPP-POTTHOFF, A. / KNAPP, K. (1982): *Fremdsprachenlernen und -lehren.* Stuttgart: Kohlhammer.

KNIFFKA, H. (Hg.) (1990): *Texte zu Theorie und Praxis forensischer Linguistik.* Tübingen: Niemeyer.

KNIFFKA, H. (Hg.) (1996): *Recent Developments in Forensic Linguistics.* Frankfurt a.M.: Lang.

KOERFER, A. (1994): *Institutionelle Kommunikation. Zur Methodologie und Empirie der Handlungsanalyse.* Opladen: Westdeutscher Verlag.

KOLDE, G. (1976): Sprachberatung: Motive und Interessen der Fragesteller. In: *Muttersprache* 86: 20–47.

KOLLBERG, P. / SEVERINSON EKLUNDH, K. (2002): Studying writers' revising patterns with S-notation analysis. In: Olive/Levy, 89–104.

KOLLER, W. (2004): *Einführung in die Übersetzungswissenschaft.* 7. Aufl. Wiebelsheim: Quelle & Meyer.

KOORDINIERUNGSGREMIUM IM DFG-SCHWERPUNKT „SPRACHLEHRFORSCHUNG" (Hg.) (1983): *Sprachlehr- und Sprachlernforschung: Begründung einer Disziplin.* Tübingen: Narr.

KOTTHOFF, H. (1989): *Pro und Contra in fremden Sprachen: Pragmatische Defizite im argumentativen Diskurs.* Frankfurt a.M.: Lang.

KRANZ, D. / LEGENHAUSEN, L. / LÜKING, B. (1997): *Multimedia – Internet – Lernsoftware. Fremdsprachenunterricht vor neuen Herausforderungen?* Münster: Agenda.

KRASHEN, S. / TERRELL, T. (1983): *The Natural Approach: Language Acquisition in the Classroom.* Hayward: Alemany Press.

KRECH, E.-M. (1987): *Vortragskunst.* Leipzig: VEB Bibliographisches Institut.

KRECH, E.-M. (1997): Untersuchungen der Sprechrealität – Grundlage für die Kodifizierung von Aussprachenormen. In: Mattheier, K.J. (Hg.): *Norm und Variation.* Frankfurt a.M.: Lang, 93–104.

KRECH, E.-M. (1998): Gegenwärtiger Stand und neueste Ergebnisse bei der Erforschung der deutschen Standardaussprache. In: Kröger, B.J. et al. (Hg.): *Festschrift Georg Heike.* Frankfurt a.M.: Hector, 227–241.

KRECH, E.-M. et al. (Hg.) (1982): *Großes Wörterbuch der deutschen Aussprache.* Leipzig: Bibliographisches Institut.

KRECH, E.-M. et al. (Hg.) (1991): *Sprechwirkung.* Berlin: Akademie.

KRINGS, H.P. (Hg.) (1996): *Wissenschaftliche Grundlagen der Technischen Kommunikation.* Tübingen: Narr.

KRINGS, H.P. (1992): Schwarze Spuren auf weißem Grund – Fragen, Methoden und

Ergebnisse der empirischen Schreibprozessforschung im Überblick. In: Krings, H.P. / Antos, G. (Hg.): *Textproduktion. Neue Wege der Forschung*. Trier: WVT, 45–110.

KROEBER-RIEL, W. (1993): *Bildkommunikation. Imagerystrategien für die Werbung*. München: Vahlen.

KROKER, C. (2000): *Aphasie-Schnelltest (AST)*. Zell am Hamersbach: Steiner-Verlag.

KRUSE, O. (1994): *Keine Angst vorm leeren Blatt. Ohne Schreibblockaden durchs Studium*. Frankfurt a.M.: Campus.

KRUSE, O. (2003): Schreiben lehren an der Hochschule. Aufgaben, Konzepte, Perspektiven. In: Ehlich, K. / Steets, A. (Hg.), 95– 111.

KRUSE, O. / JAKOBS, E.-M. / RUHMANN, G. (Hg.) (1999): *Schlüsselkompetenz Schreiben: Konzepte, Methoden, Projekte für Schreibberatung und Schreibdidaktik an der Hochschule*. Neuwied: Luchterhand.

KUBATTA, W. (1991): *Kunst in der Werbung*. Braunschweig: TU Braunschweig.

KÜDES = Konferenz der Übersetzungsdienste europäischer Staaten (2003): *Empfehlungen für die Terminologiearbeit*. Bern: Schweizer Bundeskanzlei.

KÜHL, S. / STRODTHOLZ, P. (Hg.) (2002): *Methoden der Organisationsentwicklung*. Reinbek: Rowohlt.

KUHLEN, R. (1991): *Hypertext. Ein nicht-lineares Medium zwischen Buch und Wissensbank*. Berlin: Springer.

KUHN, K. (2003): Grafiken. Rettungsringe im Meer von Zahlen und Buchstaben. In: Piwinger, 236–253.

KÜNZEL, H. (1989): *Die Erkennung von Personen anhand ihrer Stimme. Neue Zeitschrift für Strafrecht* 9: 400–405.

KURZ, I. / MOISL, A. (Hg.) (2002): *Berufsbilder für Übersetzer und Dolmetscher*. Wien: WUV Universitätsverlag.

KUẞMAUL, P. (1980): *Sprechakttheorie – Ein Reader*. Wiesbaden: Akademische Verlagsgesellschaft Athenaion.

LABOV, W. (1999): The transformation of experience in narrative. In: Jaworski, A. / Coupland, N. (Hg.): *The Discourse Reader*. London: Routledge, 221–235.

LADO, R. (1957) *Linguistics across Cultures*. Ann Arbor: University of Michigan Press.

LANDIS, D. / BHAGAT, S. (²1996): *Handbook of Intercultural Training*. Thousand Oaks: Sage.

LANDTAG NORDRHEIN-WESTFALEN (2003): *Antwort der Landesregierung auf die Große Anfrage 13 der Fraktion der CDU. Drucksache 13/3581*. Düsseldorf: Landtag NRW.

LANGENBUCHER, W.R. (1996): Auf der Suche nach den unbekannten Kommunikatoren. Scheuklappen der Journalismusforschung. In: *Aviso* 17: 7–10.

LANGER, I. / SCHULZ VON THUN, F. / TAUSCH, R. (⁴1990): *Sich verständlich ausdrücken*. München: Reinhardt.

LAURÉN, C. / MYKING, J. / PICHT, H. (1998): *Terminologie unter der Lupe. Vom Grenzgebiet zum Wissenschaftszweig*. (IITF-Series 9). Wien: TermNet.

LAW, C. (2002): Das sprachliche Ringen um die nationale und kulturelle Identität Deutschlands. Puristische Reaktionen im 17. und Ende des 20. Jahrhunderts. In: *Muttersprache* 112: 67–83.

LEECH, G. / RAYSON, P. / WILSON, A. (2001): *Word Frequencies in Written and Spoken English*. London: Longman.

LEHNEN, K. / SCHINDLER, K. (2002): Schreiben zwischen Studium und Beruf. Zur didaktischen Vermittlung domänenspezifischer Schreibanforderungen in der Hochschulausbildung. In: Handler, P. (Hg.): *E-Text. Strategien und Kompetenzen*. Frankfurt a.M.: Lang, 169–190.

LEHR, U. (1998): Sprachberatungsstellen in Deutschland und der Schweiz. In: Muttersprache 108: 201–216.

LEHRNDORFER, A. (1996): *Kontrolliertes Deutsch. Linguistische und sprachpsychologische Leitlinien für eine (maschinell) kontrollierte Sprache in der Technischen Dokumentation*. Tübingen: Narr.

LEISCHNER, A. (²1987): *Aphasien und Sprachentwicklungsstörungen: Klinik und Behandlung*. Stuttgart: Thieme.

LEMNITZER, L. / LOBIN, H. (Hg.) (2004): *Texttechnologie*. Tübingen: Stauffenburg.

LEMNITZER, L. / ZINSMEISTER, H. (2006): *Korpuslinguistik. Eine Einführung*. Tübingen: Narr.

LENDERS, W. / WILLÉE, G. (²1998): *Linguistische Datenverarbeitung. Ein Lehrbuch*. Opladen: Westdeutscher Verlag.

LEONT'EV, A.A. (1975): *Psycholinguistische Einheiten und die Erzeugung sprachlicher Äußerungen*. Ismaning: Hueber.

LEPSCHY, A. (1995): *Das Bewerbungsgespräch*. St. Ingbert: Röhrig Universitätsverlag.

LEVELT, W.J.M. (1989): *Speaking. From Intention to Articulation.* Cambridge, MA: MIT Press.

LEVELT, W.J.M. (1999): Models of word production. In: *Trends in Cognitive Science* 3: 223–232.

LEVY, C.M. / RANSDELL, S. (1996): Writing signatures. In: Levy, C.M. / Ransdell, S. (Hg.): *The Science of Writing. Theories, Methods, Individual Differences, and Applications.* Mahwah: Lawrence Earlbaum, 149–162.

LEVY, J. (2000): Translation as a decision process. In: Venuti, L. (Hg.): *The Translation Studies Reader.* London: Routledge, 148–159.

LIEBERT, W.A. (1997): Interaktion und Kognition. Die Herausbildung metaphorischer Denkmodelle in Gesprächen zwischen Wissenschaftlern und Wissenschaftsjournalisten. In: Biere, B.U. / Liebert, W.A. (Hg.): *Metaphern, Medien, Wissenschaft. Zur Vermittlung der AIDS-Forschung in Presse und Rundfunk.* Opladen: Westdeutscher Verlag, 180–209.

LIEDKE, M. / REDDER, A. / SCHEITER, S. (1996): Interkulturelles Handeln lehren. In: Brünner, G. / Fiehler, R. / Kindt, W. (Hg.): *Angewandte Gesprächsforschung.* Bd. 2. Opladen: Westdeutscher Verlag, 552–577.

LIEDKE, M. (2000): Abstand und Teilhabe als Determinanten interkulturellen Handelns. In: Aguado, K. / Hu, A. (Hg.): *Mehrsprachigkeit und Mehrkulturalität.* Berlin: Pädagogischer Zeitschriftenverlag, 123–133.

LIEDKE, M. (2003): Eindruck und Diskurs. Zur auditiven Wahrnehmung von Sprecheridentität bei Fremdsprachigkeit. In: Hu, A. / de Florio-Hansen, I. (Hg.): *Multiple Identität und Mehrsprachigkeit.* Tübingen: Stauffenburg, 85–105.

LINKE, A. / NUSSBAUMER, M. / PORTMANN, P.R. (²1984): *Studienbuch Linguistik.* Tübingen: Niemeyer.

LOBIN, H. (Hg.) (1999): *Text im digitalen Medium. Linguistische Aspekte von Textdesign, Texttechnologie und Hypertext Engineering.* Opladen: Westdeutscher Verlag.

LOHSE, C. (2002): Sprachenvielfalt und einheitliche Rechtsanwendung in der EG. Dargestellt am Beispiel der Umsatz-/Mehrwert-Steuer. In: *Umsatzsteuer-Rundschau* 9: 393–405.

LÖTSCHER, A. (1992): *Von Ajax bis Xerox. Ein Lexikon der Produktnamen.* Zürich: Artemis & Winkler.

LOVEDAY, L. (1982): *The Sociolinguistics of Learning and Using a Non-Native Language.* Oxford: Pergamon.

LSP and Professional Communication. An International Journal. Kopenhagen: DSFF Dansk Selskap for Fagsprog og Fagkommunikation/LSP Centre.

LUDWIG, O. (1988): *Der Schulaufsatz. Seine Geschichte in Deutschland.* Berlin: de Gruyter.

LUDWIG, O. (1995): Integriertes und nicht-integriertes Schreiben. Zu einer Theorie des Schreibens: Eine Skizze. In: Baurmann/Weingarten (1995), 273–287.

LUGINBÜHL, M. et al. (2002): *Medientexte zwischen Autor und Publikum. Intertextualität in Presse, Radio und Fernsehen.* Zürich: Seismo.

LUHMANN, N. (1989): Kommunikationssperren in der Unternehmensberatung. In: Luhmann, N. / Fuchs, P.: *Reden und Schweigen.* Frankfurt a.M.: Suhrkamp, 209–227.

LUKESCH, H. (1998): *Einführung in die pädagogisch-psychologische Diagnostik.* Regensburg: Roderer.

LUTZ, L. (1981): *Zum Thema ‚Thema': Einführung in die Thema-Rhema-Theorie.* Hamburg: Hamburger Buchagentur.

MAAS, U. (1992): *Grundzüge der deutschen Orthographie.* Tübingen: Niemeyer.

MAAS, U. (1997): Orthographische Regularitäten, Regeln und ihre Deregulierung. Am Beispiel der Dehnungszeichen im Deutschen. In: Augst, G. et al.: *Zur Neuregelung der deutschen Orthographie: Begründung und Kritik.* Tübingen: Niemeyer, 337–364.

MAAS, U. (1999): *Phonologie. Einführung in die funktionale Phonetik des Deutschen.* Opladen: Westdeutscher Verlag.

MAAS, U. (2000): *Orthographie. Materialien zu einem erklärenden Handbuch zur Rechtschreibung des Deutschen.* Osnabrück: Buchhandlung zur Heide.

MANDL, H. (2004): *Pädagogisch-didaktische Gestaltung von Medien und medialen Lernumgebungen.* <www.learntec-online.de> [letzter Zugriff 13.06.2004].

MANSSEN, G. / BANASZAK, B. (Hg.) (2001): *Minderheitenschutz in Mittel- und Osteuropa.* Frankfurt a.M.: Lang.

MARR, M. et al. (2001): *Journalisten in der Schweiz. Eigenschaften, Einstellungen, Einflüsse.* Konstanz: UVK.

MATTES, V. (im Erscheinen): Der Einfluss von Rechtschreiberkenntnissen auf die intuitive Syllabierung von Wörtern mit fester Anschlusskorrelation. In: Tophinke, D. / Röber-Siekmeyer, C. (Hg.): *Sprachanalytische Anforderungen am Schriftanfang.* Baltmannsweiler: Schneider Hohengehren.

MAYER, F. / SCHMITZ, K.-D. / ZEUMER, J. (Hg.) (2002): *eTerminology – Professionelle Terminologiearbeit im Zeitalter des Internet. Akten des Symposions, Köln, 12.–13. April 2002.* Köln: Deutsche Terminologie-Tage.

MAYER, F. / SCHMITZ, K.-D. / ZEUMER, J. (Hg.) (2004): *Terminologie und Wissensmanagement. Akten des Symposions, Köln, 26.–27. März 2004.* Köln: Deutscher Terminologie-Tag e.V.

MAYER, H. / ILLMANN, T. (2000): *Markt- und Werbepsychologie.* Stuttgart: Schäffer-Poeschel.

MAZELAND, H. (1983): Sprecherwechsel in der Schule. In: Ehlich, K. / Rehbein, J. (Hg.) (1983): *Kommunikation in Schule und Hochschule. Linguistische und ethnomethodologische Analysen.* Tübingen: Narr, 77–101.

MCHOUL, A.W. (1978): The organization of turns at formal talk in the classroom. In: *Language in Society* 7: 182–213.

MEFFERT, H. (2001): *Marketing-Arbeitsbuch: Aufgaben, Fallstudien.* Wiesbaden: Gabler.

MEFFERT, S. (2001): *Werbung und Kunst. Über die phasenweise Konvergenz der Sphären Werbung und Kunst in Deutschland von 1895 bis zur Gegenwart.* Wiesbaden: Westdeutscher Verlag.

MEHAN, H. (1979): *Learning Lessons. Social Organization in the Classroom.* Cambridge, MA: Harvard University Press.

MEIER, C. (1997): *Arbeitsbesprechungen. Interaktionsstruktur, Interaktionsdynamik und Konsequenzen einer sozialen Form.* Opladen: Westdeutscher Verlag.

MEIER, C. (2002): *Arbeitsbesprechungen.* Radolfzell: Verlag für Gesprächsforschung, <www.verlag-gespraechsforschung.de>.

MEIER, C. / BECKER-MROTZEK, M. (1999/2002): Arbeitsweisen und Standardverfahren der Angewandten Diskursforschung. In: Brünner/Fiehler/Kindt, Bd. 1, 18–45.

MELDE,W. (1987): *Zur Integration von Landeskunde und Kommunikation im Fremdsprachenunterricht.* Tübingen: Narr.

MENTZEL, W. (2001): *Personalentwicklung.* München: Deutscher Taschenbuch Verlag.

MERZ-GRÖTSCH, J. (2000/2001): *Schreiben als System. Bd. 1: Schreibforschung und Schreibdidaktik. Ein Überblick. Bd. 2: Die Wirklichkeit aus Schülersicht.* Freiburg: Fillibach.

MEYER, H. (1987): *UnterrichtsMethoden.* I: Theorieband. II: Praxisband. Frankfurt a.M.: Scriptor.

MICHEL, L. (1982): *Gerichtliche Schriftvergleichung. Eine Einführung in Grundlagen, Methoden und Praxis.* Berlin: de Gruyter.

MILLER, L. (1994): Japanese and American meetings and what goes on before them: A case study of co-worker misunderstanding. In: *Pragmatics* 4 (2): 221–238.

MITAMURA, T. (1999): Controlled language for multilingual machine translation. *Proceedings of the Machine Translation Summit VII. Singapore, September, 13–17, 1999.* <http://www.lti.cs.cms.edu/Research/Kant/PDF/MTSummit99. pdf>. [letzter Zugriff: 01.07.2000]

MITCHELL, R. / MYLES, F. (1998): *Second Language Learning Theories.* London: Hodder Arnold.

MÖHN, D. / ROß, D. / TJARKS-SOBHANI, M. (2001): *Mediensprache und Medienlinguistik.* Festschrift für Jörg Hennig. Frankfurt a.M.: Lang.

MOLITOR-LÜBBERT, S. (1996): Schreiben als mentaler und sprachlicher Prozess. In: Günther/Ludwig, 1005–1027.

MOLL, M. (2001): *Das wissenschaftliche Protokoll. Vom Seminardiskurs zur Textart: empirische Rekonstruktionen und Erfordernisse für die Praxis.* München: Iudicium.

MORKES, J. / NIELSEN, J. (1997): *Concise, Scannable, and Objective: How to Write for the Web.* online. <http://www. useit.com/papers/webwriting/writing.html> [letzter Zugriff: 05.04.2004]

MÜLLER, B.-D. (1981): Bedeutungserwerb – ein Lernprozess in Etappen. In: Müller, B.-D. (Hg.): *Konfrontative Semantik.* Weil der Stadt: Lexika, 113–154.

MÜLLER, W.G. (1997): *Interkulturelle Werbung.* Heidelberg: Physica.

MÜLLER-JACQUIER, B.-D. (2000): Linguistic awareness of culture. Grundlagen eines Trainingsmoduls. In: Bolten, J. (Hg.): *Studien zur internationalen Unternehmenskommunikation.* Leipzig: Popp, 18–48.

MÜLLER-JACQUIER, B.-D. / TEN THIJE, J. (2000): Interkulturelle Kommunikation: interkulturelles Training und Mediation. In: Becker-Mrotzek/Brünner/Cölfen, 39–57.

MYKING, J. (2001): Sign Models in Terminology: Tendencies and Functions. In: *LSP & Professional Communication,* 2/2001: 45–61.

NATION, I.S.P. (2001): *Learning Vocabulary in Another Language*. Cambridge: Cambridge University Press.

NAWKA, T. / Anders, L.Ch. (1996): Die auditive Bewertung heiserer Stimmen nach dem RBH-System. Stuttgart: Thieme *(Doppel-CD und Booklet mit Hörbeispielen zur Bewertung von Störungsgraden)*

NEISES, M. / DITZ, S. / SPRANZ-FOGASY, T. (Hg.) (2004): *Patientenorientiert reden*. Stuttgart: Wissenschaftliche Verlagsgesellschaft.

NEISES, M. / DITZ, S. / SPRANZ-FOGASY, T. (Hg.) (2005): *Psychosomatische Gesprächsführung in der Frauenheilkunde. Ein interdisziplinärer Ansatz zur verbalen Intervention*. Stuttgart: Wissenschaftliche Verlagsgesellschaft.

NEUBERT, A. (1985): *Text and Translation*. Leipzig: Enzyklopädie.

NEULAND, E. (1993): Sprachgefühl, Spracheinstellungen, Sprachbewußtsein. Zur Relevanz ‚subjektiver Faktoren' für Sprachvariation und Sprachwandel. In: Mattheier, K.J. et al. (Hg.): *Vielfalt des Deutschen. Festschrift für Werner Besch*. Frankfurt a.M.: Lang, 723–747.

NICKEL, S. (2001): Prävention von Analphabetismus: vor, in, nach und neben der Schule. In: *Alfa-Forum* 47: 7–10.

NIELSEN, J. (1994): *Usability Engineering*. San Francisco: Morgan Kaufmann.

NIELSEN, J. (1995): *Multimedia and Hypertext. The Internet and Beyond*. Boston: AP Professional.

NIELSEN, J. (1996): *Top Ten Mistakes in Web Design. Alertbox 5/96*. <http://www. useit. com/alertbox/9605.html> [letzter Zugriff: 05.04.2004]

NIELSEN, J. (1999a): *Differences between Print Design and Web Design. Alertbox 1/99*. <http://www. useit.com/alertbox/990124. html> [letzter Zugriff: 05.04.2004]

NIELSEN, J. (1999b): *„Top Ten Mistakes" Revisited Three Years Later. Alertbox 5/99*. <http://www. useit.com/alertbox/990502.html> [letzter Zugriff: 05.04.2004]

NORD, C. (1988): *Textanalyse und Übersetzen*. Heidelberg: Groos.

NORD, C. (1993a): *Einführung in das funktionale Übersetzen*. Tübingen: Francke.

NORD, C. (1993b): Alice im Niemandsland. In: Holz-Mänttäri, J. / Nord, C.(Hg.): *Traducere navem. Festschrift für Katharina Reiß zum 70. Geburtstag*. Tampere: Tampereen Yliopisto, 395–416.

NORD, C. (2001): *Lernziel: Professionelles Übersetzen Spanisch-Deutsch*. Wilhelmsfeld: Egert.

NOTHDURFT, W. (1984): *„...äh folgendes problem äh ...". Die interaktive Ausarbeitung „des Problems" in Beratungsgesprächen*. Tübingen: Narr.

NOTHDURFT, W. (Hg.) (1995): *Streit schlichten*. Berlin: de Gruyter.

NOTHDURFT, W. / REITEMEIER, U. / SCHRÖDER, P. (1994): *Beratungsgespräche*. Tübingen: Narr.

NUSSBAUMER, M. (1997): *Sprache und Recht*. Heidelberg: Julius Groos Verlag.

NYCE, J.M. / KAHN, P. (Hg.) (1991): *From Memex to Hypertext: Vannevar Bush and the Mind's Machine*. Boston: Academic Press.

OBERMANN, C. (2002): *Assessment Center*. Wiesbaden: Gabler.

OKABE, R. (1983): Cultural assumptions of East and West: Japan and the United States. In: Gudykunst, W.B. (Hg.): *Intercultural Communication Theory*. Beverly Hills: Sage, 21–44.

OLIVE, T. / LEVY, C.M. (Hg.) (2002): *Contemporary Tools and Techniques for Studying Writing*. Dordrecht: Kluwer

ONG, W.J. (1987): *Oralität und Literalität. Die Technologisierung des Wortes*. Opladen: Westdeutscher Verlag.

OPPENRIEDER, W. / THURMAIR, M. (2003): Sprachidentität im Kontext von Mehrsprachigkeit. In: Janich, N. / Thim-Mabrey, C. (Hg.): *Sprachidentität – Identität durch Sprache*. Tübingen: Narr, 39–60.

PABST-WEINSCHENK, M. (Hg.) (2004): *Grundlagen der Sprechwissenschaft und Sprecherziehung*. München: Reinhardt.

PERRIN, D. (1999a): Woher die Textbrüche kommen. Der Einfluss des Schreibprozesses auf die Sprache im Gebrauchstext. In: *Zeitschrift für Deutsche Sprache* 2/99: 134–155.

PERRIN, D. (1999b): *Schreiben ohne Reibungsverlust. Schreibcoaching für Profis*. Zürich: Werd.

PERRIN, D. ([2]2000): *Schreiben ohne Reibungsverlust. Schreibcoaching für Profis*. Zürich: Werd.

PERRIN, D. (2001): *Wie Journalisten schreiben. Ergebnisse angewandter Schreibprozessforschung*. Konstanz: UVK.

PERRIN, D. (2002): Investigating writing strategies in the workplace. In: Olive/Levy, 105–117.

PERRIN, D. (2003): Towards a pragmatics of writing. In: Perrin, D. (Hg.): *The Pragmatics of Writing*, 825–828.

PERRIN, D. (2006): *Medienlinguistik*. Konstanz: UVK.

PERRIN, D. / KRUSE, O. (2002): Entwurf einer Schreibtrainer-Ausbildung. Ein tatkräftiges Fazit. In: Perrin, D. et al., 215–226.

PERRIN, D. et al. (Hg.) (2002): *Schreiben. Von intuitiven zu professionellen Schreibstrategien*. Wiesbaden: Westdeutscher Verlag.

PICHT, H. / SCHMITZ, K.-D. (Hg.) (2001): *Terminologie und Wissensordnung – Ausgewählte Schriften aus dem Gesamtwerk von Eugen Wüster.* Wien: TermNet.

PINKER, S. (2000): *Wörter und Regeln*. Heidelberg: Spektrum.

PISA-KONSORTIUM (Hg.) (2001): *PISA 2000. Basiskompetenzen von Schülerinnen und Schülern im internationalen Vergleich*. Opladen: Leske & Budrich.

PITTS, B.J. (1982): Protocol analysis of the newswriting process. In: *Newspaper Research Journal* 4: 12–21.

PIWINGER, M. (2001): Der Geschäftsbericht als Imageträger. In: Bentele/Piwinger/Schönborn, Art.-Nr. 5.10.

PIWINGER, M. (Hg.) (2003): *Ausgezeichnete Geschäftsberichte*. Frankfurt a.M.: FAZ-Institut

PIWINGER, M. / EBERT, H. (2002): Vorfeldkommunikation. In: Bentele/Piwinger/Schönborn, Art.-Nr. 1.15.

PLATEN, C. (1997): *„Ökonymie". Zur Produktnamen-Linguistik im Europäischen Binnenmarkt.* Tübingen: Niemeyer.

PÖCHHACKER, F. (2004): *Introducing Interpreting Studies*. London: Routledge.

POECK, K. / HUBER, W. / WILLMES, K. (1989): Outcome of intensive language treatment in aphasia. In: *Journal of Speech and Hearing Disorders* 54: 471–479.

POGNER, K. (1999): *Schreiben im Beruf als Handeln im Fach*. Tübingen: Narr.

PORTALINGUA (2004): <www.portalingua.uni-essen.de> [letzter Zugriff 05.06.2004].

POTHMANN, A. (1997): *Diskursanalyse von Verkaufsgesprächen*. Opladen: Westdeutscher Verlag.

PRESCH, G. (1980): Über die schwierigkeiten zu bestimmen, was als fehler gelten soll. In: Cherubim, D. (Hg.): *Fehlerlinguistik. Beiträge zum Problem der sprachlichen Abweichung*. Tübingen: Niemeyer, 224–252.

PRESCH, G. (1996): Verdeckte Beurteilungen in Arbeitszeugnissen: ein Streitfall vor Gericht. In: Kniffka, 319–345.

PROBST, R. / GREVERS, G. / ITRO, H. (2000): Hals-Nasen-Ohren-Heilkunde. Stuttgart: Thieme. *(Eingelegte CD mit Stimm- und Sprachstörungen)*

PÜSCHEL, U. (1994): Schreiben im Studium. Überlegungen zu einer Schreibanleitung für Wissenschaftstexte. In: Skyum-Nielsen, P. / Schröder, H. (Hg.): *Rhetoric and Stylistics Today: an International Anthology.* Frankfurt a.M.: Lang.

QUANDT, T. (2002): Virtueller Journalismus im Netz? Eine strukturationstheoretische Annäherung an das Handeln in Online-Redaktionen. In: Baum, A. / Schmidt, S. (Hg.): *Fakten und Fiktionen. Über den Umgang mit Medienwirklichkeiten.* Konstanz: UVK, 233– 253.

RABIN, C. (1971): A tentative classification of language-planning aims. In: Rubin, J. / Jernudd, B.H. (1971), 277–279.

RAABE, J. (2004): *Journalismus und seine Akteure. Empirische Journalismusforschung jenseits des Personen- und Systemparadigmas*. Wiesbaden: Verlag für Sozialwissenschaften.

RAINER, F. / STEGU, M. (Hg.) (1998): *Wirtschaftssprache. Anglistische, germanistische, romanistische und slawistische Beiträge*. Frankfurt a.M.: Lang

RAMGE, H. (1983): Unterrichtspläne als komplexe Handlungsformen im Deutschunterricht. In: Ehlich, K. / Rehbein, J. (Hg.) (1983): *Kommunikation in Schule und Hochschule. Linguistische und ethnomethodologische Analysen*. Tübingen: Narr, 157–176.

RAUEN, C.(1999): *Coaching*. Göttingen: Vandenhoeck & Rupprecht.

REDDER, A. (1984): *Modalverben im Unterrichtsdiskurs. Pragmatik der Modalverben am Beispiel eines institutionellen Diskurses*. Tübingen: Niemeyer.

REDDER, A. (1998): Sprachwissen als handlungspraktisches Bewusstsein – eine funktional-pragmatische Diskussion. In: *Didaktik Deutsch* 5: 60–76.

REDDER, A. (Hg.) (2002): „Effektiv studieren". Diskurse und Texte an einer deutschen Universität.

REEMTSMA, J.-P. (1997): *Im Keller*. Hamburg: HIS-Verlag.

REHBEIN, J. (Hg.) (1985): *Interkulturelle Kommunikation*. Tübingen: Narr.

REINECKE, D. / SCHMITZ, K.-D. (Hg.) (2005): *Einführung in die Softwarelokalisierung*. Tübingen: Narr.

REIß, K. (1971): *Möglichkeiten und Grenzen der Übersetzungskritik*. München: Hueber.

REITEMEIER, U. (1994): Beraten und institutioneller Kontext. In: Nothdurft/Reitemeier/Schröder, 229–259.

REITEMEIER, U. (2000): Zum interaktiven Umgang mit einbürgerungsrechtlichen Regelungen in der Aussiedlerberatung. In: *Zeitschrift für qualitative Bildungs-, Beratungs- und Sozialforschung*, 1/2: 253–281.

REUTER, E. (2003): Training mündlicher Berufskommunikation. Zur Methodologie gesprächsanalytisch fundierter Kommunikationstrainings. In: Reuter, E. / Piitulainen, M.-L. (Hg.): *Internationale Wirtschaftskommunikation auf Deutsch*. Frankfurt a.M.: Lang, 345–369.

REUTHER, U. (1999): Technical writers gain control. In: *TC-Forum* 2: 4–5.

RICHTER, K. / WITTLER, M. / HIELSCHER-FASTABEND, M. (2006): *Das Bielefelder Aphasie Screening* (BiAS). Hofheim: NAT-Verlag.

RICKHEIT, G. / SCHADE, U. (2000): Kohärenz und Kohäsion. In: Brinker et al., 275– 283.

RIEDEL, W. / WALTER, K.-D. / WALLIN-FELKNER, C. (1995 ff.): *Praxishandbuch Technische Dokumentation: wirschaftlich organisieren, systematisch erstellen, kundengerecht gestalten*. Augsburg: WEKA.

RIEMANN, G. / FROMMER, J. / MAROTZKI, W. (2000): Anmerkungen und Überlegungen zur qualitativen Beratungsforschung. In: *Zeitschrift für qualitative Bildungs-, Beratungs- und Sozialforschung*, 1/2: 217–225.

RÖBER-SIEKMEYER, C. (1997): *Die Schriftsprache entdecken*. Weinheim: Beltz.

RÖBER-SIEKMEYER, C. (2001): Der Mythos der Lauttreue. In: *Grundschule* 6: 40–42.

RÖBER-SIEKMEYER, C. (2002b): Prosodisch orientierte Untersuchungen zur Wahrnehmung von Schärfungswörtern von Kindern im Schriftanfang. In: Tophinke, D. / Röber-Siekmeyer, C.: *Schärfungsschreibung im Fokus*. Baltmannsweiler: Schneider-Hohengehren, 106– 143.

RÖBER-SIEKMEYER, C. (2002c): Spiralen und Lassos. In: Bommes/Noack/Tophinke, 183–197.

ROBERTS, C. / STREET, B. (1997): Spoken and written language. In: Coulmas, F. (Hg.) (1997): *The Handbook of Sociolinguistics*. Oxford: Blackwell, 168–186.

RODE, F.A. (1994): *Ist Werbewirkung soziologisch erklärbar? Werbewirkung heute*. Düsseldorf: GWP media marketing.

ROELCKE, T. (1999): *Fachsprachen*. Berlin: Schmidt.

ROLF, E. (1997): *Illokutionäre Kräfte*. Opladen: Westdeutscher Verlag.

ROLKE, L. / WOLFF, V. (Hg.) (2000): *Finanzkommunikation*. Frankfurt a.M.: FAZ-Institut.

ROMBERG, S. (1993): Auf dem Weg zur Schrift. Erwachsene funktionale Analphabeten – Eine Fallstudie. In: *Sprachreport* 2: 3–4.

RÖMER, R. (1968): *Die Sprache der Anzeigenwerbung*. Düsseldorf: Schwann.

RONNEBERGER, F. (1997): Wegemeister einer interdisziplinären Kommunikationswissenschaft. Autobiographische Fragen an Franz Ronneberger von Manfred Rühl. In: Kutsch, A. / Pöttker, H. (Hg.): *Kommunikationswissenschaft – autobiographisch. Zur Entwicklung einer Wissenschaft in Deutschland*. Opladen: Westdeutscher Verlag, 21–35.

ROST-ROTH, M. (1998): Kommunikative Störungen in Beratungsgesprächen. Problempotentiale in inter- und intrakulturellen Gesprächskontexten. In: Fiehler, R. (Hg.): *Verständigungsprobleme und gestörte Kommunikation*. Opladen: Westdeutscher Verlag, 216–244.

RUBIN, J. (1994): *Handbook of Usability Testing: How to Plan, Design, and Conduct Effective Tests*. New York: Wiley.

RUBIN, J. / JERNUDD, B.H. (Hg.) (1971): *Can Language Be Planned? Sociolinguistic Theory and Practice for Developing Nations*. Honolulu: The University Press of Hawaii.

RUHMANN, G. (1995): Schreibprobleme – Schreibberatung. In: Baurmann, J. / Weingarten, R. (Hg.), 85–106.

RUHMANN, G. (2003): Schreibberatung und Schreibtraining an der Hochschule. Ein Einführungsworkshop für Hochschuldidaktiker/innen. In: Wildt, J. / Encke, B. / Blümcke, K. (Hg.): *Professionalisierung der hochschuldidaktischen Weiterbildung. Ein Beitrag zur Personalentwicklung an Hochschulen*. Bielefeld: Bertelsmann.

RUHMANN, G. / PERRIN, D. (2002): Schreibstrategien in Balance. Was Wissenschaftler von Journalistinnen lernen können. In: Perrin, D. et al.,129–137.

RUNKEHL, J. / SCHLOBINSKI, P. / SIEVER, T. (1999): *Sprache und Kommunikation im Internet*. Opladen: Westdeutscher Verlag.

RÜSCHOFF, B. / WOLFF, D. (1999): *Fremdsprachenlernen in der Wissensgesellschaft. Zum Einsatz der neuen Technologie in Schule und Unterricht*. Ismaning: Hueber.

SACHER, W. (2001): *Leistungen entwickeln, überprüfen und beurteilen*. Bad Heilbrunn: Klinkhardt.

SACKS, H. / SCHEGLOFF, E.A. / JEFFERSON, G. (1974): A simplest systematics for the organization of turn-taking for conversation. In: *Language* 50: 696–735.

SARANGI, S. (1995): Culture. In: Verschueren, J. / Östman J.-O. / Blommaert, J. (Hg.): *Handbook of Pragmatics*. Amsterdam: Benjamins.

SAVILLE-TROIKE, M. ([2]1990): *The Ethnography of Communication*. Oxford: Blackwell.

SAXER, U. / MÄRKI-KOEPP, M. (1992): *Medien-Gefühlskultur. Zielgruppenspezifische Gefühlsdramaturgie als journalistische Produktionsroutine*. München: Ölschläger.

SCARDAMALIA, M. / BEREITER, C. / LAMON, M. (1994): The CSILE-Project: Trying to bring the classroom into World 3. In: McGilly, K. (Hg.): *Classroom Lessons: Integrating Cognitive Theory and Classroom Practice*. Cambridge, MA: Press/Bradford Books, 201–228.

SCHADE, U. (1999): *Konnektionistische Sprachproduktion*. Wiesbaden: DUV.

SCHADE, U. / HIELSCHER, M. (1998): Die Modellierung des Agrammatismus. In: Hielscher, M. et al., 97–110.

SCHÄFFNER, C. / ADAB, B. (Hg.) (2000): *Developing Translation Competence*. Amsterdam: Benjamins.

SCHEURINGER, H. (1996): *Geschichte der deutschen Rechtschreibung. Ein Überblick*. Wien: Edition Praesens.

SCHIERL, T. (1999): *Möglichkeiten und Grenzen der Steigerung von Effektivität und Effizienz der Fernsehwerbung*. Habilschrift Universität Duisburg.

SCHIFFRIN, D. (1984): Jewish argument as sociability. In: *Language in Society* 13: 311– 335.

SCHIFKO, P. (1982) Die Werbetexte aus sprachwissenschaftlicher Sicht. In: Tietz, B. (Hg.): *Die Werbung. Handbuch der Kommunikations- und Werbewirtschaft*. Bd. 2, Landsberg am Lech: Moderne Industrie, 982–996.

SCHILLING, A. (2001): *Bewerbungsgespräche in der eigenen und fremden Sprache Deutsch. Empirische Analysen*. Frankfurt a.M.: Lang, 82–117.

SCHIRNER, M. (1991): *Werbung ist Kunst*. München: Klinkhardt & Biermann.

SCHLENCK, K.-J. / SCHLENCK, D. (1994): Beratung und Betreuung von Angehörigen aphasischer Patienten. In: *L.O.G.O.S Interdisziplinär* 2: 90–97.

SCHMID, B. (1989): Die wirklichkeitskonstruktive Perspektive – Systemisches Denken und Professionalität von morgen. In: *Zeitschrift der Gesellschaft für Organisationsentwicklung* 2, 49–65.

SCHMID, B. / HIPP, J. (1997): *Innovation in Szene setzen. Design und Regie für Management und Beratung am Beispiel Integrierter Personalarbeit*. Wiesloch: Institut für systemische Beratung (unveröff. Ms.).

SCHMIDT, S.J. (1995): *Werbung, Medien und Kultur*. Opladen: Westdeutscher Verlag.

SCHMITT, P.A. (1995): Warnhinweise in deutschen und englischen Anleitungen: Ein interkultureller Vergleich. In: *Fremdsprachen Lehren und Lernen* (FLuL) 24: 197–222.

SCHMITT, P.A. (1998): Marktsituation der Übersetzer. In: Snell-Hornby, M. et al. (Hg.): *Handbuch Translation*. Tübingen: Stauffenburg, 5–13.

SCHMITT, P.A. (1999): *Translation und Technik*. Tübingen: Stauffenburg.

SCHMITT, R. (1999/2002): *Rollenspiele als authentische Gespräche. Überlegungen zu deren Produktivität im Trainingszusammenhang*. In: Brünner/Fiehler/Kindt, 2. Bd., 81–99.

SCHMITT, R. / HEIDTMANN, D. (2003): „Linguistik goes Hollywood": Angewandte Gesprächsforschung in der Ausbildung von Filmstudenten. In: *Gesprächsforschung* 4 (2003), 98–121. <www.gespraechsforschung-ozs.de/heft2003/ag-schmitt.pdf>

SCHMITT, R. / HEIDTMANN, D. (2005): Die Analyse von Meetings: Bericht über ein gesprächsanalytisches Transferprojekt in einem Software-Unternehmen. In: Antos, G. / Wichter, S. (Hg.) (2005): *Wissenstransfer durch Sprache als gesellschaftliches Problem*. Frankfurt a.M.: Lang, 295–306.

SCHMITZ, K.-D. ([3]1996): Terminology Management Systems. In: Owens, R. (Hg.): *The Translator's Handbook*. London: ASLIB, 221– 246.

SCHMITZ, K.-D. (1998): MARTIF – Ein SGML-basiertes Austauschformat für terminologische Daten. In: Möhr, W. / Schmidt, I. (Hg.): *SGML und XML – Anwendungen und Perspektiven*. Berlin: Springer, 109–121.

SCHMITZ, K.-D. (1999a): Entwicklungen im Bereich der rechnergestützten Terminologieverwaltung und deren Einfluß auf Terminologiearbeit und Terminologielehre. In: Gil, A. et al. (Hg.) (1999): *Modelle der Translation*. Frankfurt a.M.: Lang, 261–273.

SCHMITZ, K.-D. (1999b): Computergestützte Terminographie: Systeme und Anwendungen. In: Hoffmann/Kalverkämper/Wiegand, 2164–2170.

SCHMITZ, K.-D. (2001a): Criteria for evaluating terminology database management programs. In: Wright/Budin (2001), 539–551.

SCHMITZ, K.-D., (2001b): Systeme zur Terminologieverwaltung. In: *Technische Kommunikation* 2/2001: 34–39.

SCHMITZ, K.-D. (2001c): Terminologieverwaltung. In: Hennig, J. / Tjarks-Sobhani, M. (Hg.) (2001): *Informations- und Wissensmanagement für technische Dokumentation*. Lübeck: Schmidt-Römhild, 188–202.

SCHMITZ, K.-D. (2004): Die neuen Terminologiedatenbanken: online statt offline. In: Mayer, F. / Schmitz, K.-D. / Zeumer, J. (Hg.) (2004): *Terminologie und Wissensmanagement. Akten des Symposions, Köln, 26.–27. März 2004*. Köln: Deutscher Terminologie-Tag e.V., 180–189.

SCHMITZ, K.-D. (2005): Terminology and Terminological Databases. In: Brown, K. (Ed.) (2005): *Encyclopaedia of Language and Linguistics*. 2nd Ed. Oxford: Elsevier Publishers, Vol. 12, 578–587.

SCHMITZ, K.-D. / FREIGANG, K.-H. (2002): Terminologieverwaltung und Sprachdatenverarbeitung. In: Best, J. / Kalina, S. (Hg.) (2002): *Übersetzen und Dolmetschen. Eine Orientierungshilfe*. Tübingen: Francke, 85–100.

SCHMITZ, K.-D. / WAHLE, K. (Hg.) (2000): *Softwarelokalisierung*. Tübingen: Stauffenburg.

SCHMITZ, U. (1992): *Computerlinguistik. Eine Einführung*. Opladen: Westdeutscher Verlag.

SCHMITZ, U. (2001): Optische Labyrinthe im digitalen Journalismus. Text-Bild-Beziehungen in Online-Zeitungen. In: Bucher, H.-J. / Püschel, U. (Hg.): *Die Zeitung zwischen Print und Digitalisierung*. Opladen: Westdeutscher Verlag.

SCHMITZ, U. (Hg.) (2004): *Linguistik lernen im Internet*. Tübingen: Narr.

SCHMITZ, U. (2004): *Sprache in modernen Medien. Einführung in Tatsachen und Theorien, Themen und Thesen*. Berlin: Schmidt.

SCHNEUWLY, B. (1995): Textarten – Lerngegenstände des Aufsatzunterrichts. In: Ossner, J. (Hg.): *Schriftaneignung und Schreiben*. Oldenburg: OBST 51: 116–132.

SCHNIERER, T. (1999): *Soziologie der Werbung. Ein Überblick zum Forschungsstand einschließlich zentraler Aspekte der Werbepsychologie*. Opladen: Leske & Budrich.

SCHÖLER, H. (1994): „Gib mal dem weißem Ratzefummel" – Überlegungen zur Störung der Sprachproduktion am Phänomen der Spezifischen Sprachentwicklungsstörung. In: Kornadt, H.-J. / Grabowski, J. / Mangold-Allwinn, R. (Hg.): *Sprache und Kognition – Perspektiven moderner Sprachpsychologie*. Heidelberg: Spektrum Akademischer Verlag, 275–290.

SCHÖLER, H. (1999): *IDIS – Inventar diagnostischer Informationen bei Sprachentwicklungsauffälligkeiten*. Heidelberg: Edition S im Universitätsverlag C. Winter.

SCHÖLER, H. (2003): Sprachleistungsmessung. In: Bredel, U. et al. (Hg.): *Didaktik der deutschen Sprache*. 2. Bd., Paderborn: Schöningh, 898–913.

SCHÖLER, H. / FROMM, W. / KANY, W. (Hg.) (1998): *Spezifische Sprachentwicklungsstörung und Sprachlernen*. Heidelberg: Edition S im Universitätsverlag C. Winter.

SCHRAMM, K. (1996): *Alphabetisierung ausländischer Erwachsener in der Zweitsprache Deutsch*. Münster: Waxmann.

SCHRÖDER, H. (1998): Evaluierungskriterien für multimediale Lernprogramme. Ein Raster für die Praxis. In: Schröder, H. / Wazel, G. (Hg.): *Fremdsprachenlernen und interaktive Medien*. Frankfurt a.M.: Lang, 97–102.

SCHRÖDER, P. (1994): Perspektivendivergenzen in Beratungsgesprächen. In: Nothdurft/Reitemeier/Schröder, 89–182.

SCHRØDER, K.C. (2006): Media: pragmatics. In: Brown, K. (Hg.): *Encyclopedia of language & linguistics*. 2. Aufl. Bd. 7. Oxford: Elsevier, 623–631.

SCHUELL, H. / JENKINS, J. / JIMINEZ-PABON, J. (1964): *Aphasia in Adults*. New York: Harper & Row.

SCHULER, H. (1996): *Psychologische Personalauswahl*. Göttingen: Verlag für Angewandte Psychologie.

SCHULMEISTER, R. (²1997): *Grundlagen hypermedialer Lernsysteme*. München: Oldenbourg.

SCHULZ, T.M. (1998) *Klassifikation und Typologisierung von Fernsehwerbespots: theoretisch fundierte Modellbildung und empirische Anwendung*. Köln: Eul.

SCHULZ VON THUN, F. (1981): *Miteinander reden 1*. Reinbek bei Hamburg: Rowohlt.

SCHULZE, G. (2000): *Die Erlebnisgesellschaft. Kultursoziologie der Gegenwart*. Frankfurt a.M.: Campus.

SCHUSTER, M. (2003): Vorstandsbilder – Mannsbilder. Porträts in Geschäftsberichten. In: Piwinger, 172–181.

SCHWEIBENZ, W. (2000): Wie hilfreich ist ein Hilfeagent? Eine Usability-Studie zu Terminologieproblemen bei der Arbeit mit einem Hilfeagenten und einer Online-Dokumentation. In: *nfd* 51: 199–207.

SCHWITALLA, J. (2003): *Gesprochenes Deutsch*. Berlin: Schmidt.

SCOLLON, R. / SCOLLON, S.W. (1981): *Narrative, Literacy and Face in Interethnic Communication*. Norwood: Ablex.

SEARLE, J.R. (1965): What is a speech act? In: Black, M. (Hg.): *Philosophy in America*. Ithaca: Cornell University Press, 221–239. Ebenfalls in: Giglioli, P.P. (Hg.) (1972): *Language and Social Context*. Harmondsworth: Penguin, 136–154.

SEARLE, J.R. (1969): *Speech Acts – An Essay on the Philosophy of Language*. Cambridge etc.: Cambridge University Press.

SEARLE, J.R. (1976): A classification of illocutionary acts. In: *Language in Society* 5: 1–23.

SEARLE, J.R. (1997): *Die Konstruktion der gesellschaftlichen Wirklichkeit*. Reinbek bei Hamburg: Rowohlt.

SEIWERT, L.J. (²1999): *30 Minuten für optimale Kundenorientierung*. Offenbach: Gabal.

SEYFARTH, H. (1995): *Bild und Sprache in der Fernsehwerbung. Eine empirische Untersuchung der Bereiche Auto und Kaffee*. Münster: Lit.

SIGUAN, M. (2001): *Die Sprachen im vereinten Europa*. (Stauffenburg Aktuell 1). Tübingen: Stauffenburg.

SILBERER, G. (1997): *Interaktive Werbung. Marketingkommunikation auf dem Weg ins digitale Zeitalter*. Stuttgart: Schäffer-Poeschel.

SLEMBEK, E. (1997): *Mündliche Kommunikation – interkulturell*. St. Ingbert: Röhrig.

SMAGORINSKY, P. (1994): Think-aloud protocol analysis. Beyond the black box. In: Smagorinsky, P. (Hg.): *Speaking about Writing. Reflections on Research Methodology*. Thousand Oaks: Sage, 3–19.

SNELL-HORNBY, M. et al. (Hg.) (1994): *Translation Studies. An Interdiscipline*. Amsterdam: Benjamins.

SNELL-HORNBY, M. / HÖNIG, H.G. / KUßMAUL, P. / SCHMITT, P.A. (Hg.) (1998): *Handbuch Translation*. Tübingen: Stauffenburg.

SOWINSKI, B. (1998): *Werbung*. Tübingen: Niemeyer.

SPIECKER-HENKE, M. (1997): *Leitlinien der Stimmtherapie*. Stuttgart: Thieme.

SPRUNG, R.C. (2000): *Translating into Success. Cutting-Edge Strategies for Going Multilingual in a Global Age*. Amsterdam: Benjamins.

STEFFEN, K. (1995): *Schreibkompetenz. Schreiben als intelligentes Handeln*. Hildesheim: Olms.

STEIN, D.G. / BRAILOWSKY, S. / WILL, B. (2000): *Brain-Repair. Das Selbstheilungspotential des Gehirns*. Stuttgart: Thieme.

STEPHANI, H. (1814): *Ausführliche Beschreibung meiner einfachen Lese-Methode*. Erlangen: Johann Jakob Palm.

STICKEL, G. (Hg.) (2001): *Neues und Fremdes im deutschen Wortschatz. Aktueller lexikalischer Wandel*. Berlin: de Gruyter.

STÖCKL, H. (1997): *Werbung in Wort und Bild. Textstil und Semiotik englischsprachiger Anzeigenwerbung*. Frankfurt a.M.: Lang.

STÖCKL, H. (1998a): (Un-)Chaining the floating image. Methodologische Überlegungen zu einem Beschreibungs- und Analysemodell für die Bild/Textverknüpfung aus linguistischer und semiotischer Perspektive. In: *Kodikas/Code Ars Semiotica* 21 (1998) No. 1–2: 75–98.

STÖCKL, H. (1998b): Das Flackern und Zappeln im Netz. Semiotische und linguistische Aspekte des „Webvertising". In: *Zeitschrift für Angewandte Linguistik (ZfAL)* 29: 77–111.

STÖCKL, H. (1999): *Die Rotkäppchen Sekt Kampagne der Werbeagentur FGK: Märchenhafter Werbekult oder manierierte Methode? Eine Stilanalyse*. unveröffentlichtes Manuskript. Leipzig.

STÖCKL, H. (2003a): ‚Imagine': Stilanalyse multimodal – am Beispiel des TV-Werbespots. In: Barz, I. (Hg.): *Sprachstil – Zugänge und Anwendungen*. Festschrift zum 60. Geburtstag von Ulla Fix. Frankfurt a.M.: Lang, 305–323.

STÖCKL, H. (2003b): „Prickeln, Perlchen, Phantasie ..." – Sozialer Stil in der Sektwerbung.

In: Fix, U. / Habscheid, S. (Hg.): *Gruppenstile.* Frankfurt a.M.: Lang, 211–234.

STÖCKL, H. (2004): *Die Sprache im Bild – Das Bild in der Sprache. Zur Verknüpfung von Sprache und Bild im massenmedialen Text: Konzepte, Theorien, Analysemethoden.* Berlin: de Gruyter.

STOLL, K.-U. (1995): Warenzeichen und Warenzeichenrecht in der Perspektive der Forensischen Linguistik. In: *Frankfurter Linguistische Forschungen* 17: 22–40.

STOLL, K.-H. (2000): Zukunftsperspektiven der Translation. In: *Lebende Sprachen* 45: 49–59.

STOLZE, R. (1997): *Übersetzungstheorien. Eine Einführung.* 2. Aufl. Tübingen: Narr.

STOLZE, R. (1999): *Die Fachübersetzung. Eine Einführung.* Tübingen: Narr.

STORRER, A. (2000): Was ist „hyper“ am Hypertext? In: Kallmeyer, W. (Hg.): *Sprache und neue Medien.* Berlin: de Gruyter, 222–249.

STORRER, A. (2001): Neue Medien – neue Stilfragen: Das World Wide Web unter stilistischer Perspektive. In: Jakobs, E.-M. / Rothkegel, A. (Hg.): *Perspektiven auf Stil.* Tübingen: Niemeyer, 101–124.

STORRER, A. (2003): Kohärenz in Hypertexten. In: *Zeitschrift für germanistische Linguistik* 31.2003, 274–292.

STORRER, A. (2004): Text und Hypertext. (Mit einem Exkurs zu XLink und XPointer von Eva Anna Lenz.) In: Lemnitzer, L. / Lobin, H. (Hg.): *Texttechnologie.* Tübingen: Stauffenburg.

STREINZ, R. (2000): *50 Jahre Europarat: Der Beitrag des Europarates zum Regionalismus.* Bayreuth: PCO Verlag.

SUGITANI, M. (1996): Interkulturelle Ansätze für Deutsch als Fremdsprache in Japan. In: Gad, G. (Hg.): *Deutsch in Japan. Interkulturalität und Skepsis zwischen Vergangenheit und Zukunft.* Bonn: DAAD, 119–138.

SZABLEWSKI-ÇAVUŞ, P. (2001): Deutsch lernen, Schreiben lernen. Alphabetisierung mit MigrantInnen. In: *Alfa-Forum* 48: 21–25.

SZAGUN, G. (2000): *Sprachentwicklung beim Kind.* Weinheim: Beltz.

TAUSCH, A. / TAUSCH, R. ([10]1991): *Erziehungspsychologie. Begegnung von Person zu Person.* Göttingen: Hogrefe.

TEN THIJE, J. (2001) Ein diskursanalytisches Konzept zum interkulturellen Kommunikationstraining. In: Bolten, J. / Schröter, S. (Hg.): *Im Netzwerk interkulturellen Handelns. Theoretische und praktische Perspektiven der interkulturellen Kommunikationsforschung.* Jena: Schriftreihe Interkulturelle Wirtschaftskommunikation, 177–204.

TESAK, J. (1991): Agrammatismus. In: Blanken, G. (Hg.): *Einführung in die linguistische Aphasiologie.* Freiburg: Hochschul-Verlag, 157–198.

THELEN, T. (2002): Schrift ist berechenbar. In: Röber-Siekmeyer, C. / Tophinke, D. (Hg.): *Schrifterwerbskonzepte zwischen Sprachwissenschaft und Pädagogik.* Baltmannweiler: Schneider Hohengehren, 66–82.

THIELMANN, B. (2004): *Die Überprüfung der mündlichen Kommunikationsfähigkeit in der Fremdsprache Englisch – eine empirische Studie in der gymnasialen Oberstufe. Schriftliche Hausarbeit im Rahmen der Ersten Staatsprüfung für das Lehramt für die Sekundarstufe II.* Siegen.

THIMM, C. (Hg.) (2002): *Unternehmenskommunikation offline, online. Wandelprozesse interner und externer Kommunikation durch neue Medien.* Frankfurt a.M.: Lang.

THOMAS, A. (Hg.) (2003): *Kulturvergleichende Psychologie.* Göttingen: Hogrefe.

THOMÉ, G. / THOMÉ, D. (Hg.) (2000): *Computer im Deutschunterricht der Sekundarstufe.* Braunschweig: Westermann.

THOMMEN, S. (i.V.): *Empirische Untersuchung der Blattkritik von Schweizer Tageszeitungen* (Arbeitstitel). Diplomarbeit, Universität Zürich.

TOURY, G. (1995): *Descriptive Translation Studies and Beyond.* Amsterdam: Benjamins.

TROSBORG, A. (Hg.) (1997): *Text typology and translation.* Amsterdam: Benjamins.

TROSBORG, A. (Hg.) (2000): *Analysing Professional Genres.* Amsterdam: Benjamins.

VAN DIJK, T.A. (1988): *News as Discourse.* Hillsdale: Lawrence Earlbaum.

VAN WAES, L. (1994): Computers and writing. Implications for the teaching of writing. In: *Odense Working Papers in Language and Communication* 6/1994: 41–61.

VERMEER, H.J. (1978): Ein Rahmen für eine allgemeine Translationstheorie. In: *Lebende Sprachen* 23: 99–102.

VIEREGGE, W.H. (1996): *Patho-Symbolphonetik: auditive Deskription pathologischer Sprache.* Stuttgart: Steiner.

VILLIGER, C. (2002): *Vom Paragraf zum Hypertext – Strategien der globalen Textorganisation in Online-Hilfetexten der Softwaredokumentation.* Göttingen: Cuvillier.

VINAY, J.-P. / DARBELNET, J. (1958): *Stylistique comparée du français et de l'anglais. Méthode de traduction*. Paris: Didier.

VOGT, R. (2002): *Im Deutschunterricht diskutieren. Zur Linguistik und Didaktik einer kommunikativen Praktik*. Tübingen: Niemeyer.

WAGNER, H. (1998): Das Unwandelbare im Journalismus. In: Duchkowitsch, W. et al. (Hg.): *Journalismus als Kultur. Analysen und Essays*. Wiesbaden: Westdeutscher Verlag, 95–111.

WAGNER, J. (2002): *Mensch-Maschine-Interaktion. Sprachwissenschaftliche Aspekte*. Frankfurt a.M.: Lang.

WARSCHAUER, M. / HEALEY, D. (1998): Computers and language learning: An overview. In: *Language Teaching* 31: 57–71. (auch unter <www.gse. uci.edu/markw/overview.html> [letzter Zugriff 13.06.2004]).

WEIGL, E. (1961): The phenomenon of temporary deblocking in aphasia. In: *Zeitschrift für Phonetik, Sprachwissenschaft und Kommunikationswissenschaft* 14: 337–364.

WEIGL, I. (1979): Neuropsychologische und psycholinguistische Grundlagen eines Programms zur Rehabilitierung aphasischer Störungen. In: Peuser, G. (Hg.): *Studien zur Sprachtherapie*. München: Fink, 491–514.

WEINERT, F.E. / HELMKE, A. (Hg.) (1997): *Entwicklung im Grundschulalter*. Weinheim: Psychologie Verlags Union.

WEINHOLD, S. (2000): *Text als Herausforderung. Zur Textkompetenz am Schulanfang*. Freiburg: Fillibach.

WENDLER, J. et al. (1996): *Lehrbuch der Phoniatrie und Pädaudiologie*. Stuttgart: Thieme.

WERDER, L. VON (1995): *Erfolg im Beruf durch kreatives Schreiben*. Berlin: Schibri.

WERLEN, E. (1998): *Sprache, Kommunikationskultur und Mentalität. Zur sozio- und kontaktlinguistischen Theoriebildung und Methodologie*. Tübingen: Niemeyer.

WIECHERS, S. (1996): *Der Sprachberatungsdienst der Gesellschaft für deutsche Sprache (Wiesbaden): Darstellung der schriftlichen Sprachberatung 1985–1994*. Magisterarbeit. Universität Tübingen.

WIESE, R. (2002): Vom Laut zum Buchstaben oder zurück? In: Bommes/Noack/Tophinke, 151–160.

WIESMANN, B. (1999): *Mündliche Kommunikation im Studium. Diskursanalysen von Lehrveranstaltungen und Konzeptualisierung der Sprachqualifizierung ausländischer Studienbewerber*. München: Iudicium.

WILSS, W. (1977): *Übersetzungswissenschaft. Probleme und Methoden*. Stuttgart: Klett.

WIMMER, R. (1994): Sprachkritik und Sprachkultur. In: Heringer, H.J. (Hg.): *Tendenzen der deutschen Gegenwartssprache*. Tübingen: Niemeyer, 253–262.

WIRTH, G. (1994): *Sprachstörungen, Sprechstörungen, kindliche Hörstörungen*. Köln: Deutscher Ärzte-Verlag.

WIRTH, G. (1995): *Stimmstörungen*. Köln: Deutscher Ärzte-Verlag.

WISEMAN, J. (2002): Intercultural communication competence. In: Gudykunst, W.B. / Mody, B. (Hg.) *Handbook of International and Intercultural Communication*. Thousand Oaks: Sage, 207–224.

WITTE, H. (2000): *Die Kulturkompetenz des Translators. Begriffliche Grundlegung und Didaktisierung*. Tübingen: Stauffenburg.

WODE, H. (1981): *Learning a Second Language*. Tübingen: Narr.

WODE, H. (1994): *Psycholinguistik. Eine Einführung in die Lehr- und Lernbarkeit von Sprachen. Theorien, Methoden, Ergebnisse*. Ismaning: Hueber.

WOLFSON, N. (1981): Compliments in a cross-cultural perspective. In: *TESOL-Quarterly* 15: 117–124.

WOLLERT, M. (2002): *Gleiche Wörter – andere Welten. Interkulturelle Vermittlungsprobleme im Grundwortschatzbereich. Empirisch basierte Untersuchungen zum Unterricht Deutsch als Fremdsprache an Universitäten in Südkorea*. München: Iudicium.

WRIGHT, S.E. / BUDIN, G. (Hg.) (1997): *Handbook of Terminology Management*. Volume I. Amsterdam: Benjamins.

WRIGHT, S.E. / BUDIN, G., (Hg.) (2001): *Handbook of Terminology Management*. Volume II. Amsterdam: Benjamins.

WROBEL, A. (1995): *Schreiben als Handlung. Überlegungen und Untersuchungen zur Theorie der Textproduktion*. Tübingen: Niemeyer.

WÜSTER, E. (³1991): *Einführung in die allgemeine Terminologielehre und terminologische Lexikographie*. Bonn: Romanistischer Verlag.

WYGOTSKI, L.S. (1991): *Denken und Sprechen*. Frankfurt a.M.: Fischer.

WYSS, V. (2002): *Redaktionelles Qualitätsmanagement. Ziele – Normen – Ressourcen*. Konstanz: UVK.

ZAIDEL, E. et al. (2002): Effects of right and left hemisphere damage on performance of the ‚Right Hemisphere Communication Battery'. In: *Brain and Language* 80: 510–535.

ZENTES, J. / SWOBODA, B. (1996): *Grundbegriffe des Marketing. Marktorientiertes globales Management-Wissen.* Stuttgart: Schäffer- Poeschel.

ZIFONUN, G. / HOFFMANN, L. / STRECKER, B. (1997): *Grammatik der deutschen Sprache.* Berlin: de Gruyter.

Glossar

Die Artikel dieses Buches setzen voraus, dass Leser dieses Buches über Kenntnisse verfügen, wie sie in Einführungsbüchern bzw. -kursen in die Linguistik vermittelt werden. Dennoch werden im Glossar auch einige elementare linguistische Konzepte erläutert, da sie – wie etwa Konzepte der Phonetik und Phonologie – nicht in allen Einführungsbüchern bzw. -kursen behandelt werden oder nach den Erfahrungen der Autoren bei z. B. studentischen Lesern nicht zwangsläufig vorausgesetzt werden können. Die Einträge des Glossars sollen dazu dienen, die Lektüre der Artikel zu erleichtern. Sie sollen keine Einführungen in die jeweiligen Teilgebiete der Linguistik ersetzen.

Abschwächung der Nebensilben Für das Deutsche typische, reduzierte Aussprache von unbetonten Silben; Ersetzung von Vokalen in Nebensilben durch → Zentralvokale.

Abstraktionsbeziehung/generische Beziehung Hierarchische Begriffsbeziehung, bei der der Begriffsinhalt des untergeordneten Begriffs den Begriffsinhalt des übergeordneten Begriffs einschließt, wobei sich der untergeordnete Begriff in mindestens einem zusätzlichen Merkmal vom übergeordneten Begriff unterscheidet.

Abstraktionssystem/generisches System Begriffssystem, in dem die einzelnen Begriffe in Oberbegriffs- bzw. Unterbegriffsrelationen zueinander angeordnet sind und nebengeordnete Begriffe auf derselben Hierarchiestufe erscheinen.

Ad-hoc-Publizität Informationspflicht börsennotierter Unternehmen, die Markttransparenz gewährleisten soll. Ereignisaktuelle Ergänzung zur Regelpublizität (= jährliche aktienrechtliche Berichterstattung und obligatorische Zwischenberichterstattung). Über kursrelevante Tatsachen ist der Kapitalmarkt ereignisaktuell (= ad hoc) zu informieren.

Adjacency pairs (deutsch: ‚Nachbarschaftspaare') Direkt aufeinander bezogene sprachliche Äußerungen; z.B. Fragen – Antworten (→ konditionelle Relevanz).

Agrammatismus Morphologisch und syntaktisch stark reduzierte Sprachproduktion; gilt als Leitsymptom der Broca-Aphasie.

Akademisches Schreiben Sammelbegriff für verschiedene Formen des Schreibens im Studium; wird unterschieden vom wissenschaftlichen Schreiben.

Akzent Im sprachwissenschaftlichen Sinne die intonatorische Hervorhebung einer Silbe (‚Wortakzent') oder eines Äußerungsteils (‚Satzakzent', ‚Gewichtungsakzent'); im allgemeinsprachlichen Sinn Aussprache-Abweichungen eines Sprechers gegenüber zielsprachlichen Normen („fremder/deutscher/russischer etc. Akzent").

Alphabetisierung Vermittlung einer basalen Schreib- und Lesekompetenz (im Ggs. zur → Literalisierung).

Amnestische Aphasie Eine relativ milde Form der Aphasie, vorwiegend durch Wortfindungsstörungen gekennzeichnet.

Anamnese Die Erhebung von Information über die Vorgeschichte einer Störung oder eines Leistungsbereichs beim diagnostischen Prozess.

Anaphorische Negation Anapher ist eine Sinnbeziehung, bei der die Bedeutung eines nachfolgenden sprachlichen Elements durch ein vorausgehendes bestimmt wird, z.B. *Ein Mann geht über die Strasse. Er hat einen schwarzen Hut auf.* Bei anaphorischer Negation steht das Negationselement vor dem Satz, in dem ein Element verneint wird, typischerweise in lernersprachlichen Äußerungen wie z.B. in *Nein Schuhe anziehn* (für die zielsprachlichen Äußerungen *Ich will die Schuhe nicht anziehen* oder *Ich will keine Schuhe anziehen*).

Anglizismus Ein aus dem Englischen in eine nicht-englische Sprache übernommener Ausdruck (Einzelwort, idiomatische Wendung oder syntaktische Fügung). Oft auch als Oberbegriff für Entlehnungen aus dem amerikanischen Englisch verwendet.

Annotation In der Linguistik analytische und deskriptive Auszeichnung (z.B. phonetische oder grammatische Merkmale) von Sprachmaterial.

Anschlusskorrelation Ausdruck der segmentalen Phonologie, der Silben nicht in Laute, sondern in Anfangsrand und Reim gliedert. Der Reim ist bestimmt durch das Verhältnis von Vokal (V) (Silbenkern) und den lautlichen Elementen des Endrands – bzw. dem Konsonanten (K) im Anfangsrand der Folgesilbe. Dafür gibt es im Deutschen vier Varianten, die die vier „Wortgestalten" ausmachen: a) loser Anschluss des V an K in der Folgesilbe: <Hü.te>; b) loser Anschluss des V an K in der gleichen Silbe: <Hühn.chen>; c) fester Anschluss des V an K in der gleichen Silbe: <Hüf.te>; d) fester Anschluss des V an K in der Folgesilbe: <Hütte> (vgl. Maas 1999).

Aphasie Eine durch Krankheit oder Unfall erworbene zentrale Störung des Sprachsystems eines Menschen, welche alle Modalitäten (Produktion und Rezeption in der mündlichen und schriftlichen Sprache) und sprachlichen Ebenen (Lautebene, grammatische Ebene, lexikalisch-semantische Ebene) betreffen kann.

Arbeitsjournal Während eines Schreibprozesses kontinuierlich geführte Sammlung von Ideen, Textentwürfen, fertigen Teiltexten etc., die mit Personen des Vertrauens diskutiert werden.

Artikulation Umfasst im engeren Sinne die Bewegungsvorgänge der frei beweglichen Organe (v.a. Zunge) in Mund-, Nasen- und Rachenraum, die an der Lautproduktion beteiligt sind.

Assoziatives Schreiben Methode des kreativen Schreibens, bei der es darum geht, möglichst spontan und assoziativ einen Text zu einem Stichwort oder Satzanfang zu verfassen.

Asymmetrie Ungleichheiten zwischen Kommunikationsteilnehmern, z.B. hinsichtlich Macht, Wissen, Beteiligungsrechten oder Perspektiven auf einen Sachverhalt. Asymmetrien können Probleme schaffen (z.B. Konflikte, Ungerechtigkeit), aber auch für produktive Potenziale des Gesprächs grundlegend sein (z.B. Wissensvermittlung, Entwicklung neuer Problemlösungen).

Auditive Methode Die Untersuchung der Eigenschaften gesprochener Sprache durch analytisches Hören phonetisch geschulter Experten.

Auditory sensory stimulation Ein Verfahren zur Stimulierung der Sprache und des Wortformenabrufs in der Akutphase einer Aphasie.

Ausgangssprache Sprache oder Sprachen eines Fremd- oder Zweitsprachenlerners, über die dieser zu Beginn des Erlernens der Fremdsprache oder des Erwerbs der Zweitsprache verfügt (→ Zielsprache.)

Autorisierte Handlungen In einem institutionellen Kontext durch die Situation oder den Institutionsagenten zugelassene Handlungen (Gegenteil: unautorisierte H.).

Begriff In der Terminologielehre gedankliche Einheit, die aus einer Menge von Gegenständen bzw. Sachverhalten unter Ermittlung der diesen Gegenständen bzw. Sachverhalten gemeinsamen Eigenschaften mittels Abstraktion gebildet wird.

Benennung In der Terminologielehre die aus einem Wort oder mehreren Wörtern bestehende Bezeichnung eines Begriffs.

Bestandsbeziehung Hierarchische Begriffsbeziehung, bei der sich der übergeordnete Begriff auf einen Gegenstand als Ganzes und sich die ihm untergeordneten Begriffe auf die Teile dieses Gegenstandes beziehen.

Bestandssystem/partitives System Begriffssystem, in dem die einzelnen Begriffe in Teil-Ganzes-Relationen zueinander angeordnet sind, wobei jeweils dem übergeordneten Begriff (Verbandsbegriff) seine Teilbegriffe untergeordnet werden.

Betonungsmuster Unterschiedliche Sprachen haben – bezogen auf längere (Sätze) und kürzere Äußerungen (Wörter) – unterschiedliche Betonungsmuster (Akzentuierungen). Das Deutsche zeichnet sich bei der Wortbetonung durch einen festen, unveränderlichen Akzent aus, typischerweise der Trochäus: betonte/unbetonte Silbe ('to.nen). Der Trochäus kann auch einen Auftakt erhalten (be.'to.nen).

Branding von engl. *brand* (Marke) Verbale und/oder visuelle Präsentation der Marke eines Werbetreibenden (Markenname, Produktname, Logo etc.) im Werbetext (Spot).

Briefing von engl. *to brief* (wichtige Informationen übermitteln) Treffen des Auftraggebers mit der Agentur, bei dem die Werbemacher wichtige „Daten“ zur Ausrichtung der Werbemaßnahmen und zum Unternehmen/Produkt/Marke erhalten.

Broca-Aphasie Eine Sprachstörung mit unflüssiger und mühsamer Sprachproduktion (Agrammatismus) bei relativ gut erhaltenem Sprachverständnis.

Claim (deutsch: *Behauptung*) Zentrale Aussage eines Werbetextes, die am Ende in einprägsamer und kurzer Form als Spruch die Quintessenz der Werbung zusammenfasst (zu unterscheiden vom Slogan als über viele Werbemaßnahmen konstantem Textelement).

Cluster komplexe inhaltliche/funktionale Informationseinheit in komplexen Formen der Berichterstattung (z.B. Zeitungen, Zeitschriften). Entsteht dadurch, dass die Langform in modularisierte Einheiten (z.B. Foto, Text, Grafik oder Zitat, Zusammenfassung, Serviceinformation etc.) aufgelöst wird.

Clustern Grafische Methode zur Entwicklung und Strukturierung von Gedanken, die assoziativ um ein Kernwort herum angeordnet werden. Cluster gibt es in mehr oder weniger strukturierter Form; sie werden vor allem am Beginn von Schreibprozessen eingesetzt.

Codeswitching Der individuelle Wechsel zwischen verschiedenen Varietäten beim Sprachgebrauch. Beispiel: Eine Sprecherin erklärt einem Fachpublikum einen komplexen Zusammenhang in Fachsprache, dann wechselt sie zur Alltagssprache, um einem Journalisten die Hauptlinien des Zusammenhangs zu skizzieren.

Copy Begriff aus der Fachsprache der Werbung. Da Werbetexte viele tausend mal vervielfältigt werden, hat sich für sie der Begriff ‚copy‘ eingebürgert, ‚long-copy‘ sind längere Fließtexte, ‚short-copy‘ kürzere, ‚no-copy‘ bezeichnet Werbetexte, die (fast) ausschließlich aus Bildern bestehen.

Corporate design (deutsch: *Unternehmensdesign*) Verbindliche Festlegungen über die sprachliche, grafische und inhaltliche Gestaltung von Texten der Unternehmenskommunikation (feste Layouts für bestimmte Textsorten, einheitliche Schriftarten, Logos, Briefköpfe etc.).

Cost-income-ratio Maßstab der Ertragskraft von Banken: Es wird der im jeweiligen Geschäftsjahr angefallene Verwaltungsaufwand ins Verhältnis zu den Ertragsgrößen der Bank (Zinsüberschuss, Provisionsüberschuss, Handelsergebnis) gesetzt. Je geringer der Wert der *Cost-income-ratio*, umso effizienter arbeitet die Bank.

Dachkampagne Werbekampagne für ein international beworbenes Produkt, bei der eine übergreifende Werbestrategie für nationale Zielmärkte entsprechend den kulturellen Besonderheiten adaptiert wird.

Daktyloskopie Untersuchung der Papillarleisten der Finger; erlaubt die Identifikation eines Menschen anhand seines Fingerabdrucks.

Deblockierung Verfahren zur Förderung des Wortformenabrufs und zur Reaktivierung sprachlicher Verarbeitungsprozesse in der Akutphase einer Aphasie (nach Weigl/Weigl).

Deutungsmuster Kognitive Muster der Organisation, Deutung und Erklärung von Wahrnehmungen und Erfahrungen. Sie sind in sich komplex strukturiert, kollektiv verbreitet und zumeist habituell und dauerhaft. Sie liegen kommunikativ realisierten Argumentationen, Bewertungen und Darstellungen zu Grunde, sind aber als solche nur begrenzt bewusst und darstellbar.

Diachrone Abhängigkeit → Intertextuelle Beziehung zwischen Texten, die nacheinander publiziert wurden und bei denen sich die später publizierten auf die früher publizierten beziehen. Beispiel: Eine Online-Nachricht kann diachron-intertextuell aufbauen auf einer Agenturnachricht als einer ihrer Quellen.

Dokumentvorlage/Style Sheet Zusammenstellung von Formatierungsbündeln (in Word *Formatvorlagen* genannt) für Standardabsätze, Überschriften verschiedenen Grades, Fußnoten, Zitate etc., die bei der Erstellung eines Dokuments genutzt werden können, um den verschiedenen funktionalen Einheiten des Dokuments auf effiziente Weise die jeweils gewünschte Formatierung zuzuweisen, wobei die einzelnen Formatierungsbündel auch im Nachhinein zentral in der Dokumentvorlage geändert werden können mit automatischer Rückwirkung auf alle Textstellen, denen das entsprechende Formatierungsbündel zugewiesen wurde.

Domäne Bezeichnung der Soziolinguistik für Bündel von sozialen Situationen, die durch jeweils ähnliche Themen, Partner- und Rollenbeziehungen sowie außersprachliche Kontexte gekennzeichnet sind (z.B. Familie, Schule, Kirche, Verwaltung, Arbeitsplatz).

Dysgrammatismus Eine Störung der Fähigkeit, sprachliche Äußerungen gemäß grammatischer Regeln zu produzieren; der Begriff wird überwiegend zur Kennzeichnung grammatischer Störungen im Kindesalter verwendet.

Dyslalie Eine Artikulationsstörung (frühere Bezeichnung: Stammeln) beim Lauterwerb und der Produktion von Wörtern: Phoneme werden verändert oder durch andere ersetzt.

Dysphonie (Stimmstörung) (Pathologische) Abweichungen von der in einer Sprechgemeinschaft üblichen Stimmbildung und eingeschränkte stimmliche Leistungsfähigkeit (z.B. schnelle Ermüdung, Miss- und Schmerzempfindungen). Dysphonien können organisch oder funktionell (auch psychisch bedingt) sein.

Echte Pause Abschnitte im Gespräch, in denen die Beteiligten keine Laute produzieren. Dauert die Pause über mehrere Sekunden an oder ist an der betreffenden Gesprächsstelle eine (verbale) Reaktion erwartbar, wird die Pause zum 'Schweigen'.

Elizitationstechniken Diagnostische Verfahren, bei denen die interessierenden sprachlichen Fähigkeiten als kontrollierte Reaktionen hervorgerufen werden.

Erstsprache Sprache, die ein Mensch als erste erwirbt (abgekürzt: L1). Bei Monolingualen ist dies zugleich die Muttersprache, d.h. die Sprache, die ein Kind von seinen unmittelbaren Bezugspersonen (Mutter, Vater usw.) lernt. In mehrsprachigen Kontexten kann ein Kind mehrere Muttersprachen gleichzeitig erwerben, z.B. durch die Mutter Deutsch, durch den Vater Englisch. Wird eine dieser Sprachen im weiteren Verlauf der Sozialisation dominant – etwa im deutschen Kontext das Deutsche –, dann gilt die dominante Sprache als Erstsprache (→ Zweitsprache, Fremdsprache).

Ethnographie/ethnographisch Holistische Erforschung eines sozialen Felds (z.B. Milieu, Firma, soziale Gruppe) mit verschiedenen Methoden der qualitativen Sozialforschung, insbesondere mit teilnehmender Beobachtung und Interviews mit Mitgliedern des Felds.

Ethnostereotyp Gesellschaftlich geteilte, relativ stabile Ansichten (Vorurteile) über die kulturspezifischen Eigenheiten nationaler Mentalitäten und deren Lebensumwelt, die z.B. in Werbetexten verarbeitet werden (etwa: Engländer sind steif und förmlich, in England regnet es viel, der Engländer trinkt gern Tee).

Explizitsprache Form (‚Register') der gesprochenen Standardsprache, die sich durch die möglichst vollständige (= explizite) Wiedergabe der Lautstruktur auszeichnet. Anders als Umgangssprache oder Dialekt eliminiert („verschluckt") sie keine Elemente. Allerdings ist Explizitsprache keine „Rechtsschreibsprache"/„Pilotsprache" im Sinne einer bestimmten Schrifterwerbsdidaktik, die den Kindern eine Kunstsprache abverlangt: Explizitsprache hat alle phonologischen Merkmale des Deutschen (Varianten der betonten Silben, Betonungsdifferenzen usw.).

Exploration Die erste, erkundende Phase eines diagnostischen Prozesses.

Exzerpieren Inhaltliches Zusammenfassen eines gelesenen Texts in eigenen Worten.

Fachsprache Varietät einer Sprache, die zur Kommunikation über einen bestimmten fachlich bzw. beruflich bestimmten Gegenstandsbereich bestimmt ist. Fachsprachen werden in der professionellen Ausbildung erworben und zeichnen sich durch spezielle Lexik und Terminologisierung ihrer Begriffe aus.

Fingerabdruck, sprachlicher Der Mythos, demzufolge Merkmale des menschlichen Sprachgebrauchs, seiner Stimme oder Handschrift (analog zum eigentlichen Fingerabdruck) einzigartig, unveränderlich und beliebig reproduzierbar seien.

Forensische Linguistik Ein Teilgebiet der Sprachwissenschaft, das sich mit der Aufklärung von Verbrechen, die in Form oder mit Hilfe von sprachlichen Handlungen verübt werden, durch eine Analyse sprachlicher Spuren beschäftigt.

Franchise Lizenz-System, das unter Vorgabe des Angebotes selbstständigen Unternehmen einen gemeinsamen und einheitlichen Marktauftritt gewährleistet.

Fremdsprache Sprache, die als L2 außerhalb der Umgebung gelernt wird, in der diese Sprache von Muttersprachlern verwendet wird, typischerweise durch Fremdsprachenunterricht und in einem anderen Land als dem, in dem diese Sprache von Muttersprachlern gesprochen wird (→ Erstsprache, Zweitsprache).

Frikativ Reibelaut, Konsonantentyp, der durch Engebildung im Artikulationstrakt produziert wird, z.B. [f], [v], [s], [z], [h] u.a.

Funktionsverbgefüge Syntaktische Konstruktion, die aus einer Nominal- oder Präpositionalphrase und einem Verb besteht und eine eigenständige Bedeutung hat, die nicht vollständig aus ihren Bestandteilen abzuleiten ist. Dabei ist die Semantik des Verbs meist weitgehend entleert. Beispiele: *zur Aufführung bringen* statt *aufführen, Billigung finden* statt *billigen*.

Gefüllte Pause (Kurzer) Abschnitt eines Gesprächsbeitrags, in dem der Sprecher nichtlexikalisierte Laute (im Deutschen insbesondere *äh*) produziert, um bei einem Formulierungsproblem anzuzeigen, dass er weitersprechen will.

Genderlekt Konzept, das unterschiedliche Stilmerkmale des männlichen und weiblichen Sprachgebrauchs beschreibt.

Geräusch (sprechwiss.) Aperiodischer Schall; Geräusche sind nicht-harmonische Obertöne der Grundfrequenz eines (vokalen) Schalls.

Geschäftsbericht Umgangssprachliche Bezeichnung für den publizierten Jahresabschluss einer Aktiengesellschaft. Im aktienrechtlichen Sinne veraltete Bezeichnung für Ergänzung zur Bilanz und Gewinn-und-Verlust-Rechnung einer AG. Nach neuen Rechnungslegungsvorschriften die Kombination aus Anhang zum Jahresabschluss (= Erläuterungen zu einzelnen Posten der Bilanz und der Gewinn- und Verlustrechnung) und Lagebericht (= Erläuterung des Geschäftsverlaufs und Lage der Gesellschaft).

Gesprächsgattung Gesellschaftlich verbreitete und tradierte, routiniert eingesetzte Muster zur Bearbeitung wiederkehrender Kommunikationsaufgaben (z.B. Klatsch, Beratung, Vorwurfskommunikation). Sie werden durch typische sprachliche Formen und kommunikative Aktivitäten, meist in einer erwartbaren Abfolge, angezeigt und realisiert und dabei kontextspezifisch angepasst (→ Kommunikationsereignis).

Gewichtungsakzent → Akzent.

Globale Aphasie Schwerste, umfassende Störung der Fähigkeit zur Sprachproduktion und zum Sprachverstehen.

Graphologie Der in den Wissenschaften umstrittene Versuch, Handschriften mit Charaktereigenschaften ihres Urhebers in Verbindung zu bringen. In der Kriminaltechnik erfolgt stattdessen der → Handschriftenvergleich.

Habitus, habituell Sozial und ggf. auch individuell geprägter Verhaltensstil einer Person, der sich in Sprache, sozialem und kommunikativem Verhalten, Kleidung, Konsumgewohnheiten u.a. ausdrückt und typisch für eine soziale Klasse oder lebensstilistische Orientierung sein kann (Habitus des Kleinbürgertums, der Linksintellektuellen, der Heavy-Metal-Fans etc.).

Halbinterpretative Arbeitstranskription (HIAT) Transkriptionsverfahren zur Verschriftung von Diskursen, das durch die grafische Erfassung von Gleichzeitigkeiten des Sprechens und durch → literarische Umschrift gekennzeichnet ist.

Handlungspläne Vorab vorbereitete Konzepte für die Bewältigung von Situationen. In der Institution Schule die didaktischen und methodischen Absichten des Lehrers, mit deren Hilfe er seine Lehrziele realisiert.

Handlungsspielräume Möglichkeiten, die sich in einer Kommunikationssituation den Handelnden eröffnen.

Handschriftenvergleich Die Erhebung allgemeiner und besonderer Merkmale der Handschrift sowie deren Vergleich.

Human Resources Tätigkeitsfeld in Unternehmen, das Aufgaben der Personalauswahl, -führung, -motivation und -fortbildung sowie allgemeiner der Organisationsentwicklung umfasst.

Hybridform Im Bereich der Entlehnung Bezeichnung für Wortformen, die eine Mischung aus eigensprachlichem und fremdsprachlichem Material darstellen (z.B. *Haarspray*).

Hyponymierelation Bedeutungsbeziehung zwischen einem Wort oder einer Gruppe von Wörtern zu einem Oberbegriff – *Rose, Tulpe, Nelke* usw. sind Hyponyme zu *Blume*.

IGLU Untersuchung der OECD (2003) zu den Leistungen von Viertklässlern in 32 Staaten vorrangig beim Lesen. Danach verlässt ein Drittel der Schüler in Deutschland die Grundschule, ohne für die schriftbezogenen Aufgaben der Sekundarstufe ausgebildet zu sein: Ein Drittel der Schüler kann lediglich einzelne Wörter in Texte lesen.

Image (engl.; von lat. *imago*), Gesamtheit der Vorstellungs- und Bewertungsinhalte, die Personen von bestimmten Objekten (Personen, Gruppen, Organisationen, Produkte, materielle und soziale Gegebenheiten etc.) haben. Images sind stets Ergebnis selektiver Wirklichkeitswahrnehmung. Für das soziale Handeln haben Images Orientierungs-, Entlastungs- und Zuordnungsfunktion. Images lassen sich unterscheiden nach Selbstbild und Fremdbild.

Implementierung Umsetzung von Analyseergebnissen in alltagspraktische Zusammenhänge.

Impression Management Verhaltensstrategien, die Menschen benutzen, um in ihrer sozialen Umgebung ein ganz bestimmtes Bild von sich zu erzeugen.

Informationsveredelung Umwandlung von überinformativen Texten (z.B. Geschäftsberichten im Protokollstil) in kommunikative Texte (nach Rudi Keller). Entsprechende Strategien sind: Fakten in argumentativen Zusammenhang stellen, Fakten auswählen und gewichten, indem man z.B. Geschichten erzählt.

Initiativ- und Kontrollkompetenz Rechte und Pflichten eines Gesprächsteilnehmers, der zumeist auf Grund seiner institutionellen Rolle (z.B. als Berater, Richter, Lehrer) damit betraut ist, die wesentlichen Phasen, Aktivitäten, Themensetzungen etc. in einem Gespräch einzuleiten, die Art und Weise ihrer Bearbeitung sicherzustellen und Abweichungen zu sanktionieren.

Inkriminierter Text Ein Text, der bei einer Straftat eine Rolle spielt oder mit dem beziehungsweise durch den eine Straftat begangen wurde.

Integrierte Kommunikation Bündelung und inhaltlich-formale Vernetzung unterschiedlichster (medialer) Kommunikationsformen eines Unternehmens/einer Institution, bei der auf Stringenz, Einheitlichkeit und Synergien gesetzt wird.

Interface (auch: ‚Benutzerschnittstelle') – Benutzeroberfläche, die es dem Menschen erlaubt, mit der Maschine/dem Computer zu interagieren und kommunizieren.

Interface-Gestaltung (auch ‚Interfacedesign', ‚Mensch-Maschine-Interaktion') Gestaltung der so genannten Schnittstelle zwischen Mensch und Maschine bzw. Mensch und Computer. Die Herausforderung hierbei liegt darin, die Interaktion mit Maschinen für die Benutzerinnen und Benutzer zugleich effizient, leicht verständlich und ästhetisch ansprechend zu gestalten.

Interferenz Übertragung von Strukturen einer Ausgangssprache auf eine zu erlernende Fremd- oder Zweitsprache; bei Strukturgleichheit spricht man von ‚positiver', bei Unterschiedlichkeit von ‚negativer' Interferenz.

Interkulturelle Kommunikation Kommunikation zwischen Sprechern verschiedener Herkunftssprachen und -kulturen, die durch Fremdsprachigkeit mindestens eines der Beteiligten gekennzeichnet ist.

Interkulturelle Technische Redaktion Berufsfeld, das die Qualifikationen eines Technischen Redakteurs mit denjenigen eines Fachübersetzers vereint und die Erstellung übersetzungsfreundlicher Texte einschließt.

Internationales Phonetisches Alphabet (IPA) Von der *International Phonetic Association*, einem internationalen Verband von Phonetikern, Ende des 19. Jahrhunderts entwickeltes, verbreitetes und ständig in Überarbeitung begriffenes Schriftsystem zur einzelsprachübergreifenden Erfassung von Sprachlauten, das durch Eins-zu-Eins-Relationen von Lauten und Schriftzeichen gekennzeichnet ist.

Internationalisierung Die möglichst „kulturneutrale" Gestaltung und Formulierung von Produkten bzw. ihrer Dokumentation, insbesondere von Software, mit dem Ziel, den Aufwand, der bei der späteren Anpassung an spezifische Absatzmärkte erforderlich ist (die so genannte Lokalisierung), möglichst gering zu halten.

Intertextualität Eigenschaft von Texten, sich auf andere Texte zu beziehen. Intertextuelle Bezüge führen von einem Text zu einem anderen, intratextuelle Bezüge zu einem anderen Teil im selben Text. Intertextualität kann unterschiedlich ausgeprägt sein, etwa (a) angezeigt oder verdeckt oder (b) wörtlich (Textbausteine, Zitat) oder ähnlich (Parodie, Anspielung).

Intonation i.e.S. Tonverlauf einer Äußerung, Sprechmelodie; i.w.S. zusammenfassende Bezeichnung für über den Einzellaut hinausgehende funktional genutzte Momente des Sprachklangs, u.a. Pausen, Tonhöhenverläufe, Betonungsabstufungen, Lautstärke, Tempo, Stimmlage, Stimmqualität.

Investor Relations (deutsch: *Investoren Beziehungen*, IR) Bislang unscharf definierter Sammelbegriff für die Kommunikation von Unternehmen mit Investoren. IR bezieht sich auf Marketing-Aktivitäten (z.B. Finanzwerbung) ebenso wie auf kapitalgeberbezogene → Public Relations für die Zielgruppe der Aktionäre und Geldgeber.

Involvement (deutsch: *Beteiligung/Beteiligtsein*) Kognitive und affektive Aktivität bei der Wahrnehmung von (Werbe-)Botschaften.

Kategoriengebundene Aktivität Aktivitäten, die typischerweise von Mitgliedern bestimmter sozialer Gruppen (Kategorien) ausgeführt bzw. erwartet werden; z.B. sind ‚Vorträge halten' und ‚lehren' kategoriengebundene Aktivitäten von Wissenschaftlern.

Kinästhesie, kinästhetisch Wahrnehmung der Bewegung von Körperteilen, z.B. Wahrnehmung der Bewegungen von Kehlkopf, Zunge usw. bei der Stimmgebung.

Kodewechsel (von engl. *code switching*) Wechsel eines Sprechers von einer Sprache oder einer Varietät in eine andere während seines Redebeitrags, z.B. vom Deutschen ins Englische oder vom Dialekt in die Standardsprache. Ein Kodewechsel liegt nur vor, wenn größere Teile des Redebeitrags eines Sprechers in einem andren Kode vollzogen werden, nicht schon, wenn nur einzelne Wörter aus einer andren Sprache oder Varietät verwendet werden.

Kodifikation, auch Kodifizierung Verschriftlichung der grammatischen Regeln, des Wortschatzes und der Orthographie einer Sprache mit standardisierender Wirkung und häufig auch normativem Geltungsanspruch (z.B. in Wörterbüchern und Grammatiken).

Kognitionswissenschaft (von engl. *cognitive science*) Relativ junger interdisziplinärer (Psychologie, Informatik, Linguistik u.a.) Forschungszweig, der versucht, mit Computermodellen das menschliche Denken nachzubilden (→ Künstliche Intelligenz).

Kollokation Mehr oder weniger feste, erwartbare Verbindung zweier oder mehrerer Wörter (z.B. frisches Obst, junges Gemüse, Zähne putzen, Kaffee kochen).

Kommunikationsereignis (von engl. *speech event*) Kommunikationsakt, der durch die Eigenschaften des jeweils spezifischen soziokulturellen Kontextes seines typischen Vorkommens determiniert ist. Diese Eigenschaften, die innerhalb einer Sprachgemeinschaft für unterschiedliche Kommunikationsereignisse und zwischen verschiedenen Sprachgemeinschaften für vergleichbare Kommunikationsereignisse variieren können, betreffen die physische Umgebung, die Teilnehmer, die Zwecke, Form und Inhalt der Handlungsmuster, (soziale) Tonart, kommunikative Mittel (verbal, non-verbal, sprachliche Formeln), Normen der Deutung und der Interaktion sowie Genres. (Genre → Gesprächsgattung).

Kommunikationsproblem Oberbegriff für kritische Phasen in Gesprächen, bei denen die Verständigung und kommunikative Kooperation problematisch ist/wird. Kommunikationsprobleme können durch Sprachprobleme, Wissensunterschiede oder Interessenkonflikte bedingt sein.

Kommunikationstraining Form der bewussten Vermittlung von Kommunikationsfähigkeiten, die der Förderung und Erweiterung kommunikativer Wahrnehmungs-, Interpretations- und Handlungsfähigkeiten dient. Gesprächsanalytische Trainings stützen sich auf wissenschaftlich begründete Kenntnisse und Methoden (z.B. aus der Gesprächsforschung) und beruhen auf einer genauen Analyse der kommunikativen Anforderungen und Probleme der zu Trainierenden.

Kompositum, Mehrfachkompositum Zusammengesetztes Wort, z.B. *Aussprache* + *Wörter* + *Buch* = *Aussprachewörterbuch*; die Bildung und Verwendung von einfachen und von Mehrfachkomposita ist für das Deutsche typisch.

Konditionale Relevanz Bezeichnet das Verhältnis zweier in einem Gespräch aufeinander folgender, von verschiedenen Sprechern produzierten Beiträgen (*turns*), die nach normativen Erwartungen miteinander normativ dergestalt verknüpft sind, dass ein Beitrag des ersten Typs (z.B. ‚Frage') einen Beitrag des zweiten Typs (z.B. ‚Antwort') fällig werden lässt. Bleibt dieser aus, kann er angemahnt werden oder es erfolgen bestimmte Schlussfolgerungen (z.B. auf Unwissen oder Unwillen des zweiten Sprechers).

Konnotationen Unterschiedliche bewertende Assoziationen, die ein Wort bei unterschiedlichen Mitgliedern einer Sprachgemeinschaft auslöst, z.B. *Gentechnik*.

Konstituieren Herstellen von bedeutungsvollen Einheiten (Sinn, Bedeutung, Bewertungen etc.).

Konstruktivistisches Kommunikationsmodell Modell, das im Gegensatz zum so genannten „Sender-Empfänger-Modell" davon ausgeht, dass durch Kommunikation keine Bedeutung oder Information übertragen, sondern von allen Beteiligten konstruiert wird. Es trennt zwischen dem, was ein Sprecher äußert und meint, und der Bedeutung, die der Hörer dieser Äußerung durch seine Interpretation zuschreibt.

Kontextualisierung Prozess bei der Herstellung von Verständigung. Gesprächsteilnehmer zeigen durch Kontextualisierungshinweise verbaler Art (z.B. Wortwahl, formelhafte Wendungen), durch Prosodie und nonverbale Kommunikation (Mimik, Gestik usw.) Kontexte an, vor deren Hintergrund ihre Äußerungen zu verstehen sind. Durch Kontextualisierung wird die kommunikative Bedeutung der Äußerung bestimmt, vor allem die Sprecherintention (Sprechakttyp), die Einstellung zum Gesprächspartner, die emotionale Beteiligung (z.B. Ärger) und die Modalität (Spass vs. Ernst).

Kontrastive Linguistik Teilgebiet der Vergleichenden Sprachwissenschaft, in dem systematisch einander funktional entsprechende Formen und Gebrauchsweisen unterschiedlicher Sprachen verglichen werden, mit dem Ziel, die aufgewiesenen Übereinstimmungen und Unterschiede zwischen den untersuchten Sprachen für praktische Zwecke – und hier vor allem für den Fremdsprachenunterricht – nutzbar zu machen.

Kooperation (Koordiniertes) Zusammenwirken mehrerer Beteiligter in Hinblick auf ein gemeinsames Ziel. Kooperation kann ausschließlich kommunikativ erfolgen (z.B. die Klärung eines Problems) oder wesentlich praktisches Handeln involvieren (z.B. bei der Herstellung eines Produkts).

Korpuslinguistik (auch: ‚Corpuslinguistik') Teildisziplin der Linguistik bzw. Sammelbegriff für bestimmte empirische Methoden in der Linguistik. Befasst sich mit (statistischen) Methoden der automatischen Extraktion von Informationen aus Texten und Sprachaufnahmen. Hierzu gehören u.a. die Ermittlung von Texteigenschaften, automatische Kontextanalyse, halbautomatische oder automatische Wörterbucherstellung.

Kreolsprache Ehemalige → Pidginsprache, bei der die für Pidginsprachen typischen funktionellen und grammatischen Vereinfachungen und Beschränkungen überwunden sind und die inzwischen als voll ausgebaute Muttersprache fungiert.

Kundenorientierte Gesprächsführung Gesprächsführung von Seiten eines Unternehmensmitarbeiters, die sich daran orientiert, den Kunden in seinen Anliegen und Bedürfnissen ernst zu nehmen, zufrieden zu stellen und eine langfristig stabile Kundenbeziehung mit ihm zu etablieren.

Künstliche Intelligenz (KI) (von engl. *Artificial Intelligence* (AI)) Teilgebiet der Informatik, in dem Modelle und Programmiersprachen entwickelt werden, die dazu in der Lage sein sollen, selbstständig zu lernen und Probleme zu lösen. Dabei wird die Nachahmung von menschlichen Denk- und Arbeitsweisen angestrebt.

Labial, labialisiert Durch Lippenrundung gekennzeichnet; im Deutschen die Laute [yː], [ʏ], [øː], [ø].

Latinismus Aus dem Lateinischen übernommener oder ihm nachgebildeter Ausdruck.

Lautes Denken (von engl. *Thinking/Composing aloud*) Methode der Schreibprozessforschung, bei der ein Proband während des Schreibens seine Gedanken laut äußern soll.

Leitbild Unternehmensleitbilder sind Mikrotexte (Sinnformeln) oder Texte, welche ausführlicher Identität, Verfassung, Ziele und Verhalten eines Unternehmens beschreiben: Wer sind wir? Welche Struktur geben wir uns? Was wollen wir? Wie sollen wir uns verhalten? Leitbilder sind Instrumente der normativen Unternehmensplanung.

Lekt Neutrales Synonym zu → Varietät, das verschiedene Bildungsweisen zur Bezeichnung verschiedener Varietäten/Lekte ermöglicht (wie Dialekt, Soziolekt, Funktiolekt usw.).

Lernergrammatiken Grammatikbücher für Fremdsprachen, die in der Auswahl der behandelten grammatischen Phänomene und der Art ihrer Beschreibung speziell auf die Bedürfnisse von Fremdsprachenlernern zugeschnitten sind.

Lernersprache Sprache eines Fremd- oder Zweitsprachenlerners, die durch kognitive Prozesse des Spracherwerbs, → Interferenzen aus der Ausgangssprache und Regelmäßigkeiten der Zielsprache beeinflusst ist. Der Lernersprache liegt ein eigenes, mehr oder weniger weit von dem der Zielsprache abweichendes System an grammatischen Regeln oder pragmatischen Konventionen zugrunde. Es führt zu Äußerungen, die gemessen am System der Zielsprache fehlerhaft sind. Im Vergleich zu den Systemen der Ausgangs- und Zielsprachen ist die Regeln und Konventionen Lernersprache zu einem gegebenen Zeitpunkt variabler; sie sind zudem instabil in dem Sinne, dass sie sich im Laufe der Zeit auf diejenigen der Zielsprache hin bewegen.

Lernerwörterbücher Wörterbücher, die z.B. in der Auswahl der darin vorkommenden Einträge und der Wahl der Definitionen von Wortbedeutungen speziell auf die Bedürfnisse von Fremdsprachenlernern zugeschnitten sind.

Linguistische Distanz Die graduierbare Unterschiedlichkeit zwischen zwei miteinander verglichenen Sprachen auf den verschiedenen Ebenen des Sprachsystems (bes. Phonologie, Morphologie, Syntax).

Literacy → Schriftlichkeit

Literalisierung Vermittlung einer umfassenden Schreib- und Lesekompetenz, um sich in einer literalen Gesellschaft kompetent schriftlich zu handeln. Alphabetisierte Personen mit rudimentären Schreib- und Lesekompetenzen werden als funktionale Analphabeten bezeichnet (→ Alphabetisierung).

Literalität → Schriftlichkeit.

Literarische Umschrift Notation einer Äußerung mittels der einzelsprachlichen Verschriftungsverfahren unter Beibehaltung von Charakteristika mündlicher Rede (z.B. *kommse ma* statt *kommst du mal*).

Marketing Optimierungsprozess, um die von einem Unternehmen produzierten Güter mit absatzpolitischen Maßnahmen bestmöglich an den Kunden (Verbraucher) abzusetzen. Die Abgrenzung zwischen Marketing, Werbung und → Public Relations (PR) ist nicht immer eindeutig möglich. Marketing setzt beim Absatz an (z.B. Sonderangebot), Werbung beim Produkt (z.B. Werbespot), PR beim Unternehmen und dessen Glaubwürdigkeit.

Media-Plan Planung einer Werbeagentur zur Buchung verschiedener Medien für einen Werbetext bzw. eine gesamte Kampagne.

Medienlinguistik Linguistische Teildisziplin, die ausgerichtet ist auf den Sprachgebrauch im Zusammenhang mit Kommunikationsmedien oder, im engeren Sinn, mit Massenmedien. Sie sucht linguistische Probleme am Beispiel von Sprache und Sprachgebrauch in den Medien zu klären oder, umgekehrt, Fragen aus Medienpraxis und -theorie mit linguistischem Werkzeug zu klären.

Mensch-Maschine-Dialog Teilbereich der → Interface-Gestaltung, der sich auf die sprachliche Interaktion von Mensch und Maschine/Computer konzentriert.

Mensch-Maschine-Interaktion → Interface-Gestaltung.

Metapher Form der uneigentlichen Rede (Trope): Ein Ausdruck wird in einer übertragenen Bedeutung verwendet, wobei der Zielbereich (das durch die Metapher Bezeichnete) nach dem oft bildhaften Modell des Herkunftsbereichs (der wörtlichen Bedeutung des Ausdrucks) dargestellt wird (z.B. „ein Redner verschanzt sich hinter seiner Position"). Viele gängige Weisen der Darstellung von Sachverhalten beruhen auf konventionellen, so genannten toten Metaphern (z.B. *Angst schnürt die Kehle zu, einem Kollegen den Vortritt lassen, den Ball flach halten*).

Metonymie Form der uneigentlichen Rede (Trope): Ein Ausdruck wird für etwas benutzt, das in einer sachlichen oder konzeptuellen Beziehung zur wörtlichen Bedeutung des Ausdrucks steht. Häufig sind *pars pro toto*-Metonyme („ich fahre einen

Vierzylinder“) und die Setzung von Urhebern für ihre Erzeugnisse (*„Aristoteles* auswendig kennen“).

Migranten Einwanderer, d.h. insbesondere Flüchtlinge und so genannte „Gastarbeiter“.

Mikropause Kurzes Absetzen der Stimme innerhalb eines Gesprächsbeitrags zum Einatmen.

Mikropolitik Alltägliche, in kommunikativen Prozessen realisierte Verfahren der Machtausübung. Sie sind zumeist nicht durch institutionelle Regelungen legitimiert und erfasst, bestimmen aber insbesondere in der Kommunikation in Institutionen und Organisationen vielfach die Durchsetzung und den Ausschluss von Beteiligteninteressen in Entscheidungsprozessen.

Mind Mapping (deutsch etwa: *Erstellung einer kognitiven Landkarte*) Grafische Methode der strukturierten Anordnung von Gedanken, ausgehend von einem Kernwort, um die Zusammenhänge zwischen Begriffen zu entwickeln oder zu verdeutlichen.

Minderheitensprache Eigenständige Sprache, die innerhalb eines Staates von einer zahlenmäßigen Minderheit gesprochen wird. Der Ausdruck besagt an sich noch nichts über die jeweilige staatliche Anerkennung der Minderheiten und ihrer Sprache.

Mission Statement Beschreibung des Kernauftrags bzw. der strategischen Ziele eines Unternehmens.

Monitoring Die Überwachung der Sprachproduktionsprozesse (zum Beispiel der grammatischen Korrektheit einer Äußerung) durch Feed-back-Schleifen innerhalb des Sprachproduktionssystems.

Multimodaler Text Text, der neben sprachlichen Anteilen auch über andere Zeichensysteme verfügt, z.B. Bilder, grafische Elemente (Kästen, Linien, Schraffuren), aber auch Musik, Geräusche, etwa in Werbeanzeigen und TV-Werbespots.

Mündlichkeit Besonderheiten der gesprochenen Sprache, insbesondere in Gegenüberstellung zur geschriebenen Sprache. Ist die mündliche alleinige oder überwiegende Form der gesellschaftlichen Kommunikation, spricht man von oraler (Ggs.: literaler) Kultur (→ Schriftlichkeit).

Nebensilbe Unbetonte Silben (Vor- oder Endsilben).

Neologismus Neu gebildeter oder neuartig gebrauchter Ausdruck (durch Wortbildung, Bedeutungsübertragung oder Entlehnung), der im Gegensatz zu Gelegenheits-/Augenblicksbildungen zwar bereits Eingang ins Lexikon einer Sprache gefunden hat, von den Sprachteilnehmern aber noch als neu empfunden wird.

Neurolinguistik Ein Ansatz im Überschneidungsgebiet der Linguistik und Neuropsychologie, der sprachliche Prozesse auf der Ebene ihrer Verankerung im Nervensystem des Menschen, vor allem im Gehirn, untersucht.

Neurolinguistisches Programmieren (NLP) Methode zur Verbesserung kommunikativer Fähigkeiten durch Rückgriff auf positive Erfahrungen, die durch rituelle Techniken „abrufbar“ gemacht werden sollen.

Nicht lineare Funktion der Buchstaben Buchstaben repräsentieren nicht nur Laute, sondern zeigen ebenso phonologische Muster an (vgl. <e> als Merkmal der unbetonten Silbe in <Schule, Schüler, Schulen>. Für das Lesen sind die phonologischen Funktionen der Buchstaben ebenso elementar wie die phonetischen. Der derzeitige Anfangsunterricht vermittelt den Kindern lediglich die phonetischen (1 Buchstabe = 1 Laut), behindert dadurch das Lesen von Silben und deren Zusammenfügen zu Wörtern.

Objektivität Ein Testgütekriterium, das sich auf die Eindeutigkeit bei der Bestimmung eines Messwertes bezieht.

Palatal, Palatalisierung Am harten Gaumen gebildet.

Paragrammatismus Morphologisch und syntaktisch fehlerhafte, insgesamt jedoch flüssige Sprache, die relativ inhaltsleer bleibt („Als-ob-Grammatikalität“); Leitsymptom der Wernicke-Aphasie.

Paraphasie Eine (phonematische oder semantische) Abweichung der produzierten Äußerung von einem beabsichtigten Zielwort, wobei der Bezug zum Zielwort noch erkennbar bleibt; man unterscheidet lautliche Abweichungen (→ phonematische P.) und inhaltliche Abweichungen (→ semantische P.).

Paraphrase Inhaltlich identische Reformulierung eines Gesprächs- oder Textteils zum Zwecke der Verdeutlichung oder Verständnisprüfung.

Parsing Syntaktische Sprachanalyse.

Peer Feedback/Peer Tutoring Ansatz der Schreibdidaktik, bei dem Schreiber untereinander Feedback zu ihren Texten geben, um diese zu verbessern. Diese Methode wird zum Beispiel in studentischen Schreibgruppen im akademischen Schreiben eingesetzt. Nach einem ähnlichen Prinzip erfolgt die Beratung durch studentische Tutoren.

Perseveration Das unangemessene Beibehalten oder Wiederauftreten von Lauten oder Wörtern an einer späteren Stelle der Äußerung.

Phasierungen Äußerungen des Lehrers im Unterricht, mit deren Hilfe der Lehrer einzelne Phasen seines Unterrichts eröffnet oder abschließt.

Phonation (Stimmgebung) Umwandlung des Ausatmungsstromes in rhythmische Luftstöße, periodischen und aperiodischen Schall (Klänge und Geräusche).

Phonematische Paraphasie Eine lautlich entstellte Äußerung, von der man auf das intendierte Zielwort noch schließen kann.

Phonetische Transkription Notation einer Äußerung mit Hilfe eines phonetischen Zeicheninventars, z.B. IPA.

Physiologische Sprechstimme Art der Phonation (Stimmlage, Kehlkopf-, Gaumensegelstellung, Atmungsweise etc.), die für den jeweiligen Sprecher maximal effektiv und minimal beanspruchend ist.

Pidginsprache Sprachform mit vereinfachten phonologischen, morphologischen und syntaktischen Strukturen, die im Kontakt von Sprechern verschiedener Sprachen ohne gegenseitiges Sprachverständnis entsteht, um Verständigung zu erzielen. Pidginsprachen haben sich hauptsächlich im Zuge des von Europa ausgehenden Kolonialismus bei der eingesessenen, versklavten Bevölkerung in Übersee herausgebildet; alle Pigdinsprachen weisen in ihrer reduzierten Struktur große formale Gemeinsamkeiten auf.

Population Die Grundgesamtheit, deren Merkmalsverteilung aufgrund der Normierungsstichprobe geschätzt wird.

Portfolio Am Ende einer längeren Arbeitsphase oder eines Schreibprojekts angefertigte Zusammenstellung von Gedanken, Materialien, Literaturlisten, Exzerpten, Mitschriften, gelesenen oder selbst verfassten Texten/Textentwürfen, die den Schreibprozess positiv beeinflusst haben. Das Portfolio dient als öffentliches „Schaufenster" der eigenen Textproduktion und soll Diskussionen über das Schreiben anregen.

Progressionsanalyse Mehrmethoden-Ansatz zum Untersuchen von Textproduktion am Arbeitsplatz. Erfasst werden die Arbeitssituation, das objektivierte Schreibhandeln und die subjektiven Strategien der Schreibenden.

Progressionsmuster Wiederholte Abfolge von Schritten im Schreibprozess. Ein Progressionsmuster kann sich wiederholen innerhalb eines einzigen Schreibprozesses, mehrerer Schreibprozesse einer Person, mehrerer Schreibprozesse mehrerer Personen oder, als Universalie, potenziell aller Schreibprozesse.

Prosodie → Intonation i.w.S.; mit der Nutzung des Terminus verbunden ist zumeist die Ablehnung einer Auffassung von Intonation, die diese Momente als ‚supra-segmental', als „über dem Laut angesiedelt" betrachtet.

Public Relations (PR) Als unternehmerische Führungsaufgabe die Summe aller Maßnahmen, die nicht primär auf den Absatz, sondern auf die Glaubwürdigkeit des Unternehmens in der Öffentlichkeit zielen. PR ist die langfristig und indirekt angelegte planmäßige Gestaltung der Beziehungen zwischen dem Unternehmen und seinen Teilöffentlichkeiten (z.B. Kunden, Lieferanten, Geldgeber, Politik).

Qualitätsmanagement (QM) Prozess, bei dem man die gewünschte Beschaffenheit von Produkten oder Prozessen bestimmt, die tatsächliche Qualität misst und allfällige Abweichungen zwischen Soll und Ist zu erklären und dann zu eliminieren sucht. Beispiel: Eine QM-Maßnahme für journalistische Textproduktion ist die systematische Blattkritik.

Recipient design Begriff aus der Konversationsanalyse: Zuschnitt einer Äußerung auf den Adressaten durch Annahmen über dessen Vorwissen und Erwartungen, ermöglicht durch Perspektivenwechsel.

Referentielle Bedeutung Verweis; derjenige Teil der Bedeutung eines Ausdrucks oder einer Äußerung, der auf einen bestimmten Gegenstand oder Sachverhalt verweist.

Reliabilität Ein Testgütekriterium, das sich auf die Zuverlässigkeit einer Messung gegenüber Stör- und Fremdeinflüssen bezieht.

Reparatur Korrektur und Ersetzung eines Elements der Rede durch ein anderes. Reparaturen können sich auf Versprecher oder Irrtümer, aber bspw. auch auf vom Partner nicht verstandene oder akzeptierte Formulierungen beziehen. Das reparierte Element und die Reparatur können vom gleichen oder von verschiedenen Sprechern produziert werden; ebenso kann die Reparatur vom gleichen Sprecher oder vom Partner veranlasst (initiiert) werden.

Repertoire Gesamtheit verfügbarer Handlungsmöglichkeiten. Beispiel: Das Repertoire der Schreibstrategien einer Person umfasst diejenigen Strategien, die sie in Textproduktionsprozesse einbringen kann.

Retardierung Verzögerungen im Entwicklungsverlauf; Zurückbleiben in der Entwicklung.

Rollenspiel Durchführung eines Gesprächs zwischen Trägern bestimmter Rollen (z.B. ‚Kunde' und ‚Verkäufer', ‚Arzt' und ‚Patient') zum Zweck der Aufdeckung und Bewusstmachung von Kommunikationsproblemen und/oder zur Einübung von Kommunikationsfähigkeiten. Rollenspiele können frei oder anhand mehr oder weniger genauer Ausführungsvorgaben (Skripts) durchgeführt werden.

Rückmeldesignal Aktivität, mit der ein Zuhörer zu verstehen gibt, ob und evtl. wie er den Beitrag eines Sprechers gehört, verstanden bzw. akzeptiert hat. Mit Rückmeldesignalen wird kein eigenes rederecht beansprucht.

Schema Kognitive Organisationsstruktur für die Wahrnehmung, Kategorisierung, Interpretation, Bewertung oder Erklärung von Gegenständen, Sachverhalten und Erfahrungen, auch für das Verstehen und die Produktion von Texten, Äußerungen und ganzen Gesprächstypen. Schemata stellen (zeitliche, kausale, präferenzielle etc.) Beziehungen zwischen einzelnen Komponenten eines komplexen Konzepts her. Sie ermöglichen so die Bildung von Erwartungen, die Schlussfolgerung auf nicht gesagte bzw. erfahrene Gegebenheiten und die Planung von Handlungen.

Schreibcoaching Prozess, bei dem ein Coach und ein Coachee zusammen arbeiten, um die professionellen und persönlichen Schreibkompetenzen des Coachees zu optimieren.

Schreibentwicklung Eigenständige Entwicklung vom Schreibanfänger zum -experten, die eng mit der kognitiven Entwicklung und dem Schreibunterricht verknüpft ist.

Schreibprozess Eigenständige Handlung zur Herstellung eines Textes.

Schreibstrategie Verfestigte, bewusste und damit benennbare Vorstellung davon, wie Entscheide zu fällen sind, damit Schreibprozess oder Textprodukt mit höherer Wahrscheinlichkeit die zielgemäße Gestalt annehmen und die zielgemäße Funktion erfüllen.

Schrifterwerbsforschung (SEF) Forschungsrichtung, die zunächst in den USA, seit Mitte der 70er Jahre auch in Deutschland, Kinder in möglichst frühen Erwerbssituationen beobachtet, um Ergebnisse über den Schrifterwerb zu erhalten. Das setzt voraus, dass die Kinder methodisch Möglichkeiten erhalten, mit Schrift zu experimentieren. Allerdings basieren nahezu alle Methoden, mit denen Kindern Schrift dargeboten wird (vorrangig „Anlauttabellen"), auf der Annahme eines linearen Laut-Buchstaben-Verhältnisses (vgl. „nicht-lineare Funktion der Buchstaben"), sodass die Ergebnisse der SEF die Reaktionen der Kinder auf diesen Unterricht beschreiben.

Schriftlichkeit Besonderheiten der geschriebenen Sprache, insbesondere in der Gegenüberstellung zur gesprochenen Sprache. Wird die schriftliche Kommunikation zum konstitutiven Merkmal einer Gesellschaft, spricht man von literaler Kultur (→ Mündlichkeit).

Schülergespräch Besondere verbale Interaktion in der Institution Schule, in der die Schüler weitgehend ohne Kontrolle des Lehrers ein Thema bearbeiten.

Segmental (Phonetik) Zeitlicher Abschnitt des Sprechflusses, der einem Laut entspricht.

Semantische Paraphasie Eine mit Blick auf ihre Bedeutung (= semantisch) abweichende Wortwahl oder Äußerung.

Semantisches Priming Das Assoziieren oder Verfügbarmachen eines Wortes durch ein bedeutungsverwandtes anderes Wort.

Sequenz(verlauf) Abschnitt eines Gesprächs, der thematisch oder als Handlungszusammenhang vom vorangehenden und folgenden Gesprächsprozess, oftmals durch Grenzmarkierungen (wie *also, so*), abgegrenzt ist (z.B. Begrüßung, Adressenabfrage und -aufnahme).

Simulation (von Gesprächen) Spezielle Form von Rollenspiel, bei dem aufgezeichnete authentische Gespräche nachgespielt werden.

Sinn Interpretation von sprachlichen oder nicht-sprachlichen Zeichen. Sinn wird hier nicht nur auf die Intension eines Ausdrucks beschränkt, sondern kann als kommunikativ relevante Größe auch referenzielle, bewertende, bildliche, emotional-assoziative und andere Dimensionen der subjektiven Repräsentation beinhalten, die bei der situativen Verwendung von Zeichen für die Zeichenbenutzer relevant sind.

S-Notation Konvention zur schriftlichen Kennzeichnung von Revisionen (Einfügungen, Löschungen) in Schreibprozessen.

Softwarelokalisierung Die Anpassung von Software einschließlich ihrer Dokumentation an die Bedürfnisse spezifischer Absatzmärkte, wobei über die Übersetzung der Benutzungsoberfläche, der Fehlermeldungen und der Dokumentation hinaus unter anderem auch eine Anpassung an länderspezifische Datumsangaben, Währungen, Papierformate etc. sowie die Anpassung von Piktogrammen und anderen nonverbalen Elementen erforderlich sein können.

Soziale Bedeutung Bezieht sich auf die sozialen Beziehungen zwischen einem Sprecher und seinem oder seinen Interaktionspartnern, die mit einer Äußerung hergestellt oder aufrechterhalten werden, z.B. freundlich, feindselig, formell, informell, hierarchisch, egalitär etc.

Sozialer Stil Gesellschaftlich geprägtes Verhalten und Handeln von Menschen, das sich an Werte, Einstellungen und Ziele sozialer Großgruppen (→ soziale Milieus) anlehnt, umfasst alle alltäglichen und ästhetischen Wahlen aus Zeichen- und Erlebnisangeboten (z.B. Kleidung, Mobiliar, Freizeitgestaltung etc.) und sprachlich-kommunikatives Verhalten (kommunikativer Stil).

Soziales Milieu Gesellschaftliche Großgruppe, deren Mitglieder sich durch soziodemographische Gemeinsamkeiten (Alter, Bildung, Beruf, Einkommen) und durch ähnliche Lebensinhalte und -ziele, Werte, Gewohnheiten und Einstellungen auszeichnen und dadurch im Alltag ähnliche Wahlen aus Sinn- und Erlebnisangeboten treffen (u.a. Kaufentscheidungen, Genussschema) und sich dadurch identifizieren und abgrenzen.

Spaltkonstruktion (von engl. *clefting construction*) Syntaktische Konstruktion, die dadurch entsteht, dass aus einem Satz ein Satzteil abgespalten und zu einem syntaktisch vollständigen Satz ausgebaut wird, ohne dass der ursprüngliche Satz seine Satzwertigkeit verliert.

Spätaussiedler Deutschstämmige Einwanderer aus Osteuropa, die auf der Grundlage des Bundesvertriebenengesetzes nach Deutschland einreisen können.

Spontanremission Die Abnahme oder Verbesserung einer klinischen Symptomatik ohne therapeutische Intervention.

Spot Kurze (Werbe-)Einblendung im Rundfunk oder Fernsehen.

Sprachbewusstsein Beschreibt die Fähigkeit, Sprache losgelöst von ihrer semantischen Funktion formal zu betrachten und mit ihr zu operieren. Das erfolgt schon früh in Sprachspielen und ästhetischen sprachlichen Produkten. Sie sind unumgänglich für den Schrifterwerb, da Schrift sprachliche Strukturen/Segmente repräsentiert, Schreiben daher die Segmentierungen von Sprache gemäß diesen schriftrelevanten Strukturen voraussetzt.

Spracheinstellung Bewertungen des eigenen oder fremden Sprachgebrauchs, die empirisch durch verschiedene Tests und Umfragen evaluiert und gemessen werden können.

Sprachhandlungsmuster Zentraler Begriff der pragmatischen Linguistik. Durch die Zuordnung zu einem Muster wird einer Handlung kommunikativer und sozialer Sinn zugeschrieben. Die Musterzuordnung beantwortet die Frage, welche Funktion eine Äußerung im Zusammenspiel mit den vorgängigen Äußerungen hat. Beispiele: Fragen, Bitten, Vorwerfen, Entschuldigen, Bedanken, Loben.

Sprachkonflikt Konflikt zwischen Sprechergruppen, der entweder innerhalb von Sprachgemeinschaften aufgrund unterschiedlicher → Spracheinstellungen oder zwischen verschiedenen Sprachgemeinschaften (innerhalb eines Staates oder u.U. auch zwischen Staaten) aufgrund des unterschiedlichen rechtlich-politischen Status und/oder eines unterschiedlichen Prestiges der verschiedenen Muttersprachen entsteht (z.B. bei Unabhängigkeitsbestrebungen von Minderheiten).

Sprachlicher Fingerabdruck → Fingerabdruck, sprachlicher.

Sprechapraxie Eine Störung der Planungsprozesse für die komplexen Sprechbewegungsmuster und ihre zeitliche und räumliche Koordination. Bei einer reinen Sprechapraxie sind Bewegungsmuster außerhalb sprachlicher Prozesse nicht betroffen; häufig kommen jedoch Störungen der Gesichtsmimik hinzu.

Sprechspannung Muskuläre Anspannung der bei der Spracherzeugung beteiligten Artikulationsorgane; für das Deutsche ist eine hohe Sprechspannung typisch.

Sprossvokal Einschieben eines zusätzlichen Vokals zur Auflösung von Konsonantenclustern (Konsonatenfolgen), z.B. bei *Splitt* realisiert als (ʃpəlit].

Strukturierungen Äußerungen des Lehrers im Unterricht, mit deren Hilfe der Lehrer den von ihm antizipierten Lernprozess lokal steuert.

Supervision Reflexion institutionellen Handelns auf der Basis konkreter Praxiserfahrungen unter Anleitung bzw. Beratung eines professionellen Außenstehenden (Psychologen, Organisationsberaters etc.).

Suprasegmental (Phonologie/Sprechwissenschaft) Eigenschaften des Sprechens, die sich auf mehr als einen Laut beziehen (z.B. prosodische Parameter wie Tonhöhenbewegung, Sprechgeschwindigkeit, Akzent).

Synchrone Abhängigkeit → Intertextuelle Beziehung zwischen gleichzeitig greifbaren Texten. Beispiel: Ein Bericht und ein Kommentar in einer Zeitungsausgabe können synchron-intertextuell aufeinander verweisen.

Syndrom Ein Muster von typischerweise gemeinsam auftretenden Symptomen bei einem Störungsbild.

Systemische Beratung Beratungsansatz, der die Erkenntnisse der psychologischen und sozialwissenschaftlichen Systemtheorie für die Beratung von Personen und Unternehmen nutzbar zu machen versucht.

Terminologieextraktion Vorgang der maschinellen Gewinnung von Termini aus maschinenlesbaren Textsammlungen.

Textdesign Layout-Strategie für Print- und Online-Zeitungen. Textdesign soll die Lücken zwischen Layout und Text, Seitengestaltung und Beitragsgestaltung, Inhalt und Form schließen (z.B. „Portionierung" von Information in einzelne Texte).

Textgenetik Methode der Schreibprozessforschung: Vergleich unterschiedlicher Fassungen eines Texts im Verlauf seines Entstehungsprozesses.

Textproduktion Komplex sämtlicher Prozesse zur Herstellung eines Texts. Textproduktion kann Teilprozesse umfassen wie Themenfindung, Recherche, Schreiben, grafische Gestaltung, Kontrolle usw. In einem weiten Begriffsverständnis können auch Materialisierungs- und Distributionsprozesse wie Druck, Vertrieb, Ausstrahlung zur Textproduktion werden.

Textsorte Komplexe Muster sprachlicher Interaktion mit konventioneller Geltung. Den Sprachhandlungsmustern auf der Mikroebene entsprechen „Textmuster" auf der Makroebene wie Beratungsgespräch, Beichte, Witz oder Grabrede. Textsorten sind innerhalb einer Sprachgemeinschaft aufgrund wiederkehrender kommunikativer Bedürfnisse entstanden und haben für die Produktion und die Rezeption von Kommunikation eine entlastende Funktion, da sie für Erwartbarkeit und Verlässlichkeit sorgen.

Thema-Rhema-Struktur Grundbegriff der kommunikativen Gliederung im Satzrahmen. Thema ist das im sprachlichen Kontext Bekannte, Rhema die vorher nicht erwähnte neue Information: *Heute kommt Hans.* Je nach Frageformulierung ist der Satz hinsichtlich seiner T.-R.-Struktur (auch T.-R.-Gliederung genannt) unterschiedlich zu interpretieren. *Wer kommt heute?* (Rhema: *Hans*). *Wann kommt Hans?* (Rhema: *heute*).

Themenprogression Entfaltung und gegebenenfalls Wechsel des Themas in einem Gespräch oder Text.

Transkript Ergebnis einer → Transkription.

Transkription Verschriftung von mündlicher Kommunikation nach festgelegten Notationskonventionen (Transkriptionsvorschriften) zum Zwecke der detaillierten Analyse und der (schriftlichen) Veröffentlichung von Sprech- und Gesprächsdaten.

Transkriptionsrelation Verhältnis von dokumentierter Zeit und der zur Transkription benötigten Zeit, wird als Relation ausgedrückt (1:30, 1:60, 1:90 etc). Eine Relation von 1:60 bedeutet, dass für die Transkription von einer Minute Aufnahme 60 Minuten benötigt wurden. Für phonetische Transkriptionen ist ein Verhältnis von 1:200 normal, u.U. sogar weniger.

Translation-Memory-System (TMS) Übersetzungsprozesse erleichternde Software, die den Übersetzer von repetitiven Aufgaben entlastet, indem sie ihm zu Textsegmenten, die er zuvor bereits übersetzt hat und die mit ihren Übersetzungen im Übersetzungsspeicher (dem eigentlichen Translation Memory) des Programms vorliegen, die bereits vorliegenden Übersetzungen anbietet, wenn diese Segmente in einem zu übersetzenden Text in identischer oder ähnlicher Form auftreten, wobei die Angebote aus dem Übersetzungsspeicher, ggf. in adaptierter Form, in die neue Übersetzung übernommen werden können.

Trochäus → Betonungsmuster.

Unique Selling Proposition (deutsch: *einzigartiges Verkaufsargument*) Zentrale Botschaft eines Werbetextes, die das Produkt von konkurrierenden Marken/Produkten abhebt und so für einen Alleinstellungsanspruch des jeweiligen Produkts innerhalb der Konkurrenz sorgen soll.

Universal Appeal (deutsch: *universaler Reiz*) Botschaften mit Überzeugungspotenzial, die unabhängig vom kulturellen Umfeld und der Produktspezifik eingesetzt werden können; sie appellieren an allgemein menschliche Schlüsselreize und Bedürfnisse (z.B. Gesundheit, Natürlichkeit, Schönheit, Erotik).

Unternehmenskultur Ganzheit von Zielen, Werten, Denkhaltungen, Kompetenzen und Verhaltensregeln (Normen), die sowohl das Verhalten aller Mitarbeiter wie auch das Leistungsprofil und das Erscheinungsbild eines Unternehmens prägen bzw. prägen sollen. Eine gelebte Unternehmenskultur gewährleistet Orientierung, Entscheidungserleichterung, einheitliche Ausrichtung des gesamten Unternehmens, Grundkonsens, positive Emotionalität, Vermittlung von Sinnbezügen, Erleichterung von Kommunikation, Überschaubarkeit und Verständlichkeit, Entlastung in neuartigen Situationen.

Unterrichtsgespräch, gelenktes Verbale Interaktion zwischen Lehrer und Schülern, die dadurch gekennzeichnet ist, dass der Lehrer die Abfolge der Schülerbeiträge bestimmt und die einzelnen Beiträge einer Bewertung unterzieht.

Uvular Am „Zäpfchen", d.h. Vorsprung des hinteren Gaumens gebildet.

Validität Ein Testgütekriterium, das sich auf die Gültigkeit einer Messung bezieht, also darauf, ob der Test das misst, was er messen soll.

Varietät Bezeichnung der Varietätenlinguistik für verschiedene Realisierungsformen einer Einzelsprache (auf phonetischer, lexikalischer, syntaktischer und/oder pragmatischer Ebene), die in prototypischer Weise gemeinsam mit bestimmten sozialen und funktionalen Merkmalen bestimmter Sprachgebrauchssituationen vorkommen. Varietäten voneinander abzugrenzen kann schwierig sein, häufig sind sie jedoch durch ihren Abstand zum Standard markiert. Varietäten können nach Zeit (diachron), Raum (diatopisch), sozialer Schicht (diastratisch) und sozialer Situation (diaphasisch) differenziert werden.

Varietätenausgleich Im Gegensatz zur → Varietätenmischung findet die Herausbildung einer Standardsprache durch Varietätenausgleich in der Weise statt, dass auf alle typischen Merkmale einzelner Dialekte verzichtet wird, um eine überregional gültige Sprachform zu finden.

Varietätenmischung Bei der Herausbildung einer Standardsprache können die vorhandenen → Varietäten (meist regionale Dialekte) miteinander vermischt werden, indem Elemente der einen und Elemente der anderen miteinander kombiniert werden. Die Standardsprache stellt dann ein neuartiges Konglomerat verschiedener Dialekte dar.

Velar Am weichen, hinteren Gaumen gebildet.

Verständlichkeitskonzept Konzept zur Beschreibung des Phänomens der Verständlichkeit, in dem dieses in die einzelnen Faktoren (so genannte Dimensionen) zerlegt wird, die in ihrer Summe die Verständlichkeit eines Textes ausmachen.

Verzögerungsphänomen Inhaltlich leere sprachliche Ausdrücke wie *äh, öhm* etc., Längung von Lauten zwecks Zeitgewinn.

Vibrant Konsonantentyp, der durch kurzfristige, häufig mehrfache Bildung und Lösung von Hindernissen im Artikulationstrakt gebildet wird (engl. *trill, tap, flap*); im Deutschen mögliche Realisierungen des /r/ durch ein- oder mehrfachen Zungenschlag gegen den Zahndamm [R], [r] oder durch Vibration des Gaumensegels [ɾ].

Vokalisiertes ‚r' Realisierung eines ‚a'-Lautes, der in der Schrift als ‚-r' bzw. ‚-er' wiedergegeben wird.

Wernicke-Aphasie Eine Sprachstörung mit zeitlich flüssiger und grammatisch potenziell komplexer Sprachproduktion, jedoch mit häufigen morphologischen und syntaktischen Fehlern, Abbrüchen und Wiederholungen.

Wortgestalten → Betonungsmuster.

Wortgrammatik Wortgrammatik beschreibt die innere Struktur von Wörtern. Die segmentale Phonologie betrachtet Wörter nicht nur als Folge von Einzellauten, sondern als ein strukturiertes Gebilde von Silben (vgl. *Anschlusskorrelation* und *Betonungsmuster*).

Zentralvokale Unter der Bezeichnung ‚Schwa'-Laut zusammengefasste Lautklasse, mit neutraler Zungenstellung gebildete Vokale; im Deutschen [ə] mit den Varianten [ɘ] und [ɜ] sowie das ‚vokalisierte r' [ɐ], die in unbetonten Endsilben verwendet werden. → Abschwächung von Nebensilben.

Zielsprache Sprache, die ein Fremdsprachenlerner lernt bzw. Zweitsprachenlerner erwirbt. → Ausgangssprache.

Zweitsprache Sprache, die nach dem Erwerb der ersten Sprache (bei Mehrsprachigen: nach dem Erwerb der ersten Sprachen) erworben wird – das kann faktisch auch die dritte, vierte usw. Sprache sein (abgekürzt: L2). Eine L2 wird typischerweise in der Umgebung (z.B. in dem Land) erworben, in der diese Sprache von Muttersprachlern gesprochen wird. → Erstsprache, Fremdsprache.

Index

Hinweise zur Installation der CD-ROM und Systemvoraussetzungen

Windows

Die CD-ROM startet automatisch unter Windows-Betriebssystemen ab Version Windows 95. Sollte dies nicht der Fall sein, kann die CD-ROM durch Anklicken der Datei start_WIN.exe gestartet werden. Eine Installation ist nicht nötig.

Systemvoraussetzungen

Windows-PC mit 400 Mhz Taktfrequenz, 12 fach CD-ROM, 64 MB Arbeitsspeicher (RAM), Farbmonitor mit einer Mindestauflösung von 800 x 600 Pixeln, Soundkarte 16 Bit, Lautsprecher/Kopfhörer
Freier Festplattenspeicher: nicht erforderlich

MAC

Bitte starten Sie die CD-ROM durch Anklicken der Datei start_MAC. Eine Installation ist nicht nötig.

Systemvoraussetzungen

PowerPC / 256er Prozessor (G3, G4 oder G4 Dual), Mac OS Version 9.1, 9.2 sowie Mac OS X, 128 MB Arbeitsspeicher (RAM), Farbmonitor mit einer Mindestauflösung von 800 x 600 Pixeln, Soundkarte 16 Bit, Lautsprecher/Kopfhörer
Freier Festplattenspeicher: nicht erforderlich

Linux / *alternative Möglichkeit zur Ausführung der CD-ROM*

Sollten Sie Probleme bei der Ausführung der Software auf Ihrem Computersystem haben oder mit einem Linux-Betriebssystem arbeiten, gibt es die Möglichkeit, das Programm in einem herkömmlichen Internetbrowser mit Adobe Flash-Zusatzprogramm (*Plugin*) zu starten. Gehen Sie dazu bitte wie folgt vor:

a) Überprüfen Sie zunächst, ob Ihr Internetbrowser (bspw. Firefox, Internet Explorer, Opera, Netscape ...) über das Flash-Plugin verfügt. Dieses sollte die Versionsnummer 6 oder höher aufweisen. Die Überprüfung können Sie im Internet vornehmen lassen, wo Sie auch alle weiteren Informationen finden werden:
http://www.adobe.com/de/software/flash/about/
Um die aktuelle Version des Flash-Plugins herunterzuladen, gehen Sie bitte auf folgende Webseite:
http://www.adobe.com/products/flashplayer/

b) Starten Sie Ihren Internetbrowser und ziehen Sie die Datei ***start.swf*** aus dem CD-Verzeichnis in ein beliebiges Browserfenster.
Um zu *ziehen* bitte wie folgt vorgehen: Dateisymbol ***start.swf*** anklicken, die Maustaste gedrückt halten, Dateisymbol über das geöffnete Browserfenster bewegen und Maustaste loslassen.